Handbuch

der

Verfassung und Verwaltung

in Preußen und dem Deutschen Reiche.

Handbuch

der

Verfassung und Verwaltung

in Preußen und dem Deutschen Reiche.

Von

Graf Hue de Grais.

Wirkl. Geh. Oberregierungsrat, Regierungspräsidenten a. D.

Zweiundzwanzigste Auflage.

Springer-Verlag Berlin Heidelberg GmbH

1914.

ISBN 978-3-662-23534-8 ISBN 978-3-662-25611-4 (eBook)
DOI 10.1007/978-3-662-25611-4

Softcover reprint of the hardcover 22th edition 1914

Vorwort

zur zweiundzwanzigsten Auflage.

Das vorliegende Werk will eine vollständige, jedem Gebildeten verständliche und zugängliche Darstellung unserer gesamten öffentlichen Verhältnisse bieten. Unsere Gesetzgebung ist im Laufe der Zeit immer verwickelter, ihr Verständnis infolge umfassender Regelungen immer schwieriger geworden. Ein Hilfsmittel, vermöge dessen jeder Beteiligte sich leicht und schnell auf dem weiten Felde unseres öffentlichen Rechts zurechtzufinden vermag, ist nicht mehr zu entbehren. Es gilt dies für die Beamten; es gilt in noch höherem Maße für die Laien, die sich in stets wachsendem Umfange zu den Geschäften des öffentlichen Dienstes herangezogen sehen. Das Interesse am Staatsleben, das Verfassung und Selbstverwaltung in immer weitere Kreise unserer Bevölkerung hineintragen, kann erst fruchtbringend werden, wenn es mit Verständnis und unbefangener Beurteilung verbunden wird. Hierzu möchte das Werk beitragen.

I. Der Gegenstand der Darstellung durfte diesen Zielen entsprechend nicht zu eng bemessen werden. Nur ein Teil der allgemeinen Staatszwecke findet zur Zeit seine Erfüllung noch in Preußen; ein anderer ist auf das Reich übergegangen. Dabei ergänzen und durchdringen sich beide Rechtsgebiete so vielfach, daß nur bei ihrer einheitlichen Zusammenfassung ein vollständiges Bild unseres Staatswesens entrollt werden kann. Das Werk erstreckt sich demgemäß sowohl auf die preußische als auch auf die Reichsgesetzgebung. Es beschränkt sich dabei nicht auf die einfache Wiedergabe der erlassenen Vorschriften, sucht diese vielmehr nach Entstehung und Bedeutung, sowie nach ihrer Gestaltung im praktischen Leben zur Anschauung zu bringen. Wo es zur Klarstellung nötig erschien, sind vergleichende Hinweise auf die Gesetzgebung fremder Länder, statistische Angaben und technische Erläuterungen eingeflochten. Endlich bringt das Werk — und dieses ist der Hauptzweck der Anmerkungen — eine vollständige Übersicht aller maßgebenden Vorschriften, und der Hinweis auf diese erstreckt sich zugleich auf die Sammlungen, in denen sie veröffentlicht sind, auf die Änderungen, die sie später erfahren haben, und bei allen umfassenderen Bestimmungen auf die Abschnitte und Paragraphen, welche die einzelnen Gegenstände betreffen.

Das Werk entspricht hiernach einem doppelten Zwecke. Es enthält eine fortlaufende systematische Darstellung unserer öffentlichen Rechtszustände und daneben eine gleichmäßig geordnete Zusammenstellung aller in den verschiedenen Sammlungen zerstreuten Vorschriften. Es wird damit ebensowohl dem gerecht, der über die maßgebenden Grundsätze Aufklärung sucht, als dem, der die Gesetze selbst einsehen und wissen will, an welcher Stelle er die einzelne Bestimmung zu suchen hat.

Das Anwachsen des Stoffes, welches diese umfassende Aufgabe mit sich brachte, nötigte auf der anderen Seite zu tunlichster Beschränkung, da nur bei mäßigem Umfange das Werk seinem Zwecke entsprechen und auch solchen Kreisen zugänglich gemacht werden konnte, die größere Kosten oder längere Zeit auf dasselbe nicht zu verwenden vermögen. Die Erörterung ist deshalb überall auf die Hauptgrundsätze eingeschränkt unter Ausscheidung sowohl der Streitfragen, die mit der beliebten Meinungsvergleichung und Streiterörterung unsere Lehrbücher füllen, als der umfangreichen Ausführungsvorschriften, die unsere Gesetze und deren Bearbeitungen so weitläufig, unübersichtlich und trocken erscheinen lassen. Beides war für den vorliegenden Zweck entbehrlich. Die Erörterung der Streitfragen würde nur einer Minderzahl von Lesern Interesse geboten haben, denen Einzelwerke ohnehin leicht zugänglich sind, und die Ausführungsbestimmungen haben nur für die unmittelbare, praktische Anwendung Wert, bei der die Einsicht der Gesetze und Anweisungen selbst doch nicht zu umgehen ist und ein Hinweis auf diese ausreichend erscheint. Auch die Literatur ist dieserhalb eingehend berücksichtigt worden. Auf diesem Wege hat der Umfang des Werkes unbeschadet seiner Vollständigkeit wesentlich eingeschränkt werden können.

Aus gleichem Grunde ist Fassung und Ausdrucksweise möglichst kurz, zugleich aber auch möglichst einfach gehalten. Die Darstellung soll recht vielen verständlich und in gutem Sinne des Wortes volkstümlich sein.

II. Der angegebene Zweck forderte weiter eine tunlichst klare und übersichtliche Einteilung, welche die einzelnen Teile als vollständige und abgerundete Bilder hervortreten ließ, diese aber zugleich fortlaufend zu einem einheitlichen Ganzen aneinanderreihte. Nur so war es möglich, vieles und manigfaltiges zu bringen, ohne darüber das Ganze und seine leitenden Gesichtspunkte aus dem Auge zu verlieren.

Die Einleitung bringt die allgemeinen Grundsätze über Staat, Recht und Wirtschaft[1]), und die folgenden neuen Kapitel zeigen, wie auf diesen

[1]) Die früher in der allgemeinen Einleitung gemachten Angaben über Bedeutung und Einteilung des Werkes sind in der neuen Auflage in das Vorwort aufgenommen. Dagegen haben Grundsätze und Geschichte der Volkswirtschaft, die seither die Einleitung zu dem die Wirtschaftspflege betreffenden 9. Kap. bildeten, jedoch auch für den übrigen Teil des Werkes, inbesondere für das die Finanzen betreffende 5. Kap. in Betracht kommen, in der allgemeinen Einleitung ihren Platz gefunden.

Grundsätzen die Einrichtung in Preußen und dem Deutschen Reiche aufgebaut worden ist. Hierbei kommt der Staat, der den Ausgangspunkt der Darstellung bildet, nach zwei Richtungen in Betracht. Er erscheint in seiner Gestaltung, seinen Einrichtungen und in der Erfüllung der ihm gestellten Aufgaben, seinen Tätigkeiten. Jene bildet den Gegenstand der fünf ersten, diese den der vier letzten Kapitel des Werkes. In beiden Teilen kommt neben Preußen das Deutsche Reich in Betracht (Nr. I. Abs. 1), jedoch nicht in derselben Weise. Während in ersterem Teile der preußische Staat und das Reich ziemlich getrennt nebeneinander hergehen, greifen sie im zweiten, die Erfüllung ihrer Aufgaben betreffenden fast überall ineinander.

In dem ersten Teile wird der Staat zunächst in seiner Verfassung, seinen Ämtern (Behörden und Beamten) und in seinen Gliedern betrachtet. Es geschieht dieses in nahezu gleicher Weise für das Reich (1. Kapitel) und für Preußen (2. Kapitel). Von den Einzelstaaten, die die Glieder des Reiches bilden, konnte jedoch nach dem Zweck des Werkes nur Elsaß-Lothringen berücksichtigt werden (§ 25—28), während beim preußischen Staate die dessen Glieder bildenden Verwaltungsbezirke und Kommunalverbände uneingeschränkt zur Darstellung kommen (§ 55 und 76—84).

Auf die Einrichtungen des Staates folgen seine Beziehungen zu fremden Staaten in den auswärtigen Angelegenheiten (3. Kapitel) und seine Verteidigung durch Heer und Kriegsflotte (4. Kapitel). Beide sind Gegenstand der Reichsgesetzgebung. Den Schluß bilden die Finanzen, deren der Staat (Preußen wie das Reich) nicht nur zum eignen Bestehen, sondern auch zur Erfüllung ihrer Aufgaben bedürfen (5. Kapitel).

Damit ist der Übergang zu dem die Aufgaben des Staates betreffenden zweiten Teil gegeben. Diese bestehen entsprechend dem Rechts- und dem Wohlfahrtszwecke des Staates (§ 1 Abs. 1) in:

1. Schutz der Person und des Eigentums,
2. Pflege der geistigen (kulturellen) und wirtschaftlichen (materiellen) Interessen.

Den Schutz gewähren die Rechtspflege (6. Kapitel) und die Polizei (7. Kapitel). Die Förderung der geistigen Interessen gelangt in der auf Kultus, Unterricht, Kunst und Wissenschaft gerichteten Kulturpflege (8. Kapitel), die der wirtschaftlichen Interessen in der die Voraussetzungen und Zweige des Gütererwerbes (Arbeiterfürsorge, Kapitalbildung, Bergbau, Land- und Forstwirtschaft, Viehzucht, Jagd und Fischerei, Gewerbe, Handel und Verkehr) zusammenfassenden Wirtschaftspflege (9. Kapitel) zur Darstellung.

III. Die erste Auflage erschien am Schlusse des Jahres 1881. Seitdem sind ihr weitere Auflagen in kurzen Zwischenräumen gefolgt. Die Ziele des Werkes und die Einleitung des Stoffes sind in den späteren Auflagen im wesentlichen dieselben geblieben. Dagegen hat der Text auf Grund wiederholter Durchsicht wesentliche Verbesserungen und Erweiterungen erfahren. Da ferner alle inzwischen ergangenen Vorschriften und eingetretenen

Änderungen in jeder neuen Auflage vollständig nachgetragen worden sind, hat das Werk den zahlreichen und eingreifenden Umgestaltungen unsers öffentlichen Lebens unausgesetzt auf dem Fuße zu folgen und die jeweilig gültige Gesetzgebung stets in ihrer neuesten Gestaltung zur Darstellung zu bringen vermocht.

Auch die zweiundzwanzigste Auflage enthält zahlreiche Erweiterungen und durch neue Gesetze hervorgerufene Ergänzungen. — Die Erweiterungen betreffen: Die früheren Versuche zur Einigung des Deutschen Reiches (§ 5 Abs. 2), das Disziplinarstrafverfahren (§ 66 Abs. 1), die Grundsätze über Anleihen und Haushalt der Gemeinden (§ 79 Abs. 2 u. 3), die Entwickelung des Lehnwesens (§ 213 Abs. 3), des Strafrechts (§ 214 Abs. 1), des Strafverfahrens (§ 215 Abs. 1) und der Polizeiverwaltung (§ 224 Anm. 2), Entstehung und Wesen der nach dem Reichs- und dem Landesseuchengesetz zu bekämpfenden übertragbaren Krankheiten (§ 269) — wie sie bezüglich der Viehseuchen bereits die früheren Auflagen enthielten —, die geschichtliche Entwickelung der kirchlichen Abgaben (§ 293 Abs. 3) und der kirchlichen Orden (§ 297 Anm. 1), die Verhältniswahl (§ 317 Anm. 4), die Grundsätze über Flugwesen und Luftschiffahrt (§ 377 Anm. 1) und die Postscheckeinrichtung (§ 391 Abs. 4). Unter den neu aufgenommenen Gesetzen kommen vor allem die über Verstärkung des Heeres und der Kriegsflotte (§ 99 u. 116 Abs. 1) nebst den zur Deckung des Bedarfs über Wehrbeitrag und Besitzsteuer (§ 171—173) erlassenen, ferner die Hinterlegungsordnung (§ 212) und des WasserG. (§ 345—349) in Betracht. Nächst diesen sind noch hervorzuheben die Gesetze über Staatsangehörigkeit (§ 34), Wehrpflicht (§ 91—93), Fürsorge für militärische Luftfahrer (§ 101 Anm. 22), Entlastung der Oberrechnungskammer (§ 123 Anm. 6, 7), der Lotterievertrag mit Bayern, Württemberg und Baden (§ 135 Anm. 2), die Gesetze über Änderungen des Reichsfinanzwesens (§ 156 Anm. 1, § 158 Anm. 11 u. 12, § 159 Abs. 1, § 175 Abs. 3) und des ReichsstempelG. (§ 158 Abs. 2[1,10]), über Beseitigung des Branntweinsteuerkontingents (§ 165 Abs. 2, 3), über Entschädigung der Schöffen und Geschworenen (§ 182 Abs. 2), über Dienstverhältnisse der Amtsanwälte (§ 186 Abs. 1), über Änderungen des StGB. (§ 214 Anm. 21—26), über Ergänzung des AG. zum UnterstützungswohnsitzG. (§ 284 Abs. 7), das preuß. AG. zur landwirtsch. Unfallversicherung (§ 319 II), das G. üb. Anlegung der Sparkassenbestände (§ 322 Abs. 2), das KnappschaftsG. (§ 336 Abs. 1), die Gesetze üb. Besuch ländlicher Fortbildungsschulen (§ 337 Abs. 5), Zusammenlegungen und Gemeinheitsteilungen in der Rheinprov. (§ 342 Anm. 13), Besitzbefestigung (§ 343 Abs. 4), Kolonisation u. Moorschutz (§ 344 Abs. 3), Ausführung der Maß- und GewichtsO. (§ 375 Anm. 1, 4—6) und über Reinigung öffentlicher Wege (§ 384 Abs. 6).

Die zweiundzwanzigste Auflage schließt mit dem Jahre 1913 ab.

Berlin im Januar 1914.

Der Verfasser.

Inhaltsverzeichnis.

Drittes Kapitel. Auswärtige Angelegenheiten.

Viertes Kapitel. Heer und Kriegsflotte.

Fünftes Kapitel. Finanzen.

Sechstes Kapitel. Rechtspflege.

Siebentes Kapitel. Polizei.

Nachträge und Berichtigungen.

S. 23 Z. 1 lies: 10 (statt 5) u. Anm. 9 Z. 4 hinter „(Formulare)": Best. des BR. 29. Nov. 13 (§ 34 Anm. 4 d. W.); die Z. 4—7 angeführten Vorschriften fallen dagegen fort.

S. 41 Z. 4 v. u. lies: Statthalters (statt Reichskanzlers).

S. 55 Anm. 4 Z. 9 ist hinter „geregelt" einzufügen: Muster für die Urkunden (§ 39 Abs. 1) u. für Heimatscheine Best. des BR. 29. Nov. 13 (ZB. 1201).

S. 56 Z. 9 Z. 1 ist hinter „9" einzufügen: Ausf. Best. des BR. zu § 9 Abs. 1 v. 29. Nov. 13 (ZB. 1212).

S. 66 Anm. 8m Z. 4 lies: 02 (statt 01).

S. 117 Anm. 1 Sp. 2 Z. 6 lies: 188 (statt 185).

S. 127 Anm. 12 vorletzte Z. lies: KamG. (statt KonvG.).

S. 171 Anm. 1a Z. 8 ist das „u." durch Komma zu ersetzen u. am Ende der Z. anzufügen: u. AE. 8. Dez. 13 (ZB. 1236).

S. 257 Anm. 7 Z. 7 bis 9 sind die Worte „und (Voreinschätzungskommission) 28. Juli 06 (GS. 371)" zu streichen.

S. 278 Anm. 8 Sp. 2 ist zu setzen in Z. 5 v. u.: 15 (statt 13), in Z. 3 v. u.: 13 (statt 20) und in Z. 2 v. u.: 19. Dez. 13 (RGB. 783, 784), statt: 23. Dez. 11 (RGB. 975).

S. 301 Anm. 4 Z. 3 lies: Anm. 7 d. W., (statt Anm. 6 d. W.).

S. 312 Anm. 6 sind Z. 3. u. 4 umzustellen.

S. 323 Anm. 5 Sp. 2 Z. 10 lies: Bf. (statt B.).

S. 324 Anm. 7 Z. 8 ist hinter „189)" einzufügen: , die zweite 13. Dez. 13 (JMB. 469).

S. 336 Z. 7 (Überschrift) lies: 2 (statt II).

S. 351 Anm: 2 Z. 6 v. u. lies: erg. EG. z. BGB. Art. 40 (statt § 1, 2, 9, 14).

S. 454 Anm. 3 Z. 4 lies: Meßbilder (statt Maßbilder).

S. 517 Anm. 1 Sp. 2 Z. 3 lies: 304 (statt 302).

S. 534 Anm. 1 Z. 1 und 2 sind die Worte „gegen Arbeitslosigkeit" zu streichen.

S. 629 Z. 5 lies: Merkpfahl (statt Markpfahl).

Abkürzungen.

Abs. = Absatz.
AE. = Allerhöchster Erlaß.
AG. = Ausführungsgesetz; dieses bezieht sich wo kein anderer Hinweis gegeben ist, auf das vorangegangene Hauptgesetz, BGB. StGB. u. s. w.
AO. = Allerhöchste Order.
AN. = Amtliche Nachrichten des R.-Versicherungsamts (§ 317 Anm. 9).
Anm. = Anmerkung.
Anw. = Anweisung.
Ausf. = Ausführung.
AVB. = Armeeverordnungsblatt.
BB. = Bundesratsbeschluß.
BG. = Bundesgesetz.
BGB. = Bürgerliches Gesetzbuch 18. Aug. 96 (RGB. 195).
BGBl. = Bundesgesetzblatt.
BR. = Bundesrat.
Bearb. = Bearbeitung (Kommentar).
Beil. = Beilage.
Bek. = Bekanntmachung.
Best. = Bestimmung.
Dekl. = Deklaration.
E. = Erlaß.
EG. = Einführungsgesetz; Beziehung wie bei Ausführungsgesetz.
Ed. = Edikt.
Entsch. = Entscheidungen.
Erg. = Ergänzung.
G. = Gesetz.
GB. = Gesetzblatt (Elsaß-Lothringen).
GS. = Gesetzsammlung.
GVG. = Gerichts-Verfassungsgesetz (Neufassung 98 RGB. 342).
gem. = gemäß.
GewO. = Gewerbeordnung (Neufassung 00 RGB. 871).
HGB. = Handelsgesetzbuch 10. Mai 97 (RGB. 219).
HMB. = Ministerialblatt der Handels- und Gewerbeverwaltung.
JMB. = Justizministerialblatt.
Instr. = Instruktion.
KA. = Kamptz' Annalen.
KJ. = Kamptz' Jahrbücher.
KG. = Kirchengesetz.
KGB. = Kirchengesetzblatt.
KGH. = Kompetenzgerichtshof.
KO. = Kabinettsorder.
KonkO. = Konkursordnung (Neufassung 98 RGB. 612).
Konv. = Konvention.
LMB = Ministerialblatt für Landwirtschaft, Domänen und Forsten.
LR. = Landrecht.
LVG. = Landesverwaltungsgesetz 30. Juli 83 (GS. 195).
M. = Mark.
MB. = Ministerialblatt der inneren Verwaltung.
MMB. = Ministerialblatt für Medizinal- und medizinische Unterrichtsangelegenheiten.
O. = Ordnung.
OKR. = Oberkirchenrat.
OT. = Obertribunal.
OV. = Erkenntnis des Oberverwaltungsgerichts; die eingeklammerte römische und deutsche Zahl weist Band und Seite der Entscheidungen (§ 53 Anm. 5) nach.
Pat. = Patent.
PlB. = Plenarbeschluß.
Pr. = Präjudiz.
Prot. = Protokoll.
Publ. = Publikandum.
RE. = Runderlaß.
RG. = Reichsgesetz, RGB. = Reichsgesetzblatt.
Regl. = Reglement, Regul. = Regulativ.
Satz. = Satzungen.
StGB. = Strafgesetzbuch (Neufassung 76 RGB. 39).
StMB. = Staatsministerialbeschluß.
StPO. = Strafprozeßordnung 1. Feb. 77 (RGB. 253).
U. = Urteil (Entscheidung, Erkenntnis).
V. = Verordnung.
Verf. = Verfassung (des Reichs) 16. April 71 (RGB. 63).
VO. = Reichsversicherungsordnung 19. Juli 11 (RGB. 509).
Vtr. = Vertrag.
Vf. = Verfügung (Zirkular, Erlaß, Reskript).
v. H. = vom Hundert.
VU. = Verfassungsurkunde 31. Januar 50 (GS. 17).
d. W. = des Werkes.
ZB. = Zentralblatt für das Deutsche Reich.
ZBU. = Zentralblatt der Unterrichtsverwaltung.
ZBZ. = Zentralblatt der Zölle und indirekten Steuern.
ZPO. = Zivilprozeßordnung (Neufassung 98 RGB. 410).
ZustG. = Zuständigkeitsgesetz 1. August 83 (GS. 237).

Bemerkung.

1. Die den Sammlungen (RGB., GS., MB. u. s. w.) angefügte Zahl bedeutet die Seitenzahl und bezieht sich, wo eine besondere Jahreszahl nicht hinzugefügt ist, auf den Jahrgang, aus dem das Gesetz u. s. w. ist.
2. Abgekürzte Bezeichnung für Maße und Gewichte § 375 Abs. 3 d. W.
3. Alle sonstigen Abkürzungen finden in den unmittelbar vorausgegangenen Anmerkungen ihre Erklärung.

Einleitung.

I. Staat und Recht.

§ 1.

Staat ist die selbständige dauernde Gemeinschaft einer Anzahl von Menschen (Bevölkerung) auf einem bestimmten Gebiet, die unter einer höchsten Gewalt (Staatsgewalt) nach fester Ordnung (Recht) gebildet ist. Zweck des Staates ist der Schutz nach außen und innen und die Pflege der geistigen und wirtschaftlichen Bestrebungen. Bevölkerung und Gebiet (Land und Leute) bilden persönlich und sachlich die Grundlagen, auf denen der Staat sich aufbaut. Beide müssen vereint sein; ein Nomadenvolk ohne festen Wohnsitz bildet so wenig einen Staat wie ein unbewohntes Land.[1])

Die Staatsgewalt in ihrer Ausschließlichkeit und Unabhängigkeit nach außen und innen heißt Souveränität (suprema potestas). Ihre Gestaltung wird durch die Verfassung bestimmt.[2]) Sie äußert sich als Gesetzgebung oder Vollziehung, je nachdem sie allgemeine Rechtsregeln festsetzt oder nach solchen die einzelnen Fälle ordnet. Die Vollziehung teilt sich weiter in Rechtsprechung (Justiz) und Verwaltung. Die Staatsgewalt erscheint hiernach als Rechtschaffung, Rechtsprechung und Rechtschutz.[3]) Die Rechtsprechung ist im Rechtsstaate an bestimmte Formen und Voraussetzungen gebunden und deshalb von der Verwaltung streng geschieden (§ 179). Die Verwaltung[4]) umfaßt die Einrichtung der Behörden und Anstalten

[1]) Einheitsstaat u. Bundesstaat § 7 Anm. 1 d. W.

[2]) Reichsverfassung § 6 Abs. 4, preußische § 32 d. W. Im engeren Sinne wird das Staatsgrundgesetz (Verfassungsurkunde, charte) als Verfassung bezeichnet.

[3]) Die Lehre von den drei Gewalten (Gesetzgebung, Rechtsprechung und Verwaltung), die im freien Staate selbständig und von besonderen Organen gehandhabt werden sollten, wurde von Montesquieu (esprit des lois IX 6) unter Mißverständnis englischer Einrichtungen ausgebildet. Sie verkennt die Einheit der Staatsgewalt und die Überordnung der Gesetzgebung über die Rechtsprechung u. Verwaltung. Auch steht ihr das mehrfache Übergreifen der einen Gewalt in das Gebiet der anderen (Abs. 5 u. § 179 Abs. 1 d. W.) entgegen. Von der neueren Wissenschaft ist die Lehre deshalb verlassen.

[4]) Verwaltung bedeutet i. w. S. die gesamte Tätigkeit des Staates im Gegensatz zu dessen Verfassung, i. e. S. die vollziehende Tätigkeit gegenüber der gesetzgebenden u. rechtsprechenden. Sie teilt sich in die den Staat betreffende, die Gebiete des Auswärtigen, der Wehrmacht und der Finanzen umfassende und in die innere Verwaltung. Von dieser sind als besondere Zweige die kirchlichen u. Unterrichtsangelegenheiten und die Wirtschaftsgebiete (Bergbau, Landwirtschaft, Gewerbe, Handel u. Verkehr) ausgeschieden; die übrige Verwaltung wird als allgemeine Landesverwaltung u. auch wohl als innere Verwaltung i. e. S. bezeichnet. Verb. § 44 Anm. 4 u. 54 Abs. 2 d. W.

(Organisationsgewalt § 43 Abs. 1), die Aufsichtführung und die Anwendung von Zwang (Zwangsgewalt).[5])

Die Staatsform heißt, je nachdem eine einzelne Person oder eine Mehrheit von Personen die oberste Staatsgewalt ausübt, Monarchie oder Republik. Republiken sind im Deutschen Reiche die Freien Städte Hamburg, Lübeck und Bremen. Die Monarchien sind Erb- oder Wahlmonarchien. Erstere bilden die Regel; in ihnen vererbt die Herrscherwürde sich nach dem Recht der Erstgeburt (Primogenitur); Wahlmonarchien waren das ältere Deutsche Reich und das Königreich Polen. Die Monarchie ist absolut, wenn der Herrscher in der Staatsgewalt nicht beschränkt ist, konstitutionell, wenn er bei gewissen wichtigen Handlungen, insbesondere bei dem Erlaß von Gesetzen, an die Zustimmung von Vertretern der Bevölkerung (Landtag, Parlament) gebunden ist. — Die konstitutionelle Verfassung hat im Laufe des 19. Jahrhunderts in fast alle Staaten Eingang gefunden. Dabei ist in alle größeren Staaten nach englischem Vorbild die Zweiteilung der Vertretung (Zweikammersystem) eingeführt. Die erste Kammer, deren Mitgliedschaft nicht durch allgemeine Wahl, sondern durch Ernennung oder begrenzte Wahl auf Grund größeren Vermögens oder einer höheren Bildungsstufe erworben wird, soll gegenüber den wechselnden Mehrheiten der zweiten Kammer die Gewähr für eine gewisse Stetigkeit bieten.[6]) Der zweiten Kammer sind dagegen bei Beschlüssen in Finanzangelegenheiten in der Regel weitergehende Befugnisse eingeräumt (§ 37 Abs. 2). In einer anderen Beziehung sind die deutschen Staaten dem englischen Vorbild nicht gefolgt. In ihnen gilt die sog. konstitutionelle Regierung, in der der Landtag nur bei bestimmten Handlungen der Staatsgewalt mitzuwirken hat. In England — und ähnlich in Belgien, Italien und Griechenland — besteht dagegen die parlamentarische Regierung, in der das Staatsoberhaupt nur die Beschlüsse des Parlaments auszuführen hat und seine leitenden Beamten demgemäß nur aus den Führern der jeweilig herrschenden Parlamentsmehrheit wählen darf.[7]) — Das Verfahren der Landtage ist, soweit es die Öffentlichkeit, die Beschlußnahme durch absolute Mehrheit und die Beschlußfähigkeit betrifft, durch Gesetz geordnet; sonst regelt jeder Landtag das Verfahren und den Geschäftsgang selbständig durch Geschäftsordnungen. Diese bestimmen über die Wahl der Präsidenten und Schriftführer, die Bildung der Abteilungen und Kommissionen, die Festsetzung der Tagesordnung, den Gang der Beratungen, die Redeordnung, die Formen der Abstimmung

---

[5]) Zwangsbefugnisse der Verwaltungsbehörden § 232 Abs. 2, der Gerichte § 202 u. 220 Abs. 1 d. W., Steuerbeitreibung § 59 Abs. 7.

[6]) Das Zweikammersystem besteht in Preußen (§ 40 Abs. 1), Bayern, Sachsen, Württemberg, Baden, Hessen u. Elsaß-Lothringen (§ 26 Abs. 2), nicht aber im Reiche (§ 17 Abs. 2) und den kleineren Staaten, in denen die politischen Kräfte für eine besondere erste Kammer fehlen und die Elemente für beide Kammern deshalb mehrfach in einer vereinigt werden.

[7]) In Frankreich kennzeichnete Thiers das Verhältnis mit den Worten: Le roi règne, mais il ne gouverne pas.

und die Aufrechterhaltung der Ordnung in den Sitzungen. Kommissionen werden im voraus für bestimmte Gebiete (Geschäftsordnung, Petitionen, Staatshaushalt) oder besonders für die einzelnen Vorlagen gebildet. Über Gesetzesvorlagen — im Reichstage auch über Bundesratsverordnungen — finden regelmäßig drei getrennte Beratungen (Lesungen) statt. Die erste beschränkt sich auf die allgemeine Besprechung und bestimmt, ob den folgenden eine Kommissionsberatung vorausgehen soll, die zweite dient der Einzelberatung und die dritte bildet eine abgekürzte Wiederholung der ersten und zweiten. Die Ablehnung eines Antrags ohne Vorberatung heißt „zur Tagesordnung übergehen". Resolutionen sind förmliche unverbindliche Erklärungen, die anläßlich der Entscheidung eines Beratungsgegenstandes über Dinge beschlossen werden, die mit ihm sachlich zusammenhängen. Selbständige Anfragen an die Regierung heißen Interpellationen, und wenn nur schriftliche Beantwortung ohne mündliche Beratung beabsichtigt wird, kleine Anfragen. Petitionen an den Landtag werden nach der ihnen beigelegten Bedeutung der Regierung zur Kenntnisnahme, zur Erwägung oder zur Berücksichtigung überwiesen. Die Abstimmung kann durch Aufstehen, Auszählung oder Namensaufruf erfolgen.[8] Als Obstruktion werden Maßnahmen bezeichnet, die die Verschleppung oder Verhinderung der Beratung oder Beschlußfassung bezwecken.

Das Recht zerfällt in öffentliches und in bürgerliches oder Privatrecht.[9] Das öffentliche Recht betrifft die Beziehungen der Personen zum Staat, das bürgerliche die der Personen zueinander (§ 196). Das öffentliche Recht schließt die Privatwillkür aus. Es erstreckt sich auch über das Strafrecht (§ 214), das jedoch der Rechtsprechung unterliegt und ebenso wie das Privatrecht von Richtern gehandhabt wird (§ 179 Abs. 1). Das öffentliche Recht umfaßt ferner im Völkerrecht das Recht der Staaten zueinander (§ 85), im Kirchenrecht die besonderen Rechtsverhältnisse der Kirche (§ 286 Abs. 1) und im Staats- und Verwaltungsrecht die des einzelnen Staates. Staats- und Verwaltungsrecht sind nicht scharf voneinander geschieden. Im allgemeinen betrifft ersteres die Einrichtung, letzteres die Aufgaben des Staates (Abs. 1). Das Staatsrecht zeigt den Staat, wie er ist, das Verwaltungsrecht, wie er arbeitet.[10] Die Verbindung des

[8]) Reich § 17 Anm. 21, Preußen § 40 Anm. 4.

[9]) Die Unterscheidung findet sich bereits im römischen Recht. Während des Mittelalters verschwindet sie, indem der Herrschaftsbegriff mit Privatrechtsverhältnissen verbunden wird. Die Regierungsgewalt erscheint als Privateigentum am Lande u. führt zu Erbteilungen, die erst allmählich beseitigt werden (§ 39 Anm. 1). Die Heeresfolge beruht auf dem gleichzeitig persönlichen u. dinglichen Lehnsverhältnis (§ 210 Anm. 10). Im Kammergut sind landesherrliches und staatliches Eigentum vereinigt (§ 125 Abs. 1) und die Steuern (Beden) beruhen auf Vertrag zwischen Landesherrn u. Ständen (§ 138 Abs. 1). Erst mit der Aufnahmee des römischen Rechts in Deutschland u. mit der folgenden Entwickelung des Staatsgedankens ist die strenge Trennung des öffentlichen und privaten Rechts wieder eingetreten.

[10]) Bearbeitungen des Staats- u. Verwaltungsrechts f. d. D. Reich durch Laband 4 Bde. (5. Aufl. Tüb. 1. u. 2. Bd. 11) abgekürzt im Hdb. des öff.

Staats- oder des Privatrechts mit dem Völkerrecht heißt äußeres (internationales) Staats- (und Verwaltungs-) oder Privatrecht (§ 85 Abs. 3[1]), die rechtliche Beziehung der Kirche zum Staate Staatskirchenrecht (§ 287 bis 289). Während das Staats- und Verwaltungsrecht die Grundsätze des Rechts darstellt, handelt die **Politik** von den auf Gründen der Zweckmäßigkeit beruhenden Mitteln zur Erreichung des Staatszweckes.[11]) Die Darstellung beider ist nicht zu trennen, da unser Staatsleben sich in fortgesetztem Flusse befindet und das Staats- und Verwaltungsrecht deshalb niemals als fertig abgeschlossenes Ganzes hervortritt, die Verwaltung außerdem zugleich von Zweckmäßigkeitsrücksichten beherrscht wird. Je nachdem die Politik sich auf den Erlaß von Rechtssätzen oder auf deren Anwendung bezieht, wird sie als Gesetzgebungs- und Verwaltungspolitik bezeichnet.

Die vergleichende zahlenmäßige Darstellung der Zustände im Staate gibt die **Statistik**.[12])

Das **Recht entsteht** durch Gesetz oder Gewohnheit (geschriebenes und ungeschriebenes Recht). Das geschriebene Recht der Verbände innerhalb des Staates heißt Satzungs- (Statutar-) recht. — Das **Gewohnheitsrecht** (die auf gemeinsamer Überzeugung beruhende rechtliche Übung) ist für das öffentliche Recht von geringerer Bedeutung und bei fortschreitender Entwickelung der Gesetzgebung auch sonst zurückgetreten.[13]) — Das Ge-

Rechts v. Marquardsen (6. Aufl. Tüb. 12), Fülster, Reichsstaatsrecht mit Einschluß der allg. Staatslehre (Berl. 13), Bornhak Grundriß (Berl. 12) u. (unter Berücksichtigung des Landesrechts) v. Georg Meyer, Staatsrecht (6. Aufl. v. Anschütz Leipz. 05) u. Verwaltungsrecht (3. Aufl. v. Dochow 10); f. d. **preuß. Staat** durch v Rönne (5. Aufl. v Zorn 2 Bde. 99 u. 07), Bornhak (2 Bde. 2. Aufl. Bresl. 11), Zelle Handb. des öff. u. bürg Rechts (6. Aufl. Berl. 11); f. **Elsaß-Lothringen** v. Bruck (3 Bde. Straßb. 08/10). — **Wörterbücher** der wirtschaftl. u. sozialen Staatswissenschaft v. Conrad u. a. (3. Aufl. 8 Bde. Jena 08/11), des deutschen Staats- u. Verwaltungsrechts v. Stengel (3. Aufl. v. Fleischmann erscheint seit 11), des preuß. Verwaltungsrechts v. Bitter (2. Aufl. Leipz. 11). — **Allgemeine Werke**; Enzyklopädie der Rechtswissenschaft (in Sonderdarstellung aller Rechtsgebiete) v. Birkmeyer (2. Aufl. Berl. 04), der Rechtswissenschaft v. Holtzendorff (7. Aufl. Berl. u. Leipz. 13); Sammlungen des Staats- u. Verwaltungsrechts verschiedener Staaten geben das öff. Recht der Gegenwart v Jellineck, Laband und Piloty (2. Aufl. des Marquardschen Werks Tüb. 08 ff.) u. (kleiner) Bibliothek des öff. Rechts v. Scholz u. Stork (Hann. 08 ff.). Im Anschluß an ersteres erscheinen seit 07 Jahrbücher. Jahrb. des Verwaltungsrechts v. Stier-Somlo (Berl. seit 07). — Allg. Staatslehre v. Bornhak (2. Aufl. Berl. 09). — Staatsbürgerkunde von Gf. Hue de Grais (Berl. 13). — **Zusammenstellung der Gesetze** in heutiger Geltung nach der Zeitfolge v. Keil u. Gallenkamp (8 Bde. 7. Aufl. Berl. 96/02), v. Stöpel (4. Aufl. v. Thiele Frankf. a. O. 07/08), nach Gebieten von Grotefond (5. Aufl. Düsseld. 05 mit Erg. 05—11); Illing (10 Bde. 12. Aufl. v. Kautz (Berl. 12) u. (im Anschluß an das LVG.) v. Brauchitsch **§ 54** Anm. 5 d. W.

[11]) Politik in systematischer Darstellung v. Schollenberger (Berl. 03/07), Handbuch der Politik v. Laband u. a. (2 Bde. Berl. u. Leipz. 12).

[12]) Ein statistisches Jahrbuch erscheint für das Reich um die Mitte, für Preußen zu Anfang jeden Jahres. Umfassendere Angaben enthält das statist. Handb. f. d. D. Reich. 2 Teile (Berlin 07).

[13]) Aus diesem Grunde versteht das neue Privat-, Prozeß- u. Strafrecht unter Gesetz jede Rechtsnorm, also auch das Gewohnheitsrecht und die Rechtsverordnung, EG. z. BGB. Art. 2, z. ZPO. § 12, z. Konk. O. § 2, z. StPO. § 7, Handelsrecht

setz[14]) kann neue Rechtssätze bilden oder bestehende ändern, aufheben oder in rechtsverbindlicher Weise auslegen (authentische Interpretation und Deklaration). Das Recht der Gesetzgebung wird im konstitutionellen Staate von dem Staatsoberhaupt und einer von der Bevölkerung gewählten Vertretung[15]) gemeinsam ausgeübt. Das Gesetz soll allgemeine Rechtsnormen schaffen; durch besondere Vorschrift sind jedoch auch einzelne Verwaltungshandlungen in den Weg der Gesetzgebung gewiesen.[16]) Sonst wird nicht näher bestimmt, was Gegenstand der Gesetzgebung sein soll.[17]) — Neben den Gesetzen können **Verordnungen** von den vollziehenden Organen erlassen werden. Auch diese können Rechtssätze enthalten, sobald diese Organe dazu durch Gesetz allgemein oder besonders ermächtigt werden. In diesem Falle heißen die Rechtsverordnungen (Reglements, Regulative), während die nur dem Vollzuge dienenden Verordnungen als Verwaltungsverordnungen (Anweisungen, Instruktionen) bezeichnet werden.[18])

Die Bevölkerung in ihrer wirtschaftlichen Gliederung heißt **Gesellschaft**. Ihre Grundsätze bilden die gesellschaftliche (soziale) Ordnung. Der Staat, der diese Ordnung weder bilden noch leiten kann, hat gleichwohl die Bedingungen herzustellen, deren sie zu ihrer Entwickelung und Bewegung bedarf. Die hierbei leitenden Grundsätze bilden den Gegenstand der Sozialgesetzgebung und Sozialpolitik § 3[4] u. § 3 Abs. 1).

II. Wirtschaft.

1. Grundzüge der Volkswirtschaft.[1])

§ 2.

Wirtschaft (die Werte schafft) ist die auf Befriedigung der Bedürfnisse des Lebens gerichtete Tätigkeit. Für den einzelnen erscheint sie als

§ 373 Anm. 1 d. W. Auch sonst werden die Ausdrücke Gesetz und Recht oft gleichbedeutend angewendet. Das BGB. hat — gleich dem gemeinen und französischem Recht — das Gewohnheitsrecht nicht erwähnt. Für das öffentliche Recht gilt dagegen noch LR. Einl. § 3 u. 4, wonach bestehende Gewohnheiten aufrecht erhalten werden, neue sich aber nicht gegen das geschriebene Recht bilden können. — **Observanz** ist das Gewohnheitsrecht eines bestimmten Gemeinwesens, einer Klasse oder eines Inbegriffs von Personen OV. XII 274.

14) Gesetzgebung im Reiche § 14, in Preußen § 37, 38, in Elsaß-Lothringen § 26 Abs. 2 u. 3 d. W.

15) Reichstag § 17, preußischer Landtag § 40—42, Kammern in Elsaß-Lothringen § 26 Abs. 2—5 d. W.

16) Änderung der Grenzen des Staatsgebiets (Reich § 8 Abs. 1, Preußen § 33 Abs. 1 d. W.), Voranschlag- und Staatsschuldengesetze (Preußen § 121 Abs. 4, § 130 Abs. 4, Reich § 174 Abs. 3, § 172 Abs. 5) sind keine eigentlichen Gesetze, sondern Verwaltungshandlungen in Gesetzesform. Das Gleiche gilt von den § 43 Abs. 1 erwähnten Gesetzen und von der Verleihung von Körperschaftsrechten an Religionsgesellschaften § 287 Abs. 1.

17) Die älteren deutschen Verfassungen (Bayern u. Baden 1818) bezeichneten als Gefahr diejenigen Vorschriften, die die Freiheit der Person und des Eigentums betrafen; die neueren Verfassungen sehen von solchen Bestimmungen ab.

18) Reich § 14 Abs. 3, Preußen § 37 Abs. 3², Elsaß-Lothringen § 26 Abs. 2 d. W.

1) Bearbeitungen von Wagner (Leipz. 92), Roscher (5 Bde. wiederholt aufgelegt Stuttg. 94/06, Nationalökonomik des Acker-

Privatwirtschaft, für den Staat als Staatswirtschaft und für den Verkehr der Kulturstaaten als Weltwirtschaft.[2]) Die Volkswirtschaft entwickelt sich zugleich mit der Kultur, die neue Bedürfnisse mit sich bringt. Sie erscheint deshalb weniger von allgemeinen Naturgesetzen, als von dem jeweiligen Stande der Kultur abhängig. Die Wirtschaft befaßt sich mit den Gütern.[3]) Gut ist alles, was zur Befriedigung der Bedürfnisse des Lebens dient, soweit es übertragbar[4]) und nicht in beliebiger Menge vorhanden ist. — Der Grad dieser **Nützlichkeit eines Gutes heißt Wert, der für den einzelnen als Gebrauchswert und im Gegenseitigkeitsverkehre mehrerer Personen als Tauschwert erscheint.**

Die Volkswirtschaft umfaßt die Erzeugung, den Umsatz und den Verbrauch der Güter.

I. Die Erzeugung (Produktion) der Güter erfolgt, indem diese den Reichen der Natur entnommen werden, wie es in dem Bergbau, der Land- und Forstwirtschaft, der Viehzucht, Jagd und Fischerei geschieht (Roherzeugung, Urproduktion), oder indem die so gewonnenen Roherzeugnisse durch Bearbeitung im Gewerbe für den Gebrauch geeignet gemacht oder durch Umsatz in dem Handel und dem Verkehre der Gebrauchsstelle zugeführt werden. In beiden Fällen erfährt das Roherzeugnis eine Werterhöhung; Gewerbe und Handel wirken somit gleichfalls gütererzeugend. — Die bei der Erzeugung wirkenden Kräfte (Faktoren) sind die Natur, die Arbeit und das Kapital. Keine dieser Kräfte wirkt für sich allein. Im Anfang befriedigte die Natur alle Bedürfnisse bei geringer Arbeitsleistung. So waren Jäger- und Fischervölker noch vollständig von der sie umgebenden Natur abhängig. Bei weiterer Entwickelung traten Arbeit und Kapital in den Vordergrund, indem es darauf ankam, der Natur bei zunehmender Dichtigkeit und steigenden Ansprüchen der Bevölkerung durch vermehrte Arbeit und starke Kapitalverwendung erhöhte Erträge ab-

baues 14. Aufl. v. Dade 13, des Gewerbefleißes u. Handels v. Stieda 13); Schönberg u. Wagner (sehr umfassend) 3 Bde. (4. Aufl. Tüb. 96—8); Cohn 3 Bde. (Stuttg. 85/98); Schmoller Grundriß (1. Teil Leipz. 01, 2. Teil 04); Conrad desgl. 4 Teile (Jena, T. 1 in 7. Aufl. 11, T. 2 in 6. Aufl. 12, T. 3 in 6. Aufl. 13, T. 4 Statistik in 2. Aufl. 10); v. Philippovich 2 Bde (1. Bd. 9., 2. Bd. 6. u. 4. Aufl. Tüb. 11 u. 12); Elster Wörterbuch der Volksw. 2 Bde. (2 Bde. 3. Aufl. Jena 09).

[2]) Harms Volkswirtschaft u. Weltwirtschaft (Berl. 12).

[3]) Auch das Recht beschäftigt sich mit den Gütern. Während die Wirtschaft aber in den Gütern nur die Mittel zur Befriedigung der menschlichen Bedürfnisse sieht, erfaßt sie das Recht als Gegenstände des Vermögens. Recht u. Wirtschaft stehen in Wechselwirkung. Das Recht setzt eine gewisse wirtschaftliche Tätigkeit als vorhanden voraus, bildet aber zugleich die unerläßliche Grundlage für jede umfassendere Weiterentwickelung der Wirtschaft. Der Privat-, Staats- u. Volks- oder Weltwirtschaft entspricht das Privat-, Staats- u. Völkerrecht.

[4]) Geistige u. körperliche Kräfte sind als nicht übertragbar an sich keine wirtschaftlichen Güter. Erst die durch sie hervorgebrachten Leistungen können zu Gütern werden. Dieses gilt von den persönlichen Diensten, dem geistigen und künstlerischen Eigentum (§ 308), den Patenten (§ 370 Abs. 2) der Handelskundschaft u. dgl.

zugewinnen (intensive Wirtschaft). — Die aus einer bestimmten Quelle gewonnenen Güter bilden den **Ertrag**, nach Abzug der Gewinnungskosten den Reinertrag.[5])

1. Die **Natur** — die lebende (organische) wie die leblose (unorganische) — liefert Stoffe und bewegende Kräfte. Die Naturkräfte sind zum Teil schon ohne menschliche Einwirkung nutzbar (Klima, Wetter); zur unmittelbaren Güterquelle werden sie aber erst, wo die menschliche Arbeit sie nutzbar macht. Mit der höheren Kultur steigt die Herrschaft des Menschen über die Natur. Der Reinertrag des Grund und Bodens heißt **Grundrente**. Ihr Wert wird durch die Lage und Beschaffenheit der Grundstücke bedingt. Sie wird bei verbesserten Verkehrsmitteln durch vermehrten Absatz gesteigert, durch vermehrten Mitbewerb aber auch wieder verringert.[6])

2. Die **Arbeit** zerfällt in geistige und körperliche, ferner in gemeine Handarbeit und in die gelernte Arbeit der Handwerker, Techniker und Leiter. Jede nützliche Arbeit wirkt erzeugend.[7]) — Die mechanische Handhabe des Arbeiters ist das Werkzeug, das bei Mitwirkung der Naturkräfte zur **Maschine** wird. Die Maschine arbeitet billiger und zugleich regelmäßiger und kräftiger. Sie verrichtet Arbeiten, die dem Arbeiter schwierig oder ganz unmöglich sein würden. Einen weiteren Fortschritt in der Entwickelung der Arbeit bildet die **Arbeitsteilung**, die innerhalb einer Arbeitsstätte oder zwischen mehreren Arbeitsstätten stattfinden kann. Sie fördert die Ausbildung des Arbeiters für eine bestimmte Tätigkeit, ermöglicht die Berücksichtigung seiner besonderen Fähigkeiten und Kennt-

---

[5]) Die in einer Person vereinigten Erträge bilden deren Einkommen (Reineinkommen). Gegensatz von Ertrag und Einkommen bei der Besteuerung § 137 Abs. 3 d. W.

[6]) Einige Volkswirte wie Carey u. Bastiat führen den Grundertrag auf den Arbeits- u. Kapitalaufwand beim Bodenanbau zurück u. erkennen demgemäß eine besondere Grundrente nicht an. Zu dem gleichen Ergebnisse gelangt der Sozialismus, der nur die Arbeit als gütererzeugend ansieht. Demgegenüber begründen Ricardo (§ 3 Anm. 5) und v. Thünen (in dem Werke „Der isolierte Staat". 1826, 3. Aufl. v. Schuhmacher Berl. 75/6) ihre Grundrentenlehre mit dem ungleichen Ertrage des Bodens bei gleicher Arbeits- u. Kapitalaufwendung. Der geringste Boden deckt nur die Erzeugungskosten u. wirft keine Grundrente ab; diese besteht in dem Mehrertrage des besseren Bodens über die Erzeugungskosten hinaus. Roscher verweist für das Vorhandensein einer besonderen Grundrente auf das Beispiel einer neu entstehenden fruchtbaren Insel.

[7]) Gegenüber der beschränkten Auffassung des Merkantil- u. des physiokratischen Systems hat erst Ad. Smith die Bedeutung der Arbeit in das rechte Licht gesetzt § 3 [1–3]) und die Gütererzeugung auf die drei Quellen der Natur, der Arbeit u. des Kapitals zurückgeführt. Unter diesen kam ursprünglich — so lange der nutzbare Boden noch unbeschränkt vorhanden u. das Kapital noch nicht gebildet war — nur die Arbeit in Frage. Auch später blieb sie die wichtigste Güterquelle, da Bodenkraft und Kapital erst durch sie nutzbar werden. Daß neben dieser unmittelbaren Erzeugung auch mittelbar die Erfindungen u. die persönlichen Dienste der Beamten u. Soldaten fördernd mitwirken, haben insbesondere J. B. Say u. Roscher nachgewiesen. Der Sozialismus erkennt im wesentlichen nur die Handarbeit als Güterquelle u. Wertmaßstab an. Die höhere Arbeit läßt er nur als vervielfachte einfache Arbeit gelten.

nisse, sowie die Benutzung örtlicher Vorteile und bewirkt eine erhebliche Ersparnis an Zeit und Mühe. Die Verwendung von Maschinen und die Arbeitsteilung setzen einen durch größeren Absatz ermöglichten, umfangreichen Betrieb und eine entsprechende Kapitalverwendung voraus. Nachdem diese Bedingungen gegeben waren, haben sie die Gütererzeugung mächtig gefördert, zugleich aber dem Großbetriebe eine beherrschende Stellung verschafft. — Das Einkommen aus der Arbeit heißt **Lohn** (bei Beamten Gehalt, bei den s. g. freien Berufen Honorar). Der Lohn wird in Naturalien oder in Geld, ferner nach der Zeit (Zeitlohn), nach der Leistung (Stücklohn, Akkord), oder nach dem Ertrage (Gewinnanteil) gewährt. Seine Höhe bestimmt sich durch Nachfrage und Angebot und bewegt sich zwischen den Erhaltungskosten des Arbeiters und dem Werte, den die Arbeit für den Arbeitgeber hat.[8]) — Die **Arbeiterfrage**, die sich mit den Lebensverhältnissen der Arbeiter befaßt, hat mit der Zunahme des Großbetriebes eine immer wachsende Bedeutung gewonnen. Die Arbeiter haben die Besserung ihrer Lage insbesondere die Erhöhung der Löhne vielfach durch Vereinigungen selbst zu erreichen gesucht.[9]) Auch der Staat hat der Frage jetzt eine erhöhte Beachtung zugewendet (§ 310 und 313), während die Sozialdemokratie die Möglichkeit einer Besserung

---

[8]) § 3 Anm. 5 d. W. Tarifverträge zwischen Arbeitgeberverbänden und Gewerkschaften sollen allgemeine Grundlagen für die abzuschließenden einzelnen Arbeitsverträge schaffen. Abweichende Verabredungen werden dadurch nicht ausgeschlossen. Die Tarifverträge enthalten jedoch in der Regel Vorschriften über die Durchführung (Schiedsgerichte, Vertragsstrafen usw.), auf Grund deren, wenn eine Partei den Vertrag bricht, die andere den Anspruch auf Erfüllung oder Schadenersatz geltend machen kann. — Lotmar, der Arbeitsvertrag nach dem Privatrecht des deutsch. R. 2 Bde. (Leipz. 02/08), Sigel desgl. (Stuttg. 03), Bail, Rechtsverh. der Arbeitgeber u. Arbeitnehmer in Handwerk, Industrie u. Handel (2. Aufl. Berl. 12). Wöbling, Akkordvertrag u. Tarifvertrag (Berl. 08). Fortbezug der Vergütung bei vorüberg. Verhinderung BGB. § 616; Ausf. im Bereich der allg. Staatsverw. Vf. 5. Nov. 04 (MB. 273). Bezogene Zeugen- u. Sachverständigengebühren sind von der Vergütung abzuziehen Vf. 29. Juni 05 (MB. 110). — Lohnansprüche verjähren in 2 Jahren BGB. § 196[9].

[9]) Die erste Anregung gab der schottische Fabrikant Owen (1771—1858). — Die erste der in **England** zur korporativen Selbsthilfe gegründeten Genossenschaften waren die Pioniere von Rochdale (1844), ein von Flanellwebern gegründeter Konsumverein, der später zu umfangreichen Grunderwerbungen u. Fabrikanlagen übergegangen ist. — In den Gewerkvereinen (trades unions) suchen die einzelnen Gewerke durch einheitliches, planmäßiges Vorgehen gegenüber den Arbeitgebern, insbes. auch durch Arbeitseinstellungen (Ausstände, strikes) ihre Interessen geltend zu machen. — In **Deutschland** wurden nach Einführung der Koalitionsfreiheit (§ 315 Abs. 2 d. W.) diese Bestrebungen alsbald den politischen Parteibestrebungen dienstbar gemacht. Sie erzielten deshalb hier geringere Erfolge auf wirtschaftlichem Gebiete als in England. Es gilt dieses von den Schultze-Delitzschschen Gewerkvereinen, die an der Gemeinschaft von Kapital u. Arbeit festhielten u. darauf die genossenschaftliche Selbsthilfe aufbauten; es gilt aber in noch höherem Maße von den zentralisierten Gewerkschaften und den örtlich gestalteten Fachvereinen der Sozialdemokratie, welche die Gewerkschaftsbewegung, insbesondere auch die Ausstände, nicht zu wirtschaftlicher Hebung, sondern als Aufreizungsmittel im Klassenkampfe gegen das Kapital zu verwenden suchen.

der Arbeitsverhältnisse auf der Grundlage der heutigen Gesellschaftsordnung überhaupt in Abrede stellt.

3. Das Kapital ist der Vorrat von nicht verbrauchten, i. e. S. von den zu weiterer Erzeugung bestimmten Gütern. Man unterscheidet Grund- (Boden- und Gebäude-) und Betriebs-, ferner stehendes (Anlage-) und umlaufendes, zum Verbrauche bestimmtes Kapital. Zum Anlagekapital gehören neben dem Grundkapital auch die Bestände (das lebende und tote Inventar), zum umlaufenden Kapital die Vorräte und die Barmittel.[10]) — Die Vergütung für die Nutzung eines fremden Kapitals heißt Zins, Geldzins beim umlaufenden und Miet- (für fruchttragende Sachen Pacht-) zins beim stehenden Kapital. Neben der Vergütung für die Nutzung kann der Zins auch eine solche für das Wagnis des Darleihers enthalten. Die Höhe des Zinses (der Zinsfuß) richtet sich nach Angebot und Nachfrage. Das Angebot wird durch den Sparsinn, die Rechtssicherheit und den Zustand der Krediteinrichtungen, die Nachfrage durch die industrielle Fähigkeit und Tätigkeit der Bevölkerung bestimmt. Örtlich tritt beim Zinsfuß — insbesondere bei dem für kürzere Fristen gezahlten Handelszinse (Diskont) — eine ausgleichende Bewegung hervor; zeitlich ist bei steigender Kultur (insbesondere seit 1875) der Zinsfuß im Sinken begriffen.[11])

4. Die Verbindung dieser Kräfte (Nr. 1—3) zum Zweck der Erzeugung heißt — soweit sie auf eigene Rechnung und Gefahr erfolgt — Unternehmen. Nach dem Umfang des Unternehmens unterscheidet man Groß- und Kleinbetriebe,[12]) nach der Person des Unternehmers Einzel- und Gesellschaftsbetrieb (§ 329—331), Privat- und Staatsbetrieb (§ 124 Abs. 2). Der Unternehmer braucht nicht selbst Grundbesitzer oder Kapitalist zu sein, wird auch in der Regel andere Personen als Arbeiter beschäftigen. Er zahlt in diesen Fällen dem Grundbesitzer, Kapitalisten und Arbeiter feste Vergütungen. — Der Unternehmergewinn (Reinertrag des Unternehmens) wird in der Regel in Hundertteilen des Anlagekapitals ausgedrückt (Dividende). Er besteht aus:

a) Grundrente und Kapitalzins, soweit der Unternehmer selbst Grundbesitzer und Kapitalist ist;
b) Eigenem Verdienst und Entschädigung für das Wagnis;

---

[10]) Grundstücke sind unbeweglich, unvermehrbar, unverzehrbar und unzerstörbar; sie sind den natürlichen Einwirkungen mehr, den menschlichen weniger unterworfen als das sonstige Kapital und werden diesem teils allgemein zugerechnet (Anm. 6), teils nur, insoweit sie durch Arbeit und Bodenverbesserung entstanden sind (Schäffle u. Wagner) oder nur, insoweit sie auf Bodenverbesserung beruhen (Roscher). Die Sozialdemokratie (Marx) sieht in dem Kapital nur den Besitz, den der Unternehmer durch die Aneignung des Mehrwertes der Lohnarbeit gegen den gezahlten Lohn gewinnt. Im gewöhnlichen Sprachgebrauch wird — wie im Merkantilsystem — unter Kapital nur das Geldkapital verstanden. — Kapitalpflege § 322—331 d. W.

[11]) Zinsbeschränkungen u. Wucher § 326 Abs. 6 d. W.

[12]) § 363 Anm. 1.

c) Überschuß aus dem Arbeitsverdienste.[13])

II. Der **Umsatz** der Güter wird durch den **Handel** vermittelt, der ihren Übergang von dem Erzeuger auf den Verbraucher herbeiführt (§ 369 Abs. 1). Die Güter als Gegenstand dieses Umsatzes heißen **Waren**; ihr durch eine bestimmte Menge anderer Güter ausgedrückter **Tauschwert** heißt **Preis** (bei Wertpapieren **Kurs**). **Markt** ist der Ort des Umsatzes (§ 374 Abs. 1). Der **Marktpreis** regelt sich durch Angebot und Nachfrage und bewegt sich — abgesehen von Schleuder- und Notpreisen — zwischen den Herstellungskosten (einschließlich der Kosten der Beförderung) und dem Gebrauchswerte. In diesen Grenzen erscheint er abhängig von der Beförderungsgelegenheit, von der Versendbarkeit und Aufbewahrungsfähigkeit der Waren und von Verabredungen der Käufer oder Verkäufer untereinander.[14])

Die Entwickelung des Verkehrs hat zu einem allgemeinen Tauschmittel für alle Güter in dem **Gelde** geführt.[15]) Es erlangt diese Eigenschaft durch staatliche Anerkennung. Da aber auch das Geld bei weiter gesteigerten Ansprüchen nicht ausreicht, tritt der **Kredit** ergänzend hinzu.[16]) Die Entwickelung des Güterumlaufs vollzieht sich demgemäß in den drei Stufen der Natural-, der Geld- und der Kreditwirtschaft.

Das Herabgehen des Geldwertes führt zur Steigerung, die Geldverteuerung zum Sinken der **Warenpreise**. Ein Sinken ist trotz der Vermehrung der Zahlungsmittel seit 1875 eingetreten (I 3) und darauf zurückzuführen, daß die Herstellungskosten durch Erfindungen, technische Fortschritte und zunehmende Massenerzeugung und die Beförderungskosten durch Verbesserung der Verkehrsmittel sich fortgesetzt vermindert haben.

III. Der **Verbrauch** (die Konsumtion) der Güter muß mit deren Erzeugung im Gleichgewicht stehen. Störungen des Gleichgewichts zwischen

---

[13]) Von diesen drei Bestandteilen wurde — so lange die Bedeutung der Arbeit noch nicht durch Smith klar gelegt war — nur der zu a genannte gewürdigt. — Say u. Roscher legen das Hauptgewicht auf die unter b fallende geistige Arbeit (Anm. 7), während die Sozialdemokratie nur den zu c erwähnten anerkennt.

[14]) **Kartelle** (Syndikate) sind Unternehmerverbände eines Gewerbszweigs zur Beeinflussung der Preise durch gemeinsame Regelung der Erzeugungs- und Absatzverhältnisse, **Ringe** vorübergehende Verbindungen zu gleichem Zweck und **Trusts** (Amerika) weitergehende Verbindungen bei Verschmelzung der Unternehmungen unter gemeinsamer Leitung. Liefmann, Kartelle und Trusts (2. Aufl. Stuttgart 10), Silberberg, Handb. des deutschen Kartellrechts (Berl. 10), Kastner, der Organisationszwang (Berl. 12).

[15]) Als Geld — das anfänglich vielfach in Vieh bestand (pecus, pecunia), und noch heute bei einigen indischen u. afrikanischen Völkerschaften in Seemuscheln besteht — finden bei allen Kulturvölkern die Edelmetalle (Gold u. Silber) in Barren oder Münzen Verwendung § 376 d. W.

[16]) § 325—328 d. W. — Papiergeld (§ 175 Abs. 6) u. Banknoten (§ 328 Abs. 4), die beide neben dem Metallgelde als Zahlmittel in Anwendung kommen, bilden bereits Anwendungen des Kredits. — Dazu tritt der Überweisungs- (Giro)verkehr (§ 328 Abs. 3[3]) u. der Scheckverkehr (§ 326 Abs. 3).

Erzeugung und Verbrauch führen zu **Krisen**.[17]) Überteuerungen und Hungersnöte, wie sie früher bei zu geringer Erzeugung vorkamen, haben mit Verbesserung der Verbindungen und des Handels abgenommen, die Fälle der Übererzeugung dagegen infolge der Arbeitsteilung und des wachsenden Unternehmungsgeistes zugenommen.

2. Geschichte.

§ 3.

Die wissenschaftliche Behandlung der Volkswirtschaft hat sich erst in der neueren Zeit entwickelt und nacheinander folgende Richtungen eingeschlagen:

1. Das **Merkantilsystem** wurde durch die allgemeine Einbürgerung der Geldwirtschaft hervorgerufen. Es entwickelte sich im 17. Jahrhundert und blieb bis in die Hälfte des 18. Jahrhunderts hinein maßgebend. Wenn es auch die Grundanschauung dieser Zeit bildete, so trat es doch mehr in praktischer Handhabung als in theoretischen Erörterungen hervor.[1]) Es bemißt den Wohlstand eines Volkes nach den bei diesem vorhandenen Vorrat an edlen Metallen. In der Annahme, daß deren Bestand durch Ausfuhr der Waren vermehrt und durch Einfuhr vermindert werde, wird nach dem Verhältnisse beider zueinander (der Handelsbilanz) beurteilt, ob eine Vermehrung oder Verminderung des Wohlstandes eingetreten sei. Dies führte zu einer staatlichen Regelung des wirtschaftlichen Lebens. Der Bergbau und die Industrie wurden durch Prämien und Privilegien, die Bevölkerungszunahme durch Ansiedelung und Erschwerung der Auswanderung (§ 11 Anm. 1 u. § 30 Abs. 4) und der Außenhandel durch Abschluß der Grenzen und Anlegung von Kolonien gefördert und dabei die Einfuhr von Rohstoffen und die Ausfuhr von Industrieerzeugnissen begünstigt, die Ausfuhr der ersteren und die Einfuhr der letzteren dagegen erschwert. Der Irrtum lag in der Verwechselung von Geld und Gut und in der Verkennung des Umstandes, daß auch die im Lande verbleibenden oder diesem zugeführten Waren bei nutzbringender Verwendung den Wohlstand vermehren, und daß mithin nur unter Inbetrachtnahme dieser Verwendung die Bilanz zutreffend gezogen werden kann.
2. Das **physiokratische System** sieht dagegen im Grund und Boden die alleinige Quelle der Güter, deren Wert durch Gewerbe und Handel

[17]) **Börsenkrisen** infolge künstlicher u. übermäßiger Steigerung des Kurses der Wertpapiere (§ 374 Abs. 2); **Kreditkrisen** infolge finanzieller Mißwirtschaft (§ 129 Anm. 2) oder des Zusammenbruchs von Banken (§ 328); **Handelskrisen** infolge Übererzeugung oder Absatzstockung.

[1]) Das System wurde in Frankreich durch Colbert, in England durch Cromwell vertreten; auch die englische Navigationsakte (1651), die den fremden Nationen nur die Einführung ihrer eigenen Erzeugnisse gestattete, erscheint als dessen Ausfluß. In Preußen folgten noch Friedrich Wilhelm I. u. Friedrich der Große diesen Grundsätzen.

nur um so viel vermehrt wird, als die darauf verwendete Arbeit kostet. Daraus folgt die Begünstigung der Landwirtschaft, deren Betrieb aber auch als einzige Steuerquelle angesehen wurde.[2]) Die Regierung sollte sich dabei auf Herstellung der Sicherheit und Beseitigung der wirtschaftlichen Hemmnisse beschränken und sonst in die wirtschaftliche Freiheit nicht eingreifen. Das System verwechselt Stoff und Gut und verkennt die dem letzteren durch die menschliche Arbeit zu teil werdende Werterhöhung.

3. Die Bedeutung der Arbeit als Wohlstandsquelle hat erst Ad. Smith in vollem Maße zur Geltung gebracht. Der Ertrag dieser Arbeit wird durch Kapitalverwendung und Arbeitsteilung fortgesetzt gesteigert § 2 I 2). Indem damit die Gütererzeugung auf die bewegenden Kräfte der Natur, der Arbeit und des Kapitals[3]) zurückgeführt war, trat das allgemeine Interesse aller Wirtschaftenden an die Stelle der einseitigen Interessen des Handels, des Gewerbes und des Landbaues. Die Güterverteilung wurde dem freien Mitbewerbe als ihrem natürlichsten und sichersten Leiter überlassen. Zur Erreichung dieser Ziele wurde, wie schon von den Physiokraten, volle Wirtschaftsfreiheit gefordert, die bei gleicher Begünstigung aller Wirtschaftszweige nach außen zum Freihandel, nach innen zur Beseitigung aller rechtlichen und polizeilichen Fesseln und Schranken der Wirtschaftsbetriebe führte.[4]) — Die Lehre verbreitete sich rasch in Deutschland und hat auf unsere Gesetzgebung bis in die neueste Zeit bestimmend eingewirkt.[5])

---

[2]) § 138 Anm. 2. — Die Grundgedanken des Systems traten bereits in der Verwaltung Sullys (1560—1641), des Ministers König Heinrichs IV. in Frankreich hervor; seine Ausbildung fand es jedoch erst in der zweiten Hälfte des 18. Jahrhunderts durch Quesnay u. Turgot. In Deutschland führte es den Markgrafen Karl Ludwig von Baden zu verfehlten Versuchen. Auch Kaiser Josef II. u. sein Bruder Leopold v. Toskana waren Anhänger des Systems.

[3]) § 2 Anm. 7 d. W.

[4]) Ad. Smith (1723—1790), Professor in Glasgow, veröffentlichte seine Grundsätze (Industriesystem von industry, wirtschaftliche Arbeit) in dem bahnbrechenden Werke „Untersuchung über die Natur und die Ursachen des Nationalwohlstandes" (1776). Indem er gegenüber dem eigennützigen Interesse des Staates u. der bevorrechteten Stände auf das Naturrecht u. die natürliche Freiheit u. Gleichheit der Menschen hinwies u. so — im Geiste des 18. Jahrhunderts u. im Gegensatze zur späteren historischen Schule (§ 3[5] d. W.) — von allgemeinen Grundsätzen ausgehend die Einzelverhältnisse ordnen wollte, beschritt er wirtschaftlich dieselben Bahnen, die J. J. Rousseau im contrat social u. Montesquieu im esprit des lois politisch betreten hatten.

[5]) Befreiung des Wirtschaftsbetriebs § 310 Abs. 1, insbes. des Landbaues § 337 Abs. 2, des Gewerbes § 363 Abs. 3, des Handels (Handels- u. Zollpolitik) § 161, insbes. Anm. 5; Einfluß auf die Besteuerung § 138 Anm. 2. — Von geringerem Einflusse war die Lehre in England, wo die wirtschaftlichen Schranken schon früher gefallen, u. in Frankreich, wo sie durch die Revolution beseitigt waren. Stellung beider Staaten zum Schutzzollsystem § 161 Anm. 6 d. W. — In pessimistischer Richtung wurde die Lehre durch die Engländer Malthus (1766 bis 1834) u. Ricardo (1772—1823) weitergebildet. Nach ersterem führt der Umstand, daß die Bevölkerung sich stärker vermehrt, als ihr Unterhalt, zur Übervölkerung u. Verelendung der Massen,

4. In entschiedenem Gegensatz zu dieser Lehre des Individualismus steht die des **Sozialismus**, die das Einzelinteresse als bewegende, wirtschaftliche Kraft verwirft, das Privatkapital in ein Gesamtkapital, die Einzelerzeugung in eine Gesamterzeugung verwandelt sehen und so das Einzelwesen ganz in der Gesamtheit aufgehen lassen will. Der Ursprung dieser Bewegung liegt in der Scheidung der Gesellschaften in Klassen und in dem natürlichen Streben des einzelnen, in diesen Klassen aufzusteigen. Rechtlich steht diesem Streben im Verfassungsstaate keine Schranke entgegen. Wirtschaftlich tritt aber der kapitallosen Arbeit, die durch Kapitalerwerb zur Selbständigkeit durchdringen möchte, das Übergewicht entgegen, welches das Kapital über diese Arbeit regelmäßig behaupten und geltend machen wird. Der Kommunismus fordert demgegenüber die Beseitigung des Kapitals und damit des Eigentums überhaupt, während der Sozialismus die Unterordnung des Kapitals unter die Arbeit erstrebt. — Die soziale Bewegung war in der ersten Hälfte des vorigen Jahrhunderts in Frankreich durch Graf St. Simon und Fourier in Fluß gekommen und seit Louis Blanc, der das Recht auf Arbeit aufstellte, mit der politischen Bewegung in Verbindung gebracht (1848). Aus dieser Verbindung, die nach ihrer Übertragung auf Deutschland durch Marx und vor allem durch Lassalle weiter entwickelt wurde, ist die Sozialdemokratie entstanden.[6]) Diese geht von dem Grundsatz aus, daß die Hand-

---

der vorbeugend durch verminderte Eheschließung u. Kindererzeugung (Quelle der Prostitution), abwehrend durch Hungersnot u. Seuchen entgegengewirkt werde. Er verwirft deshalb jede Förderung der Volksvermehrung u. jede ausgedehntere Armenpflege; seine Schüler forderten sogar Ehebeschränkungen u. Förderung der Auswanderung. Nach Ricardo wird der Umfang der Erzeugung allein durch das Kapital des Arbeitgebers bestimmt. Da die Arbeiterbevölkerung sich schneller vermehrt als der für den Lohn ausgesetzte Betrag, kann der regelmäßige Arbeitslohn nicht über die gewöhnlichen Unterhaltungskosten einer Arbeiterfamilie steigen. Dieser Satz, den der Sozialismus (Lassalle) als das eherne Lohngesetz bezeichnet, die heutige Sozialdemokratie aber als unhaltbar wieder fallen gelassen hat, bildet den Ausgang für den Klassenkampf zwischen Kapital und Arbeit (§ 3[4]). — Zu völlig abweichenden Ergebnissen gelangen zwei spätere Schüler Smiths, der Amerikaner Carey und der Franzose Bastiat (§ 2 Anm. 6). Carey (1793—1879) sieht in der Vermehrung und Ausbildung der erzeugenden Kräfte, wie die fortschreitende Kultur sie mit sich bringt, das natürliche Gegengewicht gegen die nachteiligen Wirkungen der Bevölkerungszunahme. Bastiat (1810 bis 1850) nimmt an, daß die göttliche Weltordnung, sich selbst überlassen, zur Harmonie der Interessen führe und ist dadurch zum Ausgangspunkt für die Freihandelslehre (§ 161 Anm. 6) geworden.

[6]) Lassalle verwarf (1862) die auf Förderung des Fleißes u. der Sparsamkeit beruhende Selbsthilfe (§ 2 Anm. 9), weil der Arbeitslohn doch stets wieder auf den unerläßlichen Lebensbedarf des Arbeiters herabgedrückt werde (Anm. 5). Während er noch auf nationalem Boden stand, will Marx (1864) die moderne Staats- u. Gesellschaftsordnung durch die internationale Revolution stürzen u. durch die sozialistische Gesellschaft der Zukunft ersetzen. Beide Richtungen haben sich in dem s. g. Gothaer Programm vereinigt, welches die Bewegung zwar im nationalen Rahmen zuläßt, sie aber als internationale, gegenseitig zu unterstützende, anerkennt (1875).

arbeit die alleinige Güterquelle sei[3]), und daß demgemäß der Arbeitsertrag — den sich heute der Unternehmer vermöge seines auf der Macht des Kapitals beruhenden wirtschaftlichen Übergewichtes unter Abfindung des Arbeiters mit dem notdürftigsten Lohne allein aneigne[7]) — allen Gliedern der Gesellschaft gebühre. Sie fordert, daß das Kapital zum Gemeingut und der Arbeitsertrag gemeinsam verteilt werde. Die Bedeutung, welche die geistige Arbeit und das Wagnis des Unternehmers für die Gütererzeugung haben, bleibt dabei unbeachtet. Die Verantwortung, die dieser für eine dem Zwecke und dem Bedürfnis entsprechende Herstellung trägt, kann aber weder der einzelne Arbeiter noch die Gesellschaft übernehmen. Dementsprechend herrscht auch über die Ausführung dieser Grundsätze, den s. g. Zukunftsstaat, die größte Unklarheit. Es gilt dieses von der Einziehung des beweglichen und unbeweglichen Privateigentums, die auf die Dauer undurchführbar sein würde, bei der es auch unentschieden bleibt, ob sie mit oder ohne Entschädigung erfolgen soll. Es gilt ferner sowohl von der Feststellung des Güterbedarfs, die von einer Stelle aus gar nicht bewirkt werden kann, wie von der Verteilung der Arbeit, welche die freie Wahl der Art und des Ortes ausschließen würde, dabei aber der Triebfeder der Selbsterhaltung und des Vorwärtskommens und der Förderung durch Fleiß, Familiensinn und Häuslichkeit nicht entbehren kann. Es gilt endlich von der Verteilung des Arbeitsertrags, für die es zweifelhaft gelassen wird, ob sie nach Leistung oder nach Bedarf erfolgen soll. Obwohl es hiernach an jedem Anhalt darüber fehlt, wie die Absichten der Sozialdemokratie verwirklicht werden sollen, obwohl diese auch — im Gegensatze zu den auf Selbsthilfe gerichteten Bestrebungen[8]) — die bestehenden Zustände als unverbesserlich ansieht und es an jeder selbständigen Reformtätigkeit fehlen läßt, hat sie doch vermöge ihrer umfassenden Organisation, ihrer rührigen, alle Mittel benutzenden Tätigkeit, insbesondere der geschickten Ausnutzung jeder hervortretenden Unzufriedenheit eine außerordentliche Verbreitung gefunden, die auch durch das vorübergehende unmittelbare Eingreifen der Staatsgewalt[9]) nicht wesentlich aufgehalten worden ist. Während die Sozialdemokratie sich auf fortgesetzte Bearbeitung der Massen beschränkt und durch diese den Kampf gegen das Kapital, wenn möglich friedlich und erst wenn nötig gewaltsam beilegen will, haben sich ihre ungeduldigeren und rücksichtsloseren Elemente (Anarchisten) abgesondert, die durch Schrecken und gewaltsame Zerstörung diesen Kampf zu fördern suchen. Das Endziel beider ist dasselbe und gegen diese agitatorisch-politische Tätigkeit tritt die soziale Fürsorgetätigkeit in der Sozialdemokratie zurück.

---

[7]) § 2 Anm. 10.
[8]) § 2 Anm. 9.
[9]) § 244 Anm. 3 d. W.

5. Hatte der Sozialismus selbst da, wo ihm wie in Amerika freie Bewegung gegeben war, zu dauernden praktischen Ergebnissen nicht geführt, so gebührt der unter Anlehnung an Sismondi und Friedrich List in neuester Zeit entstandenen historischen Schule das Verdienst, die sozialen Fragen in die richtigen Bahnen zurückgeleitet zu haben. Auch sie bildet einen Gegensatz zur Smithschen Schule. Während diese alle Erscheinungen des wirtschaftlichen Lebens aus allgemeinen Wirtschaftsgesetzen abzuleiten sucht (Deduktion) und damit einen weltbürgerlichen Zug annimmt, gründet die historische Schule ihre Grundsätze auf die Beobachtung der verschiedenartigen einzelnen Erscheinungen (Induktion) und wird damit zu einer Berücksichtigung der verschiedenen wirtschaftlichen Verhältnisse in den einzelnen Ländern geführt. Gegenüber der schrankenlosen Freiheit des „Gehen- und Geschehenlassens" erkennt sie die Mitwirkung des Staates zum Schutz der Schwachen und zur Belebung des Gemeinsinns als berechtigt an und will nicht das Selbstinteresse als alleinige Triebfeder für die wirtschaftlichen Vorgänge gelten lassen, sondern auch sittliche und nationale Triebkräfte darin anerkannt sehen.[10])

So richtig diese Grundsätze, deren Gesamtheit als Kathedersozialismus und, soweit sie ein stärkeres unmittelbares Eingreifen des Staates fordern, als Staatssozialismus bezeichnet worden ist, an sich sind, muß ihre Anwendung doch in bestimmten Grenzen gehalten werden. Jeder einseitige Schutz der im wirtschaftlichen Kampfe schwächeren Parteien würde nicht nur der ausgleichenden Gerechtigkeit widersprechen, sondern auch große Gefahren für die wirtschaftliche Entwickelung mit sich bringen. Die Unternehmungen ernähren nicht nur die Unternehmer, sonder gleichzeitig die Arbeiter und mittelbar auch den Staat. Ihre Erhaltung liegt deshalb im Interesse aller dieser Beteiligten. Die sozialen Anforderungen dürfen deshalb nicht so hoch gespannt werden, daß die Ertrags- und damit die Lebensfähigkeit der Unternehmungen in Frage gestellt, insbesondere der Mitbewerb mit dem Auslande unmöglich gemacht wird. Das würde neben den Unternehmern auch den Arbeitern die Lebensbedingungen abschneiden. Die Bestrebungen, die darauf gerichtet sind, unsere Sozialpolitik in den richtigen Grenzen zu halten, verdienen deshalb die ernsteste Beachtung.

---

[10]) Sismondi (1773—1842), französischer Geschichtsschreiber in Genf. — Friedrich List, geb. 1789 in Reutlingen, ging, in der Heimat verfolgt, nach Amerika (1825—32) u. starb 1846. — Bedeutung für die Schutzzollpolitik § 161 Abs. 5. — Seine bedeutendsten Nachfolger sind Roscher (§ 2 Anm. 1, § 3 Anm. 6, 7 u. 10) u. Knies.

Erstes Kapitel.

Das Deutsche Reich.

I. Geschichte.

§ 4.

1. Der sich durch das gesamte Mittelalter hindurchziehende Kampf zwischen Königsgewalt und Landesherrschaft endigte im **älteren Deutschen Reiche** mit dem vollständigen Siege der letzteren.[1]) Während die Kaiser ihre Kräfte in äußeren und inneren Kämpfen erfolglos aufrieben, konnte die Landesmacht sich ungehindert entfalten. Ihr fortgesetztes Wachstum ließ schon in der zweiten Hälfte des Mittelalters die Versuche zu weiterer Befestigung der kaiserlichen Macht zurücktreten und die Beherrscher Deutschlands mehr und mehr auf die Erweiterung der eigenen Hausmacht Bedacht nehmen. Wie ein letztes Aufflackern des Reichsgedankens tritt am Ausgange des Mittelalters die Einteilung des Reichs in Kreise zum Zweck der Erhaltung des Landfriedens und die Einsetzung des Reichskammergerichts hervor (1495). Doch auch diese Maßregeln konnten den allgemeinen Zersetzungsgang nicht aufhalten, den die mit der Reformation eintretende religiöse Spaltung und die dadurch hervorgerufene Einmischung des Auslandes noch wesentlich förderten.

Der westfälische Friede (1648), der den Fürsten die Bündnisschließung mit auswärtigen Mächten zugestand, bezeichnet bereits den vollendeten Sieg der Landesgewalt, die in dem aufstrebenden brandenburg-preußischen Staate besonders mächtig emporwuchs. Das Reich sank zum bloßen Schattenbilde herab. Die Kriege mit Frankreich hat es nicht mehr überlebt. Nachdem im Rheinbunde die beteiligten Staaten zu voller Souveränität gelangt waren, schwand mit der Niederlegung der Kaiserwürde durch Franz II. auch sein letzter Rest (1806).

§ 5.

2. Obwohl diese Stürme zahlreiche, bisher reichsunmittelbare Herrschaften hinweggeweht hatten,[2]) sah sich Deutschland noch immer in eine größere Zahl selbständiger Staaten aufgelöst. Ein Zusammenschluß schien unerläßlich. Allen Einheitsplänen trat aber alsbald das Streben nach ungeschmälerter Aufrechterhaltung der neu erworbenen Souveränität hindernd in den Weg. Der **deutsche Bund**, der einen völkerrechtlichen Verein

[1]) Den entgegengesetzten Verlauf nahm der Kampf in Frankreich, wo die absolute Monarchie siegend hervorging. England steht in der Mitte zwischen Deutschland und Frankreich. Der Kampf führte hier in der magna charta (1215) zur Teilung der Gewalt zwischen König und Großen, aus der sich im Laufe der Jahrhunderte die konstitutionelle Monarchie herausgebildet hat.

[2]) Dies geschah durch Einziehung geistlicher Herrschaften (Säkularisierung) oder Verwandlung reichsunmittelbarer, weltlicher Herrschaften in mittelbare (Mediatisi-

der souveränen deutschen Fürsten und freien Städte bildete und im Bundestag seine Vertretung fand,[3]) trug diesem Streben volle Rechnung und schloß damit von vornherein jede gesunde Weiterentwickelung der deutschen Verhältnisse aus. Weder nach außen, noch in seiner inneren Entwickelung vermochte Deutschland seinen Aufgaben zu genügen, und wo Erfolge erzielt wurden, geschah es unabhängig von der Bundeseinrichtung durch besondere Verträge, welche die durch gleiche Interessen verbundenen Staaten zusammenführten. So hat vor allem der Zollverein erfolgreich gewirkt, der die Mehrzahl der deutschen Staaten zu einem einheitlichen Zollgebiete zusammenschloß.[4]) In diesem wurden die Zölle gemeinsam erhoben und nach der Bevölkerung auf die beteiligten Staaten verteilt. Obgleich nur auf kündbarem Vertrage beruhend und somit jeder festen und dauernden Grundlage entbehrend, auch in seiner Weiterbildung von den übereinstimmenden Beschlüssen aller Vereinsmitglieder abhängig, hat der Zollverein doch wesentlich dazu beigetragen, die Notwendigkeit des engeren nationalen Zusammengehens klar zu legen. Überall gab Preußen den Kern für solche Bildungen ab, und hierin lag bereits der bestimmte Hinweis auf die Rolle, zu der dieser Staat bei der späteren Neugestaltung Deutschlands berufen erschien.

Die unter dem Druck der Bewegung im Jahre 1848 unternommenen Einigungsversuche haben keinen dauernden Erfolg gehabt. Mit Zustimmung des Bundestags trat in Frankfurt a. M. (Paulskirche) eine deutsche Nationalversammlung zusammen (18. Mai 1848). Sie wählte als Träger der Zentralgewalt den österreichischen Erzherzog Johann zum Reichsverweser und stellte im März 1849 eine Reichsverfassung fest, nach der die auswärtige Vertretung, die Heeres- und Seemacht und die Verkehrsanstalten auf das Reich übergehen sollten, dem außerdem weitgehende ge-

---

rung). Die Zahl der Landesherrschaften des älteren deutschen Reichs sank, als infolge des Lüneviller Friedens (1801) das linke Rheinufer an Frankreich abgetreten und die geschädigten Fürsten im Reichsdeputationshauptschluß (1803) durch Einziehung der geistlichen Herrschaften und der Mehrzahl der Reichsstädte schadlos gehalten wurden, von 296 auf 82; die Rheinbundsakte (1806) und die Beschlüsse des Wiener Kongresses verminderten sie weiter auf 38.

[3]) Bundesakte 8. Juni 15 (GS. 18 S. 143) u. Wiener Schlußakte 15. Mai 20 (GS. 113).

[4]) Unter dem Schutz der Kontinentalsperre hatte sich besonders im westlichen Deutschland eine blühende Industrie entwickelt, die nach Wegfall dieser Schranke alsbald dem englischen Mitbewerbe erlag. Preußen sah sich infolgedessen zur Einführung von Grenzzöllen veranlaßt (§ 138 Abs. 3) und nötigte damit die übrigen deutschen Staaten, deren Industrie hierdurch noch mehr als die englische geschädigt wurde, sich ihm wirtschaftlich anzugliedern. Mit dem Abschluß von Zollverträgen begannen Anhalt und das Großherzogtum Hessen (1828), Kurhessen u. Waldeck (1831). Hierauf folgte der bayrisch-württembergische Zollverein, Sachsen u. der unter den thüringischen Staaten gebildete Zoll- u. Handelsverein (1833), Baden u. Nassau (1835), Frankfurt (1836), Lippe u. Braunschweig (1841), Luxemburg (1842) u. zuletzt der Hannover u. Oldenburg umfassende Steuerverein (1851). Dem Zollverein gehörten hiernach alle deutschen Staaten außer Mecklenburg, Holstein, den Hansestädten, Österreich u. Lichtenstein an.

setzgebende Befugnisse beigelegt wurden. An der Spitze sollte ein erblicher Kaiser und ihm zur Seite ein in ein Staaten- und ein Volkshaus gegliederter Reichstag stehen. Die Mitglieder des Staatenhauses sollten zur Hälfte von den Regierungen, zur Hälfte von den Vertretungen der Einzelstaaten ernannt werden, die Mitglieder des Volkshauses dagegen aus allgemeinen direkten Wahlen hervorgehen. Der König von Preußen lehnte jedoch wegen der mangelnden Zustimmung aller Regierungen die ihm angebotene Kaiserkrone ab. Hierauf legte der Reichsverweser seine Würde nieder, die Nationalversammlung verfiel der Auflösung und der Bundestag trat am 2. September 1850 wieder in Tätigkeit.

Die Ohnmacht des Bundes dem Auslande gegenüber wich erst einem kräftigeren Vorgehen, als die beiden deutschen Großmächte sich zur Lösung der endlos verschleppten schleswig-holsteinischen Frage miteinander verbanden (1864). Aber mit dem Vorgehen war auch die Gemeinschaft gewichen. Das weiß-schwarz-gelbe Band der Waffenbrüderschaft, an das einzelne patriotische Hoffnungen sich geknüpft hatten, zerriß, sobald die beiden Mächte gemeinsam an die Einrichtung der eroberten Lande herantraten. Es kam zum neuen Kriege zwischen den bisherigen Verbündeten (1866) und dieser hatte das Zurücktreten Österreichs von den weiteren Gestaltungen in Deutschland zur Folge.[5])

§ 6.

3. Damit war die Bahn für Deutschlands weitere politische Entwickelung frei geworden. Der geschlossene Frieden wurde der Ausgangspunkt für das **neue Deutsche Reich.** Der deutsche Bund löste sich auf, und das durch Einverleibung eroberter Länder[1]) wesentlich verstärkte Preußen vereinbarte mit den übrigen 21 norddeutschen Staaten eine Verfassung, die nach Annahme durch den zu diesem Zweck einberufenen Reichstag als Verfassung des norddeutschen Bundes veröffentlicht wurde.[2])

Mit den süddeutschen Staaten (Bayern, Württemberg, Baden und Südhessen) schloß der norddeutsche Bund neben einem Zollvereinigungsvertrage[3]) auch Schutz- und Trutzbündnisse, in denen die Beteiligten im Kriegsfalle ihre volle Heeresmacht unter dem Oberbefehle des Königs von Preußen zur Verfügung stellten.[4])

Schon nach wenigen Jahren sollten diese Bündnisse im Kriege mit Frankreich (1870) nicht nur ihre Feuerprobe bestehen; die Vereinigung

[5]) Prager Frieden 23. Aug. 66. — Leiter der preußischen Politik war der Ministerpräsident von Bismarck, geb. 1815, seit 1871 Fürst, mit Entstehung des norddeutschen Bundes und deutschen Reichs erster Bundes- und Reichskanzler bis 1890, gest. 1898.

[1]) § 29 Abs. 7 d. W.

[2]) Publ. 26. Juli 67 (BGBl. 1).

[3]) Vertr. 8. Juli 67 (BGBl. 81). Durch diesen wurden ähnlich der Einrichtung des norddeutschen Bundes ein Zollbundesrat, ein Zollpräsidium u. ein Zollparlament eingeführt.

[4]) Der Abschluß erfolgte gleichzeitig mit den Friedensverträgen (1866).

sollte zugleich zu einer festeren und dauernden Gestaltung zusammenwachsen. Nachdem die süddeutschen Staaten durch die Novemberverträge dem norddeutschen Bunde beigetreten waren,[5]) wurde die deutsche Kaiserwürde von den vereinten Fürsten und freien Städten dem König von Preußen angetragen und von diesem feierlich angenommen.[6]) Die Mainlinie, die den Norden und Süden Deutschlands bislang getrennt hatte, war verschwunden, der norddeutsche Bund zum Deutschen Reiche erweitert.

Die neuen Einrichtungen erhielten in der Reichsverfassung ihren Ausdruck, die mit nur unwesentlichen Abweichungen den Inhalt der bisherigen Bundesverfassung und der Novemberverträge zusammenfaßte und von dem dieserhalb berufenen Reichstage angenommen wurde.[7]) — Mit dem Reich wurde das von Frankreich abgetretene Gebiet Elsaß-Lothringen vereinigt.[8])

II. Reichsverfassung.

1. Übersicht.

§ 7.

Das Deutsche Reich, begründet als „ewiger Bund zum Schutze des Bundesgebietes und des innerhalb desselben giltigen Rechtes, sowie zur Pflege der Wohlfahrt des deutschen Volkes", bildet einen Bundesstaat,[1]) der nach außen die Gemeinsamkeit des Schutzes und der Vertretung, nach innen die Gleichmäßigkeit der Gesetzgebung und Verwaltung auf den ihm

[5]) Baden u. Südhessen Verfassung u. Schlußprot. 15. Nov. 70 (BGBl. 627 u. 650); Württemberg Vtr., Schlußprot. u. Mil.Konv. 25. Nov. 70 (BGBl. 654, 657 u. 658); Bayern Vtr. u. Schlußprot. 23. Nov. 70 (BGBl. 71 S. 9 u. 23).

[6]) Publ. 18. Jan. 71.

[7]) EinführungsG. 16. April 71 (RGB. 63). — Zugleich wurde eine Mehrzahl der norddeutschen Bundesgesetze zu Reichsgesetzen erklärt, das. § 2; für Baden u. Südhessen Art. 80 der Verf. von 1870 (Anm. 5); für Württemberg Art. 2[6] des Vtr. (Anm. 5); für Bayern III § 8 des Vtr. (Anm. 5) u. RG. 22. April 71 (RGBl. 87). — Bearb. der Reichsverfassung v. Rönne (10. Aufl. Berl. 12), Zorn (Berl. 95), Arndt (5. Aufl. Berl. 13), Dambitsch (Berl. 10), Seydel (2. Aufl. Freib. 97), Reincke (Berl. 06). Die das Deutsche Reich (Verfassung, Behörden und Beamte, Finanzen, Els.-Lothringen) betreffenden Gesetze sind vom Verfasser bearbeitet (Berl. 01). Systematische Bearbeitungen § 1 Anm. 10 d. W.

[8]) G. 9. Juni 71 (RGB. 212) § 1. — § 25—28 d. W.

[1]) Die Zwecke des Staates können in dem einzelnen Staate ihre volle Erfüllung finden (Einheitstaat) oder zur Verbindung einer Mehrheit von Staaten Anlaß geben. Diese Verbindung heißt Staatenbund, so lange sie die Einzelstaaten nur durch Vertrag zusammenhält und deren Vollgewalt (Souveränität) unberührt läßt. Sie wird zum Bundesstaate, wenn sie selbst die Souveränität erlangt und durch die eigene Gesetzgebung über die Einzelstaaten hinweg zu den Staatsangehörigen in Beziehung tritt; Anm. 3 u. § 17 Abs. 1. Der Staatenbund ist ein völkerrechtliches, der Bundesstaat ein staatsrechtliches Gebilde; ersterer bildet ein Rechtsverhältnis, letzterer eine Staatspersönlichkeit. Der Bundesstaat heißt nach dem Überwiegen des Gesamtstaates oder der Einzelstaaten unitarisch oder föderalistisch. — Staatenbunde waren der deutsche Bund und die Schweiz vor 1848, Bundesstaaten sind das Deutsche Reich, die heutige Schweiz und die Vereinigten Staaten von Nordamerika.

zugewiesenen Gebieten bezweckt. Seine Bestandteile findet das Reich in Land und Leuten (Nr. 2 und 3); sein Wirkungskreis (Nr. 4) wird ihm durch die Verfassung mit der Maßgabe vorgezeichnet,[2]) daß er im Wege der ordentlichen Reichsgesetzgebung (Nr. 5) nicht nur geregelt, sondern auch erweitert werden kann.[3]) Die Reichsgewalt (§ 1 Abs. 2), welche die Gesamtheit der zum Reiche vereinigten Landesregierungen ausübt, wird damit diesen letzteren gegenüber souverän. Sie kann diese zur Erfüllung ihrer verfassungsmäßigen Pflichten zwangsweise anhalten und hat sowohl Streitigkeiten der Staaten untereinander, als Verfassungsstreitigkeiten innerhalb dieser zu erledigen.[4]) Träger dieser Gewalt sind der Bundesrat (Nr. 6), der Kaiser (Nr. 7) und der Reichstag (Nr. 8). In diesen erscheinen die drei Kräfte verkörpert, die das Reich geschaffen haben — die opferbereiten Einzelstaaten, das starke und siegreiche Preußen und die treibende öffentliche Meinung.

2. Reichsgebiet.

§ 8.

Das Reichsgebiet umfaßt außer dem Reichslande Elsaß-Lothringen 25 Staaten (4 Königreiche, 6 Großherzogtümer, 5 Herzogtümer, 7 Fürstentümer und 3 freie Städte).[1])

---

[2]) Reichsverfassung v. 1871 (RGB. 64) Art. 4. — Obwohl die Verfassung aus Verträgen hervorgegangen ist und die auf das Bundesverhältnis bezüglichen Ausdrücke noch vielfach beibehalten hat, bilden ihre Bestimmungen doch Verfassungs-, nicht Vertragsrecht, da sie nicht nur im Gesetzgebungswege zustande gekommen sind, sondern auch inhaltlich über den Bereich der Einzelverträge hinaus reichen und dem Reiche die Befugnis zur eigenen selbständigen Gesetzgebung gewähren.

[3]) Dieses folgt aus Verf. Art. 78. — Die Befugnis bildet ein zwar nicht wesentliches, aber gewöhnliches Merkmal des Bundesstaates. Auch die Schweiz und die Vereinigten Staaten haben sie aufgenommen. In diesen wird sie von einer besonderen verfassungsgebenden Gewalt ausgeübt.

[4]) Vgl. Art. 19 u. 76.

[1]) Verf. Art. 1, Anschluß Elsaß-Lothringens G. 9. Juni 71 (RGB. 212). — Eine Änderung kann nur im Wege der Verfassungsänderung (§ 14 Abs. 1[2] d. W.) erfolgen. — Strafrechtlicher Schutz § 245 Abs. 2 u. § 185 d. W.

Größe und Bevölkerung des Reichs und der Einzelstaaten.

Staaten	Größe qkm	Ortsanwesende Bevölkerung; am 1. Dez 10. (Vorläufiges Ergebnis.)	Zunahme der Bevölkerung von 1905 bis 1910. v. H.	Auf 1 qkm kommen Einwohner
Königreich Preußen	348 780	40 163 333	7,7	115,2
Königreich Bayern	75 870	6 876 497	5,4	90,6
Königreich Sachsen	14 993	4 802 485	6,5	320,3
Königreich Württemberg	19 507	2 435 611	5,8	124,8
Großherzogtum Baden	15 070	2 141 832	6,5	142,1
Großherzogtum Hessen	7 689	1 282 219	6,0	166,8
Großherzogtum Mecklenburg-Schwerin	13 127	630 879	2,4	48,7
Großherzogtum Sachsen-Weimar	3 610	417 166	7,5	115,5
Großherzogtum Mecklenburg-Strelitz	2 930	106 347	2,8	36,3
Großherzogtum Oldenburg	6 429	482 430	9,9	75,0

Von dem Gebiet des vormaligen deutschen Bundes schieden Österreich, das Fürstentum Liechtenstein und das Großherzogtum Luxemburg[2]) aus; dagegen traten die vom Bunde ausgeschlossen gewesenen Provinzen Preußen und Posen, das an Preußen gefallene Herzogtum Schleswig, das vom Reiche erworbene Reichsland Elsaß-Lothringen[1]) und die Insel Helgoland (§ 33 Abs. 1) hinzu. Die Schutzgebiete gehören nicht zum Reichsgebie (§ 89 Abs. 1).

Die Reichsfarben sind schwarz, weiß und rot (§ 116 Abs. 1, und 379 Abs. 1).

3. Reichsangehörigkeit.

§ 9.

a) Die Reichsangehörigkeit, die nur in Verbindung mit dem Erwerbe und Verluste der Staatsangehörigkeit in einem Bundesstaate erworben und verloren wird (§ 34 Abs. 2), ist mit besonderen **Rechten** verbunden. Sie bedingt ein gemeinsames Zugehörigkeitsverhältnis (Indigenat) für ganz Deutschland, das den Angehörigen eines Bundesstaates in jedem andern insoweit als Inländer erscheinen läßt, als er mit den Einheimischen in Bezug auf Erlangung des Staatsbürgerrechts (§ 35), auf Wohnsitznahme (§ 10),

Staaten	Größe qkm	Ortsanwesende Bevölkerung; am 1. Dez. 10. (Vorläufiges Ergebnis.)	Zunahme der Bevölkerung von 1905 bis 1910. v. H.	Auf 1 qkm kommen Einwohner
Herzogtum Braunschweig	3 672	494 387	1,7	134,6
Herzogtum Sachsen-Meiningen	2 468	278 792	3,7	112,9
Herzogtum Sachsen-Altenburg	1 324	216 313	4,7	163,4
Herzogtum Sachsen-Coburg-Gotha	1 977	257 208	6,1	130,1
Herzogtum Anhalt	2 299	331 047	0,9	144,0
Fürstentum Schwarzburg-Sondershausen	862	89 984	5,7	104,4
Fürstentum Schwarzburg-Rudolstadt	941	100 712	4,0	107,1
Fürstentum Waldeck	1 121	61 723	4,4	55,1
Fürstentum Reuß älterer Linie	316	72 616	2,9	229,6
Fürstentum Reuß jüngerer Linie	827	152 765	5,7	184,8
Fürstentum Schaumburg-Lippe	340	46 650	3,7	137,1
Fürstentum Lippe	1 215	150 749	3,6	124,1
Freie und Hansestadt Lübeck	298	116 533	10,1	391,4
Freie Hansestadt Bremen	256	298 736	13,4	1 165,2
Freie und Hansestadt Hamburg	414	1 015 707	16,1	2 454,1
Reichsland Elsaß-Lothringen	14 522	1 871 702	3,1	128,9
Deutsches Reich	540 857	64 903 423	7,0	120,0

Ergebnis der Berufszählung (1907) § 308 Anm. 3 d. W. — In der Dichtigkeit der Bevölkerung wird Deutschland von Belgien (252,04), den Niederlanden (171,73), Großbritannien mit Irland (144,18), Japan (135,30) und Italien (120,99) übertroffen. — Die Zunahme der Bevölkerung entfiel fast ausschließlich auf die Großstädte und Industriegebiete. Im natürlichen Wachstum der Bevölkerung (dem Überschuß der Geburten über die Sterbefälle) ist in letzter Zeit ein Rückgang eingetreten. Die Zahl der Geburten nimmt ab, namentlich in den größeren Städten. Gleichzeitig haben zwar infolge der verbesserten Gesundheitspflege (§ 263 Abs. 2), insbes. der Säuglingsfürsorge (§ 314 Abs. 2) auch die Sterbefälle abgenommen (1911 entfielen auf 1000 Einwohner 29,5 Geburts- u. 18,2 Sterbefälle); gleichwohl wird befürchtet, daß das Sinken der Sterbeziffer mit der der Geburtsziffer weiterhin nicht gleichen Schritt halten und der Geburtenüberschuß allmählig verschwinden werde.

[2]) Dieses war durch den Londoner Vtr. 11. Mai 67 nach Aufhebung des früheren preußischen Besatzungsrechts unter dem bisherigen Herrscherhause für neutral erklärt.

Grundstückserwerb (§ 338 Abs. 1), Gewerbebetrieb (§ 365 Abs. 2), Zulassung zu öffentlichen Ämtern (§ 63 Abs. 2[1]), Genuß sonstiger bürgerlicher Rechte,[1]) Rechtsverfolgung und Rechtsschutz (§ 178 Abs. 4) gleich zu behandeln ist;[2]) ferner sind Anhänger der verschiedenen religiösen Bekenntnisse in bürgerlicher und staatsbürgerlicher Beziehung gleichberechtigt (§ 284 Abs. 1).

§ 10.

b) Das Recht der freien Wohnsitznahme führt weiter zur **Freizügigkeit.**[3]) Diese ermöglicht den vollen Gebrauch des in der Arbeit gegebenen Kapitals und wird damit zu einem Gliede in der Ordnung der wirtschaftlichen Freiheit. Mit der Freizügigkeit ist ein einheitliches Wohnrecht im ganzen Reiche verbunden (§ 9). Aus dem Reichsgebiet können Reichsangehörige weder ausgewiesen noch ausgeliefert werden.[4]) Innerhalb dieses Gebiets kann ihnen, sobald sie den Nachweis der Reichsangehörigkeit und im Falle der Unselbständigkeit den der Genehmigung des gesetzlichen Vertreters erbracht haben, der Aufenthalt oder die Niederlassung nicht versagt oder beschränkt werden.[5]) Ausnahmen (*Aufenthaltsbeschränkungen*) sind nur zulässig:

1. im polizeilichen Interesse in den gesetzlich bestimmten Fällen,[6])
2. aus Rücksichten der Ortsarmenpflege.[7])

Der Anzug darf insbesondere weder von der Entrichtung eines Einzugsgeldes, noch von der Zusicherung der Wiederaufnahme (Heimkehrschein) abhängig gemacht werden.[8])

Heimatscheine kommen demgemäß nur dem Reichsauslande gegenüber in Betracht, während im Verkehre der Bundesstaaten untereinander Staatsangehörigkeitsausweise ausreichen. Diese werden ohne Zeitbeschränkung,

[1]) Freiheit der Person und Wohnung § 35 Abs. 3, § 235 u. 236, der Verehelichung § 207 Abs. 3, der Auswanderung § 11, der Meinungsäußerung (Preßfreiheit) § 247 u. Vereinsfreiheit § 248 d. W.

[2]) Verf. Art. 3. — Das Indigenat erstreckt sich nicht auf Landtagswahlen (§ 40—42 d. W.) u. Kommunalverbandsrechte (§ 76—84), gilt auch nur für natürliche, nicht für juristische Personen (§ 249 Anm. 14).

[3]) *FreizügigkeitsG.* 1. Nov. 67 (BGBl. 55); Einf. in Süddeutschland § 6 Anm. 7 d. W., in Elf.-Lothringen G. 8. Jan. 73 (RGB. 51 Art. I), Helgoland G. 29. März 09 (das. 335) Nr. 1. — Die Niederlassung für die beiderseitigen Angehörigen ist geregelt mit der Schweiz Vertr. 13. Nov. 09 u. (Rechtsverhältnisse) 31. Okt. 10 (RGB. 11 S. 887, 892 u. 894), Ausf.Anw. 19. September 11 (MB. 278) und 9. Feb. 13 (MB. 53), den Niederlanden Vtr. 17. Dez. 04 nebst Bek. 6. Dez. 06 (das. 879 u. 887), 17. Juni 11 (das. 252) u. Vf. 17. Juli 12 (das. 451), Ausf. Anw. 31. Jan. 07 (MB. 75), erg. 11. Sept. 12 (MB. 294) u. 15. Feb. 13 (MB. 54) u. Nachtr. 20. Jan. 09 (MB. 59 u. 201).

[4]) StGB. § 9. — In Preußen war die Strafe der Ausweisung für Inländer schon 1774 aufgehoben. — *Ausweisung der Ausländer* § 242 Abs. 2, *Auslieferung* (auf Antrag des auswärtigen Staates) § 232 Abs. 5 d. W.

[5]) FreizG. § 1 u. 2 (Fassung EG. z. BGB. Art. 37). Der Aufenthalt wird wenn er dauernd ist, zur Niederlassung OV. (XXII 388); Wohnsitz § 77 Anm. 6 d. W.

[6]) Das. § 3, 10 u. 12. — § 242 d. W.

[7]) FreizG. § 1, 4—7 u. 9. — § 284 Abs. 4 d. W.

[8]) FreizG. § 8.

die Heimatscheine dagegen auf höchstens 5 Jahre ausgefertigt. Die Ausfertigung beider erfolgt in Preußen durch die Regierungspräsidenten, die sie — insbesondere die der Staatsangehörigkeitsausweise — auf die Unterbehörden (Landräte) übertragen können. Der Stempel beträgt 3 M.[9])

§ 11.

c) Die freie Bewegung der Reichsangehörigen reicht über die Grenzen des Reichs hinaus und umfaßt die **Auswanderungsfreiheit.** Diese unterliegt nur geringen, insbesondere den durch die Wehrpflicht bedingten Einschränkungen (§ 34 Abs. 4[2]); Abzugsgelder dürfen nicht erhoben werden.[1]) Die Auswanderungsfreiheit ist aufrecht erhalten, auch nachdem die Kolonisation und die Auswanderung nach außerdeutschen Ländern der Beaufsichtigung und Gesetzgebung des Reichs unterstellt[2]) und die Auswanderung durch Reichsgesetz geregelt worden ist.[3]) Dieses soll die Auswanderer polizeilich gegen Ausbeutung schützen und politisch durch zuverlässige Auskunfterteilung, Fürsorge am Niederlassungsorte und Hinlenkung auf geeignete Ziele dem Deutschtum möglichst erhalten (nationale Auswanderungspolitik). Auswanderungsbehörden sind neben dem dem Reichskanzler zugeteilten Beirat die in den Hafenorten angestellten Kommissare, die Landesbehörden und die Konsuln.[4]) Unternehmer, die die Auswanderung betreiben, und Agenten, die sie gewerbsmäßig vermitteln, bedürfen der Erlaubnis, die an erstere nur für bestimmte Länder oder Orte vom Reichskanzler unter Zustimmung des Bundesrates, an letztere von der Landesbehörde (Regierungspräsident) widerruflich und gegen Sicherheitsstellung erteilt wird. Der Ge-

---

[9]) Vf. 25. Juli 98 (MB. 150), erg. (II 1) 24. März 04 (MB. 57), 27. Aug. 09 (MB. 200) u. (I 2 B.) 24. Nov. 03 (MB. 267) u. (Formulare) BB. 20. Feb. 81 (MB. 86), 3. März 83 (MB. 84 S. 105), Vf. 27. Dez. 99 (MB. 00 S. 5), 11. März 07 (MB. 132, ZB. 20). — Staatsangehörigkeitsausweise Vf. 15. Mai 84 (MB. 105); diese sind auch in den Schutzgebieten anzuwenden Vf. 17. Mai 06 (MB. 204).

[1]) BU. Art. 11. Übereink. mit Dänemark 5. Feb. 91 (RGB. 346). — In der Bevölkerung sahen die Staaten seit Mitte des 17. Jahrhunderts eine Grundlage ihrer Macht. Sie begünstigten deshalb die Einwanderungen und erschwerten die Auswanderungen (die für Leibeigene u. Hörige überhaupt nur mit Genehmigung der Herrschaft möglich waren), durch Auflegung von Abzugsgeldern (gabella) für Auswandernde (Abfahrtsgelder) und ins Ausland gehende Erbschaften (Abschoß). — Deutschlands überseeische Auswanderung hat seit 1891 abgenommen u. umfaßte 1912 nur noch 18545 Personen. Der Rückgang ist, da gleichzeitig die Bevölkerung fortdauernd gewachsen ist (§ 8 Anm. 1), eine Folge des Anwachsens der Industrie (§ 363 Abs. 4), die volle Arbeitsgelegenheit im Inlande bietet, jedoch eine erhebliche Binnenwanderung hervorgerufen hat (§ 350 Anm. 2).

[2]) RVerf. Art. 4[1].

[3]) AuswG. 9. Juni 97 (RGB. 463). Bearb. v. Goetsch (2. Aufl. Berl. 06) u. Störk (das. 99). — Die GewO. ist unanwendbar das. § 6. — Zuständige Behörden Bek. 11. Feb. 98 (MB. 35).

[4]) AuswG. § 38—41 u. 49. Beirat Regul. 17. Feb. 98 (ZB. 98). Reichskommissare sind in Hamburg und Bremen bestellt. — Beim Durchzug fremder Auswanderer durch Preußen sind Sicherungsmaßregeln vorgeschrieben, daß diese nicht hilflos werden oder Krankheiten einschleppen Vf. 20. Sept. 04 (MB. 276) u. 26. Feb. 05 (MB. 48).

schäftsbetrieb unterliegt der Beaufsichtigung.[5]) Die Beförderung erfordert einen schriftlichen Vertrag und ist in Bezug auf wehrpflichtige, zu verhaftende oder festzunehmende und von fremden Regierungen oder von Kolonisations- und ähnlichen Unternehmungen angeworbene Personen verboten.[6]) Für die überseeische Auswanderung nach außereuropäischen Ländern sind besondere Schutzvorschriften gegeben, die eine zuverlässige und pünktliche Beförderung und eine angemessene Unterkunft und Verpflegung sichern sollen.[7])

§ 12.

d) Die **Bevölkerung** des Reichs wie der Einzelstaaten unterliegt der periodischen Aufnahme, die seit 1875 alle 5 Jahre in den Mittel- und Endjahren der Jahrzehnte stattfindet und sich nach der am 1. Dezember des Aufnahmejahrs ortsanwesenden Bevölkerung richtet. Diese und nicht — wie früher und in manchen Staaten noch jetzt — die staatsangehörige oder die Wohnbevölkerung wird zu Grunde gelegt, weil es für letztere an einer festen Begriffsbestimmung fehlt. Mit der Aufnahme, die für verschiedene Reichs- und Staatsverwaltungszwecke von Bedeutung ist,[8]) pflegen andere statistische Erhebungen verbunden zu werden. Sie wird vom Bundesrat nach einheitlichen Grundsätzen angeordnet und von den Landesbehörden ausgeführt. Die Zählung erfolgt durch Zählkarten, die von den zu Zählenden ausgefüllt, von den örtlichen Behörden gesammelt und von Zentralbehörden der Landesverwaltung — in Preußen vom statistischen Büreau — zusammengestellt werden. Das Verfahren wird als bewährt bezeichnet, fordert jedoch einen erheblichen Aufwand an Arbeit und Kosten. Auch fällt neben der Erschwerung der Überwachung der Umstand störend ins Gewicht, daß die endgültige Feststellung erst längere Zeit nach der Aufnahme möglich wird.

4. Zuständigkeit des Reichs.

§ 13.

Der Beaufsichtigung und Gesetzgebung des Reichs unterliegen folgende Angelegenheiten:

---

[5]) AG. § 1—21 u. (Strafen) 43—48; Best. üb. den Geschäftsbetrieb 14. März 98 (RGB. 39), erg. Bek. 25. März, 2. April u. 22. Juni 98 (MB. 73 u. ZB. 335) u. 23. Aug. 03 (RGB. 274). Verzeichnis der zugelassenen Unternehmer Bek. 9. April 98 (ZB. 221) mit Nachträgen. Stempel § 155 Anm. 8 d. W.

[6]) AG. § 22—24. Strafe der betrügerischen Verleitung zur Auswanderung StGB. § 144, der Verletzung der Wehrpflicht § 91 Anm. 2 d. W.

[7]) AG. § 25—37 u. (Strafe) 46; Vorschr. üb. Auswandererschiffe 14. März 98 (RGB. 57 u. Berichtigung 917), erg. (§ 4) Bek. 18. Feb. 03 (RGB. 37), (§ 35 Abs. 1) 1. März 04, (das. 138), (§ 70[10]) 26. Feb. 04, (das. 136), (Anh. A—C), 20. Dez. 05 (das. 779) 3. Aug. 09 (das. 904) u. 31. Juli 13 (das. 620); deutsche von außerdeutschen Häfen ausgehende Schiffe AG. § 42 u. (Strafe) 47.

[8]) Die Bevölkerungsziffer ist unter anderem maßgebend für die Wahlbezirkseinteilung (Reichstag § 17 Abs. 2, Landtag § 42 Abs. 4 d. W.); für Ausscheidung der Städte aus dem Kreisverbande (§ 55 Abs. 1); für Aufbringung der Matrikularbeiträge im Reiche (§ 176 Abs. 4 d. W.); für Bemessung der Ausprägung von Scheidemünzen (§ 376 Abs. 4). — Berufsstatistik § 311 Anm. 3.

1. Die auswärtigen Angelegenheiten nebst dem Schutze des Handels im Auslande und der Schiffahrt zur See, der konsularischen Vertretung der Kolonisation und Auswanderung;[1]
2. das Heerwesen und die Kriegsflotte;[2]
3. die Verwaltung der Reichsfinanzen,[3] insbesondere die Zölle und Reichssteuern[4] und die Ausgabe von sichergestelltem (fundiertem) und nicht sichergestelltem Papiergelde;[5]
4. das bürgerliche und das Strafrecht nebst dem Schutze des geistigen Eigentums, das gerichtliche Verfahren[6] und die Vorschriften über die Beglaubigung von öffentlichen Urkunden;[7]
5. die Bestimmungen über Paßwesen und Fremdenpolizei[8] und
6. über die Presse und das Vereinswesen;[9]
7. Maßregeln der Medizinal- und Veterinärpolizei;[10]
8. die Grundsätze über Freizügigkeit; das Heimats-, Niederlassungs- und Armenwesen;[11]
9. die Gesetzgebung über Gewerbe und Handel, einschließlich des Versicherungswesens[12] und Bankwesens[13], über Erfindungspatente,[14] Maß-, Gewichts- und Münzwesen;[15]
10. die Herstellung der im Interesse der Landesverteidigung und des Verkehrs erforderlichen Land- und Wasserstraßen, Flößerei- und Schiffahrtsbetrieb auf gemeinsamen Wasserstraßen, Zustand der letzteren, Fluß- und sonstige Wasserzölle und Seeschiffahrtszeichen,[16] das Eisenbahnwesen;[17]
11. das Post- und Telegraphenwesen.[18]

Diese Zuständigkeit wird in zwei Richtungen eingeschränkt:

I. *Räumliche Beschränkungen* ergeben sich aus den Sonder- oder Reservatrechten:

1. In Bayern, Württemberg, Baden und Elsaß-Lothringen ist die Biersteuer der Landesgesetzgebung vorbehalten;[19]

[1]) Verf. Art. 3 Abs. 6; Art. 11, 4^{7} u. 54—56 (§ 85—89 u. 379 d. W.).

[2]) Das. Art. 4^{14}, 57—68 u. 53 (§ 90 d. W.).

[3]) Verf. Art. 69—73 (§ 174—176 d. W.).

[4]) Das. Art. 4^{2} u. 33—40. — Dem Reich sind die meisten indirekten Steuern zugewiesen (§ 152 d. W.)

[5]) Das. Art. 4^{3} (§ 175 Abs. 6 d. W.).

[6]) Das. Art. $4^{13, 6, 11}$ u. G. 20. Dez. 73 (RGB. 379) (§ 178 Abs. 4 d. W.).

[7]) Verf. Art. 4^{12} (§ 210 d. W.).

[8]) Verf. Art. 4^{1} (§ 246 d. W.).

[9]) Das. Art. 4^{16} (§ 247—249 d. W.).

[10]) Das. Art. 4^{15} (§ 264 Abs. 1 u. 357, 358 d. W.).

[11]) Das. Art. 3 u. 4^{1}. (§ 10 u. 284 d. W.).

[12]) Verf. Art. 4^{1} u. ^{2} (§ 363—376 u. 323 Abs. 4—6 d. W.).

[13]) Das. Art. 4^{4}. — G. 14. März 75 (RGB. 177) § 12 (§ 328 Abs. 6 u. 7 d. W.).

[14]) Das. Art. 4^{5} (§ 370 Abs. 2 d. W.).

[15]) Verf. Art. 4^{3} (§ 375 u. 376 d. W.).

[16]) Das. Art. $4^{8, 9}$ u. G. 3. März 73 (RGB. 47) (§ 378—380 d. W.).

[17]) Das. Art. 4^{8} (§ 386 Abs. 2, § 388 Abs. 1 u. 5 d. W.).

[18]) Das. Art. 4^{10} (§ 389—392 d. W.).

[19]) Das. Art. 35 Abs. 2 u. G. 25. Juni 73 (RGB. 161) § 4. — Fortfall des Vorbehalts in betreff der Branntweinsteuer in Süddeutschland § 165 Anm. 3 u. des Zollwesens in Hamburg u. Bremen § 152 Abs. 1 d. W.

2. Bayern und Württemberg verwalten unbeschadet einzelner, durch die Reichsgesetzgebung festgestellter Grundsätze das Post- und Telegraphenwesen selbständig.[20])
3. Beide Staaten genießen in betreff des Militärwesens einzelne Ausnahmerechte.[21])
4. Auf Bayern ist die Gesetzgebung über Heimat- und Niederlassungswesen nicht anwendbar,[22]) die über das Eisenbahnwesen findet nur beschränkte Anwendung.[23])

II. Sachlichen Beschränkungen unterliegt die Zuständigkeit des Reichs an sich nicht. Es kann sein Tätigkeitsgebiet erweitern (§ 7 Abs. 1) und sich auf diesem völlig frei bewegen, insbesondere neben der Gesetzgebung auch die Vollziehung in Verwaltung und Rechtspflege übernehmen. Tatsächlich hat indes das Reich von dieser Befugnis nur beschränkten Gebrauch gemacht und sich der einzelnen Gegenstände in sehr verschiedenem Umfange bemächtigt:
1. Vollständig oder doch nahezu vollständig sind nur wenige Verwaltungszweige vom Reich in Anspruch genommen (auswärtige, Marine-, Post- und Telegraphenangelegenheiten und die Reichsbank).
2. Auf anderen Gebieten hat das Reich sich auf die Gesetzgebung beschränkt und die Verwaltung und Rechtsprechung den Landesbehörden entweder ganz überlassen oder nur einzelne Zentralbehörden im Interesse einheitlicher Handhabung der gegebenen Grundsätze geschaffen (Reichsgericht, Bundesamt für Heimatwesen, Aufsichtsamt für Privatversicherung, Reichspatentamt, Reichsversicherungsamt, Reichseisenbahnamt).
3. Auch die Gesetzgebung hat endlich das Reich nicht überall vollständig übernommen, sich vielmehr verschiedentlich auf die Aufstellung der Hauptgrundsätze beschränkt und deren weitere Ausführung der Landesgesetzgebung überlassen. Die Reichsgesetze erlangen in diesen Fällen erst durch die Ausführungsgesetze der Einzelstaaten praktische Anwendbarkeit.

Die Zuständigkeiten des Reichs gewähren hiernach ein ziemlich buntes Bild und folgen keinem festen System. Der Grund liegt in der Art ihrer Entstehung. Den Einzelstaaten sollten alle der gemeinsamen Regelung bedürftigen Gegenstände, aber nur diese entzogen werden. Nicht theoretische, sondern rein praktische Erwägungen haben das Reich ins Leben gerufen und weitergebildet, und dieser Systemlosigkeit verdanken die Reichseinrichtungen zum großen Teil ihre schnelle Entwickelung.

---

[20]) Verf. Art. 4^{10} u. 52.

[21]) Das. Schlußbest. z. Abschn. XI. — § 90 Abs. 3 u. 4 d. W.

[22]) Verf. Art. 4^{1}. Einführung des G. üb. den Unterstützungswohnsitz (§ 283 Anm. 2 d. W.).

[23]) Verf. Art. 4^{8} u. 46 Abs. 2.

5. Reichsgesetzgebung.

§ 14.

Für das Zustandekommen der Reichsgesetze sind übereinstimmende Mehrheitsbeschlüsse des Bundesrates und des Reichstags erforderlich und ausreichend.[1]) Hierbei gelten für die Beschlußfassung im Bundesrate folgende Maßgaben:

1. In Angelegenheiten des Militärwesens, der Kriegsmarine, der Zölle und Verbrauchsteuern gibt bei Meinungsverschiedenheiten die Stimme Preußens insoweit den Ausschlag, als sie sich für Aufrechterhaltung der bestehenden Einrichtungen ausspricht;[2])
2. Verfassungsänderungen gelten als abgelehnt, wenn sie 14 Stimmen gegen sich haben;[3])
3. Verfassungsvorschriften, welche bestimmte Rechte einzelner Bundesstaaten in ihrem Verhältnis zur Gesamtheit feststellen, können nur mit deren Zustimmung abgeändert werden;[4])
4. Bei Beschlußfassung über eine Angelegenheit, die nicht dem ganzen Reiche gemeinschaftlich ist, werden im Bundesrat nur die Stimmen der beteiligten Bundesstaaten gezählt.[5])

Die Reichsgesetze gehen den Landesgesetzen vor.[6]) Bestehende Landesgesetze treten, insoweit sie mit erlassenen Reichsgesetzen unvereinbar sind, außer Kraft: Reichsrecht bricht Landesrecht.

Neben den Reichsgesetzen können Reichsverordnungen erlassen werden. Der Unterschied zwischen beiden liegt in der Form der Entstehung (§ 1 Abs. 5). Die Verordnung bedarf keiner Zustimmung des Reichstags, kann vielmehr von dem Bundesrat und von dem Kaiser innerhalb ihrer Zuständigkeit selbständig erlassen werden.[7])

Die Reichsgesetze erlangen ihre verbindende Kraft erst durch die Verkündigung (Publikation) im Reichsgesetzblatt und zwar mit dem 14ten Tage nach dem Erscheinen des betreffenden Stückes in Berlin.[8]) Für die Konsulargerichtsbezirke währt diese Frist in Europa, Ägypten und

---

[1]) Verf. Art. 5 Abs. 1, Art. 69 u. 73. — Das Vorschlagsrecht (Initiative) steht dem Bundesrat wie dem Reichstage zu Art. 7[1] u. 23. Verb. § 37 Abs. 2 d. W. — Bedeutung der Gesetzgebung § 1 Abs. 5 d. W.; Gesetzesform für Verträge § 85 Abs. 3, für Reichshaushalts-Voranschläge § 174 Abs. 3.

[2]) Verf. Art. 5 Abs. 2.

[3]) Das. Art. 78 Abs. 1.

[4]) Verf. Art. 78 Abs. 2. — Zu diesen Rechten gehören die § 13 Abs. 2I erwähnten Sonderrechte.

[5]) Das. Art. 7 Abs. 4; die gleiche Vorschrift für den Reichstag (Art. 28 Abs. 2) ist aufgehoben G. 24. Feb. 73 (RGB. 45), weil sie mit der Eigenschaft der Mitglieder als Vertreter des ganzen Volkes (Art. 29) nicht vereinbar erschien.

[6]) Verf. Art. 2. Die allgemeinen gehen somit den besonderen Gesetzen vor.

[7]) Das. Art. 7[2], 50, 53 u. 63. — Einstweilige Verordnungen mit Gesetzeskraft, wie sie für Preußen (§ 37 Abs. 3[2] d. W.) und Elf.-Lothringen (§ 26 Abs. 2) vorgesehen sind, kennt die RVerf. nicht. — Arndt, das Verordnungsrecht des D. Reichs (Berl. u. Leipz. 84).

[8]) Das. Art. 2 u. V. 26. Juli 67 (BGBl. 24).

an der Küste des schwarzen und des mittelländischen Meeres 2, sonst 4 Monate; die letztere Frist gilt auch für die Schutzgebiete.[9]) Die Ausfertigung und Verkündigung erfolgt durch den Kaiser.[10]) — Das RGB., das allen in Preußen wohnenden Abonnenten der preuß. Gesetzsammlung unentgeltlich geliefert wird,[11]) hieß bis 1870 Bundesgesetzblatt. Bis 1873 fanden darin auch alle Ausführungsverordnungen (Bekanntmachungen, Reglements) Aufnahme. Seit 1873 ist ein **Zentralblatt für das Deutsche Reich** eingerichtet, in dem sie teilweise, nicht eben zum Vorteil der Einfachheit und Übersichtlichkeit, zusammen mit statistischen Nachweisen, Einzelentscheidungen, Ernennungen 2c. veröffentlicht werden.[12])

6. Der Bundesrat.

§ 15.

Im Bundesrat übt die Gesamtheit der Bundesregierungen die souveräne Reichsgewalt aus. Er dient den Bundesstaaten zur Ausübung ihrer Mitgliedschaft im Reiche, ist aber gleichzeitig Organ des letzteren. Als solchem gebührt ihm neben der Mitwirkung bei der Reichsgesetzgebung auch ihre Vorbereitung und, soweit sie nicht dem Kaiser besonders zugewiesen ist, ihre Ausführung.[1])

Nach seiner **Zusammensetzung** besteht der Bundesrat aus Vertretern (Bevollmächtigten) der Landesregierungen, auf die 61 Stimmen in der Weise verteilt sind, daß Preußen 17, Bayern 6, Sachsen und Württemberg je 4, Baden und Hessen je 3, Elsaß-Lothringen gleichfalls 3 Stimmen, die aber, um das vorher bestandene Stimmverhältnis nicht zu verschieben, nicht gezählt werden, wenn sie für Preußen ausschlaggebend sind, Mecklenburg-Schwerin und Braunschweig je 2 Stimmen, die übrigen Staaten je eine Stimme führen. Die Bevollmächtigten stimmen nach der Instruktion ihrer Regierung, in Preußen des Staatsministeriums, in Elsaß-Lothringen des Statthalters. Jeder Staat kann demgemäß seine Stimme nur einheitlich abgeben.[2])

---

[9]) Konf. GerG. 00 (RGB. 213) § 30 u. Schutzgeb.G. 00 (RGB. 813) § 3.

[10]) Verf. Art. 17; der Zustimmung Sanktion) des Kaisers bedarf es nach Art. 5 Abs. 1 (Anm. 1) nicht.

[11]) Bek. 4. Sept. 68 (MB. 265). — Zusammenstellungen der Gesetze § 1 Anm. 10 d. W.

[12]) Bek. 27. Mai 76 (MB. 145). Reichsanzeiger § 38 Anm. 10 — Besond. mtl. Veröffentlichungsblätter bild. as Kolonialblatt § 89 Anm. 8, das Armee-VBl. § 102, das Marine-VBl. 117 Abs. 3, die Veröffentlichungen es RGesundheitsamts § 261 Abs. 2 . das Amtsbl. der Post- u. Telegraphen-Verw. § 390 Anm. 1. — Sammlung der Entscheidungen des RMilitärgerichts § 102 Anm. 3, Reichsgerichts § 185 Anm. 6, Bundesamts für Heimatwesen § 284 Anm. 9, RVersicherungsamts (Amtliche Nachrichten) § 317 Anm. 9, Patentamts § 370 Abs. 2 u. des Oberseeamts § 379 Anm. 30.

[1]) § 14 d. W. u. Verf. Art. 7 u. 16. Verb. § 87 Anm. 2 d. W. — Oberaufsichtsrechte über die Bundesglieder Verf. Art. 19 u. 76. — Strafrechtlicher Schutz StGB. § 105.

[2]) Verf. Art. 6 u. 6a, der für Elsaß-Lothringen zugefügt ist G. 31. Mai 11

Die Berufung geschieht durch den Kaiser; sie muß mindestens einmal im Jahre und jedenfalls dann erfolgen, wenn der Reichstag zusammentritt oder ein Drittel der Stimmen sie verlangt.[3])

Den Vorsitz führt der vom Kaiser ernannte Reichskanzler oder dessen Stellvertreter. Der Kanzler kann sich durch jedes andere Bundesratsmitglied vermöge schriftlicher Einsetzung vertreten lassen.[4])

Der Bundesrat bildet aus seiner Mitte dauernde Ausschüsse und zwar 1. für auswärtige Angelegenheiten, 2. für Landheer und Festungen, 3. für Seewesen (Marine), 4. für Zoll- und Steuerwesen, 5. für Handel und Verkehr, 6. für Eisenbahnen, Post und Telegraphen, 7. für Justizwesen und 8. für Rechnungswesen.[5]) — Besondere Ausschüsse sind außerdem für Elsaß-Lothringen, für die Verfassung, für die Geschäftsordnung und für das Eisenbahngütertarifwesen bestellt.

7. Der Kaiser.

§ 16.

Dem jedesmaligen König von Preußen stehen mit dem Präsidium des Bundes (§ 7) bestimmte Rechte zu. Er führt den Namen „Deutscher Kaiser"[6]), das kaiserliche Wappen und die kaiserliche Standarte.[7])

Neben diesen Ehrenrechten sind dem Kaiser bestimmte Regierungs- und Verwaltungsbefugnisse übertragen, insbesondere die völkerrechtliche Vertretung des Reichs, die Kriegserklärung, die, soweit nicht ein Angriff auf das Bundesgebiet oder dessen Küsten erfolgt, die Zustimmung des Bundesrats erfordert, und die Friedensschließung,[8]) die Berufung und Schließung des Bundesrats und des Reichstags,[9]) die Verkündigung der

---

RGB. 225 Art. I u. II § 2 Abs. 3. — Die Stimmenverteilung schließt sich mit einigen Abweichungen der des früheren Bundestags (§ 5 Abs. 1 d. W.) an. Die Mitglieder haben strafrechtlichen Schutz StGB. § 106 u. 339 Abs. 3 und diplomatischen Schutz Verf. Art. 10; die nichtpreußischen sind demgemäß der preußischen Gerichtsbarkeit u. Besteuerung nicht unterworfen § 87 Anm. 7 d. W. Vernehmung als Zeugen oder Sachverständige ZPO. § 382, 402, StPO § 49, 72.

[3]) Verf. Art. 12—14. — GeschäftsO. 26. April 80.

[4]) Verf. Art. 15 u. G. 17. März 78 (RGB. 7) § 4. Bei Verhinderung Preußens führt Bayern den Vorsitz, Schlußprot. (§ 6 Anm. 5 d. W.) Nr. IX.

[5]) Verf. Art. 8.

[6]) Das. Art. 11. — Volljährigkeit, Erbfolge, Regentschaft u. Stellvertretung bestimmen sich deshalb nach preußischem Recht (§ 39 Abs. 1 u. 6 d. W.). — Verbrechen wider den Kaiser werden ebenso wie die wider den Landesherrn begangenen bestraft StGB. § 80, 94 u. 95. Zuständigkeit des Reichsgerichts § 185 d. W. — Der jedesmalige Thronfolger führt den Titel „Kronprinz des Deutschen Reiches" und „Kaiserliche Hoheit" A. E. 18. Jan. 71 (MB. 2). — § 18 Anm. 1. — Der Kaiser bezieht aus Reichsmitteln keine Entschädigung, verfügt aber für Reichszwecke über einen Dispositionsfonds.

[7]) AE. 3. Aug. 71 (RGB. 318 u. 458) Nr. 2 u. 3. — Verwendung des Wappens zur Warenbezeichnung § 370 Abs. 5 d. W. — Unbefugter Gebrauch StGB. § 360[7].

[8]) Verf. Art. 11 u. 56; Anordnung der Kriegsbereitschaft Art. 63 Abs. 4, des Kriegszustandes Art. 68. — Vertragsschlüsse § 85 Abs. 3 d. W., Erklärung des Belagerungszustandes § 245 Abs. 6, u. Einführung zeitweiliger Paßpflicht § 248 d. W.

[9]) Verf. Art. 12; Auflösung und Vertagung § 17 Abs. 3 d. W.

Reichsgesetze und die Überwachung ihrer Ausführung,[10]) die Ernennung und Entlassung der Reichsbeamten,[11]) die Organisation des Heeres und der Kriegsflotte, der Oberbefehl über beide und die Ernennung der Offiziere und Beamten,[12]) die obere Leitung der Post- und Telegraphenverwaltung,[13]) das Begnadigungsrecht in Fällen erst- und letztinstanzlicher Entscheidung der Gerichte des Reichs,[14]) und die Ausübung der Staatsgewalt in Elsaß-Lothringen (§ 26 Abs. 1) und der Schutzgewalt in den Schutzgebieten (§ 89 Abs. 1.)

8. Der Reichstag.

§ 17.

Der Reichstag, der die einheitliche Vertretung des deutschen Volks bildet,[1]) nimmt eine ähnliche Stellung im Reiche wie die Landtage in den Einzelstaaten ein. Alle Reichsgesetze sind an seine Zustimmung gebunden (§ 14 Abs. 1). Ihm gebührt die Entlastung der Jahresrechnung.[2])

Der Reichstag besteht aus einer Kammer. Die Wahl zu dieser erfolgt für fünf Jahre mittels allgemeiner und unmittelbarer (direkter) Wahlen und geheimer Abstimmung.[3]) — Wähler ist jeder Deutsche, der das 25. Lebensjahr zurückgelegt hat, nicht unter Vormundschaft oder Pflegschaft oder im Konkurse steht, keine öffentliche Armenunterstützung empfängt und sich im Besitz der bürgerlichen Ehrenrechte befindet.[4]) Für Militärpersonen ruht das aktive Wahlrecht.[5]) Die Wählbarkeit ist an dieselben Voraussetzungen geknüpft wie die Wahlberechtigung; außerdem muß der zu Wählende einem Bundesstaate oder Schutzgebiete seit min-

---

[10]) Verf. Art. 17, verb. § 14 Anm. 10. Überwachung der Zoll- u. Steuerverwaltung Art. 36 Abs. 2, des Konsulatwesens Art. 56 Abs. 1. — Verordnungsrecht beim Heere Art. 63 Abs. 3 u. 4, bei der Kriegsflotte Art. 53 Abs. 1, im Postwesen Art. 50 Abs. 2. Recht zum Erlaß vorläufiger Verordnungen in Elf.-Lothringen § 26 Abs. 2 d. W. Gegenzeichnung der Anordnungen durch den Reichskanzler § 19 Abs. 1.

[11]) Verf. Art. 18. — § 22 d. W.

[12]) Verf. Art. 53 u. 63. — § 90² d. W.

[13]) Verf. Art. 50.

[14]) Reichsgericht § 185 u. 220 Abs. 1 d. W.; Disziplinargerichte § 23 Abs. 5, Konsulargerichte § 88 Abs. 5, Schutzgebietsgerichte § 89 Abs. 3¹, Prisengerichte § 85 Anm. 5.

[1]) Verf. Art. 29.

[2]) Das. Art. 72.

[3]) Das. Art. 20 u. 24 (Fassung des G. 19. März 88 RGB. 110); WahlG. 31. Mai 69 (BGBl. 145, § 17 Abs. 2 aufgeh. G. 19. April 08 RGB. 151 § 23¹) nebst Regl. 28. Mai 70 (BGBl. 275), Änd. der §§ 9, 11—13, 15—21, 27, 34 Bek. 28. April 03 (das. 202), des § 11 Abs. 2 u. d. Anl. B Abs. 4 in betr. d Wahlurnen Bek. 4. Juni 13 (das. 314), der Anl. C bezüglich zweier Wahlkreise G. 22. Juli 13 (das. 597), der Anl. D Bek. 8. Sept. 98 (ZB. 393). Einf. in Süddeutschland § 6 Anm. 7, Elf.-Lothringen G. 25. Juni 73 (RGB. 161) § 3 u. 6, Helgoland G. 15. Dez. 90 (RGB. 207) § 4. — Schutz des Wahlrechts StGB. § 107—109 u. 339 Abs. 3; Stimmzettel u. Druckschrift. zu Wahlzwecken § 247 Abs. 4 u. Anm. 3. — Die unmittelbare Wahl bildet ein Merkmal des Bundesstaats § 7 (Anm. 1), während im Staatenbunde die Vertretung regelmäßig aus Abgeordneten der Einzellandtage besteht. — Berechnung der Wahlperiode § 42 Anm. 6 d. W.

[4]) WG. § 1 u. 3; StGB. § 34⁴. Der Begriff der Armenunterstützung ist wesentlich eingeschränkt § 284 Abs. 6 d. W.

[5]) WG. § 2; MilG. 2. Mai 74 (RGB. 45) § 49 Abs. 1.

destens einem Jahre angehört haben.[6]) Beamte bedürfen zum Eintritt in den Reichstag keines Urlaubs, gehen jedoch der Mitgliedschaft beim Eintritt in ein mit höherem Range oder Gehalte verbundenes Amt verlustig.[7]) — Jeder Abgeordnete wird in einem besonderen Wahlkreise gewählt. Die Wahlkreise sind unter Zugrundelegung einer Durchschnittsbevölkerung von 100000 Einwohnern abgegrenzt. Ihre Zahl beträgt 397.[8]) — Behufs Ausführung der Wahlen werden die Wahlkreise in Wahlbezirke zerlegt und Wahlvorstände für diese gebildet.[9]) Die Wahl ist öffentlich und erfolgt im ganzen Reiche an einem vom Kaiser zu bestimmenden Tage.[10]) Die Wähler, deren Berechtigung zuvor durch öffentliche Auslegung der Wählerlisten festzustellen ist,[11]) wählen durch Abgabe verdeckter Stimmzettel, die von bestimmter Größe und Beschaffenheit sein und unbeobachtet in einem Nebenraum oder an einem Nebentische in einen abgestempelten Umschlag gesteckt werden müssen.[12]) Die Ergebnisse werden von den Wahlvorständen ermittelt und hierauf von einem Wahlkommissar für den ganzen Wahlkreis zusammengestellt.[13]) Als gewählt gilt derjenige, der die absolute Mehrheit aller abgegebenen Stimmen erhalten hat. Ist eine solche nicht erzielt, so entscheidet bei Stimmengleichheit das Los, andernfalls die engere Wahl unter den beiden Bewerbern, welche die meisten Stimmen auf sich vereinigt haben.[14])

Dem Kaiser steht es zu, den Reichstag zu berufen, zu eröffnen, zu vertagen und zu schließen.[15]) Die **Berufung** muß mindestens einmal jährlich stattfinden.[16]) Die **Vertagung** (Unterbrechung der Sitzungen) darf ohne Zustimmung des Reichstags nur für 30 Tage und nur einmal während derselben Sitzungsperiode erfolgen.[17]) Zur **Auflösung** während der fünfjährigen Wahlperiode (Legislaturperiode) ist ein Beschluß des Bundesrates und die Zustimmung des Kaisers erforderlich. Nach der Auflösung muß die Zusammenberufung der Wähler binnen 60, die des neuen Reichstags binnen 90 Tagen erfolgen.[18])

[6]) WG. § 4 u. SchutzgebG. 00 (RGB. 813) § 9 Abs. 2.

[7]) Verf. Art. 21. Stellvertretungskosten § 23 Anm. 3.

[8]) WG. § 5, Verf. Art. 20 u. G. 73 (Anm. 3) § 3; Wahlkreiseinteilung Wahl-Regl. § 23 nebst Anl. C (Berichtigung RGB. 70 S. 488 Nr. II) u. Nachträgen 72 (RGB. 38), 73 (das. 144), 76 (das. 275), 06 (das. 317), 13 (das. 597), f. Helgoland G. 90 (Anm. 3) § 4 u. Bek. 16. Mai 91 (RGB. 111), f. Süddeutschl. 27. Feb. 71 (RGB. 35), f. Elf.-Lothringen Bek. 1. Dez. 73 (RGB. 373) u. 29 Juni 06 (das. 852).

[9]) WG. § 6 u. 9; WRegl. § 6—8 u. 10.

[10]) WG. § 9 u. 14; WR. § 9. — Die Öffentlichkeit bezieht sich nach einer Entsch. des Kam.Ger. 3. Nov. 90 auf alle im Reiche Wahlberechtigte.

[11]) WG. § 7 u. 8; WR. § 1—5.

[12]) WG. § 10 u. 11; WR. § 11—16.

[13]) WG. § 13; WR. § 17—22 u. 24—27.

[14]) WG. § 12; WR. § 28—35.

[15]) Verf. Art. 12.

[16]) Das. Art. 13.

[17]) Das. Art. 26. — Die Vertagung unterscheidet sich von der Auflösung, weil sie keine Neuwahlen erforderlich macht, von der Schließung, weil der Wiederzusammentritt ohne Einberufung stattfindet u. die in Beratung befindlichen Sachen, die im Falle der Schließung als erledigt gelten (GeschäftsO. § 70, Diskontinuität), wieder aufgenommen werden können. — Daneben kann sich der Reichstag unter kurzer Unterbrechung der Sitzungen selbst vertagen.

[18]) Das. Art. 24 (Anm. 3) u. 25.

Die Verhandlungen sind öffentlich.[19]) Die Mitglieder des Bundesrates können ihnen beiwohnen und müssen jederzeit gehört werden.[20]) Der Reichstag regelt Geschäftsgang und Disziplin durch eine Geschäftsordnung.[21]) Er ist bei der Anwesenheit der Mehrheit seiner gesetzlichen Mitglieder (199) beschlußfähig und beschließt nach absoluter Mehrheit.[22])

Die Reichstagsmitglieder sind an keinerlei Aufträge und Instruktionen gebunden[23]) und wegen ihrer Abstimmungen und Äußerungen nicht verantwortlich.[24]) Während der Sitzungsperiode dürfen sie, wenn sie nicht bei Ausübung der Tat oder im Laufe des folgenden Tages ergriffen werden, nur mit Genehmigung des Reichstags wegen strafbarer Handlungen oder zum Zwecke des Sicherungsarrestes verhaftet werden. Auf Verlangen des Reichstags wird auch jedes anhängige Strafverfahren und jede schwebende Untersuchungs- oder Zivilhaft für diese Zeit aufgehoben (Imunität).[25]) Endlich können sie ohne Genehmigung des Reichstages nicht außerhalb Berlins als Zeugen oder Sachverständige vernommen werden.[26]) Die Reichstagsmitglieder erhalten eine Entschädigung nach Maßgabe des Gesetzes.[27])

III. Die Reichsbehörden[1]).

1. Übersicht.

§ 18.

Das Reich, das die Verwaltung der meisten ihm zugewiesenen Angelegenheiten, insbesondere die Verrichtungen der unteren Instanzen den Landesbehörden belassen hat (§ 13 Abs. 2 II 2), entbehrt infolge dessen

---

[19]) Das. Art. 22. — Die über die Verhandlungen herausgegebenen stenographischen Berichte enthalten (als Anlagen) auch die Gesetzentwürfe mit Begründung, Denkschriften u. Kommissionsberichten.

[20]) Das. Art. 9.

[21]) Das. Art. 27 u. GeschO. (§ 1 Abs. 3 d. W.) 12. Juni 86, durch spätere Reichstagsbeschlüsse vielfach ergänzt.

[22]) Verf. Art. 28 Abs. 1; § 14 Anm. 5.

[23]) Verf. Art. 29. Die Ausdrücke Mandate u. Rechenschaftsberichte der Abgeordneten sind hiernach unzutreffend.

[24]) Das. Art. 30. — Gleiches gilt von wahrheitsgetreuen Berichten über die Verhandlungen Art. 22. — Ebenso StGB. § 11 u. 12 bezüglich der Landtage.

[25]) Verf. Art. 31, ZPO. § 904[1] u. 905[1]. — Der Ausschluß der Schuldhaft ist mit deren Aufhebung (§ 202 Abs. 2 d. W.) gegenstandlos geworden.

[26]) ZPO. § 382 Abs. 2 u. 402, StPO. § 49 u. 72.

[27]) Verf. Art. 32 in der Fassung des G. 21. Mai 06 (RGB. 467). Die Entschädigung beträgt neben freier Eisenbahnfahrt (Bek. 27. Juni 06 RGB. 850) für die Zeit der Sitzung einschließlich 8 Tagen vor ihrem Beginn u. nach deren Schluß jährlich 3000 M., wovon für jeden Tag, an dem ein Mitglied der Plenarsitzung fernbleibt, 20 M. abgezogen werden. Die Entschädigung schließt den Bezug von Vergütungen als Mitglied anderer, gleichzeitig tagender politischer Körperschaften, sowie von Eisenbahnfuhrkosten aus G. 21. Mai 06 (das. 468).

[1]) Die Reichsbehörden u. Reichsbeamten führen die Bezeichnung „Kaiserlich" V. 3. Aug. 71 (RGB. 318) Nr. 1. — Reichsdienstflagge § 117 Anm. 2 d. W. — Begriff der Behörde § 43 Anm. 1. — Bearb. der Gesetze in des Verfassers „Das Deutsche Reich" (§ 6 Anm. 7) Nr. IV.

einer durchgebildeten Behördengliederung. Die Reichsbehörden sind vorwiegend obere Aufsichtsbehörden; nur für die auswärtigen Angelegenheiten (§ 86—89), die Kriegsflotte (§ 117 Abs. 3), die Reichsbank (§ 328 Abs. 7), das Post- und Telegraphenwesen (§ 390) und die Reichseisenbahnverwaltung (§ 175 Abs. 2) besitzt das Reich untere Verwaltungsbehörden. Die Ordnung seiner Behörden beruht auf dem Grundsatze strenger Zentralisation.

2. Der Reichskanzler.

§ 19.

Der Reichskanzler führt den Vorsitz im Bundesrat (§ 15 Abs. 4) und bildet die Spitze der gesamten Reichsverwaltung, in der alle Fäden der letzteren zusammenlaufen. Er muß alle kaiserlichen Anordnungen und Verfügungen gegenzeichnen und übernimmt damit die Verantwortlichkeit für diese.[2]) Für diese Gegenzeichnungen sowie für seine sonstigen Obliegenheiten können in Fällen der Behinderung auf Antrag des Reichskanzlers Stellvertreter vom Kaiser ernannt werden. Die Stellvertretung kann den Gesamtumfang der Geschäfte umfassen, oder es können für einzelne Amtszweige, die sich in der eigenen und unmittelbaren Verwaltung des Reichs befinden, die Vorstände der dem Reichskanzler untergeordneten obersten Reichsbehörden im ganzen Umfange oder in einzelnen Teilen ihres Geschäftskreises als Stellvertreter bestellt werden.[3])

Für die eigene Geschäftsverwaltung des Reichskanzlers besteht die Reichskanzlei. Die Stellung des Reichskanzlers ist regelmäßig mit der des preußischen Ministerpräsidenten verbunden, um die Einheitlichkeit der Reichs- und der preußischen Verwaltung zu wahren.

3. Die übrigen Reichsbehörden.

§ 20.

Alle übrigen Reichsbehörden bilden nur Organe des Kanzlers. Ihre Einrichtung ist sonach von der der Zentralbehörden in den Einzelstaaten, insbesondere in Preußen (§ 44 und 46) wesentlich verschieden. Der Grund liegt in der Einrichtung des Reichs, an dessen Spitze der kollegialisch gebildete Bundesrat steht. In diesem werden, ähnlich wie im preußischen Staatsministerium, die Gesetze und Verwaltungsmaßregeln beraten; neben ihm würde sich für ein zweites Kollegium kein Platz finden; ein solches würde jede kräftige Anbahnung ausschließen, deren gerade das Reich mit seinen zahlreichen schöpferischen Aufgaben besonders bedarf.

Die Zahl der hiernach dem Reichskanzler zugeordneten Behörden hat sich mit der Ausdehnung der Reichstätigkeit beständig vermehrt. Von dem ursprünglich gebildeten Reichskanzleramte haben sich im Laufe der Zeit

[2]) Verf. Art. 17. Keiner Gegenzeichnung bedürfen die Anordnungen, die der Kaiser als Oberbefehlshaber des Heeres (Art. 63, verb. § 39 Anm. 7 d. W.) u. der Kriegsflotte (Art. 53 Abs. 1) erläßt.

[3]) G. 17. März 78 (RGB. 7). — § 20 Abs. 2 d. W. — Vertretung im Bundesrate § 15 Abs. 4.

immer neue Reichsämter als besondere, unter Staatssekretären[1]) stehende Behörden abgelöst. Zuletzt ist dieses Amt selbst zu einem Reichsamt des Innern umgewandelt worden. Die Vorstände der wichtigeren Ämter sind zu Stellvertretern des Reichskanzlers für ihre Amtszweige bestellt (§ 19 Abs. 1); allgemeiner Vertreter ist stets der Staatssekretär des Reichsamtes des Innern. Zur Zeit bestehen demgemäß folgende Reichsämter:

1. Das auswärtige Amt (§ 86).
2. Das Reichskolonialamt (§ 89 Abs. 2).
3. Das Reichsamt des Innern für alle nicht besonderen Behörden übertragenen Gegenstände.[2]) Das Amt zerfällt in vier Abteilungen, die erste für Angelegenheiten des Reichstags und der Reichsbehörden, für Reichsangehörigkeitssachen, Polizei, Heer und Kriegsflotte; die zweite für Armensachen, Versicherungen, Aktiengesellschaften, Genossenschaften, Gewerbewesen und Arbeiterversicherung; die dritte für Gesundheits- und Tierheilwesen, für den Schutz des geistigen Eigentums, für Bank- und Börsenwesen, Patente, Muster- und Markenschutz, Schiffahrt und Auswanderungen und die vierte für Handels- und wirtschaftliche Angelegenheiten. Unter dem Reichsamt stehen die Reichskommissare für das Auswanderungswesen (§ 11), die Disziplinarbehörden (§ 23 Abs. 5), die Reichsschulkommission,[3]) das statistische Amt,[4]) das Gesundheitsamt (§ 264 Abs. 1), das Bundesamt für Heimatwesen (§ 284 Abs. 5)[5]), die physikalisch-technische Reichsanstalt (§ 309 Abs. 2), das Reichsversicherungsamt (§ 317 Abs. 3)[5]), die Reichsversicherungsanstalt und das Oberschiedsgericht für Angestellte (§ 321 Abs. 5), das Aufsichtsamt für Privatversicherung (§ 323 Abs. 6)[5]), die biologische Anstalt (§ 332 Abs. 4), das Patentamt (§ 370 Abs. 2)[5]), der Börsenausschuß (§ 374 Abs. 3), die Normaleichungskommission (§ 375 Abs. 4), das Kanalamt in Kiel[6]), die technische Kommission für Seeschiffahrt, die Reichsprüfungsinspektoren, das Schiffsvermessungsamt, das Oberseeamt und die Rechnungskommissare bei den Seeämtern (§ 379 Abs. 3).
4. Das Reichsmarineamt (§ 117 Abs. 3).
5. Das Reichsschatzamt (§ 174 Abs. 1 und 2).
6. Das Reichsjustizamt (§ 180 Abs. 1).
7. Das Reichseisenbahnamt (§ 386 Abs. 2)[5]).
8. Das Reichspostamt (§ 390).

---

[1]) Die Staatssekretäre der 1—6 und 8 benannten Reichsämter führen für die Dauer ihres Amtes den Titel Exzellenz AE. 27. April 89 (MB. 70). Zu ihrer Vertretung sind Unterstaatssekretäre bestellt, die bei einigen Ämtern zugleich eine Abteilung leiten.

[2]) AE. 12. Aug. 67 (BGBl. 29), 12. Mai 71 (RGB. 102) u. 24. Dez. 79 (RGB. 321).

[3]) § 93 Anm. 3.

[4]) Eine besondere Abteilung bearbeitet die Arbeiterstatistik, die seit 03 das Reichsarbeitsblatt herausgibt; Best. f. d. Beirat 30. April 02 (ZB. 100).

[5]) Die Behörde übt zugleich eine Verwaltungsgerichtsbarkeit aus.

[6]) § 349 Anm. 5

Außerdem stehen unmittelbar unter dem Reichskanzler:
1. Die Reichsschuldenkommission (§ 175 Abs. 5).
2. Der Rechnungshof des Reichs (§ 174 Abs. 4).
3. Das Reichsamt für die Verwaltung der Reichseisenbahnen (in Elsaß-Lothringen)[7].
4. Das Reichsbankdirektorium (§ 328 Abs. 7).

Zur Verwaltung seiner Militärangelegenheiten bedient das Reich sich des preußischen Kriegsministeriums (§ 102).

IV. Die Reichsbeamten.

1. Begriff.

§ 21.

Die Rechtsverhältnisse der Reichsbeamten sind — ähnlich dem preußischen Recht (§ 62—75), doch mit einzelnen den Beamten günstigeren Bestimmungen — gesetzlich geregelt.[1]) Als Reichsbeamter gilt jeder Beamte, der entweder vom Kaiser angestellt oder nach der Vorschrift der Reichsverfassung den Anordnungen des Kaisers Folge zu leisten verpflichtet ist.[2]) Für die von diesem Gesetz nicht getroffenen Rechtsverhältnisse gelten die einzelnen Landesgesetze.[3])

Zu den Reichsbeamten gehören die Gesandten (§ 87), die Konsuln (§ 88), die Militärbeamten,[4]) die Reichsbankbeamten,[5]) die Post- und Telegraphenbeamten.[6]) Mit besonderen Maßgaben gilt das RBeamtenG.

---

[7]) § 175 Anm. 7.

[1]) RBeamtenG. 31. März 73 (RGB. 61), mehrfach geändert, zuletzt durch G. 17. Mai 07 das. 201 Art. 1 u. auf Grund des Art. 3 neugefaßt 07 (RGB. 245), Anwendung auf RBankbeamte (Anm. 5) V. 19. Dez. 75 (das. 378) u. 4. Nov. 07 (das. 742). — AusfV. 23. Nov. 74 (RGB. 135), erg. (§ 1) V. 27. Dez. 99 (RGB. 730), nebst V. 14. Mai 01 (das. 173), 10. Feb. 04 (das. 57), 1. Juni 06 (das. 732), 24. April 08 (das. 159), 14. Juli 11 (das. 505) u. 13. Okt. 13 (das. 733). — Bearb. v. Brand (2. Aufl. Berl. 07), Arndt (Berl. 08) u. Schulze (Leipz. 08).

[2]) RBG. § 1; (Strafrecht § 23 Anm. 6 d. W.) Zu den Reichsbeamten in dieser weiteren Bedeutung gehören auch die von den Landesregierungen für Zwecke des Reichsdienstes angestellten Beamten (mittelbare Reichsbeamte, Militärbeamte Anm. 4, mittlere u. untere Postbeamte Anm. 6). Die RVerf. hatte nur die vom Kaiser angestellten Beamten als Reichsbeamte bezeichnet. — § 18 Anm. 1 d. W. — Begriff der Beamten überhaupt § 62 Abs. 2.

[3]) RBG. § 19. Kommunalsteuerpflicht § 80 Abs. 6 d. W.

[4]) Die Militärbeamten stehen — im Gegensatz zu den Zivilbeamten der Heeres- und Kriegsflottenverw. — in einem Militärverhältnis mit Militärrang und zählen zu den Militärpersonen MilG. 2. Mai 74 (RGB. 45) § 38 u. § 98 Abs. 1 d. W. Sie sind aber nicht Personen des Soldatenstandes MilStGB. 20. Juni 72 (RGB. 174) § 4 u. Anlage. Auf Personen des Soldatenstandes findet das RBeamtG. nur in betreff der Defekte (§ 134—138) Anwendung § 157 das. Die Militärbeamten unterstehen der Militärstrafgerichtsbarkeit MStGerO. 1. Dez. 98 (RGB. 1189) § 1[1] und sind wegen militärischer Verbrechen u. Vergehen dem MStG. unterworfen MStG. § 43—45, 153, 154. — Soweit die Militärbeamten Offiziersrang haben, heißen sie obere, sonst untere; Klasseneinteilung V. 1. Aug. 08 (RGB. 4«3). — Militärjustizbeamte § 105 Abs. 4 d. W.

[5]) G. 14. März 75 (RGB. 177) § 28.

[6]) Verf. Art. 50 Abs. 3—5. — § 390 d. W.

für die dieserhalb als Landesbeamte bezeichneten Beamten in Elsaß-Lothringen[7]) und in den Schutzgebieten.[8])

Eine besondere Stellung nehmen die richterlichen Beamten vermöge der ihnen gewährten größeren Unabhängigkeit ein.[9])

2. Anstellung.

§ 22.

Die Ernennung erfolgt durch den Kaiser. Die Bestallung wird für die höheren Beamten einschließlich der Konsuln durch ihn selbst, für die übrigen in seinem Namen durch den Reichskanzler oder die von diesem dazu ermächtigten Behörden ausgefertigt.[1]) In einzelnen Fällen hat der Bundesrat mitzuwirken, in anderen steht diesem die Ernennung ausschließlich zu.[2]) Die Reichstagsbeamten ernennt der Reichstagspräsident.[3])

Die Anstellung erfolgt auf Widerruf oder auf Lebenszeit.[4]) Vorbedingung ist neben dem Vollbesitz der bürgerlichen Ehrenrechte[5]) die nach den einzelnen Dienstzweigen verschiedene Befähigung.[6]) Vor dem Dienstantritt ist zur Sicherung für Erfüllung der Amtspflichten ein Diensteid zu leisten;[7]) die Verpflichtung der Kautionsleistung ist aufgehoben.[8]) Für Ausländer hat die Anstellung den Erwerb der Reichs- und Staatsangehörigkeit zur Folge.[9])

---

7) § 27 Anm. 1 d. W.

8) § 89 Anm. 12.

9) § 189 Abs. 3 d. W. Dazu gehören die Mitglieder des Reichsgerichts, des Bundesamts für Heimatwesen u. des Rechnungshofs RBG. § 158 u. die Räte der Militärgerichte MStGO. 98 (RGB. 1189) § 81 u. 96, nicht aber die Beamten der Reichsanwaltschaft (§ 186 Abs. 1 u. § 190 d. W.).

1) Verf. Art. 18; RBG. § 4, 159 u. AusfB. § 2—4.

2) Dem Bundesrat gebührt der Vorschlag in betreff der Mitglieder des Reichsgerichts, einschl. der Reichsanwälte GVG. § 127 u. 150, des Bundesamtes f. Heimatwesen G. 6. Juni 70 (neugefaßt 94 RGB. 262) § 42, des RBankdirektoriums G. 14. März 75 (RGB. 177) § 27, des Patentamtes G. 7. April 91 (RGB. 79) § 13 u. des RVersicherungsamtes G. 00 (RGB. 573) § 11, der Senats-Präs., der Räte und Militäranwälte des RMilGer. MStGerO. 1. Dez. 98 (das. 1189) § 80 u. 107, des Präs. und der ständigen Mitglieder des R. Versicherungsamts VO. § 86, der RVers.-Anst. für Angestellte G. 20. Dez. 12 (RGB. 889) § 101 und des Aufsichtsamts für Privatversicherung G. 12. Mai 01 (das. 139) § 70; die Begutachtung bei Anstellung der Reichsbevollmächtigten im Zoll- u. Steuerwesen Verf. Art. 36 u. der Konsuln das. Art. 56 u. die Ernennung in Ansehung der Mitglieder des Rechnungshofs G. 4. Juli 68 (BGBl. 433) § 2, der Disziplinarbehörden RBG. § 93, des RBankkuratoriums G. 14. März 75 § 25 u. des RInvalidenfonds G. 23. Mai 73 (RGB. 117) § 11.

3) RBG. § 156.

4) RBG. § 2 u. 32.

5) StGB. § 34 3.

6) Näheres bei den einzelnen Dienstzweigen; Militäranwaltschaft § 63 Abs. 4.

7) RBG. § 3; Formel V. 29. Juni 71 (RGB. 303); mittelbare Reichsbeamte (§ 21 Anm. 2) RVerf. Art. 50 Abs. 3 u. 64 Abs. 1; Konsuln G. 8. Nov. 67 (BGBl. 173) § 4; Els.-Lothringen G. 20. Sept. 71 (GB. 339).

8) G. 20. Feb. 98 (RGB. 29), nur die Kautionspflicht der Reichsbankbeamten (V. 23. Dez. 75 RGB. 380 u. 31. März 80 RGB. 97) besteht fort, das. § 3.

9) G. 1. Juni 70 (BGBl. 335) § 9. — G. 20. Dez. 75 (RGB. 324).

3. Pflichten.

§ 23.

Zu den Pflichten der Reichsbeamten gehört die gesetzmäßige und gewissenhafte Amtsführung und das achtungswürdige Verhalten in und außer dem Amte.[1]) Die Beamten haben Amtsverschwiegenheit zu beobachten[2]) und ihre Tätigkeit voll und unbeeinflußt zu gewähren. Zur Entfernung aus dem Amte ist Urlaub[3]) und zur Annahme von Titeln, Orden, Geschenken und Nebenämtern, zum Gewerbebetriebe und zum Eintritt in den Vorstand, den Verwaltungs- oder Aufsichtsrat einer Erwerbsgesellschaft eine besondere Erlaubnis erforderlich. Diese ist jederzeit widerruflich und in letzterem Falle überhaupt nur zulässig, wenn die Stelle nicht mit fortlaufender Vergütung verbunden ist.[4])

Im Interesse des Dienstes können nichtrichterliche Beamte[5]) unfreiwillig pensioniert oder einstweilen in den Ruhestand versetzt oder bei Nichterfüllung der Amtspflichten — soweit nicht die strafrechtliche Verfolgung eintritt[6]) — disziplinarisch bestraft werden.

Die unfreiwillige Pensionierung erfolgt im Falle geistiger oder körperlicher Unfähigkeit auf Grund eines voraufgegangenen Verfahrens.[7])

Die einstweilige Versetzung in den Ruhestand unter Gewährung eines Wartegeldes von 3/4 des der Pensionsberechnung zugrunde zu legenden Diensteinkommens, höchstens aber 12000 M., kann bei Umbildung der betreffenden Behörde und außerdem für gewisse höhere Beamte vom Kaiser verfügt werden.[8])

Die Disziplinarbestrafung[9]) bei Dienstvergehen erfolgt durch Verhängung von Ordnungsstrafen (Warnung, Verweis und Geldstrafe) oder durch Entfernung aus dem Amte (Strafversetzung und Dienstent-

[1]) RBG. §10 u. 13; Inanspruchnahme im Rechtswege §79 u. 154; verb. §64 d. W.; für vorsätzliche oder fahrlässige Amtspflichtverletzungen in Ausübung der obrigkeitlichen Gewalt (BGB. § 839) haftet das Reich, das sich innerhalb dreier Jahre an den Beamten schadlos halten kann G. 22. März 10 (RGB. 798); für Beamte der Schutzgebiete u. Angehörige der Schutztruppen haften die Schutzgebiete § 4.

[2]) RBG. § 11 u. 12. Besondere Bestimmung für Postbeamte § 391 Anm. 4, Telegraphenbeamte § 392 Anm. 6 d. W.

[3]) RBG. § 14 u. V. 2. Nov. 74 (RGB. 129), erg. (Aufhebung des § 6 Abs. 3) 4. Jan. 04 (das. 1). — Zum Eintritt in den Reichstag bedarf es keines Urlaubs RVerf. Art. 21; ein Gehaltsabzug findet nicht statt, die Stellvertretungskosten trägt das Reich RBG. § 14 Abs. 2. — Beurlaubung und Stellvertretung der gesandtschaftlichen und Konsularbeamten § 87 Anm. 7 d. W. — Unabkömmlichkeit der Beamten im Mobilmachungsfalle § 94 Abs. 2[2] d. W.

[4]) RBG. § 15, 16 u. StGB. § 331.

[5]) Richterliche Beamte § 21 Anm. 9.

[6]) Neben den allgemeinen bestehen besondere, die Beamten betreffende Strafvorschriften. Einzelne Handlungen werden härter bestraft, wenn sie von Beamten begangen werden StGB. § 128, 129, 155[3], 174[2] u. [3], andere sind überhaupt nur in diesem Falle strafbar § 331 bis 359, insbes. Beamtenbestechung § 331 bis 335, Mißbrauch der Amtsgewalt § 339—342, 348—350. Der Begriff des Beamten (§ 359) deckt sich nicht mit dem des öffentlichen Amtes (§ 31 Abs. 2), das außerdem die Rechtsanwaltschaft u. den Schöffen- u. Geschworenendienst umfaßt; auch für diese gelten jedoch die besonderen Strafbestimmungen § 334, 352, 356.

[7]) RBG. § 61—68.

[8]) Das. § 24—31.

[9]) Das. § 72—133.

lassung).[10] Erstere steht innerhalb bestimmter Grenzen jedem Dienstvorgesetzten zu;[11] letzterer muß ein förmliches Disziplinarverfahren vorausgehen, das in Voruntersuchung und mündliche Verhandlung zerfällt.[12] Die erste Instanz bilden die für bestimmte Bezirke eingerichteten 28 Disziplinarkammern.[13] Die Berufung geht an den in Leipzig als dem Sitze des Reichsgerichts aus Mitgliedern des letzteren und des Bundesrates zusammengesetzten Disziplinarhof.[14]

Bei Einleitung des Verfahrens oder in dessen Laufe kann die vorläufige Dienstenthebung (Suspension) des Beamten mit einstweiliger Einbehaltung des halben Gehaltes verfügt werden. Im Fall einer Verhaftung oder einer (noch nicht rechtskräftigen) auf Dienstentlassung lautenden Entscheidung tritt sie kraft Gesetzes ein.[15]

Defekte der Beamten bei Kassen und anderen Vermögensverwaltungen werden durch vollstreckbaren Beschluß der Verwaltungsbehörde festgestellt. Dem Beamten steht hiergegen der Rechtsweg offen.[16]

4. Rechte[1]).

§ 24.

Der Beamte genießt besonderen strafrechtlichen Schutz[2] und das Recht auf Titel, Rang und Uniform, wie sie durch kaiserliche Verordnung festgestellt werden.[3] Die ihm außerdem zustehenden vermögensrechtlichen Ansprüche kann er als privatrechtliche im Rechtswege ver-

[10]) Das. § 72—76.

[11]) Das. § 80—83.

[12]) Das. § 84, 85, 94—109 (Öffentlichkeit § 103).

[13]) Das. § 86—90, 92 u. 93. — Bezirke V. 11. Juli 73 (RGB. 293), Elf.-Lothringen § 27 Anm. 1, Schutzgebiete § 89 Anm. 12. — GeschO. 18. April 80 (ZB. 203) § 1—22. Für Beamte im Ausland ist die Disziplinarkammer in Potsdam zuständig RGB. § 88 Abs. 2. — Für Militärbeamte sind besondere Disziplinarkommissionen gebildet RBG. § 121—123. — Der Rechnungshof des Reichs (§ 174 Abs. 4 d. W.), das Reichsgericht (§ 185 d. W.) und das Bundesamt f. Heimatwesen (§ 284 Abs. 5 d. W.) bilden selbst die Disziplinarbehörde für ihre Mitglieder.

[14]) RBG. § 110—171, 86, 87, 91. — GeschO. (vor. Anm.) § 23.

[15]) RBG. § 125—133.

[16]) Das. § 134—148 u. 154.

[1]) Nach RBG. § 19 kommen alle Begünstigungen der Landesgesetze bezüglich der Besteuerung des Diensteinkommens (§ 80 Abs. 6 d. W.) auch den Reichsbeamten zugute.

[2]) StGB. § 113, 114. Die Amtsehrenbeleidigung bildet im StGB kein selbständiges Vergehen mehr; der Strafantrag kann jedoch außer von den Beteiligten auch von den Vorgesetzten gestellt werden § 196.

[3]) RBG. § 17. Die Ehrenrechte sind gegen Mißbrauch geschützt StGB. § 360[8] u. fallen fort mit Verlust der bürgerlichen Ehrenrechte § 33 u. Dienstentlassung im Disziplinarwege RBG. § 75[2], verb. § 100. — Rangklassen u. Uniformen entsprechen den preußischen (§ 70 d. W.). Insbesondere ist beigelegt der Rang der 3. Kl. den Oberpostdirektoren AE. 22. Feb. 82 (RGB. 42), der der Oberregierungsräte den Oberposträten 13. Jan. 13 (das. 19), der 4. Kl. den Posträten AE. 1. April 71 (das. 103), der 5. Kl. den Post- u. Telegraphendirektoren, Vizedirektoren u. Inspektoren AE. 3. April u. 4. Sept. 50 (GS. 300 u. 399) u. 17. Juli 76 (RGB. 186) 17. Juli 07 (das. 423) u. den Oberpostpraktikanten 27. Dez. 11 (das. 12 S. 1); d. Rang d. 3. Kl. d. Subalternbeamten den Postmeistern AE. 4. Sept. 50 (GS. 399) u. der der 4. Kl. den Telegraphensekretären AE. 12. Feb. 56 (GS. 120). — Galauniform Kais. V. 16. Dez. 88. Bearb. § 73 Anm. 1 d. W.

folgen.[4]) Die Beschlagnahme, Verpfändung und Übertragung des Diensteinkommens unterliegt mehrfachen Einschränkungen, welche dem Beamten unter allen Umständen ein angemessenes Einkommen sichern sollen.[5]) Diese Ansprüche setzen sich zusammen wie folgt:

1. Das **Gehalt** wird monatlich oder vierteljährlich im voraus gezahlt.[6]) Für einige Stellen ist es als Einzelgehalt gleichmäßig festgesetzt; meist steigt es aber nach Dienstaltersstufen, in die die Beamten von drei zu drei Jahren vom Mindest- zum Höchstgehalt aufrücken. Die dieserhalb zu gewährenden Zulagen sind für die verschiedenen Beamtengattungen in 70 Klassen festgestellt. Sie können bei erheblicher Ausstellung gegen das dienstliche oder außerdienstliche Verhalten versagt werden; nur den richterlichen Beamten steht ein Rechtsanspruch darauf zu.[7])
2. Als Bestandteil des Gehalts gebührt dem Beamten und Offizieren, soweit sie nicht Anspruch auf Dienstwohnung oder Mietentschädigung haben, der **Wohnungsgeldzuschuß**, der nach sechs Tarifklassen und nach der Zugehörigkeit des Dienstortes zu einer der fünf Ortsklassen abgestuft ist.[8])
3. Bei Dienstreisen werden **Tagegelder** und **Reisekosten** und bei Versetzungen **Umzugskosten** gewährt.[9])

---

[4]) RBG. § 149, 150, 151, 153 u. 155.

[5]) Das. § 6. ZPO. § 811[7], [8], 850 Abs. 1[6—8], Abs. 2, 4, 5 nebst § 832, 833; StPO. § 495.

[6]) RBG. § 4—6 nebst Bek. 20. Mai 85 (ZB. 205). Gehalt bei Einberufung zum Militär § 71 d. W. u. A. O. 8. Mai 88 (ZB. 169). — Die Gehaltsaufbesserung und die Einführung von Dienstaltersklassen erfolgte ähnlich wie in Preußen § 72 Abs. 1 d. W.

[7]) **Besoldungs**G. 15. Juli 09 (RGB. 573) § 1—13 u. BesoldungsO. I, Änderung der Anl. A V. 10. April 11 (das. 182) u. G. 29. Juli 13 (RGB. 619) und 3. Juli 13 (das. 496) Art. II. Anwendung auf Reichsbankbeamte V. 30. März 10 (das. 597); nichtetatsmäßige Beamte (Besold. G. § 13) DiätenO. 24. Juli 09 (ZB. 597). — Die Gehälter der gesandtschaftlichen und Konsularbeamten werden durch den Etat bestimmt, der Pensionsberechnung wird jedoch die Besold.O. II zugrunde gelegt § 1 Abs. 2. — Das G. bestimmt weiter über die Gehälter der Offiziere § 14—23 nebst Besold.O. III (erg. V. 10. April 11 § 2 u. G. 14. Juni 12 RGB. 389 Art. II und 3. Juli 13, das. 496 Art. II) u. Unteroffiziere § 24—27 nebst Besold.O. IV (erg. V. 10. April 11 § 3) nebst Erg. G. 21. März 10 (RGB. 524) u. Ausf. Best. des Kr. Min. 3. Aug. 09 (AVB. 215). Das G. gilt vom 1. April 08 ab; Übergangs- und Schlußbestimmungen enthalten § 36—47. — Gehaltsvorschr. f. Beamte, Offiziere u. Unteroffiziere 24. Juli 09 (ZB. 597). 3. Sept. 10 (ZB. 480) u. 7. Aug. 11 (ZB. 459).

[8]) Besold.G. § 28—35 nebst Beil. V u. VI. (erg. Bek. 28. Januar 12 RGB. 157). — Vorschriften über **Dienstwohnungen** AE. 16. Feb. 03 (ZB. 63), Nachtr. 6. Okt. 09 (ZB. 1348), Änderung (§ 15[8]) 28. Dez. 10 (ZB. 11 S. 7). Anwendung auf RBankbeamte AE. 4. Jan. 04 (ZB. 10), Beiträge für Wasser u. zentrale Beleuchtung u. Heizung Vf. 30. April 05 (ZB. 116), Nr. III A 1 Abs. 2 aufgehoben Vf. 11. Sept. 09 (ZB. 1298).

[9]) RBG. § 18, die demgemäß erlassenen Verordnungen sind geändert V. 17. Juli 10 (RGB. 947) Art. 1—6 u. gem. Art. 7 in fortlaufender Paragraphenfolge neu veröffentlicht Bek. 8 u. Ausf. Best. 29. Sept. 10 (das. 993 u. 1071), insbes. im Geschäftsgebiete des RAmts des Innern (das. 1000), der Betriebsverw. der REisenbahnen (das. 1002), der RPost- u. Telegraphenverw. (das. 1006 u. Umzugskosten im Ausland Vf. 22. Sept. 10 (ZB. 492), der gesandtschaftlichen u. Konsulatsbeamten (RGB.

4. Dienstunfähigkeit, verbunden mit einer der Regel nach mindestens 10jährigen Dienstzeit, begründet den Anspruch auf **Pension**. Ihr Betrag wird nach dem zuletzt bezogenen festen Diensteinkommen und nach der Dienstzeit in der Weise berechnet, daß er bei zehnjähriger oder kürzerer Dienstzeit $^{20}/_{60}$ des Diensteinkommens beträgt und mit jedem weiter zurückgelegten Dienstjahre bis zum dreißigsten Dienstjahre um $^{1}/_{60}$, später um $^{1}/_{120}$ bis höchstens auf $^{45}/_{60}$ steigt.[10])
5. Im Todesfalle wird den Hinterbliebenen für den **Sterbemonat** und das darauf folgende **Gnadenvierteljahr** das Gehalt (für den auf den Sterbemonat folgenden Monat auch die Pension) weitergezahlt.[11]) Befand sich der dienstliche Wohnsitz des Beamten im Auslande, so werden die Hinterbliebenen auf Reichskosten in die Heimat zurückbefördert.[12])
6. Den Hinterbliebenen werden **Witwen-** und **Waisengelder** gewährt. Das Witwengeld beträgt 40 v. H. der Pension, die der Beamte am Todestage erdient haben würde und mindestens 300, höchstens 5000 M., das Waisengeld für jedes Kind, wenn die Mutter lebt, $^{1}/_{5}$ des Witwengeldes, andernfalls $^{1}/_{3}$.[13])
7. Dazu tritt die **Unfallfürsorge** für alle in unfallversicherungspflichtigen Betrieben (§ 319) beschäftigten Zivil-, Militär- und Marinebeamte. Werden diese infolge eines im Dienst erlittenen Betriebsunfalls dauernd dienstunfähig oder getötet, so erhalten sie oder ihre Hinterbliebenen eine Entschädigung aus Reichsmitteln, die im Hinblick auf die dienstliche Stellung der Beamten in Form einer besonders erlassenen Pension oder Hinterbliebenenversorgung gewährt wird[14]).

V. Das Reichsland Elsaß-Lothringen.

1. Verfassungsentwicklung.

§ 25.

Elsaß-Lothringen bildete bei seiner Vereinigung mit dem Reiche[1]) keinen selbständigen Bundesstaat, sondern als ein erobertes Land, einen

1008), der Kolonialbeamten § 89 Anm. 12 d. W. — Bestimmung der gem. der B. § 1, 17 u. 26 in die einzelnen Klassen gehörend. Beamt. Bek. 23. Juli 10 (ZB. 416), geänd. Bek. 23. März und 10. Okt. 12 (ZB. 255 u. 789) u. 30. Sept. 13 (ZB. 996). — Reisekosten bei Dienstreisen mit Kraftwagen (B. § 6) Bf. 30. Dez. 11 (RGB. 12 S. 145), Pauschvergütungen bei Dienstreisen nach nahe gelegenen Orten (B. § 13) Best. 30. Nov. 11 (das. 967). Aufhebung der Ausf. Best. § 28 Bf. 8. Okt. 13 (das. 731). — Tagegelder und Fuhrkosten der nicht zu den unmittelbaren Reichsbeamten gehörigen Personen Bf. 13. Mai 12 (ZB. 427). — Bearb. wie § 73 Anm. 1 d. W.

[10] RGB. § 34—60 u. 6 nebst Besold. G. (Anm. 7) § 35. Vor dem 1. April 07 pension. Beamte G. 17. Mai 07 (§ 21 Anm. 1 d. W.) Art. 2.

[11]) RBG. § 7—9, 31 u. 69.

[12]) G. 1. April 88 (RGB. 131).

[13]) G. 17. Mai 07 (RGB. 208). Anwendung auf RBankbeamte B. 4. Nov. 07 (RGB. 742). — Entschädigung bei Unfällen wie Anm. 14.

[14]) G. 18. Juni 01 (RGB. 211), das bezüglich der Personen des Soldatenstandes durch die Mil.-Pensionsgesetze (§ 101 Anm. 20 u. 26) ersetzt ist.

[1]) RG. 9. Juni 71 (RGB. 212) § 1. — Verfassungs- u. Verwaltungsrecht § 1 Anm. 10 d. W.

Bestandteil des Reichs. Es hatte zwar eine besondere Staatsangehörigkeit, eigene Finanzen und eigene Verwaltung; doch war ihm aus politischen Gründen keine Staatsgewalt und kein Gesetzgebungsrecht eingeräumt. Erst im Laufe der Zeit ist das Land stufenweise zu größerer staatlicher Selbständigkeit (Autonomie) gelangt.[2])

Die Reichsverfassung trat am 1. Januar 1874 in Kraft.[3]) Damit war das Land im Reichstage, aber noch nicht im Bundesrate vertreten. Es sollte nur insoweit den Bundesstaaten gleich behandelt werden, als es sich mit seiner Eigenschaft als gemeinsamer Besitz der Bundesgenossen vertrug.

Nachdem die neuen Einrichtungen einigermaßen befestigt erschienen, wurde ein Statthalter in Straßburg eingesetzt, die gesamte Landesverwaltung dorthin verlegt und ein Landesausschuß gebildet. Das Reich blieb zwar für die Landesgesetzgebung zuständig, doch konnte auch der Kaiser im Einverständnis mit dem Bundesrat Landesgesetze erlassen, wenn der Landesausschuß ihnen zustimmte.[4])

Eine erhebliche Erweiterung hat dann die Selbständigkeit des Landes durch das neueste Verfassungsgesetz erfahren, das zwar die Befugnisse des Kaisers und des Statthalters bestehen läßt, dem Lande aber neben der Vertretung im Bundesrate (§ 15 Abs. 2) das volle Gesetzgebungsrecht unter Bildung von zwei Kammern verliehen hat.[5])

2. Verfassung.

§ 26.

Die Staatsgewalt übt der Kaiser im Namen des Reichs aus. An der Spitze der Landesregierung steht ein vom Kaiser ernannter Statthalter. Diesem kann der Kaiser durch Verordnung landesherrliche Befugnisse übertragen. Die Anordnungen und Verfügungen des Kaisers bedürfen der Gegenzeichnung des Reichskanzlers, die vom Statthalter kraft landesherrlicher Befugnisse erlassenen der des Staatssekretärs. Soweit es sich nicht um Ausübung dieser Befugnisse handelt, wird der Statthalter durch den Staatssekretär vertreten.[1])

[2]) Zur Zeit gilt E.-L. als Bundesstaat in Ansehung der Mitwirkung im Bundesrate § 15 Abs. 2 d. W., des BGB. EG. Art. 5 u. des StGB. EG. 30. Aug. 71 (RGB. 195) Art. 1 Abs. 2. — Wappenzeichen AE. 22. Dez. 91 (GB. 7).

[3]) RG. 71 § 2 u. 20. Juni 72 (RGB. 208) u. 25. Juni 73 (RGB. 161) § 1. — Einzelne Teile, wie das Zoll-, Militär-, Eisenbahn-, Post- und Telegraphenwesen waren mit den entsprechenden Reichsgesetzen schon früher eingeführt.

[4]) RG. 4 u. V. 23. Juli 79 (RGB. 165 u. 281).

[5]) RG. üb. die Verfassung Els.-Lothringens 31. Mai u. (Inkraftsetzung), V. 21. Aug. 11 (RGB. 225 u. 885). Das G. kann nur durch Reichsges. aufgehoben od. abgeändert werden Art. III. — Bearb. v. Schulze (Gebweiler 11) u. Heim (Straßb. 11).

[1]) Verf. G. 11 Art. II § 1—4. Übertragung landesherrlicher Befugnisse V. 23. Nov. 07 (RGB. 759). Anspruch des Statthalters auf Pension u. Wartegeld RG. 28. April 86 (das. 129). — Die Kontingentshoheit übt der Kaiser aus § 90

Die **Gesetzgebung** einschließlich der alljährlichen Feststellung des Haushaltsetats übt der Kaiser mit Zustimmung des **aus 2 Kammern** bestehenden Landtags aus. Die zweite Kammer, der der Etat zuerst und zur Einzelberatung vorzulegen ist, darf — damit die Deckung nicht fehlt — vermehrte Ausgaben nicht ohne Genehmigung der Regierung einsetzen, und es können, wenn der Etat nicht rechtzeitig zustande kommt, die gesetzlichen Steuern und Abgaben weiter erhoben und, soweit diese zur Erfüllung der gesetzlichen Verpflichtungen und zur ungestörten Fortführung der Verwaltung nicht ausreichen, Schatzanweisungen ausgegeben werden. Die Gesetze werden in dem Gesetzblatt für Elsaß-Lothringen veröffentlicht und erlangen, soweit kein anderer Termin bestimmt ist, 14 Tage nach Ausgabe des betreffenden Stücks in Straßburg Gesetzeskraft.[2]) Der Kaiser kann, während der Landtag nicht versammelt ist, im Notfall Verordnungen mit Gesetzeskraft erlassen, die dem nächsten Landtag zur Genehmigung vorzulegen sind.[3])

Die **erste Kammer** besteht aus:

1. Den Bischöfen und den Präsidenten des lutherischen Oberkonsistoriums, des reformierten Synodalvorstandes und des Oberlandsgerichts;
2. je ein Vertreter der Universität, der israelitischen Konsistorien, der 4 größten Städte, der Handelskammern und je zwei des Landwirtschaftsrates und der Handwerkskammer; ihnen treten, sobald durch Gesetz eine Arbeitervertretung geschaffen ist, 3 Vertreter des Arbeiterstandes hinzu.
3. Reichsangehörigen, die der Kaiser auf Vorschlag des Bundesrats höchstens in der Zahl der übrigen Mitglieder beruft.

Wahl und Ernennung erfolgen auf 5 Jahre. Wählbar sind nur Reichsangehörige, die in Elsaß-Lothringen ihren Wohnsitz heben und mindestens 30 Jahre alt sind.[4])

Die **zweite Kammer** besteht aus 60 Abgeordneten, die für 5 Jahre durch allgemeine direkte Wahlen mit geheimer Abstimmung gewählt werden. Die Wahlkreiseinteilung innerhalb der Verwaltungskreise und die Wahlordnung werden durch Kaiserliche Verordnungen festgestellt, können aber nur durch Gesetz abgeändert werden. Wahlberechtigt sind Reichsangehörige, die mindestens seit 3 Jahren ihren Wohnsitz in Elsaß-Lothringen haben und 25 Jahre alt sind. Zur Wählbarkeit ist außer diesem Wohnsitz der Besitz der Reichsangehörigkeit seit 3 Jahren und ein Alter von 30 Jahren erforderlich. Das Wahlrecht wird durch Aufnahme in die Wählerliste festgestellt. Über Einwendungen gegen diese entscheidet der Bürgermeister unter Zuziehung von 2 Gemeinderatsmitgliedern. Gegen diese Entscheidung

Abs. 3 d. W. Vorläufige Erklärung des Kriegszustandes § 245 Anm. 10 d. W.

[2]) Verf. G. 11 Art. II § 5.

[3]) Das. § 23. Der Staatsrat u. der Landesausschuß, die vordem zur Mitwirkung bei d. Gesetzgebung berufen waren, sind aufgehoben § 27.

[4]) Das. § 6 u. Wahlordnungen 15. Aug. 11 (GB. 59, 62, 65, 68, 71, 75).

ist die Beschwerde bei den Gerichten zulässig. Als gewählt gilt, wer die absolute Mehrheit aller Stimmen erhalten hat. Wird diese nicht erreicht, so findet am 7. Tage nach der Hauptwahl eine Nachwahl statt, in der die höchste Stimmenzahl, bei Stimmengleichheit das Los entscheidet.[5])

Die für beide Kammern gemeinsamen Vorschriften über Berufung, Verhandlung und Rechte der Mitglieder entsprechen im wesentlichen den für den Reichstag gegebenen (§ 17 Abs. 3—5); doch entscheidet über Einsprüche gegen die Gültigkeit der Wahlen der oberste Verwaltungsgerichtshof, bis zu dessen Errichtung ein Senat des Oberlandesgerichts. Der Auflösung unterliegt auch die erste Kammer.[6])

Die amtliche Geschäftssprache der Behörden und öffentlichen Körperschaften sowie die Unterrichtssprache ist die deutsche.[7])

3. Behörden.

§ 27.

Die Einrichtung der Behörden und Verwaltungsbezirke knüpfte an die vorgefundenen Einrichtungen an, schuf aber einzelne neue Organe und erweiterte nicht unerheblich die Zuständigkeit der unteren Instanzen.[1]) Die oberste Verwaltung erlitt bei Einrichtung der Statthalterschaft eine völlige Umgestaltung, indem an die Stelle des Reichskanzleramts für Elsaß-Lothringen und des Oberpräsidiums ein Ministerium in Straßburg errichtet wurde. Dieses bildet eine einheitliche Behörde unter einem Staatssekretär und zerfällt in die vier Abteilungen des Innern, für Justiz und Kultus, für Finanzen, Handel und Domänen, und für Landwirtschaft und öffentliche Arbeiten. Den Abteilungen stehen Unterstaatssekretäre vor. Das Unterrichtswesen leitet der mit dem Ministerium verbundene Oberschulrat.[2]) Als Beirat des Ministeriums besteht ein Land-

[5]) Verf. G. § 7, 8, WahlG. 31. Mai u. (Wahlkreise) V. 3. Juli 11 (RGB. 234 u. 267 nebst Berichtig. 862).

[6]) Verf. G. 11 Art. II § 9—22. — Entschädigung d. Mitglieder G. 16. Juli 12 (GB. 80).

[7]) Das. § 26 u. (Landtag) § 15. — Eisenbahnen § 27 Abs. 8 u. Gleichberechtigung der Konfessionen § 287 Anm. 5 d. W.

[1]) G. 30. Dez. 71 (GB. 72 S. 49); § 10 Abs. 1 (s. g. Diktaturparagraph) ist aufgehoben G. 18. Juni 02 (RGB. 231). — Auf die Landesbeamten findet das Reichsbeamten G. (§ 21—24 d. W.) nach Maßgabe des G. 23. Dez. 73 (GB. 479, Art. I erg. G. 31. Mai 98 das. 51, v. 28. Aug. 05 GB. 59, v. 19. Okt. 07 das. 113, Art. IV aufgeh. G. 13. Feb. 99 das. 3 § 53) Anwendung; Kautionen G. 15. Okt. 73 (GB. 273) u. 18. Okt. 05 (GB. 67); Disziplinarbehörden V. 7. Jan. u. 5. Nov. 74 (RGB. 3 u. 128); Besoldungs G. 9. Juni 13 (GB. 41); Tagegelder, Fuhr- u. Umzugskosten V. 25. Aug. 09 (GB. 87); Hinterbliebene G. 15 u. 22. Nov. 09 (GB. 121, 126, 133); Bearb. § 73 Anm. 1. d. W.; Unfallfürsorge (§ 24[7] d. W.) G. 20. Mai 02 (GB. 49); Witwen- u. Waisenversorgung G. 23. Dez. 73 (GB. 515), § 8 ersetzt G. 7. März 98 (das. 11). Richter Anm. 10.

[2]) RG. 4. Juli 79 § 3—8 nebst V. 23. Juli 79 (GB. 81), 29. Juli 81 (das. 95), 21. April u. 5. Juni 82 (das. 67 u. 81), 25. April 87 (das. 43), 16. Jan. 95 das. 3), 2. April 02 (das. 29), 31. März 05 (das. 37) u. 22. Januar 06 (das. 19). Rechnungsprüfung durch den Rechnungs-

wirtschaftsrat, dessen Mitglieder teils von den landwirtschaftlichen Kreisvereinen gewählt, teils von dem Statthalter ernannt werden.[3])

Unter dem Ministerium stehen Bezirkspräsidenten für die Bezirke.[4])

Für die Verwaltungsrechtsprechung (s. g. contentieux) treten unter dem Vorsitz des Bezirkspräsidenten deren Hilfsarbeiter zu den Kollegien der Bezirksräte zusammen; in ähnlicher Weise bildet sich unter dem Vorsitz des Statthalters der Kaiserliche Rat für Elsaß-Lothringen als zweite Instanz.[5])

Die Bezirke zerfallen in Kreise, für die Kreisdirektoren bestellt sind.[6])

In den Gemeinden werden Bürgermeister und Beigeordnete aus den Mitgliedern des Gemeinderats durch den Bezirkspräsidenten — in Gemeinden von 25 000 und mehr Einwohnern und den ihnen gleichgestellten Gemeinden auf Vorschlag des Gemeinderats durch Kaiserliche Verordnung — ernannt. Wenn der Vorschlag nicht zustande kommt oder ihm wiederholt nicht stattgegeben wird, kann das Ministerium einen einstweiligen Verwalter ernennen.[7])

Die Verwaltung der Steuern wird durch den dem Ministerium unterstellten Direktor der direkten Steuern[8]) und durch den Generaldirektor der indirekten Steuern in Straßburg[9]) geführt.

hof des Reichs § 174 Anm. 8 d. W. — Unterrichtswesen G. 12. Feb. u. V. 10. Juli 73 (GV. 37 u. 166), letztere erg. V. 16. Nov. 87 (das. 81), Anstellung u. Rechtsverhältnisse der Lehrer 6. Juni 00 (das. 105) u. 24. Feb. 08 (das. 7), Besoldung G. 4. Mai 98 (das. 45).

[3]) V. 6. Nov. 95 (GV. 111), geänd. 12. März 00 (das. 51). — Beiräte für Handel u. Industrie bilden die Handelskammern G. 31. März u. 14. April 97 (das. 33 u. 35) nebst V. 15. Juni 04 (GV. 41), in Gesundheitssachen die Ärztekammern G. 5. Juli 98 (das. 61) u. die Apothekerkammer G. 30. Juli 12 (das. 87).

[4]) Die Bezirke Lothringen, Ober- und Unter-Elsaß mit den Hauptstädten Metz, Kolmar u. Straßburg entsprechen in der Hauptsache den früheren Departements Mosel, Ober- und Niederrhein, die Präsidenten bei etwas erweiterter Befugnis den früheren Präfekten G. 30. Dez. 71 § 11 u. V. 10. Feb. 75.

[5]) G. 30. Dez. 71 § 8, 13, RG. 4. Juli 79 § 11, G. 13. Juni 98 (GV. 55), V. 22. April 02 (GV. 32), deren § 2[1] u. 7 aufgehoben sind Verf. G. (§ 25 Anm. 5 d. W.) § 27, Verfahren V. 23. März 89 (das. 35), geänd. (§ 2) 25. Sept. 09 (das. 97). — Die Bezirksräte entsprechen den früheren Präfekturräten.

[6]) Die Kreise sind in vermehrter Zahl (23) an Stelle der französischen Arrondissements, die Kreisdirektoren unter Erweiterung der Zuständigkeit an Stelle der früheren Unterpräfekten getreten G. 30. Dez. 71 § 14, V. 20. Sept. 73 u. 28. Aug. 75. — Die Polizei wird von den Bürgermeistern geübt; nur für Straßburg, Metz u. Mülhausen sind Polizeidirektionen eingesetzt G. 71 § 14 Abs. 2, 3. Kostenbeitrag der Städte G. 6. Juli 01 (GV. 49). — Gendarmerie G. 20. Juni 72 (GV. 441).

[7]) GemO. 6. Juni 95 (GV. 58), erg. G. 7. Juli 97 (das. 75) und 30. Juli 12 (das. 95). Durch diese ist den Gemeinden größere Selbstverwaltung eingeräumt worden. Die Zahl der Gemeinden betrug 1699; 72,57 v. H. gehörten dem deutschen, 22,66 dem französischen u. 4,77 dem gemischten Sprachgebiet an. — Armenpflege § 283 Anm. 2.

[8]) G. 30. Dez. 71 § 11 Abs. 3 u. 12; geändert (Zentralisierung der Verwaltung unter einem Steuerdirektor) G. 27. Feb. 84 (GV. 2). — Besteuerung § 137 Anm. 6 d. W.

[9]) G. 30. Dez. 71 § 17.

Die neue Gerichtsverfassung steht seit dem 1. Oktober 1879 in Kraft;[10]) oberstes Gericht ist das Reichsgericht.[11])

Die Eisenbahnen stehen in Eigentum des Reichs und bilden keinen Gegenstand der Landesverwaltung.[12])

4. Kommunale Vertretungen.

§ 28.

Für die Bezirke, Kreise und Gemeinden bestehen besondere Vertretungen in den Bezirkstagen, Kreistagen und Gemeinderäten. Der Wirkungskreis der beiden ersteren beschränkt sich auf die Abgabe von Gutachten, die Kundgebung von Wünschen, die Verteilung und Bewilligung von Abgaben und auf einzelne Handlungen der Vermögensverwaltung. Zu Beschlüssen der letzteren Art bedarf es in der Regel der Bestätigung der Regierung.[1]) Die Vertretungen gehen aus Wahlen der Bezirks-, Kreis- und Gemeindeeingesessenen hervor und können unter gewissen Voraussetzungen aufgelöst werden. In den Gemeinden dürfen in diesem Falle ihre Verrichtungen einem ernannten Ausschuß oder dem Bürgermeister übertragen werden.[2])

---

[10]) § 180—195 d. W. — Vorbereitung zum höheren Justizdienst V. 16. Aug. 13 (GB. Nr. 16). — Rang u. Titel der Richter AE. 27. Dez. 98 (das. 95), Disziplinarverhältnis G. 13. Feb. 99 (das. 3). — Befähigung für den Gerichtsschreiber- und Gerichtsvollzieherdienst V. 15. Dez. 09 (GB. 173). — AG. z. BGB. 17. April 99 (GB. 43).

[11]) RG. 4. Juni 71 (RGB. 315) u. 27. Jan. 77 (RGB. 77) § 14.

[12]) § 175 Anm. 7 d. W.

[1]) G. 24. Jan. 73 (GB. 18) u. 15. Juli 96 (das. 65). — Die Vertretungen entsprechen den früheren General-, Arrondissements- u. Munizipalräten.

[2]) § 27 Anm. 7.

Zweites Kapitel.

Der preußische Staat.

I. Geschichte[1]).

1. Gebietsentwicklung.

§ 29.

Aus unscheinbaren Anfängen ist der preußische Staat allmählich, aber stetig zu seiner heutigen Bedeutung emporgewachsen.

Die 927 von Kaiser Heinrich I. gegründete Nordmark wurde 1134 als Mark Brandenburg an Albrecht den Bären aus dem Hause der Askanier verliehen und von diesem und seinen Nachfolgern erheblich nach Osten hin erweitert. Wechselnde Schicksale brachten das Land, mit dem seit 1356 durch die goldene Bulle die Kurwürde dauernd verbunden war, nach Aussterben dieses Hauses an das der Wittelsbacher (1324—73), der Luxemburger (1373—1411) und schließlich 1415 an Friedrich I. von Hohenzollern, den Stammvater unseres heutigen Herrschergeschlechts. Die Mark, welche derzeit nur die Alt-, Mittel- und Uckermark, die Priegnitz und das Land Sternberg mit zusammen 425 □ M. umfaßte, wurde unter den nächsten Nachfolgern durch die Neumark (1455), das Herzogtum Krossen (1482), die Grafschaft Ruppin (1524) und das Land Beeskow-Storkow (1575) erweitert.

Wichtigere Erwerbungen brachten die folgenden Jahrhunderte. Unter Johann Sigismund wurden durch den Anfall der Herzogtümer Kleve mit Mark und Ravensberg (1614) und Preußen (1618) die Grenzen nach Osten und Westen soweit hinausgeschoben, daß diese Erwerbungen noch heute die äußersten Marksteine des Staatsgebietes bezeichnen. Der westfälische Friede (1648) fügte das Fürstentum Minden, das Herzogtum Magdeburg mit Halberstadt und Hohenstein hinzu und legte mit dem Erwerbe von Hinterpommern den Grundstock für die Provinz Pommern, die bald darauf durch Lauenburg und Bütow (1657) und das Herzogtum Vorpommern bis zur Peene (1720) weitere Ausdehnung erhielt.

Der Erwerb der Königswürde durch Friedrich I. (1701) gab diesem Machtzuwachs auch äußerlich den entsprechenden Ausdruck.

Durch die Friedensschlüsse zu Breslau (1742), Dresden (1745) und Hubertusburg (1763) wurden Schlesien und die Graf-

[1]) Bornhak, Preuß. Staats- u. Rechtsgeschichte (Berl. 03).

schaft Glatz, durch die drei polnischen Teilungen Westpreußen, das Ermeland und der Netzedistrikt (1772), Südpreußen (Posen), Danzig und Thorn (1793) und die (später an Rußland übergegangenen) Gebiete Neuschlesien und Neuostpreußen (1795) dem Staate einverleibt.

Völlig verändert ging das nunmehr zum Range einer Großmacht emporgestiegene Preußen aus den Kriegen mit Napoleon hervor. Durch den Tilsiter Frieden (1807) hatte es sich fast auf die Hälfte des bisherigen Länderbestandes beschränkt gesehen und alle Besitzungen links der Elbe, sowie den größten Teil der Erwerbungen aus den polnischen Teilungen verloren. In den beiden Pariser Frieden erhielt es dagegen fast alle früheren Besitzungen — einschließlich der ihm erst durch den Reichsdeputationshauptschluß (1803) zugefallenen Bistümer Münster und Paderborn, des Eichsfeldes und der Städte Mühlhausen und Nordhausen — wieder zurück.[2]) Außerdem fielen ihm Neuvorpommern und Rügen, die Niederlausitz und ein Teil der Oberlausitz, die Herzogtümer Sachsen und Westfalen und fast der ganze Bestand der heutigen Rheinprovinz zu.[3])

Preußens Schwerpunkt war durch diese Veränderungen wesentlich nach Westen hin verschoben. Bisher nur Vorkämpfer im Osten, hatte es nunmehr auch eine Westmark zu verteidigen. In seiner Gestaltung war indes dieser erweiterten Aufgabe keine Rechnung getragen. Sein Gebiet war schlecht abgerundet, in zwei Teile zerrissen. Dieses Mißverhältnis ist erst durch die neuesten Ereignisse beseitigt. Nachdem während 50 Jahren nur wenige kleinere, meist getrennt liegende Gebietsteile erworben waren (Hohenzollern 1850, das Jadegebiet 1853), brachte der auf den österreichischen Krieg folgende Prager Frieden einen umfangreichen Zuwachs, indem er als neue Lande die Herzogtümer Schleswig, Holstein und Lauenburg, das Königreich Hannover, Kurfürstentum Hessen, Herzogtum Nassau, die Landgrafschaft Hessen, die freie Stadt Frankfurt und einige großherzoglich-hessische und bayrische Gebietsteile dem Staat hinzufügte (§ 33 Abs. 1). Die getrennten Gruppen der östlichen und westlichen Provinzen sahen sich durch die Gruppe der drei neuen Provinzen in Verbindung gebracht und Preußen, das jetzt ein ansehnliches Gebiet mit einer erheblichen Einwohnerzahl aufweist (Übersicht zu § 55), hat damit nicht nur an Umfang, sondern auch an innerer Kraft und Festigkeit erheblich gewonnen.

2. Innere Entwickelung.

§ 30.

Hand in Hand mit dieser räumlichen ging die innere Entwickelung des Staates, als deren wichtigster Ausgangspunkt die Regierung des großen

[2]) Preußen verzichtete nur auf den östlichen Teil seiner polnischen Erwerbungen, auf Ansbach, Bayreuth, Ostfriesland, Lingen und das im Reichsdeputationshauptschluß erworbene Fürstentum (Bist.) Hildesheim nebst der Stadt Goslar.

[3]) Ältere Besitzungen in dieser Provinz sind nur Kleve, Mörs u. Geldern.

Kurfürsten hervortritt. Dieser heilte die Wunden, die der dreißigjährige Krieg dem Lande geschlagen, und legte auf fast allen Gebieten die Keime zu Preußens späterer Größe.

Die erste Aufgabe war die Bildung und Erhaltung eines schlagfertigen Heeres, denn nur mit solchem war es möglich, ein so ungünstig und ausgedehnt belegenes Gebiet erfolgreich zu behaupten.[1]) Bereits in der ersten Entwickelungszeit der stehenden Heere (um 1650) besaß Preußen ein Heer von 25 000 Mann. In der Folgezeit ist dieses beständig vermehrt, und unter der rastlosen Fürsorge Friedrich Wilhelms I. erwuchs jene Armee, mit der Friedrich der Große seine beispiellosen Erfolge erringen konnte. Bedeutsame Folgen hatte hierbei die Kantonverfassung (1733). in der neben der bisherigen Werbung zum ersten Male eine förmliche Aushebung mit beschränkter Wehrpflicht hervortritt. Indem diese Kantonpflicht sich später zur allgemeinen Wehrpflicht erweiterte,[2]) verwandelte sich das Söldnerheer zum „Volk in Waffen". — Die Bedeutung der Armee war damit über den Rahmen ihrer eigentlichen und unmittelbaren Zwecke hinausgewachsen. Wenn Preußen sich von jeher berufen sah und noch heute berufen sieht, die beim Auseinanderfalle des Reichs vereinzelten deutschen Stämme wieder fester zusammen zu schließen, so haben ihm hierbei die Heereseinrichtungen die trefflichsten Dienste geleistet. Im Heere werden bei völlig gleichartiger Einrichtung überall dieselben Ziele verfolgt. So entsteht ein Gefühl der Zusammengehörigkeit, das durch ernste Arbeit im Frieden, wie durch gemeinsame Gefahr im Kriege weiter gefördert wird und das Heer zu einem fest in sich geschlossenen Ganzen zusammenwachsen läßt. Und dieses Heer greift durch steten Zu- und Abfluß in alle Teile unserer Bevölkerung so wirksam und erfolgreich über, daß es mehr als jede andere Einrichtung zum Bindemittel für das neue Deutschland geworden ist.

Der durch die Heereseinrichtung gesteigerte Bedarf nötigte weiter zur genauesten Regelung der Finanzen. Auch hier legte der große Kurfürst den Grund, auch hier baute dann Friedrich Wilhelm I. mit seiner fast gewaltsamen Tatkraft erfolgreich weiter. Sein Sinn für Ordnung und Einfachheit, der gegen die Prachtliebe seines Vorgängers, wie gegen die Verschwendungssucht der benachbarten Höfe so vorteilhaft abstich, kam auch der Verwaltung des Landes zu statten. Seine Grundsätze sind uns erhalten geblieben: Sparsamkeit im Haushalt,[3]) gewissenhafte Beobachtung fester Grundsätze in betreff der Staatsschulden, der Anwendung des Papiergeldes, der Aufstellung des Voranschlages sind von jeher Vorzüge der preußischen Verwaltung gewesen und haben unserem Staate trotz seiner

[1]) Der große Kurfürst urteilte: „Bündnisse sind gut, eigene Kräfte aber besser", und Friedrich der Große: „Jeder Staat irrt, der sich nicht auf die eigene Kraft verläßt, sondern auf die Bundesgenossen".

[2]) G. 3. Sept. 14 (GS. 79).

[3]) Staatsschatz § 130 Anm. 1.

geringen Hilfsquellen einen Kredit verschafft, den selbst die Zeiten der äußersten Not nicht dauernd erschüttern konnten.

Um die erforderlichen Einnahmen zu schaffen, bedurfte es endlich der Förderung der Erwerbstätigkeit. Boden und Klima des Landes waren wenig günstig. Den Gegenden, in denen Kultur und Verkehr sich vorzugsweise entwickelt haben, lag es ziemlich fern. Preußen sah sich sonach seinen großen Aufgaben mit nur beschränkten Mitteln gegenübergestellt. Es mußte seine Hilfsquellen in ausgiebigster Weise ausnützen, um durch angestrengte Arbeit zu ersetzen, was die wenig verschwenderische Natur ihm versagt hatte. Auch dieser Aufgabe hat Preußens Regierung in vollstem Maße genügt. Betriebsame Kolonisten (französische Refugiés 1685, Salzburger 1732, Holländer) wurden herangezogen (Bevölkerungspolitik), Sümpfe durch Entwässerung in blühendes Ackerland verwandelt (Oderbruch, Netzeniederung), größere Kanäle angelegt, Manufakturen gegründet und Handelsverbindungen angeknüpft. — Diese rege Tätigkeit, die in Friedrich dem Großen ihren Höhepunkt erreichte, beruhte, der Entwickelung und dem Geiste des 18. Jahrhunderts gemäß, ausschließlich auf unmittelbarer staatlicher Einwirkung. Ein neues Element brachte im Beginn unseres Jahrhunderts die Stein-Hardenbergsche Gesetzgebung, indem sie neben der Neueinrichtung der Staatsbehörden (§ 44 Abs. 2 u. 57 Abs. 1) die eigene Tätigkeit der Bevölkerung zu wecken und zu beleben suchte. Dies geschah dadurch, daß sie die städtische Selbstverwaltung begründete (§ 77 Abs. 1) und durch Befreiung des landwirtschaftlichen und gewerblichen Betriebes der wirtschaftlichen Entwickelung neue Bahnen eröffnete (§ 310 Abs. 1, 338 Abs. 1 u. 363 Abs. 3 u. 4).[4]

Eine notwendige Voraussetzung für diese rastlose und umfassende Tätigkeit, die weiter auch auf den Gebieten der Rechtspflege (§ 178 Abs. 2) und des Schulwesens (§ 302 Abs. 3) hervortrat, war die Ausbildung eines tüchtigen Beamtentums. Durch genaue Anweisung, strenge Überwachung, mehr aber noch durch das eigene Beispiel aufopfernder Pflichterfüllung haben sich Preußens Herrscher, vor allem Friedrich Wilhelm I., einen Beamtenstand geschaffen, der in selbstloser Hingabe und unermüdlicher Tätigkeit eine kräftige Stütze und eine wirksame Handhabe für alle ihre Bestrebungen geworden ist. Heer und Beamtentum bilden die beiden Grundpfeiler, auf denen Preußens Macht trotz geringer Mittel so fest und wirksam aufgebaut werden konnte.

---

[4]) Ernst Meier, Die Reform der preuß. Verwaltung unter Stein und Hardenberg (Leipzig 81). — Frh. v. Stein, gb. 1757 in Nassau a. d. Lahn, seit 1780 im preußischen Staatsdienst, 1804 Finanzminister, 1808 auf Verlangen Napoleons entlassen und zur Flucht genötigt, 1813—14 einflußreich im Hauptquartier der gegen Napoleon Verbündeten u. auf dem Wiener Kongreß, gest. 1831. — Frh. v. Hardenberg, gb. 1750, seit 1792 im preuß. Staatsdienst, 1804—6 Minister des Auswärtigen, 1810 Staatskanzler (§ 44 Anm. 3), 1814 in den Fürstenstand erhoben, gest. 1822.

3. Staatsform.

§ 31.

Alles, was Preußen bislang erreicht hatte, seine rasche Machtentfaltung nach außen, wie seine gesunde Entwickelung im Innern, ist wesentlich das Werk seiner Fürsten gewesen. Es konnte nur durch die kraftvolle Geltendmachung des Einzelwillens erreicht werden, wie er in der **unumschränkten Monarchie** des 17. und 18. Jahrhunderts hervortritt.

In Preußen wie in den übrigen deutschen Ländern sahen sich die Landesherren in ihren Landen schon seit dem 14. Jahrhundert durch **Landstände** beschränkt, die verschiedene Rechte, insbesondere das Steuerbewilligungsrecht, für sich in Anspruch nahmen. Mit Entwickelung der landesherrlichen Gewalt trat seit dem Dreißigjährigen Kriege die Macht dieser Stände allmählich zurück, um zuletzt ganz zu verschwinden. In Preußen geschah dieses unter dem Großen Kurfürsten und wurde unter Friedrich Wilhelm I. vollendet, der „seine souveraineté wie einen rocher von bronce stabilierte"[1]) und die ständischen Rechte als „alte längst vergessene Dinge" bezeichnen durfte.[2])

Unser Staat erscheint seitdem völlig in dem Fürsten verkörpert,[3]) und Ludwigs XIV. Ausspruch (l'état c'est moi) darf auch auf Preußen angewendet werden, freilich in der völlig verschiedenen Bedeutung, daß in Frankreich der Staat den persönlichen Zwecken des Fürsten dienstbar gemacht wurde, Preußens große Könige dagegen sich selbst den Zwecken des Staates in gewissenhafter und hingebender Weise unterordneten. Dort war der Staat die Domäne seines Fürsten, hier der Fürst der erste Diener seines Staates. Dieses Pflichtbewußtsein der preußischen Herrscher bildet den Kern ihrer gesamten Tätigkeit und den Grund ihrer großen Erfolge. Durch dieses hat ihre Selbständigkeit, oft sogar ihre Willkür dem Lande zum höchsten Segen gereicht. Unsere heutigen Anschauungen werden von Voraussetzungen getragen, die von denen jenes Zeitalters weit abliegen. Um so weniger dürfen wir vergessen, daß es wesentlich die absolute Staatsform war, der wir unsere großartige Entwickelung im 18ten Jahrhundert zu danken haben.

Doch auch diese Entwickelung sollte ihre Zeit haben; das Geschick des Staates hatte während dieser ausschließlich in der Hand des Herrschers gelegen, und mit dem belebenden Geiste des großen Friedrich schwand auch Preußens Kraft dahin. Nach der tiefen Erniedrigung im Kriege mit Napoleon wollte die Stein-Hardenbergsche Gesetzgebung die Bevölkerung, die sie zur Selbsttätigkeit auf wirtschaftlichem Gebiete befähigt hatte (§ 307 Abs. 1), auch zur **Mitwirkung an den öffentlichen Angelegen-**

---

[1]) Erwiderung an die Stände von Preußen, die eine Bestätigung ihrer Privilegien forderten (1717).

[2]) Ausspruch gegenüber den Jülich-Bergischen Ständen, die sich auf ihre Privilegien beriefen (1723).

[3]) LR. II 13 § 1.

heiten heranziehen. Dies ist der Gedanke der Steinschen Städteordnung (§ 77 Abs. 1). Im gleichen Sinne, wenngleich in weit beschränkterem Umfange, wurden Provinzen (1823) und Kreise (1823—28) zu eigener Tätigkeit berufen. Eine allgemeine Landesvertretung, obwohl mehrfach verheißen,[4]) kam dagegen nicht zustande. Erst die Stürme des Jahres 1848 haben sie zum Durchbruche gebracht.

Unter dem Eindrucke der Märzereignisse dieses Jahres trat der schon vorher aus den Provinzialständen (§ 84 Abs. 3) gebildete vereinigte Landtag[5]) von neuem zusammen. Unter seiner Zustimmung wurde eine Verordnung über die künftigen Grundlagen der Verfassung und ein Wahlgesetz erlassen.[6]) Die demgemäß zusammengetretene Versammlung verfiel nach ergebnisloser Verhandlung der Auflösung, und dasselbe Schicksal ereilte die Kammern, die auf Grund zweier neuen Wahlgesetze zur Revision einer gleichzeitig erlassenen (oktroyierten) Verfassung[7]) zusammengetreten waren. Hierauf wurde eine neue Wahlordnung erlassen. Sie beruht auf öffentlicher Abstimmung und Dreiklassenteilung der Wähler nach Maßgabe der Staatssteuern und bildet das noch heute maßgebende Wahlgesetz.[8]) Aus den Beratungen einer demgemäß zusammenberufenen Versammlung ging schließlich die Verfassung hervor, welche die Grundlage unserer heutigen staatlichen Ordnung geworden und als solche in alle später erworbenen Landesteile eingeführt ist (§ 32 u. 33 Abs. 1). Indem die Verfassung der bestehenden Monarchie bestimmt bezeichnete Einschränkungen auferlegt, sind in Preußen — im Gegensatz zum Reiche[9]) — die älteren Rechte des Landesherrn insoweit stehen geblieben, als sie nicht durch ausdrückliche Bestimmungen der Verfassung zu Gunsten des Landtags eingeschränkt sind. In Zweifelsfragen spricht die Vermutung für das Recht des Königs.[10])

Unsere Geschichte bietet hiernach das Bild einer mit geringen Unterbrechungen ruhig fortschreitenden, gesunden Entwickelung. An zeitweiligen Störungen hat es nicht gefehlt, aber vergeblich hat die Reaktion sie auf-

[4]) Bundesakte 8. Juni 15 (GS. 18 S. 143) Art. 13; Wiener Schlußakte 15. Mai 20 (GS. 113) Art. 54—59; FinEd. 27. Okt. 10 (GS. 25) a. E. u. 7. Sept. 11 (GS. 253) § 14; V. betr. die Repräsentation des Volkes 22. Mai 15 (GS. 103); V. betr. Einführung des Staatsrats 20. März 17 (GS. 67) § 2a u. Staatsschulden G. 17. Jan. 20 (GS. 9) § II u. XIII.

[5]) Pat. 3. Feb. 47 (GS. 33).

[6]) V. 6. u. Wahl.-G. 8. April 48 (GS. 87 u. 89).

[7]) VU. 5. u. Wahlgesetze 6. Dez. 48 (GS. 375, 395, 399).

[8]) V. 30. Mai 49 (GS. 205); § 42 Abs. 4 d. W. Die Dreiklassenteilung findet sich zuerst in der rhein. GemeindeO. (§ 81 Anm. 21) § 50.

[9]) Desgl. zur belgischen Verfassung, die der preußischen sonst mehrfach zum Vorbild gedient hat. Smend, die preuß. VU. im Vergleich mit der belgischen (Göttingen 04).

[10]) VU. Art. 109. Vereinigung der gesamten Staatsgewalt im Staatsoberhaupte (monarchischer Grundsatz) LR. II 13 § 1, Wiener Schlußakte 15. Mai 20 Art. 57.

zuhalten, die Revolution sie zu überstürzen gesucht; immer war es Preußens eigene Kraft, die diese Schwierigkeiten überwunden und das Staatsschiff wieder in das richtige Fahrwasser eines ruhigen Fortschritts hineingeleitet hat. Und diese Kraft haben selbst die schwersten Schicksalsschläge nicht dauernd zu erschüttern vermocht. Oft, wo sie zu erlahmen begann, wo die preußische Überlieferung fast schon vergessen schien, hat sie sich wieder zu erneuter Arbeit emporgerafft und vor allem Preußen auch da nicht verlassen, wo es an die Erfüllung seines deutschen Berufes herantreten sollte. Zahlreiche neue Aufgaben sind seitdem für unser Staatswesen entstanden. In fast überstürzender Hast wuchsen neue Bildungen hervor, oft über das eigentliche Ziel hinausschießend. Gleichzeitig wurde durch schwindelhafte Erwerbsverhältnisse der Sinn für ernste Arbeit aus seiner Bahn gelenkt und dann durch soziale Irrlehren, durch religiöse Zerwürfnisse und zeitweilige Notstände die ordnende Tätigkeit gelähmt.

In solchen Augenblicken vermag der Rückblick auf unsere geschichtliche Entwickelung uns zugleich Trost und Belehrung zu gewähren. Er zeigt uns, daß Preußen mit noch geringeren Mitteln bereits weit größere Schwierigkeiten überwinden konnte, und er lehrt uns, auf welchem Wege sie überwunden sind. Möchte deshalb niemals vergessen werden, was Preußen in allen seinen Wechselfällen hochgehalten, und was es groß gemacht hat.

II. Verfassung.

1. Übersicht.

§ 32.

Die preußische Verfassungsurkunde[1]) regelt die Form des preußischen Staates und stellt daneben für einzelne Verwaltungszweige eine Reihe leitender Grundsätze auf, die sie unter dem nicht ganz zutreffenden Titel „Rechte der Preußen" zusammenfaßt. Beide Teile sind nach Zweck und Bedeutung wesentlich voneinander verschieden.

Der erstere Teil hat Preußen endgiltig in die Reihe der konstitutionellen Staaten eingeführt. Er umfaßt die Vorschriften über Zusammensetzung und Regierung des Staates und stellt die Verfassung in der engeren und eigentlichen Bedeutung des Wortes fest. Dieser hier in Betracht kommende Teil betrifft das Staatsgebiet (Nr. 2), die Staatsangehörigkeit (Nr. 3), die Gesetzgebung (Nr. 4), den König (Nr. 5) und den Landtag (Nr. 6).

Dem andern Teile fehlt diese selbständige Bedeutung. Seine Bestimmungen gelangen erst in der Einzelgesetzgebung zu praktischer Be-

[1]) Verfassungsurunde 31. Jan. [18]50 (GS. 17). Bearb. Arndt. (7 Aufl. Berl. 11) u. Anschütz 2 Bde. (1. Bd. Berl. 12), ferner mit allen anschließenden Vorschriften vom Verfasser (Berl. 03).

deutung und können nur mit dieser betrachtet werden.[2]) Dabei ist ihr Einfluß ein ziemlich beschränkter geblieben, da einige nur wiederholen, was sich im wesentlichen bereits in der seitherigen Gesetzgebung anerkannt fand,[3]) andere sich mit bloßen Hinweisungen auf erlassene oder zu erlassende Gesetze begnügen.[4]) Die Absicht, in diesen Festsetzungen bestimmte Grundlagen für die übrige Gesetzgebung zu schaffen, die vermöge der erschwerten Voraussetzungen für Verfassungsänderungsgesetze[5]) den verschiedenen Zeitströmungen gegenüber feste Stützpunkte gewähren sollten, hat sich in diesem Umfange nicht erfüllt. Die wechselnden Bedürfnisse und Anschauungen haben auch hier ihr Recht behauptet, und wo Veränderungen der Einzelgesetzgebung Verfassungsbestimmungen berührten, ist auch deren Abänderung stets ohne Schwierigkeit vor sich gegangen.[6])

Die Entstehung des Reichs hat die Bedeutung der preußischen Verfassung nicht unwesentlich eingeschränkt. Die Souveränität steht dem Reiche zu und Preußen hat damit die Stellung eines völlig selbständigen Staates eingebüßt.[7]) Dies macht sich vor allem in der Gesetzgebung geltend, indem Reichsgesetze den Landesgesetzen überall vorgehen.[8]) Insoweit erstere abweichende Festsetzungen treffen, haben deshalb auch die Vorschriften der preußischen Verfassung ihre Bedeutung verloren.[9])

2. Staatsgebiet.

§ 33.

Das preußische Staatsgebiet hat sich allmählich entwickelt.[1]) Die Verfassung zählt ihm alle derzeit mit der Monarchie verbunden gewesenen Landesteile zu, unter der Festsetzung, daß seine Grenzen nur durch Gesetz verändert werden können.[2]) In den angeschlossenen Gebietsteilen tritt

[2]) Vgl. über Art. 9 (Enteignungen) § 377 Abs. 3 u. § 333 Abs. 3 d. W.; üb. Art. 12—14, 17, 19 (Kirche) § 287 Abs. 1, § 289; üb. Art. 20—26 (Unterricht) § 302 Abs. 3, 303 Abs. 3—6, 305 Abs. 2; üb. Art. 40—42 (Freiheit des Grundeigentums) § 338 Abs. 2 u. § 340 Abs. 1; üb. Art. 99 bis 104 u. 110 (Finanzen) § 121 Abs. 4, 123 Abs. 2, 130 Abs. 4 u. 139 Abs. 1

[3]) VU. Art. 4, 9, 11, 31, 33 u. 34.

[4]) Das. Art. 3, 17, 19, 26, 89, 98, 105 (G. 24. Mai 53) u. 113.

[5]) § 37 Abs. 3^1 d. W.

[6]) Aufgehoben sind Art. 15, 16 u. 18 auf dem Gebiete der Kirche § 289 Anm. 3; Art. 40—42 auf dem der Agrargesetzgebung § 338 Anm. 3 d. W.; Art. 105 auf dem der Gemeindegesetzgebung § 76 Anm. 3; Art. 113 auf dem der Schule § 299 Anm. 5.

[7]) Hiernach würden die Bezeichnungen: „Staatsgebiet, Staatsangehörigkeit, Staatsverfassung" durch „Landesgebiet u. s. w." zu ersetzen sein. Die Gesetzgebung hat jedoch diese Ausdrucksweise nur bei den „Landesbehörden" u. „Landesgesetzen" zur Anwendung gebracht.

[8]) RVerf. Art. 2.

[9]) Auswanderung VU. Art. 11; Militär Art. 34—38; Rechtspflege Art. 5—8, 10, 33, 86—97, 111 u. 116; Presse Art. 27, 28 u. 113; Vereins- und Versammlungsrecht Art. 29 u. 30; Briefgeheimnis Art. 33.

[1]) § 29 d. W. — Größe u. Bevölkerung § 55 Anm. 2 (Übersicht), periodische Feststellung der letzteren § 12 d. W.

[2]) VU. Art. 1 u. 2. — Über die Zugehörigkeit des neutralen Gebiets Moresnet schweben Verhandlungen mit Belgien.

das Verfassungsrecht ohne weiteres, das Verwaltungsrecht aber nur, soweit es eingeführt wird, in Kraft. Ohne weiteres gelten alle Gesetze in den durch Grenzregulierungen oder Austauschungen erworbenen Gebieten.[3]) Seit Erlaß der Verfassung sind demgemäß hinzugetreten: Hohenzollern,[4]) das Jadegebiet,[5]) das Königreich Hannover, Kurfürstentum Hessen, Herzogtum Nassau, die Stadt Frankfurt,[6]) mehrere vormals großherzoglich-hessische und bayrische Teile,[7]) Schleswig-Holstein und Lauenburg[8]) und einige kleinere spätere Erwerbungen,[9]) insbesondere die Insel Helgoland.[10]) — Das Fürstentum Waldeck, dessen Verwaltung von Preußen seit 1867 durch Accessionsvertrag, nach dem späteren Vertrag bis auf weiteres übernommen ist,[11]) gehört nicht zum preußischen Staate.

Das Staatsgebiet bildet ein geschlossenes Ganzes unter der Herrschaft des hohenzollernschen Königshauses. Da die Erbfolge innerhalb des letzteren unteilbar ist (§ 39 Abs. 1), so folgt daraus auch die Unteilbarkeit und Unveräußerlichkeit des Gebietes. — Die Landesfarben sind schwarz, weiß.[12]) — Unternehmungen gegen den Bestand des Staatsgebietes werden als Hochverrat bestraft.[13])

Auch räumlich stellt sich das Staatsgebiet gegenwärtig als ein zusammenhängendes dar. Die von ihm eingeschlossenen Teile fremder Länder (Enklaven), wie die preußischen von anderen Ländern umschlossenen Gebietsteile (Exklaven) sind von nur untergeordneter Bedeutung.

Die Fläche des Staatsgebietes wird durch **Landesvermessung** (Landestriangulation) festgestellt, die für verschiedene Verwaltungszweige

---

[3]) KO. 29. März 37 (GS. 71). — Verb. § 231 Anm. 3 d. W.

[4]) G. u. Pat. 12. März 50 (GS. 289 u. 295).

[5]) Pat 5. Nov. 54 (GS. 593) u. G. 23. März 73 (GS. 119). Vtr. mit Oldenburg 20. Juli 53, geänd. 10. Feb. 12 (GS. 211 u. 213).

[6]) G. 20. Sept. 66 (GS. 555) u. je 4 Patente u. Proklamationen 3. Okt. 66 (GS. 591—602). — Geschichtliche Entstehung Vf. 3. April, 21. u. 25. März 67 (MB. 89, 53 u. 56).

[7]) G. 24. Dez. 66 (GS. 876) u. je 2 Patente u. Proklam. 12. Jan. 67 (GS. 137, 138, 173 u. 174).

[8]) G. 24. Dez. 66 (GS. 875), Pat. u. Prokl. 12. Jan. 67 (GS. 129 u. 131). — Geschichtliche Entstehung u. Zusammensetzung Vf. 12. Aug. 67 (MB. 241). — Das Herzogt. Lauenburg, anfänglich nur in Personalverbindung, ist durch G. 23. Juni 76 (GS. 169) mit dem Staate vereinigt. — Sonderstellung des Kreises (§ 83 Anm. 18) als Landeskommunalverband § 84² d. W.

[9]) G. 3. April 69 (GS. 540) u. Vtr üb. Teilung des Kommuniongebietes am Unterharze 9. März 74 (GS. 295) Art. 1 u. 2 nebst G. 21. April 75 (GS. 199).

[10]) RG. 15. Dez. 90 (RGB. 207) u. preuß. G. 18. Feb. 91 (GS. 11). — Einführung von Reichsgesetzen RG. 22. März 91 (RGB. 21), 14. Dez. 92 (RGB. 1052), 4. Juni u. 24. Juli 93 (RGB. 193 u. 236), preußischen Gesetzen G. 22. März 91 (GS. 39), V. 20. März 93 (GS. 61), 8. April 94 (GS. 31) u. 1. Feb. 97 (GS. 23); Auseinandersetzung mit der Gemeinde V. 17. Mai 93 (GS. 91). — Hiernach u. nach Einführung einiger Einzelgesetze gilt in Helgoland bis auf einige Gebiete (Kommunalverfassung, § 84² d. W., Zölle u. Abgaben, Jagdrecht, Gewerberecht, Enteignung) im wesentlichen dasselbe Recht wie in Schl. Holstein.

[11]) Vtr. 2. März 87 (GS. 177).

[12]) KO. 20. Mai 18 (KA. II 347) u. 12. März 23 (GS. 127).

[13]) StGB. § 81³ u. ⁴.

benutzt wird. Ihrem Zwecke dient die Legung eines trigonometrischen Netzes und die Setzung von Marksteinen, für welche der erforderliche Grund und Boden gegen Entschädigung von den Eigentümern abgetreten werden muß.[14]) — Die obere Leitung führt in Preußen das Zentraldirektorium der Vermessungen.[15])

3. Staatsangehörigkeit.

§ 34.

Die **Bevölkerung** des preußischen Staates ist fast zu $^2/_3$ evangelisch[1]) und vorwiegend deutsch. Dem Vordringen des polnischen und des dänischen Elements[2]) im Osten und Norden der Monarchie wird durch Förderung deutscher Ansiedlungen und Hebung des deutschen Schulwesens entgegengewirkt (Ost- und Nordmarkpolitik).[3])

a) **Erwerb und Verlust** sind einheitlich im Reiche geregelt,[4]) da die Reichsangehörigkeit nur in Verbindung mit der Staatsangehörigkeit in einem Bundesstaate erworben oder verloren wird.[5])

---

[14]) G. f. d. östl. Prov. 7. Okt. 65 (GS. 1033), f. d. übrigen Landesteile außer Hohenzollern u. Jadegebiet 7. April 69 (GS. 729), erg. 24. Mai 01 (GS. 145) u. (Abschreibung im Grundbuche) 3. Juni 74 (GS. 239). — AusfInstr. 20. Juli 78 (MB. 190), Nachtr. 21. Okt. 82 (MB. 281) u. 9. Dez. 90 (MB. 91 S. 6). — Die trigonometrischen Punkte werden auch nach ihrer Höhenlage bestimmt Best. üb. Anschluß der Nivellements an den preuß. Landeshorizont 12. Jan. 95 (MB. 96 S. 1). Strafe der Beschädigung StGB. § 304.

[15]) Satzungen 1. Mai 01. Vorsitzender ist der Chef des Generalstabes der Armee (§ 99 Abs. 3). — Grundsätze für Benachrichtigung der Landesaufnahme üb. topographische Veränderungen Bf. 1. April 12 (MB. 173).

[1]) § 287 Anm. 2 d. W.

[2]) Die Zahl der Polen betrug (1910) 3,5 Mill. (9 v. H. der Bevölkerung).

[3]) Ansiedlungen § 343 Abs. 4. Ankauf von Domänen § 126 Anm. 3. Besitzbefestigung § 343 Abs. 4. — Schulwesen G. 4. u. 6. Mai u. 15. Juli 86 (GS. 143, 144 u. 185), § 303 Anm. 10, § 305 Anm. 7, 8, § 314 Anm. 15 d. W. — Kreisteilungen zu gleichem Zwecke § 55 Anm. 5. — Mittlere und untere Beamte sowie Volksschullehrer beziehen widerrufliche und nicht pensionsfähige Gehaltszulagen (Ostmarkenzulagen). — Berücksichtigung bei Diensteinkommensverbesserung der katholischen Geistlichen § 295 Anm. 7.

[4]) Reichs- u. Staatsangehörigkeits G. 22. Juli 13 (RGB. 583); in den Schlußbest. (§ 36—41) werden die Erteilung der Urkunden, die im Verkehr der Bundesstaaten kostenfrei, sonst gegen Stempel- u. Ausfertigungsgebühren von höchstens 3 M. erfolgt (§ 38, 39), die Zuständigkeit und das Verfahren (§ 40) geregelt. Gegenüber dem seitherigen G. (1870) hat das neue G. im Interesse der Erhaltung des Deutschtums im Auslande u. in den Schutzgebieten den Verlust der Staatsangehörigkeit durch zehnjährige Abwesenheit beseitigt, andererseits sucht es den Wiedergewinn der verlorenen Staatsangehörigkeit zu erleichtern (Anm. 5 u. 9) u. die mehrfache Staatsangehörigkeit zu beseitigen (Anm. 12). — Bearb. v. Romen (Berl. 13).

[5]) Dabei gilt Elf.-Lothringen als Bundesstaat u. die Schutzgebiete gelten als Inland R. u. StG. § 1, 2. Die unmittelbare Reichsangehörigkeit kann verliehen werden an Ausländer, die sich in einem Schutzgebiete niedergelassen od. ihren dienstlichen Wohnsitz im Auslande haben, an Eingeborene in einem Schutzgebiete und an ehemalige Deutsche, die sich nicht im Inland niedergelassen haben § 33—35. — Für die Schweiz gilt derselbe Grundsatz, wie im deutschen Reiche, während in den Vereinigten Staaten von Amerika das Vereinsbürgerrecht das Staatsbürgerrecht nach sich zieht.

Die Staatsangehörigkeit wird erworben:

1. mittelbar durch Abstammung (nicht durch Annahme an Kindesstatt) von dem ehelichen Vater oder der unehelichen Mutter, durch Legitimation und für die Ehefrau durch Verheiratung;[6])
2. unmittelbar durch Verleihung. Diese erfolgt durch eine von dem Regierungspräsidenten ausgefertigte Urkunde, oder mit gleicher Wirkung durch Anstellung im Dienst des Reichs, eines Bundesstaats, Kommunalverbandes und im öffentlichen Schuldienst oder Dienst einer anerkannten Religionsgesellschaft. Sie heißt für Deutsche *Aufnahme*, für Ausländer *Einbürgerung*.[7]). Die Aufnahme kann nur unter denjenigen Voraussetzungen versagt werden, unter denen eine Beschränkung der Freizügigkeit im Reiche zugelassen ist.[8]) Für die Einbürgerung wird dagegen vorausgesetzt, daß der sie Beantragende unbeschränkt geschäftsfähig und unbescholten ist, Wohnung und Unterkommen am Niederlassungsorte findet und imstande ist, sich und seine Angehörigen daselbst zu ernähren. Hierüber ist der Vorstand der Gemeinde oder des Armenverbandes zu hören. Außerdem hat der Reichskanzler festzustellen, daß kein Bundesstaat Bedenken in Bezug auf Gefährdung des Wohles des Reiches oder eines Bundesstaats erhoben hat; über die Bedenken entscheidet der Bundesrat.[9])

Die Staatsangehörigkeit geht verloren:

1. mittelbar durch Legitimation seitens eines Nichtpreußen und für Frauen durch Verheiratung mit einem solchen;[10])
2. auf Antrag durch Entlassung, die durch eine von dem Regierungspräsidenten ausgefertigte Urkunde erfolgt und, soweit nicht die Staatsangehörigkeit in einem anderen Bundesstaate vorbehalten wird, nur unter gewissen, durch die Erfüllung der Wehrpflicht bedingten Voraussetzungen versagt werden darf;[11]) ferner durch Erwerb einer ausländi-

[6]) R. u. StG. § 3^{1-3}, 4—6.

[7]) R. u. StG. § $3^{4,5}$, 14—16, 38 u. ZustG. § 155. Anstellung naturalisierter Nichtdeutscher § 63 Anm. 6 d. W.

[8]) R. u. StG. § 7. — § 10 Abs. 1 d. W.

[9]) R. u. StG. § 8, 9. Erleichterungen für ehemalige Deutsche und Ausländer, die mindestens 1 Jahr aktiv in dem Heer oder der Kriegsflotte gedient haben § 10—13.

[10]) Das. § $17^{5,6}$.

[11]) Das. § 17^{1}, 20, 21, 2^{3}, 24, 38 u. Zust. § 155. Entlassung der Ehefrauen u. unter väterlicher Gewalt oder Vormundschaft stehend. Personen R. u. StG. § 18, 19. Wehrpflichtige, über deren Dienstverpflichtung noch nicht endgültig entschieden ist, bedürfen eines Zeugnisses der Ersatzkommission, daß nach deren Überzeugung die Auswanderung nicht zur Umgehung der Dienstpflicht nachgesucht wird das. § 22^{1}. Für Militärpersonen des stehenden Heeres sowie für Offiziere des Beurlaubtenstandes u. Beamte ist die zuvorige Entlassung aus dem Dienste erforderlich das. § $22^{2,3,5}$ u. MG. 2. Mai 74 (RGB. 45) § 60. Für Personen der Reserve, Ersatzreserve u. Landwehr ersten Aufgebots ist Genehmigung der Militärbehörde erforderlich, die nur im Falle der Einberufung versagt werden darf R. u. StG. § 22^{4}, G. 9. Nov. 67 (BGBl. 131) § 15 Abs. 3 u. StGB. § 360^{3}, Verfahren § 219 Nr. 5 d. W. Für die Landwehr zweiten Aufgebots bedarf es nur der Anzeige G. 11. Feb. 88 (RGB. 11) Art. II § 4^{3}. — Verbot der Auswanderung Wehrpflichtiger § 11 d. W.

schen Staatsangehörigkeit, wenn dieser auf Antrag erfolgt und kein Wohnsitz oder dauernder Aufenthalt im Inland genommen wird;[12])

3. unfreiwillig durch Nichterfüllung der Wehrpflicht oder durch Beschluß der Zentralbehörde des Heimatstaates bei Nichtbefolgung der Aufforderung zur Rückkehr im Kriegsfalle und bei unerlaubtem Eintritt in fremde Staatsdienste.[13])

Staatsverträge, welche die Bundesstaaten mit ausländischen Staaten abgeschlossen haben, bleiben unberührt.[14]) Mit einigen Staaten ist vereinbart, daß Einbürgerungen erst nach Entlassung aus der seitherigen Staatsangehörigkeit erfolgen dürfen.[15]) Bei Gebietsabtretungen wird die Staatsangehörigkeit erworben und verloren. Durch besondere Verträge ist den Gebietsangehörigen jedoch das Recht eingeräumt, sich binnen einer bestimmten Frist für Beibehaltung der seitherigen Staatsangehörigkeit zu erklären (Option).[16].

§ 35.

b) Mit der Staatsangehörigkeit sind **Pflichten und Rechte** verbunden.[1])

Die Pflichten bestehen in Gehorsam gegen den König, die Regierung und die Gesetze,[2]) in der Wehr- und der Steuerpflicht (§ 91 u. 137), in der Verpflichtung zur Übernahme gewisser Ämter,[3]) zur Ablegung des Zeugnisses[4]) und zur Anzeige bestimmter Verbrechen.[5])

---

[12]) R. u. StG. § 17² u. 25. Eine mehrfache Staatsangehörigkeit ist hiernach nur für die Bundesstaaten möglich.

[13]) Das. § 17³, ⁴ u. 26—29.

[14]) Das. § 36. — Nach den sog. Bancroftverträgen, die der norddeutsche Bund — und ähnlich die süddeutschen Staaten — mit den Vereinigten Staaten von Amerika abgeschlossen haben, verlieren Angehörige eines Staates ihre Staatsangehörigkeit, wenn sie solche in dem anderen Staate erworben und sich 5 Jahre in diesem aufgehalten haben.

[15]) Persien Vtr. 11. Juni 73 (RGB. 351), Art. 17, Marokko Vtr. 3. Juli 80 (RGB. 81 S. 103) Art. 15, die Schweiz u. die Türkei. Für Österreich ist Entlassung nicht mehr erforderlich Bk. 20. Sept. 03 (MB. 14).

[16]) Elf.-Lothringen Frankf. Fr. 10. Mai u. Dekl. 11. Dez. 71 (RGB. 215 u. 1872 S. 7), Helgoland Vtr. mit England 1. Juli 90 Art. XII u. Schleswig Wiener Fr. 20. Okt. 64 Art. XIX. Die Kinder der Einwohner, die nach letzterem für Dänemark optiert hatten, galten nach dänischem G. nicht als Dänen. Durch Vtr. zwischen dem d. Reich u. Dänemark 11. Jan. 07 (RAnzeiger Nr. 20) ist die Verleihung der preußischen Staatsangehörigkeit zugesagt, soweit solche beantragt wird.

[1]) Das Verhältnis wird am besten als „Staatsangehörigkeit" bezeichnet. Der Ausdruck des LR. (Einl. § 37 u. 43): „Untertan" betont nur die Pflichten, der der VU. (Art. 3): „Staatsbürgerrecht" lediglich die Rechte.

[2]) LR. II 13 § 1, 4 u. 16. — Der Homagialeid bei Erwerb von Rittergütern oder Ausübung ständischer Rechte ist aufgehoben G. 28. Mai 74 (GS. 195). Verzeichnisse dieser Güter (Rittergutsmatrikeln) werden dagegen wegen ihrer Bedeutung für ständische u. landschaftliche Wahlen (§ 41 Abs. 3, 83³, 84³ u. 351 Abs. 5. d. W.) weitergeführt. — Strafe des Widerstandes gegen die Staatsgewalt StGB. § 111—123.

[3]) Ämter der Selbstverwaltung § 78, 81—84 d. W.; Schöffen- u. Geschworenenamt § 189 Abs. 2, § 183 Abs. 4; Schiedsmannsamt § 192 Abs. 2; Vormundschaft § 208 Abs. 3.

[4]) ZPO. § 376, 380—390. — StPO. § 48—55. — StGB. § 138.

[5]) Das. § 139.

Die Rechte sind staatsbürgerliche (politische) oder bürgerliche. Die staatsbürgerlichen Rechte sind Ausfluß des preußischen Staatsbürgerrechts. Sie umfassen das aktive und passive Wahlrecht zu öffentlichen Ämtern und Vertretungen.[6]) Die bürgerlichen Rechte sind jetzt im wesentlichen zum Gemeingut aller Reichsangehörigen geworden (§ 9). Sie bestehen positiv in dem Anspruch auf die schützende und pflegende staatliche Tätigkeit, negativ in gewissen Freiheiten von der staatlichen Einwirkung, die in der Verfassung in den s. g. Grundrechten verbürgt werden. Im einzelnen gehören dazu:

1. die Freiheit der Person in ihrer Bewegung (Freizügigkeit § 10, Auswanderung § 11) und Häuslichkeit (Eheschließungsrecht § 207 Abs. 3, Freiheitsschutz und Hausrecht),[7]) wie in ihrem geistigen Leben (Glaubensfreiheit § 287, Preßfreiheit § 247, Vereins- und Versammlungsrecht § 248);
2. die Freiheit des Eigentums (Unverletzlichkeit § 377 Abs. 3, Grundentlastung § 338, 340, 341) und seines Erwerbes (Berufs- und Gewerbefreiheit § 363 Abs. 3);
3. der Schutz der 1. und 2. benannten Rechte (Petitionsrecht),[8]) Verstattung des Rechtswegs § 176, Gleichheit vor dem Gesetze.[9])

§ 36.

c) **Bevorrechtete Klassen.** Im Anschluß an die Gleichheit vor dem Gesetze (§ 35 Abs. 3[3]) spricht die Verfassung die Aufhebung der Standesvorrechte aus. Sie betrifft nur die Geburtsstände und faßt in betreff des Adels nur zusammen, was im einzelnen bereits durch eine Reihe älterer Gesetze ausgesprochen war.[1]) Der Adel schließt nur noch die

[6]) Strafe der Aberkennung das. § 31 bis 37 (§ 34[6] neugefaßt EG. z. BGB. Art. 34 I). — Schutz das. § 105—109.

[7]) VU. Art. 5 u. 6. — Sklaven werden mit dem Betreten des Staatsgebietes frei G. 9. März 57 (GS. 160). Generalakte zur Bekämpfung des Sklavenhandels in Innerafrika nebst Dekl. 2. Juli 90 (RGB. 92 S. 605, 658; 12 S. 373, 375), Ergänzung des Kap. VI (Beschränkung des Spirituosenhandels) Konv. 3. Nov. 06 (RGB. 08 S. 5); Ausführung V. 17. Feb. 93 (RGB. 13). Bestrafung des Sklavenraubes u. des Sklavenhandels G. 28. Juli 95 (RGB. 425). — Aufhebung der Leibeigenschaft § 338 Abs. 1 d. W., der Schuldhaft § 202 Abs. 2. — Strafe der Freiheitsberaubung StGB. § 234—241 u. 341, des Hausfriedensbruchs § 123 u. 342. Schadenersatz bei widerrechtlicher Freiheitsverletzung BGB. § 823 Abs. 1, bei unschuldig erlittener Untersuchungs- u. Strafhaft § 216 Abs. 3 u. 218 Abs. 1 d. W. — Voraussetzungen der Verhaftung u. Haussuchung § 235 u. 236 d. W.

[8]) VU. Art. 32. — Petitionen unter einem Gesamtnamen sind nur Behörden und Korporationen gestattet, das. — § 82 Anm. 10 d. W.

[9]) VU. Art. 4; § 36 d. W.

[1]) Das LR. II 9 bestimmt üb. Erwerb, Nachweis und Verlust des Adels. Diese und die Vorschriften über Rang und Stand der Ehefrau (II 1 § 193, 738—40), der ehelichen, der durch Verfügung der Staatsgewalt ehelich erklärten, der unehelichen und der angenommenen Kinder (II 2 § 59, 603, 641, 683—5) werden, als dem öffentlichen Recht angehörig, durch das BGB. — wenngleich dieses den Übergang des Familiennamens regelt § 1355, 1577, 1616, 1706, 1758 u. 1772 — nicht

Befugnis zur Führung der Adelsbezeichnungen (Titel und Wappen) in sich.[2]) Seine Bedeutung ist danach nur eine gesellschaftliche, keine rechtliche.

Eine bevorrechtete Stellung nehmen dagegen noch heute die Mitglieder des Königlichen Hauses, der Häuser Hannover, Kurhessen und Nassau und die der standesherrlichen Familien ein.

Den Mitgliedern des Königlichen Hauses,[3]) sowie denen des ähnlich gestellten Hohenzollernschen Fürstenhauses[4]) stehen zu:

1. Befreiung von der Militärpflicht,[5]) von der Quartierlast im Frieden[6]) und von der Vorspannleistung und Fouragelieferung in betreff der Hofhaltungspferde;[7])
2. Einkommen-, Ergänzung- und Gemeindesteuerfreiheit,[8]) Porto-, Tele-

---

berührt AG. z. BGB. Art. 89[1c]. — Stempel bei Standeserhöhungen § 155 Anm. 7. — Die Stände waren im älteren Reiche:
a) der hohe Adel, geistliche und weltliche Fürsten mit Sitz und Stimme im Reichstage (Reichsstandschaft),
b) der Adel (Ritterschaft), der landsässige u. die keiner Landeshoheit unterworfene Reichsritterschaft,
c) der persönlich freie Bürgerstand und
d) der meist in Hörigkeit versunkene Bauernstand.

Diese Stände waren durch besondere Rechte und Beschäftigungen sowie durch Erschwerung des Übertritts streng voneinander geschieden. Die Unterschiede schwanden jedoch durch den Fortfall der geistlichen Herrschaften und die Mediatisierung eines großen Teils des hohen Adels (§ 5 Anm. 2), durch die Beseitigung der Hörigkeit und der Sonderrechte beim Grunderwerb (§ 338 Abs. 1) und Gewerbebetrieb (§ 363 Abs. 3) und durch die Aufhebung der Privatgerichtsbarkeit (§ 178 Abs. 3), gutsherrlichen Polizei (§ 224 Abs. 3) und ständischen Vertretung (§ 83[3], 84[3]).

[2]) Strafe der Anmaßung des Adels StGB. § 360[8]. Die Verleihung steht dem König zu VU. Art. 50. Die Anerkennung oder Nichtanerkennung bildet ein Hoheitsrecht, das im Auftrage des Landesherrn vom Heroldsamt (§ 39 Abs. 6[1] d. W.) ausgeübt wird u. auch für den Richter verbindlich ist URG. 19. Nov. 09 (JMB. 388, MB. 10 S. 47). Das KG. erachtet dagegen durch solche Entscheidung den Richter zwar im Standesamts-Berichtigungsverfahren (§ 207 Abs. 2 d. W.) für gebunden Beschl. 17. Nov. 11 (MB. 12 S. 2), nicht aber in dem ihm freie Entscheidung gewährenden Strafverfahren (§ 217 Abs. 2) U. 27. Mai 10. Unzulässigkeit des Rechtswegs über die Befugnis KG. 16. Feb. 95 (JMB. 426). — In der Rheinprov. sind durch V. 21. Jan. 37 (GS. 7) u. in Westfalen durch KO. 26./28. Feb. 37 (KJ. XLIX 155) einigen Adelsfamilien gewisse von dem Pflichtteile abweichende letztwillige Verfügungen gestattet (Autonomie); das BGB. läßt diese unberührt EG. Art. 216. — In Bayern, Sachsen u. Baden bestehen Verzeichnisse (Adelsmatrikeln) über die zur Führung des Adels Berechtigten.

[3]) Weitere Vorrechte des Königs § 39 d. W.

[4]) Vtr. 7. Dez. 49 (GS. 50 S. 289.) Art. 12, AE. 14. Aug. 52 (GS. 771) u. 2. Aug. 75 (GS. 580). — Führung des Prädikates „Hoheit" AE. 29. März 50 (MB. 95). — Die Linie Hohenz. Hechingen ist ausgestorben. — Dieselben Rechte, soweit sie auf Reichsgesetzen beruhen, haben die Bundesfürsten u. deren Angehörige. Erstere genießen außerdem besonderen strafrechtlichen Schutz StGB. § 81, 94, 95, 98—101, 360[7] u. Stempelsteuerfreiheit im Fall der Gegenseitigkeit StG. 95 (GS. 535) § 5 Abs. 2.

[5]) G. 9. Nov. 67 (BGBl. 131) § 1.

[6]) G. 25. Juni 68 (BGBl. 523) § 4 u. G. 13. Feb. 75 (RGB. 52) § 3.

[7]) G. 98 (RGB. 361) § 3 u. 5 Abs. 5.

[8]) § 3[1] des Einkommenst. u. des Ergänzungsst. G. 06 (GS. 260 u. 394); von der Kommunalgrundsteuer bleiben nur Schlösser u. Gärten frei G. 14. Juli 93 (GS. 152) § 24 Abs. 1[a], Kommunaleinkommensteuer § 40 Abs. 1 Nr. 1, (Dienste) § 68 Abs. 5; Kreisabgabenpflicht § 83 Anm. 8 d. W., der

gramm-, Erbschafts- und Stempelsteuerfreiheit für die regierenden Fürsten, deren Gemahlinnen und Witwen;[9])
3. Bevorzugter Gerichtsstand vor dem Geheimen Justizrat (§ 181 Abs. 2), in nicht streitigen und Standesamtssachen vor dem Hausministerium (§ 39 Abs. 5);
4. Erleichterungen bei Vernehmungen und Eidesleistungen im Prozeß[10]) und gesetzliche Vertretung durch ihre Behörden;[11])
5. Ausschluß des bürgerlichen Rechts, der Gerichtsverfassung, der Zivilprozeß-, Strafprozeß- und Konkursordnung, soweit die Hausgesetze Bestimmungen treffen;[12])
6. Besonderer strafrechtlicher Schutz;[13])
7. Mitgliedschaft der volljährigen Prinzen im Staatsrat und im Fall der Berufung im Herrenhause;[14])

Für die entthronten (depossedierten) Familien der Häuser Hannover, Kurhessen und Nassau gelten die in Nr. 4 und 5 aufgeführten Bestimmungen.[15]) Daneben ist ihnen das Recht der Ebenbürtigkeit (Abs. 6 [1]) verblieben, auch gebührt ihren Mitgliedern die Freiheit von der Einkommen- und der Ergänzungsteuer.[16])

Standesherren sind diejenigen mediatisierten Fürsten und Grafen, die bei der Auflösung des Reichs Reichsstandschaft, Reichsunmittelbarkeit

Landesherr ist auch aus dem Besitze der Königlichen Familiengüter nicht kreisabgabenpflichtig OV. (XXXIII 1).

[9]) G. 5. Juni 69 (BGBl. 141) § 1, V. 2. Juni 77 (RGB. 524) § 1[1], (Erbschaftssteuer) § 156 Abs. 2 u. (Stempel) § 155 Abs. 2 u. 158[9] d. W.

[10]) ZPO. § 219 Abs. 2, 375 Abs. 2, 479 Abs. 2 u. 482 Abs. 3. — StPO. § 71, erg. G. 17. Mai 98 (RGB. 252) Art. II.

[11]) AG. (z. ZPO.) 99 (GS. 388) § 2.

[12]) EG. zum BGB. Art. 57 nebst 60, 61, 216 u. AG. 20. Sept. 99 (GS. 177) Art. 88; EG. z. GVG. 27. Jan. 77 (RGB. 77) § 5 u. z. StPO. 77 (RGB. 346) § 4, beide erg. G. 17. Mai 98 (RGB. 252) Art. II; EG. z. ZPO. 77 (RGB. 244) § 5, erg. G. 17. Mai 98 (RGB. 332) Art. II[1], z. KonkO. 77 (RGB. 390) § 7, erg. G. 17. Mai 98 (RGB. 248) Art. II[3]. — Wegen Befreiung von der Pflicht zur grundbuchlichen Eintragung § 211 Anm. 2 d. W. — Die Bestimmungen des LR. über Unklagbarkeit der von preußischen Prinzen und Prinzessinnen ohne Genehmigung des Familienoberhauptes eingegangenen Darlehen (I 11 § 676, 677), über Erleichterung der Testamentsform für Familienangehörige des Landesherrn (I 12 § 176) u. über die Ehe zur linken Hand (II 1 § 193, 738—740 u. Abschn. 9) sind aufrecht erhalten AG. z. BGB. 20. Sept. 99 (GS. 177) Art. 99 1b u. c.

[13]) StGB. § 96, 97 u. 100.

[14]) V. 20. März 17 (GS. 67) § 4 I u. 14. Okt. 54 (GS. 541) § 1[1] u. 2[1].

[15]) Anm. 10—12. Anwendung auf d. Mitglieder des Herzogl. Holsteinschen Fürstenhauses G. 25. März 04 (RGB. 143). — Die Mitglieder des Hauses Hannover, das seinen Wohnsitz außerhalb des Reichs genommen und des Hauses Nassau, das das Großherzogtum Luxemburg erworben hat, unterstehen der inländischen Gesetzgebung nicht als Reichsangehörige, sondern nur mit dem im Inlande belegenen Vermögen. Das kurhessische Haus ist erloschen u. kommt nur mit seinen landgräflichen Nebenlinien in Betracht. — Für Vormundschafts-, Nachlaß- u. Teilungssachen sind die Oberlandesgerichte zuständig G. 21. Sept. 99 (GS. 249) Art. 137. — Für die Ansprüche der Häuser an das Domänengut wurden besondere Abfindungen gewährt § 125 Abs. 2 d. W. Die Mitglieder des vormals hess. Fürstenhauses beziehen Apanagen vom Staate als dem Eigentümer des vormals kurhess. Staatsschatzes § 124 Anm. 6.

[16]) EinkStG. 06 (GS. 260) § 3[2], ErgStG. 06 (GS. 294) § 3 Abs. 1.

und die gewisse Regierungsrechte einschließende Landeshoheit besaßen.[17]) Diesen hat die Bundesakte mehrere Rechte gewährleistet,[18]) die durch die Landesgesetzgebung näher bestimmt sind, nach Aufhören des deutschen Bundes als Landesrecht fortbestehen und seitdem auch durch diese abgeändert werden können.[19])

Die Verfassung führte zu einigen Änderungen. Zwar sollte sie der Wiederherstellung der Rechte nicht entgegenstehen,[20]) gleichwohl hat sie neue Festsetzungen erforderlich gemacht, die anfänglich durch Rezesse mit den beteiligten Häusern,[21]) später im Hinblick auf die damit verbundenen Geldbewilligungen durch besondere Gesetze erfolgt sind.[22]) Die wesentlichsten, zum Teil auch durch die allgemeine Gesetzgebung bestätigten Rechte sind:

1. Zugehörigkeit zum hohen Adel und als deren Ausfluß Ebenbürtigkeit mit den regierenden Fürstenhäusern;
2. Autonomie mit der Befugnis, Festsetzungen zu treffen, die für die eigenen Angehörigen verbindlich sind, jedoch von den Landes- oder Reichsgesetzen nicht abweichen dürfen;
3. Ausschluß des bürgerlichen Rechts, soweit die Hausgesetze Bestimmungen treffen;[23])
4. Befreiung von der Militärpflicht und von der Quartierlast im Frieden;[24])
5. Befreiung von der Gemeindeeinkommensteuer[25])
6. Das Recht der Familienhäupter auf Austräge, d. i. auf Gerichte von Standesgenossen in Strafsachen;[26])
7. Mitgliedschaft im Herrenhause[27]) und Beteiligung an den Kreistagswahlen durch Stellvertreter.[28])

---

[17]) Anm. 1. — Die Fürsten Stolberg (Roßla, Stolberg u. Wernigerode) hatten sich schon vor Auflösung des Reichs durch Vertrag der Reichsunmittelbarkeit begeben, werden aber, da ihre Reichsstandschaft fortdauerte, den Standesherren zugezählt; Einf. der KrO. G. 18. Juni 76 (GS. 245), Konsistorien § 299 Anm. 3 d. W. — Als Standesherrn werden auch die auf dem alten Provinziallandtag virilstimmberechtigten, vormals nicht reichsunmittelbaren Besitzer gewisser Gutsbestände in Schlesien und der Lausitz (freie Standesherrschaften) bezeichnet.

[18]) BA. 8. Juni 15 (GS. 18 S. 143) Art. 14: Die Gewährleistung hat mit Aufhören des deutschen Bundes ihre Bedeutung verloren.

[19]) Pr. V. 21. Juni 15 (GS. 105) u. Instr. 30. Mai 20 (GS. 81). Für Hannover (Fürst Bentheim) V. 23 u. 48, Kurhessen V. 33 u. 49, für Nassau einzelne Rezesse. Spätere Bestimmungen Anm. 20 u. 22. — Schücking, die Sonderstellung der Mediatisierten in Preußen (Marburg 09).

[20]) G. 10. Juni 54 (GS. 363).

[21]) Auf Grund der V. 12. Nov. 55 (GS. 688) sind Rezesse abgeschlossen mit Wied am 25. Juli 60, Solms-Braunfels am 22. Nov. 61, Solms-Hohensolms am 22. Juli 62.

[22]) G. 15. März 69 (GS. 490). Auf Grund dieses Gesetzes ergingen Gesetze für Arenberg-Meppen 27. Juni 75 (GS. 327), G. f. Sayn-Wittgenstein-Berleburg 25. Okt. 78 (GS. 305), für Bentheim-Tecklenburg v. dems. T. (GS. 311).

[23]) EG. u. AG. z. BGB. (wie Anm. 12).

[24]) G. 9. Nov. 67 (BGBl. 131) § 1 u. G. 25. Juni 68 (BGBl. 523) § 4.

[25]) G. 14. Juli 93 (GS. 152) § 40 Abs. 3; Kreisabgabenpflicht § 83 Anm. 8 d. W. — Die Freiheit von der Staatseinkommensteuer ist gegen Entschädigung aufgehoben G. 18. Juli 92 (GS. 210).

[26]) G. 27. Jan. 77 (RGB. 77) § 7 u. Instr. 30. Mai 20 (GS. 81) § 17. S. § 187³ d. W.

[27]) V. 12. Okt. 54 (GS. 41) § 2².

[28]) KrO. (§ 83 Anm. 9 u. 18) östl.

4. Landesgesetzgebung.

§ 37.

a) Der **Erlaß der Gesetze** lag in der unumschränkten Monarchie wesentlich in der Hand des Königs. Man unterschied die eigentlichen, im Staatsministerium und Staatsrat vorberatenen Gesetze (Edikte, Patente, Publikanda und Verordnungen) von den nur vom Könige vollzogenen und an eine Behörde gerichteten Kabinettsordres und den auf Spezialbefehl von den höheren Verwaltungsbehörden erlassenen Verordnungen.

Seit Erlaß der Verfassung ist zu jedem Gesetze die Übereinstimmung des Königs und der beiden Häuser des Landtags erforderlich. Diese drei sind gleichberechtigt. Jeder von ihnen hat das Recht, Gesetze vorzuschlagen (Initiative) oder Abänderungen zu den eingebrachten Gesetzen (Amendements) zu beantragen. Finanzgesetzentwürfe und Staatshaushalts-Voranschläge, die eine Einzelberatung in beiden Häusern nicht zulassen würden, sind jedoch (nach englischem Vorbild) zuerst dem Abgeordnetenhause, als dem nächsten Vertreter der steuerzahlenden Bevölkerung vorzulegen; die Staatshaushalts-Voranschläge können vom Herrenhause nur im ganzen angenommen oder abgelehnt werden. Ein von dem König oder von einem der Häuser abgelehnter Gesetzentwurf gilt als verworfen und darf in derselben Sitzungsperiode nicht wieder eingebracht werden.[1])

Das Gebiet der Landesgesetzgebung ist inzwischen durch die Reichsgesetzgebung wesentlich eingeschränkt worden (§ 13 u. 14). Neben den gewöhnlichen Gesetzen kommen in Betracht:

1. Verfassungsänderungen, die nur im ordentlichen Gesetzgebungswege bei zwei, durch einen mindestens 21tägigen Zeitraum getrennten Abstimmungen in beiden Häusern erfolgen dürfen,[2])
2. Verordnungen (§ 1 Abs. 4). Die zum Erlaß von Rechtsverordnungen erforderliche gesetzliche Ermächtigung kann für den einzelnen Fall oder allgemein erteilt werden. Letzteres ist geschehen für Polizeiverordnungen der Verwaltungsbehörden (§ 231) und für die vorläufigen Verordnungen mit Gesetzeskraft (Notgesetze), die der König unter Verantwortlichkeit des gesamten Staatsministeriums zur Aufrechterhaltung der öffent-

---

Prov. § 97⁵, für Hannover § 53 Abs. 2, Hess.-Nassau § 54 Abs. 2, Westfalen § 99³, Rheinprov. § 99⁴. In den beiden letzteren Provinzen ist auch die Anhörung vor Anstellung der örtlichen Verwaltungsbeamten vorgesehen Westfalen § 99², Rheinprov. 99², ³.

[1]) VU. Art. 62 u. 64. — Bedeutung der Gesetzgebung § 1 Abs. 4 d. W. — Gesetzesform für gewisse Behördeneinrichtungen § 43 Abs. 1, Verträge § 85 Anm. 3, Staatshaushalts-Voranschläge § 121 Abs. 4 u. für Aufnahme von Staatsschulden § 130 Abs. 4 d. W. — Fleischmann, Der Weg der Gesetzgebung in Preußen (Bresl. 98).

[2]) VU. Art. 107. — Die erschwerende Form — die in anderen Staaten in dem Erfordernis einer höheren Zahl der Beschlußfähigkeit oder einer größeren Mehrheit (Reich § 14 Abs. 1² d. W.) besteht — ist den Verfassungen des festländischen Europa entnommen. Amerika hat neben den gesetzgebenden besondere verfassunggebende Stellen. Dem englischen Recht ist die Scheidung unbekannt.

lichen Sicherheit und zur Beseitigung eines ungewöhnlichen Notstandes erlassen kann, insofern der Landtag nicht versammelt ist. Diese dürfen der Verfassung nicht zuwiderlaufen und sind dem Landtage bei seinem nächsten Zusammentritt sofort vorzulegen.[3]) — Die Verwaltungsverordnungen werden vom König oder den Verwaltungsbehörden zur Ausführung der Gesetze erlassen.

Die zur Ausführung der Gesetze erlassenen allgemeinen Vorschriften heißen Anweisungen (Instruktionen) oder Geschäftsordnungen (Reglements, Regulative); Einzelvorschriften heißen Verfügungen oder Erlasse.

§ 38.

b) **Veröffentlichung der Gesetze.** Der König befiehlt die Verkündigung der Gesetze.[1]) Ihre Veröffentlichung (Publikation) erfolgte früher durch Verlesung von der Kanzel und öffentlichen Anschlag,[2]) später neben letzterem durch auszugsweise Bekanntmachung in den Intelligenzblättern der Provinz.[3]) Gegenwärtig wird sie durch Aufnahme in die Gesetzsammlung bewirkt.[4]) Nur auf diesem Wege erlangen die Gesetze verbindliche Kraft. Die Prüfung der Rechtsgiltigkeit gehörig verkündeter Königlicher Verordnungen steht nur dem Landtage, nicht den Behörden zu.[5]) Die Giltigkeit beginnt, wenn kein anderer Zeitpunkt bestimmt ist, mit dem 14. Tage nach der Ausgabe in Berlin.[6])

Zu Veröffentlichungen der Bezirks- und Provinzialbehörden dienen die Amtsblätter, welche für die Regierungsbezirke ausgegeben werden,[4]) zu denen der Kreisbehörden die Kreisblätter.[7])

---

[3]) VU. Art. 63. Hänsel, Die Notverordnung nach deutschem Staatsrecht (Leipz. 04).

[1]) Das. Art. 45. Man unterscheidet die Schlußgenehmigung des Königs (Sanktion), Gesetzesbefehl, wobei das Gesetz mit Eingangs- und Schlußformel versehen wird, die Ausfertigung und die Veröffentlichung.

[2]) V. 24. Aug. 1717 (C. C. M. II. Abt. 1 S. 613). — Die älteren landesherrlichen Verordnungen sind in den Sammlungen von Mylius enthalten. Die erste u. zweite heißen corpus constitutionum Marchicarum (C. C. M.) und reichen von 1415 bis 1747, die dritte, das novum corpus constitutionum Borussico-Brandenburgensium (N. C. C.) umfaßt den Zeitraum von 1761 bis 1806.

[3]) LR. Einl. § 11.

[4]) G. 3. April 46 (GS. 151) § 1. Verweisung der landesherrlichen Einzelerlasse in die Amtsblätter G. 10. April 72 (GS. 357) nebst Vf. 22. Juli u. 12. Sept. 72. Einrichtung der GesSamml. V. 27. Okt. 10 (GS. 1), der Amtsblätter V. 28. März 11 (GS. 165) u. (Grundsätze für Einrückungsgebühren) Vf. 11. Juni 02 (MB. 123). — Einf. in die Rheinprov. u. in Hohenzollern V. 9. Juni 19 (GS. 148) u. Erl. 19. Sept. 52 (GS. 588), i. d. Jadegebiet G. 14. Mai 55 (GS. 306), in Schleswig-Holstein u. Lauenburg V. 29. Jan. 67 (GS. 139) u. G. 23. Juni 76 (GS. 169) § 11, in die übrigen neuen Provinzen V. 1. Dez. 66 (GS. 743). — Ganzjährige Vorausbestellung KO. 1. April 74 (MB. 128). — Bezeichnung der GesSamml. als: „Preuß. GesSamml." AE. 24. Nov. 06 (GS. 439). Zusammenstellungen der Gesetze § 1 Anm. 10 d. W.

[5]) VU. Art. 106. Für Reichsgesetze besteht diese Beschränkung nicht.

[6]) G. 16. Feb. 74 (GS. 23). Für Einzelerlasse währt die Frist 8 Tage G. 72 (Anm. 4) § 4; gleiches gilt für Polizeiverordnungen § 231 Anm. 4.

[7]) KrO. 81 (GS. 180) § 20 Abs. 2. Die Bezeichnung als Kreisblatt kann poli-

Die Verpflichtung zur Haltung der Gesetzsammlung und des Amtsblattes ist gegenwärtig auf die Gemeinden und Gutsbezirke beschränkt.[8]) Den Behörden werden beide unentgeltlich geliefert.[9])

Die zur Ausführung der Gesetze vom König erlassenen Verordnungen finden nur zum Teil ihre Aufnahme in die Gesetzsammlung. Sonst fehlt es für diese ebenso wie für die von den obersten Behörden erlassenen Ausführungsbestimmungen an einem gemeinsamen amtlichen Veröffentlichungsblatte. Das seit 1840 als Fortsetzung der Kamptzschen Annalen erscheinende Ministerialblatt für die gesamte innere Verwaltung bildet nur eine private Zusammenstellung, die zugleich wichtigere Einzelentscheidungen der höheren Verwaltungsbehörden und Gerichte enthält. Der preußische Staatsanzeiger[10]) bringt amtliche Nachrichten (Ernennungen und nicht anderweit veröffentlichte Erlasse des Landesherrn und der obersten Behörden). Eine zweckmäßigere Veröffentlichung und der daneben in zahlreichen anderen Sammlungen[11]) enthaltenen Verordnungen würde unter besonderer Überschrift in der Gesetzessammlung möglich sein, die ohnehin seit Entstehung des Reiches einen großen Teil ihres Stoffes verloren hat.

5. Der König.

§ 39.

Die preußische Königskrone ist den Hausgesetzen gemäß erblich im Mannsstamme des Königlichen Hauses nach dem Rechte der Erstgeburt (Primogenitur) und der agnatischen Linealfolge.[1]) Mit ihr ist die deutsche

zeilich nicht gehindert werden OV. (XXX 418).

[8]) G. 10. März 73 (GS. 41), eingef. in Lauenburg G. 28. Feb. 77 (GS. 87); V. 27. Okt. 10 (GS. 1) § 6. — Verlag u. Vertrieb der Amtsblätter Vf. 11. Juli 02 (MB. 153).

[9]) StMB. 28. Nov. 61 (MB. 62 S. 1).

[10]) Dieser ist zugleich Reichsanzeiger Vf. 18. Nov. 73 (MB. 74 S. 23).

[11]) Die Veröffentlichungsblätter für einzelne Verwaltungszweige sind teils als amtliche Verordnungsblätter unmittelbar für die beteiligten Behörden maßgebend, wie das ZB. der preuß Verwaltung der Zölle u. indir. Steuern § 153 Anm. 3, das VB. f. d. Strafanstaltsverw. § 239 Anm. 5, das MB. d. Gesundheitswesens § 264 Abs. 2, das Kirchliche Gesetz- u. VB. § 300 Abs. 2, das EisenbahnVB. § 386 Abs. 3, teils stellen sie als Nachrichtensammlung die den Behörden anderweit mitgeteilten Verordnungen zusammen, wie die Mitteilungen aus der Verw. der dir. Steuern § 141 Anm. 1, das JustizMB. § 180 Abs. 3, die Zeitschrift f. d. Bauwesen § 275 Abs. 4, das ZB. f. d. Unterrichtsverw. § 302 Abs. 5, die Zeitschrift f. d. Berg-, Hütten- u. Salinenwesen § 332 Abs. 3, das MB. f. Landwirtschaft, Domänen u. Forsten § 337 Abs. 3, das MB. der Handels- u. Gewerbeverw. § 364 Anm. 2. — Sammlungen der Entscheidungen des Oberverwaltungsgerichts § 53 Anm. 5, 6, des Kammergerichts § 184 Anm. 4. — Fachwissenschaftliche Zeitschriften (Archive) bestehen auf den Gebieten des Bauwesens § 275 Abs. 4, Handels § 372 Abs. 3 u. der Eisenbahnen § 386 Abs. 3. — Veröffentlichungsblätter für das Reich § 14 Anm. 12.

[1]) VU. Art. 53. — Die die Unteilbarkeit bedingende Primogenitur, zuerst in betreff der Kurfürsten durch die goldene Bulle (1356) eingeführt, hat von da ihren Weg in die deutschen Hausgesetze gefunden. Mit der Aufnahme in die VU. sind die bis dahin nur für die Familienglieder verbindlichen hausgesetzlichen Be-

Kaiserwürde stetig verbunden. Neben den ihm als Kaiser beigelegten Befugnissen (§ 16) stehen dem König als solchem bestimmte Regierungs-, Ehren- und Vermögensrechte zu.

Die Ausübung der **Regierungsrechte** ist den Forderungen des konstitutionellen Staates gemäß an gewisse Formen und Schranken gebunden. Vor dem Regierungsantritt hat der König die Aufrechterhaltung der Verfassung eidlich zu geloben.[2]) Er beruft und schließt den Landtag und erläßt in Gemeinschaft mit diesem die Gesetze, deren Ausführung und Verkündigung ihm allein zusteht.[3]) Er übt die vollziehende Gewalt aus, ernennt die Minister und übrigen Staatsdiener.[4]) Die richterliche Gewalt wird dagegen in seinem Namen durch unabhängige Richter ausgeübt (§ 175 Abs. 3), wobei er das Recht der Begnadigung und Strafmilderung hat.[5]) Alle Regierungshandlungen bedürfen der Gegenzeichnung eines Ministers, der damit die Verantwortlichkeit für diese übernimmt. Die Person des Königs ist unverletzlich.[6]) Keiner Gegenzeichnung bedürfen die Regierungshandlungen, die der König als oberster Kriegsherr vornimmt (Armeebefehle),[7]) oder als Träger des landesherrlichen Kirchenregiments (§ 298 Abs. 4) vollzieht. Der König hat das Recht, Auszeichnungen, insbesondere Standeserhöhungen, Titel und Orden zu verleihen,[8])

stimmungen zu allgemein gültigen, verfassungsrechtlichen geworden. — Durch Hervorhebung des Mannesstammes und der agnatischen Linealfolge wird die Thronfolge der Frauen und ihrer Nachkommen (Kognaten) ausgeschlossen. — **Die Hausgesetze** (Ordnung des Kurf. Albr. Achilles, Achillea 1473, die den Grundsatz der Unteilbarkeit für die Mark Brandenburg feststellte, und Geraer Hausvertrag 1603) werden in den Ed. 13. Aug. 1713 über die Unveräußerlichkeit und 17. Dez. 1808 über die Veräußerung der Domänen bestätigt.

[2]) VU. Art. 54 Abs. 2.

[3]) Das. Art. 51, 52, 62, 63 u. 65. — § 37 d. W. Vertragschlüsse § 85 Anm. 3.

[4]) VU. Art. 45 u. 47. — § 63 Abs. 1 d. W. — Vollziehende Gewalt § 1 Abs. 2 und § 43 Abs. 1 d. W.

[5]) VU. Art. 49, wonach die Niederschlagung bereits eingeleiteter Untersuchungen nur auf Grund eines besonderen Gesetzes erfolgen kann. — Behandlung der Begnadigungsgesuche Vf. 14. Aug. 79 (JMB. 237), bezüglich der Beamten Vf. JMin. 3. April, HMin. 12. Juni 12 (JMB. 339, 398). — Die Begnadigung ganzer Klassen heißt Amnestie, die Wiederherstellung aberkannter Ehrenrechte (§ 214 Abs. 3[5]) Rehabilitation; Verfahren AO. 30. Dez. 52 u. Verf. 18. Jan. 53 (JMB. 123). — Das Begnadigungsrecht umfaßt auch die Disziplinarentscheidungen Vf. 13. Mai 62 (das. 305). — Ermächtigung zur Nichteinziehung staatlicher Einnahmen G. 11. Mai 98 (GS. 77) § 18, (aus Verträgen) § 37 Abs. 3, (Defekten) § 38. Zur Niederschlagung oder Herabsetzung geringer Strafen sind ermächtigt die Min. der Fin. § 153 Anm. 9, der Landw. § 351 Anm. 13 d. W., u. alle Min. zur Ausübung des Begnadigungsrechts bei den durch polizeiliche Strafverfügung (§ 235 d. W.) festgesetzten Strafen AO. 22. Jan. 13 (MB. 89). — Bedingte Begnadigung § 220 Abs. 1.

[6]) Das. Art. 43 u. 44. — Bestrafung der gegen die Person des Landesherrn gerichteten Verbrechen u. Vergehen StGB. § 80, 86, 94, 95, 98, 99 u. (des Regenten) 97 und 101. — Eine Regelung der Ministerverantwortlichkeit (VU. Art. 61) ist nicht erfolgt.

[7]) AE. 18. Jan. 61 (MB. 73).

[8]) VU. Art. 50, LR. II 13 § 7 u. (Adel) II 9 § 9, 13 u. Anh. 118; Strafe unbefugter Annahme StGB. § 360[8]. Vereinsabzeichen dürfen nicht ordensartig geformt sein oder getragen werden Vf. 7. Juli 97 (MB. 132) u. 16. März 99 (MB. 52). Sanitätsmannschaften § 109 Anm. 10, freiwillige Feuerwehren § 253 Anm. 8 d. W. — Der Verlust der Titel

auch die nach Gewohnheitsrecht erforderliche Genehmigung bei Verleihung durch auswärtige Regierungen zu erteilen. Bei Erledigung der Regierungsgeschäfte, soweit sie nicht durch Vermittelung der Minister erfolgt,

---

u. Orden tritt mit Aberkennung der bürgerlichen Ehrenrechte ein StGB. § 33 u. 34^3. Titelverleihung an Staatsbeamte § 70 Anm. 3. Kommunalbeamte § 82 Anm. 14. Doktorwürden § 307 Anm. 12 u. 13. — Die preußischen Orden sind:

a) der schwarze Adlerorden (1701);

b) der Verdienstorden der Preuß. Krone Urk. 18. Jan. 01 (GS. 5);

c) der rote Adlerorden (1792, als Großkreuz u. in vier Klassen und mit besonderen Abzeichen (Schleife, Eichenlaub, Krone);

d) der Hohenzollernsche Hausorden für Verdienste um das Königl. Haus, 1851 gestiftet, 1861 erweitert;

e) der Kronenorden (1861) in vier Klassen;

(c—e werden mit Schwertern für Auszeichnung vor dem Feinde verliehen);

f) der Orden pour le mérite mit einer militärischen (1740) und einer 1842 für Wissenschaft u. Kunst gestifteten Friedensklasse;

g) das Eiserne Kreuz, 1813 gegründet, 1870 mit zwei Klassen und einem Großkreuz erneuert; Ehrenzulage G. 2. Juni u. AE. 19. Nov. 78 (RGB. 99 u. 361) u. (Anlegung von Eichenblättern) 18. Aug. 95 (MB. 216);

h) der Johanniterorden § 293 Anm. 3c d. W.

i) der Luisenorden für Frauen, 1814 gestiftet, 1850 u. 1865 erneuert u. erweitert;

k) das Frauen-Verdienstkreuz in 2 Klassen (in Silber u. Gold) Urk. 22. Okt. 07 (GS. 281);

l) das Allgemeine Ehrenzeichen in Silber, 1830 erweitert; Stiftung eines Kreuzes Stat. 17. Juni 00 (GS. 17), dasselbe in Bronze Urk. 27. Jan. 12 (GS. 4);

m) die Rettungsmedaille am Bande, Urk. 1. Feb. 33 (GS. 85), Dekl. 3. Nov. 38 (GS. 39 S. 29), AE. 8. April 01 (GS. 69) u. Vf. 30. Okt. 95 (MB. 239);

n) das Militär-Ehrenzeichen in zwei Klassen (1864);

o) die Dienstauszeichnungen für Offiziere, Unteroffiziere u. Gemeine u. die Landwehr-Dienstauszeichnung AE. 4. Juli 13 (ABB. 135).

p) der Wilhelmorden für hervorragende Verdienste um die Wohlfahrt u. Veredelung des Volkes, insbes. auf sozialpolitischem Gebiete V. 18. Jan. 96 (GS. 7);

q) die rote Kreuzmedaille in 3 Klassen Urk. 1. Okt. 98 (GS. 321), Nachtr. 12. Nov. 00 (GS. 380);

r) Kön. preuß. Verdienstkreuz mit 2 Klassen in Silber u. Gold Urk. 27. Jan. 12 (GS 3).

Die Verwaltung der Ordensangelegenheiten führt die dem Präsidium des Staatsmin. unterstellte General-Ordenskommission AE. 22. Jan. 50 (GS. 42). — Die mit Orden Beliehenen befinden sich in der seit 1877 herausgegebenen Ordensliste verzeichnet. — Grundsätze für die Verleihung Vf. 30. Okt. 95 (MB. 239). — Reihenfolge beim Tragen der Orden A. O. 27. Dez. 71 (MB. 72 S. 2). — In Sterbefällen werden die Orden zurückgereicht, der schw. Adlerorden und die Orden I. Kl. an den König persönlich, die übrigen an die GenOrdenskommission Vf. 5. Feb. 68 (MB. 88). — Vereine oder öffentliche Körperschaften dürfen Abzeichen oder Auszeichnungen nur verleihen, wenn sie nicht ordensartig geformt sind oder getragen werden Vf. 7. Juli 97 (MB. 132) u. 16. März 99 (MB. 52). Strafe des unbefugten Tragens StGB. $§ 360^8$. Verlust mit Aberkennung der bürg. Ehrenrechte das. § 33 u. 34^3.

An würdige, nicht unterstützungsbedürftige Ehepaare wird bei der goldenen oder diamantenen Hochzeit die Ehejubiläumsmedaille verliehen Vf. 12. Feb. 09 u. 13. Aug. 99. — Bei dem 7ten, ohne Dazwischenkunft von Töchtern in derselben Ehe geborenen Sohn kann die Annahme einer Patenstelle von Sr. Majestät zugestanden werden; ein Patengeschenk wird dagegen in der Regel erst bei dem 8ten lebenden Sohne gewährt Vf. 10. Jan. 74 (MB. 93) u. 27. Mai 10 (MB. 169). — Namensänderungen § 207 Abs. 4.

bedient sich der König des Geheimen Zivil-, des Militär- und als Kaiser des Marinekabinetts.[9])

An Ehrenrechten gebührt dem König die Führung der Königlichen Amtsbezeichnungen, Titel, Wappen[10]) und Insignien (Krone und Zepter) und ein feierlicher Empfang auf Reisen.[11]) Bei dem Ableben des Königs, der Königin und einer verwitweten Königin ist eine allgemeine Landestrauer vorgeschrieben.[12])

Den Mitgliedern des Königl. Hauses (§ 36 Abs. 3) gegenüber hat der König mehrfache durch die Hausgesetze bestimmte Rechte (Genehmigung der Eheschließungen, Disziplinargewalt bei Verletzung der Hausgesetze).

Die Vermögensrechte betreffen das für den Unterhalt des Königs und der Königlichen Familie bestimmte, im Eigentum des Königlichen Hauses stehende und den Bestimmungen der Hausgesetze unterliegende Kronfideikommiß[13]). Soweit dessen Einnahmen aus Staatseinkünften fließen, heißen sie Zivilliste.[14]) Ursprünglich stellte sie die Entschädigung für den Verzicht des Königshauses auf die Ansprüche aus den Einkünften der Domänen und Forsten dar und wurde mit 17719296 M. (2½ Mill. Taler, davon ½ Mill. in Gold) jährlich auf diese eingetragen (§ 125 Abs. 2). Demnächst ist sie um 10 Mill. M. erhöht worden, die ohne solche Haftung den allgemeinen Staatseinkünften entnommen werden.[15])

Zur Verwaltung der persönlichen und Vermögensangelegenheiten des Königs und des Königlichen Hauses besteht das Hausministerium.[16])

[9]) Das Kabinett besteht seit der Zeit des großen Kurfürsten und wurde bei Umgestaltung der obersten Staatsbehörden ausdrücklich aufrecht erhalten V. 27. Okt. 10 (GS. 3). — Seine Bedeutung im konstitutionellen Staate ist indes eine wesentlich eingeschränktere. Näheres zur Gesch. u. Verf. des Geh. Zivilkabinetts Ztschft. f. Sozialwiss. VI, S. 802. — Militärkabinett § 102 Anm. 3, Marinekabinett § 117 Abs. 2.

[10]) Die Bezeichnungen sind „S. Majestät" u. „Allerhöchst". — Titel u. Wappen (größeres, mittleres u. kleineres) V. 9. Jan. 17 (GS. 17), AE. 16. Aug. 73 (GS. 307), erg. (C I 38) AE. 30. März 74 (GS. 128) und (C II Abs. 3 u. 4) AE. 8. Dez. 97 (GS. 98 S. 2). — Verwendung des Wappens zur Warenbezeichnung § 370 Abs. 5 d. W.

[11]) Regl. 29. Juli 90.

[12]) G. 14. April 03 (GS. 115).

[13]) Steuer- und Portofreiheit § 36 Abs. 3[2]. Sonstige Vorrechte § 36 Abs. 3 d. W. — Die Jahresrenten zum Unterhalt der Mitglieder des Kön. Hauses (Apanagen) fließen in Preußen aus den Einkünften des Königs. — In dem Vermögen scheiden sich die mit ihren Einkünften zum Unterhalt der Familie des Landesherrn bestimmten Familien- oder Hausfideikommißgüter von den durch den Landesherrn erworbenen, nicht mit solcher Zweckbestimmung versehenen sog. Schatullgütern. Den ersteren kommen die Vorrechte der Domänen (§ 124 Anm. 3) zu LR. II 14 § 12—15.

[14]) Eine Zivilliste wurde zuerst in England unter Georg III. zwischen Regierung u. Parlament vereinbart; sie wird hier für die Regierungszeit jedes Monarchen besonders festgestellt. Der Name kommt von der Liste der zivilen Verwaltungsausgaben, die ursprünglich aus dieser Summe zu bestreiten waren. In Frankreich wurde die Zivilliste infolge der während der Revolution erfolgten Einziehung der königl. Güter eingeführt. In den deutschen Staaten ist sie durch Gesetze festgestellt.

[15]) G. 30. April 59 (GS. 204), 27. Jan. 68 (GS. 61), durch das zugleich mehrere in den neuen Provinzen belegene Schlösser überwiesen wurden, 20. Feb. 89 (GS. 27) u. 17. Juni 10 (GS. 101).

[16]) KO. 11. Jan. 19 (GS. 2) Nr. 4.

Dieses bildet den ordentlichen Gerichtsstand in nicht streitigen Angelegenheiten, einschließlich der Standesamtssachen.[17]) Gleiches gilt in betreff des Hohenzollernschen Fürstenhauses.[18]) Dem Hausministerium unterstehen die Erbämter[19]) und die Standessachen.[20]) Zu seinem Geschäftsbereich gehören:

1. Das Heroldsamt für Standes- und Adelssachen,[21])
2. Das Königliche Hausarchiv,[22])
3. Die Hofkammer der Königlichen Familiengüter.[23])

Der König wird mit vollendetem 18. Lebensjahre volljährig. Im Fall der Minderjährigkeit oder sonstigen dauernden Verhinderung übernimmt der der Krone zunächst stehende volljährige Agnat die Regentschaft. In Ermangelung eines solchen hat das Staatsministerium den Landtag zur Wahl eines Regenten zu berufen.[24]) Der Stellvertretung im Fall vorübergehender Behinderung wird in der Verfassung nicht gedacht, doch ist die Befugnis des Königs, eine solche nach Maßgabe der allgemeinen Rechtsgrundsätze anzuordnen, niemals bezweifelt worden.

6. Der Landtag.

§ 40.

a) Der **Landtag** hat das Recht der Zustimmung zu allen Gesetzen (§ 37 Abs. 2) und zu gewissen Verträgen.[1]) Gegenstand der Gesetzgebung und demgemäß an seine Zustimmung gebunden ist auch der jährlich aufzustellende Staatshaushalts-Voranschlag (§ 121 Abs. 4), die Aufnahme von Anleihen (§ 130 Abs. 4) und die Einführung neuer Steuern (§ 139 Abs. 1). Er überwacht ferner die Finanzverwaltung, indem ihm die Jahresrechnungen zur Entlastung der Staatsregierung vorgelegt werden müssen (§ 123 Abs. 2). Der Landtag besteht aus zwei Häusern (§ 1 Abs. 3), dem Herrenhause und dem Hause der Abgeordneten.[2]) Beide stehen gleichberechtigt nebeneinander. Obwohl das Zustandekommen aller Gesetze von der Übereinstimmung beider abhängig erscheint (§ 37, Abs. 2), erfolgen ihre Beratungen doch gesondert. Nur bei Beschlußnahme über

---

[17]) RG. 6. Feb. 75 (RGB. 23) § 72 Abs. 1. In dieser Tätigkeit ist das Haus eine öffentliche Behörde.

[18]) AE. 14. Aug. 52 (GS. 771) Nr. 1.

[19]) Bek. 17. Jan. 38 (GS. 11) Nr. 1. — Die gleichzeitig vom Finanz-Min. abgetrennten Domänen gelangten 1848 an dieses zurück § 47 Abs. 1 d. W.

[20]) AE. 16. Aug. 54 (GS. 516).

[21]) KO. 14. März 55 (JMB. 175). Das Heroldsamt, das hiernach neben der Bearbeitung der Standeserhöhungen auch über die Berechtigung zur Führung des Adels zu entscheiden hat (§ 36 Anm. 2), bildet in dieser Beziehung eine öffentliche Behörde.

[22]) KO. 20. März 52 (MB. 80).

[23]) KO. 30. Aug. 43 (JMB. 232). — Anm. 13. Unter Verwalt. d. Hausmin. stehen außerdem das Königlich-Prinzliche Familienfideikommiß u. das dem Kronprinzen als Thronlehen verliehene Fürstentum Oels.

[24]) VU. Art. 54 Abs. 1, 56—58. — Strafrechtlicher Schutz des Regenten eines Bundesstaates StGB. § 96, 97, 100.

[1]) § 85 Anm. 3 d. W.

[2]) VU. Art. 62 Abs. 1. Die Benennung beruht auf G. 30. Mai 55 (GS. 316) § 1; vordem hießen sie erste und zweite Kammer.

Einsetzung einer Regentschaft[3]) treten sie zu gemeinsamer Verhandlung zusammen. Die Legitimation seiner Mitglieder und die eigenen geschäftlichen Angelegenheiten ordnet jedes Haus für sich allein.[4]) Ebenso kann jedes Haus selbständig schriftliche Petitionen entgegennehmen, sie den Ministern überweisen, von letzteren Auskunft verlangen (Interpellation), Kommissionen zur Untersuchung von Tatsachen ernennen und Adressen an den König richten.[5])

Der Landtag tritt alljährlich zwischen Anfang November und Mitte Januar zur ordentlichen und außerdem, so oft es die Umstände erheischen, zur außerordentlichen Sitzungsperiode zusammen. Die Berufung wie der Schluß erfolgt durch den König für beide Häuser gleichzeitig.[6]) Gleiches gilt von der Vertagung (vorübergehenden Unterbrechung der Sitzungen), die indes ohne Zustimmung des Landtags nur für 30 Tage und nur einmal während der Session erfolgen darf. Die Auflösung ist dagegen bei der heutigen Zusammensetzung des Herrenhauses nur noch auf das Abgeordnetenhaus anwendbar. Nach einer solchen muß die Versammlung der Wähler binnen 60, die des neuen Hauses binnen 90 Tagen erfolgen.[7])

Die Sitzungen sind in der Regel öffentlich.[8]) Zur Beschlußfähigkeit ist die Anwesenheit der Mehrheit der gesetzlichen Mitgliederzahl, im Herrenhause die von 60 Mitgliedern erforderlich.[9]) Über die Verhandlungen werden stenographische Berichte veröffentlicht, denen als Anlagen die Gesetzentwürfe mit Begründung und die Kommissionsberichte beigefügt sind.[10])

Die Mitglieder des Landtags schwören Treue und Gehorsam gegen den König und gewissenhafte Beobachtung der Verfassung.[11]) Sie sind die unabhängigen Vertreter des ganzen Volkes und haben nach ihrer freien Überzeugung zu stimmen, ohne an Aufträge oder Instruktionen gebunden zu sein.[12]) Sie können wegen ihrer Abstimmung und wegen der in Ausübung ihres Berufes getanen Äußerungen nicht außerhalb der Versammlung zur Verantwortung gezogen werden. Gleicherweise sind wahrheitsgetreue Berichte über Landtagsverhandlungen von der Verantwortung frei.[13]) Die Landtagsmitglieder genießen ferner besonderen strafrechtlichen

[3]) § 39 Anm. 24 d. W.

[4]) VU. Art. 78 Abs. 1 u. Geschäftsordnungen (§ 1 Abs. 3 d. W.), f. d. Herrenhaus 15. Juni 92; f. d. Haus der Abg. 16. Mai 76, erg 12. Feb. u. 5. Dez. 77, ferner (§ 64, Erweiterung der Ordnungsgewalt zum Recht zeitweiliger Ausschließung) 10. Mai 10 (Drucks. Abg. 10 Nr. 266), Bearb. von Plate (2. Aufl. Berl. 10).

[5]) VU. Art. 81 u. 82.

[6]) Das. Art. 51, 76 (Fassung des G. 18. Mai 57 GS. 369) u. 77 Abs. 1. — Jede Sitzungsperiode bildet ein in sich abgeschlossenes Ganzes, in der alle in ihr nicht zur Beschlußnahme gediehenen Gesetzesvorlagen, Anträge und Petitionen für erledigt erachtet werden GeschO. des AbgH. (Anm. 4) § 74.

[7]) VU. Art. 51, 52 u. 77. — Neben dem Vertagtwerden kann jedes Haus sich unter kurzer Unterbrechung der Sitzungen selbst vertagen.

[8]) Das. Art. 79. — Die Minister haben Zutritt zu den Sitzungen u. müssen jederzeit gehört werden; ihre Gegenwart kann verlangt werden Art. 60.

[9]) Das. Art. 80 u. G. 30. Mai 55 (GS. 316) § 2.

[10]) Vf. 6. Mai 54 (MB. 91).

[11]) VU. Art. 108.

[12]) Das. Art. 83. — § 17 Anm. 23 d. W.

[13]) StGB. § 11 u. 12.

Schutz;[14]) auch wird ihre **Unabhängigkeit durch mehrfache Vorschriften gewahrt** (Immunität). Während der Sitzungsperiode dürfen sie, soweit sie nicht auf frischer Tat ergriffen werden, nur mit Genehmigung des Hauses wegen strafbarer Handlungen verhaftet oder zur Untersuchung gezogen werden. Auf Verlangen des Hauses wird auch jedes anhängige Strafverfahren, wie jede schwebende Untersuchungs- oder Zivilhaft für diese Zeit aufgehoben.[15]) Die Vernehmung der Landtagsmitglieder als Zeugen oder Sachverständige ist außerhalb des Sitzungsortes nur mit Genehmigung des Hauses zulässig.[16]) Bei Annahme eines besoldeten Staatsamtes oder bei Eintritt eines Staatsdieners in ein mit höherem Range oder Gehalte verbundenes Amt erlischt die Mitgliedschaft; **sie kann nur durch Neuwahl wieder erlangt werden. Zum Eintritt in den Landtag bedürfen Beamte keines Urlaubs. Niemand kann Mitglied beider Häuser sein.**[17]) **Präsident und Mitglieder der Oberrechnungskammer sind vom Landtage ausgeschlossen.**[18]) — **Die Mitglieder des Abgeordnetenhauses erhalten Tagegelder, auf die sie nicht verzichten dürfen und freie Eisenbahnfahrt;**[19]) **die Herrenhausmitglieder genießen nur die letztere.**

§ 41.

b) Das **Herrenhaus** ist durch Königliche Anordnung gebildet.[1]) Es besteht aus den vom König berufenen großjährigen königlichen Prinzen und aus Mitgliedern, die mit erblicher Berechtigung oder auf Lebenszeit vom König berufen werden. Für die Berufung wird preußische Staatsangehörigkeit, Wohnsitz in Preußen, ein Alter von mindestens 30 Jahren, Vollbesitz der bürgerlichen Rechte und Nichtbekleidung eines außerdeutschen Staatsamtes vorausgesetzt.[2])

Mit erblicher Berechtigung sind die Häupter der hohenzollernschen Fürstenfamilie und der standesherrlichen Familien, die 1847 zur Herrenkurie berufen gewesenen Fürsten, Grafen und Herren und die durch besondere Verordnung mit diesem Rechte Beliehenen berufen.[3])

---

[14]) Das. § 105 u. 106.

[15]) VU. Art. 84 Abs. 2—4; G. 1. Feb. 77 (RG. 346) § 6; ZPO. § 904¹ u. 905¹.

[16]) § 17 Anm. 26 d. W.

[17]) VU. Art. 78. — Übernahme der Stellvertretungskosten für unmittelbare Staatsbeamte auf Staatsfonds StMB. 24. Okt. 69 (MB. 276).

[18]) VU. Art. 74 Abs. 2 (Fassung des G. 27. März 72 GS. 277).

[19]) VU. Art. 84 u. G. 20. Juli 76 (GS. 345).

[1]) V. 12. Okt. 54 (GS. 541), die auf Grund der durch G. 7. Mai 53 (GS. 181) erteilten Ermächtigung erlassen u. an Stelle der Art. 65—68 der VU. getreten ist. — Bedeutung § 1 Abs. 3 d. W.

[2]) V. § 1, 7; Verlust d. Mitgliedschaft, der bei den auf Vorschlag Berufenen mit dem Verlust der den Vorschlag begründenden Eigenschaft eintritt, § 8—11. Eine Berufung königlicher Prinzen hat seither nicht stattgefunden.

[3]) V. § 2 u. 11.

Die Berufung auf Lebenszeit[4]) erfolgt für die Inhaber der vier großen Landesämter im Königreich Preußen,[5]) für die aus besonderem Vertrauen auserſehenen[6]) und für die hierzu vorgeschlagenen Personen. Zum Vorschlage sind berufen:

1. Die Domstifter Brandenburg, Merseburg und Naumburg,[7])
2. die Verbände der mit Rittergütern angesessenen Grafen in jeder Provinz,[8])
3. die Verbände der durch Großgrundbesitz ausgezeichneten Familien,[9])
4. die Verbände des alten mindestens 50jährigen und des durch Erbordnung in männlicher Linie befestigten Rittergutsbesitzes (Landschaftsbezirke),[8])
5. die Universitäten,[10])
6. die größeren Städte.[11])

§ 42.

c) Das **Haus der Abgeordneten** besteht aus 443 Mitgliedern,[1]) die aus allgemeinen Wahlen hervorgehen.[2])

Wähler (aktiv wahlberechtigt) ist jeder selbständige (verfügungsfähige) Preuße nach Vollendung des 24sten Lebensjahres, der sich im Vollbesitze der bürgerlichen Ehrenrechte befindet, keine öffentliche Armenunterstützung

---

[4]) Das. § 3—6, 8 u. 11.

[5]) Oberburggraf, Obermarschall, Landhofmeister u. Kanzler.

[6]) Aus diesen sind Kronsyndiken zur Abgabe von Rechtsgutachten bestellt.

[7]) § 293 Anm. 3b.

[8]) V. § 4[2], [4], § 8 u. V. 10. Nov. 65 (GS. 1077).

[9]) Zur Zeit die 18 Familien Alvensleben, Arnim, Below, Bonin, Borcke (Pommern), Bredow, Bülow, Groeben, Hanstein, Kleist, Königsmarck, Osten, Puttkammer (Pommern), Schulenburg, Schwerin, Veltheim, Wedel u. Zitzewitz (Pomm.).

[10]) § 307 Anm. 1.

[11]) Zur Zeit die 51 Städte Aachen, Altona, Barmen, Berlin, Bielefeld, Bochum, Bonn, Brandenburg, Breslau, Bromberg, Charlottenburg, Danzig, Dortmund, Düsseldorf, Duisburg, Elberfeld, Elbing, Erfurt, Essen, Flensburg, Frankfurt a. M. u. a. O., Glogau, Görlitz, Graudenz, Greifswald, Halberstadt, Halle, Hannover, Hildesheim, Kassel, Kiel, Koblenz, Köln, Königsberg, Krefeld, Liegnitz, Magdeburg, Memel, Minden, Mühlhausen, Münster, Nordhausen, Osnabrück, Posen, Potsdam, Stettin, Stralsund, Thorn, Trier und Wiesbaden.

[1]) VU. Art. 69, G. 30. April 51 (GS. 213) Art. I, v. 17. Mai 67 (GS. 1481) Art. I u. 23. Juni 76 (GS. 169) § 2, v. 28. Juni 06 (Anm. 8) § 1.

[2]) Die V. 30. Mai 49 (GS. 205), die nur bis zum Erlaß eines Wahlgesetzes in Kraft bleiben sollte (VU. Art. 115), ist da letzteres noch nicht ergangen, noch maßgebend, auch in den 1866 erworbenen Landesteilen G. 11. März 69 (GS. 481) § 1, nachdem sie gem. G. 30. April 51 (GS. 216) in Hohenzollern eingeführt war. Einf. in Lauenburg G. 23. Juni 76 (GS. 169) § 2, in Helgoland G. 18. Feb. 91 (GS. 11) § 3 u. 10. Die V. ist für das Wahlgeschäft — nicht für das Wahlrecht — ergänzt durch G. 28. Juni 06 (GS. 318) u. gilt vor den entsprechenden Vorschriften der VU. (Art. 70—72 u. 74) Vf. 5. Nov. 58 (MB. 222); Wahlregl. 14. März 03, mit Ergänzung in neuer Fassung veröffentlicht Vf. 30. Nov. 06 (MB. 07 S. 1), Erläuterung Vf. 8. April 08 (MB. 65). Schutz des Wahlrechts StGB. § 107 bis 109 u. 339 Abs. 3; Druckschriften zu Wahlzwecken § 247 Abs. 4 u. Anm. 3 d. W.

erhält und in der Gemeinde seit 6 Monaten Wohnsitz oder Aufenthalt hat.[3]) Für Militärpersonen ruht das aktive Wahlrecht.[4])

Wählbar (passiv wahlberechtigt) ist jeder Preuße, der das 30ste Lebensjahr vollendet hat, im Vollbesitze der bürgerlichen Ehrenrechte ist und 1 Jahr dem preußischen Staatsverbande angehört hat.[5])

Die *Wahlperiode* (Legislaturperiode) ist im Interesse größerer Stetigkeit von 3 auf 5 Jahre verlängert.[6]) Die Wahl ist *mittelbar* (indirekt) und zerfällt in zwei Handlungen: die Wahl der Wahlmänner, deren einer auf je 250 Seelen zu wählen ist (Urwahl), und die der Abgeordneten durch die Wahlmänner.[7]) Zum Zwecke der Wahl werden die nebst den Wahlorten gesetzlich festgestellten *Wahlbezirke*[8]) in Unterabteilungen (Urwahlbezirke) von 750 bis 1749 Seelen zerlegt.[9]) Die Urwahl erfolgt nach der *Dreiklassenordnung*, die ein Gleichgewicht der drei Stände, der Wohlhabenden, des Mittelstandes und der Unbemittelten herstellen soll. Die Urwähler werden innerhalb des Urwahlbezirks nach ihren direkten Staats-, Gemeinde-, Kreis-, Bezirks- und Provinzialsteuern in drei Abteilungen so eingeteilt, daß jede Abteilung 1/3 der Gesamtsumme dieser Steuern und zwar die erste die Höchst-, die letzte die Geringst- und die gar nicht Besteuerten umfaßt. Die zu wählenden Wahlmänner werden auf die Abteilungen gleichmäßig verteilt. Ist ihre Zahl nicht durch 3 teilbar, so fallen zwei überschießende der 1. und 3. Abteilung, einer dagegen der 2. Abteilung zu. Die Berechtigung zur Wahl wird durch

---

[3]) V. § 8.

[4]) Mil. G. 2. Mai 74 (RGB. 45) § 49.

[5]) V. (Anm. 2) § 29. Nicht wählbar sind Herrenhausmitglieder VU. Art. 78 Abs. 4. u. Präsident u. Mitglieder der Oberrechnungskammer § 123 Abs. 3 d. W.

[6]) VU. Art. 73 (Fassung des G. 27. Mai 88 GS. 137). — Es ist anzunehmen, daß die Wahlperiode vom Tage der ersten Wahl ab, nicht — wie die Regierung es angenommen hat — von dem des ersten Zusammentritts ab zu berechnen sei.

[7]) V. § 1 u. 4.

[8]) VU. Art. 69. — G. 27. Juni 60 (GS. 357), ergänzt G. 28. Juni 06 (GS. 313), wodurch von der nächsten Wahl ab bei Teilung einiger größeren Wahlbezirke u. Verlegung einiger Wahlorte die Zahl der Abg. um 10 vermehrt ist; ferner f. Ostpreußen u. Sachsen G. 23. Juni 09 (GS. 531) § 2, f. Westpreußen u. Posen G. 6. Juni 87 (GS. 197) § 2, f. Pommern G. 31. März 00 (GS. 99) § 10 u. 18. April 11 (GS. 58) § 2, f. Posen 31. März 00 (GS. 94) § 3 u. 4, f. Schlesien G. 29. März 97 (GS. 92) § 2, G. 20. Mai 04 (GS. 71); f. Sachsen G. 7. März 08 (GS. 22), G. 21. März 10 (GS. 18) § 2 u. 18. April 11 (GS. 59) § 2, 31. März 13 (GS. 37) § 3; f. Schl.-Holstein G. 15. Feb. 72 (GS. 158) § 2, G. 21. März 10 (GS. 19) § 3 u. KrO. 26. Mai 88 (GS. 139) § 3 Abs. 3 u. § 4 insbes. Lauenburg G. 23. Juni 76 (GS. 169) § 2 u. Helgoland G. 18. Feb. 91 (GS. 11) § 10; f. Hannover KrO. 6. Mai 84 (GS. 181) § 1 u. Anl. B., G. 19. Juni 07 (GS. 151) § 4; f. Hessen-Nassau KrO. 7. Juni 85 (GS. 193) § 1 u. Anl. B., erg. § 2 der G. 31. März 95 (GS. 78), 23. März 96 (GS. 40), 25. März 99 (GS. 67), 25. Juni 00 (GS. 155), 30. März 06 (GS. 90) u. § 4 des G. 21. März 10 (GS. 21); f. d. Rheinprov. G. 10. April 01 (GS. 111) § 2, v. 19. Juni 07 (GS. 140) § 2, v. 21. Mai 09 (GS. 65) § 4 u. drei G. 21. Mai 10 (GS. 23 u. 25) § 2 u. 5. — Veränderungen der Gemeindegrenzen ziehen mit der Veränderung der Kreisgrenzen auch die der Wahlkreisgrenzen nach sich § 83 Abs. 1 d. W.

[9]) V. § 5—7 (§ 5 erg. G. 11. März 69 GS. 481 § 2[1]) Regl. § 1, 2.

öffentliche Auslegung der Urwähler- und der Abteilungslisten festgestellt.[10]) — Die Dreiklassenordnung, die vielfach auch in der Gemeindeverfassung Eingang gefunden hat,[11]) leidet an unverkennbaren Mängeln. Sie ist umständlich und vielfach willkürlich. Die Einteilung der Urwahlbezirke und die Verteilung der Wahlmänner auf die Abteilungen ist häufig ungleichmäßig. Die gleiche Steuer kann in einem Bezirke eine ganz andere Bedeutung gewinnen, als in einem anderen. Gleichwohl ist es noch nicht gelungen, eine geeignetere, die Besteuerungsunterschiede berücksichtigende Wahlart zu finden.

Die Wahl der Wahlmänner erfolgt nach absoluter Mehrheit durch Stimmabgabe zu Protokoll. Als Wahlmann kann jeder Urwähler in seinem Urwahlbezirke gewählt werden.[12]) In gleicher Weise erfolgt die Wahl der Abgeordneten.[13])

III. Die Staatsbehörden und deren Verfahren.

1. Übersicht.

§ 43.

Die Einrichtung (Organisation) der Behörden[1]) umfaßt neben ihrer Zusammensetzung auch die Bestimmung ihrer sachlichen und örtlichen Zuständigkeit, ihrer Sitze und ihres Verfahrens. Sie steht als Bestandteil der vollziehenden Gewalt dem König zu (§ 1 Abs. 2 u. § 39 Abs. 2). Eine Mitwirkung des Landtags tritt nur insoweit ein, als eine Änderung be-

---

[10]) G. 29. Juni 93 (GS. 103), das § 10 der V. (Anm. 2) ersetzt hat u. (nach Aufhebung des § 5 (G. 30. Juni 00 GS. 185 § 5) in Hohenzollern gem. G. 2. Juli 00 GS. 245 eingeführt ist. Nach dem G. 93 werden die infolge der neuen Steuergesetzgebung (§ 140 Abs. 3 d. W.) nicht mehr veranlagten Wähler mit 3 M. u. bei Nichterhebung von Gemeindesteuern die staatlich veranlagten Grund-, Gebäude- und Gewerbesteuern in Ansatz gebracht, während die Bildung der Abteilungen auch in den mehrere Urwahlbezirke umfassenden Gemeinden für die Urwahlbezirke erfolgt. Abteilungen V. 49 § 12 u. 14 (§ 11 u. 13 sind mit Neuregelung der direkten Steuern fortgefallen). Aufstellung der Listen § 15, 16. Regl. § 1, 3—9. — Ursprung der Dreiklassenteilung § 31 Abs. 5, insbes. Anm. 7.

[11]) Dreiklassenordnung bei den Gemeindewahlen § 77 Anm. 7.

[12]) V. § 17—25; die Wahlorte (§ 26) sind jetzt durch G. 60 (Anm. 8) § 4 bestimmt. Zulässigkeit der Abstimmung innerhalb einer festzustellenden Frist (Fristwahl), statt in gemeinschaftlicher Versammlung zu bestimmter Stunde (Terminswahl) ErgG. 06 (Anm. 2) § 3 nebst 31a; Regl. § 10—22.

[13]) V. § 26—31; Zulässigkeit der Wahl in Wahlmännergruppen u. der Fristwahl ErgG. § 4 nebst 1, 2 u. 31a; Regl. § 23 bis 31.

[1]) Behörde im Gegensatz zum Beamten (§ 62) ist das von der Einzelperson unabhängige Amt, das auch eine Mehrheit von Beamten umfassen kann (§ 54 Anm. 11) und beim Wechsel der Person fortdauert. — Den Strafantrag bei Behördenbeleidigung kann auch die unmittelbar vorgesetzte Behörde stellen StGB. § 196. Die Vorschrift behandelt die Behörden als Personeneinheiten, da regelmäßig nur Personen beleidigt werden können. Die Beleidigung braucht deshalb nicht gegen alle oder gegen einzelne bestimmte Mitglieder gerichtet zu sein RGer. 12. April 81 (Entsch. Straff. IV 75), muß sich aber auf die amtliche Tätigkeit beziehen 8. Feb. 82 (das. 135). — Bearbeitung der einschlagenden Gesetzgebung § 32 Anm. 1 d. W.

stehender Gesetze (§ 37 Abs. 2), oder eine Mehrbelastung des Staatshaushalt-Voranschlags damit verbunden ist (§ 121 Abs. 4). Im Wege der Gesetzgebung sind jedoch festzustellen die Einrichtung und die Befugnisse der Oberrechnungskammer (§ 123 Abs. 3), die Einrichtung der Gerichte (§ 181—184) sowie die Abgrenzung ihrer Zuständigkeit gegenüber der Verwaltung (§ 176) und die Bildung der zugleich als Körperschaften in Betracht kommenden Kreise und Provinzen (Abs. 1 der §§ 83 und 84).

Die Staatsbehörden teilen sich in oberste, für den ganzen Staat bestimmte (Nr. 2), Mittel- (Provinzial-, Bezirks- und Kreis-)Behörden (Nr. 3), und Orts- (Lokal-) Behörden (Nr. 4). Das Verfahren innerhalb der Behörden heißt Geschäftsgang; für diesen bestehen mehrere gemeinsame Grundsätze (Nr. 5).

2. Oberste Behörden.

§ 44.

a) **Übersicht.** Die älteste Verwaltungsbehörde in Preußen war der 1604 eingesetzte Geheime- oder Staatsrat. 1723 trat, gleichzeitig mit der Bildung der Kriegs- und Domänenkammern (§ 57 Abs. 1), das General- (Oberfinanz-, Kriegs- und Domänen-) Direktorium ins Leben. Diese kollegialische Behörde, neben der, zur schnelleren Erledigung gewisser Geschäfte, 1728 ein büreaumäßig eingerichtetes Kabinettsministerium für die auswärtigen, Standes- und Hausangelegenheiten und 1731 ein chef de justice eingeführt war, tagte unter dem Vorsitz des Königs und zerfiel in fünf Departements, deren Zuständigkeit teils nach Gegenständen, teils nach Provinzen abgegrenzt war.

Eine durchgreifende Umgestaltung brachten die Steinschen Reformen (§ 30 Abs. 4), deren Grundbestimmungen noch heute maßgebend sind.[1]) Danach wurden die Geschäfte lediglich nach Gegenständen verteilt und einzelnen obersten Beamten (Ministern) selbständig übertragen, um der Verwaltung größere Einheit, Kraft und Regsamkeit zu verleihen.[2]) Ihren Vereinigungspunkt fanden die Minister im Staatsministerium (c);[3]) der Staatsrat sollte nur eine beratende Behörde bilden (b).

Die Zahl der Minister, ursprünglich fünf, ist seitdem wiederholt ver-

---

[1]) V. 27. Okt. 10 (GS. 3), erg. KO. 3. Juni 14 (GS. 40), 3. Nov. 17 (GS. 289), 11. Jan. 19 (GS. 2) u. Bek. 17. Jan. 38 (GS. 11).

[2]) V. 10 (Abschn. Staatsminister). Ernennung durch den König, Gegenzeichnung der Regierungshandlungen u. Verantwortlichkeit § 39 Abs. 2, Beteiligung an den Sitzungen des Landtags § 40 Anm. 8, Pensionierung § 74 Abs. 1 d. W. — Zur Vertretung der Minister sind Unterstaatssekretäre bestellt, die in mehreren Ministerien zugleich eine Abteilung leiten. Befugnis zum Erlaß reglementarischer Anordnungen KO. 4. Juli 32 (GS. 181), von Polizeiverordnungen § 231 Abs. 2[1].

[3]) Die Würde des an die Spitze der ganzen Verwaltung gestellten **Staatskanzlers** (V. 1810 Nr. II) wurde nach dem Tode des Fürsten Hardenberg (§ 30 Anm. 4) nicht wieder besetzt.

mehrt.[4]) Auch die Zuständigkeit hat mehrfach gewechselt. Gegenwärtig bestehen:

1. Das Ministerium der auswärtigen Angelegenheiten (zugleich Auswärtiges Amt des deutschen Reiches § 86);
2. das Kriegsministerium (§ 102);
3. das Justizministerium (§ 180 Abs. 2);
4. das Finanzministerium (d);
5. das Ministerium des Innern (e);
6. das Ministerium der geistlichen und Unterrichts-Angelegenheiten (f);
7. das Ministerium der öffentlichen Arbeiten (g);
8. das Ministerium für Landwirtschaft, Domänen und Forsten (h);
9. das Ministerium für Handel und Gewerbe (i).

Neben den Ministerien bestehen als oberste Behörden das Oberverwaltungsgericht (k), die Oberrechnungskammer (§ 123 Abs. 3) und der evangelische Oberkirchenrat (§ 299 Abs. 1).

§ 45.

b) Der **Staatsrat** wurde erst 1817 eingeführt[5]) und hat sich mit kurzer Unterbrechung[6]) bis heute erhalten. Er war seit Erlaß der Verfassung nur wenig in Tätigkeit getreten und nur anläßlich der Sozialreform (§ 311) unter Zuziehung neuer Mitglieder wieder berufen worden.[7]) Seine Aufgabe besteht in der Begutachtung von Gesetzen und Verordnungen.[8]) Er erfüllt sie in einer engeren oder in einer Plenarversammlung[9]) und setzt sich zusammen:

1. aus den Königlichen Prinzen, die das 18. Jahr erreicht haben,
2. aus den durch ihr Amt berufenen Staatsdienern, insbesondere den Ministern, Feldmarschällen, dem Präsidenten der Oberrechnungskammer, dem Geheimen Kabinettsrat, dem Chef des Militärkabinetts und — soweit sie in Berlin anwesend sind — den Oberpräsidenten und kommandierenden Generalen,
3. aus den durch besonderes Vertrauen berufenen Staatsdienern.[10])

§ 46.

c) Das **Staatsministerium** besteht aus dem Ministerpräsidenten, dessen Stellvertreter und den Staatsministern. Durch dieses soll die erforderliche Einheit der Verwaltung unter den selbständig stehenden Mi-

[4]) Auswärtiges, Krieg, Justiz, Finanzen u. Inneres. Die später gebildeten Ministerien wurden aus dem Min. des Innern abgezweigt.

[5]) V. 20. März 17 (GS. 67) u. 6. Jan. 48 (GS. 15).

[6]) Die Aufhebung (1848) ist wieder rückgängig gemacht AE. 12. Jan. 52 (MB. 21).

[7]) Das neue Regul. ist nicht veröffentlicht.

[8]) V. 48 § 5.

[9]) Das. § 1 u. 2.

[10]) V. 17 § 4 u. Dekl. 5. April 17 (GS. 122).

nistern hergestellt werden; eine Instanz über den einzelnen Ministerien bildet es nicht.[1]) Demgemäß sind ihm überwiesen:

1. Die Beratung der Gesetzentwürfe und Anordnungen von allgemeinem Interesse, der allgemeinen Verwaltungsübersichten, Pläne und Voranschläge;
2. die Entscheidung von Meinungsverschiedenheiten zwischen den Ministern;
3. die Vorschläge wegen Anstellung der Ober- und der Regierungspräsidenten, sowie der Präsidenten der höheren Gerichte, der Direktoren, Oberforstmeister und der im gleichen Range stehenden Beamten.[2])

Weiterhin wurden ihm übertragen:

4. die Befugnis zur Einleitung einer Regentschaft,[3]) zur Erklärung des Belagerungszustandes (§ 245 Abs. 5), die Mitwirkung bei der kirchlichen Gesetzgebung (§ 295 Abs. 6) und die Verantwortlichkeit bei Erlaß vorläufiger Verordnungen;[4])
5. die letztinstanzliche Entscheidung in Disziplinarsachen (§ 66 Abs. 1);
6. die Entscheidung über Einverleibung von Landgemeinden und Gutsbezirken[5]) und die Beantragung der Auflösung kommunaler Vertretungen.[6])

Unmittelbar unter dem Staatsministerium stehen:

1. Das Zentraldirektorium der Vermessungen im preußischen Staate (§ 33 Abs. 4);
2. der Disziplinarhof für nicht richterliche Beamte (§ 66 Abs. 1);
3. der Gerichtshof zur Entscheidung der Kompetenzkonflikte (§ 179 Abs. 2);
4. das Oberverwaltungsgericht (k);
5. die Ansiedelungskommission für Westpreußen und Posen in Posen;[7])
6. die Redaktionen des Deutschen Reichs- und Königlich Preußischen Staatsanzeigers und der Gesetzsammlung.

Unter der oberen Leitung des Präsidenten des Staatsministeriums stehen:

1. die Generalordenskommission;[8])
2. die Staatsarchive.[9])

§ 47.

d) Das **Finanzministerium** ist 1810 gebildet. Bei Einrichtung des Handelsministeriums (1848) ging das Salz-, Berg- und Hütten- und das Handels-, Fabriken- und Bauwesen auf dieses über; das Finanzministerium erhielt dafür die im Jahre 1835 an das Ministerium des Königlichen

---

[1]) KO. 3. Juni 14 (GS. 40) Abs. 2 u. 12. — Abweichung im Reiche § 20 d. W. — Ministerpräsident § 19 Abs. 2. — Sitzungen des Staats-Min. unter Vorsitz des Kaisers heißen Kronrat. — Knischewski, das preußische Gesamtministerium (Berlin 02).

[2]) KO. 3. Nov. 17 (GS. 289) VIII.

[3]) VU. Art. 57 u. 58; § 39 Abs. 7 d. W.

[4]) VU. Art. 63; § 37 Abs. 3[2] d. W.

[5]) § 81 Abs. 3.

[6]) § 81 Anm. 8, § 82 Anm. 20, § 83 Anm. 13 u. § 84 Anm. 20.

[7]) § 343 Anm. 9.

[8]) § 39 Anm. 8 Abs. 2.

[9]) § 309 Anm. 9.

Hauses abgetretenen Domänen und Forsten zurück,[1]) die indes später auf das landwirtschaftliche Ministerium übergingen.[2]) Endlich sind dem Finanzminister die Feld(Land)messerangelegenheiten, soweit sie vorher bei der Bauverwaltung bearbeitet waren, überwiesen.[3])

Das Ministerium zerfällt gegenwärtig in 3 Abteilungen:[4])

1. Abteilung für das Etats- und Kassenwesen, der die Generallotteriedirektion (§ 135 Abs. 1), die Münze in Berlin, die amtliche Probieranstalt in Frankfurt a. M.[5]) und die Generaldirektion der allgemeinen Witwenverpflegungsanstalt (§ 75 Abs. 3) unterstellt sind;
2. Abteilung für die Verwaltung der direkten Steuern, unter der die Direktion für die Verwaltung der direkten Steuern in Berlin steht;[6])
3. Abteilung für die Verwaltung der indirekten Steuern und Zölle. Unter dieser stehen die Oberzolldirektionen § 153 Abs. 2), das Hauptstempelmagazin in Berlin und die zur Überwachung der Zölle und Reichssteuern im Gebiete des Reichs bestellten preußischen Beamten (§ 152 Abs. 2).

Unter der Leitung des Finanzministers steht die Generalstaatskasse[7]) und die Hauptverwaltung der Staatsschulden (§ 132). Außerdem sind ihm die Seehandlung nebst dem Königlichen Leihamt (§ 124 Abs. 2) und die Zentralgenossenschaftskasse (§ 327 Abs. 1) untergeordnet, während die Rentenbanken (§ 341 Abs. 2) zugleich unter ihm und dem landwirtschaftlichen Minister und die Oberprüfungskommission für Landmesser[3]) zugleich unter beiden und unter dem Minister der öffentlichen Arbeiten stehen.

§ 48.

e) Das **Ministerium des Innern**[1]) besteht gleichfalls seit 1810. Sein Wirkungskreis wurde durch Abzweigung des Kultusministeriums (§ 49) und durch Übertragung der Landwirtschaft und der Bau- und der Gewerbepolizei auf das Ministerium für Handel, Gewerbe und öffentliche Arbeiten (§ 50) wesentlich eingeschränkt. Ein Teil der Gewerbepolizei, bei dem das polizeiliche gegen das gewerbliche Interesse überwiegt, ist indes dem Ministerium des Innern zurückzugeben.[2]) Vom

---

[1]) AE. 17. April 48 (GS. 109) II 1.

[2]) AE. 7. Aug. 78 (GS. 79 S. 25) Nr. 1 u. G. 13. März 79 (GS. 123).

[3]) AE. 4. Nov. u. 22. Dez. 87 (GS. 88 S. 4); § 366 II 4 d. W.

[4]) Die Leiter der 2. und 3. Abteilung führen die Amtsbezeichnung Generaldirektor der direkten Steuern, sowie der Zölle u. indirekten Steuern.

[5]) § 376 Abs. 4 d. W. — Sonstige deutsche Münzstätten in München, Muldnerhütte b. Freiberg i. S., Stuttgart, Karlsruhe u. Hamburg.

[6]) § 57 Anm. 9.

[7]) KO. 17 (§ 44 Anm. 1) Nr. I 1.

[1]) Von 1814—19 bestand ein besonderes Min. der Polizei. Von 1830—42 führte das Min. des J. die Bezeichnung: „M. des J. u. der Polizei".

[2]) Gewerbe der Presse, der Unternehmer v. Fecht- u. Tanzschulen, v. Turn- u. Badeanstalten; der Pfandleiher; der an öffentlichen Orten ihre Dienste anbietenden Gewerbetreibenden; des Kleinhandels mit Getränken, der Gast- und Schankwirtschaft,

1. April 1911 ab ist die Medizinalverwaltung vom Kultusministerium (§ 49) auf das Ministerium des Innern übergegangen.[3]) Die innere Verwaltung umfaßt insbesondere die allgemeine Landesverwaltung, die Kommunalaufsicht und die Polizei und werden in zwei Abteilungen bearbeitet; eine dritte bildet die Medizinalabteilung.

Unter dem Ministerium des Innern stehen die statistische Zentralkommission[4]) und das preußische statistische Landesamt,[5]) das Polizeipräsidium in Berlin (§ 224 Abs. 2), das Domkapitel in Brandenburg,[6]) die wissenschaftliche Deputation für das Medizinalwesen, die Königliche Landesanstalt für Wasserhygiene in Dahlem,[7]) der Ärztekammerausschuß und der ärztliche Ehrengerichtshof,[8]) die technische Kommission für pharmazeutische Angelegenheiten,[9]) der Apothekerrat (§ 264 Abs. 2), und, zugleich unter dem Finanzminister stehend, die Prüfungskommission für höhere Verwaltungsbeamte (§ 63 Abs. 3).

§ 49.

f) Das **Ministerium der geistlichen und Unterrichts-Angelegenheiten** (Kultusministerium) wurde von dem Ministerium des Innern abgezweigt.[1]) Die Befugnis des Kultusministers zu reglementarischer Regelung gewisser Gegenstände der Unterrichtsverwaltung erstreckt sich auch auf die neuen Provinzen.[2]) Die Angelegenheiten der evangelischen Landeskirche in den älteren Provinzen sind auf den Oberkirchenrat und die Konsistorien übergegangen.[3]) Aus dem Gebiete des technischen Unterrichtswesens, das sonst dem Ministerium für Handel und Gewerbe zugewiesen ist (§ 52), unterstehen dem Kultusministerium noch die technischen Hochschulen und die Kunstschulen in Berlin und in Breslau (Abs. 3).[4])

Das Ministerium zerfällt in drei Abteilungen:

1. für die geistlichen Angelegenheiten (I);

---

der Schauspieler, Schausteller u. Musiker (auch beim Betriebe im Umherziehen) AE. 17. März 52 (GS. 83) u. 30. Juni 58 (GS. 501). — Dem Min. des Innern untersteht auch die Lebens- und die Feuerversicherung soweit nicht das Aufsichtsamt für Privatversicherung (§ 323 Abs. 6 d. W.) zuständig ist; technische Hilfsarbeiter § 323 Anm. 1. — Für das Beamtenbaugenossenschaftswesen ist ein technischer Hilfsarbeiter im Range der Räte 4. Kl. angestellt AE. 3. April 06 (GS. 114).

[3]) AE. 30. Nov. 10 (GS. 11 S. 21), Zuständigkeit Bf. 24. März 11 (MMB. 130). Befugnis zu reglementarischer Regelung wie § 49 Abs. 1.

[4]) AE. 21. Feb. 70 (MB. 89). — Die Komm. soll das einheitliche Zusammenwirken aller Zweige der Staatsverwaltung auf dem Gebiete der Statistik herbeiführen.

[5]) AE. 10. Juli 48 (GS. 336). Jetzige Bezeichnung AO. 24. April 05 (GS. 232). — Veröffentlichungen Bf. 5. Feb. 63 (MB. 25).

[6]) § 293 Anm. 3b.

[7]) GeschAnw. 27. Aug. 01 (MMB. 273), GebO. 26. Juli 10 (das. 305). — Abwässerbeseitigung § 272 Abs. 2, Wasserversorgung § 273 Abs. 3 d. W.

[8]) § 265 Abs. 3.

[9]) Instr. 27. Okt. 49.

[1]) AE. 3. Nov. 17 (G. S. 289) Nr. III.

[2]) B. 13. Mai 67 (GS. 667).

[3]) B. 5. Sept. 77 (GS. 215) Art. I. — § 298 Abs. 6 u. § 299 Abs. 1 d. W.

[4]) AE. 14. Okt. 78 (GS. 79 S. 26) u. 3. Sept. 84 (GS. 85 S. 95).

2. für das höhere und technische Unterrichtswesen und die Kunst (IIa);
3. für das niedere Schulwesen (IIb);

Unter dem Ministerium stehen die Universitäten (§ 307), die Sachverständigen-Kammern (§ 308 Abs. 2), die wissenschaftlichen und Kunstanstalten (§ 309 Abs. 4 und 5), die technischen Hochschulen (§ 307 Abs. 4) und das Kunstgewerbemuseum (§ 363 Abs. 2), die Turnlehrerbildungsanstalt, die schulwissenschaftlichen Prüfungskommissionen und die Charité.[5])

§ 50.

g) **Ministerium der öffentlichen Arbeiten.** Durch Abzweigung von dem Ministerium des Innern wurde ein Ministerium für Handel, Gewerbe und öffentliche Arbeiten begründet.[1]) Ihm wurde außer dem später auf das Reich übergegangenen Postwesen und den Geschäften des Handelsamtes vom Finanzministerium das Salz-, Berg- und Hüttenwesen nebst dem Handels-, Fabriken- und Bauwesen und vom Ministerium des Innern die Landwirtschaft, die Bau- und ein Teil der Gewerbepolizei (§ 48 Abs. 1) überwiesen. Von dem Ministerium wurden nacheinander getrennt die Ministerien für Landwirtschaft (§ 51)[2]) und für Handel und Gewerbe (§ 52).[3]) Diesem ist später auch das Bergwesen übertragen,[4]) wogegen die Verkehrsabgaben wieder an das Ministerium der öffentlichen Arbeiten zurückgelangten (§ 380 Abs. 1).

Das Ministerium, bei dem besondere Unterstaatssekretäre für das Eisenbahn- und für das Bauwesen angestellt sind, zerfällt jetzt in acht Abteilungen:

A. für das Eisenbahnwesen: I. Bauabteilung, II. Verkehrsabteilung, IV. Verwaltungsabteilung, V. Finanzabteilung und VI. Maschinentechnische Abteilung;

B. das Bauwesen: III A Wasserbauabteilung, III B Hochbauabteilung, die auch die Baupolizei und das Wegewesen umfaßt und III C Verwaltungsabteilung.[5])

Zum Geschäftsgebiet der Eisenbahnabteilungen (A) gehören die Eisenbahndirektionen (§ 386 Abs. 2), zu dem der Bauabteilungen die Akademie des Bauwesens (§ 275 Abs. 1), die technischen Prüfungsämter (§ 276 Abs. 1), die Versuchsanstalt für Wasserbau und Schiffbau und die Wasserstraßenbeiräte (§ 349 Abs. 2), während das Verkehrs- und Baumuseum beiden Geschäftsgebieten dient. — Unter diesem und dem Minister für Landwirtschaft stehen die Landesanstalt für Gewässerkunde,[6]) während diesen

---

5) § 268 Anm. 1.

1) AE. 17. April 48 (GS. 109) I.
2) AE. 25. Juni 48 (GS. 159) Nr. 5.
3) AE. 7. Aug. 78 (GS. 79 S. 25) u. G. 13. März 79 (GS. 123).
4) AE. 17. Feb. u. G. 26. März 90 (GS. 35 u. 37).
5) In den Ministerien des Kultus u. der Landwirtschaft sind besondere technische Beamte angestellt.
6) § 349 Anm. 2.

beiden und dem Handelsminister der Landeseisenbahnrat und die Bezirkseisenbahnräte (§ 386 Abs. 3) unterstellt sind.

§ 51.

h) Das **Ministerium für Landwirtschaft, Domänen und Forsten** ist von dem früheren Ministerium für Handel, Gewerbe und öffentliche Arbeiten abgezweigt (§ 50 Abs. 1) und seitdem fortgesetzt erweitert,[1]) insbesondere durch Überweisung der früher vom Finanzministerium bearbeiteten Domänen und Forsten.[2])

Das Ministerium zerfällt in vier Abteilungen:

1. für handels- und wirtschaftspolitische Angelegenheiten, Genossenschafts-, Kredit- und Unterrichtswesen, Landwirtschaftsbetrieb, Viehzucht und landwirtschaftliche und Gestütangelegenheiten (I A);
2. für Auseinandersetzungen und innere Kolonisation, Rentenbanken, Wasserwirtschaft, Moorkulturen, Jagd und Fischerei (I B);
3. für Domänen (II);
4. für Verwaltung der Staatsforsten (III).

Zum Verwaltungsbereich der ersten Abteilungen I A und B gehören das Landesökonomiekollegium (§ 337 Abs. 4), die landwirtschaftlichen Lehranstalten (das. Abs. 5), das Oberlandeskulturgericht (§ 339 Abs. 3), die Zentralmoorkommission (§ 344 Abs. 3), die landwirtschaftlichen Kreditanstalten (§ 351 Abs. 4—6), die Haupt- und die Landgestüte (§ 356 Abs. 2), das Landesveterinäramt und der Tierärztekammerausschuß sowie die tierärztlichen Hochschulen (§ 357).

Zum Geschäftsbereiche der Abteilung III gehören die Forstoberexaminationskommission und die Forstakademie (§ 128 Abs. 1).

§ 52.

i) Das **Ministerium für Handel und Gewerbe** ist von dem früheren Ministerium für Handel, Gewerbe und öffentliche Arbeiten abgezweigt (§ 50 Abs. 1). Zu seinem Verwaltungskreise gehören auch die Privatbankanstalten, die Schiffahrt, die Rhederei und das Lotsenwesen.[1]) Es zerfällt jetzt in vier Abteilungen:

1. Abteilung für Berg-, Hütten- und Salinenwesen,[2]) unter der die geo-

---

[1]) Dem Min. wurden überwiesen das Gestütwesen AE. 11. Aug. 48 (GS. 228), die Deichsachen § 52 Anm. 1, die Jagdpolizei G. 7. März 50 (GS. 165) § 31, die Rentenbanken, die zugleich unter dem FinMin. stehen § 47 Abs. 3 d. W., das Tierheil-(Veterinär-)wesen AE. 27 April 72 (GS. 594), das Grundkreditwesen AE. 10. Sept. 74 (GS. 310) u. 13. Aug. 76 (GS. 397) u. die ländlichen Fortbildungsschulen AE. 24. Jan. 95 (GS. 77).

[2]) AE. 7. Aug. 78 (GS. 79 S. 25) 1; G. 13. März 79 (GS. 123).

[1]) In Deichsachen ist d. landw. Minister zuständig, bei unterlaufendem Schiffahrts- oder Strompolizeiinteresse unter Hinzutritt des Handels- od. des Min. d. öff. Arbeiten AE. 26. Nov. 49 (GS. 50 S. 3).

[2]) Der Leiter dieser Abt. heißt Oberberghauptmann. Bergbaudeputation § 335 Anm. 6 d. W.

logische Landesanstalt, die Bergakademien[3]), die Bergprüfungskommissionen, die Oberbergämter (§ 332 Abs. 3) und die Direktion der Bernsteinwerke in Königsberg[4]) stehen;

2. Handelsabteilung;
3. Gewerbeabteilung, für die Gewerbeaufsicht, gewerbliche Anlagen, Gewerbegerichte und allgemeine Arbeiterangelegenheiten;
4. Abteilung für das gewerbliche Unterrichtswesen und die Gewerbebeförderung.

Unter den drei letzteren Abteilungen stehen die mit Verfolgung des Wissenschaftlichen der Gewerbekunde betraute technische Deputation für Gewerbe, das Landesgewerbeamt (§ 364 Abs. 1), die gewerblichen und kunstgewerblichen Fachschulen (§ 364 Abs. 6), die gewerblichen Fortbildungsschulen (§ 314 Abs. 5) und die Porzellanmanufaktur (§ 363 Abs. 2),[5]) die Eichungsbehörden (§ 375 Abs. 5), die Navigationsschulen (§ 379 Abs. 4).

§ 53.

k) Das **Oberverwaltungsgericht** bildet ein Glied der neuen Verwaltungsorganisation. Es besteht aus neun Senaten mit dem Präsidenten, acht Senatspräsidenten und den Räten. Seine Mitglieder werden auf Lebenszeit ernannt und müssen zu einer Hälfte für das Richteramt, zur anderen für die höhere Verwaltung befähigt sein.[1]) Um der Überlastung abzuhelfen, ist bis zum 1. Oktober 1914 die Zuweisung von Hilfsrichtern und die Einrichtung von Hilfssenaten zugelassen.[2]) Für Disziplinarentscheidungen tritt ein besonderer Senat zusammen.[3]) Das Oberverwaltungsgericht bildet die oberste Stelle im Verwaltungsstreitverfahren und entscheidet in erster und in zweiter (Berufungs- und Beschwerde-), sowie in dritter (Revisions- und weiteren Beschwerde-) Instanz.[4]) In den letzteren Entscheidungen fällt ihm die wichtige Aufgabe zu, die Einheit der Rechtsprechung auf dem Gebiete des öffentlichen Rechts zu wahren und durch Aufstellung fester Grundsätze rechtsbildend in die Verwaltung einzugreifen.[5])

---

[3]) § 332 Anm. 13.

[4]) § 134 Anm. 7 d. W.

[5]) Diese Gebiete nebst dem später auf das Landw.-Min. übergegangenen ländlichen Fortbildungsschulen (§ 51 Anm. 1) wurden dem Hand.-Min. durch AE 3. Sept. 84 (GS. 85 S. 95) überwiesen.

[1]) G. 3. Juli 75/2. Aug. 80 (GS. 328) § 17 bis 30a u. u. 88. — § 29 Abs. 1 in der Fassung d. G. 27. Mai 88 (GS. 226) — (der übrige Teil des Ges. ist aufgehoben LVG. § 154); Regul. 22. Feb. 92 (MB. 133), Nachtr. 15. Mai 93 (MB. 123). — Rang § 70 Anm. 7 d. W.

[2]) G. 28. Juni 11 (GS. 81).

[3]) G. 8. Mai 89 (GS. 107).

[4]) LVG. § 83, sowie § 93 u. 94. — Verfahren § 59 Abs. 4 d. W. — Entscheidung über Amtskonflikte § 64 Anm. 8.

[5]) In der Begründung seiner Entscheidungen sucht das OVG. die allgemeinen Grundsätze des öffentlichen Rechts klar zu legen u. dadurch dieses Recht auszubauen, insbs. wo es auf älteren Vorschriften beruht. — Sammlung der diesem Zwecke dienenden Entscheidungen seit 1877, 62 Bände mit Hauptregister zu B. 1—50 (Berl., Heymann). Bearb. nach Gebieten in 4. Aufl. v. Kunze u. Kautz (3 Bde. u. Ergänzungsbände, Berl. 09) u. (ausführlicher) v. Kamptz, Genzmer u. a. (4 Bde. Berl. 97/8 u. Ergänzungsbände).

Später wurde ihm in betreff der Gewerbe-, Einkommen- und Ergänzungssteuer die Entscheidung über Beschwerden wegen Nichtanwendung oder unrichtiger Anwendung des bestehenden Rechts oder wesentlicher Mängel des Verfahrens zugewiesen.[6]) Gleiches gilt von Klagen in betreff der Kirchensteuern (§ 293 Abs. 3).

3. Die Mittelbehörden.

§ 54.

a) **Übersicht.** Die Mittelbehörden, die in Provinzial-, Bezirks- und Kreisbehörden gegliedert sind,[1]) erfuhren im Jahre 1872 durch die neue **Organisation der Landesverwaltung** in den Provinzen Ost- und Westpreußen, Brandenburg, Pommern, Schlesien, Sachsen und in Hohenzollern eine völlige Umgestaltung. Diese knüpfte an die im Interesse erweiterter Selbstverwaltung erfolgte Neugestaltung der Organe in Kreis und Provinz (§ 83 Abs. 3 und § 84 Abs. 3) an und bezweckte:

1. Die Dezentralisation der allgemeinen Landesverwaltung;[2])
2. die Heranziehung von Laien zu den Geschäften dieser Verwaltung;[3])
3. die Überwachung dieser Verwaltung mittels einer in festen Formen sich bewegenden und von unabhängigen Organen geübten Verwaltungsgerichtsbarkeit.[4])

[6]) Gewerbest.G. 24. Juni 91 (GS. 205) § 37, Einkommenst. G. 06 (GS. 260) § 49—54 und Ergänzungsst. G. 06 (GS. 294) § 37. Die Steuersenate können in Kammern geteilt werden G. 26. März 93 (GS. 60); zur Zeit ist dies nicht geschehen StMB. 30. März 00. Sammlung der Entscheidungen seit 93 (15 Bde. Berl., Heymann); systemat. Übersicht v. Maatz (Berl. 08), die Entscheid. sind auch in die Kuntzesche Bearbeitung (vor. Anm.) aufgenommen.

[1]) Diese Gliederung entspricht der preußischen Verwaltungsorganisation, während im allgemeinen, insbesondere auch in der Reichsgesetzgebung alle Verwaltungsbehörden in Zentral-, höhere und untere eingeteilt werden. Zentralbehörden sind in Preußen die Minister, untere die Landräte und die Magistrate der Stadtkreise; die zwischen beiden stehende höhere Behörde wird hier durch zwei Stellen, den Oberpräsidenten u. den Regierungspräsidenten nebst Regierung gebildet.

[2]) Dezentralisation wird zweifach angewendet, als Einschränkung der Staatsverwaltung unter Erweiterung der Selbstverwaltung u. als Übertragung von Zuständigkeiten von den höheren auf die unteren Staatsbehörden.

[3]) Selbstverwaltung bedeutet zunächst die Verwaltung der eigenen Angelegenheiten öffentlicher Verbände durch selbstgewählte Organe (wirtschaftliche Selbstverwaltung). Die wichtigsten und allgemeinsten Selbstverwaltungskörper sind die Kommunalverbände (§ 76—84). Der Kreis dieser Angelegenheiten ist mit der Entwickelung der Selbstverwaltung erheblich erweitert worden. Eine fernere Bedeutung hat die Selbstverwaltung durch Heranziehung dieser Organe oder der von ihnen gewählten oder vorgeschlagenen Personen zu Geschäften der staatlichen Verwaltung erlangt (obrigkeitliche Selbstverwaltung). Diese früher auf Einzelgebiete beschränkte Heranziehung (§ 97 Abs. 3 u. 113 Abs. 4^3, § 114 Abs. 6; § 141 Abs. 1, 182 Abs. 2, 183 Abs. 4, 192) hat in der neuen Verwaltungsorganisation eine allgemeinere Gestaltung erfahren (§ 54 Abs. 2 u. Amtsvorsteher § 224 Abs. 3). Da für diese Personen die Besorgung der Staatsgeschäfte keinen Lebensberuf bildet, ist — im Hinblick auf die Entwickelung des englischen selfgovernment in den Friedensrichtern — auch diese ehren- oder nebenamtliche Tätigkeit als Selbstverwaltung bezeichnet worden (Gneist).

[4]) Tezner, die deutschen Theorien der Verwaltungsrechtspflege (Berl. 01).

Die Einrichtung erfuhr dann eine weitere Umgestaltung[5]) und wurde so zusammen mit den Kreis- und Provinzialordnungen in das übrige Staatsgebiet eingeführt.[6]) Sie beschränkt sich auf die allgemeine, die sogenannte innere Verwaltung[7]) und betrifft auch in dieser Begrenzung zunächst nur die Mittelbehörden.[8]) Als solche hat sie in den Oberpräsidenten, Regierungspräsidenten und Landräten drei selbständige Behörden instanzmäßig übereinandergestellt, denen in den Provinzialräten, Bezirksausschüssen und Kreisausschüssen Kollegien mit Laienmitgliedern zur Seite treten.[9]) Diese wirken in den durch das Gesetz bestimmten Fällen als Beschlußbehörden, die beiden letzteren auch als Verwaltungsgerichte. Der Oberpräsident, früher zugleich Präsident der an seinem Amtssitze befindlichen Regierung, ist von der Verbindung mit dieser gelöst,[10]) während der früher wesentlich als Organ der Regierung wirkende Landrat zu selbstän-

[5]) LVG. 30. Juli 83 (GS. 195) § 1 bis 49 u. (Schluß- u. Übergangsbestimmungen) § 146—159; die § 50—126 des Ges. betreffen das Verfahren (§ 59 d. W.) u. § 127—145 die Polizeiverwaltung (§ 221 Abs. 3 d. W.). — Bearb. vom Verfasser (§ 32 Anm. 1 d. W.) S. 364, ferner v. Friedrichs (Berl. 10), v. Studt u. Braunbehrens (Bd. I Organisationsgesetze 8. Bearb. 11, II Prov. u. KrO. v. Tzschoppe 8. Bearb. Berl. 12, III. Kommunalsteuer Städte- u. LdgO. von Freund 7. Bearb. 10, IV sonstige Einzelgesetze 5. Bearb. 06, V GewO. 5. Bearb. 12, VI Arbeiterversicherung von Hoffmann 5. Bearb. 13, VII. Volksschule v. Klotsch 2. Bearb. 08); besondere Bearbeitungen für Posen von Haase (3. Aufl. v. Delius 13) Hannover 3. Aufl. v. Delius (13), Westfalen v. Braunbehrens (3. Aufl. 98), Hessen-Nassau v. Trott zu Solz (2. Aufl. 11), u. Rheinprov. v. Bitter (3. Aufl. 05).

[6]) LVG. § 154, 155; KrO. (§ 80 Anm. 18) f. Schl.-Holstein § 155, Hannover § 120, Westfalen § 102, Hess.-Nassau § 119, Rheinprov. § 104, G. f. Posen 19. Mai 89 (GS. 108).

[7]) LVG. § 3. **Besondere Staatsverwaltungsbehörden** bilden daneben die Militärintendanturen (§ 103), die Behörden der indirekten Steuerverwaltung (§ 153 Abs. 2), die Justizbehörden u. Gerichte (§ 180—187), die Kirchenbehörden (§ 295 u. 299 Abs. 2—4), die Schulbehörden (§ 302 Abs. 5), die Arbeiter- u. Angestelltenversicherungsbehörden § 317 Abs. 3 u. 321, die Bergbehörden (§ 332 Abs. 3), d. landw. Behörden (§ 339 Abs. 2) u. die Eisenbahnbehörden (§ 386 Abs. 3). — Reichsbehörden § 18—20.

[8]) Die obersten Behörden und die Ortsbehörden werden abgesehen von dem Oberverwaltungsgericht (§ 53) nur mittelbar berührt; erstere werden insbesondere durch die mit der Organisation verbundene Dezentralisation von Einzelheiten der laufenden Verwaltung entlastet.

[9]) LVG. § 3 u. 4. Ähnliche Bildungen in der Arbeiterversicherung § 317 Abs. 3 u. im Bergwesen § 335 d. W. — In dem Zusammenwirken der Beamten u. Laien — wie es schon von dem Minister von Stein geplant war — verbinden sich in zweckentsprechendster Weise Gesetzes- u. Geschäftskunde mit unmittelbarer Anschauung und praktischer Erfahrung. Die Verwaltung wird dadurch vor einseitiger Auffassung bewahrt, das Interesse der Bevölkerung an den öffentlichen Angelegenheiten und ihr Vertrauen zur Regierung wächst und die Gegensätze zwischen den Interessen beider finden ihren Ausgleich. — Andererseits leidet die preuß. Einrichtung unter der zu großen Zahl der in den Ministern, Oberpräs., Reg.-Präs., Landräten u Ortspolizeibehörden (§ 224 Abs. 3) übereinander aufgebauten Behörden, wie in des Verfass. Abhandlung „Die Vereinfachung der preuß. Verwaltung" (Verwaltungsarchiv XV, 325) näher ausgeführt wird. Andere Gesetzgebungen, insbes. die des Reiches, setzen nur höchste, höhere und untere Behörden voraus; Anm. 1.

[10]) LVG. § 17 u. (frühere Vorschrift) V. 30. April 15 (GS. 85) § 4 u. 32. — Die Regierungen werden in den älteren Gesetzen den Provinzialbehörden zugezählt, seit dem LVG. aber als Bezirksbehörden von diesen geschieden.

diger Bedeutung gelangt ist.[11]) Die größte Veränderung hat die Bezirksbehörde erfahren. Für die kollegiale Verfassung der Regierungen[12]) war nach Einführung des gleichfalls kollegialen Bezirksausschusses kein Platz mehr vorhanden; die innere Verwaltung ist deshalb anstatt der dafür bestandenen Regierungsabteilung dem persönlich verantwortlichen Regierungspräsidenten übertragen.[13])

§ 55.

b) In betreff der **Verwaltungsbezirke** liegt der Organisation die seitherige Einteilung des Staates in Provinzen, Regierungsbezirke, Kreise und Gemeinden zu Grunde. Neben den 12 Provinzen bestehen als besondere Bezirke der Stadtkreis Berlin und der Regierungsbezirk Sigmaringen. Die Einteilung in Regierungsbezirke (zur Zeit 36) besteht, abgesehen von Berlin, für den ganzen Staat.[1]) Gleiches gilt von der

[11]) LVG. § 3. — § 58 Abs. 3 d. W.

[12]) Nach der Art der Besetzung der Behörden scheiden sich zwei Systeme. Im Büreausystem (bei vorzugsweiser Ausbildung in Frankreich auch Präfektursystem genannt) gipfelt die Behörde in einem einzelnen Beamten, der für ihre Maßregeln allein verantwortlich ist. Im Kollegialsystem besteht die Behörde aus mehreren (mindestens 3) Beamten, die nur nach Mehrheitsbeschluß entscheiden können. Das erstere System ermöglicht eine kraftvolle u. schöpferische Tätigkeit, eine rasche Durchführung u. eine wirkungsvolle Verantwortlichkeit, während bei letzterem eine vielseitigere und unbefangenere Beurteilung und eine größere Gleichmäßigkeit des Verfahrens erreicht werden kann. — Die ältere preußische Gesetzgebung suchte beide Vorzüge dadurch zu vereinigen, daß sie den büreaumäßig eingerichteten oberen u. unteren Behörden in den die Mittelinstanz bildenden kollegialen Regierungen ein Gegengewicht gab; die neuere stellt dagegen in allen Instanzen Einzelbeamte u. Kollegien nebeneinander.

[13]) LVG. § 3 u. 17.

Übersicht der Verwaltungsbehörden.

Bezirk	Allgemeine Verwaltungsbehörden	Beschlußbehörden	Verwaltungsgerichte	Organe der weiteren Kommunalverbände (§ 81—83 d. W.)
Landkreis	Landrat	Kreisausschuß		Kreistag und Kreisausschuß
Stadtkreis	Bürgermeister	Stadtausschuß		Stadtverordnete, Magistrat u. Bürgermeist.
Regierungsbezirk	Regier.-Präsident	Bezirksausschuß		—
Provinz	Ober-Präsident	Provinzialrat	—	Provinziallandtag, Provinzialausschuß u. Landeshauptmann
Staat	Minister d. Innern	—	Oberverwaltungsgericht	—

[1]) Das. § 1 u. 2. — Ältere Provinzen V. 30. April 15 § 1. Die Vereinigung der Provinzen Ost- u. Westpreußen (1829) ist wieder beseitigt G 19. März 77 (GS. 107). Dagegen bildet die aus der Vereinigung der Provinzen Kleve-Berg u. Großherzogt. Niederrhein hervorgegangene Rheinprovinz noch jetzt eine Provinz, der dann das Fürstentum Lichtenberg (Kreis St. Wendel KO. 25. März 35 GS. 43) u. das Oberamt (jetzt Kreis) Meisenheim (G. 24. Feb. 72 GS. 171) zugelegt sind. — Ausscheiden des Stadtkr. Berlin aus dem Verbande der Prov. Brandenburg ProvO. 29. Juni 75 (GS. 81 S. 234) § 2; desgl. aus

Einteilung in Kreise.[2]) Die größeren Städte bilden Stadtkreise neben den Landkreisen. Städte, die mit Ausschluß der aktiven Militärpersonen mehr als 25 000 (in Westfalen 30 000, in der Rheinprovinz 40 000) Einwohner haben, — ausnahmsweise auf Grund königlicher Verordnungen auch kleinere Städte — können nach voraufgegangener Vermögensauseinandersetzung aus dem Kreisverbande ausscheiden.[3]) Die Provinzen (in Hessen-Nassau und Hohenzollern auch die Bezirke) und die Kreise bilden zugleich Kommunalverbände und können als solche nur durch Gesetze geändert werden.[4])

Bei dieser Einteilung ist dem geschichtlichen Entwickelungsgange sehr eingehende Berücksichtigung zu Teil geworden, mehrfach auf Kosten der tatsächlichen Bedürfnisse. Die ungleichmäßige und teilweise zweckwidrige Abgrenzung mancher Bezirke hat bislang nur in wenigen Fällen Abhilfe erfahren.[5]) Einzelne Teile der Provinzen liegen noch jetzt als Enklaven im Bereiche anderer: ein Denkmal vormaliger deutscher Zerrissenheit. Auf einzelnen Verwaltungsgebieten hat das praktische Bedürfnis diese Fesseln gesprengt, dadurch aber eine Mannigfaltigkeit erzeugt, die der vielerstrebten Einfachheit unserer Verwaltung wenig entspricht.[6]) Eine mehr

ihrer Verwaltung LVG. § 1. — Reg.-Bez. Sigmaringen (Hohenzollern) V. 17. Jan. 52 (GS. 35) § 1. — Neue Provinzen Schl.-Holstein AE. 17. Juni 68 (GS. 620), Anschluß von Lauenburg G. 23. Juni 76 (GS. 169) § 5 u. Helgoland G. 18. Feb. 91 (GS. 11) § 3. — Hannover, Anschluß des Jadegebietes G. 23. März 73 (GS. 107); Vereinigung der früheren Berghauptmannschaft Klausthal mit dem RB. Hildesheim V. 17. Juni 68 (GS. 671); Umwandlung der früheren Landdrosteien in Regierungsbezirke LVG. § 2 Abs. 1. — Hessen-Nassau V. 22. Feb. 67 (GS. 273) § 1, 2, 10 u. AE. 7. Dez. 68 (GS. 1056). — Die Reihenfolge für die Aufführung der Provinzen ist — wie die Übersicht zu Anm. 2 sie angibt — festgestellt AE. 4. Sept. 69 (MB. 233).

[2]) V. 30. April 15 § 35, 36. — Kreiseinteilung in Schl.-Holstein V. 22. Sept. 67 (GS. 1587) § 1, Kr. Lauenburg G. 23. Juni 76 (GS. 169) § 6; — Hannover LVG. § 2 Abs. 2 u. KrO. 6. Mai 84 (GS. 181) § 1 Abs. 1 u. Anl. A; — Hessen-Nassau KrO. 7. Juni 85 (GS. 193) § 1 Abs. 1 u. Anl. A. — In Hohenzollern heißen die Kreise Oberämter V. 7. Jan. 52 § 2. — Übersicht (s. folg. Seite). — Im Großh. Hessen u. in Els.-Lothringen (§ 27 Abs. 4 d. W.) heißen die unteren Verwaltungsbezirke gleichfalls Kreise, während in Bayern, Württemberg u. Sachsen die höheren Verwaltungsbezirke als Kreise bezeichnet werden. Die Kreise in Baden sind nur kommunale Verbände.

[3]) § 4 u. 5 der KrO. 72 (GS. 81 S. 180) u. der KrO. f. Hannover, f. Hessen-Nassau, f. Westfalen u. f. d. Rheinprov. (§ 83 Anm. 18); ZustG. § 2. Grundsätze für die Auseinandersetzung OV. (X 10). — Von der Möglichkeit des Ausscheidens kleinerer Städte ist noch kein Gebrauch gemacht. Dagegen sind die Stadtkreise Eisleben, Celle und Emden, mit weniger als 25 000 Einwohnern Stadtkreise geblieben.

[4]) § 83 Abs. 1 u. 84 Abs. 1 d. W.

[5]) Teilung der Prov. Preußen (Anm. 1) u. einzelner übergroßer Kreise (Geldern 1857, Beuthen, Köslin u. Sternberg 1873, Konitz 1875, Bochum 1885, Hohensalza (vorm. Inowrazlaw) 1886, Dortmund, Hagen u. Duisburg 1887). Außerdem wurden durch G. 6. Juni 87 (GS. 197) zur Förderung des deutschen Elements in den Provinzen Westpreußen u. Posen 17 neue Kreise gebildet.

[6]) So gehört beispielsweise der Kr. Grafsch. Schaumburg in der allgemeinen Verwaltung zu Hess.-Nassau, in der Militär- und der Justizverwaltung zu Hannover u. in der indirekten Steuer- u. der Postverwaltung zu Westfalen. — Näh. in der § 54 Anm. 9 erwähnten Abhandlung.

Übersicht der Verwaltungsbezirke (zu Anm. 2 S. 85).

Nr.	Provinz	Größe qkm (1907)	Ortsanwes. Bevölkerung am 1. Dezbr. 1910	Regierungsbezirke (Die groß gedruckten Orte sind zugleich Sitz der Oberpräsidenten)	Zahl der Landkreise	Stadtkreise
1	Ostpreußen	37 002	2 064 175	**Königsberg**, Gumbinnen, Allenstein	35	Königsberg, Insterburg, Tilsit, Allenstein.
2	Westpreußen . . .	25 555	1 703 474	**Danzig**, Marienwerder .	25	Danzig, Elbing, Graudenz, Thorn.
3	Brandenburg . .	39 842	4 092 616	**Potsdam**, Frankfurt a. O.	31	Brandenburg, Charlottenburg, Eberswalde, Potsdam, Neukölln, Berlin-Schöneberg, Berlin-Wilmersdorf, Berlin-Lichtenberg, Spandau, Frankfurt a. O., Forst, Guben, Kottbus, Landsberg.
4	Berlin (Stadtkr.)	63	2 071 257	Berlin	—	Berlin.
5	Pommern	30 131	1 716 921	**Stettin**, Köslin, Stralsund	28	Greifswald, Stargard i. P., Stettin, Stolp, Stralsund.
6	Posen	28 992	2 099 831	**Posen**, Bromberg	40	Posen, Bromberg.
7	Schlesien	40 335	5 225 962	**Breslau**, Liegnitz, Oppeln	61	Breslau, Brieg, Schweidnitz, Görlitz, Liegnitz, Beuthen, Gleiwitz, Kattowitz, Königshütte, Neiße, Oppeln, Ratibor.
8	Sachsen	25 267	3 089 275	**Magdeburg**, Merseburg, Erfurt	39	Aschersleben, Halberstadt, Magdeburg, Quedlinburg, Stendal, Eisleben, Halle, Weißenfels, Zeitz, Erfurt, Mühlhausen, Nordhausen.
9	Schlesw.-Holstein	19 019	1 621 004	**Schleswig**	20	Altona, Flensburg, Kiel, Neumünster, Wandsbek.
10	Hannover	38 509	2 942 436	**Hannover**, Hildesheim, Lüneburg, Stade, Osnabrück, Aurich	69	Hannover, Linden, Hildesheim, Göttingen, Celle, Lüneburg, Harburg, Osnabrück, Emden.
11	Westfalen	20 220	4 125 096	**Münster**, Minden, Arnsberg	38	Münster, Recklinghausen, Buer, Bielefeld, Bochum, Herford, Hörde, Herne, Dortmund, Gelsenkirchen, Hagen, Hamm, Iserlohn, Lüdenscheid, Witten.
12	Hessen-Nassau . .	15 702	2 221 021	**Kassel**, Wiesbaden	37	Kassel, Hanau, Frankfurt a. M., Wiesbaden.
13	Rheinprovinz . .	27 000	7 121 140	**Koblenz**, Düsseldorf, Köln, Trier, Aachen	60	Koblenz, Barmen, Düsseldorf, Neuß, Duisburg, Elberfeld, Essen, Hamborn, Krefeld, München-Gladb., Oberhausen, Mülheim an der Ruhr, Remscheid, Rheydt, Solingen, Bonn, Köln, Mülheim a. Rh., Trier, Saarbrücken, Aachen.
14	Hohenzollern . . . (Reg.-Bez.)	1 142	71 011	Sigmaringen	4	
	Preußischer Staat	348 779	40 165 219*)		487	108

*) Die jährliche Zunahme gegen die letzte Zählung (1905) betrug 7,70 v. H. Auf 1 qkm entfielen 115 Einwohner.

einheitliche Gliederung, die allen oder doch nahezu allen Verwaltungszwecken ſich anpaßt, erſcheint im Intereſſe der Staats- wie der Selbſtverwaltung dringend wünſchenswert.

§ 56.

c) **Oberpräſident und Provinzialrat.** Die ſtaatliche Verwaltung der Provinz führt der Oberpräſident,¹) dem die erforderlichen Hilfsarbeiter zur Seite ſtehen. Die Stellvertretung führt der Oberpräſidialrat.²) Die Stellung des Oberpräſidenten iſt dreifach:

1. er vertritt die oberſten Staatsbehörden in beſonderem Auftrage und bei außerordentlichen Anlaß, insbeſondere im Kriegsfalle und bei Gefahr im Verzuge;³)
2. er verwaltet unmittelbar die über den Bereich einer Regierung hinaus oder über die ganze Provinz ſich erſtreckenden Angelegenheiten, Anlagen und Anſtalten,⁴) die ſtändiſchen und Provinziallandtagsſachen,⁵) in Verbindung mit den kommandierenden Generalen die die Armeekorps betreffenden Militärſachen,⁶) die Rechte des Staates gegenüber der katholiſchen Kirche⁷) und einzelne ihm beſonders zugewieſene Gegenſtände;⁸)

---

1) V. 1815 § 2, 3 u. Inſtr. 31. Dez. 25 (GS. 26 S. 1); Verhältnis zum Miniſter § 12, 13; der OPr. führt den Vorſitz im Medizinal- u. im Provinzialſchulkollegium § 264 Anm. 7 u. § 302 Abſ. 5 d. W.), aber nicht mehr in dem Konſiſtorium § 299 Abſ. 2, 3 d. W. — Mitgliedſchaft im Staatsrate § 45 d. W. — Der OPr. d. Prov. Brandenburg iſt zugleich OPr. von Berlin LVG. § 41 Abſ. 1, verb. § 42, 43 Abſ. 1 u. § 47. — In Hohenzollern werden die ObPräſ.-geſchäfte von dem Reg.Pr. u. den zuſtändigen Miniſtern wahrgenommen V. 7. Jan. 52 (GS. 35) § 1, 5, LVG. § 5 u. 18, AE. 11. Aug. 09 (ABB. 355) nebſt V. 14. Juni 10 (GS. 154).

2) Daſ. § 8 u. 9; beſondere Vertretung als kön. Kommiſſar des Prov.landtags PrO. 29. Juni 75 (GS. 81 S. 234) § 26 u. im Vorſitz beim Prov.ſchulkoll. § 299 Anm. 9. — Oberpräſidialräte haben den Rang der Räte 3ter Klaſſe AE. 13. April 88 (GS. 76). — Bei den Ob.-Präſ. in Breslau, Münſter u. Koblenz ſind als weitere Vertreter Oberregierungsräte beſtellt.

3) Inſtr. § 1 III u. § 11^{2} u. ^{3}.

4) Daſ. § 1^{I} u. 2^{2-4}; § 241 Anm. 1 d. W. — Strombauverwaltung § 349 Abſ. 2. — § 57 Anm. 3.

5) Inſtr. § 2^{I}, KO. 31. Dez. 25 (GS. 26 S. 5) D II 1 u. ProvO. § 20, 26, 27 u. 114. — § 84 Anm. 20 u. § 268 Anm. 9 d. W.

6) Inſtr. § 2^{5}; Militärverwaltung § 9; Zivilverſorgung § 10. — In Erſatzangelegenheiten bildet der OPr. mit dem kommandierenden General die dritte Inſtanz § 97 Abſ. 3 d. W.

7) Inſtr. § 2^{6}. Dieſe Rechte (Konſiſt.-Inſtr. 23. Okt. 17 GS. 237 § 3, 4, KO. 25 (Anm. 5) B 7 u. V. 27. Juni 45 GS. 443 § 1 u. 2) ſind durch die der Kirche in dem (ſpäter aufgehobenen) Art. 15 der VU. gewährte Selbſtändigkeit weſentlich eingeſchränkt. Andererſeits ſind in der jüngſten Kirchengeſetzgebung neue, auch der evangeliſchen Kirche gegenüber wirkſame Aufſichtsrechte hinzugetreten § 289 u. 290.

8) Genehmigung zu Apotheken Inſtr. § 11^{4b}, zu gemeinnützigen Anſtalten § 11^{4d}, zu Sparkaſſen Regl. 12. Dez. 38 (GS. 39 S. 5) Nr. 2, 19 u. 20, zu Synagogenſatzungen G. 23. Juli 47 (GS. 263) § 50, zu öffentlichen Kollekten in den einzelnen Regierungsbezirken oder der Provinz außer Kirchenkollekten Inſtr. § 11^{4e} u. § 258 Anm. 6 d. W., desgl. zu Ausſpielungen AE. 2. Nov. 68 (GS. 991). — Ernennung der Amtsvorſteher KrO. 13. Dez. 72 GS. 81 S. 180) § 56. — Polizeiverordnungsrecht § 231 Abſ. 2^{2} d. W.

3. er hat die allgemeine Aufsicht über die Behörden der Provinz.[9]) Der Oberpräsident, der hierbei eine Mittelbehörde zwischen Regierung und Minister nicht bilden sollte,[10]) ist nunmehr, wie erwähnt, von der früheren Verbindung mit der Regierung gelöst und zur selbständigen, in der Regel endgültigen Beschwerdestelle, insbesondere in Kommunalsachen und in betreff polizeilicher Verfügungen geworden.[11])

Dem Oberpräsidenten steht der **Provinzialrat** zur Seite, der neben unmittelbarer Mitwirkung bei einigen wichtigeren, die ganze Provinz betreffenden Angelegenheiten auch über Beschwerden gegen Beschlüsse des Bezirksausschusses zu entscheiden hat.[12]) Er besteht aus dem Oberpräsidenten als Vorsitzenden, einem höheren Verwaltungsbeamten und fünf Mitgliedern, die vom Provinzialausschusse (in Hessen-Nassau vom Provinziallandtage) aus der Zahl der zum Provinziallandtage wählbaren Provinzangehörigen gewählt werden. Die Wahl erfolgt auf 6 Jahre; alle drei Jahre scheidet die Hälfte aus. Für alle Mitglieder werden Stellvertreter bestellt oder gewählt.[13]) In Posen, wo die Wahl nicht auf die zum Provinziallandtag wählbaren Personen beschränkt ist, bedürfen die gewählten Mitglieder der Bestätigung des Ministers des Innern.[14])

§ 57.

d) **Bezirksregierung, Regierungspräsident und Bezirksausschuß.** Die von Joachim I. zur Verwaltung der Domänen eingesetzten Amtskammern waren nach Anerkennung der Domänen als Staatsgut (§ 125 Abs. 2) mit den Kriegskommissariaten, die der große Kurfürst zur Verwaltung der von den Ständen bewilligten Heeressteuern eingeführt hatte, zu Kriegs- und Domänenkammern vereinigt, um dadurch die Streitigkeiten über die Zuständigkeit beider Behörden zu beseitigen (1723). Wegen ihrer großen Schwerfälligkeit wurden diese Kammern dann einfacher und beweglicher gestaltet und unter Beibehaltung des Kollegialsystems zu Regierungen erweitert.[1]) Die diesen nach Wiederaufrichtung des Staates verliehene Verfassung hat in die neuen Provinzen Eingang gefunden und zu einem Teile sich bis heute erhalten.[2])

[9]) Instr. § 1 II, § 4—8 u. 11 I.

[10]) Das. u. V. 30. April 15 (GS. 85) § 4.

[11]) ZustG. § 7 u. KrO. § 177; LVG. § 127 u. 130.

[12]) Das. § 4, 48, 49, verb. § 121. — Zuständigkeit u. Verfahren § 59 d. W.

[13]) LVG. § 10—15. — Berlin § 43 Abs. 1. — Hohenzollern § 5. — Hessen-Nassau § 84 Nr. 2 d. W.

[14]) G. 19. Mai 89 (GS. 108) Art. II u. III.

[1]) V. 26. Dez. 08 (GS. 464) u. 30. April 15 (GS. 85) § 9—14, 17, 19, 23—33. Bis 1804 hießen die später zu Oberlandesgerichten gewordenen Provinzialjustizkollegien Regierungen.

[2]) Regierungs-Instr. 23. Okt. 17 (GS. 248), erg. KO. 31. Dez. 25 (GS. 26 S. 5) u. Gesch.Anw. v. dems. Tage (KA. IX 821); diese Best. sind mehrfach ersetzt durch die Grundzüge für eine vereinfachte GeschO. AE. 10. Juni u. Bf. 15. Juli u. 23. Sept. 10 (MB. 251 u. 265), erstere (Ia) erg. 20. Jan. 13 (MB. 49). — Einf. in Hohenzollern V. 7. Jan. 52 (GS. 35) § 6—8, in Schl.-Holstein AE. 20. Juni 68 (GS. 620), in Hess.-Nassau V. 22. Feb. 67 (GS. 273) § 1, 2, 5 und 6. — In

Der Wirkungskreis der Regierungen umfaßt alle inneren Landesangelegenheiten, die eine auf den Bezirk beschränkte Verwaltung zulassen und nicht besonderen Behörden vorbehalten sind.[3])

Für die Bearbeitung der Geschäfte ist die frühere Dreiteilung beibehalten; sie zerfallen danach in:

1. Angelegenheiten des Innern (Hoheits-, Militär-, Kommunal-, Polizei-, Gesundheits-, Bau-, Armen-, landwirtschaftliche, Gewerbe-, Handels-, Verkehrs-, Juden-, Dissidenten- und statistische Sachen);
2. Kirchen- und Schulsachen;
3. direkte Steuern, Domänen und Forsten.[4])

An der Spitze der Regierung steht der Regierungspräsident.[5]) Diesem sind durch die Verwaltungsorganisation die Angelegenheiten des Innern zur bureaumäßigen Bearbeitung übertragen,[6]) während die zu 2 und 3 bezeichneten Gegenstände nach wie vor unter ihm von der Regierung kollegialisch bearbeitet werden. Um jedoch der Bezirksverwaltung die nötige Einheit zu erhalten, ist dem Regierungspräsidenten die Befugnis beigelegt, auch in diesen Angelegenheiten Beschlüsse der Regierung außer Kraft zu setzen und in eiligen Sachen unter persönlicher Verant-

---

Hannover, wo früher für die innere Verwaltung die Landdrosteien, für Kirchen- u. Schulsachen die Konsistorien u. für dir. Steuern, Domänen u. Forsten die Finanzdirektion zuständig waren, ist die Einrichtung der Regierungen mit den durch das LVG. eingeführten Abänderungen am 1. Juli 1885 eingetreten LVG. § 2, 25 bis 27, KrO. 6. Mai 84 (GS. 181) § 120. — Bearb. vom Verfasser (§ 32 Anm. 1 d. W.) S. 283.

[3]) RJ. § 1; § 54 Anm. 7. Die teilweise den Regierungen übertragen gewesene Verw. der indir. Steuern ist auf die Oberzolldirektionen (§ 153 Abs. 2 d. W.) u. die der Gemeinheitsteilungen u. Ablösungen auf die Gen.-Kommissionen (§ 339 Abs. 2 d. W.) übergegangen. — Der evangelischen Kirche gegenüber hat die Regierung nach Übergang der Vermögensverwaltung auf die Konsistorien nur Aufsichtsrechte auszuüben u. auch von diesen ist ein Teil auf den Regierungspräs. übergegangen § 298 Anm. 5; letzteres gilt auch gegenüber der katholischen Kirche § 296 Anm. 4. — Im Schulwesen stehen nur die Elementar-, Bürger- u. Privatschulen unter den Regierungen, die höheren unter den Prov.-Schulkollegien (§ 302 Abs. 5 d. W.) — Allg. Befugnisse und Obliegenheiten der Regierungen RJ. § 6—16, GeschA. II A, insbesondere geschäftlicher Verkehr mit auswärtigen Behörden RJ. § 9, Vf. 10. Juni 94 (MB. 102) u. 6. April 06 (MB. 157), wonach die für die Justizbehörden gegebenen Vorschr. (§ 180 Anm. 10) sinngemäß anzuwenden sind; Zwangsgewalt RJ. § 11 Abs. 1 nebst V. 26. Dez. 08 (GS. 17 S. 282) § 42 u. 48, KO. 25 D XII u. rhein. Ressortregl. 20. Juli 18 (KA. II 619) § 18. Der OPr. und die Regierungen können von der Einziehung dem Staate gebührender Einnahmebeträge absehen u. Defekte niederschlagen, wenn die Einziehung mit unverhältnismäßig. Kosten verbunden ist Vf. 8. Nov. 10 (MB. 11 S. 2). — Subalternbeamte KO. 25 D IX. Die Büreaubeamten heißen Regierungssekretäre § 63 Anm. 13 d. W.

[4]) RJ. § 2—5 u. KR. 25 D II. Aufsicht über die privaten Versicherungsunternehmungen § 323 Anm. 17.

[5]) RJ. § 39 u. 40, KO. D I, GeschA. III u. IV Abs. 10. — Fortfall der Regierungsvizepräsidenten LVG. § 17 u. AusfVf. 9. Feb. 84 (MB. 15) I. — Zuständigkeit in Berlin Anm. 9.

[6]) LVG. § 3 u. 18 nebst AusfVf. III; verb. RJ. § 17, 19 u. 21[9] u. [13] nebst KO. 25 D II 1 u. GeschA. II D. — Polizeiverordnungsrecht § 231 Abs. 2 Nr. 2. Die Zwangsbefugnisse, welche für die Regierungspräsidenten neu geregelt sind, (§ 59 Abs. 6), richten sich gem. LVG. § 6 für die Regierungen noch nach RJ. § 11 nebst V. 08 (Anm. 3) § 48.

wortlichkeit selbständig zu verfügen.[7]) Für die ihm zur eigenen Bearbeitung übertragenen Angelegenheiten ist dem Regierungspräsidenten ein Stellvertreter (Oberregierungsrat) nebst den erforderlichen Hilfsarbeitern zugeteilt. Letztere können zugleich bei der Regierung beschäftigt werden und nehmen an ihren Plenarberatungen teil.[8])

Die kollegialische Bearbeitung der Angelegenheiten der Regierung erfolgt in der Regel in den zwei Abteilungen für Kirchen- und Schulsachen und für direkte Steuern, Domänen und Forsten.[9]) An der Spitze der Abteilungen stehen Oberregierungsräte (Abteilungsdirigenten)[10]) und in der Finanzabteilung beim Vorhandensein einer entsprechenden Forstfläche als Mitdirigent ein Oberforstmeister.[11]) Außer diesen Beamten gehören zu den Regierungsmitgliedern die Regierungsräte und -Assessoren[12]) und die technischen Mitglieder und Hilfsarbeiter.[13]) Jedem Mitgliede ist ein

---

[7]) LVG. § 24, AusfVf. (Anm. 5) VI. — RJ. § 39^4 u. KO. 25 D VII.

[8]) LVG. § 19 u. 20, verb. § 8 u. (Übergangsbest.) 146, AusfVf. II, III Abs. 9 u. V.

[9]) RJ. § 2^6, 3^1, 18—21, KO. D II 2 u. 3 u. GeschA. II E u. D. — Geschäftsgang RJ. § 22—33, KO. D V, VII u. VIII, GeschA. III u. IV Abs. 2—7; Unterschrift bei Berichten AE. 20. Okt. 94 (MB. 197). — § 54 Anm. 12 — Bei der Regierung in Sigmaringen findet eine Scheidung in Abteilungen nicht statt; ihre Mitglieder werden zugleich in den dem Regierungspr. überwiesenen Angelegenheiten beschäftigt LVG. § 21. In Stralsund u. Aurich fehlt die Kirchen- u. Schulabteilung, die in Erfurt, Stade, Osnabrück u. Aachen zugleich von dem dem Regierungspräsidenten beigegebenen Oberregierungsrat geleitet wird LVG. § 22, V. 22. April 92 (GS. 96) u. 2. Sept. 94 (GS. 173). — In **Berlin** werden die Kirchen-, Invaliden-, Pensions- u. Unterstützungs-, sowie die Witwen- und Waisensachen (Landespolizei § 223 Abs. 2; Strom- u. Schiffahrtspolizei § 349 Anm. 5) vom Polizeipräs., die Militär-, Bau- u. Kassensachen von der Min.Militär- u. Baukommission, die dir. Steuern von einer besonderen Direktion bearbeitet, während die Gemeindeaufsicht u. die Einleitung des Disziplinarverfahrens dem Oberpräs. zusteht LVG. § 42, 44, 45, 47, V. 5. Sept. 77 (GS. 215) Art. III u. IV, V. 20. Okt. 96 (GS. 203) Art. IV u. V. 26. Jan. 81 (GS. 14). Schulwesen § 302 Anm. 9 d. W.

[10]) KO. 25 D III u. RJ. § 41. In Marienwerder, Potsdam, Posen, Breslau, Oppeln, Schleswig, Arnsberg, u. Düsseldorf u. bei dem Polizeipräsidenten in Berlin ist in Angelegenheiten des Regierungspräsidenten, in Oppeln, Arnsberg u. Düsseldorf in den Kirchen- u. Schulabteilungen ein zweiter Oberregierungsrat u. in Marienwerder, Potsdam, Frankfurt a. O., Stettin, Posen, Bromberg, Breslau, Oppeln, Magdeburg, Merseburg, Kassel u. Wiesbaden in d. Finanzabteilungen ein besonderer Oberregierungsrat als Leiter für die Steuerangelegenheiten bestellt V. 4. Juni 95 (GS. 187) u. 19. Mai 03 (GS. 172).

[11]) RJ. § 43; KO. D II 3 Abs. 3 u. Gesch.A. II D.

[12]) RJ. § 42. — Voraussetzung ist Befähigung für die höhere Verwaltung (§ 63 Abs. 3 d. W.) und in betreff der als Rechtsberater der Regierungen angestellten Justitiarien (RJ. § 44) richterliche Befähigung (§ 189 Abs. 2 d. W).

[13]) Medizinalräte RJ. § 47; Bauräte RJ. § 48 u. etatsmäßige Bauinspektoren AE. 3. Mai 90 (GS. 131) nebst Vf. 31. Mai 90 (MB. 92); Gewerbeschulräte AE. 6. Dez. 99 (GS. 00 S. 77); Gewerberäte § 364 Abs. 4 d. W.; der Wohnungsinspektor (Düsseldorf) § 312 Anm. 2; Versicherungsrevisoren § 323 Anm. 1; Bezirkspolizeikommissare § 223 Anm. 6; Meliorationstechnische Bauräte § 344 Anm. 8; Departementstierärzte § 357 Abs. 3; Schulräte RJ. § 46 u. V. 27. Juni 45 (GS. 440) § 7 (die geistlichen Räte sind fortgefallen); Katasterinspektoren § 141 Abs. 2 d. W.; Forsträte AE. 18. Sept. 50 (GS. 489) u. Forstassessoren AE. 24. Aug. 92 (MB. 321); Regierungskasseninspektoren Anm. 18.

bestimmter, geschäftlich abgegrenzter Wirkungskreis (Departement, Dezernat) zugeteilt, innerhalb dessen es zunächst und vollständig verantwortlich ist.[14])

Eine gemeinschaftliche Beratung oder Beschlußfassung der Regierung (Plenum) ist für Gesetzentwürfe, allgemeine neue Einrichtungen und Grundsätze,[15]) für Disziplinarsachen[16]) und für Konflikterhebungen[17]) vorgeschrieben. Unmittelbar unter dem Regierungspräsidenten sind die Kassensachen durch den Kassenrat[18]) und die technischen und Personalforstsachen durch den Oberforstmeister[19]) zu bearbeiten.

Dem Regierungspräsidenten steht der **Bezirksausschuß** zur Seite, der mit Geschäften der Landesverwaltung auch die des Bezirksverwaltungsgerichts in sich vereinigt. Er besteht unter dem Vorsitz des Regierungspräsidenten — in Berlin des Präsidenten der Ministerial-, Militär- und Baukommission — aus zwei vom Könige lebenslänglich ernannten und aus vier vom Provinzialausschusse (in Hessen-Nassau vom Provinziallandtage) aus den Bezirkseingesessenen gewählten Mitgliedern. Den ernannten Mitgliedern, deren eins zum höheren Verwaltungsdienste, das andere zum Richteramte befähigt sein muß, dürfen weder Vertretungen oder Hilfeleistungen in den Geschäften des Regierungspräsidenten, noch andere Ämter, außer richterlichen oder ohne Vergütung geführten, übertragen werden. Eins dieser Mitglieder wird mit dem Titel Verwaltungsgerichtsdirektor zum Stellvertreter des Regierungspräsidenten im Vorsitze ernannt. Zu seiner sonstigen Vertretung im Bezirksausschusse, sowie zur Vertretung der übrigen Mitglieder werden Stellvertreter ernannt und gewählt.[20]) In Posen bedürfen die gewählten Mitglieder und Stellvertreter der Bestätigung des Oberpräsidenten.[21])

§ 58.

e) **Landrat, Kreis- und Stadtausschuß.** Die Einrichtung der Landräte reicht in der Mark Brandenburg bis in das 16. Jahrhundert

[14]) RJ. § 22, 34—36, GeschA. III, IV Abs. 9; AusfVf. (Anm. 5) III Abs. 8. — § 64 Anm. 4 d. W. — Verhalten der Regierungsbeamten RJ. § 38 u. KO. 25 D X.

[15]) RJ. § 5, KO. D V (Abs. 2 geändert AE. 21. Sept. 05 GS. 403) u. VI.

[16]) G. 21. Juli 52 (GS. 465) § 31. — § 66 d. W.

[17]) Konflikte bei Amtsvergehen (§ 64 d. W.) G. 8. April 47 (GS. 170) § 4 Abs. 3, über Unzulässigkeit des Rechtswegs (§ 176 Abs. 2 d. W.) V. 1. Aug. 97 (GS. 573) § 5 Abs. 3.

[18]) RJ. § 45, KO. D II 5 u. GeschA. II E. — § 122 Anm. 21 d. W. Bei einigen größeren Regierungen sind zur Unterstützung des Kassenrates u. zur Beteiligung bei der Kommunalkassenaufsicht Reg.Kasseninspektoren angestellt Vf. 5. Juli 06 (MB. 234).

[19]) GeschA. II D Abs. 1. Vollziehung Vf. 4. Mai 89 (MB. 89).

[20]) LVG. § 28—34, 48 u. 49 nebst AusfVf. (Anm. 5) IV u. V, für Berlin LVG. § 43 Abs. 2, 3 u. ZustG. § 161; für Hohenzollern LVG. § 35; Hessen-Nassau § 81 Nr. 2 d. W. — Die Bildung von Abteilungen (LVG. § 29) ist erfolgt in Berlin, wo eine Abt. für den erweiterten Landespolizeibezirk (§ 221 Anm. 5) bestimmt ist, im RegB. Düsseldorf V. 28. Mai 88 (GS. 136) u. 3. Feb. 12 (GS. 12), Arnsberg V. 6. März 89 (GS. 31). — Zuständigkeit u. Verfahren § 59 d. W., Disziplinarverhältnis der Mitglieder und Stellvertreter § 66 Anm. 15 d. W., Rang der Verw.-Ger.-Direktoren § 70 Anm. 21 d. W.

[21]) § 56 Anm. 14 d. W.

zurück. Ursprünglich rein ständische Organe wurden sie gegen Ende des 17. Jahrhunderts mit Geschäften der allgemeinen Landesverwaltung betraut. Diese Geschäfte haben bei fortgesetzter Ausdehnung der Staatstätigkeit so zugenommen, daß die Landräte zu Staatsbeamten geworden sind. Auf den ständischen Ursprung weist noch heute die Bestimmung zurück, daß mit Ausschluß der Provinz Posen die Kreisversammlung bei Besetzung der Landratsämter geeignete Personen, die dem Kreise seit mindestens einem Jahre durch Grundbesitz oder Wohnsitz angehören, in Vorschlag bringen darf[1]) und unter Bestätigung des Oberpräsidenten zwei Kreisdeputierte als Stellvertreter des Landrats bei dessen Verhinderung (nicht bei Erledigung des Landratsamts) zu wählen hat.[2]) Die Einrichtung ist im Laufe der Zeit auf die später erworbenen Landesteile übertragen und auch in die neuen Provinzen eingeführt.[3])

Geeignet zum Landrat sind außer den zum höheren Verwaltungs- oder Justizdienste befähigten auch die dem Kreise seit mindestens einem Jahre durch Grundbesitz oder Wohnsitz angehörenden Personen, soweit diese mindestens 4 Jahre als Referendare bei den Gerichten und Verwaltungsbehörden oder in Selbstverwaltungsämtern des betreffenden Kreises, Bezirks oder der Provinz tätig gewesen sind. In letzterem Falle kann eine Beschäftigung bei höheren Verwaltungsbehörden bis zur Dauer von 2 Jahren in Anrechnung gebracht werden.[1]) — Abweichende Grundsätze gelten in Posen und Hohenzollern.[4])

Die Landräte stehen unter dem Regierungspräsidenten.[5]) Sie sind gleichzeitig Organe der Staatsregierung und Leiter der Kommunalverwaltung der Kreise. Ihr Wirkungskreis erstreckt sich über alle Verwaltungs-

[1]) KrO. 13. Dez. 72 (GS. 81 S. 180) § 74; KrO. f. Schl.-Holstein § 66, Hannover § 22, Hessen-Nassau § 24, Westfalen § 30 u. die Rheinprovinz § 30, 99^{2} u. 102. — Für Posen ist die frühere Mitwirkung der Kreisvertretung beseitigt AO. 2. Feb. 33 (KA. XVII 33). — Dr. Gelpke, die geschichtliche Entwickelung des Landratsamtes (Berl. 02).

[2]) KrO. § 75 Abs. 1. Tagegelder u. Reisekosten Bf. 14 Juli u. 29. Okt. 74 (MB. 226 u. 1875 S. 65). Die Bestellung eines staatlichen Kommissars ist dadurch nicht ausgeschlossen OV. (X 24). — Für kürzere Behinderungsfälle kann der Landrat (mit Ausschluß des Vorsitzes im Kreistage KrO. § 118 Abs. 1, im Kreisausschusse § 136 Abs. 2 u. der Ersatzangelegenheiten und Flurabschätzungen Bf. 17. Dez. 96 u. 22. Jan. 97 MB. 30) durch den Kreissekretär vertreten werden KrO. § 75 Abs. 2. — Entsprechend KrO. f. Hannover § 23, Hessen-Nassau § 25, Westfalen § 31, die Rheinprovinz § 31, Schl.-Holstein § 67.

[3]) Schl.-Holstein KrO. 26. Mai 88 (GS. 139) § 66—69 u. (Helgoland) G. 18. Feb. 91 (GS. 11) § 4. — Hannover KrO. 6. Mai 84 (GS. 181) § 22—24, 26, 118, 119 u. Amts-O. 10. Mai 59 (han. GS. I 483) § 5 u. 6; verb. § 224 Abs. 3 d. W. — Hessen-Nassau KrO. 7. Juni 85 (GS. 193) § 24—26, 28, 117, 118. — In Hohenzollern ist (ohne zwingenden Grund) die Bezeichnung „Oberamtmann" geblieben LVG. § 5 u. G. 7. Jan. 52 (GS. 35) § 3, 9 u. 10.

[4]) In Posen kommt die ältere Vorschrift (Regul. 13. Mai 38 GS. 423) weiter zur Anwendung G. 6. Juni 87 (GS. 197) § 5, während in Hohenzollern (Anm. 3) die Befähigung für den höheren Verwaltungs- oder Justizdienst erforderlich ist G. 10. Aug. 06 (GS. 378) § 10^{3}.

[5]) V. 30. April 15 (G. 85) § 44, LVG. § 18.

zweige, für die keine besonderen Beamten bestellt sind.[6]) Ursprünglich nur als ständige Kommissare der Regierung gedacht,[7]) sind sie durch die Verwaltungsorganisation selbständiger gestellt, insbesondere ist ihre Zuständigkeit in Verbindung mit der des unter ihrem Vorsitze zusammentretenden Kreisausschusses wesentlich erweitert.[8])

Der Kreisausschuß in seiner zunächst für die Zwecke der Kommunalverwaltung erfolgten Zusammensetzung[9]) bildet zugleich eine entscheidende Stelle in Sachen der Landesverwaltung und das Verwaltungsgericht erster Instanz.[10])

In Stadtkreisen tritt in den gesetzlich vorgeschriebenen Fällen an Stelle des Kreisausschusses der Stadtausschuß. Er besteht unter dem Vorsitze des Bürgermeisters aus vier Mitgliedern, die vom Magistrat aus seiner Mitte und — wo der Bürgermeister allein den Gemeindevorstand bildet — von der Gemeindevertretung aus der Zahl der Gemeindebürger zu wählen sind.[11])

§ 59.

f) **Zuständigkeit und Verfahren.** Die neue Verwaltungsorganisation (§ 54) hat sich nicht darauf beschränkt, neben der als Regel durchgeführten büreaumäßigen Erledigung der Verwaltungsgeschäfte (Verwaltungsverfahren)[1]) für einen Teil dieser die kollegiale Behandlung durch

---

[6]) Instr. 31. Dez. 16, nicht veröffentlicht u. ohne Gesetzeskraft Vf. 24. Nov. 22 KA. VI. 929). Erweiterte Zuständigkeit in Kassensachen Vf. 6. April 12 (MB. 112). Für Bureau- und Reisekosten erhält der Landrat eine Pauschalvergütung, diese erhöht sich, wenn er Pferde hält. Gewährung bei Verträgen mit Fuhrunternehmern od. Haltung eines Automobils Vf. 10. Sept 07. (MB. 259). — Tagegelder u. Reisekosten der als Hilfsarbeiter beigegebenen Regierungsassessoren Vf. 8. März 92 (MB. 166). Kreissekretär Anm. 2; Kreisassistentenprüfung 18. April 08 (MB. 52 u. 1912 S. 296), Anstellung der Militäranwärter Vf. 15. u. 25. Mai, 14. Juli u. 23. Sept. 08 (MB. 09 S. 115). — Kreisstatistiken Vf. 27. Juni 62 (MB. 230). — Stempel zur Vollziehung § 61 Anm. 2 d. W.

[7]) V. 15. (Anm. 5) § 33. Dementsprechend konnten sie mit Stimmrecht zu den Regierungssitzungen zugezogen werden KO. 31. Dez. 25 (GS. 26 S. 5) D. V.

[8]) LVG. § 3, KrO. (Anm. 1) § 76 u. 77; KrO. f. Hannover § 24, Hessen-Nassau § 26, Westfalen § 32, d. Rheinprov. § 32, Schl.-Holstein § 68. — Zwangsbefugnisse § 59 Abs. 6 d. W.

[9]) § 83 Abs. 3 d. W.

[10]) LVG. § 36; Dienststellung des Ausschusses u. seiner Mitglieder § 39, 40, 48 u. 49; Zuständigkeit u. Verfahren § 59 d. W.

[11]) LVG. § 37, 38 u. KrO. § 170. — Dienststellung, Zuständigkeit u. Verfahren wie vor. Anm. — In einzelnen Fällen (ZustG. § 109, 114, V. 31. Dez. 83 GS. 84 S. 7, V. 30. Juli 00 GS. 308 § 1, G. 19. Mai 08 GS. 133 § 8) tritt in kreisangehörigen Städten mit über 10000 Einwohnern an die Stelle des Kreisausschusses der Magistrat, in Städten mit Bürgermeistereiverfassung (§ 82 [2]) der Bürgermeister mit den Beigeordneten LVG. § 4. In Hannover ist die Zahl dieser Städte noch erweitert KrO. f. Han. § 28. Die Zuständigkeit dieser Magistrate ist enger begrenzt, als die der Stadtausschüsse und die der letzteren enger, als die der Kreisausschüsse.

[1]) LVG. § 6. — Besondere Arten des Verwaltungsverfahrens in Militärsachen (Ersatzgeschäft) § 98, Kassensachen § 122 Abs. 4, Polizeisachen 230—232, Arbeiterversicherungssachen § 317 Abs. 4, Bergsachen § 332 Abs. 3, landwirtschaftlichen Auseinandersetzungen § 339 Abs. 4, bei Ablösungen § 341, Enteignungen § 377 Abs. 3 d. W.

Laienkollegien vorzusehen (Beschlußverfahren), sondern außerdem die Verwaltungsgerichtsbarkeit eingeführt, mittels deren ein anderer Teil der Verwaltungssachen durch unabhängiger gestellte Behörden und in einem förmlichen, dem gerichtlichen nachgebildeten Verfahren entschieden wird (Verwaltungsstreitverfahren).

Diese dreifache Gestaltung des Verfahrens hat eine umfassende Neuregelung der Zuständigkeiten mit sich gebracht. — Das allgemeine Verwaltungsverfahren wird in der Provinz von dem Oberpräsidenten, im Regierungsbezirke von dem Regierungspräsidenten und der Regierung und im Kreise von dem Landrat ausgeübt, während das Beschlußverfahren in diesen drei Bezirken von dem Provinzialrat, Bezirksausschuß und Kreis-(Stadt-)Ausschuß gehandhabt wird, und die Entscheidung im Streitverfahren an höchster Stelle durch das Oberverwaltungsgericht, sonst aber gleichfalls durch den Bezirksausschuß und Kreis-(Stadt-)Ausschuß erfolgt.[2]) Streit- und Beschlußverfahren finden sich sonach in der Hand der Bezirks- und der Kreisausschüsse vereinigt, die mit den im gewöhnlichen Verwaltungsverfahren zuständigen Regierungspräsidenten und Landräten in engster Verbindung stehen. Die Scheidung der Verwaltungssachen, die zuerst zu völliger Sonderung der Verwaltungsgerichte und Verwaltungsbehörden in der Bezirksinstanz geführt hatte, kommt deshalb nur noch für das Verfahren in Betracht. Ihre Nachteile sind damit großenteils beseitigt, indem die Zuständigkeitsfragen nicht mehr zwischen den Behörden auftreten, sondern innerhalb dieser zum Austrage kommen.[3]) Die umfangreiche und verwickelte Zuständigkeitsgesetzgebung, die unserer Verwaltung mit der neuen Organisation beschieden worden, ist dagegen geblieben. Grundsätzlich sollen Streitsachen über Ansprüche und Verbindlichkeiten aus dem öffentlichen Recht, soweit ihre Entscheidung nicht vorwiegend auf Verwaltungsermessen beruht und nicht nur vorläufig, vorbehaltlich des Rechtswegs erfolgt, im Streitverfahren erledigt werden, während von den übrigen Verwaltungssachen die wichtigeren und zu kollegialischer Behandlung geeigneten dem Beschlußverfahren vorbehalten bleiben. Ein fester Grundsatz, der in einer allgemeinen Formel (Generalklausel) hätte Ausdruck finden können, ist jedoch nicht gegeben. Es ist deshalb dazu geschritten, die Fälle, in denen das Verwaltungsstreitverfahren einzutreten hat, einzeln durch Gesetz zu bestimmen (Kasuistik) und behufs

[2]) LVG. § 3, 4, 7 u. 54; die Zuständigkeit der Selbstverwaltungskörper wird durch Gesetz bestimmt § 4 u. 7 Abs. 2. Für die durch Reichsgesetz dem Streitverfahren zugewiesenen Streitigkeiten kann Zuständigkeit und Instanzenzug durch Kön.V. bestimmt werden G. 27. April 85 (GS. 127). — Die örtliche Zuständigkeit bestimmt sich, wo Grundstücke in Frage stehen, nach deren Lage, sonst nach dem Wohnsitze der Beteiligten LVG. § 58—59. — Verwaltungsgerichtsbarkeit im Reiche § 20 Anm. 5.

[3]) Die Notwendigkeit dieser Änderung war in des Verfassers „Weiterführung der Verwaltungsorganisation" Berl. 1878, sowie in § 57 der älteren Auflagen dieses Werkes näher entwickelt.

rascherer Überleitung in das neue Verfahren ein umfangreiches, alle betreffenden Verwaltungszweige zusammenfassendes Gesetz zu erlassen.[4])

Für das allgemeine Verwaltungsverfahren sind die Rechtsmitte: geordnet worden. Für die erste Anfechtung der Verfügungen dient in der Regel die Beschwerde, im Streitverfahren die Klage. Wo letztere zugelassen, ist erstere regelmäßig ausgeschlossen.[5]) Die Frist beträgt für beide zwei Wochen. Sie schließt jede spätere Beschwerde aus (Ausschluß- oder Präklusivfrist) und hat, soweit nicht die Hinausschiebung der Ausführung nach dem Ermessen der Behörde das Gemeinwesen benachteiligen würde, aufschiebende Wirkung.[6]) Gemeinsam geregelt sind ferner der Geschäftsgang[7]) und die Vollstreckung.[8])

Das Verwaltungsstreitverfahren[9]) gewährt trotz der im Interesse des Rechtsschutzes vorgeschriebenen Formen[10]) dem Verwaltungsgerichte eine ziemlich freie Bewegung. Dieses kann unzulässige oder unbegründete Klagen durch Bescheid zurückweisen und, wo eine mündliche Verhandlung nicht ausdrücklich beantragt wird, ohne solche entscheiden, andererseits bei scheinbar begründeten Ansprüchen — ähnlich wie im gerichtlichen Mahnverfahren (§ 201 [2]) — dem Beklagten durch Bescheid die Klaglosstellung des Klägers aufgeben. Auch die Entscheidung fällt das

---

[4]) ZuständigkeitsG. 1. Aug. 83 (GS. 237); Bearb. v. Friedrichs (Berl. 04) u. mit dem LVG. (§ 54 Anm. 5). Das Gesetz stellt sich als eine Reihe von Ergänzungsgesetzen auf den verschiedenen Verwaltungsgebieten dar und wird mit dem Fortschreiten der Einzelgesetzgebung von dieser allmählich aufgesogen werden. Die Bestimmungen dieses Gesetzes kommen demgemäß mit den Einzelgebieten zur Darstellung. — Über die Mängel dieser Gesetzgebungsweise u. die Art der Abhilfe S. 10 u. 11 der in vor. Anm. erwähnten Schrift, sowie die in § 54 Anm. 9 erwähnte Abhandlung.

[5]) LVG. § 50; danach bleibt die Befugnis der Aufsichtsbehörden zur Erteilung von Anweisungen an die nachgeordneten Behörden u. zur Außerkraftsetzung ihrer Verfügungen u. Anordnungen bestehen. — Abweichung bei Polizeiverfügungen § 231 Abs. 4 u. 6 d. W.

[6]) LVG. § 51—53 u. (Berechnung) ZPO. § 221, 222, 224 und BGB. § 187—193. — Gleiche Frist bei Berufungen u. Revisionen LVG. § 85 u. 95, bei weiteren Beschwerden § 121 und in Polizeisachen § 129. — Zustellungen § 198 Abs. 4 d. W.

[7]) LVG. § 55, 56 u. Regul. 28. Feb. 84 für Provinzialräte (MB. 35), Bezirksausschüsse (MB. 37) und Kreis- (Stadt-) Ausschüsse (MB. 41), Ferien vom 21. Juli bis zum 1. Sept. § 5 der Regul.; Geschäftsübersichten Vf. 22. Dez. 84 (MB. 85 S. 1). Heranziehung der königl. technischen Beamten Vf. 9. Mai 74 (MB. 119). — Oberverwaltungsgericht § 53 Anm. 1 d. W.

[8]) LVG. § 60. § 59 Abs. 6 d. W.

[9]) Daneben gelten gem. LVG. § 157 die besonderen Bestimmungen über das Verfahren in Disziplinarsachen (§ 66 d. W.), Armenstreitigkeiten (§ 284 Abs. 5), Gewerbekonzessionssachen (§ 366 I [1], [2] d. W.). — Ein besonderes Verfahren besteht ferner vor den Bergausschüssen § 335, in Waldschutzsachen § 353 Abs. 6 d. W. u. in betr. der Rechtsmittel gegen Polizeiverfügungen § 232 Abs. 3 d. W. — Bartels, d. Verfahren vor den Verwaltungsgerichten (Berl. 07). Kunze, d. Verwaltungsstreitverfahren (Berl. 08).

[10]) Die künstliche Übertragung der Grundsätze des Zivilprozesses (insbes. über Klage, Parteien, Beweis, Gebundenheit des Richters an den Klagenantrag, Rechtskraft u. aufschiebende Wirkung der Rechtsmittel) auf die Verwaltung ist lebhaft bekämpft in „Zorn, Kritische Studien zur Verwaltungsgerichtsbarkeit" (Verwaltungsarchiv II Heft 1 u. 2).

Gericht nach seiner freien, aus dem ganzen Inbegriffe der Verhandlungen und Beweise geschöpften Überzeugung.[11]) Gegen erstinstanzliche und nicht endgültige Entscheidungen findet die Berufung an den Bezirksausschuß und, wo dieser entschieden hat, an das Oberverwaltungsgericht statt; die Berufung ist bei dem Gericht, welches entschieden hat, anzumelden und zu rechtfertigen.[12]) Gegen zweitinstanzliche, nicht endgültige Endurteile der Bezirksausschüsse ist — insofern unterlassene oder unrichtige Anwendung des betreffenden Rechts oder wesentliche Mängel des Verfahrens behauptet werden — die Revision an das Oberverwaltungsgericht zugelassen.[13]) Berufung und Revision können außer von den Parteien aus Gründen des öffentlichen Interesses auch von dem Vorsitzenden des Kreis- und des Bezirksausschusses erhoben werden.[14]) An Kosten kommt ein Pauschquantum zur Hebung.[15]) Zur Erhebung von Kompetenzkonflikten sind auch im Streitverfahren die Zentral- und die Provinzialverwaltungsbehörden befugt. Die Entscheidung über die Zuständigkeit erfolgt durch die Verwaltungsgerichte und, wenn sich in derselben Sache Verwaltungsbehörde und Verwaltungsgericht zuständig erklärt haben, durch das Oberverwaltungsgericht.[16])

Im Beschlußverfahren kann der Vorsitzende in unaufschieblichen oder klar liegenden Fällen selbständig verfügen, soweit nicht ein kollegialer Beschluß vom Gesetze erfordert wird, oder die Abänderung eines durch Beschwerde angefochtenen Beschlusses erfolgt. Nach dem Ermessen der Behörde kann auch mündliche Verhandlung und förmliche Beweisaufnahme eintreten. Damit ist das Verfahren dem Streitverfahren näher gebracht.

---

[11]) Ausschliessung u. Ablehnung der Gerichtspersonen LVG. § 61, 62; nebst ZPO. § 41—49; Verfahren in erster Instanz LVG. § 63—81, insbesondere Beiladung § 70, öffentliche, mündliche Verhandlung § 71—81. Es gilt hiernach die Untersuchungsmaxime (§ 76), wenngleich diese mehrfach — insbes. durch Beschränkung der Entscheidung auf die vorgeladenen Parteien u. die erhobenen Ansprüche (§ 79) — von der Verhandlungsmaxime (§ 197 Anm. 1 d. W.) durchbrochen wird. Auch gilt nicht der Parteibetrieb (§ 198 Abs. 4), sondern der amtliche Betrieb. Die Vorschriften der ZPO. finden deshalb nur beschränkte Anwendung. — Die Geltendmachung des Anspruchs vor dem Verwaltungsgericht unterbricht die Verjährung BGB. § 220.

[12]) LVG. § 82—92. In Armenstreitsachen ist statt des OVG. das Bundesamt f. Heimatwesen zuständig § 284 Abs. 5 d. W.

[13]) LVG. § 93—99, 101, verb. ZPO. § 551; Wiederaufnahme des Verfahrens LVG. § 100 u. 101 nebst ZPO. § 578 bis 589. — Beschwerden über Leitung des Verfahrens § 110, 111; Wiedereinsetzung in den vorigen Stand § 112.

[14]) LVG. § 82, 83, 93.

[15]) Das. § 102—109, Vf. u. Tarif 27. Feb. 84 (MB. 30); Kostenfreiheit u. Armenrecht (LVG. § 107⁵ u. 109) § 195 Abs. 3 d. W.; Festsetzung, Verrechnung u. Einziehung (LVG. § 108). Best. 17. Jan. 05 (MB. 23). Die zivilprozeßrechtlichen Gebühren der Zeugen u. Sachverständigen (§ 195 Abs. 4 d. W.) gelten auch hier LVG. § 106. — Gerichtliche Geschäfte auf Ersuchen der Verwaltungsgerichte sind kostenfrei G. 99 (GS. 326) § 7. Die Stempelfreiheit des Verfahrens (LVG. § 102) umfaßt nicht die Vollmachten Vf. 26. Juni 96 (MB. 116). — Die Kosten und die (durch das BGB. nach EG. Art. 103 nicht berührten) Ansprüche auf ihre Rückerstattung verjähren in vier Jahren AG. z. BGB. 20. Sept. 99 (GS. 177) Art. 8.

[16]) LGB. § 113.

Beschwerden gegen erstinstanzliche, nicht endgültige Beschlüsse sind bei der beschließenden Behörde anzubringen und gehen an die nächst höhere Instanz, die endgültig entscheidet. In einigen Ausnahmefällen geht die Beschwerde an den Minister. Endgültige Beschlüsse, welche die Befugnisse der Behörde überschreiten oder das bestehende Recht verletzen, können vom Vorsitzenden mittels der Verwaltungsklage beim Oberverwaltungsgericht angefochten werden.[17])

Den nachstehend (Nr. 2) benannten Behörden stehen für ihre obrigkeitlichen Anordnungen Zwangsbefugnisse wie folgt zu:

1. Die Ausführung der zu erzwingenden Handlung ist möglichst durch einen dritten auf Kosten des Inanspruchgenommenen zu bewirken;
2. persönliche Leistungen oder Unterlassungen sind durch Androhung und Festsetzung von Geld oder verhältnismäßiger Haftstrafe zu erzwingen, bezüglich deren die Gemeinde- (Guts-)vorsteher bis 5 M. oder 1 Tag, die Ortspolizei- oder städtischen Gemeindebehörden in Landkreisen bis 60 M. oder 1 Woche, in Stadtkreisen gleich den Landräten bis 150 oder 2 Wochen, die Regierungspräsidenten bis 300 M. oder 4 Wochen gehen dürfen;
3. unmittelbarer Zwang ist nur äußerstenfalls anzuwenden.

Gegen die Androhung eines Zwangsmittels sind dieselben Rechtsmittel wie gegen die Anordnung selbst zulässig. Gegen die Festsetzung und Ausführung findet nur die Beschwerde im Aufsichtswege mit zweiwöchiger Frist statt.[18])

Alle Steuern unterliegen der Beitreibung im Verwaltungswege. Diese erfolgt durch Vollstreckungsbeamte (Exekutoren). Das Gleiche gilt von den Steuern der öffentlichen Verbände, den Gebühren und den im Verwaltungsverfahren festgesetzten Strafen und Kosten. Das Verfahren ist mit Rücksicht auf die neue Prozeßgesetzgebung neu geregelt.[19]) Die deutschen Bundesstaaten leisten sich bei der Einziehung gegenseitig Beistand.[20]) Zwangsversteigerungen von Grundstücken sind zur Deckung von Steuer-

---

[17]) Das. § 115—126.

[18]) LVG. § 132, 133. Die Geldstrafen unterliegen der Beitreibung im Verwaltungswege (Abs. 6), doch ohne vorgängige Anmahnung Vf. 15. März 88 (MB. 90). — Die Haft wird nach StGB. § 28 u. 29 berechnet.

[19]) G. 99 (GS. 388) § 5, V. 15. Nov. 99 (GS. 545), erg. (§ 50a) V. 18. März 04 (GS. 36); AusfAnw. 28. Nov. 99 (i. d. Amtsbl.), erg. (Art. 74a) Anw. 4. Juli 04 (MB. 257) u. (Aufhebung des § 80 Abs. 1) Vf. 20. Juni 12 (HMB. 506). Bearb. vom Verfasser (§ 54 Anm. 5 d. W.) S. 535, ferner v. Kautz (4. Aufl. Berl. 11). Dem Verfahren unterliegen direkte u. indirekte Staats-, Kirchen- u. Gemeindeabgaben, Gebühren, Strafen u. Kosten das. § 1 u. § 1 d. V. f. d. östl. Prov. 30. Juli 53 (GS. 909), f. Neuvorpommern 1. Feb. 58 (GS. 85), f. Westfalen 30. Juni 45 (GS. 444), f. d. Rheinprov. 24. Nov. 43 (GS. 351), f. d. neuen Prov. 22. Sept. 67 (GS. 1553). Beschlagnahme der Staatschuldbuchforderungen G. 20. Juli 83 (GS. 120) § 7, des Arbeits- u. Dienstlohnes § 202 Abs. 2 d. W.

[20]) RG. 9. Juni 95 (RGB. 256).

strafen nur zulässig, wenn der Grundbesitzer im Ausland wohnt und anderes Vermögen im Inland nicht vorhanden ist.[21]) Verzugszinsen sind nach öffentlichem Recht nicht zu leisten.[22])

4. Ortsbehörden.

§ 60.

Die Orts- (Lokal-) verwaltung wird regelmäßig von den leitenden Behörden der Gemeinden (Magistraten, Bürgermeistern und Gemeindevorstehern) wahrgenommen (Ortsobrigkeit).[1]) Nur die Polizeiverwaltung wird in den großen Städten durch Königliche Behörden (§ 224 Abs. 2) und in den Landgemeinden der meisten Provinzen durch besondere, zwischen Kreis- und Gemeindebehörden eingeschobene Behörden (§ 224 Abs. 3) gehandhabt. In den westlichen Provinzen sind diesen Zwischengliedern auch Geschäfte der allgemeinen Verwaltung übertragen.[2]) — In Ausübung aller obrigkeitlichen Gewalt stehen den Gemeindebehörden Zwangsbefugnisse zu (§ 59 Abs. 6).

5. Geschäftsgang.

§ 61.

Alle bei den Behörden eingehenden Sachen (Eingänge) werden unter fortlaufenden Nummern in ein Tagebuch (Journal) eingetragen, das den Eingang und die demnächstige Erledigung nachweist. Die Erledigung erfolgt, soweit die Eingänge nicht nur für die Behörde selbst bestimmt sind und „zu den Akten" gehen, durch Schreiben. Diese können im Anschluß an die Eingänge selbst gefertigt und mit diesen abgesendet werden (Erledigung in Urschrift oder brevi manu) und heißen, wenn sie auf die Eingänge selbst gesetzt werden, Rand- (Marginal-) Schreiben. Sie finden Anwendung, wenn die Eingänge bei der Behörde nur durchlaufen oder sonst für diese keinen dauernden Wert haben, oder wenn ihre Rückgabe erfordert ist, was durch den Zusatz „unter Beding der Rückgabe" (sub petito oder sub voto remissionis) angedeutet wird. In allen anderen Fällen werden die Schreiben selbständig entworfen. Der in abgekürzter Form unterzeichnete (signierte) Entwurf (Konzept) verbleibt bei der Be-

[21]) Indirekte Steuern G. 26. Juli 97 (GS. 237) § 54 Abs. 2. — Verfahren § 201 Abs. 3 d. W.

[22]) Dies gilt für den Abgabenpflichtigen (OV. XXV 93), wie für den Abgabenberechtigten bei Rückgewähr überhobener Beträge (OV. XXVIII 115). — Privatrecht BGB. § 288.

[1]) § 81 Abs. 4 u. 82 Abs. 2; verb. § 78 d. W. — Eine eigene Stellung nehmen die selbständigen Städte der Provinz Hannover ein, die, obwohl zu den Kreisen gehörig, doch die (sonst den Kreisbehörden übertragenen) Geschäfte der Landesverwaltung wahrzunehmen haben KrO. f. Han. § 27. (Weitere Befugnisse § 58 Anm. 11, § 225 Anm. 2, § 232 Abs. 3 u. § 349 Anm. 3). Selbständig sind die Städte: Hameln, Nienburg, Peine, Goslar, Einbeck, Northeim, Osterode, Duderstadt, Münden, Ülzen, Stade, Bremervörde, Buxtehude, Verden, Aurich, Norden, Leer, Papenburg und Lingen.

[2]) Westf. LandGO. 19. März 56 (GS. 265) § 74 u. rhein. GemO. 23. Juli 45 (GS. 523) § 108.

hörde, während die von besonderen Beamten (Kanzlisten) gefertigte Reinschrift (Mundum),[1] nachdem sie mit dem Entwurfe verglichen (kollationiert) und vollzogen ist,[2] zum Abgange gelangt. Die Eingänge, Entwürfe und sonstigen Verhandlungen werden nach Gegenständen gesondert, nach der Zeitfolge geordnet (Akten) und in besonderen Räumen (Registraturen) aufbewahrt.[3])

Die **Schreiben**, für die bei allen Reichs- und Staatsbehörden ein einheitliches Format vorgeschrieben ist,[4]) unterscheiden sich in Form und Ausdruck, je nachdem sie an vorgesetzte, untergebene (subordinierte), oder an gleichstehende (koordinierte) Behörden und Privatpersonen gerichtet sind. In ersterem Falle heißen sie Berichte, im zweiten Verfügungen und im dritten Schreiben. In Immediatberichten werden die Ausdrücke „allergnädigst" und „alleruntertänigst" gebraucht.[5]) In den Berichten wird „gebeten", in den Schreiben „ersucht", in den Verfügungen „angewiesen". Auf allen Schriftstücken ist auf die erste Seite oben rechts die Orts- und Zeitangabe, links die schreibende Behörde und die Tagebuchnummer — bei längeren Schriftstücken auch die kurze Angabe des Inhalts (Rubrum) und der Anlagen — und unten links die Adresse zu setzen. Berichte werden auf den ersten drei Seiten in halber, von da ab in Dreiviertelbreite geschrieben. Der Geschäftsverkehr soll zur Verminderung des Schreibwerks möglichst vereinfacht werden. Alle Schriftstücke sollen rein sachlich in klarer, knapper Ausdrucksweise gefaßt und alle Förmlichkeiten (Kurialien), unter anderem auch die persönlichen Anreden der eine Behörde bildenden Einzelbeamten vermieden werden.[6]) Besondere Vorschriften sind über Zahlen-, Zeit- und Temperaturangaben ergangen.[7])

---

1) Kanzlei-Regl. 19. Dez. 33 (KA. XLII 365).

2) **Stempel zur Vollziehung** amtlicher Schriftstücke durch Landräte Vf. 16. Dez. 93, anwendbar auf Bürgermeister u. Kön. Polizeibehörden in Stadtkreisen 9. Juni 94 (MB. 1 u. 101), sowie auf Bürgermeister in Städten mit mehr als 10000 Einwohnern Vf. 21. Sept. 01 (MB. 211).

3) Aussonderung u. Vernichtung alter Akten Vf. 10. Nov. 76 (MB. 254): b. d. Justiz Vf. 6. u. 8. Sept. 00 (JMB. 569, 575 u. 577), der Rechnungen u. Belege § 122 Anm. 13 d. W.

4) 33 od. 37 cm Höhe u. 21 cm Breite Vf. 9. März 77 (MB. 85), 13. März u. 27. Nov. 84 (MB. 51 u. 258). — Einteilung in Ries zu 1000 Bogen Vf. 2. Juni 83 (MB. 209). — Prüfung der Papiersorten Vorschr. des StM. 28. Jan. 04 (MB. 110, JMB. 56), Vf. 15. April u. 7. Aug. 10 (MB. 114 u. 295) u. 14. Juli 11 (MB. 210), 24. Jan. 13 (MB. 30), der Tinten Vf. 22. Mai 12 (MB. 225). Verwendung von Tintenstift Vf. 22. Juli 11 (MB. 211).

5) Vf. 21. Okt. 58 (MB. 203).

6) Grundzüge des Min. für den Geschäftsverkehr der Staats- u. Kommunalbehörden Vf. der Min. d. In. u. d. Fin. 12. Aug. 97 (MB. 144), ferner (ältere Vorschriften) V. 27. Okt. 10 (GS. 3) Abschn. Staatsmin. Abs. 8 u. RegInstr. 23. Okt. 17 (GS. 248) § 33. — Die hergebrachten, aber entbehrlichen Redewendungen enthält Rothe, über Kanzleistil 13. Aufl. Berlin 13). — Anwendung der neuen einheitlichen Rechtschreibung StMB. 23. Dez. 02 (JMB. 03 S. 3) u. 11. Juni 03 (MB. 158). — Über Vereinfachung des Geschäftsganges s. die § 54 Anm. 9 erwähnte Abhandlung u. § 57 Anm. 2.

7) Bei mehrstelligen Zahlen sind die Gruppen zu 3 Ziffern durch Zwischenräume, die Dezimalstellen durch Kommas zu bezeichnen StMB. 8. März 81 (MB. 90, JMB. 58). — Als gesetzliche Zeit ist in

Die Geschäftssprache ist deutsch. Nichtdeutsche Eingaben sind nur in dringenden Fällen zu berücksichtigen.[8] **Entbehrliche Fremdwörter sind zu vermeiden.**[9]

Gebühren werden, abgesehen von einzelnen Amtshandlungen (Paßausfertigung, Zwangsvollstreckung) in Verwaltungssachen nicht mehr erhoben.[10]

Besonders geordnet ist Veröffentlichung der Verfügungen (§ 38 Abs. 2, 4), sowie die geschäftliche Behandlung der Postsendungen (§ 391 Abs. 2) und Telegramme (§ 392 Abs. 5).

IV. Die Staatsbeamten.[1]

1. Begriff und Arten.

§ 62.

Das durch die Verfassung über die Rechtsverhältnisse der nichtrichterlichen Beamten verheißene allgemeine Gesetz, nach dem diesen, ohne die Regierung in der Wahl der ausführenden Organe zweckwidrig zu beschränken, angemessener Schutz gegen willkürliche Entziehung von Amt und Einkommen gewährt werden sollte,[2] ist nicht ergangen; neu geregelt wurden nur die Disziplinarverhältnisse (§ 66), das Pensionswesen (§ 74) und die Witwen- und Waisenversorgung (§ 75). Sonst bildet noch das Landrecht die Grundlage.[3]

Deutschland die mittlere Sonnenzeit des 15. Längengrades festgesetzt RG. 12. März 93 (RGB. 93). — Temperaturangaben sind nach dem 100teiligen Thermometer (Celsius) zu machen Vf. 19. Juli 92 (MB. 249).

[8]) G. 28. Aug. 76 (GS. 389) § 1 bis 3, 10, 11 u. V. 12. Okt. 81 (GS. 329). — Deutsche Sprache bei den Gerichten § 181 Abs. 3 u. (DolmetscherO.) § 191 Anm. 5 d. W., in öffentlichen Versammlungen § 248 Abs. 3.

[9]) Die Ausscheidung entbehrlicher Fremdwörter ist neuerdings in der Gesetzgebung wie in der Verwaltung bewirkt, erscheint aber noch weiterer Ausdehnung fähig. Sarrazin, Verdeutschungswörterbuch (4. Aufl. Berl. 12), Bruns, Die Amtssprache (7. Aufl. Berl. 04).

[10]) V. 22. Nov. 42 (GS. 309), f. die neuen Provinzen G. 27. Feb. 68 (GS. 177) u. daneben f. Schlesw.-Holstein V. 22. Juli 72 (GS. 585). Bergamtsgebühren § 329 Anm. 10. — Andererseits sind einige Verwaltungsgebühren für Erlaubniserteilungen in der Form des Stempels neu eingeführt worden § 155 Abs. 3. — Verjährung wie § 59 Anm. 15.

[1]) Geschichte § 30 Abs. 5 d. W. — Die besonderen Verhältnisse der für einzelne Verwaltungszweige angestellten Beamten finden sich bei diesen vermerkt: Kommunalbeamte § 78; Kreisbeamte § 83 Anm. 14; Provinzialbeamte § 84 Abs. 4; gesandtschaftliche Beamte § 87 Anm. 7; Kassenbeamte § 122 Abs. 2; Forstbeamte § 128; Zollbeamte § 153 Abs. 3; Justiz- und richterliche Beamte § 188—191, 194; Polizeibeamte § 226—229; Medizinalbeamte § 264; Baubeamte § 275 Abs. 3 u. 276; Lehrer § 305—307; Beamte der Zentralgenossenschaftskasse § 327 Anm. 3; Bergbeamte § 332 Abs. 3; tierärztliche Beamte § 357; Fischereibeamte § 362 Abs. 2; Eisenbahnbeamte § 386 Abs. 3 d. W. — Reichsbeamte § 21—24.

[2]) VU. Art. 98.

[3]) LR. II 10, nebst Ergänzungen eingeführt in Hohenzollern AE. 6. Feb. 54 (GS. 80), in die neuen Provinzen V. 23. Sept. 67 (GS. 1619) u. in Lauenburg G. 25. Feb. 78 (GS. 97) § 1, 2, 6[1] u. V. 31. Mai 79 (GS. 363). — Preuß. Beamtengesetzgebung von Pfafferoth (4. Aufl. 05).

Staatsbeamter ist jeder dauernd in ein unmittelbares oder mittelbares Dienstverhältnis (Amt) zur Ausübung von Verrichtungen der Staatsgewalt Berufene.[4]) Mittelbar heißen diejenigen Staatsbeamten, die bei einer dem Staate untergeordneten, bei Erfüllung der staatlichen Aufgaben mitwirkenden Körperschaft (Provinz, Kreis, Gemeinde, Sozietät rc.) in einem Beamtenverhältnisse angestellt sind.[5]) Das Beamtenverhältnis entspringt dem öffentlichen Rechte, bringt jedoch einzelne privatrechtliche Folgen mit sich (§ 64 und 71).

Eine besondere Stellung nehmen die richterlichen Beamten vermöge der ihnen gewährten größeren Unabhängigkeit ein (§ 189 Abs. 3).

Nach der Art ihrer Tätigkeit werden höhere, mittlere und Unterbeamte unterschieden. Bei den höheren Beamten wird eine wissenschaftliche, bei den mittleren eine geschäftliche Vorbildung vorausgesetzt, während die Unterbeamten vorwiegend zu nur mechanischen Verrichtungen angestellt sind.[6])

2. Anstellung.

§ 63.

Die Ernennung erfolgt durch den König,[1]) entweder unmittelbar[2]) oder in seinem Auftrage durch die oberen Behörden.[3]) Sie geschieht meist auf Lebenszeit; nur für untergeordnete Dienstverrichtungen findet eine Annahme auf Kündigung oder Widerruf statt. Der Angestellte erhält in

---

[4]) Mit dem Durchdringen des Staatsgedankens erscheinen die Beamten nicht mehr als persönliche Diener des Landesherrn, sondern als Diener des Staates. Ihr Verhältnis ist damit aus einem privatrechtlichen zu einem öffentlichrechtlichen geworden. Die Begriffsbestimmung des LR. nach der die Beamten vorzüglich bestimmt sind, die Sicherheit, die gute Ordnung u. den Wohlstand des Staates unterhalten u. befördern zu helfen, u. wonach sie dem Staatsoberhaupte besondere Treue und Gehorsam schuldig und dem Staate zu besonderen Diensten durch Eid u. Pflicht zugetan sind (II 10 § 1—3), ist unvollständig. Wenn das LR. ferner den Beamten auch die Geistlichen (II 11 § 19 u. 96) u. Militärbedienten (II 10 § 4—67) zuzählt, so ist ersteres mit der der Kirche durch VU. Art. 15 gewährten Selbständigkeit nicht mehr vereinbar, letzteres im Begriffe richtig, aber, was die Personen des Soldatenstandes anlangt, der völlig gesonderten Einrichtung des Militärwesens nicht entsprechend; Militärbeamte § 21 Anm. 4. Strafrechtlicher Begriff § 23 Anm. 5. — Hofbeamte sind keine Staatsbeamte, diesen jedoch in einzelnen Beziehungen (Kommunalbesteuerung § 80 Abs. 6 d. W.) gleichgestellt. — Beamte der Kirchenbehörden § 80 Anm. 21. — Merkmale der Beamteneigenschaft Vf. 1. Juni u. 22. Nov. 91 (MB. 92 S. 37 u. 36).

[5]) OV. (XVI 154).

[6]) Reg.-Inst. (§ 57 Anm. 2) § 50 nebst KO. 25 (das.) Nr. IX.

[1]) VU. Art. 45 u. 47.

[2]) V. 27. Okt. 10 (GS. 3). Der König ernennt die Räte bei allen Zentral- u. Prov.Behörden u. die im Range höher oder gleichstehenden Beamten (das. Abschn. Staatsmin. Abs. 6); ferner die Richter einschließlich der Handelsrichter AG. z. GVG. 24. April 78 (GS. 230) § 7; die Universitätsprofessoren, die Direktoren der Gymnasien, Real- u. höheren Bürgerschulen u. Seminare u. die Rendanten der Hauptkassen V. 10 Abschn. Min. d. Inn. u. V. 9. Dez. 42 (GS. 43 S. 1) § 3. — § 46 Abs. 1[3] d. W.

[3]) RegInstr. 23. Okt. 17 (GS. 248) § 12.

der Regel eine Bestallung und hat den Dienst- und Verfassungseid zu leisten.[4])

Unter Einhaltung der von den Gesetzen festgestellten Bedingungen sind die öffentlichen Ämter für alle dazu Befähigten gleich zugänglich.[5]) Die Bedingungen sind:

1. Reichs- oder Staatsangehörigkeit, die indes mit der Anstellung im Staatsdienste von selbst erworben wird;[6])
2. Vollbesitz der bürgerlichen Ehrenrechte (§ 214 Abs. 3 2 u. 5);
3. Befähigung, die durch Prüfung, Supernumerariat, Militäranwartschaft oder Probedienstleistung erworben oder nachgewiesen wird, im übrigen für die einzelnen Verwaltungszweige besonders geregelt ist.[7])

Die in der allgemeinen höheren Verwaltung Anzustellenden werden nach dreijährigem Studium der Rechte und Staatswissenschaften und Ablegung der ersten juristischen Prüfung 9 Monate hindurch bei den Gerichtsbehörden beschäftigt und hierauf zu Regierungsreferendaren ernannt. Nach weiterer $3^1/_4$jähriger Tätigkeit in der Verwaltung und Bestehen einer zweiten Prüfung vor der Prüfungskommission für höhere Verwaltungsbeamte erfolgt die Ernennung zum Regierungsassessor[8]). Die Stellen der Mitglieder und Abteilungsdirigenten bei den Regierungen, der Mitglieder der Verwaltungsgerichte und Oberzolldirektionen, der Hilfsarbeiter bei den Ober- und Regierungspräsidenten sind den Regierungsassessoren und neben diesen mit einigen Maßgaben den zum

[4]) VU. Art. 108 u. V. 22. Jan. u. 6. Mai 67 (GS. 132 u. 715.) Mit der Ableistung werden die Dienstpflichten verstärkt, nicht erst neu begründet KO. 11. Aug. 32 (GS. 204); entsprechend StGB. § 359. Die Verweisung auf den geleisteten Diensteid beim Übertritt in ein andres Amt (KO. 10. Feb. 35 KA. XIX 9) ist fortgefallen Vf. 26. Okt. 88 (MB. 191); eine Erneuerung ist jedoch bei Thronwechseln erforderlich. — Vereidigung der Kanzleiarbeiter StMB. 12. Okt. 61 (MB. 267).

[5]) VU. Art. 4. Die Verpflichtung zur Kautionsleistung, die durch das BGB. nicht berührt war EG. Art. 90, ist aufgehoben. Die Aufhebung betrifft jedoch die Gemeindebeamten nicht G. 7. März 98 (GS. 19). Fortfall für die Gerichtsvollzieher § 191 Anm. 8 d. W.

[6]) RG. 22 Juli 13 (BGBl. 583) § 14, 15. — Die Reichsangehörigen stehen in betreff der Zulassung zu öffentlichen Ämtern einander gleich RVerf. Art. 3. — Den in den Reichsdienst oder elsaß-lothringischen Landesdienst übertretenden Beamten bleibt die Wiederaufnahme in den preuß. Staatsdienst ohne Verlust am Diensteinkommen und Dienstalter gesichert AE. 2. Feb. 81 (MB. 46, JMB. 56). Im Gegenseitigkeitsverkehre mit Waldeck wird die Übernahme eines Beamten als Versetzung innerhalb des übernehmenden Staates angesehen; Dienstzeit u. Dienstalter kommen dabei in Anrechnung Accessionsvertrag (§ 33 Anm. 11) Art. 7. — Die Anstellung naturalisierter Nichtdeutscher im preußischen Staatsdienste (nicht im Kommunaldienste Vf. 12. Feb. 48 MB. 2) fordert höhere Ermächtigung KO. 17. Okt. 47 (MB. 305) u. StMB. 21. Juli 68 (MB. 197). Anstellung von Luxemburgern StMB. 16. Feb. 80 (MB. 106).

[7]) § 62 Anm. 1 d. W.

[8]) G. 10. Aug. 06 (GS. 378), Ausf. Anw. 12. Aug. 06 (MB. 231), Nachtr. (zu § 12 Abs. 4) 23. Aug. 07 (MB. 258). Bearb. v. Schwerin (Berl. 08). Die Ausbildung der Referendare ist auf die Regierungen Königsberg, Danzig, Potsdam, Frankfurt, Stettin, Posen, Breslau, Oppeln, Merseburg, Schleswig, Hannover, Münster, Kassel, Köln u. Düsseldorf beschränkt. Die anhaltischen Referendare sind zur Vorbereitung und Prüfung zugelassen Vtr. 11. Dez. 99 (GS. 00 S. 33).

höheren Justizdienst Befähigten und den Landräten nach mindestens fünfjähriger Dienstzeit ausschließlich zugänglich[9]).

Die **Militäranwartschaft**, der Zivilversorgungsschein wird durch Invalidität oder 12jährige Gesamtdienstzeit erworben. — Den Militäranwärtern sind die Stellen der Unterbeamten und Kanzlisten im Staats- und Reichsdienste ausschließlich vorbehalten. Die mittleren Beamtenstellen, für die eine besondere wissenschaftliche oder technische Vorbildung nicht erfordert wird, sind mit Ausschluß der Stellen bei den Zentralbehörden mindestens zur Hälfte in der dem Anteilsverhältnisse entsprechenden Reihenfolge mit Militäranwärtern zu besetzen. Durch den Kaiser oder Landesherrn kann im besonderen Interesse des Dienstes Bewerbern für eine bestimmte Stelle die Anstellungsberechtigung verliehen werden. Die so begünstigten stehen den Militäranwärtern gleich.[10]) Den Angestellten wird die etwa erdiente Militärpension bis zur Erfüllung gewisser Mindestbeträge belassen.[11])

Die Pflanzschule für die mittleren Beamtenstellen, soweit sie nicht mit Militäranwärtern zu besetzen sind, bildet das **Zivilsupernumerariat**. Für den Eintritt als Supernumerar wird vorausgesetzt:

1. Erfüllung der Militärpflicht;
2. Fähigkeit sich 3 Jahre hindurch selbst zu erhalten;
3. Versetzung in die Obersekunda einer neunklassigen höheren Lehranstalt (Gymnasium, Realgymnasium, Oberrealschule), Reifezeugnis einer sechsklassigen solchen Anstalt oder höheren Bürgerschule oder vorzügliche praktische Brauchbarkeit und Ausbildung durch mehrjährige Beschäftigung bei den Behörden.[12])

---

[9]) G. § 10—13. — Befähigung zum Landratsamt § 58 Abs. 2 d. W.

[10]) RG. 31. Mai 06 (RGB. 593) § 15—18. — Grundsätze für die Besetzung BB. 20. Juni 07 (ZB. 317, MB. 294, JMB. 559), erg. 12 (ZB. 279 und 670), mit Erläuterung des Bundesrates und preuß. Ausf.-Best., sowie Verzeichnis der im Reiche vorbehaltenen Stellen u. der Anstellungs- u. der Vermittlungsbehörden (Anl. F nebst Bek. 15. Juni 11 ZB. 297, erg. 26. Sept. 12 ZB. 782 u. 3. Jan. 13 ZB. 88 und Anl. H, erg. 1912 S. 688 und 762) und Best. über Kommandierung u. Beurlaubung der Militäranwärter (Anl. L); Anlagen M und N ersetzt MB. 1911 S. 307, 1913 S. 4, 99. Stellen und Anstellungsbehörden in Preußen MB. 08 S. 193. Übersicht der zur Anstellung verpflichteten Privatbahnen ZB. 12 S. 199. Anstellung der mit Aussicht auf Zivilversorgung verabschiedeten Offiziere, Nachr. des KrM. 30. Jan. 13 (im Buchhandel Berl. b. Mittler), Auskunftstelle, Vf. 7. Mai 13 (MB. 108) u. (Ruhen der Pension) § 101 Abs. 6 d. W. — Annahme als Lohnschreiber Vf. 7. Dez. 09 (MB. 10 S. 2) u. 9. Mai 13 (MB. 111). — Anstellung d. Gendarmen § 227 Abs. 2 u. Schutzleute § 228, der Forstschutzbeamten § 128 Abs. 2 d. W. — Berücksichtigung der Militäranwärter in den Gemeinden § 78 Anm. 7, in den Provinzen § 84 Anm. 19.

[11]) RG. 06 (vor. Anm.) § 36[3], [4].

[12]) Vf. 4. Feb. 56 (MB. 57), 22. Dez. 59 (MB. 60 S. 13), 14. Dez. 91 (MB. 92 S. 80) u. (Schulbildung) StMB. u. AE. 28. Jan. 01 (ZBU. 274); verb. § 303 Abs. 2 d. W.

Die Annahme erfolgt bei den Regierungen[13]) und ähnlich bei den übrigen Provinzialbehörden.[14])

Bei Besetzung der nicht auf rein mechanische Dienstverrichtungen beschränkten Unterbeamtenstellen wird eine Probedienstleistung erfordert. Ihre Dauer beträgt in der Regel sechs Monate und höchstens ein Jahr.[15])

3. Pflichten.

§ 64.

a) **Überhaupt.** Für die Beamten erscheint die allen Staatsangehörigen obliegende Pflicht zu Treue und Gehorsam gegen den Landesherrn und die Regierung noch gesteigert.[1]) Sie haben ihr Amt gewissenhaft und gesetzmäßig zu verwalten[2]) und sind namentlich zur Amtsverschwiegenheit verpflichtet.[3]) Die Pflichtverletzung hat dreifache Folgen, strafrechtliche, staatsrechtliche (disziplinarische), welche entsprechend den den Beamten obliegenden besonderen Pflichten das Strafrecht ergänzen (§ 66), und privatrechtliche, welche die Vertretungsverbindlichkeit der Beamten aus Vertragsverhältnissen oder wegen unerlaubter Handlungen umfassen. Dabei kommt neben der Haftung des Fiskus für die Beamten, die der Beamten gegenüber Privaten und gegenüber dem Staate in Betracht. Die Beamten haften für den entstandenen Schaden bei vorsätzlicher und — wenn der Verletzte nicht auf andere Weise Ersatz erlangen kann — auch bei fahrlässiger Verletzung der Dritten gegenüber ihnen obliegenden Amtspflicht. Bei Urteilen in einer Rechtssache haften sie nur im Falle gerichtlich strafbarer Pflichtverletzung.[4]) Eine Haftung des Staates

[13]) AO. 31 Okt. 27 (KA. XI 869), und 10. Nov. 55. — Prüfung der Zivilsupernumerare und Militäranwärter Vf. u. PrüfO. 21. Aug. 94 (MB. 159). — Die Scheidung in 2 Besoldungsklassen (Sekretäre und Assistenten) ist beseitigt Vf. 13. März 96 (nicht veröffentlicht) u. (Polizeibehörden u. Landratsämter) 2. April 96 (MB. 57 u. 58).

[14]) Oberzolldirektionen Vf. 24. Sept. 10 u. StMB. 01 (Anm. 12) Nr. III. — Katasterverwaltung Vf. 19. März 60 (MB. 103) u. 16. Aug. 71 (MB. 318); Kön. Polizeiverwaltungen § 224 Anm. 5. — Generalkommissionen § 339 Anm. 8, Eisenbahndirektionen § 386 Anm. 8 b. W.

[15]) StMB. 19. Sept. 36 (KA. XXI 1) u. BB. 07 (Anm. 10) § 19—21.

[1]) LR. II 10 § 2, 3 u. II 13 § 1, 16. Umfang OB. (XXVI 12, XII 423, XIV 418). — Unzulässigkeit des Eintretens für die gegen die Staats- oder Rechtsordnung gerichteten Bestrebungen OB. 11. Jan. 88 (MB. 33) u. 29. Jan. 97 (MB. 92); diese Pflicht, die auch den mittelbaren Staatsbeamten obliegt, bemißt sich nach den verschiedenartigen Ämtern verschieden OB. (XIV 404).

[2]) RegInstr. 23. Okt. 17 (GS. 248) § 8.

[3]) KO. 21. Nov. 35 (GS. 237) und (Regierungsbeamte) KO. 31 Dez. 25 (GS. 26 S. 5) DX. — Vernehmung der Beamten als Zeugen oder Sachverständige § 216 Anm. 8., vor Militärgerichten § 105 Anm. 5.

[4]) BGB. § 839, Abhandlung von Meltz (Leipz. 03); in der Amtspflicht erscheint die allgemeine Ersatzpflicht (§ 823) erweitert. Bei Haftung für Stellvertreter (§ 831) bleiben weitergehende, die Beamten betreffende landesrechtliche Vorschriften (LR. I 13 § 41—45) unberührt EG. Art. 78 u. AG. Art. 891b. Mehrere aus einer unerlaubten Handlung verantwortliche Beamte (Kollegien) haften dem Verletzten gegenüber als Gesamtschuldner BGB. § 840 Abs. 1, während in dem Verhältnis zueinander der Beamte haftet,

oder der Körperschaft für den von ihren Beamten zugefügten Schaden ist reichsgesetzlich — abgesehen von den Grundbuchbeamten (§ 211 Abs. 3) — nur insoweit anerkannt, als es sich um die privatrechtliche Vertretung durch die Beamten handelt.[5]) Die Haftung in Ausübung der obrigkeitlichen Gewalt trifft nach Landesgesetz für die preußischen Staats- und Standesbeamten den Staat, für die Kommunalbeamten die Kommunalverbände, einschließlich der Gutsbezirke und Amtsverbände. Die Betroffenen können die Beamten wegen Ersatz des Schadens binnen 3 Jahren in Anspruch nehmen.[6]) Die strafrechtliche oder zivilrechtliche Verfolgung ist an die Genehmigung der vorgesetzten Behörde nicht gebunden,[7]) doch ist die Frage, ob eine Überschreitung der Amtsbefugnisse oder die Unterlassung einer Amtshandlung vorliege, im Fall der Konflikterhebung der vorgesetzten Provinzial- oder Zentralbehörde durch Vorentscheidung des Oberverwaltungsgerichts festzustellen.[8])

§ 65.

b) Der Beamte ist ferner zur **vollen** (uneingeschränkten und unbeeinflußten) **Gewährung seiner Tätigkeit** verpflichtet. Er darf weder eigenmächtig einen Dritten an seine Stelle setzen,[1]) noch sich ohne besondere Genehmigung (Urlaub) aus dem Amte entfernen.[2]) Eine Ausnahme tritt ein, wenn die Entfernung zur Erfüllung allgemeiner staatlicher Verpflichtung notwendig wird; wie beim Eintritt in den Reichs- oder Landtag,[3]) bei Einziehung zum Militär und bei Berufung als Schöffe oder Geschworener.[4]) Die Behinderung ist jedoch behufs

---

der den Schaden verursacht hat § 841. Der Anspruch verjährt in 3 Jahren § 852. — Zuständig sind ohne Rücksicht auf den Wert die Landgerichte G. 24. April 78 (GS. 230) § 39 Abs. 1^2 u. ^{3}. — Ministerverantwortlichkeit § 39 Abs. 2 d. W.

5) BGB. § 89 Abs. 1 u. 31; EG. Art. 77.

6) G. 1. Aug. 09 (GS. 691); für Schulverbände steht die Regelung noch aus. — Sonstige Haftung d. Beamten d. Staate gegenüber LR. II 10 § 88—91 u. (Beamtenkollegien) 127—145. Defekte § 68 d. W. Rechtskraft der Amtshandlungen minderjähriger Beamten LR. II 18 § 810. Pflicht zur Stempelverwendung StG. 09 (GS. 535) § 13^3, 15^1, 19 u. (Reichsstempel) § 158 Anm. 2 d. W.

7) VU. Art. 97.

8) G. 13. Feb. 54 (GS. 86) eingef. in die neuen Prov. V. 16. Sept. 67 (GS 1516) Art. IV u. eingeschränkt durch RG. 27. Jan. 77 (RGB. 77) § 11; Verfahren G. 8. April 47 (GS. 170) u. LVG. § 114; der Antrag auf Vorentscheidung unterbricht die Verjährung BGB. § 210. Die Vorschrift gilt für mittelbare und unmittelbare Staats-, nicht für Reichsbeamte.

1) LR. I 13 § 41—45, fortdauernd gültig G. 20. Sept. 99 (GS. 177) Art. 89 1b u. (Haftung für Stellvertreter) EG. z. BGB. Art. 78.

2) LR. II 10 § 92, 93; G. 21. Juli 52 (GS. 465) § 8—13. — Die Aufsichtsbehörde kann die Niederlassung in einer anderen Gemeinde, als der des Amtssitzes, hindern (Residenzpflicht) Vf. 24. Feb. 63 (MB. 67), OV. CLI 425.

3) RVerf. Art. 21 u. VU. Art. 78. Stellvertretungskosten § 40 Anm. 17 d. W. — Unerlaubte Entfernung zieht für ihre Dauer den Verlust des Diensteinkommens u. wenn sie über 8 — nach Aufforderung zur Rückkehr über 4 — Wochen dauert, die im Disziplinarverfahren (§ 66 Abs. 1 d. W.) auszusprechende Dienstentlassung nach sich Disz.G. (§ 66 Anm. 3) § 9—11 u. StMB. 2. Sept. 99 (MB. 818).

4) Vf. 24. Aug. 49 (MB. 189). — Gewisse Beamte sind zu diesem Dienst

Überwachung der Dauer und Regelung der Vertretung den Vorgesetzten anzuzeigen.[5]) Der Urlaub wird von der vorgesetzten Behörde erteilt. In der allgemeinen Verwaltung ist dies die Regierung, für Beamte der letzteren und für Landräte der Regierungspräsident; bei längerer Dauer des Urlaubs ist der Oberpräsident oder Minister zuständig.[6]) Dauert der Urlaub über $1^1/_2$ Monate, so fällt das halbe, dauert er über 6 Monate, so fällt das ganze Gehalt fort, soweit nicht Gesundheitsrücksichten die Veranlassung sind.[7])

Der Genehmigung bedarf es zur Annahme von Orden und Geschenken[8]) und zur Übernahme von Nebenämtern und Nebenbeschäftigungen, von letzteren, soweit sie mit fortlaufender Vergütung verbunden sind.[9]) Dies gilt von Gemeindeämtern,[10]) Vormundschaften,[11]) Gewerbebetrieben[12]) und von der Beteiligung bei Gründung oder Verwaltung von Aktien-, Kommandit- und Bergwerksgesellschaften. Die Beteiligung ist, wenn sie mit Vergütung verbunden ist, überhaupt unzulässig.[13]) Eheschließungen sind anzuzeigen.[14])

überhaupt nicht heranzuziehen GVG. § 34⁴; G. 24. April 78 (GS. 230) § 33.

[5]) OV. (XVI 399).

[6]) RegInstr. 23. Okt. 17 (GS. 248) § 39[6]; Instr. 31. Dez. 25 (GS. 26 S. 1) § 11[4b]; Vf. 29. Juni 56 (MB. 194). — Beurlaubung der Justizbeamten § 188 Anm. 1.

[7]) KO. 15. Juni 63 (MB. 137).

[8]) LR. II 20 § 360 nebst Vf. 16. Sept. 47 (MB. 249) u. 15. Juni 56 (MB. 219) fordert Ministerialgenehmigung, die für Beamte königlicher oder kommunaler Polizeibeamten den Reg.-Präs. übertragen ist Vf. 1. April 09 (MB. 82); Vf. 17. Okt. 74 (MB. 262) verbietet die Annahme von Eisenbahnfreikarten. Die Genehmigung schließt die Bestrafung nach StGB. § 331 aus; Grundsätze Vf. 22. Nov. 01 (MB. 255) und 2. Aug. 12 (MB. 276). — Strafe der Bestechung StGB. § 331 bis 335.

[9]) KO. 13. Juli 39 (GS. 235), Vf. 7. Feb. 83 (MB. 39); dies gilt auch für unbesoldete KO. 25. Juli 40 (MB. 436), während bei mittelbaren Beamten die Übernahme der mit dem Hauptamte unvereinbaren Nebenämter im Wege der Aufsicht zu hindern ist Vf. 21. Jan. 82 (MB. 47) und OV. 8. Juli 10 (MB. 12 S. 5). Nebenämter in anderen Staaten dürfen von Beamten, die vom König oder mit dessen Genehmigung angestellt sind, nur mit Allerhöchster Erlaubnis angenommen werden AE. 27. Juni 84 (JBU. 517). Die Genehmigung zur Übernahme kann vom Minister den Provinzialbehörden übertragen werden AE. 25. Aug. 09 (GS. 784); dieses ist geschehen, soweit es sich um Personenwechsel im Hauptamt handelt Vf. 5. März 10 (MB. 55). — Richter § 189 Anm. 12; Baubeamte § 276 Abs. 2 d. W.; Meliorationsbauinspektoren § 344 Anm. 8. — Beschränkung des Erwerbes von Domänen- oder Forstgrundstücken durch Domänen- oder Forstbeamte § 126 Anm. 1, von Bergwerken und Kuxen durch Bergbeamte § 332 Abs. 3 d. W.

[10]) StMB. 2. März 51 (MB. 38). Der Genehmigung bedarf auch die Wahl zum Gemeindeverordneten, nicht die zum Kreistagsmitgliede Vf. 25. Mai 93 (MB. 126). — Gemeindeaufsichts-, richterliche u. Polizeibeamte, Geistliche und Lehrer sind von Gemeindeämtern ausgeschlossen § 81 Abs. 4 u. 82 Abs. 2 d. W.

[11]) BGB. § 1784 u. 1888 nebst AG. Art. 72.

[12]) RGewO. § 12 u. pr. GewO. 17. Jan. 45 (GS. 41) § 19. — Musikmachen der Beamten Erl. 19. Mai 79 (MB. 158).

[13]) G. 10. Juni 74 (GS. 244).

[14]) StMB. 3. Nov. 96 u. Vf. 7. April 97 (MB. 52). Das — nach Wegfall der Beitrittspflicht zur allgemeinen Witwenkasse bereits beseitigte — Erfordernis der Eheerlaubnis ist für Staatsbeamte und Geistliche aufgehoben G. 20. Sept. 99 (GS. 177) Art. 42. Im Geschäftsbereich der Min. d. Inn., d. Fin. u. d. Justiz haben sie jedoch Anzeige zu erstatten Vf. 7. u. 20. April 97 (MB. 52, JMB. 98).

§ 66.

c) Die Verletzung der Amtspflichten kann die strafrechtliche Verfolgung des Beamten nach sich ziehen. Hierbei bestehen neben den allgemeinen einige besondere Strafvorschriften für Beamte.[1]) Die Amtspflichten reichen aber über das Strafgesetz hinaus. Der Beamte, der diese verletzt oder sich durch sein Verhalten in oder außer dem Amte der Achtung, des Ansehens oder des Vertrauens, die sein Beruf erfordert, unwürdig zeigt,[2]) kann — soweit die Handlungen nicht im Strafgesetze vorgesehen sind und solange nicht wegen derselben Tatsachen eine gerichtliche Untersuchung schwebt — im Disziplinarwege verfolgt werden. Die Beamten sollen dadurch bei geringeren Pflichtverletzungen auf den richtigen Weg geführt, bei gröberen aus dem Beamtenstande entfernt werden, um diesen von unwürdigen Elementen zu befreien. Die **Disziplinarbestrafung** für nicht richterliche Beamte[3]) erfolgt durch Verhängung von Ordnungsstrafen (Warnung, Verweis, Geldstrafe und gegen untere Beamte Arrest bis zu höchstens acht Tagen) oder durch Entfernung aus dem Amte (Strafversetzung oder Dienstentlassung).[4]) Erstere steht innerhalb gewisser Grenzen den Dienstvorgesetzten (Disziplinarbehörden) zu;[5]) der letzteren muß, soweit es sich nicht um Beamte handelt, die auf Kündigung angestellt sind,[6]) ein förmliches Disziplinarverfahren vor den entscheidenden Dis-

[1]) § 23 Anm. 6. — Die gerichtliche Verurteilung zu längerer als einjähriger Freiheitsstrafe, zu Verlust der bürgerlichen Ehrenrechte oder Stellung unter Polizeiaufsicht zieht den Verlust des Amtes von selbst nach sich DiszG. (Anm. 3) § 7; verb. § 214 Abs. 3 d. W.

[2]) Das unwürdige Verhalten wird im ReichsbeamtenG. den Amtspflichtverletzungen zugezählt § 23 Abs. 1. d. W., im preuß. DiszG. (folg. Anm.) § 2 aber neben diese gestellt. Darunter fallen Schuldenmachen KO. 12. Mai u. Vf. 24. Sept. 41 (MB. 202 u. 262), Trunkenheit KO. 24. Dez. 36 (KA. XXI 13) u. Verletzung der Amtsverschwiegenheit § 64 Anm. 3.

[3]) DisziplinarG. 21. Juli 52 (GS. 465), eingef. in die neuen Provinzen nach Maßgabe der V. 23. Sept. 67 (GS. 1613), in Lauenburg nach G. 9. April 79 (GS. 345) § 27. AusfG. in Waldeck Anm. 10. — Bearb. v. Seydel (2. Aufl. Berl. 94) u. v. Rheinbaben (2. Aufl. Berl. 11). — Richterliche Beamte § 189 Abs. 3 d. W. Disziplinarverhältnis der Geistlichen und Kirchenbeamten § 299 Anm. 19, der Privatdozenten § 307 Anm. 4.

[4]) DiszG. § 14—17. Durch ihren Zweck unterscheiden sich die Disziplinarstrafen sowohl von den auf Grund der allgemeinen Strafgesetze verhängten Strafen, als von den behufs Durchführung einer Anordnung auch gegen Beamte anwendbaren Zwangstrafen (§ 59 Abs. 6 d. W.). — Bezeichnung der unteren Beamtenklassen der Steuerverwaltung StMB. 28. Feb., der Polizeiverwaltung StMB. 6. Okt. u. der Eisenbahn-, Bau-, Handels- und Gewerbeverwaltung StMB. 26. Nov. 53 (MB. 113, 263 u. 54 S. 2). Unbeibringliche Geldstrafen dürfen nicht in Haftstrafen umgewandelt werden StMB. 2. März 50 (MB. 93). — Gewährung eines Teils der Pension bei Dienstentlassungen DG. § 16 Abs. 3 u. Vf. 18. Nov. 98 (MB. 99 S. 1). Wieder angestellte Beamte erlangen den im Disziplinar- oder Strafverfahren verlorenen Pensionsanspruch wieder Vf. 22. April, 24. Mai und 24. Sept. 01 (MB. 153, 160 und 220).

[5]) DiszG. § 18—21. Die Befugnis der Provinzialbehörden, die bei diesen angestellten unteren Beamten mit Geldstrafe zu belegen (§ 19 Abs. 6), betrifft alle bei der Behörde beschäftigte Beamte mit Ausnahme der Mitglieder u. in deren Stellen beschäftigten Hilfsarbeiter MB. 2. Mai 53 (MB. 114).

[6]) DiszG. § 83—86. Die Entlassung erfolgt durch Plenarbeschluß der betreffenden Behörde Vf. 21. Juli 57 (MB. 141),

ziplinarbehörden (Disziplinargerichten) vorausgehen, das in die schriftliche Voruntersuchung vor einem Kommissar und die mündliche Verhandlung zerfällt.[7]) Die erste Instanz bildet für die vom König oder von den Ministern angestellten Beamten der **Disziplinarhof in Berlin**, für alle übrigen Beamten die vorgesetzte Provinzialbehörde, die für diese Entscheidung zu Plenarsitzungen mit mindestens 3 Mitgliedern zusammentritt.[8]) Die Einleitung, einschließlich der Ernennung des Untersuchungskommissars und des Staatsanwalts steht in ersterem Falle dem Ressortminister, in letzterem dem Vorsteher der Provinzialbehörde zu.[9]) Die Voruntersuchung umfaßt das Verhör des Angeschuldigten und die eidliche Vernehmung der Zeugen; dabei ist ein vereideter Protokollführer zuzuziehen. Wird das Verfahren nicht eingestellt, so findet nach Mitteilung der Anschuldigungsschrift an den Angeschuldigten die mündliche (nicht öffentliche) Verhandlung statt. In dieser wird nach Darstellung des Sachverhalts der Angeschuldigte vernommen, der Staatsanwalt und zuletzt wieder der Angeschuldigte gehört. Die Entscheidung fällt das Gericht nach freier Beurteilung, ohne an positive Beweisregeln gebunden zu sein. Sie kann auch auf bloße Ordnungsstrafe lauten und ist mit Gründen zu verkündigen, auf Verlangen auch dem Angeschuldigten zuzustellen.[10]) Die Berufung geht an das Staatsministerium.[11]) Urteile, durch welche die Entlassung eines vom König ernann-

u. 23. Feb. 61 (MB. 159); dieses betrifft nicht Lehrer an öffentlichen Schulen 9. Nov. 63 (MB. 231). Denselben Grundsatz enthält KommunalbeamtenG. 30. Juli 99 (GS. 141) § 9, 19 u. 21.

[7]) DiszG. § 22.

[8]) DiszG. § 24—31. Allgemeine Provinzialbehörde ist die Regierung, für Beamte im Auslande die zu Potsdam § 25; Berlin LVG. § 45, 47. Sonstige Provinzialbehörden sind die Oberzolldirektionen, Provinzialschulkollegien, Oberbergämter, Generalkommissionen u. die Eisenbahndirektionen G. 17. Juni 80 (GS. 271). Das OV. (§ 53 d. W.) u. die Oberrechnungskammer (§ 123 Abs. 3) bilden für ihre mittleren u. unteren Beamten selbst die erste Instanz. — Auf Grund d. DiszG § 26 ist die Zuständigkeit der Provinzialbehörden durch StMB. 23. Aug. 53 (MB. 227), 16. März 54 (MB. 75), 30. Mai 64 (MB. 137), 5. Nov. 77 (MB. 78 S. 24) u. 5. Okt. 94 (ZB. UV. 730) weiter ausgedehnt. Die richterlichen Mitglieder des Disziplinarhofs (§ 30) werden nach Aufhebung des Ober-Tribunals dem Kammergericht in Berlin entnommen G. 9. April 79 (GS. 345) § 13. — Disziplinarbehörden für **Waldeck-Pyrmont** V. 18. Jan. 69 (GS. 209) u. (Anwendung auf Lehrer) 2. Nov. 74 (GS. 353) u. 25. März 85 (GS. 67). —

[9]) DiszG. § 23 u. 32 Abs. 2.

[10]) DiszG. § 32—40. Bei Stimmengleichheit entscheidet die Stimme des Vorsitzenden StMB. 24. Mai 65 (MB. 177). Abweichend bei Verhandlung vor den Verw. Gerichten LVG. § 157², verb. Anm. 15. — Die tatsächliche Feststellung im Strafverfahren ist für den zur Beurteilung derselben Tatsachen berufenen Disziplinarrichter bindend, da das Disziplinarverfahren nur eine den besonderen Pflichten der Beamten entsprechende Ergänzung des Strafverfahrens bildet OV. (XXII 428); das Staatsmin. ist mit Rücksicht auf die der Disziplinarbehörde zugestandene freie Beurteilung (DiszG. § 38 Abs. 1) zu dem entgegengesetzten Ergebnis gelangt StMB. 23. März 91 (MB. 134). — Im Verfahren festgesetzte Ordnungsstrafen dürfen den Höchstbetrag von 90 M. (§ 19 Abs. 7) nicht übersteigen StMB. 31. Mai 98 (MB. 502).

[11]) DiszG. § 41—46. Der Staatsanwalt kann auch zugunsten des Angeklagten Rechtsmittel einlegen u. jedes von ihm eingelegte Rechtsmittel kann eine günstigere Entscheidung herbeiführen OV. (LIV 458).

ten oder bestätigten Beamten endgültig ausgesprochen wird, bedürfen der königlichen Bestätigung.[12])

Bei Einleitung des Verfahrens oder in dessen Laufe kann die **vorläufige Dienstenthebung** (Amtssuspension) mit einstweiliger Einbehaltung des halben Gehalts verfügt werden. Im Falle einer Verhaftung oder einer (noch nicht rechtskräftigen) auf Dienstentlassung lautenden oder diese gesetzlich nach sich ziehenden Entscheidung tritt sie **kraft** Gesetzes ein.[13])

Mit entsprechenden Maßgaben findet das Gesetz Anwendung auf:

1. nicht richterliche Justizbeamte, für die die Oberlandesgerichte die erste Instanz bilden;[14])
2. Beamte der Selbstverwaltung, bei denen die Verwaltungsgerichte entscheiden[15]) und
3. Beamte der Militärverwaltung.[16])

§ 67.

d) Außer dem Disziplinarverfahren sind gegen Beamte gewisse **Verfügungen im Interesse des Dienstes** zulässig:

1. Sie können in ein anderes Amt von nicht geringerem Range und Gehalte unter Gewährung von Umzugskosten versetzt werden;[1])

---

[12]) Das. § 47. Begnadigung § 39 Anm. 5 d. W.

[13]) Das. § 48—54; StMB. 20. Juni 84 (MB. 159.) Gehaltszahlung Bf. 27. Feb. 65 (MB. 149), 7. Mai 83 (MB. 83) und 8. Aug. 95 (MB 193). Die frühere Gehaltskürzung bei mehr als vierwöchiger Freiheitsstrafe ist aufgehoben StMB. 19. Okt. 03 (MB. 04 S. 141).

[14]) DiszG. § 55, 66, 68—77 u. G. 79 (Anm. 8) § 15—20 (§ 15 u. 19 in Fassung des G. 24. Feb. 13 G. S. 25 Art. II). — Rechtsanwälte § 193 Abs. 3 d. W.; Notare § 194 Anm. 4. — Die früher dem Justizwaisenunterstützungsfonds überwiesenen Geldstrafen gegen Justizbeamte fließen jetzt zur Staatskasse AE 11. Mai 85 (JMB. 170).

[15]) Die besondere Vorschrift des DiszG. § 78 ist nach ZustG. § 20^3 u. 36^3 fortgefallen OB. (XVIII 432). Gemeinde- u. Gutsvorsteher § 81 Anm. 12 d. W. Bürgermeister, Magistratsmitglieder u. städtische Gemeindebeamte ZustG. § 20 Abs. 1—3. Die Entfernung der Gemeindebeamten aus dem Amte wegen Dienstunfähigkeit erfolgt durch die vorgesetzte Dienstbehörde, bei Widerspruch — soweit nicht die Vorschriften für Staatsbeamte (§ 67^3 d. W.) gem. KBG. 30. Juli 99 (GS. 141) § 12 Absatz 3 statuarisch eingeführt sind — in dem Disziplinarverfahren vor dem Bezirksausschusse DiszG. § 94 u. 95, ZustG. § 20 Abs. 2, OB. (XXIII 60); Amtsvorsteher u. Kreisbeamte KrO. § 68 u. 134^3; Mitglieder der Provinzialräte, Bezirks- u. Kreis- (Stadt-) ausschüsse LBG. § 14, 32 u. 39, der Provinzialausschüsse ProvO. 29. Juni 75 (GS. 81 S. 234) § 51; für Provinzialbeamte das. § 98. — Hohenzollern Amts- u. LandesO. (Neufassung 00 GS. 324) § 47 u. 77. — Beamte der Landesverf.anstalten § 320 Anm. 12), der Brandverf.anst. § 324 Anm. 8.

[16]) Auf diese finden, nachdem sie Reichsbeamte (§ 21 Anm. 4) geworden sind, an Stelle des DiszG. § 79—82, die Bestimmungen des RBeamtG (§ 23, insbes. Anm. 13 d. W.) Anwendung.

[1]) DiszG. § 87^1, 96, OB. (LII 436 u. LIII 438). — Abweichung für Richter § 189 Abs. 3 u. die ihnen gleichgestellten Mitglieder des OB. § 53, der Bezirksausschüsse § 57 Abs. 7, der Ob. Rechnungskammer § 123 Abs. 3, des Ob. Land. Kulturgerichts und der Generalkommissionen § 339 Abs. 2, 3 d. W.

2. Unmittelbare Staatsbeamte können — soweit es sich um die Umbildung von Behörden oder um bestimmte Beamte handelt — auf **Wartegeld** (zur Disposition) gestellt werden. Zu diesen Beamten gehören Unterstaatssekretäre, Ministerialdirektoren, Ober- und Regierungspräsidenten, Intendanten, Staatsanwaltschaftsbeamte, Vorsteher königlicher Polizeibehörden und Landräte. Das Wartegeld beträgt bei Gehältern über 3600 M. die Hälfte bis höchstens 6000 M. Bei geringerem Gehalte wird der Hundertteilsatz entsprechend höher. Wartegeldempfänger sind bei Stellenbesetzungen vorzugsweise zu berücksichtigen;[2])

3. Bei eintretender Dienstunfähigkeit können unmittelbare Staatsbeamte auf Grund eines besonderen Verfahrens gegen ihren Willen in den Ruhestand versetzt werden.[3]) Nach Vollendung des 65. Lebensjahres kann der Beamte die Versetzung in den Ruhestand jederzeit beanspruchen. Sucht er diese nicht nach, so kann sie im Fall der Dienstunfähigkeit nach Anhörung des Beamten in der nämlichen Weise verfügt werden, als wenn er sie beantragt hätte.[4])

§ 68.

e) **Defekte** der Beamten bei Kassen und anderen öffentlichen Verwaltungen sind nach Betrag und Ersatzpflicht durch Beschluß der Aufsichtsbehörde festzustellen. Die von den Provinzialbehörden dieserhalb erlassenen oder genehmigten Beschlüsse sind sofort vollstreckbar. Gleiches gilt von den durch die Kreisausschüsse als Aufsichtsinstanz über Gemeinde- und Amtskassen erlassenen Beschlüssen. Gegen den Defektenbeschluß ist neben dem Rekurse an die vorgesetzte Behörde der Rechtsweg während eines Jahres zulässig.[1]) Im Beschlusse ist zugleich über die Kosten des Verfahrens zu entscheiden.[2])

---

[2]) Das. § 87², 94 u. 96, AE. 14. Juni u. 24. Okt 48 (GS. 153 u. 338); die weiter gehende Vorschrift für die neuen Prov. (V. 23. Sept. 67 GS. 1613, Art. IV ist aufgehoben G. 14. Nov. 04 GS. 283).

[3]) DiszG. § 87³ u. 88—96 (§ 88—93 auf Lehrer an höheren, nicht vom Staate allein unterhaltenen Schulen anwendbar G. 25. April 96 GS. 87 Art. VII) u. StMB. 3. Jan. u. 9. März 59 (MB. 45 u. 109). Verfahren bei widerruflich angestellten Beamten Vf. 12. Nov. 73 (MB. 74 S. 23).

[4]) PensG. 27. März 72 (Fassung des G. 31. März 82 GS. 133 Art. I) § 1 Abs. 3 u. § 30. — Beamte d. Selbstverwaltung § 66 Anm. 15 d. W.

[1]) V. 24. Jan. 44 (GS. 52); städtische Beamte ZustG. § 17⁵, ländliche § 32⁵, f. d. östl. Prov., Schl.-Holst., Hess.-Nassau u. Hohenzollern durch die neuen Landg.-Ordnungen (§ 81 Anm. 2, 18, 19, 20) ersetzt, Beamte der Amtsverbände KrO. 72 (GS. 81 S. 180) § 55 b Nr. 2, Kreisbeamte § 128a. — Eisenbahndirektionen wie § 66 Anm. 8. — Niederschlagung G. 11. Mai 98 (GS. 77) § 38; verb. § 57 Anm. 3 d. W. Vollstreckung d. Beschlüsse der Gerichtsbehörden Vf. 19. Nov. 86 (JMB. 332).

[2]) StMB. 31. Aug. 63 (MB. 194).

4. Rechte.

§ 69.

a) **Überhaupt.** Den Pflichten der Beamten stehen Rechte gegenüber. Insoweit diese Ausflüsse des verwalteten Amtes bilden, werden sie Amtsbefugnisse genannt. Das Strafgesetz, welches die Übergriffe der Beamten mit Strafe bedroht,[1]) bietet ihnen andererseits besonderen strafrechtlichen Schutz.[2]) Außerdem gewährt der Staat den Beamten gewisse Ehren- und Vermögensrechte. Erstere bestehen in Rang, Titel und Uniform (b), letztere (c) während des Dienstes in Gehalt (d) und sonstigen Vergütungen (e) und nach Beendigung des Dienstes in Pension (f) und in Witwen- und Waisenversorgung (g).

§ 70.

b) **Rang und Titel** nebst damit verbundenen Vorrechten werden mit der Bestallung erworben.[3]) Sie können besonders verliehen werden, sind aber meist schon Folgen des Eintritts in eine bestimmte Beamtenstellung.[4])

Die höchste Klasse im Range der Beamten ist durch den Titel „Exzellenz" bedingt, der dauernd erst mit der Ernennung zum „Wirklichen Geheimen Rat" erworben, vorübergehend aber auch von den Staatsministern und Oberpräsidenten während der Dauer dieser Stellung geführt wird.[5]) Außerdem bestehen für die höheren Beamten 5 Rangklassen:

I. Klasse: Unterstaatssekretäre, Ministerialdirektoren und Wirkliche Geheime Ober-Regierungs- (Finanz-, Justiz-, Kriegs-, Berg-) Räte, Präsidenten der Oberrechnungskammer,[6]) des Oberverwaltungsgerichts,[7]) des Kammergerichts[8]) und der Seehandlung.

---

[1]) § 23 Anm. 6.

[2]) LR. II 13 § 16. — § 24 Anm. 2 d. W. — Recht zum Waffengebrauche für Forst- und Jagdbeamte § 128 Anm. 10, Grenzaufsichtsbeamte § 153 Anm. 8, Gefängnisbeamte § 180 Anm. 5, Polizeibeamte § 226 Anm. 2, Strafanstaltsbeamte § 239 Anm. 7.

[3]) LR. II 10 § 84. Titel im Gegensatz zur Amtsbezeichnung ist die mit dem Amt verbundene oder besonders verliehene mit Rangstellung oder ähnlichen Vorrechten verbundene Benennung OV. (LII 442). — Strafe unbefugter Führung StGB. § 360[8]. — Verlust bei Aberkennung der bürgerlichen Ehrenrechte das. § 33 u. 34[3] u. bei Dienstentlassung im Disziplinarverfahren G. 21. Juli 52 (GS. 465) § 16[2]. — Allerhöchst vollzogene Patente über Titel- u. Charakterverleihungen sind stempelfrei Vf. 17. Nov. 96 (MB. 226). — Titelverleihung an Kommunalbeamte § 82 Anm. 14.

[4]) V. 7. Feb. 17 (GS. 61). — Saage, Verordn. üb. den Rang der höheren Beamten (Berl. 05), mit Nachtrag (08). — Bearb. § 73 Anm. 1 d. W. u. Saage (Berl. 05).

[5]) AE. 19. Feb. 49 (MB. 39) und 5. Mai 88.

[6]) § 1—5 u. 7 der V. u. (Oberrechnungskammer) § 123 Anm. 5 d. W. — Ebenso der Oberlandstallmeister AE. 3. April 89 (GS. 95), der Präsident des Oberkirchenrats, als Direktor einer früheren Ministerialabteilung, u. der Präs. der JustPrüfKom. § 180 Anm. 3.

[7]) AE. 6. Nov. 75 (GS. 602). — Die Senatspräsidenten haben den Vortritt vor den Räten d. 2. Klasse AE. 28. Juli 79 (GS. 571).

[8]) AE. 27. Jan. 06 (GS. 3).

II. **Klasse:** **Vortragende Räte der Ministerien und Zentralbehörden mit dem Titel „Geheimer Oberregierungs- &c. Rat", Regierungspräsidenten, Berghauptmänner,**[6] **Oberverwaltungsgerichtsräte,**[7] **Oberlandesgerichtspräsidenten,**[9] **Präsidenten der Eisenbahndirektionen,**[10] **der Zentralgenossenschaftskasse** (§ 327 Abs. 1) **und der Ansiedelungskommission** (§ 343 Abs. 4), **Universitätsrektoren während der Amtsdauer,**[11] **der Polizeipräsident von Berlin,**[12] **die Generalsuperintendenten und der Feldpropst der Armee,**[13] **der Generaldirektor der Staatsarchive und der Oberstaatsanwalt beim Kammergericht.**[8]

III. **Klasse:** Sonstige vortragende Geheime Regierungs- &c. Räte, Präsidenten der Generalkommission[14] und der Bergwerksdirektion Saarbrücken,[15] Oberpräsidialräte,[16] Präsidenten der Oberzolldirektionen,[17] Präsidenten der Oberlandesgerichtssenate und der Landgerichte, Oberstaatsanwälte,[9] die Militärintendanten und die älteren Oberkriegsgerichtsräte,[18] die Rektoren der technischen Hochschulen in Hannover und Aachen und der landwirtschaftlichen und tierärztlichen Hochschule in Berlin,[11] der Amtsgerichtspräsident bei dem Amtsgericht I und der Erste Staatsanwalt bei dem Landgericht I in Berlin,[19] der zweite Direktor der Staatsarchive[20]).

Hinter dieser Klasse folgen die Oberregierungsräte und Verwaltungsgerichtsdirektoren,[21] die Oberbauräte,[10] die Oberforstmeister (§ 57 Abs. 5) und Polizeipräsidenten außer Berlin.[6]

IV. **Klasse:** Regierungs-, Oberberg-, Konsistorial- und Landräte, Polizeidirektoren,[6] Gewerberäte (§ 364 Abs. 4), Regierungs- und Forsträte und Forstmeister,[22] Bergräte,[23] Ökonomieräte,[24] Eisenbahndirektoren,[10] Medizinalräte (§ 264 Abs. 2), Departementstierärzte (§ 357 Anm. 7), Landgerichtsdirektoren, Oberlandesgerichts-, Landgerichts-,

---

[9]) AE. 11. Aug. 79 (GS. 579), Zus. 4 erg. 27. Jan. 98 (GS. 5) I, Vf. JustM. 28. Jan. 98 (JMB. 23). — Kammergericht Anm. 8.

[10]) § 386 Anm. 6 d. W.

[11]) KO. 31. Dez. 18 (KA. III 427); § 307 Anm. 16 d. W.

[12]) KO. 26. Jan. 34 (GS. 19).

[13]) AE. 3. Dez. 32. — Ebenso RMilgerichts-Räte und -Anwälte AE. 23. Feb. 08.

[14]) V. 17 § 2, 4 und 7; von den Räten der Ministerien (und der Oberrechnungskammer Anm. 6) gehören $^2/_3$ der 2. u. $^1/_3$ der 3. Rangklasse an AE. 13. Feb. 36. — Die Ernennung älterer Regierungs- und Landräte zu „Geheimen Regierungsräten" ist nur eine Titelverleihung.

[15]) AE. 15. Juni 92 (GS. 203).

[16]) § 56 Anm. 2 d. W.

[17]) Vf. 15. Dez. 26 (KA. X 934).

[18]) § 103 Anm. 6 u. § 150 Anm. 9.

[19]) AE. 9. Mai 92 (GS. 105) und 19. März 94 (GS. 27).

[20]) AE. 24. März 97 (MB. 95). Den Archivaren der Staatsarchive kann bis zur Hälfte nach zwölfjähriger Dienstzeit die vierte Rangklasse verliehen werden AE. 30. Okt. 07 (GS. 297).

[21]) AE. 4. Aug. 80 (GS. 349).

[22]) AE. 18. Sept. 50 (GS. 489) Nr. 3 u. 14. Okt. 91 (MB. 216), **wonach der Titel „Forstmeister" den älteren Oberförstern verliehen wird.**

[23]) Verleihung des Ranges der 4. Klasse und der Titel Bergrat und Oberbergrat an Beamte der staatlichen Bergverwaltung AE. 5. Nov. 98 (GS. 333), 19. Mai 08 (GS. 139) und 29. März 12 (GS. 52).

[24]) AE. 27. Jan. 98 (GS. 5) V.

Amtsgerichtsräte, Erste Staatsanwälte und Staatsanwaltschafsräe,[25]) desgl. Abteilungsvorsteher bei der Staatsanwaltschaft des Landgerichts Berlin I und Vertreter der Oberstaatsanwälte,[26]) die jüngeren Oberkriegs- und die älteren Kriegsgerichtsräte,[18]) ordentliche Professoren und Direktoren der Kunstakademien, Gymnasien und zu Entlassungsprüfungen berechtigten höheren Bürgerschulen (jetzt der Realgymnasien und Oberrealschulen),[27]) ältere Leiter der sonstigen höheren Schulen und als Professoren charakterisierte Oberlehrer aller höheren Schulen (§ 306 Abs. 3), einschließlich der Landwirtschaftsschulen (§ 337 Abs. 5) und tierärztlichen Hochschulen,[28]) der staatlichen Baugewerk-, Maschinenbau- und sonstigen Fachschulen (§ 364 Abs. 6),[29]) und der Direktoren der Universitätsbibliotheken und der Prov. Staatsarchive,[20]) Katasterinspektoren (§ 141 Abs. 2), Bauräte[30]) und der Landesdirektor von Waldeck.[31])

V. Klasse: Nach den Rechnungs-, Steuer- und Polizeiräten, Landrentmeistern,[32]) und Gewerbeinspektoren (§ 364 Abs. 4) folgen die Assessoren,[6]) sodann die Amtmänner in Waldeck,[31]) Kreisärzte (§ 264 Abs. 3), Kreistierärzte,[28]) Oberförster,[33]) Ökonomiekommissare,[24]) Eichungsinspektoren (§ 375 Abs. 5), Land- und Amtsrichter, Staatsanwälte,[8]) Justizhauptkassenrendanten,[34]) die jüngeren Kriegsgerichtsräte,[18]) die außerordentlichen Professoren und Seminardirektoren,[27]) die Leiter und Oberlehrer der oben (IV. Kl.) bezeichneten Schulen,[29]) sowie gewisse wissenschaftliche Beamte staatlicher Anstalten und Sammlungen,[35]) die Bau- und Maschineninspektoren[30]) und Regierungsbaumeister,[36]) Strafanstalts- und Direktoren der staatlichen Erziehungs- und Besserungsanstalten[37]) und die Geistlichen der Charité, Straf- und Gefängnisanstalten.[38])

Die Titularräte bilden zwei Klassen, welche den übrigen Rangklassen eingereiht sind. Die Räte der ersten Klasse führen in der Regel den Titel „Geheime".[39])

Die Rechtsanwälte folgen nach den Richtern; an ältere wird der Titel „Justizrat" verliehen.[40])

---

[25]) Anm. 8; der mit Leitung der Amtsanwaltschaft Berlin (Mitte) beauftragte Staatsanw. hat den Rang der 4. Kl. AE. 26. März 06 (GS. 116).

[26]) AE. 14. April 02 (GS. 123).

[27]) KO. 13. Nov. 17 u. 23. Dez. 42 (MB. 43 S. 192). — Technische Hochschulen § 307 Anm. 16 d. W.

[28]) § 357 Anm. 3 u. 7 d. W.

[29]) AE. 29. Juli 92 (GS. 264), 27. Mai 95 (GS. 264), 27. Jan. 98 (GS. 5) VI u. VII u. v. 27. Jan. 06 (GS. 174).

[30]) AE. 1. Dez. 79 (MB. 80 S. 4), 17. Juni 81 (MB. 178) u. 27. Jan. 98 (GS. 5) III.

[31]) AE. 26. April 69 (GS. 648).

[32]) V. 17 § 6 A Abs. 3, Vf. 4. Feb. 55 (MB. 17) u. AE. 7. Aug. 99 (GS. 157.)

[33]) KO. 21. Okt. 78 (MB. 248) u. Anm. 22.

[34]) AO. 27. April 85 (MB. 160).

[35]) AO. 10. Aug. 90 (MB. 170).

[36]) AE. 11. Okt. 86 (MB. 212).

[37]) AE. 25. Nov. 68 (GS. 1067) u. 16. Nov. 91 (MB. 216).

[38]) AO. 14. Okt. 91 (MB. 92 S. 31).

[39]) V. 17 § 6 A u. 7[1].

[40]) KO. 1. Nov. 35 (GS. 230).

Die **mittleren Beamten** zerfallen in 4 **Klassen**, deren erste der 5ten der höheren Beamten entspricht:

I. **Klasse**: Ministerialsekretäre.

II. **Klasse**: Referendare[41]) und Regierungsbauführer.[42])

III. **Klasse**: Ministerialkanzleisekretäre und Kanzlisten, Regierungssekretäre,[41]) Kreis- und Oberamtssekretäre,[43]) Polizeidistriktskommissare.[44])

IV. **Klasse**: Regierungskanzleisekretäre und Kanzlisten.[41])

Der Rang der Subalternbeamten 2. Klasse der Lokalbehörden ist verliehen den Kön. Förstern[45]) und den Oberwachtmeistern;[46]) zwischen dieser Klasse und den Unterbeamten stehen die Gendarmen.[47])

Das Rangverhältnis der Zivilbeamten gegenüber den Personen des Soldatenstandes und den Geistlichen ist nicht näher geregelt. Der Rang bei Hofe bestimmt sich nach dem besondern Hofrangreglement.

Im Anschluß an die Rangklassen bestimmt sich die **Uniform** der Beamten.[48])

Dienstjubiläen werden nur bei fünfzigjähriger vorwurfsfreier Dienstzeit berücksichtigt. Kriegsjahre werden dabei nicht doppelt gezählt und Wartezeit nicht eingerechnet.[49])

---

[41]) V. 17 (Anm. 4) § 6 B. — Den Kanzleivorstehern d. Zentralbehörden kann der Titel „Kanzleirat", den sonstigen mittleren Beamten der Titel „Rechnungsrat" verliehen werden AE. 29. Juli 08 (MB. 175).

[42]) AE. 11. Okt. 86 (MB. 212).

[43]) KO. 25. Nov. 43 (GS. 44 S. 15); AE. 13. April 74 (GS. 142).

[44]) AE. 12. Juli 96 (GS. 171).

[45]) AO. 29. Mai 97 (MB. 133).

[46]) Gendarmerie. AE. 15. April 05 (GS. 227), Königl. Polizeiverwaltungen AE. 15. Mai 11 (GS. 78).

[47]) AE. 17. Mai 06 (GS. 193); zugleich ist den zum Tragen des Portepees Berechtigten der Titel Wachtmeister verliehen u. als Fußgend. das Tragen des Offizierdegens außer Dienst gestattet. Gleichen Rang haben die Wachtmeister der Kön. Polizeiverwaltungen AE. 11 (vor. Anm.)

[48]) V. 29. Juli u. Vf. 14. Aug. 89 (MB. 158 u. 204). — Staatseisenbahn- u. Baubeamte AE. 30. Dez. 89 (MB. 90 S. 19), Ausdehnung auf die mit dem Charakter Bau- oder Gewerberat beliehenen Bau- u. Maschineninspektoren im Bereiche der Bau-, Unterrichts- u. landw. Verw. u. die Gewerbeinspektoren AE. 16. Dez. 98 (MB. 99 S. 13). — Insbesondere Forstbeamte Vf. 6. Mai 47 (MB. 267), Regl. 29. Dez. 68 (MB. 69 S. 41), Zus. 31. Jan. 77 (MB. 59) u. Vf. 18. Juli 83 (MB. 163), der Gemeinden AE. 11. Okt. 99 (MB. 203) u. 1. Juli 12 (MB 238); Steueraufsichtsbeamte Vorschriften nebst AusfBest. 4. Okt. 99 (ZB. d. Abg. 245 und 257); städtische Polizeibeamte Vf. 13. Okt. 95 nebst Zusammenstellung (MB. 226) u. (Litewken u. Umhänge) Vf. 7. Mai 04 (MB. 116) und 9. Sept. 05 (MB. 166), Anwendung auf ländliche Vf. 7. Feb. 94 (MB. 42) u. 13. Okt. 95 (MB. 226); ferner (Schutzmannschaft) Regl. 6.|11. Mai 68, AE. 6./11. Mai 69 (MB. 90) und 13. Juni 94 (MB. 117) u. (Berlin) Vf. 12. Juni 98 (MB. 131) und KO. 21. Febr. 06 (MB. 38); Gefängnis- u. Strafanstaltsbeamte Vf. 24. Juni 69 (MB. 198); Unterbeamte der Weinbau- u. Kellereiverwaltungen AO. 12 u. Vf. 22. Feb. 02 (MB. 60); Oberlandstallmeister AE. 27. Dez. 11 (LMB. 12 S. 29), Gestütsbeamte AE. 17. März u. 15. Sept. 62 (MB. 202 u. 203); Lotsenkommandeure und Hafenmeister AO. 26. Okt. 91 (MB. 216). — Anlegung der Uniform bei feierlichen Gelegenheiten und bei Erscheinen vor dem König KO. 6. Okt. 24 (KJ. XXIV 311). — Strafe des unbefugten Tragens StGB. § 360[8].

[49]) KO. 23. Dez. 39 (MB. 49 S. 218).

§ 71.

c) Das **Diensteinkommen**[1]) kann von den Staatsbeamten im Rechtswege in Anspruch genommen werden.[2]) Seine Beschlagnahme, Verpfändung und Übertragung unterliegt im Interesse der Unterhaltsfähigkeit der Beamten mehrfachen Einschränkungen.[3]) Gleiches gilt von dessen Besteuerung durch die Gemeinden (§ 80 Abs. 6). Durch Einberufung zum Militärdienst dürfen Beamte in ihrem Zivildienstverhältnisse keinen Schaden erleiden. Dies gilt vom Dienstalter (Anciennität), wie vom Gehalte. Von letzterem wird deshalb nur im Mobilmachungsfalle die etwaige Offizierbesoldung in Abzug gebracht und auch diese, wenn der Einberufene einen eigenen Hausstand mit Weib oder Kind hat und seinen Wohnort verlassen muß, nur insoweit, als Militär- und Zivilgehalt zusammen den Betrag von 3600 Mark übersteigen.[4]) Ferner wird vom 1. Januar 1892 ab bestimmten Beamten die Zeit, um die infolge der Erfüllung der aktiven Militärpflicht ihre Anstellung im Staatsdienste verzögert wird, auf ihr Dienstalter in Anrechnung gebracht.[5])

§ 72.

d) Die **Besoldung** (Gehalt) wird vierteljährlich im voraus gezahlt.[1]) Ein Anspruch auf Emporsteigen im Gehalte findet abgesehen von den

---

[1]) Diensteinkommen ist alles, was dem Beamten für seine Dienste bar oder in Natur dauernd gewährt werden muß. Es wurde im Laufe der letzten Jahrzehnte erheblich (§ 72 Anm. 2) erhöht.

[2]) Rechtsweg G. 24. Mai 61 (GS. 241) § 1—8. — Das BGB. beläßt die vermögensrechtlichen Ansprüche u. Verbindlichkeiten der Beamten, Geistlichen u. Lehrer u. ihrer Hinterbliebenen aus dem Amts- oder Dienstverhältnisse der Landesgesetzgebung, insoweit es darüber nicht besondere Bestimmungen trifft EG. Art. 80. Solche Bestimmungen ergingen — abgesehen von denen über Vormundschaftsübernahme § 65 Anm. 11, Eheschließung das. Anm. 14 u. Wohnungskündigung § 73 Anm. 2 — über die Verjährung der Ansprüche (in 4 Jahren) BGB. § 197 und über die Haftung des Fiskus für Beamte und der Beamten gegenüber Privaten § 64 d. W. Ebendahin gehören die Bestimmungen, daß der Pfändung nicht unterworfene Forderungen (folg. Anm.) nicht abgetreten werden können BGB. § 400 u. 411 u. daß die Aufrechnung gegen sie unzulässig ist das. § 394; doch bleiben nach EG. Art. 81 für die Abtretung weitergehende landesgesetzliche Einschränkungen (Unabtretbarkeit der Ansprüche auf Ruhegehalt G. 27. März 72 GS. 268 § 26 und auf Witwen- und Waisengeld G. 20. Mai 82 GS. 298 § 17) u. für die Aufrechnung alle abweichenden landesgesetzlichen Bestimmungen in Kraft. — Zuständig sind ohne Rücksicht auf den Wert die Landgerichte G. 24. April 78 (GS. 230) § 39 Abs. 1^{1}.

[3]) ZPO. § $811^{7,8}$ u. 850 Abs. $1^{7,8}$, Abs. 2, 4, 5 nebst § 832, 833; StPO. § 495; BGB. § 400. Für die älteren Prov. gilt gem. EG. Art. 80, 81 noch die weitere Einschränkung der Ger. O. (§ 178 Abs. 2 d. W.) Anh. § 160 ff. nebst KO. 23. Mai 26 (GS. 54), wonach ebenso wie nach dem Pensions G. (§ 74 Anm. 4 d. W.) § 26 u. dem Hinterbliebenenversorgungs G. (§ 75 Anm. 4) § 17 jede Übertragung u. Verpfändung wirkungslos ist.

[4]) RMilG. (Fassung des G. 6. Mai 80 RGB. 103) § 66 u. AusfBest. 6. Jan. 88 (MB. 121, JMB. 170).

[5]) AE. 14. Dez. 91 (JMB. 361, MB. 1892 S. 80), Vf. 8. März 93 (MB. 40) u. 23. Aug. 94 (MB. 195). Anwendbarkeit auf die in mittlere Stellen übertretenden zivilversorgungsberechtigten Unterbeamten, einschl. der Schutzmänner u. Gendarmen AE. 22. April u. Vf. 31. Mai 07 (MB. 168).

[1]) G. 7. März 08 (GS. 35) § 1 u. 11. Mai 98 (GS. 77) § 21. Ausf. Vf. 11. April

Richtern (§ 189 Abs. 3) nicht statt. Der Betrag ist entweder für die einzelnen Stellen gleichmäßig festgestellt (Einzelgehälter), oder er steigt nach Dienstaltersklassen, in denen die Beamten in bestimmten, meist dreijährigen Perioden mit festen Sätzen von einem Mindest- zu einem Höchstgehalte aufrücken.[2]) Das Gehalt besteht in Geld, ausnahmsweise auch in Naturalbezügen (Erleuchtung und Feuerung),[3]) Dienstgrundstücken und Dienstwohnung.[4])

Die unmittelbaren etatsmäßigen Beamten und Lehrer, die nicht schon Anspruch auf freie Dienstwohnung oder Mietentschädigung[5]) haben, erhalten außerdem Wohnungsgeldzuschüsse, die nach dem Range der Beamten in fünf Abstufungen und nach der Zugehörigkeit des Dienstortes zu einer der fünf — für das Reich festgesetzten (§ 24 Nr. 2) — Ortsklassen abgestuft sind.[6])

---

u. (Quittungsformulare) Vf. ObRechKamm. 13. März und Vf. 8. Mai 08 (MB. 92 und 95), 4. Okt. 09 (MB. 231 u. 232). Fällt die Zahlung auf einen Sonn- oder Festtag, so erfolgt sie am Tage vorher Vf. 27. Aug. 03 (MB. 192). Portofreie Zahlung an auswärts stehende Beamte Vf. 13. Dez. 82 (MB. 83 S. 7), bis 800 M. durch Postanweisung Vf. 14. Juli 02 (MB. 125). Nicht etatsmäßige Beamte erhalten ihr Einkommen monatlich, wenn es fest (fixiert) ist, im voraus, sonst nachträglich Vf. 16. Okt. 71 (MB. 305), 19. März u. 24. Mai 74 (MB. 74 u. 163) u. 7. Mai 75 (MB. 166). Zahlung an kündbar angestellte Beamte Vf. 19. Juni 81 (MB. 164), an Hilfsarbeiter StMB. 2. Juli 59 (MB. 106). Verpflichtung zur Rückzahlung beim Ausscheiden U. RGer. 22. Dez. 81 (MB. 88 S. 148). — Das Diensteinkommen zu Gefängnisstrafe verurteilter Beamten wird nur noch zur Deckung der Stellvertretungskosten einbehalten Vf. 19. Okt. 02 (MB. 04 S. 141) u. 10. April 05 (MB. 72). Zu Stellvertretungskosten ist übrigens das bei zeitweiliger Nichtbesetzung der Stelle ersparte Diensteinkommen zu verwenden Vf. 19. Juni 05 (MB. 105). — Rückstände verjähren in 4 Jahren BGB. § 197, 201.

[2]) Diensteinkommensverbesserung vom 1. April 1908 ab G. 26. Mai 09 (GS. 85) § 1—3 nebst BesoldungsO. (GS. 352). Danach steigen die Gehälter auf: A nach Dienstaltersstufen (Klasse 1—53), B in anderer Weise durch Alterszulagen oder nach Durchschnittssätzen (Kl. 54); dann folgen C die Einzelgehälter (Kl. 54) u. D die Gehälter bei der Zentralgenossenschaftskasse (§ 30 Abs. 1). — Festsetzung nach dem Dienstalter u. Anrechnung der Militärdienstzeit der Militäranwärter. (Gehaltsvorschr.) 5. Juni 09 (MB. 11 S. 219).

[3]) Diese können in Dienstgebäuden an Unterbeamte, die Heiz- 2c. Vorräte unter sich haben, von den Provinzialbehörden gegen Entgelt widerruflich bewilligt werden AE. 28. Jan. 62 (MB. 326).

[4]) Regul. 26. Juli u. Vf. 27. Okt. 80 (MB. 264 u. 263, JMB. 330), erg. Nachtr. 20. April 98 (MB. 120), Vf. 10. Okt. 82 (MB. 251), 23. Juli 86 (MB. 157), 7. Aug. 88 (MB. 148), 7. Sept. 89 (MB. 162), 16. Feb. 00 (MB. 99) u. (§ 14) 12. Nov. 00 (MB. 01 S. 12 u. 103), verb. AE. 24. Juni 61 (MB. 217); Forstbeamte Vf. u. Vorschr. 31. Jan. 93 (MB. 31). Berechnung der Vergütungen G. 11. Mai 98 (GS. 77) § 28 u. 29, der Unterhaltungskosten StMB. 13. Mai 84 (MB. 119). — Entschädigungen für Wasserverbrauch und Zentralheizung Vf. 25. Jan. 09 (MB. 49). Einkommenbesteuerung G. 06 (GS. 260) § 14 Abs. 2, Kommunalbesteuerung G. 14. Juli 93 (GS. 152) § 24 Abs. 1 c, k. — Anspruch der Hinterbliebenen § 75 Abs. 2 d. W.

[5]) Diese ist für die betreffenden Beamtengattungen nach den Servisklassen festgestellt. Bemerkungen zur BesoldungsO. 09 (GS. 416) Nr. 5.

[6]) G. 12. Mai 73 (GS. 209), erg. G. 25. Juni 10 (GS. 105); § 6 des ersteren G. ist durch das Umzugskosten G. (§ 73 Anm. 2 d. W.) erledigt.

Neben dem Gehalt wird den Beamten, welche in ihrem Dienst regelmäßige Aufwendungen für Stellung (Repräsentation), Büreau, Pferde und dergl. zu machen haben, eine Dienstaufwandsentschädigung gewährt. Diese kommt bei der Pensionierung nicht in Anrechnung (§ 74) und unterliegt weder der Einkommenbesteuerung (§ 149), noch der Pfändung (§ 202 Abs. 2). Sie wird in der Regel als Pauschsumme festgesetzt und zugleich mit dem Gehalt gezahlt.[7]) Gleiches gilt von der den Beamten gewährten Schreibmaterialienvergütung.[8])

§ 73.

e) Neben den regelmäßigen beziehen die Beamten in gewissen Fällen **besondere Vergütungen.** Bei Dienstgeschäften in einer Entfernung von mindestens 2 km vom Wohnorte werden Reisekosten (Tagegelder und Fahrkosten) gewährt, die nach dem Range der Beamten abgestuft sind.[1]) Nach dem Range werden auch die Umzugskosten bemessen, auf welche die Beamten bei Versetzungen neben den persönlichen Reisekosten Anspruch haben. Außeretatsmäßige Beamte erhalten in der Regel nur die letzteren, Beamte ohne Familie nur die Hälfte der Umzugskosten.[2])

[7]) Behandlung bei Stellvertretungen Vf. 14. Dez. 50 (MB. 367). — Unentgeltliche Verabreichung von Formularen neben der Aufwandentschädigung Vf. 12. Dez. 94 (MB. 95 S. 2).

[8]) StMB. 11. Mai 63 (MB. 189, JMB. 214).

[1]) G. 26. Juli u. Ausf. Best. StM. 24. Sept. 10 (GS. 150 u. 269), Vf. 22. Sept. 10 (MB. 518) u. (Zu- u. Abgänge) 13. Juli 11 (MB. 209); § 4 des G. ist erläutert 20. Mai 12 (GS. 135) und § 28 der Ausf.-Best. aufgehoben gem. Beschl. 24. Juli 13 (GS. 379); ferner (Kraftwagen) 3. Okt. u. (Reisen nach nahe geleg. Orten) 13. Okt. 11 (GS. 206 u. 213) nebst Vf. 31. Okt. 11 (MB. 340). Beamte ohne bestimmten Rang werden durch den Verwaltungsvorgesetzten und den FinMin. eingeordnet G. 10 § 13. So erging für Forstbeamte Vf. 13. Jan. 98 (MB. 36), Katasterkontrolleure 26. Juli 73 (MB. 359), Reg.-Baumeister Vf. 8. Sept. 73 (MB. 276), Landmesser und technische Sekretäre Vf. 2. Aug. 93 (MB. 258), Schutzleute in Berlin u. Umgebung § 228 Anm. 1, Polizeikommissare § 228 Anm. 2, Beamte der geistl., Unterrichts- und Medizinalverw. 24. Aug. 77 (MB. 242), Archivbeamte 9. Dez. 90 (MB. 239), Veterinärbeamte § 357 Anm. 7 d. W., Fischmeister 17. Oktober 79 (MB. 80 S. 23). — Anpassung der Sätze für einzelne nicht zu den unmittelbaren Staatsbeamten gehörige Personenklassen Vf. 26. Feb. 03 (MB. 33). — Sondervorschriften (G. 10 § 17) für Justizbeamte § 185 Anm. 1, Flurschädenabschätzungen § 115 Anm. 10 d. W., Eisenbahnrevisionen u. Strombefahrungen V. 7. Jan. 76 (GS. 31) u. 14. Dez. 98 (MB. 99 S. 12); Beamte der Lokalverw. der Zölle und indir. Steuern V. 22. April 85 (GS. 125) u. 9. Aug. 92 (GS. 240), der Auseinandersetzungsbehörden, der Ansiedlungskommission, der Meliorationsbauverw. u. des Forsteinrichtungsbureau im landw. Min. V. 23. September 11 (GS. 210) und 9. Juli 12 (GS. 203); Gendarmen § 227 Anm. 4, Strafanstaltsbeamte im Aufsichtsdienst außerhalb der Anstalt § 239 Anm. 13, Medizinalbeamte § 264 Anm. 7, Berg-, Hütten- und Salinenbeamte V. 20. März 09 (GS. 23), Staatseisenbahnbeamte § 386 Anm. 8. — Einschränkung d. Dienstreisen Vf. 26. April 09 (MB. 113). — Albrecht, Rangverhältnisse, Tagegelder, Reise- u. Umzugskosten der Reichs-, preußischen Staats- und elf.-lothringischen Landesbeamten (6. Afl. v. Becker Berl. 12.)

[2]) G. 24. Feb. 77 (GS. 15), erg. (§ 3) G. 24. Aug. 96 (GS. 173); Ausf. Vf. 4. Mai 77 (MB. 112) u. f. Forstbeamte Vf. 17. April 77 (MB. 145). — Besondere Sätze für

Unterstützungen an besoldete Beamte werden nur bei besonderem Bedürfnis, Remunerationen nur nach Tüchtigkeit und Leistungen bewilligt. An besoldete höhere oder mittlere Beamte dürfen Unterstützungen nur bei außerordentlichem Bedürfnis und Remunerationen nur für außergewöhnliche Dienstleistungen gewährt werden.[3])

§ 74.

f) Den unmittelbaren Staatsbeamten und den Lehrern an höheren Unterrichtsanstalten mit Ausschluß der Universitäten wird beim Ausscheiden aus dem Dienste ein **Ruhegehalt** (Pension) gewährt.[4]) Dabei wird — soweit es sich nicht um Staatsminister oder um Beamte über 65 Jahre handelt — die eingetretene Dienstunfähigkeit und — soweit diese nicht bei Ausübung oder aus Veranlassung des Dienstes eingetreten ist — eine mindestens 10jährige Dienstzeit vorausgesetzt.[5]) Der Betrag wird nach dem zuletzt bezogenen Diensteinkommen und der seit Beginn des 18ten Lebensjahres oder der früheren Kriegsdienstzeit zurückgelegten Dienstzeit in der Weise bemessen, daß er mit vollendetem 10ten Dienstjahre $^{20}/_{60}$ des Gehalts ausmacht und mit jedem weiter zurückgelegten, bis zum vollendeten 30sten Dienstjahre um $^{1}/_{60}$, von da ab um $^{1}/_{120}$ bis auf $^{45}/_{60}$ steigt.[6]) Die Ent-

---

Gendarmen u. Staatseisenbahnbeamte wie Anm. 1, Volksschullehrer in Westpreußen u. Posen § 305 Anm. 8 d. W. — Vergütung des am bisherigen Aufenthaltsorte weiter zu zahlenden Mietzinses G. 77 § 4 Abs. 2 u. der Vermietungskosten Vf. 7. Juli 10 (MB. 232), 14. Juli 11 (MB. 207) und 12. Sept. 12 (MB. 277). Beamte, Militärpersonen, Geistliche und öffentliche Lehrer können bei Versetzungen das Mietverhältnis unter Einhaltung der gesetzlichen Frist (Schluß des Kalendervierteljahres spätestens am dritten Werktage des Vierteljahres) kündigen BGB. § 570, 565 u. 596 Abs. 3. — Bearb. Anm 1.

[3]) Verrechnung G. 11. Mai 98 (GS. 77) § 23—26.

[4]) PensionsG. 27. März 72 (GS. 268), erg. durch G. 31. März 82 (GS. 133), 30. April 84 (GS. 126) 27. Mai 07 (GS. 95) u. (mittelbare Beamte) G. 1. März 91 (GS. 19). AusfVf. 13. Juni u. 20. Aug. 07 (MB. 202 u. 253) mit Zusammenstellung des veränderten Gesetzestextes; erg. (AV 1 u. 2a) 4. Sept. 07 (MB 253) u. (Gerichtsbehörden) 24. Juni 07 (JMB. 409). Das G findet auf Lehrer u. Beamte an höheren Schulen (§ 306 Abs. 3) Anwendung, und zwar — soweit diese nicht vom Staate zu unterhalten sind — nach Maßgabe des G. 25. April 96 (GS. 87), nebst AusfBest. 1. Juni 96 (ZBU. 452), wonach insbesondere die gesamte, im öffentlichen Schuldienste in Preußen zugebrachte Zeit anzurechnen und die Pension von den zur Unterhaltung der Schulen Verpflichteten gem. V. 28. Mai 46 (GS. 214) § 4—9, 16—18 u. AE. 23. März 48 (GS. 113) aufzubringen ist. Volksschullehrer § 305 Abs. 3. — Verfahren Vf. 24. Sept. 74 (MB. 249) u. in betr. der indir. Steuerverw. 6. Jan. 75 (MB. 66), der Baubeamten 26. Sept. 82 (MB. 256), erg. (Abs. 6) 29. April 99 (MB. 80). Justizbeamte § 188 Anm. 1 d. W. — Das Bezugsrecht darf nicht abgetreten oder verpfändet werden PG. § 26. — Rechtsverhältnis wie § 71 Anm. 2. — Eine ausgedehnte Geschäftstätigkeit für Lebens-, Kapital-, Leibrenten- und Begräbnisgeldversicherung hat der preußische Beamtenverein in Hannover entfaltet.

[5]) PG. § 1 (G. 1882) § 2—7 u. 20 (§ 4 erg. G. 07 Art. I). Zwangsweise (unfreiwillige) Pensionierung dienstunfähiger Beamten § 67[3] d. W.

[6]) PG § 8—19 (§ 8, 16, 17, 19 u. 19a in der Fassung des G. 1882, des G. 12. Mai 90 GS. 43 der G. 1896 u. 1907 Art II—VI; von § 10 (Diensteinkommen) ist Nr. 5 aufgehoben G. 31. März 05 (GS. 177) u. Nr. 1 ergänzt (Berücksichtigung des Wohnungsgeldzuschusses) G. 12. Mai 73 (GS. 209) § 6 u. G. 26. Mai 09 GS. 91 Art. I[3]). Dienstzeit der Beamten des Kunstgewerbemuseums

scheidung hat der vorgesetzte und der Finanzminister; diese können sie aber auf nachgeordnete Behörden übertragen, soweit die Anstellung von diesen oder von den ihnen unterstellten Behörden ausgeht, und haben von dieser Befugnis zu gunsten verschiedener Provinzialbehörden Gebrauch gemacht. Bei Beamten, die vom König ernannt sind, ist Königliche Genehmigung erforderlich.[7]) Die Pension wird vierteljährlich im voraus gezahlt.[8]) Ihr Bezug ruht bei Verlust der Reichsangehörigkeit oder bei Eintritt in ein Reichs- oder Staatsamt, soweit Gehalt und Pension zusammen das frühere Gehalt übersteigen.[9])

Dazu tritt die Unfallfürsorge, die den in unfallversicherungspflichtigen Betrieben (§ 319 Abs. 3) beschäftigten Staatsbeamten oder deren Hinterbliebenen bei Betriebsunfällen ähnlich wie den Reichsbeamten (§ 24 Nr. 7) gewährt wird.[10])

§ 75.

g) Die **Fürsorge für die Hinterbliebenen** umfaßt die Sterbe- und Gnadenbezüge und das Witwen- und Waisengeld.[1])

Um den Hinterbliebenen der Beamten und Pensionäre den Übergang in die neue, meist beschränktere Stellung zu erleichtern, wird das Gehalt außer für den Sterbemonat noch für ein Gnadenvierteljahr fortgewährt. Die Gewährung umfaßt auch die Dienstwohnung mit Ausnahme der Arbeits- oder Sitzungsstube. Die Gnadenbewilligung kommt der Witwe, den ehelichen und legitimierten Nachkommen zu, kann aber auch den von dem Verstorbenen ernährten Verwandten der aufsteigenden Linie, Geschwistern, Geschwisterkindern und Pflegekindern, sowie den Hinterbliebenen dauernd beschäftigter nicht etatsmäßiger Beamten, gewährt werden.[2]) Sie

---

G. 19. Juli 86 (GS. 205). — Die Dienstzeit wird — soweit sie nicht volle Jahre umfaßt — nach Tagen berechnet Vf. 26. Nov. 00 (MB. 01 S. 2), Vf. 10. April 83 (MB. 54), erg. 7. Jan. 05 (MB. 22). — Im Disziplinar- od. strafgerichtlichen Wege entlassenen u. wieder angestellten Beamten wird die vor der Entlassung zurückgelegte Dienstzeit angerechnet Vf. 22. April, 7. Juli u. 24. Sept. 01 (MB. 153, 189 u. 220).

[7]) PG. § 21—23 (in der Fassung des G. 1884). Übertragung auf die Provinzialbehörden der allgemeinen Verw. Vf. 29. Juli u. 20. Okt. 84 (MB. 194 u. 231), erstere (Nr. 12) geändert Vf. 22. April u. 24. Mai 01 (MB. 153 u. 160) u. (Geltung im Geschäftsbereiche des Kultusministers) 11. Okt. 84 (ZBUB. 85 S. 136), der Forstverwaltung 12. Nov. 84 (MB. 266), auf die Oberzolldirektoren (ZB. der Abgaben 1884 Nr. 22), im Bereich der Justizbeamten Vf. 17. März 85 (JMB. 104), der Beamten der landwirtschaftlichen Verwaltung Vf. 16. Jan. 85 (MB. 30), auf die Eisenbahndirektionen Bek. 10. Okt. 84 (Eisenb. VB. Nr. 28).

[8]) PG. § 25 in Fassung des G. 07 Art. VII. Quittungsformulare Vf. Ob-RechnKam. 18. Dez. 08 (MB 09 S. 28).

[9]) PG. § 27—29, in Fassung des G. 07 Art. VIII u. IX; Ausf. Vf. 22. Jan. 09 (MB. 63). — Zahlung der Zivilpensionen u. Wartegelder (§ 67 [2] d. W.) an auswärts wohnende Empfänger bis zu 800 M. monatlich durch Postanweisung Vf. 14. April 99 (MB. 54). Militärpensionen § 101 Anm. 23 u. 30 d. W.

[10]) G. 2. Juni 02 (GS. 153); Ausf. im Bereich der Bauverw. Vf. 16. Sept. 87 (MB. 207), der Verw. des Innern und der Landwirtschaft 24. März 05 (MB. 537) u. 6. Juli 07 (MB. 254.)

[1]) Rechtsverhältnis wie § 71 Anm. 2.

[2]) G. 7. März 08 (GS. 35) § 2—6, Ausf. Best. 11. April 08 (MB. 131) u. (Verrechnung) 11. Mai 98 (GS. 7

ist der Beschlagnahme durch die Gläubiger und der Kommunalbesteuerung nicht unterworfen.[3])

Nach Ablauf der Gnadenzeit erhalten die Witwen und Waisen der pensionsberechtigten unmittelbaren Staatsbeamten ein monatlich im voraus zu zahlendes **Witwen- und Waisengeld.** Das Witwengeld beträgt 40 v. H. der Pension, die der Beamte am Todestage erdient haben würde, mindestens 300 M. und höchstens 5000 M. Das Waisengeld besteht, wenn die Mutter lebt, für jedes Kind in einem Fünftel des Witwengeldes, andernfalls in einem Drittel. Mit der Wiederverheiratung der Witwen oder der Vollendung des 18. Lebensjahrs seitens der Waise erlischt der Bezug.[4]) Diejenigen Beamten, die bereits Mitglieder einer Militär- oder Staatsbeamtenwitwenkasse waren, konnten diese Mitgliedschaft beibehalten.[5]) Insoweit verbleibt auch die königl. allgemeine Witwenverpflegungsanstalt in Wirksamkeit,[6]) die von einer dem Finanzminister unterstellten Generaldirektion verwaltet wird.[7])

V. Kommunalverbände.

1. Übersicht.

§ 76.

Der Staat gliedert sich in Provinzen, Kreise und Gemeinden (§ 55), und diese Glieder haben die doppelte Bedeutung als Bezirke der staatlichen Verwaltung und als Verbände zur Erreichung selbständiger wirtschaftlicher Zwecke. In den **Gemeinden** ist letztere Bedeutung die ursprüngliche und überwiegende. Ihre Bezirke und Organe sind zunächst für die eigenen Angelegenheiten eingerichtet und erst später vom Staate für dessen Zwecke herangezogen. Umgekehrt bildeten die Provinzen und Kreise anfänglich Verwaltungsbezirke mit staatlichen Behörden, und erst die auf die **Selbstverwaltung** gerichteten Bestrebungen der Neuzeit haben sie als **Verbände höherer Ordnung** (weitere Kommunalverbände) mit

---

§ 22. — Pensionäre PensG. (§ 74 Anm. 4) § 31 in Fassung des G. 07 Art. X. Ausf. Best. 11. April 08 (MB. 131 u. 255.) Städtische Beamte § 78, Volksschullehrer § 305 Abs. 4 d. W.

[3]) § 202 Anm. 11 u. § 80 Abs. 6 d. W.

[4]) G. 20. Mai 82 (GS. 298), erg. Erlaß der Beiträge § 1—6) G. 28. März 8 (GS. 48) u. (§ 8—12) G. 1. Juni 7 (GS. 169) und 26. Mai 09 (GS. 5) § 4, ferner (§§ 1, 12a, 20) G. 7. Mai 07 (GS. 99) und (§ 8 Abs. 2, 3) . 26. Mai 09 (GS. 85) § 4. AusfBest. . Juni, 7. Juli u. 27. Sept. 82 (MB. 00, 171 u. 248, JMB. 150 u. 1886 . 123), 10. u. 23. April 83 (MB. 54 . 59, JMB. 139), 30. Dez. 84 (MB. 5 S. 7, JMB. 85 S. 32), 3. Dezember 10 (MB. 11 S. 2), AusfBest. 07 u. Quittungsformulare wie § 74 Anm. 8. Anwendung auf im Reichsdienste wiederangestellte Pensionäre Vf. 9. Juni 86 (MB. 118, JMB. 190). Übertragung der Bewilligung auf die Provinzialbehörden f. die Beamten der landwirtschaftlichen Verwaltung Vf. 28. April 85 (MB. 84), der Forstverw. zwei Vf. 28. Mai 85 (MB. 138). — Zahlung durch Postanweisung Vf. 30. Aug. 00 (MB. 246). — Entschädigung bei Betriebsunfällen § 74 Abs. 2 d. W.

[5]) G. 1882 § 22, 23 u. G. 88 Art. II.

[6]) Regl. 28. Dez. 1775 (NCC. V. c. 381) u. G. 17. Mai 56 (GS. 477).

[7]) Publ. 17. Jan. 38 (GS. 11) III. 1.

körperschaftlichen Rechten und eigenen Organen ausgestattet.[1]) Diese Bestrebungen traten bereits in den in den Jahren 1823 bis 1830 erlassenen Kreis- und Provinzialordnungen hervor, haben aber erst in einer späteren Neugestaltung ihren festen Abschluß gefunden.[2]) Nach dieser wird bei vollständiger Überweisung einzelner Verwaltungszweige an die Selbstverwaltungskörper auch deren Mitwirkung bei Geschäften der allgemeinen Staatsverwaltung in ausgedehntem Umfange in Anspruch genommen (§ 54). Sonst ist die Kommunalgesetzgebung, wenn auch einzelne Gebiete gemeinsam behandelt sind (§ 77 Abs. 1), noch eine für die Landesteile und für Land und Stadt getrennte geblieben. Auch hat die Verfassung vorgeschrieben, daß die Vertretung und Verwaltung der Gemeinden, Kreise und Provinzen durch besondere Gesetze bestimmt werde.[3])

Die Dreiteilung in Gemeinden, Kreise und Provinzen gestattet die Erfüllung aller staatlichen und Verbandszwecke, ohne daß es weiterer Zwischenglieder bedarf, und dieses tritt um so mehr hervor, je weiter die Einrichtung dieser Verbände entwickelt ist. Die Beseitigung der zwischen Provinzen und Kreisen noch bestehenden kommunalständischen Verbände ist hiernach nur eine Frage der Zeit.[4]) Aus demselben Grunde erscheint auch die Einschiebung von Samt- und Amtsgemeinden zwischen Kreis und Gemeinde verwerflich.

Die Einrichtung der Selbstverwaltung beruht auf dem Grundbesitz und der Mehrheitswahl durch die Beteiligten. Auf diesen Grundlagen bilden sich Vertretungen (Gemeinde-, Stadtverordnetenversammlungen, Kreis- und Provinziallandtage), welche die Verwaltung überwachen, während diese selbst von enger begrenzten Vertretungskörpern (Magistraten, Kreis-, Provinzialausschüssen) geführt wird, die Vorbereitung und Ausführung aber gewählten Einzelbeamten (Gemeindevorstehern, Bürgermeistern, Landesdirektoren) übertragen ist.

---

1) Die Kommunalverbände haben sich von unten aufgebaut, während die Behörden von oben herab eingerichtet wurden. — Selbstverwaltung § 54 Anm. 3. — Schön, Recht der Kommunalverbände in Preußen (Leipz. 97), Bearb. der Gesetzgebung vom Verfasser (Berl. 05).

2) § 83 u. 84 d. W. — Geschichte § 31 Abs. 4. — Preußen, wie im wesentlichen auch Deutschland, hat den Mittelweg eingeschlagen zwischen dem streng zentralisierten Frankreich, das die Selbstverwaltung nur als genau umschriebenes und eng eingegrenztes Glied der staatlichen Verwaltung kennt, und dem frei gestalteten England, das die gesamte örtliche Verwaltung bis auf die Justiz und einen Teil der Polizei in Gemeinde und Grafschaft verweist und dem Staate nur eine ergänzende Tätigkeit beläßt.

3) VU. Art. 105 (G. 24. Mai 53 GS. 228). Nach der ursprünglichen Fassung war eine gemeinsame Regelung für Stadt und Land beabsichtigt. Demgemäß ergingen die GemeindeO. u. die Kreis-, Bezirks- u. ProvO. 11. März 50 (GS. 213 u. 251). Beide sind aufgehoben und die früheren Vorschriften wieder in Kraft gesetzt G. 24. Mai 53 (GS. 238).

4) Kommunalständische Verbände für Verwaltung von Kredit- u. Wohlfahrts-Anstalten u. Stiftungen bilden die Niederlausitz, die Oberlausitz, die Altmark u. die 7 Provinziallandschaften in Hannover f. die Fürstentümer Kalenberg, Göttingen und Grubenhagen, d. Fürstent. Lüneburg, die Grafschaften Hoya-Diepholz, das Herzogt. Bremen u. Verden, das Fürstent. Osnabrück, das Fürstent. Ostfriesland u. das Fürstent. Hildesheim V. 22. Sept. 67

Mit der Erweiterung der Selbstverwaltung hat auch das **Finanzwesen der Kommunalverbände**, das auf ähnlichen Grundlagen wie das des Staates[5]) beruht, eine erhöhte Bedeutung gewonnen. — Als Einnahmen finden sich neben Vermögenseinkünften, Gebühren, Beiträgen und Steuern auch Dotationen und Beihilfen, die von dem Staate oder den höheren Verbänden bei Übertragung einzelner Verwaltungszweige oder zur Ausgleichung der zwischen Bedürfnis und Leistungsfähigkeit in den Verbänden hervortretenden Mißverhältnisse gewährt werden.[6]) Die Vermögenseinnahmen (§ 79 Abs. 1) sind nur in den Gemeinden von größerer Bedeutung. Den Schwerpunkt bilden überall die Steuern, und auch hier treten die Gemeinden in den Vordergrund, da auf diese der Bedarf der höheren Verbände verteilt wird, und so deren Steuern gemeinsam mit den Gemeindesteuern zur Veranlagung und Hebung gelangen (§ 83 Abs. 2, § 84 Abs. 2).[7])

2. Die Gemeinden.

a) Gemeinsame Bestimmungen.

§ 77.

aa) **Geschichte und Grundlagen der Gemeindeverfassung.** Die Gemeinden i. w. S. zerfallen in Stadtgemeinden und Landgemeinden (Dörfer) nebst Gutsbezirken.[1]) Die Gemeinde bildet den Grundstein des ganzen Staatsorganismus, den nicht weiter auflösbaren untersten Knoten, in dem alle Fäden des öffentlichen Lebens zusammenlaufen. Sie ist gleichzeitig wirtschaftlicher und politischer Verband und wurzelt bei dieser Doppeleigenschaft sowohl in der älteren Marken- wie in der früheren Gerichtsverfassung.[2]) Sie ist dabei die Heimstätte aller Selbstverwaltung, wenn-

(GS. 1635). Aufgehoben sind dagegen die Verbände für die Kurmark G. 22. Mai 02 (GS. 149), das in § 2 Bestimmung über die fernere Unterhaltung der Ritterakademie in Brandenburg trifft, für die Neumark 19. Jan. 81 (GS. 10) u. für Hinter-, Alt- u. Neuvorpommern 18. Jan. 81 (GS. 7). — Die Regierungsbezirke bilden, abgesehen von Hessen-Nassau und Hohenzollern (§ 84[2] d. W.), keine Verbände.

[5]) Voranschlags-, Kassen-, u. Rechnungswesen § 121—123, Nutzung der Staatsgüter u. Forsten § 127, Staatsschulden § 131 u. (Inhaberpapiere) § 323 Abs. 4. — Grundstücksübertragungen des diesen können durch Landesgesetz erfolgen EG. z. BGB. Art. 126. — Befreiung von der Grundbucheintragungspflicht § 211 Anm. 2 d. W.

[6]) Dotationen sind Zuwendungen mit allgemeiner Zweckbestimmung ohne Verpflichtung, die Einzelverwendung nachzuweisen. Andere Zuwendungen heißen Beihilfen oder Betriebszuschüsse. Dotationen der Kreise § 83 Anm. 4, 5, der Provinzen § 84 Anm. 4. Beihilfen an Gemeinden § 79 Abs. 3.

[7]) Anleihen der Gemeinden § 79 Anm. 6, Kreise § 83 Anm. 13, Provinzen § 84 Anm. 13 d. W.

[1]) Die Zahl der Landgemeinden und Gutsbezirke hat sich in den letzten Jahren nicht unerheblich vermindert; am 1. Dez. 10 wurden 1276 Städte, 35970 Landgemeinden und 15368 Gutsbezirke gezählt. Eine weitere Zusammenlegung ist erwünscht § 81 Abs. 3 d. W.

[2]) Die Entwickelung der Städte beruht auf dem Marktrechte, das rechtlich als Privilegium von dem Kaiser, später auch von den Landesherren verliehen wurde und wirtschaftlich die beliehenen Gemeinden zu

gleich diese Bedeutung in den verschiedenen Stufen der staatlichen Entwickelung nicht immer in gleichem Maße zur Geltung gekommen ist. Während des Mittelalters konnte die Gemeinde sich ziemlich frei bewegen.

Vereinigungspunkten des Handels u. Verkehrs und der Kaufleute und Handwerker werden ließ. Mit dem Marktrechte waren andere Privilegien, insbesondere Befreiungen von der allgemeinen Gerichtsbarkeit verbunden, infolge deren die Abhängigkeit von dem Könige, Bischofe oder Grundherrn (Mediatstädte) allmählich schwand. Die Privilegien wurden in den bedeutenderen Städten (Lübeck, Hamburg, Dortmund, Soest, Köln, Magdeburg, Kulm) zu Stadtrechten ausgebildet, die auch in benachbarte Städte Eingang fanden. Die Gerichtsbarkeit führte unter einem vom Gemeindeherrn ernannten Schultheiß das Schöffenkollegium. Aus diesem entwickelte sich seit dem 12. Jahrhundert der Rat, der die Bürgerschaft vertrat und regierte und allmählich den Schultheiß durch einen selbstgewählten Bürgermeister ersetzte. Der Rat ging aus den vornehmen Klassen der Bürgerschaft durch Wahl, später auch durch Selbstergänzung hervor; im 14. und 15. Jahrhundert erlangten auch die aufblühenden Zünfte (§ 363 Abs. 3) eine Teilnahme an der Verwaltung, die dann in Ermangelung jeder Überwachung vielfach unter eigensüchtigen Bestrebungen ausartete. — Völlig abweichend war die Entwickelung der **Landgemeinden**, deren ursprüngliche Bedeutung in der gemeinschaftlichen, auf gleichmäßiger Bewirtschaftung (Flurzwang, Dreifelderwirtschaft § 352 Anm. 1) beruhenden Benutzung der Mark u. in der gemeinsamen Benutzung der in Wald, Weide, Gewässern u. dgl. bestehenden Allmende zu suchen ist (§ 342 Abs. 1 u. 343 Anm. 1). Der Dorfbezirk bestand demgemäß aus dem eigentlichen Dorfe mit den Höfen, der geteilten und der ungeteilten Feldmark und die Gemeinde aus den Markgenossen (den Besitzern eines zum selbständigen Betriebe geeigneten Gutes). Erst in neuester Zeit ist diese Realgemeinde durch Einbeziehung der kleineren Besitzer und der besitzlosen Bewohner (Käthner, Büdner, Häusler, Heuerlinge) zur Personal- (politischen) Gemeinde geworden. Im westlichen und südlichen Deutschland standen diese Gemeinden anfänglich frei neben den Gütern der Grundherrschaft, gerieten aber, als das Bedürfnis größeren Schutzes sich geltend machte, im Erbzins- u. Erbpachtverhältnis in Abhängigkeit zu den Grundherren, die außerdem ihr eigenes Gebiet mit Hörigen besiedelten und über Erbzinsleute und Hörige allmählich obrigkeitliche Gewalt erlangten (§ 338 Abs. 1). Nur in einzelnen Gegenden Süddeutschlands, in Kleve, Westfalen, Niedersachsen u. Friesland erhielten sich freie Bauerndörfer. Nicht aus den Markgenossenschaften, sondern durch umfassendere Besiedelungen wurden im 12. u. 13. Jahrhundert in dem außerhalb der Reichsgrenze belegenen Nordosten Deutschlands durch die Markgrafen in Brandenburg, den deutschen Orden in Preußen und die pommerschen und schlesischen Herzöge geschaffen. Neben größeren Gütern, die sie gegen Ritterdienstpflicht unter Befreiung von bäuerlichen Besitzabgaben an Ritterbürtige verliehen (Rittergütern), gaben sie und ebenso die Gutsherrn an Unternehmer eine Anzahl Hufen gegen die Verpflichtung, diese mit Ansiedlern zu besetzen, während die Unternehmer einige Hufen zinsfrei zu Lehen erhielten, mit denen das Schulzenamt erblich verbunden war. Als die Markgrafen dann im 14. Jahrhundert ihre Rechte in großem Umfange verpfändeten u. veräußerten, wurden die markgräflichen Dörfer zu gutsherrlichen. Der Einziehung bäuerlicher Grundstücke (dem Legen der Bauern), auch wo diese frei (wüst) geworden waren, wurde später von den preußischen Königen unter Festsetzung bestimmter Normaljahre durch eine Reihe von Edikten (1714, 1717, 1739, Schlesien 1749 u. 1764, Westpreußen 1772, Ostpreußen 1806) entgegengetreten. Dadurch war der willkürlichen Ausdehnung der Rittergüter vorgebeugt und eine Abgrenzung zwischen Gemeinde- und Gutsbezirken angebahnt. Das gutsherrliche Aufsichtsrecht bestand jedoch fort. So im LR. (II 7 § 32—36, 47), wo aber die Verhältnisse der Dorfgemeinde — wenn auch nur subsidiarisch — zum erstenmal für den ganzen Staat geregelt werden (II 7 § 18—86). Dabei wurde die Gemeinde — entsprechend der seit Anfang des 18. Jahrhunderts herrschenden Anschauung — als Körperschaft anerkannt § 19) u. damit der selbständigen Weiterentwickelung zugeführt. Obwohl dann die wirtschaftlichen Verhältnisse durch die Agrargesetzgebung schon im Anfang des

Einschränkungen erlitt sie höchstens durch die Grundherrschaft; der Staat trat ihr nirgends in den Weg. Mit dem Wachsen der landesherrlichen Gewalt seit dem 17. Jahrhundert trat die selbständige Bedeutung der Gemeinden dagegen zurück. Der absolute Staat sah in ihr nur den Verwaltungsbezirk, im Gemeindevorsteher nur den Staatsbeamten, in der Gemeindesache nur die Staatsangelegenheit. Die weiteste Ausbildung fand dieses System in Frankreich, dessen Einrichtungen auf das westliche Deutschland nicht ohne Einfluß geblieben sind. Immerhin hatten sich einzelne Keime des freien Gemeindewesens durch diesen Zeitraum hindurch gerettet. An diese hat die Gesetzgebung des 19ten Jahrhunderts wieder angeknüpft und die kommunale Selbständigkeit mit dem heutigen Staatswesen zu vereinigen gesucht. Den Beginn machten die Städte, denen schon durch die Unabhängigkeit vom Grundherrn eine freiere Stellung verblieben war. Vorbild wurde die preußische Städteordnung des Freiherrn v. Stein, die zur Erweckung des Interesses und Anteils der Bürger an den öffentlichen Angelegenheiten diese in ausgedehnter Weise zu persönlicher Tätigkeit im Dienste der Gemeinde berief,[3]) in den später erworbenen Landesteilen jedoch in einer veränderten, die Staatsaufsicht stärker betonenden Gestalt zur Geltung gelangte.[4]) Nach Beseitigung des Planes einer einheitlichen Regelung ist die Gemeindegesetzgebung wieder zu dem früheren Grundsatze zurückgekehrt, nach dem sowohl die einzelnen Landesteile, als innerhalb dieser die Stadt- und Landgemeinden ihre gesonderte Ordnung fanden (§ 76 Abs. 1). Nur einzelne Gegenstände haben eine gemeinsame Regelung erfahren. Insbesondere sind unbeschadet der verschiedenartigen inneren Verfassung (§ 81, 82) die Grundsätze über die äußere Stellung der Gemeinde, über Gemeindewahlrecht, Gemeindebeamte, Vermögensverwaltung und Gemeindeabgaben im wesentlichen gleichartig festgestellt.

Die Gemeinde beruht — wie der Staat (§ 1 Abs. 1) auf einer dinglichen und einer persönlichen Grundlage, auf dem Gemeindebezirk und der Einwohnerschaft. Während in den älteren Gemeindeverfassungen das Gemeinderecht (Bürgerrecht), das nicht nur die politischen, sondern auch die wirtschaftlichen Berechtigungen in der Gemeinde in sich schloß, nur durch Geburt oder Verleihung erworben wurde, haben die neueren Gesetzgebungen diese Berechtigung lediglich von gewissen persönlichen Eigenschaften abhängig gemacht. Sie entstehen und erlöschen mit diesen Voraussetzungen, ohne daß es einer Verleihung durch die städtischen Behörden oder einer Willensäußerung der Beteiligten bedarf.[5]) Die Gemeindeange-

19. Jahrhunderts völlig umgewandelt wurden, erfolgte die Neuordnung der Gemeindeverfassungen doch erst später. Sie begann in Westfalen und der Rheinprovinz (§ 81[8]), während sie für die östlichen Provinzen erst nach Aufhebung der gutsherrlichen Aufsicht (§ 83 Anm. 9) im Jahre 1891 zum Abschluß gelangte (§ 81[1]).

[3]) StädteO. 19. Nov. 08 (GS. 324).

[4]) Rev. StO. 17. März 31 (GS. 9).

[5]) Abweichend die hannoversche

hörigkeit, die zur Tragung der Gemeindelasten verpflichtet und zur Benutzung der Gemeindeanstalten berechtigt, wird lediglich durch Wohnsitznahme erworben und diese darf nur unter bestimmten Voraussetzungen versagt oder beschränkt werden.[6]) Personen, die, ohne im Gemeindebezirk zu wohnen, daselbst Grundbesitz haben, oder ein stehendes Gewerbe, eine Pachtung oder Bergbau betreiben, heißen Ausmärker (Forensen) und haben nur die aus diesem Besitz oder Betriebe entspringenden Rechte und Pflichten. Die Gemeindeangehörigkeit fällt weder mit dem Recht auf Unterstützung (Unterstützungswohnsitz § 284 Abs. 4), noch mit dem politischen Gemeindewahlrecht und der damit verbundenen Pflicht zur Übernahme von Gemeindeämtern (Gemeinderecht oder Gemeindemitgliedschaft § 81 Abs. 3, Bürgerrecht § 82 Abs. 2) zusammen, die beide von besonderen Voraussetzungen abhängig sind. Für die Gemeinden gilt, abgesehen von der Provinz Hannover, den Städten in Neuvorpommern und Schl.-Holstein, der Stadt Frankfurt a. M. und der Landgemeinde Helgoland, die Dreiklassenwahl.[7])

Die Gemeinde bildet eine Körperschaft,[8]) deren Rechte und Pflichten sich in drei verschiedenen Beziehungen äußern. Anderen natür-

---

StädteO. § 82 Anm. 30; Verleihung des Ehrenbürgerrechts § 82 Abs. 2 d. W.

[6]) § 10 d. W. — Die Wohnsitznahme hat neben der subjektiven eine objektive Grundlage und fordert außer dem Willen,. einen bestimmten Ort zum dauernden Aufenthalt und Mittelpunkt der Lebensverhältnisse zu machen, auch dessen Verwirklichung durch die Tat OV. (XV 58). Das BGB. § 7—11, setzt eine ständige Niederlassung voraus und kennt einen doppelten Wohnsitz. Während für diesen Wohnsitz schon ein Unterkommen genügt, ist für den steuerlichen Wohnsitz das Innehaben einer Wohnung mit der Absicht dauernder Beibehaltung erforderlich. Kommunalabgaben § 80 Anm. 19, Doppelbesteuerung § 140, Anm. 4, Einkommensteuer § 149 Anm. 4 d. W. Für die ältere Kommunalgesetzgebung gilt der Wohnsitz des bürgerlichen Rechts StO. 30. Mai 53 (GS. 261) § 3 Abs. 2 KrO. 81 (GS. 180) § 6, desgl. für das Kirchensteuerrecht (§ 293 Abs. 3 d. W.) OV. (LI 182), für die spätere dagegen nach Vorgang des G. f. d. Rheinprov. 30. Juni 84 (GS. 307) der steuerliche Wohnsitz LandgO. 3. Juli 91 (GS. 233) § 7 Abs. 2. Servisberechtigte Militärpersonen § 101 Abs. 5 d. W.

[7]) Die Dreiklassenwahl (Landgemeinden § 81 Abs. 4, 7, 8, Städte § 82 Abs. 2, 3), die zuerst in der rhein. GemO. 23. Juli 45 (§ 81 Anm. 21 d. W.) u. dann in der GemO. 11. März 50 (§ 76 Anm. 3 d. W.) auftrat, erfolgt nach den für Landtagswahlen maßgebenden Grundsätzen (§ 42 Abs. 4), doch werden die Abteilungen in den mehrere Urwahlbezirke umfassenden Gemeinden für die Gemeinden (nicht für die Urwahlbezirke) gebildet G. 30. Juni 00 (GS. 185) § 1. Daneben wird die Wahlberechtigung in den Gemeinden teils weiter (Ausmärker, juristische Personen, für manche Gemeinden Frauen und Minderjährige), teils enger (Mindeststeuerleistung, Bürgerrecht) begrenzt. In Gemeinden mit mehr als 10000 Einwohner werden ferner zum Schutze des Mittelstandes Wähler, deren Steuerbetrag den Durchschnittsbetrag der einzelnen Wähler übersteigt, stets der 2. oder 1. Abteilung zugewiesen u. im Falle der Zuweisung beide Abteilungen durch Halbierung der auf sie entfallenden Gesamtsteuerbeträge voneinander geschieden G. 00 § 2; durch ein mit Zweidrittelmehrheit beschlossenes Ortsstatut kann ferner ein den Durchschnittsbetrag bis zur Hälfte übersteigender Betrag zu Grunde gelegt oder die Einteilung der drei Abteilungen nach $^5/_{12}$, $^4/_{12}$ u. $^3/_{12}$ vorgenommen werden § 3 u. 4. Ferner können in den Städten Abstimmungsbezirke gebildet werden § 6. — AusfBest. 20. Sept. 00 (MB. 225), erg. Bf. 14. Juli 02 (MB. 156). — Bearb. vom Verfasser (§ 76 Anm. 1) S. 3.

[8]) Anm. 2. — LGO. 3. Juli 91

lichen oder juristischen Personen gegenüber sind diese Beziehungen vorwiegend privatrechtlicher Natur und Gegenstand des bürgerlichen Rechts.[9]) Ihren Angehörigen gegenüber ist dagegen die Gemeinde mit mehrfachen besonderen Befugnissen (Besteuerungs- und Beitreibungsrecht Nr. 4, Zwangbefugnis § 59 Abs. 6) ausgerüstet, die sie als Trägerin der öffentlich rechtlichen Staatsgewalt erscheinen lassen. Endlich tritt ihre öffentlich rechtliche Bedeutung aber in den Beziehungen zu den über ihr stehenden öffentlichen Körperschaften hervor. Sie bildet nicht nur ein Glied des Kreises (§ 83 Abs. 1) und mit diesem der Provinz, sondern hat auch als örtlicher Bezirk der staatlichen Verwaltung (§ 55) eine Reihe von Pflichten[10]) und von Rechten, die insbesondere in der bevorzugten Stellung ihrer Behörden und Beamten in Erscheinung treten. Die Gemeinden genießen ein ausgedehntes Selbstverwaltungsrecht (§ 76 Abs. 3). Sie können insbesondere auf wirtschaftlichem Gebiete ihre Wirksamkeit auf alles erstrecken, was die Wohlfahrt des Ganzen und die geistigen und materiellen Interessen der Einzelnen betrifft, insbesondere die dazu erforderlichen gemeinnützigen Anstalten errichten.[11]) Nur in Rücksicht auf die Erhaltung der finanziellen Leistungsfähigkeit wird ihnen hierin eine Grenze gezogen. Sie können auch Gemeindestatuten (ortsstatutarische Anordnungen) erlassen, die ein geschriebenes Ortsrecht bilden, sich auf Angelegenheiten der Gemeinde beschränken müssen und den Gesetzen nicht widersprechen dürfen. Sie erfordern gemeinsame Beschlüsse des Gemeindevorstandes und der Gemeindevertretung und Bestätigung der

---

(GS. 233) § 5 StO. 30. Mai 53 (GS. 261) § 9. — Änderung der Ortsnamen ist dem Landesherrn vorbehalten; die Schreibweise wird landespolizeilich festgestellt OV. 21. Sept. 00 (XXXVIII 421). Ortsnamen mit unterscheidendem Vorsatzwort sind ohne, die aus mehreren Stammworten zusammengesetzten dagegen mit Bindestrich zu schreiben Vf. 9. Okt. 10 (MB. 299). Name und Zugehörigkeit des Orts zum Verwaltungs- u. zum Landwehrbezirk sind durch aufgestellte Ortstafeln kenntlich zu machen KO. 25. Aug. 20 (AA. IV 567), Vf. 5. Feb. 89 (MB. 45).

[9]) Befreiung vom Stempel § 155 Abs. 2, von Gerichtskosten in Armensachen § 195 Abs. 3, Recht auf Fundsachen § 262, Haftung für Beamte § 64 d. W. Zahlungen und Aufrechnung wie beim Fiskus (§ 122 Anm. 18). — Beurkundung der Grundbertragungsverträge durch eigene Beamte 210 Anm. 3 u. Befreiung von der Eintragungspflicht § 201 Anm. 2; Gerichtsstand ZPO. § 17 u. 22; Zustellungen das. 171 Abs. 2 u. 184; Zwangsvollstreckung G.) Fassung des G. 17. Mai 98 RGB. 332 Art. II 3) § 15^3, preuß. GerO. Anh. § 153 nebst Vf. 17. Nov. 47 (MB. 277) u. ZustG. § 17^4 u. 33^4. — Stellung im Konkurse § 139 Anm. 8.

[10]) Verpflichtung zur Haltung der GS. und des Amtsbl. § 38 Abs. 3, zur Stammrollenführung § 98 Abs. 1, zu Friedens- u. Kriegsleistungen § 112—114, zur Mitwirkung bei Veranlagung und zur Hebung der Staatssteuern § 141 Abs. 1, zur Besorgung der Standesamtsgeschäfte § 207 Abs. 2, zur Bestellung von Waisenräten § 208 Abs. 5, zur Tragung der Polizeiverwaltungskosten § 224 Abs. 2, zum Schadenersatze bei Aufläufen § 245 Abs. 4, zu Einrichtungen bei übertragbaren Krankheiten § 269 Anm. 13 u. 32, zur Armenpflege § 284 Abs. 1, zur Unterhaltung der Volksschule § 303 Abs. 4, zur Einziehung u. teilweisen Tragung der Beiträge für die Zweiganstalten der Unfallversicherung § 319 $^{\text{I Abs. 3}}$, zur Stierhaltung § 356 Anm. 12, z. Wegebau § 382 Abs. 1, zur Reinigung der öffentlichen Wege § 384 Abs. 6.

[11]) OV. (XII 155, XIX 175).

Aufsichtsbehörde.[12]) — Als öffentliche Körperschaften unterliegen die Gemeinden der staatlichen Aufsicht.[13])

Der Zusammenschluß zu Zweckverbänden zur Erfüllung einzelner kommunaler Aufgaben, der vordem auf Landgemeinden und Gutsbezirke in den östlichen Provinzen, in Schleswig-Holstein und Hessen-Nassau beschränkt war, ist jetzt auf alle Landesteile, auf Stadtgemeinden und daneben auch auf Ämter, Bürgermeistereien und Landkreise ausgedehnt worden.[14]) Über die Bildung beschließt bei Einverständnis der Beteiligten der Kreisausschuß und, wenn Städte oder Landkreise in Betracht kommen, der Bezirksausschuß. Fehlt das Einverständnis, so kann die Bildung in einem besonderen Verfahren zwangsweise herbeigeführt werden, wenn sie im öffentlichen Interesse notwendig ist und nur kommunale Aufgaben in Frage stehen, die allen Beteiligten gesetzlich obliegen. Der Verband hat die Rechte der öffentlichen Körperschaft, sofern diese allen Verbandsgliedern zustehen; anderenfalls bedarf es der Verleihung mit Königlicher Genehmigung.[15]) Die Rechtsverhältnisse des Verbandes werden durch eine Satzung bestimmt; seine Vertretung erfolgt durch den Verbandsvorsteher und den Verbandsausschuß, in dem jedes Verbandsglied durch mindestens einen Abgeordneten vertreten sein muß. Der Verband kann Gebühren und Beiträge (§ 80 Abs. 2) erheben und seinen weiteren Bedarf durch Umlagen auf die Verbandsmitglieder aufbringen.[16]) — Abweichend ist der Zweckverband für Groß-Berlin gestaltet, dessen Abgrenzung (Berlin mit den benachbarten Stadt- und den Landkreisen Teltow und Niederbarnim)

[12]) Landgem. § 81 Anm. 5, Städte § 82 Anm. 3, insbes. Neuvorpommern § 82³. Gemeindestatuten auf den Gebieten der Abgaben § 80 Abs. 3 u. 4, des Feuerlöschwesens § 253 Abs. 3, der Verhinderung der Verunstaltung § 280 Abs. 3, der Straßenherstellung § 280 Abs. 4, der Fortbildungsschulpflicht § 314 Abs. 5, der Gewerbe- u. der Kaufmannsgerichte § 364 Abs. 3 u. 372 Abs. 3, der Wegereinigung § 384 Abs. 6. — Strafen können nicht durch Gemeindestatut, sondern nur durch Polizeiverordnung eingeführt werden OV. (III 286). Die öffentliche Bekanntmachung ist nicht erforderlich OV. (XVII 210, XXXVIII 99), was jedoch bestritten wird. Auch der Zwang der Benutzung ortsstatutarisch eingerichteter Gemeindeanstalten durch Polizeiverordnung ist zulässig U. Konv. G. 27. Juni 12 (MB. 237).

[13]) Die Aufsicht soll die Gemeinde an der Überschreitung der ihr gezogenen rechtlichen Schranken hindern, innerhalb dieser aber zu einer ihrem Zwecke entsprechenden Wirksamkeit anhalten. Die Aufsichtsbehörde hat dieserhalb das Recht, in die Verwaltung fortdauernd Einsicht zu nehmen, einzelne wichtigere Beschlüsse (Grenzänderungen, Wahl der ersten Beamten, Inanspruchnahme des Vermögens § 79, § 81 Anm. 10, § 82 Anm. 11, Besteuerung § 80 Abs. 9) zu bestätigen, ungesetzliche oder unbefugte Beschlüsse zu beanstanden, äußerstenfalls die Auflösung der Vertretungen herbeizuführen (§ 82 Anm. 20, § 83 Anm. 17), andererseits aber die gehörige Erfüllung der Pflichten durch Disziplinar- oder Ordnungsstrafen (§ 66 Anm. 12) und durch Zwangsvoranschlagung (§ 79 Anm. 8) zu erzwingen.

[14]) G. 19. Juli 11 (GS. 115), bearb. v. Friedrichs (Berl. 11) u. Szcyusny (desgl.). Gem. § 8 bilden die Zweckverbände die Gesamtarmenverbände (§ 284 Abs. 1 d. W.) u. die Wegeverbände i. S. der Wegeordnungen (§ 382 Anm. 3); sie können auch zu Gesamtschulverbänden erklärt werden § 303 Anm. 25. Die Best. üb. Feuerspritzenverbände (§ 253 Anm. 10) u. Stierhaltungsverbände (§ 356 Anm. 1 u. 12) werden dagegen durch das ZG. nicht berührt § 25 Abs. 3.

[15]) Das. § 1—7.

[16]) Das. § 9—24.

ebenso wie seine kommunalen Aufgaben (öffentliche auf Schienen betriebene Verkehrsanstalten, Baufluchtpläne und Bauordnungen und Erwerb und Erhaltung größerer Wald- und Wiesengürtel) im Gesetze selbst festgelegt sind.[17])

§ 78.

bb) Die **Gemeindebehörden** sind öffentliche Behörden.[1]) Die **Gemeindebeamten** haben Pflichten und Rechte der Staatsbeamten.[2]) Die Anstellung und die Ansprüche auf Diensteinkommen sind für diejenigen Beamten der Ortsgemeinden, Amtsbezirke und Kreisverbände, die gegen Besoldung und nicht nur auf Probe, zur Ausbildung, vorübergehend oder nebenamtlich (zeitlich oder sachlich begrenzt) angestellt sind, durch ein besonderes Gesetz geregelt.[3]) Durch dieses werden die Aushändigung einer Anstellungsurkunde vorgeschrieben und die Gehaltszahlung, die Gnaden- und Sterbebezüge und die Tagegelder und Reisekosten — die beiden ersteren entsprechend den für Staatsbeamte gegebenen Bestimmungen (§ 72 Abs. 1 u. § 75 Abs. 2) — geordnet.[4]) — In Städten — wo dieses Gesetz auf Bürgermeister, Beigeordnete und Magistratsmitglieder nur bezüglich der Pensionsberechnung und Hinterbliebenenversorgung Anwendung findet (§ 82[1]) — sollen Beamte (ausschließlich der Betriebsbeamten) in der Regel lebenslänglich angestellt werden. Bei auffälligem Mißverhältnis zwischen Gehalt und dienstlichen Aufgaben kann die Aufsichtsbehörde eine angemessene Erhöhung verlangen, die bei Widerspruch der Stadtgemeinde vom Bezirksausschuß festzustellen ist. Die Beamten haben Anspruch auf Pension nach Maßgabe der im Dienste der pflichtigen Gemeinde zugebrachten

[17]) G. 19. Juli 11 (GS. 123).

[1]) Wahrnehmung staatlicher Verwaltungsgeschäfte § 60, der genossenschaftlichen, durch Auseinandersetzungen begründeten gemeinschaftlichen Angelegenheiten § 342 Abs. 4, der Jagdangelegenheiten § 360 Abs. 2, der Entscheidung gewerblicher Streitigkeiten bezüglich des Arbeiterverhältnisses § 364 Abs. 3. — Testamentserrichtung bei Gefahr im Verzuge mit dreimonatiger Gültigkeit während der Lebenszeit des Erblassers BGB. § 2249, 2250, 2252, EG. Art. 150 u. AG. Art. 80, Anw. 23. Juni 00 (MB. 251, JMB. Nr. 32, Beil.) u. Anw. für die statt des Gemeindevorstehers bestellten Urkundspersonen (AG. Art. 80 Abs. 2) 15. März 04 (JMB. 90). Sicherstellung von Nachlässen § 209 Anm. 2 d. W. — Gebühren für Handlungen der freiwilligen Gerichtsbarkeit u. Geschäfte als gerichtlicher Hilfsbeamter verjähren in 4 Jahren AG. Art. 8. — Kommunalbehörden haben Postsendungen aneinander zu frankieren Bf. 28. Dez. 12 (MB. 13 S. 13).

[2]) LR. II 10 § 9. — § 62 d. W. — Die Kautionsbestellung unterliegt — wo sie nicht, wie in den hannoverschen Städten u. den westfälischen u. rheinischen Landgemeinden gesetzlich vorgeschrieben ist — der Beschlußnahme der Gemeinden Bf. 18. Mai 98 (MB. 122). — Haftung der Kommunalbeamten § 64, Nebenämter § 65 Anm. 9, Disziplinarbestrafung § 66 Anm. 15 d. W.

[3]) **KomBeamt. G.** 30. Juli 99 (GS. 141), in Hohenzollern gem. GemO. 3. Juli 00 (GS. 189) § 87—91 u. Amts- u. LandesO. 00 (GS. 324) §§ 47 Abs. 2 u. 77 Abs. 2 eingeführt. Anw. 12. Okt. 99 (MB. 192). Bearb. vom Verfasser (§ 76 Anm. 1) S. 194, ferner v. Kautz (2. Aufl. Berl. 12), Freytag (2. Aufl. Berl. 05).

[4]) KBG. § 1—6; über streitige Ansprüche beschließt unbeschadet des Rechtswegs der Kreis- (Bezirks-) Ausschuß § 7; Anw. Art. I, II. — Die Vorschriften gelten auch für Provinzialbeamte KBG. § 22.

Dienstzeit und auf Witwen- und Waisenversorgung, beides entsprechend den für unmittelbare Staatsbeamte maßgebenden Bestimmungen (§ 74 u. 75 Abs. 3).[5]) — Für Landgemeinden können die Verhältnisse der Beamten durch Ortsstatut geregelt werden, im Falle des Bedürfnisses auch die für die Städte gegebenen Bestimmungen durch den Kreisausschuß für anwendbar erklärt werden.[6]) — Die Berücksichtigung der Militäranwärter ist ähnlich wie bei den Staatsbehörden (§ 63 Abs. 4) geregelt.[7]) — Auf Gemeinde- und Anstalts-Forstbeamte findet das Gesetz mit einigen Maßgaben Anwendung;[8]) Stellen, die ein Jahreseinkommen von 750 Mark gewähren, aber keine höhere Befähigung erfordern, müssen mit forstversorgungsberechtigten Militärpersonen besetzt werden.[9])

§ 79.

cc) Das **Gemeindevermögen** (Kämmereivermögen), das zur Erfüllung öffentlicher Aufgaben bestimmt ist (Verwaltungsvermögen) oder zur Bestreitung der Gemeindeausgaben dient (Finanzvermögen), steht dem Gemeindeglieder- oder Bürgervermögen gegenüber, dessen Eigentum zwar gleichfalls der Gemeinde, dessen Nutzung jedoch einzelnen Gemeindemitgliedern als solchen zusteht.[1]) Die Verwaltung des Gemeindevermögens

[5]) KBG. § 8—17 u. 24, entsprechend auf Kreiskommunalbeamte anwendbar § 21; Anw. Art. III, IV u. VI. Die unfreiwillige Zuruhestandversetzung der Beamten über 65 Jahre (§ 67³ d. W.) ist nur anwendbar, wo sie durch Ortsstatut in Kraft gesetzt ist KBG. § 12 Abs. 3. — Pensionskassen in Westfalen und der Rheinprov. § 81 Anm. 21 d. W. — Für die Hinterbliebenenversorgung sind von den Provinzen (in Hessen-Nassau den Bezirken) Versicherungskassen eingerichtet. — Genehmigung für kommunale Pensions-, Witwen- u. Sterbekassen Vf. 4. Juli 98 (MB. 140).

[6]) KBG. § 18, Amtsbezirke u. Samtgemeinden Abs. 4, westfälische Ämter und rheinische Bürgermeistereien § 19, 20 u. 25¹, Hessen-Nassau § 25², Anw. Art. V.

[7]) Die Kommunalverbände ausschließlich der Landgemeinden mit weniger als 2000 Seelen haben die Kanzlei- und die im wesentlichen auf mechanische Dienstleistungen beschränkten Beamtenstellen sämtlich und die mittleren Beamtenstellen mindestens zur Hälfte mit Militäranwärtern zu besetzen. Ausgenommen sind die Stellen, die eine besondere technische oder wissenschaftliche Vorbildung erfordern und die Stellen der selbständigen Kassenvorsteher, der Kassierer und Kassenaufsichtsbeamten. Maßgebend sind die auf Grund des RG. 31. Mai 06 (RGB. 593) § 18 erlassenen Grundsätze des Bundesrats Bek. 20. Juni 07 (ZB. 345, MB. 308), erg. 12 (ZB. 279) Nr. 2, mit Erläuterungen des Bundesrates u. preuß. AusfBest. Neben diesen bestehen weitergehende landesrechtliche Bestimmungen (preuß. G. 21. Juli 92 GS. 214, AusfAnw. 21. Juli 92 MB. 285, erg. 1. Dez. 99 MB. 235 u. 3. Sept. 07 MB. 293) fort.

[8]) KBG. § 23, Anw. Art. VII; Uniform § 70 Anm. 48 d. W. Forsthüter § 354 Abs. 5.

[9]) Best. 1. Okt. 97 (MB. 237) § 1 Abs. 2, 25 Abs. 2 u. 29. — Hilfsbeamte der Staatsanwaltschaft § 234 Anm. 3 d. W. Forstschutzbeamte im RB. Wiesbaden auß. Frankfurt u. Kr. Homburg G. 12. Okt. 97 (GS. 411).

[1]) Weder das Gemeinde- (Kämmerei-), noch das Gemeindegliedervermögen kann durch Gemeinheitsteilung in Privatvermögen umgewandelt werden § 342 Anm. 5 d. W., wohl aber letzteres in Gemeindevermögen OB. (VIII 136). — Nicht zum Gemeinde- u. Gemeindegliedervermögen gehört das im Eigentum der Körperschaften und Stiftungen oder einzelner Klassen von Gemeindegliedern (Interessenten) befindliche Vermögen (Ge-

unterliegt der staatlichen **Aufsicht**, um jede Vergeudung zum Nachteil der folgenden Geschlechter auszuschließen. Aus diesem Grunde bedürfen Grundveräußerungen und Anleihen der Genehmigung der Aufsichtsbehörde.[2]) Besonders ausgedehnt ist diese Aufsicht bei Gemeindeforsten, deren Erhaltung zugleich durch allgemeine Rücksichten geboten erscheint (§ 353 Abs. 4). In den älteren Provinzen hat die Bewirtschaftung dieser Forsten unter Anstellung befähigter Personen nach Betriebsplänen zu erfolgen, die der Genehmigung der Regierungspräsidenten unterliegen und einen nachhaltigen Betrieb sichern sollen.[3]) Daneben können die Gemeinden im Landeskulturinteresse, erforderlichenfalls unter Beihilfe des Staates durch Beschluß des Bezirksausschusses zur Aufforstung unangebauter Grundstücke angehalten werden.[4]) In Teilen der Provinz Hannover, in Hessen-Nassau und in Hohenzollern ist die staatliche Aufsicht zur vollständigen Bewirtschaftung durch Staatsforstbeamte gesteigert (Beförsterung).[5])

Gemeindeanleihen dürfen nur zu bestimmten, aus den ordentlichen Einnahmen ohne Überbürdung der Steuerpflichtigen nicht zu bestreitenden, außerordentlichen Ausgaben — nicht zur Herstellung des Gleichgewichts im Haushaltsplane — aufgenommen werden. Sie sind für notwendige oder dauernd nützliche gemeinnützige Anlagen bestimmt und müssen eine Zwangstilgung mit festen, nach den Zwecken verschieden bemessenen Min-

---

nossenschaftsforsten, wie Anm. 3, Nutzungen aus Gemeinheitsteilungen § 342 Abs. 3, gemeinschaftlichen Jagdbezirken § 360 Abs. 2, Interessentenwege § 382 Abs. 1).

[2]) StO. § 56 u. LGemO. § 114; letztere erwähnt gleich den übrigen neueren Gemeindeordnungen auch einseitige Schenkungen und Verzichtleistungen. Die Verwendung von Stammkapitalien fordert ihrem Wesen nach die gleiche Behandlung bedarf aber nur nach der rhein. LandGO. 23. Juli 45 (GS. 523) § 97 Abs. 1 der Genehmigung. — Die Vermögensstücke werden im Lagerbuche nachgewiesen StO. (§ 82 Anm. 2) § 71.

[3]) In den 7 östlichen Provinzen G. 14. Aug. 76 (GS. 373), (die Frist in § 11 ist auf 2 Wochen herabgesetzt LVG. § 51, die Zuständigkeit dagegen nicht geändert ZustG. § 16 u. 30); Ausf. Instr. 21. Juni u. 19. Juli 77 (MB. 259 u. 204). — Westfalen u. Rheinprov. V. 24. Dez. 16 (GS. 17 S. 57) nebst KO. 12. Aug. 39 (GS. 266). — Hohenzollern G. 22. April 02 (GS. 95). — Umfang (1900) 1,4 Mil. ha. — Gemeindeforstbeamte § 78 Anm. 8. — Diese Vorschriften gelten auch von Anstalts- u. Genossenschaftsforsten § 350 Anm. 13. — Bearb. dieser Gesetzgebung v. Schultz, Forstwirtschaft (Berl. 03) Nr. III.

[4]) Östl. Prov. G. 76 § 8, 9, Rheinprov. G. 15. Mai 56 (GS. 435) Art. 23 u. V 1. März 58 (GS. 103).

[5]) Fürstent. Hildesheim V. 21. Okt. 15 Nr. I u. II; Fürstent. Kalenberg, Göttingen-Grubenhagen G. 10 u. Bek. 26. Juli 59 (han. GS. I 725 u. 739), ausgedehnt auf Hohenstein G. 30. Okt. 60 (das. 164). — Kurhessen G. 29. Juni 21 (kurh. GS. 29) § 132, Ausschr. 28. Aug. 24 das. 71). — Nassau Ed. 16 u. V. 24. Juli 54 (VBl. 160), erg. KrO. 7. Juni 85 (GS. 193) § 116 Abs. 2 u. G. 12. Okt. 97 (GS. 411). Ähnlich in den vormals bayrischen u. hess.-darmstädtischen u. homburgschen Teilen. — Hohenzollern G. 22. April 02 (GS. 95). — Geltung für Anstalts- und Genossenschaftsforsten u. Bearbeitung wie Anm. 3. — Auch in Elf.-Lothringen werden die Waldungen der Gemeinden und öffentlichen Anstalten gegen einen Beitrag von den Staatsforstbehörden verwaltet.

destsätzen vorsehen.[6]) Um den rechtzeitigen Erwerb der für die Gemeindeanlagen nötigen Grundstücke (auch für die Wohnungsfürsorge § 312 Abs. 2) zu angemessenen Preisen zu sichern, soll auf die Bildung von Grundstückserwerbsfonds Bedacht genommen werden (Grundstückspolitik). Bei Betriebsanlagen ist die Bildung von Erneuerungsfonds angezeigt.

Der **Gemeindehaushalt**[7]) setzt sich — wie der Staatshaushalt — aus privat- und aus öffentlich-rechtlichen Bestandteilen zusammen. Letztere haben mit der Entwicklung der Gemeinden aus der Interessengemeinschaft zur politischen Körperschaft an Ausdehnung gewonnen und die Grundsätze für die Aufstellung der Staatshaushaltsvoranschläge (§ 121) haben infolgedessen in den Gemeinden mehr und mehr Anwendung gefunden. — Die Ausgaben zerfallen in (persönliche und sachliche) Betriebs- und in Ausgaben zur Erfüllung der Gemeindezwecke, und diese sind entweder auf öffentlichem Recht beruhende Pflicht- oder freiwillig übernommene Ausgaben. Erstere sind, wenn sie unterlassen oder verweigert werden, Gegenstand der Zwangsvorveranschlagung[8]), letztere müssen sich — soweit nicht die Inanspruchnahme des Kredits gerechtfertigt ist (Abs. 2) — nach den verfügbaren Mitteln richten. — Die Einnahmen fließen aus dem Gemeindevermögen (Abs. 1), aus Zuschüssen der weiteren Kommunalverbände und des Staates (§ 76 Abs. 4) und aus Abgaben (§ 80). Beihilfen werden namentlich auf den Gebieten des Armenwesens (§ 281 Abs. 2, 3), des Schulwesens (§ 300 Abs. 4 u. 302 Abs. 3 u. 4) und des Wegebaues (§ 379 Abs. 3) gewährt. — Die Aufstellung des Voranschlags und die Rechnungslegung erfolgen mit Rücksicht auf das erhebliche Interesse der Gemeindeangehörigen unter Beschlußnahme der Gemeindevertretung und ausgedehnter Öffentlichkeit.

§ 80.

dd) Die **Kommunalabgaben**[1]) sind im Anschluß an die Änderung der Staatssteuern (§ 140 Abs. 3) vollständig und einheitlich neugeordnet.

---

[6]) Genehmigung in Landgem. § 81 Anm. 10, Städten § 82 Anm. 11. Grundsätze Vf. 1. Juni 91 (MB. 84), 6. Aug. 92 (MB. 321), 3. Dez. 00 u. 14. Aug. 02 (MB. 147) 23. Aug. 07 (MB. 261), 2. Juni 10 (MB. 271). Die Ausgabe von Schuldverschreibungen auf den Inhaber fordert Genehmigung der Min. d. Inn. u. d. Fin. § 326 Abs. 4 d. W. u. (Muster) Vf. 31. Jan. 00 (MB. 81). Die Errichtung einer Kommunalbank, die statt der Einzelgemeinden u. Kreise einheitliche Schuldverschreibungen ausgeben soll, wird erstrebt. — Zu vorübergehender Geldgewährung und Belegung von Beständen ist eine Städtegeldzentrale in Düsseldorf eingerichtet. — Die Schulden betrugen am 31. März 12 für die Städte 4533, für die Landgemeinden mit mehr als 10000 Einw. 296 Mill. M.

[7]) Landgemeinden § 81 Abs. 4, Städte § 82 Abs. 2 d. W.

[8]) ZustG. § 19, LGO. 3. Juli 91 (GS. 233) § 141 u. Vf. 30. Dez. 90 (MB. 91 S. 6); Voraussetzungen OV. (XLVI 11).

[1]) Kommunalsteuern, Kommunalabgaben u. Kommunallasten unterscheiden sich darin, daß erstere nur in Geldleistungen ohne Gegenleistung bestehen, während Kommunalabgaben auch Geldabgaben mit Gegenleistung (Gebühren u. Beiträge) u. Kommunallasten neben den Geld- auch Naturalleistungen umfassen.

Die Gemeinde bildet mit ihren Verkehrs- und ähnlichen Anlagen einen vorzugsweise wirtschaftlichen Verband. Demgemäß soll hier die Steuer nicht wie im Staate lediglich nach der Steuerfähigkeit, sondern zugleich nach dem Grundsatze der Leistung und Gegenleistung bemessen werden. Nur der minder leistungsfähigen Bevölkerung gegenüber konnte dieser Grundsatz nicht durchgeführt werden. Diese kann für die vorzugsweise durch sie veranlaßten Gemeindeausgaben (Polizei, Armenpflege und Volksschulwesen) nicht besonders herangezogen werden; hier hat umgekehrt der soziale Gesichtspunkt (§ 137 Abs. 4) zur Freilassung oder geringeren Heranziehung der unteren Einkommensklassen und der notwendigen Lebensbedürfnisse geführt. Daneben sucht das Gesetz durch Ausbildung der Gebühren und Beiträge und der indirekten Besteuerung die Höhe der direkten Steuern herabzumindern und unter diesen wieder die Personalsteuern bei stärkerer Inanspruchnahme der vom Staate der Kommunalbesteuerung voll überlassenen Grund-, Gebäude- und Gewerbesteuer zu ermäßigen.[2]) Die Besteuerung ist darum überhaupt nur insoweit zugelassen, als der Gemeindebedarf nicht durch anderweitige Einnahmen aus Vermögen, Gebühren und Beiträgen oder Zuschüssen beschafft wird, und auch dann ist, abgesehen von Hunde- und Lustbarkeitsteuern (Abs. 3), durch direkte Steuern nur der nicht schon durch die indirekte Besteuerung gedeckte Betrag aufzubringen.[3])

---

[2]) KommunalAbg.G. 14. Juli 93 (GS. 152); Übergangsbest. § 96, wonach insbesondere die bestehenden Ordnungen aufrechterhalten sind Abs. 4; AusfAnw. 10. Mai 94 nebst Mustern zu Steuerordnungen u. 7. Dez. 95 (MB. 96 S. 5). Letztere sind anderweit festgestellt für die Umsatzsteuer § 83 Anm. 7 d. W, die Brausteuer Bf. 7. Dez. 99 (MB. 00 S. 10), die Hundesteuer (§ 6) Bf. 4. Dez. 06 (MB. 07 S. 46), die nach dem gemeinen Wert veranlagte Grundsteuer 2. Okt. 99 (MB. 160) u. die Gewerbesteuer 21. Juni 97 (MB. 150). — Bearb. vom Verfasser (§ 76 Anm. 1 d. W.) S. 12, ferner v. Nöll (7. Aufl. von Freund Berlin 10) u. (kleiner) v. Adikes (5. Aufl. Berl. 11). — Hohenzollern § 81 Anm. 20 d. W. — Das KAG. betrifft — nachdem Kreis- u. Provinzialabgaben in einem besonderen G. geregelt sind (§ 83 Abs. 2, § 84 Abs. 2 d. W.) — nur noch die Gemeindelasten. Es kennt nur Abgaben in Geld u. Natural- (Hand- u. Spann-) dienste Anm. 12 (Feuerlöschdienste § 253 Abs. 3, Wegebau § 382 Abs. 4); Naturalleistungen sind ausgeschlossen VO. (XXXVI 170). — Wie überhaupt (§ 76 Anm. 2) stehen auch in der Kommunalbesteuerung England u. Frankreich im Gegensatze. England besitzt ein völlig selbständiges Gemeindesteuersystem, das ursprünglich auf der als lokalisierte Einkommensteuer erhobenen Armensteuer beruhte. An diese reihten sich weitere Zuschläge (rate) an, die für jedes einzelne Bedürfnis besonders erhoben wurden (Zwecksteuersystem). Die Schätzung (communal taxation) ist die Grundlage für die staatliche income tax (§ 149 Anm. 1) geworden; sonst besteht keine Beziehung zwischen den Gemeinde- u. den Staatsfinanzen. — In Frankreich stehen dagegen neben starker Belastung des Verkehrs und Verbrauchs (§ 151 Anm. 1) die Gemeindesteuern als Zuschläge (centimes additionelles) in völliger Abhängigkeit von den Staatsteuern.

[3]) KAG. § 1, 2 u. Anw. Art. 1 u. 2. — Gewerbliche Unternehmungen sollen, soweit sie nicht zugleich einem öffentlichen Zwecke dienen, ihre Kosten, einschließlich der Zinsen und Tilgung des Anlagekapitals decken KAG. § 3 u. Anw. Art. 3. Als gewerbliche Unternehmungen kommen insbesondere die Beleuchtungs- u. Verkehrs-

Die **Gebühren** (§ 136) haben bei dem wirtschaftlichen Gepräge der Gemeinden für diese eine besondere Bedeutung. Sie lassen sich im voraus nach festen Normen und Sätzen bestimmen und werden als Verwaltungsgebühren für Handlungen oder als Benutzungsgebühren für die vorzugsweise Benutzung der von der Gemeinde im öffentlichen Interesse unterhaltenen Veranstaltungen (Wasserwerke, Kanalisation, Schlachthäuser) erhoben. Verwaltungsgebühren sind für Genehmigung und Beaufsichtigung der Bauten, Märkte und — soweit keine Lustbarkeitsteuer (Abs. 3) erhoben wird — auch der Schaustellungen und Lustbarkeiten zulässig und dürfen auch von den Amtsbezirken, den Ämtern und den Landbürgermeistereien erhoben werden, die Kosten des bezüglichen Verwaltungszweiges aber nicht übersteigen. Die Verwaltungsgebühren bedürfen allgemein, die Benutzungsgebühren insoweit der Genehmigung, als sie die Anlage-, Verwaltungs- und Unterhaltungskosten nicht decken, oder als zur Benutzung der Veranstaltungen eine Nötigung besteht. Zuschüsse zu den Kosten der Herstellung oder auch der Unterhaltung von Veranstaltungen, die lediglich von den dadurch wirtschaftlich besonders geförderten Grundbesitzern und Gewerbetreibenden — selbst wenn diese die Anstalten tatsächlich nicht benutzen — erhoben werden, heißen **Beiträge**. Ihre Festsetzung bedarf der Genehmigung, die auf Grund eines besonderen Verfahrens erfolgt.[4])

Indirekte Gemeindesteuern sind mit der Maßgabe allgemein zugelassen, daß Verbrauchsteuern nur in den durch das Reichsgesetz gezogenen Grenzen[5]) erhoben werden und abgesehen von Brennstoffen nicht neu eingeführt werden dürfen. Die Hunde- und Lustbarkeitssteuern verfolgen zugleich polizeiliche Zwecke. Die über die Einführung oder Änderung dieser Steuern zu erlassenden Steuerordnungen bedürfen

---

anlagen in Betracht, während bei Wasserleitungen und Entwässerungsanlagen das öffentliche Interesse überwiegt.

[4]) Verwaltungsgebühren KAG. § 6—8, Anw. Art. 4 u. 6 u. AE. 30. Dez. 95 (GS. 96 S. 8), wonach die Gebühren für Genehmigung u. Beaufsichtigung der Bauten auch da erhoben werden dürfen, wo die Baupolizei durch Staatsbeamte verwaltet wird; Ordnung der Baupolizeigebühren Vf. 1. Sept. 96 (MB. 162), Reichs- u. Staatsbauten OV. (L 51); Benutzungsgebühren (Schulgeld, Verkehrsabgaben) KAG. § 4, 5, 7 u. 8, Anw. Art. 4 u. 5; Dekl. der § 7, 20 u. 27 G. 24. Juli 06 (GS. 376), wonach Gebühren (ebenso wie die Mehr- u. Minderbelastung u. die Bauplatzsteuer Anm. 8) bis zur gänzlichen Freilassung nach der Leistungsfähigkeit abgestuft werden können; Beiträge KAG. § 9 u. 12, Anw. Art. 7, insbesondere Schlachthausbeiträge § 273 Anm. 16, Kurtaxen KAG. § 12, Anw. Art. 8 u. OV. (XXXIV 196), Straßenbaubeiträge § 280 Abs. 4², Schulgeld § 303 Abs. 3 u. § 314 Abs. 5, Marktstandsgelder § 374 Abs. 1 d. W. u. Verkehrsabgaben Vf. 11. Juni 96 (MB. 129), § 380 Abs. 1 und § 381 Anm. 6 d. W. — Beitreibung Anm. 24. — Gebühren- u. Beitragspflicht des Reichs § 175 Abs. 1.

[5]) Zollvtr. 8. Juli 67 (BGBl. 81) Art. 5 II § 7, 8 u. (ausländische Erzeugnisse) Art. 5 I nebst G. 27. Mai 85 (RGB. 109); RVerf. Art. 40; Anw. Art. 10¹.

der Genehmigung.[6]) Die Erhebung von Einzugsgeldern ist überall beseitigt.[7])

Die **direkten Steuern**, die nach festen gleichmäßigen Grundsätzen auf alle Pflichtigen zu verteilen sind, können vom Grundbesitz und Gewerbebetriebe (Ertragsteuern, Realsteuern) und vom Einkommen (Einkommensteuer) erhoben werden. Ihre Einführung oder Veränderung muß, soweit sie nicht in Hundertteilen der Staatsteuern bewirkt wird, durch Steuerordnungen erfolgen, die der Genehmigung bedürfen.[8]) Zur Vermeidung der Doppelbesteuerung sind die pflichtigen Personen und Gegenstände, die sich außerhalb der Gemeinde (auch im Auslande) befinden, außer Betracht zu lassen.[9]) Zu gleichem Zwecke kann im Verkehr mit

[6]) KAG. § 13—19, Anw. Art. 9—12 (Art. 101e geänd. Vf. 27. März 02 MB. 69) u. (Zuständigkeit) Vf. 3. Dez. 00 (MB. 01 S. 5); Muster zu den Steuerordnungen Anm. 2. — Für die **Verbrauchsteuern** kommen hauptsächlich nur noch die Getränke und unter diesen das Bier in Betracht, das bis 65 Pf. — das schwächere mit höchstens $1^3/_4$ v. H. Alkoholgehalt nur bis 30 Pf. — das hl besteuert werden kann Braust.G. 15. Juli 09 (RGB. 773) § 58. Muster Vf. 29. Jan. 10 (MB. 24). Die Besteuerung alkoholfreier Getränke ist unzulässig Vf. 8. Dez. 09 (MB. 24). Die daneben zugelassenen Lebensmittelsteuern sind seit 1. April 10 fortgefallen, Zolltarif G. 25. Dez. 02 (RGB. 303) § 13. Geflügel- und Wildbretsteuer werden (als Luxussteuern) dadurch nicht betroffen Vf. 19. Nov. 09 (MB. 242); abweichend OV. (XXXIX 99). Gas bildet auch einen Heizstoff; Gassteuer ist deshalb unzulässig OV. (L 100), desgl. Elektrizitätssteuer Vf. 8. Juni 10 (MB. 192) und Kraftwagensteuer 5. Juni 09 (MB. 149). — **Umsatzsteuer** beim Erwerb von Grundstücken Vf. 19. Feb. 95 (MB. 111). Sie ist nur bis 1 v. H, in besonderen Fällen bis 2 v. H. zulässig Vf. 23. März 11 (MB. 111). — **Wertzuwachssteuer** § 159 d. W. Heranziehung des Reichs wie Anm. 13. — **Aufwands-(Luxus-)** an Stelle der Einkommensteuer KAG. § 23 Abs. 2. Als ungeeignete Steuergegenstände sind bezeichnet das Halten von Klavieren, Fahrrädern, Wagen u. Pferden Vf. 22. Dez. 94 (MB. 95 S. 15), als unzulässig Kraftfahrzeuge 5. Juni 09 (MB. 149). — **Katzensteuern** sind zulässig Vf. 8. März 12 (MB. 49). — Die wichtigste Aufwandssteuer ist die **Lustbarkeitssteuer**, die auch für private und mit höherem wissenschaftlichen od. Kunstinteresse verbundene Lustbarkeiten zulässig ist Anw. Art. 11; diese soll nicht durch unverhältnismäßige Höhe die Lustbarkeiten unterdrücken Vf. 11 Dez. 09 (MB. 10 S. 3); Stempel für die Erlaubnis § 155 Anm. 8 d. W. — Die Umsatzsteuer und die Hundesteuer (KAG. § 16 und Anw. Art. 12) können außerdem von den Kreisen eingeführt werden § 83 Abs. 2 d. W.

[7]) G. 2. März 67 (GS. 361) u. FreizügigkeitsG. 1. Nov. 67 (BGBl. 55) § 8. — Bürgerrechtsgewinn- u. Einkaufsgelder in das besondere Bürgervermögen sind nicht ausgeschlossen KAG. § 96 Abs. 7. — § 81 Anm. 10, 21 u. § 82 Anm. 11.

[8]) KAG. § 20—23. Anw. Art. 13—15. Zwecksteuern sind unzulässig OV. 17. Mai 01 (Pr. VerwBl. XXIV 214). Die Mehr- oder Minderbelastung bei größerem oder geringerem Vorteile (§ 20 Abs. 2) entspricht dem Grundsatze der Gegenleistung u. findet besondere Anwendung bei der Grundsteuer (stärkere Heranziehung der Bauplätze nach Maßgabe des durch die Fluchtlinienfestsetzung erhöhten Wertes) § 27 Abs. 2 u. § 58, Anw. Art. 18 nebst Anm. 4 u. bei der Gewerbesteuer § 31; Vorausleistungen bei der Wegeunterhaltung § 382 Anm. 4 d. W. — Gleicher Grundsatz in Kreis § 83 Anm. 8 u. Provinz § 84 Anm. 6 d. W.

[9]) Grundbesitz KAG. § 24 Abs. 1, Gewerbebetrieb § 28 Abs. 1, Einkommensteuer § 33 u. 35. — Bei Ausdehnung eines Steuergegenstandes über mehrere Gemeinden u. bei mehrfachem Wohnsitze findet eine verhältnismäßige Verteilung statt. Gewerbebetrieb das. § 32, Einkommensteuer § 47—52 (§ 48a, 49 u. 50 in der Fassung des G. 30. Juli 95 GS. 409), Anw. 33—37 u. Rechtsmittel Anm. 25. — Bei erheblichen, durch Betriebe in

anderen Bundesstaaten die Steuerpflicht unter Wahrung der Gegenseitigkeit von den Ministern des Innern und der Finanzen abweichend geregelt werden.[10]) Beginn und Ende der Steuerpflicht folgen der Staatsteuer und treten mit dem Monate ein, der auf das bestimmende Ereignis folgt.[11]) Naturaldienste sind zulässig. Spanndienste sind nach Verhältnis des Wirtschaftszugviehes, Handdienste unter Zulassung der Stellvertretung und Geldabfindung auf alle Steuerpflichtigen gleichmäßig zu verteilen.[12])

Die Ertragsteuern, die den Gemeinden ganz überlassen sind (§ 137 Abs. 3), umfassen die Steuern vom Grundbesitz und vom Gewerbebetrieb. — Der Steuer vom Grundbesitz unterliegen die in der Gemeinde belegenen bebauten und unbebauten Grundstücke. Sie wird nach Hundertteilsätzen der vom Staat veranlagten Grund- und Gebäudesteuer erhoben, soweit die Gemeinden nicht besondere Steuern einführen, wie es sich namentlich bei fortgeschrittener wirtschaftlicher Entwicklung als nötig erweist. Diese können nach dem Reinertrage (Nutzungswerte), dem Pacht- und Mietwerte oder nach dem gemeinen Werte umgelegt werden.[13]) — Die Steuer vom Gewerbebetrieb erfaßt die in der Gemeinde betriebenen zur Gewerbesteuer veranlagten Gewerbe (§ 146 Abs. 2). Die Wandergewerbesteuer (§ 147) ist nicht Gegenstand der Gemeindebesteuerung. Diese erfolgt nach Hundertteilsätzen der staatlich veranlagten Steuer, soweit die Gemeinden nicht besondere Steuern einführen. Solche können nach dem Ertrage eines oder mehrerer Jahre, nach dem Anlage- und Betriebskapital, nach sonstigen Merkmalen oder mehreren dieser Maßstäbe umgelegt werden.[14]) — Außer der Gemeindegewerbesteuer fließen den Gemeinden die Erträge zweier anderer Gewerbesteuern zu, der Wanderlager- und der Warenhaussteuer. Diese sind jedoch, da ihre Auflegung nicht den Gemeinden überlassen ist, sondern auf Gesetz beruht, keine Gemeindesteuern. Der Grund liegt in dem sozialpolitischen Zwecke beider Steuern, die den stehenden Gewerbebetrieb und den Kleinhandel gegen den übergroßen Mitbewerb

Nachbargemeinden veranlaßten Aufwendungen für Armenpflege, Volksschulen u. Polizei können diese Gemeinden (in Gutsbezirken die Gewerbetreibenden) zu Zuschüssen an die betroffenen Gemeinde- u. Gutsbezirke durch Beschluß des Kreis(Bezirks)ausschusses verpflichtet werden KAG. § 53 (Fassung des G. 24. Juli 06 GS. 377) u. Anw. Art. 38.

[10]) G. 6. Mai 10 (GS. 43).

[11]) KAG. § 60 u. Anw. Art. 41.

[12]) KAG. § 68 u. 90 Abs. 2, Anw. Art. 44. Befreiung der Postpferde und Postillone G. 28. Okt. 71 (RGB. 347) § 22. Heranziehung OV. (LI 156).

[13]) KAG. § 24—27, insbesondere Befreiungen § 24, Anw. Art. 16 u. 17, ferner (besondere Bauplatzsteuer) Anm. 8 u. (staatliche Veranlagung) § 139—146 d. W., besondere kommunale Veranlagung Vf. 20. Okt. 99 (MB. 160), erg. 16. Juni 02 (MB. 128) u. 14. Juni 07 (MB. 235). — Besteuerung des Reichs § 175 Abs. 1 d. W.

[14]) KAG. § 28—32 nebst Anw. Art. 19—21, Muster u. Denkschr. Vf. 21. Juni 97 (MB. 150), erg. (§ 14) Vf. 15. Feb. 02 (MB. 59). Die Erträge der Betriebsteuer (§ 146 Abs. 5 d. W.) fließen den Kreisen zu; die Gemeinden können jedoch Zuschläge zu dieser Steuer erheben KAG. § 58 u. Anw. Art. 22. — Besteuerung des Reichs wie vor. Anm.

des Hausier- und des Großbetriebes zu schützen sucht. Demgemäß ist das Feilbieten und Verauktionieren aus Wanderlagern neben der allgemeinen Gewerbesteuer einer Abgabe unterworfen, die in Städten über 50000 Einwohnern 50 M., in solchen von 2000 bis 50000 Einwohnern 40 M. wöchentlich beträgt. In kleineren Orten kommt sie mit 30 M. als Kreis-, in Hohenzollern als Amtsabgabe zur Hebung.[15]) In der Warenhaussteuer ist der Kleinhandel, der mit mehreren der vier Warengruppen — 1. Lebens- und Genußmittel, 2. Bekleidungsgegenstände, Betten und Möbel (Garne, Stoffe, Teppiche), 3. Wirtschaftsgeräte und Möbel, 4. Wert- und Kunstwaren nebst Papierwaren, Büchern, Waffen, Sportgegenständen, Spielwaren, Nähmaschinen und Instrumenten — und mit einem Jahresumsatze von mindestens 400000 M. betrieben wird, einer Gemeindesteuer von 1 bis 2 v. H. dieses Umsatzes unterworfen. Die Veranlagung erfolgt alljährlich im Anschluß an die der Gewerbesteuer durch den Steuerausschuß der Klasse I (§ 146 Abs. 3), dem die Gewerbetreibenden Erklärungen über die Höhe dieses Umsatzes abzugeben haben; daneben ist der Beginn des Kleinhandels mit mehreren Warengruppen anzuzeigen.[16])

Die Einkommensteuer bildet, da die Ergänzungssteuer (§ 150) der Gemeindebesteuerung nicht unterworfen ist, die einzige Personensteuer. Sie darf nur auf Grund der staatlichen Veranlagung und in der Regel nur durch Zuschläge zur Staatsteuer erhoben werden, kann aber zum Teil durch Aufwandsteuern mit Ausschluß der Miet- und Wohnungsteuern ersetzt werden.[17]) — Die Steuerpflicht entspricht im allgemeinen der Staatsteuerpflicht und umfaßt die Personen, die in der Gemeinde einen Wohnsitz haben, Grundvermögen besitzen oder ein Gewerbe betreiben (Ausmärker, Forensen), auch die Aktien- und Kommanditgesellschaften auf Aktien, Berggewerkschaften, eingetragene Genossenschaften, deren Geschäftsbetrieb über den Kreis ihrer Mitglieder hinausgeht, Konsumvereine auch ohne diese Voraussetzung und (abweichend von der Staatssteuerpflicht) sonstige juristische Personen, einschließlich der Kom-

[15]) G. 27. Feb. 80 (GS. 174) nebst Anw. 4. März 80 u. Gew.-St. G. 24. Juni 91 (GS. 205) § 1 Abs. 2. Bearb. in Lusensky, Handel (Berl. 04) S. 301 u. v. Strutz (3. Aufl. Berl. 98).

[16]) G. 18. Juli 00 (GS. 294); Steuerpflicht § 1—7, Veranlagung § 8—16. Ausf. Anw. 26. Sept. 00. (Zusammenstellung der klassifizierten Waren Vf. 6. Apr. 11 (HMB. 85), erg. 29. April und 15. Juli 12 (das. 278 u. 400) u. 26. April 13 (das. 321). Bearb. v. Lusensky, Handel (Vor. Anm.) S. 307 u. v. Strutz (Berl. 00).

[17]) KAG. § 36, 37, 23 Abs. 2 u. 3 u. Anw. Art. 28, 29. Die früher vereinzelt erhobenen Mietsteuern sind infolge der eingeführten Einschränkungen (KAG. § 23 Abs. 4) fast überall fortgefallen. — Nichtpreußen, die nicht des Erwerbs wegen in der Gemeinde wohnen, können für die ersten drei Jahre, Einkommen unter 900 M. aber überhaupt von der Steuer ganz oder teilweise freigelassen werden. Andernfalls werden letztere, da sie staatsteuerfrei sind (§ 149 Abs. 3), für die Gemeindesteuer in drei Stufen mit festen Steuersätzen besonders eingeschätzt (fingierte Einkommensteuer) KAG. § 38 u. 39, Anw. Art. 30 u. G. 06 (GS. 260) § 79 und 80. — Mit Fabriken und Bergwerken können feste Steuerbeiträge im voraus vereinbart werden KAG. § 48 u. Anw. Art. 31.

munalverbände.[18]) Außerdem kann die Gemeinde Neuanziehende besteuern, sofern der Aufenthalt über drei Monate währt.[19]) Endlich ist der Staatsfiskus bezüglich des Einkommens aus Staatsgütern und Forsten, Bergbau und sonstigen Betrieben steuerpflichtig.[20]) — Festbesoldete, mittelbare und unmittelbare Staatsbeamte, Hof- und Militärbeamte und Kirchendiener können von ihrem Diensteinkommen einschließlich der Ruhe- und Wartegelder nur insoweit zu Kommunalauflagen herangezogen werden, als diese von allen Pflichtigen nach Maßgabe ihres persönlichen Einkommens erhoben werden. Das Diensteinkommen wird dann auch nur halb so hoch wie dieses persönliche Einkommen und mit höchstens 1 bis 2 v. H. des gesamten Diensteinkommens veranlagt. Ganz befreit sind die Besoldungen und Ruhegehälter der Geistlichen und Elementarlehrer, Wartegelder und Ruhegehälter der Beamten unter 750 M. sowie die entsprechenden Witwen- und Waisengelder und alle Gnaden- und Sterbebezüge.[21]) Die nach dem 31. März 1909 angestellten unmittelbaren und mittelbaren Staatsbeamten, Elementarlehrer, unteren Kirchendiener und Beamten des Königlichen Hofes haben jedoch von ihrem Diensteinkommen unbeschränkt zur Gemeindeeinkommensteuer beizutragen, soweit diese 125 v. H. der Staatseinkommensteuer nicht übersteigt.[22]) — Militärpersonen sind bis auf die dem Grundbesitz oder einem stehenden Gewerbe aufgelegten Lasten, und die auf das sonstige außerdienstliche Einkommen der Offiziere gelegte besondere Abgabe (§ 101 Abs. 5) gleichfalls gemeindesteuerfrei.

Für die Heranziehung der einzelnen Steuerarten ist im Hinblick auf die den Gemeinden gleichzeitig obliegenden staatlichen und

[18]) KAG. § 33 Abs. 1—3 (Abs. 1[3] in Fassung des G. 22. Juni 07 GS. 199), § 34, 35, (Privatbahnen) § 46 u. (Verteilung) Anm. 9; Anw. Art. 23 u. 24 (Wirtschaftsgesellschaften) EinkstG. 06 (GS. 260) § 15 Abs. 4 u. 5. Die Gemeindesteuer der Gesellschaften mit beschränkter Haftung (§ 330 Abs. 4) wird — abweichend von der der Aktiengesellschaften — nicht auf die Gesellschaften als solche, sondern auf die Gesellschafter nach ihrem gewerblichen Einkommen aus dem Gesellschaftsbetriebe gelegt KAG. § 33, kann aber von der Gesellschaft eingezogen werden § 67. Die Befreiung der Mitglieder des Königlichen u. Hohenzollernschen Hauses, der Gesandten u. Konsularbeamten (§ 149 Anm. 4 d. W.) gilt auch für die Gemeindesteuer KomG. § 40 u. Anw. Art. 25. Freiheit der Schullehrerseminare § 302 Anm. 3 d. W. — Wohnsitz § 77 Anm. 6.

[19]) KAG. § 33 Abs. 4, FreizG. 1. Nov. 67 (BGBl. 55) § 8 u. Anw. Art. 23[2]. — Im Neuanziehen liegt nur das Neuankommen OV. (III 102); Aufenthalt bedeutet einen Zustand, der auch durch zeitweilige Abwesenheit nicht notwendig unterbrochen wird OV. (XIV 153). — Vereinbarung mit dem Fürstent. Lippe zur Vermeidung der Doppelbesteuerung der Wanderarbeiter 5/26. Feb. 13 (MB. 66).

[20]) KAG. § 33 Abs. 1 Nr. 4 Abs. 3 u. Domänen u. Forsten § 44, Staatsbahnen § 45.

[21]) V. 23. Sept. 67 (GS. 1648) ist allgemein anwendbar, der notwendige Wohnsitz (§ 8 der V. u. Anm. 6) bleibt aber unberücksichtigt KAG. § 41. Anwendbarkeit auf Mitglieder der kirchenregimentlichen Behörden u. auf Kanzleigehülfen OV. (XXII 36 u. 53), auf Reichsbeamte G. 31. März 73 (RGB. 61) § 19. Anw. Art. 26. Elsaß-lothringische Landesbeamte gehören nicht zu diesen OV. (L 125).

[22]) G. 16. Juni 09 (GS. 489) § 1—3; Ausf. Vf. 6. Juli 09 (MB. 163).

wirtschaftlichen Aufgaben ein gewisser Spielraum gegeben; andererseits sind zur Verhütung einer zu starken Heranziehung der Einkommensteuer bestimmte Grenzen gezogen. Grund-, Gebäude- und Gewerbesteuer (Ertragsteuern) sind in der Regel mindestens gleichmäßig heranzuziehen; nur, wenn die zu einer dieser Steuern Pflichtigen besondere Vorteile genießen oder der Gemeinde besondere Kosten verursachen, können diese stärker, doch höchstens mit dem doppelten Betrage herangezogen werden. Neben der Einkommensteuer sind die Ertragsteuern mindestens zu dem gleichen, höchstens zu einem um die Hälfte höheren Hundertteilsatze heranzuziehen. Die Einkommensteuer kann jedoch freigelassen oder niedriger herangezogen werden, solange der Hundertteilsatz der Ertragsteuern 100 nicht übersteigt. Werden aber bei Belastung der Einkommensteuer mit 150 v. H. die Ertragsteuern mit mehr als 150 v. H. erhoben, so können umgekehrt von dem Mehrbetrage für jeden Hundertteil der Ertragsteuern 2 v. H. der Einkommensteuer erhoben werden. 200 v. H. der Ertragsteuern dürfen in der Regel nicht und 100 v. H. der Einkommensteuern nur mit Genehmigung überschritten werden. Kommt kein Beschluß über die Verteilung zustande, so werden die Ertragsteuern neben der Einkommensteuer mit einem um die Hälfte höheren Hundertteilsatze erhoben.[23]) Die Veranlagung erfolgt durch den Gemeindevorstand oder einen besonderen Steuerausschuß. Zur Abgabe von Erklärungen ist der Steuerpflichtige auf Fragen über bestimmte Tatsachen verpflichtet, sonst berechtigt. Die Hebung erfolgt regelmäßig für einen, zwei oder drei Monate.[24])

Als Rechtsmittel gegen die Veranlagung zur Gemeindesteuer — nicht gegen die zu Grunde liegenden Staatsteuersätze — kann binnen 4 Wochen Einspruch bei dem Gemeindevorstande und gegen dessen Beschluß binnen zwei Wochen Klage bei dem Kreis- (Bezirks-) ausschusse erhoben werden, beides ohne aufschiebende Wirkung.[25])

---

[23]) KAG. § 54—59 u. Anw. Art. 39 u. 40. — Der Spielraum für den Hundertteilsatz der Personensteuer neben dem der Ertragsteuer ist hiernach dreifach abgestuft. Er bewegt sich, wenn letztere bis 100 v. H. beträgt, zwischen Freilassung und dem gleichen Hundertteilsatze, bei einer Ertragsteuer von 100 bis 150 v. H. zwischen $^2/_3$ und dem gleichen Hundertteilsatze und bei mehr als 150 v. H. der Ertragsteuer zwischen $^2/_3$ und dem gleichen Hundertteilsatze zuzüglich je zweier v. H. für jedes über 150 hinaus erhobene v. H. der Ertragsteuer.

[24]) KAG. § 61—67, Anw. Art. 42 u. 43. Muster für einen Gemeindebeschluß Vf. 16. März 95 (MB. 115). — Verschlossene Zustellung Vf. 18. April 98 (MB. 89). — Die Bestimmungen über Strafen KAG. § 79—82 u. Anw. Art. 48—50, Nachforderungen u. Verjährungen KomG. § 83—88 u. Anw. Art. 51—56, Kosten und Zwangsvollstreckung KAG. § 89 u. 90, Anw. Art. 57 u. 58 entsprechen den für die Einkommensteuer gegebenen (§ 59 Abs. 7 u. § 149 Abs. 8 d. W.). Die Beitreibung ist jedoch auf Gebühren, Beiträge und die nach festgestelltem Tarife erhobenen Vergütungen ausgedehnt KAG. § 90 Abs. 1 u. Anw. Art. 58 Abs. 2.

[25]) KAG. § 69—70, 75, 76 und (Fristen) 94; Anw. Art. 45^1 u. ^{2} u. 60. Unzulässigkeit des Rechtswegs § 179 Anm. 4 d. W. — Über die Verteilung des steuerpflichtigen Einkommens auf mehrere Gemeinden (Anm. 9) findet ein ab-

Die **staatliche Aufsicht** ist soweit eingeschränkt, als das staatliche Steuerinteresse und der erforderliche Schutz der Minderheiten dieses zuläßt. Die vorbehaltenen Genehmigungen erteilt der Kreisausschuß, für Städte der Bezirksausschuß; für einzelne Fälle wird ministerielle Zustimmung erfordert.[26] Die Änderung oder Ergänzung eines gesetzwidrigen Zustandes erfolgt im Wege der Anordnung.[27]

§ 81.

b) **Landgemeinden und Gutsbezirke.**[1] Zu den Landgemeinden (Gutsbezirken) gehören alle Gemeinden, auf welche die Städteordnungen keine Anwendung finden (§ 82). Nach ihrer Verfassung zerfallen sie in drei Gruppen, von denen die erste die sieben östlichen Provinzen, Hessen-Nassau, Schleswig-Holstein und Hohenzollern, die zweite die beiden westlichen Provinzen und die dritte Hannover umfaßt.

1. Die Bestimmungen in den sieben östlichen Provinzen, die an zahlreichen Stellen verstreut und vielfach unzugänglich und veraltet waren, haben einer einheitlichen Landgemeindeordnung Platz gemacht.[2]

Mit Rücksicht auf die erhebliche Anzahl kleiner, leistungsunfähiger oder vermengt liegender Landgemeinden und Gutsbezirke ist deren äußere Begrenzung neu geregelt. Soweit sie ihre öffentlichen Verpflichtungen zu erfüllen außer stande sind, können sie durch Königliche Anordnung aufgelöst werden, worauf ihre Grundstücke durch Beschluß des Kreisausschusses mit einer Gemeinde oder einem Gutsbezirke zu vereinigen sind. Das Gleiche gilt von den überhaupt noch keinem Gemeinde- oder Gutsbezirke angehörenden Grundstücken (Eingemeindung). — Die Vereinigung ganzer Landgemeinden (Gutsbezirke) mit anderen Gemeinden (Gutsbezirken) erfolgt durch Königliche Verordnung, wenn die Beteiligten zustimmen, oder wenn bei ihrem Widerspruche das öffentliche Interesse (Unfähigkeit zur Erfüllung der öffentlich rechtlichen Verpflichtungen, Zersplitterung eines Gutsbezirkes oder Kolonienbildung auf solchem, erheblicher Widerspruch der kommunalen Interessen bei örtlich verbundener Lage) sie erheischt und die Zustimmung durch den Kreis (Bezirks)-ausschuß ergänzt wird. Unter denselben Voraussetzungen können einzelne Teile von

---

weichendes Verfahren statt. Hier beschließt auf Antrag des Steuerpflichtigen der Kreis-(Bezirks-)ausschuß und gegen diesen Beschluß ist der Antrag auf mündliche Verhandlung im Streitverfahren zugelassen KAG. § 71—77 u. Anw. Art. 45 [3], [4].

[26]) KAG. § 77, Anw. Art. 46. Genehmigung der Steuerordnungen (KAG. § 18 u. 23 Abs. 6) § 80 Abs. 3 u. 4 d. W. — Übertragung der ministeriellen Genehmigung auf die Ober- und die Regierungsräsidenten Vf. 26. Juni, erg. 7. Juli 07 (MB. 236 u. 261)

[27]) KAG. § 78, Anw. Art. 47.

[1]) Geschichte § 77 Anm. 2.

[2]) LandgemO. 3. Juli 91 (GS. 233), Übergangsbestimmungen § 146, 148 bis 149 (§ 147 ist durch die Aufrechterhaltung der bestehenden Ordnungen, § 80 Anm. 2, beseitigt) u. Anw. I v. 12. Nov. 91 (MB. 181). — Bearb. vom Verfasser (§ 76 Anm. 1 d. W.) S. 270, ferner v. Keil (Freiburg u. Leipz. 96), Genzmer (4. Aufl. Berl. 11).

Gemeinden (Gutsbezirken) von diesen abgetrennt und anderen Gemeinden (Gutsbezirken) zugelegt werden; doch genügt hier der Beschluß des Kreis-(Bezirks-) ausschusses. In beiden Fällen hat nach Erschöpfung des Instanzenzuges vor den Beschlußbehörden (§ 54 Abs. 2) auf Beschwerde des Oberpräsidenten das Staatsministerium endgültig zu entscheiden.[3]) Über die Auseinandersetzung beschließt vorbehaltlich der Verwaltungsklage der Kreis-(Bezirks-)ausschuß, der dabei Vorausleistungen oder Beihilfen zur Ausgleichung der öffentlich rechtlichen Interessen der Beteiligten auflegen kann.[4]) Durch diese vielgestaltigen und ziemlich umständlichen Vorschriften, die erst nach langwierigen Kämpfen zustande gekommen sind, soll das Interesse des Staates mit dem der Beteiligten vermittelt werden.

Für die innere Gestaltung der Landgemeinden[5]) kommen die Gemeindeangehörigkeit und das Gemeinderecht in Betracht. — Die Gemeindeangehörigkeit ist durch den Wohnsitz bedingt. Sie berechtigt zur Mitbenutzung der öffentlichen Einrichtungen und Anstalten und verpflichtet zur Teilnahme an den Gemeindesteuern und Lasten.[6]) — Das Gemeinderecht, welches neben einigen allgemeinen Bedingungen (Selbständigkeit, Reichsangehörigkeit, Besitz der bürgerlichen Ehrenrechte, Nichtempfang einer öffentlichen Armenunterstützung und Zahlung der schuldigen Gemeindeabgaben) einen mindestens einjährigen Wohnsitz im Gemeindebezirke und einen bestimmten Steuersatz voraussetzt (Gemeindemitglieder), umfaßt das Stimmrecht in der Gemeindeversammlung und das Recht zur Bekleidung sowie die Pflicht zur Übernahme unbesoldeter Gemeindeämter. Ausmärker (§ 80 Abs. 6), juristische Personen, Frauen und unselbständige Personen sind nur stimmberechtigt, wenn sie seit mindestens einem Jahre ein Grundstück

---

[3]) LGO. § 1,2 u. Anw. II v. 28. Dez. 91 (MB. 92 S. 2) nebst Vf. 4. April 10 (MB. 78). — Grundsätzlich werden die Grenzen bei solchen Zusammenlegungen weder so weit gezogen werden dürfen, daß die Möglichkeit des unmittelbaren örtlichen Zusammenwirkens und der gemeinsamen Benutzung der Gemeindeeinrichtungen ausgeschlossen wird, noch so eng, daß die Gemeinde die zur ordnungsmäßigen Erfüllung ihrer Aufgaben erforderliche Leistungsfähigkeit nicht erlangt. Die Best. der LGO. über Zweckverbände (§ 128—133) sind durch das allgemeine ZweckverbandsG. (§ 77 Abs. 4 d. W.) ersetzt. — Zuständigkeit der Regierungspräsidenten zur Benennung von Vorwerken und ähnlichen Anlagen ohne kommunale Selbständigkeit Vf. 1. Aug. 92 (MB. 256) u. zur Bestimmung der Bezeichnung u. Schreibweise der Ortsnamen 29. Juni 97 (MB. 135).

[4]) LGO. § 3 u. Anw. (vor. Anm.) Nr. 4. Gleiche Zuständigkeit bei Grenzstreitigkeiten LGO. § 4. Die Ausgleichung der öffentlichrechtlichen Interessen bei Bezirksveränderungen ist erst in den seit 1900 erlassenen Gemeindeordnungen zugelassen; nach den älteren Kommunalordnungen beschränkt sich die Auseinandersetzung auf die privatrechtliche Verteilung des Vermögens u. der Schulden. — Übernahme der Beamten bei Eingemeindungen OV (LI 413). Einfluß auf die Geltung der Polizeiverordnungen § 231 Anm. 3 d. W.

[5]) Anw. III v. 29. Dez. 91 (MB. 92 S. 9). Rechtliche Stellung der Landgemeinde als Körperschaft LGO. § 5, Befugnis zu statutarischen Anordnungen § 6 und 147 Abs. 1.

[6]) LGO. § 7—9 u. 65—67. — An Stelle der § 10—38 nebst Anw. III B tritt das KomAbgG., § 80 d. W. — Wohnsitz § 77 Anm. 6.

in der Gemeinde besitzen, das den Umfang einer spannfähigen Ackernahrung hat, oder mit einem Wohnhaus oder einer gewerblichen Anlage im Werte solcher Ackernahrung versehen ist. Sie müssen das Stimmrecht durch ihre gesetzlichen Vertreter oder durch Gemeindemitglieder ausüben; Ausmärker können es persönlich ausüben. Jeder Stimmberechtigte führt in der Regel eine Stimme; doch müssen mindestens $^2/_3$ sämtlicher Stimmen auf die Grundbesitzer entfallen; auch sind Grundbesitzern mit 20 bis 50 M. Grund- und Gebäudesteuerertrag je 2, mit 50 bis 100 M. je 3 und über 100 M. je 4 Stimmen beizulegen. Steuersätze und Stimmenzahl können innerhalb bestimmter Grenzen erhöht oder ermäßigt werden.[7]) — An Stelle der Gemeindeversammlung tritt, wenn die Zahl der Stimmberechtigten über 40 beträgt oder die Beteiligten es beantragen, eine *Gemeindevertretung*. Diese besteht aus dem Gemeindevorsteher, den Schöffen und 9 bis 24 nach der Dreiklassenordnung von den Stimmberechtigten auf 6 Jahre gewählten Vertretern. Mindestens $^2/_3$ müssen Angesessene sein.[8]) — Die Gemeindeversammlung (Gemeindevertretung) beschließt über alle dem Gemeindevorsteher nicht ausschließlich überwiesenen Gemeindeangelegenheiten und überwacht die Verwaltung.[9]) Sie beschließt insbesondere über die Verwaltung und Benutzung des Gemeindevermögens[10]) und stellt den Gemeindevoranschlag und die Gemeinderechnungen fest.[11]) — Die Verwaltung führt der *Gemeindevorsteher* (Schulze), dem zwei Schöffen zur Seite stehen. Die Schöffenzahl kann, wo es herkömmlich war, oder durch Ortsstatut bestimmt wird, auf höchstens sechs erhöht werden. Vorsteher und Schöffen werden aus der Zahl der Gemeindeglieder auf sechs Jahre gewählt, doch kann die Wahl des Vorstehers nach 3 Jahren auf 9 weitere Jahre erstreckt werden. Die Gewählten bedürfen der Bestätigung des Landrats, die nur unter Zustimmung des Kreisausschusses versagt werden kann.[12]) In größeren Gemeinden kann durch Ortsstatut

---

7) LGO. § 39—48 u. Anw. III A I.

8) LGO. § 49—67 u. (Auflösung) 142; Anw. III A II. Dreiklassenwahl § 77 Anm. 7 d. W.

9) LGO. § 102, 103; Geschäftsgang § 104—112.

10) Das. § 113—116, 68—70, 73 und Anw. III C 1—4, insbes. Genehmigung zu Anleihen (§ 79 Abs. 2), Veräußerungen von Grundstücken und Gegenständen, die einen wissenschaftlichen, geschichtlichen oder Kunstwert haben, zu Schenkungen oder Verzichtleistungen, zu Neubelastungen ohne gesetzliche Verpflichtung und zu Veränderungen im Genusse des Gemeindevermögens LGO. § 114, Zulässigkeit des Einkaufsgeldes § 72. — Verb. § 79 Abs. 1. d. W.

11) LGO. § 119—121 u. Anw. III C 5—11. Der Voranschlag kann für 1—3 Jahre aufgestellt werden § 119, das Rechnungsjahr läuft vom 1. April bis zum 31. März G. 14. Juli 93 (GS. 152) § 95 Abs. 1. — § 79 Abs. 3 d. W.

12) LGO. § 74—85, 66^3 u. (Übergangsbestimmung) § 149 Abs. 3; Dienstunkosten § 86, 87; Rechte und Pflichten § 88, insbesondere in der Polizeiverwaltung § 90, 91, StPO. § 157 nebst § 231 Anm. 3 d. W. Die Zwangsbefugnisse (§ 59 Abs. 6 d. W.) stehen ihm in staatlichen, nicht in Gemeindeangelegenheiten zu OV. (IX 57). Disziplinarverhältnis LGO. § 143, 144 u. (gegenüber dem Amtsvorsteher) KrO. 81 (GS. 180) § 65. Ausführung Anw. III, A III u. IV. Als Amtszeichen sind Schulzenstäbe u. Armbinden gestattet KO. 1. u. Vf. 26. Mai 43 (MB. 55 S. 135). In neu zu be-

ein aus Vorsteher und Schöffen bestehender kollegialischer Gemeindevorstand eingeführt, auch können in Gemeinden über 3000 Einwohnern der Gemeindevorsteher und die Schöffen bis zu einem Drittel auf 12 Jahre gegen Besoldung ohne Beschränkung auf die Gemeindeglieder angestellt werden.[13]) Gemeindebeamte werden auf Beschluß der Gemeinde von dem Gemeindevorsteher angestellt und von diesem beaufsichtigt.[14])

Die Gutsbezirke entstanden aus dem Eigentume des Gutsherrn, als die Bauern freie Eigentümer ihrer Höfe wurden und die Dorfgemeinde räumlich diesem Eigentume gegenübertrat (Gutsbezirke älteren Rechts); daneben können sie durch Staatshoheitsakt neugebildet werden (Gutsbezirke neueren Rechts.[15]) Der Gutsbezirk findet somit, während die Gemeinde auf der Interessengemeinschaft einer Mehrheit benachbarter Bewohner beruht, in der Einheit eines größeren Grundbesitzes seine Unterlage. Die innere Gestaltung eines Gutsbezirks weicht hiernach von der der Gemeinden völlig ab; nach außen hat aber der Gutsbesitzer mit den aus der Natur der Sache folgenden Maßgaben alle Rechte und Pflichten der Gemeinde. Insbesondere tritt er in Person oder durch einen als Stellvertreter zu bestellenden Gutsvorsteher an die Stelle des Gemeindevorstehers.[16])

Die Aufsicht über die Landgemeinden und Gutsbezirke führt der Landrat als Vorsitzender des Kreisausschusses, in höherer und letzter Instanz der Regierungspräsident. In bestimmten Fällen wird die Beschlußnahme oder die Entscheidung des Kreisausschusses erfordert, erstere

---

schaffenden Dienstsiegeln soll der preußische Adler nicht geführt werden Vf. 28. Jan. u. 15. Feb. 91 (MB. 52). Allgemeine Aufgaben § 78 Anm. 1. — Dorfgerichte § 187⁷ d. W. — Aufhebung der Lehn- und Erbschulzen KrO. 81 (GS. 180) § 41 bis 45 u. (Posen) LGO. § 92—101; § 77 Anm. 2 d. W.

[13]) LGO. § 74 Abs. 6 u. § 89, sowie § 75 Abs. 2 u. G. 20. Mai 02 (GS. 143).

[14]) LGO. § 117, 118 und 88 Abs. 4⁵; gewählte § 84 Abs. 6. — Gemeindepolizeibeamte § 229 u. Feld- u. Forsthüter § 354 Abs. 5 d. W. — Berücksichtigung Versorgungsberechtigter § 78 Anm. 7.

[15]) LR. II 7 § 18; OV. (II 117 u. 162. Genzmer, Entstehung u. Rechtsverhältnisse der Gutsbezirke (Berlin 92). — Als Träger öffentlichrechtlicher Verpflichtungen werden die Gutsbezirke zuerst im ArmenG. 31. Dez. 42 (GS. 43 S. 8) anerkannt; die derzeit ohne Widerspruch der Beteiligten tatsächlich mit den Gemeinden vereinigten Gutsteile sollten auch rechtlich zu den Gemeinden gehören das. § 6³, durch G. 8. März 71 (GS. 130) § 74 aufrecht erhalten. — Bei ihrer öffentlichrechtlichen Bedeutung können Gutsbezirke durch privatrechtliche Verfügung nicht geändert werden OV. (I 109, VII 183 u. 203). Bestandteile des Gutsbezirks sind die in Schlesien, Brandenburg und Pommern vorkommenden Dorfauen, die in den Dorfschaften liegen und unbeschadet ihrer Bestimmung zu Plätzen und Straßen dem Gutsherrn gehören (Auenrecht) OV. (V 116). § 346 Anm. 18 d. W.

[16]) LGO. § 122—127. — Die öffentlichen Lasten trägt regelmäßig der Gutsbesitzer LGO. § 122; eine Verteilung kommt nur in Frage bei Kreissteuern (§ 83 Abs. 2 d. W.), Kriegsleistungen (§ 114 Abs. 3), Kosten der Seuchenbekämpfung (G. 28. Aug. 05 GS. 373 § 28), der Armenpflege § 284 Anm. 1 d. W. u. der Volksschulen (G. 28. Juli 06 GS. 335 § 8). Gutsbezirke bilden öffentliche Körperschaften bei Tragung der Lasten der Armenpflege G. 8. März 71 (GS. 130) § 7, der Volksschulen G. 06 § 1 Abs. 4, der Arbeiterversicherung RVO. § 114.

insbesondere in den Fällen, wo Gemeindebeschlüsse der Bestätigung bedürfen.[17])

Auf ähnlichen Grundsätzen beruhen die Landgemeindeordnungen in Schleswig-Holstein,[18]) in Hessen-Nassau[19]) und in Hohenzollern.[20])

2. Die beiden westlichen Provinzen besaßen schon seit 1841 und 1845 eine formell abgeschlossene Landgemeindegesetzgebung und größere, vielfach mit Vermögen ausgestattete Gemeindeverbände. Gleichwohl war hier die kommunale Selbsttätigkeit unter dem Drucke der büreaukratischen Amtmanns- und Bürgermeistereinrichtung und mehrfacher einschränkender Aufsichtsbestimmungen nur schwach entwickelt, und die neuen Kreisordnungen, die sich ihrer Bestimmung nach auf die mit der Kreiseinrichtung zusammenhängenden Gegenstände beschränken mußten, haben hier nur teilweise Abhilfe geschafft. Die westfälischen Ämter und rheinischen Bürgermeistereien, die eine Mehrzahl von Einzelgemeinden umfassen, sind auch als Kommunalverbände nur zu geringer körperschaftlicher Bedeutung gelangt und vorwiegend Verwaltungsbezirke geblieben. Amtmänner und Bürgermeister werden jetzt vom Oberpräsidenten unter Mitwirkung der Selbstverwaltungskörper ernannt. Hierbei soll zwar auf ehrenamtliche Bestellung besonders Bedacht genommen werden, seither sind diese Stellen jedoch vorzugsweise mit mittleren Beamten besetzt. In ihrer Hand ruht ein großer

---

[17]) LGO. § 139—145. — § 77 Anm. 13 u. (Zwangsvorveranschlagung) § 79 Abs. 3 (Anm. 8) d. W.

[18]) G. 4. Juli 92 (GS. 147), nach dessen Art. V die LGO. in der veränderten Fassung als LGO. f. Schleswig-Holstein neu veröffentlicht ist Bek. 10. Juli 92 (GS. 154); an Stelle der § 10—38 ist das KomAbgG. (§ 80 d. W.) und an Stelle des Tit. IV das ZweckverbandsG. (§ 77 Abs. 4 d. W.) getreten. — In den Kirchspielslandgemeinden der Kreise Husum u. Norder- u. Süderdithmarschen sind die Dorfschaften u. Bauerschaften als öffentliche Körperschaften für rein örtliche Zwecke (Nebenwege, Feldhüter, Nachtwächter, Feuerlöschwesen) bestehen geblieben. Für Helgoland besteht ein besonderes Gemeindestatut LGO. § 121a—f. — Ausf. Anw. 14. Juli 92. — Zuständigkeit der Gemeindevorstände zur Sicherung von Nachlässen § 187⁷ d. W.

[19]) LGO. f. Hessen-Nassau 4. Aug. 97 (GS. 301), dessen Tit. IV durch das ZweckverbandsG. (§ 77 Abs. 4 d. W.) ersetzt ist und G. 30. Juli 99 (GS. 141) § 25². Der Gemeindevorsteher heißt Bürgermeister § 45 Abs. 1; er kann in Gemeinden über 1200 Einwohnern mit Besoldung angestellt werden, welchenfalls die Wahl auf 12 Jahre erfolgt und nicht auf Gemeindemitglieder beschränkt ist § 46 Abs. 2. Ein kollegialer Gemeindevorstand (Gemeinderat) kann eingeführt werden; in Gemeinden über 500 Einwohnern bildet er die Regel § 45 Abs. 5—7 u. 60. Gutsbezirke sind nur im RB. Kassel zugelassen § 1, 2⁸, 94—99. Die Mitwirkung der Ortsbehörden (Ortsgerichte) in der freiwilligen Gerichtsbarkeit (§ 187⁷ d. W.) ist aufrecht erhalten § 65. — Ortspolizeiverwaltung § 224 Abs. 3 d. W.

[20]) Die auch für die — beiden unbedeutenden — Städte maßgebende hohenz. GemO. 2. Juli 00 (GS. 189) hat die frühere Bürger- zur Einwohnergemeinde gemacht (§ 7, 8), die land- u. forstwirtschaftlichen Nutzungen der besonders berechtigten Gemeindeangehörigen (Allmandgut) neu geregelt (§ 38—52) u. die Gemeindesteuern im Zusammenhang mit der Neuordnung der Staatssteuern (§ 137 Anm. 5) neugestaltet (§ 97—101). — Zuständigkeit der Ortsvorsteher in Angelegenheiten der freiwilligen Gerichtsbarkeit § 187⁷ d. W.

Teil der Gemeindeverwaltung. In der Rheinprovinz hat der Gemeindevorsteher nur als Organ des Bürgermeisters mitzuwirken.[21]) In beiden Provinzen ist die Teilnahme an den öffentlichen Geschäften (das Gemeinderecht) von einem Mindeststeuersatze abhängig. Die danach Berechtigten bilden die Gemeindeversammlung. In der Rheinprovinz heißen die ersteren Meistbeerbte und die letztere Gemeinde- oder Schöffenrat. Steigt die Mitgliederzahl über achtzehn, so werden unter Zugrundelegung der Dreiklassenordnung Gemeindeverordnete gewählt.[22])

3. In Hannover sind die früheren Bestimmungen im wesentlichen erhalten geblieben. Das **hannoversche Landgemeindegesetz** hatte den Grundsatz freier Selbstverwaltung schon früh zum Ausdruck gebracht und für deren Durchführung bestimmte Anhaltspunkte gegeben, ohne einer freien Handhabung und einer eingehenden Berücksichtigung der tatsächlichen Verhältnisse beengende Schranken zu ziehen.[23])

§ 82.

c) **Die Städte.**[1]) Die Verfassung der Städte zeigt gegenüber der der Landgemeinden eine größere Gleichartigkeit, hat aber ebenfalls in ihrer geschichtlichen Entwickelung einzelne provinzielle Verschiedenheiten bewahrt.

1. Unter den Städteordnungen behauptet die für die **sieben östlichen Provinzen mit Ausschluß Neuvorpommerns** erlassene die

---

21) **Westf. LandGemO.** 19. März 56 (GS. 265), erg. KrO. 31. Juli 86 (GS. 217) § 23—29 u. 99^{2}, wonach für die Beamten der Amtsverbände und Landgemeinden Pensionskassen gebildet sind; Beseitigung des Einzugsgeldes (LGO. § 56) G. 24. Juni 61 (GS. 446), verb. § 80 Anm. 7 d. W., der Steuererhebung durch staatliche Erheber (LGO. § 44 u. 73) G. 14. Juli 93 (GS. 119) § 11 Abs. 3 und Ersatz der LGO. § 57—64 durch das KomAbgG. § 80 d. W. Rechnungsjahr (LGO. § 46) wie Anm. 11. Gemeinde- u. Amtsbeamte § 78 Anm. 6; Instr. 9. Mai u. 31. Juli 56 (MB. 147 u. 198). Bearb. v. Kamptz 2. Aufl. Paderb. 09). — **Rheinische GemO.** 23. Juli 45 (GS. 523), auf Landgemeinden beschränkt und erg. G. 15. Mai 56 (GS. 435), KrO. 30. Mai 87 (GS. 209) § 23—29 u. 99^{3}; Pensionierung der Bürgermeister G. 21. Juli 91 (GS. 330) Art. I u. III; wegen der Steuererhebung (GemO. § 79 u. 106), der Kommunalabgaben (§ 22—32 u. G. 56 Art. 7), des Rechnungsjahres (GemO. § 89) u. der Gemeinde- u. Bürgermeistereibeamten, insbesondere der Pensionskassen, gilt das f. d. westf. LGO. Gesagte, verb. § 77 Anm. 6 u. 78 Anm. 5 d. W.; Instr. 18. Juli u. 31. Juli 56 (MB. 166 u. 221). Feldgerichte, Schultheißen u. Schöffen im gemeinrechtlichen Gebiete GemO. § 174^{2} nebst § 184^{7} d. W. Bearb. von Schmidt (3. Aufl. Trier 07), verb. § 54 Anm. 5. Zusammenschluß der Ämter u. Bürgermeistereien zu Zweckverbänden § 77 Abs. 4 d. W.

22) Westf. LGO. § 14—27. Rhein. GemO. § 44—59; ErgG. Art. 11—14. — Dreiklassenwahl § 77 Anm. 7 d. W.

23) **Hann. LandgemG.** u. **Bek.** 28. **April** 59 (hann. GS. I 393 u. 409); § 50 ist ersetzt G. 17. März 11 (GS. 25) u. an Stelle des LGG. § 63—68 und der Bek. § 47—60 tritt das KomAbgG. (§ 80 d. W.), Rechnungsjahr (Bek. § 42) wie Anm. 12; KrO. 6. Mai 84 (GS. 181) § 21, 35 bis 39 u. ZustG. § 24—37; verb. Landes-VerfG. 6. Aug. 40 (hann. GS. I 141) § 46, 48, 52—54, 57—59, 78, ergänzt G. 5. Sept. 48 (das. 261), G. u. Bek. 28. April 59 (das. 389 u. 397).

1) Geschichte § 77 Abs. 1 d. W. — Stadtrecht (systematisch u. geschichtlich) v. Leidig (Berl. 93).

größte Bedeutung,[2]) sowohl wegen des Umfanges ihres Geltungsgebietes, als wegen des Einflusses, den sie auf mehrere andere Städteordnungen ausgeübt hat (Nr. 2). Sie beruht auf dem Grundsatze voller Selbstverwaltung[3]) und ist gegenüber den einschränkenden Bestimmungen der revidierten zu der freieren in der Stein'schen Städteordnung herrschenden Auffassung (§ 77 Abs. 1) zurückgekehrt. Ihre Anwendung auf eine Gemeinde bestimmt sich nach deren geschichtlicher Entwickelung als Stadt, und diese wird entweder durch die seitherige Vertretung im Provinziallandtage oder durch die frühere Geltung einer der älteren Städteordnungen bestimmt.[4]) Die Zugehörigkeit zur Gemeinde ist örtlich (Stadtbezirk)[5]) oder persönlich (Einwohnereigenschaft).[6]) Auf beiden ruht die Gemeindesteuerpflicht.[7]) Von der Gemeindemitgliedschaft hebt sich das durch einen bestimmten Vermögensbesitz, Gewerbebetrieb oder Staatssteuersatz bedingte Bürgerrecht ab, welches das aktive und passive Wahlrecht in sich schließt, dagegen auch zur Übernahme von Gemeindeämtern verpflichtet. Das Ehrenbürgerrecht ist nicht von diesen Voraussetzungen abhängig und mit keinen Verpflichtungen verbunden.[8]) — Städtische Behörden sind die Stadtverordnetenversammlung, der Magistrat und der Bürgermeister. Die Stadtverordnetenversammlung, deren Mitglieder auf sechs Jahre nach der Dreiklassenordnung von den Bürgern, und zwar zur Hälfte aus den Hausbesitzern zu wählen sind,[9]) vertritt die Stadtgemeinde und über-

---

[2]) StädteO. 30. Mai 53 (GS. 261) u. Instr. 20. Juni 53 (MB. 138). — Bearb. vom Verfasser (§ 76 Anm. 1 d. W.) S. 351, ferner v. Oertel (5. Aufl. Liegn. 11), Plagge-Schulze (2. Aufl. Berl. 01), Ledermann (2. Aufl. Berl. 13), Zelle (5. Aufl. Berl. 11) u. Jebens, Die Stadtverordneten (2. Aufl. Berl. 05).

[3]) StO. § 9. — Recht zu statutarischer Anordnung § 11, ZustG. § 16 Abs. 3, Instr. Nr. VII u. (Fälle) StO. § 5, 12, 21, 29, 59, 70 u. Anm. 14. — Die Autonomie erstreckt sich nur auf die körperschaftliche Verfassung u. Verwaltung der Gemeinden, nicht auf die Begründung neuer Rechtsverbindlichkeiten (Unterhaltung der Bürgersteige) OV. (XVI 48). — Einführung von Stadtwappen Vf. 19. Dez. 96 (MB. 97 S. 2) und 12. Juni 09 (MB. 163).

[4]) StO. § 1 Abs. 1. — Besondere Regelung für Flecken Abs. 2 u. ZustG. § 22 Abs. 1.

[5]) StO. § 2; ZustG. § 8 u. 9. Zulegung von Landgemeinden u. Gutsbezirken oder Teilen von diesen zu Stadtgemeinden LGO. (§ 81 Anm. 2) § 2[6]. Auseinandersetzung bei Grenzveränderungen § 81 Anm. 4, Zusammenlegung zu Zweckverbänden § 77 Abs. 4 d. W.

[6]) StO. § 3. Die örtliche Zugehörigkeit berechtigt zur Mitbenutzung der öffentlichen Gemeindeanstalten StO. § 4 Abs. 1 u. 2, ZustG. § 18. — Wohnsitz § 77 Anm. 6, Gemeindevermögen § 79 Abs. 1 d. W.

[7]) An Stelle der StO. § 4 Abs. 2, 53, 54 u. 68 tritt das KomAbgG. (§ 80 d. W.)

[8]) StO. § 5—8, 74, 75, erg. (§ 54b) GewO. § 13 u. Vf. 27. Aug. 72 (MB. 224), wonach der Gewerbebetrieb vom Besitz des Bürgerrechts unabhängig ist, Gewerbetreibende aber nach 3 Jahren das Bürgerrecht erwerben müssen; weitere Ergänzungen (StO. § 54d, Steuersatz) G. 25. Mai 73 (GS. 213) § 9b und EinkStG. 06 (GS. 206) § 81, 82, ferner (StO. § 7 Abs. 5, Konkurseröffnung) G. 6. März 79 (GS. 109) § 51—53; ZustG. § 10, 11, 18. — Weiblichen Personen steht weder das volle Bürgerrecht noch die Teilnahme an den Wahlen zu OV. (L112). — Bürgerrechtsgewinngeld Anm. 11.

[9]) StO. § 12—28, erg. G. 1. März 91 (GS. 20) Art. I u. ZustG. § 10—12. — Dreiklassenwahl § 77 Anm. 7.

wacht die Verwaltung.[10]) Sie beschließt über Benutzung des Gemeindevermögens,[11]) Aufbringung der Gemeindesteuern und Dienste,[7]) Feststellung des Haushaltsvoranschlages[12]) und Abnahme der Gemeinderechnung.[13]) — Der *Magistrat* besteht aus dem Bürgermeister, einem Beigeordneten (zweiten Bürgermeister) als Stellvertreter und aus Schöffen (Stadträten, Ratsherren, Ratsmännern), denen nach Bedürfnis besoldete Mitglieder (Syndikus, Kämmerer, Baurat, Schulrat u. s. w.) hinzutreten. Alle Mitglieder werden von den Stadtverordneten gewählt, die unbesoldeten auf sechs, die besoldeten einschließlich des Bürgermeisters auf 12 Jahre oder auf Lebenszeit und bedürfen der Bestätigung.[14]) Der Magistrat bildet die Ortsobrigkeit und hat zugleich als Gemeindeverwaltungsbehörde das Gemeindevermögen, die Gemeindeeinkünfte und Anstalten zu verwalten, die Beschlüsse der Stadtverordneten vorzubereiten und auszuführen, die

---

[10]) StO. § 10, 35—37 u. (Geschäftsführung) § 38—48, nebst ZustG. § 10, 11 u. 17 1 u. 2, Instr. Nr. XIII. Die Befugnis zur Beratung wie zur Beschlußfassung und somit auch das Petitionsrecht beschränkt sich auf Gemeindeangelegenheiten OV. (XIII 89 u. XLI 34).

[11]) StO. § 49, 51 u. 55. Genehmigung der Aufsichtsbehörde ist erforderlich zu Anleihen (§ 79 Abs. 2), zur Veräußerung von Grundstücken und von Gegenständen, die einen wissenschaftlichen, geschichtlichen oder Kunstwert haben, zur Veränderung im Genuß der Gemeindenutzungen StO. § 50 u. ZustG. § 16 Abs. 1 u. 3, zur Abtragung oder Veränderung der Stadtmauern KO. 20. Juni 30 (GS. 113), Instr. 31. Okt. 30 (KA. XIV 774) u. Vf. 28. Aug. 57 (MB. 144). — § 79 Abs. 1 d. W. — StO. § 52 ist aufgehoben u. das Bürgerrechts- u. Einkaufsgeld neu geregelt G. 14. Mai 60 (GS. 237) u. Vf. 16. Juni 60 (MB. 133); Wegfall des Einzugsgeldes § 80 Anm. 7.

[12]) StO. § 66, 67. Besoldungsvoranschlag § 64, ZustG. § 16 Abs. 3 u. Instr. Nr. X. Zwangsvorveranschlagung § 79 Abs. 2 (Anm. 8) d. W. — Rechnungsjahr wie § 81 Anm. 11.

[13]) StO. § 69—70; über alle Teile des Vermögens ist ein Lagerbuch zu führen § 71.

[14]) Das. § 29—34 u. (Zulassung lebenslänglicher Wahl) G. 25. Feb. 56 (GS. 129); Instr. Nr. IX, Zuständigkeit bei der Bestätigung ZustG. § 13; besondere Bestätigung der Gemeindepolizeibeamten § 226 d. W. — Amtszeichen (Kette, Medaille) werden vom König verliehen KO. 9. April 51 (MB. 86), ebenso der Titel „Oberbürgermeister". Die Bezeichnung der Magistratsmitglieder als Stadträte, Ratsherren kann dagegen durch Ortsstatut eingeführt werden; erstere in der Regel in Städten über 10000, letztere in solchen über 5000 Einw. KO. 15. Feb. 73 (MB. 59). Die rechtskundigen Mitglieder heißen Syndiken, die mit der Kassenverwaltung betrauten Kämmerer StO. § 29. Die Amtsbezeichnung „Stadtältester" kann den Magistratsmitgliedern nach neunjähriger Dienstzeit von den städt. Vertretungskörpern verliehen werden § 34 Abs. 2. Titel, die nicht mit Rang oder ähnlichen Vorzügen verbunden sind, auch nicht bereits auf staatliche Beamtenklassen Anwendung finden, können unbeschadet des staatlichen Hoheitsrechtes (§ 39 Abs. 2 d. W.) auch von Kommunalbehörden und sonstigen zur Anstellung von Beamten berufenen Stellen an solche verliehen werden OV. (VI 52). In der Verwaltung wird dagegen zur Verleihung — die auch die Zustimmung der Stadtverordneten voraussetzt — die staatliche Genehmigung gefordert, sobald die Verleihung staatsrechtliche Bedeutung, insbes. strafrechtlichen Schutz zur Folge haben soll Vf. 23. Okt. 01 (MB. 256). — Die Vereidigung der Magistratsmitglieder (§ 34 Abs. 2) erfolgt nach der für Beamte gegebenen Vorschrift § 63 Anm. 4 d. W. — Beurlaubung der Bürgermeister u. Magistratsmitglieder Vf. 5. Dez. 67, insbes. als Polizeiverwalter Vf. 10. Dez. 98 (MB. 99 S. 6).

Stadt nach außen zu vertreten[15]) und die Gemeindebeamten anzustellen.[16]) Der Bürgermeister und die besoldeten Mitglieder des Magistrats haben Anspruch auf Pension und Hinterbliebenenversorgung.[17]) — Der **Bürgermeister** leitet und beaufsichtigt die ganze Stadtverwaltung, führt alle örtlichen Geschäfte der Landesverwaltung und handhabt in der Regel die Ortspolizei.[18]) Städte von nicht mehr als 2500 Einwohnern können eine vereinfachte Verfassung annehmen, in der der Magistrat durch einen zugleich den Vorsitz in der Stadtverordnetenversammlung führenden Bürgermeister ersetzt und die Zahl der Stadtverordneten bis auf sechs verringert wird (Bürgermeistereiverfassung).[19]) — Die **Aufsicht** über die Stadtgemeinden wird von dem Regierungspräsidenten, in höherer und letzter Instanz von dem Oberpräsidenten geführt. In gewissen Fällen wird die Beschlußnahme oder die Entscheidung des Bezirksausschusses erfordert, erstere insbesondere zu allen der Aufsichtsbehörde vorbehaltenen Bestätigungen von Gemeindebeschlüssen. Die Beschwerde- und die Klagefrist dauert 2 Wochen.[20])

2. Die Städteordnung für die östlichen Provinzen hat den Städteordnungen für **Westfalen** und für die **Rheinprovinz** zum Vorbild gedient;[21]) auch die Aufsicht ist nach Einführung der Verwaltungsorganisation

[15]) StO. § 10 u. 56. — Geschäftsgang StO. § 58 Abs. 1, Instr. Nr. XIII Abs. 1. Die daselbst angezogene Instr. f. Stadtmagistrate 25. Mai 35 (Kamptz Ann. XIX 733, bearb. v. Jebens, Berl. 01) ist, obwohl vielfach veraltet, auch für Hessen-Nassau anwendbar erklärt Vf. 27. Nov. 00 (MB. 281). — Bestellung von Deputationen für einzelne Geschäftszweige StO. § 59 (Schuldeputationen § 303 Abs. 6 d. W.; Gesundheitskommissionen § 264 Abs. 3, Armendeputationen § 284 Anm. 1) u. von Bezirksvorstehern StO. § 60 u. ZustG. § 14 — Verwaltungsberichte StO. § 61.

[16]) § 78 d. W.

[17]) StO. § 65 nebst G. 30. Juli 99 (GS. 141) § 14 u. 15, ZustG. § 20 Abs. 4, Instr. Nr. XI. — Die Berechnung erfolgt bei lebenslänglicher Anstellung und nicht anderweitiger Vereinbarung nach den für Staatsbeamte maßgebenden Pensionssätzen (§ 74 d. W.), jedoch ohne Anrechnung des Militärdienstes U. OT. 6. Nov. 76 (Striethorst B. 99 S. 86), Staatsdienstes Vf. 17. Dez. 67 (MB. 68 S. 126) oder Dienstes in anderen Gemeinden 19. März 72 (MB. 102); abweichend hat bezüglich der Militärdienstzeit das Reichsgericht entschieden U. 27. Feb. 96 (Entsch. Zivils. XXXVII 235). — Verfahren bei zwangsweiser Pensionierung der Gemeindebeamten u. Zwangsvorveranschlagung des Pensionsbetrages OV. (XXIII 60).

[18]) StO. § 58 nebst ZustG. § 20 Abs. 1 Nr. 2, StO. § 62 u. 63; Instr. Nr. XIV; Geschäfte als Amtsanwalt § 186 Abs. 1, Standesbeamter § 207 Abs. 2, Ortspolizeiverwalter § 224 Abs. 2, Hilfsbeamter der Staatsanwaltschaft § 234 Abs. 1 d. W. — Befugnis zur Verfügung von Warnungen und Verweisen gegen die Magistratsmitglieder OV. (XVII 143).

[19]) StO. § 72, 73; ZustG. § 16 Abs. 3 u. § 17^1. — Der Gemeindevorstand heißt auch hier Magistrat Vf. 20. März 56 (MB. 91). — Diese Verfassung findet sich — abgesehen von den Landgemeinden (§ 81 d. W.) — in den Städten der westl. Prov. (Anm. 23) u. Hohenzollerns (Anm. 31).

[20]) ZustG. § 7, 16 Abs. 3, Instr. Nr. XVI u. (Streitsachen) ZustG. § 21. In **Berlin** tritt an Stelle des Regierungs- u. Oberpräsidenten der Oberpräsident u. Minister des Innern § 7 Abs. 2. — Beanstandung der Beschlüsse StO. § 57 u. ZustG. § 15, Auflösung der Stadtverordnetenversammlung StO. § 79 u. ZustG. § 17^3, Disziplinarbestrafung § 66 Anm. 15. — § 77 Anm. 13 d. W. — Aufsicht über die Polizeiverwaltung § 224 Anm. 3.

[21]) StO. f. **Westfalen** 19. **März** 56

(§ 54 Abs. 2) dieselbe wie für die östlichen Provinzen geworden.[22]) Nach der westfälischen Städteordnung kann jedoch die Bürgermeistereiverfassung (Nr. 1) in allen Städten (auch in den über 2500 Einwohnern) eingeführt werden; nach der rheinischen bildet diese Verfassung die Regel.[23]) — Die Städteordnungen für Schleswig-Holstein und für Frankfurt a. M. schließen sich eng an die für die älteren Provinzen erlassenen an.[24]) Doch ist statt der Dreiklassenordnung das Wahlrecht durch einen ortsstatutarisch zu bestimmenden Steuer- oder Vermögensſatz begrenzt und die staatliche Bestätigung auf Bürgermeister und Beigeordnete beschränkt.[25]) In Schleswig-Holstein treten die Stadtverordneten in der Regel nur in gemeinschaftlicher Sitzung mit dem Magistrat zusammen.[26]) Noch enger an die allgemeinen Grundsätze (Nr. 1) schließt die für Hessen-Nassau außer Frankfurt a. M. erlassene Städteordnung sich an, die auch die Dreiklassenordnung aufgenommen hat.[27]) — Die Aufsicht wird nach den oben (Nr. 1) angegebenen allgemeinen Bestimmungen geführt.[28])

3. Einen selbständigen Charakter hat die Gesetzgebung in den übrigen Landesteilen bewahrt. In Neuvorpommern sind unter Feststellung besonderer Stadtrezesse die älteren Verfassungen aufrecht erhalten; die

GS. 237), Instr. 9. Mai und (zu § 52) . 31. Juli 59 (MB. 144 u. 198), erstere rg. Vf. 13. Okt. 73 (MB. 300). — StO. f. d. Rheinprovinz 15. Mai 56 GS. 406); § 77 Anm. 6 d. W.; Instr. 8. Juni u. (zu § 49) v. 31. Juli 56 MB. 161 u. 221), erstere erg. Vf. 13. Okt. 3 (MB. 300). Verleihung dieser StO. n Städte unter 10000 Einwohner AE. 5. Mai 56 (GS. 405) u. Instr. 18. Juni 6 (MB. 164). — Beide Städteordnungen nd in betreff der Kommunalabgaben durch . 14. Juli 93 (§ 80 d. W.) ergänzt; ie Zeitbestimmungen (StO. f. Westf. § 19 is 21, für die Rheinpr. § 18—20) können atutarisch geändert werden G. 20. Mai 6 (GS. 99). Das Rechnungsjahr läuft om 1. April zum 31. März G. 93 § 95 bs. 1; die Hinweise in Anm. 8, 9 u. 1 finden auch hier Anwendung. — Bearb. r rhein. StO. von Bitter (§ 54 Anm. 4).

[22]) Anm. 20; die abweichenden Be-immungen der § 76 u. 77 der westf. der § 80 u. 81 der rhein. StO. sind mit fortgefallen.

[23]) Westf. StO. § 72, 73; rhein. StO. 9, 28, 66—68, verb. § 35, 53 u. 74. inzelne weitere Abweichungen enthalten 46, 49, 32 u. 71.

[24]) Schl.-Holst. Städte- u. Flecken- . 14. April 69 (GS. 589); Einf. in uenburg G. 16. Dez. 70 (Woch. Bl. 521). — GemVerfG. f. Frankfurt a. M. 25. März 67 (GS. 401). Finanzielle Auseinandersetzung mit dem Staate G. 5. März 69 (GS. 379). Eingemeindung der Stadt Bockenheim G. 31. März 95 (GS. 78). — Kommunalabgaben und Rechnungsjahr wie Anm. 21.

[25]) Schl.-Holst. StO. § 44 u. 32. Frankf. GVG. § 35, 40 u. 42. Der erste Bürgermeister wird in Frankf. aus den von der Stadt vorgeschlagenen Kandidaten vom König ernannt.

[26]) Schl.-Holst. StO. § 50—52.

[27]) StO. f. Hessen-Nassau 4. Aug. 97 (GS. 254). Das Bürgerrecht wird statt durch ein-, durch zweijährigen Wohnsitz erworben § 5. In Städten bis zu 1200 Einwohnern erhalten die Bürgermeister regelmäßig nur Dienstaufwandsentschädigung § 69. Die vereinfachte Verfassung (ohne Magistrat) ist in allen Städten zulässig § 83, 84. Feld- u. Ortsgerichte u. Feldgeschworene (§ 187[7]) sind aufrecht erhalten § 68. Kommunalabgaben und Rechnungsjahr wie Anm. 21. Instr. für Magistrate Anm. 15.

[28]) ZustG. § 7—22; verb. StO. f. Westf. § 76—82, f. d. Rheinprov. § 81 bis 87, f. Schl.-Holstein § 91—92, f. Frankfurt a. M. § 79—83 u. f. Hessen-Nassau § 87—92.

Bürgermeister werden lebenslänglich vom König ernannt.[29]) — Hannover besitzt eine besondere revidierte Städteordnung. Die städtischen Kollegien (Magistrat und Bürgervorsteher) können hier — wie in Schleswig-Holstein — zu gemeinsamer Verhandlung zusammentreten. Die Mitglieder des Magistrats (Senatoren) werden auf Lebenszeit von diesem und einer gleichen Zahl von Bürgervorstehern in vereinigter Versammlung gewählt.[30]) — In Hohenzollern gilt die Gem.-O. zugleich für die Städte.[31])

3. Die Kreise.

§ 83.

Die Kreisverbände, die sich überall mit den Kreisverwaltungsbezirken decken, umfassen eine Mehrzahl von Gemeinden oder fallen, wo schon die einzelne Gemeinde den Voraussetzungen des Kreises entspricht, mit dieser zusammen (Stadtkreis, § 55 Abs. 1). Veränderungen der Kreisbezirke erfordern, soweit sie nicht infolge veränderter Gemeindegrenzen eintreten, ein Gesetz.[1]) Die Kreise bilden Körperschaften zur Erfüllung öffentlicher Zwecke.[2]) Ihre Leistungen sind ihnen entweder vom Staate zugewiesen[3]) oder durch eigene Entschließung übernommen. Die letztere Tätigkeit ist nicht genau begrenzt und greift namentlich in das den Gemeinden zugewiesene Tätigkeitsgebiet mehrfach hinüber, indem der Kreis diesen bei unzureichender Leistungsfähigkeit ergänzend und aushelfend zur Seite tritt. Zur Erfüllung dieser Zwecke sind den Kreisen besondere Dotationen[4]) und gewisse Einkünfte[5]) überwiesen.

[29]) G. 31. Mai 53 (GS. 291), ZustG. § 7—21 u. G. 30. Juli 99 (GS. 141) § 17. Kommunalabgaben u. Rechnungsjahr wie Anm. 21.

[30]) Hann. StO. 24. Juni 58 (hann. GS. I 141) u. ZustG. § 7—21; verb. die (§ 81 Anm. 23 erwähnten) Vorschriften des LandesVerfG. u. § 77 Anm. 5 d. W. — Kommunalabgaben u. Rechnungsjahr wie Anm. 21. — Stellung der selbständigen Städte § 60 Anm. 1. — Ernennung u. Pensionierung städtischer Beamten AE. 8. Mai 67 (GS. 728).

[31]) § 81 Anm. 20 d. W.

[1]) KrO. (Anm. 9) § 3—5 nebst ZustG. § 2 u. G. 8. Juli 75 (GS. 497) § 27. Auch bei Eingemeindung ganzer Gemeinden in Stadtkreise ist ein Gesetz nicht erforderlich Vf. 17. Juli 01 (MB. 194); der Weg der Gesetzgebung ist jedoch üblich.

[2]) KrO. § 2. — Ebenso die übrigen Kreisverfassungsgesetze (Anm. 18, 20 u. 21). — Gerichtsstand, Zustellungen und Zwangsvollstreckungen wie § 77 Anm. 9.

[3]) Kriegsleistungen §§ 93 Abs. 3 u. 114. — Zusammenschluß der Landkreise untereinander oder mit anderen Kommunalverbänden zu Zweckverbänden § 77 Abs. 4 d. W.; Unterstützung der Hebeammenbezirke § 266 Abs. 2; Impfungskosten § 269 Abs. 4; außerordentliche Armenlast § 284 Abs. 3; Wanderarbeitsstätten § 313 Abs. 4. — Die Kreise bilden die Sektionen der in jeder Provinz für die Unfallversicherung der land- u. forstwirtschaftlichen Arbeiter eingerichteten Berufsgenossenschaften § 319 II d. W.

[4]) G. 30. April 73 (GS. 187) § 1 bis 3 nebst Vf. 10. Juni 73 (MB. 137), G. 8. Juli 75 (GS. 497) § 26, 27; KrO. (Anm. 18) f. Schl.-Holstein § 61, 146 u. 147, f. Hannover § 109, 110, f. Hess.-Nassau § 110 u. 111, f. Westfalen § 97 u. 98, f. d. Rheinprovinz § 97 u. 98 u. f. Hohenzollern G. 19. Mai 85 (GS. 169). — Zuweisung der nach dem Feldzuge den Reservisten gewährten Darlehen G. 31. März 73 (GS. 176).

[5]) Überweisung der Steuer von Wanderlagern in Gemeinden unter 2000 Einwohnern und der Warenhaussteuer in Gutsbezirken § 80 Abs. 5, der Betriebs-

Der Kreis hat, soweit die sonstigen Einnahmen nicht ausreichen, das Recht, **Kreisabgaben** zu erheben, und dieses Recht ist in Anlehnung an das Kommunalabgabengesetz (§ 80) für den Staat einheitlich geregelt.[6]) Gleich den Gemeinden (§ 80 Abs. 2 u. 3) darf der Kreis Benutzungsgebühren, Beiträge und an indirekten Steuern die Umsatzsteuer, Schankerlaubnissteuer und Hundesteuer einführen.[7]) Die direkten Kreissteuern werden nach dem Maßstabe der Einkommensteuern und der staatlich veranlagten Realsteuern gemäß dem Stande am 1. Januar des vorangegangenen Rechnungsjahrs auf Gemeinde- und Gutsbezirke verteilt und von ersteren als Gemeindeabgabe, von letzteren nach der vom Kreisausschuß bewirkten Einzelveranlagung aufgebracht.[8])

Die **Kreisverfassung** war in Preußen während der zwanziger Jahre nach dem Vorbild der älteren ständischen Verfassungen durch provinzielle Gesetze geordnet und in den vierziger Jahren durch das den Kreisen beigelegte Besteuerungsrecht wesentlich erweitert worden. Diese Gesetze traten nach Aufhebung einer auf den ganzen Staat berechnet gewesenen Einrichtung (§ 76 Abs. 1) wieder in Kraft und führten zu ähnlichen Bildungen auch in den neuen Provinzen. Zu vollen Kommunalverbänden mit wesentlich erweiterter Selbstverwaltung haben sich die Kreise aber erst in den neuesten Kreisordnungen entwickelt, welche die Kreisvertretung statt der früheren Stände auf die gesellschaftlichen Gruppen des größeren und des kleineren ländlichen Grundbesitzes und der Städte aufgebaut und dem als Verwaltungsstelle des Kreises gebildeten Kreisausschusse zugleich Geschäfte der allgemeinen Landesverwaltung übertragen hat. Die Gesetzgebung war zunächst für die östlichen Provinzen außer Posen gegeben (Nr. 1), ist demnächst aber in die neuen und westlichen Provinzen und in Hohenzollern (Nr. 2) und mit wesentlichen Einschränkungen auch in Posen eingeführt worden (Nr. 3).

1. Die Kreisordnung erging für die Provinzen **Ost- und Westpreußen, Brandenburg, Pommern, Schlesien und Sachsen.**[9]) Über

(Schank-)steuer § 146 Abs. 5, der Jagdscheingelder 360 Abs. 3 d. W.

[6]) **Kreis- u. Prov.-AbgabenG.** 23. April 06 (GS. 159) § 1—20 u. (Schluß- u. Übergangsbest.) § 35—37. — Ausf.-Anw. 29. Sept. 06 (MB. 277) Nr. I 1—3, II, IV. — Bearb. von Freund (2. Aufl. Berl. 11).

[7]) Kr. u. Pr. AG. § 4—6. — Ausf.-Anw. Nr. II B,C nebst Ordnungen f. die Umsatzsteuer u. f. die Schankerlaubnissteuer. Die UmsatzsteuerO. gilt auch für die Gemeindesteuern, während umgekehrt für die Kreishundesteuer das Muster für die GemeindehundesteuerO. (§ 80 Anm. 2 d. W.) maßgebend ist. — Gebühren- u. Beitragspflicht des Reichs § 175 Abs. 1 d. W.

[8]) Oberverteilung Kr. u. Pr. AG. § 7—11 u. 15 (insbes. unmittelbare Heranziehung der Mitglieder des Kön. Hauses, der Standesherren u. Ansiedlungsgüter § 7 Abs. 6, Ersatz der staatlich veranlagten Grund- u. Gebäudest. durch eine Grundwertst. § 8, Mehr- oder Minderbelastung einzelner Kreisteile § 10, Einspruch § 11); Unterverteilung § 12—14; Erg. des § 15 Abs. 2 G. 16. Juli 09 (GN. 489) § 4. — Ausf. Anw. Nr. II D. Berechnung der Einkommensteuer bei der Kreissteuerverteilung (L. OV III 6).

[9]) KrO. (13. Dez. 72, mit Änderung G. 19. März 81 GS. 155 Art. I—III, gem. Art. V) neu **veröffentlicht** 81 GS. 180. Erläuterung Vf. 26. März 81

besondere Kreiseinrichtungen können **Kreisstatuten** und Reglements erlassen werden.[10]) — Die **Kreisangehörigkeit**, die durch einen Wohnsitz innerhalb des Kreises bedingt wird, berechtigt zur Teilnahme an dessen Verwaltung und Vertretung, sowie an der Benutzung seiner Einrichtungen und Anstalten, verpflichtet dagegen zur Übernahme unbesoldeter Ämter.[11]) — **Organe** der Kreisverwaltung sind der Kreistag, der Kreisausschuß und der Landrat nebst den Kreisdeputierten (§ 58). Die Zahl der Mitglieder des **Kreistags** wird nach der Bevölkerungszahl bemessen und nach demselben Maßstabe auf Stadt und Land verteilt. Die Vertretung des Landes geht zu einer Hälfte aus den zu Wahlbezirken vereinigten Landgemeinden, zur anderen aus dem Verbande derjenigen größeren Grundbesitzer und Gewerbetreibenden hervor, die zu einem Mindestsatze der Grund- und Gebäudesteuer (in der Regel 225 M.) oder mindestens mit 300 M. in den Gewerbesteuerklassen I und II veranlagt sind.[12]) Der Kreistag hat den Kreiskommunalverband zu vertreten und über die Kreis- und sonstigen ihm zugewiesenen Angelegenheiten zu beraten und zu beschließen.[13]) Die laufende Verwaltung führt der **Kreisausschuß**, der aus dem Landrat als Vorsitzendem und sechs vom Kreistage auf 6 Jahre gewählten Mitgliedern besteht.[14]) Der Kreisausschuß bildet zugleich die

---

(MB. 69). Der zweite Titel der KrO., dessen § 22—45, 53 u. 78—83 ganz weggefallen sind, handelt sonst von den Amtsvorstehern und Landräten, die hier trotz ihrer selbständigen Bedeutung nur als Glieder und Ämter des Kreises aufgefaßt werden § 224 Abs. 3 u. § 58 d. W. — Die KrO. beseitigte — in Verfolg des Ed. 9. Oktober 07 (§ 338 Abs. 1 d. W.) — alle noch vorhandenen, mit dem Besitze bestimmter Güter verbundenen Vorrechte, die bevorzugte Vertretung der Rittergutsbesitzer im Kreistage, die gutsherrliche Polizei (§ 224 Abs. 3), die gutsherrliche Aufsicht über die Landgemeinden (§ 81 Abs. 6) und den Anspruch der Lehn- und Erbschulzengutsbesitzer auf das Schulzenamt (das. Anm. 12). — Anwendung der KrO. in den drei Grafschaften Stolberg KrO. § 181 u. G. 18. Juni 76 (GS. 245). — Bearb. vom Verfasser (§ 76 Anm. 1 d. W.) S. 410, ferner v. Studt (§ 54 Anm. 5) Bd. 2.

[10]) KrO. § 20, 116[1] u. 176[1].

[11]) Das. § 6—8. — Wohnsitz § 77 Anm. 6 d. W. — Erweiterte Kreisangehörigkeit folg. Anm.

[12]) KrO. § 84—114 u. 183 nebst beigefügtem Wahlreglement u. G. 24. Juni 91 (GS. 205) § 80. Die Frist in § 112a währt jetzt zwei Wochen LVG. § 51. Ausführung Instr. 10. März 73 (MB. 81), ergänzt Vf. 2. Mai 88 (MB. 103). — Wahlberechtigt im Verbande der größeren Grundbesitzer u. Gewerbetreibenden od. als Besitzer selbständiger Güter sind auch Forensen, Frauen, juristische Personen, Aktienges. u. Kommanditges. auf Aktien (erweiterte Kreisangehörigkeit) § 86, 87[2]; Stellvertretung § 97, Wählbarkeit § 106. — Um das unverhältnismäßige Übergewicht der Gebäudebesitzer in den Vororten Berlins zu verhüten, muß in den **Kreisen Teltow u. Niederbarnim** wenigstens die Hälfte des Mindestsatzes auf die Grundsteuer entfallen, während Landgemeinden mit mehr als 6000 Einwohnern als Städte gelten G. 6. Juni 00 (GS. 147).

[13]) KrO. § 115-117; Anleihen (§ 116[3] u. 176[4]) Grundsätze wie § 79 Anm. 6 d. W., die Schulden betrugen am 31. März 12: 612,6 Mill. M.; Geschäftsgang KrO. § 118—125 u. Vf. 7. Juli 73 (MB. 215). Eingaben und Petitionen § 126. Kreishaushalt, Kreiskommunalkasse § 127—129. Genehmigung der Beschlüsse § 176, Beanstandung unbefugter oder ungesetzlicher § 178, Auflösung des Kreistags § 179.

[14]) KrO. § 130—166 (§ 138 u. 139 sind nur noch auf das Verfahren in Kreiskommunalsachen anwendbar, § 135, 140 bis 163, 165 ganz weggefallen); Disziplinarverhältnis § 66 Anm. 15; Kreiskommissionen KrO § 167, 168. Syndikus

Beschlußbehörde in Landesverwaltungssachen und das Verwaltungsgericht erster Instanz.[15]) In beiden Beziehungen entspricht ihm in Stadtkreisen der Stadtausschuß.[16]) — Die Staatsaufsicht über die Landkreise wird von dem Regierungspräsidenten, in höherer und letzter Instanz von dem Oberpräsidenten ausgeübt.[17])

2. Mit einzelnen Abweichungen ist die gleiche Einrichtung in die Provinzen Schleswig-Holstein, Hannover, Westfalen, Hessen-Nassau und in die Rheinprovinz eingeführt.[18]) Die in Hannover, in Nassau und den vormals bayrischen, landgräflich und großherzoglich hessischen Teilen nebeneinander bestandenen Kreise und Amtsbezirke sind fortgefallen und durch neu abgegrenzte Kreise von mäßigem Umfange ersetzt worden.[19])

In ähnlicher Weise sind in Hohenzollern die vier Amtsverbände eingerichtet. Die Amtsversammlungen gehen indes, da Grundbesitz und Städte sich hier weniger scharf abheben, allgemein aus Wahlen der Gemeinden hervor, auf welche die Abgeordneten nach der Volkszahl verteilt werden. Nur dem Fürsten von Hohenzollern ist als Besitzer des Domanialgutes in jeder der Amtsversammlungen eine Virilstimme beigelegt.[20])

3. In der Provinz Posen ist der Kreistag noch aus den drei Ständen der Rittergutsbesitzer, Städte und Landgemeinden zusammengesetzt (Kreisstände). Die Rittergutsbesitzer führen Virilstimmen, Städte und Landgemeinden entsenden Abgeordnete.[21]) Die früheren Befugnisse der

---

§ 132. — Die Anstellung und Beaufsichtigung der Kreisbeamten erfolgt durch den Kreisausschuß § 134²; verb. § 78 d. W.

15) § 58 Abs. 4 u. 59 (Geschäftsgang Anm. 7) d. W.

16) KrO. § 169, 170; verb. § 58 Abs. 5 d. W.

17) KrO. § 176—180 (Beanstandung § 178, Auflösung § 179), § 180 Abs. 2 ist neugefaßt ZustG. § 4. — Die Aufsicht beruht auf ähnlichen Grundsätzen wie die über Gemeinden § 77 Anm. 13.

18) KrO. f. Schl.-Holstein 26. Mai 88 (GS. 139), nach der in einigen Kreisen der Wahlverband der größeren ländlichen Grundbesitzer fortfällt § 71; Insel Helgoland G. 18. Feb. 91 (GS. 11) § 7; im Kreise Herz. Lauenburg kommt nach Maßgabe des § 145 u. der V. 24. Aug. 82 (GS. 343 u. 1883 S. 35) die KrO. 1872 (Anm. 9) zur Anwendung. — KrO. f. Hannover 6. Mai 84 (GS. 181), besondere Stellung der selbständigen Städte im Kreise § 60 Anm. 1 d. W. — KrO. f. Westfalen 31. Juli 86 (GS. 217 u. Berichtigung 1887 S. 10), § 10 neugefaßt G. 6. Okt. 11 (GS. 209), für Hessen-Nassau 7. Juni 85 (GS. 193, § 23, 34 bis 40 aufgeh. LGemO. 4. Aug. 97 GS. 301 § 118 Abs. 1) u. f. d. Rheinprovinz 30. Mai 87 (GS. 209). — Abweichend ist in diesen Provinzen die Verwaltung der Ortspolizei gestaltet § 224 Abs. 3 d. W. — Kreiseinteilung in den drei neuen Provinzen § 55 Anm. 2 d. W.

19) KrO. f. Hann. § 1, 2, 111—117, f. Hess.-Nassau § 1, 2, 112—116.

20) Hohenzoll. Amts- u. LandesO. (2. April 73, mit Änderungen G. 2. Juli 00 GS. 228 Art. I—III gem. Art. IV) neu veröffentlicht 00 GS. 324. Auch die neue Verwaltungsorganisation (§ 54 d. W.) kommt mit der Maßgabe des LVG. § 5 u. 35 daselbst zur Anwendung. Dotation Anm. 4.

21) KrO. f. Posen 20. Dez. 28 (GS. 29 S. 3). Stimmrecht des Staates u. verstärkte Vertretung der Städte u. Landgemeinden G. 4. Aug. 04 (GS. 241) nebst V. 4. Feb. u. 15. Okt. 07 (GS. 25 u. 285), 11. Dez. 09 (GS. 801), 12. Apr. 10 (GS. 39), 3. Feb. 13 (GS. 21). — Bearb. vom Verfasser (§ 76 Anm. 1 d. W.) S. 508. — Löschung der Rittergüter u. Entziehung ständischer Rechte

Kreisstände[22]) sind durch die neuere Gesetzgebung erweitert. Nach dieser werden auch in Posen zur Wahrung der Geschäfte der allgemeinen Landesverwaltung (§ 58 Abs. 4 d. W.) Kreisausschüsse gebildet, deren Mitglieder jedoch auf Grund einer vom Kreistage aufzustellenden Vorschlagsliste vom Oberpräsidenten zu ernennen sind.[23]) Dem Kreisausschuß kann durch Beschluß des Kreistags auch die Verwaltung der Kreisangelegenheiten übertragen werden.[24]) Außerdem sind die allgemeinen Grundsätze über die Zuständigkeit, soweit sie sich nicht auf die Zusammensetzung der Kreistage bebeziehen, auf Posen ausgedehnt worden.[25])

4. Die Provinzen.

§ 84.

Die Provinzialverbände fallen regelmäßig mit den staatlichen Verwaltungsbezirken zusammen. Gleiches gilt von dem Stadtkreise Berlin, den Bezirksverbänden Kassel und Wiesbaden und dem Kommunalverbande Hohenzollern.[1]) Veränderungen der Provinzialbezirke erfolgen, soweit sie nicht infolge veränderter Gemeindegrenzen eintreten, durch Gesetz.[2]) Bei ihrer ersten Einführung sollten die Provinzialvertretungen neben der Verwaltung ihrer Kommunalangelegenheiten auch alle Provinzial- und gewisse allgemeine Gesetze vorberaten.[3]) Diese Tätigkeit hat mit Einführung der Landesvertretung ihre Bedeutung verloren. Sie erscheint nicht mehr als Mitwirkung bei der Gesetzgebung, sondern nur als eine allgemeine Begutachtung der provinziellen Gesetzentwürfe, deren Einholung und Berücksichtigung im einzelnen Falle der Staatsregierung überlassen ist. Andererseits ist die verwaltende Tätigkeit der Provinzen wesentlich erweitert, indem ihnen unter Zuweisung von Renten aus der Staatskasse (**Provinzialfonds**) verschiedene früher dem Staate vorbehaltene Verwaltungszweige überwiesen sind.[4]) Diese Wirksamkeit umfaßt neben der Gewährung von Beihilfen

---

§ 84 Anm. 27. Aufsichtsbehörde ist der Oberpräsident § 56 Anm. 5 in höherer Instanz der Min. des Innern.

[22]) Vertretung des Kreiskommunalverbandes, Verwaltung seiner Angelegenheiten unter Leitung des Landrats, Begleitung und Unterstützung der Verwaltung des letzteren in den vorgesehenen Fällen KrO. § 1 u. 3; Petitionsrecht KO. 27. Jan. 30 (GS. 7); Befugnis, Ausgaben zu beschließen, welche die Eingesessenen verpflichten G. 25. März 41 (GS. 58).

[23]) G. 19. Mai 89 (GS. 108) Art. IV.

[24]) Das. Art. V B 2.

[25]) Das. Art. V B 1, 5—7.

[1]) § 55, insbes. Anm. 1. — Beseitigung der früheren Abweichungen ProvO. Anm. 8) § 1 und 3; Abweichung in Schl.-Holstein § 84[2] d. W. — Die Provinzen führen Wappen u. abgesehen von Schl.-Holstein Provinzialfarben.

[2]) ProvO. (Anm. 8) § 4.

[3]) Anm. 7.

[4]) **Provinzialfonds** in Hannover G. 7. März 68 (GS. 223); im RB. Kassel G. 16. Sept. 67 (GS. 1528), ergänzt G. 16. März 79 (GS. 225) § 5, 6 u. AE. 25. März 69 (GS. 525); im RB. Wiesbaden außer Frankfurt G. 11. März 72 (GS. 257). Die Gleichstellung der übrigen Landesteile erfolgte durch G. 30. April 73 (GS. 187), das zugleich Fonds zur Durchführung der KrO. überwies (§ 83 Anm. 4). Für das ganze Staatsgebiet erging ferner unter Verstärkung der Fonds und Erweiterung der Verwendungszwecke das **Dotations**G.

an die unteren Verbände auch die unmittelbare Verwaltung der zugehörigen Einrichtungen, Anstalten und Fonds und ist durch besondere Reglements geordnet.[5])

Die Erhebung der **Provinzialabgaben** ist zugleich mit der der Kreisabgaben (§ 83 Abs. 2) für den Staat einheitlich geregelt. Auch die Provinz darf Benutzungsgebühren und Beiträge erheben, auch sie verteilt die direkten Steuern nach dem für die Kreissteuern vorgeschriebenen Maßstabe auf die Land- und Stadtkreise, die ihren Anteil als Kreis- und als Gemeindesteuern aufzubringen haben.[6])

Die **Provinzialverfassung**, die gleich der Kreisverfassung während der zwanziger Jahre in die einzelnen Provinzen Eingang fand,[7]) hat seitdem die Schicksale der Kreisverfassung (§ 83 Abs. 3) geteilt. Die Wahl der Abgeordneten, die früher von den drei Ständen ausging, erfolgt nunmehr durch die Vertretungen der Land- und Stadtkreise. Die Neuordnung erging zunächst für die östlichen Provinzen außer Posen (Nr. 1) und wurde auf die neuen und westlichen Provinzen und Hohenzollern übertragen (Nr. 2); in Posen ist sie unter erheblichen Einschränkungen erfolgt (Nr. 3).

8. Juli 75 (GS. 497); Verteilung zu je 1/2 nach der Fläche und nach der Bevölkerungszahl G. 73 u. 75 § 2; V. 12. Sept. 77 (GS. 227). Verwendung zur Förderung der Kleinbahnen G. 28. Juli 92 (GS. 225) § 42. Die Jahresrente ist dann mit Rücksicht auf die gestiegenen Anforderungen um 10 Mil. M. erhöht G. 2. Juni 02 (GS. 167). Diese werden zu je 1/3 nach der aus der Einkommensteuerveranlagung festzustellenden Leistungsfähigkeit, nach der Belastung mit Kommunalabgaben im Verhältnis zur Einkommensteuer u. nach der Bevölkerungszahl auf die Provinzen verteilt das. § 2—4 u. 10 u. sind zu verwenden mit 7 Mil. für Armen- u. Wegelasten § 1 u. 8 (davon mindestens 2/3 zur Unterverteilung an leistungsschwache Kreise u. Gemeinden § 5—7 u. 12) u. mit 3 Mil. zum Neubau u. zur Unterhaltung von Kunststraßen § 9. Durch diese Verteilungsart soll den östlichen Provinzen — die früher bei weniger ausgebildetem Chausseenetze mit geringeren Chausseeunterhaltungskosten bedacht waren, auch bei Verschiebung der Bevölkerung nach den großen Städten und Industriemittelpunkten viele Arbeits- und Steuerkraft verloren hatten, ohne von der Fürsorge für die auswärts arbeitenden entbunden zu werden — ein Ausgleich gegenüber den westlichen Landesteilen gewährt werden. Festsetzung der Jahresrenten V. 22. Juli 02 (GS. 258). Ausführung Bf. 5. Juli 02 (MB. 147). — Bearb. vom Verfasser (§ 76 Anm. 1 d. W.) S. 522. Schl.-Holstein erhielt einen besonderen Fonds zur Entschädigung der Kriegsersatzansprüche G. 9. Juni 75 (GS. 367). — **Gegenstand der Provinzialverwaltung** sind demgemäß das Landarmenwesen (§ 284 Abs. 2) nebst den Landarmen- und Wohltätigkeitsanstalten und milden Stiftungen (§ 285 Anm. 6); das Besserungswesen (§ 240), die Fürsorgeerziehung (§ 241); die Fürsorge für das Hebeammenwesen (§ 266 Abs. 2), für das Irren-, Taubstummen-, Blinden- u. Idiotenwesen (§ 268 Abs. 4 u. 303 Anm. 4) und für Kunst u. Wissenschaft (§ 309 Abs. 4 u. 5); das Feuersozietätswesen (§ 321 Abs. 3); die Verwaltung der Hilfskassen (§ 324 Abs. 2); das landwirtschaftliche Unterrichts- und das Landesmeliorationswesen (§ 344 Abs. 2), der Wasserbau (§ 346 Anm. 18) u. d. Wegebau (§ 381, insbes. Anm. 7 u. 8). Die Provinzen bilden die Bezirke der für die Unfallversicherung der land- u. forstwirtschaftlichen Arbeiter eingerichteten Berufsgenossenschaften § 319 II d. W.

[5]) DotG. § 25; Anm. 9.

[6]) Kreis- u. Prov.-AbgG. (§ 83 Anm. 6) § 21—34 u. 37, insbes. Gebühren u. Beiträge § 24, Mehr- oder Minderbelastung einzelner Kreise § 27. Einsprüche § 31. — Ausf.Anw. (§ 83 Anm. 6 d. W.) Nr. I 1, 2, 4 u. III.

[7]) G. 5. Juni 23 (GS. 129); verb. Anm. 27.

1. Die Provinzialordnung für Ost- und Westpreußen, Brandenburg, Pommern, Schlesien und Sachsen[8]) gibt den Provinzen ausgedehnte Selbstverwaltungsbefugnisse; daneben greifen die Provinzen, da die Provinzialausschüsse die Laienmitglieder für die Bezirksausschüsse (§ 57 Abs. 7) und Provinzialräte (§ 56 Abs. 2) zu wählen haben, auch in das Gebiet der staatlichen Verwaltung über. — Über besondere Verfassungsangelegenheiten oder Provinzialeinrichtungen sind Provinzialstatuten oder Reglements zulässig.[9]) — Der Provinzialverband stellt sich als eine Zusammenfassung der zu ihm gehörigen Kreise dar, was ebensowohl in der Bestimmung der Provinzialangehörigkeit[10]) und in der Verteilung der Provinzialabgaben auf die Kreise (Abs. 2), als in der Zusammensetzung des Provinziallandtags hervortritt. Zu diesem entsendet jeder Kreis nach der Einwohnerzahl einen oder mehrere Abgeordnete.[11]) Der Provinziallandtag wird alle zwei Jahre mindestens einmal vom König berufen.[12]) Er vertritt die Provinz, stellt die Verwaltungsgrundsätze, den Voranschlag für den Provinzialhaushalt und die Einrichtung der Provinzialämter fest, beschließt über Kapitalverwendungen, Grundstücksveräußerungen, Anleihen und über die Ausschreibung von Abgaben und wählt die oberen Provinzialbeamten. Er besitzt das Petitionsrecht und hat die ihm von der Staatsregierung überwiesenen Gesetze und sonstigen Gegenstände zu begutachten.[13]) Die Verwaltung der Angelegenheiten des Provinzialverbandes führt der Provinzialausschuß und der Landeshauptmann, ersterer als beschließende, letzterer als ausführende Stelle.[14]) Der Provinzialausschuß besteht aus einem Vorsitzenden und 7 bis 13 vom Provinziallandtage gewählten Mitgliedern.[15]) Zur Wahrnehmung der laufenden Geschäfte wird ein Landeshauptmann (in Brandenburg Landesdirektor) unter königlicher Bestätigung auf 6 bis 12 Jahre vom Provinziallandtage gewählt, der von Amts wegen Mitglied des Ausschusses ist.[16]) Die Provinzialbeamten, zu denen neben den dem Landeshauptmann zugeordneten oberen Beamten[17])

[8]) ProvinzialO. (29. Juni 75 GS. 335, mit Änderung G. 22. März 81 GS. 176 Art. I, II, gemäß Art. III) neu veröffentlicht Bek. 22. März 81 (GS. 234). (Die die Bezirks- und Provinzialräte betreffenden § 62—86 sind fortgefallen). — Bearb. vom Verfasser (§ 76 Anm. 1 d. W.) S. 548.

[9]) ProvO. § 8, 35, 95 Abs. 2, 119¹ u. 120; Fälle § 11, 38, 46, 47, 91, 93, 95 u. 96; die Veröffentlichung erfolgt durch die Amtsblätter.

[10]) Das. § 5 u. 6.

[11]) Das. § 9—24 nebst beigefügtem WahlRegl. u. § 100.

[12]) Das. § 25—33. Königlicher Kommissar (§ 26, 27) ist der Oberpräsident § 56 d. W.

[13]) ProvO. § 34—44; Provinzialhaushalt § 101—104; Genehmigung der Beschlüsse ProvO. § 119 u. 120. Provinzialabgaben § 84 Abs. 2 d. W. Anleihen (PrO. § 37³; 119³), Grundsätze wie § 79 Anm. 6 d. W., die Schulden betrugen am 31. März 12: 335,6 Mill. M.

[14]) Sitze der Verwaltung sind für Brandenburg Berlin, für Sachsen Merseburg, sonst fallen die Sitze mit denen der Oberpräsidenten (Übersicht zu § 55 Anm. 2 d. W.) zusammen.

[15]) ProvO. § 45—51 u. 100; Berufung § 52, GeschäftsO. § 53—57, Geschäfte § 58—61. — Disziplinarverhältnis § 51. — Provinzialkommissionen § 99 u. 100.

[16]) Das. § 87—92, 103 u. 46.

[17]) Das. § 93. Sie führen den Titel „Landesrat" oder (als technische Be-

auch die erforderlichen Büreau-, Kassen- und Anstaltsbeamten gehören,[18]) sind mittelbare Staatsbeamte; ihre Verhältnisse werden durch Reglement geordnet.[19]) Die Staatsaufsicht über die Provinzialverbände wird vom Oberpräsidenten, in höherer Stelle vom Minister des Innern geführt.[20])

2. Mit unwesentlichen Abweichungen ist die gleiche Einrichtung in die Provinz Hannover eingeführt.[21]) Der Landeshauptmann bildet daselbst mit den ihm zugeordneten höheren — hier als Schatzräte bezeichneten — Beamten ein Kollegium, das Landesdirektorium, und wohnt gleich diesen mit nur beratender Stimme den Sitzungen des Provinzialausschusses bei.[22]) — In der Provinz Hessen-Nassau bestehen neben dem Provinzialverbande zwei den Regierungsbezirken Kassel und Wiesbaden entsprechende Bezirksverbände. Ihre Tätigkeit liegt wesentlich auf wirtschaftlichem Gebiete. Die Bezirksversammlungen (Kommunallandtage) sind in der Form der Provinziallandtage zusammengesetzt. Ihre Verwaltungsausschüsse heißen Landesausschüsse, ihre ersten Beamten Landeshauptleute. Der Provinziallandtag besteht aus den Mitgliedern der beiden Bezirksversammlungen.[23]) — Mit geringeren Abweichungen ist die Provinzialordnung in Westfalen, in der Rheinprovinz und in Schleswig-Holstein eingeführt.[24]) In

amte) „Landesbaurat", „Landessyndikus" AE. 20. Jan. 77 (MB. 37). Von der Befugnis zu kollegialer Einrichtung des Landesdirektoriums hat nur die Provinz Sachsen Gebrauch gemacht.

[18]) ProvO. § 94 u. 95.

[19]) Das. § 96; Anm. 9. Anwendbarkeit der allgemeinen Bestimmungen für Kommunalbeamte (§ 78 Anm. 3) u. (Berücksichtigung der Militäranwärter) der für Städte maßgebenden Vorschriften (§ 78 Anm. 7 d. W.) ProvO. § 97; Dienstvergehen § 98.

[20]) Das. § 114—122 (Beanstandung § 118, Auflösung § 122); Anm. 12 u. 13. Der Oberpräsident führt die gesundheitspolizeiliche Aufsicht über die Provinzialanstalten AE. 12. Mai 97 (GS. 227) und die Schulaufsicht über die Provinzialzwangserziehungs-Anstalten, daselbst und üb. die Prov. Idiotenanstalten AE. 10 Juli 06 (GS. 371).

[21]) Die ProvO. (Anm. 8) ist durch G. 7. Mai 84 (GS. 237) mit einigen Änderungen eingeführt und nach Art. V das. in der neuen Fassung als ProvO. f. Hannover veröffentlicht (GS. 243).

[22]) Das. § 87—93 u. 56. — Regl. 1. Nov. 68 (GS. 979).

[23]) Die ProvO. (Anm. 8) ist durch G. 8. Juni 85 (GS. 242) mit einigen Änderungen eingeführt und nach Art. X das. in der neuen Fassung als ProvO. f. Hessen-Nassau veröffentlicht (GS. 247) und Berichtigung des § 44 Abs. 2 (das. S. XXXII). Inkraftsetzung der § 43—71 V. 16. Dez. 87 (GS. 487). Vermögensrechtliche Regelung infolge Einfügung des Stadtkreises Frankfurt in den Verband Wiesbaden und veränderter Abgrenzung der Bezirksverbände Wiesbaden und Kassel V. 10. u. 15. März 86 (GS. 45 u. 47). — Regul. f. d. Verwaltung des Verbandes Kassel 11. Nov. 68 (GS. 999), Wiesbaden 17. Juli 71 (GS. 299).

[24]) Westfalen G. 1. Aug. 86 (GS. 254), Rheinprovinz G. 1. Juni 87 (GS. 249) u. Schleswig-Holstein G. 27. Mai 88 (GS. 191). Auf Grund des Art. V dieser Gesetze wurde die ProvO. in neuer Fassung veröffentlicht für Westfalen GS. 1886 S. 256 (§ 10 unter Verminderung der Abgeordnetenzahl G. 6. Okt. 11 GS. 209), für die Rheinprovinz GS. 1887 S. 252 und für Schleswig-Holstein GS. 1888 S. 194. — Sitze der provinziellen Verwaltung sind Münster, Düsseldorf u. Kiel. — Die Titel für die oberen Provinzialbeamten (Anm. 17) gelten auch in der Rheinprovinz u. in Schl.-Holstein AE 29. Okt. 77 (MB. 280); der erste Beamte führt die Bezeichnung „Landeshauptmann". Einrichtung der Verwaltung in Schl.-Holstein Regl. 14. Aug. 71 (GS. 372).

dieser Provinz bilden indessen der Kreis Herzogtum Lauenburg und die Insel Helgoland besondere Kommunalverbände.[25])

Auf ähnlichen Grundlagen beruht die Einrichtung des Landeskommunalverbandes in Hohenzollern. In den Kommunallandtag entsenden die vier Oberämter je drei und die Fürsten Hohenzollern, Fürstenberg und Thurn und Taxis, sowie die Städte Hechingen und Sigmaringen je einen Abgeordneten. Der Vorsitzende ist zugleich Vorsitzender des aus vier Mitgliedern bestehenden Landesausschusses und dessen ausführendes Organ.[26])

3. In der Provinz Posen besteht der Provinziallandtag aus Abgeordneten der drei Stände (Ritterschaft, Städte und Landgemeinden).[27]) Auch hier ist ein Provinzialausschuß gebildet, dessen Mitglieder jedoch der Bestätigung des Ministers des Innern bedürfen. Der Provinzialausschuß und der Landeshauptmann verwalten die Angelegenheit des provinzialständischen Verbandes.[28])

---

[25]) ProvO. f. Schl.-Holstein § 1a u. G. 18. Feb. 91 (GS. 11) § 3.

[26]) § 83 Anm. 20 d. W.

[27]) Auf Grund des allgemeinen G. (Anm. 7) ergingen G. 27. März 24 (GS. 141), V. 15. Dez. 30 (GS. 32 S. 9) u. 19. Dez. 45 (GS. 46 S. 18), ergänzt (Verfahren bei ständischen Wahlen) V. 22. Juni 42 (GS. 213), (ländliche Bezirkswähler) KO. 27. Feb. 30 (GS. 46), (Berechnung der Besitzzeit) V. 29. Nov. 44 (GS. 706), (Löschung der Rittergüter) KO. 11. Jan. 35 (GS. 9), (Entziehung u. Suspension ständischer Rechte) G. 23. Juli 47 (GS. 279), (Wahlrecht des Staates) G. 4. Aug. 04 (GS. 241) § 1 u. (Abdruck ständischer Gutachten) KO. 2. Nov. 33 (GS. 34 S. 91). Bearb. vom Verfasser (§ 76 Anm. 1 d. W.) S. 573. — Staatsaufsicht § 56 Anm. 5 d. W.

[28]) G. 19. Mai 89 (GS. 9) Art. V A u. V. 5. Nov. 89 (GS. 177), erg. V. 10. Mai 13 (GS. 262).

Drittes Kapitel.

Auswärtige Angelegenheiten.

I. Einleitung.

§ 85.

Die Verwaltung der auswärtigen Angelegenheiten, die früher in der Hand der Einzelstaaten lag,[1] ist nunmehr Sache des Reichs geworden, nachdem auf dieses neben dem ausschließlichen Rechte der Kriegserklärung und Friedensschließung (§ 16) fast alle Verwaltungszweige übergegangen sind, die Beziehungen zu auswärtigen Staaten bieten (§ 13). Das Reich ist damit dem Auslande als geeinigtes Ganzes in Achtung gebietender Stellung gegenübergetreten und vermag seinen Angehörigen einen Schutz zu gewähren, wie er während der früheren Zerrissenheit Deutschlands oft schmerzlich genug vermißt war.

Für die Einzelstaaten hat sich dagegen das Gebiet der auswärtigen Angelegenheiten wesentlich verengt. Ihr Verkehr mit außerdeutschen Staaten ist fast ganz verschwunden und auch die Beziehungen untereinander haben an Bedeutung verloren, seitdem die wichtigsten der früher durch Gegenseitigkeitsverträge geregelten Verhältnisse in der Reichsgesetzgebung ihre Erledigung finden (§ 13). Das Recht der gesandtschaftlichen und konsularischen Vertretung ist den Einzelstaaten zwar verblieben. Ihre gegenseitigen Beziehungen und ihre Verträge tragen aber eine vorwiegend örtliche Färbung und beschränken sich meist auf den Zusammenschluß mehrerer Staaten zu gemeinsamen Einrichtungen.[2]

Die Eingehung (Ratifikation) der Verträge des Reichs steht dem Kaiser zu, der dieses völkerrechtlich zu vertreten hat; insoweit sie sich indessen auf Gegenstände beziehen, die in den Bereich der Reichsgesetzgebung fallen, ist zu ihrem Abschluß die Zustimmung des Bundesrates, und zu ihrer Gültigkeit die Genehmigung des Reichstags erforderlich.[3] Die Ver-

---

[1] Der westf. Friede (§ 4 Abs. 2 d. W.) gab den Reichsständen das Recht, untereinander und mit auswärtigen Mächten Verträge zu schließen.

[2] Militärkonventionen § 90 Abs. 3 d. W.: Verträge über den Thüringischen Zoll- und Steuerverein § 153 Abs. 1, über gemeinsame Land- und Oberlandesgerichte § 184 Anm. 1 u. über den Anschluß an preußische Generalkommissionen § 339 Anm. 7. Neuerdings hat Preußen — ähnlich wie früher bei Bildung des Zollvereins (§ 5 Abs. 2) — seine Anziehungskraft auf die kleineren Staaten ausgeübt u. außerhalb der Reichsgewalt auf einzelnen wirtschaftlichen Gebieten gemeinschaftliche Einrichtungen herbeigeführt, Lotterie § 135 Anm. 2, Eisenbahnen § 385 Anm. 1 u. 388 Anm. 1. — Die früheren Staatsverträge werden durch das BGB. nicht berührt EG. Art. 56.

[3] RVerf. Art. 11: die Bezugnahme auf

träge werden regelmäßig zwischen zwei Staaten abgeschlossen (Einzelverträge), haben aber auf einzelnen Gebieten zu größeren Staatengemeinschaften geführt, mit denen zum Teil ständige gemeinsame Verwaltungsstellen (internationale Kommissionen) verbunden sind.[4]) Dem Inhalte nach betreffen die Verträge entweder Fragen des Völkerrechts[5]) und der höheren Politik, wie die Schutz- und Trutzbündnisse (§ 6 Abs. 2), Friedensschlüsse und Grenzregulierungen, oder der inneren Verwaltung in ihrer Einwirkung auf den Verkehr der Staaten untereinander. Die letzteren lassen sich in folgenden Gruppen zusammenfassen:

Art. 4 ist irrig, da dieser nicht den Bereich der Gesetzgebung, sondern die Zuständigkeit des Reichs gegenüber den Einzelstaaten (§ 13 d. W.) bestimmt. — In Preußen werden Verträge vom König errichtet und bedürfen der Zustimmung des Landtags, wenn sie dem Staate Lasten oder den Staatsangehörigen Verpflichtungen auflegen VU. Art. 48. — Die Mitwirkung des Reichs- und des Landtags beruht darauf, daß die Verträge nicht nur eine völkerrechtliche, sondern in der Rückwirkung auf die Staatsangehörigen auch eine staatsrechtliche Bedeutung haben.

[4]) Dazu gehören die in Anm. 5, 11, 12, 13 (Mädchenhandel), 15 (Meterkonv.) u. 19 nachgewiesenen Vereinbarungen.

[5]) Haager Konventionen 18. Okt. 07 zwischen den meisten Kulturstaaten, über die friedliche Erledigung internationaler Streitigkeiten unter Einsetzung von Untersuchungskommissionen u. eines ständigen Schiedshofes (RGB. 10 S. 5), insbes. Eintreibung von Vertragschulden unter Ausschluß der Waffengewalt (das. 59) u. Beginn der Feindseligkeiten erst nach begründeter Kriegserklärung (das. 82), üb. das Landkriegsrecht (das. 107, 151) u. das Seekriegsrecht (das. 181, 207, 231, 256, 316, 343 u. 283 nebst § 109 Anm. 11 d. W.); Ratifikation der Verträge u. Vorbehalte einzelner Staaten Bek. 25. Jan. 10 (RGB. 375, 382), Beitritt Frankreichs (das. 1105), Belgiens (das. 992), der Schweiz (das. 913), Schwedens (das. 1911 S. 895), Portugals (das. 972), Norwegens (das. 1910 S. 1092); Haitis u. Siams (das. 673), Chinas zu 5 Verträgen (das. 457), Japans u. Rumäniens (das. 1912 S. 169 u. 257), Kubas (das. 301), Luxemburgs (das. 530), Spaniens (das. 13 S. 242 u. 293), Guatemalas u. Panamas (das. 1911 S. 193 u. 914). Bearb. v. Wehberg (Tüb. 11); Das Haager Schiedsgericht, Studie v. Alwine Tettenborn (Bonn 11). Frühere Vereinbarung üb. das Seekriegsrecht, wonach die Kaperei abgeschafft ist, die neutrale Flagge u. das neutrale Gut unter feindlicher Flagge — mit Ausnahme der Kriegskonterbande (der der Kriegführung dienenden Gegenstände) — von d. Beschlagnahme freibleibt u. Blockaden (Absperrungen bestimmter Küstenstrecken durch eine fremde Seemacht) nur, wenn sie tatsächlich durchgeführt werden können, rechtsverbindlich sind V. 12. Juni 56 (GS. 585) u. (Beitritt d. deutschen Staaten) Bek. 3. Nov. 58 (GS. 568). Dazu G. 3. Mai 84 (RGB. 49), wonach über die Rechtmäßigkeit der im Kriege gemachten Seebeute (Prise) durch besondere, gem. kaiserlicher V. einzurichtende Prisengerichte zu entscheiden ist; das Abk. üb. Errichtung eines internationalen Prisengerichts u. die das Seekriegsrecht ergänzenden Vereinbarungen der Londoner Konferenz 26. Feb. 09 sind noch nicht ratifiziert. Bearb. des Seekriegsrechts v. Bernstein (Berl. 11). — Genfer Konvention z. Linderung d. Loses der im Felde Verwundeten § 109 Abs. 3 d. W. — Nordsee- u. Ostseeabkommen (noch nicht veröffentlicht), in denen die anliegenden Staaten den gegenwärtigen Besitzstand aufrecht erhalten. — Gemeinsame Regelung der Beziehungen der beteiligten Staaten zu Mittelafrika Gen.-Akte (Kongo) 26. Feb. 85 (RGB. 215) u. (Sklavenhandel) § 35 Anm. 7 d. W.; zu Marokko GenA. (Algeciras) 7. April nebst G. 21. Dez. 06 (RGB. 891, 889 u. Ratifikation 07 S. 19) u. neuere Abk. 4. Nov. 11 (das. 12 S. 197, 205, 231). — Bearbeitung des Völkerrechts von Liszt (9. Aufl. Berl. 12) und Ullmann (neu bearb. im Hdb. des öff. Rechts, Tübingen 08); Grundzüge des Völkerrechts v. Zorn (2. Aufl. Leipz. 03); Völkerrechtsquellen (Verträge) v. Fleischmann (Halle 05).

1. Einige Verträge betreffen die **persönlichen Verhältnisse der Staatsangehörigen**, insbesondere deren Niederlassung und den Erwerb und Verlust der Staatsangehörigkeit,[6]) Nichtheranziehung zum Militärdienst,[7]) die Zulassung der Medizinalpersonen und der Lehrer,[8]) die Übernahme Auszuweisender und die Unterstützung Verarmter,[9]) die Gleichstellung in der Rechtspflege,[10]) den Schutz des geistigen und künstlerischen Eigentums[11]) und des gewerblichen Eigentums[12]) und die Regelung der Hinterlassenschaften (§ 88 Abs. 4).
2. Andere Verträge bezwecken die gegenseitige Unterstützung bei Ausübung der Rechtspflege,[10]) insbesondere **Verfolgung strafbarer Handlungen**,[13]) sowie bei **Bekämpfung der gemeingefährlichen Krankheiten**.[14])
3. Zur Förderung von **Handel und Verkehr** dienen die Handelsverträge.[15]) Zoll-, Freundschafts- und Schiffahrtsverträge sind teils mit diesen verbunden, teils neben ihnen abgeschlossen.[16]) Ein mehr örtliches Gepräge tragen die Stromschiffahrtsverträge[17]) und gleiches gilt von Verträgen über den Anschluß anzulegender Kanäle oder Eisenbahnen. Allgemeine Bedeutung behaupten dagegen die über den Eisenbahnverkehr[18]) und den Post- und Telegraphenverkehr geschlossenen Verträge, unter denen durch seine weitreichende räumliche Ausdehnung der Weltpostverein besonders hervorragt.[19])

II. Organe der auswärtigen Verwaltung.

§ 86.

1. Die Zentralbehörde ist das **auswärtige Amt**, das ein Organ des Reichskanzlers bildet (§ 20). Es besteht seit 1870, wo das preußische Ministerium der auswärtigen Angelegenheiten auf das Reich übernommen wurde, und ist zugleich als preußisches Ministerium der auswärtigen Angelegenheiten wirksam (§ 44 Abs. 3[1]). Es zerfällt in die politische und die Personalien-, die handelspolitische und die Rechtsabteilung. Unmittelbar unter dem Reichskanzler stehen die Prüfungskommission für das diplo-

---

[6]) § 10 Anm. 3; § 34 Anm. 14—16.

[7]) § 91 Anm. 2.

[8]) § 265 Anm. 2; § 305 Anm. 4 u. § 306 Anm. 6.

[9]) § 284 Anm. 6.

[10]) § 180 Anm. 10, 210 Anm. 3. Internationales Privatrecht § 196 Abs. 4.

[11]) § 308 Abs. 10.

[12]) § 370 Abs. 1.

[13]) Auslieferung von Verbrechern § 232 Anm. 5 u. Fahnenflüchtigen § 105 Anm. 7, Verfolgung der Zollvergehen § 163 Abs. 2, des Mädchenhandels u. unzüchtiger Veröffentlichungen § 259 Anm. 1, der Feld-, Forst-, Jagd- und Fischereifrevel § 354 Anm. 2, des Vogelschutzes § 355 Anm. 4.

[14]) § 269 Anm. 1 u. (Reblaus) § 355 Anm. 3.

[15]) § 372 Anm. 3. — Internationale Meterkonvention § 375 Abs 1. — Brüsseler Zuckerkonvention § 168 Anm. 6. Konsularverträge § 88 Anm. 15.

[16]) Zollvertr. § 161 Anm. 9, Schiffahrtsverträge § 379 Anm. 6.

[17]) § 380 Anm. 9.

[18]) Spurweite § 388 Anm. 1, Eisenbahnfrachtverkehr Anm. 9.

[19]) § 389 Anm. 5—7, 391 Anm. 13 u. 392 Anm. 3 u. 8.

matische Examen und die archäologischen Anstalten in Rom und Athen (§ 309 Abs. 2). Dem auswärtigen Amte unterstehen als ständige Vertretungen im Auslande die Gesandtschaften in allen völkerrechtlichen (Nr. 2) und die Konsulate in den handelspolitischen Beziehungen (Nr. 3); erstere haben die allgemeinen staatlichen, letztere vorwiegend die Handelsinteressen ihrer Staaten im Auslande zu vertreten. Mit der zunehmenden Bedeutung der wirtschaftlichen Fragen ist der Gegensatz zwischen diplomatischem und konsularischem Dienste geringer geworden.

§ 87.

2. Die an der Spitze der **Gesandtschaften** stehenden Beamten zerfallen nach den unter den europäischen Mächten getroffenen Vereinbarungen[1]) in Botschafter, Gesandte oder bevollmächtigte Minister, Ministerresidenten und Geschäftsträger, die nach Rang und Stellung voneinander verschieden sind.[2]) Die Bestellung der Gesandten steht ebenso wie die Beglaubigung und der Empfang der fremden Gesandten dem Kaiser zu;[3]) die Beglaubigung erfolgt durch Überreichung der Beglaubigungsschreiben (Kreditive). Mit dieser Zulassung erlangen die Gesandten das Recht, in dem fremden Lande innerhalb der durch dessen Gesetzgebung gezogenen Grenzen Amtshandlungen im Namen und nach den Vorschriften des absendenden Staates vorzunehmen.

Die Gesandten haben die internationalen Beziehungen zu pflegen, Angehörige ihres Staates zu schützen und die politischen und wirtschaftlichen Verhältnisse des fremden Landes fortdauernd zu beobachten. Sie sind befugt zur Vornahme von Zustellungen und Legalisierung von Urkunden,[4]) zur Ausstellung von Pässen[5]) und, soweit sie vom Reichskanzler dazu ermächtigt sind, zur Vornahme von Eheschließungen und Beurkundung des Personenstandes.[6]) Die gesandtschaftlichen Beamten sind Reichsbeamte und

[1]) Staatsverträge von Wien 19. März 15 u. Aachen 21. Nov. 18.

[2]) Zurzeit ist das Deutsche Reich vertreten durch: 9 Botschaften (in Frankreich, Großbritannien, Italien, Österreich-Ungarn, Rußland, Spanien, der Türkei, Japan und den Vereinigten Staaten von Amerika), 21 Gesandtschaften u. 9 Ministerresidenturen, deren Chefs zum Teil persönlich mit dem Gesandtencharakter bekleidet sind (in Belgien, den Niederlanden, Luxemburg, der Schweiz, Dänemark, Schweden, Norwegen, Portugal, Rumänien, Serbien, Montenegro, Griechenland, Persien, China, Siam, Marokko, Abessinien, Haiti, Zentralamerika, Kolumbien, Venezuela, Chile, Peru mit Ekuador, Kuba, Brasilien, Mexiko, Bolivien, Uruguay u. den La Platastaaten). — **Preußen** unterhält Gesandte in Bayern, Württemberg, Baden, Hessen, Kgr. Sachsen (zugleich f. S. Altenburg, Anhalt u. Reuß), S. Weimar (zugleich für S. Gotha, S. Meiningen u. beide Schwarzburg), Oldenburg (zugleich für Braunschweig u. beide Lippe) u. in Hamburg (zugleich f. Bremen, Lübeck u. beide Mecklenburg). Diese Gesandtschaften werden auch mit den Vorverhandlungen betraut, die Preußen als Vorrecht im Reiche über die im Bundesrat einzubringenden Gesetzesvorlagen führt. Ein preußischer Gesandter ist ferner beim päpstlichen Stuhl bestellt.

[3]) Verf. Art. 11.

[4]) ZPO. § 199, 438 Abs. 2, verb. § 210 Abs. 1 d. W.

[5]) PaßG. 12. Okt. 67 (BGBl. 33) § 6 Abs. 1, verb. § 246 Abs. 1 d. W.

[6]) G. 6. Feb. 75 (RGB. 23) § 85 Abs. 2, verb. § 207 d. W.

als solche neben den allgemeinen einigen besonderen Vorschriften unterworfen.[7])

§ 88.

3. Die **Konsulate** weisen in ihrem Ursprunge auf die Handelsfaktoreien zurück, die im Mittelalter an größeren Handelsplätzen für die einzelnen Nationen gebildet waren und durch ihre Vorsteher die Rechte ihrer Landsleute wahrnahmen. Ihre heutige Gestaltung fanden sie im Laufe des vorigen Jahrhunderts in Frankreich und England. Nach dem Vorgange dieser Staaten wurde nach Entstehung des Reichs auch das deutsche Konsulatwesen geordnet.

Die Konsuln sollen das Interesse des Reichs und seiner Angehörigen an außerdeutschen Handelsplätzen schützen und fördern. Ursprünglich waren sie für die Handelsbeziehungen bestimmt; im Laufe der Zeit hat sich ihre Tätigkeit zum Schutze der sonstigen Interessen erweitert, wodurch das konsularische Amt sich dem gesandtschaftlichen genähert hat. Sie werden vom Kaiser ernannt,[1]) dem auch die Genehmigung zur Anstellung fremder Konsuln im Reiche zusteht (Erteilung des Exequatur).[2])

---

[7]) § 21—24 d. W. — PrüfungsO. a. 1. Mai 08 ab gültig (Norddeutsche Ztg. Nr. 102). — Strafe des dienstl. Ungehorsams u. d. Verletzung d. Amtsverschwiegenheit StGB. § 353a (s. g. Arnimparagraph). — Urlaub u. Stellvertretung der gesandtschaftlichen u. Konsularbeamten V. 23. April 79 (RGB. 134), erg. (§ 2 Abs. 1) V. 17. Aug. 94 (RGB. 518) u. (Aufhebung des § 10) 4. Jan. 04 (das. 1); Anwendbarkeit auf preußische gesandtschaftliche Beamte AE. 1. Mai 79 (GS. 352) u. 16. Sept. 94 (GS. 174). Disziplinarverfahren § 23 Anm. 13, Gehalt § 24 Anm. 7 d. W. Tagegelder, Fuhr- und Umzugskosten § 24 Anm. 9 d. W., die daselbst erwähnten Vorschriften sind auf preußische gesandtschaftliche Beamte anwendbar V. 13. Okt. 10 (GS. 297). — Doppelrechnung der Dienstzeit in außereuropäischen Ländern RBeamtG. 07 (RGB. 245) § 51, B.Beschl. 18. Nov. 80 (ZB. 773) u. 21. Jan. 86 (ZB. 55). — Den Gerichtsstand haben gesandtschaftliche Beamte und Berufskonsuln am letzten Wohnorte im Reiche, sonst in der Hauptstadt ihres Heimatsstaates ZPO. § 15, (Zustellungen) § 200 u. (freiwillige Gerichtsbarkeit) G. 98 (RGB. 771) § 3; StPO. § 11. — Das auswärtige Gesandtschaftspersonal unterliegt der inländischen Gerichtsbarkeit nicht (Exterritorialität) GVG. § 18, 19. Dieses gilt nicht wo ein dinglicher Gerichtsstand vorliegt § 20 u. in betreff der Konsuln nur, soweit es durch Vereinbarung festgesetzt ist GVG. § 21. Beleidigungen werden nur auf Antrag verfolgt, aber höher als sonst bestraft StGB. § 104. — Die auswärtigen Gesandten sind ferner befreit von militärischen Friedensleistungen (§ 112 und 113 d. W.), von direkten Staatssteuern G. 06 (GS. 260) § 3[3] u. [4], und Kommunalsteuern G. 14. Juli 93 (GS. 152) § 40[2] u. [3]; im Gegenseitigkeitsverkehr mit Frankreich sind auch die Konsuln von Heereslasten befreit Vf. 13. April 12 (MB. 190). Zölle werden ihnen aus der Reichskasse vergütet Zollvtr. 8. Juli 67 (BGBl. 81) Art. 15 u. Bek. 20. Nov. 02 (ZB. 409). Stempelfreiheit § 155 Abs. 2 d. W.

[1]) RVerf. Art. 4[7] u. 56 (§ 22 Anm. 2). — KonsulatsG. 8. Nov. 67 (BGBl. 137); Einf. in Süddeutschland § 6 Anm. 7. Dienstinstr. 6. Juni 71 u. Nachtr. 22. Feb. 73. — König, Handbuch des Konsularwesens (7. Aufl. Berl. 09), Zorn, Konsulargesetzgebung (3. Aufl. Berl. 11).

[2]) Diese Genehmigung ist als einzige Ausnahme von dem sonst vollständigen Übergange des Konsulatwesens auf das Reich auch den Einzelstaaten für ihr Gebiet verblieben Vtr. 23. Nov. 70 (RGB. 71 S. 23) Nr. XII Abs. 1.

Die Konsuln sind an den wichtigeren Plätzen als Beamte angestellt (Berufskonsuln), während an andern Orten Privatpersonen — meist Kaufleute — mit den Konsulatsgeschäften betraut werden (Wahlkonsuln). Die Ernennung erfolgt durch den Kaiser nach Anhörung des Bundesratsausschusses für Handel und Verkehr.[3]) Dem Range nach stufen sich die selbständigen Konsularbeamten in Generalkonsuln, Konsuln und Vizekonsuln ab. Den Generalkonsuln ist die allgemeine Aufsicht über die Konsulate eines größeren Gebietes übertragen, während Vizekonsuln in der Regel den größeren Konsulaten als Hilfsbeamte beigegeben werden. Alle Konsuln können mit Genehmigung des Reichskanzlers Privatbevollmächtigte (Konsularagenten) bestellen.[4]) — Die Konsuln sind Reichsbeamte und als solche neben den allgemeinen[5]) einigen besonderen Vorschriften unterworfen.

Aufgabe der Konsuln ist die Vornahme von Zustellungen und die Legalisierung von Urkunden,[6]) die Erteilung von Pässen,[7]) die Ausstellung von Zeugnissen, die Aufnahme von Notariatshandlungen, die Sicherstellung von Verlassenschaften, die Abgabe schiedsrichterlicher Entscheidungen und der Schutz und die Überwachung der heimatlichen Schiffe.[8]) Die Ankunft der Schiffe in einem Konsulatsbezirke ist dieserhalb von den Schiffsführern zu melden.[9]) Den Konsuln ist ferner die Wahrnehmung der Interessen deutscher Auswanderer übertragen, erforderlichenfalls unter Zuordnung besonderer Hilfsbeamten (§ 11).

Auf Grund besonderer Ermächtigung des Reichskanzlers — die mit Rücksicht auf die verschiedenen in den einzelnen Staaten bestehenden Vorschriften und getroffenen Vereinbarungen erteilt wird — sind außerdem einzelne Konsuln befugt zur Abhörung von Zeugen, zur Abnahme von Eiden,[10]) zur Vornahme von Eheschließungen und der Beurkundung des Personenstandes.[11]) Das Gleiche gilt von der **Konsulargerichtsbarkeit**, die in Ländern mit weniger entwickelter Rechtspflege, in denen es durch Herkommen oder durch Verträge gestattet ist, von den Konsuln und den Konsulargerichten über Deutsche und Schutzgenossen (in Er-

---

[3]) RVerf. Art. 56 Abs. 1 u. V. 23. Nov. 73 (RGB. 135) § 2. — Prüfungsbest. 28. Feb. 74 abgedr. b. König (Anm. 1) S. 94.

[4]) KonsG. § 2 u. 7—11. — Die Zahl der Konsularämter betrug (1913) 672; davon sind 141 Berufskonsulate (36 Generalkonsulate, 102 Konsulate und 3 Vizekonsulate) u. 531 Wahlkonsulate nebst Konsularagenturen. Preußen hat Konsuln in Bremen (zugleich für Oldenburg), und Lübeck bestellt.

[5]) § 21—24, 87 Anm. 7 d. W.

[6]) KonsG. § 14, 15, 19; ZPO. § 199, 200, 363, 791, StPO. § 37; G. 1. Mai 78 (RGB. 89) § 2; verb. § 87 Anm. 4.

[7]) KonsG. § 25, verb. § 87 Anm. 5.

[8]) KonsG. § 12, 15—18 (16 erg. u. 17a zugefügt EG. z. BGB. Art. 38), 26—37; verb. § 379 Anm. 36. — Verlassenschaftsvtr. mit Rußland 12 Nov. 74 (RGB. 75 S. 136), Bf. 4 Februar 95 (MB. 40) u. 7. Dez. 09 (ZB. 476); ähnliche Vereinbarungen in mehreren Konsularverträgen Bf. 9. Mai 94 (JMB. 129).

[9]) G. 18. Juni 11 (RGB. 253).

[10]) KonsG. § 20, Verzeichnis der ermächtigten Konsuln 29. Sept. 13 (JMB. 379).

[11]) KonsG. § 13, verb. § 207 Anm. 2 d. W.

mangelung eigner Konsulate dem deutschen Schutze unterstellte Ausländer) ausgeübt wird.[12]) Berufungen gehen an das Reichsgericht.[13])

Die Gebühren der Konsuln sind gesetzlich festgestellt.[14])

Im Gegenseitigkeitsverkehre mit einzelnen Staaten sind die Verhältnisse der Konsuln durch Konsularverträge geregelt.[15])

III. Schutzgebiete.

§ 89.

In den Schutzgebieten (Kolonien)[1]) ist der auswärtigen Tätigkeit des Reichs ein neues Feld erwachsen. Dem Reiche war durch die Verfassung die Beaufsichtigung und Gesetzgebung bezüglich der Kolonisation und Auswanderung in überseeische Länder übertragen[2]) und damit eine Aufgabe gestellt, die in der Zeit des kolonialen Aufschwunges das ältere

[12]) G. 7. April nebst Einf. V. 25. Okt. 00 (RGB. 213 u. 999), erg. unter Einfügung eines § 31a durch G. 11 (§ 89 Anm. 19 d. W.) Art. 1. Dienstanw. 27. Okt. 00 (ZB. 577), Anordnungen v. dems. T. über Beitreibung der Gerichtskosten (das. 576) u. über Schutzgenossen (das. 574); die Konv. der seefahrenden Staaten über das Schutzrecht in Marokko 3. Juli 80 (RGB. 103) soll dessen mißbräuchlicher Ausdehnung entgegentreten. — Die Konsulargerichtsbarkeit besteht in der Türkei, wo sie jedoch für Bosnien und Herzegowina G. 7. Juni u. V. 23. Dez. 80 (RGB. 146 u. 191) u. Tunis G. 27. Juni 83 (das. 263) u. V. 21. Jan. 84 (das. 9) außer Übung gesetzt, für Bulgarien aufgehoben G. 29. Nov. 11 (GS. 13 S. 492) § 1, 3 und für Ägypten zu gunsten der daselbst durch internationale Vereinbarung eingesetzten u. zum Teil mit Europäern besetzten Landesgerichte durch eine auf Grund des G. 30. März 74 (das. 23) erlassene V. 23. Dez. 75 (das. 381), erg. V. 15. Feb. 97 (das. 17), 6. Jan. 01 (das. 5), 4. Feb. 04 (das. 61) u. 29. Juni 08 (das. 469) — deren begrenzte Zeitdauer aufgehoben wurde G. 5. Juni u. V. 23. Dez. 80 (das. 145 u. 192) — erheblich eingeschränkt ist. Sie wird ferner ausgeübt in Persien HandVtr. 11. Juni 73 (das. 351) Art. 13—16, Korea HVtr. 26. Nov. 83 (das. 84 S. 221) Art. III, China (Überweisung der Geldstrafen an d. deutsch. Gemeinden in Tientsin u. Hankau V. 30. Dez. 06 RGB. 07 S. 1), Siam u. Abessinien. Aufhebg. f. Japan HVtr 96 (das. 715) Art. 20, Tonga V. 26. Juni 02 (das. 261). Verzeichnis der ermächtigten Konsuln wie Anm. 10. — Einführung in die deutschen Schutzgebiete § 89 Anm. 14. — Die Gerichtsbarkeit umfaßt die Befugnis zum Erlaß von Polizeiverordnungen KonsGerG. § 51. — Bildung deutscher Kommunalverbände in den KonsGerBezirken G. 3. Juni 05 (RGB. 541).

[13]) KonsGerG. § 14.

[14]) G. 27. Mai 10 (RGB. 847).

[15]) Vtr. mit Italien 7. Feb. 72 (RGB. 134) u. Zus. 4. Mai 91 (RGB. 113), Spanien 12. Jan. 72 (RGB. 211), Griechenland 26. Nov. 81 (RGB. 82 S. 101), Bulgarien 29. Sept. 11 (das. 13 S. 435 u. 487), Serbien 6. Jan 83 (das. 62), Rußland 8. Dez. 74 (das. 75 S. 145), den Vereinigten Staaten 11. Dez. 71 (das. 72 S. 95), Japan Bek. 31. Juli u. 14. Dezember 11 (das. 867 u. 971), Peru 28. Juni 97 (das. 99 S. 662), Marokko Schutzvertr. 3. Juli 80 (das. 81 S. 103) Art. 3—9, Österreich-Ungarn HVtr. (§ 160 Anm. 9) Art. 20, 21. Auch in den § 372 Anm. 3 aufgeführten Handelsverträgen finden sich auf die Konsularverhältnisse bezügliche Bestimmungen. In den Niederlanden ist der preuß. Vtr. 16. Juni 56 auf das Reich ausgedehnt Dekl. 11. Jan. 72 (RGB. 67).

[1]) Kolonien sollen dem auswärtigen Handel feste Stützpunkte geben, der Ausfuhr Absatzgebiete eröffnen, der Auswanderung bestimmte Ziele bieten und das Mutterland im Bezuge der Kolonialwaren unabhängig stellen.

[2]) RVerf. Art. 4[1]. — Die Rechtsverhältnisse der d. Schutzgebiete v. Frhr. v. Stengel (Tüb. 01). Zorn, deutsche Kolonialgesetzgebung (2. Aufl. v. Sassen, Berl. 13.)

deutsche Reich in seiner Zerrissenheit (§ 4) nicht erfüllen konnte.[3]) Die Schutzgebiete wurden in den letzten drei Jahrzehnten erworben.[4]) Das Reich trat zuerst mit einiger Zurückhaltung in die Kolonialbewegung ein, indem es die Besiedelung der Tätigkeit der Privatpersonen, insbesondere der Handelsgesellschaften überließ und sich auf den Schutz und die allgemeine Aufsicht beschränkte. Dieses Vorgehen bewährte sich nicht. Das Reich hat deshalb jetzt in allen Gebieten die vollen Hoheitsrechte übernommen.[5]) Die Schutzgebiete sind damit der Souveränität des Reichs unterstellt; sie bilden ein Zubehör aber keinen Bestandteil des Reichs,[6]) und ihre Bewohner sind **keine** Reichsangehörige.[7])

Die Verwaltung führt unmittelbar unter dem Reichskanzler (§ 20 Abs. 2[2]) das Reichskolonialamt mit vier Abteilungen für politische und allgemeine, für Finanz-, Verkehrs- und technische, für Personalangelegenheiten und für die Militärverwaltung (Kommando der Schutztruppen).[8])

[3]) Der Versuch, den der Große Kurfürst an der afrikanischen Goldküste mit der Kolonie Groß-Friedrichsburg gemacht hatte (1682), scheiterte, da der junge Staat noch nicht die Kraft besaß, das Erworbene festzuhalten und weiter zu entwickeln.

[4]) Zu den Besitzungen in Afrika u. Neuguinea nebst Marschall-, Brown- u. Providenceinseln traten das als Stützpunkt für Handel und Kriegsflotte pachtweise auf vorläufig 99 Jahre erworbene Kiautschou (1898), die von Spanien abgetretenen Inselgruppen der Karolinen, Palau u. Marianen (1899) und die laut Abkommens mit England (gegen Abtretung der Salomonisinseln Choiseul u. Isabel) und mit den Vereinigten Staaten von Amerika auf das Reich übergegangenen Samoainseln (1910).

Übersicht der Schutzgebiete.

Schutzgebiete	Flächeninhalt 1000 qkm	Farbige Bevölkerg. (1000)	Weiße (1. Dez. 12)	Darunter Deutsche (1. Dez. 12)
Togo	87,2	1 003	345	316
Kamerun*)	495,6	2 540	1 537	1 359
Südwestafrika	835,1	86	14 816	12 135
Ostafrika	995	7 511	4 866	3 579
Neuguinea	240		822	665
Karolinen, Palau, Marianen Marschall-, Brown- und Providence-Inseln **)	2,5	600	335	232
Kiautschou	0,5	165	3 896	3 806
Samoa	2,6	38	499	294
Zusammen	2658,5	11 943	27 016	22 386

*) Das Gebiet ist durch Abtretungen im Vtr. mit Frankreich v. 4. Nov. 11 (in Verbindung mit dem Marokkovtr. (§ 85 Anm. 5) um 275000 qkm nach Osten u. Süden erweitert worden. Kl. u. V. 3. Okt. 12 (RGB. 206, 215, 511, 512) und (Staatsangehörigkeit) Übereink. 2. Feb. 12 (RGB. 495 u. 497).

) Vereinigungen dieser Inselgebiete zu **einem Schutzgebiet V. 18. Jan. 06 (RGB. 138).

[5]) In Togo und Kamerun waren Gesellschaften überhaupt nicht gebildet, in Südwestafrika gediehen sie nicht, und auch die Gesellschaften für Ostafrika und Neuguinea waren der Aufgabe nicht gewachsen.

[6]) U. des RGer. 15. Feb. 97. Die Schutzgebiete gehören zum Inlande, aber nicht zum Reichsgebiete.

[7]) Die Bewohner bestehen aus Reichsangehörigen, angesiedelten Ausländern und Eingeborenen. Die beiden letzteren gelten nur insoweit als Inländer, als dieses aus der Anwendung der eingeführten Gesetze (Anm. 14—16) auf sie folgt. Doch kann ihnen ohne Staatsangehörigkeit die Reichsangehörigkeit verliehen werden SchG. (Anm. 10) § 9, verb. § 34 Anm. 5 d. V. Führung der Reichsflagge § 10; Religionsfreiheit § 14.

[8]) AE. 17. Mai 07 (RGB. 239). Paßerteilung § 246 Anm. 2. Zur Beratung werden nach Aufhebung des Kolonialrates unter Zuziehung von Sachverständigen Kommissionen gebildet AE. 17. Feb. 08 (RGB. 28); eine Komm. f. wirtschaftliche Fragen ist 1910 eingerichtet. — Zu Veröffentlichungen dient d. Kolonialblatt. — Zur Ausbildung tropischer Landwirte, Farmer u. Viehzüchter besteht seit 1898 die Kolonialschule in Witzenhausen.

Der Erwerb der Schutzgebiete stand als völkerrechtliche Handlung dem Kaiser allein zu;[9]) ihre Verhältnisse sind dann aber zum Teil durch Gesetz geregelt worden.[10]) Die die Hoheitsrechte umfassende Schutzgewalt übt der Kaiser im Namen des Reichs aus.[11]) Dieserhalb sind besondere Behörden eingerichtet[12]) und ständige Schutztruppen gebildet.[13]) Die Ausübung der Schutzgewalt unterliegt zwei Einschränkungen:

1. Auf die Gerichtsverfassung, das bürgerliche Recht, das Verfahren in

---

[9]) RVerf. Art. 11. — Bedingungen neuer Besitzergreifungen in Afrika Kongoakte (§ 85 Anm. 5) Art. 34 u. 35.

[10]) Schutzgebiets G. 17. April 86 (RGB. 75, mit mehrfachen Änderungen gem. G. 25. Juli 00 RGB. 809 Art. 2) in neuer Paragraphen- und Nummerfolge neu veröffentlicht 00 RGB. 813; § 1 ist dahin ergänzt, daß es zu Gebietsveränderungen — abgesehen von Grenzberichtigungen — eines Reichsgesetzes bedarf; G. 16. Juli 12 (das. 443). AusfV. 9. Nov. 00 (das. 1005), erg. (§ 8 Abs. 1) V. 28. Sept. 07 (das. 735). Bearb. v. Gerstemeyer (Berl. 10). Der Reichskanzler ist ermächtigt, kommunale Verbände in den Schutzgebieten zu bilden V. 3. Juli 99 (RGB. 306) u. die Verwaltung und Rechtspflege in den nicht zu den Schutzgebieten gehörenden, im deutschen Interessenkreise liegenden Gebieten zu ordnen V. 2. Mai 94 (RGB. 461).

[11]) SchG. § 1.

[12]) Zentralverwaltung § 89 Abs. 2. — Der oberste Beamte des einzelnen Schutzgebietes heißt Gouverneur. — Die Kolonialbeamten stehen im Reichsdienst, das RBeamtG. findet aber nur nach Maßgabe des G. 8. Juni nebst Ausf.V. 3. Okt. 10 (RGB. 881 u. 1091) auf sie Anwendung; Disziplinarbehörden G. § 42, Ausf.V. § 5; Arreststrafen gegen Angehörige der Polizeitruppen in Ostafrika V. 6. Nov. 11 (RGB. 953). Den Landesbeamten können konsularische Befugnisse übertragen werden SchG. (Anm. 10) § 8. Gehälter u. Vergütungen KolBeamtG. § 2 u. Haush. 10 mit Nachtr. (RGB. 558 u. 805) nebst Denkschrift, Besoldungs- u. WohnungsO.; Tagegelder, Fuhr- und Umzugskosten außerhalb der Schutzgebiete Kol.BG. § 5 u. G. 7. Sept. 11 (das. 897), Haftung der Schutzgebiete § 23 Anm. 1 d. W. — Anstellung der Büreaubeamten Bf. 4. Aug. 06 (MB. 262). — Rechtsverhältnisse der Landespolizei in Südwestafrika V. 4. Okt. 07 (RGB. 736). — Tesch, Laufbahn des KolBeamten (2. Aufl. Berl. 05), Aufsatz v. König im Jahrbuch der internat. Vereinigung (VIII 217). Annahme von Landwirten im Schutzgebietsdienste Best. 20. Okt. 11 (LMB. 12 S. 31).

[13]) Die Schutztruppen in Kamerun, Ostafrika und Südwestafrika (letztere aus Weißen bestehend u. beritten) sind den Zivilbehörden unterstellt; gleichzeitig wurde die Wehrpflicht eingeführt. Die älteren Gesetze sind mit dieser Ergänzung neu veröffentlicht Bek. u. G. 96 (RGB. 653), die Best. betr. die Pensionierung u. Versorgung sind durch die MilPensionsgesetze (§ 101 Anm. 20 u. 26 d. W.), die über die Hinterbliebenen-Versorgung durch das MilHinterblG. (§ 101 Anm. 32), ersetzt; Anwendbarkeit d. Best. üb. Familienunterstützungen eingezogener Mannschaften (§ 93 Abs. 4) Bf. 12. Aug. 94 (MB. 255); § 18 u. 19 sind aufgehoben und die Wehrpflicht. u. Verhältnisse des Beurlaubten neu geregelt WehrG. f. die Schutzgebiete 22. Juli 13 (RGB. 610). Kiautschou hat eine ständige Besatzung der Marineinfanterie (§ 117 Abs. 2), in Togo u. den australischen Schutzgebieten finden sich nur Polizeitruppen (vor. Anm.). Für die Schutztruppen in Afrika gelten die Militärstrafgesetze § 104 Anm. 3, 10, § 105 Anm. 1 u. das G. über Entschädigung für unschuldig erlittene Untersuchungshaft § 216 Anm. 11. Disziplinarverhältnis G. 10 (Anm. 12) § 53 u. (Militärjustizbeamte) § 54. Anwendung der Vorschr. über Waffengebrauch § 101 Anm. 2 d. W. Haftung § 23 Anm. 1. Ehrengerichte für Offiziere u. Sanitätsoffiziere V. 15. Juli 10. — Friedens- u. Aufstandsleistungen für die bewaffnete Macht in Südwestafrika V. 3. Sept. 13 (RGB. 711).

bürgerlichen Rechtsstreitigkeiten, Konkurssachen und Angelegenheiten der freiwilligen Gerichtsbarkeit, das Strafrecht und Strafverfahren, die durch Kaiserliche Verordnung eingeführt werden können, und die Kosten finden die Vorschriften über die Konsulargerichtsbarkeit (§ 88 Abs. 4) Anwendung, wobei an Stelle der Konsuln und Konsulargerichte besondere Beamte und Gerichte treten.[14]) Im Anschluß daran wurden geregelt die Rechte an Grundstücken nebst Bergwerkseigentum,[15]) die Eheschließung nebst Beurkundung des Personenstandes[16]) und das Telegraphenwesen.[17])

2. Für die Schutzgebiete erfolgt die Aufstellung der Voranschläge, die Rechnungslegung und die Aufnahme von Anleihen gesondert nach gleichen Grundsätzen wie für das Reich.[18]) Mit der finanziellen Erstarkung[19]) sind die Schutzgebiete zur unmittelbaren Aufnahme von Anlageschulden (§ 129 (Abs. 1) ermächtigt[20]), die hauptsächlich dem Eisenbahnbau dienen.

---

[14]) SchG. § 2—6 u. 16 nebst Ausf.V. (Anm. 10). Verzeichnis der Schutzgebietsgerichte Bek. 27. Mai 11 (JMB. 221). Gericht zweiter Instanz in Kiautschou V. 28. Sept. 07 (RGB. 735); Dienstanw. 23. Okt. 07 (ZB. 546). — Einrichtung der Verwaltung und Eingeborenenpflege V. 3. Juli 08 (RGB. 397).

[15]) Der maßgebende § 21 des Konf.-GerG. 25. Okt. 00 (RGB. 213) nebst AusfV. 9. Nov. 00 (Anm. 9) § 3 läßt die abweichende Regelung durch Kais. V. zu. Demgemäß ergingen Verordnungen üb. Zwangs- u. Strafbefugnisse der Verwaltungsbehörden 14. Juli 05 (RGB. 717), über die Rechte an Grundstücken 21. Nov. 02 (das. 283), über die Enteignung V. 14. Feb. 03 (das. 27) und über das Bergwesen BergV. für Südwestafrika 8. Aug. 05 (das. 727), für die übrig. afrikanischen u. die Südseeschutzgebiete 27. Feb. 06 (das. 363); ausschließliche Berechtigung der Landesfisken zur Aufsuchung u. Gewinnung von Mineralien im Meeresboden V. 13. Okt. 10 (das. 1095). Besonders ist der Handel mit südwestafrikanischen Diamanten geregelt, der durch eine eigene Behörde gegen Gebühr vermittelt wird u. auf ein jährliches Höchstmaß beschränkt werden kann V. 16. Jan. 09 (RGB. 270) u. (Besteuerung) 30. Dez. 12 (das. 13 S. 5). — Verboten ist ferner die Ausfuhr von Angorazziegen, Straußen u. Straußeneiern zwei V. 15. Feb. 09 (das. 403, 404). Für Kamerun ist der Gouverneur zum Erlasse von Waldschutzverordnungen ermächtigt V. 4. April 94 (das. 131) und für Südwestafrika eine Landwirtschaftsbank begründet G. 9. Juni 13 (das. 353).

[16]) SchG. § 7. Das hiernach maßgebende G. 4. Mai 70 (§ 204 Anm. 2) war bereits in fast alle Schutzgebiete eingeführt SchG. § 16.

[17]) V. 15. Juni 06 (RGB. 843) u. (Kiautschou) 16. Okt. 01 (das. 379).

[18]) G. 30. März 92 (RGB. 369); verb. § 171 Abs. 3 u. 4 d. W. — Behandlung von Ersparnissen Haush. 10 (RGB. 558) Bem. A u. von Verkaufserlösen B 10, 11. — Kontrolle durch den Rechnungshof des Reichs § 174 Anm. 8 d. W. —

[19]) Die Steuern bestehen wesentlich in Zöllen u. in der Kopf- und Hüttensteuer für Ostafrika, in der Eingebornensteuer für Togo u. Kamerun u. in Kopfsteuern für die Südsee. Südwestafrika erhebt Grundsteuern u. die Diamantensteuer (Anm. 15.). — Die Schutzgebiete haben sich — insbesondere seit dem Bau von Eisenbahnen — gut entwickelt. Die Zuschüsse des Reichs haben sich stetig vermindert und sind für Togo und Samoa bereits ganz entbehrlich geworden.

[20]) G. 18. Mai 08 (RGB. 207); verb. § 175 Abs. 5 d. W.

Deutschen Kolonialgesellschaften können auf Grund eines vom Reichskanzler genehmigten Statutes Körperschaftsrechte durch den Bundesrat beigelegt werden. Geschieht dieses, so treten sie unter die Aufsicht des Reichskanzlers.[21])

[21]) SchG. § 11—13 u. (Zuständigkeit in Vereins- und Stiftungssachen) § 13a, angefügt durch G. 22. Juli 13 (RGB. 599). Danach können die Gesellschaften, für die die Form der Aktiengesellschaft vielfach nicht paßte, in einer dem Bedürfnis entsprechenden Gestaltung die Rechtsfähigkeit erlangen. Als solche Gesellschaften kommen, nachdem die Hoheitsrechte überall vom Reiche übernommen sind, nur noch Erwerbs- (Kolonisations-, Plantagen-, Handels-) Gesellschaften in Betracht. Aktien (§ 330 Abs. 2) dürfen in Beträgen unter 1000, doch nicht unter 200 M. durch Anordnung des Reichskanzlers für Kiautschou u. für Konsulargerichtsbezirke in China (§ 88 Anm. 11) gestattet und zum Handel an Börsen im Reichsgebiet zugelassen werden G. 23. Dez. 11 (RGB. 1135). Stempelsteuer § 158 Abs. 2[1].

Viertes Kapitel.

Heer und Kriegsflotte.[1]

I. Einleitung.

§ 90.

Die bewaffnete Macht ist in erster Linie zum Schutze des Staates und seiner Angehörigen gegen äußere Feinde, daneben auch zur Erhaltung der inneren Sicherheit[2]) bestimmt. Sie bildet die unerläßliche Ergänzung für die auswärtige Politik, die erst durch sie den festen Rückhalt und die erforderliche Sicherheit erlangt. Der Übergang der bewaffneten Macht auf das Reich[3]) erschien demgemäß als eine durch dessen Wesen gebotene Notwendigkeit; die Heereseinrichtung ist sogar selbst eine Haupttriebfeder für die Bildung des Reichs gewesen, da Deutschland in seiner von wohlgerüsteten Großmächten[4]) umschlossenen Lage eines starken bewaffneten Schutzes nicht entbehren konnte und die lockere Verbindung, welche die Truppenkörper im frühern deutschen Bunde zusammenhielt, sich hierzu als völlig unzureichend erwiesen hatte (§ 5).

Bei diesem Übergange wurde die preußische Heereseinrichtung zu Grunde gelegt, welche die allgemeine Wehrpflicht bereits in ausgedehntester Weise zur Geltung gebracht hatte (§ 30 Abs. 2). Neben dem Landheere wurde auch die Flotte auf das Reich übernommen, beide aber in verschiedener Weise. Die Flotte war preußisch und konnte ohne Vorbehalt und vollständig auf Kaiser und Reich übergehen.[5]) Das Heer setzte sich dagegen aus den verschiedenen Kontingenten der Einzelstaaten zusammen, und diese behaupteten insoweit ihr Recht, als neben der Reichs- eine Kontingentshoheit sich forterhielt.[6]) Die Kontingentshoheit tritt indes gegen die Reichshoheit wesentlich zurück, so daß der Einheitlichkeit der Einrichtung kein Abbruch geschieht. Das Heer erscheint namentlich nach außen hin als festgeschlossenes Ganzes und darf in diesem Sinne als „Deutsches Reichsheer" bezeichnet werden.

---

[1]) Bearbeitung der einschlägigen Gesetzgebung vom Verfasser (Berl. 04).

[2]) Hilfskommandos bei öffentlichen Notständen KO. 6. Jan. 99 (MB. 35), erg. (Ziff. 7) Vf. 19. Jan. 12 (MB. 22). Vornahme von Verhaftungen u. vorläufigen Festnahmen § 235 Anm. 3; Verwendung zur Unterdrückung innerer Unruhen § 245 Abs. 3 d. W.; Mitwirkung bei Feuersgefahr § 253 Abs. 2.

[3]) Verf. Art. 4[14].

[4]) § 99 Anm. 2

[5]) Verf. Art. 53.

[6]) Die Kontingentshoheit erscheint in der Kommandogewalt, der Militärgerichtsbarkeit (§ 105 Anm. 4) u. der Militärverwaltung (§ 102). — Vertretung des Reichsmilitärfiskus durch die Kontingentsverwaltung U. RGer. 20. Dez. 87 (JMB. 88 S. 217).

Zunächst wird der Gegensatz zwischen Reichs- und Kontingentshoheit schon dadurch abgeschwächt, daß beide Hoheiten für Preußen und Elsaß-Lothringen in der Person des Kaisers zusammenfallen. Ein ähnliches Verhältnis ist ferner in den meisten anderen Staaten durch Abschluß von Militärkonventionen herbeigeführt, mittelst derer ihre Kontingente mehr oder weniger vollständig in dem preußischen Kontingent aufgegangen sind. Als besondere Kontingente neben Preußen sind nur Bayern, Württemberg und Sachsen stehen geblieben. Dabei sind Württemberg und in noch weiterem Umfange Bayern gewisse, noch über die Kontingentshoheit hinausreichende Vorrechte eingeräumt.[7]) Durch diese Einschränkungen und Erweiterungen ist die verfassungsmäßige Regel zur Ausnahme geworden.

Ein gemeinsames Band umschließt diese Kontingente in der Reichsmilitärverfassung, und dieses Band hat sich im Laufe der Entwickelung immer fester und unauflöslicher gestaltet. Ihre Wirkung äußert diese Verbindung in vier Richtungen:

1. Der Heeresaufwand wird aus Reichsmitteln bestritten. Die Friedensstärke, die im allgemeinen 1 v. H. der Bevölkerung entsprechen soll, wird durch Reichsgesetz festgestellt und unterliegt der periodischen Bewilligung.[8]) Die gesonderte Aufführung des bayrischen, württembergischen und sächsischen Kontingents im Etat betrifft im wesentlichen die Form.

2. Das Heer steht unter dem Oberbefehl des Kaisers, im Kriege uneingeschränkt, im Frieden nach Maßgabe der abgeschlossenen Konventionen und Bündnisverträge. Er hat das Recht der Besichtigung und bestimmt — soweit nicht Feststellungen durch Gesetz getroffen sind — über Stärke, Gliederung, sowie über Verteilung (Dislokation) und Heeresdisziplin. Er befiehlt die Kriegsbereitschaft und den Belagerungszustand und ernennt die höheren — in den durch Konvention verbundenen Kontingenten auch die niederen — Offiziere. Die Bundesfürsten sind oberste Befehlshaber der zu ihren Kontingenten gehörigen Truppenteile und haben das Recht, diese zu besichtigen und zu polizeilichen Zwecken alle in ihrem Gebiet stehenden Truppen in Anspruch zu nehmen.[9]) Die Könige von Sachsen und Württemberg haben ein weitergehendes Ernennungs- und Verteilungsrecht; in Bayern steht dem Kaiser im Frieden nur das Recht der Besichtigung zu.[7])

---

[7]) Verf., Schlußbest. z. Abschn. XI u. f. Bayern Vtr. 23. Nov. 70 (RGB. 71 S. 9) III § 5; Württemberg Mil. Konv. 21./25. Nov. 70 (BGBl. 658). — Mil. Konv. mit Sachsen 7. Feb. 67. — Die Kontingentstaaten sind im Bundesratsausschuß für Landheer und Festungen (§ 15 Abs. 5 d. W.) vertreten.

[8]) Verf. Art. 58 u. 67.

[9]) Verf. Art. 63—66, 68 (Fahneneid Art. 64) u. MG. 2. Mai 74 (RGB. 45) § 6—8. Form der Armeebefehle § 39 Anm. 7 d. W.

3. Die Gesetzgebung über das Militärwesen steht dem Reich ausschließlich zu.[10])
4. Einrichtung, Ausbildung und Bewaffnung sind einheitlich geregelt. Diese Einheit tritt äußerlich darin hervor, daß, abgesehen von Bayern, alle Truppenteile fortlaufend beziffert, mit vereinzelten Abweichungen gleichmäßig bekleidet und ausgerüstet sind und, neben der Landeskokarde, als gemeinsames Abzeichen die deutsche Kokarde tragen.[11]) Noch wichtiger ist die Übertragung der preußischen Militäreinrichtung auf das Reich geworden. Die Wehrpflicht wurde als Grundgesetz festgestellt (§ 91) und die preußische Militärgesetzgebung in das Gebiet des norddeutschen Bundes eingeführt. Sie hat inzwischen auf allen Gebieten einer allgemeinen Reichsgesetzgebung Platz gemacht, durch welche die Gleichmäßigkeit des Heerwesens im Reiche dauernd sichergestellt ist und dem Verordnungsrechte der Kontingentherrschaften engere Grenzen gezogen sind.

Den wichtigsten Teil des Heerwesens bildet die Ergänzung und Zusammensetzung des Heeres (Nr. II). Dem Zwecke des letzteren dient eine besondere, über verschiedene Gebiete sich erstreckende Heeresverwaltung (Nr. III). Neben der in der Wehrpflicht begründeten persönlichen Leistung fordert die Heereseinrichtung eine Reihe sachlicher Leistungen und Einschränkungen, zu denen teils die Reichsangehörigen unmittelbar, teils die Gemeinden verpflichtet sind (Nr. IV). Neben dem Landheere kommt die Kriegsflotte (Marine) in Betracht (Nr. V).

II. Ergänzung und Zusammensetzung des Heeres.

1. Wehrpflicht.

a) Einleitung.

§ 91.

Wehrpflicht ist die allgemeine Verpflichtung zur Dienstleistung in der bewaffneten Macht; sie bildet die Grundlage der gesamten Heeresverfassung. Sie wurde im ganzen Reiche eingeführt und hat später noch einige Erweiterungen erfahren.[1]) Alle Reichsangehörigen, die zum Waffendienste

10) Anm. 3 u. § 14 Abs. 1[1] u. [3] d. W.

11) Verf. Art. 63; Befehle 22. März 97 (AVB. Beil. zu Nr. 7).

1) RVerf. Art. 57, 59 (Fassung des G. 15. April 05 Art. 1) u. G. 9. Nov. 67 (BGBl. 131); Einf. in Süddeutschland § 6 Anm. 7, insbes. in Bayern G. 24. Nov. 71 (RGB. 398), in Elf.-Lothringen 23. Jan. 72 (RGB. 31). Nähere Bestimmungen brachte das MilG. 2. Mai 74 (RGB. 45) mit den ergänzenden Gesetzen 6. Mai 80 (das. 103), 11. Feb. 88 (das. 11) Art. II, 25. März 99 (das. 215), zwei G. v. 15. April 05 (das. 247 u. 249) u. G. 22. Juli 13 (das. 593). Zur Ausführung ergingen:
a) die WehrO., auf Grund AE. 18. Feb. 01 (ZB. 41) neugefaßt Bek. 22. Juli 01 (ZB.Beil. zu Nr. 32), erg. AE. 25. März 04 (ZB. 85, AVB. 99), 10. Mai 05 (ZB. 117 7. Okt. 06) (ZB. 1297) u. (nach dem) Neudruck 04 10. Mai 05 (ZB. 117), 19. Aug. 10 (ZB. 468) u. 18. Mai 12 (ZB. 528);
b) die HeerO. 22. Nov. 88 erg. Bek. 27. Aug. 03 (AVB. 227) u. 28. Jan. 04 (das. 27);

oder zu einer ihrem bürgerlichen Berufe entsprechenden militärischen Dienstleistung fähig erscheinen, sind pflichtig. Die Wehrpflicht muß persönlich abgeleistet werden, die Stellvertretung ist ausgeschlossen. Befreit sind nur die Mitglieder der regierenden und der mit diesem Vorrechte versehenen standesherrlichen Familien.[2])

Die Wehrpflicht dauert vom 17ten bis zum 45ten Lebensjahre und zerfällt in die Militärpflicht (§ 92), die Dienstpflicht (§ 93—95) und die Landsturmpflicht (§ 96).

b) Militärpflicht.

§ 92.

Militärpflicht ist die Pflicht, sich der Aushebung zu unterwerfen. Sie ımfaßt die für diese vorgeschriebenen Meldungen und Gestellungen und)eginnt mit dem Kalenderjahre, in dem der Wehrpflichtige das 20ste Lebensjahr vollendet. Die Gestellung findet am Orte des Aufenthalts oder des Wohnsitzes statt, ohne daß die Landesangehörigkeit in Betracht 'ommt; es besteht militärische Freizügigkeit im ganzen Reiche.[3])

Die Militärpflichtigen werden:

1. bei völliger Brauchbarkeit nach dem Grade der Tauglichkeit in einen Truppenteil eingestellt,[4])

) die MarineO. 3. April 09.

Die HeerO. u. die MarO. ergänzen ie WehrO in militärischer Beziehung. lle drei Ordnungen sind (die beiden rsteren im Neudruck 1904) (Berl. bei Rittler) erschienen. — Bearb. dieser Vorschr. om Verfasser (§ 90 Anm. 1 d. W.) S. 30 is 397. — Eine entsprechende WehrO. t für Bayern und entsprechende Heerrdnungen sind für Bayern, Württemberg nd Sachsen ergangen.

2) KrDG. § 1. — In Helgoland bleiben ie vor dem 11. Aug. 90 Geborenen befreit . 15. Dez. 90 (RGB. 207) § 3. — Wehrpflicht der Geistlichen § 294 Abs. 1 W. Wehrpflicht der Einwanderer und usländer MG. § 68, WO. § 21. — bleistung der Wehrpflicht in den Schutzebieten § 89 Anm. 13 d. W. — Beschränkung der Auswanderung in Rücksicht uf die Wehrpflicht § 34 Anm. 11 d. W. — Personen, die keinem Staate anehören, können, wenn sie sich im Reichsder in einem Schutzgebiete dauernd aufalten, wie Deutsche herangezogen werden G. § 11 (Fassung des G. 22. Juli 13 GB. 593 Art. I^{1}). — Nach Vernbarung mit der Schweiz sind die iderseitigen Angehörigen nicht zum Militärdienste heranzuziehen Vf. 26. Nov. 59 (MB. 325). Ähnliche Verträge mit Belgien 22. Juni 04 (RGB. 05 S. 599) Art. 1^{I} Abs. 1, den Niederlanden 17. Dez. 04 (das. 06 S. 879) Art. 3 Abs. 2 u. Art. 4, Schweden 8. Mai 06 (das. 739) Art. 4 Abs. 1, Rumänien 8. Okt. 04 (das. 05 S. 253) Art. 2^{I}. — Strafe für Verletzung der Wehrpflicht StGB. § 140—143; Verfahren § 219^{5} d. W. — Mitwirkung der Polizei- u. Gemeindebehörden bei der Überwachung MG. § 70, WO. § 106 nebst Anl. 3. u. 4.

3) KrDG. § 17; MG. (G. 80 Art. II) § 10, 12 u. 31; WO. § 22, 23, 25, 26, 62, 72. — Die Nichtgestellung wird mit Geldstrafe, Einstellung außer der Reihenfolge, Entziehung der aus der Reklamation erwachsenden Vorteile u. äußerstenfalls mit sofortiger Einstellung als unsicherer Heerespflichtiger bestraft MG. § 33 mit Erg. 13. Art. I^{8}, WO. 62^{5}, 66^{3} u. 83^{5}.

4) MG. § 13 mit Erg. 13 Art. I^{2}, wodurch die frühere Losung beseitigt ist; WO. § 43; Mindestgröße für den Dienst mit der Waffe ist 1,54 m MG. § 17 Abs. 3, WO. § 31^{2}, HO. § 3—6 u. (Einstellung) 11 u. 12.

2. bei völliger **Unbrauchbarkeit** befreit (ausgemustert), bei **Unwürdigkeit** (Bestrafung mit Zuchthaus oder Verlust der Ehrenrechte) ausgeschlossen,[5])
3. bei bedingter **Brauchbarkeit** der Ersatzreserve oder dem Landsturm ersten Aufgebots überwiesen,[6])
4. bei zeitiger (vorübergehender) **Unbrauchbarkeit** im ersten und zweiten Militärpflichtjahre bis zur nächsten Aushebung zurückgestellt, im dritten aber gleichfalls der Ersatzreserve oder dem Landsturm ersten Aufgebots überwiesen.[7])

In gleicher Weise (Nr. 4) wird über diejenigen Militärpflichtigen entschieden, die als überzählig nicht zur Einstellung gelangen,[8]) sich in Untersuchung befinden[9]) oder auf Reklamation wegen ihrer bürgerlichen Verhältnisse Berücksichtigung finden. Solche Berücksichtigung ist zulässig zur Unterstützung hilfloser Anverwandter, zur Erhaltung eines landwirtschaftlichen oder Fabrikbetriebes, zum Zweck der Ausbildung und bei dauerndem Aufenthalt im Auslande. Zum Zweck der Ausbildung ist indes nur die zeitweilige Zurückstellung, nicht die Überweisung zur Ersatzreserve gestattet.[10]) Entsprechende Grundsätze kommen bei Entlassung derjenigen eingestellten Soldaten zur Anwendung, die nach dem Diensteintritt sich als unbrauchbar erweisen oder einen Reklamationsgrund geltend machen können.[11]) Ihre Entlassung erfolgt zur Disposition der Ersatzbehörden. Außerdem entlassen die Truppenteile, für welche die dreijährige Dienstzeit noch gilt (§ 93 Abs. 1), alljährlich eine Anzahl Mannschaften nach zweijähriger Dienstzeit zur Disposition, um diese während des dritten Dienstjahrs bei entstehendem Ausfall wieder einziehen zu können (Dispositions- oder Königsurlauber). Auch hierbei finden häusliche Verhältnisse Berücksichtigung.[12])

Mannschaften, die nach Erfüllung der Dienstpflicht sich freiwillig zum Weiterdienen verpflichten, heißen Kapitulanten[13]).

c) Dienstpflicht.

§ 93.

aa) Die **Dienstpflicht im allgemeinen** währt vom vollendeten 20sten Lebensjahre bis zum 31. März des Kalenderjahres, in dem das 39ste Lebensjahr vollendet wird. Sie umfaßt die Pflicht zum Dienst im

[5]) MG. § 15 u. 18; WO. § 37 u. 38; HO. § 9.

[6]) MG. § 16, G. 88 Art. II § 9 u. 19 Abs. 1; WO. § 39; HO. § 7.

[7]) MG. § 17 (Erg. 13 Art. I[3]), u. G. 88 Art. II § 9 (Erg. 13 Art. II[1]) u. 19 Abs. 1; WO. § 31, 35; HO. § 8.

[8]) WO. § 34, 35 u. 66.

[9]) MG. § 18; WO. § 30 u. 35. In diesem Falle ist die Zurückstellung bis zum 5. Dienstpflichtjahre zulässig.

[10]) MG. § 19—22 (erg. G. 13 Art. I 4—6); WO. § 32, 33 u. 35.

[11]) MG. § 52, 53 (G. 1880 Art. II u. G. 13 Art. I[9]), § 54 u. 55; WO. § 82, 83; HO. § 13—17.

[12]) MG § 60[5]; WO. § 111[10]; HO. § 14, 37. Zugehörigkeit zum Beurlaubtenstande § 93 Abs. 3 d. W.

[13]) KO. 13. Juni 02 (AVB. 192) u. (Kriegsflotte) 29. Aug. 76 (MarVB. 149).

stehenden Heere (aktive Dienst- und Reservepflicht), die Landwehr- und die Ersatzreservepflicht. Während dieser Zeit gehört der Pflichtige 7 Jahre lang, in der Regel vom vollendeten 20sten bis zum beginnenden 28sten Lebensjahre, dem stehenden Heere an. Davon entfallen für die Mannschaften der Kavallerie und der reitenden Feldartillerie 3, für die übrigen (Fußtruppen, fahrende Artillerie und Train) 2 Jahre auf den Dienst bei den Fahnen; die übrige Zeit entfällt auf die Reserve. Hierauf gehören die ersteren Mannschaften 3, die letzteren, falls sie freiwillig drei Jahre aktiv gedient haben, 3, sonst 5 Jahre der Landwehr des ersten Aufgebots an; die übrige Zeit entfällt auf das zweite Aufgebot, für das mehrere Erleichterungen bestehen. Die Dienstzeit wird von dem Diensteintritt ab berechnet; der Übertritt in die Landwehr des ersten wie in die des zweiten Aufgebots erfolgt jedoch im Frieden erst bei der nächsten auf Erfüllung der Dienstzeit folgenden Frühjahrs- oder Herbstkontrollversammlung.[1]) Im Kriege entscheidet lediglich das Bedürfnis über die Dauer der Wehrpflicht; Versetzungen in die Landwehr zweiten Aufgebots und Entlassungen aus dieser finden alsdann nicht statt.[2])

Um die höhere wissenschaftliche und gewerbliche Ausbildung möglichst wenig durch die Dienstpflicht zu stören, ist der einjährig freiwillige Dienst zugelassen. Junge Leute, welche die erforderliche Bildung durch Zeugnisse der hierzu berechtigten Lehranstalten oder durch Bestehen einer Prüfung nachweisen[3]) und sich selbst bekleiden und verpflegen, brauchen nur ein Jahr bei der Fahne in einem selbst gewählten Truppenteile zu dienen. Die Einrichtung bildet zugleich die hauptsächliche Pflanzschule für die Reserve- und Landwehroffiziere.[4]) — Auch anderen Pflichtigen ist der freiwillige Eintritt zu zwei-, drei- oder vierjährigem Dienst mit der Befugnis gestattet, bei körperlicher Tüchtigkeit schon nach vollendetem 17ten Lebensjahre einzutreten und den Truppenteil zu wählen.[5]) — Aus gleicher Rücksicht ist die Dienstzeit der Volksschullehrer und der Kandidaten des Volksschulamtes abgekürzt, die nach einjähriger Dienstzeit zur Reserve entlassen werden, ihrer Dienstpflicht auch als Einjährig-Freiwillige genügen können.[6])

---

[1]) KrDG. § 6; MG. § 50 u. 62 nebst G. 80 Art. I § 4, G. 88 Art. II § 1—5 u. G. 05 (RGB. 249) Art. I Abs. 2, Art. II § 1, 2; WO. § 4—7, 11 u. 12; HO. § 13.

[2]) KrDG. § 14 u. G. 88 Art. II § 5 Abs. 2; WO. § 19.

[3]) Zeugnisse WO. § 90; Gesamtverzeichnis der Lehranstalten 13 (ZB. 1043); Zusammenstellung d. Bestimmungen üb. die Befähigung 26. Feb. 01 (ZB. UB. 275). — Zur Begutachtung der Anträge auf Anerkennung der Berechtigung von Lehranstalten besteht die Reichsschulkommission. — Prüfung WO. § 91 u. 92 nebst PrüfO. Anl. 2.

[4]) KrDG. § 11 u. 17 Abs. 2; MG. (G. 80 Art. II) § 14; WO. § 8, 88, 89 nebst Vf. 6. März 96 (MB. 53) u. 15 Jan. 12 (HMB. 75), § 93 u. 94; HO. 19 u. 20. — Verb. § 94 Anm. 2.

[5]) KrDG. § 10 u. 17 Abs. 2; MG. (G. 80 Art. II) § 10; WO. § 24, 84—87.

[6]) MG. § 51; WO. § 9; HO. § 13², AE. 27. Jan. u. Vf. 6. Sept. 95 (MB. 254) EA. 8 u. Best. 10. Feb. 00 (AVB. 77).

Die Reservisten gehören nach ihrer Bestimmung zum stehenden Heere (Abs. 1), zugleich aber, da sie im Beurlaubtenverhältnis stehen, zum Beurlaubtenstande, dem außerdem die Personen der Landwehr und Ersatzreserve, die vorläufig in die Heimat beurlaubten Rekruten und Freiwilligen und die zur Disposition der Truppenteile oder der Ersatzbehörden entlassenen Mannschaften (§ 91 Abs. 3) angehören.[7]) Für den Beurlaubtenstand sind neben den Sonderbestimmungen für die Reserve und Landwehr (§ 94) und für die Ersatzreserve (§ 95) einige allgemeine Vorschriften gegeben. Die Beurlaubten stehen unter militärischer Kontrolle und können zu Übungen herangezogen werden.[8]) Im Mobilmachungsfalle müssen sie in das Inland zurückkehren, sind aber sonst in der Wahl des Aufenthalts und in ihren bürgerlichen Verhältnissen nicht beschränkt.[9]) — Bei Mobilmachungen und notwendigen Heeresverstärkungen tritt die **Unterstützung bedürftiger Familien** der einberufenen Mannschaften ein, die von den Kreisen (Lieferungsverbänden) vorbehaltlich der Erstattung durch das Reich zu gewähren ist. Unterstützungsanspruch haben die Ehefrauen und ehelichen Kinder unter 15 Jahren und — soweit sie von den Einberufenen zu unterhalten waren — auch die älteren Kinder, die Verwandten in aufsteigender Linie und die Geschwister. Die Unterstützung beträgt monatlich mindestens 6 (im Winter 9) M. für die Ehefrau und 4 M. für jedes Kind und kann in Naturerzeugnissen gewährt werden. Die Festsetzung erfolgt durch die Kreisausschüsse, denen je ein vom Bezirkskommando zu bestimmender Offizier ohne Stimmrecht beigeordnet wird.[10]) Die Familien der zu Friedensübungen einberufenen Reservisten, Land- und Seewehrleute und Ersatzreservisten, diese für die zweite und dritte

---

[7]) MG. § 56, G. 88 Art. II § 11; zum Beurlaubtenstande gehören nach ergangenem Aufrufe auch die Landsturmpflichtigen das. § 26 u. 30.

[8]) KrDG. § 15 Abs. 1 u. 17 Abs. 3; MG. § 57 u. 67; WO. § 105, 113 u. 114; Mitwirkung der Zivilbehörden bei der Kontrolle MG. § 70 u. WO. § 106 mit Anlage 3. Ein besonderes G. 15. Feb. 75 (RGB. 65) erging über Kontrolle (§ 1—3), Übungen (§ 4, 5) u. Disziplinarstrafmittel (§ 6, 7). Die Kontrolle üben die Bezirkskommandos (§ 97 Abs. 2 d. W.) u. unter ihnen die Meldeämter (an den Stationsorten des Bezirkskommandos Hauptmeldeämter genannt) u. die Bezirksfeldwebel WO. § 105^{4}. Die Mannschaften der Landwehr ersten Aufgebots sollen zu den Kontrollversammlungen — die alljährlich zweimal stattfinden — jährlich nur einmal u. zu den Übungen überhaupt nur zweimal (die Kavallerie überhaupt nicht) herangezogen werden G. 75 § 1, 4, G. 05 (RGB. 249) Art. II § 3, 4 u. WO. § 115, 116, HO. § 39, 40; dasselbe gilt von den Mannschaften der Ersatzreserve G. 88 Art. II § 12—15 u. 20, WO. § 115, 117. Die Beurlaubten sollen möglichst in den Wintermonaten zu den Übungen herangezogen werden G. 27. März 11 (RGB. 99) § 3a (eingefügt G. 3. Juli 13 RGB. 496 Art. I^{3}). Die Mannschaften der Landwehr zweiten Aufgebots werden zu Kontrollversammlungen u. Übungen überhaupt nicht herangezogen G 88 Art. II § 4^{1} u. 20. — HO. § 39, 40. — Kontrolle u. Einberufung der Beurlaubten in den Schutzgebieten § 89 Anm. 13 d. W.

[9]) MG. § 58 u. 61 u. (gleichlautend) KrDG. § 15 Abs. 2; Beurlaubung in das Ausland MG. § 59 (neugefaßt G. 13 Art. I[10]) u. (2. Aufgebot) G. 88 Art. II § 4^{4}. — Auswanderung § 34 Anm. 11 d. W.

[10]) RG. 28. Feb. 88 (RGB. 59).

Übung, erhalten auf Verlangen Unterstützungen. Diese betragen für die Ehefrau 30, für andere Unterstützungsberechtigte je 10, zusammen höchstens 60 v. H. des ortsüblichen Tagelohns und werden in gleicher Weise gewährt.[11])

§ 94.

bb) An die aktive Dienstzeit schließt sich die **Reserve-** und an diese die **Landwehrpflicht** (§ 93 Abs. 1). Die Reserve und die Landwehr ersten Aufgebots besteht aus den im Heere ausgebildeten Soldaten; der Landwehr zweiten Aufgebots treten außerdem die ausgedienten Ersatzreservisten, welche geübt haben (§ 95), hinzu.[1]) Die Reserve, welche die jüngeren Jahrgänge umfaßt (§ 93 Abs. 1), dient nur zur Verstärkung der stehenden Truppenkörper. Die Landwehr wird dagegen bei der Infanterie und nach Bedarf bei der Kavallerie in besonderen Truppenkörpern zur Verteidigung des Vaterlandes als Reserve des Heeres verwandt, während sie bei den übrigen Waffen bei Kriegsgefahr gleichfalls nach Bedarf zum stehenden Heere und zur Flotte einberufen wird.[2])

Die Einberufung bei notwendigen Verstärkungen oder Mobilmachungen erfolgt nach Jahresklassen, mit der jüngsten beginnend.[3]) Dabei sind folgende Abweichungen zugelassen:

1. Wegen dringender häuslicher und gewerblicher Verhältnisse können in begrenztem Umfange Reservisten hinter die letzte Jahresklasse der Reserve ihrer Waffe, ausnahmsweise auch der Landwehr zweiten Aufgebots und Landwehrleute hinter diese letztere Jahresklasse zurückgestellt werden. Über die Gesuche wird von der verstärkten Ersatzkommission (§ 97 Abs. 3) in den jährlichen Musterungsterminen entschieden.[4])
2. Beamte dürfen, wenn deren Stellen selbst vorübergehend nicht offen gehalten werden können und eine geeignete Vertretung nicht zu ermöglichen ist (Unabkömmlichkeit), hinter den ältesten Jahrgang der Landwehr zurückgestellt werden. Diese Vergünstigung betrifft zunächst nur die auch in ihren Zivilverhältnissen für militärische Zwecke wirksamen Beamten, demnächst auch einzeln stehende Geistliche, Schullehrer, Lotsen, Kassenbeamte, Grenzaufsichtsbeamte, ferner Post-, Telegraphen-, Eisenbahn- und Gestütsbeamte, Gendarmen und Schutzleute.[5])

[11]) RG. 10. Mai u. Bek. 2. Juni 92 (RGB. 661 u. 668), letztere geänd. Bek. 12. Dez. 98 (das. 1305), 15. Nov. 02 (das. 278) u. 9. Nov. 11 (das. 949); Vf. 20. Juni u. 12. Okt. 92 (MB. 277 u. 365) u. 23. Aug. 94 (MB. 154).

[1]) KrDG. § 7 Abs. 2; MG. § 50 Abs. 1 u. 2; G. 88 Art. II § 15 Abs. 2.

[2]) KrDG. § 5 u. 6 Abs. 5; MG. § 63. — Ergänzung u. Dienstverhältnisse der Offiziere des Beurlaubtenstandes KrDG. § 12, G. 75 (§ 90 Anm. 8) § 5 u. HO. § 45—53.

[3]) KrDG. § 8; MG. § 62 Abs. 1 u. 63; WO. § 118 1, 2 u. 7. — Gehalt einberufener Beamten § 71 d. W.

[4]) MG. § 64 u. G. 88 Art. II § 6; WO. § 118 3, 122—124.

[5]) MG. § 65; WO. § 118 4 und (Gründe) § 125, (Verfahren) § 126, (Eisenbahnbeamte) § 127, 128. — Über die

3. Bei Kontrollentziehung und unentschuldigter Nichtbefolgung eines Einberufungsbefehls **kann** die Versetzung in eine jüngere Jahresklasse erfolgen.[6])

Im Fall der Einberufung zum Dienst stehen Reservisten und Landwehrleute unter den Militärgesetzen.[7]) Sonst sind sie den allgemeinen Landesgesetzen unterworfen und unterliegen nur den durch die militärische Kontrolle gebotenen Einschränkungen und Disziplinarstrafbestimmungen. Sie haben demgemäß über ihren Aufenthalt die erforderlichen Meldungen zu erstatten, auch können Reservisten und Landwehrleute ersten Aufgebots im Frieden zu Übungen und Kontrollversammlungen herangezogen werden.[8])

§ 95.

cc) Der **Ersatzreservepflicht** unterliegen — soweit die Deckung des ersten Bedarfs für die Mobilmachung es erfordert — zunächst die wegen hoher Losnummer, sodann die wegen häuslicher Verhältnisse, hierauf die wegen geringer körperlicher Fehler und endlich die wegen zeitiger Dienstuntauglichkeit nicht zur Einstellung gelangten Militärpflichtigen (§ 92 Abs. 2). Sie dauert 12 Jahre und rechnet vom 1. Oktober des ersten Militärpflichtjahres ab. Die Ersatzreserve dient zur Ergänzung des Heeres bei Mobilmachungen und zur Bildung von Ersatztruppenteilen (§ 100 Abs. 3). Die Ersatzreservisten gehören zu den Mannschaften des Beurlaubtenstandes (§ 93 Abs. 3) und unterliegen auch sonst im allgemeinen den für die Landwehr des ersten Aufgebots geltenden Bestimmungen (§ 94). Sie können demgemäß schon im Frieden zu Übungen und Kontrollversammlungen herangezogen werden.[1])

d) Die Landsturmpflicht.

§ 96.

Die weder dem Heere noch der Kriegsflotte angehörigen Wehrpflichtigen gehören vom 17ten bis zum 45sten Lebensjahre zum Landsturm. Dieser soll im Kriegsfall an der Verteidigung des Vaterlandes teilnehmen und kann in Fällen außerordentlichen Bedarfs zur Ergänzung des Heeres und der Kriegsflotte herangezogen werden. Er zerfällt in zwei Aufgebote. Das erste Aufgebot umfaßt die Pflichtigen bis zum vollendeten 39sten Lebensjahre. Es besteht demnach nur aus unausgebildeten Mannschaften und ist zur Ergänzung des stehenden Heeres bestimmt. In das zweite Aufgebot des Landsturms treten dagegen die Landwehrpflichtigen

---

Einwirkung der Einberufung auf die Zivilstellung, insbes. rücksichtlich des Gehalts § 71 d. W.

6) MG. § 67.

7) Das. § 38 B 1 u. MStGB. 20. Juni 72 (RGB. 174) § 6.

8) § 93 Anm. 8 d. W. — Landwehrdienstauszeichnung § 39 Anm. 8⁰.

1) G. 88 Art. II § 8—19 (§ 13 Abs. 4 geänd. G. 13 Art. II[2]), 20 u. 21; G. 15. Feb. 75 (RGB. 65); WO. § 13, 40, 117; HO. § 7 u. 41. Die Übungspflicht dient jetzt nicht mehr der militärischen, sondern nur der Ausbildung in einigen Sonderzweigen (Krankendienst, Handwerk).

nach vollendeter Dienstzeit über. Dieses wird deshalb in der Regel in besonderen Abteilungen aufgestellt, soll aber nur in erheblichem Notfalle aufgeboten werden. Der Aufruf erfolgt in der Regel durch Kaiserliche Verordnung und nach Jahresklassen. Die Aufgerufenen stehen unter den Militärgesetzen und werden militärisch ausgerüstet und bewaffnet. Solange kein Aufruf ergangen, sind die Landsturmpflichtigen keiner militärischen Kontrolle und Übung unterworfen.[2])

2. Ersatzwesen.

Das Ersatzwesen umfaßt die zur Durchführung der Wehrpflicht gegebenen, die Form betreffenden Vorschriften und betrifft die Ersatzbezirke und Ersatzbehörden und das Verfahren (Ersatzgeschäft).

§ 97.

a) **Ersatzbezirke und Ersatzbehörden.** Das Reich zerfällt in 24 Armeekorpsbezirke,[1]) diese in der Regel in je 4 Brigadebezirke, diese in Landwehrbezirke und diese in Aushebungs- und — wenn nötig — weiter in Musterungsbezirke. Für volkreiche Bezirke bestehen statt der Brigaden Landwehrinspektionen mit mehreren Landwehrbezirken. Die Militärbezirkseinteilung steht mit der Gliederung des Heeres (§ 99) in engster Verbindung, indem jeder Truppenteil seinen Ersatz aus einem bestimmten Bezirke empfängt und der Regel nach auch in diesem seinen Standort hat. Dies Verhältnis dient zur Vereinfachung des Ersatzwesens, wie zur Beschleunigung der Mobilmachung.[2])

An der Spitze der Landwehrbezirke stehen **Bezirkskommandos**, welche die Vermittelung zwischen den Truppenteilen und dem Bezirke bilden, die Kontrolle über die Beurlaubten ausüben und beim Ersatzgeschäft mitwirken.[3])

Die **Ersatzbehörden** sind aus Offizieren und Zivilbeamten zusammengesetzt und in drei Instanzen gegliedert. Die erste Instanz bildet für den in der Regel mit dem Zivilverwaltungsbezirk (Kreis) zusammenfallenden Aushebungsbezirk die **Ersatzkommission**, die aus einem Offizier, in der Regel dem Landwehrbezirkskommandeur, und einem Verwaltungsbeamten (Landrat) oder dazu bestellten bürgerlichen Mitgliede besteht. Entsprechend ist als zweite Instanz für jeden Infanteriebrigadebezirk die **Oberersatzkommission** aus einem Offizier, in der Regel dem Brigadekommandeur oder Landwehrinspekteur, und einem höheren Verwaltungsbeamten zusammengesetzt. Für Entscheidungen, bei denen die

---

²) G. 88 Art. II § 15 Abs. 2, § 19, 23—33; WO. § 20, 39, 100—104. 120, 121.

¹) § 99 Abs. 2 d. W. Das Großh. Hessen bildet daneben einen besonderen Ersatzbezirk mit 2 Brigadebezirken.

²) MG. § 5 (Fassung nach G. 12. Juni 12 RGB. 391); WO. § 1 u. (Bezirkseinteilung) Anl. 1, mehrfach ergänzt. Musterungsbezirke WO. § 60⁴.

³) HO. § 23, 24. Kontrolle § 93 Anm. 8 d. W.

bürgerlichen Verhältnisse der Pflichtigen in Frage kommen (§ 92 Abs. 3, § 94 Abs. 2), wird die Ersatzkommission durch 1 Offizier und 4 bürgerliche Mitglieder, die Oberersatzkommission durch ein solches Mitglied verstärkt. Diese Mitglieder werden von den kommunalen Vertretungen (Kreis- und Provinziallandtagen) auf drei Jahre gewählt. Die dritte Instanz bildet für den Bezirk des Armeekorps der kommandierende General, in Preußen mit dem Oberpräsidenten, anderwärts mit dem Leiter der Landesverwaltungsbehörde.

Die Leitung aller Ersatzangelegenheiten führen als Ministerialinstanz die Kriegsministerien (§ 102) im Verein mit den obersten Zivilverwaltungsbehörden, in Preußen mit dem Minister des Innern.

Neben den Ersatzkommissionen bestehen für bestimmte Bezirke (in Preußen für die Regierungsbezirke) Prüfungskommissionen für Einjährig-Freiwillige, die den Ersatzbehörden dritter Instanz untergeordnet sind.[4])

§ 98.

b) Das **Ersatzgeschäft** beginnt mit der Verteilung des Ersatzes. Diese erfolgt auf die unter selbständiger Militärverwaltung stehenden Kontingente (§ 90 Abs. 3) nach der Bevölkerung, innerhalb dieser Kontingente nach der bei der Musterung ermittelten dienstfähigen Mannschaft. Dabei kommen die aus dem Bezirke eingestellten Freiwilligen in Anrechnung.[5]) — Dem Ersatzgeschäft liegen Listen zu Grunde, die nach den Geburtsregistern und den von den Pflichtigen zu bewirkenden Meldungen aufgestellt werden. Sie zerfallen in die Stammrollen für die Gemeinden, die alphabetischen und die Restantenlisten für die Ersatz- und in die nach den Arten der Gemusterten aufzustellenden Vorstellungslisten für die Oberersatzkommissionen.[6])

Das Ersatzgeschäft teilt sich in die Musterung vor der Ersatzkommission, in der Zurückstellungen selbständig verfügt werden können, sonst der eigentlichen Entscheidung nur vorgearbeitet wird,[7]) und in die Aushebung vor der Oberersatzkommission, in der die endgültige Bestimmung erfolgt.[8]) Im Kriege werden beide Geschäfte vereinigt.[9]) — Die Kosten

[4]) MG. § $30^{3-5, 9}$, erg. G. 85 (RGB. 81) u. G. 13 Art. I^{7}; WO. § 2. In der Ersatz- wie in der Oberersatzkommission führen die beiden Mitglieder gemeinschaftlich den Vorsitz WO. § 64^{1}, 71^{1}. Verzeichnis der Zivilvorsitzenden im Reiche ZB. 1911 S. 683, erg. 1912 S. 783.

[5]) KrDG. § 9 u. MG. § 9, erg. G. 26. Mai 93 (RGB. 185), durch das Art. 53 u. 60 der RVerf. abgeändert sind; WO. § 51—55; HO. § 1.

[6]) MG. § 31 u. 32; WO. § 44—50; Formulare für die Auszüge aus den Zivilstandesregistern (das. § 46^{7}) Vf. 1. Jan. 93 (MB. 36).

[7]) MG. § $30^{6 u. 7}$; WO. § 3, 63 bis 68 u. (Vorbereitung) 56—62, (Grundsätze für die Entscheidungen) 28—35.

[8]) MG. § $30^{6 u. 8}$; WO. § 3, 69 bis 74 u. (Schluß) 77—79; Grundsätze für die Entscheidungen § 28, 36—43. Verzeichnis der gem. § 42^{2} zur Ausstellung glaubhafter Zeugnisse ermächtigten Ärzte im Auslande (MB. 13 S. 121).

[9]) WO. § 95—99. — Gleiches gilt von den Schiffermusterungen § 118 Abs. 2 d. W.

fallen, soweit es sich um die Vorbereitung und die Stammrollenaufstellung handelt, den Gemeinden, soweit sie durch Beteiligung von Militärpersonen entstehen, dem Reich, sonst dem Staate zur Last.[10])

3. Das stehende Heer.[1])

§ 99.

a) **Friedensaufstellung.** Die Reichsverfassung hatte bei Bewilligung der Friedensstärke die Festsetzung eines bis auf weiteres maßgebenden Pauschbetrages vorgesehen.[2]) Inzwischen haben die fortgesetzten Rüstungen unserer Nachbarstaaten[3]) und das Bestreben, möglichst alle Dienstfähigen einzustellen, zu wiederholten Heeresverstärkungen geführt. Hierbei wurde seit 1874 der Weg periodischer Bewilligung eingeschlagen. In diesem Sinne wird die durchschnittliche Jahresstärke des Heeres derart erhöht, daß sie im Laufe des Rechnungsjahres 1915 661478 Mann betragen wird und in dieser Höhe bis zum 31. März 1916 bestehen bleibt. Die Einjährig-Freiwilligen kommen auf diese Zahl ebensowenig in Anrechnung, als die besonders durch den Voranschlag festgestellte Zahl der Offiziere, Unteroffiziere, Ärzte und Militärbeamten.[4]) — Die Gliederung des Heeres erfolgt nach Waffengattungen und nach Truppenkörpern, von denen die größeren verschiedene Waffengattungen umfassen.

Waffengattungen sind das Fußvolk (Infanterie) nebst Jägern und Schützen, die Reiterei (Kavallerie), die Feld- und die Fuß(Festungs)-artillerie, die Ingenieure (als Truppe Pioniere genannt), der Train (zur Beförderung des Heeresbedarfs) und die Verkehrstruppen.[5]) Abgesehen von der Infanterie bestehen für alle Waffengattungen Inspektionen zur technischen Beaufsichtigung, und zwar je eine für die Jäger nebst Schützen, das Maschinengewehrwesen, die Feldartillerie, den Train und die Eisenbahntruppen, und deren mehrere mit je einer Generalinspektion für die Kavallerie, die Fußartillerie, das Ingenieur- und Pionierkorps und das Militärverkehrswesen.

---

[10]) MG. § 36, Vf. 23. Sept. 69 (MB. 308). — Reisekosten der bürgerl. Mitglieder der Ersatzkomm. Vf. 7. Mai 76 (MB. 144) u. 10. Feb. 80 (MB. 103), der Oberersatzkom. 26. Febr. 03 (MB. 33), der landrätlichen Büreaugehilfen 15. Okt. 97 (MB. 216).

[1]) Das stehende Heer wird im Gegensatz zur Landwehr als Linie bezeichnet; gleichzeitig ist dieses die Bezeichnung der nicht zum Gardekorps gehörenden Truppen.

[2]) RVerf. Art. 62.

[3]) Nach den Erfolgen der deutschen Waffen sind auch Frankreich (1873) u. Rußland (1878) zur allgemeinen Wehrpflicht übergegangen u. damit zu einer erheblichen Verstärkung ihrer Heere gelangt.

[4]) RG. 27. März 11 (RGB. 99) § 1,3,4, 14. Juni 12 (das. 389) Art. I u. besonders v. 3. Juli 13 (das. 496) Art. I u. (Deckung des Bedarfs) § 171—173 d. W. Die Etatsstärke beträgt v. 1. Okt. 13 ab 790778 Mann und 157816 Dienstpferde. Dazu treten rund 10000 Einjährigfreiwillige.

[5]) Das Heer wird nach der Erhöhung (vor. Anm.) umfassen an Infanterie 669 Bataillone, Kavallerie 550 Schwadronen, Feldartillerie 633 Batterien, Fußartillerie 55, Pionieren 44, Train 26 u. Verkehrstruppen 31 Bataillone. RG. 11 § 2, 14. Juni 12 Art. I u. 3. Juli 13 Art. I.

Die Truppenkörper finden in den Armeekorps ihren Zusammenschluß. Das deutsche Heer besteht aus dem Garde- und 24 Armeekorps. Über ihnen stehen 8 Armeeinspektionen. Den 24 Armeekorps entsprechen Korpsbezirke, die der Regel nach ihren Ersatz liefern (§ 97 Abs. 1) und ihre Standorte umfassen. Im Korpsbezirk ist unbeschadet der Souveränitätsrechte der Einzelstaaten (§ 90 Abs. 4[2]) der kommandierende General oberster Militärbefehlshaber.[6]) — Das preußische Gardekorps wird aus Preußen, den sächsisch-thüringischen Staaten und Elsaß-Lothringen ergänzt. Von den übrigen Armeekorps werden drei von Bayern, zwei von Sachsen, eins von Württemberg und neunzehn von Preußen gemeinschaftlich mit den übrigen Staaten aufgestellt.[7]) Jedes Armeekorps umfaßt neben den erforderlichen Fußartillerie-, Pionier- und Trainformationen 2 Divisionen, die 2 (einzelne 3) Infanteriebrigaden, eine (einzelne 2) Kavallerie- und eine Feldartilleriebrigade umschließen; nur im Gardekorps sind die 4 Kavalleriebrigaden zu einer Kavalleriedivision vereinigt. Die Brigaden zerfallen in 2 (ausnahmsweise in 3) Regimenter und diese bei der Infanterie in 3, bei der Fußartillerie in 2 Bataillone. Die Bataillone der Infanterie, der Jäger und Schützen sowie die der Pioniere bestehen aus 4 Kompagnien, die der Fußartillerie aus 4 Batterien. Den Infanterieregimentern ist je eine Maschinengewehrkompagnie mit 6 Gewehren zugeteilt; außerdem bestehen Festungs- und leichtere Maschinengewehrabteilungen, die für die im Kriege zu bildenden Kavalleriedivi-

---

[6]) MG. § 3 u. 5 (Fassung des G. 26. März 99 RGB. 215 u. 14. Juni 12 das. 391).

[7]) MG. § 3 in Fassung der Gesetze 25. März 99 RGB. 215 u. v. 14. Juni 12 das. 391). — Es umfassen die Armeekorps I (Königsberg), XX (Allenstein) u. XVII (Danzig) die Provinzen Ost- und Westpreußen, letzteres auch das östliche Pommern; II (Stettin) das übrige Pommern und den RB. Bromberg; V (Posen) die RB. Posen und Liegnitz; VI (Breslau) die RB. Breslau u. Oppeln; III (Berlin) die Prov. Brandenburg u. Berlin; IV (Magdeburg) die RB. Magdeburg und Merseburg nebst den Herzogt. Anhalt und S.-Altenburg; VII (Münster) die beiden Fürstent. Lippe, die Provinz Westfalen und den RB. Düsseldorf, doch gehört der südlichste Teil des RB. Arnsberg zum 18., der des RB. Düsseldorf zum 8. Korps; VIII (Koblenz) die übrige Rheinprovinz und das oldenburgische Fürstent. Birkenfeld, der südlichste Teil der Rheinprovinz bildet jedoch mit anstoßenden Teilen des Unterelsaß und Lothringens den Bezirk des XXI. Korps (Saarbrücken); IX (Altona) die Provinz Schl.-Holstein, den RB. Stade, beide Mecklenburg, die Hansestädte und das oldenburgische Fürstent. Lübeck; X (Hannover) die Provinz Hannover außer dem RB. Stade, Oldenburg u. Braunschweig; XI (Kassel) die RB. Erfurt und Kassel bis auf den südlichsten zum 18. Korps gehörige Teil, die thüringischen Staaten außer S.-Altenburg und das Fürstent. Waldeck, XII (Dresden) den östlichen und XIX (Leipzig) den westlichen Teil des Königr. Sachsen; XIII (Stuttgart) Württemberg; XIV (Karlsruhe) Baden und Oberelsaß; XV (Straßburg) Unterelsaß und XVI (Metz) Lothringen, beide soweit sie nicht zum 21. Korps gehören; XVIII (Frankfurt a. M.), den RB. Wiesbaden, den Kreis Wetzlar, die südlichsten Teile der RB. Arnsberg und Kassel und das eine eigene Division bildende Großherzogt. Hessen. Das I. bayerische Armeekorps (München) umfaßt das südliche, das II. (Würzburg) das nordwestliche u. das III. (Nürnberg) das nordöstliche Bayern.

sionen bestimmt sind. Die Jäger- und Schützenbataillone haben als fünfte und sechste Kompagnien je eine Fahrrad- und eine Maschinengewehrkompagnie. Den Fußartillerieregimentern sind Bespannungsabteilungen beigegeben. Die Regimenter der Kavallerie umfassen 5 Eskadrons, die der Feldartillerie 2 (ausnahmsweise 3) Abteilungen, die sich aus 3 (einzelne aus 2) Batterien zusammensetzen.[8]) Zum Gardekorps gehört das Lehrinfanteriebataillon, während die Lehrregimenter der Feld- und der Fußartillerie außerhalb der Korpsverbände stehen. — Das letztere gilt auch von den neuerdings stark vermehrten Verkehrstruppen. Zu diesen gehören a) die Eisenbahntruppen, die 3 Regimenter und die Militäreisenbahn umfassen und in 2 Brigaden einer Inspektion unterstehen, b) die Telegraphentruppen mit 7 Bataillonen und der Kriegstelegraphenschule unter 3 Inspektionen, c) unter der Inspektion des Militär-, Luft- und Kraftfahrwesens stehend 5 Luftschiffer- und 4 Fliegerbataillone mit je einer Inspektion und 1 Kraftfahrbataillon.

Außerhalb dieser Truppenteile steht der **Generalstab der Armee**, der in den großen Generalstab und in die Generalstäbe bei den Korps- und Divisionskommandos und den Gouvernements zerfällt. Ersterem liegt insbesondere die Sammlung und Verarbeitung des auf die verschiedenen Armeeeinrichtungen und Kriegsschauplätze bezüglichen Stoffes, die Bearbeitung der Kriegsgeschichte, die Vorbereitung der Mobilmachung und die Landesaufnahme (§ 33 Abs. 4) ob; letztere sollen die General- und Divisionskommandos in taktischer und strategischer Hinsicht unterstützen.

§ 100.

b) Die **Kriegsaufstellung** wird durch die **Mobilmachung** hergestellt, deren Anordnung dem Kaiser für das ganze Reich zusteht.[1]) Sie umfaßt die Bildung des Feldheeres und die Aufstellung der Ersatz- und Besatzungstruppen und besteht in der Einberufung der Mannschaften und Beschaffung der erforderlichen Pferde, Vorräte und Bestände. Behufs schnellen Vorgehens ist möglichste Beschleunigung geboten, die durch gehörige Vorbereitung (Mobilmachungsplan) und demnächstige Inanspruchnahme aller verfügbaren Mittel und Kräfte (Telegraphen, Eisenbahnen, Behörden) erreicht wird.[2])

[8]) MG. § 3 (Anm. 6) Abs. 2 u. § 4.

[1]) RVerf. Art. 66 Abs. 4. Für Bayern erfolgt die Mobilmachung auf Veranlassung des Kaisers durch den König § 90 Abs. 4[2] d. W. — Die Wirkung besteht in der Erweiterung der Wehrpflicht § 93 Abs. 1, 96, 98 Abs. 2, der Unterstützung der Familien der Einberufenen § 93 Abs. 3, in dem Eintritt der Kriegsstrafgesetze § 104 Abs. 2 u. in der Verpflichtung zu Kriegsleistungen § 114 d. W. — Dem Zwecke der Mobilmachung dient der Kriegsschatz § 175 Abs. 3 d. W.

[2]) MG. § 6. Den Verkehr der Truppen mit den Verwaltungen der Eisenbahnlinien vermitteln die Linienkommandanturen. — Schutz der Militärbrieftauben G. 28. Mai 94 (RGB. 453), AusfBest. 8. Nov. 94 (ZB. 457); verb. § 351 Anm. 11 d. W. — Die vorläufige u. teilweise Mobilmachung heißt Kriegsbereitschaft.

In der **Feldarmee** wird die Friedensarmee, die neben 2 (3) Jahrgängen der Militärpflichtigen noch 5 (4) Jahrgänge der Reserve (§ 93 Abs. 1) heranzieht, mehr als verdoppelt. Die Friedensarmee ist hiernach weniger Selbstzweck, als Mittel zum Zweck; sie bildet die Schule für das „Volk in Waffen" und zugleich den Rahmen, innerhalb dessen die einberufenen Verstärkungsmannschaften ihren Halt finden. Die Verstärkung erfolgt durch Einziehung der Reserve und Landwehr (§ 94 Abs. 1).

Ersatztruppen werden bei allen selbständigen Truppenteilen gebildet, um den unvermeidlichen Abgang zu ersetzen und damit die Nachhaltigkeit des Vorgehens zu sichern. Die Kavallerieregimenter lassen dieserhalb eine Schwadron in den Standorten zurück, die übrigen Waffengattungen bilden besondere Truppenkörper (Ersatzbataillone, Ersatzkompagnien und Ersatzbatterien). Ihr Stamm besteht aus denselben Mannschaften wie der der Feldtruppen; zur Ergänzung ist die Ersatzreserve bestimmt (§ 95).

Die **Besatzungstruppen** werden aus der zu vorstehenden Zwecken nicht mehr verwendeten Landwehr der Infanterie und Kavallerie gebildet. Sie dienen zur Besetzung der Etappenstraßen, welche das Feldheer mit der Heimat verbinden, der Festungen und wichtigeren Standorte, zur Bewachung der Kriegsgefangenen und zu ähnlichen Zwecken.[3])

Der **Landsturm** wird nur bei unmittelbarer Kriegsgefahr aufgerufen (§ 96).

Zur Verbindung des Feldheeres mit der Heimat wird die **Feldpost**[4]) und zur Erhaltung der Ordnung im Rücken des Feldheeres die **Feldgendarmerie** gebildet. Diese hat insbesondere Versprengte zu sammeln, Plünderungen und Ausschreitungen zu verhindern und die Straßen für den Verkehr freizuhalten.[5])

4. Rechtsverhältnisse der Militärpersonen.

§ 101.

Die Militärpersonen, denen alle zum Heer und zur Kriegsflotte gehörigen Offiziere, Soldaten, Ärzte und Militärbeamten zugerechnet werden,[1]) sind in Ausübung ihres Berufs, soweit der dienstliche Zweck oder die eigene Sicherheit es erfordern, zum **Waffengebrauch** berechtigt.[2]) Außerdem sind sie gegen Tätlichkeiten und Beleidigungen durch besondere Strafbestimmung geschützt.[3])

---

[3]) KrDG. § 5.

[4]) Feldpost O. 30. April 07 (Berlin bei Mittler).

[5]) Feldgendarmerie O. 10. Juni 90 (Neuausg. 03 Berlin bei Mittler).

[1]) MG. § 38; MilStG. 20. Juni 72 (RGB. 174) § 4, 5 u. Anlage. — Militärbeamte § 21 Anm. 4. — Gendarmen § 227 Abs. 1. — Portobegünstigung § 391 Abs. 1 3.

[2]) G. 20. März 37 (GS. 60); Einf. in die neuen Prov. V. 25. Juni 67 (GS. 921) Art. II G.; Anwendung auf die Schutztruppe in Südwestafrika V. 23. Dez. 12 (RGB. 13 S. 17). — § 90 Anm. 2 d. W.

[3]) StGB. § 113 u. 196.

Eine eigene **Gerichtsbarkeit** über Militärpersonen besteht nur in Strafsachen (§ 104, 105). In Zivilsachen bestimmt sich ihr Gerichtsstand nach dem jeweiligen, bei Truppen im Auslande nach dem letzten deutschen Standort.[4]) Zustellungen und Ladungen erfolgen durch Ersuchen der Militärbehörde.[5]) Zwangsvollstreckungen dürfen erst nach Anzeige bei dieser beginnen und in Militärdienstgebäuden (auf Kriegsfahrzeugen) nur von ihr vorgenommen werden. Auch bezüglich des Gegenstandes ist die Vollstreckung mehrfach eingeschränkt.[6])

Der **Genehmigung** ihrer Vorgesetzten bedürfen Militärpersonen zur Verheiratung,[7]) zum Gewerbebetrieb[8]) und zur Übernahme von kirchlichen und Kommunalämtern und Vormundschaften. Die letzteren dürfen sie ablehnen.[9]) Zu Schöffen und Geschworenen sind sie überhaupt nicht zu berufen.[10]) Das aktive Wahlrecht zum Reichs- und zum Landtage ruht für Militärpersonen; ausgenommen sind nur die Militärbeamten. Auch die Teilnahme an politischen Vereinen und Versammlungen ist den Militärpersonen untersagt.[11])

Im **Kriege** können Militärpersonen letztwillige Verfügungen unter erleichterten Formen (**privilegierte Testamente**) errichten[12]) und **Handlungen der freiwilligen Gerichtsbarkeit** sowie einige sonstige Rechtshandlungen vor den Kriegs- und Oberkriegsgerichtsräten vornehmen.[13])

---

4) MG. § 39, BGB. § 9 u. ZPO. § 14.

5) Das. § 172, 201 u. StPO. § 37, (Ladungen als Zeugen oder Sachverständige) ZPO. § 378 u. 402, StPO. § 48 Abs. 2 u. 72 u. (Festsetzung u. Vollstreckung der Strafen wegen Nichterscheinens oder Verweigerung des Zeugnisses) ZPO. § 380 Abs. 4, 390 Abs. 4, 409 Abs. 3, StPO. § 50 Abs. 4, 69 Abs. 5, 77 Abs. 2.

6) MG. § 45 (Abs. 2 Satz 2 ist ersetzt durch BGB. § 411 u. aufgehoben EG. Art. 45). — ZPO. § 752, 790, $811^{7,8}$, 850, 904^{2}, 905^{2}, 912 u. 933. — StPO. § 495, 98 u. 105. — Verwaltungszwangverfahren V. 15. Nov. 99 (GS. 545) § 8. — Verjährung, Abtretung u. Aufrechnung wie § 71 Anm. 2. Kündigung von Mietwohnungen bei Versetzungen wie § 73 Anm. 2.

7) LR. II 1 § 34, 35 u. Anh. § 65, MG. § 40, 60^{4} u. 61. BGB. § 1315 Abs. 1. Die nicht genehmigte Ehe ist strafbar, nicht ungültig MilStG. § 150.

8) MG. § 43 u. GewO. § 12 Abs. 2.

9) MG. § 41 u. 47. In Preußen gehören die aktiven servisberechtigten Militärpersonen überhaupt nicht zu den Gemeindeangehörigen.

10) GVG. § 34^{9} u. 85.

11) MG. § 49 u. MStGB. § 101 u. 113. Die bewaffnete Macht darf nicht beratschlagen oder sich anders als auf Befehl versammeln; auch Versammlungen und Vereinigungen der Landwehr zur Beratung militärischer Einrichtungen, Befehle und Anordnungen sind untersagt VU. Art. 38. Die Bestimmungen über persönliche Freiheit, Unverletzlichkeit der Wohnung, Versammlungs-, Vereins- u. Petitionsrecht (§ 35 und 248 d. W) finden auf das Heer nur soweit Anwendung, als die militärischen Gesetze und Disziplinarvorschriften nicht entgegenstehen Art. 39.

12) MG. § 44, Ausdehnung auf Personen an Bord außerhalb befindlicher Kriegsschiffe EG. z. BGB. Art. 44. Kostenfreiheit § 195 Abs. 3 d. W. Die Vorschrift hat nach Zulassung der Testamentserrichtung unter eigenhändiger Niederschrift u. Unterschrift (BGB. § 2231^{2}) keine wesentliche Bedeutung mehr. — Eigentumserwerb durch Erbeutung LR. I 9 § 193—204, Kaperei § 205—8 u. 209 bis 19. — Kriegsverschollenheit BGB. § 15.

13) G. 28. Mai 01 (RGB. 185).

Die **Beurkundung des Personenstandes** außerhalb des Reichs erfolgt in diesem Falle unter schriftlicher Vermittelung der Vorgesetzten.[14])

Das Diensteinkommen der Unteroffiziere und Soldaten ist überhaupt, das der übrigen Militärpersonen im Mobilmachungsfalle von der **Staatsteuer** befreit.[15]) Von der **Kommunalsteuer** waren alle Einnahmen der servisberechtigten Militärpersonen frei, die nicht aus Grundbesitz oder Gewerbebetrieb herrührten.[16]) Diese Vorschrift ist, soweit sie der Heranziehung des außerdienstlichen Einkommens der im Offizierrange stehenden Militärpersonen und der Pensionen der zur Disposition gestellten Offiziere zu den Gemeindeabgaben entgegenstand, aufgehoben[17]) und dieses Einkommen in Preußen einer besonderen Gemeindeabgabe unterworfen, die dem festen Satze der zu entrichtenden staatlichen Einkommensteuer entspricht. Befreit sind jedoch Militärpensionen unter 750 Mark und Witwen- und Waisenpensionen, Gnaden- und Sterbebezüge.[18])

Unter den militärdienstlichen **Vergütungen**[19]) sind die **Pensionen** von besonderer Bedeutung, da die Eigentümlichkeit des Militärdienstes ein rascheres und leichteres Eintreten der Pensionierung mit sich bringt. Diese ist gesondert für die Offiziere und für die Unteroffiziere und Gemeinen des Heeres, der Kriegsflotte und der Schutztruppen geordnet worden. — Für **Offiziere einschließlich der Sanitätsoffiziere**[20]) entsteht der Anspruch auf Pension bei Dienstunfähigkeit nach zehnjähriger Dienstzeit, im Falle der Dienstbeschädigung schon vorher; ein ärztlicher Nachweis ist nach vollendetem 65. Lebensjahre nicht mehr erforderlich.[21]) Der Betrag wird nach dem zuletzt aus einer seit mindestens einem Jahre bekleideten Stelle bezogenen Diensteinkommen und nach der Dienstzeit in der Weise berechnet, daß er bis

---

[14]) § 207 Anm. 2 d. W. — Zum Gedächtnis an gefallene Krieger werden in den Kirchen Gedächtnistafeln angebracht V. 5. Mai 13 (GS. 65) § 3, auf spätere Kriege durch (nicht veröffentlichte) Erlässe ausgedehnt.

[15]) MG. § 46. — EinkStG. 06 (GS. 260) § 5³⁻⁵, Mannschaften des Beurlaubtenstandes und Schiffsbesatzung während des auswärtigen Dienstes das. § 70 — Befreiung der Verstümmelungs- u. Kriegszulagen § 101 Abs. 6 d. W.

[16]) V. 22. Dez. 68 (BGBl. 571) f. d. nordd. Bund, laut Militärkonvention auch für Baden u. Hessen. Ein Verzeichnis der **servisberechtigten Militärpersonen** wird alljährlich dem ReichshaushaltsG. als Anlage beigefügt (zuletzt RGB. 08 S. 113).

[17]) G. 28. März 86 (RGB. 65).

[18]) G. 29. Juni 86 (GS. 181), ergänzt G. 22. April 92 (GS. 101); Anwendung auf die Gendarmerie 14. Juli 93 (GS. 152) § 42 Abs. 2.

[19]) Gehalt u. Wohnungsgeldzuschuß § 24, Nr. 1, 2 u. Anm. 7 d. W.; ReiseO. 21. Okt. 04 bei Mittler), erg. (§ 10, 11) Bek. 2. März, (§ 44³) Bek. 27. April u. erläutert (§ 58¹) Bek. 27. April, ferner 31. Aug. 05 (AVB. 41, 131, 158 u. 286); Tagegelder, Fuhr- u. Umzugskosten der Militärbeamten § 24 Anm. 9 d. W.

[20]) **Offizierpensions**G. 31. Mai 06 (RGB. 565). Das G. enthält neben der Schlußvorschr. (§ 76, 77) Vorschr. für das Heer (1. Teil § 1—44), die mit einigen Sonderbest. Anwendung finden auf die Kriegsflotte (2. Teil § 45—61) u. die afrikanischen Schutztruppen (3. Teil § 62—75). — **AusfBest.** 19. Juni 06 des BR. (ZB. 659), des KriegsMin. (AVB. Nr. 18 Beil. 1.) — Bearb. v. Düring (2. Aufl. Berl. 08), Nachtr. 10.

[21]) OffPG. § 1—5.

zum vollendeten zehnten Dienstjahre $^{20}/_{60}$ beträgt und mit jedem weiteren Dienstjahre um $^{1}/_{60}$ — in Stellen vom Regimentskommandeur aufwärts um $^{1}/_{120}$ — bis auf $^{45}/_{60}$ steigt.[22]) Die Pension wird von der obersten Militärverwaltungsbehörde des Kontingents festgestellt und monatlich im voraus gezahlt. Der Anspruch ruht während etatsmäßiger Versorgung in einer Invalidenanstalt, bei vorübergehender Heranziehung zum Militärdienst in Höhe des Diensteinkommens und bei Anstellung im Reichs-, Staats- und Kommunaldienst, wenn das Diensteinkommen einschließlich der Pension das frühere Diensteinkommen oder gewisse Mindestsätze übersteigt. Die Pension gebührt den Hinterbliebenen für den Sterbemonat und das darauf folgende Gnadenvierteljahr.[23]) Offiziere des Beurlaubtenstandes erhalten Pension bei voller Militärdienstunfähigkeit infolge Dienstbeschädigung. Militärbeamte haben neben der Beamtenpension (§ 24[4]) gegebenenfalls Anspruch auf Verstümmelungs- und Kriegszulage.[24]) Die Verstümmelungs- und die Kriegszulage sind steuerfrei und gleich den Gnadenvierteljahrsgebührnissen nicht pfändbar. Die Pensionsansprüche können binnen 6 Monaten nach Entscheidung der Militärbehörde im Rechtswege geltend gemacht werden.[25]) — Ähnliche Grundsätze gelten für Unteroffiziere und Gemeine.[26]) Diese haben bei der Entlassung Anspruch auf eine Militärrente, wenn und solange ihre Erwerbsfähigkeit infolge Dienstbeschädigung aufgehoben oder um mindestens 10 v. H. vermindert ist. Für Kapitulanten fällt bei mindestens 8jähriger Dienstzeit der Nachweis der Dienstbeschädigung und bei mindestens 18jähriger Dienstzeit auch der der verminderten Erwerbsfähigkeit fort.[27]) Die Rente beträgt bei völliger Erwerbsunfähigkeit für Feldwebel 900, Sergeanten 720, Unteroffiziere 600, Gemeine 540 M. (Vollrente), bei teilweiser Erwerbsunfähigkeit die verhältnismäßigen Hundertteile (Teilrente). Bei den zur Klasse der Unteroffiziere gehörenden Gehaltsempfängern

[22]) Das. § 6—18, insbes. P.zuschuß bis zur Höhe des letzten Diensteinkommens für die zwei ersten Monate § 6 Abs. 5, P.beihilfe u. P.gewährung bei Bedürftigkeit § 7, Zulage bei Verstümmelungen § 11, bei Dienstbeschädigung im Kriege (Kriegspensionäre) § 12 u. (Alterszulage) § 13, (Kriegsflotte) § 49 u. 50, (Tropenzulage der Schutztruppen) § 66—68; bei Teilnahme an einem Kriege wird ein Kriegsjahr zugerechnet § 16, während eine mindestens sechsmonatliche Dienstzeit auf Seereisen u. in außereuropäischen Ländern doppelt gerechnet wird § 44 u. (Kriegsflotte) § 53, (Schutztruppen) § 69, 72[8]. Luftdienstzulage bei Beschädigung im Luftfahrdienste G. 29. Juni 12 (RGB. 415) — Übergangsvorschr. § 41—43.

[23]) Das. § 19—27. — Invalidenhäuser in Berlin, Stolp u. Karlshafen u. Mecklenb. Inv.Abt. in Schwerin; Best. über Verwaltung 19. Juni 06 (AVB. 232). Anstellung versorgungsberechtigter Offiziere § 63 Anm. 10 d. W.

[24]) Das. § 28—36.

[25]) Das. § 37—40.

[26]) MannschaftsversorgG. 31. Mai 06 (RGB. 593). Das G. enthält neben der Schlußvorschrift (§ 75, 76) Vorschr. für das Heer (1. Teil § 1—48), die mit einigen Sonderbest. Anwendung finden auf die Kriegsflotte (2. Teil § 49—62) u. die afrikanischen Schutztruppen (3. Teil § 63—74). — Ausf.Best. 19. Juni 06 des BR. (ZB. 662), des KrMin. (AVB. Nr. 18 Beil. 2), erg. (Quittungsbücher) 12 (ZB. 280). — Bearb. v. Romen (Berl. 07) u. Siber (2. Aufl. Berl. 10).

[27]) MilVersG. § 1—4. Freiwillige Krankenpfleger im Kriege § 44, Übergangsvorschriften § 45—47.

beträgt die Vollrente $^{75}/_{100}$ des Diensteinkommens; bei Kapitulanten mit mindestens 18jähriger Dienstzeit beträgt sie $^{50}/_{100}$ der Vollrente und steigt bis zu deren vollem Betrage um $^{3}/_{100}$ mit jedem Dienstjahre.[28]) Kapitulanten, die zu Beamten würdig und brauchbar erscheinen, haben Anspruch auf den Zivilversorgungsschein, wenn sie 12 Jahre gedient haben, oder bei kürzerer Dienstzeit wegen körperlicher Gebrechen aus dem Militärdienst entlassen werden (Invalide). Im ersteren Falle kann ihnen statt des Zivilversorgungsscheines eine monatliche Entschädigung von 20 M. oder eine einmalige Abfindung von 3000 M. gewährt werden. Nicht zu den Kapitulanten gehörigen Unteroffizieren und Gemeinen, die zu Beamten würdig und brauchbar erscheinen, kann neben der Rente ein Anstellungsschein für den Unterbeamtendienst verliehen werden.[29]) Bezüglich der Feststellung und Zahlung der Rente, ihres Ruhens, des Anspruchs der Hinterbliebenen, der Steuerbefreiung und Unpfändbarkeit und der Geltendmachung im Rechtswege gelten ähnliche Grundsätze wie bezüglich der Offizierpensionen.[30]) — Die Inhaber des Eisernen Kreuzes 1. Klasse empfangen einen besonderen Ehrensold.[31])

Die **Versorgung der Witwen und Waisen** der Offiziere und Militärpersonen der unteren Klassen ist neu geregelt.[32]) Diese erhalten eine allgemeine Versorgung, die nach der Pension ähnlich wie die der Reichsbeamten berechnet wird.[33]) Witwen und Waisen der im Kriege gebliebenen oder infolge einer Verwundung oder Kriegsdienstbeschädigung verstorbenen Personen erhalten außerdem eine nach dem Dienstrange oder dem Diensteinkommen bemessene Kriegsversorgung, die auch den von den Verstorbenen unterhaltenen Verwandten der aufsteigenden Linie gewährt werden kann.[34]) Die Hinterbliebenen erhalten ein Gnadenvierteljahr. Auch die Zahlung, das Erlöschen und das Ruhen der Versorgung, sowie die Zulassung des Rechtswegs entspricht den für die Reichsbeamten gegebenen Vorschriften.[35])

---

[28]) Das. § 5—12, Zulage bei Verstümmelungen § 13, bei Beschädigung im Kriege § 14 u. (Alterszulage) § 26, bedingte Rente u. Rentenzuschüsse § 24, 25, Kriegsflotte § 57—59, Tropenzulage der Schutztruppen § 67—70; Kriegsjahr u. Doppelrechnung der Dienstzeit (Anm. 22) § 6, 48 u. (Kriegsflotte) § 54, (Schutztruppen) § 65, Luftdienstzulage wie Anm. 22.

[29]) Das. § 15—23, erg. G. 3. Juli 13 (RGB. 496) Art. III; Anstellung im Zivildienst § 63 Abs. 4 d. W. — Invalidenhäuser Anm. 23.

[30]) MilVersG. (Anm. 26) § 27—43, erg. wie Anm. 29.

[31]) § 39 Anm. 8g.

[32]) MilHinterblG. 17. Mai 07 (RGB. 214), AusfBest. 1. Juli 07 (AVB. 242). — Bearb. wie Anm. 26.

[33]) Offiziere des Friedensstandes MHG. § 1—10, des Beurlaubtenstandes u. der ausgeschiedenen, vorübergehend zum Militärdienst wieder herangezogenen Offiziere § 11, Militärpersonen der Unterklassen § 12—16, Heeresbeamte u. Personen der freiwilligen Krankenpflege im Kriege § 17, 18. — Verb. § 24 Nr. 4 d. W. — AusfBest. 1. Juli 07 (AVB. 242, ZB. 661), vom Reichstag genehmigt Bek 28. Juni 07 (ZB. 296).

[34]) MHG. § 19—27. Luftdienstzulage wie Anm. 22.

[35]) Das. § 28—37. — Anwendung auf die Kriegsflotte § 38—46, die Schutz-

Den unterstützungsbedürftigen Kriegsteilnehmern werden Beihilfen von jährlich 150 M. gewährt, die auch ihren Witwen für den Sterbemonat und die drei folgenden Monate belassen werden.[36])

Dem Zweck der Versorgung dienen folgende besondere Einrichtungen:

1. Die Lebensversicherungsanstalt für die Armee und Marine, die Offizieren, Militärbeamten und Unteroffizieren Gelegenheit zur Lebensversicherung gewährt, wie sie ihnen durch Privatgesellschaften nicht oder nur unter besonderen Opfern geboten wird.[37])
2. Die Kaiser Wilhelmstiftung, die den infolge des Kriegs erwerbsunfähig gewordenen oder des Ernährers beraubten Personen Hilfe und Unterstützung leisten will.[38])
3. Die Generalstabsstiftung, die neben Förderung militärwissenschaftlicher Zwecke auch auf Unterstützung unbemittelter und strebsamer Offiziere und Beamten des Generalstabs gerichtet ist.[39])
4. Der Nationaldank für Veteranen der Feldzüge 1813/15 und 1848/49 gewährt, nachdem diese sämtlich verstorben sind, nur noch Unterstützungen an deren unverheiratete Töchter.

III. Heeresverwaltung.[1])

1. Allgemeine Verwaltung.

§ 102.

a) Die oberste Verwaltungsbehörde für Preußen und die ihm angeschlossenen Kontingente bildet das **preußische Kriegsministerium**, das — ebenso wie die für Bayern, Württemberg und Sachsen bestehenden, besonderen Kriegsministerien — als Organ der Reichsmilitärgewalt anzusehen ist und neben den Angelegenheiten des preußischen Kontingents (§ 90 Abs. 3) auch — unbeschadet der Sonderrechte dieser Staaten — die gemeinsamen Angelegenheiten des Reichsheeres wahrzunehmen hat.[2]) Es umfaßt das Zentraldepartement, das allgemeine Kriegsdepartement,

---

truppen § 47—51, Übergangs- u. Schlußvorschriften § 52—57, wonach das G. auch auf die Hinterbliebenen der vor seinem Inkrafttreten verstorbenen Kriegsteilnehmer Anwendung findet. — Militärwaisenhäuser § 108 Abs. 4 d. W.

[36]) G. 22. Mai 95 (RGB. 297) Art. I 3, III, IV u. v. 19. Mai 13 (das. 297), Vf. 12. Jan. 13 (MB. 27).

[37]) Stat. 10. Juni 03.

[38]) Stat. 1. Juni 71 (MB. 190).

[39]) G. 31. Mai 77 (RGB. 523), Stat. 21. März 78 (RGB. 13) u. G. 12. April 88 (RGB. 141).

[1]) Militärbeamte § 21—24 d. W., insbesondere § 21 Anm. 4, § 23 Anm. 13 und § 24[7]. Klasseneinteilung V. 1. Aug. 08 (RGB. 483). — Der technische Betrieb der Heeresverwaltung unterliegt der Krankenversicherung § 318 Abs. 1 u. der Unfallversicherung § 319 Anm. 15. — Annahme, Ausbildung u. Prüfung für den höheren Mil.-Verwaltungsdienst AE. 8. Okt. 03. — Grundzüge der deutsch. Militärverwaltung von Dr. L. Meyer (3. Aufl. Berl. 08).

[2]) § 90 Abs. 3 d. W. — Die Vermittelung bildet der Bundesratsausschuß für das Landheer u. die Festungen (§ 15 Abs. 5), in dem die genannten Staaten vertreten sind.

das Armeeverwaltungsdepartement, das Versorgungs- und Justizdepartement, die Remonteinspektion und die Medizinalabteilung.[3]) Zum Dienstbereich des Kriegsministeriums in Verwaltungsangelegenheiten gehört die **Feldzeugmeisterei**, der die Inspektionen der technischen Institute der Infanterie und der Artillerie sowie die Artilleriedepots, die Train- und die Traindepotinspektion unterstellt sind. — Zu Veröffentlichungen dient seit 1. April 1867 das Armeeverordnungsblatt.[4])

§ 103.

b) Provinzialverwaltungsstellen des Kriegsministeriums sind die **Intendanturen**, deren eine für jedes Armeekorps besteht.[5]) An der Spitze steht ein Intendant, dem der Vortrag in wirtschaftlichen Angelegenheiten beim Generalkommando übertragen ist.[6]) Der Geschäftskreis der Intendantur umfaßt die gesamte Heereswirtschaft (Unterkunft, Verpflegung und Bekleidung der Truppen, Lazarett-, Kassen und Rechnungswesen).[7]) Insoweit es sich um Leistungen der Gemeinden und Privatpersonen für militärische Zwecke handelt, sind die Regierungspräsidenten zuständig.[8]) Den Intendanturen sind die Divisionsintendanturen für die revidierende Tätigkeit bei den Truppenverwaltungen,[9]) und als örtliche Behörden die Proviant- und die Militär-Bauämter, die Garnison- und die Lazarettverwaltungen unterstellt.[10])

2. Militärrechtspflege.

Die Militärgerichtsbarkeit beschränkt sich auf Strafsachen.[1]) Sie betrifft nur Militärpersonen und bezeichnet daneben als militärische Verbrechen und Vergehen solche Straftaten, die entweder nur von Militärpersonen begangen werden können (Fahnenflucht, Unbotmäßigkeit) oder bei diesen einer besonderen Beurteilung unterliegen. Die besonderen Vorschriften

---

[3]) Publ. 18. Feb. 1809 (GS. 785), Einteilung AO. u. Bek. 3. Aug. 98 (AVB. 317 u. 319), Befugnis zum Erwerbe unbeweglicher Sachen § 124 Anm. 2 d. W. Die Departements zerfallen in Abteilungen. — Im Voranschlag des Kriegsministeriums steht gem. KO. 18. März 83 (AVB. 56) auch das die persönlichen Angelegenheiten bearbeitende Militärkabinett § 39 Abs. 2 d. W.

[4]) Bf. 18. Juni 67 (MB. 238).

[5]) Den Korpsintendanturen entsprechend sind in Berlin die Intendanturen für die mil. Anstalten u. für die Verkehrstruppen (§ 99 Abs. 3) eingerichtet.

[6]) Die Intendanten haben den Rang der Räte dritter, bei Ernennung zu Wirkl. Geh. Kriegsräten den zweiter Klasse.

[7]) KO. 1. Nov. 20 (KA. IV 904); Ausbildung u. Prüfung für den höheren MilVerwDienst 8. Okt. 03 (AVB. 267). Sekretär- u. Registraturdienst Erl. 19. Okt. 03. — GarnisonbauO. u. BekleidungsO. 26. März 88 (AVB. 71 u. 63). KassenO. für die Truppen 11. März 97.

[8]) GeschAnw. für die Reg. 31. Dez. 25 (KA. IX 821) B Abs. 3 u. LVG. § 17.

[9]) KO. 27. Jan. 60 (MB. 155) u. 20. Dez. 62 (MB. 63 S. 60).

[10]) Die **Bekleidungsämter**, die für die Armeekorps unter Leitung eines höheren Stabsoffiziers bestellt sind, stehen unter den Generalkommandos, in Verwaltungsangel. unter dem Kriegsminister.

[1]) MG. 2. Mai 74 (RGB. 45) § 39. — GVG. § 16 u. G. 27. Jan. 77 (RGB. 77) § 7. Bearb. des Mil. Strafrechts von Schlayer (Berl. 04), v. Herz u. Ernst (2. Aufl. Berl. 08), Elsner v. Gronow u. Sohl (Berl. 06).

über das Militärstrafrecht finden in den Eigentümlichkeiten der Heereseinrichtung und in der Notwendigkeit einer strengen Handhabung der Mannszucht ihre Begründung[2]) und sind sachlich und förmlich einheitlich im Reiche geordnet.

§ 104.

a) Sachlich gilt das **Militärstrafgesetzbuch**, das dem allgemeinen Reichsstrafgesetzbuch entspricht.[3]) Es enthält Strafbestimmungen für militärische Verbrechen und Vergehen und schließt, wo solches der Fall, die Anwendung der allgemeinen Strafgesetze auf Militärpersonen aus.[4]) Die Strafen bestehen in:

1. Todesstrafe, die durch Erschießen vollstreckt wird,[5])
2. Freiheitsstrafe, die bis zu 6 Wochen als (Stuben-, gelinder, mittlerer oder strenger) Arrest, darüber hinaus als Gefängnis und als Festungshaft bezeichnet wird,[6]) und
3. Ehrenstrafe (Entfernung aus dem Heere, Dienstentlassung gegen Offiziere, Degradation gegen Unteroffiziere, Versetzung in die zweite Klasse gegen Unteroffiziere und Gemeine).[7])

Die mit Freiheitsstrafe bis zu 5 Jahren bedrohten strafbaren Handlungen heißen militärische Vergehen, die mit längerer Freiheits- oder Todesstrafe bedrohten militärische Verbrechen.[8]) Soweit diese Strafvorschriften das Verhältnis der Militärpersonen im Felde zum Gegenstande haben, werden sie als Kriegsgesetze bezeichnet.[9]) Die übrigen Vorschriften betreffen die Verletzung der besonderen militärischen Dienstpflichten.[10])

§ 105.

b) Die neue **Militärstrafgerichtsordnung** hat sich den Grundsätzen des bürgerlichen Strafprozesses insoweit genähert, als die Anforderun-

---

[2]) Die richterliche und die vollziehende Gewalt (§ 1 Abs. 2) erscheinen deshalb weniger streng getrennt als in der sonstigen Rechtspflege (§ 179), was insbes. bei der Bestätigungsorder (§ 105 Abs. 3) u. der Bestätigung ehrengerichtlicher Entscheidungen (§ 106 Abs. 2) hervortritt.

[3]) MilStrafgesetzbuch 20. Juni 72 (RGB. 174), erg. (§ 5 u. Anl.) G. 6. Feb. 11 (GS. 31) § 1; EG. (das. 173). — Anwendbarkeit auf die afrikan. Schutztruppen (§ 89 Anm. 13) V. 26. Juli 96 (RGB. 669). — Bearb. Anm. 1, ferner v. Koppmann-Weigel (3. Aufl. München 03), Handausgabe v. Herz-Ernst (2. Aufl. Berl. 08.) u. Romen-Rissom (Berl. 12).

[4]) StGB. § 10; MStG. § 3. — Begriff der Militärpersonen § 101 Abs. 1 d. W.

[5]) MStG. § 14. — MStGerO. (§ 102 Anm. 1) § 183.

[6]) MStG. § 15—29.

[7]) Das. § 30—42.

[8]) Das. § 1.

[9]) Kriegsverrat und Gefährdung der Kriegsmacht im Felde das. § 57—63; eigenmächtiges Beutemachen, Plünderung, Bedrückung der Landeseinwohner durch die Nachzügler (Marodiren) § 127—136.

[10]) Fahnenflucht (Desertion) das. § 69—79 nebst den nach EG. § 2 in Kraft gebliebenen § 108 u. 109 des MStG. 3. April 45 (GS. 278) u. (Transporte) § 240 Anm. 8 d. W.; Feigheit MStG. § 84 bis 88; Unbotmäßigkeit (Insubordination) § 89—113, gemildert (§ 110 a) G. 8. Aug. 13 (RGB. 621) u. berichtigt RGB. 73 S. 138. — Die Vorschriften über das Verhalten der Soldaten sind in den Kriegsartikeln zusammengestellt A.V. 22. Sept. u. (Schutztruppen) 17. Okt. 02 (ABB. 279 u. 331).

gen der Manneszucht es zuließen. In ihr sind die Verfassung der Militärgerichte und das Verfahren völlig neu für das Reich geordnet worden.[1])

Der Militärgerichtsbarkeit unterliegen alle — auch die vor dem Diensteintritte begangenen — Straftaten der Militärpersonen des aktiven Heeres und der Kriegsflotte, sowie der zur Disposition gestellten Offiziere und Sanitätsoffiziere. Für die Personen des Beurlaubtenstandes (§ 93 Abs. 3) erstreckt sie sich nur auf einzelne, mit dem militärischen Dienstverhältnisse zusammenhängende Handlungen, für die Offiziere außerdem auf die Herausforderung zum Zweikampfe. Nur mit Geldstrafe und Einziehung bedrohte Zuwiderhandlungen in Finanz-, Polizei-, Jagd- und Fischereisachen verbleiben den bürgerlichen Behörden.[2]) — Die Gerichtsbarkeit zerfällt in die niedere für Übertretungen und die nur mit Arrest bedrohten militärischen Vergehen der nicht im Offizierrange stehenden Personen und in die höhere für alle übrigen Straftaten und wird von den Gerichtsherren und den erkennenden Gerichten ausgeübt. — Gerichtsherren sind die zuständigen Befehlshaber (Regimentskommandeure und Kommandanten kleiner Festungen für die niedere, Divisionskommandeure und Kommandanten größerer Festungen für die höhere Gerichtsbarkeit und kommandierende Generale in der Rechtsbeschwerde- und Berufungsinstanz); ihre Wirksamkeit liegt wesentlich auf dem Gebiete der Strafverfolgung, des Ermittelungsverfahrens und der Strafvollstreckung; als Organe, insbesondere für die Führung der Untersuchung und die Vertretung der Anklage stehen ihnen in der niederen Gerichtsbarkeit Gerichtsoffiziere, in der höheren richterliche Militärjustizbeamte (Abs. 4) zur Seite. — Die erkennenden Militärgerichte sind unabhängig und nur dem Gesetze unterworfen. Die mit 3 Offizieren besetzten Standgerichte sind für die niedere, die mit 1 Kriegsgerichtsrat und 4 Offizieren besetzten, bei den Divisionen gebildeten Kriegsgerichte für die höhere Gerichtsbarkeit bestimmt. Berufungen gehen von den Standgerichten an die Kriegsgerichte und gegen deren erstinstanzliche Entscheidungen an die bei den Generalkommandos gebildeten, mit 2 Oberkriegsgerichtsräten und 5 Offizieren besetzten Oberkriegsgerichte. Für Revisionen besteht das Reichsmilitärgericht in Berlin. An der Spitze dieses Gerichts steht ein General (Admiral); zur Wahrnehmung des öffentlichen, insbesondere des militärischen Interesses ist eine aus einem Obermilitäranwalt und mehreren Militär-

[1]) MilStrafGerO. 1. Dez. 98 (RGB. 1189), erg. (§ 1, 55, 59) G. 6. Feb. 11 (GS. 31) § 2; dazu EG. v. dems. T. (RGB. 1289), das neben den Übergangsbestimmungen (§ 23—32) weitere Erläuterungen enthält; AO. 28. Dez. 99 nebst AusfBest. 2. Jan. 00 (ABB. 2 u. 7). Die MStGO. ist am 1. Okt. 00 in Kraft getreten EG. § 1 u. 2 B. 28. Dez. 99 (RGB. 00 S. 1 u. 2) u. gilt für die afrikanischen Schutztruppen (§ 89 Anm. 13) gem. B. 2 u. AusfBest. 6. Nov. 09 (RGB. 943 u. 954) u. für Kiautschou 25. Juni 00 (RGB. 304) u. 16. Dez. 11 (das. 974). — Bearb. § 104 Anm. 1, ferner v. Hertz u. Ernst (4. Aufl. Berl. 07), Rotermund (2. Aufl. Hann. 11) u. Romen (Berl. 10).

[2]) MStGO. § 1—11; EG. § 3. — Verb. § 238 Anm. 8 d. W.

anwälten bestehende Militäranwaltschaft eingerichtet. An der Rechtsprechung nimmt der Präsident nicht teil; diese erfolgt durch zwei Senate, die mit einem Senatspräsidenten und mehreren Räten und Offizieren besetzt sind.[3]) Für das bayrische Heer ist ein besonderer dritter Senat gebildet.[4])

Das Verfahren beruht auf der Anklageform, ist mündlich und, soweit die Öffentlichkeit nicht wegen Gefährdung der Staatssicherheit, der Ordnung und Sittlichkeit oder der militärdienstlichen Interessen ausgeschlossen wird, öffentlich. Die Verteidigung ist unbeschränkt; Rechtsanwälte werden jedoch nur bei Verbrechen und Vergehen gegen das bürgerliche Strafgesetzbuch in Fällen der höheren Gerichtsbarkeit zugelassen. Über die Beweisaufnahme urteilt das Gericht nach seiner Überzeugung. Bei Übertretungen kann die Strafe durch Strafverfügungen festgesetzt werden, gegen die binnen einer Woche Einspruch erhoben werden kann, worauf das ordentliche Verfahren eintritt.[5]) — Rechtsmittel sind wie beim bürgerlichen Strafprozesse die Rechtsbeschwerde gegen Beschlüsse und Verfügungen, die Berufung gegen Urteile und die Revision gegen Urteile der Oberkriegsgerichte in Fällen behaupteter Gesetzesverletzung.[6]) Gegen im Felde oder an Bord ergangene Urteile finden Rechtsmittel nicht statt. — Die Rechtskraft und Vollstreckbarkeit wird durch eine Bestätigungsorder ausgesprochen.[7]) Im Wiederaufnahmeverfahren freigesprochene Personen werden nach den allgemeinen Grundsätzen entschädigt.[8])

Die höheren Militärjustizbeamten (Kriegsgerichts-, Oberkriegsgerichts- und Räte beim Reichsmilitärgericht) müssen zum Richteramte

---

[3]) MStGO. § 12—92; EG. § 4—9; Gerichtsoffiziere MStGO. § 99—102, Militäranwaltschaft § 103—7. — GeschO. f. d. RMilGer. 13. März 09 (ZB. 110). Entscheidungen (bis 13) 17 Bde. — Geschäftsverkehr im Grenzbezirk mit Rußland § 180 Anm. 10 d. W.

[4]) EG. § 33 u. G. 9. März 99 (RGB. 135). Die Militärgerichte stehen, da die Militärgerichtsgewalt in der Befehlsgewalt liegt, unter den Kontingentsherren (§ 90 Abs. 2, 3, 4[2]), das Reichsmilitärgericht u. die Marinegerichte unter dem Kaiser.

[5]) MStGO. § 115—362 (§ 137 berichtigt RGB. 99 S. 132); EG. § 10—14, 16—18 u. 22. Voraussetzungen für den Ausschluß der Öffentlichkeit AE. 28. Dez. 99 (ZB. 00 S. 496, AVB. 360). Ladungen von Beamten als Sachverständige oder Zeugen außerhalb des Wohnortes sind der vorgesetzten Behörde mitzuteilen Vf. 6. Aug. u. 3. Nov. 02 (MB. 187 u. 202).

[6]) MStGO. § 363—415.

[7]) Das. § 416—435; Strafvollstreckung § 450—464, EG. § 15 u. 19 u. Kosten MStGO. § 469—471. — Von den über die Auslieferung von Deserteuren abgeschlossenen Kartellkonventionen sind in Geltung die Konv. mit Dänemark 25. Dez. 20 (GS. 21 S. 33) u. Wiener Fr. 30. Okt. 64 Art. II u. die im deutschen Bunde geschlossene Konv. 10. Feb. 31 (GS. 41), erg. Dekl. 15. Jan. 32 (GS. 177) u. AE. 4. Sept. 64 (GS. 572); diese gilt gegenüber Österreich Prager Fr. 23. Aug. 66 Art. XIII, Vf. 16. Mai 04 (MB. 147) u. Bayern bezüglich dessen auf Fangprämien gegenseitig verzichtet ist AE. 18. Mai 85 (GS. 349). Die Kosten trägt der Fiskus Vf. 13. Juni 61 (MB. 145). — Führung der Strafregister und wechselseitige Mitteilung der Urteile V. des Bundesrates 16. Juni 82 (ZB. 309) u. 9. Juli 96 (das. 426), in den Schutzgebieten V. 10. Juli 00 (Anm. 1) § 33.

[8]) MStGO. § 436—449 u. 465 bis 468. § 197 d. W. Entschädigung f. Untersuchungshaft § 216 Anm. 11.

(§ 189 Abs. 2) befähigt sein.[9]) Ihre Dienstvergehen werden in einem besonderen, den Vorschriften für die Richter (§ 186 Abs. 2) nachgebildeten Verfahren verfolgt, für das Disziplinarkammern bei den Oberkriegsgerichten und ein Disziplinarhof bei dem Reichsmilitärgericht bestehen.[10])

§ 106.

c) Neben der militärgerichtlichen ist bei Dienstvergehen die **Disziplinarbestrafung** der Militärpersonen zugelassen für Verstöße gegen die militärische Zucht und Ordnung und daneben auch für bestimmte leichtere im Militärstrafgesetz vorgesehene Fälle.[1]) Die näheren Vorschriften erläßt der Kaiser.[2])

Ferner bestehen unabhängig von den Militärgerichten **Ehrengerichte**[3]) zur Beurteilung solcher Handlungen und Unterlassungen der Offiziere, die an sich nicht strafbar, gleichwohl dem Ehrgefühl oder den Verhältnissen des Offizierstandes zuwider sind, und solcher Fälle, in denen Offiziere zum Schutze ihrer eigenen Ehre auf einen ehrengerichtlichen Spruch antragen. Die Entscheidung der Ehrengerichte kann auf Warnung, Entlassung mit schlichtem Abschied oder Entfernung aus dem Offizierstande lauten und bedarf der Allerhöchsten Bestätigung. Die Ehrengerichte bestehen für Hauptleute oder Rittmeister und Subalternoffiziere aus dem Offizierkorps, für Stabsoffiziere aus einem General und 9 Stabsoffizieren des Armeekorps. Zur Vorbereitung der Entscheidungen wählen die Ehrengerichte alljährlich einen Ehrenrat,[4]) dem insbesondere eine ausgleichende Wirksamkeit zur Verhinderung des Zweikampfes übertragen worden ist.[5])

[9]) MG. 2. Mai 74 (RGB. 45) § 7 Abs. 1; MStGO. § 93—98; Militärgerichtsschreiber § 108—110, Militärjustizverwaltung § 111 bis 114; EG. § 20, 21 u. (Übergangsbestimmungen) 26—32. — Rang § 70 Anm. 13 u. Uniform ZB. 00 S. 441, 05 S. 343 u. 07 S. 34, beim Reichsmilitärgericht AE. 30. Juni 00 (ZB.441, ABB.360) u. 23. Jan. 04 (ZB.25), Diensteid V. 6. Dez. 00 (RGB. 1035).

[10]) G. 1. Dez. 98 (RGB. 1297); G. 31. Mai 73 (RGB. 61) § 158 Abs. 1. GeschO. f. die Disziplinarkammern 2. Jan. 00 (ABB. 12), für den Disziplinarhof 30. Jan. 02 (ZB. 62).

[1]) EG. z. MStG. § 3.

[2]) MG. 2. Mai 74 (RGB. 45) § 8; DiszStO. f. d. Heer 31. Okt. 72 (ABB. 330), Änderung (§ 1) AE. 25. Juni 04 (ABB. 243), (§ 3, 8, 41) 23. Feb. 10 (das. 30), (§ 14) 31. Dez. 88 (das. 89 S. 5), (§ 16) 30. Juni 78 (das. 145) u. (§ 47) 4. Aug. 87 (das. 241). Die DO. ist für Sachsen u. Württemberg in Kraft gesetzt u. für Bayern gleichlautend erlassen. — Disziplinarmittel gegen Mannschaften des Beurlaubtenstandes § 93 Anm. 8, des Landsturms § 96 d. W. — Kriegsflotte § 119 Anm. 4. — Bearb. § 104 Anm. 1 u. v. Dietz (Mannh. 10).

[3]) Eine Rechtspflege in Ehrensachen findet sich zuerst im schwedischen Heere während des dreißigjährigen Krieges. Von dort fand sie Eingang in das brandenburgische Heer; eigentliche Ehrengerichte bestehen seit 1808.

[4]) V. 2. Mai 74, geänd. (§ 6²) AO. 27. Juni 90 (ABB. 157), (§ 13) 5. Nov. 91 das. 246), (§ 60) 27. Dez. 06 (das. 07 S. 31) u. VfJustMin. 5. Feb. 07 (JMB. 26), mit Änderungen neu veröffentlicht 1910. Gleichlautende Verordnungen sind für Bayern, Sachsen und Württemberg erlassen. Sanitätsoffiziere § 109 Anm. 2, Kriegsflotte § 119 Anm. 4 d. W. Verabschiedete Offiziere unterstehen bezüglich des Rechts zum Tragen der Uniform den Ehrengerichten KammGer. 25. Feb. 08 (Johow. Jahrb. 36, 120). — Bearb. § 104 Anm. 1 d. W.

[5]) AO. 1. Jan. 97, ausgedehnt auf

3. Militärkirchenwesen.

§ 107.

Die militärkirchlichen Angelegenheiten im Gebiete der preußischen Militärverwaltung sind neu geordnet. An der Spitze stehen der evangelische und der katholische Feldpropst der Armee als ausführende Stellen der Minister des Krieges und der geistlichen Angelegenheiten, als Vertreter der militärkirchlichen Interessen und als Vorgesetzte aller anderen Militärgeistlichen. Innerhalb der Armeekorpsbezirke führen die Militär-Oberpfarrer die Dienstaufsicht über die Militärgeistlichen. Als solche sind Divisionspfarrer den Divisionen und Garnisonpfarrer den Gouvernements- oder Kommandanturen zugeteilt, während bei den Kadetten- und sonstigen militärischen Anstalten Anstaltspfarrer angestellt sind. Die Militärgeistlichen sind obere Militärbeamte im Offizierrange und — abgesehen von den Feldpröpsten — zugleich dem militärkirchlichen und dem betreffenden Militärbefehlshaber untergeordnet. Die Militärküster sind untere Militär-, die Militärhilfsgeistlichen Zivilbeamte der Militärverwaltung. Außerdem können Zivilgeistliche mit der Militärseelsorge in einem Standorte widerruflich beauftragt werden. Die Kosten für Unterhaltung der Garnisonkirchen trägt der Staat, soweit sie nicht aus Einkünften des Kirchenvermögens und Einnahmen der Kirchenkassen gedeckt werden können. Das Kirchenvermögen wird durch Garnisonkirchenvorstände verwaltet.[1])

Zu den Militärgemeinden gehören die Personen des Soldatenstandes während des aktiven Dienstes oder der Einberufung, die Gendarmen und — in Orten, wo ein Militärgeistlicher oder kraft ausdrücklichen Auftrags ein Zivilgeistlicher die Militärseelsorge ausübt — die zur Disposition gestellten Offiziere und Sanitätsoffiziere, die Militärbeamten und die Zivilbeamten der Militärverwaltung nebst ihren Frauen und in der elterlichen Gewalt des Vaters und im elterlichen Hause befindlichen ehelichen Kindern.[2])

In der evangelischen Kirche sind der Feldpropst und die Oberpfarrer Mitglieder des Oberkirchenrats und der Konsistorien (§ 296). Sonst wird die Militärkirchenverfassung durch die neuere Kirchengesetzgebung nicht berührt.[3])

4. Militär-Erziehungs- und Unterrichtswesen.[1])

§ 108.

Dieses umfaßt die Vor- und die Weiterbildung der Offiziere, sowie die Erziehung und den Unterricht der Unteroffiziere und Mannschaften

Sanitätsoffiziere, auf Kriegsflotte und Schutztruppen.

[1]) Evang. militärkirchliche DienstO. 17. Okt. 02 u. katholische von dems. Tage (Berl. b. Mittler), Anhänge Bek. 15. Jan. 05 (AVB. 5). Diese gelten für das preußische Militärverwaltungsgebiet, unbeschadet der mit einzelnen Bundesstaaten getroffenen besonderen Vereinbarungen (Mil. Kirchen-Konventionen). — Die Militäroberpfarrer führen den Titel „Konsistorialrat" AE. 26. Sept. 08 (KVB. 157).

[2]) V. 19. Okt. 04 (GS. 273).

[3]) G. 11. Mai 73 (GS. 191) § 29; Kirchengem. u. SynO. 10. Sept. 73 (GS. 74 S. 151) § 48⁴.

[1]) Als Schulen für den Militär-

und steht unter der **Generalinspektion des Militär-Erziehungs- und Bildungswesens.**

Der Ergänzung des Offizierkorps dienen die Obermilitärprüfungskommission, das Kadettenkorps und die Kriegsschulen. — Die **Obermilitärprüfungskommission** zerfällt in die beiden Abteilungen für die Offiziers- und für die Fähnrichsprüfung.[2]) Das **Kadettenkorps** soll Söhnen von Offizieren die Mittel, anderen Personen die Gelegenheit zur Erziehung und Ausbildung für den Kriegsdienst bieten und bildet damit eine Pflanzschule für das Offizierkorps.[3]) — Die **Kriegsschulen**, die unter einer eigenen Inspektion stehen, sind für die kriegswissenschaftliche Ausbildung zu Offizieren bestimmt.[4])

Die **Weiterbildung der Offiziere** vermittelt die **Kriegsakademie** in Berlin, die in wissenschaftlicher Beziehung dem Chef des Generalstabes, sonst dem Kriegsminister unterstellt ist.[5]) Die weitere Ausbildung der Offiziere der technischen Waffen erfolgt auf der **Militär-technischen Akademie** in Charlottenburg mit den 3 Abteilungen für Waffen-, Ingenieur- und Verkehrswesen.[6])

Unter der Inspektion der Infanterieschulen[7]) stehen neben der Infanterieschießschule, der Lehrmaschinengewehrkompagnie und der Militärturnanstalt,[1]) die für Heranbildung junger Leute zu Unteroffizieren bestimmten **Unteroffizierschulen** und **Unteroffiziervorschulen**,[8]) deren Zöglinge zu demnächstiger vierjähriger aktiver Dienstzeit bei einem Truppenteile verpflichtet sind,[9]) und die **Militärknabenerziehungs-**

dienst selbst sind aufzuführen: die Infanterieschießschule in Spandau, die Feld- u. die Fußartillerieschießschule in Jüterbog, die Mil. Reitanstalt in Hannover u. die Offizierreitschulen in Paderborn u. Soltau, die Kriegstelegraphenschule in Wünsdorf, die Militärturnanstalt in Spandau und das zur Förderung der Gleichförmigkeit im Infanteriedienst bestimmte Lehrbataillon in Potsdam. Ärztliche u. tierärztliche Militärbildungsanstalten § 109, 110 d. W.

[2]) V. üb. Ergänzung der Offiziere des Friedensstandes nebst DienstO. für die ObMilPrüfKom. 18. März 05 (AVB. 70, ZBU. 573), erg AE. 2. Nov. 09 (AVB. 312).

[3]) Organisation 18. Jan. 77 (AVB. 21), erg. AE. 9. Mai 88 (das. 118); Aufnahmebest. Neuabdruck 18. Nov. 99 (das. 477). Rang der Lehrer AE. 3. Aug. 01 (das. 319). — Das Kadettenkorps umfaßt die Hauptanstalt in Groß-Lichterfelde mit den Klassen Untersekunda bis Oberprima u. Selekta mit Fachunterricht u. die Provinzialanstalten in Potsdam, Köslin, Wahlstatt, Plön, Naumburg, Oranienstein, Bensberg und Karlsruhe mit den Klassen Sexta bis Obertertia Die Klassen entsprechen denen der Realgymnasien, Lehrplan KO. 20. März 02 (Berl b. Mittler). Besondere Kadettenanstalten in Dresden und München.

[4]) Kriegsschulen (AO. 10. Dez. 06 u. Instr. f. d. Inspekteur 28. Jan. 75 AVB. 36) bestehen in Danzig, Potsdam, Anklam, Neiße, Glogau, Hannover, Kassel, Hersfeld, Engers u. Metz; dazu treten Bromberg und Erfurt.

[5]) DienstO. 19. Dez. 01, LehrO. 27. April 03. — Für Bayern besteht die Kriegsakademie in München.

[6]) Dienst- u. LehrO. 23. Juni 09.

[7]) Dienstvorschr. 27. Juni 03.

[8]) Unteroffizierschulen bestehen in Marienwerder, Treptow a. R., Potsdam, Weißenfels, Ettlingen und Wetzlar, Vorschulen in Bartenstein, Greiffenberg i. P., Wohlau, Weilburg, Biebrich, Sigmaringen und Annaburg, letztere in Verbindung mit der dortigen Erziehungsanstalt.

[9]) WehrO. (§ 91 Anm. 1 d. W.) § 87; HeerO. (das.) § 13^{7-9}; Aufnahmebedingungen Vf. 31. Jan. 81 (MB. 66).

anstalt in Annaburg (RB. Merseburg). Diese wurde 1738 von August III. von Sachsen begründet und ist zur Erziehung von Söhnen im Dienste befindlicher oder mit den Invalidenwohltaten ausgeschiedener Soldaten bestimmt. In der damit verbundenen Militärschule werden gleichzeitig Zöglinge für die Unteroffizierschulen vorbereitet. Die Dienstpflicht der so Ausgebildeten kann für jedes Jahr, während dessen sie auf Staatskosten unterhalten worden sind, um zwei Jahre über die aktive Dienstzeit hinaus verlängert werden.[10]) — Das große Militärwaisenhaus in Potsdam wurde 1724 durch Friedrich Wilhelm I. begründet und 1829 unter Einrichtung eines evangelischen Mädchenwaisenhauses in Pretzsch (RB. Merseburg) auf Militärwaisenknaben beschränkt, die daselbst gleichzeitig militärisch vorgebildet werden. Beide Anstalten stehen unter einem Direktorium, dessen Chef der Kriegsminister ist.[11]) Für Aufhebung der aus dem Einrückungszwange und der Herausgabe der Intelligenzblätter bezogenen Einkünfte empfängt das Waisenhaus eine Entschädigungsrente aus der Staatskasse.[12]) — In einzelnen größeren Standorten bestehen für Kinder der im Dienste stehenden Unteroffiziere und Soldaten besondere Garnisonschulen.

5. Militärgesundheitswesen.[1])

§ 109.

Die Militärärzte des aktiven Dienst- und des Beurlaubtenstandes bilden mit den Lazarettgehilfen und Krankenwärtern das Sanitätskorps und, soweit sie im Offizierrange stehen, das Sanitätsoffizierkorps. Die Rang- und Dienstverhältnisse des letzteren sind entsprechend denen des Offizierskorps geregelt.[2]) Mit dieser Regelung sind die Militärärzte, die bis dahin Militärbeamte waren, zu Personen des Soldatenstandes geworden. An der Spitze des Sanitätskorps steht der zugleich der Medizinalabteilung im Kriegsministerium (§ 102) vorstehende Generalstabsarzt der Armee, während durch die Generalärzte der Verband der Militärärzte innerhalb der Armeekorps geleitet wird. Bei den Truppenteilen

[10]) WO. § 10, HO. § 13^{5-9}. — Aufnahmegrundsätze Vf. 31. Jan. 81 (MB. 63).

[11]) Aufnahmebedingungen Vf. 25. Juli. 13 (MB. 143); HeerO. § 13^{8}. Wohltaten des Potsd. Mil. Waisenhauses Vf. 25. Juni 13 (MB. 143).

[12]) G. 21. Dez. 49 (GS. 441).

[1]) FriedensSanitätsO. 6. Mai 91 (AVB. 171 mit Nachträgen b. Mittler) u. KriegssanO. 17. Jan. 07. — Kriegsflotte § 117 Anm. 7 d. W. — Die Ausführung der nach dem R.SeuchenG. 30. Juni 00 (RGB. 306) zu ergreifenden Maßregeln (§ 269 Abs. 2 d. W.) liegt nach § 39 den Militär- und Marinebehörden ob. Gegenseitige Mitteilung übertragbarer Krankheiten unter Militär- u. Polizeibehörden Best. des BR. 22. Juli 02 (RGB. 257). Dies sind die Ortspolizeibehörden Vf. 31. Dez. 02 (MB. 03 S. 24).

[2]) V. über die Organisation des Sanitätskorps 6. Feb. 73 (AVB. 103), erg. (Dienst- u. Rangverhältnisse der Militärapotheker) AE. 14. März 02 (das. 161), erg. AO. 29. März 96 (das. 93), 31. März 98 (das. 83), 27. Jan. 99 (das. 45), 26. März 01 (das. 67), 14. März 02 (das. 161); V. üb. Ehrengerichte 9. April 01 (AVB. 161, MMB. 02 S. 221), erg. (§ 57) AO. 17. Dez. 07 (JMB. 606).

und Anstalten sind Oberstabsärzte, Stabsärzte, Ober-, Assistenz- und Unterärzte angestellt.[3]) Das Sanitätsoffizierkorps ergänzt sich durch die Mediziner, die

1. auf der Kaiser-Wilhelm-Akademie für das militärärztliche Bildungswesen in Berlin (1795 als pépinière gegründet) ausgebildet sind,[4]) oder
2. ihrer Dienstpflicht genügen,[5]) oder
3. nach erlangter Befähigung als Arzt auf Beförderung eintreten.[6])

Das militärärztliche Hilfspersonal im Frieden bilden die Sanitäts-Unteroffiziere, -Gefreiten und -Soldaten.[7]) Approbierte Apotheker genügen ihrer Dienstpflicht ähnlich wie die Mediziner.[5]) Bei jedem Armeekorps ist ein Oberstabsapotheker angestellt. — Im Beurlaubtenstande werden sie in Ober- und Unterapotheker eingeteilt.[8])

Für die Krankenpflege im Felde werden Krankenwärter und Krankenträger ausgebildet;[9]) eine wirksame Unterstützung erwächst dabei der Militärverwaltung durch die freiwillige Krankenpflege.[10]) Die Pflege Verwundeter ist durch zwischenstaatlichen Vertrag geregelt.[11])

---

[3]) V. 73 § 1, 2 u. 13, vgl. § 7—11. — Unter der Med. Abt. stehen die Sanitätsinspektionen in Danzig, Berlin, Posen, Kassel und Straßburg.

[4]) V. 73 § 4; HeerO. § 13[5]: Aufnahmebest. 1. Juni 07. — Regl. f. d. militärärztl. Prüfung 30. April 69 (MB. 70 S. 156) u. Vorschr. 12. Juli 81 (AVB. 164).

[5]) Mediziner können der Dienstpflicht entweder ganz mit der Waffe genügen oder nach 6monatlichem Dienste sich zurückstellen lassen, um nach erlangter Approbation die übrigen 6 Monate als Unterarzt zu dienen V. 73 § 5; HeerO. § 19[1] u. 22. — Unterärzte des Beurlaubtenstandes V. 73 § 12 u. 24.

[6]) Das. § 6.

[7]) AE. 27. Jan. 99 (AVB. 4).

[8]) Die Mil.Apotheker sind dem Sanitätskorps (Anm. 2) angegliedert KO. 14. Mai 02 (MMB. 229) und HeerO. § 19, 21 u. 36[10].

[9]) KriegssanitätsO. Anm. 1.

[10]) Einteilung, Bekleidung und Ausrüstung AE. 30. Aug. 98 (AVB. 348). Für das Zusammenwirken mit dem militärärztlichen Personal ist ein Kaiserlicher Kommissar und Militärinspekteur der freiwilligen Krankenpflege bestellt. — Die deutschen Vereine vom Roten Kreuz bestehen aus dem unter Leitung eines Zentralkomités stehenden preuß. Vereine zur Pflege im Felde verwundeter und erkrankter Krieger, der in Provinzial-, Kreis- und Lokalvereine geteilt und den mit ihm durch ein besonderes Zentralkomité verbundenen Landesvereinen im übrigen Deutschland. Abzeichen Vf. 16. Sept. 05 (MB. 148). Hand in Hand mit diesem geht der ähnlich gegliederte vaterländische Frauenverein § 285 Anm. 5 d. W. — Der Gebrauch des Roten Kreuzes zu geschäftlichen Zwecken, zur Bezeichnung von Vereinen u. Gesellschaften oder zur Kennzeichnung ihrer Tätigkeit fordert Erlaubnis G. 22. März 02 (RGB. 125); Ausf. Bek. 7. u. 8. Mai 03 (das. 215 u. 216).

[11]) Genfer Konv. (1864) Neuabschluß 6. Juli 06 nebst Bek. 29. Mai 07 (RGB. 279 u. 303) u. 6. Mai 10 (das. 676), Beitritt v. Paraguay 22. März 10 (das. 105) u. Kostarika, Ratifikation durch Schweden, Frankreich 7. Aug. 13 (das. 624), Bulgarien 25. Juni 12 (das. 416), Rumänien u. Portugal Bek. 26. Aug. u. 27. Nov. 11 (das. 896 u. 964), Honduras u. San Salvador 25. Jan., Guatemalas 18. Mai 12 (das. 150, 317); dieser sind alle europäischen und größeren außereuropäischen Staaten beigetreten. Die Grundsätze finden auf den Seekrieg Anwendung Haager Konv. (§ 85 Anm. 5) 18. Okt. 07 (RGB. 10 S. 283) u. (Gebühren- u. Abgabenfreiheit der Lazarettschiffe) 21. Dez. 04 (das. 07 S. 722 u. 730).

6. Militärveterinärwesen.

§ 110.

Dieses steht unter der dem Kriegsministerium unterstellten Militärveterinärinspektion. Das veterinärärztliche Offizierkorps, das sich in der Regel durch Zöglinge der Militär-Veterinär-Akademie ergänzt, besteht aus Korpsstabs- und Stabsveterinären und Ober- und Unterveterinären. Für den Hufbeschlag bei den Truppenteilen sind Fahnenschmiede angestellt.[1]) Unter der Inspektion stehen die Militär-Veterinärakademie und die Lehrschmieden.[2]) Approbierte Tierärzte können bei freiwilligem Eintritt nach Ausbildung mit der Waffe zu ein- oder dreijährig-freiwilligen Unterveterinären ernannt werden.[3])

IV. Heereslasten.

1. Übersicht.

§ 111.

Außer dem persönlichen Militärdienste sind die Staatsangehörigen zu gewissen sachlichen Leistungen oder Unterlassungen verpflichtet. Da grundsätzlich Entschädigung für diese geleistet wird, ihre Verteilung auf die Pflichtigen auch nicht nach einem allgemeinen Maßstabe, sondern nach dem hervortretenden militärischen Bedürfnisse sich richtet, so fallen sie unter den Begriff der Enteignung, nicht unter den der Besteuerung. Sie werden nur insoweit in Anspruch genommen, als der Staat das Bedürfnis nicht anderweit befriedigen kann. Die Lasten sind verschieden, je nachdem sie im Frieden oder im Kriege gefordert werden, oder als Eigentumsbeschränkungen in der Umgebung von Festungen sich darstellen.

2. Friedensleistungen.

§ 112.

a) Die **Quartierleistung** ist besonders geregelt.[1]) Für die Unterbringung der Mannschaften und Pferde in den Standorten der Truppen (Garnisonen) reichen die hierzu verfügbaren Gebäude (Kasernen) in der Regel nicht aus; auf Märschen und an Orten vorübergehenden Aufenthaltes (Kantonnements) fehlen sie fast immer. In beiden Fällen müssen

---

[1]) MilitärveterinärO. 17. Mai 11 (bei Mittler, AVB. 154). Die Prüfung der Tierärzte erfolgt nach der Prüf. O. (§ 357 Anm. 4) gem. deren § 72.

[2]) Erstere befindet sich in Berlin, wo sie der tierärztlichen Hochschule angegliedert ist AO. 27. Aug. 03 (AVB. 227); Lehrschmieden bestehen in Berlin, Königsberg, Breslau, Hannover, Frankfurt a. M. Karlsruhe, München und Dresden.

[3]) HO. § 19 Abs. 4 MVO. § 19 u. 20. Militärveterinärärztl. Personal des Beurlaubtenstandes § 35 bis 37.

[1]) Quartierleistungsgesetz 25. Juni 68 (BGBl. 523) u. Instr. 31. Dez. 68 (BGBl. 69 S. 1), Beil. B neu veröffentlicht Bek. 19. Aug. 05 (ZB. 218). — Einf. in Baden G. 22. Nov. 71 (RGB. 400), Bayern u. Württemberg Gesetze 9 Feb. 75 (RGB. 41 u. 48), Elf.-Lothringen G. 14. Juni 71 (GB. 187). — Bearb. vom Verfasser (§ 90 Anm. 1 d. W.) S. 398.

deshalb Privatgebäude in Anspruch genommen werden, und dieser Notwendigkeit entspricht die Quartierleistungspflicht. Sie erstreckt sich ihrem Umfange nach auf die Gewährung von Wohnungs- und Stallräumen für Mannschaften und Dienstpferde. Bei Unterbringung außerhalb des Standortes (Kantonnierung), die nicht von vornherein auf länger als 6 Monate festgesetzt ist, müssen diese Räume auch für Offiziere und Beamte und deren Pferde und für Gelaß zu Geschäfts-, Arrest- und Wachtlokalen gewährt werden.[2])

Die Verpflichtung ist dinglich. Sie lastet auf allen benutzbaren Baulichkeiten, soweit diese nicht für den Wohnungsbedarf, Wirtschafts- oder Gewerbebetrieb unentbehrlich sind. Befreit sind Gebäude, die sich im Besitze regierender oder standesherrlicher Familien befinden, zu Gesandtschaftswohnungen, zu einem öffentlichen Dienste oder Gebrauche, insbesondere zu kirchlichen, Unterrichts-, Armen-, Kranken- und Gefängniszwecken dienen und Gebäude, die nach Ablauf des Kalenderjahres ihrer Erbauung noch nicht zwei Jahre gestanden haben.[3]) Der Anspruch gegen die Gebäudebesitzer wird indes nicht unmittelbar, sondern durch Vermittelung der Gemeinden und Gutsbezirke geltend gemacht. Auf diese wird die Einquartierung nach Grundsätzen verteilt, die für jeden Kreis im voraus durch eine Kreiseinquartierungskommission festgestellt sind, während die Unterverteilung innerhalb der Gemeinden in Garnisonorten durch Aufstellung eines Katasters, sonst durch Gemeindebeschluß oder Ortsstatut geregelt wird. Auf letzterem Wege kann auch die Unterbringung in gemieteten Quartieren und der Anschluß von Gutsbezirken an benachbarte Gemeinden in Beziehung auf die Einquartierungslast beschlossen werden.[4]) Die Quartierpflicht kann durch Bestellung anderer Quartiere erfüllt werden; ihre Nichterfüllung hat Zwangsmaßregeln, insbesondere Beschaffung des Quartiers auf Kosten der Pflichtigen zur Folge.[5])

Die Quartierleistung kann nur gegen Entschädigung (Servis) gefordert werden. Diese bestimmt sich nach einem Tarif, der auf Einteilung aller Ortschaften in 4 Servisklassen beruht. Die teuersten Städte bilden eine besondere Klasse A.[6])

---

[2]) QG. § 1—3 u. Anl. A, ergänzt (Offizierquartiere u. s. g. enges Quartier) G. 21. Juni 87 (RGB. 245) Art 1; Instr. § 1.

[3]) QG. § 4; Instr. § 2. Dienstwohnungen in Dienstgebäuden sind pflichtig Vf 6. Aug. 75 (MB 289). Die Kosten bilden keine Gemeindeabgaben (§ 80), soweit die Last nicht auf die Gemeinde übernommen wird OV. L 135).

[4]) QG. § 5—7, 9 u. 18; Instr. § 3, 4, 7—9. — ZustG. § 50 u. 51. — Umquartierung QG. § 14 u. Instr. § 14. — Form der Einquartierung durch Marschrouten, Quartieranweisung oder Quartierbillets QG. § 8 und Instr. § 5, 6, 10—12.

[5]) QG. § 10, 11; Instr. § 13. — Beschwerden QG. § 12, 13.

[6]) QG. § 1, 3 u. 19, Tarif u. Klasseneinteilung G. 6. Juli 04 (RGB. 272) u. 17. Mai 06 (das. 473) § 1; beide unterliegen von 10 zu 10 Jahren der Revision G. 28. Mai 87 (RGB. 159) § 2; die nächste Revision sollte mit Wirkung vom 1. April 08 ab erfolgen G. 17. Mai 06 § 2; die servisberechtigten Stellen werden alljährlich durch das Etatsgesetz bestimmt

§ 113.

b) Ein ferneres Gesetz regelt die **anderen Naturalleistungen im Frieden.**[1]) Auch auf diese sieht sich die Militärverwaltung angewiesen; doch sollen sie nur insoweit in Anspruch genommen werden, als der militärische Bedarf nicht auf anderem Wege gedeckt werden kann.[2]) Für die Leistungen wie für etwa vorkommende Beschädigungen wird Vergütung gewährt. Der Anspruch muß jedoch bei dessen Verlust im ersteren Falle im Laufe des folgenden Kalenderjahres, im letzteren innerhalb 4 Wochen geltend gemacht werden.[3]) Die Leistungen werden teils von den Gemeinden, teils unmittelbar von den Pflichtigen gefordert.

Die Vermittelung der Gemeinden tritt in folgenden Fällen ein:

1. Zur Vorspannleistung sind alle Besitzer von Zugtieren und Wagen verpflichtet, soweit letztere nicht zum Hofhalt der regierenden Familie gehören, im Besitz der Gesandtschaften, Gestüte oder Militärverwaltungen stehen oder zum Dienst oder Berufe der Offiziere, Beamten, Ärzte, Tierärzte und Posthalter erforderlich sind. Der Vorspann wird in der Regel nur für einen Tag und nur auf Märschen, im Biwak oder Lager oder bei vorübergehender Einquartierung in Anspruch genommen. Die Vergütung erfolgt nach periodisch vom Bundesrate festgestellten Sätzen.[4])
2. Bei vorübergehender Einquartierung ist außer dem Quartier Naturalverpflegung zu gewähren, die in der Regel der eigenen Kost des Quartiergebers entsprechen soll. Die Vergütung beträgt vorbehaltlich der Erhöhung bei besonderen Preissteigerungen für die volle Tageskost 1,20 M., ohne Brot 1,05 M. Für Offiziere wird ein höherer Betrag gezahlt, diese haben jedoch in Ortschaften mit mehr als 3000 Einwohnern nur Morgenkost zu beanspruchen.[5])
3. Futtervorräte (Fourage) sind gleichfalls nur auf Märschen oder bei vorübergehender Einquartierung zu liefern. Die Vergütung erfolgt nach dem monatlichen Durchschnitt der höchsten Tagespreise am Hauptmarktorte mit einem Aufschlage von 5 v. H.[6])

B. 6. Juli 04 § 1 Abs. 2, für 13 G. 4. Mai 13 (RGB. 253) § 6 u. Anl. 4. — Berechnung und Geltendmachung QG. § 16. 17; Instr. § 15 (Fassung des AE. 23. März 08 RGB. 132), § 16 u. 17. — Einverleibte Gemeinden treten in die Servisklasse der neuen Gemeinden BB. 30. Mai 91 (ZB. 149).

[1]) RG. (13. Feb. 75 RGB. 52, mit Änderungen G. 24. Mai 98 RGB. 357 gem. Art. IV) neu veröffentlicht RGB. 361. — AusfB. 13. Juli 98 (RGB. 921), geänd. (§ 9² u. Beil. C 2 u. D 2) 16. Juli 06 (das. 855), (§ 14 A) 21. Juli 13 (das. 433), (§ 14 B) 6. Aug. 07 (das. 417). u. (Beil. E.) 27. Mai 09 (das. 470). — Bearb. vom Verfasser (§ 90 Anm. 1 d. W.) S. 435.

[2]) RG. § 3 u. 5, § 10 u. 12, erg. G. 7. Juli 02 (RGB. 239) § 1.

[3]) RG. 98 § 16 (erg. G. 9. Juni 06 RGB. 735 Nr. 2) u. AusfB. — Die Festsetzung der Vergütung für Beschädigungen erfolgt in gleicher Weise wie bei Flurschäden (Abs. 4³ d. W.). — Entschädigung berechtigter Dritter EG. z. BGB. Art. 52 u. 53.

[4]) RG. § 3, 9¹ u. AusfB.

[5]) RG. § 4, 9² (erg. G. 9. Juni 06 RGB. 735 Nr. 1) u. AusfB. nebst Änderung (Anm. 1).

[6]) RG. § 5, 9³ u. AusfB.

Alle diese Leistungen werden nach ähnlichen Grundsätzen wie die Quartierleistung sowohl auf die Gemeinden, als innerhalb dieser verteilt. Die Gemeindevorstände sind für die gehörige Beschaffung verantwortlich und eintretendenfalls zum Ersatz der aufgewendeten Kosten verpflichtet. Die Vergütungen werden an die Gemeindebehörde zur sofortigen Verteilung an die einzelnen Leistenden gezahlt.[7])

Unmittelbare Leistungen sind:

1. Die Stellung von Schiffsfahrzeugen für die Marine;[8])
2. die Eisenbahnbeförderung zu bestimmten Tarifsätzen;[9])
3. die Benutzung der Grundstücke (ausschließlich der Gebäude, Höfe, Gärten, Weinberge und Schonungen) zu Truppenübungen und der Brunnen, Tränken, Schmieden für das militärische Bedürfnis. Die Festsetzung der Vergütung für Beschädigungen, insbesondere für Flurschäden, erfolgt mangels Einigung unter Ausschluß des Rechtswegs auf Grund sachverständiger Schätzung durch eine Kommission, der außer einem Zivilkommissar, einem Offizier und einem Militärbeamten mindestens zwei unter Mitwirkung der Kreistage auszuwählende Sachverständige angehören müssen.[10])

3. Kriegsleistungen.

§ 114.

Die Kriegsleistungen sind in ähnlicher Weise reichsgesetzlich geordnet, wie die während des Friedens geforderten.[1]) Auch sie sollen nur in dem unerläßlichen Umfange und in der Regel nur gegen Vergütung in Anspruch genommen werden.[2]) Die Forderungen des Krieges treten indes

---

[7]) RG. § 2, 6—8 u. 9 Abs. 2 u. AusfV., ZustG. § 50.

[8]) RG. § 10 u. AusfV.

[9]) RG. § 15 u. AusfV.; MilTransportO. 18. Jan. 99 (RGB. 15, erg. S. 156, 392; 1900 S. 785 u. 1011; 1901 S. 207, 265; 1902 S. 275, 293; 1903 S. 5, 41, 60 u. 213; 1904 S. 159, 216, 445; 1905 S. 4, 237; 1906 S. 141 u. 558; 1907 S. 403, 423, 738; 1908 S. 68, 504, 586; 1909 S. 2, 272, 321, 336, 543, 902, 927, 937); 1910 S. 911 Nr. II, III, 1911 S. 192; 1912 S. 167, 193, 448; 1913 S. 298) nebst Tarif 18. Jan. 99 (RGB. 108, erg. 1901 S. 36; 1904 S. 219 u. 446; 1905 S. 4, 246; 1906 S. 141, 850; 1907 S. 763; 1908 S. 38; 1910 S. 599, 911 Nr. I; 1911 S. 61; 1912 S. 449, 550).

[10]) RG. § 11—14 u. AusfV., Entschädigung der zugezogenen Staatsbeamten V. 28. Dez. 10 (GS. 11 S. 17) u. Vf. 4. Feb. 11 (MB. 101), Gebühren der zugezogenen Ortseingesessenen Vf. 4. Juli 78 (MB. 235) u. 14. Aug. 80 (MB. 245); Verhütung von Flurbeschädigungen durch das Publikum Instr. 8. Mai 83 (MB. 220, JMB. 237). — Die Abhaltung militärischer Schießübungen bildet eine Handlung der Staatshoheit; die Polizei kann diese nicht im Sicherheitsinteresse verbieten, hat solches vielmehr im Wege der Verhandlung oder Beschwerde zu wahren OV. (II 399).

[1]) RG. 13. Juni 73 (RGB. 129), Einf. in Elf.-Lothringen G. 6. Okt. 73 (GB. 262); AusfV. 1. April 76 (RGB. 137), erg. (§ 10—12 u. Beil. A 2) V. 14. April 88 (RGB. 142) Art. I u. V. 27. Juni 90 (RGB. 75) I; Beil. B u. C neu veröffentlicht Bek. 24. Juli 94 (ZB. 341 u. 426, erg. 1907 S. 549). — Die Vergütung von Kriegsschäden ist besonderen Spezialgesetzen vorbehalten RG. § 35. — Bearb. vom Verfasser (§ 90 Anm. 1 d. W.) S. 458.

[2]) RG. § 2.

viel umfassender und plötzlicher auf und fordern eine so schleunige und unmittelbare Befriedigung, daß die Kriegsleistungspflicht notwendig ausgedehnter wird und auch die Ersatzleistung einigen Einschränkungen unterworfen ist.

Die Verpflichtung zu Kriegsleistungen besteht nur während des mobilen Zustandes[3]) und ruht auf den Gemeinden, den Kreisen oder den einzelnen Pflichtigen. Die Heranziehung der letzteren erfolgt zur Gestellung von Fahrzeugen und Pferden oder zur Gewährung der Eisenbahnbeförderung. In betreff der Vergütungen bestimmt sich die Zulässigkeit des Rechtswegs nach den Landesgesetzen. Die Festsetzung erfolgt, soweit sie nicht besonders im Gesetze geordnet ist, durch Abschätzungskommissionen, die aus je einem Zivilkommissar, einem Offizier, einem Militärbeamten und zwei von den Kreisen zu wählenden Sachverständigen bestehen.[4])

Die Gemeinden haben Naturalquartier und Verpflegung nebst Futtervorräten, Vorspann, Arbeitskräften und Stoffen zur Herstellung von Wegen, Befestigungen und zu sonstigen militärischen Zwecken zu gewähren und die für den Kriegsbedarf erforderlichen Grundstücke und Gebäude zu überweisen. Sie sind berechtigt, dabei die zu Gemeindebeiträgen Verpflichteten gegen die ihnen selbst gewährte Vergütung heranzuziehen. Diese Vergütung ist bei Naturalquartier, soweit dieses nicht an die Friedensgarnison, an Ersatz- und Besatzungstruppen gewährt wird, sowie für Überlassung aller nicht nutzbar verwerteten Gebäude und Grundstücke ausgeschlossen. Sie wird nach den Friedenssätzen oder nach den ortsüblichen Durchschnittspreisen geleistet, und zwar in der Regel durch Anerkenntnisse, die auf den Namen lauten, verzinst und nach Maßgabe der verfügbaren Mittel eingelöst werden.[5])

Von den Kreisen (Lieferungsverbänden) kann zur Füllung der Kriegsmagazine der anderweit nicht zu beschaffende Bedarf an Vieh, Brot, Hafer, Heu und Stroh gefordert werden (Landlieferungen). Bei der Beschaffung können diese Verbände sich der Vermittelung der Gemeinden bedienen. Die Vergütung erfolgt wie bei den Gemeindeleistungen.[6])

Schiffsfahrzeuge müssen für Kriegszwecke zu vorübergehender Benutzung oder dauernder Verwendung verfügbar gestellt werden. Die Entschädigung wird in ersterem Falle wie bei den Gemeindeleistungen durch Anerkenntnis, in letzterem durch Barzahlung geleistet.[7])

Zur Beschaffung der Mobilmachungspferde müssen im Kriegsfalle alle Pferdebesitzer ihre kriegstauglichen Pferde in dem erforderlichen Um-

[3]) Das. § 1 u. 32.

[4]) Das. § 33, 34; AusfV. Nr. 16. — Entschädigung Dritter wie § 113 Anm. 3.

[5]) RG. § 3—15, 20—22; AusfV. Nr. 1—8 u. 11a; Form der Marschrouten V. 18. April 82 (RGB. 47), erg. V. 14. April 88 (RGB. 142) Art. II, 27. Juni 90 (das. 75) II u. 29. Dez. 60 (das. 07 S. 5).

[6]) RG. § 16—22; AusfV. Nr. 9, 10 u. 11b. Für die Verteilung kommt noch G. 11. Mai 51 (GS. 362) § 5[3] zur Anwendung KrO. 81 (GS. 180) § 116[2]. — Im Kriege 1870/71 sind Landlieferungen nicht in Anspruch genommen.

[7]) RG. § 23, 24; AusfV. Nr. 12.

fange gegen vollen und baren Ersatz des Wertes der Militärverwaltung überlassen. Die Schätzung findet unter Leitung des Landrats durch periodisch für jeden Kreis gewählte Sachverständige statt.[8])

Die Eisenbahnverwaltung ist zur Beförderung der Mannschaften, Pferde und Geräte und zur Hergabe ihres Personals und ihrer Bau- und Betriebsmittel verpflichtet. Die Entschädigung erfolgt nach festgesetzten Tarifen, die Zahlung in ähnlicher Weise wie bei den Gemeindeleistungen. Der Betrieb der Eisenbahnen auf dem Kriegsschauplatze oder in dessen Nähe ist von den Anordnungen der Militärbehörde abhängig.[9])

4. Grundeigentumsbeschränkungen vor Festungen.[1])

§ 115.

Die Eigentümlichkeit des Festungskrieges macht die Fernhaltung aller Anlagen aus der Umgebung der Festungen erforderlich, die dem Angreifer irgend welche Deckung gewähren können. Zu diesem Zwecke ist die Umgebung je nach der Entfernung von der Befestigungslinie in drei Rayons mit einer Breite von 600, von 375 und von 1275 m eingeteilt. Der Raum zwischen voreinander liegenden Befestigungen wird als Zwischenrayon, der stadtwärts vor einer Zitadelle liegende Raum als Esplanade bezeichnet.[2]) Geländeveränderungen und bauliche Anlagen innerhalb der Rayons sind teils von einer besonderen Genehmigung der Festungskommandantur abhängig, teils ganz unzulässig. Diese Einschränkungen steigern sich mit der Annäherung an die Festung. Während im dritten Rayon nur dauernde Erhöhungen und Vertiefungen und turmartige Bauten ausgeschlossen werden, sind im zweiten alle Massivbauten, im ersten alle Wohngebäude, Feuerungsanlagen und schwerer zerstörbaren Baulichkeiten untersagt. Gegen die Entscheidungen und sonstigen Anordnungen ist binnen 4 Wochen die Berufung zugelassen. Über diese, sowie über Genehmigung größerer Anlagen innerhalb der Rayons und über Änderungen der letzteren entscheidet die vom Kaiser berufene und dem Reichsschatzamte unterstehende Reichsrayonkommission.[3]) Für Wertverminderungen infolge des Rayongesetzes wird, insofern sie über die seitherigen Beschränkungen hinausgehen, Entschädigung geleistet. Sie besteht bei Wertverminderungen unter einem Drittel des Wertes in einer sich abtragenden Rente, sonst nach Wahl in Rente oder Kapital. Die Feststellung erfolgt unbeschadet des Rechtswegs im Verwaltungsverfahren.[4])

---

[8]) RG. § 25—27; gemäß AusfV. Nr. 13 erging die Vorschr. 1. Mai 02 (Berl. bei Mittler). Vorspannbefreiungen § 113 Abs. 2[1] d. W.

[9]) RG. § 28—31; AusfV. Nr. 14 u. 15; TransportO. wie § 113 Anm. 9.

[1]) RG. 21. Dez. 71 (RGB. 459); Einf. in Elf.-Lothringen G. 21. Feb. 72 (RGB. 56). — Bearb. vom Verfasser (§ 90 Anm. 1 d. W.) S. 495.

[2]) RG. § 1—7. — Feststellung bei Neuanlage von Befestigungen § 8—12. — Beschränkung bei Unterhaltung von Wasserläufen § 346 Anm. 18, der Jagdausübung im Rayon § 360 Anm. 5 d. W.

[3]) Das. § 13—33.

[4]) Das. § 34—45, vg. (Entschädigung

Im Falle der Armierung sind alle baulichen Anlagen, Materialvorräte und Pflanzungen innerhalb der Rayons auf Erfordern zu beseitigen. Insoweit nicht nach der früheren Gesetzgebung die Pflicht zu unentgeltlicher Entfernung besteht oder die Errichtung im ersten oder zweiten Rayon nach Absteckung der Rayonlinie erfolgt ist, wird für die Beseitigung Entschädigung gewährt.[5]) Für Grundstücke, die im Falle der Armierung in Anspruch genommen und nach eingetretener Desarmierung nicht zurückgegeben werden, wird die Entschädigung im Enteignungsverfahren festgestellt.[6])

Die Anlegung von Festungen steht gleich der Ernennung der Festungskommandanten dem Kaiser zu.[7]) Eine wesentliche Umgestaltung hat das deutsche Festungswesen neuerdings erfahren. Auf Grund der im letzten Kriege gesammelten Erfahrungen ist unter Aufgabe einzelner minder wichtiger Festungen die Herstellung größerer Waffen- und Verteidigungsplätze durch Verstärkung und Erweiterung der beibehaltenen herbeigeführt.[8])

V. Die Kriegsflotte.

1. Übersicht.

§ 116.

Die Kriegsflotte (Kaiserliche Marine) ist ausschließlich Reichssache und als solche einheitlich gestaltet. Ihr Bestand sowie dessen Ersatz und Indiensthaltung ist durch Gesetz festgestellt. Er soll bis 1917 derartig erhöht werden, daß — abgesehen von Torpedo- und Kanonenbooten, Schul- und Spezialschiffen — die Schlachtflotte aus 1 Flottenflaggschiff, 5 Geschwadern zu je 8 Linienschiffen und (als Aufklärungsschiffen) 12 großen und 30 kleinen Kreuzern, die Auslandsflotte aus 8 großen und 10 kleinen Kreuzern bestehen wird. 3 Geschwader bilden die aktive und 2 die Reserve-Schlachtflotte; erstere wird ganz, letztere zu ¼ dauernd in Dienst gehalten. Linienschiffe und Kreuzer werden, ausgenommen bei Schiffsver-

---

berechtigter Dritter § 36 Abs. 4 u. § 37) EG. z. BGB. Art. 54, verb. 52 u. 53. — ZustG. § 153. — Österreich und Rußland kennen keine Entschädigungen, Frankreich hat sie erst bei der Befestigung von Paris zugestanden und Holland sie neuerdings gesetzlich anerkannt.

5) RG. § 43 u. 44.

6) KriegslG. 13. Juni 73 (RGB. 129) § 14. — Enteignung § 377 Abs. 3 d. W.

7) RVerf. Art. 64 u. 65. Bayern hat sich eine selbständigere Stellung vorbehalten Schlußprot. 23. Nov. 70 (BGBl. 71 S. 23) XIV.

8) Aufgehoben wurden Stettin, Minden, Erfurt, Wittenberg, Kosel und bis auf die Küstenwerke Kolberg u. Stralsund, endlich Landau Schlußprot. 23. Nov. 70 XIV. § 3. — Die beibehaltenen Festungen sind westlich: Metz, Straßburg, Wesel, Köln, Koblenz, Mainz, Ulm (Vtr. 16. Juni 74), Ingolstadt u. (kleiner) Diedenhofen, Bitsch, Neubreisach, Germersheim; östlich: Danzig, Königsberg, Graudenz, Thorn, Posen, Glogau u. (kleiner) Boyen (Lötzen), Marienburg, Kulm; im Innern: Küstrin, Spandau u. (kleiner) Königstein; ferner die Küstenfestungen Friedrichsort, Wilhelmshaven u. (kleiner) Pillau, Swinemünde, Kurhaven, Geestemünde, Helgoland. — In Verbindung mit der neuesten Heeresverstärkung (§ 99 Abs. 1) werden noch einige Festungen verstärkt.

luften, nach 20 Jahren ersetzt. Diese Verstärkung war im Kriegsfall zur Verteidigung unserer Küsten und zur Offenhaltung unserer Häfen, im Frieden zum Schutze unseres Seehandels und unserer ausgedehnten Kolonien unerläßlich geworden.[1]) — Die Kriegsflagge ist schwarz-weiß-rot mit dem preußischen Adler und Eisernen Kreuze. Der Kaiser führt den Oberbefehl über die Flotte, bestimmt deren Einrichtung und Zusammensetzung und ernennt die Offiziere und Beamten.[2]) Der Kieler und der Jadehafen sind als Reichskriegshäfen in schiffahrts- und hafenpolizeilicher Beziehung den Marinebehörden unterstellt und ähnlich den Festungen gegen schädliche Einrichtungen und Anlagen gesichert.[3])

Die Einrichtung der Kriegsflotte und ihrer Verwaltung ist selbständig und von der des Landheeres getrennt (Nr. 2). Die Grundsätze über Ergänzung des Heeres finden jedoch mit den durch die Sache gebotenen Maßgaben auch auf die Flotte Anwendung (Nr. 3). Gleiches gilt von den Rechten und Pflichten der Militärpersonen und den Friedens- und Kriegsleistungen (Nr. 4).

2. Einrichtung.

§ 117.

Die 1870 an die Spitze der Kriegsflotte gestellte Admiralität wurde 1889 unter Trennung zwischen Befehlsstelle und Verwaltung in das Oberkommando und das Reichsmarineamt zerlegt.[1]) Das Oberkommando wurde 1899 aufgehoben und damit die Einrichtung entsprechend der des Landheeres gestaltet.

Im **Oberbefehle** stehen unmittelbar unter dem Kaiser für die persönlichen Angelegenheiten das Marinekabinett[2]), für die Prüfung der Verwendungsfähigkeit der Flotte der Admiralstab der Marine (entsprechend

[1]) RVerf. Art. 4 7 u. 14, G. (14. Juni 00 wiederholt erg. zuletzt durch G. 14. Juni 12 und auf Grund des Art. IV) neu gefaßt 27. Juni 12 (RGB. 435). Zur Zeit (1913) besteht die Kriegsflotte aus 35 Linienschiffen, 8 Küstenpanzern, 19 großen und 39 kleinen Kreuzern, 8 Kanonenbooten, 3 Flußkanonenbooten, 8 Schul-, 13 Spezial-, zusammen 133 Schiffen. — Linienschiffe sind Panzerschiffe über 5000 t Wasserverdrängung (déplacement), Kreuzer gepanzerte u. ungepanzerte Schiffe über 800 t. Die größeren Abmessungen der neueren Kriegsschiffe machen eine Verbreiterung und Vertiefung des Nordostseekanals (§ 346 Anm. 25) notwendig. — Die Etatsstärke der Offiziere und Mannschaften betrug (Voranschlag 1912) 73 149.

[2]) RVerf. Art. 53 (Fassung des G. 19. Juni 93 RGB. 185 Art. I) Abs. 1 bis 3, Art. 55 u. RG. 19. Juni 83 (RGB. 105), das teilweise für Helgoland gilt V. 28. Juni 09 (das. 925). Für die nicht zur Führung der Reichskriegsflagge berechtigten Reichsbehörden besteht die Reichsdienstflagge V. 8. Nov. 92 (RGB. 1050) § 2—4, erg. 9. Okt. 07 (das. 753) u. AE. 29. Okt. 04 (ZB. 449). — Führung der Kriegsflagge auf den Privatschiffen der deutschen Landesherren u. Prinzen AE. 2. März 86 (RGB. 59). — Bearb. der die Kriegsflotte betr. Vorschr. vom Verfasser (§ 90 Anm. 1 d. W.) S. 630.

[3]) KO. 15. Feb. 73 (MarVBl. 37) u. 16. Okt. 99 (das. 331).

[1]) AE. 30. März 89 (RGB. 47). Abgrenzung des Geschäftskreises zwischen Kommando und Verwaltung AE. 17. März 93 (MarVB. 37).

[2]) Vf. 30. März 89 (MarVB. 771).

dem Generalstabe der Armee § 99 Abs. 4), ferner an Bord die Kommandos der Hochseeflotte und des Kreuzergeschwaders und am Lande die Marinestationskommandos für die Ostsee in Kiel und für die Nordsee in Wilhelmshaven. Unter dem Marinekommando der Ostsee stehen die erste Marineinspektion, die Inspektionen der Schiffsartillerie, des Torpedowesens und der Marineinfanterie (3 Seebataillone zur Verteidigung der Kriegshäfen, des Schutzgebietes Kiautschou und zu Landungsunternehmen im Auslande), unter dem Marinekommando der Nordsee die zweite Marineinspektion, die Inspektion des Bildungswesens, der Küstenartillerie und des Minenwesens (5 Matrosenartillerieabteilungen, Minenabteilung, Stammabteilung der Matrosenartillerie und Marine-Telegraphenschule) und die Marinedepotinspektion. Außerdem sind jedem Stationschef je eine Marineinspektion mit je einer Matrosen- und einer Werftdivision unterstellt. Unter dem Inspekteur des Bildungswesens stehen die Marineakademie zur wissenschaftlichen Ausbildung der Offiziere, die Marineschule zur Vorbereitung für die Seekadetten- und Seeoffizierberufsprüfung, die Ingenieur- und Deckoffizierschule zur Fortbildung des Maschinisten- und Steuermanns- sowie des Torpedopersonals und die Schiffsjungendivision.[3])

Das **Reichsmarineamt** bildet die oberste Reichsbehörde für die Verwaltungs- und die technischen Angelegenheiten der Marine und wird unter der Verantwortlichkeit des Reichskanzlers von einem Staatssekretär geleitet.[4]) Zu Veröffentlichungen dient seit 21. April 1870 das Marineverordnungsblatt. Unter dem Reichsmarineamt stehen das Torpedowesen in technischen und Verwaltungssachen, die Marinedepotinspektion mit den zugehörigen Artillerie- und Minendepots, die Werften,[5]) die Seewarte in Hamburg (§ 379 Abs. 3), die beiden Intendanturen,[6]) die Bekleidungs- und Sanitätsämter, die Rechtspflege und die Seelsorge in den Marinestationen[7]) und das Gouvernement von Kiautschou.

[3]) Vorschr. über Ergänzung des Seeoffizierkorps AE. 17. April 99 (MVB. 112 u. 336, erg. 1900 S. 249). Ausbildung der Seekadetten u. Schiffsjungen AE. 26. Jan. 99 (das. 173), geänd. (§ 371,4) Bek. 5. Mai 03 (das. 194).

[4]) AE. 30. März 89 (RGB. 47 u. (Gliederung) 17. April 99 (MVB. 112). — Vertretung des Marinefiskus in Rechtsstreitigkeiten Vf. 11. Feb. 10 (JMB. 69) Auf Marinebeamte finden das RBeamt. G. 31. März 73 (RGB. 61) und die V. 2. Nov. 74 (RGB. 129), insbes. § 7 u. 8 Anwendung. — § 21—24 d. W., insbes. § 21 Anm. 4, § 23 Anm. 13 u. § 24[7]. — Bekleidungsvorschriften AO 30. Nov. 91, Änderung AE. 10 April 99 (MVB. 103); Marinejustizbeamte 12. Nov. 00 (das. 01 S. 7). Klasseneinteilung wie § 102 Anm. 1 d. W. Der technische Betrieb der Marineverwaltung unterliegt der Krankenversicherung (§ 318 Abs. 1) und d. Unfallversicherung (§ 319 Anm. 15). — Der Rang der Marinejustizbeamten ist gleich dem im Landheere (§ 70 Anm. 13) geregelt AE. 2. Aug. 99 (MarVB. 199).

[5]) Die Werften (Danzig, Kiel u Wilhelmshaven) dienen dem Schiffs-, Hafen- u. Maschinenbau. — Vorschr. üb. Ausbildung, Prüfung u. Anstellung im Schiffsbau- u. Maschinenbaufache 23. März 99 (MVB. Anl. zu Nr. 9).

[6]) AE. 18. Juni 72 (RGB. 361). Laufbahn der höheren Beamten Regl. 24. Aug. 86 (MarVBl. Anl. zu Nr. 17), Ergänzung der mittleren Beamten 28. März 90 (Berl. b. Mittler).

[7]) AE. 18. Juni 72 (RGB. 361). — Ergänzung des Personals Regl. 24. Aug. 86 (MarVB. Beil. zu Nr. 17), des

3. Ergänzung.

§ 118.

Die Grundlage bildet gleichfalls die allgemeine Wehrpflicht, der alle Seeleute von Beruf einschließlich der Maschinisten und Schiffshandwerker durch Dienst in der Kriegsflotte genügen. Als Seeleute werden die Personen angesehen, die mindestens ein Jahr auf deutschen Handelsschiffen gedient oder die Seefischerei gewerbsmäßig betrieben haben.[1]) Im Bedarfsfalle darf auf geeignete Militärpflichtige der Landbevölkerung hinübergegriffen werden.[2]) Die Wehrpflicht bestimmt sich nach den allgemeinen Grundsätzen[3]) mit folgenden Maßgaben. Die aktive Dienstzeit dauert 3 Jahre. Sie kann für Berufsseeleute und Maschinisten bei gehöriger technischer Vorbildung auf ein Jahr abgekürzt, die Entlassung eingeschiffter Mannschaften dagegen bei späterer Rückkehr in den Heimathafen bis zu dieser verschoben werden. In betreff des einjährig-freiwilligen Dienstes wird die Befähigung auch durch Ablegung der Steuermannsprüfung erworben. Selbstbekleidung und Selbstverpflegung wird dabei nicht erfordert. Seeleute, die nach vorschriftsmäßiger Anmusterung in Dienst getreten sind, werden für die Dauer der letzteren im Frieden zum Dienst nicht herangezogen. Gleiches gilt von der Zeit des Besuchs einer Navigations- oder Schiffsbauschule. Die Marinereserve, die Seewehr des ersten und des zweiten Aufgebots und die Marineersatzreserve entspricht den gleichen Bildungen im Landheere. Sie steht einschließlich der Offiziere unter Kontrolle der Bezirkskommandos, und kann, abgesehen von dem zweiten Aufgebote, zu Übungen herangezogen werden.[4])

Das Ersatzwesen ist das des Landheeres (§ 97, 98); doch finden zu gunsten der schiffahrttreibenden Militärpflichtigen an Orten, wo deren eine größere Anzahl vorhanden ist, besondere Schiffermusterungen im Dezember statt. Die Pflichtigen können bis zu diesen zurückgestellt werden und erhalten in ihnen die endgiltige Entscheidung.[5])

4. Rechte und Pflichten der zugehörigen Personen. Friedens- und Kriegsleistungen.

§ 119

Die zur Marine gehörenden Soldaten und Beamten zählen zu den Militärpersonen[1]) und haben Rechte und Pflichten der letzteren.[2]) Ins-

Bureaupersonals Regl. 2. Nov. 86 (dgl. zu Nr. 22). — Organisation des Sanitätskorps 8. März 97 (MVB. 293), MarinesanitätsO. 15. Okt. 93 (b. Mittler.) — Mar.KirchenO. 28. März 03.

[1]) RVerf. Art 53 (§ 116 Anm. 2). — KrDG. 9. Nov. 67 (BGBl. 131) § 13[2].

[2]) G. 93 (§ 116 Anm 2) Art. II § 1 Abs. 3.

[3]) § 91—96 d. W. und MarineO. (§ 91 Anm. 1c d. W.). — Kapitulanten § 92 Anm. 13.

[4]) KrDG. § 6, 13 nebst G. 11. März 88 (GS. 11) Art. II § 20—22 u. 35, WehrO. (§ 91 Anm. 1a d. W.) § 14—18, 23, 41, 88[3], 116 4 u. 11, 117 3 u. 8.

[5]) WehrO. § 75 u. 76.

[1]) MilStG. 20. Juni 72 (RGB. 174) § 4. — Marinebeamte § 117 Anm. 4.

[2]) § 101 d. W. — Der Satz ist in

besondere finden die Militärpensionsgesetze mit einigen Maßgaben auf sie Anwendung.[3]) Gleiches gilt vom Militärstrafrecht.[4]) Urkunden über Todesfälle auf in Dienst gestellten Schiffen sind dem Standesamte des letzten Wohnortes zuzufertigen.[5])

Die Vorschriften über Friedens- und Kriegsleistungen (§ 111—114) finden, soweit die Natur der Sache es zuläßt, auch auf die Marine Anwendung.[6]) Besonders auf die letztere bezieht sich die Pflicht zur Gestellung von Schiffsfahrzeugen (§ 113 Abs. 4[1] und § 114 Abs. 5).

---

betreff der im MilG. 2. Mai 74 enthaltenen Vorschriften nicht zweifellos, weil der vorzugsweise von den Rechten und Pflichten der Militärpersonen handelnde dritte Abschnitt die Überschrift „Vom aktiven Heer" trägt und dieser Ausdruck sich anderweit (KrDG. § 2) im Gegensatz zur Marine angewendet findet.

[3]) § 101 Abs. 6 insbes. Anm. 35 d. W.

[4]) § 104 u. 105 d. W. — Zusatzbestimmungen für die Marine enthalten § 162—166 des MilStGB.; Kriegsartikel 10. Jan. 03 (MVB. 23). — Disziplinar-StrafO. für die Marine 1. Nov. 02 (MVB. 361). Ehrengerichte V. 13. Mai 11, (MVB. 158); f. Sanitätsoffiziere V. 24. Okt. 11 (das. 337).

[5]) § 207 Anm. 2 d. W.

[6]) Friedensleistungen Instr. 13. Juli 98 (RGB. 921) zu § 1—18. Kriegsleistungen V. 1. April 76 (RGB. 137) Nr. 17.

Fünftes Kapitel.

Finanzen.

I. Einleitung.

§ 120.

Das Finanzwesen (Staatswirtschaft) umfaßt neben der Verwaltung des Staatsvermögens und der Staatschulden die Beschaffung, Verwaltung und Verwendung der zur Deckung des Staatsbedarfs erforderlichen Mittel. Umfang und Art dieses Bedarfs werden durch die Aufgaben bestimmt, welche der Staat auf den einzelnen Verwaltungsgebieten zu erfüllen hat. Die Entwickelung der Finanzverwaltung steht deshalb mit der der allgemeinen Staatstätigkeit im engsten Zusammenhange und reicht wie diese nicht über die Mitte des 17ten Jahrhunderts zurück.[1]) Um diese Zeit führte die Vermehrung der bis dahin wesentlich aus den Einkünften der Domänen und Regalien[2]) bestrittenen Staatsbedürfnisse zu der Besteuerung, die dem Finanzwesen ein neues Gepräge und eine mit den gesteigerten Ansprüchen an die Staatstätigkeit mehr und mehr wachsende Bedeutung verliehen hat (§ 138).

Innerhalb der deutschen Staaten hat andererseits das Finanzwesen in neuerer Zeit dadurch wesentliche Einschränkungen erfahren, daß ein Teil der staatlichen Aufgaben auf die Selbstverwaltungskörper (§ 84 Abs. 1), ein anderer auf das Deutsche Reich (§ 13 Abs. 1[3]) überging. Mit dem letzteren Übergange ist eine besondere Reichsfinanzverwaltung entstanden, die zwar mit der Finanzverwaltung der Einzelstaaten, aus der sie hervorgegangen ist, noch mehrfach verwachsen ist, sich aber mit der zunehmenden Bedeutung des Reichs zu immer größerer Selbständigkeit entwickelt.

---

[1]) Begründer des Finanzhaushalts war der französische Minister Colbert. — Entwicklung in Preußen § 30 Abs. 3 d. W. — Wirtschaftliche Grundlage § 2 Abs. 1 d. W. — Bearbeitungen der Finanzwissenschaft: Stein (5. Aufl. Leipzig 85—91), Eheberg (12. Aufl. Leipzig 12), Wagner (auf Grund des Werkes von Rau, 3. Ausg. Leipzig und Heidelberg 83—01), Roscher (5. Aufl. von Gerlach, Stuttg. 01). Schönberg, Cohn und Conrad als Teile der Volkswirtschaftslehre § 2 Anm. 1.

[2]) Die Verwaltung dieser Gegenstände durch Kammern gab der die Finanz- und die Polizeiwissenschaft umfassenden Kameralwissenschaft den Namen. Mit der veränderten Einteilung der Verwaltungslehre ist der Ausdruck verschwunden.

Die preußische Finanzverwaltung, die, weil sie die Grundlage bildet, vor der des Reichs zu betrachten ist, umfaßt die Einnahmen und Ausgaben des preußischen Staates. Das Verhältnis beider zueinander und ihre gehörige Verteilung wird durch den Voranschlag (Etat) festgestellt, während ihre Verwaltung im Kassen- und Rechnungswesen erfolgt (Nr. II). Daneben kommen — da die Ausgaben ihrem Wesen nach in die Einzelgebiete der Verwaltung fallen — nur die Einnahmen in Betracht, die teils auf privat-, teils auf staatsrechtlichem Titel beruhen. Die privatrechtlichen Einnahmen fließen aus dem Staatsvermögen (Nr. III), dem die Staatsschulden gegenüber stehen (Nr. IV). Auf staatsrechtlichem Titel beruhen die staatlichen Nutzungsrechte, Regalien und Gebühren (Nr. V) und die zur Deckung des gesamten übrigen Bedarfs von den Staatsangehörigen erhobenen Steuern (Nr. VI). Indem ein Teil der letzteren vom Reiche in Anspruch genommen wird, ist hiermit der Übergang zu den Reichsfinanzen (Nr. VII) gegeben.

Die Einrichtung der preußischen Finanzverwaltung ist nicht in allen Instanzen dieselbe. Als Zentralbehörde verwaltet das Finanzministerium die Voranschlags-, Kassen- und Rechnungssachen und die Steuern (§ 47), während Domänen und Forsten dem landwirtschaftlichen Ministerium unterstellt sind (§ 51). In der Mittel- und Unterinstanz ist dagegen die Verwaltung der indirekten Steuern besonderen Behörden übertragen (§ 153 Abs. 2), während die der direkten Steuern zusammen mit den Staatsgütern und Forsten von den Regierungen in besonderen Finanzabteilungen wahrgenommen wird (§ 57 Abs. 5). Diese verwalten die Staatsgüter unmittelbar, während in der Verwaltung der Forsten die Oberförster (§ 128), in der der direkten Steuern bei der Veranlagung die Landräte und Katasterbeamten und bei der Erhebung die Kreiskassen und Gemeinden mitwirken (§ 141).

II. Voranschlags-, Kassen- und Rechnungswesen.[1]

§ 121.

1. Der **Staatshaushalts-Voranschlag (-Etat)**, der die voraussichtlich eingehenden Einnahmen und die erforderlich werdenden Ausgaben enthält, hat eine staatswirtschaftliche und eine staatsrechtliche Bedeutung.[2])

In staatswirtschaftlicher Beziehung soll er eine Übersicht der zu erwartenden Einnahmen und Ausgaben gewähren, damit im voraus das Gleichgewicht (Bilanz) zwischen beiden festgestellt werden kann. Einnahme und Ausgabe sind zu diesem Zwecke, soweit deren Beträge nicht bereits

[1]) Dieses bildet den Wirkungskreis der ersten Abteilung d. FinMin. § 47 d. W. — Herrfurth, G., das pr. Etats-, Kassen- und Rechnungswesen (5 auch einzeln käufliche Bde. 5. Aufl. Berlin im Erscheinen). O. Schwarz, Formelle Finanzverwaltung in Preußen u. im Reich (Berl. 07). Hövermann, Zur Reform des Et.-Kass.- u. Rechn.wesens (Bonn 05).

[2]) Etat bedeutet Voranschlag: die Bezeichnung „Budget" entstammt dem Beutel (bougette), in dem der Voranschlag dem englischen Parlament überreicht wird.

feststehen, nach dem Durchschnitt der letzten Jahre mit möglichster Genauigkeit abzuschätzen. Je nachdem der Voranschlag die gesamten oder nur die reinen Einnahmen und Ausgaben nachweist, unterscheidet man Brutto- und Nettovoranschlag. Letzterer macht die Ergebnisse jedes Verwaltungszweiges unmittelbar ersichtlich, ersterer zeigt, wie sie zustande kommen; letzterer ist übersichtlicher, ersterer vollständiger und deshalb in neuerer Zeit mehr zur Anwendung gelangt.[3]) — Der Umstand, daß im Staate ein Teil der Ausgaben ein notwendig gegebener ist, während in den Steuern eine bewegliche, den Umständen nach stärker anzuspannende Einnahmequelle zur Verfügung steht, führt zu einem Unterschiede zwischen der Staats- und der Privatwirtschaft, da letztere ihre Ausgaben lediglich nach den Einnahmen zu bemessen hat. Die Abhängigkeit der staatlichen Einnahmen von den Ausgaben ist aber keine unbedingte. Auch der Staat hat neben den notwendigen weitere Ausgaben, die nur mehr oder minder nützlich erscheinen und deshalb nach den vorhandenen Mitteln zu bemessen sind, während andererseits auch der Besteuerung gewisse Grenzen gezogen sind (§ 137). Einnahme und Ausgabe können deshalb nicht getrennt, sondern nur im steten Rückblick der einen auf die andere bemessen werden. Beide stehen auch in Wechselwirkung zueinander, denn jede richtig angelegte Ausgabe wirkt wieder erzeugend. Sie tut dies mittelbar, wenn sie nur auf Schutz- und Kulturzwecke gerichtet ist, unmittelbar, wenn sie sich auf die materiellen Interessen erstreckt. Indem sie mit der Steuerkraft die Staatseinnahmen erhöht, gestattet sie bis zu einem gewissen Grade erneute und erhöhte staatliche Verwendungen. Die richtige Sparsamkeit im Staatshaushalt beruht deshalb nicht darauf, daß die Ausgaben möglichst niedrig gehalten oder die Steuerkraft möglichst wenig angespannt wird; sie muß vielmehr in jedem Einzelfalle den Wert abwägen, den eine Staatsleistung im Verhältnis zu den durch sie erforderten Opfern hat.

Gelingt es nicht, das Gleichgewicht zwischen Einnahme und Ausgabe herzustellen, so entsteht ein Überschuß oder ein Fehlbetrag (Defizit). Beide können ihren Ursachen nach vorübergehend oder dauernd sein. Dementsprechend hat die Verwendung oder Deckung sich zu gestalten. Ein einmaliger Überschuß, der nicht etwa in einem früher hervorgetretenen oder demnächst zu erwartenden Fehlbetrage aufgeht, darf für außerordentliche Zwecke (Schuldentilgung, einmalige Einrichtungen u. dgl.) verwendet werden, während ein dauernder zur Befriedigung fortlaufender Mehrbedürfnisse oder zur Verminderung der ordentlichen Steuern Anlaß bieten wird. In gleicher Weise darf nur für vorübergehend hervortretende Fehlbeträge, soweit sie nicht in vorhandenen oder bevorstehenden Überschüssen Deckung

[3]) Preußen Anm. 9, Reich § 174 Abs. 3 d. W. — Zweijähriger Durchschnitt in Preußen Bf. 21. März 78 (MB. 79). — Für nicht im voraus zu bestimmende Ausgaben kann der Voranschlag den Behörden feste, nicht zu überschreitende Summen (Kredite) zur Verfügung stellen.

finden,[4]) das außerordentliche Hilfsmittel des Staatskredits (§ 129 Abs. 3) oder der Vermögensveräußerung (§ 126) in Anspruch genommen werden, während bei dauerndem Fehlbetrage durch Ausgabenverminderung oder Steuererhöhung geholfen werden muß. Die Grenze zwischen beiden Fällen muß fest gezogen werden, wenn nicht ein einmaliger Fehlbetrag sich zum dauernden entwickeln und die akute zur chronischen Krankheit sich ausbilden soll.

Die staatsrechtliche Bedeutung des Staatshaushalts-Voranschlags folgt aus der konstitutionellen Staatsform. Das ursprüngliche Steuerbewilligungsrecht war in England durch Hinzufügung des Verwendungszweckes (seit 1688) allmählich zum Budgetrecht geworden. Diesem Vorbilde entsprechend fordert die preußische Verfassung, daß der Voranschlag alljährlich im voraus durch Gesetz festgestellt werde.[5]) Dem englischen Grundsatze, daß gesetzlich feststehende Einnahmen und Ausgaben nicht Gegenstand parlamentarischer Bewilligung sind, ist nur insoweit Rechnung getragen, als die bestehenden Steuern solange forterhoben werden dürfen, bis ein Gesetz sie ändert.[6]) Die auf Gesetz oder privatrechtlicher Verpflichtung beruhenden, sowie die zur Erhaltung des Staates unerläßlichen Ausgaben, deren Weiterleistung nicht unterbleiben darf, finden somit auch in dem Falle ihre Deckung, daß der Voranschlag nicht, oder nicht rechtzeitig zustande kommt.[7]) — Der genehmigte Voranschlag bildet die Grundlage für die Einziehung der Einnahmen und die Ermächtigung zur Leistung der Ausgaben und damit die bindende Richtschnur für die gesamte Verwaltung. Das gilt auch in betreff der einzelnen Voranschlagstitel. Die Übertragung etwaiger Ersparnisse eines Verwaltungszweiges auf einen anderen (Transferierung, Virement) muß besonders vorgesehen sein. Überschreitungen des Voranschlags bedürfen der nachträglichen Genehmigung des Landtags.[8]) — Die Rechtsgrundsätze über den Staatshaushalt, wie sie sich bei der Verwaltung in Anordnungen und tatsächlicher Übung gebildet hatten, sind gesetzlich festgelegt. Dadurch soll ihre Handhabung sicherer und gleichmäßiger gestaltet und für das Zusammenwirken

[4]) Sind Ausgaben zu leisten, bevor die entsprechenden Einnahmen eingehen, so entsteht ein Kassen- oder Rechnungsfehlbetrag, der durch Aufnahme schwebender Schulden (§ 129 Abs. 5 d. W.) gedeckt werden darf.

[5]) VU. Art. 99. — § 37 Abs. 2 d. W. u. § 2 Anm. 4.

[6]) VU. Art. 109. Eine jährliche Bewilligung — wie die belgische Verfassung sie vorschreibt — findet sonach nicht statt. Gleiches gilt für das Reich. Die RVerf. enthält zwar keine ausdrückliche Bestimmung wie die preußische, doch werden auch die Reichssteuern dauernd bewilligt.

[7]) Der Voranschlag betrifft nur das Verhältnis der Staatsgewalten zu einander, nicht das des Staates Andern gegenüber StHaushG. (Anm. 9) § 8. Kommt der Etat nicht zustande, so hat die Regierung gleichwohl alle Ausgaben zu leisten, zu denen der Staat verpflichtet ist. Sie bleibt dafür dem Landtag verantwortlich und hat — wie 1866 geschehen — dessen nachträgliche Zustimmung (Indemnität) nachzusuchen. Dieser kann sie, soweit es sich nicht um willkürliche Ausgaben handelt, nicht verweigern.

[8]) VU. Art. 104 Abs. 1 u. G. 27. März 72 (GS. 278) § 19.

des Landtags mit der Regierung sowie der einzelnen Verwaltungszweige untereinander eine feste Grundlage geschaffen werden.[9])

Die Aufstellung des preußischen Voranschlags erfolgt für das Voranschlagsjahr, das zur Erleichterung der rechtzeitigen Fertigstellung auf die Zeit vom 1. April bis 31. März verlegt ist.[10]) Auf Grund der von den Ministern und obersten Verwaltungschefs aufgestellten einzelnen Voranschläge wird der allgemeine Staatshaushalts-Voranschlag vom Finanzminister zusammengestellt.[11]) Sein Umfang ist durch den Übergang verschiedener Verwaltungszweige auf das Reich und die Selbstverwaltungskörper erheblich eingeschränkt. Der Voranschlag zerfällt in Einnahmen und Ausgaben; letztere zerfallen in dauernde und in einmalige und außerordentliche.[12]) Daneben werden im Voranschlag unter den Einnahmen wie unter den dauernden Ausgaben getrennt aufgeführt:

A. die einen Überschuß abwerfenden Einnahmezweige (Staatsgüter und Forsten, Lotterie, Seehandlung, Münze, Bergwerke, Eisenbahnen und Steuern), denen als Ausgaben die Betriebs-, Erhebungs- und Verwaltungskosten gegenüberstehen;

B. die allgemeine Finanzverwaltung und die Dotationen (Zuschuß zur Kronfideikommißrente, Staatschulden, Landtagskosten);

C. die Staatsverwaltung.

Jeder dieser Teile zerfällt nach den Ministerien oder selbständigen Verwaltungen in Hauptvoranschläge, diese für die einzelnen Verwaltun-

---

[9]) Staatshaushalts- (Komptabilitäts-) G. 11. Mai 98 (GS. 77) mit Ausf. Anw. 8. Juni 98 (MB. 133). Das G. besteht aus 3 (äußerlich nicht hervorgehobenen) Teilen. Der erste betrifft die Einrichtung des Voranschlags u. dessen Mitteilung an die Oberrechnungskammer (§ 1—12); dabei sollen die besonderen, sogen. mittelbaren Staats- oder Nebenfonds nur dann in den Voranschlag aufgenommen werden, wenn sie nicht juristische Persönlichkeit besitzen, während sie sonst — als nicht zum Staatsvermögen gehörend — dem Landtag nur durch Nachweisungen mitzuteilen sind § 2 bis 5. — Der zweite Teil betrifft die Handhabung des Voranschlags (Einnahmen u. Ausgaben gemeinsam § 13—15, Einnahmen 16—19, Ausgaben 20—36, Verträge 37, Defekte 38), wobei Bruttoverwaltung u. Zentralisierung als Regel gelten. Nach ersterer sind Einnahmen u. Ausgaben zum vollen Betrage anzusetzen, ohne daß gegenüberstehende Ausgaben (Verkaufskosten, Tantiemen) u. Einnahmen (Verkaufserlöse § 2[1]) u. — falls die betreffenden Fonds nicht mehr offen sind — auch Zurückerstattungen u. Rückeinnahmen davon abgesetzt werden dürfen § 19, 20 u. 36. Infolge der Zentralisierung werden alle Einnahmen, für die keine besondere Bestimmung zu treffen ist, zur Deckung des allgemeinen Ausgabenbedarfs (allgemeine Finanzverwaltung) verwendet § 16. — Der dritte Teil betrifft den Abschluß u. die Legung der Rechnung § 39—54, § 51 erg. G. 22. März 12 (GS. 29) Art. II (Abschlüsse § 122 Anm. 14, Reste § 123, Anm. 2, Legung und Abnahme der Rechnung Anm. 3, 7). — Bearb. v. Schreiber (2. Aufl. 07).

[10]) G. 29. Juni 76 (GS. 177). Bezeichnung des Voranschlagsjahrs nach dem seinen größeren Teil umfassenden Jahre Best. 6. Mai 98 (MB. 154), der Vierteljahre nach den Monaten (z. B. April/Juni 1881) Vf. 25. Nov. 77 (MB. 78 S. 3).

[11]) KO. 29. Mai 26 (GS. 45), AusfV. v. dems. T. (KA. X. 649) und 19. Juli 45 (GS. 265).

[12]) Einmalige u. außerordentliche Ausgaben werden abweichend vom Reiche (§ 174 Abs. 3 d. W.) zusammen aufgeführt.

gen in Einzelvoranschläge und letztere nach den einzelnen Gegenständen in Kapitel und Titel.[13])

§ 122.

2. Das **Kassenwesen** umfaßt die unmittelbare Vereinnahmung, Verwahrung und Verausgabung aller Staatsgelder und ist streng zentralisiert.[1]) Den Mittelpunkt bildet die Generalstaatskasse,[2]) neben der nur die Generallotterie-, die Generalmilitär- und die Staatschuldentilgungskasse als zentrale Kassen beibehalten sind. Die Eisenbahnhauptkassen stehen in unmittelbarer Verbindung mit der Generalstaatskasse. Alle sonstigen Einnahmen und Ausgaben gehen durch die Regierungshauptkassen, die demgemäß gleichfalls Sammelkassen für die verschiedenen Verwaltungs-

---

[13]) Die reinen Einnahmen u. Ausgaben des preuß. Staates berechnen sich aus dem Voranschlage 1913 (GS. 193):

I. Ordentliche Einnahmen (abzüglich der Betriebs-, Erhebungs- u. Verwaltungskosten):		
1. Vermögenseinnahme aus Domänen und Forsten (abzüglich der Kronfideikommißrente mit 7719296 M., § 125 Abs. 2 d. W.) 94,8, aus Berg-, Hütten- und Salzwerken 36,4, aus Eisenbahnen 358,3, Seehandlung 5,1, Münze 0,24, zusammen	494,8	Mil. M.
2. Lotterieregal	12,5	" "
3. Allgemeine Finanzverwaltung (darunter hinterlegte Gelder 49,6 Mil.)	199,8	" "
4. Steuern, direkte 423 indirekte (unmittelbar preußische) 76,7 Mil. zusammen	499,7	" "
Außerordentliche Einnahmen	19,9	" "
Summe	1276,7	Mil. M.
II. Dauernde Ausgaben (abzüglich der gegenüberstehenden Einnahmen):		
1. Dotationen: Zuschuß zur Kronfideikommißrente (Nr. I 1) 10 Mil. M., Verzinsung und Tilgung der Schuld (nach Abzug der Zuschüsse des Reichs mit 0,4, der Bergverw. mit 8,7 u. der Eisenbahnverw. mit 326,7) 95,1, Landtag 2,3, zusammen	107,4	Mil. M.
2. Allgemeine Finanzverwaltung. [darunter: Matrikularbeiträge nach Abzug der Überweisungen (§ 173 Abs. 4 5) 34,4, hinterlegte Gelder 49,6]	265,4	" "
3. Staatsverwaltung: Staats- u. ausw. Min., 4,2, Fin.-Min. (Ob Präs., Regierungen, Pensionen) 89,7 Min. d. öff. Arb. 24,1, f. Gew. 16,2, d. Justiz 74,4 Min. des Innern (Landräte, Polizei, Strafanstalten) 96,6 f. Landwirtschaft 36,1 der geistl. usw. Ang. 267,7, Kriegsmin. 0,18, zusammen	609	" "
Einmalige u. außerordentliche Ausgaben (darunter 93,4 in den Eisenbahnausgleichsfonds § 382 Abs. 2 d. W.)	294,9	" "
Summe	1276,7	Mil. M.

Schwarz u. Strutz, der Staatshaushalt u. die Finanzen Preußens Bd. 1 Überschußverwaltungen, Bd. 2 Zuschußverwaltungen, Bd. 3 Staatsschuld, Landtag u. allg. Finanzverwaltung, mit geschichtlichen u. systematischen Einleitungen u. statistischen Anlagen (Berl. 00—04).

[1]) Regul. wegen Einrichtung 17. März 28 (KA. XII 285).

[2]) Gesch. Anw. 15. Jan. 98, erg. Bf. 9. Mai 03.

zweige innerhalb der Regierungsbezirke bilden.[3]) Unter diesen Kassen stehen die **Kreiskassen**[4]) und als Einzelkassen für die einzelnen Verwaltungszweige die Domänen- und Forstkassen,[5]) die Oberzoll- und Zollkassen (§ 153 Abs. 2), die Gerichtskassen (§ 180 Abs. 3), die Oberbergamts-, Berg und Hüttenamtskassen.

Zu den **Kassenbeamten** gehören die Landrentmeister bei den Regierungshauptkassen[6]) und die Rentmeister bei den Kreiskassen.[7]) Bei ersteren wie bei allen größeren Kassen sind besondere Beamte für das Zahlungsgeschäft (Kassierer, Rendanten), für die Buchungen (Buchhalter) und für den Bureau- und den Unterbeamtendienst (Kassenschreiber und Kassendiener) angestellt.[8]) Kleinere Kassen werden im Nebenamte verwaltet. Die Tätigkeit der Kassenbeamten setzt besondere Sorgfalt und Zuverlässigkeit voraus. Die vorgesetzte Behörde kann ihre Anrechte auf den Grundbesitz der Kassenbeamten eintragen lassen.[9]) Unterschlagungen der letzteren sind mit besonderer Strafe bedroht;[10]) ihre Defekte werden in einem eigenen Verfahren festgestellt (§ 68).

Der **Kassenraum**, in dem alle Kassenvorräte und nur diese aufzubewahren sind, muß unbedingt sicher, insbesondere mit festen Fensterverschlüssen versehen sein.[11])

Das **Verfahren in Kassensachen**, das durch allgemeine[12]) und besondere für die verschiedenen Kassen gegebene Vorschriften[3 u. 4]) geregelt ist, soll den Gang des Kassengeschäfts genau nachweisen und den Stand der Kasse jederzeit ersichtlich machen. Jede Einnahme und Ausgabe ist deshalb sogleich in die **Kassenbücher** einzutragen. Sie sind für jedes Rechnungsjahr anzulegen, mit Seitenzahlen zu versehen; Radierungen sind untersagt.[13]) Im Tage- oder Hauptbuche (Journale) befinden sich alle Einnahmen und Ausgaben nach der Zeitfolge zusammengestellt, während sie in dem — für jeden voranschlagsmäßigen Verwaltungszweig zu führenden — Handbuche (Manuale) unter Gegenüberstellung mit dem voranschlagsmäßigen Soll nach dem Verwaltungszweige (Voranschlagstitel), im Kontobuche nach der Person (Kasse), mit der die Kasse in Abrechnung steht,

---

[3]) Gesch. Anw. 21. Mai 87. — Abrechnung mit der Reichshauptkasse § 171 Anm. 6.

[4]) Gesch. Anw. 1. Okt. 08. — In den westlichen u. neuen Provinzen bestanden bis 1895 Steuerkassen mit beschränkteren Bezirken.

[5]) Gesch. Anw. 1. Juli u. Vf. 12. Juli 02 (MB. 161). Die den Regierungen durch Reg. Instr. § 12 übertragene Ernennung der Forstkassenrendanten (Gesch. Anw. 1. Juni 02) erfolgt durch den Landwirtschaftsminister AO. 14. Juli 95 (MB. 236).

[6]) Rang § 70 Anm. 32.

[7]) AE. 19. Dez. 84 (MB. 259). — Prüfung Bek 6. Jan. 84.

[8]) LR. II 14 § 46. — Regierungs-Kasseninspektoren § 57 Anm. 18.

[9]) Das. § 45—51, 60—64 u. KO. 2. Juli 33 (GS. 81).

[10]) StGB. § 350, 351 u. 353.

[11]) Vf 4. Juni 68 (MB. 69 S. 7).

[12]) Kassenregl 17. März 28 (KA. XII 285).

[13]) Die Vernichtung der Kassenbücher, Rechnungen u. Belege erfolgt regelmäßig nach 10 Jahren Vorschr. des StaatsMin. 3. Juni u. Vf. 15. Juli, 8. Sept. u. 11. Nov. 02 (MB. 169 u. 203).

gesondert aufgeführt werden. Vorläufige und einstweilige Einnahmen (Asservate) und Ausgaben (Vorschüsse) werden besonders gebucht. — Zum Nachweise des Standes der Kassen in einem gegebenen Augenblicke dienen die Kassenabschlüsse (Kassenextrakte). Sie werden täglich, monatlich, vierteljährlich und jährlich aufgestellt; der letzte Vierteljahrabschluß bildet zugleich den Jahres(Final)abschluß.[14]) Nach diesem dürfen Eintragungen für das abgelaufene Rechnungsjahr nicht mehr erfolgen. Die Abschlüsse, die bei den Regierungen und im Finanzministerium — bei diesem von der hierfür eingesetzten Hauptbuchhalterei[15]) — zusammengestellt werden, gewähren einen Überblick über das Gesamtergebnis der Finanzverwaltung während eines bestimmten Zeitraumes, das später in der Rechnung (§ 123) den erforderlichen näheren Nachweis erhält. — Alle Einnahmen und Ausgaben sind durch Anweisungen (Ordres) der zuständigen Behörden zu rechtfertigen (justifizieren), die Ausgaben außerdem durch Belege (Quittungen), die, insoweit es sich um stattgehabte Lieferungen oder Leistungen handelt, bezüglich der Richtigkeit bescheinigt sein müssen.[16]) Als Belege für Zahlungen an Privatempfänger bis zum Betrage von 800 M. sind Posteinlieferungsscheine zugelassen.[17]) — Die Zahlungen finden in der Regel nur im Kassenraume statt[18]) und sind in Reichsmünzen[19]) oder Reichskassenscheinen[20]) zu leisten. Jede Kasse bedarf zu ihrer Verwaltung eines Bestandes (Betriebsfonds), dessen Höhe von den zunächst bevorstehenden Einnahmen und Ausgaben abhängt. Entbehrliche Bestände sind der höheren Kasse sofort abzuliefern und notwendige Zuschüsse von dieser rechtzeitig zu erbitten. Zahlungen, die eine Kasse im Auftrage (Delegation) einer höheren Kasse leistet, werden dieser unter Einreichung der Belege angerechnet. Die Anrechnung bildet für die auftragende Kasse gleichzeitig ein Einnahme- und ein Ausgabegeschäft. Die Generalstaatskasse und die Regierungshauptkassen leisten jetzt Zahlungen durch die

---

[14]) StHG. (§ 118 Anm. 8) § 39—41; der Abschluß der Kassenbücher erfolgt für die Einzelkassen, die mit den Provinzialhauptkassen abrechnen, am 26., für die übrigen am 30. April, für die Provinzialhauptkassen am 10., für die Zentralkassen am 30. Mai und für die Generalstaatskasse am 10. Juni AE. 11. Sept. 76.

[15]) Vf. 7. Jan. 59 (MB. 25).

[16]) StMB. 4. Nov. 09 (MB. 241) u. Vf. 19. April 10 (MB. 116). — Bescheinigungen von Quittungen über Pensionen, Wartegelder, Witwen- und Waisengelder StMB. 4. Nov. 09 (MB. 241).

[17]) StMB. 18. März 99 (MB. 54 u. 82). Rechnerische Prüfung und Bescheinigung der Rechnungen u. Belege StMB. 6. Juni und Vf. 22. Juli 11 (MB. 241). — Vereinfachung in der Verw. des Innern Vf. 6. April 12 (MB. 112).

[18]) Die Verpflichtung folgt für Zahlungen an öffentliche Kassen aus BGB. § 270, aus diesen aus EG. Art. 92 u. AG. Art. 11. — Aufrechnungen sind nur den einzelnen Kassen gegenüber zulässig BGB. § 395. — Erleichterung des Zahlungsverkehrs Vf. 28. Sept. 03 (MB. 230) u. 7. März 05 (MB. 53). Anschluß an den Postscheckverkehr (§ 391 Abs. 4 d. W.) Vf. 15. u. 29. Dez. 10 (MB. 11 S. 5).

[19]) MünzG. 9. Juli 73 (RGB. 233) Art. 14 § 1. — Reichssilbermünzen müssen in jedem Betrage von den Reichs- u. Landeskassen angenommen werden Art. 9.

[20]) G. 30. April 74 (RGB. 40) § 5.

Reichsbank (§ 325 Abs. 7), mit der sie im Giroverkehr stehen. Die nachgewiesenen Guthaben bilden einen Teil des Barbestandes dieser Kassen.

Zur **Aufsicht über die Kassenverwaltung** sind für die einzelnen Kassen **Kassenkuratoren** bestellt.[21]) Zur Überwachung finden **Kassenrevisionen** statt, die ordentlichen in der Regel monatlich an bestimmten Tagen, die außerordentlichen (extraordinären) mindestens einmal jährlich zu unvermuteter Zeit.[22])

§ 123.

3. **Das Rechnungswesen.** Die Rechnung zeigt, wie sich nach Ablauf des Jahres der Plan erfüllt hat, der vor dessen Beginn im Voranschlage aufgestellt war. Das Voranschlagsjahr ist deshalb zugleich das Rechnungsjahr; die Titel des Voranschlags sind auch die der Rechnung. Die letztere fügt dem voranschlagsmäßigen „Soll" das „Ist" hinzu und ergibt dadurch am Schlusse des Rechnungsjahres[1]) neben den erwachsenen Beständen oder Vorschüssen auch die den festen Voranschlagsätzen gegenüber gemachten Ersparungen oder Überschreitungen und verbliebenen Einnahme- und Ausgabereste.[2]) Die Entlastung (Decharge) der Rechnungen der einzelnen Staatskassen erfolgt, soweit sie nicht den Verwaltungsbehörden überlassen ist, durch die Oberrechnungskammer (Abs. 3). Voraussetzung ist, daß Ausstellungen (Monita) nicht zu machen oder daß diese erledigt sind.

Aus den Einzelrechnungen über die einzelnen Verwaltungen wird die allgemeine Rechnung über den Staatshaushalt jedes Jahres vom Finanzminister zusammengestellt und mit einer Übersicht der Staatsschulden und den Bemerkungen der Oberrechnungskammer (Abs. 3) dem Landtag zur Entlastung der Staatsregierung vorgelegt.[3])

Den Mittelpunkt für die Rechnungslegung bildet die **Oberrechnungskammer**. Sie wurde 1717 zur selbständigen Überwachung der gesamten

---

[21]) KO. 19. Aug. 23 (GS. 159) Nr. 1c. — Bei den Regierungshauptkassen steht die Kuratel den Präsidenten, die besondere Aufsicht den Kassenräten zu § 57 Anm. 18. Kuratoren der Kreiskassen sind regelmäßig die Landräte, Gesch.Anw. 5. Feb. 95.

[22]) KO. 19. Aug. 23 (GS. 159), (der daselbst vorgeschriebene Zeitraum ist das Voranschlagsjahr StBM. 21. März 79 FMB. 100), die Minister können von der Vorschrift der gleichzeitigen Revision der an demselben Orte befindlichen Kassen entbinden, auch statt der einmonatlichen die zwei- oder dreimonatliche Revision anordnen KO. 19. Nov. 92 (MB. 321). — Einf. in die neuen Provinzen V. 7. März 68 (GS. 232). — Revision der Reg.hauptkassen § 57 Anm. 18, ordentliche u. außerordentliche der Kreiskassen zwei Anw. 2. Jan. 09.

[1]) § 122 Anm. 14 d. W.

[2]) Einnahmereste werden als solche in der Jahresrechnung nachgewiesen und für das nächste Jahr in Solleinnahme gestellt StHG. (§ 121 Anm. 9) § 42; Ausgabereste werden unter Zurückbehaltung der erforderlichen Beträge gleichfalls für das nächste Jahr — doch nur für dieses — in Sollausgabe gestellt. Weiter am Jahresschlusse verbleibende Bestände gelten als erspart mit Ausnahme der Bau- und derjenigen Fonds, für die die Übertragbarkeit im Einzelvoranschlag besonders ausgesprochen ist das. § 43—46 u. 13 Abs. 2. — Vereinfachung der Rechnungslegung u. Justifikation Vorschr. der ObRKam. 3. Juni 05 (MB. 06 S. 175).

[3]) VU. Art. 104 Abs. 2. — StHG. (§ 121 Anm. 8) § 47, 52—54.

Staatswirtschaft durch Prüfung der Rechnungen und der von den Behörden angewendeten Verwaltungsgrundsätze gegründet und bildete im absoluten Staate eine Verwaltungsstelle, die nur zur Überwachung der Behörden bestimmt war. Seit Erlaß der Verfassung hat sie auch die verfassungsmäßige Überwachung der Staatsrechnung durch den Landtag zu unterstützen und vorzubereiten und ist dieserhalb durch Gesetz als selbständige, dem König unmittelbar untergeordnete Behörde eingerichtet.[4]) Ihre Mitglieder dürfen nicht Mitglieder des Landtags sein und sind rechtlich, insbesondere in Bezug auf ihr Disziplinarverhältnis den richterlichen Beamten gleichgestellt.[5]) Die Oberrechnungskammer hat die Rechnungen über den Staatshaushalt zu prüfen und festzustellen und die Ab- und Zugänge im Staatseigentum, sowie die Verwaltung der Staatsschulden zu überwachen. Neben der gehörigen Belegung der Rechnungen hat sie auch die Beobachtung der maßgebenden Vorschriften und Verwaltungsgrundsätze und die etwaige Notwendigkeit ihrer Abänderung zu prüfen. Dabei sind ihr alle Provinzial- und Ortsbehörden in Angelegenheiten ihrer Verwaltung untergeordnet.[6]) Außerdem hat sie die allgemeine Rechnung über den Staatshaushalt, bevor sie dem Landtage vorgelegt wird (Abs. 2), mit ihren Bemerkungen bezüglich der Richtigkeit und Voranschlagsmäßigkeit zu versehen.[7])

III. Staatsvermögen.

1. Staatsvermögen überhaupt.

§ 124.

Der Staat in seinen auf privatrechtlichem Gebiete liegenden Vermögensverhältnissen heißt **Fiskus**[1]) und ist als solcher den Vorschriften des Privatrechts und dem Urteilsspruche der Gerichte in derselben Weise

[4]) Das. u. G. 27. März 72 (GS. 278); Geschäftsgang das. § 7, 8 u. Regul. 22. Sept. 73 (GS. 458), ergänzt (§ 5) AE 11. Mai 77 (GS. 130), (§ 6) 27. Juli 74 (GS. 294), (§ 7, 24, 28, 35) 28. Mai 12 (GS. 9.), daneben steht die Instr. 18. Dez. 24 (KA. IX 2) noch teilweise in Geltung, nach der die Oberrechnungskammer auch auf ergiebige Gestaltung der Einnahmen u. sparsame Verwaltung der Ausgaben hinzuwirken hat (die hauptsächlich in Betracht kommenden § 3 u. 10 sind MB. 1912 S. 302 abgedruckt). — Hertel, d. pr. Ob.-Rechnungskammer (Berl. 83 mit Ergänzungsheft 90).

[5]) G. 72 § 2—6 nebst G. 9. April 79 (GS. 345) § 8 u. 14. An der Spitze stehen der Präsident und mehrere Direktoren, deren einer den Titel Vizepräsident führt. Die Mitglieder heißen zu $^2/_3$ Geheime Oberregierungs- und $^1/_3$ Geheime Regierungsräte mit dem Range der 2. und 3. Klasse AE. 8. Okt. 68 (GS. 69 S. 961) und 15. April 94 (GS. 33).

[6]) VU. Art. 104 u. G. 72 § 9—17 (zwecks Entlastung der ObRK. ist § 11 neu gefaßt u. § 17a zugefügt G. 22. März 12 GS. 29 Art. I); AusfBest. 6. Juni 12 (MB. 296).

[7]) VU. Art. 104 u. G. 72 § 18 u. 19 (§ 19 ist erg. u. § 18a zugefügt, wie vor. Anm.) Der Oberrechnungskammer werden dieserhalb die Übersichten der im Jahre stattgehabten Einnahmen u. Ausgaben u. die von den Kassen gelegten u. von den zuständigen Behörden vorgeprüften (abgenommenen) Kassenrechnungen eingereicht StHG (§ 121 Anm. 8) § 47 bis 51. — Wirksamkeit im Reiche § 174 Abs. 4 d. W.

[1]) In weiterer Bedeutung ist der Fiskus der Staat als Träger aller Finanz-

unterworfen, wie jeder Privatmann.[2]) Die früheren Vorrechte des Fiskus sind fast ausnahmslos beseitigt.[3]) Seine Befreiung von Staatsteuern,[4]) Stempel (§ 155 Abs. 2) und Gerichtskosten (§ 192 Abs. 3) bildet kein Vorrecht, sondern folgt aus der Vereinigung des Berechtigten mit dem Verpflichteten in einer Person.

Die einzelnen Gegenstände des Staatsvermögens dienen entweder allgemeinen staatlichen Zwecken, wie die öffentlichen Straßen, Flüsse und Häfen, und die Dienstgebäude (Verwaltungsvermögen), oder sie sind lediglich oder doch vorwiegend zur Gewinnung von Staatseinnahmen bestimmt (Finanzvermögen).[5]) Erstere fallen unter die Verwaltungszweige, denen

---

rechte, auch der auf staatsrechtlichem (staatshoheitlichem) Titel beruhenden; er wird nach dem betreffenden Verwaltungszweige als Militär-, Domänen- oder Steuerfiskus bezeichnet. — Das LR. (II 14 § 1) bezeichnet ihn zu eng (nur im objektiven, nicht im subjektiven Sinne als „Gesamtheit der Staatseinkünfte".

[2]) LR. II 14 § 76, 77, 81, 82 u. G. 30. Jan. 77 (RGB. 244) § 4. — Die Unterstellung unter das Privatrecht ist deutschrechtlich, während das englische u. französische Recht (nach Vorgang des römischen) dem Staate auch in vermögensrechtlicher Beziehung den öffentlichrechtlichen Charakter beilegen. — Der Fiskus stellt mit seinen Verwaltungsstellen (fiskalischen Stationen) nur eine Rechtsperson dar PlBOT. 20. Okt. 50 (Entsch. XX 19), OV. (XXXV 294), Abweichung § 122 Anm. 18, Erbrecht und Aneignungsrecht § 134 u. Vereinsvermögen § 249 Anm. 13, Funderlös § 262 d. W Haftung des Fiskus für seine Vertreter (Beamten) § 64 d. W. Sein Gerichtsstand wird durch den Sitz der ihn vertretenden Behörde bestimmt ZPO. § 17 bis 19. Vertretung in bürgerlichen Rechtsstreitigkeiten im Allg. Reg. Instr. 23 Okt. 17 (GS. 148) § 14, im Gebiet der Justizverwaltung § 198 Anm. 8. — Beurkundung der Grundübertragungsverträge durch eigene Beamte § 210 Anm. 3 und Befreiung von der grundbuchlichen Eintragung § 211 Anm. 2 d. W. Die Ressortchefs sind zum Erwerbe unbeweglicher Sachen ermächtigt und können diese Befugnis auf unterstellte Behörden übertragen AE. 30. März 86 (JMB. 97); letzteres ist geschehen im Geb. der Militärverw. AO. 30. April 87 (JMB. 211), der Eisenbahnverw. Bek. 5. Mai 86 (JMB. 139) u. der Bauverw. Bek. 11. Mai 86 (das. u. MB. 95). Der Finanzminister ist zur Veräußerung entbehrlicher Grundstücke der Steuerverwaltung ermächtigt AE. 4. Juli 68 (JMB. 94 S. 161) u. von Grundstücken, die kleiner als 1250 qm oder bei Grundstückserwerbungen über Bedarf angekauft sind AE. 1. Dez 08 (MB. 09 S. 2), desgl. der Justizminister 23. Feb. 11 (JMB 12 S. 67) u. der Kultusminister für Grundstücke mit Taxwert bis zu 600 M. AE. 18. Juni 07 (ZBU. 508), § 382 Anm. 1 u. § 57 Anm. 3. — Bewertung der Staatspapiere bei Sicherheitsleistungen für Forderungen des Fiskus Vf. 21. Juli 06 (MB. 297). — Der Zwangsvollstreckung gegen den Fiskus hat ein Benehmen mit der Aufsichtsbehörde voranzugehen, preuß. GerO. I 35 § 33 u. Anh. § 242, EG. z. ZPO. (Fassung G. 17. Mai 98 RGB. 332 Art. II 3) § 15[3]; Vf. JustMin. 24. März 82 (JMB. 59).

[3]) Vorrechte in betreff der Einziehung vertragsmäßiger Forderungen, von denen die Erreichung bestätigter Voranschläge abhängt, der Zwangsverwaltung der Pachtstücke bei säumiger Pachtzahlung oder schlechter Wirtschaft und der Zwangsentfernung des Pächters nach abgelaufener Pachtzeit V. 26. Dez. 08 (GS. 17 S. 282) § 42[2—4] u. KO. 31. Dez. 25 (GS. 26 S. 5) D. XIIa; in betreff der Zahlungen § 122 Abs. 4 und der Steuerforderungen im Konkurse § 159 Abs. 4 d. W. — Sicherungshypothek EG. z. BGB. Art. 91.

[4]) Die Befreiung von Grund-, Gebäude- u. Gewerbesteuer ist gegenstandlos geworden, seitdem diese Steuern den Gemeinden überlassen sind (§ 140 Abs. 3 d. W.) und die Gemeindesteuerfreiheit fortgefallen ist § 80 Abs. 5.

[5]) Das LR., das in Teil II Tit. 14 die Staatseinkünfte und fiskalischen Rechte überhaupt u. in Tit. 15 u. 16 die einzelnen Rechte u. Regalien § 133 Anm. 1) behandelt, scheidet die zum allgemeinen

sie dienen, letztere bilden den Gegenstand der Finanzverwaltung und bestehen in Staatsgütern und Forsten (§ 125—128), in Kapitalfonds[6]) und gewerblichen Anlagen.[7]) Zu diesen gehört die Seehandlung (preußische Staatsbank). Sie wurde 1772 zur Belebung des darniederliegenden auswärtigen Handels gegründet, dann als selbständige Staatsanstalt neu eingerichtet,[8]) später jedoch dem Finanzminister untergeordnet.[9]) Sie ist zum Betriebe kaufmännischer Geschäfte und gewerblicher Unternehmungen ermächtigt.[10]) Diese Tätigkeit ist nach dem Erstarken der privaten Betriebe fast ganz geschwunden.[11]) Dagegen ist der Betrieb des Bankgeschäfts in den Vordergrund getreten[12]) mit der besonderen Aufgabe, den Staat auf dem Geldmarkte zu vertreten, die verfügbaren Staatsgelder unter Ausschluß aller Spekulationsgeschäfte für den Staatskredit nutzbar zu machen und diesen möglichst zu heben und zu sichern. Zu wirksamerer Erfüllung dieser Aufgabe ist — entsprechend dem Anwachsen der Großbanken — das Kapital der Seehandlung um 65 Millionen Mark erhöht,[13]) so daß es jetzt rund 100 Mill. Mark beträgt. Der Staatskasse fließt an Stelle der früheren festen Beträge der volle Jahresgewinn zu.[14]) Unter der Seehandlung stehen das königliche Leihamt[15]) und die Zentralgenossenschaftskasse (§ 327 Abs. 1).

2. Staatsgüter und Staatsforsten.[1])

§ 125.

a) **Geschichte.** Die Staatsgüter (Domänen, bis in das 18te Jahrhundert Kammergut genannt) nahmen in Deutschland an zwei verschiedenen Stellen ihren Ausgangspunkt. Die Landesherren befanden sich im privat-

Gebrauche zugelassenen Vermögensgegenstände als „gemeines Gut" (II 14 § 21) von dem übrigen „besonderen Staatseigentum" (das. § 11). — Staatsbauten § 277, Dienstwohnungen § 72 Abs. 1 d. W.

[6]) Diese sind, nachdem unter Aufhebung des früheren Staatsschatzes (§ 130 Anm. 1) G. 18. Dez. 71 (GS. 593) ein Reichskriegsschatz gebildet ist (§ 175 Abs. 3 d. W.), nur noch von untergeordneter Bedeutung. — Der vormalige Kurhessische Hausschatz ist auf den Staat übergegangen G. 16. März 81 (GS. 140).

[7]) Die wichtigsten sind die Staatseisenbahnen und die staatlichen Bergwerke, Hütten u. Salinen. Beide gehören, weil sie neben den fiskalischen auch öffentliche Interessen verfolgen u. mit der Privatindustrie in engster Verbindung stehen, in die Wirtschaftspflege (§ 332—336 und 385—388 d. W.). Gleiches gilt von der königl. Porzellanmanufaktur (§ 363 Abs. 2). — Auf das Reich übergegangen sind die Staatsdruckerei (§ 175 Abs. 2) und die Bank (§ 328 Abs. 6).

[8]) KO. 17. Jan. 20 (GS. 25).

[9]) AE. 17. April 48 (GS. 109) Nr. II 2.

[10]) KO. 14. Feb. 45 (GS. 98).

[11]) Zur Zeit besitzt die Seehandlung nur noch die Bromberger Mühlen u. die Flachsgarn-Maschinenspinnerei in Landshut.

[12]) Bedingungen für Aufbewahrung von Wertpapieren Bf. 4. Nov. 99 (MB. 190).

[13]) G. 4. Aug. 04 (GS. 238).

[14]) Aufführung im Staatshaushaltsvoranschlag G. 11. Mai 98 (GS. 77) § 6. Der Gewinn betrug (1913) 5,1 Mil. M.

[15]) § 327 Anm. 5.

[1]) Unter Domänen i. w. S. werden alle nutzbaren Vermögensstücke und Rechte des Staates, i. e. S. nur dessen Feldgüter verstanden. — Das besondere Recht der Domänen (LR. II 14 § 16—20 u. 36 bis 43), das in die neuen Landesteile eingeführt ist, gehört dem öffentlichen Recht an u. wird durch das BGB. nicht berührt. Forstwirtschaft u. Forstpolizei § 353 u. 354, Gemeinde- und Anstaltsforsten § 79 Abs. 1 u. § 353 Abs. 4 d. W. — Ölrichs, Domänenverwaltung des preuß. Staates

rechtlichen Besitze umfangreicher Güter, die sie durch Kauf, Erbschaft und andere privatrechtliche Erwerbsarten weiter vermehrten. Andererseits traten die früher den Landesherren in ihrer Eigenschaft als Reichsbeamte überwiesenen Reichsgüter und alle später durch Eroberung, Mediatisierung, Säkularisation[2]) und andere staatsrechtliche Titel erworbenen Güter hinzu. Beide Teile des Kammergutes waren nicht voneinander geschieden. Es bedurfte auch solcher Scheidung nicht, so lange aus ihnen alle Kosten des Hofhalts und der Landesverwaltung gedeckt werden konnten. Als aber hierzu unter Bewilligung der Landstände Steuern erhoben werden mußten, die in eine besondere, von der Kammerkasse getrennte Landkasse flossen, trat das Kammergut in eine Mittelstellung zwischen das reine Privatvermögen des Fürsten und das Landesvermögen. Die Landstände beanspruchten nunmehr eine Mitwirkung bei seiner Verwaltung, die die Landesherren wegen des gemischten Charakters dieses Gutes nicht zugestehen wollten. Die Frage, die seit Einführung der Verfassungen noch brennender geworden ist, wurde meist erst nach längeren Kämpfen zum Austrag gebracht.[3])

In **Preußen** wies das LR. das Eigentum an den Domänen dem Staate, ihre Benutzung aber dem Oberhaupte zu.[4]) Bereits 1713 war der Grundsatz der Unveräußerlichkeit ausgesprochen und damit die Eigenschaft als Staatseigentum anerkannt. Hiervon mußte zwar in den Unglücksjahren 1806/7 abgewichen werden; die Veräußerung wurde aber nur gegen Schadloshaltung und nur insoweit für zulässig erklärt, als die Staatsbedürfnisse und das Interesse des Königl. Hauses sie notwendig oder vorteilhaft erscheinen ließen.[5]) Abgesehen von dem Vorbehalt in betreff des Königl. Hauses ist dieser Grundsatz auch auf die später hinzugetretenen Domänen ausgedehnt.[6]) Bei Regelung des Staatsschuldenwesens wurde das Königl. Haus (Kronfideikommißfonds) mit einer Rente von 7719296 M.

(4. Aufl. von Günther Bresl. 04). Staatsforstverwaltung, Bearb. der Gesetzgebung in Schulz, Forstwirtschaft (Berl. 03) Nr. II, ferner Schlieckmann, 3. Aufl. Berl. 00 und v. Hagen, die forstlichen Verhältnisse Preußens (3. Aufl. v. Donner Berl. 94 u. Erg. 01).

[2]) Einziehungen geistlicher Güter fanden infolge der Reformation u. des Reichsdeputationshauptschlusses (§ 5 Anm. 2 d. W.) statt. Für Preußen Ed. 30. Okt. 10 (GS. 32).

[3]) Hierbei sind drei Wege eingeschlagen. Während in den größeren Staaten (Preußen, Bayern, Württemberg, Sachsen) das seit dem 18. Jahrhundert als Domänen bezeichnete Kammergut als Staatsgut unter Überweisung einer Rente (Zivilliste) an den Landesherrn anerkannt wurde, ist es in einigen Staaten (Baden, Schw.-Rudolstadt u. Sondershausen, Reuß ä. u. j. L., beide Lippe u. Koburg) an die regierenden Familien als Eigentum unter Vorbehalt eines festen Beitrags zur Landesverwaltung überwiesen und in anderen (Hessen, Oldenburg, S.Gotha, S.Meiningen, S.Altenburg, Anhalt, Waldeck) zwischen Herrscherhaus u. Landeskasse geteilt worden. — In beiden Mecklenburg, S.Weimar, Braunschweig u. Waldeck besteht der ältere Zustand noch fort.

[4]) LR. II 14 § 11.

[5]) Ed. u. Haus-G. 6. Nov. 09 (GS. 1806/10 S. 604). LR. II 14 § 16—20.

[6]) Durch Säkularisation erworbene Domänen Dekl. u. V. 6. Juni 12 (GS. 108), Domänen in den neu und wieder erworbenen Landesteilen V. 9. März 19 (GS. 73), in den 1866 erworbenen Provinzen V. 5. Juli 67 (GS. 1182) § 1.

auf die Domänen angewiesen. Diese selbst wurden den Staatsgläubigern als Sicherheit bestellt (§ 130 Abs. 2) und damit als Staatsgut anerkannt.[7]) — Letzteres gilt auch in betreff der 1866 erworbenen Provinzen,[6]) in denen die früheren Herrscher durch besondere Entschädigungen abgefunden worden sind.[8])

§ 126.

b) **Veräußerung.** Für die Frage, ob eine Veräußerung des staatlichen Domänen- und Forstbesitzes[1]) angemessen sei, kommen neben den rechtlichen[2]) und finanziellen auch volkswirtschaftliche Rücksichten in Betracht.

In betreff der Staatsforsten ist sie jedenfalls zu verneinen. Bei der hohen Bedeutung der Erhaltung eines angemessenen Waldbestandes und der nur in beschränktem Umfange möglichen Einwirkung auf Gemeinde- und Privatforsten (§ 353 Abs. 3) muß der Staat auch unmittelbar eingreifen, indem er die vorhandenen Forsten zu erhalten und sie — wie es seit 1846 regelmäßig geschieht — durch Ankauf und Aufforstung geeigneter Flächen (Berghänge, Heide- und Ödland) zu erweitern sucht. Veräußerungen sind deshalb nur angezeigt, wo es sich um kleinere, unwirtschaftlich belegenen Flächen handelt, oder in der Nähe größerer Ortschaften ungewöhnlich hohe Preise zu erzielen sind.

Bestrittener ist die Frage in betreff der Feldgüter. Für ihre Veräußerung wird der finanzielle Grund angeführt, daß bei Verwendung des Erlöses zur Schuldentilgung an Verwaltungskosten gespart und eine höhere Rente erzielt werde. Diesem Gewinne steht aber der Vorteil gegenüber, den das Steigen der Grundrente und die höhere Sicherheit jeder Kapitalanlage in Grund und Boden gewährt. In volkswirtschaftlicher Beziehung wird dann darauf hingewiesen, daß die Staatsgüter bei

[7]) V. 17. Jan. 20 (GS. 9) Nr. III, bestätigt VU. Art. 59. — Der Mehrbetrag der heutigen Zivilliste (§ 39 Abs. 4 d. W.) erfolgt aus den allgemeinen Staatseinkünften. — Diese Verpfändung ist mit Abtragung der älteren Schulden (1899) gegenstandlos geworden § 130 Anm. 3 d. W.

[8]) Die Abfindung des vorm. hann. Königshauses (Welfenfonds) war mit Rücksicht auf dessen feindliche Haltung mit Beschlag belegt. Diese Beschlagnahme ist aufgehoben G. 10. April 92 (GS. 79). Die gleiche in betr. des vormaligen Kurfürsten v. Hessen ergriffene Maßregel ist mit dessen Tode fortgefallen G. 26. Juli 75 (GS. 583). — Vorm. kurhess. Fideikommißvermögen § 124 Anm. 6. — Schadloshaltung des herz. Schl.-Holsteinischen Hauses G. 1. April 85 (GS. 98), des herzogl. Hauses Schl.-Holst.-Sonderburg-Augustenburg G. 27. April 05 (GS. 219).

[1]) Bedingungen der Veräußerung Vf. 27. April 65 (MB. 294), erg. 23. Juni 78; der Lizitation Vf. 4. Juni 69 (MB. 296), Zuständigkeit Vf. 16. April 70 (MB. 147), erweitert 4. Nov. 04 (MB. 271); Voraussetzungen des freihändigen Verkaufs Vf. 12. Feb. 38 (KA. XXII 36). — Patronatrechte werden nicht mit verkauft Bef. 9. Jan. 12 (GS. 3). — Der Erwerb durch Domänen- u. Forstbeamte des Bezirks fordert höhere Genehmigung Bef. 29. Feb. 12 (GS. 16), KO. 5. Sept. 21 (GS. 158).

[2]) Eine Mitwirkung des Landtags — wie sie andere Verfassungen vorsehen — ist in Preußen nicht ausgesprochen; sie kann indes bei der Ausgabenbewilligung (§ 121 Abs. 4 d. W.) ausgeübt werden.

ihrem Übergang in Privatbesitz besser bewirtschaftet werden können, auch bei Vermehrung der kleineren Betriebe die Ansiedelung kleiner Besitzer und die Schöpfung oder Hebung des Bauernstandes ermöglichen würden.[3]) Andererseits bietet ein ausgedehnter Grundbesitz nicht nur der Staatswirtschaft ein sicheres Rücklagekapital, sondern kommt dem Staate auch bei Erfüllung sonstiger Aufgaben (landwirtschaftlichen Lehr- und Versuchsanstalten, Meliorations-, Pferdezuchtanlagen u. dgl.) zu statten. Hiernach ist abgesehen von dem Falle der Not der Verkauf der vorhandenen Staatsgüter der Regel nach nicht zu empfehlen und nur ausnahmsweise da zuzulassen, wo die Beibehaltung eines Staatsgutes mit Schwierigkeiten verknüpft ist, oder sein Verkauf unter besonders günstigen Bedingungen bewirkt werden kann. Zweckentsprechend ist jedenfalls der Verkauf vereinzelt liegender Grundstücke (Streuparzellen), deren Verwaltungskosten meist zu dem Werte in keinem richtigen Verhältnisse stehen.

Aus letzterem Grunde empfiehlt sich auch die Ablösung der auf dem Staatsgute ruhenden Lasten und Abgaben. Die preußische Regierung hat sie sowohl im Interesse der Befreiung des Grundeigentums als in dem der Vereinfachung der Verwaltung fortgesetzt betrieben. Neben der allgemeinen Gesetzgebung (§ 338) sind mehrfach besondere Gesetze für die Staatsgüter und Staatsforsten ergangen.[4]) Auch die Lasten, bei denen der Fiskus als Berechtigter erscheint, sind großenteils abgelöst.

§ 127.

c) **Bewirtschaftung.**[1]) Die Forsten werden vom Staate unmittelbar bewirtschaftet.[2]) Die Geschäfte der Forstverwaltung umfassen neben der

---

[3]) Die Ansiedelung deutscher Bauern und Arbeiter in den Provinzen Westpreußen und Posen (§ 343 Anm. 9) verfolgt politische Zwecke; dasselbe gilt von der Bereitstellung von 150 Mil. M. zur Erwerbung von Domänen u. Forsten in diesen Prov. G 1. Juli 02 (GS. 234) Art. II, § 1 erg. G. 20. März 08 (GS. 29) Art. II u. 28. Mai 13 (GS. 269) Art. II. — Neuerdings sind auch im Interesse der inneren Kolonisation (§ 343 Abs. 2) eine Mehrzahl von Staatsgütern aufgeteilt.

[4]) Holz- u. Kohlennutzung im Oberharze V. 14. Sept. 67 (GS. 1621). Fixierung der Bauholzabgaben in den vorm. Prov. Hanau u. Fulda auf die Gemeinden G. 6. Juli 73 (GS. 350); Abstellung des Besoldungsholzes für Dorfschulzen in Hessen G. 1. April 75 (GS. 197).

[1]) Reg. Instr. (§ 57 Anm. 2) § 20, 21; Zwangsbefugnisse § 57 Anm. 3 d. W. Anwendung der altpreußischen Einrichtungen in den neuen Provinzen V. 4. u. 5. Juli 67 (GS. 1129 u. 1183). — Kommunalsteuerpflicht § 80 Anm. 20. — Veröffentlichungsblatt § 337 Abs. 3 d. W. — Ertrag der Domänen (1913) 18,8 Mil. M. (39 je ha) der Forsten 82,7 Mil. M. Die Fläche betrug 1913 an Domänen (1044 Vorwerke) 436 247 ha, an Forsten 3 Mil. ha. Dazu treten die kleineren Güter und Streuparzellen, die Fischereien u. in Schl.-Holstein die Austernbänke, die Gefälle u. die durch Ablösung (§ 126 Abs. 4 d. W.) oder durch Rentengutsbildung (§ 343 Abs. 4) entstandenen Domänenamortisationsrenten, die Weingüter (Ausbild. u. Anstell. d. mittler. techn. Beamt. Vf. 11. Juni 05 LMB. 198) und die Mineralbrunn. u. Bäd. (§ 268 Abs. 3 d. W.). — Unter den größeren Staaten besitzt Preußen die meisten Domänen. In England und Frankreich ist der Domänenbesitz bedeutungslos.

[2]) Hierbei sind die allgemeinen Grundsätze des Forstwirtschaftsbetriebes (§ 350 Abs. 2 d. W.) maßgebend.

Beschreibung der Forsten (Statistik, Vermessung, Kartierung und Abschätzung)[3]) den Waldbau, den Forstschutz[4]) und die Forstnutzung. Letztere geschieht in der Regel durch Versteigerung.

Die Nutzung der Staatsgüter erfolgt dagegen der Regel nach durch Verpachtung größerer Gutsgebiete auf 18 Jahre. Dem Pächter ist dabei in der Wahl der Bewirtschaftungsart ziemlich freie Hand gelassen. Das Pachtjahr beginnt mit dem 1. Juli. Dabei bildet das öffentliche Meistgebot mit Auswahl unter den drei Bestbietenden, sowie die Beschaffung des Inventars durch den Pächter die Regel.[5]) Auch die mit dem Grundbesitze verbundenen besonderen Nutzungen (Jagd,[6]) Fischerei) und dergl. werden der Regel nach meistbietend verpachtet.

§ 128.

d) **Verwaltungsorgane.**[1]) Die oberste und die Provinzialverwaltung erfolgt durch das landwirtschaftliche Ministerium (§ 51) und durch die Finanzabteilungen der Regierungen. Für die technische Bearbeitung der Forstsachen sind berufsmäßig ausgebildete Forstbeamte bestellt. Im Ministerium sind unter einem Oberlandforstmeister mehrere Landforstmeister, bei den Regierungsabteilungen Oberforstmeister als Mitdirigenten und Forsträte als Mitglieder angestellt. Letztere verwalten gleichzeitig Forstinspektionsbezirke und führen in diesen die Aufsicht über die Oberförster und die Überwachung des Forsthaushalts.[2]) — Die Oberförster sind die forstlichen Ortsverwaltungsbeamten.[3]) — Alle diese Stellungen setzen neben der praktischen eine wissenschaftliche Vorbildung und das Bestehen zweier Prüfungen voraus. Nach der ersten (Tentamen)

[3]) Anleitung zur Waldwertberechnung Vf. 24. Mai 86 (MB. 244) u. 18. Sept 06 (LMB. 299). — Anw. der neuen Maße und Gewichte Vf. 30. Okt. 69 (MB. 70 S. 141). — Forstlich phänologische Beobachtungen Vf. 5. Feb. 85 (MB. 36).

[4]) Ausführung des Forstpolizeigesetzes (§ 354 d. W.) in Staatsforsten Vf. 29. Mai 80 (MB. 190).

[5]) Die Verpachtung findet sich seit dem Ersatz der Natural- durch die Geldwirtschaft, zuerst in dem wirtschaftlich entwickelteren Westen (Kleve 1557), im folgenden Jahrhundert auch in den Marken angewendet. — Pachtvertrag § 347 Abs. 3; allgemeine Bedingungen der Domänenverpachtung 1. März 00 nebst Bietungsregeln, wonach dem Min. die Auswahl unter den 3 Bestbietenden vorbehalten ist. — Grundsätze f. die ausnahmsweise freihändige Verpachtung von Domänen- und Forstgegenständen Vf. 3. Juni 77 (MB. 178) u. 5. Sept. 81 (MB. 222). — Normalentwurf für Bodenverbesserungsverträge Vf. 25. März u. 10. Mai 11 (LMB. 108 u. 147) Förderung durch den Staat § 344 Anm. 11 d. W. — Zur Erfüllung der Versicherungspflicht besteht ein Feuerschadenfonds für Ost- und Westpreußen, Pommern, Brandenburg und Sachsen. — Verdienten Domänenpächtern werden die Titel „Oberamtmann“ und „Amtsrat“ verliehen.

[6]) Bedingungen Vf. 23. Mai 06 (LMB. 247); Administration in den Forsten Gesch. Anw. (§ 128 Anm. 3) § 68 Vf. 7. April 09 (LMB. 185) u. 28. Juli 10 (LMB. 240).

[1]) § 127 Anm. 1 d. W.

[2]) § 57 Abs. 5 d. W. Vf. 26. März 34 (KA. XVIII 37). Uniform § 70 Anm. 48, Dienstwohnungen § 72 Anm. 4 d. W.

[3]) GeschAnw. 4. Juni 70 (MB. 71 S. 69), § 35 neugefaßt Vf. 17. Jan. 05 (LMB. 69). Schreibdienst Vf. 26. Feb. 13 (LMB. 110). Rang und Titel als Forstmeister § 70 Anm. 22 und 33 d. W. — Forstkassenrendanten § 122 Anm. 5.

wird der Forsteleve zum Forstreferendar, nach der zweiten (Staatsprüfung) zum Forstassessor ernannt.[4]) Die wissenschaftliche Ausbildung erfolgt auf den Forstakademien in Eberswalde und Münden.[5])

Unter den Oberförstern stehen die Forstschutzbeamten (Revierförster, Hegemeister, Förster, Waldwärter und Forsthilfsaufseher).[6]) Die Forstanstellungsberechtigung wird durch Militärdienst im Jägerkorps, praktische Beschäftigung und Unterweisung und das Bestehen zweier Prüfungen (der Jäger- und der Försterprüfung) erworben.[7])

Die Staatsforstbeamten dürfen Grundstücke, die in ihren Revieren Berechtigungen besitzen oder an sie angrenzen, nur mit Ministerialgenehmigung erwerben.[8]) Sie haben neben den allgemeinen Rechten der Beamten[9]) das

[4]) Best. 19. Feb. 08 (s. LMB. 119), erg. (§ 10[9], [10], 12[3], 15 Abs. 3) Bf. 27. Juli 11 (das. 202). — Anwärter für die Oberförsterstellen sind auch die Feldjäger, die für den höheren Felddienst ausgebildet werden, aber bis zur Anstellung dem Heere als Offiziere angehören und zum Kurierdienst beim auswärtigen Amt und den Botschaften im Auslande oder auf Reisen des Kaisers verwendet werden. Während ihnen seither eine bestimmte Zahl von Oberförsterstellen vorbehalten war, werden sie von 1914 ab unter Berücksichtigung der Militärdienstzeit wie die Zivilanwärter nach dem Zeitpunkt des Bestehens der Staatsprüfung angestellt. Dienstvorschr. 30. Nov. 99 u. AE. 17. Juni 10 (LMB. 187).

[5]) Satz. 8. März 08. Im Anschluß an die Akademien ist das forstliche Versuchswesen eingerichtet Bf. 14. März 72 (MB. 123) u. 31. Dez. 85 (MB. 86 S. 8). Elf.Lothringen, Mecklenburg-Schwerin, Oldenburg u. Anhalt haben sich den preußischen Anstalten angeschlossen, Bayern, Württemberg, Sachsen, Baden u. Braunschweig besitzen ähnl. Einrichtungen.

[6]) Stellung als Hilfsbeamte der Staatsanwaltschaft § 234 Anm. 3. — Instr. f. Förster 23. Okt. 68 (MB. 79 S. 95), § 12 Abs. 1 aufgeh. Bf. 27. März 96 (MB. 74) § 30, 31, 33, 34 geändert Bf. 11. März 01, § 37 Bf. 12. Jan. 00 (MB. 128), § 65 Abs. 2 Bf. 12. Mai 06 (MB. f. Landw. 247). — Das Oberverwaltungsgericht erklärt die Forstbeamten als Beamte der Jagdpolizei, auch außerhalb des Dienstbezirks für zuständig, dieses jedenfalls für in diesem Bezirke begangene Straftaten u. bei Gefahr im Verzuge (XXXII 436); das Kammergericht hält sie dagegen kraft eigener Befugnis zur Verfolgung der außerhalb ihres Schutzbezirks begangenen Straftaten nicht für befugt Bf. 24. Feb. 00 (MB. 101); doch können sie solche innerhalb ihres Schutzbezirks verfolgen RGer. 30. Okt. 03 — Uniform u. Dienstwohnung wie Anm. 2, Musterentwurf für Försterhäuser Bf. 26. Jan. 10 (LMB. 99). Regulierung des Dienstlandes und der Dienstaufwandsentschädigung der Förster Bf. 7. Feb. 13 (LMB. 106). — Gemeindeforstbeamte § 79 Anm. 3, Forsthüter § 354 Abs. 5.

[7]) Best. 1. Okt. 05 (besonders gedruckt gem. LMB. 06 S. 78), geänd. (§ 2[3], [4]) 7. April 11 (LMB. 135), (§ 25 Abs. 2, 26 Abs. 4a u. b, 29 Abs. 2, 37 Abs. 2) Bf. 29. Okt. 06) das. 324). — Die Forstlehrlinge haben nach einjähriger praktischer Lehrzeit bei einem Oberförster während eines Jahres eine Forstlehrlingsschule zu besuchen. Solche bestehen in Margoninsdorf (RB. Posen), Steinbusch (RB. Frankfurt), Spangenberg (RB. Kassel) u. Hachenburg (RB. Wiesbaden) und (Privatforstbeamte) in Templin. Satzungen nebst Haus O. u. Vorschr. zur Verhütung anst. Krankheiten 19. Sept. 10 (LMB. 266), Lehrplan 24. Aug. 07 (das. 331). Vorschr. für die Jägerprüfung 25. Mai 06 (das. 220), erg. (§ 11 u. 13) Bf. 19. März 08 (das. 217), für die Försterprüfung 3. Feb. 87 (MB. 49), geänd. (§ 8 Abs. 1) Verf. 28. Okt. 02 (MB 215).

[8]) KO. 5. Sept. 21 (GS. 158).

[9]) § 69—75 d. W. Rang u. Uniform § 70, insbes. Anm. 22, 33, und 45, Dienstwohnung § 72 Anm. 4, Reise- u. Umzugskosten § 73 Anm. 1 und 2. — Unfallversicherung d. Forstarbeiter § 319 II, insbes. Anm. 25 d. W. Invalidenversicherung Bf. 27. November 99 (MB. 262). — Brandversicherungsverein f. preuß. Forstbeamte Bf. 12. Juli 80 (MB. 81 S. 28).

Recht zum Waffengebrauch[10]) und können ein für allemal gerichtlich beeidigt werden (§ 354 Abs. 8).

IV. Staatschulden.

1. Begriff und Arten.

§ 129.

Durch Aufnahme einer Staatschuld (Anleihe) wird die Ausgabe eines einzelnen Jahres auf eine Reihe von Jahren verteilt. Die Anleihe bildet sonach einen auf die Zukunft gezogenen Wechsel. Sie soll entweder das gestörte Gleichgewicht zwischen Ausgabe und Einnahme wiederherstellen (**Finanzschuld**), oder Eisenbahnen, Telegraphen, Kanäle, Stromregulierungen und ähnliche Anlagen ermöglichen, die wiedererzeugend wirken und dadurch ihre Kosten demnächst mittelbar oder unmittelbar zurückerstatten (**Anlageschuld**). Beide Schuldarten sind wesentlich voneinander verschieden. Die Finanzschuld hat den rein finanziellen Zweck, einen Fehlbetrag (§ 121 Abs. 3) zu decken; die Bedeutung der Anlageschuld liegt dagegen auf volkswirtschaftlichem Gebiete. Sie ist erst in neuerer Zeit entstanden und hat das Staatschuldenwesen in ein völlig verändertes Licht gerückt. So lange es nur Finanzschulden gab, durfte aus der Zunahme der Schulden ohne weiteres auf eine Verschlechterung der Finanzlage geschlossen werden.[1]) Seitdem aber die Staaten größere gewinnbringende und gemeinnützige Unternehmungen in den Bereich ihrer Tätigkeit gezogen und dieserhalb Anleihen aufgenommen haben, trifft dieser Schluß nicht mehr zu. Die Anlageschulden sind nicht mehr ein Zeichen finanzieller Schwäche, sondern umgekehrt eines gewissen Aufschwunges. Der Wohlstand eines Staates kann deshalb nicht mehr nach dem Stande seiner Schulden bemessen werden, es müssen diesen vielmehr zunächst die durch die Anlageschuld geschaffenen Werte gegenübergestellt werden. Aus gleichem Grunde ist die Zulässigkeit einer Schuld nicht mehr nach den beschränkten, für Finanzschulden maßgebenden Grundsätzen (§ 121 Abs. 3) zu bemessen, es muß vielmehr, wo es sich um Anlagen handelt, das Verhältnis ermittelt werden, in dem ihr Wert zu dem Preise der Anleihe steht.

Der Preis einer Anleihe findet seinen Ausdruck in der Höhe des **Zinses**, oder, wenn letzterer feststeht, des Kurses. **Kurs** ist der Verkehrswert, zu dem eine Schuld bei der ersten Begebung (Emission) oder bei einer späteren Übertragung gehandelt wird. Dieser braucht dem Nenn-

---

[10]) G. 31. März 37 (GS. 65) nebst KO. 6. Okt. 37 (GS. 38 S. 257), 21. Mai 40 (GS. 129), 19. Feb. 42 (GS. 111) u. 21. Aug. 55 (GS. 633); Instr. 17. April 37 nebst Vf. 14. Juli 97 (MB. 175) u. (Kommunal- u. Privatforstbeamte) 1. Sept. 97 (MB. 193). Einf. in die neuen Prov. V. 25. Juni 67 (GS. 921) Art. II F. Voraussetzung ist das Tragen der Uniform oder eines amtlichen Abzeichens OV. (LI 406). — Strafe d. Widersetzlichkeit StGB. § 117-119.

[1]) Noch Adam Smith prophezeite aus der wachsenden Staatschuld den Untergang aller Staaten (wealth of nations Buch 5 Kap. 3).

(Nominal)werte nicht zu entsprechen. Die Höhe des Kurses wird neben der Sicherheit der Anlage (Abs. 3) durch die Höhe des Zinsfußes bedingt. — Bei dauerndem Herabgehen des Zinsfußes kann der Staat die Anleihe kündigen und zu geringerem Zinssatze wiederbegeben (Schuldumwandlung, Konvertierung). — Konsolidation ist die Umwandlung mehrerer zu verschiedenen Zins- oder sonstigen Bedingungen ausgegebenen Anleihen in eine einzige, einheitlich gestaltete.

Der Zins wird um so niedriger sein, je größer die Sicherheit ist, die durch eine Anlage geboten wird. Diese Sicherheit gibt der Staatskredit. Er beruht auf der Annahme, daß ein Staat die übernommenen Verbindlichkeiten erfüllen könne und wolle, und gründet sich daher ebensosehr auf die Ordnung seines Haushaltes und die Ergiebigkeit seiner Hilfsquellen, als auf die politische Festigkeit seiner Stellung und die Gewissenhaftigkeit seines Auftretens.

Neben die verzinsliche tritt die unverzinsliche Schuld, wenn der Staat zur Ausgabe von Papiergeld (Staatsnoten) schreitet. Diese Staatsnoten sollen in gleicher Weise wie die Banknoten dem Bedürfnis nach bequemen Umlaufsmitteln entgegenkommen. Sonst sind beide wesentlich voneinander verschieden. Während die Banknoten der Regel nach durch Niederlegung entsprechender Werte sichergestellt (fundiert) und jederzeit einlösbar sind (§ 328 Abs. 4, 6 und 7), werden die Staatsnoten nur allgemein durch den Kredit und die Einnahmen des Staates verbürgt. Sie erscheinen also nur solange und insoweit gesichert, als dieser Kredit reicht und Staatseinnahmen für sie verfügbar sind. Ihre Einlösung durch Annahme als Zahlungsmittel bei den Staatskassen ist nur solange möglich, als Zahlungen an letztere zu leisten sind. Der Umstand, daß die Ausgabe von Papiergeld ein äußerst bequemes und vermöge der Zinsersparnis vorteilhaftes Mittel zur Geldbeschaffung ist, hat diese Grenze oft überschreiten lassen.[2])

Von der dauernden wird die schwebende Schuld unterschieden. Zu solcher wird die Finanzschuld, sobald sie durch bestimmt bevorstehende Einnahmen gedeckt werden soll, die nur wegen späterer Fälligkeit noch nicht zur Verwendung gelangen können oder unvorherzusehende Mehrausgaben

[2]) Frankreich machte den Anfang während der Revolution mit den Assignaten; andere Staaten folgten. Überall führte aber die übermäßige Ausgabe von Papiergeld zu dessen schneller Entwertung. Als die öffentlichen Kassen es nicht mehr aufnehmen konnten, vermochte auch der dem Papiergelde im allgemeinen Verkehre beigelegte Zwangskurs (Papierwährung) nicht zu verhindern, daß es nur mit Aufgeld (Agio) gegen vollwertige Zahlungsmittel eingetauscht werden konnte und neben empfindlichen Verlusten für die Besitzer auch die Erschütterung des Staatskredits zur Folge hatte. — Die vollwertige Einlösung des im Kurse gesunkenen Papiergeldes mittelst einer verzinslichen Anleihe heißt Aufnahme der Barzahlung. Mit dieser ist die nordam. Union 1878 u. Italien 1881 vorgegangen; dieses mußte die Einlösung jedoch 1894 wieder einstellen. Die Einlösung zum niedrigeren Kurse heißt Devalvation, wie sie Rußland (1897) u. Österreich vorgenommen haben. — Papiergeld im Reiche § 175 Abs. 6 d. W.

oder Mindereinnahmen auftreten. Ihre Begebung erfolgt mittelst laufender Kredite (Kontokorrente), wie sie in England und jetzt auch im deutschen Reiche (§ 171 Abs. 3) und in Preußen (§ 122 Abs. 4) durch die Bank, in Frankreich durch die mit der Hebung der Staatseinnahmen betrauten Generaleinnehmer gewährt werden, oder mittelst der in Deutschland und Österreich üblichen Schatzanweisungen, verzinslichen Schuldverschreibungen mit bestimmten kurzen Fälligkeitsterminen (§ 131 Abs. 3 und 175 Abs. 6). Diese werden als Schatzscheine bezeichnet, wenn der Zins — gleich dem kaufmännischen Wechseldiskont — schon bei der Ausgabe im voraus abgezogen wird. Die erstere Einrichtung ist vollkommener und vorteilhafter, da sie eine wiederkehrende regelmäßige Benutzung ermöglicht und größere Betriebsfonds entbehrlich macht. Andererseits setzt sie neben einem streng geordneten Finanzwesen das Vorhandensein einer größeren Kapitalmacht voraus, welche die Kredite jederzeit zu beschaffen vermag.

Neben der Aufnahme der eigenen Schulden kann der Staat zur Förderung gemeinnütziger Anlagen mit seinem Kredit auch anderen Unternehmern zu Hilfe kommen. Dies geschieht in der Form der Garantien, mittelst deren ein bestimmter Ertrag zugesagt und eintretendenfalls der erforderliche Zuschuß geleistet wird. Der Staatskredit erscheint hier als Bürge für den Privatkredit. Am ausgedehntesten sind die Garantien bei Eisenbahnanlagen angewendet worden.

2. Geschichte.

§ 130.

Schon seit dem Mittelalter waren von den Landesherren zu Lasten der Kammergüter (§ 125) Kammerschulden und von der Körperschaft der Landstände Landesschulden aufgenommen worden. Wenn diese Schulden auch im 18. Jahrhundert durch die steigenden Kosten der stehenden Heere und die Verschwendungssucht der Höfe vielfach eine bedenkliche Höhe erreichten, bewahrten sie doch den Charakter einer vorübergehenden Belastung. In Preußen führte in dieser Zeit die Sparsamkeit der preußischen Könige (§ 30 Abs. 3) umgekehrt zur Bildung eines Staatsschatzes, der im Frieden gesammelt wurde, um im Falle des Krieges außerordentliche Aufwendungen zu ermöglichen.[1])

Mit der französischen Revolution trat ein Umschwung ein. Diese und die sich anschließenden Kriege brachten so umfangreiche Anleihen und eine so erhebliche Ausgabe von Papiergeld[2]) mit sich, daß an eine alsbaldige Rückzahlung nicht mehr gedacht werden konnte. Um den gesunkenen Kredit wieder zu heben und die Gläubiger sicher zu stellen, schritten die Staaten schließlich zu einer allgemeinen Regelung des Schuldenwesens. In

[1]) Friedrich d. Gr. übernahm einen Schatz v. 9 Mil. Tlr. (1740) u. hinterließ einen solchen von 60 Millionen 1786). Reichskriegsschatz § 175 Abs. 3 d. W.

[2]) § 129 Anm. 2 d. W.

Preußen wurde diese erst 1820 möglich. Die Schulden wurden in einem Etat zusammengestellt und veröffentlicht und durch Verpfändung des gesamten derzeitigen Staatsvermögens, insbesondere der Domänen, Forsten und säkularisierten Güter sichergestellt.[3])

Bis zum Jahre 1848 wurde die Schuld durch regelmäßige Tilgung wesentlich gemindert, von da ab durch neue Anleihen, insbesondere durch fortgesetzte Aufnahme von Anlageschulden (§ 129 Abs. 1), und durch Übernahme der Schulden der 1866 erworbenen Landesteile[4]) wieder vermehrt. Diese neueren Schulden wurden nicht mehr durch Verpfändung sichergestellt; sie beruhen im Gegensatz zu den älteren Schulden nur auf dem allgemeinen Staatskredit. Die Staatsschuld ist seitdem fortgesetzt gestiegen und damit zu einer ständigen Einrichtung geworden. Da sie — im Gegensatz zur Privatschuld — unkündbar und in viele, leicht übertragbare Anteile zerlegt war, wurde sie gleichzeitig zu einem beliebten Mittel der Kapitalanlage, bei der die Rücksicht auf Rückzahlung gegen die auf einen bequemen und gesicherten Zinsgenuß zurücktrat. Dieser Entwickelung entsprach in Preußen die Konsolidation, welche die früher in 115 Titel zersplitterte Staatsschuld auf eine einheitliche Form zurückführte und damit die Kapital- in eine Rentenschuld umwandelte.[5]) Der dabei auf $4^1/_2$ v. H. festgesetzte einheitliche Zinssatz ist dann entsprechend dem Sinken des Zinsfußes wiederholt herabgesetzt, indem die späteren Anleihen zu dem niedrigeren Zinssatze von 4, $3^1/_2$ und 3 v. H. begeben und die Tilgung auf die höher verzinslichen Anleihen gerichtet wurde. Daneben wurden auch die letzteren mehrfach gekündigt und nur solchen Inhabern belassen, die sich mit dem niedrigeren Zinse einverstanden erklärten.[6]) Zugleich mit der Konsolidation trat an Stelle der Zwangstilgung — die auf 1 v. H. der ur-

---

[3]) G. u. Etat 17. Jan. 20 (GS. 9 u. 17) u. KO. 17. Juni 26 (GS. 57) Nr. I. — Die verzinsliche Schuld betrug damals 180, die unverzinsliche 11 Mil. Tlr. — Die dieserhalb angeordnete Kontrolle der Veräußerung von Domänen- u. Forstgrundstücken ist mit Rücksicht auf die fortgeschrittene Tilgung der älteren Schulden aufgehoben Vf. 6. Nov. 96 (JMB. 342).

[4]) G. 29. Feb. 68 (GS. 169), 11. Feb. 69 (GS. 355) u. (Frankfurt a. M.) 5. März 69 (GS. 379) § 2.

[5]) G. 19. Dez. 69 (GS. 1197). — § 129 Abs. 2 d. W. — Mit dem Ausdrucke Konsolidation (Konsolidierung) wird außerdem die Verwandlung einer schwebenden in eine bleibende oder einer Papiergeld- in eine verzinsliche Schuld bezeichnet. — Mittelst der zuerst in England und Frankreich angewendeten Rentenschuld wird nicht die Rückzahlung eines Kapitals, sondern die Gewährung eines festen Zinses zugesichert. Diese Form bezeichnet das Verhältnis der Unkündbarkeit besser, läßt den Unterschied zwischen Kurs und Nennwert verschwinden und gewährt dem Schuldenwesen des Staates ein übersichtlicheres und einheitlicheres Gepräge.

[6]) § 129 Abs. 2 d. W. Umwandlung der viereinhalbprozentigen Anleihe auf 4 v. H. G. 4. März 85 (GS. 55) und der vierprozentigen Anleihen auf $3^1/_2$ v. H. G. 23. Dez. 96 (GS. 269). — Die Umwandlung wird durch das BGB. nicht berührt EG. Art. 98. — Bei der Lage des Kapitalmarkts haben im Jahre 1908 die Anleihen des pr. Staates, wie die des Reichs wieder zu 4 v. H. begeben werden müssen; bei einer der preußischen Anleihen ist nach 10 Jahren ein allmähliges Herabgehen auf $3^1/_2$ v. H. vorgesehen (Staffelanleihe).

sprünglichen Schuld unter Herabsetzung der Tilgungsbeträge von 10 zu 10 Jahren festgestellt war[7]) — eine freie Tilgung, die nur aus den Überschüssen des Staatshaushalts erfolgen sollte, soweit der Voranschlag nicht anderweit über diese verfügt.[8]) Die neueste Gesetzgebung ist dann wieder zur festen Tilgung zurückgekehrt, um diese von den wechselnden Verhältnissen und Anschauungen und den schwankenden Erträgen der mit der Eisenbahnübernahme erheblich angewachsenen Betriebsverwaltungen unabhängig zu machen (§ 131 c). — Die Zielpunkte der Verwaltung in den letzten Jahrzehnten sind hiernach Vereinfachung der Schuld, eine dem Sinken des Zinsfußes entsprechende Herabminderung der Zinslast und eine regelmäßige angemessene Tilgung.

Neben dieser wirtschaftlichen erfolgte die **staatsrechtliche Entwickelung** des Staatsschuldenwesens. Schon bei seiner ersten Regelung[3]) war zugesagt, daß neue Anleihen nur mit Zustimmung und unter Mitgarantie der zukünftigen reichsständischen Versammlung aufgenommen werden sollten. Diese Verheißung ist erst durch die Verfassung erfüllt worden, nach der die Aufnahme von Anleihen und die Übernahme von Garantien zu Lasten des Staates nur auf Grund eines Gesetzes stattfinden.[9])

3. Aufnahme, Verzinsung und Tilgung.

§ 131.

Der Betrag der **preußischen Staatsschuld**[1]) hat sich während der letzten Jahrzehnte erheblich vermehrt, wird aber schon durch den Wert der Staatsbahnen gedeckt, so daß das übrige Staatsvermögen schuldenfrei erscheint. Die für die Verwaltung der Staatschulden maßgebenden Grundsätze[2]) betreffen deren Aufnahme, Verzinsung und Tilgung.

[7]) G. 17. Jan. 20 (GS. 9) § V—VII u. 24. Feb. 50 (GS. 57) § 7, 8. — Die Tilgung wird entweder zwangsweise im voraus durch Gesetz festgestellt oder frei nach der jeweiligen Finanzlage bemessen. Der Tilgungsbetrag wird im ersteren Falle in Hundertteilen der jeweiligen Schuld (meist $^1/_2$—2 v. H.) oder in einem festen, nach der ursprünglichen Schuld bemessenen u. gleichmäßig neben dem Zinse bis zur Tilgung fortgezahlten Betrage bestimmt. Dem Tilgungsfonds (sinking fund) fließen die ersparten Zinsen zu, so daß die Tilgung mit zunehmender Geschwindigkeit verläuft. Diese in England von Pitt (1816) u. Walpole geförderte u. auch anderwärts beliebte Einrichtung wurde in den dreißiger Jahren wieder verlassen. — Zorn, Tilgung der Staatsschulden (Tüb. 05).

[8]) G. 69 (Anm. 5) § 2 Abs. 1 u. 2.

[9]) VU. Art. 103. — § 37 Abs. 2 und § 1 Anm. 16 d. W. — Die Übersicht der Staatschulden ist alljährlich dem Landtage vorzulegen VU. Art. 104 Abs. 2.

[1]) Die **preußische Staatschuld** betrug (1913):

a) konsolidierte zu 4 v. H. 1428, zu 4 (später $3^3/_4$ u. $3^1/_2$) v. H. 210, zu $3^1/_2$ v H. 6078 u. zu 3 v. H. 1459,3 . . .	9175,3	Mil. M.
b) Schatzanweisungen .	635,0	„ „
c) Eisenbahnaktien und Obligationen . . .	88,4	„ „
d) vormals hannoversche	2,9	„ „
Zusammen	9901,6	Mil. M.
Davon entfallen auf die Bergverw. . . .	191,7	Mil. M.
auf die Eisenverw. .	7536,6	„ „
Die Hinterlegungsgelder (§ 209 Abs. 3 d. W.) betrugen . . .	49,6	„ „

[2]) Ausdehnung auf die neuen Provinzen § 130 Anm. 4 d. W.

a) Die Aufnahme erfolgt regelmäßig durch Ausgabe von Schuldurkunden (Obligationen), die auf den Inhaber lauten.[3]) Diese Schuldform war als die einfachere und beweglichere in Preußen nicht nur der in England und Frankreich üblichen Eintragung in ein Schuldbuch[4]) vorgezogen, sondern hatte auch die früher mehrfach angewendeten Schuldurkunden auf Namen vollständig verdrängt. Da aber die Inhaberpapiere geringere Sicherheit gegen Diebstahl und zufällige Verluste boten, ist eine zweite Form der Staatschuld zugelassen, indem alle konsolidierten Schuldverschreibungen bei der Schuldenverwaltung eingeliefert und durch Eintragung in ein Staatschuldbuch in gleichwertige Buchschulden auf den Namen eines bestimmten Gläubigers umgewandelt werden können.[5])

Bis 1867 wurden alle Anleihen durch die Seehandlung begeben; seitdem werden sie entweder zu bestimmten Preisen an Bankhäuser überlassen, oder, wenn genügende Nachfrage zu gewärtigen steht, zu öffentlicher Zeichnung ausgelegt (mittelbare oder unmittelbare Begebung). Dasselbe gilt auch von den zu vorübergehender Deckung der Ausgaben ausgegebenen Schatzanweisungen (schwebende Schuld).[6])

Die Staatschuldverschreibungen dürfen zur Anlegung von Spar- kassen- und Mündelgeldern verwendet werden (pupillarische Sicherheit)[7]). Sie unterliegen den allgemeinen Vorschriften über Inhaberpapiere (§ 326 Abs. 4).

Eine besondere Art der Staatschuld bilden die Hinterlegungsgelder (§ 212 Abs. 3), die nach Maßgabe der Bestände zu den durch Anleihen zu deckenden Ausgaben verwendet werden.

b) In betreff der Verzinsung ist die Begebung von Prämienanleihen

---

3) Ausstellung BGB. § 793 Abs. 2, EG. Art. 100¹ u. AG. Art. 17 § 1.

4) Auch in England findet seit 1863 neben der Eintragung der Schuldtitel (consols) in das „great book", das die Bank für den Staat führt, die Ausgabe von Inhaberpapieren statt. — In Frankreich, wo die gleiche Eintragung von der Finanzverwaltung besorgt wird u. bei allen Hauptsteuereinnahmestellen zugelassen ist, wurden schon früher Schuldverschreibungen (titres) in Form von Auszügen aus dem „grand livre" ausgestellt.

5) StaatsschuldbuchG. (20. Juli 83, ergänzt, zuletzt zwecks geschäftlicher Erleichterung durch G. 22. Mai 10 GS. 47 Art. I u. gem. Art. VI in neuer Fassung u. Paragraphenfolge) veröffentlicht 10 (GS. 55); Inkraftsetzung V. 30. Mai 10 (GS. 73); AusfBest. 30 u. (Verfahren der Kassen) 31. Mai 10 (MB. 173 u. 184) nebst Bf. 24. Feb. 13 (MB. 48). — Durch Verpfändung von Buchschulden kann Sicherheit nur bis zu ³/₄ des Kurswertes geleistet werden BGB. § 232, 236; sonst wird das Gesetz durch das BGB. nicht berührt EG. Art. 97. — Pfandrechtseintragung zu Gunsten der Reichsbank RG. 1. Juni 09 (RGB. 515) Art. 6 III.

6) In Preußen zuerst zur Deckung außerordentlicher Kriegsausgaben angewendet G. 28. Sept. 66 (GS. 607) § 3¹, 4 u. 6.

7) V. 12. Dez. 38 (GS. 39 S. 5) Nr. 5 u. § 205 Anm. 7b d. W. — Zur Anlage von ¹/₄ ihres Vermögens in Reichs- oder Staatsanleihen sind verpflichtet die Berufsgenossenschaften VO. § 718 Abs. 1, die Arb.Vers.Anstalten VO. § 1356 Abs. 1, 1372 II 13 nebst EG. Art. 54 u. 82, die RVers.Anst. für Angestellte § 318 Anm. 5, Sparkassen § 322 Abs. 2 und die preuß. öffentl. Feuervers. Anstalten § 324 Anm. 9 d. W.

und die Ausgabe von Papiergeld dem Reiche vorbehalten (§ 175 Abs. 5 und 6).

Die Erhebung der Zinsen erfolgt gegen **Zinsscheine (Coupons)**, die mit den Schuldscheinen für einige Jahre ausgegeben und nach deren Ablauf gegen Einlieferung eines Erneuerungsscheines (Talons) erneuert werden.[8] Diese Erneuerung findet alle 4, bei den konsolidierten Schulden alle 10 Jahre statt. Die Kraftloserklärung verlorener oder vernichteter Zinsscheine ist ausgeschlossen.[9] Die Zinsen sind bei allen öffentlichen Kassen einlösbar und verjähren in vier Jahren nach der Fälligkeit.[10]

c) Die **Tilgung**, die durch Kündigung zu barer Rückzahlung oder durch Ankauf von Staatspapieren erfolgen kann, ist durch Gesetz festgestellt. Sie beträgt mindestens $^3/_5$ v. H. der jeweiligen Staatschuld; außerdem sind die nach etwaiger Ergänzung des Eisenbahnausgleichsfonds (§ 385 Abs. 2) verbleibenden vollen Staatshaushalts-Überschüsse zur Tilgung zu verwenden.[11] Diese Tilgungspflicht gilt, da es sich um eine Rentenschuld handelt, nicht den Gläubigern gegenüber.

4. Verwaltungsstellen.

§ 132.

Die Verwaltung führt die **Hauptverwaltung der Staatschulden.** In bezug auf Ausgabe, Verzinsung und Einziehung der Schuldurkunden ist sie selbständig und allein verantwortlich, sonst ist sie dem Finanzminister untergeordnet. Sie besteht aus einem Präsidenten und mindestens drei Mitgliedern. Unter ihr stehen die Staatschuldentilgungskasse und die Kontrolle der Staatspapiere.[1] — Die Aufsicht über die Hauptverwaltung führt die **Staatschuldenkommission**, die aus dem Oberrechnungskammerpräsidenten und je drei auf drei Jahre gewählten Mitgliedern des Herren- und des Abgeordnetenhauses besteht.[2] Die Mitglieder der Hauptverwaltung und der Präsident der Oberrechnungskammer werden in öffentlicher Sitzung des Oberverwaltungsgerichts, die von den Häusern des Landtags gewählten Kommissionsmitglieder in öffentlicher Sitzung der letzteren eidlich verpflichtet.[3])

---

[8]) G. 18. März 69 (GS. 490). — Einlösung und Umtausch der Zinsscheine der Staats- und der Reichsanleihen nebst Zusammenstellung der wichtigeren Best. üb. Staats- und Reichswertpapiere Bf. 29. April 07 (MB. 155).

[9]) § 326 Anm. 28 d. W.

[10]) BGB. § 197. — Die Zinsscheine der Staats- u. der Reichsschuld werden von allen Staatskassen mit Ausnahme der der Eisenb.-Verw. in Zahlung genommen.

[11]) G. 8. März 97 (GS. 43), geänd. (§ 3) G. 3. Mai 03 (GS. 155) u. § 130 Abs. 3 d. W. — Die hannoverschen Schulden (Anm. 1) unterliegen noch der Auslosung G. 11. Feb. 69 (GS. 355) § 1.

[1]) G. 24. Feb. 50 (GS. 57) § 1—6, (§ 2 erg. G. 22. Mai 10 GS. 47 Art. IV), 16 u. 17 nebst G. 13. Feb. 84 (GS. 64). Der Depositalfonds der Hauptverw. ist aufgelöst G. 28. März 07 (GS. 47). Der Verwaltung sind die Regierungen unterstellt KO. 9. Juni 21 (GS. 52).

[2]) G. 50 §§ 10—13, 15—17.

[3]) Das. §§ 9 u. 13 u. G. 29. Jan. 79 (GS. 10).

V. Regalien und Gebühren.

1. Übersicht.

§ 133.

Die Regalien (jura regalia) bildeten die Gesamtheit der den Landesherren als solchen zustehenden Rechte. Sie wurden später in höhere und niedere geschieden. Erstere betrafen die eigentlichen Hoheitsrechte; unter niederen verstand man die nutzbaren Rechte (Finanzregale), und diese wurden dann vorzugsweise Regalien genannt.[1])

Der Ausdruck findet sich bereits in der Konstitution Kaiser Friedrichs I. (1158), die nach Unterwerfung Mailands die kaiserlichen Gerechtsame den lombardischen Vasallen gegenüber feststellte. Bei Abschwächung der kaiserlichen Gewalt gingen die Regalien zunächst auf die Kurfürsten,[2]) später auch auf die übrigen Landesherren über. Sie bildeten deren finanzielles Sonderrecht, über das sie selbständig verfügen konnten, während die Erhebung von Steuern an die Bewilligung der Stände gebunden war (§ 31 Abs. 2).

Die neuere Entwickelung unseres Staatslebens mit ihren auf Befreiung des Verkehrs und Gewerbes gerichteten Bestrebungen hat die Bedeutung der Regalien fast vollständig verwischt. Das Verkehrswesen wird vom Staate nicht mehr als Finanzquelle, sondern um seiner selbst willen gepflegt; die Verwaltung des Post- und des Münzwesens, der Straßen, Ströme und Häfen ist damit aus dem Kreise der Regalien in das Gebiet der Wirtschaftspflege übergetreten (§ 377 Abs. 2) und hat nur insoweit eine nebensächliche finanzielle Bedeutung bewahrt, als der Staat für die vorzugsweise Benutzung der von ihm erhaltenen Anstalten eine Entschädigung in Gestalt von Gebühren erhebt (Nr. 4). Nachdem ferner der Privaterwerb des Staates jedes Vorrechts entkleidet war (§ 124 Abs. 1), mußten Jagd, Fischerei, Forsten und Bergwerke gleichfalls den Charakter der Regalität verlieren. Gleiches gilt von den mit Ausschluß privater Mitbewerbung vom Staate betriebenen gewerblichen und Handelsgeschäften (Monopolen). Nur als Erhebungsform für gewisse Steuern durch Preisaufschlag (Monopolgewinn) erhielten sich einzelne Monopole eine Zeit lang fort.[3]) Andere Regalien endlich hörten entweder ganz

---

[1]) LR. II 14 § 24—43. Im einzelnen behandelt das LR. dann im Tit. 15 die Rechte u. Regalien an Land- u. Heerstraßen, Strömen, Häfen u. Meeresufern, denen das Fischerei-, Zoll-, Post- und Mühlenregal zugezählt wird, in Tit. 16 die Regalien an erb- und herrenlosen Gütern, einschließlich des Jagd- und Bergwerksregals und in Tit. 17 als Nutzung der Gerichtsbarkeit das Konfiskations- u. das Abzugsregal. — Durch das BGB. werden die Regalien nicht berührt EG. Art. 73; dies gilt nicht von dem Anfallrecht § 134 Abs. 1 d. W.

[2]) In der goldenen Bulle (1356) werden demgemäß das Münz-, Zoll-, Bergwerks-, Salz-, Judenschutz- und Abzugsrecht aufgeführt.

[3]) Preußen hatte vordem das Spielkarten- u. Salzmonopol. — Größere Bedeutung hat das in anderen Ländern ausgebildete Tabaksmonopol § 167 Abs. 1 d. W. — Soweit Monopole auf Beschaffung der Rohstoffe, auf deren Verarbeitung

uf, wie das Abzugsregal (§ 11), oder sie wurden in Verbrauchssteuern umgewandelt, wie das Zoll- und das Salzregal (§ 161, 169). Als Finanzquellen sind die Regalien damit, wo sie nicht gänzlich verschwanden, wie in England und Frankreich, auf vereinzelte Überbleibsel zusammengeschrumpft. In Preußen besteht zur Zeit nur das Anfallrecht auf herrenlose Gegenstände nebst dem Bernsteinregal (Nr. 2) und das Lotterieregal (Nr. 3).

2. Anfallrecht.

§ 134.

Das Anfallrecht umfaßt den Anspruch des Staates auf herrenlose Sachen. Dazu gehören erblose Verlassenschaften[4]) und vom Eigentümer aufgegebene Grundstücke, bezüglich deren der Fiskus ein Aneignungsrecht hat.[5]) Das Heimfallrecht an Lehen ist dagegen mit der Aufhebung des staatlichen Obereigentums bis auf die Thron- und die außerhalb des Staates belegenen Lehen fortgefallen.[6])

In Ostpreußen besteht von der Ordenszeit her das Bernsteinregal, das als Rest des früheren Bergregals anzusehen ist.[7]) In Westpreußen und Pommern beschränkt sich der Anspruch des Fiskus auf den im Meer oder am Strande gefundenen Bernstein.[8])

3. Lotterieregal.

§ 135.

Die Staatslotterie wurde als Finanzquelle gegründet. In Preußen geschah dies in der Not des siebenjährigen Krieges. Trotz mannigfacher Angriffe ist sie seitdem beibehalten, wobei neben finanziellen Rücksichten auch die Annahme bestimmend war, daß das Lotteriespiel an sich nicht zu hindern, aber nur bei unmittelbarer staatlicher Leitung gehörig zu überwachen sei. Die Einrichtung hat aber im Laufe der Zeit mehrfache Milderungen erfahren. Anfänglich bestand ein Lotto neben der Klassenlotterie.[1]) Zu Beginn des vorigen Jahrhunderts erfolgte eine Neurege-

---

der auf den Handel gerichtet sind, werden sie als Rohstoff-, Fabrikations- oder Handelsmonopole bezeichnet.

[4]) BGB. § 1936 nebst den Sondervorschriften § 1942, 1964—6, 2011, 2104, 2149 u. ZPO. § 780 Abs. 2. — Das Recht steht öffentlichrechtlichen Körperschaften, Stiftungen u. Anstalten nur insoweit zu, als sie es rechtsgültig vom Staate erworben haben EG. Art. 138 u. LR. II 16 § 20, gebührt aber dem Fiskus und anderen juristischen Personen bezüglich des Nachlasses der in ihren öffentlichen Anstalten verpflegten oder unterstützten Personen EG. Art. 139, LR. II 19 § 50—75 . II 16 § 22. — Anfall des Vermögens aufgelöster Vereine § 249 Anm. 13 u. erloschener Stiftungen § 213 Abs. 1 d. W.

[5]) BGB. § 928 Abs. 2 nebst EG. Art. 129, 130 u. 190. — Bewegliche herrenlose Sachen kann jeder sich aneignen, sofern dies nicht gesetzlich verboten ist und das Aneignungsrecht eines andern dadurch nicht verletzt wird BGB. § 958. Funde § 262 d. W.

[6]) G. 2. März 50 (GS. 77) § 2[1].

[7]) G. 22. Feb. 67 (GS. 272). Die vom Staate angekauften Bernsteinwerke G. 22. Feb. 99 (GS. 105) werden von einer Direktion in Königsberg verwaltet.

[8]) LR. II 15 § 80. — Westpr. ProvR. 19. April 44 (GS. 103) § 73, 74 u. G. 4. Aug. 65 (GS. 873) Art. III.

[1]) Man unterscheidet die Zahlen- und die Klassenlotterie. Die erstere (Lotto), die

lung;[2]) das Lotto wurde umgestaltet[3]) und bald darauf ganz abgeschafft; die Klassenlotterie wurde beibehalten, erlitt aber verschiedene Einschränkungen.[4]) Demgemäß erfolgt nunmehr die Ziehung nach einem bestimmten Plane in der Weise, daß zunächst nur ein Teil der Gewinne gezogen wird, ihre Mehrzahl aber für die letzte Ziehung aufgespart bleibt. Der niedrigste Gewinn beträgt 50, der höchste (das große Los) 500 000 Mk.; das Schwergewicht ist auf mittlere Gewinne, insbesondere solche von 3000 Mk. gelegt. Der Staat zieht $15^1/_2$ v. H. von jedem Gewinne ab, wovon 14 zur Staatskasse fließen und $1^1/_2$ den Einnehmern gewährt werden. Die Verwaltung führt die dem Finanzminister unterstellte General-Lotteriedirektion.[5]) Als Einnehmer werden neben einzelnen zivilversorgungsberechtigten Offizieren regelmäßig Kaufleute angestellt. Die Einnehmer sind Beauftragte, nicht Beamte.

Dem Schutze der Staatslotterie dient eine Reihe von Strafverboten, die gleichzeitig der mißbräuchlichen Ausbeutung der Spielsucht vorbeugen sollen (§ 258 Abs. 1).

4. Gebühren.

§ 136.

Gebühren sind Vergütungen für besondere im Interesse des Einzelnen erfolgende oder durch ihn veranlaßte staatliche Leistungen. Es kann sich dabei um Amtshandlungen des Staates oder um Benutzung staatlicher Anstalten handeln (Verwaltungs- und Benutzungsgebühren). Überall wird indes die Erfüllung eines allgemeinen Verwaltungszwecks vorausgesetzt, und hierdurch unterscheidet sich die Gebühr von dem nur Finanzzwecke verfolgenden Regale. Dem Gegenstande nach erstrecken sich die Gebühren auf nahezu alle Verwaltungsgebiete und werden ebensowohl für den staatlichen Schutz ge-

---

bei kleinen Einsätzen auf einzelne Ziffern einer Zahlenreihe u. hohen Gewinnaussichten besonders nachteilig wirkt, stammt aus Genua, die letztere, bei der mehrere zeitlich getrennte Ziehungen (Klassen) stattfinden, aus Holland. — In England u. Frankreich sind die Staatslotterien abgeschafft.

[2]) Lott. Ed. 28. Mai 10 (GS. 1806/10 S. 712), Einf. in Hohenzollern G. 7. Mai 53 (GS. 180). — Aufhebung der Lotterien in Hannover, Osnabrück, Frankfurt a. M. AE. 5. Juli 67 (GS. 1056). — Dem preuß. Staat ist gegen entsprechende Rente das Recht zum ausschließlichen Vertrieb seiner Lose eingeräumt in Meckl.-Schwerin Vtr. 28. Nov., Meckl.-Strelitz Vtr. 3. Dez., Lübeck Vtr. 7. Dez. 04, Ratifikation Bek. 2. Mai 05 (GS. 199, 207, 212, 216, 243), ferner mit Oldenburg Vtr. 9. Dez., Hessen u. den sächs.thür. Staaten Vtr. 30. Mai u. 17. Juni 05, Ratifikation Bek. 21. April 06 (GS. 145, 129, 134, 153), mit Braunschweig u. Bremen Vtr. 18. Mai u. Bek. 18. Nov. 06 (GS. 415, 424 und 434), Waldeck Vtr. 22. April u. Bek. 19. Dez. 07 (GS. 08 S. 1 u. 5), Bayern, Württemberg u. Baden Vtr. 29. Juli 11 (GS. 12 S. 117, 128 u. 227) u. mit Elf.-Lothringen Vtr. 28. April u. Bek. 31. Okt. 10 (GS. 301 u. 308). Der preußisch-süddeutschen Lotterie gehören danach außer dem Kgr. Sachsen und Hamburg alle deutschen Staaten an. — Reichsstempelabgabe von Lotterielosen § 158 Abs. 2[3] d. W. — Das Lotteriewesen in Preußen v. Marcinowski (Berl. 92 und Ergänzungsheft 94).

[3]) Lott.Ed. § 2.

[4]) KO. 21. Juli 41 (GS. 131).

[5]) Lott.Ed. § 6 u. 12. — Die Lotterie liefert (1913) einen Ertrag von 12,5 Mil. M.

leistet, wie die Gerichts- und Verwaltungskosten, als auf den Gebieten der Kultur- und der Wirtschaftspflege, wie Stolgebühren und Schulgeld und die Wege-, Hafen-, Post-, Telegraphen- und Münzgebühren. Die besondere Gestaltung des Gebührenwesens fällt in diese Einzelgebiete.

Die festgestellte Gebühr heißt Taxe; ihre Gesamtheit bildet den Tarif. Gebühren können Staats- oder Kommunalbeamte nur auf Grund eines Gesetzes erheben,[1]) während die zur Staatskasse fließenden als Abgaben nach denselben Grundsätzen erhoben werden, wie die Steuern (§ 139 Abs. 1). Die Beamtengebühren (Sporteln) treten gegen die zur Staatskasse eingezogenen Gebühren mehr und mehr zurück. Die Gebühr darf die betreffende Aufwendung des Staates nicht überschreiten, braucht sie aber nicht zu decken, kann vielmehr in dem Maße gegen sie zurückbleiben, als durch die Aufwendung zugleich allgemeine Zwecke gefördert werden. Sie kann auch nach dem Werte des Gegenstandes abgestuft werden. Der Grundsatz, daß der Staat seine Aufgaben um ihrer selbst und nicht um des finanziellen Erfolges willen zu erfüllen habe, der auch die Verkehrsanstalten aus dem Kreise der Regalien ausscheiden ließ (§ 133), hat zur Einschränkung der Gebühren geführt.[2]) Gleichwohl hat die Gebühr sich erhalten, entweder weil besondere Zwecke mit ihr verbunden wurden, wie die Verminderung der Prozesse durch die Höhe der Gerichtsgebühren (§ 195 Abs. 1), oder finanzielle Rücksichten dazu Anlaß boten. In diesem Sinne hat die Gebühr neuerdings wieder erweiterte Anwendung gefunden.[3])

An die Gebühren schließen sich die Einnahmen, die dem Staate aus Strafen und Einziehungen (Konfiskationen) erwachsen (§ 214 Abs. 3[3 u. 7]).

VI. Steuern.

1. Steuern im allgemeinen.

§ 137.

a) **Grundlagen der Besteuerung.** Steuern sind Zwangsbeiträge in Geld, die der Staat kraft seiner Finanzhoheit oder ein öffentlicher Verband kraft staatlicher Ermächtigung zur Bestreitung seiner allgemeinen Bedürfnisse nach bestimmtem Maßstabe erhebt.[1]) Diese allgemeine Zweck-

[1]) VU. Art. 102, der nur die Sporteln, nicht die in die Staatskasse fließenden Gebühren betrifft. — Berechnung im Voranschlage G. 11. Mai 98 (GS. 77) § 27 Einziehung § 139 Abs. 5, 6 d. W.

[2]) Aufgehoben wurden die Verwaltungsgebühren § 61 Abs. 4, einzelne Stolgebühren § 299 Anm. 18 u. die Bergamtsgebühren § 332 Anm. 10, ermäßigt das Briefporto § 391 Anm. 10. — Aufhebung des Volksschulgeldes § 303 Abs. 3.

[3]) Stempelsteuer § 155 Abs 3; Gebühren der Gemeinden § 80 Abs. 2, Kreise § 83 Abs. 2 u. Provinzen § 83 Abs. 2. — Das Reich erhebt einzelne Gebühren unmittelbar, wie die Konsulatsgebühren u. das Porto; in zahlreichen anderen Fällen hat es die Gebühren entweder vollständig oder durch Begrenzung der Sätze geregelt, die Erhebung aber den Einzelstaaten belassen. — Kirchliche Gebühren § 293 Anm. 15 d. W.

[1]) Gemeindesteuern § 80, Kreissteuern § 83 Abs. 2, Provinzialsteuern § 84 Abs. 2, Kirchensteuern § 293 Abs. 3.

bestimmung scheidet die Steuern von den Gebühren, die für einzelne Gegenleistungen entrichtet werden. Beide werden unter der Bezeichnung Abgaben zusammengefaßt.[2])

Die Steuer muß unter Ausschluß aller Befreiungen allgemein und der Leistungsfähigkeit entsprechend gleichmäßig verteilt, nicht über das notwendige Bedürfnis hinaus erhöht und so wenig drückend als möglich angelegt werden.[3]) Dabei sind direkte und indirekte Steuern zu unterscheiden. Die direkten Steuern werden durch unmittelbare Schätzung des Einkommens oder eines Einkommenzweiges gefunden (Einkommen- oder Personal- und Ertrag- oder Realsteuern, Abs. 3), die indirekten dagegen mittelbar im Anschluß an wirtschaftliche Vorgänge des Verkehrs oder des Verbrauchs (Verkehr- und Verbrauchsteuern) ermittelt, die ein Merkmal der Steuerfähigkeit abgeben. Die direkten Steuern gehen von der Einnahme, die indirekten von der Ausgabe aus. Je schwieriger es bei Vermehrung der Steuern wurde, das zu besteuernde Einkommen im Wege unmittelbarer Schätzung vollständig und gleichmäßig zu erfassen, um so wichtiger mußte eine Besteuerung werden, die solche Schätzung entbehrlich machte. Der Einfluß, den die indirekte Steuer durch die Zölle auf den Handels- und gewerblichen Verkehr ausübt (§ 161 Abs. 2), hat diese Bedeutung noch gesteigert. Andererseits wird der indirekten Steuer vorgeworfen, daß sie nur schwankende Erträge liefere, schwer zu überwachen sei und dadurch die Umgehung (den Schmuggel) fördere, daß sie den Verkehr beschränke, die notwendigsten Lebensmittel verteuere und sich der Steuerfähigkeit der zu Besteuernden nicht genügend anpasse. Diese Vorwürfe treffen nicht oder nur bedingt zu. Kein Land darf dem Grundsatze der Verkehrsfreiheit das Interesse seiner Industrie dauernd zum Opfer bringen; die notwendigsten Lebensmittel brauchen der Besteuerung nicht oder nur mit der nötigen Beschränkung unterworfen zu werden; die Verteilung der direkten Steuern weist aber gleichfalls in ihrer tatsächlichen Gestaltung so zahlreiche Unregelmäßigkeiten auf, daß auch sie in dieser Beziehung einen Vorzug nicht für sich in Anspruch nehmen kann. Dabei fehlt der direkten Besteuerung die ausgleichende Wirkung, die bei der indirekten den Steuerdruck in stets beweglicher, den örtlichen Umständen und Handelsverhältnissen sich anpassender Weise auf Erzeuger, Händler und Verzehrer verteilt und diese sogar im Auslande zu erfassen vermag.[4]) Die direkte Steuer trifft endlich den Pflichtigen weit empfindlicher, weil sie zur vorgeschriebenen Zeit erhoben und nötigenfalls zwangsweise beigetrieben wird, während die indirekte sich in Betrag und Fälligkeit dem Preise und Verbrauche der besteuerten Ware anschließt: die indirekte

---

[2]) § 80 Anm. 1 d. W.

[3]) § 138 Anm. 2 d. W.

[4]) Die Überwälzung tritt ein, wenn eine Steuer von einem andern als dem Zahlenden getragen wird. Sie ist wie die Preisbestimmung (§ 2 II) von Angebot und Nachfrage abhängig und wird dadurch für die Beteiligten zu einer wirtschaftlichen Machtfrage. Sie kommt auch bei der direkten Steuer vor, tritt aber hauptsächlich bei der indirekten Steuer wegen deren größerer Beweglichkeit auf.

Steuer zahlt der Pflichtige, wenn er kann und will, die direkte dagegen, wenn er soll und muß. — Wegen dieser Vorzüge haben die übrigen Großstaaten, insbesondere England und Frankreich, den weit überwiegenden Teil ihres Staatsbedarfs von jeher durch indirekte Steuern gedeckt. Deutschland und Preußen verfolgten den umgekehrten Weg;[5]) insbesondere wurden die direkten Steuern den immer mehr anwachsenden kommunalen Lasten fast ausschließlich zu Grunde gelegt. Später wurde Wandel geschaffen, indem zunächst die hervorgetretenen Mehrbedürfnisse des Reichs wesentlich durch Erhöhung der indirekten Steuern gedeckt (§ 173 Abs. 6[1] d. W.) und dann die direkten Ertragsteuern vom Staate den Kommunalverbänden überlassen wurden (§ 140 Abs. 3 d. W.). Der erhebliche, durch die letzte Heeresverstärkung erforderte Mehrbedarf wird dagegen wieder ausschließlich durch direkte Besteuerung des Vermögens und Einkommens aufgebracht (§ 171).

Die direkte Steuer beruht auf dem Ertrage eines Gegenstandes oder einer Tätigkeit, des Steuerobjekts. In Beziehung auf eine bestimmte zu besteuernde Person, das Steuersubjekt, werden diese Erträge zum Einkommen. Das Einkommen entsteht aus den regelmäßig wiederkehrenden reinen Jahreseinnahmen einer Person, während ihre einmaligen Einnahmen dem Vermögen zuwachsen. Das Einkommen umfaßt auch die auf den eigenen Lebensunterhalt und zur Kapitalanlage einschließlich der Meliorationen und Erweiterungsbauten verwendeten Einnahmen; nur die Werbungs- und Betriebskosten kommen in Abzug. Man unterscheidet demgemäß Ertrag- (Real-) und Einkommensteuern, je nachdem von dem Steuergegenstande (Objekte) oder der Steuerperson (dem Subjekte) ausgegangen wird. Ertragsteuern sind die Grund-, Gebäude-, Gewerbe-, Kapitalrenten- (Kapital-) und die Lohn- und Besoldungssteuer. Die Einkommensteuer faßt alle in einer Person vereinigten Ertragsteuern einheitlich zusammen, läßt aber abweichend von diesen den Abzug der Schuldenzinsen zu. Da sie hierbei auch die Berücksichtigung der von dem einzelnen Ertrage unabhängigen persönlichen Verhältnisse (Schulden, Arbeitskraft, Krankheit usw.) möglich macht, würde sie an sich geeignet sein, alle einzelnen Steuern zu ersetzen. Hier tritt indes die große Verschiedenartigkeit der einzelnen Einkommenszweige hindernd in den Weg. Das Einkommen setzt sich aus dem Ertrage des Grund und Bodens, des Kapitals und der Arbeitskraft zusammen. Grund- und Kapitaleinkommen ist durch Besitz gesichert (fundiertes oder Besitzeinkommen) und gewährt dadurch eine weit

[5]) Während Preußen in den früheren Jahrzehnten seine direkten Steuern mehrfach erhöhte, wurden außer dem Chausseegeld (§ 378 Anm. 6) an indirekten die Mahl- und Schlachtsteuer (§ 149 Abs. 1), die Zeitungssteuer (§ 154 Anm. 3), die Weinsteuer (§ 164 Anm. 3) ganz beseitigt und die Salzsteuer (§ 169 Abs. 3) wesentlich ermäßigt. — Einschränkung der indirekten Gemeindebesteuerung § 80 Abs. 3 d. W. —

nachhaltigere steuerliche Leistungsfähigkeit, als das (nicht fundierte) Arbeitseinkommen. Ein fernerer Unterschied waltet zwischen dem Grund- und dem Kapitaleinkommen ob. Ersteres ist festliegend und jederzeit erkennbar und bietet dadurch für die Veranlagung und Einziehung sichere Grundlagen, während das bewegliche und schwer zu übersehende Kapitaleinkommen sich der Besteuerung leichter entziehen kann. Diese Verschiedenheiten werden um so fühlbarer, je stärker die Steuerkraft angespannt wird, und so haben sich überall, wo allgemeine Einkommensteuern eingeführt wurden, die bestehenden Ertrag- und die indirekten Steuern neben diesen erhalten und weiter entwickelt.[6])

Dazu tritt die verschiedene Bedeutung, die das Einkommen für den einzelnen hat, je nachdem es sich auf den mindesten, zum Lebensunterhalt erforderlichen Betrag (Existenzminimum) beschränkt, oder daneben nützliche, aber entbehrliche Ausgaben zuläßt, oder auch noch Mittel für besonderen Aufwand (Luxus) oder für Kapitalbildung gewährt. Die neuere Zeit hat diesen Rücksichten erhöhte Beachtung zugewendet und damit den **volkswirtschaftlichen und sozialen Gesichtspunkt** gegen den finanziellen in den Vordergrund gerückt. Die Steuer darf niemals den unentbehrlichen Lebensunterhalt entziehen. Die Steuerfähigkeit wächst infolgedessen in dem Maße, in dem ein Einkommen diesen Mindestbetrag für den Unterhalt übersteigt. Dies hat in der indirekten Besteuerung zu geringerer Heranziehung der notwendigen Lebensbedürfnisse und zur stärkeren der Aufwandgegenstände, in der Gewerbe- und Einkommensteuer zur Freilassung der unteren und zur stärkeren Heranziehung der höheren Stufen geführt.

Die direkten Steuern sind **prozentuale oder klassifizierte**. Erstere werden unmittelbar nach dem Hundertteilsatz des Steuerwertes festgestellt, die klassifizierten dagegen nach einem Tarif, in dem für jede Steuerstufe ein bestimmter Steuersatz vorgeschrieben wird. Die klassifizierte wird zur Klassensteuer, wenn die Stufen nicht nach dem Einkommen oder Vermögen, sondern nach der sozialen Schichtung der Steuerpflichtigen bestimmt werden

---

[6]) **Frankreich**, das alle Steuern durch eine einzige zu ersetzen versuchte (1790), kehrte bald wieder zu seinen historischen Steuern zurück und hat in seinem Steuersystem die indirekten Steuern sogar vorzugsweise entwickelt. In Frankreich wurden 1911 die direkten Steuern auf 1350 u. die indirekten auf 2500 Mil. M. berechnet, während im Reich und den Einzelstaaten auf die direkten 2100, auf die indirekten 2000 Mil. M. entfielen; verb. § 151 Anm. 1. — **Preußen** (§ 140 Abs. 3) hat die früher nur als Ergänzung der Ertragsteuern behandelte Einkommensteuer, die sie durch Einführung der Steuererklärungspflicht vervollkommnete, zur Hauptsteuer gemacht und sie nach Überweisung der Ertragsteuern an die Kommunalverbände noch durch eine Vermögensteuer (§ 150) ergänzt. Die indirekte Steuer sollte hiernach in der Hauptsache dem Reiche (§ 152), die Einkommensteuer dem Staate und die Ertragsteuer den Kommunalverbänden zufließen. — **Elsaß-Lothringen** besitzt eine reine Ertragbesteuerung (G. 13. Juli 01); andere Staaten sind dagegen (Bayern 1910, Württemberg 1903) bei vermehrtem Finanzbedarf von der Ertrag- zur gemischten Ertrag- und Einkommenbesteuerung übergegangen. Die Ertragsteuern werden dadurch zu einer Vorbelastung des fundierten Einkommens.

(§ 149 Abs. 1). Der Steuerfuß, d. i. der Hundertteilsatz der Steuer im Verhältnis zum Einkommen darf demgemäß bis zu einem gewissen Grade steigen (Progressivsteuer).[7]) — Aus wirtschaftlichen Rücksichten wird der Höhe der Steuer noch eine engere Grenze gezogen. Sie darf nicht, oder doch nur äußerstenfalls und vorübergehend bis dahin angespannt werden, daß sie die wirtschaftliche Weiterentwickelung, insbesondere die Kapitalbildung ausschließt. Aufgabe der Verwaltung ist es vielmehr, mit den ihr durch die Besteuerung zufließenden Mitteln auf diese Weiterentwickelung befruchtend einzuwirken und so die Steuerkraft immer von neuem zu fördern und stärken. Die wiedererzeugende Kraft der Anlageschulden (§ 129 Abs. 1 u. 121 Abs. 2) wohnt in diesem Sinne auch der Besteuerung bei.

Mittelst der Steuerkontingentierung soll die Steuer in den Grenzen eines im voraus festgestellten Bedarfs gehalten und damit jeder einseitig fiskalischen Einschätzung vorgebeugt werden. Man scheidet die direkten Steuern in Quotitäts- und Repartition- oder kontingentierte Steuern. Bei ersteren steht der Steuerfuß fest, der Steuerbetrag (das Steuersoll) muß danach ermittelt werden; bei der Repartitionsteuer ist dagegen dieser Steuerbetrag (das Kontingent) fest bestimmt und wird auf die einzelnen Steuerobjekte nach Maßgabe der durch Schätzung gefundenen Werte verteilt.[8])

§ 138.

b) **Geschichte.** In den Steuern findet der Bedarf eines Staates nur insoweit seine Deckung, als dieser nicht durch andere Einnahmen beschafft werden kann. Die Steuern konnten deshalb erst entstehen, als die übrigen Einnahmen nicht mehr ausreichten. Ihre älteste Form in Deutschland bildeten die Beden, freiwillig von den Landständen, zuerst für den einzelnen Bedarfsfall, später dauernd übernommene Beiträge, die als Vermögensteuern auf dem Grundbesitze als der derzeitigen Haupteinnahmequelle lasteten. Daneben entwickelten sich einzelne Zölle, zuerst mit dem Charakter des Schutzgeldes (Geleitzoll).[1]) Erst als nach dem dreißigjährigen Kriege die Leistungsfähigkeit der Grundbesitzer erschöpft schien, wurde in der verschiedene Verbrauchsabgaben zusammenfassenden Akzise die Besteuerung des beweglichen Kapitals versucht. Diese wurde die gewöhnliche Steuerform für die Städte, auf die der Betrieb von Handel und Gewerbe beschränkt

[7]) Progressiv sind die Erbschaftssteuer (§ 156 Abs. 2 d. W.), die Grundwertzuwachssteuer (§ 159 Abs. 4), der Wehrbeitrag (§ 172 Abs. 4) und die Vermögenszuwachssteuer (§ 173 Abs. 2), in Preußen die Warenhaussteuer (§ 80 Abs. 5), die Eisenbahnabgaben (§ 148 Abs. 1) und die Einkommensteuer (§ 149 Abs. 4).

[8]) Die Kontingentierung stammt aus Frankreich, wo die direkte Steuer auf die Departements verteilt und diesen zur Unterverteilung überlassen wird. In Preußen findet sie bei der Grundsteuer (§ 143 Abs. 1), in den Klassen II—IV der Gewerbesteuer (§ 146 Abs. 3) und in gewissem Sinne auch bei den Zuschlagsteuern der Kommunalverbände (§ 80 Abs. 4) Anwendung.

[1]) Zollregal § 133 d. W.

war. Auf dem Lande erhielt sich dagegen die aus den Beden hervorgegangene Grundsteuer unter verschiedenen Bezeichnungen (Schoß, Kontribution, Lehnpferdegeld, Servis) ziemlich unverändert fort.

Den vermehrten Ansprüchen, die im 18. Jahrhundert die Entwickelung der stehenden Heere und die Verschwendung der Höfe mit sich brachten, vermochten diese einfachen Steuern nicht mehr zu genügen. Es galt Mittel zu finden, die eine ausgiebigere und nachhaltigere Ausnutzung der vorhandenen Steuerkraft zuließen. Diesem Streben kam die erwachte Wissenschaft zuhilfe. Die Volkswirtschaft lehrte die Bedingungen der Gütererzeugung, die Philosophie den Zweck und die Aufgaben des Staates näher erkennen[2]) und unter diesen Einflüssen verdichteten die bis dahin ziemlich planlos aufgelegten Steuern sich zu Steuersystemen.

In Preußen, wo sich gleichfalls Grenzzölle und unter scharfer Trennung von Stadt und Land Grundsteuer und Akzise[3]) entwickelt hatten, führte zu Anfang des vorigen Jahrhunderts die verschiedenartige Gestaltung in den einzelnen Landesteilen und das vermehrte Finanzbedürfnis zu einer umfassenden Regelung.[4]) Die gleichzeitige Verheißung, daß als Ersatz für das verschwundene Steuerbewilligungsrecht (§ 31 Abs. 2) eine Nationalrepräsentation eingeführt und alle Exemtionen abgeschafft werden sollten, ging zwar erst in neuerer Zeit in Erfüllung (§ 139 Abs. 1), inzwischen wurde jedoch eine einheitliche Ordnung des Steuerwesens herbeigeführt und dabei den Anforderungen der Verkehrs- und Gewerbefreiheit erweiterte Rechnung getragen. Nachdem die Ausdehnung der Konsumtionsteuern von Brot, Fleisch, Bier und Branntwein auf das Land sich als nicht durchführbar erwiesen und diese deshalb hier und in den kleinen Städten einer Personensteuer (Kopfsteuer) Platz gemacht hatten,[5]) veranlaßten die neuen Erwerbungen der Jahre 1814/15 in Verbindung mit der fortgesetzt durch den Krieg hervorgerufenen Finanznot eine erneute Regelung des Abgabenwesens. Die indirekten Steuern wurden nach Beseitigung

[2]) Den Anlaß gaben die Physiokraten in Quesnays bekanntem Wort: pauvre paysan, pauvre royaume; pauvre royaume, pauvre roi. Während diese nur die Grundsteuer anerkannten (§ 3 Nr. 2), stellte Ad. Smith bereits ein System auf, das in den bekannten 4 Sätzen gipfelt: allgemeine Beitragspflicht nach Verhältnis des Einkommens; bestimmte, nicht willkürliche Steuer; Erhebung in der am wenigsten unbequemen und kostspieligen Weise; Bemessung nach dem Vorteile, den der einzelne an der Verwaltung hat. — Der letztere Grundsatz — nach dem Montesquieu (esprit des lois XIII) die Steuer als den einen Teil des Vermögens bezeichnet, den der Besteuerte hingibt, um den andern sicherer und besser zu genießen — hat hauptsächlich für die Kommunalbesteuerung Bedeutung erlangt (§ 140 Abs. 3).

[3]) Die Akzise wurde 1684 allgemein geregelt und 1766 nach französischem Vorbilde als Regie eingerichtet. Ihre Kostspieligkeit und drückende Form veranlaßte die Wiederaufhebung (1787).

[4]) FinEd. 27. Okt. 10 (GS. 25). — Im Anschlusse ergingen besondere Gesetze für Akzise und Zölle, für Gewerbesteuer (§ 145 Anm. 1 d. W.), Stempelsteuer und für die (1814 wieder beseitigte) Luxussteuer.

[5]) FinEd. 7. Sept. 11 (GS. 253).

der Binnenzölle[6]) sowohl in betreff der Grenzzölle[7]) als der Verbrauchsteuern[8]) neugeordnet, dann aber den engeren Grenzen des Staatsverbandes entrückt und zunächst auf den Zollverein, später auf das Reich übertragen (§ 152 Abs. 1). Nur die 1822 für sich geregelte Stempelsteuer ist teilweise dem preußischen Staate verblieben (§ 155). Die direkten Steuern erhielten 1820 eine neue Ordnung, die eine einheitliche Gestaltung und gerechtere Verteilung brachte und bis in die jüngste Zeit hinein die Grundlage gebildet hat.[9])

§ 139.

c) **Gemeinsame Vorschriften.**[1]) Nach der Verfassung dürfen Steuern und Abgaben nur auf Grund von Etats oder besonderen Gesetzen erhoben werden, die bestehenden sind indes fortzuerheben, bis ein Gesetz sie ändert.[2]) Der fernere Grundsatz, daß Bevorzugungen nicht eingeführt und die bestehenden abgeschafft werden sollen,[3]) gelangte demnächst mit der Grundsteuerregelung (§ 143) zur Durchführung.

In betreff der Verjährung müssen bei direkten Steuern Ansprüche auf Befreiung oder Ermäßigung binnen drei Monaten und Nachforderungen des Fiskus vor Ablauf des Voranschlagsjahrs geltend gemacht werden. Indirekte Steuern können nur binnen Jahresfrist zurück- oder nachgefordert werden. Die Erbschaftsteuern verjähren in 10, die Stempelgefälle, sowie alle Rückstände der bereits zur Hebung gestellten direkten und indirekten Steuern in 4 Jahren.[4]) Sind die Rückstände mit Übertretungen verbunden, so verjähren sie mit diesen teils in 5, teils schon in 3 Jahren.[5])

[6]) V. 11. Juni 16 (GS. 193).

[7]) G. 26. Mai 18 (GS. 65).

[8]) G. u. O. 8. Feb. 19 (GS. 97 u. 102).

[9]) G. 30. Mai 20 (GS. 134). — In Helgoland werden die Steuern vorläufig noch für die Gemeinde verwendet G. 18. Feb. 91 (GS. 11) § 9.

[1]) Ertrag der Steuern in Preußen § 121 Anm. 13 Nr. I 4, im Reiche § 176 Anm. 1 Nr. I 2.

[3]) Das. Art. 101; G. 24. Feb. 50 (GS. 62). — Die Befreiungen u. Bevorzugungen, die vorzugsweise die Rittergüter betrafen, wurzelten in der früheren Heeresverfassung. Von den zur Unterhaltung der Kriegstruppen eingeführten Grundsteuern waren die Rittergüter — auch nachdem der von diesen zu leistende Reiterdienst fortgefallen war — teils ganz frei geblieben, teils waren sie zu geringeren Abgaben (Donativ-, Lehnpferde- u. Ritterpferdegeldern) herangezogen worden.

[4]) G. 18. Juni 40 (GS. 140), für Staatsteuern mit diesen, für Kommunal- u. ähnliche Abgaben (§ 14 des G.) durch G. 12. April 82 (GS. 297) u. unter Ausdehnung auf sonstige öffentliche Gebühren, für diese u. für Verkehrsabgaben (§ 2) durch G. 20. Sept. 99 (GS. 177) Art. 9 in die neuen Provinzen eingeführt. Das Kalenderjahr ist auf das Voranschlagjahr (§ 121 Abs. 5 d. W.) verlegt G. 12. Juli 76 (GS. 288) § 1. Die Frist für die Geltendmachung des Anspruchs auf Befreiung oder Ermäßigung ist verkürzt auf 4 Wochen für die Gewerbesteuer § 146 Abs. 4 d. W., Einkommensteuer § 149 Abs. 7, für Kommunalsteuern § 80 Abs. 8, Provinzialabgaben § 84 Anm. 6, Kreisabgaben § 83 Anm. 8 und Amtsabgaben § 221 Anm. 8; Zulässigkeit der Verwaltungsklage § 176 Anm. 4.

[5]) G. 22. Mai 52 (GS. 250) Art. V u. V. 25. Juni 67 (GS. 921) Art. XI. EinfG. z. StGB. 31. Mai 70 (RGB. 195) Art. 7. Für Stempel-, Erbschaft- und Spielkartensteuer, Grenzzölle, Branntwein-, Brau- u. Tabaksteuer gelten die §§ 155—160 u. 163—167 d. W. aufgeführten Gesetze.

Das regelmäßige **Rechtsmittel** gegenüber der Besteuerung ist die Berufung. Der Rechtsweg ist nur zugelassen, wenn:

1. die Befreiung auf Grund von Privilegien, Vertrag oder Verjährung oder
2. die Überlastung in der Bestimmung des Anteils bei Verteilung einer Last auf mehrere Pflichtige behauptet,[6])
3. wenn die Eigenschaft einer Abgabe als Steuer, oder
4. die Verpflichtung zur Entrichtung einer Stempelabgabe bestritten,
5. wenn die Tilgung oder Verjährung einer Steuer behauptet wird.

In den Fällen zu 4 und 5 muß der Anspruch binnen 6 Monaten geltend gemacht werden.[7])

Im **Konkurse** hat der Fiskus für Steuerforderungen an beschlagnahmten Sachen die Rechte des Faustpfandgläubigers. Sonst nimmt er in der Reihe der Konkursgläubiger die zweite Stelle ein.[8])

Bei **Zuwiderhandlungen** gegen die Vorschriften über die Erhebung öffentlicher Abgaben und Gefälle ist, soweit es sich nur um Geldstrafen oder Einziehungen handelt, ein Verwaltungsverfahren vorbehaltlich des Rechtswegs zugelassen.[9])

Die **Beitreibung** erfolgt im Verwaltungswege (§ 59 Abs. 7).

2. Direkte Steuern.[1])

§ 140.

a) Direkte Steuern überhaupt.

aa) das heutige **direkte Steuersystem** umfaßt:

1. Die **Grund- und Gebäudesteuer** (b);
2. die **Gewerbesteuer** nebst der **Eisenbahnabgabe** (c);
3. die **Einkommensteuer** (d);
4. die **Ergänzungsteuer** (e).

Alle diese Steuern waren **allgemeine Staatsteuern**,[2]) nur Helgoland blieb ausgeschlossen.[3]) Durch die Reichsgesetzgebung sind die direkten

[6]) LR. II 14 § 78—80 u. 2—9, V. 26. Dez. 08 (GS. 17 S. 282) § 36, 37, 41 u. (Geb. des franz. Rechts Regl. 20. Juli 18 KA. II 619) § 15. Sonderrechte (jura singularia), wie die Gemeindesteuervorrechte der Beamten sind nicht solche Privilegien OV. (VI 119). — Privatrechtliche Verteilung der Lasten von Sachen bei Kauf u. bei Nutznießung BGB. § 103, 995, 1047.

[7]) G 24. Mai 61 (GS. 241) § 9, 10 u. (Stempelabgabe) G. 09 (GS. 535) § 26 u. 35.

[8]) KonkO. § 49^1 u. 61^2. — Gleiche Rechte haben die Provinzial-, Kreis-, Amts- und Gemeindeverbände.

[9]) StPO § 459—469; EinfG. dazu. § 6^3. — GebstG. 21. Mai 61 (GS. 317) § 17 Abs. 4. Ermächtigung des FinMin., auferlegte Strafen u. Kosten zu erlassen od. zu ermäßigen u. der Provinzbehörden, die Vollstreckung mit Rücksicht auf ein Gnadengesuch auszusetzen AE. 15. Aug. 13 (GS. 389). — GewerbestG. 24. Juni 91 (GS. 205) § 73 u. (Gewerbebetrieb im Umherziehen) 3 Juli 76 (GS. 247) § 27—30 u Anw. 30. Aug. 76 (MB. 77 S. 15). — EinkstG. 06 (GS. 260) § 76. Indirekte Steuern § 153 Abs. 4 d. W.

[1]) Einteilung in Einkommen- u. Ertragsteuern § 137 Abs. 3 d. W., in Quotitäts- und Repartitions- (kontingentierte) Steuern das. Abs. 5. — Der Ertrag der direkten Steuern stellt sich (Staatsh. 13) auf 423 Mil. M.

[2]) Die Einführungsbestimmungen (§ 142 Anm. 4) kommen nach Neuregelung aller übrigen Steuern nur noch für die Grund- u. Gebäudesteuer in Betracht.

[3]) § 138 Anm. 9.

Steuern nur insoweit berührt worden, als diese jede Doppelbesteuerung beseitigt, indem das Einkommen aus Grundbesitz und Gewerbebetrieb nur in dem Staate besteuert werden darf, in dem die Grundstücke und Betriebsstätten liegen, während das sonstige Einkommen einschließlich des aus Gehältern und Pensionen herrührenden nur da heranzuziehen ist, wo der Steuerpflichtige seinen Wohnsitz oder in dessen Ermangelung seinen Aufenthalt hat. Es wird damit statt der staatlichen die wirtschaftliche Zugehörigkeit der Besteuerung zugrunde gelegt. Beschwerden sind in Jahresfrist anzubringen.[4])

Eine eingreifende Änderung hat die direkte Besteuerung in neuerer Zeit erfahren. Grundbesitz und Gewerbebetrieb wurden seither sowohl von der Einkommensteuer als von den Ertragsteuern betroffen. Diese doppelte staatliche Besteuerung wurde dadurch noch drückender, daß die Ertragsteuern die Schulden unberücksichtigt ließen. Außerdem mußten den Gemeinden, an die immer neue und erhöhte Anforderungen herantraten, auch neue Steuerquellen erschlossen werden, und hierzu erschienen die Ertragsteuern besonders geeignet, da in der Gemeindebesteuerung die Rücksicht auf Gegenleistung und Kostenvermehrung weit mehr ins Gewicht fällt, als bei der Staatsteuer. Aus diesen Gründen sind vom 1. April 1895 ab die Grund- und Gebäudesteuer, sowie die Gewerbe- und Betriebsteuer für den Staat außer Hebung gesetzt. Diese Steuern werden jedoch vom Staate weiter veranlagt und verwaltet,[5]) da die Ergebnisse ihrer Veranlagung nach wie vor auf anderen Verwaltungsgebieten benutzt werden[6]) und auch ferner als Grundlage für die Gemeindebesteuerung

[4]) RG. (13. Mai 70 BGBl. 119, geänd. G. 22. März 09 RGB. 329 Art. I und gem. dessen Art. III in neuer Paragraphenfolge) neu veröffentlicht 09 (RGB. 332); Einf. in Süddeutschland § 6 Anm. 7, in Elf.-Lothringen G. 14. Jan. 72 (GB. 61). Wohnsitz § 77 Anm. 6 d. W. — Ähnliche Grundsätze sind mit Österreich (ohne Ungarn) vereinbart Vtr. 21. Juni 99 u. G. 18. April 00 (GS. 259) § 1, auch ist der Finanzminister zu ähnlichen Vereinbarungen u. Anordnungen unter Wahrung der Gegenseitigkeit ermächtigt das. § 2; Vereinbarung mit Luxemburg 10. Aug. 09. — Gemeindebesteuerung § 80 Abs. 4 d. W.

[5]) G. 14. Juli 93 (GS. 119) § 1 u. 3. In Hohenzollern, wo das für Sigmaringen maßgebende G. üb. die direkten Steuern 30. Aug. 34 (Sigm. GS. IV 39) auch in Hechingen eingeführt waren G. 22. Febr. 67 (GS. 269) u. V. 14. Okt. 69 (GS. 1117), sind nach Ergänzung durch G. 25. März 75 (GS. 181) § 1 die Grund-, Gefäll-, Gebäude- u. Gewerbesteuer gleichfalls zu gunsten der Kommunalverbände außer Hebung gesetzt und die sonstigen direkten Steuern (Kapitalien-, Dienstertrag- und Hundesteuer) durch die allgemeine Einkommen- u. Ergänzungsteuer (§ 149 u. 150 d. W.) ersetzt worden G. 2. Juli 00 (GS. 252); Wirtschaftsabgaben § 146 Anm. 12. — Die durch § 2 gleichfalls außer Hebung gesetzten Bergwerksteuern — die dem Bergregale entstammten und nach den auch in die neuen Provinzen eingeführten Gesetzen 12. Mai 51 (GS. 261) u. 20. Okt. 62 (GS. 351) mit 2 v. H. des Bruttoertrages erhoben wurden — werden nicht weiter veranlagt, sind also ganz fortgefallen. Heranziehung des Bergbaues zur Gewerbesteuer § 146 Abs. 2[2] d. W.

[6]) Wahlrecht nach der Dreiklassenordnung § 42 Abs. 4 d. W., zum Kreistage im Verbande der größeren Grundbesitzer § 83 Abs. 4, Stimmrecht in den Landgemeindeversammlungen § 81[1] Abs. 3. Verteilung der Kreissteuern auf die Gemeinde- und Gutsbezirke § 83 Abs. 2 u. der Provinzialsteuern auf die Kreise § 84

dienen sollen. Die Grund- und Gebäudesteuer und die Gewerbesteuer sind infolge dessen nur noch der Form nach Staatsteuern, der Sache nach Gemeindesteuern, da ihre Erhebung den Gemeinden anheimgestellt ist.[7]) Als direkte Staatsteuern kommen dagegen außer der Wandergewerbesteuer (§ 147) und der Eisenbahnabgabe (§ 148) nur noch Personensteuern in Betracht und als solche ist, um einen Teil der dem Staate mit der Neuregelung erwachsenen Ausfälle zu ersetzen, neben der seitherigen Einkommensteuer (§ 149) eine Ergänzungsteuer neu eingeführt (§ 150).

§ 141.

bb) **Die Verwaltung der direkten Steuern** wird in der Zentralstelle von der zweiten Abteilung des Finanzministeriums, in der Provinzialstelle von den Finanzabteilungen der Regierungen wahrgenommen.[1]) In der örtlichen Verwaltung erscheinen Veranlagung und Hebung voneinander getrennt. Die Veranlagung geschieht durch die Kreis- und Gemeindebehörden unter ausgedehnter Mitwirkung von Kommissionen, die aus Steuerpflichtigen oder Vertretern der Selbstverwaltungskörper zusammengesetzt sind.[2]) Die Hebung erfolgt jetzt überall durch die Gemeinden (Gutsbezirke). Diese sind auch bezüglich der Staatsteuern zur unentgeltlichen Mitwirkung bei der Veranlagung und zur Hebung und Beitreibung verpflichtet.[3])

Besonders ist die Katasterverwaltung eingerichtet, die die Veränderungen in die Grund- und Gebäudesteuerbücher nachzutragen hat (Fortschreibung). In bestimmten, in der Regel mit den Kreisen zusammenfallenden Bezirken sind Katasterämter mit Katasterkontrolleuren eingerichtet. Sie stehen unter den Regierungen und dem Finanzminister. Bei ersteren sind demgemäß je ein bis zwei Katasterinspektoren, bei letzterem ist ein Generalinspektor des Katasters angestellt.[4])

Abs. 2, der Kosten der Handelskammern § 369 Abs. 3. Die Grund- und Gebäudesteuerkataster bilden ferner die Grundlage für die Grundbücher § 211 Anm. 12.

[7]) G. 93 § 1; abweichende Behandlung der Betriebsteuer § 146 Abs. 5 d. W. — Die infolge der Überweisung an die Gemeinden nötig gewordenen Änderungen trifft G. 93 § 6—10, ferner (Veranlagung der von der Staatsteuer befreiten Gemeindesteuerpflichtigen § 143 Anm. 3, § 144 Anm. 2, § 146 Anm. 4 u. 5) § 4 und (Verpflichtung der Gemeinden zur unentgeltlichen Mitwirkung bei der Veranlagung sowie zur Hebung und Beitreibung dieser Steuern) § 11, 14, 15 u. 16 Abs. 1. — Direkte Gemeindesteuern § 80 Abs. 1, 4—8 d. W.

[1]) § 47 u. 57 d. W.; Berlin § 57 Anm. 9. — Zu Veröffentlichungen der Verfügungen dienen die Mitteilungen aus der Verw. der direkten Steuern.

[2]) § 144 Abs. 2, 146 Abs. 3, 149 Abs. 6, 150 Abs. 4 d. W.

[3]) G. 93 § 16 Abs. 2, V. 22. Jan. 94 (GS. 5) u. (Ergänzungsteuer) § 150 Anm. 2 u. 7. — Die staatlichen Steuererheber in den westlichen und neuen Provinzen (KO. 6. Feb. 41 GS. 29 u. G. 11. Feb. 70 GS. 85 § 11) sind damit fortgefallen. — Da die gleichen Grundsätze auch für die den Gemeinden überlassenen Steuern gelten (§ 140 Anm. 7), ist das Verfahren für Staat- u. Gemeindesteuern einheitlich geordnet. — Kontrolle und Verrechnung der Strafen, Kosten und Nachsteuern Anw. 16. März 05. — Beitreibungsverfahren § 59 Abs. 7 d. W.

[4]) § 143 Anm. 8 u. § 144 Anm. 6. —

b) Grund- und Gebäudesteuer.

§ 142.

aa) **Einleitung.** Die Grundsteuer bildet eine Ertragsteuer von dem nutzbaren Grund und Boden. Die genauere Ermittelung dieses Ertrages fordert die besondere Vermessung und Abschätzung (Bonitierung) aller einzelnen Flächen und erscheint vermöge ihres Umfangs und der damit verbundenen Kosten nur für einen längeren Zeitraum ausführbar.[1]) Die Grundsteuer erlangt damit eine gewisse Stetigkeit,[2]) und durch diese hatten die älteren preußischen Grundsteuern sich trotz ihrer Ungleichmäßigkeit bis in die neuere Zeit hinein behaupten können. Eine allgemeine Neuregelung erfolgte, nachdem schon vorher in den beiden westlichen Provinzen die Umlegung der besonders drückenden, während der Fremdherrschaft aufgelegten Steuern bewirkt war,[3]) erst in späterer Zeit.[4])

In ihrer weiteren Bedeutung umfaßt die Grundsteuer auch die mit

---

PrüfungsO. für Katasterbeamte 17. Dez. 92, für Landmesser § 366 Anm. 28 d. W. Gesch. Anw. (V) für die Katasterkontrolleure 21. Feb. 96; Tagegelder und Reisekosten § 73 Anm. 1 d. W. Stempelfreiheit der Auszüge § 155 Abs. 2 d. W. Die Fortschreibungsgebühren werden durch die Gerichtskassen eingezogen Tar. 98 u. Vf. 4. Jan. 99 (JMB. 9). — Die etatsmäßigen Katasterinspektoren, die den Charakter als Steuerrat seit mindestens 10 Jahren führen, haben bis zu 1/2 der Gesamtzahl den Rang der Räte 4. Kl. AE. 28. Aug. 06 (GS. 401). — Die Generaldir. des rheinisch-westf. Katasters (V. 12. Dez. 64 GS. 683 § 2) ist aufgehoben AO. und Vf. 16. Aug. 71 (MB. 314).

[1]) In **England** beruht die Besteuerung des Grund und Bodens (land tax) auf einer oberflächlichen Schätzung des durch den Pachtwert angezeigten Grundeinkommens. Diese Grundeinkommensteuer folgt hier lediglich den für die allgemeine income tax (§ 149 Anm. 1) gegebenen Regeln. Den Gegensatz bildet die auf Einzelvermessung und Abschätzung der Grundstücke beruhende eigentliche Grundsteuer (Grundertragsteuer). — Die Ergebnisse der Ermittelung werden im **Kataster** (capitum registrum) zusammengefaßt, wie es zuerst in Österreich aufgestellt (censimento Milanese 1708—60) und später von Frankreich nachgeahmt wurde (1807). Von hier ging die Einrichtung mit den der Fremdherrschaft unterworfen gewesenen Landesteilen auf Preußen über, wo sie demnächst (Anm. 4) zu allgemeiner Geltung gelangte.

[2]) Die Grundsteuer verliert dadurch im Laufe der Zeit die Natur der Steuer und wird, indem sie den Preis des einzelnen Grundstücks mitbestimmt, zur Reallast. In diesem Sinne wurde in England die ältere Grundsteuer 1798 für ablösbar erklärt. Grundsteuerentschädigungen in Preußen § 142 Abs. 3 d. W.

[3]) G. 21. Jan. 39 (GS. 30). Die durch V. 14. Okt. 44 (GS. 596) angeordnete Revision des Katasters wurde mit Rücksicht auf die neue Grundsteuerregulierung wieder rückgängig gemacht G. 26. Sept. 62 (GS. 336).

[4]) Gesetze 21. Mai 61 betr.:

a) Die Grundsteuer von den Liegenschaften (§ 143 Anm. 1),

b) die Gebäudesteuer (§ 144 Anm. 1).

Einf. in Schl.-Holstein V. 28. April 67 (GS. 543) u. (Aufhebung der älteren Steuern) V. 7. April 77 (GS. 129), 27. Juni 81 (GS. 305), 18. Okt. 82 (GS. 375), 7. Mai 83 (GS. 105), 25. Mai 85 (GS. 170) u. 25. April 87 (GS. 133); in Lauenburg G. 23. Juni 76 (Wochenbl. 127 u. 171); in Hannover V. 28. April 67 (GS. 533), Jadegebiet G. 23. März 73 (GS. 107) § 5; Kurhessen V. 28. April 67 (GS. 538); Nassau, Hess.-Homburg und großh. hess. Teile V. 11. Mai 67 (GS. 593), vormals baierische V. 24. Juni 67 (GS. 842): Kreis Meisenheim V. 4. Juni 77 (GS. 761). — Überweisung an die Gemeinden § 140 Abs. 3 d. W.

Gebäuden besetzte Fläche, und die **Gebäudesteuer** war früher von der übrigen Grundsteuer nicht geschieden. Die in dem Gebäude hervortretende unlösbare Verbindung des Baukapitals mit dem Grundkapitale bietet indes durch die große Veränderlichkeit des Wertes und durch die Nutzbarkeit des Grundstücks als Wohnung so wesentliche Abweichungen, daß bei entwickelterem Steuerwesen eine gesonderte Behandlung der Gebäudesteuer unerläßlich geworden ist. So sind in Preußen alle mit Gebäuden besetzten Flächen nebst zugehörigen Hofräumen und Hausgärten der eigentlichen Grundsteuer entzogen und der Gebäudesteuer unterworfen.[5])

Die für Aufhebung der Grundsteuerbefreiung gewährten **Entschädigungen**[6]) mußten nach Außerhebungsetzung der Grund- und Gebäudesteuer (§ 140 Abs. 3) zurückgezahlt werden, soweit die Grundstücke nicht inzwischen durch ein lästiges Rechtsgeschäft veräußert waren. Bei Vererbungen kam nur der Bruchteil in Betracht, der mittelbar oder unmittelbar auf den zeitigen Eigentümer vererbt war.[7]) Die Zurückzahlung erfolgte in Kapital oder in einer — bei $3^1/_2$ v. H. Zins und $^1/_2$ v. H. Tilgungsbeitrag — in $60^1/_2$ Jahren getilgten Rente.[8])

§ 143.

bb) Die Regelung der **Grundsteuer i. e. S.** (Grundsteuer von den Liegenschaften)[1]) erfolgte unter Feststellung einer Summe von insgesamt 39600000 M., die nach Maßgabe des Reinertrags auf die einzelnen steuerpflichtigen Grundstücke verteilt wurde (Kontingentierung).[2]) — **Befreiung** genießen die dem Reiche, dem Staate und den Kommunalverbänden gehörenden und zu einem öffentlichen Zwecke oder Gebrauche bestimmten Grundstücke, die Verkehrs- und Deichanlagen, die den Kirchen, Unterrichts-, Gefängnis-, Armen-, Kranken- und Wohltätigkeitsanstalten gehörenden und für deren Zwecke unmittelbar benutzten Grundstücke, sowie in dem seitherigen Umfange die Dienstgrundstücke der Geistlichen, Kirchendiener und Volksschullehrer.[3]) — Den **Reinertrag** der Grundstücke bildet der bei Annahme einer gemeingewöhnlichen Kultur und Bewirtschaftung durch-

---

[5]) GrundsteuerG. (§ 140 Anm. 1) § 1.

[6]) G. 21. Mai 61 (GS. 327) und 11. Feb. 70 (GS. 85) § 1, 15—17.

[7]) G. 14. Juli 93 (GS. 119) § 17—22.

[8]) Das. § 23—27.

[1]) GrundsteuerG. 21. Mai 61 (GS. 253). Nach Einführung in die neuen Prov. (§ 142 Anm. 4) erging für diese das AusfG. 11. Feb. 70 (GS. 85). — Lauenburg V. 8. Okt. 77 (GS. 229). — Hohenzollern § 140 Anm. 5.

[2]) GrundstG. § 3, 7 u. 8; G. 8. Feb. 67 (GS. 185) § 1—31 u. v. 70 § 2. — Besondere Vorschrift für die westl. Prov., wo die Verteilung im Anschluß an das vorhandene Kataster (§ 141 Anm. 4) erfolgte, GrundstG. § 9 u. V. 12. Dez. 64 (GS. 683) § 1 u. 6. — Die in diesen Provinzen bestandenen Grundsteuerdeckungs- u. Grundsteuererneuerungsfonds wurden aufgehoben G. 14. Juli 93 (GS. 119) § 6.

[3]) KomAbgG. 14. Juli 93 (GS. 152) § 24. Die danach auf den ganzen Staat ausgedehnte KO. 8. Juni 34 (GS. 87) erhält die kommunalen Realverpflichtungen auch nach späterer Erwerbung eines bebauten Grundstücks zu öffentlichen und gemeinnützigen Zwecken aufrecht. — Grundstücke des Reichs RG. 25. Mai 73 (GS. 113) § 1.

schnittlich zu erzielende Rohertrag nach Abzug der Gewinnungs- und Bewirtschaftungskosten und der Zinsen des Gebäude- und Inventarienkapitals. Zu letzterem gehört das forstliche Betriebs-, nicht aber das auf Meliorations- oder Schutzanlagen verwendete Kapital. Der wirtschaftliche Zusammenhang mit anderen Grundstücken oder gewerblichen Anlagen wird ebensowenig berücksichtigt, wie das Vorhandensein von Realrechten oder Reallasten. Die Ermittelung des Reinertrags bei Veranlagung der Grundsteuer erfolgte kreisweise durch Kommissionen Eingesessener unter Leitung staatlich ernannter Kommissare.[4]) Die Kosten der ersten Ermittelung trug der Staat.[5])

Mit Abschluß der Veranlagung, die bei der Grundsteuer sich zwischen 9 und 10 v. H. des Reinertrags berechnete, wurde die Steuer in den Einzelbeträgen wie in der Gesamtsumme dauernd festgestellt. Die Ergebnisse sind in gemeindeweise angelegten Flurbüchern und Mutterrollen zusammengestellt. In ersteren finden sich die Grundstücke nach ihrer Lage, in letzteren nach ihren Eigentümern aufgeführt.[6])

Veränderungen der Grundsteuer (Ab- und Zugänge) finden nach Abschluß der Veranlagung nur statt, wenn Steuergegenstände durch Eintritt der Steuerfreiheit, Heranziehung zur Gebäudesteuer, Eintritt bleibender Ertragsunfähigkeit oder einer infolge von Überschwemmungen herbeigeführten erheblichen und bleibenden Ertragsverminderung oder durch Untergang ausfallen oder in umgekehrtem Falle neu hinzutreten.[7]) Die Änderung und die vorkommenden Besitzwechsel bilden den Gegenstand der Fortschreibung.[8])

§ 144.

cc) Von der **Gebäudesteuer**[1]) sind die Königlichen Schlösser und die Gebäude befreit, die dem Reiche, dem Staate oder den Kommunalverbänden gehören und zu einem öffentlichen Dienst oder Gebrauch bestimmt sind, ferner die Kirchen, Unterrichts-, Gefängnis-, Armen-, Kranken- und gewisse Wohltätigkeitsanstalten, sowie in dem seitherigen Umfange die Dienstwohnungen der Geistlichen, Kirchendiener und Volksschullehrer.[2])

---

[4]) GrundstG. § 6 nebst Anweisung.

[5]) G. 7. Jan. 67 (GS. 26).

[6]) G. 8. Feb. 67 (Anm. 2) § 6—10 u. V. 12. Dez. 64 § 15.

[7]) GrundstG. § 10 u. G. 15. April 89 (GS. 99). — Mit der Steuer (§ 140 Abs. 3) sind auch deren Ausfälle auf die Gemeinden übergegangen, die auch über Erlaß oder Ermäßigung entscheiden G. 14. Juli 93 (GS. 119) § 11 Abs. 2.

[8]) G. 8. Feb. 67 (Anm. 2) § 32—39. — Anw. I u. II (ausschl. Hohenzollern) 21. Feb. 96, erg. (§ 98) Vf. 24. Jan. 07 (JMB. 19); Änderungen 16. März 09 u. Gebührentarif v. dems. Tage; Kostentragung G. 14. Juli 93 (GS. 119) § 14. Gesch. Anw. V 21. Febr. 12. — Fortschreibung bei landwirtschaftlichen Auseinandersetzungen G. 26. Juni 75 (GS. 325). — Erhaltung der Übereinstimmung der Kataster mit den Grundbüchern Vf. 18. Jan. 11 (JMB. 91) u. (Beschäftigung der Katasterlandmesser bei den Grundbuchämtern) 14. Mai 06 (das. 145).

[1]) GebäudesteuerG. 21. Mai 61 (GS. 317); Einf. in die neuen Prov. § 142 Anm. 4. Bearb. v. Gauß (Berl. 97). — Hohenzollern § 140 Anm. 5.

[2]) § 143 Anm. 3. — Daneben muß die Befreiung der landwirtschaftlichen und der für Brennmaterialien, Rohstoffe und

Die Steuer ist Quotitätsteuer (§ 137 Abs. 5) und beträgt bei Wohngebäuden 4, bei anderen Gebäuden 2 v. H. des jährlichen Bruttonutzungswertes.[3]) Der Nutzungswert wird ermittelt:

1. in Städten und solchen Ortschaften, in denen entsprechende Vermietungen vorkommen, nach dem mittleren durchschnittlichen Mietwerte der letzten 10 Jahre,
2. sonst durch Klasseneinteilung der Gebäude nach ihrer Größe, Bauart und Beschaffenheit in Verbindung mit den Gesamtverhältnissen der zugehörigen ländlichen Besitzungen und nutzbaren Grundstücke.[4])

Die Einschätzung erfolgt unter Aufsicht des Finanzministers und der Regierungen durch Veranlagungskommissionen, die von den Kreistagen gewählt werden und unter dem Vorsitz staatlicher Ausführungskommissare zusammentreten.[5])

Die die Steuer beeinflussenden Veränderungen müssen von dem Eigentümer angezeigt werden. Diese Ab- und Zugänge bilden mit den Besitzwechseln den Gegenstand der Fortschreibung.[6])

Die Veranlagung wird alle 15 Jahre neu festgestellt.[7]) Eine neue Veranlagung ist mit dem Jahre 1910 in Kraft getreten.

c) Gewerbesteuer.

§ 145.

aa) Übersicht. Die Gewerbesteuer erfaßt zwei begrifflich verschiedene, tatsächlich aber unlösbar miteinander verbundne Gegenstände, sie trifft neben dem zu weiterer Erzeugung werbend angelegten Kapitale auch die gewerbliche Arbeit (Arbeitsverdienst, Unternehmergewinn), die dieses Kapital erst beleben und fruchtbringend machen muß. Bei den kleineren Betrieben überwiegt die Arbeit, bei den größeren das Kapital. Die Steuer bildet deshalb, obwohl an sich Ertragsteuer, doch bereits den Übergang zur Einkommensteuer, da die persönliche Arbeit von dem Steuersubjekte nicht getrennt werden kann.

Zugvieh bestimmten gewerblichen Gebäude (GebstG. § 3[7]) als fortbestehend angesehen werden, da diese als schon durch die Grund- u. Gewerbesteuer besteuert gelten.

[3]) GebstG. § 4, 5. — Der Hundertteilsatz ist wesentlich geringer bemessen als bei der Grundsteuer, weil von dem Nutzungswerte die Ausbesserungs-, Abnutzungs- und Versicherungskosten nicht abgezogen werden.

[4]) Das. § 6—8. — Die erstere Besteuerung erscheint als Gebäudezins-, die letztere als Gebäudeklassensteuer. Beide sind Gebäudesteuern und lasten als solche auf dem Hauseigentümer. Die in Frankreich entstandene Mietsteuer (contribution des portes et fenêtres) bildet dagegen eine Einkommenbesteuerung des Mieters, für dessen Gesamteinkommen in der gezahlten Miete ein Merkmal gefunden wird. In Deutschland ist sie nur als Gemeindesteuer einstweilen zugelassen § 80 Anm. 17 d. W.

[5]) GebstG. § 9—13; Reisekosten der Mitglieder V. 28. Dez. 10 (GS. 11 S. 1); § 140 Anm. 7 d. W.

[6]) GebstG. § 15—19. Anw. III v. 21. Feb. 96 (Erg. § 143 Anm. 8). Steuerzugänge infolge von Neubauten oder Verbesserungen erfolgen mit Ablauf des Rechnungsjahrs (nicht mehr der beiden folgenden Jahre § 19[1]), in dem sie eingetreten sind KomAbgG. 14. Juli 93 (GS. 152) § 26 Abs. 4. Diese Veränderungen sind spätestens bis 30. Juni des folgenden Rechnungsjahres anzumelden G. 14. Juli 93 (GS. 119) § 8 Abs. 2.

[7]) GebstG. § 20.

In Preußen erfolgte die Steuerentrichtung früher durch Lösung eines Gewerbescheins.[1]) Diese Form erschien mit der demnächst eingeführten Gewerbefreiheit nicht mehr vereinbar und wurde in betreff des stehenden Gewerbes verlassen. Die Gewerbesteuer erscheint seitdem nicht mehr als Bedingung, sondern als Folge des Gewerbebetriebes (bb). Beibehalten wurde die Gewerbescheinpflicht nur bei dem Wandergewerbe, dessen Besteuerung damit eine abweichende wurde (cc) und gleich der besonderen Besteuerung der Eisenbahnen (dd) dem Staate verblieben ist (§ 140 Abs. 3).

§ 146.

bb) In betreff **der Steuer vom stehenden Gewerbe** ist an Stelle der seitherigen Gesetzgebung, die bis 1820 zurückreichte und trotz zahlreicher Ergänzungen den veränderten Verhältnissen nicht mehr entsprach, ein neues Gewerbesteuergesetz erlassen. Dieses hat die nicht mehr zutreffende Unterscheidung nach den Arten des Gewerbebetriebes und nach den Ortsklassen (Abteilungen) aufgegeben, zugleich aber der neueren Entwickelung des Gewerbebetriebes entsprechend durch Erleichterung der kleineren Gewerbetreibenden und stärkere Heranziehung der größeren Betriebe eine gerechtere Verteilung der Steuern ermöglicht.[2])

Gegenstand der Besteuerung sind die in Preußen betriebenen stehenden Gewerbe. Mehrere Betriebe derselben Personen werden — abgesehen von der Betriebsteuer (Abs. 5) — als ein Gewerbe behandelt.[3]) Befreit sind:

1. Das Reich, der Staat, die landschaftlichen Kreditverbände, die öffentlichen Versicherungsanstalten und die Kommunalverbände mit Ausschluß der Gewerbebetriebe des Staates, der Reichsbank, der kommunalen und anderen öffentlichen Verbände;
2. die Land- und Forstwirtschaft, Viehzucht, Jagd, Fischzucht, der Obst- und Weinbau einschließlich der Molkerei- und ähnlichen Genossenschaften zur Verarbeitung und Verwertung selbstgewonnener Erzeugnisse, wogegen Kunst- und Handelsgärtner, gewerbsmäßige Viehmäster, Milch-, Obst- und Fischereipächter, die Brennereien, der Bergbau nebst der Ausbeutung von Torfstichen, Kies- und ähnlichen Gruben, Stein- und Kalkbrüchen der Steuer unterliegen;
3. die amtliche, künstlerische, schriftstellerische, unterrichtende und erziehende Tätigkeit (Ärzte, Rechtsanwälte Land- und Feldmesser, Markscheider);

[1]) Ed. 2. Nov. 10 (GS. 79).

[2]) GewerbesteuerG. 24. Juni 91 (GS. 205). Überweisung an die Gemeinden § 140 Abs. 3 u. (der Betriebsteuer) an die Kreise § 143 Abs. 5 d. W. AusfAnw. 4. Nov. 95 (3 Teile). — Kom. v. Fuisting (3. Aufl. Berl. 06), kleinere Ausg. v. Strutz 3. Aufl. Berl. 13), Fernow (5. Aufl. Berl. 10). — Hohenzollern § 146 Anm. 5.

[3]) GwstG. § 1, 2, 17—21 u. 38. AusfAnw. Art. 1—3, 12—14 u. 19. — Zerlegung des Steuersatzes der über mehrere Gemeindebezirke verbreiteten Betriebe KomAbgG. 14. Juli 93 (GS. 152) § 32 Abs. 1 u. § 76. — Besondere Gemeindegewerbesteuer für Warenhäuser § 80 Abs. 5.

4. Kredit- und Konsumvereine und Genossenschaften, soweit sie den Verkehr auf ihre Mitglieder beschränken, keinen offenen Laden halten und die Verteilung des Gewinnes oder des Vermögens bei der Auflösung ausschließen;[4])
5. der Marktverkehr (§ 374 Abs. 1);
6. der Betrieb der Eisenbahnen mit Ausschluß der Kleinbahnen.[5])

Die Veranlagung erfolgt in vier Klassen, in welche die einzelnen Betriebe nach der Höhe ihres Ertrages oder dem Werte ihres Anlage- und Betriebskapitals im abgelaufenen Geschäftsjahre eingereiht werden. Betriebe unter 1500 M. Ertrag oder 3000 M. Kapital bleiben ganz frei. Veranlagungsbezirke bilden in Klasse I die Provinzen, in Klasse II die Regierungsbezirke, sonst die Kreise. Die Steuer beträgt in Klasse I ein v. H. des Ertrags, in Stufen, welche um 48 M. Steuer (4800 M. Gewerbeertrag) steigen. In Klasse II bis IV geschieht die Besteuerung — entsprechend der schon früher bestandenen und bewährten Einrichtung — nach Mittelsätzen. Dieserhalb bilden die Steuerpflichtigen der einzelnen Klassen II, III und IV in jedem Veranlagungsbezirke eine besondere Steuergesellschaft. Der von dieser aufzubringende Steuerbetrag wird durch Vervielfachung des Mittelsatzes mit der Zahl der Gewerbetreibenden gefunden, auf diese aber innerhalb bestimmter Höchst- und Mindestsätze nach dem Umfange des Betriebes verteilt.[6]) — Die Veranlagung geschieht durch Steuerausschüsse. Ihre Mitglieder sind in Klasse I zu 2/3 von den Provinzialausschüssen zu wählen, während 1/3 nebst dem Vorsitzenden vom Finanzminister ernannt wird. In Klasse II bis IV bestehen die Ausschüsse aus einem Kommissar der Regierung als Vorsitzendem und den von den Steuerpflichtigen (Steuergesellschaft) auf drei Jahre zu wählenden Abgeordneten. Die Veranlagung erfolgt der Reihe nach, mit Klasse I beginnend.[7]) — Die Gewerbetreibenden sind verpflichtet, Beginn und Ende

---

[4]) GwstG. § 3—5 und KomAbgG. § 28 Abs. 1 u. 2; Anw. Art. 4—11.

[5]) KomAbgG. § 28 Abs. 3: Besteuerung der Eisenbahnen § 148 und (Kleinbahnen) 385 Abs. 4 d. W.

[6]) GwstG. § 6—14, 22—24, Anw. Art. 15—18. — Steuerklassen und Steuersätze stellen sich wie folgt:

Klasse	Gewerbeertrag M.	Anlage- und Betriebskapital M.	Steuersatz (M.) Mindest-	Mittel-	Höchst-
IV	1500 bis ausschl. 4000	3000 bis ausschl. 30000	4	16	36
III	4000 „ „ 20000	30000 „ „ 150000	32	80	192
II	20000 „ „ 50000	150000 bis ausschl. 1 Mill.	156	300	480
I	50000 oder mehr	1 Mill. od. mehr	1 v. H. des Ertrages.		

[7]) GwstG. § 10, 15 u. (Übergangsbest.) § 16, ferner § 46—50. Tagegelder, Reisekosten u. Gebühren § 51, Dekl. 22. April 92 (GS. 93) u. V. 28. Dez. 10 (GS. 11 S. 1), Befugnisse GwstG. § 25—27; Verfahren § 29—32. — Strafen der Verletzung des Dienstgeheimnisses § 72. — Anw. Art. 20—24, 30—41.

des Gewerbebetriebes der Gemeindebehörde anzuzeigen,[8]) auch auf Aufforderung des Gemeindevorstandes oder des Vorsitzenden des Ausschusses über gewisse tatsächliche Verhältnisse ihres Gewerbebetriebes Auskunft zu erteilen.[9])

Als *Rechtsmittel* stehen dem Steuerpflichtigen der Einspruch bei dem Steuerausschusse, gegen dessen Entscheidung die Berufung an die Regierung und gegen deren Entscheidung im Falle der Gesetzesverletzung die Beschwerde beim Oberverwaltungsgerichte zu. In Klasse I ist die Regierung am Sitze des Ausschusses zuständig. Die Frist beträgt für alle 3 Rechtsmittel 4 Wochen. Das Recht der Berufung hat auch der Vorsitzende des Ausschusses.[10]) — Im Lauf des Steuerjahres kann die Steuer, wenn außerordentliche Ereignisse den Betrieb wesentlich schädigen, ermäßigt oder erlassen werden.[11])

Neben der allgemeinen Gewerbesteuer ist eine *besondere Betriebsteuer* für den Betrieb der Gastwirtschaft, der Schankwirtschaft, sowie des Kleinhandels mit Branntwein oder Spiritus zu entrichten. Sie beträgt für Betriebe, die nach den allgemeinen Grundsätzen (Abs. 2) frei sein würden, 10 M., sonst nach den 4 Gewerbesteuerklassen 15, 25, 50 und 100 M. jährlich. Die Festsetzung erfolgt durch die Landräte, in den Stadtkreisen durch die Gemeindevorstände; die Beschwerde geht an die Regierung und an den Finanzminister. Die Betriebsteuer verfolgt — gleich der Wandergewerbesteuer (§ 147 d. W.) — zugleich polizeiliche Zwecke. Sie wird deshalb von der Außerhebungsetzung der direkten Steuern (§ 140 Abs. 3) nicht betroffen, ist auch von dem Finanzbedarf oder der Beschlußnahme der Kommunalverbände unabhängig. Gleich der Warenhaussteuer ist sie im voraus in einer Summe zu entrichten. Die Gemeinden haben die Steuer zu erheben und, soweit sie einem Kreise angehören, bei dem Vierteljahresschlusse an diesen abzuführen.[12])

---

[8]) GwstG. § 52, 53, 56, 58, G. 93 (GS. 119) § 10 und (Übergangsbestimmung) GwstG. § 57; Anw. Art. 25 bis 29; Strafe § 70, Strafverfahren Anw. Art. 51 nebst Anw. 76 (MB. 87 S. 15). — Mit dieser Anzeige fällt die nach der GewO. der Gemeindebehörde zu machende Anzeige (§ 363 Anm. 2) zusammen. Die Steuerpflicht beginnt und endet mit dem auf die Betriebseröffnung und Abmeldung folgenden Vierteljahre das. § 33, 34. — Hebung § 39 bis 43; § 141 Anm. 3 d. W.

[9]) GwstG. § 27, 54 (erg. G. 00 GS. 294 § 13 Abs. 2), 55 u. 56 u. (Übergangsbestimmung) § 57. Alle zur öffentlichen Rechnungslegung verpflichteten gewerblichen Unternehmungen (juristische Personen, Aktiengesellschaften, eingetragene Genossenschaften) haben ihre Geschäftsberichte und Jahresabschlüsse der Regierung einzureichen § 28. — Strafen § 71.

[10]) Das. § 35—37 u. 29, 30 u. 74 (§ 75 aufgehoben G. 14. Juli 93 GS. 119 § 16). Anw. Art. 42—45; § 53 d. W.

[11]) GwstG. § 44; Niederschlagung § 45; G. 14. Juli 93 (GS. 119) § 11 Abs. 2 u. Zusbest. VI.

[12]) GwstG. § 59—69; besondere Berücksichtigung vorübergehenden Betriebes § 61, des Verkaufes von selbstgewonnenem Most u. Wein § 67, der Kaffeeschänken § 3; G. 14. Juli 93 (GS. 119) § 12, 13 u. AusfAnw. 5. März 94, erg. (Nichtbesteuerung des Kleinhandels mit denaturiertem Spiritus) Vf. 1. April 96. — Gemeindebesteuerung § 80 Anm. 14 d. W. — In *Hohenzollern* werden Wirtschaftsabgaben für den Schank von Wein, Obstwein und Branntwein als Staats-

§ 147.

cc) Die Entrichtung der **Wandergewerbesteuer** erfolgt durch Lösung eines Gewerbescheins, da sie anderweit nicht genügend gesichert sein würde.[1]) Die Gewerbescheinpflicht fällt in der Regel mit der im polizeilichen Interesse für diesen Gewerbebetrieb vorgeschriebenen Wandergewerbescheinpflicht (§ 367) zusammen. Der Gewerbeschein ist deshalb in der Regel mit dem Wandergewerbeschein verbunden.[2]) Die im voraus für das Kalenderjahr zu entrichtende Jahressteuer beträgt regelmäßig 48 M., kann aber bei ausgedehnterem Betriebe einzelner Gewerbe auf 72, 96 und 144 M. erhöht oder bei geringerem Betriebe auf 36, 24, 18, 12 und 6 M. ermäßigt werden.[3])

§ 148.

dd) Die **Eisenbahnabgabe** wird nach dem Reinertrage bemessen, wie er nach den Ergebnissen des Kalenderjahrs unter Abzug der Betriebs- und Verwaltungskosten sowie der Beiträge zum Reservefonds und zur Verzinsung und Tilgung der Anleihen verteilt wird. Die Sätze werden steigend bei einem Reinertrage bis 4 v. H. mit $^1/_{40}$, außerdem je von dem Mehrertrage über 4 bis 5 v. H. mit $^1/_{20}$, über 5 bis 6 v. H. mit $^1/_{10}$ und über 6 v. H. mit $^2/_{10}$ erhoben. Dieser hohe, durchschnittlich 10 v. H. des Ertrages darstellende Steuerbetrag findet in der bevorzugten, diesen Unternehmungen eingeräumten Stellung seine Begründung.[1])

Der Ertrag, der anfänglich zum allmählichen Ankauf der Privatbahnen verwendet werden sollte, fließt jetzt zur Staatskasse.[2]) Infolge der Verstaatlichung aller wichtigeren Bahnen (§ 385 Abs. 1) hat die Steuer nur noch geringe Bedeutung.

---

steuer erhoben G. 21. Mai 56 (GS. 457) und 27. März 75 (GS. 189).

1) G. 3. Juli 76 (GS. 247) § 1 bis 26, (§ 2 erg. G. 23. Dez. 96 GS. 273); Anw. 27. Aug. 96; Strafverfahren Anw. 76 (§ 146 Anm. 8). — Besondere Besteuerung der Wanderlager durch die Kreise und Gemeinden § 80 Abs. 5 d. W. sonst unterliegt das Wandergewerbe nicht der Gemeindebesteuerung G. 14. Juli 93 (GS. 152) § 28 Abs. 4.

2) G. 76 § 6 Abs. 5. — Eine Ausnahme bilden rohe, nicht selbstgewonnene Erzeugnisse der Land- und Forstwirtschaft, welche gewerbeschein- aber nicht wandergewerbescheinpflichtig sind, sowie selbstgewonnene, nicht rohe Erzeugnisse u. der Musikbetrieb innerhalb 15 km vom Wohnort, die wandergewerbeschein- aber nicht gewerbescheinpflichtig sind, das. § 1[1] u. 2[50], GewO. § 55[4] u. 59[1].

3) G. 76 § 9—14 u. Berichtigung GS. 76 S. 272.

1) Die Abgabe sollte ursprünglich den Staat für die Schmälerung der Erträge des Postregals entschädigen EisenbG. 3. Nov. 38 (GS. 505) § 36—39 und wird durch die Außerhebungsetzung der Ertragsteuern (§ 140 Abs. 3 d. W.) nicht berührt. G. für inländische Aktiengesellschaften 30. Mai 53 (GS. 449), für sonstige Eisenbahnen 16. März 67 (GS. 465). — Einf. in die neuen Prov. V. 22. Sept. 67 (GS. 1639). — Kleinbahnen sind frei § 385 Abs. 4 d. W.

2) G. 21. Mai 59 (GS. 243).

d) Einkommensteuer.[1])

§ 149.

Die direkte persönliche Steuer war in Preußen ursprünglich Kopfsteuer und als Ergänzung für die in den Städten erhobene indirekte Verzehrungssteuer auf das platte Land beschränkt (§ 138 Abs. 3). Beides hat sich im Laufe der Zeit vollständig verloren. Die Verzehrungsabgabe wurde als Mahl- und Schlachtsteuer auf die großen und mittleren Städte beschränkt (1820) und auch aus diesen bis zu ihrer Aufhebung[2]) mehr und mehr durch die direkte Besteuerung verdrängt. Zugleich erfuhr die Personensteuer im Interesse größerer Berücksichtigung der Leistungsfähigkeit eine mehr ins einzelne gehende Abstufung. Die Kopfsteuer wurde zur Klassensteuer mit einigen nach der Lebensstellung des Steuerpflichtigen unterschiedenen Klassen (1820). Auf diese ist dann für Einkommen über 3000 M. eine nach dem Einkommen abgestufte klassifizierte Einkommensteuer aufgesetzt (1851). Die Einkommensteuer hat schließlich auch in den unteren Stufen die Klassensteuer verdrängt (1873).

Ihren Abschluß fand diese Entwickelung in dem **neuesten Einkommensteuergesetze**, das Klassen- und Einkommensteuer zu einer einheitlichen Einkommensteuer verschmolz, zugleich unter Erleichterung der minder bemittelten Bevölkerungsschichten und stärkerer Heranziehung der großen Einkommen eine gerechtere Verteilung der Steuerlast durch zweckentsprechendere und eingehendere Ermittelung des Einkommens anstrebt (1891) und in diesem Sinne durch ein neueres Gesetz (1906) noch weiter ausgebildet worden ist.[3])

Die **Steuerpflicht** bestimmt sich bei der Einkommensteuer gleichzeitig nach der Person des zu Besteuernden (Subjekt) und nach dem Gegenstande der Besteuerung (Objekt). — **Nach der Person** unterliegen ihr

---

[1]) Begriff § 137 Abs. 3. Vaterland der allgemeinen Einkommensteuer ist England. Die berühmte income tax Robert Peels (1842) trifft nicht das Gesamteinkommen der Person, sondern das Einkommen in seinen Quellen das in 5 Gattungen (Grundeigentum und Grundgerechtigkeit; Pächtergewinn; Zinsgewinn; Gewerbe und allgemeines Einkommen; Amtseinkommen) nach besonderen Regeln behandelt wird. Sie bildet eine lokalisierte Einkommensteuer, die als solche in der Kommunalbesteuerung eine hervorragende Bedeutung gewonnen hat § 80 Anm. 2. — Fuisting, Geschichtl. Entwickelung des preußischen Steuerwesens (Berl. 00).

[2]) G. 25. Mai 73 (GS. 222).

[3]) **Einkommensteuer** G. 24. Juni 91 (GS. 175), geändert G. 19. Juni 06 (GS. 241) Art. I u. gem. Art. IV in neuer Fassung u. Paragraphenfolge **veröffentlicht** 06 (GS. 260 u. Berichtigung zu § 1 in GS. 07 S. XXVIII Ziff. 2); Ergänzung (§ 5¹, 9², 19 Abs. 1 u. 2, 20 u. 20a) G. 26. Mai 09 (GS. 349 Art. I u. (Übergang) Art. III. Einf. in Hohenzollern § 140 Anm. 5. AusfAnw. 25. Juli 06 Teil I (Art. 1—37) Steuerpflicht, Einkommen, Steuerklärung, Teil II (Art. 38—78) Verfahren; Nachtr. 1. Juli 09. — § 137 Anm. 6 d. W. — Bearb. v. Fuisting (7. Aufl. Berl. 07), Fernow (8. Aufl. Berl. 13), Handausg. v. Fuisting u. Strutz (4. Aufl. Berl. 09), v. Wilmowski (eingehend für das gewerbl. Einkommen, 2. Aufl. Bresl. 07). — Besteuerung des Einkommens in der Vermögenszuwachssteuer § 173 Abs. 1 d. W.

Preußen und Angehörige anderer Bundesstaaten in den durch die reichsgesetzlichen Bestimmungen über die Doppelbesteuerung (§ 140 Abs. 2) gezogenen Grenzen. Für erstere erlischt die Steuerpflicht bei mehr als zweijährigem Aufenthalt im Auslande. Ausländer sind steuerpflichtig, soweit sie in Preußen Wohnsitz haben oder sich des Erwerbs wegen oder länger als ein Jahr aufhalten. Ohne Rücksicht auf Staatsangehörigkeit, Wohnsitz oder Aufenthalt unterliegen der Steuer alle Personen mit ihrem Einkommen aus in Preußen belegenen Grundstücken, Gewerbe- und Handelsanlagen und — mit Ausschluß der in anderen deutschen Bundesstaaten wohnenden Deutschen (§ 140 Abs. 2) — aus den in Preußen gezahlten Gehältern und Pensionen. — Außer den natürlichen (physischen) Personen erstreckt sich die Steuerpflicht auch auf Aktiengesellschaften, Kommanditgesellschaften auf Aktien, Berggewerkschaften, eingetragene Genossenschaften, deren Geschäftsbetrieb über den Kreis der Mitglieder hinausgeht, Konsumvereine und Gesellschaften mit beschränkter Haftung. Das Einkommen dieser Gesellschaften bestimmt sich durch die Zinsen und Gewinnanteile, denen einerseits die Beiträge zur Tilgung der Schulden oder des Grundkapitals, zur Verbesserung oder Geschäftserweiterung und zum Reservefonds zugesetzt, andererseits — abgesehen von den Gesellschaften mit beschränkter Haftung — zur Vermeidung der Doppelbesteuerung der Gesellschaften $3\frac{1}{2}$ v. H. des Aktienkapitals abgerechnet werden. — Die Steuerpflicht beginnt mit einem Einkommen von mehr als 900 M.[4]). — **Gegenstand der Besteuerung** ist das reine Einkommen nach seinen Quellen (Kapital, Grundbesitz mit Pacht und Miete, Handel und Gewerbe mit Bergbau, sonstige einen Gewinn bringende Beschäftigungen, Rechte und Vorteile). Die Veranlagung der Einkommensquellen erfolgt nach dem Bestande bei Beginn des Steuerjahrs auf Grund der tatsächlichen oder der mutmaßlichen Ergebnisse des vorangegangenen Kalender- oder Wirtschaftsjahrs, in gewerblichen, land- und forstwirtschaftlichen Betrieben mit ordnungsmäßiger Buchführung und bei allen nichtnatürlichen Personen nach dem Durchschnitt der drei letzten Betriebsjahre.[5])

[4]) EinkstG. § 1—5 (Erg. Anm. 3) nebst Anw. Art. 1, 2, 43 u. (nicht natürliche Personen) EG. § 11b, 15, 18, 25 Abs. 2, 71 nebst Anw. Art. 26 bis 29, 31, 38, 43, 52, 63. Wohnsitz § 77 Anm. 6 d. W. — Befreiung der Mitglieder des Königlichen und des Hohenzollernschen Fürstenhauses § 36 Anm. 8 d. W., des ehemals hannoverschen, kurhessischen und nassauischen Herrscherhauses das. Anm. 16, der fremden Gesandtschafts- u. Konsularbeamten § 87 Anm. 7, des Militärdiensteinkommens § 101 Abs. 5 d. W., der Leistungen aus der Krankenversicherung § 315 Anm. 3, der Zinsen von Tilgefonds öffentlicher Kreditanstalten § 351 Anm. 4. — Heranziehung der vormals Reichsunmittelbaren § 36 Anm. 25 d. W. — Ausländer § 140 Anm. 4. — Besondere Heranziehung des Einkommens unter 900 M. zu Kommunalabgaben § 80 Anm. 17 d. W. — Der Agioertrag bei Ausgabe von Aktien stellt keinen einkommensteuerpflichtigen Gewinn dar OV. 25. Juni 02 (Entsch. in Steuers. X 242). Die Staatseinkommensteuer der Aktiengesellschaften u. s. w. (systematisch) von Simon (Berl. 92).

[5]) EG. § 5—16, insbesondere Begriff des Einkommens § 3 u. Anw. Art. 7

Die Steuersätze bemißt der dem Gesetz beigefügte Tarif im allgemeinen auf 3 v. H. des Einkommens. Dieser Satz fällt jedoch bei Einkommen unter 9500 M. (Degression) und steigt bei solchen über 30 500 M. (Progression) bis zu einem Einkommen von 100 000 M., wo eine 4prozentige Besteuerung eintritt.[6])

Zu besserer Feststellung der tatsächlichen Erwerbs- und Einkommensverhältnisse sind Steuererklärungen (Deklarationen) für die bereits mit mehr als 3000 M. veranlagten und für die besonders dazu aufgeforderten Steuerpflichtigen vorgeschrieben. In den Erklärungen ist neben den abzuziehenden Schulden und Lasten das Einkommen nach seinen Quellen (Abs. 2) getrennt aufzuführen. Soweit dieses nur durch Schätzung zu ermitteln ist, kann gestattet werden, daß statt des Einkommens dessen tatsächliche Unterlagen angegeben werden. Versäumnisse ziehen einen fünfprozentigen und bei Nichterklärung auf wiederholte Aufforderung einen 25prozentigen Steuerzuschlag nach sich.[7])

Der Veranlagung geht eine Voreinschätzung voraus. Voreinschätzungsbezirke bilden grundsätzlich die Gemeinden und Gutsbezirke, Veranlagungsbezirke die Kreise; doch können mehrere der ersteren zusammengelegt, auch innerhalb eines Kreises mehrere Veranlagungsbezirke gebildet werden. Die Mitglieder der Voreinschätzungs- und der Veranlagungskommission werden auf 6 Jahre zum kleineren Teile von der Regierung ernannt, zum größeren von der Gemeinde und von dem Kreistage gewählt. Den Vorsitz führen der Gemeindevorstand und der Landrat oder ein besonderer Regierungskommissar. Die Steuer für Einkommensbeträge bis 3000 M. wird von der Voreinschätzungskommission vorgeschlagen und von dem Vorsitzenden der Veranlagungskommission festgestellt. Im Fall der Beanstandung des Vorschlags und in betreff der Einkommensbeträge über 3000 M. hat die Veranlagungskommission Beschluß zu fassen.[8])

Berücksichtigung von Remunerationen u. sonstigen den Beamten herkömmlich zu bestimmten Zeiten gewährten Vergütungen Vf. 16. Nov. 93 (MB. 258), Remunerationen für außerhalb des dienstlichen Wohnsitzes beschäftigte Beamte sind steuerfrei UOV. 2. April 02 (MB. 127); abzugsfähige Beträge EG. § 8, Anw. Art. 24, 25 (Werbungskosten § 8 I, zu welchen gehören die Real-Kommunalsteuern § 8 13, die Abnutzungen der Gebäude § 8 14 u. die Abschreibungen in Handel und Gewerbe § 13 Abs. 1; Lebensversicherungsprämien § 323 Anm. 12 d. W.), Berechnung EG. § 9 mit Erg. (Anm. 3), 10 und Anw. Art. 5, 6, Bestimmung nach den einzelnen Quellen EG. § 11—16 und Anw. Art. 7—23. — Kühne, die Steuererklärung der Kaufleute (2. Aufl. Berl. 05).

[6]) EG. § 17—20 u. Anw. Art. 30. — Insbesondere Berücksichtigung laut Gesetz zu unterhaltender Familienangehöriger EG. § 19 mit Erg. (Anm. 3) u. Anw. Art. 48, ungünstiger wirtschaftlicher Verhältnisse EG. § 20. — Vom 1. April 09 ab werden in den Einkommensteuerstufen von mehr als 1200 M. bis zur geplanten Neuordnung der Steuer Zuschläge erhoben G. 26. Mai 09 (GS. 85) § 8, 9.

[7]) Das. § 25—31, (Prüfungsverfahren) 39—41, Anw. Art. 32—37, 54—59, (Strafe unrichtiger oder verweigerter Angabe) EG. § 31, Anw. Art. 35, 66. Arbeitgeber müssen auf Verlangen über den Lohn ihrer Arbeiter Auskunft erteilen EG. § 23, erg. G. 18. Juni 07 (GS. 139).

[8]) EG. § 32—42, 83 u. Anw. Art.

Als **Rechtsmittel** stehen dem Steuerpflichtigen wie dem Vorsitzenden der Veranlagungskommission innerhalb 4 Wochen offen:

a) bei Einkommen bis zu 3000 M. der Einspruch bei der Veranlagungskommission und gegen deren Entscheidung die Berufung an die Berufungskommission,

b) bei Einkommen über 3000 M. die Berufung an die Berufungskommission.

Für jeden Regierungsbezirk wird eine Berufungskommission gebildet. Die Mitglieder werden zum kleineren Teile einschließlich des Vorsitzenden vom Finanzminister ernannt, zum größeren von dem Provinzialausschuß aus den Bezirkseinwohnern auf 6 Jahre gewählt.[9] — Gegen die Entscheidungen der Berufungskommission ist im Fall zu b bei Gesetzesverletzung die Beschwerde beim Oberverwaltungsgericht zugelassen.[10] — Innerhalb des Steuerjahres kann die Steuer bei Erbes- oder Fideikommißanfall, Vermächtnis, Überlassungsvertrag oder Schenkung erhöht und bei Verminderung des Einkommens um mehr als den fünften Teil infolge des Wegfalls einer Einnahmequelle oder außergewöhnlicher Unglücksfälle oder anderweiter Heranziehung des Einkommens ermäßigt werden.[11] — Gegen die Versäumung von Ausschlußfristen infolge unabwendbarer Zufälle ist die Wiedereinsetzung in den vorigen Stand zugelassen.[12]

Die **Hebung** erfolgt in Vierteljahrsteilen unentgeltlich durch die Gemeinden.[13] Unterlassene oder unrichtige Angaben sind mit **Strafe** bedroht.[14]

e) Ergänzungsteuer.

§ 150.

Die Ergänzungsteuer ist eine Vermögensteuer. Sie ergänzt nicht allein den Ausfall, den der Staat mit der Überweisung der Ertragsteuern an die

---

44—53, 60—62, 64, 65, GeschäftsO. der Kommisssion EG. § 55—59 u. Anw. Art. 75—78, Strafe der Verletzung des Dienstgeheimnisses EG. § 75, 76; Vergütungen der Mitglieder der Veranlagungs- u. Berufungs-Kommissionen § 78 Abs. 1, V. 28. Dez. 10 (GS. 11 S. 1) und (Voreinschätzungskommissionen) 28 Juli 06 (GS. 371), der für mehrere Gemeinden gebildeten Voreinschätzungskommission § 78 Abs. 2 u. V. 28. Juni 06 (GS. 371). Dienstverhälnis des Vorsitzenden zu den Gemeinde- u Gutsvorständen Vf. 17. Dez. 94 (MB. 95 S. 12). — Ort der Veranlagung EG. § 21, Anw. Art. 39, Vorbereitung EG. § 22—24, Anw. Art. 40—42 u. (Strafe) EG. § 74, Verfahren bei Prüfung d. Steuererklärungen § 38, 38a, 38b, Oberaufsicht § 60. — Mitteilungen der Amtsgerichte EG. § 36, Vf. 15. November 94 (JMB. 314), 24. Aug. 95 (das. 263), 15. Dez. 96 (das. 364) u. 00 (das. 428). — Unentgeltliche Mitwirkung der Gemeinden § 141 Abs. 1 d. W.

[9] EG § 43—48, 68, 77, 83 u. 84 (Berl. § 46 Abs. 2) u. Anw. Art. 67—74; Geschäfts-O., Tagegelder, Reisekosten und Dienstverhältnis des Vorsitzenden wie vor. Anm.

[10] EG. § 4 III, 49—54, Anw. Art. 72 II; § 53 d. W.

[11] EG. § 61—66. (Ab- und Zugänge § 64, An- und Abmeldepflicht bei Wohnsitzverlegung § 66.) — Niederschlagung § 69.

[12] ErgStG. (§ 150 Anm. 1) § 48. Die Vorschrift ist der für das Verwaltungsstreitverfahren gegebenen (§ 59 Anm. 13 d. W.) nachgebildet.

[13] EinkstG. § 67—71. — § 141 Abs. 1 d. W.

[14] EinkstG. § 72, 74, 76. Nachzahlung § 73, 85, 86.

Gemeinden erlitten **hat** (§ 140 Abs. 3 d. W.), **sondern auch** die Einkommensteuer, **indem** sie die **an** sich steuerfähigen, aber der Liebhaberei oder der Spekulation wegen ertraglos gelassenen Vermögenstücke (Parks, Baugrundstücke) trifft und zugleich eine Vorbelastung des Besitzeinkommens vor dem Arbeitseinkommen (§ 137 Abs. 3) **ermöglicht. Vor den Ertragsteuern gewährt sie den Vorzug, daß sie das Gesamtvermögen, mithin auch** die Schulden **berücksichtigt.**[1])

Die Steuerpflicht erstreckt sich auf alle einkommensteuerpflichtigen (§ 149 Abs. 3), natürlichen (physischen) Personen nach dem Gesamtwert des von ihnen und ihren Haushaltungsangehörigen besessenen Vermögens, das die in Preußen belegenen Grundstücke nebst Zubehör, das Bergwerkseigentum, die Nießbrauch- und sonstigen in Geld schätzbaren Rechte und Gerechtigkeiten, ferner die in Preußen verwendeten Anlage- und Betriebskapitalien und endlich das sonstige Kapitalvermögen (bares Geld, Wertpapiere und Forderungen) umfaßt. Außer den einkommensteuerpflichtigen sind ferner ohne Rücksicht auf Staatsangehörigkeit, Wohnsitz oder Aufenthalt alle natürlichen Personen nach dem Wert ihres preußischen Grundbesitzes, Anlage- und Betriebskapitals steuerpflichtig. Von diesem Aktivvermögen kommen die Schulden in Abzug. Bewegliche körperliche Sachen (Möbel, Hausgerät), die nicht als Zubehör eines Grundstücks oder als Bestandteile eines Anlage- oder Betriebskapitals anzusehen sind, bleiben ebenso außer Ansatz, wie das zu den laufenden Ausgaben bestimmte bare Geld und andererseits die Haushaltungsschulden. Steuerfrei bleiben kleine Vermögen bis zu 6000 M., ferner die Vermögen bis 20 000 M., soweit sie kein Einkommen über 900 M. (§ 149 Abs. 3) gewähren, oder bei einem Einkommen bis zu 1200 M. weiblichen, zur Unterhaltung minderjähriger Angehöriger verpflichteten Personen oder vaterlosen minderjährigen Waisen und Erwerbsunfähigen gehören. Die Schätzung erfolgt nach dem gemeinen (Kauf-)Werte, bei land- und forstwirtschaftlichen Grundstücken jedoch nach dem kapitalisierten Ertragswerte.[2])

Der Steuersatz beträgt unter besonderen Ermäßigungen für Vermögen bis zu 32 000 M. $^1/_2$ vom Tausend des gemeinen Wertes. Dieser Satz bildet die untere Grenze der Steuerstufen.[3])

[1]) ErgänzungssteuerG. 14. Juli 93 (GS. 134), geändert (entsprechend den Änderungen des EinkG. § 149 Anm. 1), G. 19. Juni 06 (GS. 241) Art. II u. gem Art. IV in neuer Fassung u. Paragraphenfolge veröffentlicht 06 GS. 294. Eins. in Hohenzollern § 140 Anm. 5. Ausf.Anw. 25. Juli 06, erg. 1. Juli 09. — Bei Verteilung öffentlicher Lasten nach dem Maßstabe der direkten Steuern bleibt die Ergänzungssteuer außer **Ansatz ErgG.** § 51. — Bearb. v. Fuisting (2. Aufl. Berl. 05 mit Nachtrag 07) und (kleiner) Fernow (4. Aufl. Berl. 07). u. Strutz (4. Aufl. Berl. 09).

[2]) ErgG. § 2—17 (insbes. Wertbestimmung § 9—16 mit Neufassung des § 11 Abs. 1 G. 26. Mai 09 GS. 349 Art. II und III, Besteuerungsgrenze § 17); Anw Art. 1—19. — Die **Gemeinden (Gutsbezirke) haben unentgeltlich mitzuwirken ErgG. § 46 Abs. 1.**

[3]) ErgG. § 18, 19; Anw. Art. 20, 21. — Eine Herabsetzung oder Erhöhung des Satzes war für den Fall vorgesehen, daß

Die Veranlagung schließt sich in betreff der Unterlagen, des Verfahrens und der Organe eng an die der Einkommensteuer an. Eine Voreinschätzung findet jedoch nicht statt, wogegen für die Wertermittelung ein Schätzungsausschuß aus dem Vorsitzenden der Veranlagungskommission, mindestens zwei von der letzteren aus ihrer Mitte abgeordneten und zwei ständigen, durch die Regierung ernannten Mitgliedern gebildet wird. Die Steuerpflichtigen sind zur Vermögensanzeige berechtigt, an deren tatsächliche Angaben die Kommission insoweit gebunden ist, als keine Beanstandung erfolgt.[4]) Der Veranlagungszeitraum beträgt 3 Jahre.[5])

Die Rechtsmittel (Einspruch, Berufung und Beschwerde) entsprechen den für die Einkommensteuer gegebenen Bestimmungen und das Gleiche gilt von der Wiedereinsetzung in den vorigen Stand,[6]) sowie von der Erhebung und den Strafen.[7])

3. Indirekte Steuern.

a) Indirekte Steuern überhaupt.

§ 151.

aa) **Übersicht.** Die Merkmale, nach denen die indirekte Steuer sich bestimmt, sind der Verkehr und der Verbrauch (§ 137 Abs. 2). Für den Verkehr hat sich seit Anfang des Jahrhunderts im Stempel eine allgemeine Erhebungsform ausgebildet (b). Die Verbrauchsgegenstände verschwinden dagegen mit dem Verbrauche und sind damit jeder ferneren Überwachung entrückt. Für diese mußte eine andere Form gefunden werden, die ohne allzugroße Belästigung und ohne unverhältnismäßige Erhebungskosten ausreichende Überwachungsmittel bot. Die Erhebung war deshalb auf einen Zeitpunkt zu verlegen, in dem die beim Verbrauche vielfach verteilten steuerbaren Gegenstände sich noch ungeteilt in größeren Mengen beieinander finden. Im Verkehr mit dem Auslande bot sich dieser Zeitpunkt bei Überschreitung der Grenze. So entwickelten sich aus dem Zollregal (§ 133) die Grenzzölle, die sich allgemein bis auf den heutigen Tag erhalten haben (c). Ähnliche Abgaben entstanden zwar auch im inneren Verkehre als Torsteuer (Akzise, Oktroi); diese waren aber ihrer Natur nach auf die größeren Städte beschränkt und selbst in diesen für den Verkehr so lästig, daß sie

das Ergebnis der ersten Veranlagung von dem veranschlagten Betrage (35 Mil. M.) erheblich abweichen würde EG. § 49 u. 50 u. die Sätze sind demgemäß unter entsprechender Abrundung um 5,2 Pf. für jede M. erhöht V. 25. Juni 95 (GS. 265). — Vorübergehender Zuschlag wie § 149 Anm. 6.

4) Erg.G. § 20—32 u. 47, Anw. Art. 22—33 (insbes. Schätzungsausschuß EG. § 23, 24, Anw. Art. 29—32, Vermögensanzeige EG. § 26 u. 30, Anw. Art. 33). Daneben gelten Anw. z. EinkG. (§ 146 Anm. 3 d. W.), § 39—43, 49—51, 59—62, 65, 75—77 auch für die Erg.-Steuer. Die für die Einkommensteuer-Veranlagungskommission maßgebenden Bestimmungen über Tagegelder und Reisekosten (§ 149 Anm. 8) gelten auch für den Steuerausschuß ErgG. § 46 Abs. 4 u. 5.

5) ErgG. § 38.

6) Das. § 33—37, 48 u. (Kostenerstattung) § 46 Abs. 2 u. 3); Anw. z. EinkG. (§ 149 Anm. 3) Art. 67—74; verb. § 149 Abs. 7 d. W. Veränderungen während des Veranlagungszeitraumes ErgG. § 39—42.

7) Das. § 43—45 u. 47.

meist wieder beseitigt sind. Die Steuererhebung von den im Inlande erzeugten Verbrauchsgegenständen schloß sich deshalb an die Herstellung an, die der Staat sich entweder ausschließlich selbst vorbehielt (Monopol) oder im Privatverkehr überwachte und besteuerte (Fabrikatsteuer). In Deutschland sind im Interesse der gewerblichen Freiheit alle Monopole beseitigt; es kommen somit neben Stempeln und Grenzzöllen als innere Verbrauchsteuern nur Fabrikatsteuern in betracht (d).

Die Scheidung der Grenzzölle von den inneren Verbrauchsteuern ist hiernach eine nur äußerliche, durch die Art der Erhebung bedingte. Ihre Gegenstände sind, soweit deren Herstellung überhaupt im Inlande stattfindet, dieselben, und beide Abgaben zerfallen nach diesen in Aufwands- (Luxus-), Genußmittel- und Lebensmittelsteuern. Die beiden ersteren schließen sich der Wohlhabenheit der Besteuerten an und sind demgemäß einer starken, nur durch die Rücksicht auf den finanziellen Erfolg bedingten Anspannung fähig.[1]) Ihre wichtigsten Gegenstände sind im Auslandsverkehre die Kolonialwaren, im inneren Verkehre die Getränke Schaumwein (§ 164), Branntwein (§ 165) und Bier (§ 166), der Tabak (§ 167) und der Rübenzucker (§ 168). Letzterer wird bei zunehmendem Verbrauch und sinkenden Preisen auch wohl den Lebensmitteln zugerechnet. Die Lebensmittelsteuern treffen dagegen ohne solche Abstufung auch die minder wohlhabenden Klassen. Durch die indirekte Erhebungsform wird ihr Druck zwar wesentlich abgeschwächt, im übrigen sprechen aber dieselben volkswirtschaftlichen und sozialpolitischen Gründe gegen sie, wie gegen die Besteuerung der kapitallosen Arbeit (§ 137 Abs. 4 und § 149 Abs. 3). In Deutschland sind sie bis auf die Salzsteuer abgeschafft und auch diese hat bedeutende Ermäßigungen erfahren (§ 169).[2]) Neuerdings sind den Verbrauchssteuern die Leuchtmittel- und die Zündwarensteuer hinzugetreten (§ 170).

---

[1]) D. Aufwands-(Luxus-)steuern, die in Preußen für die Haltung von Dienstboten, Pferden und Wagen eingeführt waren (1810), sind als unergiebig und lästig alsbald wieder aufgehoben worden (1814). Für das Reich kommen der Kraftfahrzeugstempel (§ 158 Abs. 2[6]), der Zoll auf Seide und Leckerbissen (§ 162 Abs. 2[3,5]) u. die Schaumweinsteuer (§ 164) in Betracht. Gemeindebesteuerung § 80 Anm. 6.

[2]) Die wieder eingeführten Getreide- u. Viehzölle (§ 162 Abs. 2[1]) sind ihrem Wesen nach Schutzzölle. — In entschiedenem Gegensatze stehen Englands und Frankreichs Steuersysteme. England hat sowohl die Monopole als die Lebensmittelsteuern beseitigt, die indirekte Besteuerung auf nur wenige Genußmittel beschränkt und auch bezüglich dieser alle örtlichen Steuern ausgeschlossen. — In Frankreich haben sich dagegen die indirekten Steuern besonders üppig entfaltet. Die örtlichen, auf die Lebensmittel gelegten Steuern (octrois), die schon während der Revolution wieder eingeführt waren, bilden die Hauptquelle der Gemeindewirtschaft und sind seitdem auch für den Staat in immer weiterem Umfange nutzbar gemacht. Daneben besteht das hohe enregistrement (§ 154 Anm. 1) und das Monopol auf Tabak (§ 167 Anm. 4), Schießpulver und Streichhölzer. — Die in beiden Ländern sehr hohen indirekten Steuern sind somit in England möglichst intensiv, in Frankreich möglichst extensiv angelegt.

§ 152.

bb) **Übergang auf das Reich.** Die Grenzzölle stehen mit der Handels- und Gewerbepolitik in engem Zusammenhang (§ 159) und können ihrer Natur nach nur für ein größeres, abgerundetes Gebiet erhoben werden. Die einzelnen deutschen Staaten erschienen hierzu nicht geeignet. Die Erhebung der Zölle und der mit ihnen in Verbindung stehenden Verbrauchsteuern wurde deshalb über die engeren Grenzen der Einzelstaaten hinausgeführt, um im Zollvereine ein erweitertes und zweckentsprechenderes Gebiet zu erhalten (§ 5 Abs. 1). Das Deutsche Reich, für das außerdem die Rücksicht auf die Beschaffung eigener Einnahmen hinzutrat, gab diesem Verhältnis eine festere und dauernde Gestaltung, indem es die Ausübung der Gesetzgebung über Zölle und Verbrauchsteuern ausschließlich übernahm.[3]) Hamburg und Bremen sind dem Zollverbande erst im Jahre 1888 unter Belassung eines beschränkten Freihafengebiets angeschlossen worden.[4]) Ausgenommen sind nur noch Bayern, Württemberg und Baden in betreff der Brausteuer.[5]) Die indirekte Besteuerung ist damit in der Hauptsache auf das Reich übergegangen. Nur die Stempelsteuer verblieb den Einzelstaaten, doch gelangten auch von dieser nacheinander die Erbschaft-, Wechsel-, Reichsstempel-, Zuwachs- und Spielkartensteuern an das Reich (§ 156—160).[6])

Als Reichsteuern kommen demnach die Erbschaft-, Wechsel-, Reichsstempel-, Zuwachs- und Spielkartenstempelsteuern, die Grenzzölle und die vom Schaumwein, Branntwein, Bier, Tabak, Zucker, Salz, Leuchtmitteln und Zündwaren erhobenen Verbrauchsteuern in Betracht. Die Ordnung dieser Steuern ist Sache der Reichsgesetzgebung. Ihre Erträge fließen

---

[3]) Zollvtr. 8. Juli 67 (BGBl. 81) u. RVerf. Art. 70 u. 33, 35 Abs. 1 u. 40: der Vertrag, auf den Art. 40 der RVerf. hinweist, ist dadurch, soweit er nicht durch Bestimmungen der RVerf. aufgehoben oder ersetzt wird, zu einem Bestandteil dieser Verfassung geworden: Änderung des Art. 5¹ G. 27. Mai 85 (RGB. 109). — Im Zollverbande stehen außerdem das nicht zum Reiche gehörige Großh. Luxemburg Vtr. 11. Juni 72 (RGB. 330) § 14, das seine inländischen Verbrauchsteuern — bis auf die Brausteuer (§ 166 Anm. 2) — zur Vermeidung von Übergangsabgaben den im Reiche erhobenen angepaßt hat (§ 164 Anm. 3, 165 Anm. 10, 167 Anm. 14, 170 Anm. 1 u. 2), u. die österreichischen Gemeinden Jungholz u. Mittelberg Vtr. 2. Dez. 90 (RGB. S. 59); ausgeschlossen sind Helgoland G. 15. Dez. 90 (RGB. 207) § 2 u. die Freihafengebiete (Anm. 4).

[4]) RVerf. Art. 34; Hamburg G. 16. Feb. 82 (RGB. 39) § 1 (Beitrag des Reichs zu den Herstellungskosten § 2—4); Bremen G. 30. Sept. 85 (RGB. 79). Beschränkte Freihafengebiete besitzen außerdem Stettin und Emden.

[5]) RVerf. Art. 35 Abs. 2; Zahlung von Aversen § 173 Abs. 3 d. W.; Übergangsabgaben § 166 Abs. 2. — Dem bayrischen Zollverwaltungsgebiete sind die von Bayern umschlossenen thüringischen Gebiete Ostheim und Königsberg zugelegt. — Anschluß der süddeutschen Staaten an die Branntweinsteuergemeinschaft § 165 Anm. 3 u. Els. Lothringens an die Brausteuer § 166 Anm. 2 d. W.

[6]) Komm. zu den Zoll- und Steuergesetzen von Hoffmann und Trautvetter (Berl. 12). — Besondere Reichsabgaben zur Deckung des Heeresbedarfs § 171 bis 173 d. W. Die Wertzuwachssteuer kommt dagegen für das Reich nicht mehr in Betracht § 159 Abs. 1

in die Reichskasse, ihre Erhebung und Verwaltung erfolgt jedoch durch die Einzelstaaten, die somit die indirekten Reichs- und Staatsteuern gemeinsam erheben und verwalten können.[7]) In bezug auf die Reichsteuern findet eine gegenseitige Überwachung statt durch Reichsbevollmächtigte, die den Provinzial-, und durch Stationskontrolleure, die den örtlichen Behörden beigeordnet sind.[8])

§ 153.

cc) Der **Verwaltung** der Zölle und indirekten Steuern in Preußen haben die freie Stadt Lübeck und die Fürstentümer Lippe und Waldeck nebst einigen oldenburgischen[1]) und hanseatischen Gebietsteilen sich angeschlossen. Außerdem sind die sächsisch-thüringischen Staaten mit den anstoßenden preußischen Gebieten zum thüringischen Zoll- und Steuerverein zusammengetreten, innerhalb dessen diese Abgaben gemeinsam unter einem von Preußen ernannten Generaldirektor verwaltet werden.[2])

Die indirekte Steuerverwaltung ist von den übrigen Verwaltungszweigen völlig gesondert.[3]) Die Zentralverwaltung wird von der dritten Abteilung des Finanzministeriums und die Provinzialverwaltung von den Oberzolldirektionen wahrgenommen.[4]) Die Einrichtung der letzteren ist bureaumäßig, an ihrer Spitze stehen Präsidenten.[5]) Ihre örtlichen Verwaltungsorgane bilden die Stempel- und Erbschaftssteuerämter (§ 154) Abs. 3) und die Hauptzollämter,[6]) deren Vorsteher den Titel Oberzollinspektor führen. Die Verwaltung der Verkehrsabgaben und die damit zu-

---

[7]) Verfahren bei der Abführung Vf. 31. März 76 (MB. 117). — Der Ertrag der indirekten Steuern stellt sich (1913) für das Reich auf 1674, für Preußen auf 76,7 Mil. M.

[8]) RVf. Art. 36, Rechte u. Pflichten bezüglich der Reichsstempelsteuer § 158 Anm. 2, des Wehrbeitrags § 172 Anm. 7, der Vermögenszuwachssteuer § 173 Anm. 5 d. W.; Tagegelder, Fuhr- u. Umzugskosten werden wie für Reichsbeamte (§ 24³ d. W.) gewährt gem. BBeschl. 11. Mai 11 (ZB. 251).

[1]) Bek. 5. Juni 79 (GS. 567).

[2]) Vtr. 20. Nov. 89 (GS. 90 S. 13) u. (Eintritt der schwarzburgischen Unterherrschaften) 20. Nov. 00 (GS. 01 S. 93). Die RVerf. läßt diese Abmachungen bestehen Art. 36 Abs. 1.

[3]) Vom 1. Jan. 1913 ab erscheint ein Zentr. Bl. der pr. Verw. der Zölle u. indirekten Steuern.

[4]) VerwaltungsO. 15. Jan. 08 (GS. 66). Die bis dahin als Provinzialsteuerdirektionen bezeichneten Behörden waren seit 1823 allmählich, zuletzt für Brandenburg (AE. 1. Okt. 75 GS. 76 S. 167), eingeführt, während ursprünglich das gesamte Steuerwesen den Regierungen übertragen war Reg.-Instr. 23. Okt. 17 (GS. 248) § 3¹. Den Geschäftsbezirk bilden die Provinzen; doch sind die Kreise Schmalkalden und Ilfeld zu Sachsen, der Kr. Rinteln (ebenso wie die Lippischen Fürstentümer und Waldeck) zu Westfalen und der Kr. Wetzlar zu Hessen gelegt. Die Sitze sind bis auf Berlin, Altona u. Köln die der Oberpräsidenten (Übersicht § 55 Anm. 2). Hohenzollern ist der ObZollDir. in Kassel unterstellt.

[5]) VerwO. § 1—7. Die Mitglieder bedürfen der Befähigung zum höheren Verwaltungs- oder Justizdienste neben praktischer Vorbereitung in der Zoll- u. Steuerverwaltung G. 10. Aug. 06 (GS. 378) § 11, VerwO. § 11¹. Rang § 70 Anm. 17. — Annahme der Beamten-VerwO. § 10—12, der Supernumerare § 63 Anm. 14 d. W. — Bei den Oberzolldirektionen bestehen Oberzoll- bei den Hauptzollämtern Zollkassen.

[6]) VerwO. § 8, 9. VereinszollG. 1. Juli 69 (BGBl. 317) §§ 18, 128, 131 u. 133.

sammenhängende Vermessung der Flußschiffe ist auf die Bauverwaltung übergegangen (§ 380 Abs. 1).

Die **Zollbeamten** haben das Recht zur Vornahme von Haus- und Körperdurchsuchungen[7]) und zum Waffengebrauche.[8])

Als **Strafverfahren** bei Zuwiderhandlungen in allen Zoll- und indirekten Steuersachen — Hinterziehungen (Defraudationen) bei Verletzung der Steuerpflicht, Übertretungen (Kontraventionen) bei Verletzung der nur mit Ordnungsstrafen bedrohten Überwachungsvorschriften — ist das schon früher angewendete und wegen der Einfachheit, Schnelligkeit und Billigkeit bewährte Unterwerfungs(Submissions-)verfahren durch Gesetz einheitlich geregelt worden. Der Beschuldigte kann sich dem Strafbescheide der Steuerbehörde sogleich unterwerfen oder Beschwerde oder Antrag auf gerichtliche Entscheidung dagegen erheben. Bei Umwandlung einer Geld- in eine Gefängnisstrafe ist das Gericht zuständig.[9])

b) Verkehr-(Stempel)steuern.

§ 154.

aa) **Einleitung.** Der Stempel bildet eine billige, praktische und darum beliebte Steuererhebungsform. Seine Hauptanwendung findet er bei den von Verkehrsgeschäften erhobenen Steuern, und diese werden deshalb selbst als Stempelsteuern bezeichnet.[1]) Daneben

---

[7]) VZollG. §§ 19, 126, 127, 129 u. 132. — Uniformierung § 70 Anm. 48. — Unabkömmlichkeit bei Einberufung zum Militär § 94 Abs. 2[2] d. W. — Tagegelder § 73 Anm. 1.

[8]) G. 28. Juni 34 (GS. 83). Das G., dessen § 1—7 u. 13 in Schl.-Holstein eingeführt wurden (V. 29. Juli 67 GS. 1265 § 1 u. 2[1]) und die entsprechend im Zollvereinsgebiete maßgebenden Grundsätze (G. 23. Jan. 38 GS. 34 § 27) sind noch anwendbar VZollG. § 19.

[9]) G. 26. Juli 97 (GS. 237), Ausf.-Vorschr. des FinMin. 15. Sept. 97, des Min d. öff. Arb. 00 (MB. 257); § 139 Abs. 5 u. 216[3] d. W. Das G. ist anwendbar auf Warenbezeichnungen § 59 (§ 367 Abs. 5 d. W.), nicht aber auf Ordnungsstrafen in Stempelsachen gegen Beamte und Notare (§ 155 Anm. 19). In betreff der **Reichsteuern** verweisen WechselstG. (§ 157 Anm. 1 d. W.) § 24, RSG. (§ 158 Anm. 2 d. W.) § 97 u. TabakstG. (§ 167 Anm. 6 d. W.) § 55 auf die Zollgesetze, diese (VZollG. 1. Juli 69 BGBl. 317 § 165) wieder auf die Landesgesetze, deren bezügliche Bestimmungen auch durch die StPO. (EG. 1. Feb. 77 RGB. 346 § 6[3]) nicht berührt werden. — Niederschlagung und Milderung der Strafen AE. 26. Sept. 97 (GS. 402) nebst Vf. 7. Okt. 13 (ZB. der Zölle 415). — Bearb Bonnenberg, das Strafverfahren in Zoll- und Steuersachen (2. Aufl. Berl. 99), Katzenstein (Berl. 07), Troje (7. Aufl. v. Düffe, Harburg 09).

[1]) Der Stempel kam im 17. Jahrhundert in Holland auf. In Preußen fand er 1682 Eingang u. 1810 (§ 138 Anm. 4) u. 1822 eine durchgreifende Neuregelung. Er findet zur Zeit Anwendung in Preußen (§ 155 d. W.), im Reiche (§ 158) u. als Umsatzsteuer in den Gemeinden (§ 80 Anm. 6) u. Kreisen (§ 83 Abs. 2). Die Handhabung der Gesetzgebung ist dadurch ziemlich verwickelt geworden, da die Steuern, obwohl sie vielfach dieselben Gegenstände erfassen, doch verschieden geregelt sind. — Die Registrierungsabgabe (**enregistrement**) ist französischen Ursprungs (1790), wurde später in Italien (1861) und Österreich (1876) eingeführt und besteht auch in Elf.-Lothringen, wo sie jedoch durch das StempelG. 21. Juni 97 (GB. 47) erheblich eingeschränkt ist. Die zivilrechtliche Vorschrift, wonach gewisse Rechtsgeschäfte zur Erlangung eines sichern Datums der öffentlichen Eintragung bedurften (Franz. GB. Art. 1328), ist mit

werden auch einzelne Verbrauchssteuern und Gebühren in dieser Form erhoben.[2])

Neben der preußischen Stempelsteuer (bb) wurden als Reichssteuern geregelt die Erbschaftsteuer (cc), der Wechselstempel (dd), der Reichstempel (ee), die Zuwachssteuer (ff) und der Spielkartenstempel (gg). Diese bilden Reichssteuern. Zeitungs- und Kalenderstempelsteuern sind beseitigt.[3])

Die Verwaltung des Stempelwesens erfolgt überall durch die vorher (§ 153 Abs. 2) aufgeführten Behörden. Die Stempel- und die Erbschaftsteuerämter sind zur Einsichtnahme aller Verhandlungen der Behörden, Beamten (auch der Notare), Aktien- und ähnlichen Gesellschaften (§ 327), der eingetragenen Genossenschaften, Gewerkschaften, Versicherungsgesellschaften auf Gegenseitigkeit und Auktionatoren berechtigt. Außerdem haben alle Staats- und Kommunalbehörden und Beamten die Stempelverwendung sowohl selbst zu beachten, als Zuwiderhandlungen Dritter zur Anzeige zu bringen.[4])

§ 155.

bb) Die **preußische Stempelsteuer** war (1895) neu geregelt worden. Leitend war dabei die Rücksicht auf die neue Verkehrsentwickelung und die schonende Behandlung der unbemittelten Bevölkerungsklassen. Neuerdings hat der vermehrte Finanzbedarf eine wesentliche Erhöhung und Vermehrung der Steuersätze herbeigeführt.[1])

Die Steuerpflicht richtet sich nach dem Inhalt der Urkunde.[2]) Den

---

der ZPO., die die Beschränkungen des Zeugenbeweises beseitigt hat, fortgefallen. Die Abgabe erscheint hiernach nicht mehr als Gebühr, sondern als Steuer. Aufhebung in der Rheinprovinz G. 7. März 22 (GS. 57) § 1 u. 23. April 24 (GS. 80).

[2]) Die Spielkartensteuer bildet eine Verbrauchsteuer in Stempelform § 160, die Erbschaft- und die Zuwachssteuer dagegen eine Verkehrsteuer ohne diese Form § 156, 159; statistische Gebühr § 162 Abs. 3 und Brief- u. Telegraphenporto § 391 Abs. 1 und 392 Abs. 5. — In Baden, Württemberg, Hessen und dem rechtsrheinischen Bayern (Anm. 1) finden sich Steuern und Gebühren im Stempel zusammengefaßt; für Preußen s. § 155 Abs. 3.

[3]) G. 7. Mai 74 (RGBl. 65) § 30.

[4]) StempelG. (§ 155 Anm. 1) § 30 und 31, EStG. (§ 156 Anm. 1) § 34, 35, 40, 41, 56, WStG. (§ 157 Anm. 1) § 25 und 26, RStG. (§ 158 Anm. 2) § 100, 101, SpG. (§ 160 Anm. 2) § 21.

[1]) Stempelsteuer G. 31. Juli 95 (GS. 413) mit den Ergänzungen des G. 26. Juni 09 (GS. 495) auf Grund dessen Art. V unter fortlaufender Paragraphen- und Nummerfolge neu veröffentlicht 09 (GS. 535), insbes. Fristenberechnung § 28 u. BGB. § 186—193, Kosten StG. § 29, Übergangs- u. Schlußbestimmungen § 34 bis 36. — Das G. gilt im ganzen Staatsgebiete außer Helgoland u. Hohenzollern; für letzteres sind die auf Stempel bezüglichen Bestimmungen des G. 20. Juni 75 (GS. 235) nebst G. 18. Juli 83 (GS. 189) § 3 u. PrGerichtskosten G. 99 (GS. 236) § 142 Abs. 1 maßgebend. — AusfBest. 16. Aug. 10 (Beil. z. ZB. f. Abgab. Nr. 20 u. Änderung der Nr. 17 Bf. 2. März 12 JMB. 83) u. (f. d. Gerichte) 28. Juli 10 (JMB. 299). — Bearb. v. Böhm (5. Aufl. Berl. 11), Schumann und Obst (2. Aufl. Breslau 10), Heinitz (4. Aufl. Berl. 13) und (Handausg.) v. Loeck (7. Aufl. Berl. 11).

[2]) StG. § 1—3, (Verpflichtung) 12, (Haftbarkeit) 13, (Verjährung) 27; Rechtsweg § 139 Abs. 3 d. W. Üb. Anrechnung des in anderen deutschen Staaten entrichteten Stempels (§ 2 Abs. 3) ist eine Vereinbarung mit Sachsen getroffen.

Gegenstand der Steuer bildet zunächst nicht das Rechtsgeschäft selbst, sondern dessen Beurkundung, da nur diese äußerlich erkennbar erscheint;[3]) die Steuerpflicht und die Höhe der Steuer bemißt sich jedoch nach dem Rechtsgeschäfte selbst. Die Steuer ist dabei entweder nach dem Gegenstande dieses Geschäfts fest bestimmt (Verhandlungstempel), oder sie muß nach dessen Werte berechnet werden (Wertstempel). Der Verhandlungstempel ist einfacher, der Wertstempel dagegen gerechter und deshalb in den neuen Gesetzen in erweitertem Umfange angewendet worden. — *Befreiung* genießen sachlich Urkunden, die einen Wert bis 150 Mark darstellen oder die Erfüllung der staatlichen Militär- und Steuerpflicht betreffen, Auseinandersetzungs- und Enteignungssachen, Katasterauszüge und Schiedsmannsverhandlungen. Persönlich befreit sind der König, die Königin und Königlichen Witwen, der Reichs- und der preußische Fiskus und deren öffentliche Anstalten, die Kirchen und mit juristischer Persönlichkeit ausgestatteten Religionsgesellschaften, die Unterrichts-, öffentlichen Armen-, Kranken-, Arbeits- und Besserungsanstalten und Waisenhäuser, die Gemeinden in Schul-, Armen- und Kirchenangelegenheiten und die gemeinnützigen Baugesellschaften, während ausländischen Landesherren, Fisken und Anstalten, sowie den Vorstehern der fremden Missionen die Stempelfreiheit im Falle der Gegenseitigkeit zugestanden werden kann. Bei zweiseitigen Verträgen zwischen einer befreiten und einer pflichtigen Person hat letztere die Hälfte des Stempels zu zahlen. Bei Lieferungen an den Fiskus trägt der Übernehmer den vollen Stempel.[4])

Der *Steuerbetrag* bestimmt sich nach dem dem Gesetze angehängten alphabetischen Tarife.[5]) Die einzelnen Sätze betragen mindestens 0,50 M. und steigen regelmäßig[6]) auch um diesen Betrag. — Der *Verhandlungstempel* beträgt jetzt meist, insbesondere für Verträge und Vergleiche, für Ausfertigungen, Aktenauszüge und Protokolle der Behörden, für Grundstückstaxen und für amtliche Zeugnisse in Privatsachen 3 M.[7]) Die Stempel-

Vf. JustM. 29. Dez. 10 (JMB 11 S. 5). — Zuständig sind ohne Rücksicht auf den Wert die Landgerichte AG. z. GVG § 29 Abs. 1[4] (Fassung 21. Sept. 99 GS. 249 Art. 130 V).

[3]) Ausnahme Anm. 12. — Ersatz verdorbener Stempelzeichen StG. § 24 und Erstattung bei nicht zustande gekommenem Rechtsgeschäfte § 25.

[4]) StG. § 4 u. 5, nebst G. 22. Mai 10 (GS. 47) Art. II Abs. 1. Daneben bleiben die früher gewährten sachlichen u. persönlichen Befreiungen in Kraft § 4h u. § 5 Abs. 4. — Befreiung der Landesherren u. juristischen Personen in Baden u. Hessen Vf. 17. Nov. 02 (JMB 294).

[5]) StG. § 1 und Tarif. Die Nr. 25 u. 70, betr. Gesellschafts- u. Versicherungsverträge sind, nachdem diese vom Reiche besteuert sind, fortgefallen RStempelG. (§ 158 Anm. 2) § 7 Abs. 1 u. 105 Abs. 1.

[6]) StG. § 11. Ausnahmen bei Genehmigungen (Fristverlängerung) nach Tar. 22c Abs. 3 u. d Abs. 3.

[7]) Tar. Nr. 71 u. 67, ferner 10, 11, 53, 64 u. 77, erg. Hinterl.O. 21. April 13 (GS. 225) § 43, insbes. Unterschriftbeglaubigungen durch die gesetzlich dazu berufenen Behörden Vf. 18. u. 28. Okt. 96 (JMB. 343 u. MB. 202): der frühere geringere Satz von 1,50 M. ist jedoch beibehalten für Bestallung besoldeter Beamten Tar. Nr. 12, Approbation der Ärzte und Apotheker Nr. 22b, Proteste bis zu 1000 M. Nr. 52 und für Nebenverträge Nr. 71[2]. — Pässe zahlen nach dem Vermögensverhältnis 3,

abgabe für Erlaubniserteilungen[8]) stellt sich als Verwaltungsgebühr (§ 80) Abs. 2 und § 136) dar. — Der Wertstempel wird — soweit er nicht nach festen Abstufungen des ermittelten Wertes bestimmt wird (Wertklassenstempel) — nach Hundertteilsätzen erhoben.[9]) Im einzelnen bestehen folgende Sätze: Familien- und Fideikommißstiftungen 3 v. H.;[10]) Kauf- und Tauschverträge über inländische unbewegliche Sachen 1, über andere Gegenstände 1/3 v. H.;[11]) Pacht- und Mietverträge über Grundstücke und ihnen gleichstehende Rechte 1/10 bis 2;[12]) sonstiger Art 3/10 v. H., mindestens

ausnahmsweise 1, Leichenpässe 5 u. 1,50 M. Tar. Nr. 49. — Verfügungen von Todes wegen 3—50 M. Tar. Nr. 66. Naturalisationen § 34 Anm. 4 d. W. — Dem höchsten Stempel (1200—10000 M.) unterliegen Standeserhöhungen Tar. Nr. 60. Der Steuersatz für Titelverleihungen an Privatpersonen (Nr. 60e) findet auf die Verleihung des Titels als Sanitätsrat keine Anwendung Vf. 31. Aug. 01 (MMB. 235). — Namensänderungen § 207 Anm. 16 d. W.

[8]) Apotheken, vererbliche und veräußerliche 1/2 v. H. des Wertes der Konzession, mindestens und sonst 150 M., Zweigapotheken 10 M. Tar. Nr. 22a; Privatkrankenanstalten, Schauspielunternehmer, Gast- und Schankwirtschaften, Kleinhandel mit Branntwein oder Spiritus, Singspielhallen (§ 366 II 2 d. W.) gemäß der Gewerbesteuerklasse 5—500 M. Nr. 22c; Verlängerung der Polizeistunde 25, unter einer Woche 1,50 M. Tar. Nr. 51; gewerbliche Anlagen (§ 366 I 1) bei Anlagekosten bis 100000 M. 2,50 bis 200 M., darüber hinaus für je 50000 M. 100 M. mehr Nr. 22d; ähnlich Eisenbahnanlagen das. k u. l; Dampfkessel (§ 366 I 2) 5 M. das. e; Pfandleiher und Stellenvermittler (§ 366 II 2 Abs. 3) nach der Gewerbesteuerklasse 50 bis 500 M. das. f; Versicherungsunternehmer und Agenten (§ 323 Abs. 6) 40 und 200 M. das. g u. h; Auswanderungsagenten (§ 11 d. W.) 200 M. das. i; Straßenverkehrsgewerbe (§ 366 II 5) 5 bis 40 M. das. m. Verleihung von Rechten an Wasserläufen § 343 Anm. 12. — Mit Rücksicht auf die kommunale Gebührenpflicht (§ 80 Abs. 2) ist die Bauerlaubnis stempelfrei Tar. Nr. 10b; die Erlaubnis für Lustbarkeiten unterliegt dagegen dem Stempel von 5 u. 10 (geringere dem von 0,50—3) M. das. Nr. 39. — Neu eingeführt sind die Stempel von Automaten und Musikwerken, für die durch Vorschrift der Lösung einer Jahreskarte zu 1—50 M. eine neue Stempelform geschaffen ist Tar. Nr. 11a und von Jagdscheinen für die — neben der den Kreisen zufließenden Gebühr (§ 360 Abs. 3 d. W.) — eine Abgabe von 7,50 M., bei Tagesjagdscheinen von 1,50 M., bei Ausländern von 50 u. 10 M. erhoben wird Tar. Nr. 31. Für Angehörige von Dänemark, Schweden, Rußland, Österr.-Ungarn, Serbien, Türkei, Griechenland u. Italien ist der Stempel auf den Inlandsatz ermäßigt Vf. 9. Aug. 09 (ZB. der Abg. 301).

[9]) Ermittelung des Wertes StG. § 6, 8 u. 10; die Steuerpflichtigen müssen über den Wert Auskunft erteilen § 7. Nebenausfertigungen sind dem Duplikatstempel 3 M. Tar. Nr. 16) unterworfen § 9.

[10]) Tar. Nr. 23, 24.

[11]) Das. Nr. 32. Entsprechend beträgt der Stempel für Auflassungen 1 v. H. das. Nr. 8 u. für Auktionen 1/3 v. H. Tar. Nr. 9. — Börsenmäßige Kaufgeschäfte § 158 Abs. 3[2] d. W. — Schenkungen § 156 Anm. 4.

[12]) Tar. Nr. 48 I 1; für Jagdpacht- und Abschußverträge (§ 360 Abs. 2 d. W.) beträgt der Stempel 2—10 (für im Gemeindebezirk wohnende Jagdgenossen bis zu 1500 M. Jahrespacht nur 3/10) v. H. Tar. Nr. 48 I 2, für land- und forstwirtschaftlich benutzte Grundstücke, 1/10 bis 3/10 v. H. Nr. 48 I 3. Auch mündliche Verträge sind pflichtig; solche unter 360 M. (bei Jagd- und land- und forstwirtschaftlichen Pachtverträgen unter 300 M.) und Mietverträge der Gastwirte und Zimmervermieter sind frei Nr. 48 Abs. 7. Alle im Kalenderjahre gültigen Verträge sind vom Verpächter (Vermieter) im Januar des folgenden Jahres in ein Verzeichnis einzutragen, das der Versteuerung bei der Zollstelle zugrunde liegt Nr. 48 Abs. 8—16 und (allgem. Best.) Abs. 17—22, Strafe StG. § 17 Abs. 2. — Der Stempel über im Auslande belegene Grundstücke und gleichgestellte Rechte beträgt 1,50 M. Tar. Nr. 48 II.

1,50 M.;[13]) Schuldverschreibungen (außer den bereits reichsstempelpflichtigen Wertpapieren § 158 Abs. 3[1]) $^1/_{12}$, Darlehen auf längstens Jahresfrist und kaufmännische, nicht auf Order ausgestellte Verpflichtungsscheine über Leistungen von Geld jedoch nur $^1/_{50}$ v. H.;[14]) Vollmachten 1,50 bis 10 (Generalvollmachten 20) M.[15])

Die Entrichtung des Stempels erfolgt durch Niederschrift der Erklärung auf Stempelpapier oder durch Entwertung (Kassierung) von Stempelpapier oder Stempelmarken zu den Urkunden. Sie hat regelmäßig binnen 2 Wochen nach der Aufstellung zu erfolgen.[16]) Zuwiderhandlungen werden mit dem Vierfachen des hinterzogenen Stempels, mindestens mit 3 M. — in einzelnen besonderen Fällen mit dem Zehnfachen und mindestens 30 M. — bestraft. In geringeren Fällen und gegen Beamte und Notare werden Ordnungstrafen festgesetzt. Eine Umwandlung der Geld- in Freiheitstrafen und eine Zwangsvollstreckung in Grundstücke der Inländer findet nicht statt.[17])

§ 156.

cc) Die **Erbschaftsteuer** wird bei Erwerbung einer Erbschaft entrichtet. Obwohl sie hiernach zu den indirekten Steuern gehört, nähert sie sich doch, weil sie nach der Höhe der Erbschaft bemessen wird und die Wirkung der Vermögensteuer (§ 150 Abs. 1) hat, der direkten Steuer. Sie bildet eine beliebte und verbreitete Steuerform, weil sie leicht zu tragen und einfach zu veranlagen ist. Da die Beerbungen von schriftlicher Beurkundung nicht abhängig sind, kann die Erbschaftsteuer auch nicht in der Form eines Stempels erhoben werden. Sie bildet sonach eine Verkehrsteuer, die nicht Stempelsteuer ist. In neuerer Zeit ist sie deshalb auch gesondert von der allgemeinen Stempelgesetzgebung behandelt.

Die Steuer war vordem Landessteuer, ist aber — in Verbindung mit der Reichsfinanzreform (§ 176 Abs. 6[1]) — zur Reichssteuer geworden[1]),

[13]) Das. Nr. 48 III.

[14]) Tar. Nr. 58; Lombarddarlehen auf höchstens Jahresfrist, sowie Bücher u. Bescheinigungen der öffentlichen u. gemeinnützigen Sparkassen sind frei. — Reichs- u. Staatsschuld, Buchdarlehen G. 22. Mai 10 (GS. 47) Art. II Abs. 2.

[15]) Tar. Nr. 73.

[16]) StG. § 14—16 u. 32. Stempelverwendung bei Pacht- u. Mietverträgen Anm. 12, bei den Gerichten § 195 Abs. 4 d. W. — Unbefugter Handel mit Stempelzeichen StG. § 33; Strafen der Fälschung StGB. §§ 275, 276 Abs. 1, 360⁴ (Fassung des G. 13. Mai 91 RGB 107 Art. IV), 360⁵, § 364 u. Übereink. mit Österreich und Liechtenstein 27. Mai u. 18. Juni 65 (GS. 1019 u. 1020).

[17]) StG § 17—20. — Verfahren StG. § 21 u. § 153 Anm. 9 d. W., gegen Beamte u. Notare StG. § 19 Abs. 3, G. 26. Juli 97 (GS. 237) § 60 u. Vf. 15. u. 30. Aug. 98 (MB. 203). — Vollstreckung StG. § 22. — Verjährung § 23.

[1]) ErbschStG. 3. Juni 06 (RGB. 654); Übergangsbest. § 60, 61. Das G. lehnt sich an das frühere preuß. G. von 1891 (GS. 78) an, hat aber die Steuerpflicht auf Vorfahren ausgedehnt u. die Steuersätze nicht unerheblich erhöht. Eine weitere Erhöhung hat das RFinanzG. 3. Juli 13 (RGB. 521) § 4 gebracht. — Ausf. Best. 16. Juni, (Verzeichnis der Erbschaftssteuerämter u. Oberbehörden) 11. Aug. 06 (ZB. 829 u. 1103), erg. Bek. 15. April u. 31. Okt. 11 (das. 165 u. 574), Vf. d. Fin. u. d. JustMin. 26. Juni 06 (JMB. 174), (Statistik) Best. 6. Juni 07 (ZB. 239). Übereink. mit Griechenland üb.

mit der Maßgabe, daß $^1/_5$ ihres Rohertrages den Bundesstaaten zufließt.[2]) — **Besteuerungsgegenstand** sind Erbanfälle aus dem beweglichen Vermögen der im Deutschen Reiche Staatsangehörigen und von im Reiche belegenen Grundstücken[3]) und nach gleichen Grundsätzen Schenkungen unter Lebenden.[4]) — Die **Steuersätze** sind sowohl nach dem Grade der Verwandtschaft, als nach der Höhe des Erwerbes abgestuft. Sie betragen für leibliche Eltern, Geschwister 4, Geschwisterabkömmlinge ersten Grades 5, für sonstige Vorfahren, Stief- und Schwiegereltern und -Kinder, legitimierte und angenommene Kinder und deren Abkömmlinge 6, für Geschwisterabkömmlinge zweiten Grades, Geschwister der Eltern und Verschwägerte im zweiten Grade der Seitenlinie 8, in sonstigen Fällen 12 v. H. des gemeinen Wertes und erhöhen sich bei Erbanfällen von mehr als 20000 M. um $1^1/_{10}$ der Steuer und dann allmählich steigend bei solchen von mehr als 1 Mill M. um $2^1/_2$. Die Steuer steigt demgemäß in den vier Klassen bis auf 10, 15, 20 und 25 v. H. Steuerfrei sind Anfälle an Abkömmlinge und Ehegatten, Landesfürst und Landesfürstin und Erbschaften bis zu 500, an milde Stiftungen bis zu 5000 M. und an gewisse nähere Angehörige bis zu 10000 M. Sonst sind von Zuwendungen an inländische Kirchen, kirchliche, mildtätige und gemeinnützige Stiftungen, Gesellschaften, Vereine und Anstalten 5. v. H. zu entrichten.[5]) Die Erhebung und Verwaltung erfolgt in den Bundesstaaten durch die **Erbschaftssteuerämter**.[6]) Diese erhalten von den Standesämtern Auszüge aus den Sterberegistern und von den Gerichten und Notaren Mitteilungen der beurkundeten Schenkungen und Verfügungen von Todes wegen. Außerdem muß ihnen jeder steuerpflichtige Erbesanfall und jede Schenkung unter Lebenden binnen 3 Monaten angezeigt und auf Verlangen durch eine Erbschaftssteuererklärung erläutert werden.[7]) Auf diesen Grundlagen ermitteln sie den reinen Wert der Erbschaftsmassen und stellen danach die Steuer fest.[8])

§ 157.

dd) Die **Wechselstempelsteuer** ist Reichsteuer. Sie stuft sich nach dem Werte ab und beträgt bis zu 1000 M. für jede angefangenen 200 M.

Besteuerung des beweglichen Nachlaßvermögens 10 (RGB. 12 S. 173, 176). Bearb. v. Hoffmann (2. Aufl. Berl. 11), Zimmermann (2. Aufl. Münch. u. Berl. 11) u. Wunsch (Berl. 07). — Besteuerung der Erbschaften in der Vermögenszuwachssteuer § 173 Abs. 1 d. W.

[2]) RFinanzG. (vor. Anm.) § 5. Die Bundesstaaten können daneben Zuschläge zur RErbschSteuer u. Abgaben vom Anfall an Abkömmlinge u. Ehegatten erheben (wovon in Preußen kein Gebrauch gemacht ist) EStG. § 58, 59 u. Bf. JustMin. 26. März 07 (JMB. 328).

[3]) Das. § 1—9. Haftung § 31, 32.

[4]) Das. § 55, 56.

[5]) Das. § 10—15, insbes. Befreiungen § 11, 12 Abs. 3, 13, Erleichterung bei Anfall zu land- und forstwirtschaftlichen Zwecken bestimmter Grundstücke § 15 u. 16, verb. § 47 Abs. 2.

[6]) Das. § 33—35. — § 153 Abs. 2 u. § 154 Abs. 3 d. W.

[7]) EStG. § 36—46 u. (Grundsätze der Feststellung) § 16—30. — Strafen § 49—52. — Bf. 30. Dez. 73 (JMB. 74 S. 3), 17. Okt. 99 (das. 299), 9. Sept. 01 (das. 229) u. 10. Feb. 10 (das. 66). — § 207 Anm. 1 d. W.

[8]) Stundung EStG. § 47, Zwangsvoll-

je 10 Pf. und für jede weiterhin angefangenen 1000 M. je 50 Pf. mehr, im allgemeinen also $1/2$ vom Tausend. Für Wechsel, die auf Sicht oder länger als 3 Monate ausgestellt sind, tritt eine Erhöhung ein, die für die nächsten 9 Monate und weiterhin für je fernere 6 Monate dem einfachen Stempel gleichkommt. Die Einrichtung muß stattfinden, bevor ein Wechsel aus den Händen, oder weiter gegeben wird und erfolgt durch Verwendung von Stempelblankets oder Aufkleben von Stempelmarken.[1])

§ 158.

ee) Auf ähnliche Weise gelangt der Regel nach die **Reichsstempelsteuer** zur Hebung. Nach der ersten Einführung (1881) sollte sie die erst mit der neueren Verkehrsentwickelung entstandenen und seither — im Gegensatz zum Grundstücksverkehr (§ 155 Abs. 3) — steuerfrei gebliebenen Anlagewerte treffen und zugleich der ungesunden Spekulation in diesen Werten (§ 374 Abs. 2) vorbeugen (Börsensteuer). Nachdem sie in diesem Sinne wesentlich erhöht war (1900), ist die Steuer dann ausgedehnt worden auf Gebiete des Fahrverkehrs und des Güterumsatzes (Abs. 3 Nr. 4—7), ferner — unter Erhöhung des Stempels für Aktien und Schuldverschreibungen (Abs. 2 Nr. 1) — auf Schecks (Nr. 8) und Grundstücksübertragungen (Abs. 2 Nr. 9) und schließlich auf Gesellschafts- und Versicherungsverträge (Abs. 2 Nr. 1 u. 10).[2])

Im einzelnen kommen folgende Steuergegenstände in Betracht:

1. Die Beurkundung von Gesellschaftsverträgen ist stempelpflichtig. Der Stempel beträgt bei Errichtung oder Kapitalerhöhung a) von inländischen Aktien- oder Kommanditgesellschaften auf Aktien $4^1/_2$ (für die Reichsbank- und Kolonialgesellschaften 3) v. H., b) von Gesellschaften

---

streckung § 48, Kosten § 53, Verjährung in 10 Jahren § 54, Rechtsweg § 57.

[1]) G. 10. Juni 69 (BGBl. 193), erg. zuletzt durch G. 15. Juli 09 (RGB. 740) u. auf Grund dessen Art. II (Art. III enthält die Übergangsvorschrift) in neuer Paragraphenfolge veröffentlicht als Wechselstempel G. 15. Juli 09 (RGB. 825). Einf. in Süddeutschland § 6 Anm. 7, in Elf.-Lothringen G. 14. Juni 71 (GB. 175). — Ausf.Best. 25. März u. 26. Juli 09 (ZB. 103 u. 401). Bearb. v. Loeck (10. Aufl., Berl. 09).

[2]) Das G. 1. Juli 81 (RGB. 185) ist wiederholt, zuletzt durch Gesetz 3. Juli 13 (RGB. 544) ergänzt u. auf Grund des letzteren (Art. 6) in neuer Fassung u. Paragraphenfolge als Reichsstempel G. 3. Juli 13 (RGB. 639) veröffentlicht. (Allg. u. Schlußbest. RG. § 107—124, insbes. Verjährung § 109, Rechtsweg § 110, Rechte und Pflichten der Behörden und Beamten § 116, 117, der Reichsbevollmächtigten § 120, Befreiungen § 121); der Ertrag fließt zur Reichskasse, die Bundesstaaten beziehen aber 2 v. H. für die Erhebung u. bis zum 31. März 1915 die von ihnen in den letzten 3 Jahren von Gesellschafts- u. Versicherungsverträgen (Abs. 2 Nr. 1 u. 10) bezogenen Stempeleinnahmen § 122, 123. — Die Bezeichnung als ReichsstempelG. ist nicht ganz zutreffend, da zu den Reichsstempelabgaben auch Wechsel- und Spielkartenstempel gehören. — AusfBest. des B. R. 15. Sept. 13 (ZB. 801) nebst Vf. des FinMin. und JustMin. 22. Sept. 13 (Zoll- u. ind.StBl. 379 u. JMB. 335); die AusfBest. behandeln die Amtsstellen § 1, 2, die Stempelentrichtung § 209—226, die Erhebung u. Verrechnung § 227—241 nebst Schlußbest § 242. — Bearb. v. Loeck (10. Aufl. Berl. 10, 11) u. (umfassender) Greiff (Berl. 12).

mit beschränkter Haftung 3 (für Grundstücksverwertungsgesellschaften 5) v. H., c) von offenen Handels-, Kommandit- und Gesellschaften des bürgerlichen Rechts mit Erwerbszweck (diese bei nur vorübergehendem Zweck 10 M.), ferner bei Genossenschaften, deren Geschäftsbetrieb über den Kreis der Mitglieder hinausgehet, $^1/_{10}$ v. H., mindestens 20 (bei Eintritt neuer Gesellschafter oder Kapitalserhöhungen 10) M. Befreit sind Gesellschaften, die ausschließlich gemeinnützigen Zwecken dienen oder die Herstellung oder den Betrieb von Eisenbahnen unter Beteiligung oder Garantie des Staates oder kommunaler Verbände bezwecken. Bei den zu a und b bezeichneten Gesellschaften tritt zu dem Errichtungs- noch der Einbringungsstempel für das Einbringen von nicht in Geld bestehendem Vermögen, der $^2/_3$, $^1/_3$ oder $^1/_{20}$ v. H. beträgt. Die Überlassung von Rechten am Gesellschaftsvermögen, die ein Gesellschafter an andere oder an die Gesellschaft oder diese an einen Gesellschafter vornimmt, ist mit $^2/_{10}$ (für die zu c genannten Gesellschaften mit $^1/_{20}$) v. H. besteuert.[3]) — Kuxe (§ 333 Abs. 4) zahlen 5 M. für jede Urkunde und für erhöhte Einzahlungen nach dem 1. August 1909 noch 3 v. H. des Wertes. Ausländische Aktien, die im Inland begeben oder weitergegeben werden, zahlen gleichfalls 3 v. H. des Wertes. Die für den Handelsverkehr bestimmten Renten- und Schuldverschreibungen sind mit 2 v. H. (solche ausländischer Staaten, der Kommunalverbände und Eisenbahngesellschaften mit 1 v. H.) besteuert; inländische Schuldverschreibungen auf den Inhaber der Kommunalverbände, der Grundbesitzerkörperschaften, Grundkredit- und Hypothekenbanken und Eisenbahngesellschaften zahlen nur 5 vom Tausend; Reichs- und Bundesstaatspapiere sind frei. Die Steuerpflicht tritt mit der Ausgabe oder der Inverkehrsetzung der bereits ausgegebenen Papiere ein. Außerdem sind von Gewinnanteilbogen der Aktien und Anteilscheine 1 vom Tausend und von Zinsbogen der Renten- und Schuldverschreibungen 5 v. T. zu entrichten (Talonsteuer). Von Zinsbogen der vorgenannten Verbände und Gesellschaften werden nur 2 v. T. erhoben; solche des Reichs und der Bundesstaaten bleiben ganz frei.[4])

2. Der Abschluß von Kauf- und Anschaffungsgeschäften unterliegt, wenn es sich um Wertpapiere oder ausländisches Geld handelt, einem Stempel von $^2/_{10}$ vom Tausend, wenn er über börsenmäßig gehandelte Waren und auf Grund von Börsengebräuchen erfolgt, einem solchen von $^4/_{10}$ vom Tausend. Geschäfte über im Inlande von einem der Vertragschließer erzeugte oder hergestellte Waren sind frei. Über die steuerpflichtigen Geschäfte muß eine Schlußnote doppelt ausgestellt, mit

---

[3]) RStG. § 1—9; Tarif Nr. 1 A. AusfB. § 3—20. — Für die vor dem 1. Okt. 13 beurkundeten Gesellschaftsverträge bleiben gem. RStG. § 8 die früheren Bestimmungen maßgebend.

[4]) RStG. § 10—17; Tarif Nr. 1 B u. C, 2, 3 u. 3 A. AusfB. § 21—54.

Stempelmarke versehen, nach der Zeitfolge beziffert und von beiden Vertragschließern fünf Jahre hindurch aufbewahrt werden (Schlußnotenzwang).[5])

3. Von Spiel und Wette sind für Lose und Einlagen 20 (für ausländische 25) v. H. zu zahlen. Ausspielungen mit einem Gesamtwerte von höchstens 100 M. oder zu ausschließlich mildtätigen Zwecken mit einem Gesamtwerte von höchstens 25000 M. sind frei.[6])

4. Frachturkunden sind im Seeschiffsverkehr mit einem Stempel von 1 M. (im Verkehr zwischen Häfen der Nord- und Ostsee mit 10 Pf.), im Binnenschiffsverkehr von 20, bei Frachtbetrag über 25 M. von 40 Pf. besteuert. Der gleiche Stempel gilt für den Eisenbahnverkehr bei ganzen Wagenladungen unter Erhöhung oder Ermäßigung bei höherem oder geringerem Ladegewicht der Wagen.[7])

5. Personenfahrkarten im Eisenbahn- und Dampfschiffsverkehr, deren Stempelbetrag nach dem Fahrpreis und den Fahrklassen abgestuft ist und von den Eisenbahn- und Dampfschiffverwaltungen zugleich mit dem Fahrpreise erhoben wird. Die Steuerpflicht beginnt mit dem Fahrpreise von 60 Pf. und Fahrkarten der dritten Klasse und erstreckt sich nicht auf ermäßigte Militär-, Schüler- und Arbeiterfahrkarten.[8])

6. Die für längstens ein Jahr auszustellenden Erlaubniskarten für Kraftfahrzeuge unterliegen einer Stempelabgabe, die für Krafträder 10 M. beträgt und für Kraftfahrzeuge nach den Pferdekräften abgestuft ist. Letztere Abgabe wird bei vorübergehender Benutzung ermäßigt und ist für Besitzer im Auslande besonders festgesetzt. Befreit sind Kraftfahrzeuge, die ausschließlich staatlichen Zwecken oder der gewerbsmäßigen Personenbeförderung dienen.[9])

7. Die an Aufsichtsratsmitglieder der Aktiengesellschaften, Kommanditgesellschaften auf Aktien und Gesellschaften mit beschränkter Haftung gezahlten Vergütungen unterliegen einer Abgabe von 8 v. H.[10])

8. Schecks (mit Ausnahme der Postschecks) und Quittungen über Abhebungen aus Guthaben bei den im Scheckverkehr zugelassenen Anstalten (§ 307 Abs. 3) unterliegen dem festen Stempel von 10 Pf.[11])

---

[5]) RStG. § 18—33; Tarif Nr. 4. Ausf.B. § 55—75.

[6]) RStG. § 34—42; Tarif Nr. 5. Ausf.B. § 76—91. Stempelpflichtigkeit der Ausspielungen von Wetteinsätzen bei öffentlichen Pferderennen G. 4. Juli 05 (RGB. 595) § 4, 5; die Hälfte des Ertrags des letzteren Stempels fließt den Einzelstaaten für Zwecke der Pferdezucht zu.

[7]) RStG. § 43—51; Tarif Nr. 6. Ausf.B. § 92—104.

[8]) RStG. § 52—61; Tarif Nr. 7. Ausf.B. § 105—120.

[9]) RStG. § 62—71; Tarif Nr. 8, erg. (ausländ Kraftfahrzeuge) G. 18. Mai 08 (RGB. 210), Ausf.B. § 121—151. Verzeichnis der zuständigen Stellen (§ 108) Bek. 23. Aug. 06 (ZB. 1149), erg. (Bayern) Bek. 8. Juli 09 (ZB. 313).

[10]) RStG. § 72—75; Tarif Nr. 9, Ausf.B. § 153—157.

[11]) RStG. § 76—83; Tar. Nr. 10. Ausf. Best. § 158—164. — Die Scheckbesteuerung hört mit dem 31. Dez. 16 auf RFinanzG. 3. Juli 13 (RGB. 521) § 3.

9. **Grundstücksübertragungen** unterliegen einem Stempel von $\frac{1}{3}$ v. H. des Wertes. Befreit sind Übertragungen bei Erbauseinandersetzungen und Überlassungsverträge zwischen Eltern und Kindern oder Abkömmlingen. Auf Antrag befreit sind Grundstücksübertragungen im Werte bis zu 5000 (bei bebauten Grundstücken bis zu 20000) M., wenn der Erwerber oder sein Ehegatte weder gewerbsmäßigen Güterhandel betreiben, noch im letzten Jahre ein Einkommen von mehr als 2000 M. gehabt haben, ferner Eigentumsveränderungen, denen sich die Beteiligten aus Gründen des öffentlichen Wohls unterwerfen müssen. Von Grundstücken der landes- und standesherrlichen Familien, die durch Landes- oder Hausgesetze gebunden sind (§ 36 Abs. 3^5 u. 6^3) und von Familienfideikommissen, Lehen- und Stammgütern wird statt des Stempels eine jährliche Abgabe von $\frac{1}{90}$ v. H. des Wertes erhoben, der in 30jährigen Zeitabschnitten nach den für die Erbschaftssteuer maßgebenden Grundsätzen (§ 156 Abs. 2) festgestellt wird. Der Landesfürst und die Landesfürstin sind frei. Ein Zuschlag von 100 v. H. des Umsatzstempels, der bis zur Einführung der Zuwachssteuer (§ 159) bewilligt war, wird bis zum Ende des Rechnungsjahres 1916 forterhoben. Von da ab soll auch, wenn der Anteil des Reichs an der Wertzuwachssteuer 25 Mill. M. übersteigt, von 3 zu 3 Jahren eine entsprechende Herabsetzung der verbleibenden Umsatzsteuer durch den Bundesrat erfolgen.[12])

10. Stempelpflichtig sind Beurkundungen über Zahlung des Entgelts für **Versicherungen**, die im Inland befindliche Gegenstände betreffen oder mit im Inland wohnenden oder sich dauernd aufhaltenden Personen abgeschlossen sind. Der Stempel beträgt bei der Feuerversicherung für bewegliche Gegenstände, wenn sie auf mindestens ein Jahr abgeschlossen wird, jährlich $\frac{15}{100}$, andernfalls monatlich $\frac{15}{1000}$ v. H. und für unbewegliche Gegenstände in ersterem Falle jährlich $\frac{1}{20}$, in letzterem monatlich $\frac{1}{200}$ v. H. der Versicherungssumme. Bei der Einbruchdiebstahl- und Glasversicherung beträgt der Stempel 10, bei der Transportversicherung $\frac{1}{2}$ und 1 und bei der Lebensversicherung $\frac{1}{2}$ v. H. des gezahlten Entgelts (Prämie). Befreit sind die soziale Versicherung (§ 316—321, 336), die Kranken-, Arbeitslosen- und Stellenlosigkeitsversicherung, die Versicherung von Bediensteten und Arbeitern gegen Todesfall oder Körperverletzung im Gewerbebetriebe, die Rück-, Hagel-, Vieh-, Unfall- und Haftversicherung, sowie die Versicherungen bis zu 3000 M.[13])

§ 159.

ff) Die **Grundwertzuwachssteuer**, trifft das Gewinneinkommen, das bei Veräußerung eines Grundstücks gegenüber dem Erwerbspreise erzielt

[12]) RStG. § 84—96. Tar. Nr. 11; Weitererhebung des Zuschlags RFinanzG. (Anm. 11) § 1 Abs. 1. AusfB. § 165—193.

[13]) RStG. § 97—106; Tar. Nr. 12. Ausf.B. § 194—208.

wird und wurde vom Reiche geordnet[1]). Diesem sollten jedoch nur 50, dagegen den Bundesstaaten für die Erhebung und Verwaltung 10 und den Gemeinden oder Gemeindeverbänden 40 v. H. des Ertrags zufließen. In Preußen sind demgemäß den kreisangehörigen Gemeinden 2/3 — bei Gemeinden über 15000 Einwohnern 3/4 — dieses Betrages zugewiesen, während den übrigen sowie den auf die Gutsbezirke entfallenden Anteil der Kreis erhält. Die Gemeinden können außerdem Zuschläge bis zu 100 v. H. ihres Anteils erheben[2]). Mit der Einführung der Vermögenszuwachssteuer (§ 173) ist die Erhebung des Reichsanteils vom 30. Juni 1913 ab fortgefallen; für die Gemeinden und Gemeindeverbände gilt das bisherige Recht mit einigen Maßgaben, und die fernere Regelung der Besteuerung ist der Landesgesetzgebung überlassen worden[3]). Die Steuer, deren anderweite landesgesetzliche Ordnung zu gewärtigen steht, ist damit im wesentlichen zur Kommunalsteuer geworden.

Die **Steuerpflicht** knüpft sich an den Eigentumsübergang von Grundstücken und den ihnen gleichgestellten Berechtigungen mit Ausnahme von Bergwerksanteilen (§ 333 Abs. 4).[4]) Nicht steuerpflichtig sind die Übergänge, mit denen ein Zuwachsgewinn nicht verbunden ist, wie Erbanfälle, Schenkungen, Überlassungsverträge, Grundregulierungen usw. Befreit sind ferner Veräußerungen der in § 158[9] bezeichneten geringwertigen Grundstücke, der Landesfürst und die Landesfürstin, das Reich, die Bundesstaaten, die Gemeinden und die gemeinnützigen Wohnungs-, Ansiedelungs- und ähnlichen Vereinigungen.[5])

Bemessungsgrundlage bildet der ohne Zutun des Besitzers entstandene Wertzuwachs, wie er in dem Unterschiede zwischen dem Preise der Veräußerung und des letzten steuerpflichtigen Erwerbs hervortritt. In Betracht kommen nur Veräußerungen, die seit dem 1. Januar 1911 und Erwerbungen, die nicht über den 1. Januar 1885 und späterhin nicht über 40 Jahre zurückliegen. Ist ein Erwerbspreis nicht vereinbart oder nicht zu ermitteln, oder hat in diesem Zeitraum eine Erwerbung nicht stattgefunden, so tritt an Stelle des Erwerbspreises der gemeine Wert. Was an Auf-

---

[1]) **ZuwachsstG.** 14. Feb. 11 (RGB. 33). AusfBest. des BR. 27. März u. (Verzeichnis der Oberbehörden) 15. Nov. 11 (ZB. 79, 199 u. 577). Preuß. AusfG. 14. Juli 11 (GS. 95) u. AusfAnw. 19. Mai 11 (MB. 189), erg. Nr. I u IV Vf. 23. Juni 11 (MB 217) u. 11. Sept. 12 (MB. 287); Auslegung Vf. 30 Nov. 11 (MB. 12 S. 13). — Bearb. v. Becher u. Henneberg (2. Aufl. Berl. 12), Cuno (Berl. 12) u. Lion (Berl. 12). Herausgabe amtl. Mitteilungen üb. d. GeschVf. 24. März u. einer gemeinverständl. Darstellung 15. April 11 (MB. 135).

[2]) ZG. § 58, 59. Preuß. AG. § 3, 4, Übergangsbest. für Gemeinden, in denen eine Zuwachssteuer vorher eingeführt war ZG. § 60, Pr. AG. § 5.

[3]) RFinanzG. (§ 158 Anm. 11) § 1 Abs. 3—5 u. preuß. Bek. 19. Juli 13 (GS. 365).

[4]) ZwstG § 1—6 u 66 Abs. 2, 3 mit Änderung des § 1 Abs. 2 Satz 3 durch RFinanzG. (§ 158 Anm. 11) § 1 Abs. 2.

[5]) ZwstG. § 7, Abs. 1, 2, 30, 31.

wendungen dem Erwerbs- und dem Veräußerungspreise zu- oder abzurechnen ist, wird im einzelnen genau vorgeschrieben.[6])

Der Steuersatz beträgt 10—30 v. H. des ermittelten Wertzuwachses (Abs. 3) je nach der Höhe der Wertsteigerung und der Kürze der Zeit, in der sie eingetreten ist. Steuerbeträge unter 20 M. werden nicht erhoben. Die Entrichtung der Steuer liegt dem Veräußerer ob; kann sie von diesem nicht beigetrieben werden, so haftet der Erwerber.[7])

Das Verfahren ist dem für die Erbschaftssteuer vorgeschriebenen (§ 156 Abs. 2) nachgebildet. Die Verwaltung und Erhebung erfolgt in den Bundesstaaten. In Preußen wird die Steuer regelmäßig in den Städten von den Gemeindevorständen, in den Landgemeinden und Gutsbezirken von den Kreisausschüssen veranlagt. Diesen sind binnen einem Monat alle steuerpflichtigen Rechtsvorgänge von dem Veräußerer und Erwerber anzumelden, soweit nicht eine Auflassung oder Eintragung stattgefunden hat. Außerdem haben die Grundbuchämter und sonstigen Urkundsbehörden und die Notare diese Vorgänge den Steuerstellen mitzuteilen. Auf deren Verlangen hat der steuerpflichtige Veräußerer eine Steuererklärung abzugeben, die die in Betracht kommenden Umstände ersehen läßt.[8]) Gegen den Steuerbescheid sind die gegen die Kommunalbesteuerung gegebenen Rechtsmittel (§ 80 Abs. 8 u. § 83 Abs. 2) zulässig. Als erste Instanz ist stets der Bezirksausschuß zuständig.[9])

§ 160.

gg) Die **Spielkartensteuer** ist ihrem Wesen nach Verbrauchsteuer in Stempelform. Als solche ist sie auf das Reich übernommen, wodurch erst der freie Verkehr mit Spielkarten im Reiche möglich geworden ist. Sie beträgt 30 Pfg., bei mehr als 36 Blättern 50 Pf. für das Spiel und wird entrichtet, sobald die Karten aus dem Auslande eingeführt[1]) oder in inländischen Fabriken hergestellt werden. Anlage, Einrichtung und Betrieb der letzteren unterliegen deshalb der Überwachung der Steuerbehörden. Der Handel mit Spielkarten ist frei, darf aber im Umherziehen nicht betrieben werden; auch können die Vorräte der Händler jederzeit von den Steuerbeamten eingesehen werden. Ungestempelte Karten unterliegen der Einziehung.[2])

[6]) Das. § 8—27, 62—65.

[7]) Das. § 28, 29, 32—34.

[8]) Das. § 35—42, Steuerbescheide § 43, 47, Einziehung § 48, 49, Strafen § 50 bis 55, Kostenfreiheit § 56, Verjährung § 57; AusfBest. § 1—33, Muster für die Steuererklärung Bek. 12. Mai 11 (ZB. 199.) — Pr AusfG. § 1.

[9]) ZG. § 44—46, AusfBest. § 34 bis 37. — Pr AG. § 2.

[1]) Der von den eingeführten Karten gezahlte Zoll (60 M. für 100 kg neben dem inländischen Stempel) enthält zugleich einen Schutzzoll Zolltarif 25. Dez. 02 (RGB. 303) Nr. 661.

[2]) RG. 3. Juli 78 (RGB. 133); Ausf. Bek. 6. Juli u. 26. Okt. 78 (ZB. 403, MB. 205 u. 270); das angeschlossene Reg. über den Betrieb der Spielkartenfabriken ist ergänzt Bek. 15. April und 7. Aug. 79 (ZB. 286 u. 516) u. 16. März 86 (ZB. 59). Verbot des Hausierhandels Gew.O. § 56[4]. — Bearb. wie § 157 Anm. 1. — Im Reiche bestanden (1911) 25 Fabriken.

c) Grenzzölle.[1])

§ 161.

aa) **Einleitung.** Grenzzölle werden bei Ein-, Aus- oder Durchfuhr der Waren über die Landesgrenze erhoben.[2]) Für das ein einheitliches Zollgebiet bildende Deutsche Reich (§ 152 Abs. 1) kommen nur die Einfuhrzölle in Betracht; die wirtschaftlichen Ein- und Ausfuhrverbote — wie das Merkantilsystem sie vorsah (§ 3[1]) — sind längst beseitigt, ebenso die Aus- und Durchfuhrzölle, die auch anderwärts nur noch geringe Bedeutung haben.[3])

Die Zölle haben neben der finanziellen auch eine volkswirtschaftliche Bedeutung und werden hiernach als Schutz- und Finanzzölle geschieden. Beide treten jedoch in den einzelnen Zöllen meist zusammen auf; nur wenige der letzteren stellen sich als reine Finanz- oder reine Schutzzölle dar.[4]) Im allgemeinen tritt die finanzielle Bedeutung der Zölle gegen die volkswirtschaftliche zurück. Sie bietet auch keine Besonderheiten, da finanziell die Zölle nur eine durch die Entrichtung an der Grenze eigenartig gestaltete Erhebungsform für Verbrauchsteuern bilden, mit denen sie ihrem Inhalte nach zusammenfallen (§ 151 Abs. 1).

In volkswirtschaftlicher Beziehung stehen sich der Freihandel und das Schutzzollsystem gegenüber.

Der Freihandel glaubt in Anlehnung an die Lehren des Ad. Smith[5]) durch völlig freien Mitbewerb und den ungehinderten wirtschaftlichen Austausch der Nationen untereinander die Gütererzeugung und den Wohlstand am sichersten zu fördern. Fände der Grundsatz bei allen Staaten gleichmäßige Annahme, so würden diese einigermaßen gleichberechtigt einander

[1]) Geschichte § 138, insbes. Zollverein § 5 Abs. 1, Übergang auf das Reich § 152 Abs. 1 d. W.

[2]) Die Ein- und Ausfuhr kann aus politischen oder polizeilichen Rücksichten nicht nur beschränkt, sondern auch verboten werden V.ZollG. (§ 163 Anm. 1) § 2. Dahin gehört die Pferde- u. Waffenausfuhr im Kriegsfalle, die Ausfuhr von Lebensmitteln bei Notständen, die Einfuhr bei Seuchen § 269 Anm. 13, Viehseuchen § 358 Abs. 2 u. 3 d. W., u. (Beschränkung der Fleischeinfuhr) § 273 Abs. 2, von Pflanzen u. Obst zur Bekämpfung der Schildlaus und von Reben beim Auftreten der Reblaus § 355 Anm. 2 u. 3. — Ähnliche Beschränkungen der Verbote enthalten die Handelsverträge Anm. 9.

[3]) RVerf. Art. 33, § 152 Anm. 3. — Die Zollfreiheit ist bei der Durchfuhr als Grundsatz, bei der Ausfuhr als Regel anerkannt VZollG. § 1, 5 u. 6. Ausfuhrabgaben werden seit Aufhebung des Lumpenzolles (G. 7. Juli 73 GS. 241 § 1 II) nicht mehr erhoben. — Binnenzölle (§ 138 Abs. 3) sind unzulässig. Übergangsabgaben zum Ausgleich bei Erhebung der Verbrauchsteuern (§ 166 Abs. 2) fallen nicht darunter.

[4]) Finanzzölle sind die Eingangsabgaben von solchen Waren, die im Inlande weder selbst, noch in Ersatzmitteln gefertigt, oder daselbst gleich hoch besteuert werden. Finanzzölle waren ferner die Durchgangsabgaben, Schutzzölle dagegen die Ausgangsabgaben.

[5]) § 3 Anm. 4 d. W. — Der Freihandel überträgt die Lehre von der Arbeitsteilung (§ 2[12] u. 3[3]) auf den internationalen Verkehr. — Bei Smith erscheint übrigens der Freihandel nur als das schließliche Ziel. Er billigt demgemäß nicht nur Finanz-, Retorsionszölle u. Zölle im Interesse der Landesverteidigung, sondern will auch die sonstigen Schutzzölle zur Erhaltung der Arbeiter nur allmählich beseitigen u. läßt die indirekte Besteuerung zu.

gegenüberstehen. So lange aber noch fast alle Verkehrstaaten ihr Gebiet mit Schutzzollschranken umgeben haben, würde der einzelne Staat, der in diesem Sinne vorgehen wollte, die eigenen wirtschaftlichen Interessen denen der übrigen Staaten zum Opfer bringen und sich einer Waffe begeben (Kampf-, im Falle der Erwiderung Retorsionszölle), die die übrigen fortgesetzt gegen ihn anwenden können. Durch die Freihandelspolitik eines einzelnen Staates ist deshalb ebensowenig die allgemeine Verkehrsfreiheit herzustellen, als seine Abrüstung den allgemeinen Frieden begründen würde. Daneben kommt die Ungleichheit der Bedingungen in Betracht, unter denen die einzelnen Zweige der Gütererzeugung in den verschiedenen Staaten betrieben werden. Ein Staat vermag demgemäß seine Ware zu geringeren Preisen anzubieten als ein anderer. Die fortgesetzte Erleichterung des Verkehrs und die Verminderung der Beförderungskosten fördern diesen Wettbewerbungskampf, dem die erzeugende Tätigkeit des auf dem betreffenden Gebiete minder begünstigten Staates endlich erliegen müßte, wenn hier nicht durch Schutzzölle ein Ausgleich geschaffen würde. Die Freihändler wenden dagegen ein, daß die unbeschränkte Mitbewerbung billige Preise und damit den allgemeinen Wohlstand fördere. Billige Preise haben indes nur bedingten Wert und bleiben immer noch für denjenigen zu hoch, der nicht in den Stand gesetzt wird, diese zu bezahlen. Das erste Erfordernis bleibt deshalb, die Bevölkerung durch Förderung ihrer Erwerbstätigkeit zahlungsfähig zu erhalten. Erst unter dieser Voraussetzung vermag sie von der ihr durch die Einfuhr gebotenen Kaufgelegenheit überhaupt Gebrauch zu machen, und höhere Preise und die durch sie bedingten höheren Löhne sind in diesem Sinne nicht nur als Anzeichen und Folge, sondern auch als Ursache der größeren Wohlhabenheit eines Landes anzusehen.

Während der Freihandel, der einen internationalen, weltbürgerlichen Standpunkt einnimmt, für die Tätigkeit des Verkehrstandes eintritt, erstrebt der Schutzzoll, der durch das selbständige Wirtschaftsinteresse des einzelnen Staates bestimmt wird, den Schutz der nationalen Arbeit. Jener sucht möglichst billig zu kaufen, dieser möglichst teuer zu verkaufen. Der Schutzzoll wurde hauptsächlich durch das Merkantilsystem (§ 3[1]) gefördert, das den Staat gegen das Eindringen fremder Waren zu schützen suchte. Er sieht jedoch von der völligen Ausschließung, von dem Verbote fremder Wareneinfuhr (Prohibitivsystem, § 372 Abs. 2) ab und beschränkt sich darauf, der inländischen vor der auswärtigen Gütererzeugung durch beschränkte Besteuerung der letzteren einen mäßigen Vorsprung zu gewähren. Der Schutzzoll hat den Industrien in den einzelnen Staaten unverkennbar große Dienste geleistet und ihr Emporkommen einem mächtigeren auswärtigen Mitbewerbe gegenüber vielfach erst möglich gemacht (§ 363 Abs. 4 u. 372 Abs. 2). Soweit und so lange deshalb durch Angebot des Auslandes der Preis einer Ware unter die mittleren inländischen Herstellungskosten herabgedrückt wird, ist ein Schutzzoll für diese Ware unerläßlich. Dies gilt von der

Land- und Forstwirtschaft wie von der Industrie; die Interessen beider fallen in diesen den Gesamtwohlstand der Nation bedingenden Fragen zusammen.

Die vollständige Durchführung der Freihandelsidee würde hiernach nur unter Preisgebung der wichtigsten Erwerbsinteressen möglich werden. Andererseits fordert die Verkehrs- und Erwerbsfreiheit, daß der Zollschutz nicht weiter und nicht länger ausgedehnt werde, als zur Erreichung des Zweckes unbedingt erforderlich ist, daß insbesondere nicht durch Fernhaltung der nötigen Rohstoffe der eigenen Erzeugung aus diesem Zolle eine Beschränkung erwachse. Die Einhaltung dieser Grenzlinie gehört zu den schwierigsten Aufgaben der gesamten Verwaltung, da sie die stetige Berücksichtigung der mannigfaltigen und wechselnden Verhältnisse aller Erwerbszweige voraussetzt und daneben auch diejenigen Bestrebungen zu bekämpfen hat, die unter dem Deckmantel des Schutzzolles einseitige Erwerbsinteressen verfolgen.

Die zollpolitischen Beziehungen der Staaten untereinander können sich so gestalten, daß ein Staat einen allen übrigen Staaten gegenüber gleichmäßig anwendbaren (autonomen) Zolltarif aufstellt, den er jederzeit einseitig erhöhen kann; oder er kann durch Handelsverträge mit den einzelnen Staaten die Zölle für längere Zeit festlegen (Konventionaltarife), und so unterschiedliche (Differential-) Zölle im Verkehre mit ihnen erheben. Hierbei können sich die Staaten im voraus alle diejenigen Vorteile vertragsmäßig zusichern, die einem anderen Staate später etwa von ihnen gewährt werden (Meistbegünstigung). Die Zugeständnisse können der Vereinbarung im Einzelfalle überlassen oder im Tarife im voraus durch Höchst- und Mindestsätze begrenzt werden.

Während die übrigen Verkehrsstaaten die Eingangzölle mehr und mehr erhöht hatten,[6]) waren in Deutschland die Grundsätze eines gemäßigten Schutzzollsystems von Preußen auf den Zollverein übergegangen. Da dieser aber zu jeder zollpolitischen Maßnahme der Übereinstimmung aller Vereinsglieder bedurfte, erschien jede kräftige nationale Wirtschaftspolitik von vornherein ausgeschlossen. In der Abhängigkeit von den Nachbarstaaten konnte Deutschland deren Zugeständnisse nur durch Abminderung seiner Eingangzölle erkaufen und entzog damit der heimischen Industrie einen großen Teil

[6]) Nur in England hat die Freihandelsidee nach längerem Kampfe dauernd gesiegt. Den Anfang dieses Kampfes bezeichnet der Streit um die Kornzölle, deren Abschaffung seit 1838 von Manchester aus (Manchesterpartei, Cobden) in Anlehnung an die Lehre Bastiats (§ 2 Anm. 6 u. 3 Anm. 5) lebhaft betrieben u. 1846 unter Robert Peel erreicht wurde; den Abschluß bildet der Zolltarif von 1853 und der französische Handelsvertrag von 1860, der unter Beseitigung aller Einfuhrverbote auf dem Grundsatze der Konventionaltarife und Meistbegünstigung beruht. Mit den Kornzöllen waren auch die Industriezölle und die Navigationsakte (§ 3 Anm. 1) gefallen; England erhebt seitdem nur einzelne Finanzzölle. — Frankreich hält dagegen mit einer durch die Handelsverträge herbeigeführten Unterbrechung (1860—71) noch jetzt an dem Schutzzollsysteme fest.

des bisher ihr gewährten Schutzes.[7]) Der drohende Verfall der deutschen Gütererzeugung und Industrie nötigte zur Umkehr und führte nach Übergang des Zollwesens auf das Reich (§ 152) zur Aufstellung eines **autonomen Tarifes**, der die Verhältnisse der inländischen Erzeugung wieder eingehender berücksichtigte und später, insbesondere in der 1885 und 1887 eingetretenen Erhöhung der land- und forstwirtschaftlichen und einiger industrieller Zölle weiter ergänzt wurde.[8])

Um gegenüber der fortgesetzten Erhöhung der Eingangszölle in den übrigen Verkehrstaaten den Absatz der deutschen Erzeugnisse im Auslande zu sichern, betrat das Deutsche Reich bei Ablauf der seitherigen Verträge (1. Februar 1892) in den **neuen Zoll- und Handelsverträgen** mit Österreich, Italien, der Schweiz und Belgien, ferner mit Rumänien, Serbien und Rußland den Weg der Konventionaltarife, indem unter Zusicherung der Meistbegünstigung gegenseitige Zollermäßigungen vereinbart wurden.[9])

[7]) Der gemäßigte Schutzzoll wurde in Deutschland durch den Württemberger Fr. List (§ 3 Anm. 10) vertreten. Zwischen den einzelnen und die Menschheit stellt er als notwendiges wirtschaftliches Mittelglied die Nation. Durch den Schutzzoll gewinnt diese an erzeugenden Kräften, was sie an Werten verliert. List unterscheidet drei wirtschaftliche Entwicklungsstufen. Während der reine Ackerbaustaat mit dünner Bevölkerung und geringer Kapitalbildung der industriellen Schutzzölle noch nicht bedarf, sind diese während der Entwicklung der eigenen Industrie im Manufakturstaate — insbesondere also in Deutschland — unentbehrlich. Der vollendete Wirtschafts- (Ackerbau-, Manufaktur- und Handels-)staat kann sie dann wieder entbehren. — Auf der anderen Seite fand Ende der vierziger Jahre in der **deutschen Freihandelsschule** (Prince-Smith, Faucher und Michaelis) der unbedingte Freihandel eine eifrige und erfolgreiche Förderung.

[8]) Früheres ZollTarG. 15. Juli 79 (Neufassung RGB. 85 S. 112).

[9]) Den **Handels- und Zollverträgen** (§ 372 Abs. 3 d. W.) vom 6. u. 10. Dez. 91 mit **Österreich-Ungarn** (RGB. 92 S. 3), erg. 25. Jan. 05 (das. 06 S. 143 u. 287), **Belgien** (RGB. 92 S. 241), erg. 22. Juni 04 (das. 05 S. 599), **Italien** (RGB. 92 S. 97), erg. 3. Dez. 04 (das. 05 S. 413) und der **Schweiz** (RGB. 92 S. 195, erg. 1896 S. 1), 12. Novemb. 04 (das. 05 S. 319), 31. Okt. 10 (das. 11 S. 892 und 894) u. (Zollabfertigungsstellen in Basel) 16. Aug. 05 (das. 06 S. 349), folgten solche mit **Serbien** 21./9. Aug. 29 (RGB. 93 S. 269), erg. 29. Nov. 04 (das. 06 S. 319), **Rumänien** 21. Okt. 93 (RGB. 94 S. 1), erg. 8. Okt. 04 (das. 05 S. 253), **Bulgarien** 1. Aug. 05 (das. 06 S. 1, 102, 142) u. Bek. 14. Juni 07 (das. 368), verlängert Notenwechsel 29. Sept. 11 (das. 12 S. 488), **Schweden** 2. Mai. 11 (das. 275), **Rußland** 10. Feb. 94 (RGB. 153), erg. 28. Juli 04 (das. 05 S. 35), **Japan** Zollabk. 24, G. 15. Juni u. Bek. 27. Dez. 11 (das. 477, 251 u. 1155). — Ausf. d. Zollkartells mit Österreich G. 9. Juni 95 (das. 253). Übereinkunft über Eisenbahnverkehr, Schiffsverschluß, Behandlung des Rindviehs im Grenzverkehr und die Desinfektion d. Eisenbahnwag. Bek. 17. März 06 (ZB. 493). Das Recht der Meistbegünst. besitzen **Spanien** Notenwechsel 12. Feb. 99 (RGB. 335), **Portugal** H. u. SchiffVtr. 30. Nov. 08 (das. 10 S. 679), **Frankreich** FriedensVtr. 10. Mai 71 (das. 223) Art. 11 u. Konv. 11. Dez. 71 (das. 72 S. 7) Art. 17; Schutzgebiet Tunis Erkl. 18. Nov. 96 (das. 97 S. 7), die **Verein. Staaten v. Amerika** G. 5 u. Bek. 7. Feb. 10 (das. 387, 388), Bolivien § 372 Anm. 3 d. W. — Der Meistbegünst. Vtr. mit dem **Britischen Reiche**, der — da dieses keine Schutzzölle erhebt Anm. 6 — nur den engl. Kolon. gegenüb. Bedeut. hat, ist außer Kraft getreten Bek. 31. Juli 98. Der Bundesrat hat diesen Ländern auf Grund der ihm bis 31. Dez. 13 erteilten Ermächtigung bis auf weiteres das Meistbegünstigungsrecht zugestanden G. 20 u. Bek. 23. Dezember 11 (RGB. 975), besonderes Abk. mit Kanada Bek. 24. Februar 10

Die an diese Handelsverträge geknüpften Erwartungen haben sich nicht erfüllt. Die Ausfuhr wurde durch weitere Erhöhung der fremden Eingangszölle ernstlich bedroht, zumal das Reich diesen infolge seiner Zugeständnisse meist wehrlos gegenüberstand. Besonders fühlbar machte sich die Herabsetzung der landwirtschaftlichen Zölle, da die Landwirtschaft ohnehin von der Entwicklung der Verhältnisse schwer zu leiden hatte (§ 352) und einzelne dagegen ergriffene Ausgleichsmaßregeln[10]) keine wirksame Abhilfe zu schaffen vermochten. Unter diesen Umständen ist nach lebhaften Kämpfen ein neuer Zolltarif zustande gekommen, der eine umfassende Erhöhung der Zollsätze, insbesondere der Getreidezölle vorsieht, auch durch größere Spezialisierung der Sätze eine wirksamere Vetretung der eigenen Interessen bei Abschluß der Handelsverträge ermöglicht hat.[11]) In diesem Sinne sind zunächst für 12 Jahre Zusatzverträge zu den bestehenden Verträgen vereinbart, in denen die Landwirtschaft eine erhebliche Besserstellung erfahren hat.[9])

Der Absatz der deutschen Erzeugnisse in das Ausland wird ferner durch Ausführungsvergütungen gefördert.[12]) Sie sollen die Preissteigerung aufheben, die die auszuführenden Waren durch die indirekte Besteuerung erleiden und diesen damit den Wettbewerb im Auslande erleichtern. Vergütungen, die über diesen Zweck hinausgehen, heißen Prämien.[13]) Bei den Zöllen kommen — abgesehen von dem Veredlungsverkehr und der zollfreien Lagerung (§ 163 Abs. 1) — nur die Vergütungen für Getreide, Ölfrüchte und Mühlenfabrikate (§ 162 I. Abs. 5) und für Kakaowaren (§ 162[5]) in Betracht. Größere Bedeutung haben die Ausfuhrvergütungen für die Verbrauchsteuern (§ 164—170) gewonnen. Am einfachsten wird der Zweck erreicht, wenn die auszuführenden Waren steuerfrei gelassen werden. Da dieses aber nur bei Fabrikatsteuern möglich ist[14]), muß in den übrigen

(das. 459). Zollabfertigung der Muster d. Handlungsreisenden Dekl. 1. April 69 u. Zus. Ab. 10. März 08 (RGB. 179), desgl. Abk. mit Griechenland u. der Türkei Bek. 9. Nov. u. 17. Mai 11 (das. 219 u. 922). — Den Schutzgebieten können die vertragsmäßigen Befreiungen u. Ermäßigungen durch BB. eingeräumt werden ZTG. (Anm. 11) § 1 Abs. 3. — Vergeltungsbestimmungen das. § 10 u. (Ursprungszeugnisse) § 9

[10]) Getreidestaffeltarife § 388 Anm. 14.

[11]) ZolltarifG. 25. Dez. 02 (RGB. 303), vom 1. März 06 ab in Kraft gesetzt V. 27. Feb. 05 (RGB. 155); § 15 ist aufgehoben EG. V. O Art. 2. — Fortfall der Kommunalabgaben von landwirtschaftlichen Erzeugnissen § 80 Anm. 6 d. W.; Die Gruppen des Tarifs sind statt der alphabetischen Ordnung des früheren Tarifs (Anm. 8) nach den Gattungen der zollpflichtigen Gegenstände systematisch in 19 Abschnitte verteilt, innerhalb deren sie fortlaufend unter 946 Nummern aufgeführt werden. — Trautvetter, Das deutsche Zolltarifrecht (Berl. 05). Havenstein, Zollgesetzgebung (2. Aufl. Berl. 06); verb. § 152 Anm. 6.

[12]) Die heutige Wirtschaftspolitik sucht den Wohlstand zu heben, indem sie die Ausfuhr aller Güter begünstigt. Sie tritt damit in Gegensatz zu dem Merkantilsystem, das nur die Ausfuhr der Fabrikate förderte, die der Rohstoffe dagegen erschwerte oder verhinderte (§ 3[1] d. W.). — Im Jahre 1912 wurden Waren im Werte von 10292 Mill. M. ein- u. von 8888 Mill. M. ausgeführt. Der Wert der eingeführten Edelmetalle betrug 380, der der ausgeführten 142 Mill. M.

[13]) § 168 Abs. 3 d. W.

[14]) § 164 Anm. 1 d. W. Branntwein-

Fällen die Steuer vergütet werden[15]), wobei die Feststellung des Verhältnisses, in dem die Ware zu den verwendeten Rohstoffen steht (Ausbeute), mit besonderen Schwierigkeiten verbunden ist.[16]) Die Vergütung erfolgt in der Regel bar; eine Abweichung bilden die Einfuhrscheine (§ 162 I Abs. 5). — Die Entwicklung der Kartelle (§ 2 II Abs. 1) hat neuerdings auch zu privaten Ausfuhrvergütungen geführt. Diese sollen verhindern, daß bei Erhöhung der Inlandpreise durch die Kartelle der Absatz in das Ausland erschwert wird. Sie finden hauptsächlich im Kohlenhandel und in der Eisenindustrie Anwendung und werden durch Festsetzung niedrigerer Auslandpreise oder durch bare Vergütung bei Auslandlieferungen bewirkt.

§ 162.

bb) Der **Zolltarif**, der die zollpflichtigen Waren einzeln aufführt, bietet mit den Zollverträgen (§ 161 Abs. 9) den inhaltlichen Teil der Zollgesetzgebung.[1]) Die Verzollung erfolgt regelmäßig nach dem Reingewicht, ausnahmsweise nach dem Rohgewicht oder nach Stücken (Vieh) oder Maßen (Holz).[2]) Alle Mengen unter 50, Postsendungen bis zu 250 Gramm, Erzeugnisse der im Grenzverkehre betriebenen Land- und Forstwirtschaft, von deutschen Fischern gefangene Fische und gewonnene Fischerzeugnisse, gebrauchte Kleidungsstücke und Wäsche, gebrauchte Gegenstände Anziehender zu eigner Benutzung (gebrauchte Maschinen und geerbte Sachen sowie Ausstattungsgegenstände jedoch nur auf besondere Erlaubnis), Gebrauchsgegenstände der Reisenden und Schiffer, als Transportmittel benutzte Wagen und Tiere, Umschließungen und Verpackungsmittel, Fässer, Säcke usw.,

---

u. Zuckerverbrauchsabgabe § 165 Abs. 3 u. 168 Abs. 3, Salzsteuer § 169 Abs. 3. Die Ausfuhr wird durch Begleitscheine gesichert § 163 Anm. 1.

[15]) Branntweinbetriebsauflage § 165 Abs. 4, Brausteuer § 166 Abs 2, Tabaks- u. Zigarettensteuer § 167, Abs. 4.

[16]) Ausbeute bei Mühlenfabrikaten § 162 Anm. 8, bei der früheren Rübenzuckersteuer § 168 Abs. 2.

[1]) Die besondere Anwendung der Tarifsätze wird durch ein amtliches Warenverzeichnis geregelt V. ZollG. (§ 163 Anm. 1) § 12. Das Verzeichnis nebst Anleitung zur Zollabfertigung (erg. 19. Juni 06 ZB. 595, 26. Nov. 08 ZB. 199 u. 24. Juli u. 19. Dez. 09 ZB. 407 und 1469, v. 29. April 10 ZB. 136, 137, 208, 255, 546, 16. Mai, 16. Juli u. 19. Okt. 11 ZB. 223, 421 u. 558, 26. April, 9. Mai u. 3. Juli 12 ZB. 297, 378, 565 u. 574, 11. Okt. 13 ZB. 1032) ist käuflich in Berl. bei Decker Bek. 23. Jan. 06 (ZB. 31), erg. Bek. 20. Dez. 07 (ZB. 617), nebst Taratarif, HolzlagerzollO., ZollstundungsO. (das. 31, 103, 128). In jedem Direktionsbezirk sind Auskunftstellen bezüglich der Tarifsätze zu errichten ZTG. § 2. Die Bek. 17. Feb. 06 (ZB. 241) veröffentlicht: die Best. des BR. üb. amtliche Auskunft in Zollangel. das. 243), TaraO. (das. 250), SeefischereizollO. (257 u. 07 S. 306). SchiffbauzollO. (265 u. 581), Best. üb. Nachweis des Herstellungslandes (294), üb. Verzollung von Pferden u. der zu Zuchtzweck. eingeführten Pferde u. Bullen (295 u. 297), EinfuhrscheinO. (316), GetreidelagerzollO. (352), ÖlmühlenzollO. (372), MineralölzollO. (394 und 491), — FleischbeschauzollO. 5. Feb. 03 (ZB. 32), erg. Bek. 11. Mai 04 (ZB. 32), 6. Juli 08 (ZB. 260) u. Vf. 25. März 03 (MB. 86).

[2]) ZTG. § 3, VZG. (§ 163 Anm. 1) § 29. Der Abzug für die Verpackung (Tara) wird durch den Bundesrat festgestellt; vor. Anm. — Eigentliche Wertzölle kennt der Tarif nur bei den Vergeltungsbestimmungen § 161 Anm. 9.

Muster und Proben, Baumaterialien zu Seeschiffen. Kunstsachen und Altertümer bleiben zollfrei.[3])

Die einzelnen Zollsätze sind für Gegenstände, die der Bearbeitung unterliegen, im Interesse der heimischen Industrie in der Weise abgestuft, daß Rohstoffe, soweit sie überhaupt zollpflichtig sind, am niedrigsten, Halbfabrikate höher und Ganzfabrikate am höchsten besteuert sind. Die Zölle sind in der Regel für 100 kg bemessen und scheiden sich nach Zweck und Bedeutung der Gegenstände wie folgt:

1. Dem Interesse der Land- und Forstwirtschaft dienen die Getreide-, Vieh- und Holzzölle.

Der Getreidezoll, der den heimischen Ackerbau gegen die Masseneinfuhr aus den billiger erzeugenden südosteuropäischen, amerikanischen und ostindischen Ländern schützen soll, beträgt für Weizen und Spelz 7,50, für Roggen, Gerste und Hafer 7, Malz 10,75, Buchweizen und Mais 5, Hülsenfrüchte 4, und 2, frische Kartoffeln in der Zeit vom 15. Februar bis 31. Juli 2,50 (sonst frei), getrocknete Rüben 1, Cichorien 2, Ölfrüchte und Sämerein 5 und 2 M.;[4]) Mühlenfabrikate zahlen 18,75 M.[5])

Die Zölle auf Vieh und tierische Erzeugnisse — Pferd 90 bis 360 M. für das Stück, Rindvieh, Schafe, Schweine 18 M. für 100 kg Lebendgewicht; Fleisch 45,60 und 120, Butter und Käse 30, Schmalz 12,50, für 100 kg — sind gleichfalls hauptsächlich gegen die südosteuropäische und amerikanische Einfuhr gerichtet.[6])

Die Holzzucht ist durch Zölle auf Gerbrinden mit 1,50 (Quebrachoholz 7), und auf Bau- und Nutzholz geschützt, welches nach dem Grade der Zurichtung 0,20 bis 1,25 M. für 100 kg — 1,80 bis 10 M. je Festmeter — entrichtet. Brennholz ist gleich den Kohlen frei.[7])

---

[3]) ZTG. § 5—8. — Gesandte § 87 Anm. 7 d. W.

[4]) Zolltarif Nr. 1—26; bei vertragsmäßigen Abmachungen darf nicht unter bestimmte Mindestsätze (Weizen u. Spelz 5,50, Roggen u. Hafer 5, Malzgerste 4 M.) herabgegangen werden ZTG. § 1 Abs. 2. Die Verwendung der niedriger als Malzgerste verzollten Gerste, für die der Bundesrat eine Kennzeichnung (Färbung mit Eosin) verschreiben kann, zu Brauzwecken ist bei Strafe verboten G. 3. Aug. 09 (RGB. 899), GerstenzollO. 10. Aug. 09 (ZB. 721). — Zollabfertigung für Roggen- u. Weizenkleie BRB. 2. März 11 (ZB. 55). — Anm. 1. — Deutschland deckt seinen Bedarf an Roggen, Hafer u. Kartoffeln, aus eigner Erzeugung muß jedoch Weizen und Gerste einführen. An Futtermitteln wurde für etwa 1 Miliarde M. aus dem Auslande bezogen und der gleiche Teil im Inlande erzeugt. — Getreidepreise § 352 Anm. 4 d. W.

[5]) Das. Nr. 162—165.

[6]) Das. Nr. 100—108 u. 126—135. — Anm. 1. — Der BR. ist ermächtigt, bis 31. März 14 Gemeinden bei Einfuhr frischen Fleisches den Zoll teilweise zu erstatten G. 13. Febr. 13 (RGB. 101). — Vom Fleischverbrauch im Reiche entfallen 60 v. H. auf Schweine-, 30 auf Rind-, 6 auf Kalb-, 2 auf Hammel- und 2 auf Ziegen- u. Pferdefleisch. Deutschland deckte seinen Bedarf aus eigener Erzeugung bis auf 4—5 v. H.

[7]) Das. Nr. 74—99. — Anm. 1.

Im Falle der Wiederausfuhr von Getreide und Holz ist deren zollfreie Niederlage in Transitlägern gestattet; bei Ausfuhr von Getreide, Ölfrüchten und Fabrikaten der Mühlen und Mälzereien in Mengen von mindestens 500 kg können Einfuhrscheine erteilt werden, die zur zollfreien Einfuhr einer entsprechenden Warenmenge berechtigen (Aufhebung des Identitätsnachweises zur Wiederbelebung der Getreideausfuhr im nordöstlichen Deutschland).[8])

2. Auf dem Gebiete des Bergbaues und der Bergbau(Montan)-industrie stehen die Eisenzölle voran. Der Zoll auf Roheisen beträgt 1 M. und steigt bei schmiedbarem Eisen, Eisenblech und Draht bis zu 5 M., bei Eisenwaren nach dem Grade der Verarbeitung. Blei und Zink sind, weil sie überwiegend ausgeführt werden, Kupfer und Zinn, weil sie einen wichtigen Stoff für die heimische Industrie darstellen, ebenso wie alle Erze und edlen Metalle frei.[9])

3. Für die Gewebe(Textil)industrie kommen Leinen, Baumwolle, Wolle und Seide in Betracht. Ihre Rohstoffe sind zollfrei. Als Halbfabrikate erscheinen die Garne, als Ganzfabrikate die Stoffe und die Bekleidungs-(Konfektions)gegenstände. Dementsprechend sind die Zollsätze unter Berücksichtigung der Feinheit der Waren im Interesse der Gewerbe der Spinnerei und Weberei abgestuft.[10])

4. Von sonstigen Industriezweigen ist die Anfertigung von Tonwaren, von Glas, Papier, Leder, Kautschuk und von Waren daraus, von Kurzwaren, Seife, Lichten und Ölen durch Zölle geschützt.[11]) Gleiches gilt von der Anfertigung von Zündhölzern als Ausgleich für die dieser Industrie aus sicherheitspolizeilichen Gründen auferlegten Einschränkungen (§ 170 Abs. 2).

5. Als Finanzzölle kommen die Zölle auf Material- und Gewürz-(Spezerei)waren in Betracht. Den höchsten Ertrag liefern die Zölle von Wein in Fässern (bis zu 14 v. H. Weingeist) mit 24, in anderen Behältnissen 48, Schaumwein 120 M. f. 100 kg.[12]) Daran schließen sich Reis mit 4 M., Südfrüchte mit 12, 24 und 30 M., Gewürze mit 50 M. und Mineralöl mit 6 M.[13]) Der Zoll für Kaffee ist neuerdings

---

[8]) ZTG. §11. Gemischte Getreide-ransitlager, aus denen nach Wahl in as Inland oder Ausland verfrachtet weren kann, sind danach wesentlich eingechränkt. Die Verwendung der Einfuhrcheine für rohen Kaffee u. Erdöl (§ 11[6]) at der Bundesrat v. 1. Dez. 11 ab aufgeoben, auch die Frist von 6 auf 3 Moate herabgesetzt. Getreide- u Ölzollordungen, durch die insbesondere d. Ausbeuteerhältnis geregelt wird Anm. 1. Zölle für Getreide, Hülsenfrüchte, Raps und Rübsen önnen nicht gestundet werden, das. § 12.

[9]) ZollT. Nr. 777—891.

[10] Das. Nr. 391—543 mit höchstem Satze für Seidenwaren von 1500 M. (Nr. 517). — Zur Feststellung des Feingehalts der Baumwollengarne sind die Konditionieranstalten (§ 375 Abs. 7 d. W.) ermächtigt Bek. 16. Mai 82 (ZB. 268 u. 6. März 02 ZB. 68).

[11]) ZollT. Nr. 544—86, 649—73 u. 713—68.

[12]) Das. Nr. 180—185. WeinzollG 17. Juli 09 (ZB. 333), erg. 29. Juni 10 (ZB. 404).

[13]) ZT. Nr. 10, 50—67. Mineralöle, die bei Verarbeitung und gewerblicher

auf 60, für gebrannten auf 85 M. und der für Tee auf 100 M. erhöht.[14]) Bei Ausfuhr von Kakaowaren wird der für den Kakao gezahlte Zoll vergütet.[15])

Auch die Zölle auf Branntwein (§ 165 Abs. 6), Bier (§ 166 Abs. 2), Tabak (§ 167 Abs. 4), Zucker (§ 168 Abs. 3) und Salz (§ 169 Abs. 4) sind in dem der inländischen Verbrauchsteuer entsprechenden Umfange Finanzzölle. Abgesehen vom landwärts eingehenden Salze ist der Zoll etwas höher als die Verbrauchsteuer und stellt insoweit einen Schutzzoll dar.

Im Interesse der Statistik des Warenverkehrs mit dem Auslande müssen alle ein-, aus- und durchgeführten Waren nach Gattung, Menge, Herkunfts- und Bestimmungsort schriftlich angemeldet werden. Befreit sind zollfreie Waren in Sendungen bis zu 250 Gramm und die oben erwähnten von der Verzollung ausgeschlossenen Gegenstände. Dabei wird eine statistische Gebühr für die Reichskasse in Reichsstempelmarken erhoben, die 5 Pf. für je 5 Stück Vieh, je 500 kg verpackter oder 1000 kg unverpackter Waren und 10 Pf. für je 10000 kg an Massengütern in Wagen- oder Schiffsladungen beträgt. Gebührenfrei sind zollpflichtige oder nur durchgeführte Waren und Postsendungen.[16])

§ 163.

cc) Die **Zollordnung**, der förmliche Teil der Zollgesetzgebung, ist darauf gerichtet, den Eingang der Zölle unter möglichst geringer Belästigung des Verkehrs zu sichern.[1]) Dies fordert gewisse Verkehrsbeschränkun-

Verwendung begünstigt sind Nr. 239 u. Min. ZollO. (Anm. 1).

[14]) ZT. Nr. 61, 65 nebst G. 15. Juli 09 (RGB. 743) Art. II. — NachverzollungsO. 24. Juli 09 (ZB. 351).

[15]) G. 22. April 92 (RGB. 601) und AusfBest. des BR. 18. Juni 03 (ZB. 429), erg. Bek. 1. Nov. 12 (ZB. 808).

[16]) RG. 20. Juli 79 (RGB. 261), erg. G. 7 Feb. 06 (RGB. 104) u. auf Grund dessen Art. II neu veröffentlicht (RGB. 109); AusfBest. und Dienstvorschr. 9. Feb. 06 (ZB. 137), erg. (§ 20) 5. April, (§ 44) 18. März 09 (ZB. 141 und 80) statistisches Warenverzeichnis u. Verzeichnis der Länder der Herkunft und Bestimmung (Berlin bei Decker) Bek. 13. Nov. 11 (ZB. 680). — Die Abgabe bildet keine Gebühr, da keine Gegenleistung stattfindet (§ 137 Abs. 1. d. W.), sondern einen Zoll.

[1]) Diese Vorschriften bilden den Hauptinhalt des VereinszollG. 1. Juli 69 (BGBl. 317) nebst AusfAnw. u. Begleitschein-Regul. 5. Juli 88 (ZB. 489 u. 501), erg. Bek. 13. Feb. 94 (ZB. 52), 18. Jan. 04 (ZB. 19) Nr. I u. (Nr. 32 I Abs. 2) 8. Juli 99 (ZB. 252), 17. Feb. 06 (ZB. 406), 1. Mai u. 29. Okt. 07 (ZB. 216 u. 538); ZollgebührenO. 28. Juni 05 (ZB. 170). Das G. betrifft den Verkehr überhaupt (§ 16—35 u. 93), auf der Unterelbe Regul. 88 (ZB. 430, geänd. 95 S. 291, 03 S. 162) u. (VerschlußO. u. AusfBest.) Bek. 26. Feb. 06 (ZB. 466), auf der Unterweser Reg. 88 (ZB. 861, geänd. 03 S. 447) auf dem Rhein Reg. 89 (ZB. 591), BB 71 u. 00 (ZB. 300), den Verkehr auf Landstraßen, Flüssen und Kanälen (§ 36—58), dem Kaiser-Wilhelm-Kanal ZollO. 24. Feb. 03 (ZB. 73, geänd. 05 S. 79, 08 S. 224), auf Eisenbahnen (§ 59—73) EisenbahnzollO. 23. Dez. 12 (ZB. 13 S. 31), den Verkehr zur See (§ 74—90), Normativbest. für die Hafenregulative 12. Juli 88 (ZB. 761), erg. 18. Jan. 04 (ZB. 19) Nr. II, u. 06 (ZB. 409), den Verkehr der Posten (§ 91 u. PostzollO. 10.

gen bei Einfuhr zollpflichtiger oder verpackter Waren, dabei aber eine entsprechende Leichtigkeit und Einfachheit des Verfahrens. Dazu treten mehrere besondere Vergünstigungen. Gegenstände, die zur Verarbeitung mit der Bestimmung der Wiederaus- oder Wiedereinfuhr über die Grenze ein- oder ausgehen (Veredelungsverkehr), können vom Eingangszolle befreit werden.[2]) Besonders wichtig ist der **Zollkredit**, der dem Zollpflichtigen den Vorschuß ersparen soll, den er bis zum Absatz der eingeführten Ware zu leisten haben würde. Er kann durch Stundung des Zollbetrages oder unter einstweiliger Sicherstellung der Waren durch Hinausschiebung der Verzollung gewährt werden. Die Sicherstellung erfolgt durch **Warenverschluß** oder durch Aufbewahrung in **zollfreien Niederlagen**, die in öffentliche und Privatniederlagen zerfallen und, wenn es sich um bloße Durchführung durch das Zollgebiet handelt, Transitlager genannt werden.[3]) **Rückzölle** heißen hierbei die im Falle bereits stattgehabter Zahlung wiedererstatteten Zölle.[4])

Andererseits bestehen neben den erforderlichen Strafvorschriften[5]) besondere Überwachungsmaßregeln zur Unterdrückung des Schleichhandels (Schmuggels), namentlich im Grenzbezirke.[6]) Die Verbindung zweier

---

Feb. 09 ZB. 39, erg. 12 ZB. 379) u. der Reisenden (§ 92). Verb. § 162 Anm. 1. — Das G., das für den nordd. Bund erlassen u. als Landesgesetz in die südd. Staaten eingeführt war, bildet, nachdem die Gesetzgebung in Zollsachen auf das Reich übergegangen ist (RVerf. Art. 35), ein Reichsgesetz — Bearb. v. Troje (7. Aufl. v. Düffe Harb. 10); verb. § 152 Anm. 6. — ZollabfertigungsVtr. mit der Schweiz 5. Dez. 96 (RGB. 97 S. 195).

[2]) VZG. § 111—118. Warensendungen aus dem Inlande durch das Ausland nach dem Inlande § 111 u. Regul. 25. März 78 (ZB. 211). KontenRegul. für den Vertrieb unverzollter ausländischer Waren nach dem Auslande 22. Dez. 87 (ZB. 585), erg. Bek. 11. April 94 (ZB. 92). — Zolltarife durch die Landesbehörden BB. 19. Nov. 86 (ZB. 401). — VeredlungsO. 5. April 06 (ZB. 536), geänd. (§ 10 Satz 2) 4. Nov. 09 (ZB. 1387). Vtr. üb. den grenzüberspringenden Fabrikverkehr mit Belgien (Spinnen, Walken und Färben) 7. April 00 (RGB. 781), den Niederlanden (Färben, Bleichen und Bedrucken) 5. Juni 01 (das. 02 S. 55).

[3]) VZG. § 95—110 (§ 108 Abs. 2 geänd. G. 18. April 89 RGB. 53); Niederlage-, Privatlager- und Weinlager-Regul. (ZB. 88 S. 551, 233, 253, 89 S. 410, 95 S. 302, 97 S. 123); Getreide § 162 Anm. 8 u. Zollregul. für Reisstärkefabriken 2. Juli 91 (ZB. 180), § 9 geänd. Bek. 13. März 95 (ZB. 58) u. 10. Nov. 96 (ZB. 576). — Behandlung gestundeter Zölle bei Kriegsgefahr Bek. 20. Nov. 10 (ZB. 658). — VZG. § 97, 98, 107. Die öffentlichen Niederlagen sind allgemeine mit Lagerfrist bis zu 5 Jahren, beschränkte mit solcher bis zu 6 Monaten und freie (Freibezirke, Freigebiete). Letztere bestehen in Neufahrwasser, Stettin u. Altona, Freihäfen in Hamburg u. Bremen (§ 152 Anm. 4), Kuxhaven, Bremerhaven u. Geestemünde.

[4]) Diesen entsprechen bei den Verbrauchssteuern die **Steuervergütungen** (§ 161 Abs. 10), die, wenn sie den geleisteten Steuerbetrag übersteigen, zu **Ausfuhrzuschüssen** (Prämien) werden.

[5]) VZG. § 134—164. Die Übertretung der Ein-, Durch- u. Ausfuhrverbote heißt Konterbande (§ 134), die Abgabenhinterziehung Defraudation (§ 135): beide haben die Einziehung der betroffenen Gegenstände zur Folge § 154—157. Zuwiderhandlungen gegen Überwachungsvorschriften sind mit Ordnungsstrafen bedroht § 151, 152. Haftverbindlichkeit für Angehörige, Gehilfen, Diener und Beamte § 153. — Strafverfahren § 153 Abs. 4 d. W. — Das deutsche Zollstrafrecht von Löbe (4. Aufl. Leipz. 12).

[6]) VZG. § 16, 119—124.

Staaten zu gegenseitiger Unterstützung bei Überwachung des Schleichhandels heißt **Zollkartell.**[7])

d) Verbrauchsteuern.[1])

§ 164.

aa) **Schaumweinsteuer.** Der zum Verbrauch im Inlande bestimmte Schaumwein, der nicht bereits verzollt worden ist,[2]) unterliegt einer Verbrauchsabgabe, die für den aus Fruchtwein ohne Zusatz von Traubenwein hergestellten 10 Pf., für anderen Schaumwein je nach dem Preise der Flasche bis zu 4 M., bis zu 5 M. und darüber 1, 2 und 3 M. beträgt. Die Steuer ist von dem Hersteller mittelst Anbringung eines Steuerzeichens an der Umschließung zu entrichten, das bis zu deren Öffnung erhalten werden muß. Die Schaumweinfabriken unterliegen mit Rücksicht auf diese Besteuerung der besonderen Überwachung.[3])

§ 165.

bb) **Branntweinsteuer.** Der Branntwein ist als Genußmittel und wegen der sittlichen und gesundheitlichen Gefahren, die mit seinem übermäßigen Genusse verbunden sind, für eine hohe Besteuerung vorzugsweise geeignet. Gleichwohl war diese Steuerquelle im Deutschen Reiche früher nur unvollständig ausgenutzt. Die Verwendung des Branntweins zu technischen Zwecken, insbesondere zur Herstellung von Essig und chemischen Waren, fiel dabei zwar weniger entscheidend ins Gewicht, seitdem in dem Holzgeiste ein Mittel zur Vergällung (Denaturierung) des Branntweins gefunden war.

---

[7]) Die Zollkartelle bilden ebenso wie die gegenseitigen Erleichterungen im Zoll- u. Grenzverkehre Gegenstand der Handelsverträge (§ 161 Anm. 9 u. § 372 Anm. 3).

[1]) Nach der Art der Erhebung unterscheidet man Rohstoff(Material)- u. Fabrikatsteuern. Letztere werden von dem fertigen Erzeugnisse, erstere von dem verwendeten Stoffe vor der Fabrikation oder in einem bestimmten Zeitabschnitte dieser erhoben. Die Rohstoffsteuer wird als Flächensteuer (nach der Größe der zur Erzeugung des Rohstoffes bebauten Fläche), als Gewichtsteuer oder als Wertsteuer erhoben. Die erstere ist die einfachste, aber, da sie weder die Menge noch die Beschaffenheit berücksichtigt, auch die unvollkommenste dieser Steuerarten (§ 167 Abs. 1). — Die Rohstoffsteuer erleichtert die Erhebung und Überwachung, trifft aber ihren Gegenstand nicht gleichmäßig, da aus derselben Menge Rohstoff nach dessen Gehalt oder der Entwicklung der Betriebseinrichtungen eine verschiedene Ausbeute gewonnen werden kann. — Bei erhöhter Inanspruchnahme dieser Steuern ist deshalb mehr und mehr von der Flächen- zur Wertsteuer u. von der Rohstoff- zu der Fabrikatsteuer übergegangen. — Ausfuhrvergütungen § 161 Abs. 10 d. W. — Bearb. § 152 Anm. 6. — Abgabe vom Absatz des Kalisalzes § 334 Abs. 3.

[2]) Der Zoll beträgt 180 M. für 100 kg, kann aber vom Bundesrat auf 130 M. herabgesetzt werden G. 15. Juli 09 (RGB. 714) Art. 3.

[3]) SchaumweinStG. 9. Mai 02 (RGB. 155); Bestimmung der Steuer § 1—6, erg. G. 09 (vor. Anm.) Art. 1, 2, Art. 4 enthält die Übergangsbestimmung), (Kontrolle § 7—14, Strafen § 15 bis 27 allgemeine u. Übergangsbest. § 28 bis 31. — AusfBest. u. NachsteuerO. 24. Juli 09 (ZB. 365), geänd. 9. Juli 11 (ZB. 414). — Gemeinschaft mit Luxemburg Abk. 10. Mai 02 (RGB. 232), erg. Bek. 18. März 03 (das. 56). — Die frühere allgemeine Weinsteuer war aufgehoben G. 15. April 65 (GS. 265).

Die Branntweinfabrikation[1]) hatte sich aber gleichzeitig zu einem bedeutsamen Nebengewerbe der Landwirtschaft herausgebildet, das bei Verwendung der Kartoffeln zum Brennen eine ergiebige Ausnutzung des im Osten unseres Vaterlandes vorherrschenden Sandbodens vielfach erst möglich gemacht und durch Verwertung der Rückstände der Brennereien (Schlempe) als Viehfutter Viehzucht und Ackerbau in diesen weniger begünstigten Landesteilen erheblich gefördert hatte.

War schon damit eine schonende Berücksichtigung des Brennereigewerbes bei der Besteuerung geboten, so trat der weitere Umstand hinzu, daß das Gewerbe diesen Aufschwung zum großen Teile der Art seiner Besteuerung verdankte. Die Steuer war in Preußen seit 1820 Rohstoffsteuer und wurde nach dem zum Einmaischen bestimmten Raume bemessen (Maischbottichsteuer). In dieser Form war sie sowohl auf die neuen Provinzen, als auf die übrigen zum Branntweinsteuergebiete gehörigen Staaten übertragen worden.[2]) Während die Beibehaltung dieser Steuerart im Interesse der Landwirtschaft gelegen hätte, war doch bei der Ungleichmäßigkeit ihrer Verteilung jede Steigerung der Steuer ausgeschlossen. Aus diesem Grunde ist die Branntweinsteuer bei dem gestiegenen Finanzbedarf wiederholt geändert und aus einer Rohstoff- allmählich zu einer Fabrikatsteuer geworden. Die neueste Regelung, die wesentlich erhöhte Sätze eingeführt hat, kennt demgemäß nur noch die Verbrauchsabgabe und die Betriebsauflage. Die letztere entspricht der früheren Brennsteuer; die Maischbottichsteuer ist dagegen fortgefallen.[3])

---

[1]) Zur Herstellung des Branntweins (Brennerei) werden Getreide u. Kartoffeln verwendet. Das in diesen Rohstoffen enthaltene Stärkemehl (Dextrin) wird durch Einwirkung von Malz (§ 166 Anm. 1) in Malzzucker verwandelt und dadurch gärungsfähig gemacht (Einmaischen, Maische). Die Maische wird nach eingetretener Zuckerbildung durch Zusatz von Hefe zur Gärung gebracht, wobei der gelöste Zucker in Alkohol und Kohlensäure zerlegt wird, und liefert durch Abdampfung (Destillation) in einem geschlossenen Kessel (Blase) den Branntwein oder Spiritus. Außerdem wird Branntwein aus zuckerhaltigen Stoffen, insbes. Melasse (§ 168 Anm. 1c) gewonnen. Der Gehalt, den der Spiritus neben Wasserteilen an Alkohol besitzt, wird nach dem von Tralles hergestellten Alkoholometer bestimmt. Dieses sinkt wegen des geringeren spezifischen Gewichts des Alkohols in die zu messende und auf 15,625 Grad Celsius abgekühlte Flüssigkeit um so tiefer ein, je mehr Alkohol diese enthält. Das Maß des Einsinkens wird durch Grade (0 bis 100) bezeichnet. — Die Branntweinindustrie hat sich erst seit Beginn des 19. Jahrhunderts entwickelt. Im Reichssteuergebiete (§ 152 Abs. 1 d. W.) waren (1911/12) 66520 Brennereien im Betriebe. Der Verbrauch von Trinkbranntwein betrug 5,3 l auf den Kopf.

[2]) Anm. 3. — Branntweinsteuergebiet § 152 Abs. 1 d. W.

[3]) BranntweinsteuerG. 15. Juli 09 (RGB. 661), erg. 14. Juni 12 (GS. 378); die Übergangs- und Schlußbestimmungen enthalten die §§ 144—156. — Die Einführung der Branntweinsteuer erfolgte auf Grund des G. 24. Juni 87 (RGB. 253) § 47—49 durch Verordnungen in Bayern, Württemberg u. Baden, wo die Steuer bis dahin Landessteuer war RVerf. Art. 35 und in Hohenzollern, wo daneben eine Wirtschaftsabgabe vom Wein- u. Branntweinschank und Kleinhandel erhoben wird G. 21. Mai 56 (GS. 457) und V. 25 Sept. 57 (GS. 189). — Ausf. Best. (Grundbest., BrennereiO., BefreiungsO., EssigsäureO., (geänd. 1912 ZB. 596), Branntwein- und Essigsäure-

Die *Verbrauchsabgabe* ist beim Übergange des Branntweins in den Verkehr von dem zu entrichten, der diesen zur freien Verfügung erhält. Der ausgeführte Branntwein bleibt frei, und dasselbe gilt nach näherer Bestimmung des Bundesrates von dem zu gewerblichen oder in öffentlichen Heil- und wissenschaftlichen Anstalten verwendeten. Die Abgabe beträgt 1,25 für das Liter. Seither zahlten die nicht gewerblichen Brennereien von einer begrenzten Alkoholmenge (Kontingent) einen um 20 Pf. ermäßigten Steuersatz. Dieser ist jetzt aufgehoben; nur für Bayern, Württemberg und Baden ist er unter Herabsetzung der Ermäßigung auf 5 Pf. für gewerbliche und $7^1/_2$ Pf. für andere Brennereien aufrecht erhalten. Dagegen genießen die landwirtschaftlichen, Obst- und die gewerblichen Brennereien ohne Hefeerzeugung, soweit sie mit mehr als 300 hl jährlich herstellen, allgemein eine Ermäßigung, die von $7^1/_2$ bis 11 Pf. für das Liter abgestuft ist.[4]) — Die Reineinnahme wird auf die Einzelstaaten nach dem Maßstabe der Matrikularbeiträge verteilt.[5])

Von den Brennereien wird ferner eine *Betriebsauflage* erhoben, die nach den erzeugten Mengen von 50 bis 3000 hl allmählich von 4 bis 14 M. aufsteigt. Auch hierbei sind die landwirtschaftlichen, Obst- und Kleinbrennereien mehrfach begünstigt. Andererseits tritt, um der übermäßigen Erzeugung vorzubeugen, eine Erhöhung um regelmäßig $^5/_{10}$ für den außerhalb des Durchschnittsbrandes hergestellten Branntwein (Überbrand) ein. Der Ertrag wird zu Vergütungen für den ausgeführten und vergällten Branntwein verwendet, kommt sonach nur dem Brennereigewerbe zugute.[6]) Der *Durchschnittbrand* wird nach dem Durchschnitt der in den letzten Betriebsjahren erzeugten Mengen ohne zeitliche Begrenzung festgesetzt.[7])

Der Brennereibetrieb und die benutzten Gebäude und Geräte unterliegen der amtlichen *Überwachung*.[8]). NZuwiderhandlungen sind mit *Strafe* bedroht.[9])

Der inländische Brennereibetrieb ist durch *Eingangszoll* (350 und

Nachsteuerordnungen und Änderung der Begleitschein-, Lager-, Reinigungs- und Alkoholermittelungsordnungen 28. Juni 00 (ZB. 473), 9. Sept. 09 (ZB. 945 u. 10 S. 25, 11 S. 70 u. 166), 19. Juli 12 (ZB. 599). — MeßuhrO. 28. Nov. 09 (ZB. 1411), erg Bek. 8. März 12 (ZB. 239). — Fortfall der Gewerbesteuerfreiheit § 146 Abs. 2^a d. W.

[4]) BranntwG. § 1—41 u. Erg. G. § 1—8 u. 18.

[5]) G. üb. d Finanzwesen 15. Juli 09 (RGB. 743) Art. 1 § 5 Abs. 3.

[6]) BrG. § 42—60 u ErgG. § 9.

[7]) Das § 61—72 u. ErgG § 10—17. AusfAnw. 6. Sept. 09 (ZB. 929 u. 10 S. 24).

[8]) Das. § 73—105. Als Kornbranntwein darf nur der aus Getreide hergestellte Branntwein bezeichnet werden § 107, 108, ErgG. § 19 u. 26—29. Kleinhandel mit vergälltem Branntwein BrG. § 109 u. ErgG. § 20, Verschluß Bek. 18. März u. Statistik 29. Okt. 10 (ZB. 91 u. 549, erg. 1913 S. 578). Beschränkung des Verkehrs mit Methylalkohol enthaltenden Flüssigkeiten ErgG. § 21, 24, 27—29, mit Gemischen aus Branntwein- u. Bierhefe § 22, 25, 27 bis 29. Branntweinhandel § 366 Anm. 17 d. W.

[9]) BrG. § 111—140 u. ErgG. § 24 bis 29.

275 M. für 100 kg Branntwein, Riech- und kosmetische Mittel 400 M.) geschützt.[10])

Essigsäure, die im Inland aus Holzessig oder essigsauren Salzen gewonnen wird, unterliegt einer besonderen in die Reichskasse fließenden Verbrauchsabgabe von 0,30 M. für das kg.[11])

§ 166.

cc) **Brausteuer.** Das Bier ist ein gesunderes Getränk als der Branntwein und vermag bei weiterer Verbreitung den Genuß des letzteren zu beschränken. Wenn durch diese Rücksicht der Höhe der Biersteuer eine Grenze gezogen wird, so bildet das Bier andererseits einen geeigneteren Steuergegenstand als der Branntwein, weil es weder als Roherzeugnis für die Industrie, noch als Förderungsmittel der Landwirtschaft in Betracht kommt. Seine Herstellung hat sich unabhängig von letzterer selbständig entwickelt und einen Umfang gewonnen, der sie zu einer ergiebigen Steuerquelle geeignet macht.[1])

Die Steuer wird als Rohstoffsteuer erhoben. Die Mängel einer solchen treten hier weniger hervor, da die Güte und Stärke des Biers wesentlich von der Menge des verwendeten Malzes abhängt. Mit Ausschluß von Bayern, Württemberg, Baden und Elsaß-Lothringen, wo die Biersteuer als Landessteuer erhoben und neben Ausgleichungsbeträgen an die Reichskasse eine Übergangsabgabe im Verkehr mit dem übrigen Deutschland gezahlt wird, ist die Steuer für das Reich einheitlich geregelt.[2]) In Verbindung mit den Reichsfinanzreformen (§ 176 Abs. 6[1]) ist sie dann in ihren Sätzen wiederholt erhöht und hierdurch sowie durch die veränderte Erhebungsform, insbesondere durch Abstufung nach dem Umfang der Betriebe den süddeutschen Biersteuern

---

[10]) Das. § 106. AusfBest. (Anm. 3). — Im Verkehr mit Luxemburg, wo eine ähnliche Steuer eingeführt ist, findet unter Wegfall der Übergangsabgabe und Ausfuhrvergütung gegenseitige Abrechnung statt Abk. 31. Okt. 11 (RGB. 12 S. 161). — Verkehr an der deutsch-französischen Grenze Vereinb. 1. Okt. 01 (RGB. 02 S. 131), mit Belgien 27. Juni 11 (das. 1149), der Niederlande 6. Juni 10 (das. 11 S. 103).

[11]) BrG. § 110, Eingangszoll § 106, Strafen § 141–143 Essigsäure O. Anm. 3. Gemeinschaft m. Luxemburg Abk. 15. Sept. 11 (RGB. 961).

[1]) Die Bierbereitung (Brauerei) erfolgt, indem Malz (gekeimtes Getreide, meist Gerste) geschroten und mit Wasser eingerührt wird (Einmaischung), sodann (in der Regel unter Zusatz von Hopfen) gekocht und schließlich zur Gärung gebracht wird. Die Art der Gärung ist vorzugsweise für die verschiedenen Biergattungen bestimmend. — Von 100 kg Malz werden etwa 5 hl Bier gewonnen. — Die Zahl der Brauereien betrug (1911) im Brausteuergebiete 4199, der Bierverbrauch 106 (in Bayern 246) l für den Kopf der Bevölkerung.

[2]) Verf. Art. 35, 38 Abs. 4 und (Ausgleichungsbeiträge)G. 3. Juni 06 (RGB. 620) § 6 u. v. 15. Juli 09 (das. 695) Art. VII Abs. 2. — Elsaß-Lothringen (RG 25. Juni 73, RGB. 161 § 4 u. G. 10. Aug. 10 GB. 87) kann durch den Bundesrat in das Reichssteuergebiet einbezogen werden BrG. (Anm. 3) § 59; G. 15. Juni u. V. 22. Juli 09 (GB. 72, 77, 79). — Die Brausteuergemeinschaft mit Luxemburg ist aufgehoben Bek. 29. Sept. 09 (RGB. 933); verb. BrG § 60. — Gemeindebiersteuer § 80 Anm. 6 d. W.

näher gebracht.[3]) Die Steuer wird von dem Gesamtgewicht der innerhalb des Rechnungsjahrs verwendeten Braustoffe (Malz und Zucker) erhoben, wobei ein Doppelzentner Zucker gleich 1½ Doppelzentner Malz gerechnet wird und beträgt für die ersten 250 Doppelzentner je 14 M. und alsdann steigend als Höchstbetrag für jeden Doppelzentner über deren 5000 je 20 M. Für neu errichtete Brauereien erhöhen sich die Sätze; für kleinere vor dem 1. Oktober 1908 bestandene ermäßigt sich der Satz auf 12 und für das zum Hausbedarf bereitete obergärige Bier auf 4 M. für den Doppelzentner. Die Verwendung von Ersatzmitteln für die Braustoffe ist verboten.[4]) Die Versteuerung bedingt eine Anzeigepflicht und eine steuerliche Überwachung der zur Brauerei und zur Aufbewahrung der Braustoffe dienenden Räume.[5]) Sie erfolgt in kleineren Brauereien vor dem Einmaischen.[6]) Größere Brauereien müssen Malzsteuermühlen mit selbsttätiger Verwiegungsvorrichtung halten und ein Mahlbuch führen; für sie erfolgt die Versteuerung vor dem Vermahlen des Malzes (Vermahlungssteuer).[7]) Der inländische Brauereibetrieb ist durch Eingangszoll (9,65 M. für 100 kg)[8]) und Ausfuhrvergütung[4]) geschützt.

§ 167.

dd) **Tabaksteuer.** Seit der Entdeckung Amerikas hat nicht nur der Gebrauch des Tabaks allgemein Verbreitung gefunden, auch der Anbau und die Verarbeitung dieses Erzeugnisses hat sich in ausgedehnter Weise entwickelt.[1]) Als Genußmittel vermag der Tabak unbestritten eine hohe Steuer zu tragen; ihre Anlegung bietet aber erhebliche Schwierigkeiten, und diese steigern sich in dem Maße, als der Ertrag höher geschraubt werden soll und neben der Einfuhr die eigene Tabakindustrie eines Landes vorgeschritten ist. In den Tabak bauenden Ländern[2]) finden sich drei Be-

[3]) G. (31. Mai 72 RGB. 153, erg. zuletzt durch G. 15. Juli 09 das. 695 u. auf Grund des Art. VII Abs. 4 dieses G.) als BrausteuerG. 15. Juli 09 neu veröffentlicht (RGB. 773). AusfBest. 24. Juli 09 (ZB. 413), geänd. (Muster u. Anl. B) Bek. 13. Feb. 12 (ZB. 218) u. 2. Juni 13 (ZB. 534). Bearb. v. Düffe (2. Aufl. Berl. 10). — Übergangsabgabe Beschl. BR. Juni 11 (ZB. 397).

[4]) BraustG. § 1—8 Ausfuhrvergütung § 9 u. BraustVergütungsO. (Anl. C z. d. AusfBest.). Erstattung BStG. § 10; Verjährung § 11.

[5]) Das. § 12—26. Aufsichtsbefugnis der Beamten § 34—37; Strafen § 38—57.

[6]) Bei dieser Besteuerung ist die Zahlung einer Abfindung zulässig § 33.

[7]) Das. § 27—32.

[8]) Tarif (§ 161 Anm. 11) Nr. 186, (Neufassung BrG. § 61).

[1]) Die Tabakindustrie umfaßt den Anbau, die Fabrikation u. den Handel. — Im Zollgebiet wurde (1911) der Anbau von 101841 Personen auf 17017 ha, also wesentlich im kleinen betrieben. Vorzugsweise beteiligt sind Baden, Preußen (Uckermark), Baiern (Pfalz) und Elf.-Lothringen. — Die Herstellung ist, weil sie ohne Kapital und Arbeitsteilung möglich ist, gleichfalls vorwiegend Kleinindustrie (Hausbetrieb). Die getrockneten und gesonderten (sortierten) Blätter werden mit salziger Brühe eingemacht (sauciert) u. in eine gewisse Gärung gebracht (fermentiert). Hierauf erhalten sie, nachdem sie wieder getrocknet sind, die bestimmte Form als Zigarren, Rauch- oder Schnupftabak. — Der Handel wird nur im großen betrieben. Hauptmarkt ist Bremen, nach diesem Hamburg.

[2]) In England ist der Tabakbau seit Karl II. ganz verboten: die Steuer konnte hier auf Grenzzölle beschränkt bleiben.

steuerungsarten vor: die Rohstoffsteuer, die Fabrikatsteuer und das Monopol (§ 133 Abs. 3). — Die Rohstoffsteuer wird als Flächen-, Gewicht- oder Wertsteuer erhoben. Die Flächensteuer ist die unvollkommenste dieser Steuerarten. Bei der Gewichtsteuer bleibt zwar nur die Beschaffenheit unbeachtet; die Steuer bedingt aber eine lästige Überwachung und zwingt den Tabakbauer, die Steuer bis zur Verwertung des Erzeugnisses bar vorzuschießen. Der Wertsteuer endlich steht die Schwierigkeit einer zureichenden Wertbestimmung entgegen. — Bei der Fabrikatsteuer finden Stempelmarken Anwendung, die bei der Verpackung des Fabrikates angebracht werden müssen.[3]) Auch sie ist mit Wertbestimmung und lästigen Überwachungsmaßregeln verbunden. — Unter diesen Umständen hat sich das Tabakmonopol trotz aller vom Standpunkte der Theorie und des Handelsinteresses gegen Monopole zu Felde geführten Gründe in den meisten Ländern Europas behauptet.[4]) Dieses gibt Fabrikation und Handel ausschließlich in die Hand des Staates, der damit in die Lage kommt, durch entsprechenden Preisaufschlag eine beliebige Steuer aufzulegen. Dieser Aufschlag kann ohne Schwierigkeit mit dem Werte des Fabrikats gesteigert werden (Progressivsteuer) und so bildet das Monopol die einzige Steuerform, die eine gehörige Abstufung und dadurch eine hohe Belastung des Tabaks möglich macht. Wo das Monopol sich auf den Handel mit dem im Inlande erzeugten Tabak beschränkt und die Einfuhr gegen entsprechende Verzollung frei läßt, wird es als Rohtabakmonopol bezeichnet. Die Mängel dieser Besteuerung bestehen in dem Erfordernis einer großen Beamteneinrichtung und in der Notwendigkeit, bei seiner Neueinführung die Tabakgewerbetreibenden entsprechend abzufinden.

In Preußen, wo unter Friedrich dem Großen mit der Regie vorübergehend das Monopol bestanden hatte,[5]) war 1819 die Flächensteuer eingeführt. Sie wurde 1868 auf das Gebiet des norddeutschen Bundes ausgedehnt, ist dann aber einer für das Reich eingeführten Gewichtsteuer gewichen, die wiederholte Erhöhungen erfahren hat.[6]) Diese wird

[3]) Eine derartige Stempelabgabe wird in den Vereinigten Staaten und in Rußland (Tabakakzise) neben einer besonderen Gewerbesteuer von der Tabakindustrie erhoben.

[4]) Mit Ausnahme von England, Rußland (Anm. 2 u. 3) u. Deutschland beherrscht das Monopol alle größeren Staaten Europas. — In Frankreich besteht es seit Ludwig XIV. Steuerfuß und Steuerertrag sind beständig gestiegen. — In Österreich war es 1670 (in Ungarn erst 1851) eingeführt und bis 1784 verpachtet.

[5]) § 138 Anm. 3.

[6]) G. 16. Juli 79 (RGB. 245), erg., zuletzt durch G. 15. Juli 09 (das. 705) u. auf Grund des Art. III mit neuer Paragraphenfolge als TabaksteuerG. 15. Juli 09 veröffentlicht (das. 793). — Übergangsvorschriften § 57, 58; AusfBest. (09. ZB 621), geänd. 12. Juni 10 (ZB. 245, (§ 3) 19. Febr. 10 (ZB. 46), (§ 26 u. VergütungsO. u. Statistik) 29. Juni 10 (ZB. 328) erg. 12 (ZB. 433 u. 765) u. 13 (das. 551); Unterstützung geschädigter Arbeiter G. 15. Juli 09 (RGB. 705) Art. IIa nebst AusfBest 29. Nov. 09 (ZB. 1401) u. 9. Juni 10 (ZB. 235). — Nachverzollung und Nachversteuerung Bek. 31. Juli 09 (ZB. 641). — Ein Gesetzentwurf zur Einführung des Monopols, wonach der Einkauf von Rohtabak, die Herstellung der Erzeugnisse und deren

mit 57 Mk für 100 kg der zur Fabrikation bereiteten Blätter erhoben.[7]) Die bepflanzten Flächen müssen in vorgeschriebener Weise behandelt und der Steuerbehörde angemeldet werden,[8]) worauf diese die Feststellung der zu versteuernden Mengen durch vorläufige Abschätzung vor der Ernte und durch Verwiegen nach dieser bewirkt.[9]) Bei Entrichtung der danach festgestellten Steuer treten mehrfache Vergünstigungen ein, so die Verwahrung des Tabaks in steuerfreien Niederlagen, die Übertragung der Steuer auf den Käufer und ihre Stundung.[10]) Daneben ist die Flächensteuer mit 5,7 Pf. für den Quadratmeter als Ausnahme für kleine Tabakfelder unter 4 Ar beibehalten, da für diese die zur Gewichtsermittelung erforderliche Einrichtung zu umständlich sein würde.[11]) Die Verwendung von Tabakersatzstoffen kann nur ausnahmsweise vom Bundesrat gestattet werden.[12]) Die Strafbestimmungen sind ähnlich wie bei den Grenzzöllen geregelt.[13])

Außer der Tabaksteuer unterliegen Zigaretten einer besonderen — in Verbindung mit der Reichsfinanzreform (§ 176 Abs. 6[1]) eingeführten — Zigarettensteuer.[14]) Diese beträgt:

1. für Zigaretten im Kleinverkaufspreise bis zu 1 1/2 Pf. das Stück 2 M. und steigend bis zum Kleinverkaufspreise über 7 Pf. auf 15 M. für 1000 Stück;
2. für Zigarettentabak 80 Pf. für das kg bei dem Kleinverkaufspreise von 3,50 bis 5 M. und von da ab steigend bis auf 7 M. bei dem Kleinverkaufspreise über 30 M.
3. für Zigarettenpapier mit Ausnahme des zur gewerblichen Verarbeitung bestimmten 1 M. für 1000 Stück Zigarettenhüllen.[15])

Um die Besteuerung sicher zu stellen, dürfen Hersteller und Großhändler diese Waren im Inlande nur in vollständig geschlossenen Packungen abgeben, die mit Ursprungszeichen, Inhaltsangabe und Kleinverkaufspreis versehen sind.[16]) Die Betriebe für Herstellung und Handel unterliegen der Beaufsichtigung[17]) und Hinterziehungen der Bestrafung.[18])

Der Eingangszoll für 100 kg beträgt bei Tabakblättern 85 M. und bei Zigarren 270 M., beide mit einem Zuschlage von 40 v. H. des Verkaufs-

---

Verkauf ausschließlich dem Reiche zustehen und der Tabakanbau nur mit Erlaubnis zulässig sein sollte, ist vom Reichstag abgelehnt worden (1886).

[7]) TabakstG. § 11.

[8]) Das. § 32, 12 u. 13.

[9]) Das. § 14—24.

[10]) Das. § 25—31; TabaksteuerO. nebst Anlage A TabaklagerO., B Tabakst. StundungsO. und C TabakersatzstoffO. Bek. 25. Mai 12 (ZB. 433) Nr. 1.

[11]) TabakstG. § 33—36.

[12]) Das. § 37, 38; Ausf. Anm. 10.

[13]) TabakstG. § 41—56. Verjährung § 39.

[14]) ZigarettStG. 3. Juni 06 (RGB. 631); allgemeine und Übergangsvorschr. § 31—35. — AusfBest. 17. Nov. 11 (ZB. 617). Steuergemeinschaft m. Luxemburg Abk. 11. Juli 06 (RGB. 07 S. 67).

[15]) ZG. § 2 erg. G. 15. Juli 09 (RGB. 705) Art. IIIa. Entrichtung u. Stundung § 3, Verjährung § 4.

[16]) ZG. § 5, 6.

[17]) Herstellung das. § 7—12, Steueraufsicht § 13, 14, Handel § 15, 16. Kaiserl. Prüfungsamt in Bremen Bek. 2. Aug. 09 (ZB. 677).

[18]) Das. § 17—30.

wertes, bei anderen Tabakerzeugnissen 85—700 M., für Zigaretten 1000 M.[19]) Hierdurch, sowie durch eine entsprechende Ausfuhrvergütung wird der inländischen Tabakskultur und Fabrikation ein Zollschutz gewährt.

§ 168.

ee) **Zuckersteuer.** Dem aus Ostindien stammenden und seit der Entdeckung Amerikas über alle Tropenländer verbreiteten Zuckerrohr ist im Laufe des 19ten Jahrhunderts durch die Zuckerrübe ein erheblicher Mitbewerb erwachsen. Die Rübenzuckerindustrie bezeichnet einen Sieg menschlicher Erfindung über die Macht des Klimas. Mit ihr hat der Zucker aufgehört, Kolonialware zu sein. Die Entdeckung wurde 1747 durch Margraf in Berlin gemacht, aber erst durch seinen Schüler Achard praktisch verwertet. Über die Schwierigkeiten, mit denen die junge Industrie zu kämpfen hatte, half die napoleonische Kontinentalsperre (1806—11) mit ihrer gewaltigen Preissteigerung für alle Kolonialwaren erfolgreich hinweg, und seitdem hat sich die Zuckerherstellung[1]) in Deutschland in hohem

---

[19]) TabakstG. § 1—10, ZG. § 1 Abs. 2, § 6 u. AusfBest. 28. Juli 09 (ZB. 621). — Ausfuhrvergütung TabakstG. § 40 u. VergütungsO. (Anm. 6). TabakzollO. 12. Dez. 12 (ZB. 867).

[1]) Die Zuckerherstellung erfolgt in vier Abschnitten (Gewinnung u. Läuterung des Rübensaftes, Darstellung u. Raffinierung des Zuckers).

a) Der Rübensaft wird durch Auslaugung der in kleine Streifen (Schnitzel) zerteilten Rüben (Diffusion) gewonnen. Die vom Zuckersaft befreiten Rückstände dienen als Viehfutter.

b) Zur Befreiung des Saftes von den die Kristallbildung hindernden Salzen u. mineralischen Stoffen (Läuterung, Scheidung) wird Kalk zugesetzt, mit dem diese Stoffe sich verbinden u. mittelst Filtrierens durch Knochenkohle und Anwendung von Kohlen- oder Phosphorsäure gemeinsam entfernen lassen.

c) Mit dem Erkalten des durch Einkochen verdickten Saftes erfolgt die Kristallbildung. Der zurückbleibende Saft (Sirup) gestattet die mehrmalige Wiederholung dieses Verfahrens, wodurch ein zweites, drittes u. viertes Erzeugnis gewonnen wird. Der eine Kristallisierung nicht mehr zulassende Sirup heißt Melasse und wird als Viehfutter oder zur Spiritusbereitung verwendet. Daneben ist das Osmose-, das Elutions- und das Strontianverfahren auf weitere Gewinnung des in der Melasse unkristallisiert verbliebenen Zuckers gerichtet worden.

d) Die Reinigung des so gewonnenen Rohzuckers von dem ihm anhaftenden, den Geschmack und die Farbe beeinträchtigenden Unreinigkeiten (Raffinierung) geschieht durch nochmaliges Einkochen u. Läutern u. zwar in der Regel in besonderen Fabriken. Das Ausbringen des Zuckers zur Raffinade (Rendement) schwankt zwischen 60 u. 96 v. H.

Wichtig für den Handel wie für die Besteuerung ist die Bestimmung des Zuckergehalts. Das aus Holland stammende Verfahren der Feststellung nach Typen (Mustern, Proben) ist unzureichend, da Farbe und Gestalt sich künstlich herstellen lassen. Man hat deshalb die Polarisation angewendet, die auf dem Gesetze beruht, daß der durch ein Kalkspatkristall gegangene (polarisierte) Lichtstrahl, wenn er durch eine Zuckerauflösung geführt wird, eine nach der Menge der in dieser enthaltenen Zuckerteile verschiedene Richtung annimmt. In diesem mittelst eines Werkzeugs (des Saccharimeters) ausgeführten optischen Verfahren lassen sich indessen größere Zuckermengen nur dann bestimmen, wenn sie dieselbe Zuckerart unvermischt enthalten. Die Versuche zur Behebung dieser Unvollständigkeit sind noch nicht abgeschlossen.

Maße weiter entwickelt. Sie hat den Volkswohlstand erhöht, den Betrieb der Landwirtschaft gefördert und eine neue, ergiebige Steuerquelle geschaffen.

Die **Zuckersteuer** war anfänglich Rohstoffsteuer, die nach der Menge der verarbeiteten Rüben bemessen wurde. Obwohl die Rübenzuckerindustrie bei dieser — demnächst auf das Reich übertragenen[2]) — Besteuerung großen Aufschwung nahm und durch ausgedehnte Ausfuhr lohnenden Absatz fand,[3]) trat doch schließlich bei vermehrtem Angebote ein erheblicher Preisrückgang ein. Dabei hatte die Erhebung der Steuer vom Rohstoffe einen starken Antrieb zur Erhöhung der Zuckerausbeute geboten, und wenn auch dadurch der Betrieb des Rübenbaues wie der Zuckerherstellung sich hoch entwickelte,[4]) so erwuchs doch daraus zugleich eine Benachteiligung der weniger ertragreichen Bodenarten und der kleineren Betriebe, die dieser Entwickelung nicht so schnell zu folgen vermochten. Außerdem erlitt die Staatskasse empfindliche Ausfälle, da die für den ausgeführten Zucker gezahlten Vergütungen bei dem unsicheren Ausbeuteverhältnis meist höher waren, als die davon erhobene Zuckersteuer.

Diesen Mißständen gegenüber hatte die **neuere Zuckersteuergesetzgebung** einen ähnlichen Weg eingeschlagen, wie die neuere Branntweinbesteuerung (§ 165 Abs. 3), indem sie neben der an Stelle der Rohstoff-eingeführten Fabrikatsteuer (Verbrauchsabgabe) eine nach dem Umfange gestaffelte Betriebsteuer vorsah, deren Ertrag zu Ausfuhrprämien verwendet werden und damit gleichzeitig der durch fortgesetzte Ausdehnung der Betriebe zunehmenden Übererzeugung steuern und den Wettbewerb sowohl der kleinen mit den großen Betrieben, als der inländischen mit der ausländischen Industrie erleichtern sollte.[5]) Nachdem aber durch zwischenstaatlichen Vertrag zwischen Deutschland, Österreich-Ungarn, Belgien, den Niederlanden, Großbritannien, Frankreich, Spanien, Italien und Schweden-Norwegen einschließlich der Kolonien die Aufhebung der Prämien vom

---

[2]) RVerf. Art. 35; Einf. in Elſ.-Lothringen V. 17. Juli 71 (RGB. 325) § 3.

[3]) Im Betriebsjahre 1911/12 wurden in 342 Fabriken (260 in Preußen) 9 Mil. t Rüben verarbeitet. Daneben bestanden 31 Raffinerien, 6 Melasseentzuckerungsanstalten und 24 Stärkezuckerfabriken. Die Anbaufläche umfaßte 504740 ha. Auf 1 ha wurden durchschnittlich 180 dz Rüben geerntet. — Der Verbrauch belief sich 1841 auf $2^1/_2$ kg auf den Kopf der Bevölkerung, 1911/12 auf 16,9 kg. — Die Ausfuhr betrug (1896/7) mehr als das Doppelte des Inlandverbrauchs, ist aber seitdem bei Zunahme des letzteren ohne Vermehrung der Erzeugung stetig herabgegangen.

[4]) 1840 wurde das kg Rohzucker durchschnittlich aus 17, jetzt wird es schon aus 6,60 kg Rüben hergestellt.

[5]) ZuckersteuerG. (31. Mai 91 RGB. 295, erg. G. 27. Mai 96 RGB. 109 u. gem. Art. IV Abs. 3 des letzteren) neu veröffentlicht 96 RGB. 117, Ausf.-Best. 18. u. 25. Juni 03 (ZB. 283), erg. Bek. 20. Jan. 06 (ZB. 17), 30. März u. 31. Juli 07 (ZB. 77 u. 407), 26. Juni 08 (ZB. 248) u. (Anl. D) 09 (ZB. 33), 10 (ZB. 68), 11 (ZB. 243 u. 404), 12 (ZB. 378 u. 897), 13 (ZB. 548, 687, 734, 740 u. 1077). Bearb. v. Hager (Berl. 03). — Beschränkung der Verwendung künstlicher Süßstoffe § 273 Abs. 1² d. W.

1. September 1903 ab vereinbart war,[6]) wurde die Betriebsteuer samt der mit ihr in Verbindung stehenden Kontingentierung aufgehoben und gleichzeitig die Zuckersteuer in Rücksicht auf die eintretende Ersparnis an Ausfuhrvergütungen und die mit Herabgehen der Zuckerpreise zu erwartende Zunahme des Inlandverbrauchs von 20 auf 14 M. für je 100 kg Rohzucker herabgesetzt.[7]) Die Zuckersteuer ist in dieser Höhe von dem Inhaber der Fabrik zu entrichten, sobald der Zucker aus der Steuerkontrolle in den Verkehr tritt. Der ausgeführte Zucker bleibt steuerfrei.[8]) — Der Eingangzoll beträgt 40 M. für je 100 kg.[9])

§ 169.

ff) **Salzsteuer.** Das Salz bildet kein Genuß-, sondern ein Lebensmittel. Als solches erscheint es für eine höhere Besteuerung um so weniger geeignet, als sein Verbrauch sich nicht nach der Wohlhabenheit abstuft, auch das Salz zu landwirtschaftlichen und technischen Zwecken Verwendung findet. Daß das Salz gleichwohl fast überall in hohem Maße besteuert wurde, erklärt sich aus seiner Geschichte. Von dem Bergregale wurde ein besonderes Salzregal abgezweigt (§ 133) und als Finanzquelle stark ausgebeutet. Der monopolartige Betrieb der Salzwerke bot hierzu einen bequemen Weg. So blieb auch, nachdem das Regal bereits den Charakter der Verbrauchsteuer angenommen hatte, das Monopol als zweckmäßigste Erhebungsform für diese bestehen. Erst nachdem im vorigen Jahrhundert Bedeutung und Wesen der Steuer näher ergründet war, wurde die Abgabe wesentlich herabgesetzt, das Monopol auch vielfach in eine Produktsteuer umgewandelt.[1])

Preußen hat lange am Monopol festgehalten. Der 1820 einheitlich geregelte Salzpreis war indes 1842 ermäßigt und für Viehsalz noch weiter herabgesetzt. Zur Verhütung von Hinterziehungen bestand für einzelne

---

6) Brüsseler Vtr. 5. März 02 (RGB. 03 S. 7, 225, 277; 1906 S. 857) nebst Schlußprot. (das. 22), verlängert bis 31. Aug. 18 Prot. 17. März 12 (das. 249 u. 487), Ausscheiden von Großbritanien u. Italien Bek. 1. Sept. 13 (das. 706); ein Überzoll (Mehrbetrag des Auslandzolles gegen die inländische Verbrauchssteuer) darf höchstens 6 (bei nicht raffiniertem Zucker 5,50) Frank für 100 kg betragen Art. 3 und Schlußprot., wogegen Zucker, der aus Ländern stammt, die Prämien bewilligen, mit einem mindestens deren Höhe erreichenden Sonderzolle zu belegen ist Zusatzakte 28. Aug. 07 (RGB. 08 S. 135, 138, 474), Beitritt Rußlands 19 Dez. 07 u. Abk. zwischen Deutschland u. Rußland 20. Jan. 08 (RGB. 140 u. 144).

7) G. 6. Jan. 03 (RGB. 1). — Die geplante weitere Herabsetzung auf 10 M. für 100 kg ist aufgehoben RFinanzG. 3. Juli 13 (RGB. 521) § 2.

8) ZG. 96 § 1—6 u. ErgG. 03 Art. 1; Überwachung ZG. 96 § 7—42; Strafen § 43—64; Übergangsbestimmungen § 82, 83.

9) ZG. 96 § 80 u. ErgG. 03 Art. 2; verb. Anm. 6. — Zolltarif (§ 161 Anm. 11) Nr. 176, 177.

1) In England ist seit 1825 jede Salzabgabe aufgehoben. Frankreich führte für das in der Revolution beseitigte Monopol eine Produktionsteuer ein (1806). Auch Rußland besitzt eine solche, während Österreich und Italien das Monopol beibehalten haben.

Grenzbezirke ein Salzzwang (Salzkonskription), nach dem auf jeden Kopf eine bestimmte Menge Salz entnommen werden mußte.

Im Jahre 1867 wurde dann auf Grund einer Übereinkunft unter den Zollvereinstaaten das Salzmonopol durch eine Salzsteuer ersetzt,[2]) die jetzt als Reichsteuer erhoben wird.[3]) Alles Salz mit Ausnahme des zur Ausfuhr, zu landwirtschaftlichen oder gewerblichen Zwecken (Sodaherstellung) bestimmten, unterliegt einer Steuer von 12 M. für 100 kg.[4]) Salzwerke und Salzfabriken müssen im Falle der Neueröffnung oder Betriebsveränderung der Steuerbehörde angezeigt werden und stehen unter deren Überwachung.[5])

Der Eingangzoll ist für das seewärts eingehende Salz der inländischen Steuer gleich, sonst aber (für 100 kg) um 0,80 M. höher gestellt.[6]) Dieser unterschiedliche Zoll beruht auf dem Mitbewerbe Frankreichs, das von ausländischem Salz eine um den gleichen Betrag höhere Abgabe erhebt.

Die Eröffnung der reichen Steinsalzlager bei Staßfurt und Erfurt, sowie die vermehrte Salzgewinnung im Neckargebiete hat die inländische, meist in den Händen des Staats befindliche Erzeugung so gesteigert, daß der ganze Verbrauch durch sie gedeckt werden kann.[7])

§ 170.

gg) Die neueingeführte **Leuchtmittelsteuer** bemißt sich bei elektrischen Glühlampen nebst Brennern, bei Quecksilberdampf- und ähnlichen Lampen nach dem Verbrauch der elektrischen Arbeit (Watt); bei Brennstiften zu elektrischen Bogenlampen beträgt sie 60 Pf. und 1 M. für das kg und bei Glühkörpern für Gas-, Spiritus-, Petroleum- und ähnlichen Lampen 10 Pf. für das Stück. Sie ist mittels Verwendung von Steuerzeichen bei der Verpackung vom Hersteller, bei eingeführten Erzeugnissen vom Einbringer zu entrichten. Die Beleuchtungsmittel unterliegen dem Verpackungszwange;

---

[2]) Übereink. 8. Mai u. BG. 12. Okt. 67 (BGBl. 49 u. 41); Einf. in einige dem Zollgebiet angeschlossene Teile V. 1. Okt. 68 (GS. 957); AusfBest. 5. Juli 88 (ZB. 613 u. 628), erg. BBeschl. 10. Dez. 91 (ZB. 92 S. 2), 16. Mai 95 (ZB. 176), 10. Jan. 00 (ZB. 12), Bek. 23. Juli 04 (ZB. 274), 17. Feb. 06 (ZB. 406) B, 5. Dez. 07 (ZB. 08 S. 16), 17. März 13 nebst Salzabgabenbefreiungs O. (ZB. 419) u. (§ 10) 10. Feb. 09 (ZB. 39). Bearb. von Trautvetter (Berl. 98).

[3]) RVerf. Art. 35.

[4]) G. 67 § 2 u. 20. — Abraumsalze (§ 344 Anm. 5) können freigelassen werden BB. 6. Juli 78 (ZB. 435). — Die Unbrauchbarmachung zum menschlichen Genusse heißt Denaturierung ZB. 88 S. 642, 95 S. 167 u. 265, 96 S. 68 u. 625, 98 S. 246, 02 S. 122, 05 S. 80, 07 S. 217; Unzulässigkeit der Karbolsäure BB. 29. Mai 84 (ZB. 178).

[5]) G. 67 § 3—10; Strafen § 11—18.

[6]) Das. § 19 u. Tarif (§ 161 Anm. 11) Nr. 280.

[7]) 1911 wurden im Zollgebiete 2 Mil. t Stein-, Kali- u. Siedesalz gewonnen und 502857 t (7,6 kg für den Kopf) an Speisesalz verbraucht; zu steuerfreien Zwecken (Viehfütterung, Düngung und in gewerblichen Betrieben) wurden 1134023 t verwendet.

Betriebe zur Herstellung und Verkaufsstellen müssen der Steuerbehörde angezeigt werden.[1])

Die gleichfalls neu eingeführte **Zündwarensteuer** beträgt für Zündhölzer in Behältnissen mit weniger als 30 Stück 1 Pf., mit 30 bis 60 Stück $1^1/_2$ Pf. für jedes Behältnis und mit mehr Stück für je 60 Stück oder einen Bruchteil davon $1^1/_2$ Pf., für Zündkerzchen aus Stearin, Wachs oder ähnlichen Stoffen in Behältnissen bis zu 20 Stück 5 Pf. für jedes Behältnis, in größeren Packungen für je 20 Stück oder einen Bruchteil davon 5 Pf. Die höheren Sätze treten nicht ein, wenn die Stückzahlen um nicht mehr als 10 v. H. überschritten werden. Während der ersten 10 Jahre nach Inkrafttreten des Gesetzes tritt für neu errichtete Fabriken und für die den Durchschnitt der 3 letzten Jahre übersteigende Jahreserzeugung eine Erhöhung der Steuer um 20 v. H. ein. Für im Inlande hergestellte Zündwaren wird die Steuer vom Hersteller beim Übergang in den freien Verkehr, für aus dem Auslande eingehende wird sie vom Einbringer neben dem Eingangszoll entrichtet. Zündwaren dürfen nur verpackt in den freien Verkehr gebracht werden; auf den Packungen ist Name und Wohnort des Herstellers anzugeben. Die Betriebe für die Herstellung und die Lagerräume sind der Steuerbehörde anzumelden.[2]) Der Zoll für Zündhölzer beträgt 30 M. für 100 kg.[3])

4. Sonderabgaben zur Deckung des vermehrten Heeresbedarfs.

§ 171.

a) **Übersicht.** Zur Deckung der großen, durch die letzte Heeresverstärkung (§ 99 Abs. 1) veranlaßten Mehrausgaben sind neben der Erhöhung einiger bestehender Steuern[1]) zwei neue Reichsabgaben eingeführt, der Wehrbeitrag (§ 172) und die Vermögenszuwachssteuer (§ 173).

---

[1]) LeuchtmittelstG. 15. Juli 09 (RGB. 880) § 1—16, Strafen § 17—33, sonstige Vorschr. § 34—37, Übergangs- und Schlußvorschrift § 38—40. Das G. war bereits im G. üb. d. Finanzwesen 15. Juli 09 (das. 743) Art. III enthalten, ist jedoch auf Grund des Art. VI Abs. 2 des letzteren unter obiger Bezeichnung nochmals veröffentlicht. — AusfBest. 14. Juni 11 (ZB. 317), geänd. 1. März 13 (ZB. 193). — Gemeinschaft m. Luxemburg Abk. 14. Okt. 09 (RGB. 10 S. 513).

[2]) ZündwarensteuerG. 15. Juli 09 (RGB. 814) § 1—22 (§ 3 erg. G. 6. Juni 11 RGB. 241), Strafen § 23—38, Verwaltung durch die Landesbehörden § 39, Übergangs- und Schlußvorschr. § 42—46. Das G. war bereits im G. üb. das Finanzwesen 15. Juli 09 (das. 743) Art. IV enthalten, ist jedoch auf Grund des Art. VI Abs. 2 des letzteren unter obiger Bezeichnung nochmals veröffentlicht. — AusfBest. u. NachsteuerO. 30. Aug. 09 (ZB. 863), geänd. Bek. 14. Juni 11 (ZB. 260) u. 2 Bek. 30. Jan. 13 (ZB. 148, 151). — Gemeinschaft m. Luxemburg Abk. 7. Mai 10 (RGB. 959).

[3]) Tarif (§ 161 Anm. 11) Nr. 367 (Fassung des ZündwG § 40, verb. § 41) u. Nr. 368. — § 162 Abs. 2[4] d. W.

[1]) Die Erhöhungen betreffen die Erbschaftssteuer (§ 156) u. die Reichsstempelsteuer (Forterhebung der erhöhten Umsatzsteuer § 158 Anm. 12 und Besteuerung der Gesellschafts- u. Versicherungsverträge § 158 Abs. 2[1 u. 10]); daneben wurde die geplante Herabsetzung der Zuckersteuer rückgängig gemacht (§ 168 Anm. 7). Andererseits sollen fortfallen der Scheckstempel (§ 158 Abs. 2[8]) und der Reichsanteil an der Grundwertzuwachssteuer § 159 Abs. 1.

Der erstere scheidet aus dem Kreise der eigentlichen Steuern aus, da er nur einmal und nur zu einem bestimmten Zwecke erhoben wird (§ 137 Abs. 1), und die Vermögenszuwachssteuer fügt sich — wie zum Teil schon die Erbschaftssteuer (§ 156) — der allgemeinen Einteilung der Steuern in direkte und indirekte (§ 137 Abs. 2) nicht ein, weil sie zwar wie die indirekten Steuern von einem Vorgang abhängig ist, jedoch wie die direkte unter unmittelbarer Schätzung der Steuergegenstnde festgestellt wird. Der Wehrbeitrag soll die einmaligen und die ersten dauernden, die Vermögenszuwachssteuer dagegen die weiteren dauernden Ausgaben decken.

Gegen diese Regelung sind erhebliche Bedenken geltend zu machen:

1. Sie durchbricht die Jahrzehnte hindurch bewährte Grundlage der Reichsverfassung, die das Reich auf die Zölle und Verbrauchsteuern verweist (§ 152 Abs. 1), die direkten Steuern dagegen den Einzelstaaten beläßt und dadurch eine scharfe Grenze zwischen der Finanzhoheit des Reichs und der der Einzelstaaten gezogen hat.
2. Sie greift in empfindlicher Weise in die Finanzen der Einzelstaaten ein, indem sie das Vermögen und das Einkommen der Reichsangehörigen unmittelbar für Zwecke des Reichs heranzieht, ohne Rücksicht darauf, daß diese Steuerquellen bereits in starkem Maße zur Erfüllung der Kultur- und Wirtschaftsaufgaben der Einzelstaaten in Anspruch genommen sind.
3. Sie beschreitet bei der Deckung des erheblichen Mehrbedarfs einseitig den Weg der direkten Besteuerung und verschiebt damit das bestehende Verhältnis zwischen direkten und indirekten Steuern, wie es bei starker Heranziehung ohne Überlastung der Steuerpflichtigen nicht entbehrt werden kann (§ 137 Abs. 2, 3) und tatsächlich von allen größeren Kulturstaaten beobachtet wird.
4. Sie entzieht im Wehrbeitrage der wirtschaftlichen Tätigkeit beträchtliche Mittel. Die allmählige Ergänzung würde bei gesunder Weiterentwicklung nicht ausgeschlossen sein. Hier tritt aber die gleichzeitig eingeführte Vermögenszuwachssteuer hindernd in den Weg, die die Ersparnisse trifft und dadurch auf Kapitalbildung und Boden- und Betriebsverbesserungen in Landwirtschaft, Gewerbe und Handel lähmend einwirkt (§ 137 Abs. 4). Unserer wirtschaftlichen Entwicklung erwächst daraus eine ernste Gefahr.

§ 172.

b) **Der Wehrbeitrag,** der eine Milliarde Mark einbringen soll, bildet eine einmalige Abgabe von dem Vermögen und dem Einkommen. Durch ihn wird die Aufnahme einer größeren Anleihe umgangen, die in die eben beseitigte Schuldenwirtschaft (§ 176 Abs. 6[2]) zurückgeführt haben würde.[1])

[1]) WehrbeitragsG. 3. Juli 13 (RGB. 505). AusfBest. des BR. 6. Nov. 13 (ZB. 1087), des preuß. FinMin. 8. Nov. 13 (Berl. b. Decker).

Die Abgabe vom **Vermögen** (Grund-, Betriebs- und Kapitalvermögen) richtet sich nach dem Stande am 31. Dezember 1913 und beginnt bei einem Vermögen von mehr als 10000 M. Dieser Betrag erhöht sich auf 30000 M., wenn das Einkommen des Besitzers 4000 M., und auf 50000 M., wenn es 2000 M. nicht überschreitet. Die Beitragspflicht erstreckt sich:

1. unter Ausschluß des ausländischen Grund- und Betriebvermögens auf Reichsangehörige, mit Ausnahme derer, die sich nicht, ohne Wohnsitz im Inlande zu nehmen, seit länger als zwei Jahren im Auslande aufhalten, und auf Ausländer, die des Erwerbs wegen im Reiche weilen;
2. auf alle natürlichen Personen bezüglich ihres inländischen Grund- und Betriebvermögens;
3. auf Aktien- und Kommanditgesellschaften auf Aktien, wenn sie im Inlande ihren Sitz haben, andernfalls nur bezüglich ihres inländischen Grund- und Betriebvermögens; befreit sind gemeinnützige Gesellschaften.

Die der Besteuerung nicht unterliegenden Bundesfürsten haben sich freiwillig dem Wehrbeitrag unterworfen.[2]) — Das Vermögen wird nach dem gemeinen (Verkaufs-) Werte festgestellt. Der Wert der dauernd land- oder forstwirtschaftlichen oder gärtnerischen Zwecken dienenden Grundstücke, sowie — in Abweichung von der preußischen Ergänzungssteuer (§ 150 Abs. 2) — der bebauten, zu Wohn- oder gewerblichen Zwecken dienenden Grundstücke wird jedoch mit dem 25fachen Betrage des Ertragswertes berechnet, weil diese Gegenstände zu dauernder Benutzung und nicht für den Handel bestimmt sind.[3])

Als **Einkommen** wird nur das Arbeits-, nicht das Vermögenseinkommen berechnet. Maßgebend ist das auf Grund der Landeseinkommensteuergesetze zuletzt oder gleichzeitig mit der Veranlagung des Wehrbeitrags festgestellte Einkommen, von dem 5 v. H. des abgabenpflichtigen Vermögens abgezogen werden. Abgabefrei sind Einkommen bis zu 5000 M., sowie die nach Abzug des abgabenfreien Einkommenteils verbleibenden Restbeträge unter 1000 M.[4])

Der **Abgabensatz** ist gestaffelt. Er beträgt bei der Abgabe vom Vermögen für die ersten 50000 M. 0,15 v. H. und steigt in jeder weiteren Staffel bis zu 1,5 v. H. bei Vermögen über 5 Mill. M. Der Abgabensatz vom Einkommen beträgt bis zu 10000 M. 1 v. H. und steigt in jeder weiteren Staffel bis zu 8 v. H. bei Einkommen von mehr als 500000 M.[5])

Die **Veranlagung und Erhebung** ist den Bundesstaaten übertragen und in Preußen ähnlich wie die der Einkommensteuer (§ 149 Abs. 6)

---

[2]) Das. § 1—15, verb. § 35 Abs. 2.

[3]) Das. § 16—30.

[4]) Das. § 31. Die Heranziehung des Arbeitseinkommens neben dem Vermögenseinkommen ist erfolgt, weil die stärkere Besteuerung des letzteren gegenüber dem ersteren (§ 137 Abs. 3 d. W.) nicht über ein gewisses Maß hinaus ausgedehnt werden sollte.

[5]) Das. § 32 u. (Ermäßigung für Kinder, die zu unterhalten sind oder Söhne, die gedient haben) § 33.

geregelt. Die zuständigen Behörden bestimmt die Landesregierung, für die Bundesfürsten der Bundesrat. Die Beitragspflichtigen haben, wenn sie größere Vermögen besitzen oder besonders dazu aufgefordert werden, Vermögenserklärungen abzugeben und können dazu durch Geldstrafen bis zu 500 M. angehalten werden.[6]) Der Wehrbeitrag ist mit $1/3$ binnen 3 Monaten nach Zustellung des Bescheides und mit je $1/3$ bis zum 15. Februar 1915 und 1916 zu entrichten.[7])

Die Einnahme aus dem Wehrbeitrage dient zur Deckung der Kosten, die durch die Heeresverstärkung einmalig oder über die ordentlichen Deckungseinnahmen hinaus fortlaufend während der Jahre 1913 bis 1916 erwachsen. Mehrerträge werden zur Kürzung des letzten Drittels (Abs. 4) verwendet.[8])

§ 173.

c) Die **Vermögenszuwachssteuer** (Besitzsteuer)[1]) trifft den Zuwachs, den das bewegliche und unbewegliche Vermögen (Grund-, Betriebs- und Kapitalvermögen) in Zeitabschnitten von je 3 Jahren erfährt. Den Ausgangspunkt bildet das für den Wehrbeitrag ermittelte Vermögen (§ 172 Abs. 2), so daß die erste Feststellung zum 1. April 1917 für die Zeit vom 1. Januar 1914 bis zum 31. Dezember 1916 stattfindet. Die Entrichtung verteilt sich auf einen diesem Veranlagungszeitraum folgenden dreijährigen Erhebungszeitraum. Vermögen bis zu 20000 M. und Zuwachse bis zu 10000 M. sind steuerfrei. Bei Vermögen über 20000 und nicht über 30000 M. wird der Zuwachs nur insofern besteuert, als durch ihn die steuerfreie Grenze von 20000 M. überschritten wird. Das Vermögen der Ehegatten wird zusammengerechnet; der aus dem Erbfall dem überlebenden Gatten zufallende Zuwachs bleibt daher steuerfrei.[2]) — Die Steuer ist hiernach zugleich Vermögen-, Einkommen- und Erbschaftsteuer. Das Vermögen erfaßt sie im Zeitpunkt der Fälligkeit der Steuer, das Einkommen für die Zwischenzeit, weil auf diesem der Zuwachs beruht, und die Erbschaften,

[6]) Das. § 34, 35, Vermögenserklärung u. Vermögensermittlung § 36—45, Geheimhaltungspflicht § 46, Bescheid § 47, Rechtsmittel § 48—50. AusfBest. Anm. 1.

[7]) Einziehung das. § 51—53, Nachzahlung u. Verjährung § 54, 55, Strafen u. Strafverfahren § 56—66 u. (Straffreiheit wegen der durch die Vermögenserklärung aufgedeckten anderweiten Steuerentziehungen) § 68, Befugnisse u. Pflichten der Reichsbevollmächtigten § 67, Ausführung § 70. — Veranlagung in Preußen V. 7. Aug. 13 (GS. 371).

[8]) WehrbG. § 68.

[1]) BesitzsteuerG. 3. Juli 13 (RGB. 524). Die vom G. gewählte Bezeichnung der Steuer als Besitzsteuer ist irreführend; nicht der Besitz, sondern der Vermögenszuwachs innerhalb eines bestimmten Zeitraumes bildet ihren Gegenstand. — Von der Grundwertzuwachssteuer (§ 159) unterscheidet sich die Vermögenszuwachssteuer dadurch, daß sie auch das bewegliche Vermögen und die durch Arbeit herbeigeführte Vermögensvermehrung trifft.

[2]) Das. § 1—24. Aktien- u. Kommanditgesellschaften auf Aktien unterliegen nicht der Vermögenszuwachssteuer; sonst entsprechen § 2—17 des G. im wesentlichen dem § 2—14 des WehrbeitragsG. (§ 172 Anm. 2).

weil auch diese dem Zuwachs zugezählt werden. Die Steuer erstreckt sich — im Gegensatz zu der bestehenden Erbschaftssteuer (§ 156) — auf das Kindeserbe, während sie die Erbschaften der Seitenverwandten und der nicht verwandten Personen nochmals, also doppelt belastet.

Der Steuersatz ist zwiefach gestaffelt, nach der Größe des Zuwachses und nach der Höhe des Vermögens. Er beträgt, wenn der Zuwachs während des ganzen Veranlagungszeitraums 50000 M. nicht übersteigt, 0,75 v. H. und steigt in jeder weiteren Staffel bis zu 1,5 v. H. bei einem Zuwachs von mehr als 1 Mill. M. Er erhöht sich außerdem bei Vermögen von 100000 bis 200000 M. um 0,1 v. H. und steigend in jeder weiteren Staffel bis 1 v. H. bei Vermögen von mehr als 10 Mill. M.[3])

Die Wertermittelung geschieht nach dem gemeinen Wert (Verkaufswert) der einzelnen Vermögensbestandteile, bei Grundstücken, wenn der Steuerpflichtige es beantragt, nach den Gestehungskosten (Erwerbspreisen, sonstigen Anschaffungskosten und Aufwendungskosten abzüglich der Wertverminderungen). Für die in § 172 Abs. 2 bezeichneten Grundstücke, die durch Erbschaft oder Schenkung erworben sind, wird der Ertragswert zu Grunde gelegt und für die vor dem 1. Januar 1914 erworbenen gilt der für den Wehrbeitrag ermittelte Wert (§ 172 Abs. 2) als Betrag der Gestehungskosten.[4])

Die Veranlagung und Erhebung ist ähnlich wie die des Wehrbeitrags (§ 172 Abs. 5) geregelt.[5]) Der Jahresbetrag der Steuer (Abs. 1) ist nach Bestimmung der obersten Landesfinanzbehörde in gleichen Halb- oder Vierteljahrsteilen zu zahlen. Aus Billigkeitsgründen können Stundungen und Teilzahlungen zugelassen werden.[6]) Die Bundesstaaten erhalten für die erste Veranlagung und Erhebung 10, später 5 v. H. der Roheinnahmen.[7])

VII. Finanzen des Reichs.[1])

1. Verwaltung.

§ 174.

Das Finanzwesen des Reichs hat in dem Reichschatzamte seine oberste Verwaltungsbehörde erhalten, das als Organ des Reichskanzlers (§ 20 Abs. 2[5]) in drei Abteilungen zerfällt, die erste für das Voranschlags-, Kassen- und Rechnungswesen, das Reichsvermögen, die Reichschulden ein-

---

[3]) Das. § 25, 26 u. (Ermäßigung für kinderreiche Familien u. Erbschaften minderjähriger Abkömmlinge) § 27).

[4]) Das. § 28—47.

[5]) Das. § 48, 49, Befugnisse und Pflichten der Reichsbevollmächtigten § 50, Personenstandsaufnahme § 51, Besitzerklärung § 52—64, Bescheid § 65, Rechtsmittel § 66—69.

[6]) Das. 70—72, Nachzahlung und Verjährung § 73—75, Strafen u. Kosten § 76—85.

[7]) Das. § 86, Vergütung für Staaten, in denen das Erbe der Abkömmlinge besteuert wird. § 87, Ausführung § 88.

[1]) Bearbeitung der Gesetze in des Verfassers „Das Deutsche Reich" (Berl. 01) Nr. V.

schließlich des Reichspapiergeldes und des Münzwesens, die zweite für die Zölle und Verbrauchsteuern, die dritte für die Verkehr- und Besitzsteuern.[2])

Dem Reichsschatzamt unterstehen außer den in Abs. 3 und 4 und § 175 benannten Finanzbehörden die Reichszollbevollmächtigten (§ 152 Abs. 2), die technische Prüfungsstelle[3]) und die Reichsrayonkommission (§ 115 Abs. 1).

Über den Reichshaushalt, der alle Einnahmen und Ausgaben umfaßt, wird für das Voranschlagsjahr vor dessen Beginne ein Voranschlag (Etat) durch Gesetz festgestellt.[4]) Der Reichshaushalts-Voranschlag, der seither — abweichend vom preußischen Voranschlage (§ 121 Abs. 5) — die reinen Einnahmen und Ausgaben nachwies, wird jetzt gleichfalls in die Bruttoeinrichtung (§ 121 Abs. 2) übergeführt. Die Ausgaben, die voranstehen, zerfallen in fortdauernde und einmalige, letztere bilden weiter den ordentlichen und außerordentlichen (durch außerordentliche Einnahme zu deckenden) Voranschlag. Das Voranschlagsjahr läuft vom 1. April bis 31. März.[5]) Die Zentralkassengeschäfte besorgt die Reichshauptkasse, die eine Geschäftsabteilung der Reichsbank-Hauptkasse bildet.[6])

Über die Verwendung aller Einnahmen ist durch den Reichskanzler dem Bundesrat und Reichstag zur Entlastung alljährlich Rechnung zu legen.[7]) Die Vorprüfung und die Überwachung der voranschlagsmäßigen Verwaltung wird für die Rechnungsjahre 1909 bis 1914 von der preußischen Oberrechnungskammer (§ 123 Abs. 3) geführt, die hierbei um einige Mitglieder verstärkt wird und unter der Benennung „Rechnungshof des Deutschen Reiches" eine besondere unabhängige Reichsbehörde bildet.[8])

2. Reichsvermögen und Reichsschuld.

§ 175.

Durch Übertragung des Eigentums und der dinglichen Rechte an allen unmittelbar zum dienstlichen Gebrauch einer Reichsverwaltung dienenden Gegenständen ist das Reich zum selbständigen Vermögenssubjekt gewor-

[2]) Erl. 14. Juli 79 (RGB. 196). Unter dem RSchAmt steht die Kais. technische Prüfungsstelle AE. 5. April 08 (das. 148).

[3]) AE. 5. April 08 (das. 148).

[4]) RVerf. Art. 69—71 u. § 176 Anm. 1 — Bedeutung des Voranschlags § 121 insbes. Anm. 6 d. W. des Voranschlaggesetzes § 1 Anm. 16. — Voranschlag für die Schutzgebiete § 89 Abs. 3[2].

[5]) G. 29. Feb. 76 (RGB. 121), Bezeichnung wie § 121 Anm. 10; Elf.-Lothringen G. 18. März 78 (GB. 7).

[6]) Bek. 1. Juni 71 (RGB. 126) u. 29. Dez. 75 (ZB. 821); § 328 Abs. 7 d. W. Anschluß an den Reichsbank-Giroverkehr Bek. 98 (ZB. 299). — GeschA. 30. Dez. 75 (Auszug MB. 76 S. 64). — Abrechnung mit den Landeskassen, Best. 23. Juni 10 (ZB 351). — Entlastung der Rechnungen durch den Rechnungshof (Abs. 4) wie § 123 Abs. 1 d. W.

[7]) RVerf. Art. 72.

[8]) G. 4. Juli 68 (BGBl. 433), und RKontrolG. 21. März 10 (RGB. 521), durch das d. Kontrolle, die sich auch auf Elf.-Lothringen, die Schutzgebiete u. die Reichsbank bezieht, erheblich vereinfacht ist § 2–10. Instr. für den Rechnungshof 5. März 75 (ZB. 157), § 4 u. 5 geänd. Bek. 7. April 77 (ZB. 182).

den.[1]) Der damit von den einzelnen Staatsfisken geschiedene Reichsfiskus hat gleiche Rechte mit jenen in betreff des Gerichtsstandes.[2]) Der Finanzhoheit der Einzelstaaten unterliegt das Reich nur, insoweit es sich ihr unterwirft. Dies ist bezüglich der staatlichen und kommunalen Gebühren geschehen. Von Gerichtsgebühren ist das Reich jedoch frei. Auch zu den Staatssteuern hat das Reich, abgesehen von den süddeutschen Abgaben von Malz und Bier (§ 166 Abs. 2), nicht beizutragen. Den Kommunalsteuern hat das Reich sich nur bezüglich der Ertragsteuern von Grundbesitz und der Umsatz- und Zuwachssteuern unterworfen, weil diese zur Persönlichkeit des Grundeigentümers in keiner Beziehung stehen[3]). Der Gewerbesteuer unterliegt das Reich nicht, doch zahlt es solchen Gemeinden und Gutsbezirken Zuschüsse, in denen die in fabrikmäßigen Reichsbetrieben beschäftigten Personen einen erheblichen Teil der Bevölkerung ausmachen[4]). Außerdem genießt es Befreiung von Porto[5]) und Gerichtskosten (§ 195 Abs. 3).

Gegenstand des Reichsvermögens sind der Anteil des Reichs an der Reichsbank (§ 328 Abs. 7), die Reichsdruckerei,[6]) die Reichseisenbahnen[7]) und verschiedene bei dem Reiche gebildete Fonds, insbesondere der Reichskriegsschatz.

Der Reichskriegsschatz bestand zunächst aus 120 Mill. M., die der französischen Kriegsentschädigung entnommen[8]) und in barem gemünztem Gelde für Zwecke der Mobilmachung niedergelegt sind. Er soll die unverzügliche Durchführung der letzteren sichern und darf deshalb weder zinsbar belegt noch anderweit benutzt werden, muß auch bei stattgehabter Verwendung stets wieder entsprechend ergänzt werden.[9]) Die größeren

[1]) G. 25. Mai 73 (RGB. 113); entbehrlich oder unbrauchbar werdende Grundstücke sind dem Bundesstaate zurückzugeben, soweit deren Ersatz nicht aus dem Erlöse zu decken ist § 5—7; Einf. in Elf.-Loth. G. 8. Dez. 73 (GB. 387). — Vertretung § 90 Anm. 6 d. W.

[2]) ZPO. § 18, 19. Prozeßvertretung § 198 Anm. 8 d. W.

[3]) G. 15. April 11 (RGB. 187).

[4]) Das. § 6, AusfBest d. BR. 11. Mai 11 (ZB. 231). — Steuerpflicht der Reichsbank § 328 Anm. 18 d. W.

[5]) G. 5. Juni 69 (BGBl. 141) § 2.

[6]) G. 15. Mai 79 (RGB. 139) u. § 390 Anm. 1.

[7]) Die Eisenbahnen in Elsaß-Lothringen traten durch den Frankfurter Frieden (Zusatzartikel 10. Mai 71 RGB. 234) in das Eigentum des Reichs, das demnächst auch die Verwaltung der Wilhelm-Luxemburg-Bahn übernahm das. § 6, G. 15. Juli 72 (RGB. 329) u. Vtr. 11. Nov. 02 (das. 03 S. 183). Die Verwaltung führt unter dem Reichsamte für die Reichseisenbahnen in Berlin (AE. 27 Mai 78 RGB. 79 S. 193) die Generaldirektion in Straßburg; Verw. u. GeschO. 9. Juli 09 (ZB. 1448 u. 1452). Von dem jährlichen Reinertrage der Reichseisenbahnen fließen 5 v. H. den Gemeinden zu, in denen sich Stationen oder Werkstätten befinden G. 11 (Anm. 3) § 7. — Neue Bahnen, die dem Verkehr dienen, dürfen nur vom Reich oder unter dessen Zustimmung gebaut werden. G. 31. Mai 11 (RGB. 225) § 24.

[8]) Der gleichfalls der Kriegsentschädigung mit 561 Mill. M. entnommene Reichsinvalidenfonds, der für die Pensionen u. Versorgungen der Krieger und ihrer Hinterbliebenen, später auch zur Unterstützung der hilfsbedürftigen Krieger dienen sollte, ist jetzt aufgebraucht.

[9]) G. 11. Nov. 71 (RGB. 403). — Verwaltung V. 22. Jan. 74 (RGB. 9), erg. (§ 2) V. 31. März 97 (RGB. 169). — Der Reichskriegschatz hängt mit der Wehrverfassung (§ 100 d. W.) zusammen und ist durch die in den Kriegsjahren 1866

Anforderungen der heutigen Kriegsführung haben zu einer Verstärkung des Kriegsschatzes geführt, die zugleich dem Bedarf an Zahlungsmitteln zugute kommen soll. Dieserhalb ist ein außerordentlicher Bestand an Gold- und an Silbermünzen im Betrage von je 120 Mill. M. beschafft und für Rechnung des Reichs bei der Reichsbank verwahrlich niedergelegt worden. Der Goldbestand, zu dessen Beschaffung Reichskassenscheine (Abs. 6) im Betrage von 120 Mill. M. ausgefertigt sind, dient der Zweckbestimmung des Reichskriegsschatzes. Die Silbermünzen können über die durch das Münzgesetz bestimmte Grenze (§ 376 Abs. 4) hinaus geprägt werden.[10])

Dem Vermögen steht die Reichschuld gegenüber,[11]) die in eine verzinsliche und in eine unverzinsliche zerfällt. Die verzinsliche Schuld wird — regelmäßig unter Ausgabe von Schuldurkunden, die auf den Inhaber lauten (§ 326 Abs. 4) — durch Anleihen, oder — wenn es sich um Deckung vorübergehender Bedürfnisse handelt — durch Ausgabe von Schatzanweisungen begeben, während die unverzinsliche Schuld in den Reichskassenscheinen zur Erscheinung gelangt (Abs. 6).

Die Aufnahme von Anleihen und die Übernahme von Garantieen zulasten des Reichs erfolgt im Wege der Reichsgesetzgebung.[12]) Die Grundsätze über Aufnahme und Verwaltung der Reichschulden sind im Anschluß an die im bürgerlichen Recht durch das BGB. und die ZPO. eingetretenen Änderungen einheitlich zusammengestellt.[13]) Danach erfolgt die außerordentliche Beschaffung der Geldmittel durch verzinsliche Anleihen oder durch Schatzanweisungen, deren Umlaufzeit, wenn es sich um Verstärkung der ordentlichen Betriebsmittel handelt, auf 6 Monate beschränkt ist. Die nähere Bestimmung trifft der Reichskanzler. Die Tilgung erfolgt durch Ankauf von Schuldverschreibungen. Das Reich kann die für die Inhaber unkündbaren Schuldverschreibungen in der gesetzlich festzustellenden Frist insgesamt oder in Teilbeträgen kündigen.[14]) Verwaltungsbehörde ist die preußische Hauptverwaltung der Staatschulden unter der Benennung „Reichschuldenverwaltung"; die fortlaufende Aufsicht

---

und 1870 mit dem preußischen Kriegsschatze gemachten günstigen Erfahrungen hervorgerufen. Er dient gleich diesem nur der ersten Ausrüstung, während der ältere, in Preußen ohne Beschränkung des Betrages angesammelte Staatschatz (§ 130 Anm. 1), der Kriegführung überhaupt galt.

[10]) RFinanzG. 3. Juli 13 (RGB. 521) § 6—8, Verwaltung Bek. 16. Juli 13 (das. 578).

[11]) Staatschulden überhaupt § 129 d. W. — Die Reichschuld betrug (Ende 1912) in Schuldverschreibungen 4582, Schatzanweisungen 220 u. Reichskassenscheinen 120, zusammen 4922 Mil. M. Die 4-prozentigen Reichschulden sind in gleicher Weise wie in Preußen (§ 130 Anm. 6) in $3^1/_2$ prozentige umgewandelt G. 8. März 97 (RGB. 21). Im Jahre 1908 sind jedoch wiederum Anleihen zu 4 v. H. begeben § 130 Anm. 6.

[12]) RVerf. Art. 73. § 14; § 1 Anm. 16 u. (Schutzgebiete) § 89 Abs. 3² d. W.

[13]) RSchuldenO. 19. März 00 (RGB. 129). (Übergangsbestimmungen § 20 bis 22). — Bf. 29. April 07 (§ 131 Anm. 8).

[14]) RSchO. § 1—8, erg. (§ 1 u. 7) G. 22. Feb. 04 (RGB. 66). — Unterzeichnung der Schuldurkunden § 4 nebst BGB. § 739 Abs. 2. — Mündelsicherheit u. Pflicht zur Anlage in Reichsanleihen § 131 Anm. 7, Grundsätze für die Tilgung § 176 Abs. 6² d. W.

führt eine Reichschuldenkommission, die aus je 6 Mitgliedern des Bundesrates und des Reichstags und dem Präsidenten des Rechnungshofes zusammengesetzt ist.[15]) Erweislich vernichtete Schuldurkunden werden ersetzt, angeblich abhanden gekommene unterliegen dem **Aufgebot** und der **Kraftloserklärung** durch die Gerichte; für Zinsscheine ist diese ausgeschlossen.[16]) **Prämienanleihen**, bei denen der Zins ganz oder teilweise als Gewinn verlost wird, sind nur auf Grund eines Reichsgesetzes und nur zum Zweck der Anleihe eines Bundesstaates oder des Reichs zulässig.[17]) Die Schuldurkunden (Abs. 4) können wie in Preußen (§ 131 Abs. 2) durch Eintragung in ein **Reichschuldbuch** in gleichwertige Buchschulden auf den Namen eines bestimmten Gläubigers umgewandelt werden.[18])

Die unverzinsliche Schuld (§ 129 Abs. 4) wird durch die **Reichskassenscheine** gebildet. Die Grundsätze über Ausgabe von sichergestelltem (fundiertem) und nicht sichergestelltem Papiergelde sind Gegenstand der Reichsgesetzgebung.[19]) Die Reichskassenscheine sind danach mit dem dem Reichskriegsschatze entsprechenden Betrage von 240 Mill. M. (200 Mill. in Abschnitten von 10 und 40 Mill. in solchen von 5 M.) ausgegeben. Sie müssen bei allen Kassen des Reichs und der Einzelstaaten in Zahlung genommen und von der Reichshauptkasse auf Erfordern jederzeit bar eingelöst werden. Im Privatverkehr findet ein Zwang zur Annahme nicht statt.[20]) Das mannigfaltige Papiergeld der Bundesstaaten, mit dem Deutschland früher zum Schaden des Verkehrs überschwemmt war, ist eingezogen; für die Folge ist die Papiergeldausgabe durch die Bundesstaaten nur auf Grund eines Reichsgesetzes zulässig.[21])

3. Reichs-Einnahmen und -Ausgaben.[1])

§ 176.

Der Bedarf des Reichs findet zunächst in den Einnahmen aus den ihm überwiesenen Verwaltungen, Gebühren (§ 136) und Steuern (§ 152 Abs. 2) seine Deckung.

[15]) RSchO. § 9—15; § 132 d. W.

[16]) RSchO. § 16—19. BGB. § 798 bis 800 u. (Zinsscheine) 803, 804, ZPO. § 1004—18, Zahlungssperre BGB. § 799 Abs. 2 u. 802, ZPO. § 1019—22.

[17]) G. 8. u. Bek. 19. Juni 71 (RGB. 210 u. 255); Kontrollabstempelung Bek. 14. April 08 (ZB. 147). Werden die Prämienlose in Gruppen zusammengefaßt, worauf erst die Gruppen und dann die Prämien ausgelost werden, so nennt man sie Serienlose.

[18]) G. 31. Mai 91, erg. zuletzt i. S. geschäftl. Erleichterung durch G. 6. Mai 10 (RGB. 665) Art. I u. gem. Art. III in neuer Fassung u. Paragraphenfolge veröffentlicht 10 (das. 840), Inkraftsetzung V. 30. Mai 10 (das. 839); Ausführung Bek. 2. Juni 10 (ZB 217). Verfahren der Kassen, Sicherheitsleistung durch Verpfändung u. Pfandrecht der Reichsbank wie § 131 Anm. 5.

[19]) RVerf. Art. 4³. Literatur § 376 Anm. 5 d. W. — Ein sichergestelltes Papiergeld bilden die auf 20 M. und darüber lautenden **Reichsbanknoten** § 328 Abs. 7 d. W.

[20]) G. 30. April 74 (RGB. 40) § 1, (erg. G. 5. Juni 06 RGB. 730), 5—7 — Behandlung falscher u. unbrauchbarer Kassenscheine Bf. 2. Juli 76 (MB. 222). — Der strafrechtliche Schutz ist der des Metallgeldes § 376 Anm. 14 u. 15, erstreckt sich aber zugleich auf das zur Anfertigung verwendete besondere Papier G. 26. Mai 85 (RGB. 165.)

[21]) G. 74 § 2—4 u. 8.

Anm.: Note [1]) befindet sich auf Seite 305.

Nur einzelne dieser Verwaltungen, wie die Reichsbank, die Reichseisenbahnen und das Post- und Telegraphenwesen, liefern Überschüsse. Bayern und Württemberg, die das Post- und Telegraphenwesen selbst verwalten, haben an den daraus dem Reiche zufließenden Einnahmen keinen Teil.[2])

An Steuern fließen dem Reiche die meisten indirekten Abgaben zu.[3]) Die hierbei ausgeschlossenen Staaten (§ 13 Abs. 2 II) haben dafür besondere Beiträge (Aversen) zu leisten.[4])

Die durch Steuern nicht gedeckten Bedürfnisse des Reichs werden von den Einzelstaaten nach Maßgabe ihrer Bevölkerung durch Matrikularbeiträge aufgebracht. Die Festsetzung erfolgt durch den Voranschlag, ihre Ausschreibung durch den Reichskanzler.[5]) Der Verteilungsmaßstab entspricht nicht der Leistungsfähigkeit, bildet aber, da es an einer gleichmäßigen Einschätzung im Reiche fehlt, die allein mögliche Grundlage.

Der Betrag der Matrikularbeträge ist sonach veränderlich. Wenngleich der stetig vermehrte Bedarf in den Mehrerträgen der dem Reiche zuge-

---

[1]) Die reinen Einnahmen u. Ausgaben des Reichs berechnen sich aus dem Voranschlage 1913 (RGB. 253):

A. Ordentlicher Etat.		
I. Einnahmen (abzüglich der Ausgaben):		
1. Verwaltungen: Banken 16,3, RDruckerei 3,2, REisenbahnen 45,4 Post u. Telegraphen 142,9	207,8	Mill. M.
2. Zölle, Verbrauchs- u. Reichstempelabgaben	1674	" "
3. Sonstige	211,5	" "
4. Matrikularbeiträge nach Abzug der Überweisungen .	51,9	" "
Zusammen	2145,2	Mill. M.
II. Ausgaben.		
a) Fortdauernde (abzüglich der Einnahmen):		
1. Reichstag, Reichskanzler 2,5, Ausw. A. 17,5, KolA. 1,4, RA. des Innern und REisenbahnamt 73, RJustizVerw. 1,5	95,9	Mill. M.
2. RSchatzamt und Rechnungshof 39,7, Reichschuld 211,6	251,3	" "
3. RHeer 805,5, Kriegsflotte 195,9, RMilGericht 0,5	1001,9	" "
4. Allg. Pensionsfonds	142,5	" "
5. Finanzverwaltung	5,8	" "
b) Einmalige	647,8	" "
Zusammen	2145,2	Mill. M.
B. Außerordentlicher Etat in Ausgabe und Einnahme . . . (von letzterer 115,4 Mil. M. aus der Anleihe).	118,6	Mill. M.
C. Infolge der Heeresvermehrung (§ 171 Abs. 1 d. W.) treten hinzu (Nachträge 1913 S. 500 u. 503):		
I. Einnahmen (Zölle, Verbrauchs- und Stempelabgaben 27,5, Wehrbeitrag 416,8, sonstiges 90,1)	534,4	" "
II. Ausgaben für Heer und Kriegsflotte (fortlaufende 54,6, einmalige 419,8)	534,4	" "

[2]) RVerf. Art. 52 Abs. 4.

[3]) Das. Art. 33—40. — § 151 d. W.

[4]) RVerf. Art. 38 Abs. 3 u. 4; G. 25. Juni 73 (RGB. 161) § 4.

[5]) RVerf. Art. 70 (Neufassung G. 14. Mai 04 RGB. 196 § 2).

wiesenen indirekten Steuern (Abs. 3) einigen Ausgleich gefunden hätte, wurden diese Mehrerträge doch zuerst den Bundesstaaten überwiesen, um die bundesmäßige Gestaltung des Reichs besser zum Ausdruck zu bringen, das Bewilligungsrecht des Reichstags durch Forterhebung der Matrikularbeiträge sicher zu stellen und den Bundesstaaten Anteil an den erhöhten Steuereinnahmen zu sichern.[6]) Diese Absichten haben sich nicht erfüllt; dagegen wurde die Übersicht und die Abrechnung zwischen Reich und Bundesstaaten wesentlich erschwert, und der Haushalt der letzteren bei den fortgesetzten Schwankungen der Matrikularbeiträge und der Überweisungen erheblich gestört. Im Reiche, dessen großer Mehrbedarf wesentlich den Bundesstaaten zur Last fiel, wurde in Ermangelung einer selbständigen Verantwortlichkeit vielfach nicht mit der nötigen Sparsamkeit und Vorsicht gewirtschaftet. Es wurden wiederholt größere Ausgaben ohne die erforderliche Deckung beschlossen, der Haushalt schloß fortdauernd mit großen Fehlbeträgen ab und die Reichsschuld, die als Finanzschuld einer starken Tilgung besonders bedurft hätte, wuchs ohne diese unausgesetzt fort.

Eine gründliche Finanzreform erschien unerläßlich. Die ersten dieserhalb erlassenen Gesetze[7]) hatten nur einen beschränkten Erfolg. Eine eingreifende Regelung hat dagegen im Jahre 1909 stattgefunden[8]) und diese hat eine erhebliche Gesundung der Reichsfinanzen zur Folge gehabt. Sie bewegt sich in drei Richtungen.

1. Die Beseitigung der ständigen Fehlbeträge und die dadurch veranlaßte fortgesetzte Erhöhung der Reichsschuld forderte eine erhebliche Erhöhung der Reichseinnahmen. Dieserhalb wurden die Überweisungen an die Bundesstaaten (Abs. 5) größtenteils beseitigt[9]). Zur Verteilung an diese gelangt — abgesehen von Belassung eines Teils der Erbschaftssteuer (§ 156 Abs. 2) und der Zuwachssteuer (§ 159 Abs. 1) — nur noch die Branntweinverbrauchsabgabe (§ 165 Abs. 3). Außerdem galt es, die Einnahmen aus den Reichssteuern um den erheblichen Betrag von 500 Mill. Mark zu erhöhen. Dieserhalb wurde — nachdem bereits 1906 die Erbschaftssteuer (§ 156 Abs. 2), und die Zigarettensteuer (§ 167 Abs. 3) neueingeführt und die Reichsstempelsteuer (§ 158) und die Brausteuer (§ 166 Abs. 2) erweitert waren — im Jahre 1909 die Wechsel- und nochmals die Reichsstempelsteuer erweitert (§ 157, 158), der Kaffee- und Teezoll erhöht (§ 162 Abs. 2[5]), die Branntwein-, Brau- und Tabak-

---

[6]) Den Bundesstaaten waren demgemäß überwiesen worden ein Teil der Zölle und der Tabaksteuer (1879, sg. Frankensteinsche Klausel), die Reichsstempelsteuer u. die Branntweinsteuerverbrauchsabgabe.

[7]) G. 14. Mai 04 (RGB. 196) und 3. Juni 06 (das. 620).

[8]) G. 15. Juli 09 (RGB. 743). Art. I § 6 ist aufgehoben EG. RVO. Art. 55 Abs. 1.

[9]) Die Überweisungen wurden aufgehoben für Zölle und Tabaksteuer G. 04 (Anm. 7) § 1 und für die Reichsstempelsteuer G. 09 (Anm. 8) Art. I § 5 Abs. 2.

steuer, diese unter Erhöhung der Zigarettensteuer neu geregelt (§ 165 bis 167) und die Leuchtmittel- und Zündwarensteuer neu eingeführt (§ 170).[10])

2. War mit Erhöhung der Reichseinnahmen das Gleichgewicht zwischen Einnahmen und Ausgaben wiederhergestellt und der fortgesetzten Aufnahme von Anleihen vorgebeugt, so mußte weiter die vorhandene Schuldenlast durch regelmäßige und stärkere Tilgung der Schulden herabgemindert werden. Demgemäß ist bestimmt, daß vom 1. April 1911 ab, unter Aufrechterhaltung der zur Tilgung der Anlageschulden (§ 129 Abs. 1) ergangenen besonderen Bestimmungen, für die bis zum 30. September 1910 begebenen Anleihen mindestens 1 v. H. des derzeitigen (nicht des jeweiligen) Schuldkapitals, für die später aufgenommenen Anleihen bei Anlageschulden mindestens 1, 9, bei anderen Schulden mindestens 3 v. H. unter Hinzurechnung der ersparten Zinsen zu tilgen sei.[11])

3. Um das finanzielle Verhältnis des Reichs zu den Einzelstaaten fester zu begründen und diese vor plötzlich auftretenden Mehrforderungen zu sichern, sind die Matrikularbeiträge nach Abzug der Überweisungen für 1909 auf rund 48½ Mill. Mark (80 Pf. auf den Kopf der Bevölkerung) in der Weise begrenzt, daß der etwaige Mehrbedarf aus Reichsmitteln zu bestreiten ist.[12]) Diese Grenze ist auch weiterhin festgehalten worden. Das Reich muß hiernach seinen Bedarf nach den verfügbaren eigenen Mitteln bemessen.

---

[10]) Weitere Abgabenerhöhungen infolge der letzten Heeresverstärkung § 171 Abs. 1 u. Anm. 1.

[11]) G. 09 Art. I § 2 Abs. 2. — Das G. 06 (Anm. 7) § 4 hatte nur die Tilgung mit $^3/_5$ v. H. vorgesehen, und selbst diese hatte bei der ungünstigen Finanzlage für 1908 ausgesetzt werden müssen.

[12]) G. 09 Art. I § 2 Abs. 2. — Das G. 06 § 3 hatte die Erhebung der den Betrag von 40 Pf. auf den Kopf der Bevölkerung (etwa 24 Mill. M.) übersteigenden Matrikularbeiträge in Erwartung von Mehreinnahmen aus den neuen Steuern einstweilen ausgesetzt. Da Mehreinnahmen ausblieben, haben die gestundeten Beiträge gleichfalls vom Reiche übernommen werden müssen. G. 09 Art. I § 2 Abs. 1.

Sechstes Kapitel.

Rechtspflege.

I. Einleitung.

1. Übersicht.

§ 177.

Das Gebiet der Rechtspflege, für das die Gerichtsverfassung eigene Organe geschaffen hat (II), befaßt sich mit dem bürgerlichen Recht (III) und dem Strafrecht (IV). Das bürgerliche Recht (Privat-, Zivilrecht) regelt die Rechtsverhältnisse zwischen den einzelnen Personen, das Strafrecht die Bestrafung solcher Personen, die im Gesetze mit Strafe bedrohte Handlungen begehen. Auf beiden Gebieten scheidet die Gesetzgebung das inhaltliche (materielle) und das förmliche Recht oder Verfahren. Das erstere ist für das bürgerliche Recht im bürgerlichen Gesetzbuch (III 1), für das Strafrecht im Strafgesetzbuch (IV 1) enthalten. Das Verfahren heißt, soweit es streitige Angelegenheiten betrifft, Prozeß. Für das bürgerliche Recht erging dieserhalb die Zivilprozeßordnung (III 2 a), für das Strafrecht die Strafprozeßordnung (IV 2). Das bürgerliche Recht umfaßt neben den streitigen auch nichtstreitige Angelegenheiten. Sie werden als freiwillige Gerichtsbarkeit bezeichnet (III 2 c). Eine Sonderstellung nimmt das Konkursrecht insofern ein, als in der Konkursordnung das inhaltliche Recht und das Verfahren zusammen behandelt werden. Da es außerdem zugleich streitige und nichtstreitige Angelegenheiten umfaßt, bildet es den Übergang von dem Zivilprozeß zur freiwilligen Gerichtsbarkeit (III 2 b).

Mit dem Inkrafttreten des Bürgerlichen Gesetzbuches ist das gesamte Gebiet der Rechtspflege in der Reichsgesetzgebung durch umfassende Gesetze geordnet worden (§ 178 Abs. 4). Diese Gesetze sind von Einführungsgesetzen begleitet, die hauptsächlich die Überleitung der neuen Ordnungen in das bestehende Recht bezwecken. Den Reichsgesetzen gegenüber geschieht dieses unmittelbar und vollständig, der Landesgesetzgebung gegenüber aber meist nur in allgemeinen Vorbehalten, die erst in weiteren Ausführungsgesetzen der einzelnen Bundesstaaten die erforderliche Regelung finden.

2. Geschichte.

§ 178.

Die Gerichtsbarkeit[1]) stand im älteren deutschen Reiche dem Kaiser zu, der ihre Ausübung den Grafen übertrug, später den Landesherren überließ. Daneben blieb eine Gerichtsbarkeit des Kaisers und Reichs bestehen, die in den Hofgerichten an dem jeweiligen Sitze des Kaisers (judex curiae) und in einzelnen Reichsgerichten zur Geltung kam. Aus den Hofgerichten entwickelte sich seit 1501 der Reichshofrat in Wien, aus den Reichsgerichten seit 1495 das Reichskammergericht in Speier, später in Wetzlar. Ersteres trug mehr den Charakter eines persönlichen Gerichts des Kaisers und entschied namentlich über Aberkennung von Fürstentümern und Grafschaften; letzteres bildete der Hauptsache nach die zweite Instanz gegen Urteile der Landgerichte. Seine Zuständigkeit wurde indes schon vor Auflösung des Reichs durchbrochen, indem die Kurfürsten, später auch die übrigen größeren Landesherren sich durch s. g. privilegia de non appellando von ihr frei zu machen wußten. Die Weiterentwickelung der Rechtspflege war damit in die Einzelstaaten verlegt.

Für Preußen, wo schon unter Joachim I. durch Aufnahme des römischen Rechts[2]) und Errichtung eines Kammergerichts (1516) ein erster Schritt zur selbständigen Entwickelung der Rechtspflege getan war, wurde mit diesem Privilegium (1746) der erste Anstoß zu einer umfassenden Umgestaltung der Rechtspflege gegeben, die der Unklarheit und Unsicherheit der Rechtsbestimmungen und dem schleppenden Prozeßgange Abhilfe schaffen sollte. Sie begann unter Friedrich dem Großen und endete gegen Ablauf des Jahrhunderts mit der zusammenfassenden Bearbeitung (Kodifizierung) des gesamten Rechts. Das allgemeine Landrecht (1794) umfaßte neben dem Privatrecht auch das Straf-, Staats- und Kirchenrecht. Die Gerichtsordnung regelte den Zivilprozeß (1793), die Kriminalordnung den Strafprozeß (1805). Daneben wurde eine Hypotheken- und eine Depositalordnung erlassen (1783).

Diese Gesetzgebung hat unbeschadet einzelner Abänderungen bis in die neueste Zeit die Grundlage unseres Rechtslebens gebildet. Eine wichtige Änderung trat mit der Verfassung ein. Die Privatgerichtsbarkeit und der privilegierte Gerichtsstand wurden aufgehoben und in Strafsachen ein mündliches und öffentliches Verfahren mit Geschworenen eingeführt.[3]) Die

[1]) Die Gerichtsbarkeit schied sich ursprünglich in Rechtsprechung (Urteilsfindung) und Gerichtsherrlichkeit. Letztere schloß das Recht in sich, den Urteilsspruch herbeizuführen und zu vollziehen. Sie war lediglich Aufgabe der vom Kaiser ernannten Richter (Grafen), während die Urteilsfindung den aus der Gemeinde entnommenen Schöffen, die das Recht schöpften oder schufen, zufiel. Mit dem Aufhören der Gau- und Schöffengerichte nach Einführung der fremden Rechte fielen beide Tätigkeiten in der Hand des Richters zusammen.

[2]) In dem ersten privatrechtlichen preußischen Gesetzbuch (Joachimica 1527) wird das gemeine (römische) Recht als subsidiäre Rechtsquelle ausdrücklich anerkannt.

[3]) V. 2. u. 3. Jan. 49 (GS. 1 u. 14).

richterliche Gewalt sollte fortan unter Wegfall aller Ausnahmegerichte nur im Namen des Königs durch unabhängige Richter ausgeübt werden.[4]) Fast gleichzeitig erfolgte die Umgestaltung des inhaltlichen Strafrechts.[5])

Im neuen deutschen Reiche ist das gesamte bürgerliche Recht, das Strafrecht und das gerichtliche Verfahren Gegenstand der Reichsgesetzgebung geworden.[6]) Diese begann mit Einführung eines gemeinsamen Strafrechts (§ 214 Abs. 2) und Handels- und Wechselrechts (§ 373 u. 326 Abs. 2) unter Einsetzung eines Reichsoberhandelsgerichts[7]) und mit Gewährung gegenseitiger Rechtshilfe unter den Einzelstaaten.[8]) Demnächst schaffte sie eine gleichmäßige Gerichtsverfassung (§ 181 Abs. 1) und ein einheitliches Verfahren im Zivilprozeß (§ 197 Abs. 3), Konkurse (§ 203 Abs. 2) und Strafprozeß (§ 215 Abs. 2). Nachdem auch das bürgerliche Recht, von dem bis dahin außer dem Handels- und Wechselrechte nur einzelne Gegenstände reichsgesetzlich geordnet waren, einheitlich geregelt (§ 196 Abs. 2) und in Verbindung damit auch die freiwillige Gerichtsbarkeit in der Hauptsache gleichmäßig geordnet worden ist (§ 206 Abs. 2), erscheint die Landesgesetzgebung im wesentlichen auf die Ausführung der Reichsgesetze (§ 177 Abs. 2), die Regelung des Verfahrens vor einigen Sondergerichten (§ 187) und auf die Justizverwaltung (§ 180) beschränkt. Damit ist eine umfassende Rechtseinheit in Deutschland hergestellt.[9]) Sie bildet eine neue Frucht unserer nationalen Einigung, die aber auch selbst wieder befruchtend auf diese zurückwirkt.

3. Gebiet der Rechtspflege.

§ 179.

Die Trennung der Rechtspflege von der Verwaltung erfolgte in Preußen bereits mit der Neueinrichtung der Behörden im Jahre 1808. Die Aufgabe des Staates zum Schutze der einzelnen gegen Rechtsverletzungen[1]) fällt auf den Gebieten des bürgerlichen und des Strafrechts

[4]) VU. Art. 86 u. 87 (Änderung § 181 Anm. 1), Art. 7, jetzt im wesentlichen ersetzt durch das Reichsrecht. § 178 Abs. 2 d. W. — Die noch von Friedrich Wilhelm I. selbst ausgeübte Rechtsprechung (Kabinettsjustiz) war schon unter Friedrich dem Großen beseitigt worden.

[5]) StGB. 14. April 51 (GS. 93).

[6]) RVerf. Art. 4[13], erg. G. 20. Dez. 73 (RGB. 379); Einf. in Elf.-Lothringen G. 8. Feb. 75 (RGB. 69) Nr. 6.

[7]) G. 12. Juni 69 (BGBl. 201).

[8]) RVerf. Art. 3 u. G. 21. Juni 69 (BGBl. 305). Einziehung der Gerichtskosten § 195 Anm. 17. — Rechtshilfe wird auch bei Einziehung von Staats- und öffentlichen Verbandsteuern, von Gebühren und von im Verwaltungsverfahren festgesetzten Strafen gewährt § 599 Abs. 7 d. W. — Kostenerstattung Bf. 7. März 07 (MB. 173, JMB. 55).

[9]) Die RJustizgesetze mit Ausschluß der StPO. v. Kayser (7. Aufl. v. Mugdan Berl. 10.)

[1]) Der Grundsatz, daß die zwangsweise Geltendmachung der Rechte Sache des Staates ist, erleidet eine Ausnahme in der Selbstverteidigung und der Selbsthilfe. Die Selbstverteidigung ist nicht widerrechtlich, wenn sie erfolgt zur Abwehr eines gegenwärtigen rechtswidrigen Angriffs einer Person (Notwehr) BGB. § 227 u. StGB. § 53, 54 (§ 214 Abs. 5 d. W.), oder zur Abwendung der durch eine fremde Sache drohenden Gefahr (Notstand), wobei der anzurichtende Schaden nicht außer Verhältnis zur Gefahr stehen darf BGB. § 228 u. 904. Die Selbsthilfe (Weg-

den Gerichten zu. Dieser Grundsatz ist auch in der Reichsgesetzgebung dahin festgestellt, daß den Gerichten alle Rechtsstreitigkeiten zugewiesen sind, für die nicht entweder die Zuständigkeit der Verwaltungsbehörden oder der Verwaltungsgerichte begründet ist. Die genaue Grenzbestimmung zwischen beiden Gebieten ist jedoch den Einzelstaaten verblieben, die ihren Gerichten auch jede andere Art der Gerichtsbarkeit, sowie Geschäfte der Justizverwaltung übertragen können. Die Abgrenzung bildet den Ausgangspunkt aller staatlichen Tätigkeit und erfolgt deshalb ausschließlich im Wege der Gesetzgebung.[2]) Die Gerichte haben ihre Entscheidung allein nach Recht und Gesetz zu fällen, während die Verwaltungsbehörden innerhalb der gesetzlichen Vorschriften auch durch Rücksichten des öffentlichen Interesses, der Billigkeit und der Zweckmäßigkeit geleitet werden. Erstere finden im Gesetze ihren Zweck, letztere ihre Schranke. Diese Grundsätze sind indes aus praktischen Gründen und im Anschluß an die bestehenden Einrichtungen mehrfach verlassen. Auch die Rechtspflege bedingt eine Verwaltung (Justizverwaltung), und neben dieser ist den Gerichten die vorwiegend aus Verwaltungshandlungen bestehende freiwillige Gerichtsbarkeit übertragen. Andererseits sind die Verwaltungsbehörden mehrfach mit Entscheidung der in der Verwaltung unterlaufenden privat- und strafrechtlichen Streitfragen betraut (Administrativjustiz). Die neuere Gesetzgebung suchte auch in den letzteren Fällen den Privatrechten einen ausgedehnteren Rechtsschutz zuzuwenden und hat der Verwaltung über einzelne Gegenstände das Entscheidungsrecht nur vorläufig, vorbehaltlich des Rechtsweges eingeräumt,[3]) andere unter Ausdehnung des Rechtswegs ihr ganz entzogen.[4]) Die Verwaltungsgerichtsbarkeit hat endlich auch in den den Verwaltungsbehörden verbliebenen Sachen für gewisse, die Privat-

nahme oder Beschädigung einer Sache, Beseitigung des Widerstandes eines Verpflichteten oder Festnahme eines fluchtverdächtigen Schuldners) ist gestattet, wenn obrigkeitliche Hilfe nicht rechtzeitig zu erlangen ist und ohnedem der Anspruch gefährdet sein würde das. § 229 bis 231. Sie steht dem Privatmann nur gegen solchen, nicht gegen die Obrigkeit zu u. ist dem Verwaltungsrecht in der Regel fremd OV. 7. Jan. 09. — § 354 Anm. 17.

[2]) GVG. § 13; EG. 27. Jan. 77 (RGB. 77) § 4. — VU. Art. 96. — Rechtsweg in Vermögensangelegenheiten des Staates § 124 Anm. 2 d. W. — Troop, der Rechtsweg in Preußen (Berl. 99) u. (umfangreicher) O. Stölzel (Berl. 01), Oppenhoff, Gesetze über Ressortverhältnisse zwischen Gerichten u. Verwaltungsbehörden (2. Aufl. Berl. 04).

[3]) GVG. § 13. Dahin gehören Enteignungen (§ 377 Abs. 3 d. W.), Gesinde- u. Mietstreitigkeiten (§ 261 Abs. 1 u. 4), Pfändung u. Ersatzgeld in Feld- u. Forstpolizeisachen (§ 354 Abs. 4), Wildschadenfeststellung (§ 360 Abs. 5); ferner Strafverfügungen bei Übertretungen (§ 238), Steuerzuwiderhandlungen (§ 139 Abs. 5, bei indirekten Steuern § 153 Abs. 4), Verkehrsabgaben (§ 380 Anm. 5), Kommunalabgaben (§ 80 Anm. 24), Portohinterziehungen (§ 391 Abs. 1). Rechtsweg gegen Polizeiverfügungen § 231 Abs. 5. — Goldschmidt, das Verwaltungsstrafrecht (Berl. 02).

[4]) LR. II 14 § 78, 79, erweitert durch G. 24. Mai 61 (GS. 241), das nach Maßgabe der V. 16. Sept. 67 (GS. 1515) Art. I, II u. V in die neuen Provinzen und nach Maßgabe des G. 25. Feb. 78 (GS. 97) § 3 in Lauenburg eingeführt ist. Der Rechtsweg ist danach ausgedehnt:

a) auf vermögensrechtliche Ansprüche der Beamten (§ 1—8),

b) auf gewisse Fälle der Befreiung von

rechte berührende Angelegenheiten ein an gerichtliche Formen und Voraussetzungen gebundenes Verfahren geschaffen (§ 59) und dabei durch Beseitigung des Rechtswegs in einzelnen Fällen, wo dieser in das Gebiet des öffentlichen Rechts hinein ausgedehnt war, eine angemessenere Abgrenzung zwischen Justiz und Verwaltung herbeigeführt.[5])

Streitigkeiten über Zulässigkeit des Rechtsweges (**Kompetenzkonflikte**) können nur von den Zentral- oder Provinzialbehörden erhoben werden. Sie heißen positiv, wenn mehrere Behörden sich für zuständig, negativ, wenn mehrere in Betracht kommende Behörden sich für unzuständig erklären. Durch die Erhebung wird das Verfahren unterbrochen. Der besondere Gerichtshof zur Entscheidung der Kompetenzkonflikte besteht aus 11 Mitgliedern, von denen 6 dem Oberlandesgericht in Berlin angehören, die übrigen zum Richteramte oder zum höheren Verwaltungsdienste befähigt sein müssen.[6])

II. Gerichtsverfassung.

1. Justizverwaltung.

§ 180.

Das **Reichsjustizamt** hat die Justizangelegenheiten des Reichs wahrzunehmen, insbesondere die Reichsgesetze vorzubereiten und die Verwaltung in betreff des Reichsgerichts zu führen.

Das **Justizministerium** bildet die oberste Justizverwaltungsbehörde für Preußen.[1]) Die Vorstände der Gerichte und Staatsanwaltschaften sind ihm unterstellt. Seine Entscheidung ist auf Beschwerden über Disziplin, Geschäftsbetrieb und Verschleppungen beschränkt; eine Einwirkung auf die Rechtsprechung steht ihm nicht zu.[2]) Unter dem Justizminister steht die für die ganze Monarchie eingesetzte Justizprüfungskommission.[3])

Zu den **Gegenständen der Justizverwaltung** gehört die Aufsicht

---

Staatsteuern (§ 9 u. 10 des G., u. § 139 Abs. 3 d. W.,

c) desgl. von Kirchen- u. Pfarrabgaben (§ 15, 16 des G. KO. 19. Juni 36 (GS. 198).

Über die Beitragspflicht zu Kommunal- u. Verbandsabgaben wird jetzt sowohl bei Klagen gegen Beschlüsse in betreff der Veranlagung, als bei Streitigkeiten der Pflichtigen untereinander im Verwaltungsstreitverfahren entschieden ZustG. § 160.

[5]) Anm. 4 Abs. 2 u. § 232 Abs. 4.

[6]) GVG. § 17 u. EG. 27. Jan. 77 (RGB. 77) § 17. V. 1. Aug. 79 (GS. ... des Reichsgerichts G. 22. Mai 02 (GS. 573), erg. bezüglich der Entscheidungen ... 145). — EG. (z. ZPO.) 30. Jan. 77 (RGB. 244) § 15[1]. — Rechtsprechung des Kompetenzgerichtshofes, systematisch zusammengestellt v. O. Stölzel (Berlin 97). — Verfolgung der Beamten wegen Überschreitung der Amtsbefugnisse § 64 d. W. — Kompetenzkonflikte im Verwaltungsstreitverfahren § 59 Abs. 4.

[1]) V. 27. Okt. 10 (GS. 3). Neue Prov. vier V. 3. Okt. 65 (GS. 603—6) u. V. 28. Jan. 67 (GS. 140). — Übertragung einzelner Geschäfte des Just.-Min. auf die Provinzialbehörden Vf. 26. März 74 (JMB. 109).

[2]) G. 24. April 78 (GS. 230) § 77, 84 u. 85. Anordnung der Vertretung des Fiskus in bürg. Rechtsstreitigkeiten § 198 Anm. 8 d. W.

[3]) G. 6. Mai 69 (GS. 656) § 2. Der Vorsitzende hat den Rang der Räte 1. Klasse AE. 14. Juni 05 (GS. 251).

über die Gerichtspersonen (§ 188—194), die Verwaltung der Grundstücke und Räumlichkeiten,[4]) insbesondere der gerichtlichen Gefängnisse[5]) und das gerichtliche Kassen- und Rechnungswesen. Als Gerichtskassen bestehen Justizhauptkassen bei den Oberlandesgerichten, denen die Amtsgerichts- und die Gefängniskassen unterstehen. Die Amtsgerichtskassen besorgen zugleich die Geschäfte der an ihrem Sitze befindlichen Landgerichte.[6]) Die Rechnungslegung[7]) wird durch Rechnungsdirektoren überwacht.[8]) Der Geschäftsgang ist im wesentlichen der der Verwaltungsbehörden.[9]) Im

[4]) Zuständigkeit Vf. 1. April 74 (JMB. 101). — Bauten, Gerätebeschaffung u. Anmietungen Vf. 10. u. 11. März 08 (JMB. 61 u. 97), 3. Feb. 11 (das. 63), 18. Jan. 12 (das. 21), Grundstücksinventar 29. Mai 08 (das. 225.) Einmalige u. außerordentliche Ausgaben Vf. 16. Mai 07 (das. 379) u. 10. Juni 13 (das. 194).

[5]) Die GefängnisO. 21. Dez. 98 (JMB. 292), die die Grundsätze des BB. 28. Okt. 97 (§ 239 Anm. 10) für die Gerichtsgefängnisse durchführt, betrifft die Verwaltung, Beamten u. Ordnung in den Gefängnissen u. die Behandlung der Gefangenen; Änderung (§ 8 u. 75) 14. März 00 (JMB. 86) u. 25. Mai 06 (das. 155), (§ 31 Abs. 5) Vf. 25. Nov. 01 (das. 267), (§ 87, 90) 23. Dez. 11 (das. 451). — Verpflegung 29. Juni 08 (das. 252), Erhöhung des Haftkostensatzes auf 80 Pf. täglich 8. Sept. 08 (das. 335). — Bedingungen für Lieferung der Wirtschaftsbedürfnisse Vf. 6. Feb. 07 (das. 29). — Unfallfürsorge § 239 Abs. 8 d. W. — Beschäftigung an Sonn- u. Feiertagen Vf. 25. Mai 06 (das. 155), außerhalb der Anstalt § 239 Abs. 5 d. W. Verrechnung des Arbeitsverdienstes u. der Unfallversicherungsbeiträge Vf. 23. März 99 (JMB. 106) und 15. Feb. 08 (das. 41). — Waffengebrauch der Gefängnisbeamten Best. 11. März und Vf. 26. April 39 (JMB. 114 und 157). — Unter der Justizverwaltung stehen die für Untersuchungsgefangene und zur Vollstreckung von Haft- und Gefängnisstrafen bestimmten Anstalten. Größere Gerichtsgefängnisse in Danzig, Berlin (Stadtvogtei) mit Filiale, Beuthen, Magdeburg, Hannover u. Frankfurt a. M.; Zentralgefängnisse in Stuhm (im Bau), Gollnow, Wronke, Neumünster, Werl, Bochum und Freiendiez; Untersuchungsgefängnisse in Berlin (Moabit), Breslau u. Essen; Strafgefängnisse in Plötzensee und Tegel, Glückstadt und Frankfurt a. M. (Preungesheim); einige größere Gefängnisse sind dem Minister des Innern unterstellt (§ 239 Anm. 4 d. W.). — Wulff, Die Gefängnisse der Justizverw. in Preußen (Hamb. 00), Klein, Verwaltung und Strafvollzug in den preuß. Justizgefängnissen (2. Aufl. Berl. 10).

[6]) KassenO. 28. März 07 (JMB. 125), erg. Vf. 19. März 10 (das. 119) u. 26. Feb. 13 (das. 59), ferner (§ 38 und 42) 7. Dezemb. 10 (das. 422), (§ 47 Abs. 1) 11. März 08 (das. 173), (§ 57, 66, 95) 8. Januar 09 (das. 4), (Fortfall des § 53 Abs. 8) 15. Juni 09 (das. 211) VI. RBankgiro- u. Scheckverkehr Vf. 23 Aug. 13 (das. 320). Schreiber Vf. 25. März 07 (das. 87), erg. (Nr. 4) 26. Juli 09 (das. 271).

[7]) Anw. 24. Juni 80 (besonders herausgegeben, Vf. 15. Mai 80 JMB. 156 und Bericht. 81 S. 2). — Etatsvorschr., nach Änderung durch Vf. 22. Juli 13 (JMB. 281) neugefaßt. Bureaubedürfnisfonds Vf. 5. Juni 83 (JMB. 154); Behandlung der Einnahmen u. Ausgaben Anw. 30. Aug. 79 u. Vf. 5. Nov. 81 (JMB. 267), Verrechnung der sächlichen Ausgaben 1. Juni 07 (das. 397); Prüfung der Belege Vf. 22. Juni 85 (JMB. 223). — Ansatz von Rechnungsgebühren Vf. 22. Dez. 99 (JMB. 865).

[8]) GeschAnw. f. d. Rechnungsdirektoren, die Rechnungsämter b. d. OLGerichten u. die Rechnungsrevisoren bei den Landgerichten 26. März 07 (das. 62 u. 327), erg. (§ 16[2]) 24. Aug. 10 (das. 327).

[9]) § 61 d. W. — KanzleiO. 27. März 07 (JMB. 87, 89 u. 327), geänd. 29. April 08 (das. 209), 4. März, 12. u. 25. Mai 09 (das. 39, 104, 126), 29. Juni u. (§ 5) 3. Juni 10 (das. 286 u. 177), 29. März, 17. Juli, 10. Okt. u. 24 Dez 11 (das. 147, 314, 385 u. 454), 25. März u. 5. Nov. 12 (das. 130 u. 355); erläut. (§ 22 Abs. 4) 1. Okt. 07 (das. 523). — Verminderung des Umfangs der Akten

Geschäftsverkehr mit dem benachbarten Auslande bestehen einige auf Gegenseitigkeit beruhende Erleichterungen.[10]) Die amtlichen Veröffentlichungen im Gebiete der Justizverwaltung erfolgen seit 1839 in dem Justizministerialblatt.[11]) Die früheren sind in den Kamptzschen Jahrbüchern enthalten.

2. Gerichte.

§ 181.

a) Übersicht. Die Verfassung der ordentlichen Gerichte ist durch Reichsgesetz geregelt,[1]) ihre Einrichtung jedoch bis auf das Reichsgericht den Einzelstaaten belassen. Neben den ordentlichen sind besondere Gerichte (§ 187) nur in bestimmten Fällen zugelassen.[2])

Die richterliche Gewalt wird durch unabhängige, nur dem Gesetz

---

Vf. 4. April 12 (das. 141); Vernichtung der Akten, Urkunden, Kassenbücher, Rechnungen und Belege Vf. 6. Sept. 00 (das. 569), erg. 8. Mai 03 (das. 114), 31. Juli 03 (das. 158) u. 30. Juli 07 (das. 483), 26. u. 27. Dez. 11 (das. 455), 3. April 12 (das. 140); verb. § 122 Anm. 13 d. W. Entlastung der höheren u. mittleren Beamten Vf. 9. Nov. 10 (das. 393), erg. 20. Jan. 11 (das. 56) u. (Nr. 8) 9. Okt. 13 (das. 384). — Entscheidungen der Justizverwaltung sind kostenfrei G. 25. Juni 95 (GS. 203) § 134.

[10]) Vf. betr. Ersuchen nach dem Auslande 16. Juni 10 (JMB. 189), erg. 20. Okt. 13 (das. 412). — In dem Haager Abkommen 17. Juli 05 mit Österreich, Ungarn, der Schweiz, Italien, Portugal, Spanien, Frankreich, Luxemburg, Belgien, den Niederlanden, Dänemark, Schweden, Norwegen, Rumänien u. Rußland werden Zustellung, Rechtshilfe, Sicherheitsleistung für die Prozeßkosten, Armenrecht und Personalhaft für bürgerliche u. Handelssachen in erleichterter Form geregelt Bek. 24 u. Ausf. G. über die Zuständigkeit im Reiche 5. April 09 (RGB. 409 u. 430), Inkraftsetzung in den dänischen Antillen Bek. 10. Juni 12 (das. 401). — Vereinbarung über Vereinfachung der Rechtshilfe mit den Niederlanden, Luxemburg u. Norwegen Bek. 16. Aug. 09 (das. 907), mit Schweden 9. Feb., der Schweiz 7. Mai, Österreich u. Dänemark 3. Juni 10 (das. 455, 674, 871), Frankreich 6. u. 28. April 11 (das. 161 u. 194) nebst Vf. 12. März 12 (JMB. 96). Gegenseitiger Rechtsschutz gegenüber der Schweiz Vtr. 31. Okt. 10 (RGB. 11 S. 892, 894), Gerichtsbehörden der Schweiz Bek. 17. März 06 (ZB. 514, JMB. 152). Rechtshilfe u. Rechtsschutz im Verkehr mit Bulgarien Vtr. 29. Sept. 11 u. G. 29. Nov. 12 § 3 u. 4 (RGB. 13 S. 457, 487 u. 492). Unmittelbarer Geschäftsverkehr zwischen preußisch. u. russischen Justizbehörden (einschl. d. Militärgerichte) in den Grenzbezirken Vtr. 79 (GS. 138), 84 (GS. 72) u. 93 (GS. 83), AusfVerf. 16. Dez. 79 (JMB. 474), 9. Feb. 83 (JMB. 32), 23. Juni 94 (JMB. 167) u. 18. Sept. 96 (JMB. 309), Gerichtsverfassung und Zivilprozeßverfahren in Rußland Vf. 26. Mai 97 (JMB. 122.)

[11]) Vf. 28. Dez. 38 (JMB. 39 S. 1) u. (Aufnahme von Abhandlungen) Bek. 18. Nov. 44 (das. 245).

[1]) GerichtsVerfassungsG. (27. Jan. 77 RGB. 41, mit Änderung G. 17. Mai 98 RGB. 252 Art. I, gem. G. 17. Mai 98 RGB. 342 § 1[1]) in neuer Fassung veröffentlicht 98 (das. 371). (erg. G. 1. Juni 09 (das. 475) Art. I Bearb. § 197 Anm. 2 u. § 215 Anm. 1 d. W. — EG. 27. Jan. 77 (RGB. 77), erg. (§ 5, 9, 10) G. 17. Mai 98 (RGB. 252) Art. II u. III, (§ 8 Abs. 2) G. 20. Feb. 11 (das. 59) Art. 1 und (Aufhebung des § 12) 12. Juni 89 (das. 95). — Preuß. AusführungsG. 24. April 78 (GS. 230), erg. G. 21. Sept. 99 (GS. 249) Art. 130. — Das GVG. bildet die Grundlage für die 3 Prozeßordnungen (§ 197 Abs. 3, 203 Abs. 2 u. 212 d. W.), für die es die Organe schafft Tit. 1—12 u. die allen gemeinsamen Vorschriften über das Verfahren gibt Tit. 13—17.

[2]) GVG. § 13; EG. § 2—4; AG. § 16.

unterworfene Staatsgerichte geübt, unter Ausschluß jeder Kabinettsjustiz, jeder privaten oder geistlichen Gerichtsbarkeit und aller Ausnahmegerichte.[3])

Die Gerichte haben sich gegenseitig Rechtshilfe zu gewähren.[4]) Ihre Verhandlungen sind mit Ausnahme der Beratungen und Abstimmungen in der Regel öffentlich. Die Aufrechterhaltung der Ordnung (Sitzungspolizei) und die Leitung der Beratung und Abstimmung liegt dem Vorsitzenden ob.[5]) Die Gerichtssprache ist die deutsche.[6]) Während der vom 15. Juli bis 15. September währenden Gerichtsferien werden nur Straf- und gewisse eilige Sachen erledigt. Diese Vorschriften finden auch auf die nicht zur ordentlichen streitigen Gerichtsbarkeit gehörenden Angelegenheiten entsprechende Anwendung.[7])

Die ordentlichen Gerichte sind die Amtsgerichte, Landgerichte, Oberlandesgerichte und das Reichsgericht.

Die Zuständigkeit verteilt sich auf diese Gerichte wie folgt:

1. In bürgerlichen Rechtsstreitigkeiten bildet das Amtsgericht, in wichtigeren Sachen das Landgericht die erste Instanz;[8]) Berufungen und Beschwerden gehen vom Amtsgericht an das Landesgericht, von diesem an das Oberlandesgericht.[9])
2. In Strafsachen findet eine Dreiteilung statt. Übertretungen und einige Vergehen gehören vor die bei den Amtsgerichten gebildeten Schöffengerichte, Berufungen gegen deren Entscheidung, sonstige Vergehen und leichte Verbrechen vor die bei den Landgerichten gebildeten Strafkammern, schwerere Verbrechen vor die ebendaselbst gebildeten Schwurgerichte.[10])
3. In Sachen der freiwilligen Gerichtsbarkeit bildet das Amtsgericht regelmäßig die erste Instanz (§ 182 Abs. 1). Beschwerden gehen an das Landgericht, wo dieses zuständig war, an das Oberlandesgericht und, wo letzteres zuständig war, an den Justizminister. Für die weitere Beschwerde — die nur zulässig ist, wenn die Entscheidung des Beschwerdegerichts auf Verletzung des Gesetzes beruht und das Amtsgericht die erste Instanz bildet — ist das Kammergericht zuständig. Will dieses bei Auslegung einer reichsgesetzlichen Vorschrift von der Entscheidung eines

---

3) GVG. § 1, 15, 16. — Diese Grundsätze waren in Deutschland bereits mit geringen Ausnahmen anerkannt. Für Preußen § 178 Abs. 3 d. W.

4) GVG. § 157—169; AG. § 87 u. Erg. — Auslandsverkehr § 180 Anm. 10 d. W.

5) GVG. § 170—185 und 194—200 (Ordnungsstrafrecht der Gerichte § 179, 180). Strafe für Verletzung der Geheimhaltung G. 5. April 88 (RGB. 133) Art. II, verb. § 245 Anm. 1 u. § 259 Anm. 1 d. W. — Amtstracht der Richter, Gerichtsschreiber, Staats- und Rechtsanwälte in den öffentlichen Sitzungen AG. § 89 (in Fassung des G. 24. Feb. 13 GS. 25 Art. I 3) u. AE. 12. Juli 79 (JMB. 172.)

6) GVG. § 186—193 Elsaß-Lothringen G. 12. Juni 89 (RGB. 95).

7) GVG. § 201—204, 202 u. 204 erg. G. 09 (Anm. 1) Art. I 10 u. 11. AG. § 91 u. (Unterbrechung der Verjährung) ZPO § 223.

8) Abs. 1 Satz 3 der § 179 u. 180 d. W.

9) GVG. § 71 u. 123 1 u. 4. — Revision § 185 u. 200 2 d. W.

10) GVG. § 27, 28, 73—76 (§ 27, 28 u. 75 in der Fassung des G. 5. Juni 05 RGB. 533) und 80. — Revisions- und Beschwerdeinstanz § 184, 185 u. 218 d. W.

anderen Oberlandesgerichts oder des Reichsgerichts abweichen, so **entscheidet das letztere**.[11])

Alle diese Gerichte mit Ausnahme der Amtsgerichte sind **Kollegialgerichte**. Bei jedem Gerichte besteht eine Staatsanwaltschaft (§ 186). Die Richter sind möglichst auf die eigentliche Rechtsprechung beschränkt und von dem nur geschäftlichen Dienste befreit. Zu schärferer Durchführung dieses Grundsatzes (der s. g. Passivität der Gerichte) ist nach dem französischen Vorbilde der greffiers und huissiers die Einrichtung der Gerichtsschreiber und Gerichtsvollzieher eingeführt, denen die Einleitung und die Ausführung der Entscheidung zufällt (§ 191). Das Hinterlegungswesen ist zum größeren Teile auf die Verwaltungsbehörden übertragen (§ 212).

Neben den Richtern ist das Laienelement in ausgedehntem Umfange zu den Geschäften der Rechtsprechung herangezogen. Dies tritt in der Einrichtung der Schöffen (§ 182 Abs. 2), der Handelsrichter (§ 183 Abs. 2) und der Schiedsmänner (§ 192) hervor, welche neben der beibehaltenen Einrichtung der Geschworenen (§ 183 Abs. 4) neu eingeführt wurden.[12])

§ 182.

b) Den **Amtsgerichten**, deren Sitze und Bezirke durch königliche Verordnung bestimmt waren, jetzt aber nur durch Gesetz geändert werden können,[1]) stehen Einzelrichter vor. Soweit sie mit mehreren Richtern besetzt sind, werden die Geschäfte örtlich oder sachlich unter diese verteilt. Einem — bei größeren Gerichten mehreren — von ihnen wird die allgemeine Dienstaufsicht übertragen.[2]) Die Amtsgerichte sind für Vermögensansprüche bis zu 600 M. und für alle Streitsachen zuständig, die sich auf ein Miet-, Gesinde- oder Arbeitsverhältnis, auf das Verhältnis Reisender zu Wirten, Fuhrleuten, Schiffern und Handwerkern, auf Viehmängel, Wildschäden und Schwängerungen beziehen, ferner für die im Mahnverfahren zu verhandelnden Sachen (§ 201 [2]) und für einstweilige Verfügungen (§ 202 Abs. 5). Sie bearbeiten außerdem das Aufgebotsverfahren[3]) und die Konkurse (§ 205 Abs. 1) und leiten die Zwangs

[11]) RG. 98 (RGB. 771) § 19, 27 bis 29, G. 21. Sept. 99 (GS. 249) Art. 3 bis 8, AG. (Anm. 1) § 41—43 u. 57, erg. G. 99 Art. 130 VI u. VIII; GrundbO. 98 (RGB. 754) § 71—81. — Zuständigkeit des Reichsgerichts § 185 Anm. 8.

[12]) Als Laiengerichte kommen neben den allgemeinen Schöffen- und Geschworenengerichten die besonderen Klassengerichte (Gewerbegerichte § 364 Ab. 3 u. Kaufmannsgerichte § 372 Abs. 3) in Betracht. Verwaltungsgerichte § 59 Abs. 2.

[1]) AG. § 21. — Sitze und Bezirke V. 26. Juli 78 (GS. 275) u. 5. Juli 79 (GS. 393) mit zahlreichen Ergänzungen. Berlin u. Umgebung wie § 183 Anm. 1. In Preußen bestehen 1116 Amtsgerichte. — Abhaltung von Gerichtstagen AG. § 22.

[2]) GVG. § 22; AG. § 23, 24 (Abs. 2 erg. G. 21. Sept. 99 GS. 249 Art. 130 IV) u. § 79 Abs. 2. — Bei dem Amtsgericht I Berlin wird Dienstaufsicht und Disziplin durch einen Amtsgerichtspräsidenten wahrgenommen G. 10. April 92 (GS. 77) u. Vf. 4. Sept. 00 (JMB. 559); Rang § 70 Anm. 19 d. W.

[3]) GVG. § 23 (Erg.G. [§ 175 Anm. 1] Art. I 1), GVG. § 24.

vollstreckungen, auch wenn die Erkenntnisse von höheren Gerichten ergangen sind (§ 202 Abs. 1). In nicht streitigen Angelegenheiten stehen ihnen die Verwaltung der Grundbuch-, Vormundschafts- und Stiftungssachen, die Führung der Handels-, Genossenschafts-, Muster-, Schiffs-, Vereins- und Güterrechtsregister, die im Handels- und Genossenschaftsgesetze außerdem vorgesehenen Handlungen, das Verlassenschaftswesen und die Vollziehung, Beurkundung und Bestätigung der Rechtshandlungen zu.[4]) Auch bilden sie die Hinterlegungsstellen (§ 212 Abs. 2).

In Strafsachen sind die Amtsgerichte für eine Reihe einzelner Verrichtungen[5]) und für den Erlaß von Strafbefehlen (§ 219[1]) zuständig. Ferner werden unter dem Vorsitz des Amtsrichters und unter Berufung zweier Schöffen für jede einzelne Sitzung Schöffengerichte gebildet. In ihnen sind — abweichend von den gesondert tagenden und auf Beantwortung der Schuldfrage beschränkten Schwurgerichten — die Laien mit dem Richter zu einem Kollegium vereinigt und zu voller Entscheidung berufen. Die Schöffengerichte sind für Übertretungen und die mit höchstens 3 Monaten Gefängnis oder 600 M. Geldstrafe bedrohten Vergehen, ferner für einfache Beleidigungen und leichte Fälle des Diebstahls, Betrugs, der Unterschlagung, Hehlerei und Sachbeschädigung zuständig.[6]) Das Amt der Schöffen ist Ehrenamt. Ausgeschlossen sind Personen, die infolge von Bestrafung oder Konkurs hierzu unfähig, wegen Gebrechen ungeeignet oder noch nicht 30 Jahre alt sind, ferner solche, die noch nicht zwei Jahre in der Gemeinde wohnen oder Armenunterstützung empfangen, endlich Dienstboten, Religionslehrer, Volksschullehrer, Militärpersonen, richterliche, Staatsanwaltschafts-, gerichtliche und polizeiliche Vollstreckungs- und gewisse höhere Beamte. Zur Ablehnung des Amtes berechtigt die Mitgliedschaft in einer deutschen gesetzgebenden Versammlung, die Erfüllung der Pflicht als Geschworener oder Schöffe im letzten Geschäftsjahre, die Stellung als Arzt oder Apotheker ohne Gehilfen, die Vollendung des 65sten Lebensjahres und die Unfähigkeit zur Tragung des erforderlichen Aufwandes.[7]) — Die zu Schöffen geeigneten Personen werden alljährlich in Listen für die Gemeinden (Urlisten) und Amtsgerichtsbezirke zusammengestellt. Ein Ausschuß, der aus dem Amtsrichter, einem Verwaltungsbeamten und sieben von der Kreis- (Amts- oder Gemeinde-)Vertretung gewählten Vertrauensmännern zusammengesetzt ist, entscheidet endgültig über die erhobenen Ein-

---

[4]) G. 98 (RGB. 771) §§ 35, 65, 69, 72, 125, 145; BGB. § 21, 1558; GrundbO. 98 (RGB. 754) § 1 nebst AG. 26. Sept. 99 (GS. 307) Art. 1. — § 206 Anm. 3 d. W.

[5]) StPO. § 125—129, 160, 163, 164, 183, 184.

[6]) GVG. § 25—30, verb. § 75 (Neufassung § 181 Anm. 10 d. W.). — In den Schöffengerichten ist ein Teil der altgermanischen Gaugerichtsverfassung (§ 178 Anm. 1) wieder ins Leben gerufen.

[7]) GVG. § 31—35; AG. § 33. Der Begriff der Armenunterstützung ist wesentlich eingeschränkt § 284 Anm. 12. — Strafe unwahrer Entschuldigung StGB. § 138. — Helgoland G. 4. Juni 93 (RGB. 193).

sprüche und die für das Geschäftsjahr zu berufenden Schöffen und Vertreter (Haupt- und Hilfsschöffen). Die Schöffen werden in der durch Auslosung bestimmten Reihenfolge zu den Sitzungen herangezogen.[8]) Schöffen und Geschworene erhalten ein Tagegeld von 5 M., auf das sie nicht verzichten können und Reisekosten. Diese betragen, wenn der Weg auf Eisenbahnen, Kleinbahnen oder Schiffen zurückgelegt werden kann, 6 Pf., anderenfalls 20 Pf. für das km.[9])

§ 183.

c) Die **Landgerichte,** deren Sitz und Bezirke in Preußen gleichfalls durch Gesetz bestimmt werden,[1]) sind mit einem Präsidenten und mit Direktoren und Mitgliedern besetzt. Bei diesen Gerichten sind Zivil- und Strafkammern eingerichtet und Untersuchungsrichter für je ein Geschäftsjahr bestellt.[2]) Die Zivilkammern, die in der Besetzung von 3 Mitgliedern einschließlich des Vorsitzenden entscheiden, bilden die erste Instanz in allen Sachen, die nicht vor die Amtsgerichte gehören und die zweite Instanz für Entscheidungen der letzteren.[3])

Nach Bedürfnis können bei den Landgerichten Kammern für Handelssachen gebildet werden, die aus einem Mitgliede des Landgerichts als Vorsitzenden und zwei Handelsrichtern bestehen. Letztere werden vom König auf Vorschlag der Handelskammern (§ 372 Abs. 3) ehrenamtlich auf drei Jahre ernannt. Die Kammern entscheiden über Handelssachen in erster Instanz wie auf Berufung gegen Entscheidung der Amtsgerichte,[4]) ferner über Beschwerden in den den Amtsgerichten zugewiesenen Handelsangelegenheiten der freiwilligen Gerichtsbarkeit.[5])

Die Strafkammern entscheiden in erster Instanz über die nicht vor die Schöffengerichte gehörigen Vergehen und über einzelne Verbrechen, in zweiter über Berufungen gegen Urteile der Schöffengerichte. Sie sind in

---

[8]) GVG. § 36—57; AG. § 34—36 (§ 35 Abs. 1 u. 2 für Helgoland geänd. G. 8. April 94 GS. 31). Aufstellung der Urlisten Vf. 18. April 79 (MB. 105) u. 18. Jan. 82 (MB. 26).

[9]) G. 29. Juli u. V. 2. Aug. 13 (RGB. 617 u. 618).

[1]) AG. § 37 u. G. 4. März 78 (GS. 109) § 2—4 u. Anlage, erg. G. 12. Feb. 84 (GS. 63), 7. April 85 (GS. 107) § 3, V. 3. April 88 (GS. 51) u. V. 8. April 92 (GS. 104). Einrichtung für Berlin u. Umgebung G. 16. Sept. 99 (GS. 391) nebst V. 7. Nov. 04 (GS. 281). In Preußen bestehen 96 Landgerichte. — Beteiligung Preußens bei den Landgerichten Meiningen und Rudolstadt und Zuteilung der Fürstentümer Schw.-Sondershausen, Pyrmont, Waldeck u. Birkenfeld zu den Landgerichten Erfurt, Hannover, Kassel u. Saarbrücken § 184 Anm. 1. — Bei Bildung der Landgerichtsbezirke wurde von einer regelmäßigen Einwohnerzahl von 250000 ausgegangen.

[2]) GVG. § 58 (ErgG [§ 181 Anm. 1] Art. I 2) § 59—69 u. 77; AG. § 37, 38.

[3]) GVG. § 70, 71 (ErgG. Art. I 3); AG. § 39, 41—43, erg. G. 21. Sept. 99 (GS. 249) Art. 130 V u. VI.

[4]) GVG. § 100—112 (§ 100a, 105a u. 108a eingefügt u. 101, 108 u. 109 Abs. 3 geänd. ErgG. Art. I 4—9), 113 (in Neufassung des G. 20. März 05 RGB. 179), 114—118; AG. § 46. Ernennung der Handelsrichter Vf. 10. Dez. 03 (HMB. 319) u. 12. März 04 (das. 81).

[5]) G. 98 (RGB. 771) § 30; verb. § 143 Abs. 1 u. 145 Abs. 1.

der Hauptverhandlung mit 5, in der Berufungsinstanz bei Übertretungen und Privatklagen mit 3 Mitgliedern einschließlich des Vorsitzenden zu besetzen.[6]) Bei großer Entfernung des Landgerichtssitzes kann bei einem Amtsgericht für ein oder mehrere Amtsgerichtsbezirke eine (abgezweigte) Strafkammer gebildet werden.[7])

Über die sonstigen Verbrechen entscheiden die Schwurgerichte.[8]) Diese treten bei den Landgerichten periodisch zusammen und bestehen aus 3 richterlichen Mitgliedern und 12 nur zur Entscheidung der Schuldfrage, der Strafbarkeit berufenen Geschworenen; das Strafmaß bestimmen die Richter. — Das Amt der Geschworenen ist Ehrenamt; die Berufung und die Entschädigung erfolgt nach gleichen Grundsätzen, wie bei dem Schöffenamte.[9])

§ 184.

d) Die **Oberlandesgerichte**, deren Bezirke und Sitze in Preußen durch Gesetz bestimmt werden,[1]) sind gleichfalls mit einem Präsidenten und mit Senatspräsidenten und Räten besetzt und zerfallen in Zivil- und Strafsenate, die in der Besetzung von 5 Mitgliedern mit Einschluß des Vorsitzenden entscheiden. Sie bilden die Beschwerde- und Berufungsinstanz für die Landgerichte und — soweit es sich nicht um Verletzung von Reichsgesetzen handelt — auch die Revisionsinstanz für die Strafkammern. Sie bearbeiten

---

[6]) GVG. § 72—77.

[7]) Das. § 78, Vf. 25. Juli 79 (JMB. 207) u. 21. Okt. 82 (JMB. 321).

[8]) GVG. § 80 u. EG. § 6. Unterschied zwischen Verbrechen und Vergehen § 214 Abs. 3 d. W.. — In Preußen waren von 1848 bis 1853 für alle politischen und Preßvergehen die Schwurgerichte zuständig. Hiervon ist im GVG. ebenso abgesehen, wie von der seit 1853 bestandenen Verweisung des Hoch- u. Landesverrates vor einen besonderen Staatsgerichtshof.

[9]) GVG. § 79, 81—99; AG. § 44, 45. Verb. § 182 Anm. 7 u. 9. — Gemeinschaftliche Schwurgerichte im OLG. Bezirk Jena (§ 184 Anm. 1) Vtr. 11. Nov. 78 (GS. S. 97 216), Nachtr. 30. März 89 (GS. 197) u. 98 (GS. 343).

[1]) AG. § 47, G. 4. März 78 (GS. 109) § 1 u. 3. — Die Bezirke entsprechen den Provinzen (in Hess.-Nassau den Reg.-Bezirken), doch sind zugelegt zu Sachsen der Kreis Ilfeld u. die Fürstent. Schw.-Sondershausen und Anhalt (Vtr. 7. u. 9. Okt. 78 GS. 79 S. 173 u. 182), zu Hannover der Kr. Rinteln und Fürstent. Lippe (Vtr 4. Jan. 79 GS. 219), Fürstent. Schaumburg-Lippe (Vtr. 25. Feb. 08 GS. 181, 187) und Pyrmont, zu Westfalen Stadt- und Landkreis Essen, während der übrige Teil des RB. Düsseldorf einen eigenen OLG.Bezirk bildet G. 2. Jan. 05 (GS. 5), zum RB. Kassel der Kreis Biedenkopf und das Fürstent. Waldeck, zum RB. Wiesbaden der gemeinrechtliche Teil der Rheinprov. (§ 196 Abs. 1 d. W.) u. Hohenzollern, zur Rheinprov. das Fürstent. Birkenfeld (Vtr. 20. Aug. 78 GS. 79 S. 165). — Die Sitze befinden sich in Königsberg, Marienwerder, Berlin (§ 184 Abs. 2 d. W.), Stettin, Posen, Breslau, Naumburg, Kiel, Celle, Hamm, Kassel, Frankfurt a. M., Düsseldorf u. Köln. — In betreff der Kreise Schleusingen u. Schmalkalden, die zum Landgericht Meiningen (Vtr. 17. Okt. 78 GS. 79 S. 189 u. 27. Nov. 03 GS. 04 S. 245) und des Kreises Ziegenrück, der zum Landgericht Rudolstadt gehört (Vtr. 17. Okt. 78 GS. 79 S. 196 u. 27. Nov. 03 GS. 04 S. 247, Art. 10 geänd. 25. Febr. 97 GS. 113) ist Preußen bei dem OLG. in Jena beteiligt Vtr. 23. April 78 (GS. 79 S. 203) u. 27. Nov. 03 nebst Schlußprot. (GS. 04 S. 248 u. 250). Die Art. 86 u. 87 der VU sind mit Rücksicht hierauf geändert G. 19. Feb. 79 (GS. 18).

ferner die Lehns- und Fideikommiß- und die nicht streitigen Angelegenheiten der Standesherren.[2])

Das OLG. in Berlin heißt Kammergericht.[3]) Für Angelegenheiten der freiwilligen Gerichtsbarkeit, landesrechtliche Straf- und Kostensachen und für Disziplinarangelegenheiten der Richter bildet dieses auf Grund reichsgesetzlicher Ermächtigung das gemeinschaftliche oberste Gericht für Preußen.[4]) Bei dem Kammergericht ist der Geheime Justizrat gebildet, vor dem die Mitglieder der Königlichen und der Hohenzollernschen Familie ihren persönlichen Gerichtsstand haben.[5]) Die Revisions- und oberste Beschwerdeinstanz bildet das Reichsgericht.[6])

§ 185.

e) **Das Reichsgericht** hat seinen Sitz in Leipzig.[1]) Seine Mitglieder (Präsident, Senatspräsidenten und Räte) werden auf Vorschlag des Bundesrates vom Kaiser ernannt. Die Zuziehung von Hilfsrichtern ist unzulässig.[2]) Bei dem Reichsgericht sind sieben Zivil- und vier Strafsenate gebildet, die in der Besetzung von 7 Mitgliedern mit Einschluß des Vorsitzenden entscheiden und bei abweichender Ansicht zu vereinigten Zivil- und Strafsenaten zusammentreten.[3]) Das Plenum entscheidet über Disziplinarsachen seiner Mitglieder und über Rechtsfragen, in denen ein Senat von der Entscheidung eines andern abweichen will.[4]) Die Aufgabe des Reichsgerichts besteht in der Wahrung der Rechtseinheit und der gleichmäßigen Auslegung der Reichsgesetze. Der Umfang dieser Aufgabe wächst mit Ausdehnung

---

[2]) GVG. § 119—124; AG. § 48—50 und 57.

[3]) AE. 1. Sept. 79 (GS. 587). Rang des Präsidenten und Oberstaatsanwalts § 70 Anm. 8.

[4]) Strafsachen EG. § 9, 10, neugefaßt G. 17. März 98 (RGB. 252) Art. III, Anwendung auf Binnenschiffahrt G. 98 (RGB. 868) § 130, auf Flößerei G. 15. Juni 95 (das. 341) § 31; AG. § 50; freiwill. Gerichtsbarkeit § 181 Abs. 5[3] d. W. Die betreffenden Entscheidungen werden in dem Jahrbuch von Johow veröffentlicht; Entsch. auf dem Gebiet des öff. Rechts § 185 Anm. 6. — Die ähnliche Übertragung der Revisionen in bürgerl. Rechtsstreitigkeiten auf ein oberstes OLG. (EG. § 9, erg. G. 11. April 77 RGB. 415 § 1 u. v. 22. Mai 10 das. 767 Art. II sowie EG. z. ZPO. 30. Jan. 77 das. 244 § 7, erg. 22. Mai 10 Art. IV u. 5) hat nur in Bayern stattgefunden. — Die Bestimmung der Zuständigkeit durch das nächste höhere Gericht (G. 22. Mai 10 Art. V) ist jedoch auch in Preußen dem KamGer. übertragen Vf. 18. Juni 10 (JMB. 217). Besondere Stellung in Disziplinarsachen § 66 Anm. 8 u. 189 Anm. 13.

[5]) AG. § 18 u. G. 26. April 51 (GS. 181) Art. III. — EG. (z. ZPO.) 30. Jan. 77 (RGB. 244) § 5, AG. 99 (GS. 388) § 4; EG. (z. StPO.) 1. Feb. 77 (RGB. 346) § 4; EG. (z. KonkO.) 10. Feb. 77 (RGB. 390) § 7.

[6]) EG. § 3 u. V. 26. Sept. 79 (RGB. 287) § 2.

[1]) RG. 11. April 77 (RGB. 415).

[2]) GVG. § 125—131 u. 134; 130 Abs. 1 und 134 erg. G. 22. Mai 10 (GS. 767). Art. I[1] und XII. — Zustellungsbeamte Vorschr. 11. Mai 83 (ZB. 159). Dienstanw. 13 März 13 (ZB. 399, JMB. 104). — Einziehung und Berechnung der Kosten G. 17. Mai 98 (RGB 252) Art. IV.

[3]) GVG. § 132—134, 137—140.

[4]) Das. § 128, 129, 131, 137 Abs. 2; Geschäftsgang § 141 u. GeschO. 8. April 80 (ZB. 190), erg. Bek. 25. Juli 86 (ZB. 300)

der Reichseinrichtung beständig. Schon dem zuerst ins Leben gerufenen Reichsoberhandelsgericht waren im Laufe der Zeit mehrfach Gegenstände übertragen worden, die mit dem Handelsrechte nicht mehr zusammenhingen. Die Erbschaft dieses nunmehr aufgehobenen Gerichts ist dem Reichsgericht zugefallen.[5] Außerdem entscheidet dieses über Revisionen gegen Endurteile der Oberlandesgerichte in Zivilsachen,[6] gegen Urteile der Schwurgerichte und — soweit es sich um Verletzung der Reichsgesetze handelt — der Strafkammern in Strafsachen[7] und über weitere Beschwerden in Angelegenheiten der freiwilligen Gerichtsbarkeit, falls ein Oberlandesgericht von der Entscheidung eines anderen Oberlandes- oder des Reichsgerichts abweichen will.[8] In Staaten mit mehreren Oberlandesgerichten (Preußen, Bayern) können Sachen, die nach den bisherigen Prozeßgesetzen von den obersten Landesgerichten zu entscheiden waren, dem Reichsgericht zugewiesen werden;[9] Preußen hat von dieser Befugnis in einigen Fällen Gebrauch gemacht.[10] Endlich entscheidet das Reichsgericht in erster und letzter Instanz über Hoch- und Landesverrat gegen Kaiser und Reich.[11]

§ 186.

f) Bei jedem Gerichte besteht eine von diesem unabhängige **Staatsanwaltschaft.** Sie bildet eine einheitliche Behörde ohne kollegialische Verfassung und wird beim Reichsgericht durch den Oberreichsanwalt und Reichsanwälte, bei den Oberlandesgerichten durch den Oberstaatsanwalt und Staatsanwälte und bei den Landgerichten durch den Ersten Staatsanwalt und Staatsanwälte versehen.[1] Bei den Schöffengerichten werden dieserhalb Amtsanwälte — die etatsmäßigen auf Lebenszeit gegen festes Gehalt, die übrigen auf Kündigung — angestellt, die den Disziplinarvorschriften für nicht richterliche Beamte (§ 188) unterworfen sind. Staatsanwälte, Gerichts

---

5) EG. § 14 u. RG. 16. Juni 79 (RGB. 157).

6) GVG. 135, erg. G. 10 (Anm. 2) Art. I^2; verb. § 197^2 d. W. — Entscheidungen in Zivilsachen 81 Bde. (1913); Generalregister zu Bd. 1—60 v. Meyn (Leipz. 07). Systematische Sammlung der noch anwendbaren Entsch. von Rudorff 3 Bde. (Berl. 06). Rechtsprechung des Reichs- u. des KamGer. auf den Gebieten des öff. Rechts v. Kampß u. Delius 2 Bde. (Berl. 06/07) mit Ergänzungsband 06—10.

7) GVG § 136; Verb. § 218^2 d. W. — Entscheidungen in Strafsachen 46 Bde. (1913); Generalregister zu Bd. 1—36 von Suppes (Leipz. 03).

8) G. 98 (RGB. 771) § 28, GrundbO. (das. 751) § 79 u. (Kosten) G. 98 (RGB 252) Art. IV.

9) EG. § 15—17. Einrichtung von Hilfssenaten zu diesem Zwecke V. 27. Sept. 79 (RGB. 299).

10) V. 26. Sept. 79 (RGB. 287). Übertragung aus anderen deutschen Staaten RGB. 79 S. 288—298 u. 81 S. 37 u. 38.

11) GVG. § 136^1 u. G. 3. Juli 93 (RGB. 205) § 12.

1) GVG. § 142—152; AG. § 58—61, 66 u. 67. GeschO. f. d. Sekretariate der Staatsanwaltschaften 12. Nov. 06 bei den Landgerichten (JMB. 484), d. Oberlandesgerichten (das. 520 u. 571), erg. 1. Aug. 12 (das. 279) IV, V. Sekretariate Vf. 12. Nov. 06 (JMB. 484), erg. Vf. 29. Jan. 10 (das. 20), Anl. IV, V u. 4. Mai 11 (das. 191). Die Staatsanwaltsch. bei den Land- u. Amtsgerichten in Preußen von v. Mark u. Kloß (2. Aufl. Berl. 03).

assessoren, Referendare und Gerichtsschreiber sind verpflichtet, nebenamtlich die Amtsanwaltsgeschäfte zu übernehmen.[2]). Die Beamten des Polizei- und Sicherheitsdienstes haben als Hilfsbeamte der Staatsanwaltschaft deren Anordnungen Folge zu leisten.[3])

Die Zuständigkeit in streitigen Sachen bestimmt sich nach den Prozeßordnungen. Im bürgerlichen Streitverfahren liegen der Staatsanwaltschaft nur wenige Geschäfte ob.[4]) Der Schwerpunkt ihrer Tätigkeit liegt in dem auf der Grundlage der öffentlichen Klage aufgebauten Strafverfahren, in dem der Staatsanwaltschaft die Rolle des Anklägers zufällt (§ 217 Abs. 1). Zugleich steht ihr die Strafvollstreckung zu.[5]) In nicht streitigen Sachen ist die frühere Zuständigkeit bestehen geblieben.[6]) Der Staatsanwaltschaft liegt insbesondere die Überwachung der Erfüllung der durch das Handelsgesetzbuch den Kaufleuten auferlegten Verpflichtungen ob.[7]) Die Oberstaatsanwälte leiten innerhalb der Oberlandesgerichtsbezirke die Verwaltung der Gefängnisse.[8])

§ 187.

g) **Besondere Gerichte** neben den ordentlichen sind nur für wenige bestimmte Sachen zugelassen, und auch letztere kann die Landesgesetzgebung den ordentlichen Gerichten übertragen.[1]) In Preußen bestehen neben dem Kompetenzgerichtshofe (§ 179 Abs. 2) und dem Geheimen Justizrat (§ 184 Abs. 2) nur:

---

[2]) GVG § 143, 146 Abs. 2, AG. § 62 bis 65 (§ 62—64 in Fassung des G. 24. Feb. 13 GS. 25 Art. 1[1,2]). AmtsanwaltsO. 28. Aug. 79 (JMB. 260), Art. 8 u. 9 aufgeh. Vf. 28. Mai 85 (JMB. 175) § 17, Art. 120 erg. 1. Aug. 12 (das. 279) VI; Ergänzungen (Art. 59 Abs 1) Vf. 28. Nov. 95 (JMB. 414) u. (Art. 71 Abs. 3) Vf. 29. Sept. 97 (JMB. 249), (Art. 117—119, 122 u. 123) Vf. 16. Dez. 06 (das. 561). Die Ernennung erfolgt durch die Oberstaatsanwälte Vf. 18, Amtstracht 17. März 13 (das. 100 u. 99).

[3]) GVG. § 153; — § 234 d. W.

[4]) Ehe- und Entmündigungssachen § 201[3-5] d. W.

[5]) StPO. § 483. — Die Staatsanwaltschaften (für Berlin d. StA. beim Landger. I Vf. 21. Juni 06 MB. 221) führen im Reich auf Grund wechselseitiger Mitteilung Strafregister über die in ihrem Bezirke Geborenen V. des BR. 16. Juni 82 (ZB. 309 u. 1896 S. 426), erg. 29. April 13 (ZB. 495) nebst Vf. JM. 7. Juli 13 (JMB. 267). Berichtigung bei Todesfällen Vf. 14. Juli 90 (MB. 139, JMB. 280), erg. 9. März 99 (MB. 39), 9. Dez. 03 (MB. 04 S. 3) u. 7. Juli 06 (MB. 235). — Mitteilungen der Staatsanwaltschaft an andere Behörden über Untersuchungen und Bestrafungen Vf. 25. Aug. 79 (MB. 221, JMB. 251), erg. Vf. 29. April 07 (das. 359); (Nr. 2—24) Vf. 28. März 84 (das. 65); (Nr. 3) 22. März 80 (MB. 112, JMB. 58); (Nr. 4) 12. Okt. 96 (JMB. 339), 14. Jan. 98 (das. 24) u. 4. Mai 99 (das. 146); (Nr. 7) 12. Juli 81 (MB. 178, JMB. 159); (Nr. 9 Abs. 1) 14. Okt. 01 (das. 246); (Nr. 10 Abs. 3) 2. April 09 (das. 78); (Nr. 12) 8. Juli 96 (JMB. 243) u. 9. März 00 (das. 86); (Nr. 17) 30. Juni 88 (das. 167); (Nr. 20) 14. Sept. 99 (das. 277); (Münz-Verbrechen und -Vergehen) Vf. 29. April 86 (JMB. 105).

[6]) AG. §. 58.

[7]) G. 24. Sept. 99 (GS. 303 Art. 3.

[8]) § 180 Anm. 5 d. W.

[1]) GVG. § 14 u. 16; EG. § 3, 5 (erg. G. 17. Mai 98 RGB. 252 Art. II) u. 6; (die durch GVG. § 14[3] zugelassenen Gemeindegerichte finden sich nur in Württemberg u. Baden).

1. die Militärgerichte;[2])
2. die Disziplinargerichte für Richter (§ 189 Abs. 3), Beamte (§ 23 Abs. 5 und 66 Abs. 1), Geistliche (§ 289[2] und 299 Abs. 4) und Studierende (§ 307 Abs. 3);
3. die Austrägalgerichte der Standesherren;[3])
4. die auf Staatsverträgen beruhenden und in ihrer Einrichtung sich eng an die ordentlichen Gerichte anschließenden Rheinschiffahrts- und Elbzollgerichte;[4])
5. die Gerichte in Ablösungs- und landwirtschaftlichen Auseinandersetzungssachen (Generalkommissionen und Oberlandeskulturgericht, § 339);
6. die Gewerbegerichte (§ 364 Abs. 3) und Kaufmannsgerichte (§ 372 Abs. 3);
7. Dorfgerichte, Ortsgerichte und Ortsvorsteher in Angelegenheiten der freiwilligen Gerichtsbarkeit.[5])

3. Gerichtspersonen.

§ 188.

a) **Übersicht.** Die Gerichts(Justiz)beamten[1]) scheiden sich in die selbständig gestellten Richter und in die nicht richterlichen Be

---

[2]) GVG. § 16; EG. § 7; AG. § 110; § 105 u. 245 Anm 9 d. W.

[3]) EG. § 7. — § 36 Abs. 6[5] d. W.

[4]) GVG. § 14[1]; G. 8. u. 9. März u. V. 1. Sept. 79 (GS. 129, 132 u. 609), letztere erg. V. 20. Aug. 00 (GS. 314), 28. Sept. 05 (GS. 371) u. 6. Juni 08 (GS. 154). — Durch die Rheinschiffahrtsakte 17. Okt. 68 (GS. 69 S. 798) Art. 33, 34 und 40 hatte Holland, durch die Elbschiff.A. 23. Juni 21 (GS. 22 S. 9) Art. 26 u. Add. Akte 13. April 44 (GS. 458) § 46—51 Österreich (auch nach Aufhebung der Elbzölle G. 11. Juni 70 BGB. 416) Anspruch auf solche Gerichte. — Die auf Deutschland beschränkten, die Weser und den Neckar betr. Gerichte sind fortgefallen.

[5]) Den im Gebiete des LR. bestehenden Dorfgerichten, die aus Schulzen und Schöffen zusammengesetzt u. der Aufsicht der Amtsgerichte unterstellt sind, steht die Sicherung von Nachlässen (BGB. § 1960), die Vornahme freiwilliger öffentlicher Versteigerungen und meistbietender Verpachtungen und die Aufnahme von Taxen zu LR. II 7 § 79 u. 86, G. 21. Sept. 99 (GS. 249) Art. 104—110, 119 u. 126 Abs. 1; Verfahren u. Gebühren Vf. 20. Dez. 99 (JMB. 806). Ähnliche Zuständigkeit besitzen die Gemeindevorstände in Schleswig-Holstein, die Ortsvorsteher in Hohenzollern und die Bürgermeister in den vormals nassauschen, hessen-homburgschen und großherzoglich hessischen Teilen G. 99 § 111—120. In diesen Teilen und den vormals kurhessischen Teilen des Oberlandesgerichtsbezirks Frankfurt, sowie im Gebiete des vormaligen Justizsenats Ehrenbreitenstein (rechtsrheinischer Teil des RB. Koblenz) können mit ähnlicher Zuständigkeit Ortsgerichte errichtet werden das. § 121—124, 126, 127; Einrichtung V. 20. Dez. 99 (GS. 640), in den Anlagen erg. V. 06 (GS. 405), 08 (GS 62), 10 (GS 259) 11 (GS. 79); G. 13. April und 24. Mai 09 (GS. 30 u. 491) u. (Aufnahme von Taxen) 8. April 03 (GS. 119), Verfahren u. Gebühren Vf. 28. Dez. 99 (JMB. 889). Die Feldgerichte u. Feldgeschworenen in Hess.-Nassau, die nach der LandGO. u. der StädteO. 4. Aug. 97 (GS. 301 u. 254) § 65 u. 68 aufrecht erhalten sind, werden mit Einrichtung der Ortsgerichte durch diese ersetzt V. 20. Dez. 99 (GS 640) § 12. Schätzungsämter für die Aufnahme von Taxen in dem OLGBez. Frankfurt a. M. und den vorm. großherz. hessischen Teilen V. 10. Juni 07 (GS. 145). Beurkundungen von Kauf und Tauschverträgen über Grundstücke im vorm. Herz. Nassau § 210 Anm. 3 d. W. — Gebühren verjähren in 4 Jahren G. 20. Sept. 99 (GS. 177) Art. 8. — Gemeindegerichte zur Entsch. kleiner bürg. Rechtsstreitigkeiten finden sich nur in Württemberg u. Baden.

[1]) Entlastung der höheren und mitt

amten und weiter in höhere, mittlere und Unterbeamte (§ 62 Abs. 4). Der Aufsicht des Justizministers und der Vorstände der Gerichte und der Staatsanwaltschaft sind zwar alle Gerichtsbeamten unterworfen,[2]) doch bleibt die aus dieser Aufsicht fließende Befugnis zur Erteilung von Rügen und Verhängung von Ordnungsstrafen,[3]) ebenso wie die eigentliche Disziplinarbestrafung[4]) auf die nicht richterlichen Beamten beschränkt, während für die Richter besondere Vorschriften bestehen (§ 189 Abs. 3). Nicht richterliche Beamte sind die Staatsanwälte (§ 190), Notare (§ 194), sowie die mittleren und unteren Gerichtsbeamten (§ 191), Gerichtspersonen außerdem die Schiedsmänner (§ 192) und Rechtsanwälte (§ 193).

§ 189.

b) Die **Richter** werden auf Lebenszeit vom König ernannt.[5])

Die **Befähigung** zum Richteramt wird durch Ablegung zweier Prüfungen dargelegt. Der ersten geht ein dreijähriges Rechtsstudium auf einer Universität[6]) — davon mindestens drei Halbjahre auf einer deutschen —, der zweiten eine mindestens vierjährige praktische Beschäftigung bei den Gerichten, Staats- und Rechtsanwälten voraus. Der Ablegung der ersten Prüfung folgt die Ernennung zum Referendar, der der zweiten die zum Gerichtsassessor.[7]) Die in einem Bundesstaate Bestandenen können in jedem andern zur Vorbereitung oder zum Richteramt zugelassen werden.[8])

---

leren Beamten Vf. 9. Nov. u. 12. Dez. 10 (JMB. 393 u. 422) u. 24. Jan. 11 (das. 57). — Diensteinkommen der etatsmäßigen Beamten Vf. 1. Juni, der diätarisch beschäftigten 2. Juni u. (Gefängnisdienst) 7. Juli 09 (das. 131, 151 u. 235). Richter Anm. 11. Tagegelder und Reisekosten (§ 73 Anm. 1) V. 4. Nov. 12 (GS. 225). Zahlung u. Verrechnung der Pensionen, Unterstützungen und Hinterbliebenenbezüge Vf. 2. Dez. 08 (JMB. 400) u. 3. Juni 09 (das. 157). — Beurlaubungen Vf. 14. Juni 09 (das. 207), geänd. 24. Dez. 12 (das. 13 S. 4).

[2]) AG. § 77—79, 82 u. 83; GVG. § 152.

[3]) AG. § 80, 81.

[4]) § 66 d. W., insbes. Anm. 14.

[5]) GVG. § 6 u. 10; AG. § 7 u. 2 (erg. G. 21. Sept. 99 GS. 249 Art. 130 II).

[6]) Zugelassen werden Abgangsschüler der Gymnasien, Realgymnasien u. Oberrealschulen; die der beiden letzteren, sowie die der ersteren, die nicht mindestens mit genügend im Latein bestanden haben, müssen sich die zum Verständnis der römischen Rechtsquellen erforderlichen Kenntnisse aneignen u. darüber in der ersten juristischen Prüfung ausweisen Vf. 1. Feb. 02 (JMB. 30, ZBUV. 275); Bestimmung über die Ergänzungsprüfung in den alten Sprachen Vf. 22. Nov. 02 u. 19. Aug. 03 (ZBUV. 195 u. 462). — Für das Universitätsstudium ist das BGB. in den Mittelpunkt des Unterrichts gestellt und die seminaristische Lehrweise vorgeschrieben Vf. 18. Jan. 97 (JMB. 19), erg. (Nr. II b u. IV) Vf. 13. Mai 99 (JMB. 150), verb. folg. Anm.; Gebühr Vf. 21. März 91 (JMB. 133).

[7]) GVG. § 2; G. 6. Mai 69 (GS. 656), ergänzt G. 1. Juni 74 (GS. 212) u. AG. 1 u. 2 (Abs. 3 erg. 21. Sept. 99 RGB. 249 Art. 130 II); Vf. 17. Juni 13 (JMB. 194) mit PrüfO.; Prüfungskommission § 180 Abs. 2 d. W.; Gebühr f. d. erste Prüfung Vf. 31. März 08 (JMB. 189). Ausbildungsdienst der Referendare Vf. 11. Jan. 10 (das. 6). — Über die Vorbildung ergingen drei Vf. 3. Juli 12 betr. das Universitätsstudium u. die erste Prüfung (JMB. 212), die Übungen der Referendare (das. 212) u. die Fortbildung der Assessoren (das. 214).

[8]) GVG. § 3 u. 5. — Elf.-Lothringen § 63 Anm. 6 u. § 27 Anm. 11 d. W.

Zu letzterem ist auch jeder ordentliche Lehrer des Rechts an einer deutschen Universität befähigt.[9])

Die Richter haben einen bestimmten Rang[10]) und einen Rechtsanspruch auf festes Gehalt, das sich nach Dienstaltersstufen von der etatsmäßigen Anstellung ab richtet, wobei den Land- und Amtsrichtern der über 4 Jahre nach Anstellung als Gerichtsassessor verflossene Zeitraum bis zur Dauer von höchstens 2 Jahren angerechnet wird. Andere Vergütungen dürfen sie für richterliche Geschäfte nicht beziehen.[11]) Damit und mit der Anstellung auf Lebenszeit (Abs. 1) soll die Unabhängigkeit der Richter sichergestellt werden. Gleichem Zwecke dient die Vorschrift, daß Richter unfreiwillig nur durch Richterspruch unter den gesetzlichen Voraussetzungen und Formen ihres Amtes enthoben oder an eine andere Stelle oder in den Ruhestand versetzt werden dürfen.[12]) Das Disziplinarverfahren gegen Richter, die ihre Amtspflichten verletzen oder sich des durch den Beruf erforderten Ansehens und Vertrauens unwürdig zeigen, ist deshalb abweichend von den allgemeinen Disziplinarvorschriften geregelt.[13])

§ 190.

c) Die **Staatsanwälte** gehören zu den nicht richterlichen Justizbeamten (§ 188), müssen aber zum Richteramt befähigt sein. Die dieserhalb und für die Ernennung, das Rangverhältnis und Gehalt in betreff der Richter gegebenen Vorschriften finden auch auf die Staatsanwälte Anwendung.[14])

§ 191.

d) **Mittlere und untere Gerichtsbeamte.**[1]) Zu den mittleren gehören die mit der neuen Gerichtsverfassung eingeführten Gerichtsschreiber (Abs. 2) und Gerichtsvollzieher (Abs. 3)[2]); untere sind die Gerichtsdiener.[3])

---

[9]) GVG. § 4.

[10]) § 70 d. W. — Bei den Amts- u. Landgerichten führen sie den Amtstitel „Amtsrichter" u. „Landrichter" AG. § 8.

[11]) GVG. § 7 u. 9; AG. § 10 u. 11 u. G. 29. Mai 07 (GS. 111), erg. (§ 4) G. 26. Mai 09 (GS. 85) § 6. Die richterlichen Beamten haben auf Dienstalterszulagen einen Rechtsanspruch. Besold. G. 15. Juli 09 (RGB. 573) § 11 Abs. 2. — AusfVf. 8. Feb. 08 (JMB. 33.)

[12]) GVG. § 8; AG. 3, 4, u. G. 26. März 56 (GS. 201) § 1. — Entsprechende Vorschriften enthielt bereits die VU. Art. 87. Das in letzterer ausgesprochene Verbot der Übertragung anderer besoldeter Staatsämter (Art. 88) war aufgehoben G. 30. April 56 (GS. 297).

[13]) G. 7. Mai 51 (GS. 218), erg. G. 26. März 56 (GS. 201), u. (Außerkraftsetzung für Militärjustizbeamte) G. 1. Dez. 98 (RGB. 1297) § 37. Einf. i. d. neuen Prov. gem. V. 23. Sept. 67 (GS. 1613); Anpassung an die neue Gerichtsverfassung u. Einf. i. Lauenburg G. 9. April 79 (GS. 345). Disziplinargerichte sind die bei den Oberlandesgerichten gebildeten Disziplinarsenate, als zweite Instanz u. als erste für die Präsidenten und Senatspräsidenten der Oberlandesgerichte, der bei dem Kammergericht (§ 184 Abs. 2) gebildete große Disziplinarsenat das. 4—12. An Kosten werden nur Auslagen erhoben G. 25. Juni 95 (GS. 403) § 123. — Handhabung der Disziplin bei dem Amtsgericht Berlin § 182 Anm. 2 d. W.

[14]) GVG. § 147—152; AG. § 60, 61, 66, 67.

[1]) Zuständigkeit bei der Anstellung Vf. 9. Feb. 08 (JMB. 38). Militäranwartschaft § 63 Abs. 4 d. W.

Anm.: Note [2]) und [3]) befinden sich auf S. 326.

In dem Gerichtsschreiber findet sich der gesamte Büreaudienst bei einem Gerichte (Gerichtsschreiberei) vereinigt. Der Gerichtsschreiber führt das Protokoll in den Gerichtssitzungen, hat Anmeldungen, Gesuche, Wechselproteste, Inventuren und Siegelungen aufzunehmen und Beglaubigungen und Ausfertigungen zu erteilen.[4]) Die Anstellung der Gerichtsschreiber erfolgt nach vorgeschriebener Vorbereitung und Prüfung gegen Gehalt.[5]) Das erforderliche Schreibwerk müssen die Gerichtsschreiber auf Verlangen gegen Entschädigung selbst beschaffen. Von dieser Bestimmung wird in Preußen seit 1885 kein Gebrauch mehr gemacht.[6])

Die Gerichtsvollzieher sind mit der Vornahme von Zustellungen, Ladungen und Vollstreckungen betraut[7]) und zur Aufnahme von Wechselprotesten und zur Vornahme von freiwilligen Versteigerungen, Siegelungen und Vermögensaufstellungen zuständig.[8]) Sie sind seit 1900 gegen

---

[2]) Weitere mittlere Gerichtsbeamte sind die Kassen- und Rechnungsbeamten § 180 Anm. 6—8, u. die Bureaubeamten der Staatsanwaltschaft § 186 Anm. 1 d. W. An die mittleren schließen die Kanzleibeamten sich an § 180 Anm. 9. Gefängnisbeamte § 180 Anm. 5.

[3]) DienstO. 21. Dez. 99 (JMB. 862) § 17 neugefaßt Vf. 28. Jan. 13. (das. 33).

[4]) GVG. § 154; AG § 68, 70 Abs. 1, 71 u. 72; G. 21. Sept. 99 (GS. 249) Art. 18, 35, 36 u. 38. GeschäftsO. f. d. Gerichtsschreibereien der Amtsgerichte v. 11., der Landgerichte u. der Oberlandesgerichte 22. Okt. 06 (JMB. 304, 392, 436 u. 571); erg. Vf. 29. Jan. 10 (das. 20) Anl. I—III, Vf. 7. Nov. 10 (das. 391) u. 1. Aug. 12 (das. 279) I—III; erstere auch (§ 44) Vf. 16. Sept. 08 (das. 339) B, (§ 46 Abs. 1) 1. April 12 (das. 139); bearb. v. Bock (Berl. 12). — Wenig entsprechend der sonst erstrebten deutschen Ausdrucksweise ist ihnen der Amtstitel „Oberlandesgerichts- usw. Sekretär und „Assistent" beigelegt Vf. 12. Dez. 79 (JMB. 471) und 8. Juni 06 (das. 165). — Die Stellen der Gerichtsschreibergehilfen und Assistenten sind mit denen der Gerichtsschreiber (Sekretäre) zu einer Besoldungsklasse vereinigt Vf. 17. März 96 (JMB. 85).

[5]) G. 3. März 79 (GS. 99), § 5 neu gefaßt G. 21. Sept. 99 (GS. 249) Art. 131; GerSchrO. 5. Juni 13 (JMB. 179). Die Anstellung als Dolmetscher ist auf Gerichtsschreiber beschränkt DolmO. 18. Dez. 99 (JMB. 856), erg. 16. Juni 02 (das. 126) u. (§ 10) 5. März 01 (das. 51). — Die etatsmäßigen Stellen sind abgesehen von denen der Dolmetscher vollständig, die diätarischen zu $^1/_5$ den Militäranwärtern vorbehalten Vf. 23. März 95 (JMB 97).

[6]) G. 79. § 8, Vf. 4. u. 29. Sept. 79 (JMB. 308 u. 361), 19. Jan. 84 (das. 18) u. 2. Jan. 85 (das. 5).

[7]) ZPO. § 166 u. 753; StPO. § 37. — § 185 Anm. 2 u. § 202 Abs. 1 u. 2 d. W. — Justizverwaltung V. 15. Nov. 99 (GS. 545) § 6 Abs. 4.

[8]) GVG. § 155 u. 156; AG. § 73, 74 (erg. G. 21. Sept. 99 GS. 249 Art. 130 I u. IX), 38 u. 76. — GerVollzO. 31. März 00 (JMB. 345) nebst Vf. 31. März 00 (das. 385), 16. Dez. 01 (das. 302), 6. Jan. u. 16. Feb. 03 (das. 8 u. 36), 18. April 05 (das. 127) I, 16. Jan. 06 (das. 9) I, 10. April u. 12. Aug. 07 Nr. I u. III (das. 336 u. 492), 16. Sept. 08 (das 339) C, Vf. 15. März 10 (das. 91) Anl. I u. 30. Juni 10 (das. 269), 25. März 13 (das. 103). Gesch.-Anw. 1. Dez. 99 (das. 629 u. Berichtigung 789), erg. 17. Feb. 00 (das. 59), 27. Aug. 02 (das. 226), 8. April 03 (das. 82), (§ 12 Abs. 1 b) 21. Juni 09 (das. 217), (§ 94, 95) 20. Juni 04 (das. 155), 18. April 05 (das. 127) Nr. II., 16. Jan. 06 (das. 9) Nr. II, 12. Aug. 07 Nr. II, 16. Sept. 08 D u. 6. Okt. 08 (das. 362) u. 15. März 10 Anl. II; Fortfall der Kautionspflicht Vf. 19. Nov. 10 (JMB. 405). Vornahme freiwilliger Versteigerungen Vf. 29. Sept. 81 (MB. 247, JMB. 212) u. 2. Dez. 95 (das. 417).

festes Gehalt angestellt, die Gebühren für ihre Handlungen werden zur Staatskasse erhoben.[9])

§ 192.

e) **Schiedsmänner** zu vergleichsweiser Entscheidung der Rechtsstreitigkeiten waren seit 1827 in ganz Altpreußen mit Ausnahme der Rheinprovinz eingeführt. Nachdem die neue Justizgesetzgebung das gerichtliche Einschreiten wegen der nur auf Antrag zu verfolgenden Beleidigungen von dem zuvorigen erfolglosen Sühneversuche vor einer Vergleichsbehörde abhängig gemacht hatte,[1]) wurde die Einrichtung auf den ganzen Staat ausgedehnt.[2]) Zugleich wurde den Schiedsmännern außer dem Falle der Beleidigung und Körperverletzung[3]) auch die gütliche Schlichtung bürgerlicher Rechtsstreitigkeiten über vermögensrechtliche Ansprüche übertragen, soweit solche von den Parteien beantragt wird. Alle demgemäß aufgenommenen Vergleiche haben die Wirkung der gerichtlichen.[4]) Die Verhandlungen sind sportel- und stempelfrei.[5]) Die Parteien finden damit Gelegenheit, die Weitläufigkeiten und Kosten des Prozeßverfahrens zu vermeiden. Die Inanspruchnahme der Schiedsmänner ist erheblich zurückgegangen.

Für die einzelnen Gemeinden werden Schiedsmänner und Stellvertreter auf drei Jahre gewählt. Größere Gemeinden werden in Bezirke geteilt, kleinere zu solchen vereinigt. Die Wahl steht in letzterem Falle der Kreis-, sonst der Gemeindevertretung zu. Die Gewählten werden bestätigt und vereidigt. Sie haben die Rechte der Beamten und stehen unter Aufsicht des Land- und Oberlandesgerichtspräsidenten und des Justizministers. Das Amt ist Ehrenamt. Zur Wählbarkeit gehört ein Alter von 30 Jahren, Wohnsitz im Bezirke, Besitz der bürgerlichen Ehrenrechte und des Verfügungsrechts über das Vermögen. Staats- und besoldete Beamte der Kommunal- und Kirchenverwaltung bedürfen der Genehmigung. Zur Ablehnung berechtigen das Alter von 60 Jahren, anhaltende Krankheit, lange oder häufige Abwesenheit, Verwaltung eines unmittelbaren Staatsamtes oder die des Schiedsmannsamtes während der letzten drei Jahre und sonstige Billigkeitsgründe. Unbefugte Ablehnung kann für 3 bis 6 Jahre

---

[9]) GebO. (24. Juni 78 (RGB. 166, mit Änderungen gem. G. 98 das. 342) neu veröffentlicht 98 das. 683; pr. G. 27. Sept. 99 (gem. G. 21. März 10 GS. 15 Art. II) neu veröffentlicht 10 GS. 261 Abschn 2. Ansatz der Gebühren und Auslagen Best. 16. Feb. 03 (JMB. 36), erg (§ 25 Abs. 1, 2) Bf. 3. Dez. 12 (das. 408). Gebühr für Wechselproteste § 326 Anm. 18. d. W. Sonstige Gebühren Bf. 8. Dez. 99 (JMB. 721). — Verjährung in 2 Jahren BGB. § 196[15].

[1]) StPO. § 420.

[2]) SchiedsmannsO. 29. März 79 (GS. 321). — Kom. v. Florschütz (14. Aufl. Schultze-Görlitz Berl. 11) u. v. Halle (2. Aufl. Berl. 03).

[3]) SchO. § 33—39.

[4]) SchO. § 12—32 (Abs. 3 neugefaßt G. 22. Sept. 99 GS. 284 Art. 2) u. 47.

[5]) Das. § 40—46 u. StempelG. 09 (GS. 535) § 4g, 15 Abs. 3, § 35 und Tarif Nr. 67 Abs. 3 wodurch SchO. § 40 u. 41, soweit sie den Stempel betreffen, ersetzt sind.

mit Verlust des Gemeinderechts und mit um $^1/_8$ bis $^1/_4$ stärkerer Heranziehung zu den Gemeindelasten gestraft werden.[6])

§ 193.

f) Die **Rechtsanwälte**[1]) sind die berufenen Vertreter und Verteidiger der Parteien vor Gericht. Ihre Tätigkeit erstreckt sich sonach neben der Prozeßvertretung (Anwaltschaft, Prokuratur) auch auf die Rechtsverteidigung (Advokatur).

Außerhalb der Anwaltsprozesse (§ 198 Abs. 2) sind die bei einem Gerichte zugelassenen Rechtsanwälte im ganzen Reiche zuständig.[2]) Die Zulassung ist durch die Fähigkeit zum Richteramt bedingt und nur unter bestimmten gesetzlichen Voraussetzungen zu versagen.[3]) Mit diesen Einschränkungen besteht freie Advokatur.

Das Verhältnis des Rechtsanwalts zum Auftraggeber ist an sich Gegenstand des Privatrechts, bringt dabei aber für ersteren mehrere besondere Obliegenheiten mit sich. Neben der Erfüllung dieser und der durch den Beruf an sich geforderten Pflichten muß der Rechtsanwalt sich auch innerhalb und außerhalb seines Berufes der durch diesen bedingten Achtung würdig zeigen.[4]) Zuwiderhandlungen werden in einem besonderen ehrengerichtlichen Verfahren verfolgt und mit Warnung, Verweis, Geldbuße oder Ausschließung von der Rechtsanwaltschaft bestraft.[5])

Die innerhalb eines Oberlandesgerichtsbezirks zugelassenen Rechtsanwälte bilden die **Anwaltskammer**. Diese wählt einen Vorstand von 9 bis 15 Mitgliedern, dem die Verwaltung der gemeinsamen Angelegenheiten, die Aufsicht über die Anwälte, insbesondere die Handhabung der ehrengerichtlichen Strafgewalt und die Entscheidung von Streitigkeiten der Anwälte untereinander und mit ihren Auftraggebern obliegt.[6])

Die **Gebühren** der Rechtsanwälte sind durch Reichsgesetz nach ähnlichen Grundsätzen geregelt, wie die Gerichtskosten.[7]) Abweichende Verab-

---

[6]) SchO. § 1—11; Vf. 27. Aug. 79 (MB. 209, JMB. 304), § 4 geänd. Vf. 8. April 82 (MB. 63, JMB. 87).

[1]) RechtsanwO. 1. Juli 78 (RGB. 177). — Bearb. von Sydow (5. Aufl. Berl. 07) u. Friedländer (Münch. 08). — Die Rechtsanwälte haben nach der RAO. keine Beamteneigenschaft; sie zählen auch nicht zu den Gewerbetreibenden GewO. § 6.

[2]) RAO. § 26 u. 27. — Ausschluß bei Gewerbegerichten § 364 Abs. 3 u. Kaufmannsgerichten § 372 Abs. 3.

[3]) Das. §§ 1—25, 104, 107—110, 112—114, V. 25. Juni 79 (GS. 387) und AusfVf. 28. Juni 79 (JMB. 151). — Zulassung beim RGericht RAO. § 98—101. — Als Auszeichnung wird den Rechtsanwälten der Titel „Justizrat u. Geheimer Justizrat" verliehen.

[4]) Das. § 28—40 u. (Einfügung des § 32a) G. 22. Mai 10 (RGB. 772) Nr. I 1; StGB. § 31 Abs. 2, § 300, 352, 356, 358 u. 359.

[5]) RAO. § 62—97, (§ 90 neugefaßt G. 10 Nr. I 3) § 115 und 116. — Bestrafung der Ungebühr in den Gerichtssitzungen durch das Gericht GVG. § 180 bis 183, der Dienstleistung bei beiden Parteien StGB. § 356.

[6]) RAO. § 41 u. 41a (G. 22. Mai 10 RGB. 772 Nr. I 2) bis 61, 102, 105, 106 u. 111. Im Kammergerichtsbezirk bestehen 2 Anwaltskammern Vf. 21. Nov. 10 (JMB. 406).

[7]) RGebO. (7. Juli 79 RGB. 176, mit

redungen sind dadurch nicht ausgeschlossen.[8]) Die Regelung ist mit einigen Maßgaben auf die Berufstätigkeit der Rechtsanwälte in den durch Landesgesetz geregelten Angelegenheiten ausgedehnt.[9])

§ 194.

g) Die **Notare** sind neben den Amtsgerichten (§ 206 Abs. 3) für die Beglaubigung von Unterschriften und die Beurkundung von Rechtsgeschäften bestimmt. Ursprünglich wurden sie vom Reich bestellt.[1]) Später entwickelte sich die Einrichtung in den einzelnen Landesherrschaften verschieden. In Preußen, wo sie bereits 1880 bis auf die Oberlandesgerichtsbezirke Celle und Köln einheitlich gestaltet war, ist sie jetzt für den ganzen Staat gleichmäßig geordnet worden.[2]) — Die Notare, die zum Richteramt in einem Bundesstaate befähigt sein müssen, werden vom Justizminister unter Zuweisung eines Amtsbezirks auf Lebenszeit ernannt; die Ernennung eines Rechtsanwalts zum Notar kann für die Dauer seines Hauptamtes erfolgen.[3]) Die Notare sind Staatsbeamte, zählen zu den nichtrichterlichen Justizbeamten (§ 188) und stehen unter der Aufsicht des Justizministers, der Oberlandes- und der Landgerichtspräsidenten.[4]) Die Zuständigkeit bestimmt sich nach den allgemeinen Vorschriften.[5]) Die Notare beziehen

---

Änderung gem. G. 17. Mai 98 RGB. 342) neu veröffentlicht 98 RGB. 692, erg. G. 1. Juni 09 (das. 475) Art. IV u. (§ 52) G. 22. Mai 10 (das. 767) Art. IX. — Verjährung der Gebühren in 2 Jahren BGB. § 196[15]. — Strafe der Überhebung StGB. § 352. — Bearb. v. Willenbücher (Berl. 09), Walter-Joachim (5. Aufl. Berl. 08), Sydow u. Busch (10. Aufl. Berl. 11).

8) GebO. § 93. Sondervorschrift für die Arbeiterversicherung § 317 Anm. 11.

9) G. 27. Dez. 99 (gem. G. 21. März 10 GS. 15 Art. II) neu veröffentlicht Bek. 6. Sept. 10 (GS. 261). Art. 1—18. — Notariatsgeschäfte § 194 d. W.

1) Reichs-NotariatsO. 1512.

2) AG. Art. 77—103. Die reichsgesetzliche Regelung wird erstrebt. Zur Zeit sind in Oldenburg, S.-Weimar, Schw.-Rudolstadt u. den Fürstent. Lippe nur die Gerichte, in Bayern, Els.-Lothringen, Baden, Hamburg u. Bremen nur die Notare, in den übrigen Staaten wie in Preußen beide nebeneinander zuständig.

3) Das. Art. 77—80. Die Vereinigung bildet die Regel, doch sind am Rhein u. neuerdings in einzelnen größeren Städten selbständige Notare angestellt.

4) Das. Art. 81 Abs. 1, StGB. § 31 Abs. 2 u. 359; Nebenämter AG. Art. 82, Pflicht zur Amtsverschwiegenheit Art. 90 u. StGB. § 300, zur Stempelverwendung § 64 Anm. 6, § 154 Abs. 3 u. § 155 Abs. 4 u. zu Mitteilungen bei Veranlagung der Erbschaftssteuer § 156 Abs. 2 u. Wertzuwachssteuer § 159 Abs. 3 d. W. — Aufsicht u. Disziplinarverhältnis AG. § 91—94 u. 103, G. 9. April 79 (GS. 345) § 21—24, ferner § 66 Anm. 14 d. W. — Amtsstellung Vf. 21. Dez. 99 (JMB. 834), geänd. 19. Jan. 06 (das. 28) u. 16. Sept. 08 (das. 339) A.

5) AG. Art. 88; in Betracht kommen insbes. Nachlaßsachen u. Beurkundungen (§ 209 u. 210 d. W.), Siegelungen Art. 87, Wechselproteste WechselO. 08 (RGB. 327) Art. 87; Vollstreckbarkeit der Notariatsurkunden ZPO. § 797 Abs. 2, Stempeltarif 09 (GS. 535) Nr. 45; Geschäftsbetrieb AG. Art. 95, 96, Vertretung sowie Verwahrung der Papiere beim Ausscheiden Art. 97—103. — Entsprechende Zuständigkeit der Konsuln KonsG. 8. Nov. 67 (BGBl. 137) § 16, 17 u. 17a (EG. z. BGB. Art. 38 II); vereinfachtes Verfahren in den Schutzgebieten G. 00 (RGB. 813) § 6[8].

für ihre Tätigkeit Gebühren, die nach dem Werte des Gegenstandes bemessen werden.[6])

4. Gerichtskosten.

§ 195.

Die Gerichtskosten (Sporteln) bilden eine Gebühr (§ 136), die für die Benutzung der staatlichen Rechtspflege erhoben wird. Sie sind durch das Privatinteresse der Beteiligten bedingt, neben dem auf einzelnen Gebieten (Strafrechtspflege, Vormundschafts- und Grundbuchwesen) auch das öffentliche Interesse in Betracht kommt. Sie fallen im bürgerlichen Streitverfahren der unterliegenden Partei zur Last[1]) und dienen somit zugleich als Schutzmittel gegen mißbräuchliche Benutzung der Gerichte durch unbegründete oder ungenügend vorbereitete Anträge. Für das Strafverfahren gelten besondere Vorschriften (§ 220 Abs. 2).

Das Kostenwesen ist für die streitige Gerichtsbarkeit durch Reichsgesetz geregelt,[2]) während die Kosten der Zwangsvollstreckung in das unbewegliche Vermögen (§ 202 Abs. 3) und die Kosten der freiwilligen Gerichtsbarkeit noch der Landesgesetzgebung belassen sind.[3])

Die Kostenpflicht in streitigen Sachen (Abs. 1) bestimmt der Richter; sonst liegt sie dem Antragsteller, bei den von Amtswegen betriebenen Geschäften dem Beteiligten ob.[4]) — Befreit sind neben den durch besondere Anordnungen bestimmten Rechtssachen der Reichs- und der preußische Fiskus; öffentliche Armen-, Kranken-, Arbeits- und Besserungsanstalten und Waisenhäuser, ferner im öffentlichen Interesse begründete Stiftungen sowie Gemeinden in Armenangelegenheiten; Volksschulen, öffentliche Unterrichtsanstalten, Kirchen und Pfarreien, soweit sie keine Überschüsse abwerfen und nicht lediglich das Interesse der Nutznießer in Frage kommt; Militärpersonen bezüglich letztwilliger Verfügungen im Falle der Mobilmachung

---

[6]) GebO. (25. Juni 95 GS. 256, mit Änderungen G. 25. Juli 10 GS. 181 Art I, gem. Art. II) neu veröffentlicht 10 GS. 233 Bearb. v. Quednau (5. Aufl. Berl. 10) u. (kleiner) Sydow (4. Aufl. v. Rausnitz, Berl. 10), verb. § 195 Anm. 3 d. W. Die Gebühren verjähren in 2 Jahren BGB. § 196[15].

[1]) ZPO. § 91—107, ErgG. 09 (§ 194 Anm. 3) Art. II 1—3 u. G. 10 (§ 179 Anm. 2) Art. III[1].

[2]) RGerichtskostenG. (18. Juni 78 RGB. 141, mit Änderungen, G. 29. Juni 81 das. 178 Art. 1, gem. G. 17. Mai 98 RGB 342) neu veröffentlicht 98 das. 659, erg. G 1. Juni 09 (das. 475) Art. III u. (§ 4a Abs. 1) G. 22. Mai 10 (das. 767) Art. VIII. Bearb. von Pfafferoth (9. Aufl. Berl. 09) u. (Taschenausg.) v. Sydow u. Busch (9. Aufl. Berl. 12).

[3]) Preuß. GerichtskostenG. (25. Juni 95 GS. 203, mit Änderungen gem. G. 25. Juli 10 GS. 157 Art. II) in neuer Fassung und Paragraphenfolge veröffentlicht 10 GS. 184. Das G. behandelt im ersten Teile (§ 1—117) die freiwillige, im zweiten (118 bis 135) die streitige Gerichtsbarkeit (in § 123—135 insbesondere die Zwangsvollstreckung in das unbewegliche Vermögen) und gibt im dritten (§ 136—145) Schlußbestimmungen. Bearb. v. Simeon (7. Aufl. Berl. 13) u. (nebst Geb.O. f. Notare) Mügel (6 Aufl. Berl 10).

[4]) RGKG. § 86—92 und (Fälligkeit) § 93—97 nebst ErgG (Anm. 2) Art. III 9, 10; verb. für die freiwillige Gerichtsbarkeit § 205 Anm. 2. — Preuß. GKG. § 1—5, (Fälligkeit) 11 und (Gebührenpflicht bei Säumnis u. Beschwerden) 108 bis 111.

und der Todeserklärungen im Kriege; gemeinnützige Baugesellschaften; sonstige gemeinnützige Privatunternehmungen auf Grund besonderer Bewilligung.[5]) — Befreit sind ferner alle diejenigen, welche die Kosten neben dem eigenen und der Familie Unterhalt nicht aufzubringen vermögen (Armenrecht).[6]) Ausländern steht diese Wohltat nur im Falle der Gegenseitigkeit zu.[7])

Der Kostenbetrag wird in bürgerlichen Rechtsstreitigkeiten und im Konkursverfahren nicht für die einzelnen gerichtlichen Handlungen, sondern für die gesamte Tätigkeit des Gerichts bei einem Rechtsgeschäfte in Pauschsätzen festgestellt, die nach dem Werte steigen. In Strafsachen werden die Kosten nach der Höhe der erkannten Strafe berechnet.[8]) Die Gebühren umfassen regelmäßig auch die Stempel.[9]) Daneben wird für die nicht von den Parteien zu ersetzenden baren Auslagen ein Pauschsatz (10 v. H. der Gebühr, mindestens 50 Pf., höchstens 20 M.) erhoben.[10]) Zu diesen gehören außer den Gebühren, Tagegeldern und Reisekosten der Justizbeamten[11]) auch die Gebühren der Zeugen und Sachverständigen.[12]) — Nach diesen Grundsätzen sind die Sätze für die einzelnen Geschäfte besonders festgestellt, sowohl in den streitigen[13]) wie in der freiwilligen Gerichtsbarkeit.[14])

---

[5]) RGKG. § 98, RG. 15. April 11 (RGB. 187) § 1 Abs. 3 u. (Reichsgericht) V. 24. Dez. 83 (RGB. 84 S. 1). — PrGKG. § 7 bis 10 (§ 8 ist auf die streitige Gerichtsbarkeit ausgedehnt § 118 Abs. 1).

[6]) ZPO. § 114—127 u. (für den Privatkläger im Strafverfahren) StPO. § 419 Abs. 3. Bestellung eines Anwalts ZPO. § 115³ u. RAnwO. 1. Feb. 78 (RGB. 177) § 34. — PrGKG. § 18 (auf die streitige Gerichtsbarkeit ausgedehnt § 118 Abs. 1). — Muster Vf. 30. Juni 13 (MB. 138).

[7]) ZPO. § 114 Abs. 3; § 180 Anm. 10 d. W.

[8]) Wertbestimmung RGKG. § 9 bis 17. — PrGKG. § 19–28. — Die Beträge stellen sich auf mindestens 50 Pf. und werden auf Zehnpfennigbeträge abgerundet RGKG. § 7, PrGKG. § 32.

[9]) RGKG. § 2. — PrGKG. § 29 u. 19. Wo ausnahmsweise Stempel zu erheben sind (§ 70, 97 und 113 Abs. 3), werden sie als Gerichtsgebühren eingezogen § 30 u. 31 (auf die streitige Gerichtsbarkeit ausgedehnt § 118 Abs. 1). Gerichtliches Stempelwesen V. 28. Juli 10 (JMB. 299). Reichsstempel § 158 Anm. 2 d. W.

[10]) RGKG. § 79—80b nebst Erg. G. (Anm. 2) Art. III 7, 8. — PrGKG. § 112—117, verb. § 6 u. 140 (§ 115 ist auf die streitige Gerichtsbarkeit ausgedehnt § 118 Abs. 1).

[11]) § 188 Anm. 1 u. § 191 Anm. 9, § 193 Abs. 5 d. W.; Vf. 27. Nov. 86 (JMB. 327).

[12]) GebührenO. (30. Juni 78 RGB. 173, mit Änderungen gem. G. 98 RGB. 342 § 1) neu veröffentlicht 98 RGB. 689. Der Anspruch muß binnen 6 Monaten geltend gemacht werden § 16; sonst verjähren diese Gebühren in 2 Jahren BGB. § 196¹⁷. Eine Erhöhung ist geplant. Gebühren der Kreisärzte § 264 Anm. 8, Kreistierärzte § 357 Anm. 7. Bearb. v. Wegner (4. Aufl. Berl. 11).

[13]) Bürgerl. Rechtsstreitigkeiten RGKG. § 8—49 nebst Erg. G. (Anm. 2) Art. III 1—6 u. § 101, ferner Anm. 1; Konkurssachen RGKG. § 50 bis 58; Strafsachen RGKG. § 69—78, ferner § 220 Abs. 2 d. W. — Verb. Anm. 3.

[14]) Allgemeine Bestimmungen PrGKG. § 1—32; Urkunden § 33—56; Grundbuchsachen § 57—70; Registerführung § 71—80; Nachlaßsachen u. Auseinandersetzungen § 81—90; Vormundschaftssachen § 91—95; Fideikommisse, Stiftungen u. Vermögensverwaltungen § 96, 97 nebst 45; sonstige Angelegenheiten § 98—107; gemeinschaftliche Bestimmungen § 108—111. Hinterlegungen § 212 Anm. 5 u. 6 d. W.

Die Kostenerhebung wird in bürgerlichen und Konkurssachen regelmäßig durch Einforderung eines Vorschusses sicher gestellt,[15]) während solcher in der nichtstreitigen Gerichtsbarkeit nur zur Deckung barer Auslagen nach dem Ermessen des Gerichts erfordert wird.[16]) Festsetzung und Einziehung der Kosten sind näher geregelt.[17]) Die Entrichtung kann durch Verwendung von Marken erfolgen; Beträge bis zu 20 M. können durch Postnachnahme eingezogen werden.[18]) Die Einziehung erfolgt durch die Amtsgerichtskassen.[19])

III. Bürgerliches Recht.

1. Bürgerliches Gesetzbuch.

§ 196.

Das bürgerliche Recht in Preußen hatte sich seither in den drei Rechtsgebieten des Landrechts, des gemeinen und des französischen Rechts verschieden entwickelt. Das Allgemeine Landrecht von 1794[1]) galt in den 1815 zum Staate gehörigen Landesteilen. Ausgenommen waren 1. Neuvorpommern und Rügen und die ostrheinischen Teile des Regierungsbezirks Koblenz, wo — ebenso wie in den später erworbenen Teilen (Hohenzollern, Schleswig-Holstein, Hannover und Hessen-Nassau) — das gemeine deutsche Recht galt, das sich aus der Aufnahme des römischen Rechts und

[15]) RGKG. § 81—85 nebst § 3 u. 90. ZPO. § 108—113.

[16]) PrGKG. § 6 nebst Vf. 15. Sept. 95 (JMB. 272), § 86 Abs. 1, verb. § 15.

[17]) RGKG. § 4 u. PrGKG. § 14, Nachforderung RG. § 5 u. PrG. § 12, Niederschlagung RG. § 6 u. PrG. § 18, Verjährung PrG. § 13 u. 118 Abs. 2, Einziehung das. § 16 (§ 13, 16 u. 18 sind auf die streitige Gerichtsbarkeit ausgedehnt § 118 Abs. 1). — Einziehung beim Reichsgerichte § 185 Anm. 2 d. W. — Die Bundesstaaten haben sich bei der Einziehung Beistand zu leisten RGKG. § 99; Anw. 23. April 80 (ZB. 278, JMB. 128) auch in den durch LandesG. den Gerichten überwiesenen Angel. der freiw. Gerichtsbarkeit Vf. 14. April 03 (JMB. 88); Einziehungsbehörden ZB. 85 Beil. Nr. 13, erg. JMB. 97 S. 24, 99 S. 116, 06 S. 281 u. ZB. 05 S. 342, 06 S. 1146 u. 1203, 09 S. 1332. — Einziehung im Auslande § 180 Anm. 10 d. W.

[18]) RGK. § 97a (Erg. G. 09 Art. III 11), KostenmarkenO. 14. Okt. 13 (JMB. 385).

[19]) § 180 Abs. 3 d. W. Die zwangsweise Beitreibung erfolgt nach den § 202 Abs. 1 u. 2 d. W. aufgeführten Vorschriften durch die Gerichtsvollzieher § 191 Abs. 3. — Verzeichnis der im Reiche zuständigen Behörden (Kassen) 12 (ZB. 311, erg. 1913 S. 676 u. 799).

[1]) Das LR. geht von der Person aus, die es im ersten Teile nach den einleitenden Bestimmungen (Tit. 1—7) als Einzelperson in ihrem wichtigsten und unbedingtesten Vermögensrechte, dem Eigentume, behandelt (Tit. 8—23), während der zweite Teil stufenweise die Verbindung der Einzelpersonen zu erweiterten Persönlichkeiten betrifft, wie sie in der Familie (Tit. 1—4) nebst Gesinde (Tit. 5), den Körperschaften (Tit. 6), den Ständen der Bauern (Tit. 7), Bürger (Tit. 8), des Adels (Tit. 9), der Beamten (Tit. 10), der Geistlichkeit (Kirche Tit. 11) u. Lehrer (Unterricht Tit. 12) und endlich im Staate selbst hervortritt, der allgemein (Tit. 13), in seinen Vermögensrechten (Tit. 14—16, vgl. § 133 Anm. 1 d. W.) und in seinen Schutzverhältnissen (Gerichtsbarkeit Tit. 17, Vormundschaft Tit. 18, Armenpflege Tit. 19 und Strafrecht Tit. 20) betrachtet wird. Das LR. umfaßt somit außer dem bürgerlichen auch das öffentliche (Staats-, Kirchen- u. Straf-) Recht. — Bearb. der in Geltung gebliebenen Best. von Landé u. Hermes (2 Teile 4. Aufl. Berl. 05).

dessen Änderung durch das kanonische und das deutsche Recht entwickelt hatte, und 2. das linke Rheinufer nebst dem vormaligen Großherzogtum Berg, wo das im französischen bürgerlichen Gesetzbuche (code civil) zusammengestellte **französische Recht** eingeführt war.[2] — Das französische Recht hatte die **Provinzialrechte** vollständig beseitigt; im Gebiete des Landrechts und des gemeinen Rechts, die beide nur eine ergänzende (subsidiäre) Geltung in Anspruch nahmen, bestanden sie dagegen fort. Die Absicht ihrer einheitlichen Zusammenstellung (Kodifizierung) ist jedoch nur für Ost- und für Westpreußen ausgeführt.[3])

An Stelle dieses zersplitterten, vielfach veralteten Rechtszustandes ist das gesamte bürgerliche Recht vom 1. Januar 1900 ab in dem **Bürgerlichen Gesetzbuche** neu und einheitlich im Reiche geordnet worden.[4] Dieses läßt die privatrechtlichen Vorschriften der Reichsgesetze insoweit in Kraft, als es sie nicht unmittelbar ändert oder beseitigt, hebt dagegen (im Wege vollständiger Kodifikation) die privatrechtlichen Vorschriften der Landesgesetze auf allen Gebieten auf, die es nicht (meist wegen ihres Zusammenhanges mit dem öffentlichen Recht) ganz oder teilweise der Landesgesetzgebung vorbehält.[5] Das öffentliche Recht wird nur insoweit berührt,

[2]) Im **übrigen** Reiche galt in der Rheinpfalz, in dem linksrheinischen Hessen u. in Elf.-Lothringen das französische Recht, das in Baden als Badisches Landrecht besondere Bearbeitung gefunden hatte (1809); in Ansbach-Bayreuth war das preußische Landrecht eingeführt, für das Königreich Sachsen ein eigenes bürgerliches Gesetzbuch herausgegeben (1863); in den übrigen Ländern galt das gemeine Recht.

[3]) Ostpreuß. Prov. R. 1801/02 (Nov. corp. const. XI 407 u. 871). — Westpr. Prov. R. 19. April 44 (GS. 103); Einf. in Danzig G. 16. Feb. 57 (GS. 87); Aufhebung in Posen G. 5. Juni 63 (GS. 374); Änderung des § 44, G. 11. Feb. 50 (GS. 43).

[4]) **Bürgerliches Gesetzbuch** 18. Aug. 96 (RGB. 195); das EinfG. von dems. Tage (RGB. 604) regelt nach den allgemeinen Bestimmungen Art. 1—6 das Verhältnis des BGB. a) zum Recht des Auslandes (Anwendung des BGB. im Auslande u. des ausländischen Rechts im Reiche, s. g. internationales Privatrecht, Abs. 4) Art. 7—31, b) z. bisherig. Reichsrechte Art. 32—54 (Anm. 5), c) zum bisherigen Landesrecht Art. 55—152 (Anm. 5) u. d) zu den beim Inkrafttreten vorhandenen rechtlichen Tatbeständen Art. 153 bis 217. Bearb. v. Neumann (3 Bde., 6. Aufl. Berl. 12), Gareis u. a. (7 Bde.; EinfG., Schuldverh. u. Sachenrecht in 2. Aufl. Berl. 00—06), Plank (4. Aufl. Berl. v. Strohal, im Erscheinen), Staudinger u. a. (7 Bde. 7./8. Aufl. München seit 12), Handausgaben v. Achilles-Greiff (7. Aufl. Berl. 12), Fischer u. Henle (9. Aufl. Münch. 12), Keidel (auf Grund v. Staudinger, Münch. 12), Rosenthal (8. Aufl. Graudenz 11); System v. Endemann (3 Bde., 8. u. 9. Aufl. 05/09), Cosack 2 Bde. (6. Aufl. 13), Dernburg und Kohler (6 Bde., Halle 06/10), kürzer Cretschmar (2 Bde. Düsseldorf 02), noch gedrängter Altsmann (Berl. 12. Aufl. 10) u. Heilfron (9 Bdch., einzeln käuflich, Berl. 12/13). — Das preuß. AusfG. 20. Sept. 99 (GS. 177) nebst V. 16. Nov. 99 (GS. 562), erg. (Art. 6) 29. Nov. 11 (GS. 217) führt das Verhältnis zu den Landesgesetzen weiter aus (§ 177) Abs. 2 d. W.). Bearb. v. Stranz u. Gerhard (Berl. 00).

[5]) Die Änderungen des **Reichsrechts** EG. Art. 32 nebst 33 u. 4 sind teils in EG. Art. 34—51, teils in besonderen abändernden oder neuen Gesetzen erfolgt, die gleichzeitig mit dem BGB. in Kraft getreten sind Art. 1. Dahin gehören das GVG. (§ 181 Anm. 1) nebst GebührenO. für Gerichtsvollzieher (§ 191 Anm. 9) u. Rechtsanwälte (§ 193 Anm. 7), das GerichtskostenG (§ 195 Anm. 2), die ZProzO. (§ 197 Anm. 2), die Zwangsvollstreckung in das unbewegliche Vermögen

als das BGB. auf einzelne, mit dem bürgerlichen Recht zusammenhängende Gebiete übergreift. **Durch das BGB. wird somit grundsätzlich das gesamte öffentliche Recht und das Reichsprivatrecht aufrecht erhalten, das Landesprivatrecht dagegen aufgehoben.**

Das BGB., das in 5 Büchern den Allgemeinen Teil, die Schuldverhältnisse, das Sachenrecht, das Familienrecht und das Erbrecht behandelt,[6]) steht zwar, besonders in den beiden ersten Büchern, auf römisch-rechtlicher Grundlage, berücksichtigt aber schon in diesen alle entwickelungsfähigen deutschen Rechtsbildungen;[7]) in erweitertem Umfange geschieht

---

(§ 202 Anm. 15), die KonkO. (§ 203 Anm. 1), die freiwillige Gerichtsbarkeit (§ 206 Anm. 1), die GrundbuchO. (§ 211 Anm. 9) u. das Hand.GB. (§ 373 Anm. 1). Das Wechselrecht (§ 326 Abs. 2 d. W.) wird durch diese Änderungen nicht betroffen. — Über das **Landesrecht** bestimmt EG. Art. 55 nebst 3, 4 u. 218. Die Vorbehalte betreffen allgemeine Gebiete (Art. 56—76) oder besondere Rechtsverhältnisse (Art. 77—152). Zu den allgemeinen Gebieten gehören insbesondere das Berg-, Agrar- (nebst Fideikommiß-, Lehn-, Anerben- u. Rentengüter-)recht, das Wasser-, Jagd- u. Fischereirecht, ferner (das Urheber- u. Verlagsrecht (Art. 76 u. das Versicherungsrecht (Art. 75), die inzwischen durch Reichsgesetze geregelt sind (§ 308 Abs. 2 u. 323 Abs. 5 d. W.) Das AG., das sich vorwiegend mit den vorbehaltenen besonderen Rechtsverhältnissen befaßt, hebt das LR. (Anm. 1) in seinen das Privatrecht betreffenden Bestimmungen (Teil I u. II 1—3 u. 5) bis auf einzelne besonders hervorgehobene Paragraphen ganz auf, während es die das öffentliche Recht betreffenden übrigen Titel nur in einzelnen Bestimmungen als beseitigt anführt Art. 89 ¹; das rheinische bürgerliche Gesetzbuch (Anm. 2) wird bis auf wenige das Wasser-, Weide- u. Nachbarrecht betreffende Artikel ganz beseitigt Art. 89 ², das gemeine Recht dagegen nur in den Vorschriften über die Wiedereinsetzung in den vorigen Stand u. über die Privatpfändung ausdrücklich aufgehoben Art. 89 ³.

[6]) Das erste Buch enthält die **grundlegenden Bestimmungen**, insbesondere über (natürliche und juristische) Personen (Abschn. 1, dessen § 72 neugefaßt ist § 249 Anm. 10 d. W.), Sachen (Abschn. 2), Rechtsgeschäfte (3), Verjährung (5). Das zweite Buch behandelt die **Schuldverhältnisse** (vermögensrechtliche Beziehungen der Personen zueinander) allgemein (Abschn. 1—6) und in der Einzelgestaltung dieser Verhältnisse (Abschn. 7), wie sie aus Rechtsgeschäften, insbes. Kauf (Tit. 1), Schenkung (2), Miete u. Pacht (3), Darlehen (5), Dienstvertrag (6), Werkvertrag (7), Auftrag (10), Verwahrung (12), Gesellschaft (14), Bürgschaft (18), (wegen des Versicherungs- und des Verlagsvertrages Anm. 5), oder aus unerlaubten Handlungen (Tit. 25, dessen die Haftung des Tierhalters betreffender § 833 abgeändert ist § 254 Anm. 12) erwachsen. Das dritte Buch umfaßt im **Sachenrecht** (Recht der Person an der Sache), vielfach gesondert für bewegliche u. unbewegliche Sachen, den Besitz (Abschn. 1), die allgemeinen Rechte an Grundstücken — Grundbuchwesen § 211 Abs. 2 d. W., — (Abschn. 2), das Eigentum (Abschn. 3) u. die Einzelrechte an fremden Sachen (Erbbaurecht Abschn. 4, Dienstbarkeiten 5, Vorkaufsrecht 6, Reallasten 7, Hypothek, Grundschuld u. Rentenschuld 8 u. Pfandrecht 9). Das im vierten Buche enthaltene **Familienrecht** (persönliche u. vermögensrechtliche Beziehungen der Personen zueinander) betrifft in 3 Abschnitten die bürgerliche Ehe (§ 204 Abs. 3 d. W.), die Verwandtschaft und die Vormundschaft (§ 208 d. W.). In dem im fünften Buche behandelten **Erbrecht**, das den Übergang vom Familien- zum Sachenrecht bildet, stehen die gesetzliche Erbfolge (Abschn. 1, Verzicht 7) u. die rechtliche Stellung des Erben (Abschn. 2, Erbschein 8, Erbschaftskauf 9) voran; darauf folgen die Verfügungen von Todeswegen (Testament 3, Erbvertrag 4) nebst den Vorschriften über Pflichtteil (5) und Erbunwürdigkeit (6). Auflösung der ein veraltetes Gütererbrecht begründenden Terialverhältnisse im RB. Stralsund G. 25. Juli 11 (GS. 163).

[7]) Dahin gehört die (mit Rücksicht auf den Lebensversicherungs- u. Leibverdingsvertrag erlassene) Vorschrift, daß Dritte aus einem Vertrage unmittelbar Forde-

dieses in den drei letzten Büchern. Dabei sucht es den Anforderungen unserer rasch fortschreitenden Entwickelung überall gerecht zu werden. In diesem Sinne hat das BGB. — während das Landrecht noch auf dem tunlichst alles regelnden, bevormundenden Standpunkte des 18. Jahrhunderts (§ 310 Abs. 1) steht — dem freien Ermessen des Richters, der Berücksichtigung der guten Sitten (Treu und Glauben) und der Verkehrssitte einen weiten Spielraum geöffnet[8]) und zugleich die möglichste Erleichterung und Sicherung des Verkehrs erstrebt.[9]) Andererseits bringt das BGB. einige Einschränkungen, indem es den möglichst wirksamen Schutz der Rechte der Persönlichkeit, insbesondere den Schutz der wirtschaftlich Schwachen gegen Übervorteilung und Ausbeutung erstrebt.[10]) Vor allem tritt aber die nationale Bedeutung des BGB. hervor. Wenn früher die deutsche Rechtsprechung für die Hälfte unserer Bevölkerung auf fremdsprachliche Quellen angewiesen war, so steht ihr jetzt im ganzen Reiche ein deutsches Gesetzbuch offen, das sich durch reine Sprache, schlichte Ausdrucksweise und knappe Fassung besonders auszeichnet.

Das internationale Privatrecht[4]) ist auf einigen Gebieten des

---

rungsrechte erwerben können BGB. § 371, ferner die Sicherstellung des Pächters u. Mieters durch Anerkennung des Satzes, daß bei Grundstücken Kauf nicht Miete bricht § 350 Anm. 4, die Fürsorgepflicht bei dem Darlehns-, Dienst- u. Werkvertrage Anm. 10 u. die Gewährspflicht beim Viehkauf (§ 356 Abs. 6 d. W.).

[8]) Dies gilt bei Auslegung der Verträge BGB. § 157, 320) 242 u. Willenserklärungen § 133; Nichtigkeit der gegen die guten Sitten verstoßenden — insbesondere der wucherischen — Rechtsgeschäfte BGB. § 138, Herausgabepflicht bei dagegen verstoßender Annahme einer Leistung § 817, 819, Schadenzufügung § 826. Als solcher Verstoß gilt die Heiratsvermittelung gegen Lohn § 656, und auf gleichem Grunde beruht das Verbot der Ausübung eines Rechts, wenn sie nur eine Schadenszufügung bezweckt § 226. — Nach der Verkehrssitte bestimmt sich, ob eine bewegliche Sache zu den vertretbaren gehört § 91 u. ob sie ein Zubehör bildet § 97; daneben ist die Verkehrssitte in zahlreichen Einzelfällen entscheidend, so nach § 343, 519, 560, 612, 632, 657, 689, 904, 906, 1019 u. 20, 1641, 2205. Gewohnheiten u. Gebräuche im Handelsverkehr § 373 Anm. 15 d. W.

[9]) Formfreiheit § 207 Abs. 1 d. W., Vereinfachung und Verkürzung der Verjährungsfristen (für Ansprüche auf wiederkehrende Leistungen 4 Jahre BGB. § 197, auf Schadenersatz bei unerlaubten Handlungen 3 Jahre § 852, aus Rechtsgeschäften des täglichen Verkehrs 2 Jahre § 196, auf Gewährleistung aus Kaufgeschäften bei Grundstücken 1 Jahr, bei beweglichen Sachen 6 Monate § 477, auf Ersatz aus Miet- und Leihverträgen 6 Monate § 558 u. 606; Viehmängel § 356 Abs. 6 d. W.), Beschränkung der Ersitzung (bewegliche Sachen BGB. § 937 bis 945, Grundstücke § 211 Anm. 2 d. W.), Schutz des gutgläubigen Erwerbers BGB. § 932—936, HGB. § 366, 367, öffentlicher Glauben des Grundbuchs § 211 Abs. 2 d. W.

[10]) Die Fürsorge erstreckt sich auf die durch ihr Dienst- oder Schuldverhältnis oder wegen Geschäftsunkunde Schutzbedürftigen. Sie erscheint im Dienstvertrage BGB. § 616—8, 629 (Gesinde § 258 Anm. 7, und nach HGB. Handlungs-Gehilfen u. Lehrlinge § 373 Anm. 7 d. W.), im Werkvertrage § 278 Anm. 3, ferner im Schutze gegen Wucher und Zinsübervorteilung (§ 326 Abs. 6 d. W.), in der besonders in den Nebengesetzen (Anm. 5) behandelten Einschränkung der Zwangsvollstreckungen zur Erhaltung des wirtschaftlichen Bestandes § 202 Anm. 10 u. im Rechte zur Kündigung ungesunder Wohnungen § 279 Anm. 1. — Ebendahin gehört die — neuerdings eingeschränkte (Anm. 6) — Haftung des Tierhalters.

Familienrechts durch Verträge unter mehreren Staaten geregelt.[11]) Souveräne Staaten unterstehen der Gerichtsbarkeit eines anderen Staates nur insoweit, als es sich um Grundeigentum in diesem Staate handelt oder als sie sich der Gerichtsbarkeit ausdrücklich oder stillschweigend unterworfen haben.[12]) Ob eine solche Unterwerfung bei Erhebung einer Klage des fremden Staates bezüglich der Widerklage erfolgt, ist bestritten.

II. Verfahren.

a. Zivilprozeß.

aa) Einleitung.

§ 197.

Das Rechtsverfahren ist ein Zweig des öffentlichen Lebens und kann bei vorgeschrittenem Verkehr der einheitlichen Regelung in einem größeren Gebiete nicht entbehren. Gleichwohl bestanden in Deutschland eine Reihe von Prozeßordnungen, die zum Teil auf völlig verschiedenen Grundsätzen beruhten.

Für Preußen hatten sich in der Allgemeinen GerichtsO. und in dem rheinisch-französischen Verfahren zwei entgegengesetzte Einrichtungen entwickelt. Die GerO. hatte getreu dem Geiste der Neugestaltung der Rechtspflege unter Friedrich dem Großen ein Instruktionsverfahren eingeführt, in dem der Richter, ohne an die Angaben der Parteien gebunden zu sein, von Amtswegen das zwischen den Partein bestehende Rechtsverhältnis auf jede Weise erforschen sollte (§ 178 Abs. 2). Dieses Verfahren erwies sich als nicht durchführbar; spätere Gesetze (1833 und 1846) kehrten deshalb zur Verhandlungs- und Eventualmaxime des gemeinen deutschen Prozesses[1]) zurück und suchten gleichzeitig durch Hinzufügung einer Schlußverhandlung Annäherung an den Grundsatz der Mündlichkeit. Im Wesen blieb indes in dem voraufgehenden Schriftenwechsel die schriftliche Grundlage bestehen. In dieser Gestaltung wurde das Verfahren später (1849 und 1867) auf die Gebiete des gemeinen Rechts übertragen. Nur die Provinz Hannover blieb ausgeschlossen. In dieser wurde die dortige ProzeßO. beibehalten,

[11]) Haager Abk. 12. Juni 02 üb. Eheschließung (RGB. 04 S. 221), Ehescheidung (das. 231), Vormundschaft über Minderjährige (das. 240); Ratifikation Bek. 24. Juni u. 17. Juli 04 (das. 249 u. 307), 9. Aug. 05 (das. 716, 21. März 07 (das.) 84), 31. Okt. 11 (das. 219). Abk. 17. Juli 05 über die persönlichen Beziehungen u. das Güterrecht der Ehegatten (das. 12 S. 453 u. 13 S. 249), über Entmündigung u. gleichartige Fürsorgemaßregeln (das. 12 S 463); Ratif. Bek. 30. Juli 12 (das. 475). – Abk. über den Zivilprozeß § 180 Anm. 10 d. W.

[12]) RGer. 12. Dez. 05 (LXII 165) u. des KGH. 20. Juni 10; ähnlich die Entscheidungen der obersten Gerichte in Österreich, Frankreich, England und den V. St. von Amerika.

[1]) Nach der Verhandlungsmaxime ist der Richter in seiner Entscheidung lediglich an die Vorträge der Parteien gebunden; nach der Eventualmaxime haben letztere alle Angriffs-, Verteidigungs- und Beweismittel bei Strafe des Ausschlusses auf einmal vorbringen, auch wenn davon erst später und unter Umständen (eventuell) Gebrauch gemacht werden soll.

die ebenso wie der im rheinischen Rechtsgebiete maßgebend gebliebene Code de procédure civile den Grundsatz der Mündlichkeit zum vollen Ausdruck gebracht hatte.

Die Zivilprozeßo., die die verschiedenen deutschen Prozeßvorschriften durch neue einheitliche Bestimmungen für das ganze Reich ersetzt hat, ist später im Anschluß an das BGB. ergänzt mit einigen die Vereinfachung, Beschleunigung und Verbilligung des Verfahrens und den Schutz der Persönlichkeit bei der Entmündigung und Zwangsvollstreckung bezweckenden Änderungen.[2]) Zu weiterer Beschleunigung und Verbilligung ist dann die ZPO. ergänzt,[3]) insbesondere durch Erweiterung der Zuständigkeit der Amtsgerichte (§ 182 Abs. 1) und Ersatz des Parteibetriebes durch den Amtsbetrieb in dem Verfahren vor diesen Gerichten (§ 199 Abs. 4).

bb) Grundlagen des Verfahrens.

§ 198.

Die Zuständigkeit wird sachlich durch die Gerichtsverfassung (§ 181 Abs. 5[1]),[1]) örtlich durch den Gerichtsstand (Forum) bestimmt. Dieser richtet sich nach dem Orte, an dem die Parteien wohnen, die streitige Sache belegen oder die fragliche Handlung vorgenommen ist.[2]) In vermögensrechtlichen Sachen können die Parteien sich über ein an sich zuständiges Gericht erster Instanz vereinbaren (Prorogation).[3]) — Richter, die in der Sache befangen erscheinen, sind laut Gesetz oder nach Ablehnung durch die Parteien von der Entscheidung ausgeschlossen.[4])

Die Parteifähigkeit entspricht der Rechtsfähigkeit, die Prozeßfähigkeit der Fähigkeit, sich durch Verträge zu verpflichten (Geschäftsfähigkeit des bürgerlichen Rechts). Ehefrauen sind als solche nicht beschränkt.[5])

---

[2]) ZivPrO. 30. Januar 77 (RGB. 83, mit Änderung G. 17. Mai 98 RGB. 256, gem. G. 17. Mai 98 RGB. 342 § 17) in neuer Fassung und Paragraphenfolge veröffentlicht 98 (RGB. 410); EinfG. 30. Januar 77 (RGB. 244), erg. (§ 5, 11, 15, 16 u. 24) G. 17. Mai 98 RGB. 332) Art. II. — Preuß. AusfG. (24. März 79 GS. 281, mit Änderung G. 22. Sept. 99 GS. 284, gem. Art. 7) in neuer Fassung u. Paragraphenbezifferung veröffentlicht 99 GS. 388, § 12 aufgeh. G. 12. Mai 02 (GS. 139) § 1. — Bearb. v. Seuffert (11. Aufl. 2 Bde. Münch. 10), Struckmann u. Koch zugleich für das GVG. (9. Aufl. Berl. 10 Petersen u. Anger (5. Aufl. Lahr 04/6 u. Anh. v. Remelé 10) Reincke (6. Aufl. Berl. 10), Gaupp (11. Aufl. v. Stein Tübingen 13) Skonietzki-Gelpcke, (Berl. 10), Sydow-Busch (14. Aufl. Berl. 13), Neukamp (2. Aufl. Leipz. 11), Kann (3. Aufl. Berl. 12); Lehrbücher v. Fitting (12. u. 13. Aufl. Berl. 07) u. Nachtr. 09 u. Hellwig 3 Bde. (Leipz. 03/09) u. System 2 Bde. (Leipz. 12).

[3]) G. 1. Juni 09 (RGB. 475) Art. II.

[1]) ZPO. § 1, Wertbestimmung des Streitgegenstandes § 2—11.

[2]) ZPO. § 12—37 nebst 2 Bek. 21. April 06 (RGB. 463, 464), verb. § 36 Abs. 3^{5} d. W.; BGB. § 7 bis 11.

[3]) ZPO. § 38—40.

[4]) Das. § 41—49.

[5]) Das. § 50—77; Rechtsfähigkeit BGB. § 1 u. (Vereine) 21—23, 42—44, Geschäftsfähigkeit § 104—115. Nicht rechtsfähige Vereine § 249 Anm. 5 d. W. — ZPO. § 51, 57 u. AG. § 2 handeln von dem gesetzlichen und dem amtlich bestellten Vertreter, ZPO. § 59—63 von der Streitgenossenschaft, § 64—77 von der Beteiligung Dritter am Rechtsstreite.

In Streitsachen vor den ordentlichen Gerichten mit Ausschluß der Amtsgerichte ist die **Vertretung** durch einen bei dem Gerichte zugelassenen Vertreter geboten (Anwaltsprozesse).[6] In den übrigen Fällen können alle prozeßfähigen Personen als Bevollmächtigte oder Beistände auftreten.[7] Die **Vollmachten** müssen schriftlich ausgestellt und auf Verlangen der Gegenpartei beglaubigt sein. Sondervollmachten werden nicht erfordert.[8]

Im Verfahren ist der Grundsatz der **Mündlichkeit** und **Unmittelbarkeit** zum vollsten Siege gelangt. Bestimmend war dabei die Erwägung, daß, wenn das schriftliche Verfahren größere Sicherheit und Übersichtlichkeit gewährt hatte, dafür im mündlichen Verfahren nicht nur eine wesentliche Abkürzung erreicht, sondern vor allem die Sache über die Form, das inhaltliche über das förmliche Recht erhoben werden konnte. Die Mündlichkeit fordert die Unmittelbarkeit der Verhandlung vor dem erkennenden Richter. Die mündliche Verhandlung wird zur Haupthandlung, in der der ganze Rechtsstreit einschließlich der Beweisaufnahme (§ 199 Abs. 2) sich abspielt. Die Schriftsätze (Klage und Klagebeantwortung), die im preußischen Prozesse die eigentlichen Grundlagen des Verfahrens bildeten, dienen nur noch zur Vorbereitung. Ihr Inhalt ist für den Richter nur insoweit maßgebend, als er in der mündlichen Verhandlung wiederholt wird. Die Eventualmaxime, durch welche im schriftlichen Verfahren der vollständige Abschluß jedes Schriftsatzes erzielt werden sollte, wurde damit entbehrlich und ist fortgefallen. Angriffs- und Verteidigungsmittel, Beweismittel und Beweiseinreden können bis zum Schlusse der letzten mündlichen Verhandlung und demnächst auch in der Berufungsinstanz vorgebracht werden. Die Verhandlungsmaxime ist beibehalten, erhält jedoch durch die richterliche Prozeßleitung die erforderliche Begrenzung.[9]

Um ferner den Richter möglichst auf die Rechtsprechung zu beschränken, sind ihm alle Geschäfte abgenommen, die mit gleichem Erfolge von untergeordneten Personen oder von den Parteien selbst geführt werden können. Die **Zustellungen** sind in die Hand der Parteien gelegt (Privatbetrieb), die indes vor den Amtsgerichten und in Anwaltsprozessen im

---

[6]) Das. § 78 u. 130[6]; verb. § 137 Abs. 4 u. 141, nebst ErgG. (§ 197 Anm. 3) Art. II 4.

[7]) Das. § 79 u. 90. — Unfähige u. geschäftsmäßige Bevollmächtigte und Beistände (Winkelkonsulenten) können in der mündlichen Verhandlung zurückgewiesen werden, die geschäftsmäßigen, soweit sie nicht von der Justizverwaltung zugelassen sind § 157 u. ErgG. Art. II 5 nebst Vf. 25. Sept. 99 (MB. 180, JMB. 272). Dasselbe gilt für Verwaltungsgerichte. LVG. § 73, 92, für Schiedsgerichte der Arbeiterversicherung V. 22. Nov. 00 (RGB. 1017) § 10 Abs. 2 u. d. RVerfAmt V. 19. Okt. 00 (das. 983) § 31 Abs. 2. — Buchführung u. Untersagung des Betriebes § 366 Nr. II 3 d. W. Unentgeltliche Rechtsauskunftstellen § 313 Abs. 4.

[8]) ZPO. § 80—90. Über die Vertretung des preuß. Justizfiskus in bürg. Rechtsstreitigkeiten bestimmt der Just. Min. G. 14. März 85 (GS. 65), Vf. 23. u. 24. März 85 (JMB. 119 u. 121), 22. Dez. 86 (das. 340), 23. Mai 07 (das. 393) u. 6 Juli 09 (das. 239). Fritze und Werner, Prozeßvertretung des Fiskus in Preußen u. im Reich (2. Aufl. Berl. 10).

[9]) ZPO. § 128—165, verb. 273, 282 u. 529.

Falle der Wahrung einer Notfrist die Vermittelung der Gerichtsschreiber in Anspruch nehmen können. Die Zustellung wird durch die Gerichtsvollzieher entweder unmittelbar oder durch die Post bewirkt. Zwischen Anwälten kann sie unmittelbar geschehen.[10]) Der Regel nach erfolgt die Terminansetzung durch den Richter, die Ladung durch die Parteien.[11])

Fristen können auf Gesetz, richterlicher Bestimmung oder Vereinbarung beruhen. Sie werden unter Einrechnung des Anfangstags berechnet und laufen mit dem Schlußtage, soweit dieser kein Sonn- oder allgemeiner Feiertag ist, ab. Ihr Lauf ruht während der Gerichtsferien.[12]) Dies gilt nicht von den im Gesetz als solchen bezeichneten Notfristen, die außerdem jeder Einwirkung der Parteien entzogen sind.[13]) Gegen Versäumung von Prozeßhandlungen und Fristen findet unter Umständen Wiedereinsetzung in den vorigen Stand statt.[14]) Ein Stillstand in dem einmal eingeleiteten Prozesse kann infolge gesetzlicher Vorschrift eintreten oder durch richterliche Bestimmung oder Vereinbarung der Parteien herbeigeführt werden (Unterbrechung, Aussetzung oder Ruhen des Verfahrens).[15])

cc) Verfahren in erster Instanz.

§ 199.

Das erstinstanzliche Verfahren findet entweder vor dem (kollegialen) Landgericht oder vor dem Einzelrichter (Amtsgericht) statt (§ 181 Abs. 5[1]). Im Verfahren vor den Landgerichten ist die Klage, die von einem beim Prozeßgericht zugelassenen Rechtsanwalt unterzeichnet sein muß, dem Gerichtsschreiber einzureichen und nach Bestimmung des Termins durch den Präsidenten dem Beklagten zuzustellen. Die zwischen Zustellung und Termin liegende Einlassungsfrist beträgt mindestens 1 Monat, in Markt- und Meßsachen 24 Stunden.[1]) Die Klage bestimmt die Grundlage des Rechtsstreites; durch ihre Erhebung wird die Streitsache rechtshängig.[2])

In der mündlichen Verhandlung (§ 198 Abs. 3) entscheidet das

---

[10]) ZPO. § 166—178, 180—207 u. (Zustellung von Amts wegen ohne Zuziehung des Gerichtsvollziehers) 208—213, 210a nebst ErgG. (§ 197 Anm. 3) Art. II 6, 7; Bf. 1. Febr. 10 (JMB. 43); insbes. Zustellung durch Niederlegung der Schriftstücke bei den Polizei- oder Gemeindevorstehern ZPO. § 182 u. Bf. 14. April 80 (MB. 129, JMB. 95), durch die Post § 193—7 u. Anw. des RPostA. 9. Dez. 99 (JMB. 722, ZB. 00 S. 329, geänd. 06 S. 1138). Zustellung in Konsulargerichtsbezirken G. 7. April 00 (RGB. 213) § 28, im Auslandsverkehr § 180 Anm. 10 d. W. — Zuständigkeit der Notare G. 21. Sept. 99 (GS. 249) Art. 31 Abs. 2.

[11]) ZPO. 214—20 u. ErgG. (§ 189 Anm. 3) Art. II 8. — Abweichung im amtsgerichtlichen Verfahren § 199 Abs. 4 d. W.

[12]) Das. § 221—9 u. BGB. § 186 bis 193.

[13]) ZPO. § 223 u. 224. Beispiele in § 339, 516, 552, 586, 958 u. 1044.

[14]) Das. § 230—8, ErgG. Art. II 9—11 u. G. 22. Mai 10 (GS. 767) Art. III².

[15]) Das. § 239—52. — Unterbrechung durch Kompetenzkonflikt § 179 Abs. 2 d. W.

[1]) ZPO. § 253—262.

[2]) Das. § 263—272 u. 281.

Gericht auf Grund der Parteivorträge[3]) nach freier Überzeugung und zwar zunächst über etwa vorgebrachte prozeßhindernde Einreden,[4]) sodann zur Hauptsache.[5]) Der Entscheidung geht — soweit die behaupteten Tatsachen nicht zugestanden oder offenkundig sind[6]) — die Beweisaufnahme voraus. Sie erfolgt auf Grund der zugleich mit den Behauptungen anzugebenden Beweismittel[7]) durch Beweisantretung der Partei oder durch Beweisbeschluß des Gerichts. Sie findet regelmäßig vor dem Prozeßgericht statt und bildet keinen selbständigen Abschnitt, sondern nur einen Teil, einen Zwischenfall für das eigentliche, von der Klage bis zum Urteil ununterbrochen fortlaufende Verfahren.[8]) Die Ergebnisse des Beweises unterliegen der freien Würdigung des Richters, der dabei durch Beweisregeln nur wenig eingeschränkt wird.[9])

Die Urteile sind Zwischen- oder Endurteile. Letztere entscheiden den Streit entweder unbedingt oder bedingt im Hinblick auf einen abzuleistenden Eid. Sie entscheiden ihn ganz, oder — wenn nur Teile des Streitgegenstandes spruchreif sind — teilweise (Teilurteile). Die Zwischenurteile beschränken sich auf die Entscheidung einzelner selbständiger Angriffs- und Verteidigungsmittel oder eines Zwischenstreites. Das Urteil wird im Termine oder in einem sofort und nicht über eine Woche hinaus anzusetzenden Termine verkündet und daneben den Parteien auf deren Betreiben zugestellt.[10]) Versäumt eine Partei den Verhandlungstermin, so ergeht ein Versäumnis- (Kontumazial-) Urteil, in dem der nicht erschienene Kläger abgewiesen und in betreff des nicht erschienenen Beklagten das Zugeständnis der klägerischen tatsächlichen Anführung angenommen wird. Gegen das Versäumnisurteil kann die Partei binnen 2 Wochen Einspruch erheben.[11])

Auf das Verfahren vor den Amtsgerichten kommen vorstehende Bestimmungen mit denjenigen Abweichungen zur Anwendung, die das

---

[3]) Das. § 273, 278—80, 297 nebst Erg. G. (§ 197 Anm. 3) Art. II 13 u. § 298.

[4]) Das. § 274—6.

[5]) Das. § 286. Zulässigkeit des Sühneversuchs § 296 nebst Erg. G Art. II 12, eines vorbereitenden Verfahrens in Rechnungs- und ähnlichen Sachen § 277 u. 348—54.

[6]) ZPO. § 288—93. — Gleiche Bedeutung haben die gesetzlich vermuteten Tatsachen EG. § 16[1].

[7]) ZPO. § 282, 283 u. 294. — Beweismittel sind: Augenschein (§ 371, 372); Zeugen u. Sachverständige (§ 287 u. 373—414 nebst Erg.G. Art. II 19—23, wonach die Beeidigung nach der Vernehmung erfolgt, StGB § 138), Vereidigungsverfahren (§ 478—84 nebst Erg.G. Art. II 24, 25), allgemeine Beeidigung von Sachverständigen AG. z. GVG. § 86 in Fassung des G. 21. Sept. 99 (GS. 249) Art. 130 x u. Vf. 5. Feb. 00 (JMB. 48), Neufassung, des § 2 Abs. 2, 19. März 01 (das. 72), des § 8 Abs. 5 u. § 14, 18. Juli 07 (das. 478); Gebühren § 195 Anm. 12 d. W., Vernehmung öffentlicher Beamten § 216 Anm. 8); Urkunden (ZPO. § 415—44, EG. § 17) u. Eid (ZPO. § 445—84).

[8]) ZPO. § 284, 285, 355—70 u. (Sicherung des Beweises) § 485—94.

[9]) Das. § 286, 287. — Die Beweisregeln betreffen namentlich die Beweise durch Urkunden u. Eid (Anm. 7).

[10]) Das. § 300—329 u. (abgekürzte Form der Versäumnis- od. Anerkennungsurteile) ErgG. (§ 197 Anm. 3) Art. II 14—16.

[11]) Das. § 330—347 u. ErgG. Art II 17, 18.

Verhältnis des Einzelrichters, der Fortfall des Anwaltzwanges (§ 198 Abs. 2) und die geringere Bedeutung des Streitgegenstandes mit sich bringen. Die Klageform ist erweitert; die Klage kann schriftlich oder zu Protokoll des Gerichtsschreibers angebracht, in die Ladungsurkunde aufgenommen oder bei gleichzeitigem Erscheinen der Parteien an einem ordentlichen Gerichtstage mündlich vorgetragen werden; die Einlassungsfrist ist auf 3 Tage, außerhalb des Gerichtsbezirks auf 1 Woche herabgesetzt. Endlich findet gegenüber dem Parteibetriebe eine erweiterte gerichtliche Einwirkung statt; die Zustellungen erfolgen regelmäßig von Amtswegen; Ladungen durch die Parteien finden nicht statt; das Gericht kann Anordnungen zur Aufklärung des Sachverhältnisses schon vor der mündlichen Verhandlung treffen und hat es in dieser mit den Parteien zu erörtern.[12])

dd) Rechtsmittel.

§ 200.

Die Rechtsmittel dienen zur Anfechtung richterlicher Entscheidungen vor einem höheren Richter und sind bei diesem anzubringen. Nicht zu den eigentlichen Rechtsmitteln gehören demnach die Wiedereinsetzungsanträge gegen Fristversäumnis (§ 198 Abs. 5), der Einspruch gegen Versäumnisurteile (§ 199 Abs. 3) und die aus verschiedenen Gründen behufs Wiederaufnahme eines rechtskräftig geschlossenen Verfahrens zugelassenen Nichtigkeits- und Restitutionsklagen,[1]) da über alle diese Streitfragen der erste Richter entscheidet. Als Rechtsmittel kommen somit nur folgende in Betracht:

1. Gegen erstinstanzliche Urteile ist binnen Monatsfrist die Berufung zulässig, die lediglich eine Wiederholung des Rechtsstreites vor einem anderen Richter bezweckt.[2])
2. Im Interesse der Rechtseinheit ist in gleicher Frist gegen Endurteile der Oberlandesgerichte die Revision an das Reichsgericht zugelassen. Voraussetzung ist, daß die Verletzung eines ein größeres Gebiet umfassenden Gesetzes behauptet wird und in Vermögenssachen der Wert den Betrag von 4000 M. übersteigt.[3])
3. Die Beschwerde an das nächst höhere Gericht findet gegen bestimmte, eine vorgängige mündliche Verhandlung nicht erfordernde Entscheidungen

---

[12]) Das. § 495—510 in Neufassung des ErgG. Art. II 26 u. V nebst Bek. 11. März 10 (RGB. 474 u. 602).

[1]) Das. § 578—91, zu § 584 ErgG. (§ 197 Anm. 3) Art. II 32.

[2]) ZPO. § 511—44 nebst ErgG. Art. II 27—30. — Instanzenzug § 181 Abs. 5[1] d. W.

[3]) ZPO. § 545—66 (§ 546, 547, 549, 552—556 in der Fassung des G. 5. Juni 05 RGB. 536), erg. 22. Mai 10 (RGB. 767) Art. III [3–8]; EG. § 6 u. V. 28. Sept. 79 (das. 299), ausschl. des § 3 v. Reichstag genehmigt Bek. 11. April 80 (das. 102) u. erg. durch G. 15. März 81 (das. 38), 24. Juni 86 (das. 207) und 30. März 93 (das. 139); EG. § 7 (erg. G. 20. Febr. 11 das. 59 Art 2). — EG. z. GVG. 27. Jan. 77 (das. 77) § 8 (erg. G. 20. Feb. 11 das. 59 Art. 1), z. BGB. Art. 6.

statt, durch die ein das Verfahren betreffendes Gesuch zurückgewiesen wird. Sie bewegt sich in einfachen Formen und ist, abgesehen von dem Falle der „sofortigen Beschwerde“, an keine Frist gebunden.[4])

ee) Besondere Arten des Verfahrens.

§ 201.

Ein außerordentliches, summarisches Verfahren ist in der ZPO. nicht vorgesehen, da das ordentliche Verfahren sich vermöge seiner Dehnbarkeit den verschiedenartigen Streitsachen genügend anpaßt. In Rücksicht auf die Notwendigkeit einer beschleunigten Rechtshilfe oder auf die eigentümliche Gestaltung des zur Entscheidung stehenden Rechtsverhältnisses ist nur in folgenden Fällen ein besonderes Verfahren zugelassen:

1. Im Urkunden- und Wechselprozesse können durch Urkunden nachweisbare Forderungen auf Geld, auf andere vertretbare Sachen oder auf Wertpapiere, einschließlich der Hypotheken-, Grund- oder Rentenschuldforderungen verfolgt werden. Dem Beklagten ist dabei vorbehaltlich besonderer Geltendmachung anderweiter Einwendungen nur ein beschränktes Verteidigungsrecht eingeräumt. Der Kläger erlangt hiermit eine beschleunigte vorläufige Rechtshilfe. Für Wechselklagen ist außerdem die Zuständigkeit des Gerichts des Zahlungsorts und eine kürzere Einlassungsfrist vorgeschrieben.[1])
2. Forderungen von Geld, anderen vertretbaren Sachen oder Wertpapieren, denen Gegenleistungen nicht gegenüberstehen, einschließlich der Hypotheken-, Grund- oder Rentenschuldforderungen können im Mahnverfahren vor den Amtsgerichten geltend gemacht werden. Dieses Verfahren gipfelt in einem Zahlungsbefehle, den der Richter für vollstreckbar erklärt, wenn nicht innerhalb einer Woche Widerspruch erhoben wird. Die Zustellungen erfolgen von Amtswegen.[2]) Der Vollstreckungsbefehl hat die Bedeutung eines Versäumnisurteils.[3])
3. In Ehesachen ist das Landgericht zuständig und wegen des öffentlichen Interesses eine Mitwirkung der Staatsanwaltschaft zugelassen. Der Klage auf Scheidung oder Herstellung des ehelichen Lebens muß ein Sühneversuch vor dem Amtsgericht vorausgehen. Die Nichtigkeitsklage kann außer den Ehegatten auch der Staatsanwalt und ein beteiligter Dritter erheben.[4])

---

[4]) ZPO. § 567—76; sofortige Beschwerde § 577 nebst ErgG. Art. II 31, erg. G. 10 (Anm. 3) Art. III [9] [14]; Einzelfälle ZPO. § 46, 71, 102, 105, 135, 252, 387.

[1]) ZPO. § 592—605 (zu § 604 ErgG. Art. II 33 u. Art. V nebst Bek. 11. März 10 RGB. 474). — Über den auf ähnlichen Voraussetzungen beruhenden Arrestprozeß § 202 Abs. 5 d. W.

[2]) ZPO. § 688—703 u. ErgG. Art. II 36—42.

[3]) Das. § 700 u. ErgG. Art. II 43; § 199 Abs. 3 d. W.

[4]) ZPO. § 606—39, 883 (zu 609 u. 610 ErgG. Art. II 34, 35). — Ausschluß der Öffentlichkeit GerVerfG. § 171. —

4. Nach ähnlichen Grundsätzen ist das Verfahren zur **Feststellung des Rechtsverhältnisses zwischen Eltern und Kindern** geregelt.[5]

5. Die **Entmündigung** Geisteskranker und Geistesschwacher erfolgt auf Antrag der Beteiligten unter Mitwirkung des Staatsanwalts durch Beschluß des Amtsgerichts, das den Geisteszustand von Amts wegen festzustellen hat.[6] Das Verfahren gilt mit einigen Abweichungen für Entmündigung wegen Verschwendung und Trunksucht, die auch von dem fürsorgepflichtigen Armenverbande beantragt werden kann.[7]

6. Das **Aufgebotsverfahren** besteht in einer öffentlichen gerichtlichen Aufforderung zur Anmeldung von Ansprüchen und Rechten mit der Wirkung, daß ihre Unterlassung einen Rechtsnachteil zur Folge hat. Die Bekanntmachung erfolgt im Reichsanzeiger; zuständig ist das Amtsgericht.[8] Das Verfahren kann für die nach Landesgesetz zulässigen Aufgebote landesgesetzlich geregelt werden. In Preußen ist die ZPO. anwendbar, soweit dabei der Eintritt von Rechtsnachteilen durch Beschluß des Gerichts festgestellt werden muß.[9]

7. Innerhalb der für den Abschluß von Vergleichen gezogenen Grenzen

---

Die Scheidung besteht in voller Lösung des ehelichen Bandes (Ehescheidung) oder in Aufhebung der ehelichen Gemeinschaft BGB. § 1564—86 u. EG. Art. 17. Zwischenstaatliche Regelung § 196 Anm. 11 d. W.

5) ZPO. § 640—4. — BGB. § 1591 ff.

6) ZPO. § 645—79. — BGB. § 6^1. — Verfahren Vf. 28. Nov. 99 (JMB. 388). — Ausschluß der Öffentlichkeit GerVerfG. § 172. — Begutachtung krankhafter Gemütszustände zwei Vf. 31. Mai 87 (MB. 120).

7) ZPO. § 680—7 u. AG. § 3. — BGB. § $6^{2, 3}$.

8) Die Zulässigkeit der Aufgebote bestimmt sich nach dem BGB. u. dem HGB., das Verfahren regelt die ZPO. allgemein § 946—59, u. durch besondere Bestimmungen für Aufgebote zwecks Todeserklärung (BGB. § 13—20) § 960—76 u. Bek. 8. März 00 (RGB. 128), Ausschließung eines Grundeigentümers (BGB. § 927) § 977—81, der Hypotheken-, Grundschuld- u. Rentenschuldgläubiger (BGB. § 1170, 1171) § 982—7 u. entsprechend der (nach BGB. § 887, 1104, 1112, 1269) dinglich Berechtigten § 988, der Nachlaßgläubiger (BGB. § 1970) § 989—1001 u. der Schiffspfandgläubiger (HGB. § 765, BinnenschiffG. 98 RGB. 868 § 110) § 1002, 1024 Abs. 1 u. AG. Art. 18. Daran schließt sich das Aufgebotsverfahren zwecks Kraftloserklärung von Urkunden ZPO. § 1003—24, insbes. von Inhaberpapieren (§ 326 Abs. 4 d. W.) § 1004—9, Wertpapieren mit Zinsscheinen § 1010—18 u. in betreff der Zahlungssperre (BGB. § 799 Abs. 2 u. 802) § 1019—22, der Erbscheine (BGB. § 2361 Abs. 2, verb. 1507 u. 2368) G. 98 (RGB. 771) § 84, RSchuldurkunden § 175 Abs. 5 d. W. — Landesgesetze Anm. 9. — Bearb. v. Daude (4. Aufl. Berlin 08).

9) EG. § 11 (Fassung des G. 17. Mai 98 RGB. 332 Art. II^2) u. AG. Art. 10. Dies gilt von Aufgeboten der Familienglieder bei Familienstiftungen (§ 213 Anm. 4 d. W.) u. der Anwärter bei Familienfideikommissen u. Lehen (das. Anm. 8), ferner der Kuxscheine (§ 333 Anm. 15) u. der hinterlegten Gelder, Wertpapiere u. Kostbarkeiten (§ 211 Abs. 4 d. W.). — Nach sonstigen Vorbehalten (ZPO. § 1023 u. 1024) ist landesgesetzlich für Aufgebote gewisser dinglich Berechtigter (vor. Anm.) eine erleichterte Veröffentlichung AG. § 8 u. für Aufgebote von Legitimationspapieren (BGB. § 808 nebst EG. Art. 102 Abs. 2) sowie Hypotheken-, Grundschuld- u. Rentenschuldbriefen (BGB. § 1162) u. unbekannter Wiederkaufsberechtigter bei Rentengütern (AG. 20. Sept. 99 GS. 177 Art. 29 § 11) eine solche u. eine abgekürzte Aufgebotsfrist eingeführt worden AG. z. ZPO. § 7, 9 u. 11. — Aufgebot von Fischereiberechtigungen § 346 Abs. 9 d. W.

können die Parteien sich durch Vereinbarung einem einfach gestalteten schiedsrichterlichen Verfahren unterwerfen (Schiedsvertrag). Die Entscheidung erfolgt durch einen oder mehrere erwählte Schiedsrichter auf Grund der Ermittelung des Sachverhaltes. Der Schiedsspruch hat die Wirkung eines rechtskräftigen gerichtlichen Urteils.[10])

ff) Zwangsvollstreckung.[1])

§ 202.

Die regelmäßige Voraussetzung der Zwangsvollstreckung (Exekution) bildet ein Urteil, das rechtskräftig geworden[2]) oder für vorläufig vollstreckbar erklärt ist[3]) und mit der Vollstreckungsklausel versehen sein muß.[4]) Die Vollstreckung erfolgt unter Leitung der Amtsgerichte durch die Gerichtsvollzieher.[5]) Beim Tode des Schuldners wird sie in den Nachlaß fortgesetzt.[6])

Die Zwangsvollstreckung in bewegliche Sachen erfolgt durch Pfändung; mit dieser erlangt der Gläubiger ein Pfandrecht.[7]) Reicht die Pfändung zur Sicherstellung des Gläubigers nicht aus, so ist der Schuldner zur Vorlegung eines Vermögensverzeichnisses (Inventars) und zu dessen Bekräftigung durch den Offenbarungseid verpflichtet. Im Weigerungsfalle kann er durch Haft hierzu angehalten werden.[8]) Die Schuldhaft ist dagegen aufgehoben.[9]) Körperliche Sachen werden durch Inbesitznahme gepfändet und — soweit sie nicht in Geld bestehen — bis zur Höhe der schuldigen Forderung im Wege öffentlicher Versteigerung verwertet. Ausgeschlossen sind die zum Lebensunterhalt, Erwerbe und Berufe erforderlichen Gegenstände.[10]) — In Forderungen und andere Vermögensrechte geschieht die Vollstreckung, indem das

[10]) ZPO. § 1025—48. Unterbrechung der Verjährung eines vor einem Schiedsgericht geltend zu machenden Anspruchs BGB. § 220. — Mit dem Verfahren vor den Schiedsmännern (§ 192 Abs. 1 d. W.) u. den Gewerbegerichten (§ 364 Abs. 3) hat dieses Verfahren nichts gemein.

[1]) Öffentlich rechtliche u. sozialpolitische Bedeutung in Rücksicht auf die wirtschaftliche Erhaltung § 196 Anm. 10 d. W.

[2]) ZPO. § 704—7, zu 706 ErgG. (§ 197 Anm. 3) Art. II 44.

[3]) Das. § 708—21.

[4]) Das. § 724—49, erg. G. 22. Mai 10 (RGB. 767), Art. III [15—20]. — Vollstreckung aus Urteilen ausländischer Gerichte ZPO., § 722, 723 und (Österreich) Bf. 9. März 00 (JMB. 79), aus sonstigen Schuldtiteln § 794 bis 801 u. ErgG. Art. II 47—52.

[5]) Das. § 750—74 (zu § 759 ErgG. Art. II 45) u. 789—93. Einstellung oder Beschränkung § 775—8, Kostentragung § 788 u. ErgG. Art. II 46.

[6]) Das. § 779—87.

[7]) Das. § 803—6.

[8]) Das. § 807, 899—915 u. ErgG. Art. II 55, 56. Offenbarungseid außerhalb des Rechtsstreites § 206 Anm. 3 u. § 209 Anm. 3 d. W.

[9]) G. 29. Mai 68 (BGBl. 237), § 2 ist aufgehoben EG. § 13[1]; Einf. in Süddeutschl. § 6 Anm. 7 d. W.

[10]) ZPO. § 808—27: Hausgeräte u. Haushaltsgegenstände sollen nicht gepfändet werden, wenn der Erlös zu dem Werte außer Verhältnis stehen würde § 812. — Betriebsmittel der Eisenbahnen Anm. 14, der Posten G. 28. Okt. 71 (RGB. 347) § 18 u. 20. — Unpfändbare Sachen (ZPO. § 811, 812) unterliegen nicht dem Pfändungsrecht des Vermieters BGB. § 559 u. Gastwirtes 704 u. gehören nicht zur Konkursmasse KonkO. § 1 Abs. 4, die Beschränkungen der ZPO. § 811[4, 9] und

Amtsgericht dem Drittschuldner die Zahlung an den Schuldner untersagt. Forderungen aus Wechseln und anderen übertragbaren Papieren werden durch Inbesitznahme der letzteren gepfändet. Bei Pfändung der Forderungen auf Sachen sind diese abzunehmen und gleich gepfändeten körperlichen Sachen zu verwerten. Nicht zu pfänden sind die zum Lebensunterhalt und im Interesse des Berufs unentbehrlichen Bezüge.[11]) Gleiches gilt vom Arbeits- oder Dienstlohn, soweit nicht öffentliche Abgaben oder Jahresvergütungen über 1500 M. in Frage stehen.[12]) — Reicht ein abgepfändeter und hinterlegter Geldbetrag zur Befriedigung der beteiligten Gläubiger nicht aus, so findet ein Verteilungsverfahren vor dem Amtsgericht statt.[13])

Die Zwangsvollstreckung in das unbewegliche Vermögen erstreckt sich auf Grundstücke und ihnen gleichgestellte Berechtigungen, auf eingetragene Schiffe, auf Gegenstände, die der Hypothek oder dem Schiffspfandrecht unterliegen, und erfolgt durch Eintragung einer Sicherheitshypothek, durch Zwangsversteigerung und Zwangsverwaltung.[14]) Die beiden letzteren sind gesondert und, nachdem im BGB. ein gemeinsames Liegenschaftsrecht geschaffen ist (§ 211 Abs. 1), auch reichsgesetzlich geordnet.[15]) Zuständig ist das Amtsgericht der belegenen Sache; die Zustellungen erfolgen von Amts wegen.[16]) Von dem Verfahren bleiben die vor dem betreibenden Gläubiger eingetragenen Forderungen unberührt (sogen.

des PostG. § 20 kommen jedoch im Konk. Verfahren nicht zur Anwendung KonkO. § 1 Abs. 3.

[11]) ZPO. § 828—63. Unpfändbare Forderungen können weder aufgerechnet BGB. § 394 (Ausnahme beim Gesindelohn § 261 Anm. 5), noch abgetreten werden § 400. Pfändung der Schuldbuchforderungen des Reichs G. 31. Mai 91 (RGB. 321) § 7 Abs. 4, des Staates G. 20. Juli 83 (GS. 120) § 7 Abs. 4, des Diensteinkommens der Justizbeamten Vf. 29. Juni 86 (JMB. 192), 30. April 07 (das. 367), der Offiziere u. Militärbeamten des Heeres Vf. 23. April u. 12. Sept. 98 (JMB. 92 u. 230), 25. Juli u. 13. Nov. 06 (das. 257 u. 542), der Kriegsflotte 20. Juli 07 (das. 481).

[12]) ZPO. § 850[1] u. G. 21. Juni 69 (BGBl. 242); Einf. in Süddeutschl. § 6 Anm. 7 d. W.; erg. (§ 2) G. 17. Mai 98 (RGB. 332) Art. III u. (Sicherung der Alimentenansprüche unehelicher Kinder gegen den Vater) G. 29. März 97 (RGB. 159) Art. 1.

[13]) ZPO. § 872—82.

[14]) Das. § 864—70 (zu 866 Abs. 3 betr. Beschränkung der Eintragung von Zwangshypotheken auf Forderungen von mehr als 300 M. ErgG. Art. II 53) u. BGB. § 1147; die Zwangsvollstreckung in Privat- u. Kleinbahnen (Bahneinheit) kann landesgesetzlich geregelt werden § 871, verb. § 387 Abs. 3 d. W.

[15]) G. u. EG. 24. März 97 (RGB. 97 u. 135, mit Änderungen gem. G. 17. Mai 98 RGB. 342 § 2, neu veröffentlicht RGB. 98 S. 713 u. EG. 750). Das G. behandelt im ersten Abschnitt nach allgemeinen Vorschriften (§ 1—14) die Zwangsversteigerung (§ 15—145) u. die Zwangsverwaltung (§ 146—61), im zweiten Abschnitt (§ 162—71) die Zwangsversteigerung von Schiffen § 379 Anm. 20 d. W. u. im dritten (§ 172—84) einige außerhalb des Vollstreckungsverfahrens liegende Fälle. Bearb. v. Wolff (3. Aufl. Berl. 09), Jäckel (4. Aufl. v. Güthe Berl. 11) u. Fischer u. Schäfer (2. Aufl. Berl. 10). — Preuß. Ausf. G. 23. Sept. 99 (GS. 291). — Kosten § 195 Anm. 3 d. W. — Freiwillige gerichtliche Versteigerung von Grundstücken § 206 Anm. 3.

[16]) RG. 98 § 1—3. — Bekanntmachung EG. Art. 6 u. Vf. 7. Dez. 99 (JMB. 790), Geschäftsführung u. Gebühren des Verwalters EG. Art. 11 u. Vf. 8. Dez. 99 (JMB. 791).

Deckungsgrundsatz); bei der Versteigerung wird deshalb nur ein **solches** Gebot zugelassen, das diese Forderungen und die Kosten des Verfahrens deckt (geringstes Gebot).[17]) — Auch die Zwangsbeitreibung im Verwaltungswege geschieht, wenn sie gegen das unbewegliche Vermögen gerichtet ist, unter Vermittelung des Amtsgerichts.[18])

Die Zwangsvollstreckung auf Herausgabe bestimmter Sachen erfolgt bei beweglichen Gegenständen durch Abnahme, nötigenfalls unter Auferlegung des Offenbarungseides, bei unbeweglichen durch Außerbesitzsetzung. Handlungen sind auf Kosten des Schuldners durch einen Dritten zu bewirken, oder, soweit dieses nicht möglich, ebenso wie Unterlassungen durch Geldstrafe bis zu 1500 M. oder Haft zu erzwingen.[19])

Eine vorläufige Sicherungsmaßregel der Zwangsvollstreckung bildet der dingliche oder persönliche Arrest, falls es sich um Geldforderungen handelt,[20]) und die einstweilige Verfügung, wenn eine persönliche Leistung oder die Regelung eines streitigen Rechtszustandes in Frage steht.[21])

b. Konkurs.

§ 203.

aa) **Einleitung.** Zweck des Konkurses ist die ausschließliche und gemeinschaftliche Befriedigung einer Mehrheit von Gläubigern aus dem Vermögen eines zahlungsunfähig gewordenen Schuldners.

Auch hier hat das Interesse des Verkehrs eine einheitliche Regelung im Reiche herbeigeführt.[1]) Die Rechtssicherheit hat dadurch erheblich gewonnen, zumal dabei nach Vorgang der preußischen Konkursordnung (1855) die zahlreichen und verwickelten Vorrechte beseitigt wurden, die im gemeinen deutschen Prozesse das Verfahren erschwerten und verzögerten.

---

[17]) RG. § 44 Abs. 1. Durch diesen für den Grundkredit wichtigen Grundsatz wird der voranstehende Gläubiger gesichert, der Überschuldung vorgebeugt und der Schuldner vor rücksichtsloser Ausübung des Beitreibungsrechtes gesichert. — Der mehrfach beantragten Übertragung des nordamerikanischen Heimstättenrechts, das einen unantastbaren Familienbesitz — eine Art von Fideikomiß (§ 213 Abs. 2) für den bäuerlichen u. kleinen Besitz — schaffen will, steht das Bedenken entgegen, daß sie neben Erschütterung des Grundkredits auch die Lässigkeit u. Unwirtschaftlichkeit fördern würde.

[18]) V. 15. Nov. 99 (GS. 545) § 51, 52.

[19]) ZPO. § 833—98 u. 888a (ErgG. Art. II 54).

[20]) Das. § 916—34 u. ErgG. Art. II 57, 58. — Auslandsverkehr § 180 Anm. 10 d. W.

[21]) ZPO. § 935—45 u. EG. § 16[3] (G. 17. Mai 98 RGB. 332 Art. II[4].)

[1]) **KonkursO.** (10. Feb. 77 RGB. 351, mit Änderung G. 17. Mai 98 RGB. 230, gem. G. v. dems. T. RGB. 342 § 1) in neuer Fassung u. Paragraphenbezifferung veröffentlicht 98 RGB. 612; EG. 10. Februar 77 (RGB. 390), § 17 geänd. G. 13. Juli 99 das. 375 § 43) u. 17. Mai 98 (RGB. 248). — **Preuß. AusfG. 6. März** 79 (GS. 109). — Bearb. v. Jäger (3. u. 4. Aufl. Berl. 07/9) u. Wilmowski-Kurlbaum (6. Aufl. Berl. 06), Willenbücher (3. Aufl. v. Günther Berl. 09) und (kleiner) v. Sydow (11. Aufl. v. Busch Berl. 11), u. Winter (Berl. 11).

Geschichtlich hatte sich der Konkurs, der vorzugsweise bei Kaufleuten eintritt, zunächst nur für diese ausgebildet. So erscheint er als Falliment in den Staaten des Mittelalters, zuerst in Italien. Diese Beschränkung hat indes ihre Bedeutung verloren, seitdem der Kaufmannstand aus seiner früheren Abgeschlossenheit herausgetreten ist. In der neueren Gesetzgebung ist sie deshalb großenteils beseitigt.[2]) Auch die noch in dem preußischen Gesetze festgehaltene Scheidung zwischen kaufmännischem und allgemeinem Konkurse ist von der deutschen Konkursordnung verlassen.

Im Begriffe steht der Konkurs dem Streitverfahren am nächsten, insbesondere der Zwangsvollstreckung. Er ist deshalb als ein gemeinschaftliches Beitreibungsverfahren bezeichnet worden. Andererseits erscheint in ihm mit dem förmlichen Rechte, auf das der Prozeß sich beschränken kann, auch das inhaltliche Recht eng verbunden. Ferner fehlt dem Konkurse die Eigenschaft eines eigentlichen Rechtstreites, in dem Parteien einander gegenüberstehen. Beide Umstände verleihen ihm ein eigenes Gepräge und weisen ihm seinen Platz zwischen dem Prozesse und der freiwilligen Gerichtsbarkeit an.

Die Konkursordnung enthält in drei Büchern neben dem Konkursrechte (bb) und dem Konkursverfahren (cc) besondere Strafbestimmungen, mittelst derer sowohl der betrügerische und der einfache (leichtsinnige) Bankerott, als jede absichtliche Verkürzung der Gläubiger bedroht ist.[3])

§ 204.

bb) Durch das **Konkursrecht** werden die Ansprüche der Konkursgläubiger an die Konkursmasse näher bestimmt. Die letztere umfaßt das gesamte zur Zeit der Konkurseröffnung dem Gemeinschuldner gehörende Vermögen, soweit dieses der Zwangsvollstreckung unterliegt. Auch das Gesamtgut bei der ehelichen Gütergemeinschaft gehört zur Konkursmasse.[1]) Konkursgläubiger sind alle, die zur Zeit der Konkurseröffnung einen begründeten persönlichen Vermögensanspruch gegen die Gemeinschuldner haben. Ihr gleiches Interesse bedingt eine Gemeinschaft, die in dem gemeinsamen Anspruch auf gleichmäßige Befriedigung hervortritt.[2]) Mit der Konkurseröffnung geht das Verfügungs- und Verwaltungsrecht von dem Gemeinschuldner auf einen Konkursverwalter über.[3]) Gleichzeitig erleidet ersterer in Ausübung seiner bürgerlichen und politischen Rechte mehrfache Einschränkungen.[4])

[2]) Nordamerika 1867, England 1829, Dänemark 1872. — In Frankreich hat sich diese Beschränkung — die den Konkurs in den code de commerce verweisen ließ — bis heute erhalten. — Deutschland, welches schon seither dem Konkurse seine Stelle im allgemeinen Prozesse angewiesen hatte, ist dagegen vor dieser beschränkteren Auffassung bewahrt geblieben.

[3]) KonkO. § 239—244, EG. 77 § 3[3].

[1]) KonkO. § 1, 2. — § 202 Anm. 10 d. W.

[2]) KonkO. § 3, 5, 12—15. — Versammlung der Besitzer von Schuldverschreibungen § 326 Abs. 5 d. W.

[3]) KonkO. § 6—11. — Wirkung der Eröffnung auf Verjährung u. Miteigentum § 16.

[4]) Er verliert das Wahlrecht zum Reichstage (§ 17 Abs. 2 d. W.), das Bürger-

Die vor der Konkurseröffnung eingegangenen Rechtsgeschäfte oder vorgenommenen Rechtshandlungen des Gemeinschuldners[5]) unterliegen der Anfechtung, wenn dadurch einzelne Vermögensstücke unrechtmäßig der Masse entzogen sind.[6]) Nach gleichen Grundsätzen ist die Anfechtung außerhalb des Konkurses geregelt.[7]) Gegenstände, die sich im Vermögen des Gemeinschuldners befinden, ohne diesem zu gehören, unterliegen der Aussonderung und Herausgabe an die Berechtigten.[8]) Von hervorragender Bedeutung sind dabei die Ansprüche der Ehefrau, denen gegenüber die Gläubigerschaft neben dem Anfechtungsrechte durch die weitere Vorschrift geschützt ist, daß erstere die von ihr während der Ehe erworbenen Gegenstände nur in Anspruch nehmen kann, wenn sie nachweist, daß sie nicht mit Mitteln des Gemeinschuldners erworben sind.[9])

Aus der so umgrenzten Konkursmasse findet die Absonderung derjenigen Gläubiger statt, die einen Anspruch auf bestimmte einzelne Vermögensstücke geltend machen können, wie die Realgläubiger in betreff des unbeweglichen Vermögens (§ 202 Abs. 3) und die Faustpfandgläubiger in betreff der Faustpfänder.[10]) Hierauf dürfen die zur Aufrechnung befugten Gläubiger ihre Forderungen außerhalb des Konkursverfahrens geltend machen.[11]) Sodann folgen als Massegläubiger diejenigen, deren Ansprüche erst nach der Konkursöffnung in bezug auf die Konkursmasse entstanden und deshalb vorweg aus dieser zu befriedigen sind.[12]) Den Schluß bilden die auf das Konkursverfahren selbst angewiesenen Konkursgläubiger, die ihre Befriedigung nacheinander in 6 Klassen und innerhalb dieser gleichmäßig nach Verhältnis der Beträge erhalten.[13])

§ 205.

cc) Für das **Konkursverfahren** ist das Amtsgericht zuständig, bei dem der Gemeinschuldner seinen Gerichtsstand hat.[1]) Dieses ernennt den Konkursverwalter,[2]) während als Vertreter der zu wesentlich selbständiger

---

recht (§ 82), die Fähigkeit zum Schöffen, Geschworenen und Handelsrichter (§ 182 Abs. 2, § 183 Abs. 2 und 4), Schiedsmann (§ 192 Abs. 2), Vormund (§ 208 Abs. 3) u. Handelskammer-, Handwerkerkammer- oder stimmberechtigten Innungsmitgliede (§ 372 Abs. 3 u. § 368).

[5]) KonkO. § 17—28.

[6]) Das. § 29—42.

[7]) G. 21. Juli 79 (RGB. 277, mit Änderungen G. 17. Mai 98 RGB. 248 Art. VII, gem. G. v. dems. T. RGB. 342 § 1) neu veröffentlicht 98 (RGB. 709). Bearb. von Hartmann (6. Aufl. von Meikel Berl. 13).

[8]) KonkO. § 43—6.

[9]) Das. § 45.

[10]) Das. § 4, 47—52; EG. 98 Art. III: AG. § 6 u. 7. — Vorrecht der Pfandbriefgläubiger der Hypothekenbanken G. 13. Juli 99 (RGB. 375) § 35, verb. § 43 u. der Prämienreservefonds bei der Lebensversicherung G. 12. Mai 01 (das. 139) § 61 Abs. 3.

[11]) KonkO. § 53—6.

[12]) Das. § 57—60.

[13]) Das. § 61—70; AG. § 8—11.

[1]) KonkO. § 71—7.

[2]) Das. § 78—86.

Geltung gebrachten Gläubigerschaft der Gläubigerausschuß[3]) und die Gläubigerversammlung berufen sind.[4])

Die Eröffnung des Verfahrens erfolgt im Falle der Unfähigkeit zur Zahlung fälliger Beträge auf Antrag des Gemeinschuldners oder eines Gläubigers durch Beschluß des Gerichts.[5]) Das Verfahren beginnt mit der Ermittelung und Feststellung der Teilungsmasse[6]) und der Schuldenmasse[7]) (Aktiv- und Passivmasse) und endet durch Verteilung, Zwangsvergleich oder Einstellung des Verfahrens. Die Verteilung wird in Hundertteilsätzen der Forderungen ausgedrückt und erfolgt, sobald ausreichend bare Masse vorhanden ist, oder ihre Verwertung beendet oder etwa zurückbehaltene Beträge der Masse frei geworden sind (Abschlags-, Schluß- oder Nachtragsverteilung).[8])

Schneller und einfacher führt der vergleichsweise Abschluß des Verfahrens zum Ziele, durch den gleichzeitig die bessere Ausnutzung schwer verkäuflicher Gegenstände und der Erwerbstätigkeit und Geschäftsverbindungen des Gemeinschuldners ermöglicht und das Eintreten Dritter für ihn angebahnt wird. Das Gesetz läßt deshalb unter Genehmigung des Gerichts auch einen Zwangsvergleich (Akkord) zu, sobald die Mehrzahl der Gläubiger mit einer Dreiviertelmehrheit der Forderungen solchen beschließt.[9]) — Die Einstellung des Konkurses erfolgt, wenn alle Beteiligten zustimmen oder die Masse sich als zu unbedeutend herausstellt.[10])

Besondere Bestimmungen gelten für das Konkursverfahren über:

1. Aktiengesellschaften und Kommanditgesellschaften auf Aktien, für die das Verfahren außer im Falle der Zahlungsunfähigkeit auch bei Überschuldung eintritt, sowie über offene Handelsgesellschaften,[11])
2. den Nachlaßkonkurs, der gleichfalls die Überschuldung voraussetzt,[12])
3. das inländische Vermögen eines im Auslande in Konkurs geratenen Schuldners.[13])

c. Freiwillige Gerichtsbarkeit.

aa. Einleitung.

§ 206.

Zur Verhütung von Rechtsstreitigkeiten sind gewisse Rechtsgeschäfte und die Rechtsangelegenheiten gewisser Personen einer teils notwendigen, teils in das Ermessen der Parteien gestellten amtlichen Mitwirkung unterworfen.

---

3) Das. § 87—92.

4) Das. § 93—9. — Stellung des Gemeinschuldners § 100, 101.

5) Das. § 102—16; AG. § 12—14.

6) KonkO. § 117—37.

7) Das. § 138—48.

8) Das. § 149—72.

9) Das. § 173—201.

10) Das. § 202—6.

11) Das. § 207—12 u. 244 nebst HGB. § 131[3], 144, 240 Abs. 2, 292 Abs. 1[3] u. 325[8]. — Die Vorschriften über Aktiengesellschaften (KonkO. § 207, 208) gelten auch für juristische Personen (§ 249 Abs. 2 d. W.) u. für Vereine, die als solche verklagt werden können KonkO. § 213, ferner für Gesellschaften mit beschränkter Haftung G. 98 (RGB. 846) § 63, 64. — Genossenschaften G. 98 (RGB. 810) § 98 bis 118.

12) KonkO. § 214—36.

13) Das. § 237, 238.

Obwohl diese Geschäfte nur teilweise den Gerichten übertragen sind, auch die neuere Gesetzgebung die Gerichte möglichst auf die eigentliche Rechtsprechung zu beschränken sucht (§ 198 Abs. 4), wird diese Tätigkeit doch als **freiwillige oder nicht streitige Gerichtsbarkeit** bezeichnet. Der Grund für die amtliche Mitwirkung liegt entweder in der Wichtigkeit und Schwierigkeit der Rechtshandlungen oder in der Unfähigkeit der handelnden Personen.

Für die inhaltlich im BGB., im HGB. und in den sonstigen Reichsgesetzen geregelten Gebiete ist auch das Verfahren in Angelegenheiten der freiwilligen Gerichtsbarkeit **einheitlich im Reiche geordnet** worden.[1]) Die allgemeinen Vorschriften über Rechtshilfe, Zuständigkeit, Beweisaufnahme, Fristen und Beschwerden entsprechen in der Hauptsache den für den Zivilprozeß gegebenen (§ 198 und 200[3]). Die Ablehnung eines Richters ist jedoch ausgeschlossen; auch sind die Gerichtsferien auf das Verfahren ohne Einfluß; die Richter verfahren von Amts wegen.[2]) Die einzelnen Vorschriften betreffen den Personenstand (Nr. bb), die Vormundschaft (Nr. cc), die Nachlaßsachen (Nr. dd), die gerichtlichen und notariellen Urkunden (Nr. ee), die Grundbuchsachen (Nr. ff), die Hinterlegung (Nr. gg) und die Stiftungen, Familienfideikommisse und Lehen (Nr. hh). Für Personenstand und Grundbuchsachen sind besondere Reichsgesetze ergangen, die Hinterlegung, Familienfideikommisse und Lehen sind dagegen der Landesgesetzgebung belassen.[3])

Für die Handlungen der freiwilligen Gerichtsbarkeit sind regelmäßig die Amtsgerichte zuständig.[4])

---

[1]) EG. z. BGB. § 1. — RG. über die **freiwillige Gerichtsbarkeit** (17. Mai 98 RGB. 189, mit Änderungen, gem. G. 17. Mai 98 RGB. 342 § 2) neu veröffentlicht 98 RGB. 771. Daneben bestehen besondere Gesetze für den Personenstand (§ 207 Abs. 1) und das Grundbuchwesen (§ 211 Abs. 3). — Zur Ergänzung u. Ausführung (RG. § 200 Abs. 1) u. zur Regelung der durch die Reichsgesetzgebung nicht berührten Gebiete erging das preuß. AG. 21. Sept. 99 (GS. 249). Bearb. v. Birkenbihl (Berl. 00), Rausnitz (desgl.), Schultze-Görlitz (desgl.) u. Joseph (2. Aufl. Berl. 06); Handausg. v. Jastrow, (5. Aufl. Berl. 11).

[2]) FGG. § 1—34, (§ 3 erg. G. 5. März 06 RGB. 387 u. § 5 Abs. 1 durch G. 22. Mai 10 das. 767 Art. VI[1] u. VII), 194, 199. Die Vorschriften gelten im wesentlichen auch für die durch Landesgesetze den Gerichten überwiesenen Geschäfte AG. Art. 1 und (Beschwerde) 3—6; über die weitere Beschwerde entscheidet das Kammergericht Art. 7, 8; Kostenpflicht Art. 9—14; gerichtliche Zwangsgewalt Art. 15—17.

[3]) Außerdem werden geregelt Handelssachen (§ 373 Anm. 1 u. 3. d. W.) FGG. § 125—58 u. AG. Art. 29, 30, Vereinssachen (§ 246 Abs. 3 d. W.) FGG. § 159, 160, die Güterregister § 161, 162, (Führung der Vereins-, Genossenschafts-, Handels-, Schiffs- u. Güterrechtsreg. AG. Art. 29. Best. u. Vf. 6. Nov. 99 JMB. 299, nebst § 331 Anm. 8 d. W., Übertragung der Registerführung für benachbarte Amtsgerichte auf das Amtsgericht I in Berlin Vf. 99 JMB. 560), Schiffspfandrecht (§ 379 Anm. 20 d. W.) FGG. § 100—24, Offenbarungseid, Untersuchung u. Verwahrung von Sachen u. Pfandverkauf § 163—6 u. freiwillige gerichtliche Versteigerung von Grundstücken AG. Art. 66 bis 76, verb. 31, 33, 38 u. FGG. § 181.

[4]) FGG. § 35, 65, 69, 72, 125, 145 1. 167 Abs. 1. — Notare § 194 d. W. Besondere Zuständigkeit der Dorfgerichte, Gemeindevorstände u. Ortsbehörden (AG. Art. 104 bis 27) § 184[7] d. W.

bb. Personenstand.

§ 207.

Während früher die Beurkundung des Personenstandes regelmäßig im Anschluß an die von den Religionsparteien damit verbundenen Handlungen vor sich ging, hat in neuerer Zeit die selbständige und staatsrechtliche Bedeutung, die dieser Beurkundung beiwohnt, zu ihrer Übertragung auf bürgerliche Behörden geführt. Sie erfolgte in Preußen 1874 unter Einwirkung der kirchlichen Wirren (§ 289) zugleich mit der Einführung der obligatorischen Zivilehe. Das preußische Gesetz hat nach kurzer Geltung einem Reichsgesetz Platz gemacht, das durch die neuere Gerichtsgesetzgebung mehrfach ergänzt und bezüglich des Eheschließungsrechts unter Aufrechterhaltung des grundsätzlichen Standpunkts wesentlich umgestaltet worden ist.[1])

Die Beurkundung der Geburten, Heiraten und Sterbefälle (einschließlich der Totgeburten) erfolgt ausschließlich durch Standesbeamte mittelst Eintragung in die vorgeschriebenen Geburts-, Heirats- und Sterberegister. Die Eintragung geschieht kostenfrei. Die Beamten werden vom Staat für bestimmte Bezirke bestellt. In Bezirken, die den Bereich einer Gemeinde nicht überschreiten, werden die Standesamtsgeschäfte regelmäßig durch den Vorsteher oder einen von der Gemeindebehörde mit staatlicher Genehmigung angestellten Beamten versehen. Geistliche sind nicht zu bestellen, Gemeindebeamte dagegen zur Übernahme des Amts verpflichtet.[2]) Die Kosten tragen regel-

---

[1]) PersonenstandsG. 6. Feb. 75 (RGB. 23), erg. EG. z. BGB. Art. 46. Ausf.-Bek. mit Formularen 25. März 99 (RGB. 225), Formulare zu Geburts-, Aufgebots- u. Eheschließungsbescheinigungen Vf. 30. April 82 (MB. 83). Einführung in Helgoland V. 25. Nov. 99 (RGB. 675). — Zuständige Behörden PG. § 84 u. Bek. 17. Okt. 99 (MB. 189) geändert (Nr. 1) 23. Febr. 10 (MB. 53). — Abgekürzte Registerauszüge Vf. 24. Nov. 05 (MB. 40), 4. Nov. 09 (MB. 228) und 13. Feb. 11 (JMB. 78). — Mitteilung der Todesfälle bei Hinterlassung Minderjähriger G. 98 (RGB. 771) § 48 u. Vf. 27. Jan. 04 (MB. 30), der Totenlisten an die Erbschaftssteuerämter G. 91 (GS. 78) § 31, Vf. 3. Dez. 73 (MB. 74 S. 24), erg. 26. Dez. 87 (MB. 203), 31. Mai 00 (MB. 189) u. 30. Okt. 09 (MB. 227), an die Ortspolizeibehörden u. Staatsanwaltschaften § 186 Anm. 5, des Stoffes über die Bewegung der Bevölkerung an das statistische Bureau Vf. 13. März 75 (MB. 65). — Familienstammbücher Vf. 29. April 95 (MB. 135). — Bearb. v. Kruse (6. Aufl. Berl. 02); Erichsen, Die Führung der Standesregister (10. Aufl. Berl. 11); Hinschius (4. Aufl. v. Boschan ebda. 09), Stölzel (ebda. 04); derselbe, deutsches Eheschließungsrecht (4. Aufl. ebda. 04) I.

[2]) PG. § 1—6 u. preuß. G. 9. März 74 (GS. 95) § 3 Abs. 5. — Führung der Standesregister PG. § 12—16, gerichtliche Aufbewahrung der Nebenregister § 16 Abs. 2 u. FGG. (§ 203 Anm. 1) § 69 u. 197; Beurkundung auf See § 61—64, auf Binnenschiffen Vf. 16. Jan. 02 (MB. 27), für Militärpersonen außerhalb des Reichs oder auf in Dienst gestellten Marinefahrzeugen PG. § 71, V. 4. Nov. 75 (RGB. 313), 20. Jan. 79 (das. 5) u. 20. Feb. 06 (das. 359), für die Landesherren und deren Familie PG. § 72. Beurkundung in Grenzpfarreien PG. § 75 (Fassung des EG. z. BGB. Art 46 v), für Reichsangehörige im Auslande PG. § 85 und G. 4. Mai 70 (BGBl. 599) § 1, 2, 9—14 u. (Einführung in die Schutzgebiete) § 89 Anm. 16 d. W. Das G. gilt in Süddeutschland § 6 Anm. 7 u. Elf.-Lothringen. G. 8. Mai 75 (RGB. 69) Nr. 2. — Haftung des Staates für Standesbeamte

mäßig die Gemeinden, denen auch etwaige Gebühren und Strafen zufließen.[3]) Die Aufsicht führt in Landgemeinden der Landrat als Vorsitzender des Kreisausschusses (§ 81 Abs. 6), in Stadtgemeinden der Regierungspräsident;[4]) die Anweisung zur Vornahme einer abgelehnten Amtshandlung, die Berichtigung der Register und die Aufbewahrung der jährlich einzureichenden Abschriften (Nebenregister) erfolgt indes durch die Gerichte.[5])

Geburten sind innerhalb einer Woche, die Vornamen der Geborenen binnen zwei Monaten mündlich anzuzeigen. Verpflichtet zur Anzeige sind der Vater, die Hebamme, der Arzt, jede andere zugegen gewesene Person und die Mutter. In öffentlichen Anstalten trifft die Pflicht den Vorsteher; hier genügt die schriftliche Anzeige in amtlicher Form.[6]) Die Anerkennung eines unehelichen Kindes (Vaterschaft) darf erst nach Erklärung vor dem Standesbeamten oder in einer gerichtlichen oder notariellen Urkunde eingetragen werden.[7]) Die Annahme an Kindes Statt setzt einen Vertrag voraus, der vom Amtsgericht bestätigt sein muß.[8]) Die Eintragung in das Geburtsregister erfolgt in beiden Fällen und bei sonstigen Namensänderungen (Abs. 4) durch Randvermerk.[9]) — Eheschließungen, deren Voraussetzungen durch das BGB. bestimmt werden (inhaltliches Eheschließungsrecht),[10]) kön-

in Preußen § 64 d. W. — Die Zahl der Standesämter in Preußen betrug (1. Okt. 12) 11 557.

[3]) PG. § 7—10, 16, 70 nebst Tarif. § 16 und Tarif finden auch auf die gerichtlich geführten Standesregister oder Kirchenbücher Anwendung pr. GerKostG. 99 (GS. 326) § 80. ZustG. § 154 Abs. 3. — Strafen PG. § 67—69 (Fassung des EG. z. BGB. Art 46 III, IV) und StGB. § 169, 170 u. 338.

[4]) PG. § 11 Abs. 1, 2; ZustG. § 154 Abs. 1, 2.

[5]) RG. § 11, 65, 66, FGG. § 70 u. 186. Ausführung der Berichtigungsbeschlüsse Vf. JustM. 12. Jan. 04 (MB. 35).

[6]) PG. § 17—27 (§ 23 geänd. G. 14. April 05 RGB. 251) u. 68. Aufhebung der rheinischrechtlichen Vorschriften üb. Eintragung der Vornamen G. 23. Mai 94 (GS. 79). Gebräuchliche Vornamen Vf. 11. Aug. 10 (MB. 247). Eintragung fremdsprachlicher Namen Vf. 11. März 98 (MB. 58). — Anm. 15 u. 16.

[7]) PG. § 25; BGB. § 1718 u. (behufs Legitimation durch nachfolgende Ehe) 1720 Abs. 2, AG. Art. 70, 71, Ausf-Anw. (Anm. 1) § 14—16 u. Vf. 18. Okt. 99 (MB. 189). — Die Legitimation kann durch nachfolgende Ehe oder durch Ehelichkeitserklärung der Staatsgewalt erfolgen BGB. § 1719 bis 40. Zuständig ist für Preußen der Justizminister, bei Annahme eines adligen Namens unter Zustimmung des Königs V. 16. Nov. 99 (GS. 562) Art. 13. Geburtsscheine für die durch Eheschließung legitimierten Kinder Vf. 24. Feb. 05 (MB. 40).

[8]) BGB § 1741—72, FGG. § 65 bis 68 u. V. 99 (vor. Anm.) Art. 14. StempelG. 09 (GS. 535) Tar. Nr. 4. Die Führung der Adelsbezeichnung fordert landesherrliche Genehmigung AE. 16. Aug. 54 (GS. 516).

[9]) PG. § 26, FGG. § 71.

[10]) BGB. § 1303—15. Die Ehehindernisse sind aufschiebend oder trennend: bei letzteren gilt die Ehe als nicht geschlossen (Nichtigkeit, § 1323—9), oder sie ist bis zur erfolgten Anfechtung gültig (Anfechtbarkeit § 1330—5). — Nach § 1315 bedarf es der Genehmigung für Militärpersonen (§ 101 Anm. 7), für Landesbeamte, soweit die Landesgesetze es vorschreiben (§ 65 Anm. 14) u. für Ausländer (Erfordernisse u. Form) EG. Art. 13 u. (zwischenstaatliche Regelung) § 196 Anm. 11 d. W.; diese bedürfen eines gesandtschaftlichen oder konsularisch zu beglaubigenden Zeugnisses der Heimatbehörde, daß dieser Ehehindernisse nicht bekannt sind u. daß die Ausländer nebst Ehefrau u. Kindern ihre Staatsangehörigkeit durch die Eheschließung nicht verlieren AG. Art. 43 § 1—5, (Russen) Vf. 17. Feb. 05 (MB. 39), (Portugiesen) 27. Juli 12 (MB. 252). u. (vertrags

nen rechtsgiltig nur nach vorherigem, durch zweiwöchentlichen Aushang zu bewirkendem Aufgebot[11]) durch eine in Gegenwart zweier Zeugen vor dem Standesbeamten gegebene Erklärung geschlossen werden (förmliches Eheschließungsrecht).[12]) Vor diesem Zeitpunkt sind religiöse Ehefeierlichkeiten unzulässig.[13]) — **Sterbefälle** sind spätestens am folgenden Wochentage vom Familienhaupt oder vom Eigentümer des Sterbehauses dem Standesbeamten anzuzeigen. Eine vorherige Beerdigung ist nur mit Genehmigung der Ortspolizeibehörde gestattet.[14])

Mit dem Personenstande steht die Führung bestimmter Zunamen in Zusammenhang.[15]) **Namensänderungen** fordern staatliche Genehmigung.[16]) Der Namensgebrauch ist privat- und strafrechtlich geschützt.[17])

---

mäßige Befreiung der Angehörigen einzelner Staaten) Vf. 13. März 03 (MB. 28), erg. 19. Feb. 04 (MB. 49), 17. Feb. 05 (MB. 39), 19. Okt. 06 (MB. 335). Eines Verehelichungszeugnisses bedürfen auch die Bewohner des rechtsrheinischen Bayerns (Art. 43 § 6), deren Ehen mangels dieses Zeugnisses zwar nicht rechtsungültig, aber für die bayrischen Heimatverhältnisse unwirksam sind Vf. 19. Dez. 99 (MB. 00 S. 8) u. 6. Juli 03 (MB. 173). — Beurkundung der **Eheschließungen im Auslande** Anm. 2; Preußen erhalten dabei eine Bescheinigung des Regierungspräsidenten, daß es in Preußen einer obrigkeitlichen Erlaubnis nicht bedarf Vf. 10. Jan. 53 u. 7. Jan. 66 (MB. 104). Die Ausstellung kann den Landräten übertragen werden Vf. 10. Mai 61; in Hessen-Nassau sind sie neben dem Reg.-Präs. zuständig Vf. 2. Feb. 69 (MB. 30). Anm. 2. — Befreiung von Ehehindernissen (BGB. § 1322 Abs. 1) gewährt, wenn es sich um die Wartezeit der Witwen handelt, das Amtsgericht, sonst der Justizminister V. 16. Nov. 99 (GS. 562) Art. 10 u. 11. — Die **polizeilichen Ehebeschränkungen** waren schon früher beseitigt G. 4. Mai 68 (BGBl. 149), Einf. in Süddeutschland außer Bayern § 6 Anm. 7 d. W; ebenso die Eheverbote des LR. (II 1 § 30—33) wegen Ungleichheit des Standes G. 22. Feb. 69 (GS. 365).

[11]) BGB. § 1316 u. (Befreiung) 1322 Abs. 2, 3 u. V. 16. Nov. 99 Art. 12 (Fassung der V. 12. Juli 10 GS. 111 u. 16. Dez. 12 GS. 229); PG. § 44 bis 50 (Fassung des EG. z. BGB. Art. 46 II); erforderliche Urkunden Vf. 13. März 03 (MB. 32).

[12]) BGB. § 1316—22. Die Regelung der Zuständigkeit (§ 1320, 1321) begründet nur eine Dienstpflicht für den Standesbeamten; Unzuständigkeit macht, wenn die Verlobten in gutem Glauben sind, die Ehe nicht ungültig § 1319. — Eintragung in das Heiratsregister PG. § 54, 55. — Form der Eheschließung im Auslande G. 70 (Anm. 2) § 3—9, erg. EG. z. BGB. Art. 40, in Konsulargerichtsbezirken G. 7. April 00 (RGB. 213) § 36, Schutzgebieten wie Anm. 2. Ehescheidungen § 201 Anm. 4 d. W.

[13]) PG. § 67 (Fassung des EG. z. BGB. Art. 46 III). — Die kirchlichen Verpflichtungen werden durch die bürgerliche Eheschließung nicht berührt BGB. § 1588. Hinweis auf diese Verpflichtungen bei Aufgeboten, Eheschließungen u. Geburten Vf. 5. März 97 (M. 51).

[14]) PG. § 56—60.

[15]) Ehefrau BGB. 1355, 1377 nebst AG. Art. 68 § 1, eheliche Kinder BGB. § 1616, uneheliche § 1706 nebst EG. Art. 208, BGB. § 1719, 1723 nebst AG. Art. 68 § 2, angenommene BGB. § 1758, 1772.— Eine unter Ausschluß der sonstigen Rechtswirkungen lediglich die Namensänderung bezweckende Annahme an Kindesstatt ist als Scheinvertrag gem. BGB. § 117 nichtig Beschl. KamGer. 21. Nov. 07 (MB. 08 S. 30).

[16]) KO. 15. April 22 (GS. 108), auch die veränderte Schreibweise (polnische Schriftzeichen) bedarf der Genehmigung U. KamGer. 12. April 00 (MB. 208) u. OV. 18. Juni 01 (XXXIX 403); zuständig ist, abgesehen von adligem Namen, der RegPräs. AE. 12. Juli 67 (GS. 1310), auch in betreff der Vornamen Vf. 15. Aug. 98 (MB. 191), u. für im Ehebruch erzeugte Kinder 20. Jan. 10 (MB. 18); bei Änderung jüdischer Vor- u. Zunamen ist zu berichten Vf. 18. Mai

Anm.: Note [17]) befindet sich auf Seite 354.

cc. Vormundschaft.

§ 208.

Die im römischen Recht als Privatrechtsverhältnis auftretende Vormundschaft hatte in Deutschland durch Hinzutritt der staatlichen, in der Regel von den Gerichten wahrgenommenen Aufsicht eine wesentliche Änderung erfahren. Im Landrecht war diese gemeinrechtliche Obervormundschaft besonders ausgedehnt, während in der preußischen Vormundschaftsordnung (1875) der Vormund wieder selbständiger gestellt und in den Familien- und Waisenräten auch die Familie und Gemeinde in die vormundschaftliche Verwaltung hineingezogen wurden. Auf gleicher Grundlage beruht das BGB., das das Vormundschaftsrecht inhaltlich für das ganze Reich neu geregelt hat.[1])

Als **Vormundschaftsgericht** ist das Amtsgericht des Wohnsitzes zuständig [2]) Im allgemeinen wird die Vormundschaft über Minderjährige, über Großjährige und die Pflegschaft unterschieden.

a) Eine **Vormundschaft über Minderjährige** ist einzuleiten, wenn diese nicht unter elterlicher Gewalt stehen.[3]) Die Bevormundungsfälle sind von dem Standesbeamten und dem Gemeindewaisenrat (Abs. 5) dem Gericht anzuzeigen,[4]) das den Vormund von Amts wegen bestellt und verpflichtet. Eine kraft Gesetzes eintretende Vormundschaft besteht nicht; doch sind zunächst die vom Vater, der ehelichen Mutter und den Großeltern benannten Personen zu berufen; erst wo solche fehlen, sind die Vormünder nach Anhörung des Waisenrates auszuwählen. Zur Ablehnung berechtigt nur weibliches Geschlecht, Vollendung des 60. Lebensjahres, Vorhandensein von mehr als 4 eigenen ehelichen, minderjährigen Kindern, Krankheit oder Ge-

---

00 u. 25. Sept. 93 (MB. 211) u. 11. April 04 (MB. 116); Doppelnamen sind in der Regel nicht zuzulassen Vf. 6. Aug. u. die Bezeichnung Unverheirateter als Frau fordert Allerh. Genehmigung 31. Juli 69 (MB. 233 u. 149). Verfahren Vf. 9. Aug. 67 (MB. 246). Stempel 100, bei Namensvermehrung 200, bei Bedürftigkeit 5 M. G. 09 (GS. 535) Tarif Nr. 42.

[17]) BGB. § 12 u. StGB. § 360[8].

[1]) BGB § 1773—1921 nebst EG Art. 23 u. AG. 20. Sept. 99 (GS. 177) Art. 72—78. — **Das** förmliche Vormundschaftsrecht gibt das FGG. (§ 206 Anm. 1) § 35—64. **Kosten** § 195 Anm. 14 d. W. Zwischenstaatliche Regelung § 196 Anm. 11.

[2]) FGG. § 35—47, erg. (§ 46 Abs. 2) G. 22. Mai 10 (RGB. 767) Art. VI[2] u. VII.

[3]) BGB. § 1773. — **Die Volljährigkeit** tritt mit Vollendung des 21sten Lebensjahres ein BGB. § 2; nach Vollendung des 18ten ist Volljährigkeitserklärung möglich § 3—5 u. (Verfahren) FGG. § 56 u. 196. — Die **elterliche Gewalt** (BGB. § 1626—98, Verfahren § 201[4] d. W.) — die auf allen privat- u. öffentlichrechtlichen Gebieten die väterliche Gewalt ersetzt hat AG. Art. 69 — umfaßt die Sorge für die Person u. das Vermögen minderjähriger Kinder einschließlich ihrer Vertretung BGB. § 1626 bis 42, mit dem Rechte der Nutznießung an ihrem Vermögen § 1649—64. Sie wird zunächst vom Vater ausgeübt § 1627, der in der Beaufsichtigung durch das Vormundschaftsgericht freier gestellt ist als der Vormund § 1665—75 (Anm. 8 u. 9); die Mutter nimmt nur an der Sorge für die Person teil § 1634. Wenn der Vater tot ist oder die elterliche Gewalt verwirkt, übt die Mutter sie allein aus § 1684—6, 1696—8, der aber ein Beistand bestellt werden kann § 1687—95. — Polizeiliche Zurückführung flüchtiger Kinder zu den Eltern Vf. 30. Juni 11 (MB. 199).

[4]) FGG. § 48—50 u. Vf. 20. Nov. 99 (MB. 00 S. 2).

brechlichkeit, entfernter Wohnsitz, Erfordernis einer Sicherheitsleistung, Führung von mehr als einer Vormundschaft oder Pflegschaft[5]). Der Gegenvormund, der insbesondere bei erheblicher Vermögensverwaltung zu bestellen ist, soll die pflichtgemäße Führung der Vormundschaft überwachen.[6])

Die Führung der Vormundschaft umfaßt die Sorge für die Person und die Vermögensangelegenheiten des Mündels einschließlich seiner Vertretung. Der Vormund führt die Vormundschaft selbständig unter eigener Verantwortlichkeit, ist aber in bestimmten Fällen an die Genehmigung des Gerichts oder des Gegenvormundes gebunden. Gleich diesem ist er dem Mündel für den aus einer Pflichtverletzung entstehenden Schaden verantwortlich, wenn ihm ein Verschulden zur Last fällt.[7])

Bei Beaufsichtigung der Vormünder durch die Gerichte[8]) stehen

---

[5]) BGB. § 1774—91. Bestellung von Militärpersonen § 101 Abs. 3 d. W., Beamten § 65 Anm. 11, auch für Reichsbeamte geltend § 21 Anm. 3; Bevormundung durch Anstaltsvorstände (§ 241 Anm. 1) oder Beamte der Gemeindeverwaltung EG. Art. 136, AG. Art. 78; Fürsorgeerziehung verwahrloster Kinder § 241 Abs. 1[3].

[6]) BGB. § 1792, 1799, 1832—6, 1842, 1854 Abs. 2.

[7]) BGB. § 1793—1836 u. (Befreiungen auf Anordnung der Eltern) § 1852—7. — Die für die verzinsliche Anlegung von Mündelgeld im Interesse der Sicherheit vorgeschriebenen Bedingungen (Mündelsicherheit) haben durch ihre Anwendung auf andere Privatrechtsverhältnisse (§ 234, 1079, 1288, 1377, 1642, 2119) u. auf die Vermögensverwaltung verschiedener öffentlichrechtlicher Körperschaften u. Anstalten eine weit über das Vormundschaftsrecht hinausreichende Bedeutung erlangt. Die Anlegung darf erfolgen:

a) in Hypotheken-, Grundschuld- und Rentenschuldforderungen an inländischen Grundstücken innerhalb des 15fachen (bei erststelliger Beleihung 20fachen, bei höherer Beleihungsfähigkeit von bestimmten öffentlichen Anstalten 30fachen, auf Grund Königlicher Verordnung 40fachen) Grundsteuerreinertrags oder bei ländlichen Grundstücken innerhalb $^2/_3$, bei städtischen innerhalb $^1/_2$ des durch Taxe des Gerichts oder der erwähnten Anstalten ermittelten Wertes,

b) in verbrieften und Schuldbuchforderungen, die gegen das Reich oder einen Bundesstaat gerichtet oder von diesem gewährleistet sind,

c) in Rentenbriefen, kündbaren oder regelmäßig tilgbaren Schuldverschreibungen, die von deutschen Kommunalverbänden oder deren Kreditanstalten oder mit staatlicher Genehmigung von kirchlichen Verbänden ausgestellt sind, in Pfandbriefen bestimmter öffentlicher Kreditanstalten, Inhaberpapieren, die von preuß. schen Hypothekenaktienbanken auf Grund von Darlehen an öffentliche Körperschaften ausgegeben sind,

d) in öffentlichen, vom Regierungspräsidenten im Einvernehmen mit dem Landgerichtspräsidenten für geeignet erklärten Sparkassen.

BGB. § 1807, EG. Art. 212 u. 99, AG. Art. 73—75, Bek. 7. Juli 01 (RGB. 263, ferner RGB. 02 S. 3, 03 S. 275, 05 S. 180, 10 S. 963). Das nicht auf diese Weise anzulegende Geld ist bei der Reichsbank, einer öffentlichen Bank (Seehandlung § 124 Abs. 2, Zentralgenossenschaftskasse § 327 Abs. 1, Landesbanken und landschaftlichen Kreditanstalten § 351 Abs. 3—5 d. W.) oder für geeignet erklärten Privatbanken (nicht bei den Hinterlegungsstellen § 212) anzulegen BGB. § 1808, EG. Art. 144, AG. Art. 76; — Inhaberpapiere der Mündel sind regelmäßig zu hinterlegen oder auf Namen umzuschreiben BGB. § 1814 bis 20 u. Hinterl.-O. (Fassung des AG. Art. 84 IX) § 47, 47a u. 48.

[8]) BGB. § 1837—48 u. (Genehmigungen vor. Anm.) 1821—31. Die Haftung für Verletzung der Amtspflicht gegenüber dritten (§ 64 d. W.) liegt dem Vormundschaftsrichter dem Mündel gegenüber ob § 1848 u. (bei der elterlichen Gewalt Anm. 3) 1674. — Wirksamkeit der Verfügungen FGG. § 51—53 u. 55, Eintragung der Sicherungshypothek § 54, Beschwerden § 57—64.

diesen in den Gemeindewaisenräten Hilfsorgane zur Seite, die bei Gefährdung des Vermögens dem Gericht Anzeige zu machen, sonst bei der persönlichen Fürsorge für die Mündel in ähnlicher Weise mitzuwirken haben, wie die Gegenvormünder bei der Vermögensverwaltung. Dazu werden als Waisenräte für eine oder mehrere Gemeinden ein oder mehrere Gemeindemitglieder bestellt. Das Amt ist unentgeltliches Ehrenamt.[9]) — Ferner hat das Gericht auf Anordnung der Eltern oder auf Antrag der Beteiligten einen Familienrat einzusetzen, der aus 2 bis 6 Verwandten oder Verschwägerten unter Vorsitz des Richters besteht, diesen besonders bei Fortführung größerer landwirtschaftlicher oder gewerblicher Betriebe unterstützen soll und die Rechte und Pflichten des Vormundschaftsgerichts ausübt.[10])

Die Beendigung der Vormundschaft erfolgt mit der Volljährigkeit oder Volljährigkeitserklärung des Mündels oder mit dessen Wiedereintritt in die elterliche Gewalt. Das Amt des Vormundes endigt, wenn dieser stirbt, wegen Unfähigkeit oder aus sonstigen Gründen entlassen oder wegen Pflichtwidrigkeit entsetzt wird.[11])

b) Über Volljährige wird eine Vormundschaft nur im Fall der Entmündigung eingeleitet. Auf diese finden die allgemeinen Bestimmungen mit einigen Maßgaben Anwendung. Ein Volljähriger, dessen Entmündigung beantragt ist, kann unter vorläufige Vormundschaft gestellt werden.[12])

c) Eine Pflegschaft ist zu bestellen, wo die Vertretung einer Person nur für ein einzelnes Geschäft oder für einen begrenzten Kreis von Angelegenheiten erforderlich wird. Diese Fälle treten ein, wenn die elterliche Gewalt oder Vormundschaft aus tatsächlichen oder aus rechtlichen Gründen, insbesondere wegen widerstreitender Interessen nicht ausgeübt werden kann. Besondere Fälle bilden die Fürsorge für Gebrechliche, Abwesende, unbekannte Beteiligte, für eine Leibesfrucht und für ein durch öffentliche Sammlung für einen vorübergehenden Zweck zusammengebrachtes Vermögen. Die Pflegschaft ist nach dem Vorbilde der Vormundschaft geordnet.[13])

dd. Nachlaßsachen.

§ 209.

Die nach dem BGB. eingetretene gerichtliche Mitwirkung bei Regelung des Erbrechts übt das Amtsgericht (Nachlaßgericht) aus.[1]) Dieses hat für

[9]) BGB. § 1849—51 u. (Einrichtung) AG. Art. 77, nach dessen § 2 auch Pflegerinnen zur Überwachung der Kinder u. weiblichen Mündel bestellt werden können; Einrichtung der Waisenratsversammlungen u. Teilnahme der Vormundschaftsrichter Vf. 26. April u. 20. Juli 02 (MB. 81 u. 124), 25. Jan. 06 (JMB. 29 u. 34), 28. Mai 06 (MB. 204) u. 15. Nov. 09 (MB. 228).

[10]) BGB. § 1858—81 (EG. Art. 147 Abf. 1 u. FGG. § 190 u. 195 kommen für Preußen nicht in Betracht).

[11]) BGB. § 1882—95.

[12]) BGB. § 1896—1908. — Entmündigung § 201[5] d. W.

[13]) BGB. § 1909—21; Nachlaßpflegschaft § 209 Anm. 2.

[1]) FGG. § 72—4. — Staatsverträge über Nachlaßbehandlung § 88 Anm. 8 d. W.

die Sicherung des Nachlasses zu sorgen[2]) und eine Reihe einzelner Geschäfte vorzunehmen,[3]) insbesondere zur Auseinandersetzung von Miterben auf Antrag eines Beteiligten ein Vermittelungsverfahren einzuleiten und im Fall der Einigung diese zu beurkunden und zu bestätigen. Aus der bestätigten Vereinbarung findet die Zwangsvollstreckung statt.[4]) Das Gericht kann das Verfahren auf Antrag eines Beteiligten einem Notar überweisen; die Bestätigung der Auseinandersetzung verbleibt indes dem Gericht.[5])

ee. Gerichtliche und notarielle Urkunden.

§ 210.

Nach dem BGB. bedarf es in der Regel keiner besonderen Form der Rechtsgeschäfte. Wo solche jedoch durch Gesetz oder Vereinbarung der Parteien vorgeschrieben ist, macht ihr Mangel das Rechtsgeschäft nichtig. Besondere Formen sind die Schriftform, welche die Unterzeichnung durch eigenhändige Unterschrift oder durch ein gerichtlich oder notariell zu beglaubigendes Handzeichen voraussetzt, die öffentliche Beurkundung (Aufnahme der Erklärung), welche die Schriftform und die öffentliche Beglaubigung ersetzt.[1]) Urkunden inländischer öffentlicher Be-

---

[2]) BGB. § 1960. (Die weitergehenden landesgesetzlichen Befugnisse des Nachlaßgerichts EG. Art. 140 sind für Preußen aufgehoben AG. Art. 79). Mitwirkung der Dorfgerichte u. Ortsbehörden § 187⁷ d. W. Die Polizeibehörden haben Todesfälle, die eine Sicherung erfordern, dem Gerichte anzuzeigen AG. 21. Sept. 99 (GS. 249) Art. 19; beim Tode eines Beamten tritt die Mitwirkung seiner Behörde oder Aufsichtsbehörde ein das. Art. 20. — Anordnung der Nachlaßpflegschaft (BGB. § 1960—2) FGG. § 75, der Nachlaßverwaltung (BGB. § 1975—92) das. § 76.

[3]) Bestimmung einer Inventarfrist für den Erben (BGB. § 1994—2000) FGG. § 77, Gewährung der Akteneinsicht § 78, Abnahme des Offenbarungseides (BGB. § 2006) § 79, Fristbestimmung bei Vermächtnissen (BGB. § 2151—4, 2192, 2193, 2198) § 80, Verfügung bezüglich des Testamentsvollstreckers (BGB. § 2200, 2202, 2216—24, 2227) § 81, 82, Einforderung der Testamente (BGB. § 2259 Abs. 1) § 83, Ausfertigung der Erbscheine (BGB. § 2353—70) § 85 u. (Kraftloserklärung) § 201 Anm. 8 d. W. — Aufgebot der Nachlaßgläubiger BGB. § 1970 bis 974, 2061; Nachlaßkonkurs § 202 Abs. 4[2] d. W.

[4]) FGG. § 86—98, 192 u. (Anwendung auf Teilung des ehelichen Gesamtgutes) 99. Teilungsgrundsätze BGB. § 2042—9.

[5]) FGG. § 193, AG. Art. 21—27 u. (Kostenpflicht) 28.

[1]) BGB. § 125. Die Schriftform (§ 126, 127) ist vorgeschrieben für Stiftungsgeschäfte (§ 213 Abs. 1 d. W.) u. Pacht- u. Mietverträge über Grundstücke für länger als ein Jahr (BGB. § 566, 581 Abs. 2) und über Jagden (§ 360 Anm. 5 d. W), die öffentliche Beglaubigung (§ 129) für Anmeldungen zum Vereinsregister (§ 249 Anm. 10 d. W.) u. Erklärungen behufs grundbuchlicher Eintragung (GrundbO. 98 RGB. 754 § 29), die gerichtliche od. notarielle Beurkundung (BGB. § 128 u. EG. Art. 141) für Grundstücksübertragungen (§ 313), Schenkungsversprechen (§ 518), Testamente, soweit sie nicht eigenhändig geschrieben und unterschrieben sind (§ 2231, 2238), Erbverzichte (§ 2348, 2352), Erbschaftskäufe (§ 2371), Gesellschaftsverträge für Aktiengesellsch. u. Ges. m. beschr. Haftung (§ 330 d. W.) u. Versicherungsvereinen auf Gegenseitigkeit (§ 323 Anm. 20). Für die Beurkundung ist die gleichzeitige Anwesenheit der Parteien an sich nicht erforderlich, gleichwohl für einzelne Rechtsgeschäfte besonders vorgeschrieben (Auflassung § 211 Abs. 2 u. Eheschließung § 207 Abs. 3 d. W.; ferner Eheverträge BGB. § 1434,

hörden bedürfen keiner Beglaubigung, die ausländischer nur der Legalisation durch einen deutschen Gesandten oder Konsul.[2])

Für die öffentliche Beglaubigung und die Beurkundung sind die Amtsgerichte und Notare (§ 194) zuständig.[3]) Für die Beurkundung von Rechtsgeschäften bedarf es regelmäßig der Zuziehung von Zeugen nicht; ist jedoch ein Beteiligter taub, blind, stumm oder sonst am Sprechen verhindert, so muß der Richter einen Gerichtsschreiber oder zwei Zeugen, der Notar einen zweiten Notar oder zwei Zeugen zuziehen. Wenn mit einem Stummen oder am Sprechen Verhinderten eine schriftliche Verständigung nicht möglich ist oder ein Beteiligter erklärt, daß er der deutschen Sprache nicht mächtig sei, so muß ein vereideter Dolmetscher zugezogen werden. Über die Verhandlung ist ein Protokoll in deutscher Sprache aufzunehmen, das in Urschrift in Verwahrung des Gerichts oder Notars bleibt, in Ausfertigung aber von den Parteien oder ihren Rechtsnachfolgern gefordert werden kann.[4]) Die Beglaubigung von Unterschriften oder Handzeichen darf nur erfolgen, wenn diese in Gegenwart des Richters oder Notars vollzogen oder anerkannt werden; von dem Inhalt der Urkunden darf der Richter oder Notar ohne Zustimmung der Beteiligten nicht Kenntnis nehmen. Für diese Beglaubigungen und sonstigen einfachen Zeugnisse bedarf es keines Protokolls.[5])

Annahme an Kindesstatt § 1750 Abs. 2, 1770 u. Erbverträge § 2276, 2290 Abs. 4).

[2]) G. 1. Mai 78 (RGB. 98). — Die gerichtliche Beglaubigung zwecks Legalisation im diplomatischen Wege erfolgt durch die Landgerichtspräsidenten, kann aber vom Justizminister auch einem die Aufsicht führenden Amtsrichter (§ 182 Abs. 1) übertragen werden G. 24. April 78 (GS. 230) § 43, erg G. 21. Sept. 99 (GS. 249) Art. 130 VI nebst Vf. 17. Okt. 91 (JMB. 264) u. 4. Nov. 00 (das. 131) Nr. 8; Geschäftsgang bei der Legalisation Vf. 20. April 95 (das. 133), verb. Anm. 3.

[3]) FGG. § 167 u. (auf Kriegsfahrzeugen im Auslande) 184; AG. Art. 31 bis 39 (von der Ermächtigung, die Zuständigkeit für die Beurkundung auf die Gerichte oder die Notare zu beschränken EG. z. BGB. Art. 141 hat Preußen keinen Gebrauch gemacht). Die Zuständigkeit anderer Behörden u. Beamten zu Handlungen der freiwilligen Gerichtsbarkeit bleibt unberührt FGG. § 191 u. AG. Art. 32 Abs. 1. Abgesehen von den Standesbeamten (§ 207 Abs. 2 d. W.), den Dorf- u. Ortsgerichten u. Ortsbehörden (§ 187⁷ d. W.) u. der Formerleichterung bei Rentengutsbildungen (§ 343 Anm. 13) u. bei freiwilliger Abtretung zu enteignender Grundstücke (§ 377 Anm. 9) können Grundabtretungsverträge, bei denen ein Beteiligter durch eine öffentliche Behörde vertreten wird, durch den von dieser bestimmten Beamten beurkundet werden EG. z. BGB. Art. 142 u. AG. Art. 12 § 2 u. 4. Die gleiche Befugnis haben die Bürgermeister im vormaligen Herzogtum Nassau bei allen Grundstücksabtretungen, falls am Orte kein Amtsgericht ist und der Wert 500 M. nicht übersteigt das. § 3 u. 4. — Anerkennung der Urkunden öffentlicher Behörden u. Beamten im Verkehr mit Österreich Vtr. 25. Feb. 80 u. (Ausdehnung auf Bosnien u. Herzegowina) 13. Juni 81 (RGB. 4 u. 253): Behörden Bek. 18. Juli 01 (RGB. 323). Erleichterung bei Beglaubigungen im Verkehr mit der Schweiz Vtr. 14. Feb. 07 (das. 411, 415, 418, 1911 S. 907 u. 1912 S. 535). Beglaubigung der für Rußland bestimmten Urkunden Vf. 6. März 96 (JMB. 92). — Gebühren einzelner Staaten JMB. 99 S. 36.

[4]) FGG. § 168—82, 198 u. AG. Art. 2, 40—65. — Besondere Vor-

Anm.: Note [5]) befindet sich auf Seite 359.

ff. Grundbuchsachen.

§ 211.

Das Recht an Grundstücken (Liegenschaftsrecht) war in Preußen im Jahre 1872 unter Einführung der Grundbucheinrichtung neu geregelt worden, die die Grundsätze und das Verfahren der älteren Hypothekenordnung von 1783 unbeschadet der gebotenen Sicherheit erheblich vereinfacht und damit den Bedürfnissen des vermehrten Umsatzes der Grundstücke und eines erleichterten Grundkredits Rechnung getragen hatte. Zunächst auf das landrechtliche Gebiet berechnet war die Einrichtung später auf fast alle Teile des Staates übertragen worden. Das BGB. hat die Grundbucheinrichtung, die es auf alle Rechte an unbeweglichen Sachen ausdehnte, übernommen und damit ein gemeinsames Liegenschaftsrecht für das Reich geschaffen (Abs. 2), das in förmlicher Beziehung in der Reichs-Grundbuchordnung seinen Abschluß gefunden hat (Abs. 3).[1])

Die Grundbucheinrichtung soll die Rechte an Grundstücken, wie sie dem Eigentümer, dem Grundberechtigten und dem Grundgläubiger zustehen, völlig sicher stellen; das Grundbuch hat dieserhalb die Grundstücke und die genannten Berechtigten mit allen vorkommenden Veränderungen genau nachzuweisen. Die Grundlagen für das Grundbuchrecht sind die Einigung, die Eintragung und die Öffentlichkeit. Jede Rechtsänderung an einem Grundstück (Übertragung des Eigentums, Belastung mit einem Rechte, Übertragung oder Belastung solchen Rechts) ist in der Regel (abgesehen von den Fällen der Erbfolge, Zwangsvollstreckung und Enteignung) abhängig:

1. von der Einigung der Beteiligten,
2. von der Eintragung in das Grundbuch.

Die Einigung bildet einen dinglichen Vertrag, der von dem zu Grunde liegenden Rechtsgeschäft völlig unabhängig ist. Einer besonderen Form bedarf die Einigung — abgesehen von der Auflassung — nicht, da ihre volle Wirksamkeit erst mit der Eintragung eintritt. Die Beteiligten sind aber an die Einigung nur gebunden, wenn sie gerichtlich oder notariell oder vor dem Grundbuchamte erfolgt ist. Zur Aufhebung eines Rechts genügt die Erklärung des Berechtigten und die Löschung im Grundbuche.[2]) —

schriften enthält das BGB. für die Aufnahme von Testamenten § 2232—48 u. Erbverträgen § 2276.

[5]) FGG. § 183 u. AG. Art. 56—60 u. 54.

[1]) Liegenschaftsrecht von Turnau u. Förster (I. Bd. Sachenrecht. II. GrundbO. Paderb. 3. Aufl. 06), Willenbücher (Berl. 04), Oberneck (4. Aufl. 2 Bde. Berl. 09), Fuchs (Berl. 06—8) u. (kürzer) Philler (Berl. 01).

[2]) BGB. § 873—8. — Das Rangverhältnis der eingetragenen Rechte bestimmt sich nach der Reihenfolge oder — bei Eintragung in verschiedene Abteilungen des Grundbuchs — nach dem Tage der Eintragungen § 879—882; Abweichung für Landeskulturrenten EG. Art. 118 u. § 348 Abs. 5 d. W. — Zur Sicherung eines vertragsmäßigen oder gesetzlichen, persönlichen Anspruchs an einem Grundstücke dient die Vormerkung im Grundbuche, die auf Grund einstweiliger Verfügung oder der Bewilligung des Be-

Aus der *Öffentlichkeit* folgt — neben der förmlichen Vorschrift, daß die Grundbücher für alle Beteiligten zugänglich sind (Abs. 3) — auch inhaltlich die Rechtsvermutung, daß ein eingetragenes Recht besteht, ein gelöschtes nicht besteht, soweit dem Erwerber nicht die Unrichtigkeit der Eintragung bekannt ist (öffentlicher Glaube des Grundbuchs).[3]) — Die zur Übertragung des Eigentums an einem Grundstücke erforderliche Einigung muß bei gleichzeitiger Anwesenheit beider Teile vor dem Grundbuchamte erklärt werden (*Auflassung*).[4]) — *Rechte, die das Grundstück eines anderen belasten* und deshalb der Eintragung bedürfen, sind nach dem BGB. das Erbbaurecht, die Dienstbarkeiten, das Vorkaufsrecht und die Grund (Real-) lasten.[5]) Daran schließen sich die *Hypothek*, die *Grund- und die Rentenschuld*. Diese bilden das Pfandrecht an unbeweglichen Sachen, sind aber bei ihrer eigenartigen Gestaltung als solches im BGB. nicht bezeichnet. Sie dienen dem Grundkredit (§ 351 Abs. 3) und geben das Recht, die Zahlung einer bestimmten Geld-

troffenen erfolgt BGB. § 883—8; steht der Inhalt des Grundbuchs mit der wirklichen Rechtslage nicht im Einklang, so kann die Berichtigung gefordert u. ein Widerspruch eingetragen werden § 894—9. — Durch Eintragung kann der Eigentümer die *Vereinigung mehrerer Grundstücke* zu einem herbeiführen § 890 u. (Vorbehalt für die Landesgesetzgebung) EG. Art. 119^3 u. § 280 Anm. 1 d. W. — Aus der Dinglichkeit des Rechtsverhältnisses folgt, daß der Eigentümer *Rechte an dem eigenen Grundstücke* haben kann BGB. § 889, 1143, 1163, 1168, 1170—3, 1177, 1196 u. daß die Ansprüche aus eingetrag. Rechten nicht verjähren § 901, 902, während allein durch die Eintragung bei 30 jährigem Besitze das Eigentum erworben wird (Tabularersitzung § 900). — Mit Rücksicht auf ihre Zweckbestimmung oder die Rechtsstellung ihrer Besitzer sind *von der Eintragungspflicht* (EG. Art. 127) befreit u. nur auf Antrag einzutragen die Grundstücke des Reichs, des Staates, der Kommunalverbände, Kirchen, Klöster u. Schulen, die öffentlichen Gewässer, Wege u. Eisenbahnen, GrundbO. (Anm. 9) § 90, 91 u. (Eigentumsübertragung) G. 99 (GS. 177) Art. 27 u. V. 13. Nov. 99 (GS. 519) Art. 1. Von der Befugnis zur Ausdehnung auf Grundstücke des Landesherrn und der landesherrlichen, sowie der ihnen gleichgestellten Familien ist noch nicht Gebrauch gemacht. — Erwerb von Fischereiberechtigungen § 346 Abs. 9 d. W. — Grundstücksrecht in den Schutzgebieten § 89 Anm. 15.

[3]) BGB. § 891—3. Entsprechende Vermutung begründet bei beweglichen Sachen der Besitz § 1006.

[4]) BGB. § 925, 926; Stempel § 155 Anm. 11 d. W.; Abweichung für das rheinische Rechtsgebiet EG. Art. 143 Abs. 1 u. AG. Art. 26 nebst V. 27. Dez. 05 (GS. 06 S. 1). — Andere Erwerbsarten sind die Ersitzung auf Grund der Eintragung Anm. 2 oder des Aufgebots § 201 Anm. 8 u. die Aneignung durch den *Fiskus* nach Verzicht des seitherigen Eigentümers § 134 Abs. 1 d. W.

[5]) Erbbaurecht (BGB. § 1012—17 § 279 Anm. 1 d. W. — Die Dienstbarkeit kann dem jeweiligen Eigentümer eines bestimmten Grundstücks zustehen (Grunddienstbarkeit BGB. § 1018—29 u. EG. Art. 113—6, 187 u. 184) oder an eine bestimmte Person geknüpft sein: zu letzteren gehören der (auch an beweglichen Sachen stattfindende) Nießbrauch (BGB. § 1030—67) u. die beschränkten (nur mit einzelnen Nutzungen oder anderen Befugnissen verbundenen) persönlichen Dienstbarkeiten (§ 1090—3). — Vorkaufsrecht (§ 1094—1101) § 339 Abs. 1 d. W. — Grund(Real)lasten verpflichten — während die Dienstbarkeiten auf einem Unterlassen oder Dulden beruhen — zu wiederkehrenden Leistungen u. können sowohl zugunsten einer bestimmten Person, als des jeweiligen Eigentümers eines bestimmten Grundstücks bestellt sein (BGB. § 1105—12 u. EG. Art. 113—116, verb. § 340 Anm. 4 d. W.)

summe aus einem Grundstücke zu fordern. Dieses Recht in seiner Reinheit ist die Grundschuld, die eine persönliche Forderung nicht voraussetzt. Tritt diese hinzu, so entsteht die Hypothek. Die Grundschuld kann in eine Hypothek und diese in eine Grundschuld umgewandelt werden. Eine Unterart der Grundschuld ist die Rentenschuld, bei der die bestimmte Geldsumme in regelmäßig wiederkehrenden Terminen zu zahlen ist. Sie ist für den Gläubiger unkündbar und nur für den Schuldner gegen eine im voraus festzusetzende Ablösungssumme nach einer sechs Monate vorher erfolgten Kündigung ablösbar. Diese Schuldform, die im Mittelalter zur Umgehung des Zinsverbots aufgekommen und später bei den auf Befreiung des Grundeigentums gerichteten Bestrebungen fortgefallen war, ist wieder zugelassen, weil sie der Natur des Grundbesitzes als Rentenquelle besser entspricht und den Grundeigentümer gegen unzeitige Kündigung sichert.[6]) Über die Eintragung wird ein (Hypotheken-, Grund- oder Rentenschuld-) Brief erteilt; bei der Hypothek kann die Erteilung ausgeschlossen werden, während bei der Grund- und bei der Rentenschuld die Briefe auf den Inhaber ausgestellt werden können.[7]) Für die eingetragenen Geldsummen nebst Zinsen und Kosten haftet das belastete Grundstück nebst den damit noch in wirtschaftlichem Zusammenhange befindlichen Früchten, den Miet- und Pachtzinsen für ein Jahr nach der Fälligkeit, den Versicherungsgeldern, dem Zubehör und den zugeschriebenen Grundstücken.[8])

Das förmliche Recht (die GrundbuchO.) umfaßt die Zuständigkeit der Behörden, die Einrichtung der Grundbücher und das Verfahren.[9]) — Grundbuchämter sind die Amtsgerichte.[10]) Für vorsätzliche oder fahrlässige Verletzung der Amtspflicht eines Grundbuchbeamten haftet der Staat, der von dem Beamten Ersatz verlangen kann.[11]) — Die Grundbücher, deren Einsicht jedem Beteiligten gestattet ist, werden für bestimmte Bezirke eingerichtet; in ihnen erhält in der Regel jedes Grundstück ein

[6]) Hypothek BGB. § 1113—83, 1190; eine besondere Art bildet die Sicherheitshypothek, bei der das Recht sich nur nach der Forderung (nicht nach der Eintragung) bestimmt § 1184—6; bei Forderungen aus Inhaberpapieren, Wechseln u. anderen durch Indossament übertragbaren Schuldverschreibungen findet sie ausschließlich Anwendung § 1187—9. — Grundschuld § 1191—8 u. Rentenschuld § 1199—1203 u. AG. Art. 35. — Vorbehalt für landesgesetzl. Best. EG. Art. 91, 117, 118 u. (Übergangsbest.) 184, 192—5 nebst AG. Art. 33, 34, ferner G. 17. März 06 (RGB. 429) u. (Neuvorpommern u. Rügen) 28. Mai 13 (GS. 272). Unschädlichkeitszeugnis § 340 Abs. 2 d. W.

[7]) BGB. § 1116, 1117, 1144 u. 1195; Aufgebot 1162 nebst § 201 Anm. 8 d. W.

[8]) BGB. § 1118—32 u. 1192.

[9]) GrundbO. (24. März 97 RGB. 139, mit Änderung gem. G. 17. Mai 98 RGB. 342 § 2) neu veröffentlicht 98 RGB. 754. — Pr. AusfG. 26. Sept. 99 (GS. 307) u. V. 13. Nov. 99 (GS. 519, 657), erg. (Art. 1) WassG. 7. April 13 (GS. 53) § 399[15]; AusfVf. 20. Nov. 99 (JMB. 349), erg. (§ 1—20) Vf. 5. Aug. 07 (das. 491) u. (§ 31a) 10. Jan. 07 (das. 6), ferner 25. Sept. 08 (das. 355). — Bearb. von Achilles u. Strecker (Berl. 01), Philler (Berl. 01), Güthe (3. Aufl. Berl. 13), verb. Anm. 1. — Kosten § 192 Anm. 14. d. W. — Bergwerkseigentum § 333 Anm. 1, Schiffspfandrecht § 379 Anm. 20, Bahngrundbücher § 387 Abs. 3.

[10]) GO. § 1 Abs. 1; AG. Art. 1—7.

[11]) GO. § 12; AG. Art. 8.

Grundbuchblatt, doch kann bei zersplittertem Besitz über mehrere Grundstücke desselben Eigentümers ein gemeinschaftliches Blatt geführt werden.[12] Eintragungen erfolgen regelmäßig auf Antrag.[13]) Die Hypotheken-, Grund- und Rentenschuldbriefe, die einen mit der Nummer des Grundbuchblattes versehenen Auszug aus dem Grundbuche enthalten, werden von dem Grundbuchbeamten erteilt.[14]) Beschwerden gegen Entscheidungen des Grundbuchamts gehen an das Landgericht, über die weitere Beschwerde entscheidet das Oberlandesgericht.[15])

gg. Hinterlegung.

§ 212.

Die Hinterlegung, deren Zweck und Voraussetzungen Gegenstand des bürgerlichen Rechts sind,[1]) war im landrechtlichen Gebiet den Gerichten übertragen (1783). Später wurden im ganzen Staatsgebiet die Regierungen zu Hinterlegungsstellen; nur die vorläufige Verwahrung und die Hinterlegung der nicht auf den Inhaber lautenden Wertpapiere und der Urkunden verblieb den Gerichten (1879). Nunmehr ist die gesamte Hinterlegung wieder den Gerichten übertragen und die Scheidung zwischen vorläufiger Verwahrung und Hinterlegung damit beseitigt.[2]) Der gleiche Rechtszustand besteht in den meisten übrigen deutschen Staaten.

Gegenstand der Hinterlegung sind Geld, Wertpapiere, sonstige Urkunden und Kostbarkeiten (auch Münzen und Wertzeichen). Hinterlegungsstellen sind die Amtsgerichte; die Geschäfte können durch die Justizverwaltung Gerichtsschreibern übertragen werden, was in weitgehen-

---

[12]) GO. § 1—11. Einrichtung der Grundbücher § 1 Abs. 2, 85—97, 99, AG. Art. 29 u. Vf. 26. Sept 99 (JMB. 349); erg. (§ 18a) 5. April 04 (das. 89), (§ 43) 22. Jan. 00 (das. 34). Die Bezeichnung der Grundstücke erfolgt nach den Grund- u. Gebäudesteuerbüchern GO. § 2 Abs. 2 u. V. 99 Art. 2, verb. § 143 Anm. 8 d. W. Das Verfahren bei Anlegung der Grundbücher u. der Zeitpunkt, in dem sie als angelegt anzusehen sind, wird durch Kön. V. bestimmt EG. z. BGB. Art 186, GO. § 82, V. 99 Art. 3—36 u. Bek. 25. Jan. 00 (GS. 19). Anlegung in Nassau V. 11. Dez. 99 (GS. 595) u. Vf. 7. Mai 00 (JMB. Beil. zu Nr. 21). Eintragung von Fischereiberechtigungen wie Anm. 2.

[13]) GO. § 13—55, 98 (§ 55 Satz 1 neugefaßt G. 14. Juli 05 RGB. 707); AG. Art. 9, 10; öffentliche Lasten sind nicht einzutragen Art. 11 Abs. 1, Waldgenossenschaftslasten Art. 11 Abs. 2, Rentenbank- u. Rentengutsrenten Art. 12 Abs. 1, Eintragungen bei Auseinandersetzungen Art. 12 Abs. 2, 13, 14, Lehen u. Fideikommissen Art. 15—20, landschaftlichen Kreditanstalten Art. 21, Wasserläufen § 346 Abs. 3 d. W. — Eintragung der Verschuldungsgrenze § 351 Abs. 7 d. W.

[14]) Das. Art. 56—70.

[15]) Das. Art. 71—81.

[1]) Hinterlegung zur Sicherheitsleistung BGB. § 232—5, zur Befreiung von einer Schuld § 372—86, 1142 Abs. 2, 1171, 1224, 1269; verb. § 326 Anm. 27 d. W. Die Landesgesetzung kann die Zuständigkeit festsetzen EG. z. BGB. Art. 144 u. gewisse nähere Bestimmungen über die Hinterlegung treffen Art. 145, 146.

[2]) HinterlegungsO. 21. April 13 (GS. 225); das Inkrafttreten (§ 47) steht zum 1. April 14 in Aussicht; Schlußbest. § 44—46. Kosten § 41, verb. Anm. 5 u. 6.

dem Umfange geschehen soll. Beschwerden werden, da die Hinterlegung wesentlich Gegenstand der Justizverwaltung ist, im Aufsichtswege erledigt.[3])

Zur Annahme genügt die Angabe der Tatsachen, die die Hinterlegung rechtfertigen; ein Nachweis ist nicht erforderlich.[4]) — Mit der Verwahrung geht hinterlegtes Geld zur Vermeidung nutzloser Kapitalansammlung in das Eigentum des Staates über und wird, wenn die Hinterlegung mindestens 3 Monate dauert, vom ersten des folgenden Monats ab für volle Monate mit 2½ v. H. verzinst. Beträge unter 100 M. bleiben zinslos. Der Staat hat die Auslosung und Kündigung hinterlegter Wertpapiere zu überwachen und bei mündelsicheren Papieren auf Antrag — bei Gefahr im Verzuge von Amtswegen — die Einlösung und den Umtausch der gekündigten oder ausgelosten Stücke und die Einziehung und Erneuerung der Zinsscheine zu übernehmen.[5]) — Die Herausgabe wird auf Antrag des Berechtigten oder auf Ersuchen einer zuständigen Behörde von der Hinterlegungsstelle verfügt. Bei schriftlichen Anträgen kann diese die Beglaubigung der Unterschriften verlangen.[6])

Die Einstellung der Verzinsung tritt 10 Jahre nach derem Beginn ein, soweit kein begründeter Antrag der Beteiligten auf Fortsetzung eingeht.[7]) Nach 30 — in einigen Fällen 31 — Jahren kann ein Aufgebotsverfahren eingeleitet werden, nach dessen fruchtlosem Verlauf die Beteiligten ihrer Ansprüche an den Staat verlustig gehen. Bei Geldbeträgen unter 300 M. genügt ein Beschluß der Hinterlegungsstelle ohne Aufgebot.[8])

hh. Stiftungen, Familienfideikommisse und Lehen.

§ 213.

Stiftung bedeutet die Widmung eines bestimmten Vermögens zu einem bestimmten dauernden Zwecke und auch dieses Vermögen selbst. Sie erfordert ein an schriftliche Form gebundenes Stiftungsgeschäft und, wenn sie Rechtsfähigkeit erlangen soll, staatliche Genehmigung. Die Stiftung muß einen Vorstand haben; bei Verwaltung durch eine öffentliche Behörde kann auch diese der Vorstand sein. Die Verfassung wird durch das Stiftungsgeschäft bestimmt. Die Stiftung verliert ihre Rechtsfähigkeit durch Kon-

---

[3]) HO. § 1—3; für Lehns-, Familienfideikommiß- u. Stiftungssachen können die zuständigen Minister andere staatliche Behörden bestellen § 2 Abs. 2; verb. § 213 d. W. — Zur Hinterlegung von Wertpapieren können die Minister in gewissen Fällen auch die in § 208 Anm. 7 d. W. bezeichneten Kreditanstalten bestimmen AG. z. BGB. 20. Sept. 99 (GS. 177) Art. 85 nebst Vf. 17. Dez. 99 (MB. 00 S. 7); auf diese Stellen findet die HO. keine Anwendung § 44. — Für die Verwahrung von Testamenten (BGB. § 2246, 2248) ist die HO. nicht maßgebend.

[4]) HO. § 4, 5.

[5]) Das. § 6—12 u. V. 21. Mai 79 (GS. 383); Verwahrungsgebühr § 40 u. 41 [5, 6].

[6]) Das. § 13—24 u. (Beglaubigungsgebühr) 42, 43 nebst StempelG. 31. Juli 95 (GS. 413) Tar. Nr. 77

[7]) HO. § 25, 26.

[8]) Das. 27—39 u. AG. z. ZPO. 99 (GS. 388) Art. 10.

kurs.[1]) Außerdem kann sie aufgehoben oder durch Veränderung der Zweckbestimmung umgewandelt werden, wenn die Erfüllung des Zweckes unmöglich geworden ist oder das Gemeinwohl gefährdet. Das Vermögen fällt alsdann an die in der Verfassung bestimmten Personen, wo diese fehlen, wenn die Stiftung von einer öffentlichen Körperschaft errichtet oder verwaltet war, an diese, sonst an den Fiskus. Beide haben es möglichst dem Stiftungszwecke entsprechend zu verwenden.[2]) Für die staatliche Genehmigung bedarf es der Prüfung, ob der Zweck dem Gemeinwohl entspricht und ob die Verfassung den möglichen verschiedenen Zwecken und Bedürfnissen angepaßt ist. Beides ist entbehrlich, wenn der Zweck im voraus feststeht, wie es bei der — lediglich den Interessen der Mitglieder bestimmter Familien dienenden — **Familienstiftung** der Fall ist. Während deshalb die Aufsicht über sonstige Stiftungen eine Verwaltungsangelegenheit bildet und zur Entstehung wie zur Verfassungsänderung und Aufhebung die Genehmigung des Königs oder der Aufsichtsbehörde erfordert wird,[3]) bildet die Genehmigung der Familienstiftung eine Handlung der freiwilligen Gerichtsbarkeit, die durch das Amtsgericht erfolgt und nur die Prüfung der Fassung und Gesetzmäßigkeit voraussetzt. Die Änderung der Verfassung und die Aufhebung der Stiftung erfordert einen einstimmigen Familienbeschluß, den das Amtsgericht aufzunehmen und zu genehmigen hat.[4])

Von der Familienstiftung unterscheidet das **Familienfideikommiß** sich dadurch, daß, während jene eine juristische Person bildet, als deren Gläubiger der Genußberechtigte erscheint, das Familienfideikommiß im Eigentum dieses Berechtigten steht und nur in betreff der Veräußerung, Verpfändung und Vererbung einer dinglichen Beschränkung zu Gunsten der Nachfolger unterworfen ist. Die Familienfideikommisse, deren Zweck in der Erhaltung des Familienglanzes besteht, finden sich in Deutschland seit dem 17. Jahrhundert. Die Verfassung hatte sie untersagt, doch ist ihre Errichtung seitdem wieder zugelassen; auch das BGB. hat sie nicht berührt.[5]) Das Landrecht hat sie gegen die bisherige gemeinrechtliche Übung auf bestimmte Vermögensgegenstände und auf landwirt-

[1]) BGB. § 80—86. Für öffentlichrechtliche Stiftungen hat das BGB. nich die Haftung und die Pflicht zur Anzeigt im Falle der Überschuldung für den Vorstand festgesetzt § 89. — Das BGB. gibt den Stiftungen im Anschluß an die rechtsfähigen Vereine (§ 249 d. W.) privatrechtliche Persönlichkeit.

[2]) Das. § 87, 88, AG. Art. 5 § 2 u. V. 16. Nov. 99 (GS. 562) Art. 5 Abs. 2. — Der Wert der sehr umfangreichen milden und wohltätigen Stiftungen wird erheblich dadurch abgeschwächt, daß sie die wirklichen Bedürfnisse der Armut und die zu deren Abhilfe bereits bestehenden Einrichtungen oft nicht genügend berücksichtigen und dabei für alle Zeit festgelegt sind.

[3]) AG. Art. 4 u. V. 16. Nov. 99 (GS. 562) Art. 4. 5. Genehmigung von Zuwendungen § 249 Abs. 5 d. W. Erbschaftssteuer G. 06 (GS. 654) § 3², 11⁵.

[4]) AG. Art. 1, 2 u. (bestehende Stiftungen) 3. — Stempel § 155 Abs. 3 d W. Aufgebotsverfahren (Art. 2 § 11) § 201 Anm. 9.

[5]) VU. Art. 40, neugefaßt G. 5. Juni 52 (GS. 119). — EG. z. BGB.

schaftlich benutzte Grundstücke mit mindestens 7500 M. Reinertrag und Kapitalien von mindestens 30000 M. eingeschränkt.[6]) Eine wesentliche Voraussetzung für sie bildet eine bestimmte Erbfolgeordnung unter den Berechtigten (Agnaten), und nach dieser werden Seniorate, Majorate, Minorate und Primogenituren unterschieden.[7]) Durch Familienschlüsse können Fideikommisse jederzeit aufgehoben oder abgeändert werden.[8]) Zuständig in Fideikommißsachen sind regelmäßig die Oberlandesgerichte. Die Beschwerdeinstanz bildet der Justizminister.[9])

Die gleiche Zuständigkeit gilt für Lehen.[10]) Nach LR. standen sie in geteiltem Eigentum; der Lehnsherr besaß das Obereigentum, der Vasall das nutzbare Eigentum.[11]) Die Verfassung hat die Errichtung von Lehen untersagt und die Auflösung des bestehenden Lehnsverbandes verheißen; auf Thronlehen und außerhalb des Staates liegende Lehen ist die Bestimmung nicht anwendbar.[12]) Nachdem dann die Lehnsherrlichkeit aufgehoben (§ 340 Abs. 1) und die Ablösung der Lehnsabgaben durchgeführt war (§ 341), blieb nur der Lehnsverband unter den durch das besondere

---

Art. 59—61. — Wirtschaftliche Bedeutung u. Umfang des Fideikommißbesitzes § 343 Anm. 2 d. W.

[6]) LR. II 4 § 47—61. — Im LR. war der Fideikommißinhaber nur nutzbarer Eigentümer, während das Obereigentum der Gesamtfamilie zustand. Nach neuerer Anschauung sowie nach gemeinem Recht und den meisten Bundesrechten ist er voller Eigentümer, die Anwärter erscheinen nur als Berechtigte. Dem entspricht die grundbuchliche Eintragung (§ 208 Anm. 13 d. W.). Gutacht. KamGer. 16. Feb. 05 (JMB. 143). — Errichtung LR. II 4 § 62—71. Nachweis der Ahnen KO. 4. Sept. 30 (GS. 129), Stempel und Umsatzsteuer § 155 Abs. 3 u. 158[9] d. W. Erbschaftssteuer G. 91 (GS. 78) § 26 d. W. Umwandlung der Lehen in Fideikommisse Anm. 13. — Rechte u. Pflichten des Fideikommißbesitzers LR. II 4 § 72 bis 133, insbes. beim Schatz I 9 § 94—6, bei Vermächtnissen I 12 § 475, 476, Anfechtbarkeit der ehelichen Geburt II 2 § 17, 18, elterliche Gewalt AG. z. BGB. Art. 69. Auseinandersetzung zwischen Fideikommiß- u. Allodialerben AGerO. I 42 § 26—32.

[7]) LR. II 4 § 134—226. — Rheinprov. KO. 25. Feb. 26 (GS. 19).

[8]) Ed. 9. Okt. 07 (GS. 06/10 S. 170) § 9, G. 15. Feb. 40 (GS. 20), insbes. Aufgebot der Anwärter § 9—11. Einf. in Neuvorpommern G. 12. Juli 96 (GS. 162). In Schlesien ist Kön. Genehmigung erforderlich G. 15. Feb. 40 (GS. 25) § 3.

[9]) G. 24. April 78 (GS. 230) § 49[1] nebst G. 5. März 55 (GS. 175). Kosten § 195 Anm. 14 d. W. Schl.Holstein V. 26. Juni 67 (GS. 1073) § 25[IV] u. G. 24. April 78 § 49[1 u. 2].

[10]) Die Lehen beruhten auf einem zugleich dinglichen u. persönlichen Rechtsverhältnis. In diesem überließ der Lehnsherr dem Vasallen einen Gegenstand, meist ein Grundstück zur erblichen Nutzung gegen eine Abgabe und sicherte ihm gegen zu leistende Dienste, insbesondere den Heeresdienst seinen Schutz zu. Das Lehnrecht entwickelte sich im fränkischen Reiche, verbreitete sich über Frankreich, Deutschland, England, Italien u. Spanien u. bildete während des Mittelalters die Grundlage der Heeresverfassung und des gesamten Staatswesens. Seit dem 18. Jahrhundert hat es diese seine öffentlich rechtliche Bedeutung verloren.

[11]) LR. I 18 § 1—679 und Lehnskuratoren II 18 § 996—1002.

[12]) VU. Art. 40, 41 (Fassung des G. 5. Juni 52 GS. 319). — Thronlehen sind die Fürstentümer Krotoschin (§ 386 Anm. 2), Sagan, Öls, Troppau und Jägerndorf und die Lehen der Standesherrn Stolberg, Wittgenstein, Hohensolms, Solms-Braunfels u. Wied (§ 36 Abs. 5 u. 6 d. W.). Außenlehen ist nur die in Österreich belegene Hälfte des vorbezeichneten Fürstent. Jägerndorf.

Erbrecht verbundenen vormaligen Vasallen übrig. Seine Auflösung (Allodifikation) ist für die einzelnen Landesteile geregelt; die Lehen können dabei in Familienfideikommisse (Abs. 2) umgewandelt werden.[13])

IV. Strafrecht.

1. Strafgesetzbuch.

§ 214.

Der Zweck der Strafe wurde zuerst in der Vergeltung, später in der Sicherung gefunden. Die Vergeltung entwickelte sich aus der Rache, die als Blutrache bei einigen Volksstämmen noch heute fortlebt. Mit zunehmender Gesittung nahm der Staat dem Verletzten die Rache aus der Hand und damit trat die Sicherung in den Vordergrund. So erscheint die Strafe in dem alten Reichsstrafgesetzbuch, der Karolina (1532). Sie erstrebte zunächst die Unschädlichmachung des Verbrechers und die allgemeine Abschreckung; seit dem 17ten Jahrhundert trat mit Gründung der Zuchthäuser die Absicht der Besserung hinzu. Die neuere Strafrechtslehre bringt diese drei Sicherungsmittel mit der Persönlichkeit des Übeltäters in Verbindung. Die Augenblicks- (Affekts- und Gelegenheits-) verbrecher will sie abschrecken, die Gewohnheitsverbrecher bei verminderter Zurechnungsfähigkeit in entsprechenden Anstalten unterbringen, und bei voller Zurechnungsfähigkeit, soweit Besserungsmöglichkeit vorliegt, bessern (Jugendliche erziehen), anderenfalls durch dauernde oder längere Einsperrung unschädlich machen. Damit hat das Strafrecht dem Übeltäter, den es schon vorher vor der Rache des Verletzten schützte, eine weitergehende Fürsorge zugewendet.

Das Strafrecht war der erste Gegenstand, dessen die Reichsgesetzgebung sich auf dem Gebiete der Rechtspflege bemächtigte. Vorbild war das preußische Strafgesetz, doch hat das Strafgesetzbuch für das deutsche Reich[1]) den Gedanken einer fortschreitend milder werdenden Auffassung in noch stärkerem Maße zum Ausdruck gebracht, mehrfach wohl über die

---

[13]) Ostpreußen G. 16. März 77 (GS. 101), Kur-, Alt- u. Neumark G. 23. Juli 75 (GS. 537), Altvor- u. Hinterpommern G. 4. März 67 (GS. 362) u. 27. Juni 75 (GS. 406), Schlesien G. 19. Juni 76 (GS. 238), Sachsen und vorm. sächs. Teile der Prov. Brandenburg G. 28. März 77 (GS. 111), 10. März 80 (GS. 215) u. 20. April 83 (GS. 61). Lauenburg G. 8. März 76 (WochBl. 69), Hannover G. 13 April 36 (han. GS. I 33), § 5 aufgehoben G. 13. April 87 (GS. 115), Westfalen G. 3. Mai 76 (GS. 112). — Die Verwaltung des landesherrlichen Lehnswesens in der Prov. Hannover erfolgt durch die Regierung in Hannover AE. 29. Aug. 84 (GS. 341).

[1]) Reichstrafgesetzbuch: EG. 31. Mai 70 (BGBl. 195). — Einf. in Süddeutschland § 6 Anm. 7, insbes. in Bayern G. 22. Mai 71 (BGBl. 87) § 7, in Elſ.-Lothringen G. 30. Aug. 71 (GB. 255) u. 29. März 88 (RGB. 127). Das Strafgesetzbuch ist (mit den inzwischen ergangenen Änderungen G. 10. Dez. 71 RGB. 442 u. 26. Feb. 76 RGB. 25) neu veröffentlicht 76 RGB. 40. Die weiteren Änderungen ergeben sich aus Anm. 11, 16—18, 21—26 u. den daselbst gegebenen Hinweisen. — Bearbeitungen v. Oppenhoff-Delius (14. Aufl. Berl. 01), Olshausen (9. Aufl. Berl. 12), Frank (8.—10. Aufl. Tübing. 11), (kleiner) Daude (12. Aufl. Berl. 13), Rüdorff (23. Aufl.

zulässige Grenze hinaus. Dagegen zeichnet sich das deutsche Strafgesetzbuch durch seine knappe und klare Ausdrucksweise, wie durch seine übersichtliche Anordnung vor anderen Gesetzen vorteilhaft aus. Schwierigkeiten bietet nur die Abgrenzung gegen das Landesstrafrecht, das durch das Reichstrafgesetz nicht beseitigt, sondern nur in denjenigen Gebieten ersetzt wird, die Gegenstand des letzteren bilden. Hiernach sind alle besonderen Strafvorschriften der Landesgesetze, namentlich die auf Steuern, Feld- und Forstpolizei, Forstdiebstahl, Jagd und Fischerei bezüglichen in Kraft geblieben. Auch neue landesgesetzliche Strafbestimmungen können auf diesen Gebieten erlassen werden, doch dürfen nur Gefängnis bis zu 2 Jahren, Haft, Geldstrafe, Einziehung und Entziehung öffentlicher Ämter darin angedroht werden.[2])

Die Straftaten (Delikte) zerfallen nach der Höhe der angedrohten Strafen in drei Gattungen. Sie heißen Verbrechen, wenn Todes- oder Zuchthausstrafe oder eine Festungshaft von mehr als 5 Jahren in Frage steht, Vergehen, wenn geringere Festungshaft oder Gefängnis oder Geldstrafe über 150 M. angedroht wird, Übertretungen, wenn die Strafe nur in Haft oder geringerer Geldbuße besteht.[3]) Auf die innerhalb des Reichs begangenen strafbaren Handlungen finden die Strafgesetze regelmäßig Anwendung; für die im Auslande begangenen kommen sie nur ausnahmsweise in Betracht.[4])

Als Strafen sind folgende zugelassen:

1. Die Todesstrafe, die durch Enthauptung in umschlossenem Raume vollstreckt wird,[5]) ist auf alle Fälle des Mordes, des gegen Kaiser oder Landesherrn gerichteten Mordversuchs, sowie der Tötungen eingeschränkt, die unter Anwendung von Sprengmitteln mit vorauszusehendem Erfolge und beim Sklavenraube geschehen.[6])
2. Die Freiheitsstrafen bestehen in Zuchthaus, Gefängnis, Festung und Haft. Die Zuchthausstrafe ist mit Zwangsarbeit verbunden, wird lebenslänglich oder auf 1 bis 15 Jahre verhängt und zieht die dauernde

v. Liszt Berl. 10), Goebel, (Leipz. 12), und Dalcke (zugl. für StPO., 13. Aufl. Berl. 12). Lehrbuch des deutsch. Strafrechts v. Meyer, (7. Aufl. v. Allfeld Leipz. 12), Binding, Grundriß (8. Aufl. Leipzig 13), Liszt (18. Aufl. Berl. 10). — Mil.-StGB. § 103 d. W.

[2]) EG. § 2 und 5; die gleichfalls aufgeführten Gebiete der Zölle, Presse, Vereine und Post sind jetzt Gegenstand der Reichsgesetzgebung (§ 152, 247 Abs. 2, § 248 u. 389 Abs. 2 d. W.). — Die Vorschrift betr. Hinderung des Mitbietens bei den von öffentl. Behörden vorgenommenen Versteigerungen (preuß. StGB. 14. April 51 GS. 97 § 270) steht noch in Kraft RGer. 3. Mai 04 (XXXVII 139). — Bearb. der strafrechtlichen Nebengesetze des Reichs v. Stenglein (4. Aufl. v. Ebermayer u. A. 3 Bde., 10/12) u. Olshausen (9 Bde. Berl. 03), in Preußen v. Groschuff u. a. (2. Aufl. Berl. 04).

[3]) StGB. § 1.

[4]) Das. § 3—8. — Sonderbestimmungen in betr. der Militärpersonen § 104 d. W., der Reichs- und Landtagsmitglieder § 17 Abs. 5 u. § 40 Abs. 4 d. W.

[5]) StGB. § 13. — Vollstreckung StPO. § 485 u. 486.

[6]) StGB. § 80, 211 u. G. über Sprengstoffe (§ 366 Anm. 23) § 5 Abs. 3 u. Sklavenraub (§ 35 Anm. 7) § 1 Abs. 2.

Unfähigkeit zum Militärdienst und zur Bekleidung öffentlicher Ämter nach sich. Die ihr nachstehende Gefängnisstrafe kann mit angemessener Beschäftigung verbunden werden. Ihre Dauer beträgt 1 Tag bis 5 Jahre. Die Haft besteht in einfacher Freiheitsentziehung. Sie wird bis zu höchstens 6 Wochen, und nur bei Übertretungen und einzelnen Vergehen angewendet. Mit den geringsten Beschränkungen in bezug auf die persönliche Freiheit ist die Festungshaft (custodia honesta) verbunden, mit einer Dauer von 1 Tag bis zu 15 Jahren oder auf Lebenszeit.[7])

3. Geldstrafen im Mindestbetrage von 3 (bei Übertretungen von 1) M. Sie sind im Falle der Unbeibringlichkeit in Freiheitstrafen umzuwandeln, wobei ein Tag dem Betrage bis zu 15 M. entspricht.[8]) Die bei Beleidigungen und Körperverletzungen dem Geschädigten zuzuerkennende Buße trägt zugleich die Eigenschaft einer Privatstrafe.[9])
4. Auf Verweis kann in besonders leichten Fällen gegen jugendliche Personen erkannt werden.[10])
5. Der Verlust der bürgerlichen Ehrenrechte kann neben der Todes-, Zuchthaus-, oder unter Umständen neben einer mindestens dreimonatigen Gefängnisstrafe auf 1 bis 10 Jahre verhängt werden. Die Wirkung tritt mit Ablauf der Freiheitsstrafe ein und erstreckt sich auf alle öffentlichen Ämter, Würden und Rechte. Die Bestrafung kann sich indes auch auf die Unfähigkeit zur Bekleidung öffentlicher Ämter beschränken,[11]) auf die für 1 bis 5 Jahre erkannt werden kann.
6. Die Polizeiaufsicht und die Ausweisung der Reichsausländer aus dem Reichsgebiete ist gleichfalls als Nebenstrafe zulässig.[12])
7. Der Einziehung (Konfiskation) unterliegen alle bei Verbrechen, Vergehen und gewissen Übertretungen gebrauchten oder für sie bestimmten, oder durch sie hervorgebrachten Gegenstände, sofern diese dem Täter oder einem Teilnehmer gehören.[13])

---

[7]) StGB. § 14—26, 31, 60 u. 77. — Vollstreckung § 239 und (vorläufige Aussetzung) § 220 Abs. 1, Zwangsbeschäftigung und polizeiliche Nachhaft § 240 Abs. 2 d. W.; Vollstreckung der Festungshaft Regl. 2. Juli 73 (JMB. 302).

[8]) StGB. § 27—30 u. 78.

[9]) Das. § 188, 231. — Ähnlich die Buße bei Verletzung des geistigen Eigentums § 308 Abs. 2 d. W. und des Patentrechts § 370 Abs. 2 sowie das Ersatzgeld bei Feld- und Forstfreveln und Forstdiebstahl § 354 Abs. 4 u. 7.

[10]) Das. § 57⁴.

[11]) Das. § 32—37 (34⁶ neugefaßt EG. z. BGB. Art. 34 I). Auf den Verlust muß erkannt werden bei Meineid § 161, schwerer Kuppelei § 181 u. gewerbsmäßigem Wucher § 302. — Rehabilitation § 39 Anm. 5 d. W.

[12]) Das. § 38, 39. — § 242 d. W.

[13]) StGB. § 40—42. Anwendungen § 152, 295, 296a 335, 360, 367 u. 369². Außerdem findet sich die Einziehung, die neben dem strafrechtlichen auch einen polizeilich vorbeugenden Charakter enthalten kann, in zahlreichem Einzelgesetzen, insbes. in den Gebieten der indir. Steuern, der Gesundheits-, Forst-, Jagd- und Fischereipolizei. Ihrer vorläufigen Sicherung dient die Beschlagnahme (§ 237 d. W.). — Die Strafe der Vermögenseinziehung findet nicht statt VU. Art. 10: Vermögensbeschlagnahme § 219⁶ d. W.

Der *Versuch* ist nur bei Verbrechen und bei einzelnen Vergehen strafbar und wird milder bestraft als die vollendete Tat.[14]) — Als *Teilnahme* gilt die Mittäterschaft, die Anstiftung und die Beihilfe; letztere wird gleichfalls milder und bei Übertretungen überhaupt nicht bestraft.[15]) — *Ganz ausgeschlossen* bleibt die Strafe bei vorhandener Unzurechnungsfähigkeit, Nötigung, Notwehr, Notstand, Unkenntnis der die Strafbarkeit bedingenden Umstände und bei jugendlichem Alter vor vollendetem 12ten Jahre. Im Alter bis zum 18ten Jahre ist mit Rücksicht auf die mögliche Besserung die Bestrafung milder und von der Voraussetzung abhängig, daß der Angeschuldigte die zur Erkenntnis der Strafbarkeit erforderliche Einsicht besaß.[16]) — *Antragsstraftaten* sind solche Handlungen, deren Bestrafung vom Antrage der Beteiligten abhängig ist. Der Antrag muß binnen 3 Monaten gestellt werden.[17]) — Verbrechen und Vergehen *verjähren* in 3 bis 20 Jahren, Übertretungen in 3 Monaten, die Vollstreckung rechtskräftig erkannter Strafen in 2 bis 20 Jahren.[18]) — Im Fall des *Zusammentreffens strafbarer Handlungen* kommt bei Verletzung mehrerer Strafgesetze durch dieselbe Handlung (ideale Konkurrenz) das Gesetz, das die schwerste Strafe androht, zur Anwendung. Werden durch mehrere selbständige Handlungen ein oder mehrere Strafgesetze verletzt (reale Konkurrenz), so erleidet die schwerste der verwirkten Strafen eine entsprechende Erhöhung.[19])

Die einzelnen Straftaten und deren Bestrafung bilden den zweiten (besonderen) Teil des Strafgesetzbuches.[20]) Verbrechen und Vergehen finden sich gemeinsam aufgeführt. An die gegen die Staaten und deren Beherrscher gerichteten Verbrechen und Vergehen[21]) schließen sich die gegen die öffentliche Ordnung und das Sittengesetz verstoßenden und die auf die Religion bezüglichen an.[22]) Hierauf folgen die

---

[14]) Das. § 43—46.

[15]) Das § 47—50.

[16]) Das. § 51—60, (§ 55 neugefaßt EG. z. BGB. Art. 34 II). — Jugendgerichte § 219[7], Aussetzung der Strafvollstreckung § 220 Abs. 1, Zwangserziehung § 241 Abs. 1[2], polizeiliche Strafverfügungen § 238 Anm. 6 d. W.

[17]) StGB. § 61—65 (letzterer neugefaßt EG. z. BGB. Art. 34 III). — Form des Antrags StPO. § 156.

[18]) StGB. § 66—72 (§ 69 in der Fassung des G. 26. März 93 RGB. 133).

[19]) Das. § 73—79 u. (Gesamtstrafe, wenn die Einzelstrafen von verschiedenen Bundesstaaten festgestellt sind) BB. 11. Juni 85 (ZB. 270, JMB. 310).

[20]) Diese einzelnen Strafbestimmungen werden bei den einzelnen Verwaltungszweigen nachgewiesen.

[21]) Abschn. 1—6 (§ 80—122, § 114 in Abs. 2 erg. G. 19. Juni 12 RGB. 395 Nr. 2a). Als *Majestätsbeleidigungen* (§ 95, 97, 99, 101) sind Beleidigungen nur strafbar, wenn sie in der Absicht der Ehrverletzung böswillig und mit Überlegung begangen sind: die Verfolgung verjährt in 6 Monaten G. 17. Feb. 08 (RGB. 25). — Behandlung verletzender Immediateingaben Bf. 13. Dez. 78 (MB. 79 S. 25). Aufruhr, Hoch- und Landesverrat § 245 Abs. 2 d. W.

[22]) Abschn. 7—13 (§ 123—184, § 123, 136, 138 erg. G. 12 Nr. 1 u. 2b); insbesondere Hausfriedensbruch § 123, 124, Meineid § 153—163, unerlaubte Ausstellung von Inhaberpapieren § 326 Anm. 26 d. W., Sittenverbrechen u. -Vergehen § 259 Anm. 1 u. 2. — Verletzung der Wehrpflicht § 91 Anm. 2. — Münzverbrechen u. -Vergehen § 376 Anm. 14 u. 15 d. W..

gegen die Personen, insbesondere deren Ehre, Leben und Gesundheit[23]) und gegen das Eigentum gerichteten Handlungen.[24]) Daran schließen sich die gemeingefährlichen und im Amte begangenen Verbrechen und Vergehen.[25]) Den Schluß bilden die Übertretungen, die indes nur zum geringeren Teile im Reichstrafgesetzbuche behandelt, im übrigen der Landesgesetzgebung und der Regelung durch Polizeiverordnungen überlassen sind.[26])

2. Strafverfahren (Strafprozeß).

a) Einleitung.

§ 215.

In der Entwicklung des Strafverfahrens sind drei Zeiträume zu unterscheiden. Das Mittelalter sah in der Straftat nur eine Verletzung der betroffenen Privatperson, der wie im Zivilprozeß die Erhebung der Anklage überlassen blieb (Anklageverfahren). Viele Straftaten blieben dabei ungesühnt. Die Strafverfolgung wurde deshalb seit der Karolina (§ 214 Abs. 1) dem Richter übertragen, in dessen Hand somit die Verbrechensaufspürung und die Entscheidung vereinigt waren (Untersuchungsverfahren). Hierunter mußte die Unparteilichkeit des Richters leiden und das neuere Strafverfahren ist deshalb zwar auf die Anklageerhebung zurückgegangen, hat diese aber in der Staatsanwaltschaft einer besonderen staatlichen Behörde überwiesen.

[23]) Abschn. 14—18 (§ 185—241); insbes. Beleidigung § 185—200 (§ 195 erg. EG. z. BGB. Art. 34 VI), Zweikampf (Duell) § 201—210, Mord u. Totschlag § 211—222, Körperverletzung § 223 bis 233, 223a eingefügt G. 12 Nr. 4 (unzulässiger Gebrauch von Sprengstoffen Anm. 6), Verletzungen der persönlichen Freiheit § 234—241 (§ 235 neugefaßt G. 12 Nr. 3 u. § 237, 238 erg. EG. z. BGB. Art. 34 VII—IX).

[24]) Abschn. 16—26 (§ 242—395); insbes. Diebstahl u. Unterschlagung § 242—8 und 248a (G. 12 Nr. 5a), Entziehung elektrischer Arbeit G. 9. April 00 (RGB. 228), Raub und Erpressung § 249 bis 256, Hehlerei § 257—262, Betrug § 263—5, 264a (eingefügt G. 12 Nr. 6), Urkundenfälschung § 267 bis 280, Bankerott (§ 281—3 u. EG. § 2 Abs. 3) wird jetzt nach der KonkO. bestraft (§ 203 Anm. 3 d. W.), strafbarer Eigennutz, § 284—302 (288 Abs. 1 erg. G. 12. Nr. 2b) — die Bestrafung des Mißbrauchs der Warenbezeichnungen ist statt des § 287 besonders geregelt (§ 370 Anm. 15 d. W.), ebenso die des Wuchers durch Einschiebung der § 300a—e und 367[16] u. Änderung des § 360[12] (gem. § 326 Anm. 31 d. W.) — Sachbeschädigung § 303—355 (letzterer geänd. § 391 Anm. 4 d. W.)

[25]) Abschn. 27 (§ 306—330, zur Erhöhung des Schutzes der Verkehrsanlagen sind § 316 Abs. 1 geändert — § 388 Anm. 3 d. W. — ferner § 317, 318 neugefaßt u. 318a u. 364 Abs. 2 eingeschoben — § 391 Anm. 6 u. 392 Anm. 5 d. W.) und Abschn. 28 (§ 331—359).

[26]) Abschn. 29 (§ 360—370). Nicht strafbar sind Versuch § 43 u. Beihilfe § 49. Es betreffen den öffentlichen Schutz der Sicherheit u. Ordnung § 360—5 (die Fürsorge für Angehörige ist durch Einschiebung des § 361[10] gesichert — § 240 Anm. 2 d. W.), den der persönlichen Sicherheit u. Freiheit § 366, 367 (die Strafbestimmungen für den Verkehr mit verfälschten u. verdorbenen Lebensmitteln § 367[7] sind erweitert — § 273 Anm. 7 d. W.), den des Vermögens § 368—370 (§ 369 Abs. 1[1] u. 370[5] sind neugefaßt durch G. 12 Nr. 7 u. 5b u. § 369 Abs. 1[2] u. 2 durch Maß- u. Gew.O. 30. Mai 08 RGB. 349 ersetzt, das. § 23). Die Bestrafung für öffentlichen Unfug (§ 360[11]) betrifft nur die ungebührliche Belästigung des Publikums, nicht die einzelner Personen oder Personenkreise U.R.Ger. 3. Juni 89 (JMB. 264).

Wie im Zivil- machte sich auch im Strafprozesse das Bedürfnis geltend, die verschiedenartigen Prozeßvorschriften in Deutschland einheitlich zusammenzufassen, zumal das inhaltliche Strafrecht bereits einheitlich geordnet war (§ 214 Abs. 1). Die Anklageform und die Grundsätze der Mündlichkeit und Unmittelbarkeit und der Öffentlichkeit unter Zuziehung des Laienelementes zu dem Amt der Rechtsprechung waren schon vorher in fast ganz Deutschland eingeführt, und die auf den gleichen Grundsätzen beruhende neue Reichsstrafprozeß O.,[1]) welche die landesrechtlichen Vorschriften für das Strafverfahren vor den ordentlichen Gerichten ersetzte,[2]) hat deshalb geringere Änderungen mit sich gebracht als die ZivProzO. Als die wichtigsten sind die Einführung der Schöffengerichte (§ 182 Abs. 2), die Zulassung der Privat- und Nebenklage (§ 217 Abs. 1) und die Einschränkung der Rechtsmittel (§ 218) hervorzuheben.

b) Grundlagen des Verfahrens.

§ 216.

Die Zuständigkeit wird sachlich durch die Gerichtsverfassung,[1]) örtlich durch den Gerichtstand (Forum) bestimmt. Der Gerichtstand der begangenen Tat ist mit dem des Wohnsitzes und dem des gewöhnlichen Aufenthalts des Beschuldigten gleichberechtigt, während der Gerichtstand der Ergreifung nur Anwendung findet, wo ein anderer Gerichtstand fehlt.[2]) In der Sache befangene Richter sind gesetzlich oder nach Ablehnung durch die Parteien ausgeschlossen.[3])

Die gerichtlichen Entscheidungen, welche in die das Hauptverfahren abschließenden Urteile und in Beschlüsse oder Verfügungen zerfallen, werden den anwesenden Beteiligten verkündet, den abwesenden zugestellt.[4]) Die Fristen werden nach gleichen Grundsätzen berechnet wie im Zivilprozeß (§ 198 Abs. 5), jedoch durch die Gerichtsferien nicht unter-

---

[1]) StrafPrO. 1. Feb. 77 (RGB. 253); EinfG. (das. 346). — Übergangsbest. G. 31. März 79 (GS. 332) § 35 bis 48. — Bearb zugleich für das GVG. v. Löwe (13. Aufl. v. Rosenberg Berl. 13), Daude (8. Aufl. v. Oppermann Berl. 12), Dalcke § 214 Anm. 1 d. W. — Militärstrafverfahren § 105 d. W

[2]) EG. § 3 u. 6 (Abs. 2 Nr. 2 aufgeh. G. 19. April 08 RGB. 151 § 23[3]).

[1]) StPO. § 1 u. 6. Landesherr u. landesherrliche Familie § 36 Abs. 3[3]. — § 178 Abs. 5[2] d. W. — Zuständigkeit in zusammenhängenden Strafsachen StPO. § 2 bis 5 u. 13.

[2]) Das. § 7—9, (§ 7 ist dahin ergänzt, daß für Druckschriften regelmäßig nur das Gericht zuständig ist, in dessen Bezirk sie erschienen sind G. 13. Juni 02 RGB. 227, damit ist der s. g. fliegende Gerichtsstand der Presse für alle Orte, in denen die Druckschrift verbreitet ist, beseitigt); verb. § 10—21, erg. (§ 11) AG. 20. Sept. 99 (GS. 177) Art. 35I u. (§ 15) Bek. 21. April 06 (RGB. 463).

[3]) StPO. § 22—32.

[4]) Das. § 33—41. — Die Zustellung erfolgt nach den Grundsätzen der ZPO. (§ 195 Abs. 4 d. W. Vereinfachte Zustellung Vf. 16. Juli 79 (JMB. 194) u. 18. März 82 (JMB. 53).

brochen.[5]) Bei Versäumung infolge unabwendbarer Anlässe kann Wiedereinsetzung beansprucht werden.[6])

Zur Feststellung des Tatbestandes dienen die Untersuchungshandlungen. — Zeugen sind in der Regel einzeln und eidlich zu vernehmen, Landesherren und Mitglieder der landesherrlichen, der hohenzollernschen und der 1866 entthronten Familien nur in ihrer Wohnung, Minister und Mitglieder des Bundesrates oder einer gesetzgebenden Versammlung nur am Ort ihres Sitzes oder Aufenthalts. Von der allgemeinen Zeugenpflicht sind Verlobte, Ehegatten und nahe Verwandte, sowie in Rücksicht auf ihren Beruf Geistliche, Verteidiger, Rechtsanwälte, Ärzte und Beamte ausgenommen. Das Erscheinen der Zeugen und die Zeugnisablegung kann durch Geld- und Haftstrafen erzwungen werden.[7]) Die vom Richter nach Bedarf zuzuziehenden Sachverständigen erscheinen als dessen Gehilfen.[8]) Für gewisse Fälle ist richterliche Inaugenscheinnahme vorgeschrieben.[9]) — Andere Maßnahmen bilden die Beschlagnahme und Durchsuchung, die Verhaftung und vorläufige Festnahme.[10]) Bei Freisprechung oder Außerverfolgungsetzung wird für unschuldig erlittene Untersuchungshaft Entschädigung gewährt.[11]) — Zur weiteren Aufklärung erfolgt die Vernehmung des Beschuldigten,[12]) dem die Verteidigung in ausgedehntester Weise und in jeder Lage des Verfahrens gestattet ist.[13])

c) Verfahren in erster Instanz.

§ 217.

Das Verfahren setzt eine Klage voraus, die für dessen Grenzen bestimmend ist. Die öffentliche Klage wird von der Staatsanwaltschaft mit der Maßgabe erhoben und vorbereitet, daß bei Gefahr im Verzuge die erforderlichen Untersuchungshandlungen vom Amtsrichter vorgenommen werden können, und daß gegen ablehnende Bescheide der Staatsanwaltschaft

---

5) StPO. § 42, 43; GVG. 202[1].

6) StPO. § 44—47.

7) Das. § 48—71, letzterer erg. G. 17. Mai 98 (RGB. 252) Art. II. — Gebühren § 70; § 195 Anm. 12 d. W. — Zeugenvernehmung der Beamten Anm. 8.

8) StPO. § 72—85. — Gebühren § 84; § 195 Anm. 12 d. W. — Vernehmung öffentlicher Beamten als Zeugen oder Sachverständige ZPO. § 376, 383, 408 u. StPO. § 53, 76 Abs. 2, StME. 6. April 83 (MB. 80), Bf. 17. Mai 83 (JMB. 155) u. 28. Juli 86 (MB. 181, JMB. 137).

9) StPO. § 86—93. — Verfahren bei Leichenöffnungen § 87, 91 u. Bf. 4. Jan. 05 (MMB. 67, JMB. 45). Verfahren der Gerichtsärzte bei Untersuchung der Leichen Bf. KultMin. 4. Jan. 05 (JMB. 45).

10) StPO. § 94—132. — Die Ausführung erfolgt in der Regel durch die Polizei, § 235—237 d. W.

11) G. 14. Juli u. (Geltung für die Schutztruppen in Afrika) V. 6. Nov. 04 (RGB. 321 u. 441); Bf. 27. Aug 04 (JMB. 239). Gegenseitigkeitsverhältnis zu Dänemark, Norwegen u. Schweden Bek. 3. Mai 06 (das. 465), Ungarn 28. Okt. 13 (das. 747). — Verb. § 218 Anm. 4 d. W. — Bearb. von Krause, Haftentschädigung (Hann. 06).

12) StPO. § 133—136.

13) Das. § 137—150 (§ 149 Abs. 2 erg. EG. z. BGB. Art. 35II).

die gerichtliche Entscheidung vom Verletzten beantragt werden darf.[1] Neben der öffentlichen findet eine **Privatklage** statt, die aber nicht jedermann (Popularklage), sondern nur dem Verletzten zusteht und im allgemeinen Strafrecht nur für die auf Antrag strafbaren Beleidigungen und Körperverletzungen zugelassen ist.[2] Der zur Privatklage Berechtigte kann sich dem Staatsanwalt, wenn dieser Klage erhebt, im Wege der Nebenklage anschließen. Gleiche Befugnisse haben diejenigen Personen, die durch Antrag auf gerichtliche Entscheidung die Klageerhebung wegen einer gegen ihre Person oder gegen ihr Vermögen gerichteten Handlung herbeigeführt haben oder zur Forderung einer Buße berechtigt sind.[3]

Im Strafverfahren ist unbeschadet der Anklageform der Richter nicht wie im Zivilverfahren an die Vorträge der Parteien gebunden, sondern zu selbständiger Erforschung der Wahrheit verpflichtet. Diesem Zwecke dient insbesondere die gerichtliche **Voruntersuchung**, die die Frage klar stellen soll, ob der Angeschuldigte weiter zu verfolgen sei. Sie findet in Reichs- und Schwurgerichtssachen stets, in Strafkammersachen aber nur auf Antrag der Parteien statt. Bei den Schöffengerichten tritt sie überhaupt nicht ein.[4] Im Falle der weiteren Verfolgung wird das **Hauptverfahren** eröffnet; der Angeschuldigte wird zum Angeklagten.[5] Die **Hauptverhandlung** erfolgt nach der erforderlichen Vorbereitung[6] in unmittelbarer Gegenwart der mitwirkenden Parteien und Gerichtspersonen, des Staatsanwalts und eines Gerichtsschreibers und setzt, der Regel nach, auch die des Angeklagten voraus.[7] Der Vernehmung des letzteren schließt sich die **Beweisaufnahme** an, bei der Zeugen und Sachverständige unmittelbar zu vernehmen und Urkunden zu verlesen sind.[8] Hieran reihen sich die **Schlußvorträge** des Staatsanwalts und des Angeschuldigten, wobei diesem das letzte Wort gebührt.[9] Das **Urteil** wird nach freier, aus der Verhandlung geschöpfter Überzeugung gefällt. Es lautet auf Verurteilung, Freisprechung oder — wenn es bei Antragstraftaten an dem Antrage fehlt — auf Einstellung des Verfahrens. Das Urteil nebst Gründen ist am Schluß der Verhandlung oder spätestens eine Woche darauf durch Verlesung der Urteilsformel und Eröffnung der

---

1) Das. §151—75. Ob Staatsanwaltschaft u. Polizeibehörden (§ 234 d. W.) alle Straftaten verfolgen müssen (Legalitätsgrundsatz), oder sich auf die durch das öffentliche Interesse gebotene Verfolgung beschränken dürfen (Opportunitätsgrundsatz), ist streitig. — Antragsstraftaten § 214 Abs. 4 d. W.

2) StPO. § 414—434. — StGB. § 185—187 u. 223 nebst § 195 u. 196. — Vorheriger Sühneversuch § 192 d. W.

3) StPO. § 435—446. — StGB. § 188 u. 231.

4) StPO. § 176—195. — In der dabei dem Staatsanwalt wie dem Beschuldigten eingeräumten Befugnis zu selbsttätiger Mitwirkung betritt die StPO. einen Mittelweg zwischen dem auch in der Voruntersuchung von dem Grundsatze der Öffentlichkeit und Mündlichkeit geleiteten englischen u. dem mit geheimer u. schriftlicher Voruntersuchung verbundenen französischen Verfahren.

5) StPO. § 196—211 u. 155.

6) Das. § 212—224.

7) Das. § 225—236.

8) Das. § 237—256.

9) Das. § 257, 258.

Urteilsgründe zu verkünden.[10]) Die Entscheidungen erfolgen durch Stimmenmehrheit; nur die dem Angeklagten nachteiligen, die Schuldfrage betreffenden, erfordern eine Zweidrittelmehrheit.[11])

Die Hauptverhandlung vor den Schwurgerichten (§ 181 Abs. 4) beginnt mit der Bildung der Geschworenenbank und der Beeidigung der Geschworenen.[12]) Den Parteivorträgen geht die Fragestellung des Gerichts an die Geschworenen voraus, die deren Entscheidung auf die mit „Ja" oder „Nein" zu beantwortende Schuldfrage beschränkt.[13]) Die Entscheidung (Spruch) erfolgt nach einer Belehrung durch den Gerichtsvorsitzenden in abgesonderter Beratung. Die Schuldigsprechung fordert gleichfalls eine Zweidrittelmehrheit.[14]) Auf Grundlage des Spruches fällt das Gericht sein Urteil.[15])

Gegen Abwesende kann eine Hauptverhandlung nur wegen solcher Handlungen stattfinden, die mit Einziehung oder Geldstrafe bedroht sind.[16]) In allen anderen Fällen ist nur ein Verfahren zur Sicherung des Beweises zulässig; auch kann an Stelle der Verhaftung das inländische Vermögen beschlagnahmt werden.[17])

d) Rechtsmittel.

§ 218.

Rechtsmittel[1]) können von dem Staatsanwalt, wie von dem Beschuldigten oder dessen gesetzlichen Vertreter oder von dem Ehemann eingelegt werden.[2]) Gleiches gilt von der in bestimmten Fällen grober Rechtsverletzung zugelassenen Wiederaufnahme eines durch rechtskräftiges Urteil geschlossenen Verfahrens.[3]) Die dabei freigesprochenen oder mit geringerer Strafe belegten und die von diesen zu unterhaltenden Personen können Entschädigung aus der Staatskasse beanspruchen.[4]) — Als eigentliche Rechtsmittel kommen folgende in Betracht:

1. Die Berufung (Appellation). Diese bezweckt eine Wiederholung der

---

[10]) Das. § 259—268 u. 275. — Beschluß der Unzuständigkeit § 269 u. 270. — Protokoll über die Hauptverhandlung § 271—274 u. Vf. 2. Nov. 85 (JMB. 359). — Die freie Beweiswürdigung gestattet dem Richter die Berücksichtigung schwerer Verdachtgründe (Indizien), während im älteren Verfahren Beweisregeln gesetzlich vorgeschrieben waren. So ließ die Karolina (§ 214 Abs. 1 d. W.) eine Verurteilung nur zu, wenn der Angeklagte geständig oder durch 2 Augenzeugen überführt war. Das Geständnis wurde nötigenfalls durch die Folter erzwungen, die in Preußen erst unter Friedrich dem Großen 1740 abgeschafft worden ist.

[11]) GVG. § 198; StPO. § 262.

[12]) Das. § 276—289.

[13]) Das. § 290—299.

[14]) Das. § 300—313.

[15]) Das. § 314—317.

[16]) Das. § 318—326.

[17]) Das. § 327—337.

[1]) Begriff § 197 d. W. — Instanzenzug § 181 Abs. 5[2].

[2]) StPO. § 338—345.

[3]) StPO. § 399—413.

[4]) G. 20. Mai 98 (RGB. 345), in den Konsulargerichtsbezirken anwendbar G. 7. April 00 (RGB. 213) § 71; Vf. 22 Nov. 98 (JMB. 280), Bearb. wie § 216 Anm. 11.

Verhandlung in ihrem ganzen Umfange. Sie ist nur gegen Urteile der Schöffengerichte zugelassen. Die Einlegungsfrist beträgt eine Woche.[5])

2. Die **Revision** beschränkt sich auf die Frage der Gesetzverletzung und läßt die tatsächliche Würdigung, die der Straffall beim ersten Richter gefunden hat, unangetastet. Sie findet gegen Urteile der Landgerichte (Strafkammer) und Schwurgerichte statt. Die Frist für die Einlegung beträgt gleichfalls eine Woche.[6])
3. Die **Beschwerde** richtet sich nur gegen Beschlüsse und Verfügungen. Sie geht an das nächst höhere Gericht und ist, abgesehen von den Fällen der „sofortigen Beschwerde", an keine Frist gebunden.[7])

e) Besondere Arten des Verfahrens.

§ 219.

Neben dem ordentlichen kommen in folgenden Fällen besondere Arten des Verfahrens zur Anwendung:

1. durch **amtsrichterlichen Strafbefehl** können für Übertretungen und mit höchstens 3 Monat Gefängnis oder 600 M. Strafe bedrohte Vergehen[1]) Strafen bis 150 M. oder 6 Wochen nebst etwa verwirkter Einziehung festgesetzt werden. Im Fall des Einspruchs entscheidet das Schöffengericht im gewöhnlichen Verfahren.[2])
2. Letzteres gilt auch beim Einspruch gegen **polizeiliche Strafverfügungen**.[3])
3. Bei **Zuwiderhandlungen in betreff der öffentlichen Abgaben und Gefälle** ist unbeschadet des Antrags auf gerichtliche Entscheidung ein Verwaltungsstrafverfahren zugelassen, auch die Verwaltungsbehörde zur eigenen Verfolgung im gerichtlichen Verfahren ermächtigt.[4])
4. Für **Forst- und Feldrügesachen** können die Landesgesetze ein besonderes Verfahren und die Verhandlung ohne Schöffen anordnen.[5])
5. Gegen **ausgewanderte Wehrpflichtige** ist als Ausnahme des oben (§ 214 Abs. 4) erwähnten Grundsatzes ein Ungehorsamsverfahren zugelassen.[6])
6. Ein besonderes (s. g. objektives) Verfahren findet bei selbständig erfolgender **Einziehung einzelner Gegenstände**,[7]) sowie bei **Vermögensbeschlagnahmen**[8]) statt.

---

[5]) StPO. § 354—373.

[6]) Das. § 374—398.

[7]) Das. § 346—353. Fälle der sofortigen Beschwerde § 28, 46, 122, 209, 270, 412, 463 u. 494.

[1]) GVG. § 27^1 u. ^{2}.

[2]) StPO. § 447—452 u. (Formulare) Vf. 4. Nov. 81 (JMB. 260).

[3]) StPO. § 453—458; EG. § 6^3 u. § 5. — Polizeiliche Strafverfügungen § 238 d. W.

[4]) StPO. § 459—469 u. EG. § 6^3. — Verfahren bei Steuern § 139 Abs. 5 u. § 153 Abs. 4 d. W., bei Postgefällen § 391, insbes. Anm. 7. — Bewilligung von Zahlungsausstand u. Teilzahlungen in Zoll- u. Steuersachen Vf. 28. Mai 02 (JMB. 142).

[5]) EG. § 3 Abs. 3; Verfahren bei Feld- u. Forstfreveln u. Forstdiebstählen § 354 Abs. 4 u. 8 d. W.

[6]) StPO. § 470—476; StGB. § 140 bis 143 u. 360^3; Vf. 21. März 80 (MB. 104) u. 5. Feb. 92 (JMB. 65).

Anm.: Note [7]) und [8]) befinden sich auf S. 376.

7. Das Verfahren gegen Jugendliche (Personen unter 18 Jahren) ist an verschiedenen Orten von dem Verfahren gegen Erwachsene getrennt, um erstere vor den mit der gerichtlichen Verfolgung verbundenen schädlichen Einflüssen zu bewahren. Die Verhandlungen in diesen Jugendgerichten werden von dem Vormundschaftsrichter geleitet, der dabei eine die Persönlichkeiten berücksichtigende erzieherische Einwirkung ausüben und sich dieserhalb mit den Vertretern der organisierten Jugendfürsorge in Verbindung setzen soll.[9])

f) Strafvollstreckung und Kosten.

§ 220.

Die Vollstreckung erfolgt nach beschrittener Rechtskraft durch die Staatsanwaltschaft ausschließlich der Amtsanwälte. Das Begnadigungsrecht steht dem Landesherrn, in bezug auf erstinstanzliche Entscheidungen des Reichsgerichts dem Kaiser zu.[1]) In Preußen darf der Justizminister bei solchen zu Freiheitstrafen verurteilten Personen, für die bei längerer guter Führung eine Begnadigung in Aussicht genommen werden kann, die Strafvollstreckung aussetzen. Dies gilt insbesondere für die erstmalig, zu weniger als sechs Monaten verurteilten Personen unter 18 Jahren.[2])

Die Kosten sind im Falle der Verurteilung vom Angeklagten, im Falle der Freisprechung von der Staatskasse oder dem Privatkläger zu tragen. Bei Anzeigen, die wider besseres Wissen oder fahrlässigerweise gemacht sind, können sie auch dem Anzeigenden auferlegt werden. Bei Antragstraftaten fallen die durch Zurücknahme erwachsenden Kosten dem Antragsteller zur Last.[3]) — Transport- und Haftkosten kommen als bare Auslagen in Ansatz.[4])

---

7) StPO. § 477—479; StGB. § 42; Vernichtung bei Verletzung des Urheberrechts G. 19. Juni 01 (RGB. 227) § 42, 43, 46—48 u. 52.

8) StPO. § 480; StGB. § 93 u. 140.

9) Vf. 1. Juni 08 (JMB. 237) u. 22. Sept. 09 (das. 335). Eine gesetzliche Regelung ist geplant, aber noch nicht abgeschlossen. — Jugendgefängnis § 239 Anm. 11.

1) StPO. § 481—495 u. Vf. 14. Aug. 79 (JMB. 237) u. 21. Juni 12 (das. 193). — § 39 Anm. 5 d. W. — Der JustMin. kann Strafen wegen Querulierens bei den Gerichtsbehörden — das nach AGer.O. § 178 Abs. 2 d. W.) strafbar ist — sowie Strafen in den neuen Prov. bis 30 M. erlassen od. herabsetzen AE. 19. Dez. 66 u. 16. Feb. 67 (JMB. 6 u. 67). — Bewilligung v. Strafausstand AE. 18. Nov. u. Vf. 22. Dez. 11 (JMB. 448).

2) AE. 23. Okt. 95 (JMB. 348) u. 6. Nov. nebst Vf. 11. Nov. 12 (das. 359) Handhabung Vf. 1. Nov. 10 (MB. 331, JMB. 383). Die Maßregel, deren gleichmäßige Handhabung seit 1. Jan. 03 unter den Bundesstaaten vereinbart ist, bildet einen Versuch auf dem Wege zur bedingten Verurteilung, wie sie vor 20 Jahren in Massachusetts und später in England, Frankreich, Belgien u. Norwegen zur Hilfe für die Verurteilten und Ersparung von Vollstreckungskosten eingeführt worden ist.

3) StPO. § 496—506. Kostensätze § 195 Anm. 13 d. W.

4) GerKostG. 98 (RGB. 659) § 79^{7} u. ^{8}, GebO. 98 (RGB. 689) § 13^{7}, pr. GerKostG. 99 (GS. 326) § 113^{8}, ^{9} u. 140. Sammeltransporte § 243 Anm. 7. — Festsetzung und Einziehung in Hannover u. Hessen-Nassau Reg. 6. Mai 71 (MB. 346), noch gültig Vf. 10. Dez. 81 (MB. 82 S. 35). — § 234 Anm. 5 d. W.

Siebentes Kapitel.

Polizei.[1])

I. Begriff und Arten.

§ 221.

Der Begriff der Polizei hat sich geschichtlich entwickelt. Früher umfaßte sie die gesamte innere Staatstätigkeit; später wurden die Kameralien (Finanzen und Volkswirtschaft)[2]) und die kirchlichen und Schulangelegenheiten ausgesondert. Immerhin umschloß sie neben dem Schutze, den der Staat zu gewähren hat, noch einen Teil der auf Förderung der Erwerbstätigkeit gerichteten staatlichen Wirksamkeit. Seit Beginn des vorigen Jahrhunderts erscheint auch diese von der Polizei getrennt. Der Begriff der früher der Sicherheitspolizei gegenübergestellten Wohlfahrtspolizei ist damit fortgefallen.[3])

In dieser eingeschränkteren Bedeutung erstreckt sich die Aufgabe der Polizei nur noch auf die Bekämpfung der durch Ereignisse oder Rechtsverletzungen herbeigeführten Gefahren für Leben, Gesundheit oder Vermögen, die sie teils vorbeugend (präventiv), teils abwehrend (repressiv) zur Ausführung bringt.[4])

Inzwischen hatte die Trennung der Rechtspflege von der Verwaltung eine weitere Einschränkung der polizeilichen Tätigkeit herbeigeführt, indem die Rechtspflege die (repressive) Abwehr der durch Rechtsverletzungen herbeigeführten Gefahren mit der Maßgabe allein übernahm, daß die Polizei ihr dabei nur vorbereitend und helfend zur Seite trat. Diese Tätigkeit bildet den Gegenstand der Strafpolizei (Nr. III). Erscheint die Polizei hierin nur als Gehilfin der Rechtspflege, so verblieb ihr eine

---

[1]) v. Mohl, Polizeiwissenschaft (3. Aufl. Tübing. 66). — Förstemann, Prinzipien des preuß. Polizeirechts (Berl. 69). Bearbeitung der einschlägigen Gesetzgebung von Genzmer (Berl. 05); v. Arnstedt, Das preuß. Polizeirecht, systematisch, 2 Bde. (Berl. 05 u. 07).

[2]) § 120 Anm. 2. d. W.

[3]) Die frühere Wohlfahrtspolizei gehört nunmehr in das Gebiet der Wirtschaftspflege (Kap. 9). — Beide staatliche Aufgaben, die heute in der Bezeichnung „innere Verwaltung" zusammengefaßt sind, werden bereits im LR. II 13 § 2 und 3 einander gegenübergestellt; ebenso RegInstr. 23. Okt. 17 (GS. 248) § 7 Abs. 1.

[4]) Das LR. (II 17 § 10) bestimmt: „Die nötigen Anstalten zur Erhaltung der öffentlichen Ruhe, Sicherheit und Ordnung u. zur Abwendung der dem Publiko, oder einzelnen Mitgliedern desselben bevorstehenden Gefahr zu treffen, ist das Amt der Polizei." Durch diese für die einzelnen Gebiete im G. 11. März 50 (GS. 265) § 6 näher bezeichnete Aufgabe wird — soweit nicht besondere Gesetze Ausnahmen bedingen § 273 Abs. 1, 280 Abs. 3 u. 366 Abs. 2[11] d. W. — die polizeiliche Tätigkeit in ihren Zielen begrenzt; sie ist insbesondere auf Nachteile oder Belästigungen nicht auszudehnen OV. (XI 344). Aus dem Worte

selbständige Wirksamkeit sowohl in der Abwehr schädlicher Ereignisse (Unfallpolizei, Gesundheitspolizei), die sie nach wie vor vorbeugend und abwehrend auszuüben hat, als in der nur vorbeugenden Abwehr der aus Rechtsverletzungen drohenden Gefahren. Die Gefahren können äußere oder innere sein, sie können die allgemeine Sicherheit oder die öffentliche Ordnung und Sitte oder das Leben und die Gesundheit des einzelnen bedrohen, und hiernach scheidet sich die im weiteren Sinne auch die Unfallpolizei umfassende Sicherheitspolizei (Nr. IV) von der Ordnungs- und Sittenpolizei (Nr. V) und dem Gesundheitswesen (Nr. VI).

Fällt auch den Zwecken nach die gesamte polizeiliche Wirksamkeit in eines dieser Gebiete, so bildet doch die Polizei keine in sich abgeschlossene selbständige Tätigkeit der inneren Verwaltung, durchdringt vielmehr deren ganzes Gebiet, so daß fast in jedem Teile neben der pflegenden auch die schützende und strafende Hand des Staates hervortritt. Die Einteilung in Strafpolizei, Sicherheits- und Unfallpolizei, Ordnungs- und Sittenpolizei und Gesundheitswesen ist deshalb nur auf die allgemeine Polizei anwendbar. Nur diese wird nach dem verfolgten Zweck eingeteilt (Zweckpolizei), während die auf den einzelnen Verwaltungsgebieten hervortretende polizeiliche Tätigkeit, obwohl auch diese die angeführten Zwecke verfolgt, doch nach diesen Gebieten benannt wird und nur im Zusammenhange mit ihnen betrachtet werden kann (Sachpolizei). Es gilt dieses von den Gebieten des Bauwesens (Nr. VII) und des Armenwesens (Nr. VIII), die wegen ihres vorwiegend polizeilichen Charakters im Anschluß an die Polizei zur Darstellung gelangen; es gilt auch von den einzelnen Gebieten der Wirtschaftspflege, in denen ebenfalls eine polizeiliche Tätigkeit in größerem oder geringerem Umfange hervortritt.[5])

II. Polizeiverwaltung.

1. Polizeibehörden.

§ 222.

a) **Zentralbehörde** ist der Minister des Innern (§ 48). Seine Zuständigkeit erstreckt sich indes nur auf die allgemeine und die Gesundheitspolizei, während unter dem Minister der öffentlichen Arbeiten die Bau-, Wege- und Eisenbahnpolizei, unter dem Handelsminister die Berg-, Hafen- und Schiffahrts- und der größte Teil der Gewerbepolizei und unter dem Landwirtschaftsminister die Landwirtschafts-, Forst-, Jagd-, Fischerei- und Viehseuchenpolizei stehen.[5])

„die nötigen" folgt auch eine Begrenzung der Mittel zur Erfüllung der polizeilichen Aufgaben. — Übersicht der umfangreichen Rechtsprechung des OV. üb. das Gebiet der pol. Wirksamkeit bei Genzmer (Anm. 1) S. 3—9.

[5]) Versicherungspolizei § 323, 324; Bergpolizei § 334 Abs. 2; Wasserpolizei § 346 Abs. 2, 349 Abs. 1; Deichpolizei § 348 Anm. 5, Strompolizei § 349 Abs. 2; Feld- u. Forstpolizei § 354, 355; Viehseuchenpolizei § 358; Jagdpolizei § 360; Fischereipolizei § 362; Gewerbepolizei § 366, 367; Markt-

§ 223.

b) Die **Landespolizei** bildet den Gegensatz zur Ortspolizei. Während diese die Interessen der nachbarlich örtlichen Gemeinschaft zu schützen hat, umfaßt die Landespolizei ihrem Begriffe nach die Abwehr der den Staat oder die Gesellschaft als solche bedrohenden Gefahren, und fällt in diesem Sinne mit der höheren (politischen oder Staats-) Polizei zusammen. Daneben werden indes als landespolizeiliche alle diejenigen Verrichtungen angesehen, die ihrer höheren Bedeutung oder ihrer größeren Schwierigkeit wegen tatsächlich von einer unteren Behörde nicht wahrgenommen werden. Landespolizeibehörde ist der Regierungspräsident.[6]) Seine Zuständigkeit erstreckt sich auf nahezu alle Gebiete der Polizeiverwaltung. Nur einzelne Zweige werden von besonderen Behörden verwaltet, wie die Bergpolizei (§ 334 Abs. 2) und die Eisenbahnpolizei (§ 388 Abs. 2). Den Oberpräsidenten sind, abgesehen von einzelnen besonders bestimmten Gegenständen,[7]) nur die sich über mehrere Regierungsbezirke erstreckenden Angelegenheiten und die bei außerordentlichen Ereignissen und bei Gefahr im Verzuge erforderlichen Anordnungen vorbehalten.[8])

§ 224.

c) Mannigfaltiger hat sich die **Ortspolizei** (Lokalpolizei) gestaltet, die sich gleichfalls über fast alle Gebiete der Polizeiverwaltung erstreckt.[1])

---

polizei § 374 Abs. 1; Maß- und Gewichtspolizei § 375; Münzpolizei § 376 Abs. 5; Schiffahrtspolizei § 378 Abs. 1; Wegepolizei § 384; Eisenbahnpolizei § 388 Abs. 2 d. W. — Die Sachpolizei wird weniger zutreffend auch als Verwaltungspolizei bezeichnet.

[6]) RegInstr. 23. Okt. 17 (GS. 248) § 2[2—4] u. LVG. § 17. Die Beigabe von Bezirkspolizeikommissaren im Range der Polizeiinspektoren (AE. 18. Jan. 99 GS. 23) beschränkt sich nach Einrichtung Königlicher Polizeiverwaltungen in Bochum, Gelsenkirchen u. Essen (Anm. 5) auf dem RB. Aachen. Grenzkommissariate in Eydtkuhnen, Schmalleningken, Prostken, Illowo, Thorn, Beuthen, Lublinitz und Emmerich. Erlaß von Polizeiverordnungen § 231 d. W. — Unmittelbar der Landespolizeibehörde vorbehalten ist die Strom-, Hafen- u. Schiffahrtspolizei § 349 Abs. 1 u. der Erlaß von Polizeiverordnungen über die Sonntagsheiligung § 256 d. W. — Zur Ausführung landespolizeilicher Aufgaben werden auch die Ortspolizeibehörden mehrfach in Anspruch genommen, während ortspolizeiliche Angelegenheiten, die sich über mehrere Ortsbezirke erstrecken, von den Landespolizeibehörden erledigt werden (§ 231 Abs. 2[2]); die Rechtsmittel richten sich in diesem Falle nach der Stellung der Behörde OV. (XXXVIII 362), die Kosten sind ortspolizeiliche (IX 344 u. XXXVI 6.) — Die Kosten der Landespolizei trägt der Staat. — Die Schreibweise der Ortschaftsnamen bestimmt die Landespolizeibehörde OV. (XII 326) u. Vf. 29. Juni 97 (MB. 135).

[7]) Instr. 31. Dez. 25 (GS. 26 S. 1) § 11[4 b u. c]: Strombaudirektionen § 349 Abs. 2 d. W. — Entscheidung von Beschwerden § 232 Abs. 3.

[8]) Instr. (vor. Anm.) § 2[3] u. 11[2].

[1]) Ausgenommen sind neben der Berg-, der Deich-, der Eisenbahn- u. der Strom-, Hafen u. Schiffahrtspolizei (§ 222 Anm. 5 u. 7), die Fischereipolizei § 362 (Anm. 17) u. die den Landräten vorbehaltenen Gebiete § 225 Anm. 2. — Unterrichtswesen § 302 Anm. 8. — Feststellung des Sachverhalts bei Unfällen für die Unfallvers. VO. § 1564—1567. Fortfall der Polizeigerichtsbarkeit § 233 d. W.

Sie wird zwar überall im Namen des Königs geübt, doch sind ihre Organe sowohl für Stadt und Land als für die einzelnen Provinzen verschieden.[2])

In den Städten wird die Polizei regelmäßig von den Bürgermeistern verwaltet,[3]) doch kann sie in wichtigeren Gemeinden, insbesondere in solchen von mehr als 10 000 Einwohnern, durch Beschluß des Ministers des Innern besonderen königlichen Behörden übertragen werden.[4]) Hierbei sind mehrfach einzelne Zweige der Wohlfahrtspolizei den Gemeinden belassen. Im Fall der Übertragung bestreitet der Staat die unmittelbaren Polizeikosten, einschließlich der Kosten des Nachtwachtwesens. Die Gemeinden tragen ein Drittel zu diesen Kosten bei.[5]) Die Behörden heißen Polizeipräsidien oder Polizeidirektionen; doch führen auch die Vorsteher der letzteren zum Teil den Titel als Polizeipräsident. Dem Polizeipräsidium in Berlin sind neben den ortspolizeilichen auch landespolizeiliche Befugnisse beigelegt.[6]) Den Königlichen Polizeibehörden sind außer Polizei-

[2]) § 1 der Polizeiverwaltungsgesetze (Anm. 3). — Der Grundsatz, daß alle Polizeiverwaltung vom Staate auszugehen habe, war für Städte bereits in der Steinschen StO. (§ 77 Anm. 3) § 165, 166 ausgesprochen, wonach der Staat eigene Polizeibehörden ernennen oder die Verwaltung dem Magistrat übertragen konnte, der sie dann als Staatsbehörde im Auftrage des Staates zu führen hatte. Auf dem Lande stand die Polizeiverwaltung dagegen bis zur Aufhebung der gutsherrlichen Polizei (Abs. 3) den Gutsherrschaften, in fiskalischen Dörfern den Domänenämtern zu. — Die höheren Behörden dürfen ortspolizeiliche Verfügungen nur ausnahmsweise, wenn der Zweck der Aufsicht nicht anderweit erreicht werden kann, unmittelbar erlassen OV. (LIII 321).

[3]) Ältere Prov.: G. üb. d. Polizeiverw. 11. März 50 (GS. 265) § 1 (d. G. ist bearb. v. Friedrichs (Berl. 11), StädteO. f. d. östl. Prov. 30. Mai 53 (GS. 261) § 62, f. Westf. 19. März 56 (GS. 237) § 62 u. f. d. Rheinprov. 15. Mai 56 (GS. 406) § 57; neuere Prov.: V. 20. Sept. 67 (GS. 1529) § 1, StädteO. f. Schl.-Holstein 14. April 69 (GS. 589) § 89, Hess.-Nassau 4. Aug. 97 (GS. 254) § 67 u. f. Hannover, wo die Magistrate zuständig sind, StädteO. 24. Juni 58 (hann. GS. I 143) § 71, 78 und 79; Hohenzollern wie Anm. 16. — Die Aufsicht in Polizeisachen führt in den kreisangehörigen Städten der Landrat § 225 Anm. 2.

[4]) G. über d. PolV. § 2. In den RBez. Münster, Arnsberg u. Düsseldorf kann d. Min. m. Zustimmung d. Provinzialrates die Sicherheitspolizei auch in anderen Gemeinden u. Gutsbezirken besonderen staatlichen Behörden u. Beamten übertragen G. 19. Juli 11 (GS. 147); im RB. Oppeln anwendbar, hier auch für die Gesundheits- und Veterieärpolizei G. 19. Juni 12 (GS. 182). Schl.-Holstein StädteO. § 89 Abs. 3 u. 4; Hannover StädteO. § 78. — Die ähnlichen Bestimmungen in den übrigen neuen Landesteilen sind aufrecht erhalten V. 67 (Anm. 3) § 2. In Berlin ist dem Oberbürgermeister die Wohnungs-, Straßenbau-, Straßenreinigungs- u. Schulpolizei übertragen.

[5]) G. 3. Juni 08 (GS. 149) § 1. Festsetzung der Kosten § 2—7. Unmittelbar sind die für Unterhaltung und Ausrüstung der Beamten, Geschäftsbedürfnisse, Diensträume, Gefängnisse, für die Fleischbeschau und für sonstige besondere ortspolizeiliche Zwecke aufgewendeten Kosten § 2, wogegen die infolge der verwaltenden Tätigkeit mittelbar entstehenden Ausgaben und Einrichtungen (Krankenhäuser, Zwangsheilung Geschlechtskranker u. dgl.) von den Gemeinden zu bestreiten sind.

[6]) Polizeipr. in Berlin (Regl. 18. Sept. 22 KA. VIII 491 u. KO. 16. Mai 30 das. XIV 359; OV. VIII 331, verb. Anm. 4 u. § 59 Anm. 9 d. W.), das im Interesse einheitlicher Handhabung der Sicherheitspolizei die Landespolizeibehörde über den PolPr. in Charlottenburg, in Berlin-Schöneberg mit Berlin-

räten und Polizeiassessoren die erforderlichen technischen, mittleren und unteren Beamten zugeteilt.[7])

In betreff der **Landgemeinden** hatte sich in den östlichen Provinzen die mit dem Besitze eines Gutes verbundene Polizeigewalt (gutsherrliche Polizei) mit einigen Unterbrechungen bis zum Erlaß der KreisO. behauptet. In den Provinzen Ost- und Westpreußen, Brandenburg, Pommern, Schlesien und Sachsen sind nunmehr unter Aufhebung dieser Polizeigewalt besondere Amtsbezirke gebildet, innerhalb deren die Ortspolizei von Amtsvorstehern möglichst als Ehrenamt, nötigenfalls aber unter kommissarischer Anstellung von Berufsbeamten verwaltet wird.[8]) Die Einrichtung ist unter Erweiterung der Befugnis der Behörden zur Bestellung kommissarischer Amtsvorsteher auf Schleswig-Holstein übertragen.[9]) Einzelne zu einem Landkreise gehörige Landgemeinden oder Gutsbezirke können bezüglich der Polizeiverwaltung durch den Minister des Innern im Einvernehmen mit dem Bezirksausschusse mit dem Bezirk einer kreisangehörigen Stadt vereinigt werden.[10]) Ähnlich, nur mit ausgeprägterem

---

Wilmersdorf, in Neukölln G. 13. Juni 00 (GS. 247), 27. März 07 (GS. 57), den Polizeidir. in Berlin-Lichtenberg mit der Landgem. Stralau G. 7. März 08 (GS. 21), G. 23 u. Vf. 26. Juni u. 1. Juli 09 (GS. 533, 534 u. 620) bildet und in Straf- und Sittenpolizei für weitere Berliner Vororte zuständig ist G. 12. Juni 89 (GS. 129). Polizeivr. in Königsberg, Danzig, Stettin, Posen, Breslau, Magdeburg, Kiel, hier nach StädteO. (Anm. 3), Hannover mit Stadtkreis Linden, Kassel, Frankfurt a. M. Köln, Aachen; Polizeidir. Potsdam, auf die Umgebung ausgedehnt G. 7. März 08 (GS. 37) u. 3. Juni 08 (Anm. 5) § 8³, Wiesbaden, Essen mit Umgebung; die Polizeiverwaltungen Zabrze mit Zaborze, Geestemünde, Fulda, Hanau, Bochum mit Stadtkreis Herne, Koblenz, Gelsenkirchen und Saarbrücken werden als Nebenämter von den Landräten verwaltet.

7) Anstellung der Polizeiräte u. Polizeiassessoren Vf. 5. Mai 94 (MB. 77); Rang § 70 Anm. 32 d. W. — Die Verwalter der Polizeibauämter, die von den Polizeidirektionen unmittelbar in Anspruch genommen werden können, stehen dienstlich u. persönlich den Kön. Reg.Baumeistern (§ 272 Abs. 3) gleich Vf. 16. April 01 (MB. 138). — Annahme von Zivilsupernumeraren Vf. 13. April 00 (MB. 174), geänd. (Nr. 8) 16. Jan. 06 (MB. 26), PrüfungsO. für mittlere Beamte 11. Dez. 00 (MB. 01 S. 2) u. (Berlin) 30. Mai 95 (MB. 137), Anstellung 2. Feb. 98 (MB. 20) u. 22. April 12 (MB 111), der Meldeamtsbeamten 22. März 99 (MB. 53). Erfordernis einer sechsmonatigen Probedienstzeit 6 Dez. 02 (MB. 223). Die Anstellung der Polizeikassenrendanten fordert Genehmigung des Min. Vf. 9. Feb. 06 (MB 2).

8) KrO. 81 (GS. 180) § 46—52, 54—63, 65—68 (§ 53 ist aufgehoben LGO. 3. Juli 91 (GS. 233) § 146; ferner ZustG. § 5 u. 6, wonach die staatliche Aufsicht von dem Landrat als Vorsitzenden des Kreisausschusses u. in höherer und letzter Instanz von dem RegPräs. geführt wird; Vf. u. Aus.Instr. 18. Juni 73 (MB. 150 und 153) Art. 2 u. 4. — Amtsunkosten KrO. § 69—73, Vf. 10. Juni 73 (MB. 137) u. 3. März 81 (MB. 75). — Amtsausschüsse KrO. § 51—55a, Vf. 18. Dez. 73 (MB. 74 S. 13). — Amtsvorsteher sind mittelbare Staatsbeamte; die Bezeichnung „Königlich" steht ihnen nicht zu Vf. 15. Juni 74 (MB 159); Vf. 17. Dez. 78 (MB. 79 S. 1). Amtsabzeichen AE. 25. Nov. 78 (MB. 79 S. 1). — Die Zahl der Amtsbezirke in den eben genannten Provinzen u. in Schl.-Holstein belief sich (1. Okt. 12) auf 6174.

9) KrO. 26. Mai 88 (GS. 139) § 32—65.

10) KrO. 81 § 49a u. ZustG. § 6. In Schl.-Holstein ist die Befugnis auf Städte, Stadtkreise u. zu solchen gehörige Landgemeinden ausgedehnt KrO. (vor. Anm.) § 36. Hannover StO. (Anm. 3) § 78 Abs. 3, KrO. (§ 83 Anm. 18) § 30, Hess.-Nassau KrO. (das.) § 29.

Beamtencharakter, bestehen in Posen Distriktskommissare,[11]) in Westfalen Amtmänner[12]) und in der Rheinprovinz Landbürgermeister.[13]) Für Hannover, wo von der Befugnis zur Einführung der Amtsvorsteher kein Gebrauch gemacht worden ist, wird die Ortspolizei von den Landräten verwaltet.[14]) Damit erweitert sich naturgemäß die Tätigkeit der Gemeindevorsteher auf diesem Gebiete, denen auch im Gesetze mehrere ortspolizeiliche Verrichtungen überwiesen werden.[15]) Noch weiter ist diese Zuständigkeit in Hessen-Nassau und in Hohenzollern ausgedehnt, indem hier die Ortspolizei unter unmittelbarer Aufsicht der unteren Staatsverwaltungsbehörden von den Organen der Gemeindeverwaltung selbst gehandhabt wird.[16]) Diese Einrichtung setzt ein entwickeltes Gemeindeleben und einigermaßen befähigte Gemeindeorgane voraus, verdient aber, wo diese vorhanden sind, schon um deswillen den Vorzug, weil sie der Ortspolizeibehörde ihre Stelle im eigenen Orte zuweist, wo sie unausgesetzt beobachten und unmittelbar eingreifen kann. Sie vermeidet daneben die Einschiebung von Zwischenbehörden zwischen Landrat und Gemeindebehörde und macht damit die Verwaltung einfacher und billiger. Sie verhindert vor allem die Einführung unterer Beamten in die örtliche Verwaltung, die anderenfalls nicht überall zu umgehen ist.[17])

§ 225.

d) Eine eigentliche **Kreispolizei** hat sich erst in neuerer Zeit gebildet. Der Landrat war ursprünglich nur Kommissar der Regierung[1]) und hat erst allmählich eine selbständige polizeiliche Stellung erhalten. Seine wesentlichsten Aufgaben auf diesem Gebiete sind die Aufsicht über die Ortspolizeibehörden,[2]) und das Recht zum Erlaß von Polizeiverordnungen (§ 231

[11]) KO. 10. Dez. 36 (KA. XX 943) u. G. 08 (Anm. 5) § 8[2]; Anstellung Instr. 9. Aug. 87 (MB. 179) u. Vf. 28. Feb. 03 (MB. 33), Rang § 70 Anm. 44 d. W. — Die Zahl betrug (1. Okt. 12) 179. — Daneben bestehen einige Reste der gutsherrlichen Polizei KO. 36 Nr. 5, OV. XXII 227.

[12]) Westf. LGemO. 19. März 56 (GS. 265) § 4, 41, 74 u. KrO. 31. Juli 86 (GS. 217) § 29. — Amtsabzeichen wie Anm. 8. Die Zahl betrug (1. Okt. 12) 264.

[13]) Rhein. GemO. 13. Juli 45 (GS. 523) § 76, 108 u. KrO. 30. Mai 87 (GS. 209) § 28. — Amtsabzeichen wie Anm. 8. Die Zahl betrug (1. Okt. 12) 658.

[14]) KrO. 6. Mai 84 (GS. 181) § 24, 25 u. 28—30.

[15]) Das. § 34[5—8]; LGemG. 28. April 59 (hann. GS. I 393) § 69, 70 u. G. 08 (Anm. 5) § 8[1].

[16]) LGemO. f. Hessen-Nassau 4. Aug. 97 (S. 301) § 63 u. (Bildung gemeinschaftlicher Ortspolizeibezirke) § 64. — GemG. f. Hohenz. 3. Juli 00 (GS. 189) § 71.

[17]) Näheres in der § 54 Anm. 8 erwähnten Abhandlung.

[1]) V. 30. April 15 (GS. 85) § 33.

[2]) Das. § 36, KrO. 81 § 77 u. (Ordnungsstrafrecht) OV. (XVI 404). Die Landräte führen hiernach die Aufsicht in allen kreisangehörigen Städten, unbeschadet der abweichenden Zuständigkeit bei Rechtsmitteln gegen polizeiliche Verfügungen in Städten mit mehr als 10000 Einwohnern (§ 232 Abs. 3 d. W.). In Hannover sind jedoch alle selbständigen Städte (§ 60 Anm. 1) der Aufsicht des Landrats entzogen LVG. § 155 Abs. 3 u. KrO. 6. Mai 84 (GS. 181) § 27; das Polizeiverordnungsrecht

Abs. 2[3]), polizeilichen Zwangsmaßregeln (§ 232 Abs. 2) und Strafverfügungen (§ 238). Erst damit ist der Landrat zur eigentlichen Polizeibehörde geworden.

2. Polizeibeamte.

§ 226.

a) **Übersicht.** Die Beamten der Polizei sind entweder Verwaltungsbeamte[1]) oder unmittelbar ausübende (Exekutiv-) Beamte. Über die Befugnisse und Einrichtungen der letzteren bestehen neben den allgemeinen Bestimmungen über Beamte (§ 62—75 u. 79) mehrfache besondere Vorschriften. Sie haben das Recht zur Festnahme von Personen (§ 235), zur Durchsuchung (§ 236), zur Beschlagnahme (§ 237), und im Fall der Not zum Waffengebrauch.[2]) In der Einrichtung werden die staatlich angestellten und besoldeten Gendarmen (b) und Schutzmänner (c) von den Gemeindepolizeibeamten (d) unterschieden. Neben diesen allgemeinen Polizeibeamten gibt es solche für einzelne besondere Verwaltungszwecke.[3])

§ 227.

b) Die **Gendarmerie** war bereits 1812 gebildet, erhielt aber erst 1820 ihre heutige Gestaltung,[4]) in der sie auch auf die neuen Provinzen übertragen wurde.[5]) Die Gendarmen gehören nicht zu den aktiven Militärpersonen (§ 101 Abs. 1), sind diesen aber in einigen Beziehungen gleichgestellt. Die Gendarmerie ist in Rücksicht auf Wirtschaft, Disziplin, Gerichtstand und innere Verfassung militärisch eingerichtet, steht unter einem

(§ 231 Abs. 2 d. W.) steht jedoch dem Landrat zu UKamG. 26. Mai 13 (MB. 167). — Besondere Zuständigkeit bei übertragbaren Krankheiten § 269 Anm. 29, Ausstellung der Leichenpässe § 271 Abs. 1, in der Viehseuchenpolizei § 355 Anm. 12, Jagdpolizei § 360 Abs. 6, Chausseepolizei § 384 Anm. 1, Genehmigung von Kleinbahnen § 385 Abs. 4. Sonst hat der Landrat in den der Ortspolizeibehörde zugewiesenen Geschäftskreis, abgesehen von Dringlichkeitsfällen, nicht einzugreifen OV. (X 357). Vf. 15. Sept. 75 (MB. 267). — Abweichende Stellung in Hannover, Hessen-Nassau und Hohenzollern § 224 Abs. 3 d. W.

[1]) § 224 Anm. 7.

[2]) GendInstr. (Anm. 4) § 28 u. V. 67 (Anm. 5) § 18; Anwendbarkeit auf die übrigen ausübenden Beamten KO. 4. Feb. 54 (MB. 69). — Einschreiten gegen Offiziere u. Soldaten KO. 6. Dez. 55.

[3]) Forstschutzbeamte § 128 Abs. 2 d. W; Feld- u. Forsthüter § 354 Abs. 5; Fischereibeamte § 362 Anm. 17; Chausseeaufseher § 384 Abs. 5; Eisenbahnpolizeibeamte § 388 Abs. 2. — Genehmigung zur Annahme von Geschenken § 65 Anm. 8.

[4]) V. 30. Dez. 20 (GS. 21 S. 1) u. DienstInstr. v. dems. T. (das. S. 10). Bearb. Genzmer (§ 1 Anm. 1 d. W.) S. 92. — Disziplinaruntersuchung KO. 22. Aug. 29 (KA. VIII 560) u. Vf. 12. Juni 50 (MB. 179). — Die ausüb. Beamten haben im Dienst regelmäßig Uniform (§ 70 Anm. 48 d. W.) zu tragen Vf. 18. Jan. 82 (MB. 35). — Reisekosten V. 9. Aug. 13 (GS. 372). Rang § 70 Anm. 47. — Umzugskosten V. 27. Jan. 79 (GS. 22), 19. Dez. 83 (GS. 347) u. 7. April 06 (GS. 126) Art. I III. Bauentwürfe zu Dienstwohngebäuden Vf. 22. Juli 11 (MB. 212). — Pensionierung G. 27. März 72 (GS. 268) § 4. — Unabkömmlichkeit bei Einziehung zum Militär § 94 Abs. 2[2] d. W. — Feldgendarmerie § 100 Abs. 6.

[5]) Hohenzollern Erl. 30. Dez. 50 (GS. 51 S. 703). — Schl.-Holstein, Hannover u. Hessen-Nassau V. 23. Mai 67 (GS. 777).

Militärvorgesetzten und wird in Brigaden eingeteilt. Jede Brigade besteht aus einem Brigadier und einer Anzahl von Distriktsoffizieren, Oberwachtmeistern, berittenen und Fußgendarmen.[6] In ihren Dienstobliegenheiten stehen die Gendarmen dagegen unter den Zivilbehörden, denen sie zugewiesen sind, insbesondere unter den Landräten. Den Ortspolizeibehörden sind sie nicht unterstellt, haben jedoch ihren Aufforderungen zu entsprechen.[7] Die unmittelbare militärische Aufsicht über die Gendarmen wird durch die Gendarmerieoffiziere und Oberwachtmeister geführt.[8]

Die Gendarmen werden aus den geeigneten Unteroffizieren mit mindestens 9jähriger Dienstzeit entnommen und nach sechsmonatlicher Probedienstleistung angestellt. Der Dienst in der Gendarmerie wird bezüglich der Zivilversorgungsansprüche dem Militärdienst zugerechnet.[9]

§ 228.

c) Die Einrichtung der **Schutzmannschaft** entspricht mit Ausschluß der militärischen Einrichtung überall der der Gendarmerie. Sie wurde 1848 in Berlin, später auch in den übrigen Städten mit königlicher Polizeiverwaltung eingeführt. Die Einstellung von Unteroffizieren mit 9 jähriger Dienstzeit ist zulässig, sofern geeignete versorgungsberechtigte Bewerber nicht vorhanden sind.[1] Die besondere Aufsicht führt unter dem Polizei-

---

6) Versorgungsberechtigung Abs. 2, Gemeindebesteuerung § 101 Anm. 18, kirchliche Zugehörigkeit § 107 Abs. 2 d. W. Der Gerichtstand ist der des stehenden Heeres § 11 der V. u. § 104 d. W. Auf Gendarmen finden Anwendung die MilStGerO. 1. Dez. 98 gem. EG. § 2 Abs. 3 u. — neben den besonderen älteren Best. preuß. MStGB. 3. April 45 (GS. 278) I § $43^{2,3}$ u. 188 — das MStGB. 20. Juni 72 gem. EG. § 2 Abs. 2. — Der Befehlsbefugnis gegenüber den Gendarmen haben nur die Gendarmerieoffiziere, die Gendarmen jedoch gegenüber allen ihnen im Range nachstehenden Militärpersonen KO. 19. Juli 73 (ABL. 273).

7) KrO. 81 (GS. 180) § 65 Abs. 2. Jeder Gendarm hat einen Geschäfts- (Patrouillen)bezirk und innerhalb dieses einen Dienstort (Station). Anzeigen über Straftaten gehen regelmäßig an die Ortspolizeibehörden, an die auch Verhaftete u. Festgenommene abzuliefern sind Vf. 7. Aug. 80 (MB. 239). Transporte § 243 Anm. 8 u. 9 d. W. Die Staatsanwälte können Gendarmen in deren Dienstbezirken unmittelbar in Anspruch nehmen Vf. 26. Okt. 03 (MB. 243). — Instr. für die Tätigkeit bei größeren Truppenübungen 7. Aug. 90 (MB. 101). — Annahme nicht staatl. Zuwendungen Vf. 3. Dez. 90 (MB. 242).

8) Rang der Oberwachtmeister § 70 Anm. 46 d. W. — Zur theoretisch fachlichen Ausbildung sind Gendarmerieschulen in Wohlau und Einbeck eingerichtet. Vf. 6. Jan. 02 (MB. 9). Führung von Polizeihunden Vf. 9. März 10 (MB. 57), 12. Mai 11 (MB. 179) u. 16. April 13 (MB. 112).

9) V. 20 (Anm. 1) § 7 (in Fassung der V. 11. Juli 11 (GS. 160); die Entscheidung üb. Inruhestandversetzung steht den RPr. zu Vf. 9. Sept. 11 (MB. 246). — BB. 7/21. März 82 (ZB. 123) § 1, erg. Bek. 29. Jan. 95 (ZB. 17); § 63 Abs. 4 d. W.

1) KO. 23. Juni 48 u. 22. März 52 (MB. 55 S. 119), 20. Juli 75 (MB. 201) u. Vf. 18. Juli 85 (MB. 231). Einstweilige Einstellung nach sechsjähriger Dienstzeit AO. 9. Nov. 05 (MB. 202). Besoldungsdienstalter Vf. 16. Juni 11 (MB. 174). — Waffengebrauch AE. 4. Feb. 54 (MB. 69). Rang der Oberwachtmeister u. Wachtmeister § 70 Anm. 46 u. 47 d. W. Uniform § 70 Anm. 48. — Tagegelder u. Reisekosten in Berlin, Charlottenburg, Schöneberg u. Rixdorf V.

präsidenten (Direktor) in Berlin der Polizeioberst mit Polizeimajoren, Polizeihauptleuten, -Leutnants und -Wachtmeistern, in den übrigen Städten der Polizeiinspektor mit den Polizeikommissaren. Letztere sind für bestimmte Zweige der Polizeiverwaltung (Kriminal-, Fuhrkommissare) oder Bezirke (Revierkommissare) bestellt.[2])

§ 229.

d) Die **Gemeindepolizeibeamten** sind Polizeisergeanten oder Polizeidiener.[3]) Die Anstellung setzt Zivilversorgungsberechtigung,[4]) eine 3 bis 6monatliche Probezeit und Bestätigung der Aufsichtsbehörde voraus.[5]) Die Beaufsichtigung erfolgt in mittleren Städten durch Polizeikommissare, in größeren außerdem durch Polizeiinspektoren.

3. Zuständigkeit und Verfahren.

§ 230.

a) **Übersicht.** Die Aufgaben der Polizei bieten mehrfache Besonderheiten. Vielfach dulden sie keinen Aufschub; das Eingreifen muß unmittelbar und schleunig erfolgen. Ihre Wirksamkeit ist ferner nicht nur gegen bestimmte, sondern auch gegen mögliche oder doch nur wahrscheinliche Ereignisse und Handlungen gerichtet und muß dabei alle besonderen Verhältnisse des Lebens eingehend berücksichtigen, die sich in ihrer wechselnden Mannigfaltigkeit nicht im voraus bestimmen lassen. Endlich bedarf die Polizei, um ihrer Aufgabe genügen zu können, des Ansehens und muß in diesem geschützt werden.

Alle diese Umstände haben dazu geführt, die Polizei mit einer Reihe besonderer Befugnisse auszustatten und dabei ihrem eigenen Ermessen einen ausgedehnteren Spielraum zu gewähren. Die Polizei kann solche polizeiliche Gebiete, die dem zeitlichen Wechsel oder der örtlichen Verschiedenheit in höherem Grade unterworfen sind, unter Androhung von Strafen durch Polizeiverordnung allgemein regeln (b), sie kann daneben in gewisse Ver-

---

2. Juni 02 (GS. 204), gültig für Lichtenberg 1. Dez. 08 (GS. 217). — Den Schutzleuten verbleibt der Anspruch aus dem Zivilversorgungsschein bei Anstellung im Staatsdienst Vf. 25. Okt. 98 (MB. 223) u. im Kommunaldienste 8. Okt. 12 (MB. 277).

[2]) Sie gehören zu den mittleren Beamten der örtlichen Behörden mit Tagegelderſatz v. 8. M. Vf. 13. Nov. 12 (MB. 13 S. 11).

[3]) Uniform, Zusammenstellung 12 (MB 133). Waffengebrauch § 226 Anm. 2; besondere Ermächtigungen der Gendarmen sind auf Polizeibeamte nicht anwendbar Vf. 3. Juli 08 (MB. 165). Ausrüstung mit Revolvern Vf. 4. Mai 12 (MB. 170). — Ländlichen Polizeibeamten, denen die Ausrüstung der städtischen gewährt ist AE. 7. Feb. 94 (MB. 42), kann die Amtsbezeichnung „Polizeisergeant" beigelegt werden Vf. 28. Sept. 05 (MB. 166). Gemeinde-, Feld- u. Forsthüter wie § 226 Anm. 3.

[4]) VB. 82 (§ 227 Anm. 9 d. W.).

[5]) § 4 des PVG u. der V. 67 (§ 224 Anm. 3). — In einigen Städten des Westens (Dortmund, Recklinghausen, Düsseldorf) bestehen Polizeischulen zur Ausbildung von städtischen Polizeibeamten Vf. 4. April 12 (MB. 86) u. zwei Vf. 12. Juli 13 (MB. 131).

hältnisse durch Polizeiverfügung bestimmend eingreifen und diese durch Zwangsmaßregeln durchsetzen (c).[1])

Diese Befugnisse sind regelmäßig mit Beschränkungen der Person und des Eigentums verbunden.[2]) So lange Gesetz und Verordnung nicht geschieden waren, schien dies unbedenklich. Seitdem aber der Grundsatz der Unterordnung der Verwaltung unter das Gesetz maßgebend geworden (§ 179 Abs. 1), ist man unausgesetzt bemüht, Rechtssicherheiten zu schaffen, die gegen eine eigenmächtige oder zu weit gehende Anwendung dieser Befugnisse sichern sollen; die Frage, welche Einschränkungen dabei möglich sind, ohne den Zweck der Polizei zu beeinträchtigen, bietet erhebliche Schwierigkeiten und ist zur Zeit noch nicht abgeschlossen.

§ 231.

b) Der Erlaß von **Polizeiverordnungen**[1]) erscheint im Landrecht als Majestätsrecht. Den Ministern stand diese Befugnis zu; die Regierungen waren dagegen an höhere Genehmigung gebunden und die Ortspolizeibehörden auf wenige Gegenstände der Feldpolizei beschränkt.[2])

Ein allgemeines Polizeiverordnungsrecht ist erst später eingeführt[3]) und demnächst durch die neue Verwaltungsgesetzgebung erweitert und unter Teilnahme der Selbstverwaltungskörper allen Polizeibehörden beigelegt wie folgt:

1. Den Ministern für das Staatsgebiet oder Teile von diesem auf den ihnen besonders zugewiesenen und auf den Gebieten der Eisenbahn-, Strom-, Schiffahrts- und Hafenpolizei, sowie in betreff der Zubereitung

---

[1]) Eine dritte Befugnis bildet die polizeiliche Strafverfügung (§ 238 d. W.). Die Polizeibehörde erscheint als Trägerin der drei Gewalten (§ 1 Anm. 3), in der Polizeiverordnung als Gesetzgeber, in der Strafverfügung als Richter u. nur in der Polizeiverfügung als eigentliche Verwaltungsbehörde. — Die Polizeiverordnung bildet eine Rechtsnorm u. gilt damit i. S. des BGB. als Gesetz EG. Art. 2.

[2]) Wer eine Sache in einen polizeiwidrigen Zustand versetzt, ist zu dessen Beseitigung verpflichtet, auch wenn er behauptet, die Sache gehöre ihm nicht oder wenn er sie an einen anderen abtritt OV. XXXIV 429. Das BGB. läßt die landesgesetzlichen Vorschriften unberührt, welche im öffentlichen Interesse das Eigentum in Ansehung tatsächlicher Verhältnisse beschränken EG. Art. 111.

[1]) Polizeiliche Anordnungen, deren Nichtbeachtung vom Gesetz mit Strafe bedroht ist (StGB. § 327, 328, 360^{12}, 361^{6}, 366^{1}, $367^{2, 14, 16}$, $368^{1, 2, 3}$; verb. § 269 Abs. 2, 3, 315 Abs. 2, 334 Abs. 2, 3 u. 358 Abs. 3 d. W.) sind an die Formen der Polizeiverordnung nicht gebunden.

[2]) LR. II 13 § 6. — RegInstr. 23. Okt. 17 (GS. 248) § 11 u. StMB. 7. Jan. 45 (MB. 40). Ausgedehntere Befugnis nach franz. Recht Bf. 13. April 42 (MB. 209). — FeldpolO. 1. Nov. 47 (GS. 376) § 2, 10, 25, 40, 73, 74.

[3]) PVG. 11. März 50 (GS. 265) § 5—19; neue Prov. V. 20. Sept. 67 (GS. 1529) § 5 bis 17; Lauenburg G. 7. Jan. 70 (WBl. 13) § 5—17. Sachlich wird das Polizeiverordnungsrecht — ebenso wie das Polizeiverfügungsrecht § 22, OV. XI 365 — durch den Begriff der Polizei (§ 221 Anm. 4) eingeschränkt. — Bei Eingemeindungen (§ 81^{1} Abs. 2 d. W.) tritt das öffentliche Recht in dem eingemeindeten Gebiet ohne Weiteres in Kraft OV. XLVIII 21. Anders d. KamGer. Urt. 7. März 07 (Entsch. Bd. 34).

und des Vertriebes von Giften und explodierenden Stoffen, mit Strafandrohung bis zu 100 M.;[4])

2. den Ober- und den Regierungspräsidenten über alle im Interesse der Provinzen oder mehrerer Bezirke, und der Bezirke oder mehrerer Kreise zu regelnde Gegenstände, unter Zustimmung der Provinzialräte und der Bezirksausschüsse — in eiligen Fällen auch vorbehaltlich dieser auf höchstens 3 Monate — mit Strafandrohung bis zu 60 M.;[5])

3. den Landräten für die Kreise oder mehrere Ortspolizeibezirke, unter Zustimmung der Kreisausschüsse, mit Strafandrohung bis zu 30 M.;[6])

4. den Ortspolizeibehörden, für die Ortspolizeibezirke oder eine oder mehrere Gemeinden, mit einem Strafmaße von 9 M., bei Zustimmung der Regierungspräsidenten und in Stadtkreisen von 30 M. In den Städten ist dabei die Zustimmung der Gemeindevorstände erforderlich; nur für die zum Gebiet der Sicherheitspolizei gehörigen Verordnungen genügt die Beratung mit diesen. Auf dem Lande ist in allen Fällen die Zustimmung der Amtsausschüsse erforderlich.[7]) An deren Stelle tritt in den nur aus einer Gemeinde bestehenden Amtsbezirken die Gemeindevertretung.[8])

Der Minister kann alle polizeilichen, der Regierungspräsident unter Zustimmung des Bezirksausschusses die kreis- und ortspolizeilichen Vorschriften außer Kraft setzen.[9]) Der Richter hat nur die Gesetzmäßigkeit, nicht die Notwendigkeit und Zweckmäßigkeit der Polizeiverordnungen zu prüfen. Im Unvermögensfalle erkennt er statt der Geldstrafe auf verhältnismäßige Haft.[10])

Die Zahl der Polizeivorschriften ist infolge dieses Verordnungsrechts erheblich gewachsen und die Übersicht über diese vielgestaltigen Bestimmunmungen sehr schwierig geworden. Man hat durch Zusammenstellungen zu helfen gesucht, aber ohne dauernden und gründlichen Erfolg. Nur die

---

[4]) LVG. § 136, Form u. Bekanntmachung § 140; Beginn der Wirksamkeit § 141. — Verordnungen der Konsuln § 88 Anm. 12 d. W., in den Schutzgebieten G. 00 (RGB. 813) § 15 Abs. 2.

[5]) LVG. § 137—139, Form u. Bekanntmachung § 140, Beginn der Wirksamkeit § 141. — Verordnungen üb. Sonntagsheiligung § 256, Bergpolizei § 334 Abs. 2, Deichpolizei § 348 Anm. 5, Wasserpolizei § 349 Anm. 3, Schiffahrtspolizei § 379 Abs. 1 d. W.

[6]) LVG. § 142 u. 144 Abs. 2; PVG. § 5 u. 6.

[7]) LVG. § 143, 144, PVG. § 5—7; KrO. 81 (GS. 180) § 62. — Sicherheitspolizei § 244 Anm. 1. — Benehmen mit den Kommandanturen Bf. 2. Okt. 40 (MB. 361) u. 21. Aug. 52 (MB. 218).

[8]) KrO. § 51[2] u. U. OT. 16. Juni 76 (MB. 203).

[9]) LVG. § 145; PVG. § 8—10 u. 16.

[10]) PVG. § 17, 18; StGB. § 18, 28 u. 29. — Die Prüfung der Rechtsgültigkeit steht auch den Verwaltungsgerichten zu; sie erstreckt sich über die Frage, ob der Gegenstand der Polizeiverordnung überhaupt in das Gebiet der polizeilichen Tätigkeit (§ 221 Anm. 4) fällt, nicht auf die Notwendigkeit oder Zweckmäßigkeit OV. (IX 353 u. XXIII 352). — Die Prüfung der Rechtsgültigkeit steht auch dem Zivilrichter zu U. RGer. 26. Jan. 00 (JMB. 01 S. 64)

eingeschränkte und zweckentsprechende Anwendung dieses wichtigen Rechts vermag hiergegen einige Abhilfe zu schaffen.

§ 232.

c) Wesentlich von den Polizeiverordnungen verschieden sind die **Polizeiverfügungen.** Richten jene sich gegen eine Mehrheit von Fällen und Personen, so haben diese einen bestimmten Fall, meist auch eine bestimmte Person im Auge. Jene werden deshalb veröffentlicht (publiziert), diese zugestellt (insinuiert). Der Hauptgegensatz liegt indessen in der Verschiedenheit ihrer Zwecke. Die Polizeiverordnung will ähnlich dem Strafgesetz eine Rechtsverletzung gesühnt sehen, die Polizeiverfügung ihr vorbeugen, indem sie eine bestimmte Handlung oder Unterlassung herbeizuführen sucht.[1])

Zur Durchführung aller obrigkeitlichen Verfügungen stehen den Polizeibehörden Zwangsbefugnisse zu.[2])

Als Rechtsmittel gegen polizeiliche Verfügungen der Orts- und Kreispolizeibehörden ist wahlweise entweder die Beschwerde bei dem Landrat und (in Städten mit über 10000 Einwohnern und gegen Verfügungen des Landrats) bei dem Regierungspräsidenten — und gegen deren Bescheid an den Regierungspräsidenten und den Oberpräsidenten mit nachfolgender Klage beim Oberverwaltungsgericht im Falle behaupteter Rechts- oder Sachwidrigkeit —, oder bei letzterer Voraussetzung auch die Verwaltungsklage bei dem Kreis- und dem Bezirksausschusse zugelassen. Die Klage ist bei der Behörde anzubringen, welche die angefochtene Verfügung erlassen hat. Gegen polizeiliche Verfügungen der Regierungspräsidenten findet die Beschwerde an die Oberpräsidenten und gegen deren Bescheid bei behaupteter Rechts- oder Sachwidrigkeit die Klage bei dem Oberverwaltungsgericht statt. Beschwerde oder Klage gegen Verfügungen der Orts- und Kreispolizeibehörden sind bei den Behörden anzubringen, gegen deren Verfügung sie gerichtet sind. In kreisangehörigen Städten mit mehr als 10000 Einwohnern, sowie in den selbständigen Städten der

---

[1]) Polizeiverfügungen enthalten ein Gebot oder Verbot, oder die Erteilung oder Versagung einer erforderlichen Erlaubnis; darunter fallen nicht Mahnungen unter Hinweis auf die bei Nichtbeachtung eintretende Strafe OV. (XXXIV 429), Verbote auf Grund ausdrücklicher gesetzlicher Ermächtigung OV. (XXXV 336) u. polizeiliche Anordnungen § 231 Anm. 1. Dem Richter ist durch die Regelung der Rechtsmittel (Anm. 3) die Prüfung der Rechtsgültigkeit entzogen U. RGer. (vor. Anm.).

[2]) PVG. § 20; neue Prov. § 18 der (in § 231 Anm. 3) angeführten Vorschriften. Verb. § 59 Abs. 6. — Mit Strafe bedrohte Handlungen unterliegen keinem Zwangsverfahren mittelst Geld- oder Haftstrafe OV. (V 278, MB. 79 S 236), doch gehört die Verhinderung strafbarer Handlungen zu den Aufgaben der Polizei OV. (IX 275). — Vermöge der Zwangsgewalt sind die Polizeibehörden befugt, Personen zwangsweise vorzuladen OV. (XV 423 u. MB. 87 S. 242), auch **Zwangsgestellungen** (Sistierungen) vorzunehmen und dieserhalb in die Wohnungen einzudringen. U. RGer. 23. März 80 (MB. 234).

Provinz Hannover sind die Regierungspräsidenten und Bezirksausschüsse zuständig.[3])

Diese Entscheidungen sind endgültig; doch ist, wenn auf diesem Wege eine Polizeiverfügung als gesetzwidrig oder unzulässig aufgehoben wird, über die Vertretungsverbindlichkeit des Beamten nach den allgemeinen Rechtsregeln (§ 64) im Rechtswege zu entscheiden.[4]) Dem letzteren unterliegen auch nach wie vor alle durch die Verfügung berührten privatrechtlichen Verhältnisse, insbesondere der etwaige Entschädigungsanspruch und die Frage, wem unter mehreren Beteiligten eine geforderte Leistung obliege.[5]) Dagegen finden die gewöhnlichen Rechtsmittel (vor. Absatz) jetzt auch in dem Falle statt, daß die Befreiung von der auferlegten Verpflichtung auf Grund einer besonderen gesetzlichen Vorschrift oder eines speziellen Rechtstitels behauptet wird.[6])

Das geschilderte Verfahren erscheint ziemlich verwickelt und weitläufig, während gerade für Polizeisachen eine einfache Gestaltung und rasche Erledigung unerläßlich ist. Es belastet ferner das Oberverwaltungsgericht mit der Entscheidung von tatsächlichen und Zweckmäßigkeitsfragen, die dem Wesen und der Bedeutung dieses Gerichtshofes wenig entsprechen. Es kann endlich durch die wahlweise Zulassung zweier verschiedener Rechtsmittel zu einer völligen Rechtsverwirrung führen, sobald mehrere durch eine polizeiliche Verfügung Betroffene verschiedene Wege einschlagen und entgegengesetzte Entscheidungen herbeiführen.

III. Strafpolizei.

1. Übersicht.

§ 233.

Die frühere Gesetzgebung unterschied Kriminal- und Polizeigerichtsbarkeit und wies ersterer die Untersuchung und Bestrafung der (vorsätzlichen oder schuldbaren) Verbrechen, letzterer die der Übertretungen zu.[1]) Tatsächlich war die Polizeigerichtsbarkeit in der Regel mit der Polizeiverwaltung verbunden.[2]) Hierin mußte eine Änderung eintreten, als

[3]) LVG. § 127—130; § 59 u. § 215 Anm. 2 d. W.; Berlin LVG. § 127c; Hohenzollern § 130 Abs. 2; Hannover KrO. 6. März 84 (GS. 181) § 281, verb. § 60 Anm. 1 d. W. — Besondere Zuständigkeit u. eigenes Verfahren in Schulbau- u. Wegesachen § 303 Abs. 7 u. 384 Abs. 2 d. W.; bei Versagung der Verbreitung von Druckschriften § 247 Anm. 7, bei der Fleischbeschau § 273 Anm. 10, Ansiedlungen § 279 Abs. 5 und gewerblichen Anlagen § 366 Nr. I 1, in Deichsachen § 348 Abs. 2, bei Viehseuchen § 358 Anm. 12, bei Erteilung von Jagdscheinen § 360 Abs. 3, bei der Wildschadenfeststellung § 360 Abs. 5, bei Erteilung von Gewerbelegitimationskarten § 366 Abs. 5 u. Wandergewerbescheinen § 367 Abs. 1.

[4]) G. 11. Mai 42 (GS. 192) § 1, 6; LVG. § 131.

[5]) G. 42, § 4, 5.

[6]) LVG. § 127 Abs. 4 nebst GerVerfG. 98 (RGB. 371) § 13, wodurch § 2 u. 3 des G. 42 geändert sind.

[1]) LR. II 17 § 11 u. 16.

[2]) Das LR. (II 17 § 115) scheint von besonderen Polizeigerichten auszugehen.

mit der Trennung der Rechtspflege von der Verwaltung die Verfolgung aller Rechtsverletzungen zur Sache der Gerichte wurde (§ 179 Abs. 1) Dabei blieb indes die zur Erforschung und ersten Verfolgung berufene Staatsanwaltschaft in Ermangelung eigener örtlicher Organe auf die Mitwirkung der örtlichen Polizeibehörden angewiesen (Nr. 2). — Ferner wurde den letzteren das Recht der Strafverfügung übertragen, die jedoch der gerichtlichen Entscheidung nicht vorgreift (Nr. 3). — Der Vollstreckung der Strafe und der Erfüllung des Strafzweckes dienen endlich verschiedene Anstalten und Einrichtungen, die den Verwaltungsbehörden unterstellt und somit als Gegenstände der Polizeiverwaltung zu behandeln sind. Hierzu gehören die Gefängnisse und Strafanstalten, die Fürsorge- und Zwangserziehung, die Polizeiaufsicht und die Transporte (Nr. 4—7).

2. Die Polizei als Hilfsorgan der Staatsanwaltschaft.

§ 234.

a) **Einleitung.** Die polizeiliche Tätigkeit auf diesem Gebiete, die Straf(Kriminal)polizei ist keine selbständige, sondern nur eine aushelfende, ergänzende. Die Polizei erscheint dabei nur als Gehilfin der Staatsanwaltschaft. Schon nach preußischem Recht hatte sie das Einschreiten der letzteren vorzubereiten und zu unterstützen.[1]) Das französische Recht hat diese Tätigkeit als *gerichtliche Polizei* zu einem eigenen, den Gerichten unterstellten Zweige der Polizeiverwaltung ausgebildet,[2]) und die neue Reichsgerichtsverfassung hat sich diesem Vorgange insoweit angeschlossen, als sie den Beamten des Polizei- und Sicherheitsdienstes ausdrücklich die Stellung von Hilfsbeamten der Staatsanwaltschaft zuweist.[3]) Diese sind demgemäß, soweit sie ihr Amt nicht als Ehrenamt versehen, dem Staatsanwalt des Landgerichts und dem Oberstaatsanwalt unterstellt, die, sobald die vorgesetzte Behörde vergeblich um Abhilfe ersucht worden, zu Rügen und zu Ordnungsstrafen bis 100 M. gegen sie befugt sind.[4])

---

[1]) V. 3. Jan. 49 (GS. 14) § 4.

[2]) Code d'instruct. crim. Art. 2.

[3]) GVG. § 153, 159. Zu diesen Beamten gehören in Städten mit kön. PolVerw. die Kommissare; in anderen Städten die Bürgermeister (außer in den Stadtkreisen u. größeren Städten Vf. 20. Dez. 79 MB. 80 S. 28), Polizei-Inspektoren u. -Kommissare; auf dem Lande die Guts- u. Gemeinde- u. die Amtsvorsteher, die Amtmänner in Westfalen u. die Bürgermeister in der Rheinprovinz 15. Sept. 79 (MB. 265, JMB. 349) u. 27. Aug. 01 (JMB. 221), u. (Änderung der Nr. XII 2) 19. Okt. 94 (MB. 191), die Polizeibezirks- u. die Polizeikommissare u. Polizeiinspektoren in Westfalen u. der Rheinprov. Vf. 2. Juni u. 23. Sept. 96 (MB. 104 u. 166), 12. Juli 97 (MB. 133), 7. Nov. 08 (das. 390), die Bergrevierbeamten Vf. 15. Sept. 79 (JMB. 349), die Revierförster, Hegemeister, Förster, Forstaufseher, Forsthilfsjäger und vollbeschäftigte staatliche Waldwärter Vf. 23. Nov. 81 (MB. 82 S. 34), 3. Jan. u. 23. Juli 83 (MB. 24 u. 181), 16. Mai 06 (MB. 203), 14. Dez. 12 (MB. 304), die vereidigten (§ 354 Abs. 8) Gemeindeforstschutzbeamten Vf. 17. Juli 11 (MB. 207), die Fischereiaufseher Vf. 27. Feb. 86 (MB. 49), die Vorsteher bestimmter Zoll- u. Steuerstellen Vf. 5. Sept. 03 (MB. 225).

[4]) G. 24. April 78 (GS. 230) § 80, 81 u. DisziplinarG. 21. Juli 52 (GS.

Die Polizei hat demgemäß bei Verübung strafbarer Handlungen den örtlichen Befund festzustellen und dessen unveränderte Erhaltung zu sichern. Leichen von Personen, die unbekannt oder eines nicht natürlichen Todes verstorben sind, dürfen nur unter Genehmigung des Staatsanwalts oder Amtsrichters beerdigt werden.[5]) Die Polizei ist dieserhalb zur Vornahme aller notwendigen, keinen Aufschub gestattenden Anordnungen ermächtigt,[6]) aber, sofern damit Beschränkungen der verfassungsmäßig gewährleisteten Freiheit der Person und des Eigentums verbunden sind, an Erfüllung bestimmter gesetzlicher Voraussetzungen und Formen gebunden. Im einzelnen kommt die Freiheitsentziehung (b), die Durchsuchung (c) und die Beschlagnahme (d) in Betracht.

§ 235.

b) **Freiheitsentziehung.** Die persönliche Freiheit ist verfassungsmäßig gewährleistet und strafgesetzlich geschützt. Ihre Beschränkung ist

465) § 57, 58, 63 nebst G. 9. April 79 (GS. 345) § 16; Vf. 7./15. Okt. 79 (MB. 80 S. 2).

[5]) StPO. § 157. — Erledigung bezüglicher Ersuchen des Untersuchungsrichters § 187. — Ermittelung gesuchter Personen Vf. 21. Mai 06 (MB. 211). — Ermittelungen im Militärstrafverfahren MilStGO. 1. Dez. 98 (RGB. 1189) § 153—5 und 161. — Die Verwendung von Privatpersonen (Spitzeln) bei den Ermittelungen ist unvermeidlich, das Mittel, durch diese die Verbrecher zu Straftaten zu veranlassen (agents provocateurs) dagegen unzulässig.. Üb. Gewährung von Sachverständigengebühren entscheidet innerhalb der für die Gerichte maßgebenden Sätze (§ 195 Anm. 12) die Polizeibehörde; sie fallen, wenn nicht dritte erstattungspflichtig sind, der Polizeiverwaltung zur Last Vf. 15. Okt. 65 (MB. 282); Zeugengebühren haben die Polizeiverwaltungen nicht zu gewähren Vf. 7. Dez. 99 (MB. 00 S. 57); dasselbe gilt für Vernehmungen in Unfallversicherungssachen (VO. § 1564) Vf. 31. März 04 (MB. 118). — Die allgem. Zwangsbefugnisse (§ 59 Abs. 6 d. W.) sind dabei anwendbar Vf. 21. Mai 92 (MB. 222). Über Beschwerden ist jedoch im Justizaufsichtswege (G. 24. April 78 GS. 230 § 85), nicht in dem allgemeinen, für Polizeiverfügungen vorgeschriebenen Verfahren (§ 229 Abs. 3 d. W.) zu entscheiden OV. (XXVI 386) u. 9. Mai 96 (MB. 79); auf militärgerichtliche Angelegenheiten erstreckt sich diese Zuständigkeit nicht OV. (XXXII 387). — Der Polizeiverwaltung fallen die durch Feststellung der strafbaren Handlungen entstehenden Kosten insoweit zur Last, als sie nicht Teile der gerichtlichen Untersuchung bilden oder auf Verlangen des Staatsanwalts erfolgen Vf. 6. Mai 50 (MB. 188), 10. Feb. 66 (MB. 23) u. (neue Provinzen) 11. Juni 69 (MB. 170). — Bei Transporten durch kön. Polizei- u. Strafanstaltsbeamte werden die Kosten von der Justizverwaltung nicht erstattet Vf. 14. Juli 97 (MB. 196) u. 28. Jan. 03 (JMB. 33). — Erstattung der Reise- u. Transportkosten an kommunale Polizeibeamte Vf. 8. Okt. 09 (MB. 236).

[6]) StPO. § 161. — Ein technisches Hilfsmittel bildet der Erkennungsdienst zur Feststellung der Persönlichkeit festgenommener Verbrecher u. verdächtiger Personen. Er umfaßt die Photographierung, die Messung nach dem auch von anderen Staaten angewendeten Bertillonschen Verfahren Vf. 9. Mai 04 (MB. 140) und die Fingerabdrucknahme. Zur Zucht u. Abrichtung der Polizeihunde besteht eine Anstalt in Grünheide bei Erkner Vf. 30. Jan. 12 (MB. 31); Verwendung im Gendarmeriedienste § 227 Anm. 8 d. W.; Eisenbahnbeförderung Vf. 20. Dez. 09 (MB. 10 S. 7). Die Regierungspräsidenten können für Ermittelung strafbarer Handlungen Belohnungen von 500 M., bei Kapitalverbrechen von 3000 M. aussetzen Vf. 11. Aug. 97 (MB. 173) u. 12. Juli 00. Die Aussetzung bildet privatrechtlich eine Auslobung (BGB. § 657—660).

nur unter den durch das Gesetz bestimmten Bedingungen und Formen zugelassen.[1])

Demgemäß sind Verhaftungen nur auf Grund schriftlichen Haftsbefehls des Richters gegen Angeschuldigte zulässig, die der Tat und zugleich der Flucht oder einer unerlaubten Einwirkung auf Tatbestand oder Beweismittel dringend verdächtig sind. Die nur wegen Fluchtverdachts Verhafteten können gegen Sicherheitsleistung mit der Untersuchungshaft verschont werden.[2])

Unter gleichen Voraussetzungen sind die Staatsanwaltschaften und die Polizei- und Sicherheitsbeamten auch ohne richterlichen Haftbefehl zu vorläufiger Festnahme befugt, sobald Gefahr im Verzuge obwaltet. Wird ein Unbekannter oder der Flucht Verdächtiger auf frischer Tat betroffen, so ist jedermann zur Festnahme berechtigt. Der Festgenommene ist unverzüglich dem Amtsrichter zuzuführen.[3])

Gegen zu Verhaftende, die flüchtig sind oder sich verborgen halten, können die Richter und Staatsanwaltschaften, gegen Entwichene auch die Polizeibehörden Steckbriefe erlassen, die unter Bezeichnung der Person und der Anschuldigung zur Verhaftung öffentlich auffordern.[4])

Die gegenseitige Auslieferung der Verbrecher ist mehrfach durch Verträge mit auswärtigen Staaten sichergestellt. In diesen werden die einzelnen Straftaten aufgeführt; politische sind — abgesehen vom Königsmord (Attentatsklausel) — meist ausgeschlossen.[5]) Sie fordert Genehmigung

1) VU. Art. 5; StGB. § 234—241 u. 341. — Unzulässigkeit der Sklaverei § 35 Anm. 7 d. W. — Vorbild war die englische habeas-corpus-Akte (1679).

2) StPO. § 112—126, 130 u. 132. — Die Verfolgung Flüchtiger kann von den Sicherheitsbeamten eines Bundesstaates auf das Gebiet eines anderen fortgesetzt werden GVG. § 168. Übereink. m. Österreich z. Beförderung d. Sicherheitsdienstes im Grenzgebiet u. Hilfeleistung bei Elementarereignissen 27. Feb. 64 (GS. 107).

3) StPO. § 127—129 nebst Vf. 11. Juli 81 (MB. 183), bei Steuervergehen G. 26. Juli 97 (§ 153 Anm. 9) § 19. — Zuständigkeit der Gemeindevorsteher § 91[3] der LGemO. 3. Juli 91 (GS. 233) u. (Schl.-Holstein) 4. Juli 92 (GS. 155), KrO. f. Hannover 6. Mai 84 (GS. 181) § 35. — Zwangsgestellung § 232 Anm. 2. Einstweilige Festnahme vorläufig Entlassener (§ 239 Abs. 6 d. W.) StGB. § 25 Abs. 2. Vorläufige Festnahme der Militärpersonen MilStGO. (§ 105 Anm. 1) § 180, 181. Verhaftung und vorläufige Festnahme durch Militärwachen AO. und Instr. 29. Jan. 81 (MB. 60), erg. (§ 12) Vf. 11. März 96 (MB. 44) u. 22. Feb. 99 (MB. 49). — Verfahren bei der Vorführung Vf. 11. Juli 81 (MB. 183). Die Ortspolizeibehörden sind verpflichtet, die Festgenommenen in reinlichem Zustande abzuliefern Vf. 13. Sept. 83 (MB. 222), 9. Juli 84 (MB. 209) u. OV. (XIV 102).

4) StPO. § 131. — Benutzung der Strafregister (§ 186 Anm. 5 d. W.) zu diesem Zwecke Vf. 27. Nov. 87 (MB. 271). Für Steckbriefe u. strafpolizeiliche Bekanntmachungen im Reiche besteht das deutsche Fahndungsblatt, das beim Polizeipräsidium in Berlin herauskommt u. den Polizeibehörden u. Gendarmen geliefert wird Best. 23. März 99 (MB. 37). — Außerdem werden sie in einer Sonderbeilage zum öffentlichen Anzeiger eines Amtsblattes in jeder Provinz veröffentlicht Vf. 30. Nov. 12 (MB. 388). Aufnahme der Fahndungsersuchen in Belgien JMB. 13 S. 327. — Verhinderung der Auswanderung § 11 Anm. 6 d. W.

5) Verfahren Vf. 29. Mai 05 (JMB. 159), Zif. 35 Abs. 37 neugefaßt 7. Juni 07 (das. 402), Ziff. 47 Abs. 11 desgl. 8. März 12 (das. 95), vorläufige Festnahme Vf. 29. Okt. 97 (MB. 214); gegenüber Österreich, wo noch der BBeschl. 26. Jan.

der Minister des Auswärtigen und der Justiz.[6]) Die Kosten trägt jeder ausliefernde Staat innerhalb seines Gebietes.[7]) Inländer unterliegen der Auslieferung nicht.[8])

Außer den Fällen der Verhaftung und vorläufigen Festnahme sind die Polizeibehörden befugt, Personen in polizeiliche Verwahrung zu nehmen, sobald deren eigener Schutz oder die öffentliche Sittlichkeit, Sicherheit und Ruhe solches dringend erfordern. Es muß jedoch spätestens im Laufe des folgenden Tages die Freilassung oder das zur Überweisung an die zuständige Behörde Erforderliche veranlaßt werden.[9])

§ 236.

c) **Durchsuchung.** Die Verfassung bezeichnet die Wohnung als unverletzlich und im Strafrecht wird der Hausfriedensbruch mit Strafe

---

54 (GS. 359) gilt, Vf. 31. Dez. 75 (MB. 76 S. 50), Anw. 25. Feb. 93 (MB. 21) u. Vf. 15. Nov. 01 (MB. 25). — Vtr. Preußens mit Frankreich 21. Juli 45, weiter anwendbar Vtr. 11. Dez. 71 (RGB. 72 S. 7) Art. 18 Abs. 4, Ergänzungen Vf. 23. Sept. 99 (MB. 185), 10. März 03 (MB. 90), 25. Jan. 05 (MB. 38), 10. Feb. 06 (MB. 35), 20. Feb. 09 (MB. 80), 19. März 10 (MB. 110); mit Rußland Übereink. 13. Jan. 85 (Staats-Anz. Nr. 20). — Verträge des Reichs: Belgien 24. Dez. 74 (RGB. 75 S. 73, Berichtigung 1879 S. 2 u. Ergänzung 1901 S. 203); — den Niederlanden Vtr. 31. Dez. 96 u. (zwischen Schutzgebieten u. Kolonien) 21. Sept. 97 (RGB. 731 u. 747) u. 28. Juli 13 (das. 704, 706), nebst Vf. 7. Aug. 99 (MB. 144) u. 25. Sept. 08 (MB. 227); — Luxemburg Vtr. 9. März 76 (RGB. 223), erg. 6. Mai 12 (das. 491, 493); — Großbritannien 14. Mai 72 (RGB. 229), Ausf. 6. Aug. 75 (MB. 190, Ausdehnung auf die deutschen Schutzgebiete Vtr. 5. Mai 94 RGB. 535) und auf gewisse britische Protektorate 30. Jan. u. 17. August 11, (das. 175, 178 und 1912 S. 153, 156). — Schweden und Norwegen 19. Januar 78 (RGB. 110), Zusatz für Norwegen 7. März 07 (das. 239 u. 418); — der Schweiz 24. Jan. 74 (RGB. 113), Vf. 27. Jan. 98 (MB. 37), 6. Okt. u. 28. Nov. 03 (MB. 270), 26. Aug. 08 (MB. 192), 18. Mai 10 (MB. 216) u. (Behörden, die die Festnahme im Auslande beantragen können) 2. Nov. 05 (MB. 182); — Italien 31. Okt. 71 (RGB. 446), 25. Juli 73 (ZB. 271), Vf. 1. Okt. 91 (MB. 212), 24. Aug. 93 (MB. 246), 2. Juni 06 (MB. 218); — Rumänien (Nichtberechnung von Auslieferungskosten) Vf. 11. Sept. 12 (MB 294). — Bulgarien Vtr. 29. Sept. 11 (RGB. 13 S. 468, 487). — Serbien Art. XXV. des Konsularvtr. (§ 88 Anm. 14 d. W.); Griechenland 12. März 07 (RGB. 545 u. 558); — Spanien 2. Mai 78 (RGB. 213); — dem Kongostaat 25. Juli 90 (RGB. 91 S. 91 und 111); — den V. St. v. Amerika 16. Juni 52 (GS. 53 S. 645), auf den nordd. Bund ausgedehnt Vtr. 22. Feb. 68 (BGBl. 228) Art. 3; — Brasilien Vf. 28. Juli 13 (MB. 136). — Uruguay 12. Feb. 80 (RGB. 83 S. 287). — Von der Auslieferung waren außer den eigenen Untertanen früher auch politische Verbrecher (§ 245 Anm. 1) ausgeschlossen. In den neueren Verträgen (abgesehen von Großbritannien, Italien und der Schweiz) sind jedoch verbrecherische Anschläge gegen das Leben der Staatshäupter und ihrer Familienglieder vom Asylrecht ausgeschlossen worden. — Übersicht der Best. üb. das Verfahren der Justizbehörden JMB. 89 S. 9 u. 05 S. 377. — Kartellkonventionen § 105 Anm. 7 d. W. — Kohn, Die Auslieferungsverträge des d. R. u. der Bundesstaaten (Berl. 08).

[6]) Anwendung in den neuen Prov. AE. 26. Juli 67 (GS. 1264) u. Vf. 24. Nov. 81 (MB. 244).

[7]) Vf. 18. Juni 75 (MB. 269).

[8]) StGB. § 9.

[9]) G. 12. Feb. 50 (GS. 45) § 6; Zuständigkeit und Zwangsgestellung wie Anm. 3. — Ähnliche Befugnis bei Störung von Amtshandlungen im Strafverfahren StPO. § 162.

bedroht. Das Eindringen in die Wohnung und ihre Durchsuchung ist nur in den gesetzlich bestimmten Fällen und Formen gestattet.[1]) Es muß der Verdacht einer bestimmten strafbaren Handlung vorliegen und die Ergreifung des Verdächtigen oder die Auffindung von Beweismitteln bezweckt werden. Bei Nachtzeit sind Durchsuchungen der Wohnung nur unter besonderen Voraussetzungen zulässig. Die Anordnung der Durchsuchung von Wohnung und anderen Räumen, von Personen und den ihnen gehörigen Sachen steht dem Richter, bei Gefahr im Verzuge auch der Staatsanwaltschaft und den zu deren Hilfsbeamten bestellten Polizei- und Sicherheitsbeamten zu. Bei den ohne Beisein des Richters oder Staatsanwalts vorgenommenen Durchsuchungen sind möglichst ein Gemeindebeamter oder zwei Gemeindemitglieder zuzuziehen.[2])

§ 237.

d) **Beschlagnahme.** Verfassungsmäßig ist das Eigentum unverletzlich insbesondere die Beschlagnahme von Briefen und Papieren nur in den gesetzlich bestimmten Fällen und Formen gestattet.[3]) Demgemäß dürfen im Strafverfahren Gegenstände, die als Beweismittel dienen können oder der Einziehung unterliegen, in Verwahrung genommen, oder, wenn sie sich im Gewahrsam einer Person befinden und von dieser nicht freiwillig herausgegeben werden, beschlagnahmt werden. Für die Anordnung der Beschlagnahme gelten gleiche Voraussetzungen wie für die Durchsuchung, doch kann die Beschlagnahme von Briefen, Postsendungen und Telegrammen, die an den Beschuldigten gerichtet sind, nicht durch die Polizei angeordnet werden.[4]) Die Beschlagnahme auf dem Gebiete der Presse ist besonders geregelt (§ 247 Abs. 2).

3. Polizeiliche Strafverfügungen.

§ 238.

Um die meist einfach liegenden geringeren Übertretungen (§ 214 Abs. 3) leichter, schneller und wohlfeiler erledigen zu können, als es im gerichtlichen Strafverfahren möglich sein würde, ist der Polizeibehörde die Befugnis zur Strafverfügung beigelegt. Die Strafverfügung setzt eine begangene Tat voraus im Gegensatz zur Strafandrohung, wie sie allgemein in der Polizeiverordnung (§ 231) und für den Einzelfall in der Zwangstrafe (§ 59 Abs. 6[2]) erfolgt. Wer die Polizeiverwaltung in einem bestimm-

[1]) VU. Art. 6; StGB. § 123, 124 u. 342.

[2]) StPO. § 102—110 u. (außerhalb des Strafverfahrens) G. 12. Feb. 50 (GS. 45) § 7–9 u. 12 nebst UMGer. 23. März 80 (MB. 234) u. OV. XLIX 207), bei Steuervergehen G. 26. Juli 97 (§ 153 Anm. 8) § 17, 18, im bürgerl. Streitverfahren ZPO. § 758, 761.

[3]) VU. Art. 9, 33 u. 6.

[4]) StPO. § 94—101, im Konkurse KonkO. § 121, bei Steuervergehen G. 97 (Anm. 2) § 13—16 u. 18; Strafe der Entziehung StGB. § 137, Vermögensbeschlagnahme das. § 93, 140 Abs. 2.

ten Bezirke auszuüben hat,[5]) kann wegen der in diesem verübten Übertretungen Geld- oder Haftstrafe bis zu 30 M. oder 3 Tagen, sowie Einziehung der etwa verwirkten Gegenstände verfügen. Die Verfügung tritt außer Kraft, wenn binnen einer Woche nach der Bekanntmachung auf gerichtliche Entscheidung angetragen wird. Gegen Versäumnis dieser Frist wegen unabwendbarer Zufälle kann das Amtsgericht die Wiedereinsetzung in den vorigen Stand verfügen.[6]) Ausgeschlossen bleibt die Strafverfügung bei Forstdiebstählen (§ 351 Abs. 8), steuer- und bergpolizeilichen (§ 139 Abs. 5 und 334 Abs. 2) und vor die Gewerbegerichte (§ 364 Abs. 3) gehörigen Übertretungen,[7]) ferner gegen Militärpersonen, soweit die Strafe sich nicht auf Geldstrafe und Einziehung beschränkt.[8]) Die endgültig festgesetzten Geldstrafen und die eingezogenen Gegenstände fallen dem zur Tragung der sächlichen Polizeikosten Verpflichteten zu, der auch alle entstehenden uneinziehbaren Kosten zu tragen hat.[9])

4. Gefängnisse und Strafanstalten.

§ 239.

Die Gefängnisse dienen zur Vollstreckung der Haft- und kürzeren Gefängnisstrafen (§ 214 Abs. 4[2]) und zur Unterbringung der in Untersuchungshaft befindlichen, sowie der vorläufig fest- und in polizeiliche Verwahrung genommenen Personen.[1]) Sie zerfallen in Gerichts- und

---

[5]) Zuständig sind hiernach in der Regel die Ortspolizeibehörden (§ 224 d. W.), ausnahmsweise die Regierungspräsidenten und die von diesen beauftragten Behörden in Strompolizeisachen (Vf. 13. Jan. 62 MB. 27) u. die Landräte bei Chausseepolizeizuwiderhandlungen (§ 384 Anm. 1). — Ähnliche Befugnis der Seemannsämter § 379 Abs. 4 d. W.

[6]) StPO. § 453—458; EG. 1. Feb. 77 (RGB. 346) § 63. — Preuß. G. 23. April 83 (GS. 65) nebst Anw. 8. Juni u. Vf. 2. Juli 83 (MB. 152 u. 175), erg. (§ 22 Abs. 3) Vf. 14. Sept. 07 (MB. 354) u. (Formul. II) 27. April 06 (MB. 179). — Nachträgliche Zurücknahme oder Herabminderung der Strafe Vf. 5. Sept. 92 (MB. 345) u. 7. März 94 (MB. 43); in Widerspruch zu den früheren Verfügungen u. der herrschenden Ansicht wird sie auch nach Abgabe an den Amtsanwalt für zulässig erklärt 6. Mai 02 (MB. 86); Beitreibung der Geldstrafen wie § 59 Anm. 18 d. W. — Strafverfügungen gegen Schüler sind den Schulbehörden mitzuteilen Vf. 14. Jan. 98 (MB. 22). — Gegen Jugendliche sind Gefängnisstrafen möglichst zu vermeiden Vf. 9. Juli 06 (MB. 236.) — Schutzgebiete § 89 Anm. 16 d. W. —

[7]) G. 83 § 2, erg. G. 26. Juli 97 (GS. 387), Anw. § 2.

[8]) G. 83 § 11, Anw. § 22 u. MilStGO. (§ 105 Anm. 1) § 2. Die Festsetzung der Haft im Falle des Unvermögens erfolgt jetzt durch die Polizeibehörde G. 22. Juni 07 (GS. 145), der Vollzug aber durch die Militärbehörde MilStPO. § 2.

[9]) G. 83 § 7 u. (Stempelfreiheit) § 6. Die von den Amtsvorstehern festgesetzten Geldstrafen fließen zur Amtskasse KrO. 81 (GS. 180) § 73, Strafen wegen Verletzung des Gesinderechts zur Ortsarmenkasse Ges.O. 8. Nov. 10 (GS. 102) § 12, 31, 176 u. G. 24. April 54 (GS. 214) § 5, der Schulpflicht zur Schulkasse Vf. 9. Okt. 90 (MB. 262), der Krankenversicherungspflicht zur Krankenkasse VO. § 146. — Begnadigung § 39 Anm. 5 d. W.

[1]) Vollzug der Haft- und Gefängnisstrafe u. Untersuchungshaft Vf. 19. Feb. 76 (MB. 30), § 4 geändert Vf. 21. Okt. 77 (MB. 287). Behandlung u. Disziplinarbestrafung Vf. 14. Okt. 84 (MB. 241). — Der Haftkostensatz ist allgemein

Polizeigefängnisse. Die Unterhaltung der ersteren erfolgt durch den Staat,[2]) die der letzteren durch die zur Tragung der Polizeikosten verpflichteten Gemeinden.[3])

Die Zuchthaus- und längeren Freiheitstrafen werden in den eigentlichen Strafanstalten vollstreckt.[4]) Diese stehen unter Aufsicht des Ministers des Innern[5]) und der Regierungspräsidenten[6]) und werden von besonderen Strafanstaltsbeamten[7]) verwaltet. Die Einrichtung ist im allgemeinen die gleiche.[8]) Alle Strafanstalten sind von Stempel-

---

auf 1 M. täglich festgesetzt Vf. 26. Aug. 08 (MB. 185). Die täglichen Verpflegungskosten betragen 40,4 Pf. Der Ersatzanspruch des Staates wird durch das BGB. nicht berührt EG. Art. 103.

[2]) Befreiung der Gemeinden von der Beitragsleistung G. 1. Aug 55 (GS. 579) u. f. Schl.-Holstein V. 26. Juni 67 (GS. 1073) § 2 u. von der Bewachung KO. 11. Juli 29 (GS. 93). Die Verpflichtung der Gemeinden in der Rheinprovinz zur Unterhaltung der Kantongefängnisse, die den Amtsgerichtsgefängnissen entsprechen, ist vom Staat übernommen G. 30. Juni 87 (GS. 287). Gerichtsgefängnisse, unter denen sich auch größere, aber keine für Zuchthausgefangene bestimmten befinden § 180 Anm. 5 d. W.

[3]) G. 11. März 50 (GS. 265) § 3 u. 1. Aug. 55 § 3. — Neue Prov. V. 20. Sept. 67 (GS. 1529) § 3. — Einrichtung KO. 14. Nov. 33 (KA. XVII 470) u. 19. Sept. 36 (das. XX 673).

[4]) Unter dem Min. des Innern stehen 32 Strafanstalten (Zuchthäuser), 21 größere Gefängnisse und 47 ehemalige Kantongefängnisse (Anm. 2). Sie sind teils gemeinsam, teils nach Geschlechtern oder nach Bekenntnissen gesondert. Strafanstalten in Wartenburg, Insterburg, Graudenz, Mewe, Brandenburg, Sonnenburg, Luckau, Naugard, Rawitsch, Krone a. d. B., Fordon, Brieg, Wohlau, Görlitz, Jauer, Sagan, Ratibor, Gr. Strehlitz, Lichtenburg, Delitzsch, Rendsburg, Celle, Lüneburg, Münster (mit Irrenabt.), Kassel, Ziegenhain, Diez, Werden, Siegburg u. Rheinbach (im Bau); Strafanstalten u. Gefängnisse in Berlin (Moabit), Striegau, Kassel-Wehlheiden; Gefängnisse in Kottbus, Breslau (mit Irrenabt.), Halle, Hameln, Lingen, Herford, Hamm, Aachen, Anrath, Düsseldorf-Derendorf, Elberfeld, Kleve, Lüttringhausen, Koblenz, Köln, Bonn, Siegburg, Saarbrücken mit Tochteranst. in Saarburg, Trier, Wittlich (Männergef. u. Jugendgef. Anm. 11) u. Transportgefängnis in Gersfeld. Die Zahl der Zuchthausgefangenen betrug (Ende 10) 11263, die der Gefängnisgefangenen 8129; sie zeigte gegenüber der früheren starken Zunahme in den letzten Jahren einen allmählichen Rückgang. Einen erheblichen Anteil nehmen die Rückfälligen und die Gewohnheitstrinker ein. Auch zeigt sich ein Anwachsen der geistig Minderwertigen. — Krohne u. Uber, die Strafanstalten u. Gefängnisse in Preußen (Berl. 01 mit Nachtr. 09).

[5]) Vf. 2. Nov. 36 (KA. XX 979); neue Provinzen V. 25. Juni 67 (GS. 921) Art. XIV. — Als Veröffentlichungsorgan dient VB. f. die Strafanstaltsverw.

[6]) RegInstr. 23. Okt. 17 (GS. 248) § 22 u. LVG. § 17.

[7]) Rang der Str.A.Inspektoren § 70 Anm. 37; Ordnung des Dienstes der Oberbeamten Regl. 4. Nov. 90 (MB. 237). DienstO. 14. Nov. 02, erg. 14. u. 31. Okt. 04 (MB. 260, 261) u. (§ 157) 18. Aug. 08 (MB. 184), (§ 1–2[4], [5]) Vf. 12. Jan. 12 (MB. 32). — Waffengebrauch Vf. 7. März 94 (MB. 84) u. Anm. 13. — Anstellung der Str.A.-Geistlichen Vf. 2. Okt. 53 (MB. 265) u. 8. Dez. 03 (MB. 04 S. 26).

[8]) Form der Jahresberichte Vf. 5. April 86 (MB. 148). Haftkostensatz wie Anm. 1. Wiedereinziehung der Kosten V. 15. Jan. 85 (MB. 14, JMB. 37). — Speisung u. Bekleidung Vf. 29. Juli 74 (MB. 176), Speiseetat 12. Juli 87 (MB. 181). — Die (als Strafe durch KO. 6. Mai 48 GS. 123 aufgehobene) körperliche Züchtigung ist als Disziplinarmittel noch zugelassen. — Ablieferung der Leichen an Anatomien Vf. 9. Juni 89 (MB. 132), Eisenbahnbeförderung Bek. 14. Dez. 87 (MB. 88 S. 185), Stempelfreiheit der polizeilichen Genehmigung Vf. 19. März 98 (MB. 80). — Soweit diese Anstalten auch für Untersuchungsgefan-

und Gerichtskosten, sowie von Erbschafts- und Gebäudesteuer befreit.[9])

Eine einheitliche gesetzliche Regelung, wie sie bezüglich der Freiheitstrafen durchgeführt ist, hat die Strafvollstreckung im Reiche noch nicht erfahren. Der Bundesrat hat jedoch gemeinsame Grundsätze festgestellt, die bei dem Vollzuge gerichtlich erkannter Strafen einstweilen zur Anwendung kommen.[10])

Der leitende Gedanke jeder Strafvollstreckung ist die Besserung des Sträflings, und die lebhafteste Erörterung hat hierbei seit langem die Frage der Einzelhaft hervorgerufen. Diese kann nur nach der Persönlichkeit des Sträflings entschieden werden. Der verkommene Verbrecher erblickt in der Einzelhaft eine Verschärfung, während sie für den auf der Bahn der Entsittlichung weniger Vorgeschrittenen die mildere Form bildet, auch die Möglichkeit der Besserung in sich schließt. Das Strafgesetz überläßt deshalb ihre Anwendung dem Ermessen der Verwaltung; doch darf sie ohne Zustimmung des Gefangenen nicht über drei Jahre ausgedehnt werden.[11])

In Verbindung damit steht die Beschäftigung, welche die geistige und körperliche Frische erhalten und einen redlichen Erwerb nach der Entlassung erleichtern soll. Für Zuchthäusler erscheint sie als Zwangsarbeit; für die mit Gefängnis Bestraften ist sie nur zugelassen.[12]) Besondere

---

gene dienen (Schlesien, Rheinprov.), bestimmt sich die Behandlung der letzteren nach Vf. 14. Okt. 84 (MB. 241), Nr. 1 erg 26. Mai 85 (MB. 106).

[9]) Befreiung von Stempel § 155 Abs. 2, Gerichtskosten § 195 Abs. 3 d. W.

[10]) BB. 28. Okt. 97 (ZB. 368); auf diesen Grundsätzen beruht die DienstO. (Anm. 7).

[11]) StGB. § 22. — Die Entsittlichung u. Verwilderung, welche das Zusammenleben in den Strafanstalten zur Folge hatte, brachte 1786 in dem von einer Gesellschaft in Philadelphia begründeten pennsylvanischen oder Zellensysteme die Einzelhaft zur strengen Durchführung. Dabei wurde unter dem Einfluß der herrschenden Sekte der Quäker der Hauptwert auf religiöses Insichgehen gelegt, die Beschäftigung dagegen vernachlässigt. Die Folge war vielfach eine körperliche und geistige Erschlaffung der Bestraften u. diese Erfahrung führte zu dem gemilderten Auburnschen oder Schweigsystem, nach dem die Sträflinge getrennt schlafen, aber nach Maßgabe der Arbeitsfähigkeit in Klassen geteilt u. gemeinsam unter strenger Aufsicht und Fernhaltung jedes gegenseitigen Verkehrs beschäftigt werden. Einen weiteren Fortschritt bezeichnet das seit 1854 besonders in England u. der Schweiz verbreitete irische oder Progressivsystem, das auch auf das deutsche Strafgesetz eingewirkt hat. Dies beginnt mit einer nach der Persönlichkeit bemessenen, durschschnittlich neunmonatigen Einzelhaft, läßt dann eine mit zunehmenden Vorteilen und Erleichterungen verbundene gemeinsame Beschäftigung folgen, um mit einer widerruflichen Beurlaubung unter polizeilicher Aufsicht zu enden (Abs. 6). Ein ähnlicher Versuch ist mit einem Jugendgefängnis in Wittlich gemacht. Dieses ist für Strafgefangene von 18—21 Jahren aus der Rheinprov. bestimmt, die bei guter Führung in 3 Klassen unter zunehmenden Erleichterungen und Vergünstigungen aufrücken. — Die Anwendung der Einzelhaft hat neuerdings zugenommen. 1906 waren im Bereich der inneren Verw. 47,8, in dem der Justizverw. 62,8 v. H. der Gefangenen in Einzelhaft untergebracht.

[12]) StGB. § 15 u 16. — § 211 Abs. 32 d. W. — Die Beschäftigung soll erfolgen für den eigenen Bedarf u. den anderer Staatsverwaltungen Vf. 20. Jan. 03

Beachtung hat die Beschäftigung außerhalb der Anstalt gefunden, weil sie die Gesundheit vorzugsweise fördert, den Übergang zur Freiheit erleichtert und eine bessere finanzielle und volkswirtschaftliche Ausnutzung der Arbeitskräfte zuläßt. Andererseits fordert diese Beschäftigung gewisse Rücksichten. Bei den mit Gefängnis Bestraften ist sie von deren Zustimmung abhängig, während Zuchthäusler nur getrennt von freien Arbeitern beschäftigt werden dürfen.[13])

Zur Erleichterung des Überganges in die Freiheit dient endlich die vorläufige Entlassung. Die zu längerer Zuchthaus- oder Gefängnisstrafe Verurteilten können, wenn sie drei Viertel, mindestens aber ein Jahr der Strafe verbüßt haben, bei guter Führung durch den Justizminister auf Widerruf entlassen werden. Sie stehen unter besonderer Überwachung der Ortspolizei.[14])

Zu religiös-sittlicher Hebung der Gefangenen und entlassenen Gefangenen, sowie zur Vermittelung des Unterkommens und redlichen Erwerbs für die letzteren bestehen Gefängnisvereine, die sich 1892 zu einem Verbande zusammengeschlossen haben.[15])

Unter denselben Voraussetzungen, wie für freie Arbeiter (§ 319) tritt bei Körperverletzungen oder Tötungen die Unfallfürsorge für Gefangene ein. Ihnen sind die in Zwangsanstalten (§ 240 Abs. 2) untergebrachten oder mit Forst-, Gemeinde- oder ähnlichen Arbeiten (§ 284 Abs. 7 und 354 Abs. 7) beschäftigten Personen gleichgestellt. Die Fürsorge tritt erst mit der Entlassung aus der Haft ein; auch sind die Renten geringer bemessen als die für freie Arbeiter. Die Kosten trägt der Staat, in dem die Strafe verbüßt wird.[16]) Der Staat kann jedoch die Verpflichtung auf andere Stellen

---

(HMB. 9) u. zu landwirtschaftlichen Meliorationen u. eigener Land- u. Viehwirtschaft zwei Vf. 14. Jan. 95 (MB. 21), erg. 28. Jan. 97 (MB. 235) u. 20. Nov. 99 (MB. 239); die Verdingung der Arbeitskräfte an Unternehmer ist dagegen eingeschränkt. — Der Arbeitsverdienst gebührt dem Staat. Zur Anregung des Fleißes wird jedoch ein Anteil (Überverdienst) den Gefangenen ohne Rechtsanspruch überlassen, um ihnen nach der Entlassung die Rückkehr zu einem geordneten Leben zu erleichtern Vf. 29. Sept. 59 (MB. 253). Arbeitsprämien unterliegen keiner Beschlagnahme Vf. 6. Juli 85 (MB. 209).

[13]) G. 11. April 54 (GS. 143); gilt in den neuen Prov. V. 25. Juni 67 (GS. 921) Art. IIk. Ausführung (Justizverw.) Instr. 30. Mai 54 (JMB. 250). Waffengebrauch G. 54 § 6 u. Vf. 7. Mai 94 (MB. 84). — Entschädigung der Aufsichtsbeamten V. 13. April 98 (GS. 65) u. (Justizverw.) 21. Mai 07 (GS. 101).

[14]) StGB. § 23—26; Instr. 21. Jan. 71 (MB. 47, JMB. 35). Über die zeitweilige Haftentlassung (Beurlaubung) bestimmt Vf. 15. Juli 70 (MB. 197) u. 29. Okt. 79 (MB. 80 S. 17).

[15]) Vf. 1. Sept. 79 (MB. 274 u. 13. Juni 95 (MB. 170), erg. (Fürsorge bei Auswanderung) 5. Nov. 02 (MB 231). — Besonders erfolgreich hat seit lange die rheinisch-westfälische Gefängnisgesellschaft gewirkt.

[16]) RG. 30. Juni 00 (RGB. 536), Inkraftsetzung § 27 u V. 24. Nov. 02 (das. 280). — Ausf. Vf. Min. d. J. 26. Jan. 03 (MB. 15, 43, 44), JustMin. 19. März 03 (JMB. 45). — Allgemeine Unfallrenten ruhen während der Verbüßung einer Freiheitsstrafe von mehr als 1 Monat oder der Unterbringung in ein Arbeitshaus VO. § 615 1 Abs. 1.

übertragen oder öffentliche Verbände, die Gefangenanstalten unterhalten, zu Beiträgen heranziehen. Preußen hat hiervon Gebrauch gemacht.[17])

5. Arbeits- und Besserungsanstalten.

§ 240.

Die Arbeitsscheu bildet eine Hauptursache der Begehung von Straftaten und der Verarmung. Ihre Bekämpfung gehört deshalb zu den wichtigsten Aufgaben der vorbeugenden polizeilichen Staatstätigkeit.[1])

Das Gesetz bedroht mit Haft Personen, die

1. als Landstreicher (zweck- und arbeitslos) umherziehen,
2. betteln oder Kinder und Hausgenossen nicht vom Betteln abhalten,
3. diese Personen (Nr. 2) nicht von Diebstahl, Zoll- und Steuer-, Feld- und Forst-, Jagd- und Fischereivergehen abhalten,
4. infolge Spiels, Trunkes und Müßigganges in einen Zustand geraten, in dem zu ihrem oder der von ihnen zu ernährenden Personen Unterhalt durch Vermittelung der Behörde fremde Hilfe in Anspruch genommen werden muß,
5. sich der Pflicht zur Unterhaltung dieser Personen (Nr. 4) trotz Aufforderung der Behörde entziehen,
6. aus Arbeitsscheu angemessene Arbeit verweigern, wenn sie aus öffentlichen Mitteln unterstützt werden,
7. sich in der von der Behörde bestimmten Frist kein Unterkommen verschaffen (verschuldete Obdachlosigkeit).

Außer in den Fällen zu 3 und 5 kann daneben gegen die Bestraften zum Zweck der Besserung die Unterbringung in ein Arbeitshaus bis zu 2 Jahren (korrektionelle Nachhaft) oder die zwangsweise Verwendung zu gemeinnützigen Arbeiten, bei Ausländern die Ausweisung verfügt werden. Die Zulässigkeit dieser Unterbringung spricht der Richter aus, die Dauer setzt der Regierungspräsident fest.[2]) Die Kosten, ausschließlich der dem

---

[17]) RG. § 7 Abs. 2, preuß. G. 28. Juli 02 (GS. 293). Zuständigkeit im Streitverfahren RG. § 21 Abs. 2 u. V. 28 Juli 02 (GR. 294).

[1]) Arbeitsnachweis, Arbeiterkolonien u. Wanderarbeitsstätten § 313 Abs. 2, 3 d. W.

[2]) Den Grundsatz enthält LR. II 19 § 3, die Ausführung StGB. § 361 3—5 u. 7—10 (10 durch G. 12. März 94 RGB. 259 Art. 2 hinzugefügt) u. 362 (Fassung G. 25. Juni 00 RGB. 301); Verfahren Vf. 22. Okt. 85 (MB. 237) — mit der die im BRBeschl. 26. Juni 89 aufgestellten Grundsätze übereinstimmen — u. 12. Okt 96 (JMB. 339), erg. (Nr. 1) 14. Jan. 98 (das. 24); Aussetzung der Nachhaft Vf. 25. Juni 01 (MB. 198); Behandlung erkrankter Personen Vf. 17. März 85 (MB. 70). Vollstreckung an jugendlichen Personen Vf. 18. Mai 05 MB. 88; Aufhebung bei Fürsorgeerziehung Vf. 29. Juni 04 (MB. 222). — Die Nachhaft bildet keinen Teil der Strafe, sondern eine infolge dieser angeordnete Besserungsmaßregel Vf. 25. Nov. 85 (MB. 70). — Auf Nachhaft kann auch gegen Zuhälter erkannt werden § 259 Anm. 1. Bearb. v. Genzmer (§ 221 Anm. 1 d. W.) S. 223 u. 269—276. — Die Zahl der Untergebrachten betrug (10) 8155. — Arbeitszwang im Verwaltungswege

Staate zur Last fallenden Transportkosten, tragen die Landarmenverbände (Provinzen). Auf diese sind deshalb die Arbeitshäuser (Besserungsanstalten) übergegangen.[3])

Verschwender und Trunksüchtige können entmündigt werden. Sie sind damit — gleich den über 7 Jahre alten Minderjährigen und den Geistesschwachen — in ihrer Geschäftsfähigkeit beschränkt und können verpflichtende Willenserklärungen nur mit Zustimmung ihres gesetzlichen Vertreters abgeben.[4]) — Besondere Maßregeln bestehen gegen umherziehende Zigeuner.[5])

6. Fürsorge- und Zwangserziehung.

§ 241.

Der Umstand, daß jugendliche Personen der bessernden und erziehenden Einwirkung noch zugänglicher, zugleich aber für die schädlichen Einflüsse einer schlechten Umgebung weit empfänglicher sind als Erwachsene, gibt der zwangsweisen Erziehung besondere Bedeutung. Sie tritt entweder an Stelle der Strafe (Zwangserziehung) oder greift, wo die elterliche oder vormundschaftliche Fürsorge versagt, in die elterlichen und vormundschaftlichen Rechte ein und fällt damit in das Familienrecht (Fürsorgeerziehung). Die Verwahrlosung ist entweder auf Zustände des häuslichen Lebens oder auf Eigenschaften des Kindes selbst zurückzuführen, und diese treten entweder in

§ 284 Abs. 7 d. W. — Ausweisung der Landstreicher aus den Bundesstaaten § 242 Abs. 2.

[3]) G. 8. März 71 (GS. 130) § 38. — Die Arbeitshäuser dienten ursprünglich den Gemeinden zur Verwertung der Arbeitskraft der in der geschlossenen Armenpflege unterhaltenen Armen. Später wurden sie von größeren Verbänden zur Wiedergewöhnung Arbeitscheuer an Arbeit errichtet (workhouses in England § 283 Anm. 1). Voraussetzung bildet in beiden Fällen die Arbeitsfähigkeit. Demgemäß scheiden sich heute Besserungsanstalten, Armenarbeitshäuser u. Armenhäuser für Arbeitsunfähige. — Die Besserungsanstalten (auch Korrektions-, Korrigenden- oder Arbeitsanstalten oder -Häuser benannt) sind auf die Provinzen übergegangen und durch besondere Reglements geordnet ProvO. 81 (GS. 234) § 120, DotG. 8. Juli 75 (GS. 187) § 25. Sie finden sich in Verbindung mit den Landarmenanstalten (§ 285 Anm. 6 d. W.) in Tapiau (Ostpreußen), Konitz, Landsberg, Prenzlau, Strausberg, Neustettin, Ückermünde, Bojanowo, Fraustadt, Schweidnitz, Gr. Salze, Moritzburg bei Zeitz, Himmelsthür bei Hildesheim, Wunstorf mit Tochteranstalt in Orrel, Benninghausen, Breitenau (Hessen) u. Hadamar. Nicht mit Landarmenanstalten vereinigt sind die Besserungsanstalten in Rummelsburg (für Berlin), Glückstadt mit Nebenanstalt in Bockelholm, Moringen (Werkhaus) und Brauweiler. Städtische Arbeitshäuser besitzen Greifswald u. Stralsund. — Steuer- u. Sportelfreiheit gleich den Strafanstalten (§ 239 Anm. 9). — Die Prügelstrafe als Disziplinarmittel ist unzulässig Vf. 12. April 73 (MB. 124).

[4]) BGB. § 6[2], [3] u. 106—114. Verfahren § 201[5] d. W. Unfallfürsorge § 239 Abs. 8 d. W. — Auf die Enthaltsamkeit vom Branntweingenuß suchten früher die an verschiedenen Orten errichteten Mäßigkeitsvereine hinzuwirken; neuerdings hat der deutsche Verein gegen den Mißbrauch geistiger Getränke in Hildesheim seine Bestrebungen gegen die Ursachen der Trunksucht selbst gerichtet. — Bekämpfung des Alkoholgenusses Vf. 18. Nov. 02 (MG. 228) u. 28. April 03 (MB. 123 u. 201), durch die Arbeiterversicherung § 317 Abs. 5 d. W.

[5]) Vf. M. d. J. 17. Feb., JustMin. 5. Juli 06 (MB. 53 u. 238).

dessen gesamtem Verhalten oder in der Begehung bestimmter strafbarer Handlungen hervor. — Die dagegen zu ergreifenden Maßregeln, die in der Unterbringung in eine Erziehungs- oder Besserungsanstalt[1]) oder in eine geeignete Familie bestehen[2]), sollen Straftaten vorbeugen und, wo solche begangen sind, die Kinder auf bessere Wege führen. Sie fallen teils in das Gebiet des Strafrechts, teils in das des bürgerlichen Rechts:

1. bei Angeschuldigten zwischen dem 12. und 18. Jahre, die im Fall mangelnder Einsicht in die Strafbarkeit der begangenen Handlung freizusprechen sind (§ 214 Abs. 4), ist über die Unterbringung in dem Strafurteile Bestimmung zu treffen[2]);
2. für Kinder unter 12 Jahren, die bei Begehung strafbarer Handlungen überhaupt nicht strafrechtlich zu verfolgen sind (§ 214 Abs. 5), erfolgt sie auf Beschluß des Vormundschaftsgerichts[3]);
3. das letztere gilt auch für solche Kinder, deren Verwahrlosung nach dem Verhalten des Vaters oder, weil sie unter Vormundschaft stehen, zu befürchten ist oder für die die Zwangserziehung zur Verhütung des völligen sittlichen Verderbens notwendig ist.[4])

Diese Unterbringung ist für den Fall zu. 2 und, soweit es sich um Minderjährige unter 18 Jahren handelt, in dem Falle zu 3 durch ein preußisches Landesgesetz näher geregelt. Sie darf nicht in Arbeits- und Landarmenhäusern und nur, solange der körperliche oder geistige Zustand es erfordert, in Anstalten für Kranke und Gebrechliche erfolgen. Bei Gefahr

[1]) Staatliche Erziehungsanstalten (Besserungs-, Rettungshäuser) in Konradshammer bei Oliva (für Ost- u. Westpreußen, Pommern u. Posen), in Wabern, Hardehausen (Knaben), St. Martin bei Boppard (Mädchen), Gräfrath u. Steinfeld (RB. Aachen), Einlieferungsbezirke Vf. 28. Okt. 11 (MB. 343); provinzielle in Gropischken, Lerchenberg, Angerburg (Mädch.), Tempelburg bei Danzig, Strausberg (Knaben), Prenzlau (Mädchen), Nowawes, Zühlsdorf (Rettungshaus), Schubin (kath.), Antinowo, Zerkwitz (ev.), Grottkau, Wohlau, Lauchstedt, Moritzburg bei Zeitz, Nordhausen; die Schulaufsicht über diese führt der Oberpräsident AE. 12. Mai 97 (GS. 227). Strafmittel Vf. 25. Dez. 10 (MB. 11 S. 49). Darstellung v. Krohne (Berl. 01). Die sonstigen Anstalten sind Privatunternehmungen. — Überwachung der Anstalten Vf. 12. Mai 10 (MB. 157). Über Minderjährige, die in einer der Verwaltung des Staates oder einer Gemeindebehörde unterstellten Anstalt untergebracht sind, hat der Anstaltsvorstand die Rechte u. Pflichten des Vormundes. Er hat die Aufnahme in die Anstalt dem Vormundschaftsgericht mitzuteilen und genießt die zulässigen vormundschaftlichen Befreiungen EG. z. BGB. Art. 136 u. AG. Art. 78. Züchtigungsrecht Vf. 29. Aug. 90 (MB. 203). — Die Anstaltspflege kann gemeinsam in einem Gebäude, oder getrennt für Gruppen bis zu 30 Pfleglingen, die von je einem Hauselternpaar geleitet werden, in Einzelhäusern erfolgen; in diesem Falle nähert sie sich der Familienpflege. — Die Aufsicht über die in Familien untergebrachten Pfleglinge wird durch Fürsorger ausgeübt, zu denen auch Frauen bestellt werden können Ausf.Best. (Anm. 5) Nr. VII, VIII.

[2]) StGB. § 56 u. AO. 23. Juni 82 (MB. 209); die Kosten trägt der Staat; eine Einziehung aus dem etwa vorhandenen Vermögen findet nicht statt Vf. 11. Dez. 88 (MB. 89 S. 6). — Jugendgerichte § 219[7], Strafaussetzung § 220 Abs. 2 d. W.

[3]) StGB. § 55 (Fassung des EG. z. BGB. Art. 34 II).

[4]) BGB. § 1666 u. 1838. EG. Art. 135.

im Verzuge kann das Vormundschaftsgericht eine vorläufige Unterbringung anordnen. Die Unterbringung endigt mit der Minderjährigkeit. Die Kosten tragen, soweit die Untergebrachten nicht eigenes Vermögen oder unterstützungspflichtige Verwandte besitzen, die Provinzial- (in Hessen-Nassau und Hohenzollern die Kommunal-) Verbände unter Zuschuß von $^2/_3$ aus der Staatskasse. Die Ausstattung und Überführung der Unterzubringenden liegt den Ortsarmenverbänden ob.[5])

Die Inpflegenahme von Kindern unter 6 Jahren gegen Entgelt (Haltekinder) muß der Polizei angezeigt werden, welche die gehörige Unterbringung, Ernährung und Pflege zu überwachen hat.[6])

7. Polizeiaufsicht, Aufenthaltsbeschränkung und Ausweisung.

§ 242.

Neben der Strafe kann das Gericht in bestimmten Fällen auf die Zulässigkeit der Polizeiaufsicht erkennen. Dadurch erhält der Regierungspräsident des Entlassungs- oder des späteren Aufenthaltsorts die Befugnis, den Verurteilten unter Berücksichtigung der Art des Verbrechens und der Führung während der Strafzeit für einen Zeitraum von 6 Monaten bis zu 5 Jahren unter Polizeiaufsicht zu stellen. Diese hat die Wirkung, daß Haussuchungen jederzeit stattfinden dürfen und dem Verurteilten von der höheren Landespolizeibehörde der Aufenthalt an bestimmten Orten

---

[5]) G. 2. Juli 00 (GS. 264); durch das BGB. u. das FürsorgeG. sind die Erziehungsmaßregeln, die vordem nur einen Ersatz der Strafe bildeten, in den Vordergrund gerückt Ausf.Best. 18. Dez. 00 (MB. 01 S. 27), erg. (Abschn. I) Vf. 19. Juli 06 (MB. 219), (Abschn. II Abs. 10) Vf. 18. Mai 05 (MB. 88), (Abschn. X, Abs. 4) Vf. 14. Mai 04 (MB. 131), Formular für Anträge auf Unterbringung Vf. 14. Aug. 07 (MB. 265). Tarif für die Kostenerstattung (G. § 16 Abs. 2) Vf. 15. März 02 (MB. 66). Zuständigkeiten Vf. 12. Mai 10 (MB. 157) u. 2. Okt. 13 (MB. 186). — Bearb. v. Genzmer (§ 221 Anm. 1 d. W.) S. 252, Nölle (2. Aufl. Berl. 01), Schmitz (4. Aufl. Düsseld. 08), Gordan, Lehmann u. Riese (Berl. 07), Aschrott (2. Aufl. Berl. 07). — Disziplinarstrafen V. 25. Dez. 10. u. 31. Okt. 11 (MB. 49 u. 347). Die Bundesstaaten leisten sich gegenseitig Rechtshilfe Bek. 26. April 13 (MB. 83). — Handelt es sich nur um Entfernung des Kindes aus dem elterlichen Haushalt wegen Schuld des Vaters (BGB. § 1666), so hat im Unvermögensfalle der Ortsarmenverband einzutreten; die Fürsorgeerziehung kommt erst in Betracht, wo besondere erzieherische Maßnahmen, insbesondere Unterbringung an einem anderen Ort oder in einer Anstalt geboten sind, um die Verwahrlosung zu verhüten Beschl. Kamm. Ger. 1. Okt. 08, 3. April 12 (JMB. 167), 2. Mai 13 (MB. 128) u. Urt. des BA. für Heimatw. 12. Okt. 01 (XXXIV. 83). Abweichend das OV. (LII 185) u. 28. Juni 10 (PrVBl. XXXII 52). Erzieherische Maßnahmen sind auch angezeigt, wo es sich um Verhütung der Verwahrlosung handelt Beschl. KG. 10. Jan. 13 (MB. 57). — In Zwangserziehung befanden sich (31. März 11) nach StGB. § 56: 438, nach dem älteren G. 13. März 78: 751 u. in Fürsorgeerziehung (G. 00) 8677 Jugendliche. Von den Entlassenen hatten sich nach einer 1911 veröffentlichten Ermittelung 70 v. H. gut oder genügend geführt.

[6]) Vf. 18. Juli 74 (MB. 173) u. 20. März 96 (MB. 67). Die Regelung durch Polizeiverordnung wurde erst möglich, nachdem die Gew.O. auf den Gegenstand für nicht anwendbar erklärt war Gew.O. § 6.

unterſagt werden kann.[1]) Die Polizeiaufſicht erſcheint hiernach nicht mehr als Strafe, ſondern als polizeiliche Sicherungsmaßnahme. Sie gilt als veraltet, da ſie als Vorbeugungsmittel keinen großen Wert hat, dagegen die Wiedergewinnung der bürgerlichen Stellungen erſchwert und damit den Rückfall befördert. — Eine Aufenthaltsbeſchränkung kann in den älteren Provinzen die Landespolizeibehörde den wegen ſicherheits- oder ſittlichkeitswidriger Handlungen Beſtraften für gewiſſe Orte auferlegen.[2])

Gegen Ausländer kann in den vorgenannten Fällen an Stelle der Polizeiaufſicht oder Aufenthaltsbeſchränkung die Ausweiſung aus dem Reichsgebiete verfügt werden.[3]) Außerdem iſt dieſe gegen ſolche Ausländer zuläſſig, die wegen Zuhälterei, gewerbsmäßigen Glückſpiels, Landſtreichens, Bettelns, Arbeitſcheu, Unzucht oder Obdachloſigkeit verurteilt ſind.[4]) — Daneben beſteht für die Bundesſtaaten das Recht der Landesverweiſung, die als Ausfluß der Staatshoheit überall ausgeübt werden kann, wo Ausländer ſich als ſtaatsgefährlich oder als läſtig erweiſen.[5])

---

[1]) StGB. § 38, 39, 181 a, 361[1] u. (Nichtanwendung auf jugendliche Perſonen) 57[5]. Inſtr. 30. Juni 00 (MB. 212, JMB. 525) u. (bei Verurteilung in einem anderen Bundesſtaate) VB. 16. Juni 72 (MB. 193). Polizeiliche Maßregeln, die die Wiederaufnahme einer geordneten Tätigkeit erſchweren, ſollen unterbleiben, ſolange der Verurteilte einer geregelten Fürſorge unterſteht. Inſtr. § 9. Die Friſt für die Polizeiaufſicht läuft von der Verbüßung der Freiheitsſtrafe, nicht erſt von der Entlaſſung aus dem Arbeitshauſe (§ 241 d. W.) Vf. 18. Juli 02 (MB. 157). — Aufſichtsführung durch die Gemeindevorſteher § 91[2] der LGO. 3. Juli 91 (GS. 233) u. f. Schl.-Holſt. 92 (GS. 155), KrO. f. Hann. 6. Mai 84 (GS. 181) § 34[2]. — Unzuläſſigkeit der Erteilung von Wandergewerbeſcheinen GewO. § 57[2]. — Beſondere Aufſicht über vorläufig entlaſſene Sträflinge § 239 Abſ. 6 d. W. — Ein Nachrichtenverkehr über Vorbeſtrafungen Neuanziehender beſteht nur für die größeren Städte Vf. 22. Mai 89 (MB. 130). — Führung der Strafregiſter bei den Staatsanwaltſchaften § 186 Anm. 5.

[2]) G. 31 Dez. 42 (GS. 43 S. 5) § 2[2] nebſt VG. 1. Nov. 67 (BGBl. 55) § 3 Abſ. 1, AusfVf. 14. Dez. 60 (MB. 61 S. 11). Dies Recht beſteht fort OV. (IX 415, MB. 83 S. 59), betrifft aber nicht den nur vorübergehenden (beſuchsweiſen) Aufenthalt (X 336). Handhabung Vf. 4. Feb. u. 21. März 07 (MB. 106 u. 148). Anm. 6.

[3]) StGB. § 39[2], ſowie § 285 Abſ. 2 d. W. — Vollziehung Bek. 10. Dez. 90 (ZB. 378), erg. Vf. 24. Sept. 00 (MB. 232), 20. Juli 02 (MB. 160), 7. Juni 06 (MB. 215), Formular für Anträge auf Übernahme Vf. 15. Juli 11 (MB. 200). Reichsgrenzſtellen Bek. 29. Jan. 13 (ZB. 166); Durchtransport durch die deutſchen Staaten Vf. 12. Jan. 95 (MB. 23), erg. (gegenüber Sachſen) Vf. 13. Aug. 01 (MB. 216). — Strafe unbefugter Rückkehr StGB. § 361[2]. — Die Transportkoſten trägt jeder Bundesſtaat innerhalb ſeines Gebietes Vf. 2. Juli 73 (MB. 221) u. 31. Jan. 98 (MB. 19), auch bei Ausweiſung oder Übernahme Hilfsbedürftiger E. 12. Jan. u. Vf. 11. Nov. 95 (MB. 23 u. 247), desgl. bis zu 3 M. bei Durchtransporten Vf. 4. Jan. 09 (MB. 8). — Ausweiſung nach Öſterreich Vf. 29. Dez. 76 (MB. 77 S. 40), 19. März 80 (MB. 114), 8. Jan. 85 (MB. 14) u. 28. Okt. 04 (MB. 258), aus und nach der Schweiz NiederlaſſungsVtr. (§ 10 Anm. 3 d. W.) Art. 4 u. 8; Behörden Vf. 1. Sept. 97 (MB. 203), den Niederlanden Niederl. Vtr. (§ 10 Anm. 3) Art. 6—13. — Ausweiſung Verarmter § 284, (insbeſ. gegenſeitige Übernahme) Anm. 6 d. W. — Conta, die Ausweiſung aus Reich, Staat u. Gemeinde (Berl. 04).

[4]) StGB. § 181 a, 284, 361[3–8] u. § 362.

[5]) Zuſtändigkeit der unteren Polizeibehörden Vf. 31. Jan. 82 (MB. 50). OV. XVI 383; Unzuläſſigkeit der Verwaltungsklage für Reichsausländer LVG.

Auf Reichsangehörige findet die Maßregel nach dem Grundsatze der Freizügigkeit (§ 10) keine Anwendung. Ausgenommen sind jedoch solche Personen, die in einem Bundesstaate nach den Landesgesetzen Aufenthaltsbeschränkungen unterworfen werden können (Abs. 1) oder innerhalb der letzten 12 Monate wegen wiederholten Bettelns oder Landstreichens bestraft worden sind.[6])

8. Transporte.

§ 243.

Der Transport ist eine Haft, die durch den damit verbundenen Ortswechsel ihre eigene Gestalt gewinnt. Das **Verfahren** ist gleichmäßig geregelt,[7]) wogegen die Verpflichtung zur Tragung der **Transportkosten** sich je nach dem Zweck des Transports verschieden bestimmt.[8]) Auch die zu treffenden Sicherheitsmaßregeln sind nach den obwaltenden Umständen verschieden. Während in wichtigeren Fällen, insbesondere bei Verbrechern und Fahnenflüchtigen, der **Gendarmerietransport** Anwendung findet,[9]) werden einfache Transporte durch angenommene Zivilpersonen besorgt. In minder gefährlichen Fällen ersetzt endlich die Ausstellung des **Zwangspasses** (Reiseroute) den Transport, in der dem Inhaber bei Strafe aufgegeben wird, sich ohne Aufenthalt auf vorgeschriebenem Wege nach dem Bestimmungsort zu begeben.[10])

---

§ 130 Abs. 3. Strafe wie Anm. 3, desgl. Vollziehung Vf. 28. Okt. 04 (MB. 258).

[6]) Freizug, G. 1. Nov. 67 (BGBl. 56) § 3 Abs. 2; Vf. 28. Juli 94 (MB. 147), 24. Jan., 7. Feb., 2. Juni u 25. Dez. 95 (MB. 18, 28, 166 u. 261).

[7]) GenTransportInstr. 16. Sept. 16 (KA. XI 509), ergänzt 23. Juli 17 (KA. I Heft 3 S. 152) u. 3. Okt. 18 (KA. II 1088); Vorschr. des BR. 10. Dez. 90 (ZB. 378). Behandlung der Transportierten Vf. 4. Dez. 02 (MB. 231, JMB. 291). — Sammeltransporte auf Eisenbahnen Vf. 22. Dez. 06 (MB. 07 S. 52), erg. (Ziff. 5 Abs. 2) 25. Aug. 10 (MB. 293), (Ziff. 11) 30. Sept. 09 (MB. 223), (Ziff. 12) 5. Dez. 12 (MB. 13 S. 18). — Bearb. Genzmer (§ 218 Anm. 1 d. W.) S. 159.

[8]) Die Verpflichtung der Gemeinden (LR. II 7 § 37^{8}) ist in betreff des Transports Aufgegriffener zum Sitze der Ortsobrigkeit aufrecht erhalten Vf. 9. Nov. 75 (MB. 203), desgl. in betr. der Einlieferung Fahnenflüchtiger an die nächste Gendarmeriestelle behufs Weiterbeförderung an den nächsten Truppenstandort LR. II 7 § 37^{9}, V. 30. Dez. 20 (GS. 21 S. 1) § 12^{7} u. Vf. 29. Okt. 89 (MB. 219). Die Kosten der Ausweisung von Ausländern sind dagegen Kosten der Landespolizei Vf. 20. Feb. 00 (MB. 137), soweit die Ausweisung nicht zur Entbürdung preuß. Armenverbände erfolgt Vf. 11. Sept. 04 (MB. 237). — Polizeitransporte in Strafsachen § 234 Anm. 5. — Gerichtlicher Transport im Strafprozeß § 217 Abs. 2 d. W. — Transport in die Arbeitsanstalten § 240 Abs. 2. — Auslandstransporte (Auslieferungsverträge) § 235 Anm. 5 u. § 242 Anm. 3.

[9]) V. 30 Dez. 20 (GS. 21 S. 1) § $12^{5,7}$. Vf. 1. April 54 (MB. 98). Anm. 8.

[10]) Vf. 23. Mai 40 (MB. 165), 9. Sept. 58 (MB. 193) u. 5. März 02 (MB. 71). Formular Vf. 4. Feb. 08 (MB. 41). — Hann. Bek. 23. Mai 59 (hann. GS. I 613). — Notwendige Reiseunterstützungen der Zwangspaßinhaber gehören zu den Transport-, nicht zu den Armenpflegekosten Vf. 18. Aug. 63 (MB. 197).

IV. Sicherheitspolizei.

1. Übersicht.

§ 244.

Die Sicherheitspolizei bezweckt den Schutz des Gemeinwesens, der Person und des Eigentums im Gegensatz zu dem Schutze der Ordnung und Sitte und der wirtschaftlichen Tätigkeit.[1]) Sie umfaßt in dieser weiteren Bedeutung auch die eigenartig gestaltete Unfallpolizei (Nr. 6); sonst hat sie die Rechtsverletzungen zu bekämpfen, die Staat und Gesellschaft oder die einzelnen Bewohner gefährden. Soweit es sich hierbei um Bekämpfung der öffentlichen Gefahren handelt, fällt sie mit der höheren oder politischen Polizei zusammen.[2]) Ihr liegt hiernach zunächst die Abwehr der unmittelbaren Angriffe ob, die in Gestalt von Aufruhr, Hoch- oder Landesverrat gegen den Staat gerichtet sind (Nr. 2). Sodann soll sie den Gefahren vorbeugen, die aus der Freiheit des Reiseverkehres, der Presse und des Vereinslebens dem Gemeinwesen erwachsen können (Nr. 3, 4 und 5). Diese Freiheiten sind verfassungsmäßig gewährleistet und die hierauf gerichtete Gesetzgebung, die vom Reiche ergangen ist, bestrebt sich, die erforderlichen Einschränkungen auf das geringstmögliche Maß herabzusetzen.[3])

2. Auflauf und Aufruhr. Belagerungszustand.

§ 245.

Nächst der äußeren ist die innere Sicherheit die erste Lebensbedingung jedes Staatswesens. Die Abwehr der gegen diese gerichteten Angriffe bildet die wichtigste Aufgabe der gesamten inneren Verwaltung. Die Gesetzgebung hat nach Vorgang der französischen dieserhalb Strafbestimmungen erlassen und das Verfahren bei Aufständen geregelt.

Jede gegen die Person des Herrschers, gegen die Verfassung und das Gebiet des Reichs oder eines deutschen Staates gerichtete verräterische Handlung wird als Hochverrat und jede Förderung einer feindlichen Macht zum Nachteile des Reichs als Landesverrat bestraft.[1]) Außerdem ist als

---

[1]) Kön. Befehl 24. April 12 (GS. 43) Abs. 5. Der Begriff hat, obwohl nicht feststehend, doch im Polizeiverordnungsrechte praktische Bedeutung erlangt § 224 Anm. 4, 231 Abs. 2[4] d. W.; verb. § 253 Anm. 9.

[2]) § 223 d. W. — Bestrafung der gemeingefährlichen Verbrechen u. Vergehen StGB. § 306—330, insbesondere der verbrecherischen Verwendung von Sprengstoffen § 366 Anm. 23 d. W.

[3]) Die Einschränkungen im Kampfe mit der katholischen Kirche sind großenteils beseitigt § 289 d. W. Ebenso sind die Einschränkungen, die gegenüber den gemeingefährlichen Bestrebungen der Sozialdemokratie (§ 3[4]) durch das Ausnahmegesetz 21. Okt. 78 (RGB. 351) eingeführt waren, mit dem 1. Okt. 1890 fortgefallen.

[1]) StGB. § 80—93 u. 360[1] (politische Verbrechen, Auslieferung § 235 Anm. 5). Die Strafbarkeit des Verrats militärischer Geheimnisse ist (unter Neufassung der § 89, 90 u. Ergänzung der § 92, 360[1]) erweitert, insbes. auf die Mitteilung an Mittelspersonen u. das bloße Auskundschaften (Spionage) ausgedehnt G. 3. Juli 93 (RGB. 205).

Widerstand gegen die Staatsgewalt die öffentliche Aufreizung, der **Aufruhr** (Zusammenrottung) und der **Auflauf** (unerlaubtes Zusammenströmen)[2]) die heimliche oder verbotwidrige Ansammlung von Waffen und die Führung (in Stöcken oder Röhren) verborgener Waffen mit Strafe bedroht.[3])

Für das Verfahren der Polizeibehörden bei Aufläufen sind die älteren Vorschriften noch anwendbar.[4]) Die Polizeibehörde hat danach unverzüglich mit den ihr zu Gebote stehenden Mitteln einzuschreiten, und, wo diese nicht ausreichen, die bewaffnete Macht in Anspruch zu nehmen. Letztere darf nur auf Grund solcher Inanspruchnahme und nur in den gesetzlich bestimmten Fällen und Formen einschreiten.[5]) Der versammelten Menge gegenüber ist eine dreimalige Aufforderung zum Auseinandergehen vorgeschrieben.[6]) Im Notfalle darf das Militär von der Waffe Gebrauch machen.[7])

Für Beschädigungen bei Aufläufen sind alle Teilnehmer als Gesamtschuldner, demnächst aber die Gemeinden haftbar.[8])

Für den Fall eines Kriegs oder Aufruhrs kann bei dringender Gefahr für die öffentliche Sicherheit unter Außerkraftsetzung einzelner bürgerlicher Rechte, insbesondere der Preß- und Vereinsfreiheit der **Belagerungszustand** erklärt werden, um damit eine strenge einheitliche Leitung der Vollzugsgewalt herbeizuführen. Die Erklärung erfolgt durch das Staatsministerium, in dringenden Fällen, insbesondere bei Kriegsgefahr durch den obersten Militärbefehlshaber des gefährdeten Gebietes. Auf diesen geht damit die gesamte vollziehende Gewalt über. Sicherheitswidrige Handlungen sind mit verschärfter Strafe bedroht und werden in einem abgekürzten Verfahren von Kriegsgerichten abgeurteilt. Auch ohne Be-

— Veröffentlichungen durch die Presse über Gerichtsverhandlungen, bei denen die Öffentlichkeit wegen Gefährdung der Staatssicherheit ausgeschlossen war, sind mit Strafe bedroht G. 5. April 88 (RGB. 133) Art. III, StPO. § 480.

[2]) StGB. § 110 u. 111; — § 115 u. 116; — § 124, 125 (Landfriedensbruch) u. 127.

[3]) Das. § 360 2 u. 367 9. Zulässigkeit der Beschränkung des Waffentragens durch PolV. Vf. 22. Jan. 91 (MB. 27), URGer. 20. Mai 03 (St. XXXVI 248) u. des Kamm.Ger. 5. Okt. 03 (MB. 263). Eingezogene Waffen dürfen nicht öffentlich versteigert werden; minderwertige sind zu vernichten, wertvolle unter sichernden Bedingungen zu veräußern Vf. 1. Juni 12 (MB. 171). — Waffenverbote im Ausland Vf. 29. Mai u. 12. Okt. 11 (MB. 113 u. 344).

[4]) V. 30. Dez. 1793 § 1—8 u. 17. Aug. 35 (GS. 170) § 8—10.

[5]) VU. Art. 36. Die Inanspruchnahme ist nur als äußerstes Mittel zulässig. Sie erfolgt unter Vermittelung des Ob.-Präs., bei Gefahr im Verzuge unmittelbar unter Anzeige an diesen V. 26. Dez. 08 (GS 17. S. 282) § 48 3 GeschAnw. (§ 57 Anw. 2) II A. Ähnliche Vorschrift für die Gerichte GerO. (§ 178 Abs. 2 d. W.) § 150 I 24. — Waffengebrauch des Militärs § 101 Anm. 2.

[6]) StGB. § 116.

[7]) G. 20. März 37 (GS. 60), Einf. in die neuen Prov. V. 25. Juni 67 (GS. 921) Art. II. OV. LVII 497.

[8]) V. 35 § 11 u. G. 11. März 50 (GS. 199), durch BGB. nicht berührt EG. Art. 108, auch nicht durch das RVereinsG. (§ 248 Anm. 4) das. § 24. Für die bewaffneten Sicherheitsvereine (§ 7) ist noch die durch die Amtsblätter veröffentlichte KO. 1. Okt. 30 anwendbar

lagerungszustand können die gedachten bürgerlichen Rechte außer Kraft gesetzt werden (sog. kleiner Belagerungszustand). In dem einen wie in dem andern Falle ist dem Landtag über die Maßregel Rechenschaft zu geben.[9])

Für das Reichsgebiet mit Ausschluß Baierns kann der Kaiser nach gleichen Grundsätzen den Belagerungszustand erklären.[10])

3. Paßwesen und Fremdenmeldung.

§ 246.

Die frühere Rechtlosigkeit der Fremden hatte seit Beginn des vorigen Jahrhunderts in der Periode des Polizeistaates dem Grundsatze Platz gemacht, daß jede Reise an obrigkeitliche Erlaubnis gebunden und ohne solche strafbar sei. Diese Erlaubnis führte zum Ausweisscheine und wurde zur Grundlage des **Paßwesens**. Als der wachsende Verkehr die Durchführung des Grundsatzes unmöglich machte, wurde die Paßpflicht auf bestimmte Reisen (Auslandsreisen) oder Klassen Reisender (Handwerksgesellen, Postreisende) eingeschränkt.[1]) Im Reiche ist aus der zwangsmäßigen Paßführung eine freigestellte geworden. Eine Paßpflicht kann nur ausnahmsweise oder vorübergehend bei Gefährdung der staatlichen Sicherheit und öffentlichen Ordnung eingeführt werden. Gleichzeitig wurde die Paßerteilung nach einheitlichen und vereinfachten Grundsätzen geregelt.[2])

---

[9]) VU. Art. 111 u. G. 4. Juni 51 (GS. 451); Einf. in die neuen Prov. wie Anm. 7. Die fortdauernde Anwendbarkeit wird damit bestritten, daß die Verhängung des Belagerungszustandes durch die Einzelstaaten mit dem Übergange der Militärverfassung auf das Reich u. des Oberbefehls über das Heer (§ 90 Abs. 4[2,3]) nicht mehr vereinbar sei. Die Maßregel bildet jedoch einen Ausfluß der Sicherheitspolizei, die den Einzelstaaten belassen ist. Die Bestimmungen sind deshalb als fortgeltend anzusehen, soweit der Kaiser nicht von seiner gleichen Befugnis (Abs. 6) Gebrauch macht. Auch die Zulässigkeit der Außerkraftsetzung der Preßfreiheit besteht fort PreßG. (§ 247 Anm. 2) § 30 Abs. 1, desgl. die der Vereinsfreiheit VereinsG. (§ 248 Anm. 4) § 24[2] u. der Einsetzung der Militärgerichte GVG. § 16 (§ 187[1] d. W.). Für die Bestrafungen sind jedoch jetzt das StGB. (EG. 31. Mai 70 RGB. 195 § 2 u. 4 u. MilStGB. 20. Juni 72 (RGB. 174 § 29) u. für die Kriegsgerichte die MilStGO. 1. Dez. 98 (RGB. 1109) bestimmend.

[10]) RVerf. Art. 68 u. EG. (z. StGB.) 31. Mai 70 (BGBl. 195) § 4, (Baiern Vtr. 23. Nov. 70 BGBl. 71 S. 9 Nr. III § 5 VI). — Besonderes, dem preußischen entsprechendes RG. f. Elf.-Lothringen 30. Mai 92 (RGB. 667). — Bayersch. G. über den Kriegszustand 5. Nov. 12 (Bayer.G.u.VB. 1161).

[1]) PaßEd. 22. Juni 17 (GS. 152).

[2]) PaßG. 12. Okt. 67 (BGBl. 33); Einf. in Süddeutschland § 6 Anm. 7 d. W. Für Elf.-Lothringen gilt die V. 21. Sept. 91, die den Paßzwang u. die Aufenthaltserlaubnis für bestimmte Personen vorschreibt. — Ausf. Vf. 30. Dez. 67 (MB. 68 S. 4). Zur Ausstellung berechtigt ist außer der Behörde des Wohnsitzes, wenn Bedenken nicht vorliegen, auch die des Aufenthaltsorts Vf. 9. Juli 98 (MB. 142). Die Zeitdauer beträgt ein, ausnahmweise zwei Jahre Vf. 12. Okt. 99 (MB. 209). Stempel § 155 Anm. 7 d. W. — Paßpflicht besteht zur Zeit in Rußland, Rumänien und der Türkei. Desgl. für die aus Rußland kommenden Reisenden V. 14. Juni 79 (RGB. 155), die Visierungspflicht ist jedoch aufgehoben V. 30. Juni 94 (das. 501). — Auslandspässe an Beamte u. Militärpersonen im Dienste d. Kolonialverwaltung erteilt das Kolonialamt Bek. 30. Juni 10 (das. 914). Grenzkarten Vf. 16. Feb. 06 (MB. 35). Bearb. v. Genzmer (§ 221 Anm. 1 d. W.) S. 345. — Führungsbescheinigungen sind Aus-

— Den letzteren Zweck verfolgte bereits die unter den deutschen Staaten und Österreich-Ungarn vereinbarte Einrichtung der für das Kalenderjahr ausgestellten Paßkarten, die noch gegenwärtig als Ausweismittel neben den Pässen zugelassen sind.[3]) Das Paßgesetz hat die Verpflichtung, daß jedermann sich auf amtliches Erfordern über seine Person auszuweisen hat, ausdrücklich aufrecht erhalten. Die Vorschrift hat indes bei ihrer Unbestimmtheit keine große praktische Bedeutung gewonnen und insbesondere der überhand nehmenden Landstreicherei keinen Einhalt getan. Solches wird nur durch Wiedereinführung der Paßpflicht für die arbeitsuchende Bevölkerung möglich werden, wozu durch Einführung der Arbeitsbücher für minderjährige Arbeiter (§ 315 Abs. 2) und der Ausweise für ausländische Landarbeiter (§ 350 Anm. 1) ein wenigstens vorläufiger Schritt getan ist.

Weder die Paßfreiheit noch die Freizügigkeit hat die Vorschriften über die **Fremdenmeldung** beseitigt,[4]) die entweder als Meldung Reisender und Führung von Fremdenbüchern durch die Gastwirte oder als Meldung der An-, Ab- und Umzüge in einer Gemeinde durch Polizeiverordnungen näher geregelt sind. Aufenthaltsbeschränkungen dürfen mit diesen Meldungen nicht verbunden werden.[5])

Wo **Führungszeugnisse** erfordert werden, haben die Polizeibehörden solche auszustellen. In diese sind nur die gerichtlichen Strafen aufzunehmen, soweit sie der Polizeibehörde bekannt geworden und nicht im Gnadenwege erlassen sind. An Ausländer sind Führungszeugnisse nicht zu erteilen.[6])

4. Die Presse.

§ 247.

Presse ist die Vervielfältigung des Gedankens durch den Druck. Diese erfolgt einmalig in dem Buche und in der Broschüre oder wiederkehrend

---

ländern nicht zu erteilen Vf. 2. Juli 02 (MB. 136). — Zwangspässe § 243, Leichenpässe § 271 Abs. 1 d. W.

[3]) Vtr. 21. Okt. u. Vf. 31. Dez. 50, (MB 51 S. 7) u. Vf. 20. Sept. 53 (MB. 235). An Personen unter 18 Jahren, Dienstboten und Gesellen sind Paßkarten nicht zu erteilen Vf. 29. Okt. 78 (MB. 248); die Ausstellung erfolgt durch dieselben Behörden wie die der Pässe Vf. 9. Feb. 60 (MB. 21). Stempel wie vor. Anm.

[4]) PaßG. § 10 u. FreizG. 1. Nov. 67 (BGBl. 55) § 10.

[5]) G. 31. Dez. 42 (GS. 43 S. 5) § 8—10, Vf. 18. Dez. 37 (MB. 46 S. 10) u. OV. (VII 382). — Grundsätze für eine PolizeiV. Vf. 16. Jan. 04 (MB. 40 u. 76.) — Entgegennahme durch die Gemeindevorsteher § 90[4] der LGemO. 3. Juli 91 (S. 233) u. (Schl.-Holstein 4. Juli 92 (GS. 155), KrO. f. Hannover 6. Mai 84 (GS. 181) § 34[4], f. Schl.-Holstein 26. Mai 88 (GS. 139) § 27[4]. — Meldepflicht der Beamten Vf. 3. Juni 91 (MB. 88). — Die dieserhalb ausgestellten **Abzugsscheine** sind stempelfrei Vf. 7. Mai 47 (MB. 172) u. gebührenfrei Vf. 12. Sept. 67 (MB. 309). — Auskunft an Privatpersonen Vf. 24. Aug. 00 u. 26. Sept. 02. — Unmittelbar gegenseitiger Schriftverkehr mit Luxemburg Vf. 8. Okt. 09 (MB. 226) u. Belgien 10. Jan. 10 (MB. 15) u. 23. Dez. 10 u. der Schweiz 19. Sept. 11 (MB. 76 u. 278), den Niederlanden 5. Nov. 11 (MB. 12 S. 45).

[6]) Vf. 18. Jan. u. 2. Juli 02 (MB. 136), 16. Nov. 09 (MB. 266).

in der periodischen und Tagespresse. Die Presse hat gleich nach Erfindung der Buchdruckerkunst die Aufmerksamkeit der Gesetzgeber auf sich gelenkt. Zuerst wurde jede Veröffentlichung von einer Erlaubnis abhängig gemacht. Diese als Zensur bezeichnete Einrichtung, als deren Erfinder Papst Alexander VI. gilt, fand in Deutschland in den Religionsstreitigkeiten des 16. Jahrhunderts ihre weitere Ausbildung. In Preußen war die Zensur bis zum Jahre 1848 maßgebend, wenn auch zeitweise in mildester Form. Seitdem ist sie beseitigt und das Recht der freien Meinungsäußerung grundsätzlich anerkannt. Den Ausschreitungen der Presse wird nicht mehr vorbeugend, sondern nur abwehrend durch das Strafgesetz entgegengewirkt.[1])

Die damit begründete Preßfreiheit ist nach Übergang der Preßangelegenheiten auf das Reich noch erweitert.[2]) Der Betrieb des Preßgewerbes ist frei und der Entziehung nicht unterworfen. Auf jeder Druckschrift, soweit diese nicht nur zu Zwecken des Gewerbes und Verkehrs, des häuslichen und geselligen Lebens dient, muß der Name des Druckers und Verlegers (beim Selbstverlag der des Verfassers oder Herausgebers), bei periodischen (in monatlichen oder kürzeren Fristen erscheinenden) Druckschriften auch der des verantwortlichen Schriftleiters (Redakteurs) angegeben sein. Die periodische Presse ist zur Aufnahme tatsächlicher Berichtigungen und gegen Einrückungsgebühren auch amtlicher Bekanntmachungen verpflichtet. Öffentliche Aufforderungen zur Aufbringung der wegen strafbarer Handlungen erkannten Geldstrafen und Kosten und Veröffentlichungen von Schriftstücken aus Strafprozessen vor deren Kundgebung in öffentlicher Verhandlung oder vor Beendigung des Verfahrens sind verboten. Von jeder periodischen Druckschrift, soweit sie nicht ausschließlich Zwecken der Wissenschaft, der Kunst, des Gewerbes oder der Industrie dient, ist bei der Ausgabe ein Abdruck der Polizeibehörde unentgeltlich zu liefern. Letztere kann bei gewissen Zuwiderhandlungen die Druckschrift beschlagnahmen, hat aber in kurzen Fristen die gerichtliche Entscheidung herbeizuführen. Die Gerichte haben bei strafbarem Inhalt die Unbrauchbarmachung aller Abdrücke, Platten und Formen auszusprechen.[3])

Der ortspolizeilichen Erlaubnis[4]) und der Mitführung des Erlaubnisscheines bedarf es

---

1) VU. Art. 27 u. 28. — Die s. g. Theaterzensur (§ 366 Anm. 16 d. W.) wird dadurch nicht berührt, da es sich hierbei nicht um Meinungsäußerungen handelt.

2) RVerf. Art. 4 16 u. RPreßG. 7. Mai 74 (RGB. 65), Einf. in Elf.-Lothringen nach Maßgabe des G. 8. Aug. 98 (GB. 73). Zeitweilige Außerkraftsetzung § 245 Abs. 5 d. W. — Bearb. v. Genzmer (§ 221 Anm. 1 d. W.) S. 359, v. Schwarze (4. Aufl. v. Appelius, Erlangen 03) u. Delius (Hann. 95); Reichspreßrecht v. Kloppel (Leipz. 94).

3) RPrG. u. StGB. § 41 u. 42, verb. Anm. 4; einfache Stimmzettel gelten nicht als Druckschriften G. 12. März 84 (RGB. 17). — Abgabe von Pflichtexemplaren an die Bibliotheken § 309 Anm. 8, Zeitungspostgebühr § 391 Anm. 10 d. W. — Gerichtsstand § 216 Anm. 2.

4) ZustG. § 116 (in Hannover KrO. 6. Mai 84 GS. 181 § 28[2]), § 118 u. 162.

1. zum gewerbsmäßigen (auf Erwerb gerichteten) Verkaufen, Verteilen oder Anschlagen von Druck- und anderen Schriften und Bildwerken,[5])
2. zum unentgeltlichen Verteilen außerhalb geschlossener Räume und zum Anschlagen von Bekanntmachungen, Plakaten und Aufrufen an öffentlichen Orten;[6]) außerdem kann die nicht gewerbsmäßige Verteilung solchen Personen verboten werden, denen ein Wandergewerbeschein nicht erteilt werden darf.[7])

Zur Verteilung von Stimmzetteln und Druckschriften während der Wahlen zum Reichstage und Landtage und zur gewerbsmäßigen Verteilung von Schriften oder Bildwerken in geschlossenen Räumen bedarf es keiner Erlaubnis.[8]) Vom Feilbieten im Umherziehen (Kolportagebuchhandel) sind alle in sittlicher oder religiöser Beziehung Ärgernis gebenden, oder mittelst Zusicherung von Prämien oder Gewinnen oder in Lieferungen ohne bestimmte augenfällige Angabe des Gesamtpreises vertriebenen Schriften und Bildwerke ausgeschlossen; die Händler haben ein vom Bezirksausschuß genehmigtes Verzeichnis der zugelassenen Schriften und Bildwerke mit sich zu führen.[9]) Buch- und Steindrucker, Buch- und Kunsthändler, Antiquare, Leihbibliothekare, Inhaber von Lesezimmern, Verkäufer von Druckschriften, Zeitungen und Bildern müssen den Beginn ihres Gewerbebetriebes unter Angabe der Räumlichkeit, sowie jeden Wechsel der letzteren der Polizeibehörde anzeigen.[10])

Ausländische periodische Druckschriften können, wenn wegen ihres strafbaren Inhalts zweimal binnen Jahresfrist Verurteilung erfolgt ist, innerhalb 2 Monaten nach Rechtskraft des letzten Urteils für zwei Jahre vom Reichskanzler verboten oder des Postvertriebs verlustig erklärt werden.[11]) Preßverbrechen und Preßvergehen verjähren in 6 Monaten.[12])

5. Vereine und Versammlungen.

§ 248.

a) **Vereins- und Versammlungsrecht.** Verein und Versammlung decken sich nicht, stehen aber vielfach miteinander in Berührung. Verein ist die freiwillige dauernde Verbindung mehrerer Personen zu bestimmtem

[5]) GewO. § 43 Abs. 1 u. 2, Strafe § 148^{5} u. 149^{1}.

[6]) Preuß.G. 12. Mai 51 (GS. 273) § 10, (Ausschluß anderer Anschläge u. Plakate als amtlicher Bekanntmachungen u. Ankündigungen des täglichen Lebens) § 9 u. (Strafe) § 41; die Vorschrift gilt mit der aus Anm. 8 folgenden Beschränkung gem. RPreßG. § 30 Abs. 2 weiter U. KamG. 23. Jan. 96 (MB. 68), 2. Okt. 11 (MB. 12 S. 8) u. OV. (V 413).

[7]) RPrG. § 5, erg. GewO. § 43 Abs. 6 u. ZustG. § 116; verb. § 367 Abs. 1 d. W.

[8]) GewO. § 43 Abs. 3—5.

[9]) GewO. § 56 Abs. 3 (G. 6. Aug. 96 RGB. 685 Art. 12), Abs. 4 u. Vf. 28. Jan. 84 (MB. 22); Zuständigkeit V. 31. Dez. 83 (GS. 84 S. 7) § 3; Ausf. Anw. 1. Mai 04 (MB. 201) Nr. 74, 75. — Rekurs GewO. § 63 Abs. 1; Strafe § 149^{2}.

[10]) GewO. § 14 Abs. 2, § 15 u. (Strafe) § 148^{3} Ausf. Anw. (Vor. Anm.) Nr. 7 Abs. 2, 3.

[11]) RPrG. § 14 u. G. 28. Okt. 71 (RGB. 347) § 3.

[12]) RPrG. § 22.

gemeinschaftlichen Zwecke, Versammlung die zeitweilige Zusammenkunft mehrerer Personen zu gemeinsamer Beratung oder Beschlußfassung. Den Verein scheidet von der Versammlung die längere Dauer und die dadurch bedingte festere Ordnung. Er wirkt infolgedessen nicht so rasch und unmittelbar wie die Versammlung, seine Einwirkung ist aber stetiger und nachhaltiger. Gemeinsam ist beiden der durch Vereinigung erstrebte gemeinschaftliche Zweck. Aus diesem Grunde hat auch die Gesetzgebung beide meist gemeinsam behandelt.

Während die frühere Gesetzgebung eine scharfe Überwachung der Vereine und Versammlungen bezweckte und allgemein ihr Verbot zuließ,[1]) war seit der Verfassung in Preußen die Vereins- und Versammlungsfreiheit grundsätzlich anerkannt.[2]) Das Vereinswesen ist dann Gegenstand der Reichsgesetzgebung geworden,[3]) die zunächst die privatrechtlichen Verhältnisse der Vereine ordnete (§ 247 Abs. 3). Neuerdings hat auch das öffentliche Vereins- und Versammlungsrecht eine einheitliche Regelung im Reiche erfahren, die gegenüber den seither maßgebenden Landesgesetzen die polizeilichen Beschränkungen nicht unerheblich vermindert und einfacher gestaltet hat.[4])

Die Vereins- und Versammlungsfreiheit findet in den Strafgesetzen und in den allgemeinen sicherheitspolizeilichen Bestimmungen des Landesrechts ihre Schranke. Vereine, die den Strafgesetzen zuwiderlaufen, können aufgelöst werden. Andere polizeiliche Einschränkungen sind nur zulässig, soweit das Reichsgesetz selbst sie vorsieht.[5]) Diese Einschränkungen betreffen hauptsächlich die politischen (sich mit den Einrichtungen des Staates befassenden) Vereine und Versammlungen. Personen unter 18 Jahren dürfen solchen Vereinen nicht angehören und diesen Versammlungen nicht beiwohnen. Politische Vereine müssen einen Vorstand und eine Satzung haben und diese, sowie das Verzeichnis ihrer Vorstandsmitglieder der Polizeibehörde binnen zwei Wochen einreichen. Öffentliche politische Versammlungen sind mindestens 24 Stunden vor ihrem Beginn der Polizeibehörde anzuzeigen. Auch müssen sie einen Leiter haben.[6]) Öffentliche

[1]) LR. II § 6 1—10. — Der Bundestagsbeschl. 5. Juli 32 (GS. 116) verbot politische Vereine u. Volksversammlungen fast unbedingt.

[2]) VU. Art. 29, 30. Ausländer haben das Recht nicht OV. CLIII 265, 271).

[3]) RVerf. Art. 4^{16}.

[4]) VereinsG. 19. April 08 (RGB. 151) nebst AusfV. 8. u. 13. Mai 08 (MB. 09 S. 11 u. 14). Das G. behandelt, nachdem es das Recht der Reichsangehörigen zur Vereinsbildung u. Versammlung ausgesprochen hat, § 1 u. 17, die Vereine § 2—4, die Versammlungen § 5—16 u. 20, die Strafen § 18, 19 (sonstige Strafbestimmungen StGB. § 110, 111, 115, 116, 124, 125, 127—129), die Zuständigkeit § 21 u. AusfV. Nr. III und die Übergangsbestimmungen § 22—25; das kirchliche u. religiöse Vereins- u. Versammlungswesen ist dem Reichsrecht zugunsten des Landesrechts entzogen § 24 u. OV. (LXI 255). — Bearb v. Delius (5. Aufl. Berl. 12); Romen (3. Aufl. Berl. 12); Goehrke (4. Aufl. Berl. 13) u. (mit AusfBest. aller Bundesstaaten) v. E. Müller und G. Schmid (Münch. 08).

[5]) Das. § 1, 2. — Die Frage, ob Versammlungen die Polizeistunde (§ 257 Abs. 2 d. W.) einhalten müssen, ist streitig.

[6]) Das. § 17, 3, 5 u. (Ausnahmen 4 u. 6 nebst AusfV. (Anm. 4) Nr. I. —

Versammlungen unter freiem Himmel und Aufzüge auf öffentlichen Straßen und Plätzen bedürfen der polizeilichen Genehmigung, die aber nur aus sicherheitspolizeilichen Gründen versagt werden darf.[7]) In öffentlichen Versammlungen darf niemand bewaffnet erscheinen und regelmäßig nur in deutscher Sprache verhandelt werden. Die Polizeibehörde kann in solche Versammlungen zwei Beauftragte entsenden. Diese können bei Verstößen gegen das Gesetz und bei Erörterung von Anträgen oder Vorschlägen, die eine Aufforderung oder Anreizung zu Verbrechen oder nicht nur auf Antrag zu verfolgenden Vergehen enthalten, die Versammlung für aufgelöst erklären.[8])

Den Militärpersonen ist die Teilnahme an politischen Vereinen und Versammlungen untersagt.[9])

§ 249.

b) **Bevorrechtete Vereine.** Die Vereinsfreiheit erleidet eine Ausnahme, sobald der Zweck des Vereins eine Erlaubnis bedingt,[1]) oder besondere von staatlicher Genehmigung abhängige Vorrechte in Anspruch genommen werden.[2])

Leiter VG. § 10. — Politisch ist ein Verein, der nach Satzung oder auch nach seinem Verhalten eine Einwirkung auf die staatliche Gesetzgebung oder Verwaltung bezweckt, auch wenn dieser Zweck nur als Nebenzweck oder bei besonderen Gelegenheiten hervortritt OV. 7. März u. Vf. 27. Juni 11 (MB. 182), OV. (LXI. 244).

[7]) Das. § 7 u. (Ausnahmen) 8, 9. Kirchliche Prozessionen, Wallfahrten und Bittgänge bedürfen nur, soweit sie nicht in der hergebrachten Art stattfinden, der Genehmigung § 24 u. preuß. VereinsG. 11. März 50 (GS. 277) § 9 u. 10 nebst Vf. 26. August 74 (MB. 201) u. OV. (XXIII 413 u. XXXIV 429).

[8]) Das. § 11—16, insbes. Verhandlung in deutscher Sprache § 12 u. Ausnahmen das. Abs. 2—4 nebst AusfV. (Anm. 4) Nr. II u. OV. (LXI 238); verb. VG. § 3 Abs. 4. Die Polizei kann Beauftragte in öffentliche (nicht nur in politische) Versammlungen entsenden URGer. 28. April 11, OV. (LVIII 288, 303). — Auflösung der Aktien- u. der Gesellschaften mit beschränkter Haftung § 330 Anm. 12 u. 15, der Erwerbs- u. Wirtschaftsgenossenschaften § 331 Anm. 13 d. W.

[9]) RMilG. 2. Mai 74 (RGB. 45) § 49 (§ 101 Anm. 11 d. W.). — Beschränkung des Vereins- u. Versammlungsrechts bei Krieg u. Aufruhr § 215 Abs. 5 d. W.

[1]) Dahin gehören Eisenbahn-, Kredit-, Versicherungs- u. ähnliche Gesellschaften. Das Nähere gehört in die Einzelgebiete.

[2]) Kriegervereine bedürfen ortspolizeilicher Genehmigung KO. 22. Feb. 42 (MB. 98), noch anwendbar OV. (MB. 79 S. 73); gegen Versagung u. Zurücknahme findet das Verwaltungsstreitverfahren nicht statt OV. (das. 99 S. 119. XXXVI 426). Das RVereinsG. ist auf Kriegervereine nicht anwendbar Vf. 13. Mai 08 (MB. 09 S. 141). — Zweck der Kriegervereine ist die Pflege monarchisch-nationaler und kamaradschaftlicher Gesinnung unter Ausschluß politischer und konfessioneller Bestrebungen. Sie gewähren Unterstützungen, Sterbegelder und militärisches Begräbnis. Die für die Bundesstaaten bestehenden Landesverbände sind zum Kyffhäuserbund zusammengeschlossen und die größeren den Verwaltungsbezirken entsprechend gegliedert. Marinevereine — die regelmäßig nur für Kreise zugelassen werden Vf. 21. Sept. 98 (MB. 220) — müssen sich in die Landesverbände einordnen. Neben dieser Gestaltung ist der deutsche Kriegerbund bestehen geblieben, der mehrere Waisenhäuser, eine Lebensversicherungsanstalt und Sterbekasse und die Verbandszeitung unterhält, sich aber über Bayern, Sachsen, Württemberg, Baden u. Hessen nicht erstreckt. — Mustersatzungen Vf. 22. März 10 (MB. 102). Besondere

Das wichtigste dieser Vorrechte bildet die Rechtsfähigkeit (juristische Persönlichkeit, Körperschaftsrecht). Ein Verein bildet an sich eine bloße Privatgesellschaft, in der die Teilnehmer nur persönlich gebunden sind, aber weder untereinander noch dritten gegenüber als Einheit erscheinen. Durch die Körperschaftsrechte wird dagegen der Verein zur rechtlich anerkannten und geschützten Gesamtheit (Körperschaft, Korporation) und damit zu jeder vermögensrechtlichen Handlung befähigt.[3]) Auch erlangt der Verein dadurch das sonst nur den Behörden vorbehaltene Recht, Petitionen unter einem Gesamtnamen vorzubringen.[4])

Der Erwerb der Rechtsfähigkeit[5]) wird durch Gesetz geregelt.[6]) Das BGB. unterscheidet dabei Vereine, die auf einen wirtschaftlichen Geschäftsbetrieb und solche, die auf einen anderen — s. g. idealen (religiösen, sittlichen, geistigen, sozialen, politischen) — Zweck gerichtet sind. Die ersteren — die nur in beschränktem Umfange insoweit in Frage kommen, als sie nicht besonders durch die Reichsgesetzgebung geregelt[7]) oder der Landes-

---

Vorschriften bestehen über Uniformierung u. Führung von Fahnen. Genzmer (§ 221 Anm. 1 d. W.) S. 399. — Von den Freimauerlogen waren früher nur die Mutterloge zu den drei Weltkugeln, die große Landesloge und die Loge Royal York de l'amitié geduldet Ed. 20. Okt. 1798 (GS. 1816 S. 7). Das Verbot anderer Logen ist aufgehoben V. 6. April 48 (GS. 87), und es können danach auch andere Vereine sich auf die Freimauerei bezügliche Bezeichnungen beilegen Vf. 7. Dez. 93 (MB. 94 S. 43), OV. XXV 401 u. (juristische Persönlichkeit nach älterem Recht) XIX 32. — Vereinsabzeichen § 39 Anm. 8.

[3]) Mit den Körperschaftsrechten erlangt eine Gesamtheit von Personen (universitas personarum) oder Sachen (pia corpora) die Eigenschaft der juristischen (moralischen) Person u. damit die Fähigkeit, als Rechtssubjekt aufzutreten und Rechtshandlungen vorzunehmen. Voraussetzung ist in beiden Fällen der gemeinsame Zweck, der zu seiner Verwirklichung bestimmter Organe bedarf. Sachliche Gesamtheiten sind die Stiftungen (§ 213 Abs. 1 d. W.), persönliche die Körperschaften. Zwischen beiden stehen die mit Körperschaftsrechten ausgestatteten Anstalten. — Das BGB., das neben den natürlichen Personen (§ 1—20) die juristischen Personen behandelt, zählt zu diesen im bürgerlichen Recht nur Vereine (§ 21 bis 79) u. Stiftungen (§ 80—88), im öffentlichen Recht neben Fiskus, Körperschaften u. Stiftungen auch Anstalten (§ 89). Öffentlich rechtliche sind alle zur Erfüllung staatlicher Zwecke verpflichtete Körperschaften, insbes. neben dem Reichs- u. dem preußischen Fiskus (§ 175 Abs. 1 u. 124 Abs. 1 d. W.) die Provinzen, Kreise u. Gemeinden (§ 76 Abs. 1 und 77 Abs 3), die Gutsbezirke in einzelnen Angelegenheiten (§ 81 Anm. 16), die Armenverbände (§ 284 Abs. 1 u. 2), die Kirchengemeinden u. Religionsgesellschaften (Anm. 6), die Gesamtschulverbände (§ 303 Abs. 4), die höheren Schulen (§ 306 Anm. 1) u. die Universitäten (§ 307 Abs. 1). — Gemeindesteuerpflicht § 80 Abs. 6 d. W.

[4]) VU. Art. 32.

[5]) Auf nicht rechtsfähige Vereine finden die Vorschriften über Gesellschaften (BGB. § 705—40) Anwendung das. § 54; sie können jedoch verklagt u. die Urteile gegen sie vollstreckt werden ZPO. § 50 Abs. 2 u. § 735.

[6]) VU. Art. 31; Kolonialgesellschaften § 89 Abs. 4, bei Religionsgesellschaften ist ein besonderes G. erforderlich, § 287 Abs. 1 d. W.

[7]) Die Reichsbank § 327 Abs. 7, Aktien- u. andere Handelsgesellschaften § 330 u. 373 Abs. 3, Erwerbs- u. Wirtschaftsgenossenschaften § 331, Innungen und Handwerkskammern § 368, Krankenkassen § 318 Abs. 3, Berufsgenossenschaften 319[1] Abs. 3, Versicherungsanstalten § 317 Abs. 5 u. die RVers.-Anstalt für Angestellte § 319 Abs. 5 d. W.

gesetzgebung vorbehalten sind[8]) — erlangen die Rechtsfähigkeit durch Verleihung,[9]) die letzteren durch die unter bestimmten Voraussetzungen zugelassene Eintragung in das von den Amtsgerichten geführte öffentliche Vereinsregister (eingetragene Vereine).[10]) Die Anmeldung ist vom Gericht der Verwaltungsbehörde mitzuteilen, die gegen die Eintragung Einspruch erheben darf, wenn der Verein nach öffentlichem Recht unerlaubt ist oder verboten werden kann, oder wenn er einen politischen, sozialpolitischen oder religiösen Zweck verfolgt. Der Einspruch kann im Verwaltungsstreitverfahren (§ 59 Abs. 4) angefochten werden.[11])

Die Verfassung rechtsfähiger Vereine (das s. g. innere Vereinsrecht) wird gleichfalls im BGB. geregelt.[12]) Sie können durch Beschluß der Mitgliederversammlung aufgelöst werden und verlieren die Rechtsfähigkeit beim Konkurse und durch Entziehung im Verwaltungsstreitverfahren (§ 59 Abs. 4), im Fall gesetzwidriger Verletzung des Gemeinwohls oder der Verfolgung anderer als satzungsmäßiger Zwecke.[13])

Der Erwerb von Rechten durch juristische Personen ausschließlich der Familienstiftungen (§ 213 Abs. 1) ist dahin beschränkt, daß Schenkungen, Zuwendungen von Todes wegen und Grundstückserwerbungen im Wert von mehr als 5000 M. der Genehmigung bedürfen. Das Gleiche gilt von allen Grundstückserwerbungen durch außerdeutsche juristische Personen. Die Genehmigung erteilt der König oder die durch Königl. Verordnung bezeichnete Behörde.[14])

---

[8]) Dazu gehören außer den Anm. 3 erwähnten öffentlichrechtlichen Verbänden insbesondere die Knappschaftsvereine § 336, die Deichverbände § 348 Abs. 2 die Wasser-, Wald- u. Fischereigenossenschaften § 347, 353, Abs. 7 u. 362 Abs. 2 d. W.

[9]) BGB. § 22 u. 33 Abs. 2. Die Verleihung erfolgt durch die zuständigen Minister V. 16. Nov. 99 (GS. 562) Art. 1, bei Vereinen, die ihren Sitz nicht in einem Bundesstaat haben, durch den Bundesrat BGB. § 23 u. EG. Art. 10.

[10]) BGB. § 21, 55—79 (Neufassung des § 72 VG. [§ 248 Anm. 4] § 22), die Anmeldungen bedürfen der öffentlichen Beglaubigung § 77; Führung der Vereinsregister G. 98 (RGB. 771) § 159, AG. 21. Sept. 99 (GS. 249) Art. 29 Abs. 1, Best. 3. Nov. 98 (ZB. 438) § 1—11 u. Vf. 6. Nov. 99 (JMB. 299). — Die Aufsicht über die eingetragenen Vereine führt der Reg.Präs. Vf. 1. April 02 (MB. 69).

[11]) BGB. § 61—63; unerlaubte, verbotene u. politische Vereine § 248 Abs. 3 d. W. — Zuständig für die Einspruchserhebung ist der Landrat (in Stadtkreisen die Ortspolizeibehörde), für die Entscheidung der Bezirksausschuß V. 16. Nov. 99 (GS. 562) Art. 3. Handhabung des Einspruchsrechts Vf. 29. Dez. 99 (MB. 00 S. 9) u. 14. Nov. 10 (MB. 330).

[12]) BGB. § 24—53 (Vorstand § 26 bis 30 u. 40, Haftung § 31, 42 Abs. 2, 89, Mitgliederversammlung § 32—37 u. 40, Mitgliederrechte § 38—40 u. G. 98 RGB. 771 § 160 nebst EG. zum BGB. Art. 163). Die Vorschriften gelten auch für die durch Verleihung rechtsfähigen Vereine. Die früheren Vorschriften (LR. II 5 § 26—202) kommen jedoch noch auf die vor Inkrafttreten des BGB. bestandenen u. die auf Landesgesetz beruhenden (Anm. 8) Vereine zur Anwendung EG. Art. 163—7 u. 82, AG. Art. 89 1 c.

[13]) BGB. § 41—44. Die Zuständigkeit ist ähnlich wie Anm. 11 geregelt V. 16. Nov. 99 (GS. 562) Art. 2. — Das Vermögen fällt an die in der Satzung bestimmten Personen, mangels solcher, wenn es ausschließlich den Interessen der Mitglieder diente, an diese, sonst an den Fiskus BGB. § 45, 46, EG. Art. 85, AG. Art. 5 § 1.

[14]) EG. Art. 86—88, AG. Art. 6, 7.

6. Unfallpolizei.

§ 250.

a) **Übersicht.** Während in Beziehung auf Rechtsverletzungen die Polizei nur vorbeugend zu selbständiger Tätigkeit gelangt, da sie bei deren abwehrender Bekämpfung lediglich als Gehilfin der Justiz mitzuwirken hat (§ 218 Abs. 3), ist ihre Tätigkeit in Bezug auf Unfälle an diese Schranke nicht gebunden. Sie wirkt hier vorbeugend wie abwehrend und hat Unfälle nicht allein zu verhüten, sondern auch, wenn sie eingetreten sind, deren nachteilige Einwirkungen durch Rettungs- und ähnliche Maßregeln zu beseitigen oder zu verringern.[1]) Jedermann ist hierbei, wenn er dazu von der Polizeibehörde aufgefordert wird, zu entsprechender Beistandsleistung verpflichtet.[2]) Für gefahrvolle Lebensrettung wird als Auszeichnung die Rettungsmedaille verliehen.[3]) Für Wiederbelebungsversuche Scheintoter oder Verunglückter werden außerdem Prämien gewährt.[4])

Auch die Unfallpolizei kommt hier nur insoweit in Betracht, als sie nicht in besondere Verwaltungsgebiete fällt. Wo die Person in Leben und Gesundheit gefährdet erscheint, wird sie zur Gesundheitspolizei (§ 269—273), wo besondere Gründe des Unfalls in bestimmten Betrieben liegen, zur Baupolizei (§ 279—281), Bergpolizei (§ 334 Abs. 2), Wasserpolizei (§ 346, 348, 349), Gewerbepolizei (§ 315, 366, 367), Luftschiffahrt (§ 377 Anm. 1), Schiffahrtspolizei (§ 379 Abs. 3, 380 Abs. 2) oder Eisenbahnpolizei (§ 388 Abs. 2). In der Unfallpolizei sind deshalb nur die allgemeinen Unfallursachen zu erörtern und diese können bestehen in Herab- und Einsturz (b), Zersprengungen (c), Feuer (d) oder Tieren (e).

§ 251.

b) Neben den in die Baupolizei gehörigen Vorschriften über Errichtung und Erhaltung der Gebäude beugt das Strafgesetz der **Beschädigung durch Umstürzen und Herabfallen** vor[1]) und gebietet die gehörige Bedeckung oder Bewährung der Brunnen, Gruben und Abhänge.[2]) Diese Vorschrift ist in betreff der Sand-, Ton-, Lehm- und Kiesgruben und der

---

Auch Gewerkschaften, die in einem Bundesstaat ihren Sitz haben, bedürfen dieser Genehmigung zum Grundstückserwerb G. 23. Juni 09 (GS. 619) § 2. Bei außerpreußischen deutschen Aktien- u. ähnlichen Gesellschaften sind die Minister zuständig V. 16. Nov. 99 (GS. 562) Art. 6 (Neufassung V. 29. Nov. 11 GS. 217).

[1]) Grundsätze für Rettungswesen u. Krankenbeförderung 20. Dez. 12 (MMB. 13 S. 18).

[2]) StGB. § 360[10]; bei Waldbrand, Feld- u. ForstpolizeiG. 1. April 80 (GS. 230) § 44[4]; in Bergwerken BergG. 24. Juni 65 (GS. 705) § 205, 207. — Mitwirkung der Polizei bei Ermittelung vermißter Personen Vf. 27. Dez. 03 (MB. 04 S. 14). Abk. mit Österreich üb. Hilfeleistung § 232 Anm. 2 d. W.

[3]) § 39 Anm. 8m d. W. — Lebensrettungsprämien Vf. 21. Mai 50 (MB. 127). Carnegiestiftung für Lebensretter Vf. 20. Jan. 11 (MB. 53).

[4]) Vf. 20. Okt. 20 (KA. V 147).

[1]) StGB. § 366[8]. — LR. I 8 § 74, 75 u. OB. (LIII 257).

[2]) StGB. § 367[12]; Feld- u. Forstpol. G. 1. April 80 (GS. 230) § 29.

Kalk- und Steinbrüche durch Polizeiverordnungen weiter ausgeführt, durch die insbesondere die gehörige Abböschung der Seitenwände vorgeschrieben wird.

§ 252.

c) **Zur Verhütung von Zersprengungen** (Explosionen) verbietet das Strafgesetz das Schießen und Abbrennen von Feuerwerkskörpern an bewohnten oder von Menschen besuchten Orten, sowie in gefährlicher Nähe der Gebäude und feuerfangenden Sachen[3]) und die Übertretung von Verordnungen, die wegen Zubereitung, Aufbewahrung und Beförderung von Sprengstoffen ergangen sind.[4]) Im Umherziehen dürfen weder Sprengstoffe, noch leicht entzündliche Öle oder Spiritus aufgekauft oder feilgeboten werden.

Eigene Sicherungsvorschriften sind daneben für Dampfkessel, Schießpulver-, Zündstoff- und ähnliche Fabriken und für elektrische Anlagen gegeben (§ 366 I 1—3).

§ 253.

d) Die Polizei hat sowohl den Ausbruch des Feuers zu verhüten, als für Löschung ausgebrochener Brände zu sorgen und deren Entstehungsursachen zu ermitteln.[1]) Der erstere vorbeugende Teil der **Feuerpolizei** fällt, soweit er sich auf Gebäude bezieht, in das Gebiet der Baupolizei (§ 280 Abs. 2, 281 Abs. 1). Daneben verbietet das Strafgesetz die gefährliche Aufbewahrung leicht entzündlicher Gegenstände[2]) und die Annäherung mit Feuer oder Licht an diese.[3]) Gleichem Zwecke dient die polizeiliche Aufsicht über das Feuerversicherungswesen (§ 324).

---

[3]) StGB. § 367 8 u. 368 7. — Militärische Schießübungen § 113 Anm. 10 d. W.

[4]) StGB. § 367 5. — MinPolV. betr. den Verkehr mit Sprengstoffen Entwurf Vf. 12. Okt. 12 (HMB. 508); PV. f. die Militär- u. Marineverwaltung 23. Dez. 93 (MB. 94 S. 19), erg. 22. Sept. 06 (MB. 296) u. 3. Feb. 07 (MB. 49). Transportführer Vf. 14. April 04 (HMB. § 110). Zuständigkeit des Ministers 231 Abs. 2[1] d. W. Gewerbepolizeiliche Genehmigung und Strafe des verbrecherischen und gemeingefährlichen Gebrauchs § 366 II 2 Abs. 5 d. W. Errichtung u. Betrieb von Anlagen zur Herstellung von Pikrinsäure Vf. 24. Okt. und von Schwarzpulver u. gelatiniertem rauchschwachem Pulver Vf. 9. Dez. 03 (HMB. 349 u. 398), von nitroglyzerinhaltigen Sprengstoffen Best. 10. Okt. 93 (MB. 01 S. 36), erg. (§ 39 Abs. 2) Vf. 15. Feb. u. 23. Nov. 06 (MB. 40 u. 352). Blitzschutzvorrichtungen für Pulver- u. Sprengstoff-Fabriken u. -Magazine Anl. 13. Nov. 06 (MB. H. u. G. 378) u. 1. Juni 07 (MB. 224). Anstellung u. Dienstanw. für Führer von Sprengstoff- u. Pulvertransporten Vf. 14. April 04 (MB. 128). — Mineralöle (Petroleum) Entwurf einer PolV. üb. den Verkehr Vf. 3. Juni 13 (HMB. 408).

[1]) Strafe der Brandstiftung StGB. § 306—310. Statistik der Brände Vf. 21. Sept. 80 (MB. 231) u. 10. Juli 81 (MB. 170).

[2]) StGB. § 367 6: Lagerung solcher Gegenstände u. Errichtung von Gebäuden in der Nähe von Eisenbahnen § 388 Abs. 2 d. W.; Lagerung von Maschinenausputz u. Wollabgängen in Wollspinnereien Vf. 12. Juni 43 (MB. 157) u. 21. Okt. 62 (MB. 307). Verb. § 252 Anm. 4 — Aufhebung älterer gesetzlicher Bestimmungen in Schl.-Holstein und dem RB. Kassel G. 23. April 95 (GS. 167), verb. Anm. 6

Weit umfangreicher ist die abwehrende Feuerpolizei,[3]) insbesondere das **Feuerlöschwesen** gestaltet. Bei Unglücksfällen oder gemeiner Not und Gefahr muß auf polizeiliche Aufforderung jedermann Hilfe leisten, soweit er dies ohne erhebliche eigene Gefahr zu tun vermag (§ 250 Abs. 1). Daneben bedingt aber das Feuerlöschwesen eine über das ganze Land verbreitete Einrichtung, die neben der Bereithaltung des nötigen Personals auch das Vorhandensein der erforderlichen Geräte bezweckt. Die Beschaffung ist Pflicht der Gemeinden oder der einzelnen Gemeindemitglieder und bei Strafe geboten.[4]) In Notfällen tritt das Militär aushelfend ein.[5]) Das Feuerlöschwesen ist eine Gemeindeeinrichtung, die polizeilichen Zwecken dient; sie wird von der Gemeinde verwaltet, während die Polizeibehörde das Vorhandensein ausreichender Einrichtungen zu überwachen und die Löscharbeiten auf der Brandstelle zu leiten hat.

Im einzelnen wird die Verpflichtung durch Feuerlöschordnungen geregelt, welche sowohl über die Feuerlöschanstalten, als über das Lösch- und Rettungsverfahren Bestimmung treffen.[6]) Die Regelung ist je nach Bedürfnis und Mitteln in den einzelnen Gemeinden verschieden. Die größeren Städte haben besondere, lediglich diesem Zwecke dienende und für ihn ausgebildete **Berufsfeuerwehren** mit wesentlich vervollkommneten Lösch- und Rettungsvorschriften.[7]) Sie haben sich entschieden bewährt und, wo sie eingeführt sind, die weitere Ausdehnung der Feuersbrünste fast vollständig verhindert. — In mittleren Orten sind zu gleichem Zwecke **freiwillige Feuerwehren** gebildet, die teils aus freier Vereinigung der Bürger hervorgehen, teils sich an bestehende Turner-, Krieger- und ähnliche Vereine anlehnen.[8]) Neben den freiwilligen Feuerwehren oder an Orten, wo diese nicht eingerichtet sind, bestehen **Pflichtfeuerwehren**. Die Verpflichtung zum Eintritt, zur Gestellung der nötigen Gespanne und zur Hilfeleistung in der Umgegend wird, der Regel nach durch

---

[3]) StGB. § 368 [5] u. [7]. — Waldungen § 354 Anm. 10 d. W. — In Feuer arbeitende Gewerbetreibende StGB. § 369[3]. Gewerbliche Anlagen und Dampfkessel § 366 I 1 u. 2, Arbeiterschutz in Fabriken § 315 Anm. 11.

[4]) LR. II 7 § 27 12 u. 13; StGB. 360[10], § 368[8]. Verpflichtung der Gemeinden u. Gutsbezirke OV. (XXXVIII 179).

[5]) KO. 29. Aug. 18 (GS. 155).

[6]) Regelung Vf. 28. Dez. 98 (MB. 99 S. 6); Anm. 9. Aufhebung der älteren gesetzlichen Vorschriften in Schlesien G. 30. März 87 (GS. 95) u. Hessen-Nassau G. 18. Mai 03 (GS. 176).

[7]) Die erste **Berufsfeuerwehr** in Deutschland wurde in Berlin 1851 errichtet. — Alle größeren Berufsfeuerwehren führen Dampfspritzen. Von größter Bedeutung sind die Wasserleitungen (§ 273 Abs. 3) geworden, die nicht nur zur Wasserbeschaffung dienen, sondern vermöge ihres Druckes auch unmittelbar beim Löschen Verwendung finden.

[8]) Sie bilden Organe der Polizeibehörden OV. (VIII 403); verb. Vf. 30. Mai 84 (MB. 161); Mitwirkung bei Bauten Vf. 14. Mai 99 (MB. 80). — Die organisierten **Bürger-(freiwilligen) Feuerwehren**, deren erste in Meißen (1841) u. Durlach errichtet wurden, haben sich erst in den letzten Jahrzehnten in größerem Umfange entwickelt. — Grundsätze für die Regelung Vf. 28. Dez. 98 (MB. 99 S. 6). Amtsabzeichen für die Führer besonders großer Feuerwehren A. O. 15. Juni 05 (MB. 07 S. 50).

Ortsstatut, wo solches fehlt oder nicht erlassen wird, durch Polizeiverordnung geregelt.[9]) — Für kleinere Gemeinden beschränkt sich die Feuerlöscheinrichtung auf eine von den Gemeindemitgliedern selbst bediente Feuerspritze nebst deren Zubehör an Feuerhaken, Leitern und Eimern. Ganz kleine Gemeinden sind behufs dieser Beschaffung zu Verbänden vereinigt.[10])

§ 254.

e) **Zur Verhütung von Unfällen durch Tiere** bedroht das Strafgesetz das zu schnelle Fahren und Reiten, sowie das mit Gefahr verbundene Einfahren und Zureiten auf öffentlichen Straßen und Plätzen, ferner in Städten das Schlittenfahren ohne feste Deichsel oder Geläute mit Strafe.[11]) Gleiches gilt von dem Unterlassen der erforderlichen Vorsichtsmaßregeln in Bezug auf Tiere.[12]) Verboten ist das Hetzen der Hunde auf Menschen.[13]) In den größeren Städten wird außerdem der Beschädigung durch Hunde mittelst des Maulkorbzwanges vorgebeugt. Daneben kann der zu starken Vermehrung der Hunde durch Erhebung einer Kommunalhundesteuer entgegengewirkt werden.[14])

V. Ordnungs- und Sittenpolizei.

1. Übersicht.

§ 255.

Die Polizei hat die Ruhe, Ordnung und Sitte aufrecht zu erhalten. Die Erregung ungebührlichen Lärms und groben Unfugs ist ebenso mit Strafe bedroht, wie die Übertretung der die Erhaltung der Ruhe und Reinlichkeit auf Plätzen und Straßen bezweckenden Vorschriften.[1]) Außerdem bedarf es der Fernhaltung aller Verletzungen der Religion und Sittlichkeit.

Der Begriff wird durch die herrschenden gesellschaftlichen Anschauungen bestimmt, die nach Zeit und Ort verschieden sind. In der Periode des Polizeistaates war dieser Zweig der polizeilichen Tätigkeit besonders entwickelt. Unmäßigkeitsstrafen und Luxusreglements zeugen von dem ge-

[9]) G. 21. Dez. 04 (GS. 291); die Ortsstatuten sind an die Best. des Kom. Abg. G. üb. Naturaldienste (§ 80 Anm. 12) nicht gebunden Abs. 4 u. die Polizeiverordnungen nicht zum Gebiet der Sicherheitspolizei (§ 231 Abs. 2^{4}) gehörig das. Abs. 2. — Ausf. Anw. 7. März 05 (MB. 43 u. 45). — Amtszeichen wie Anm. 8.

[10]) ZustG. § 139, 140, 160. — Schlesien G. 87 (Anm. 6) § 2.

[11]) StGB. § 366 2 u. 4.

[12]) Das. § 366 5 u. 367 11. — Bienenstände kann die Polizeibehörde aus gefährlicher Nähe der Straßen entfernen OV. (MB. 79 S. 7). — Die Haftung des Tierhalters für Schäden BGB. § 833 ist bezüglich der dem Berufe, Erwerbe oder Unterhalte dienenden Haustiere eingeschränkt G. 30. Mai 08 (RGB. 313): Haftung der Personen, die die Führung oder Beaufsichtigung der Tiere übernommen haben BGB § 834.

[13]) StGB. § 366^{6}.

[14]) § 80 Abs. 3 u. 83 Abs. 2 d. W. — Maßregeln gegen die Tollwut § 358 Abs. 4^{2}.

[1]) StGB. § 360 11 u. 366 10.

nauesten Eingehen auf die verschiedenen Lebensverhältnisse. Die neuere Gesetzgebung beobachtet eine größere Zurückhaltung. Sie geht von dem Gesichtspunkt aus, daß die Förderung der Religiosität und Sittlichkeit zunächst der individuellen Entwickelung unter Einwirkung der Kirche und Schule zu belassen sei und hat demgemäß neben der Abwehr der diesen Bestrebungen entgegentretenden Hindernisse vorwiegend nur die öffentlichen Verletzungen der Religion und Sitte zum Gegenstand ihrer Tätigkeit gemacht. Diese Grenzen sind auch in neuester Zeit nicht überschritten worden, obschon mit der zunehmenden sittlichen Verwilderung eine strengere Handhabung der Ordnungs- und Sittenpolizei nötig geworden ist.

Im einzelnen sind die Maßregeln gerichtet gegen Störung der religiösen Ordnung (Nr. 2), Mißbrauch und Übermaß des Wirtshausbesuchs und der Lustbarkeiten (Nr. 3 und 4), geschlechtliche Ausschweifung (Nr. 5) und Tierquälerei (Nr. 6). Endlich wird im Interesse der öffentlichen Ordnung bei Regelung des Verhältnisses zwischen Herrschaft und Gesinde, zwischen Mieter und Vermieter (Nr. 7), sowie in betreff gefundener Sachen (Nr. 8) die Mitwirkung der Polizei in Anspruch genommen.

2. Sicherung der religiösen Ordnung.

§ 256.

Das Strafgesetz verbietet die Gotteslästerung, die Beschimpfung der christlichen Kirchen und der mit Körperschaftsrechten versehenen Religionsgesellschaften, die Störung des Gottesdienstes, den Leichenraub und die Gräberschändung. Es schützt durch Sonderbestimmung die dem Gottesdienst gewidmeten Gebäude und Gegenstände und sichert die Feiertagsheiligung.[2]) Über die äußere Heilighaltung der Sonn- und Festtage werden die näheren Vorschriften durch Polizeiverordnungen der Oberpräsidenten und Regierungspräsidenten gegeben, die gewisse Verrichtungen für den ganzen Feiertag, andere für die Stunden des Gottesdienstes untersagen und den doppelten Zweck verfolgen, äußere Störungen von dem Gottesdienste und der Sonntagsfeier fern zu halten und die der Teilnahme daran sich entgegenstellenden Hindernisse zu beseitigen.[3]) Die Vorschriften werden

---

[2]) StGB. § 166—168, 243^1, 304, 306^1 u. 366^1.

[3]) KO. 7. Feb. 37 (GS. 19). Die gleiche Zuständigkeit ist in die neuen Provinzen und Hohenzollern unter Aufhebung aller älteren Bestimmungen eingeführt G. 9. Mai 92 (GS. 107). Muster einer Polizei-V. Vf. 7. Juni u. 22. Okt. 95. — Zulässigkeit von Beschränkungen für die Vorabende der Festtage u. die Tage der Karwoche OV. (XLI 309). An diesen Tagen sowie am Totensonntag u. Aschermittwoch sollen Bälle oder ähnliche Lustbarkeiten nicht stattfinden AO. 26 Feb. 37 (KA. XXI 84). An Sonn- u. Festtagen sind Zustellungen u. Zwangsvollstreckungen nur mit besonderer Erlaubnis zulässig ZPO. § 188, 761, V. 15. Nov. 99 (GS. 545) Abs. 2 der § 10 u. 14 u. Termine nur in Notfällen anzusetzen ZPO. § 216 Abs. 3. Bei Fristen werden Sonn- u. Feiertag. nicht eingerechnet BGB. § 193, ZPO. § 222 Abs. 2. — Der Schutz der äußeren Ordnung des Gottesdienstes (Kirchstuhl-

durch die Reichsgesetzgebung nicht berührt; jedoch sind für Sonntage, die nicht zugleich Festtage sind, Beschränkungen des Versammlungsrechts nur bis zur Beendigung des sonntäglichen Hauptgottesdienstes zulässig.[4]) Gesetzliche Feiertage[5]) sind außer den Sonntagen die Oster-, Pfingst- und Weihnachtstage, der Neujahrstag, Himmelfahrtstag, der Bußtag und der Karfreitag. Als gemeiner Buß- und Bettag ist der Mittwoch vor dem letzten Trinitatissonntage bestimmt.[6]) Der Karfreitag gilt als allgemeiner Feiertag, doch ist in vorwiegend katholischen Gemeinden die herkömmliche Werktätigkeit nur insoweit verboten, als es sich um öffentlich bemerkbare oder geräuschvolle Arbeiten in der Nähe gottesdienstlicher Gebäude handelt.[7]) Die besonderen Beschränkungen, denen die Gewerbetreibenden bezüglich der Beschäftigung ihrer Arbeiter an Sonn- und Festtagen unterliegen (§ 315 Abs. 2), bezwecken die Sonntagsruhe, nicht die Sonntagsfeier.

3. Aufsicht über Wirtschaftsbesuch und Lustbarkeiten.

§ 257.

Neben den unmittelbar gegen Trunksucht, Verschwendung und Liederlichkeit gerichteten Maßnahmen (§ 240) hat die Polizei diesen Lastern durch Aufsicht über Gast- und Schankwirte entgegenzutreten.[1])

Nächst den beschränkenden Vorschriften in betreff der Konzessionierung wird die Übertretung der **Polizeistunde** an dem Wirte und, wenn dieser die Gäste zum Fortgehen aufgefordert hat, an letzteren bestraft.[2]) In der Regel ist diese Stunde auf 10 Uhr Abends festgesetzt. In größeren Orten ist sie allgemein oder für die geeigneten Wirtschaften weiter hinausgerückt.

Durch Polizeiverordnung ist den Wirten und Kleinhändlern mehrfach die Verabreichung von Getränken an Trunkenbolde, Betrunkene und an Personen unter 16 Jahren untersagt.[3])

---

ordnung) bildet einen Teil der Landespolizei OV. (MB. 85 S. 22); verb. § 290 Anm. 9 d. W.

[4]) RVereinsG. (§ 248 Anm. 4) § 24.

[5]) **Kirchliche Feiertage** in der kathol. Kirche sind der Dreikönigstag, Mariä Lichtmeß, die Verkündigung, Empfängnis, Geburt und Himmelfahrt Mariä, Petrus und Paulus, Allerheiligen, Fronleichnam und die Feste der Schutzheiligen eines Landes oder Ortes. In der ev. Kirche fallen das Reformationsfest u. das Totenfest auf Sonntage. Verlegung der Feste der Darstellung Jesu u. der Verkündigung in Teilen der Prov. Hannover KG. 6. April 12 (GS. 51).

[6]) G. u. V. 12. März 93 (GS. 29 u. 30) u. f. Hannover KG. u. V. 12. März 93 (GS. 30 u. 31) u. 11. Juni 94 (GS. 118). Die Vorschrift gilt nicht in Hohenzollern, ist dagegen in alle norddeutschen Staaten außer Mecklenburg u. Reuß ä. L. eingeführt,

[7]) G. 2. Sept. 99 (GS. 161).

[1]) § 366 Nr II 2 Abs. 2 d. W. — Verpflichtung der Gast- u. Schankwirte zur Bezeichnung des Raumgehaltes der Schankgefäße § 375 Abs. 6.

[2]) StGB. § 365. Stempel § 155 Anm. 8 d. W. — Für geschlossene Gesellschaften od. Vereine (Anm. 4), auch wenn sie z. unentgeltlichen **Verabfolgung** von Getränken der Konzession bedürfen, darf eine Polizeistunde nicht festgesetzt werden OV. 20. Okt. 02 (Pr.Verw.Bl. XXIV 152) u. Vf. 13. Mai 92 (MB. 228) — Verlängerung und Verkürzung der Polizeistunde OV. (L 361, 364, 366, 367).

[3]) Entwurf einer PolV. Vf. 18. Nov. 02 (MB. 228). Das Betreten der Schanklokale kann nicht untersagt werden OV.

Öffentliche Tanzlustbarkeiten sind von besonderer Erlaubnis abhängig, die nur in beschränktem Umfange erteilt wird.[4])

4. Verbotene Spiele und Sammlungen.

§ 258.

Das Strafgesetz verbietet gewerbsmäßige und öffentliche Glücksspiele, sowie die Gestattung solcher an öffentlichen Versammlungsorten.[1]) Verboten ist ferner das Spielen in außerpreußischen Lotterien, der Verkauf von Losen und die Veröffentlichung der Gewinne durch in Preußen erscheinende Zeitungen.[2]) Die Veranstaltung öffentlicher Lotterien und Ausspielungen ist an obrigkeitliche Erlaubnis geknüpft, die für kleinere Volksbelustigungen von der Ortspolizeibehörde, sonst vom Oberpräsidenten und bei Ausdehnung über mehrere Provinzen vom Minister des Innern erteilt wird.[3]) Mit Strafe bedroht ist, wer gewerbsmäßig, in der Absicht, andere auszubeuten, 1. Vereinigungen zur Ausnützung der Gewinnaussichten von Serien- oder Prämienlosen oder anderen Lotterien (Losgesellschaften) gründet, 2. mit Anteilen solcher Lose Handel treibt, 3. wer beim Vertriebe von Losen die Bestimmungen über die zugelassene Anzahl, die Dauer der Spielzeit und den örtlichen Umfang, in dem der Vertrieb gestattet ist, verschweigt. Der gewerbsmäßige Handel mit Losen und Losabschnitten der Staatslotterie ist von besonderer Ermächtigung abhängig und der Handel

1. Feb. u. Vf. 27. März 07 (MB. 145). Die Zulassung Jugendlicher zu Schaustellungen kann durch Polizeiverordnung verboten oder von der Begleitung durch Erwachsene abhängig gemacht werden OV. (L 272).

[4]) GewO. § 33c; Vf. 26. Nov. 59 (MB. 339) u. Polizeiverordnungen. — Abgaben von Tanzlustbarkeiten oder Überwachungsgebühr § 80 Abs. 2 u. 3 Stempel wie Anm. 2 — Geschlossene Gesellschaften (auch nur zu Lustbarkeitszwecken zusammen getretene OV. XXXV 436) in geschlossenen Räumen bedürfen zu Tanz oder Theateraufführungen keiner Erlaubnis OV. IX 406), als geschlossen sind jedoch solche Vereine nicht anzusehen, deren Mitglieder keinen individuell abgeschlossenen Personenkreis bilden (XXVII 428). Auch geschlossene Gesellschaften unterliegen jedoch der Konzessionspflicht u. der Kommunalsteuer von Lustbarkeiten beim Betriebe von Gast- u. Schankwirtschaft u. Kleinhandel mit Branntwein u. Spiritus. — Theateraufführungen und Singspielhallen § 366 (Anm. 16 u. 18).

[1]) StGB. § 284, 285 u. 360 14. — Privatrechtlich wird durch Spiel (auch in staatlich nicht genehmigten Lotterien) u. Wette eine Verbindlichkeit nicht begründet BGB. § 762—764. — Verbot der Glücksspielautomaten Vf. 16 Aug. u. OV. 10. März 10 (MB. 268), Vf. 5. Mai u. 13. Juli 13 (MB. 93 u. 151).

[2]) G. 29. Aug. 04 (GS. 255). Ähnliche Verbote sind in den anderen Staaten der preuß.-süddeutschen Lotteriegemeinschaft (§ 135 Anm. 2) erlassen.

[3]) StGB. § 286; AE. 20. März 27 (GS. 29), 2. Nov. 68 (GS. 991), Vf. 14. Nov. 68 (MB. 304), 11. April 76 (MB. 113), 10. Jan. 84 (MB. 21), 25. April 04 (MB. 119), OV. (LIII 361). — Bedingungen bei Genehmigung von Privatgeldlotterien Vf. 5. Sept. 04 (MB. 242). — Staatslotterie 135 d. W. — Wettunternehmen für öffentliche Pferderennen (Totalisatoren) fordern Erlaubnis, die nur an Vereine bei Verwendung der Einnahmen zum Besten der Landespferdezucht erteilt wird. Die geschäftsmäßige Vermittelung ist verboten G. 4. Juli 05 (RGB. 595) § 1—3, 6, Ausf. Best. 6. April 06 (ZB. 531) und (Reichsstempelsteuer) § 158 Abs. 2[8] d. W.

mit geringeren als den genehmigten Anteilen oder Abschnitten von Losen zu Privatlotterien und Ausspielungen verboten.[4]) — Die öffentlichen Spielbanken sind im ganzen Reiche aufgehoben.[5])

Die Abhaltung öffentlicher **Sammlungen** (Kollekten) bedarf nach Polizeiverordnungen der Genehmigung.[6])

5. Maßregeln gegen geschlechtliche Ausschweifung.

§ 259.

Das Strafgesetz verbietet neben den Sitten-Verbrechen und -Vergehen die Erregung öffentlichen Ärgernisses durch unzüchtige Handlungen und die Verbreitung oder Ausstellung unzüchtiger Schriften und Bilder.[1])

---

[4]) G. 19. Juli 11 (GS. 175). Lotterie-(Prämien-) Anleihen § 175 Abs. 5. — Die GewO. ist unanwendbar, soweit sie nicht besondere Bestimmungen enthält § 6; dahin gehören das Verbot des Handels mit Lotterielosen im Umherziehen GewO. § 56^5 $56a^2$ u. 148^7a u. die Untersagung des Losehandelsbetriebs § 366 II 3 Abs 2 d. W.

[5]) BG. 1. Juli 68 (BGBl. 367); Einf. in Süddeutschland § 6 Anm. 7 d. W.

[6]) Der Erlaß solcher Verordnungen ist zulässig sowohl für öffentliche Kollekten — U. OT. 53 (MB. 164) u. (Zuständigkeit) § 56 Anm. 8, (Grundsätze für die Genehmigung) Vf. 11. Nov 03 (MB. 229) — als für Hauskollekten, die sich auf eine bestimmte Klasse von Personen beschränken U. OT. 76 (MB. 77 S. 11); dies gilt nicht von den in Versammlungen stattfindenden Sammlungen (Tellersammlungen) Vf. 10. März 92 (MB. 193), U. KamGer. 20. Mai 01 (Jahrb. XXII 95); auch bedürfen öffentliche Aufforderungen zur Einzahlung freiwilliger Beiträge keiner Genehmigung Vf. 25. Nov. 72 (MB. 334): Aufforderungen in der Presse zur Aufbringung von Geldstrafen u. Kosten sind jedoch strafbar PreßG 7. Mai 74 (RGB. 65) § 16. — Kirchenkollekten bedürfen der Genehmigung der höheren Kirchenbehörde KO. 16. Feb. 56 (MB. 116); außerhalb der Kirchengebäude ist zu diesen die Genehmigung der Staatsbehörde (Minister, Ober- oder Regierungspräsident) erforderlich G. 3. Juni 76 (GS. 125) Art. 24^7 u. V. 9. Sept. 76 (GS. 395). — Verwaltung und Verwendung BGB. § 1914.

[1]) Doppelehe (Bigamie) StGB. §171 (Abs. 1 u. 3 erg. EG. z. BGB. Art. 34 V), Ehebruch § 172, verbotener Beischlaf § 173, 174, widernatürliche Unzucht § 175, Verführung u. Notzucht § 176—179 u. 182, Kuppelei, deren Bestrafung durch Neufassung der § 180, 181 verschärft u. durch Zufügung des § 181a auf Zuhälter ausgedehnt ist G 25. Juni 00 (RGB. 301) u. auch bei Verleitung zur Auswanderung stattfindet G. 9. Juni 97 (RGB. 463) § 48; Abk. unter den europ. Staaten u. den V.St. v. N.Amerika (ausschl. der Balkanst. u. vorbehaltlich der Ratifikation von Belgien) zum Schutze gegen den Mädchenhandel 18. Mai 04 (RGB. 05 S. 695, 705, 708, 715, 08 S. 481 u. 12 S. 417), u. Beitritt für die deutschen Schutzgebiete Bek. 28. Aug. 07 (RGB. 721), englischer Kolonien und Luxemburgs 11 (das. 861), 12 (das. 536), 13 (das. 763); zweites Abk. 4. Mai 10 nebst Bek. 7. Feb. u. 31. Aug. 13 (das. 31, 44 u. 703), Ausf. G. 14. Aug. 12 nebst Bek. 7. Feb. 13 (das. 44, 45 u. 764) u. 28. Feb. 13 (MB. 56). — Öffentliches Ärgernis StGB. § 183, Ausstellen und Verbreiten unzüchtiger Schriften u. Bilder (dessen Bestrafung durch Neufassung des § 184 verschärft u. durch Zufügung des § 184a auf gröbliche Verletzung des Schamgefühls gegenüber jugendlichen Personen und des § 184b auf Ärgernis erregende Mitteilungen aus nicht öffentlichen Gerichtsverhandlungen ausgedehnt ist) G. 25. Juni 00 (RGB. 301) u. Abk. unter den meisten europäischen Staaten zur Bekämpfung unzüchtiger Veröffentlichungen 4. Mai 10 (RGB. 11 S. 209—215, 908, 957; 12 S. 149, 187, 217, 505; 13 S. 294); Vf. JustM. 28. Dez. 11 (JMB. 452); Zentralstellen f. d. Reich sind d. Pol.-Präs. in Berlin Bek. 12. Sept. 11 (ZB. 507) u. Vf. 21. Nov. 11 (MB. 12 S. 138) u. die Staatsanwaltschaft beim

Ferner sind mit Haftstrafe und demnächstiger Einsperrung in ein Arbeitshaus Weibspersonen bedroht, die unbeaufsichtigt gewerbsmäßig Unzucht treiben (Prostitution), oder im Falle der Beaufsichtigung den dieserhalb erlassenen Vorschriften zuwiderhandeln. Statt der Einsperrung in ein Arbeitshaus — die vor vollendetem 18. Lebensjahr überhaupt unzulässig ist — kann die Verurteilte in einer Besserungs- oder Erziehungsanstalt oder in ein Asyl untergebracht werden.[2]) Gewerbsunzucht treibende Personen können, wenn sie der geschlechtlichen Erkrankung verdächtig sind, beobachtet und im Fall der Erkrankung abgesondert und zwangsweise behandelt werden. Zugleich kann ihnen die periodische Untersuchung auferlegt und das Betreten oder das Bewohnen bestimmter Straßen oder Häuser, sowie jedes auffällige, anstoßerregende oder zur Unzucht anreizende Benehmen in der Öffentlichkeit verboten werden.[3]) Bordelle sind unzulässig.[4])

Das außereheliche Zusammenleben von Personen verschiedenen Geschlechts (Konkubinat) ist gesetzlich nur insoweit verboten, als diesen die Eheschließung wegen begangenen Ehebruchs untersagt ist. Es soll indes durch polizeiliche Zwangsmaßregeln auch da verhindert werden, wo es zu einem öffentlichen Ärgernis Anlaß gibt.[5])

6. Verbot der Tierquälerei.

§ 260.

Mit Strafe wird bedroht, wer öffentlich oder in Ärgernis erregender Weise Tiere boshaft quält oder roh mißhandelt.[6]) Besondere Polizeiverordnungen bestehen in betreff der an sich nicht verbotenen[7]) Benutzung der Hunde zum Ziehen. Der Schutz der nützlichen Vögel (§ 355 Abs. 1) dient zugleich dem Interesse der Landwirtschaft.

Zur Verhinderung der Tierquälerei bestehen Tierschutzvereine.

Landgericht II in Berlin Vf. 5. Nov. 12 (MB. 304). — Strafrechtliche Verfolgung der Anpreisung u. des Vertriebs empfängnisverhütender Mittel Vf. JustM. u. M. d. J. 20. Sept. 13 (MMB. 292).

[2]) StGB. § 361 6, 362 (Fassung des G. 25. Juni 00 RGB. 301). Gewerbsmäßige Unzucht liegt nur bei Hingabe an mehrere Männer gegen Entgelt — nicht bei Unterhaltung durch einen einzelnen Mann — vor OV. 11. Juli 99 (Pr.Verw. Bl. XXI 61). — Arbeitshäuser § 240 Anm. 3 d. W.

[3]) G. 28. Aug. 05 (GS. 373) § 8 2 u. 9 Abs. 2 u. Vf. 11. Dez. 07 (MB. 14). Kosten der Überwachung § 224 Anm. 5 d. W.

[4]) KO. 31. Okt. 45.

[5]) KO. 4. Okt. 10 (KA. XVIII 785), Vf. 11. April 54 (MB. 71) u. OV. (VII 370). Verb. GewO. § 62 Abs. 5 u. 63 Abs. 2. — **Ausländer** sind auszuweisen Vf. 5. Nov. 52 (MB. 293).

[6]) StGB. § 360 13 — Anleitung der Polizeibehörden Vf. 29. Aug. 07 (MB. 346). — Schutz der Zugtiere bei Bauarbeiten Vf. 18. Jan. 10 (MB. 32). — Behandlung der Versuche an lebenden Tieren (Vivisektionen) auf den Landesuniversitäten Vf. 2. Feb. 85 (MB. 25). — Vermeidung unnötiger Tierquälerei beim Schlachten Vf. 25. März 90 (MB. 55). Schächtschnitt § 270 Anm. 16.

[7]) Vf. 30. Dez. 62 (MB. 63 S. 13).

7. Polizei in Gesinde- und Wohnungssachen.

§ 261.

Das Verhältnis zwischen Herrschaft und Gesinde beruht auf einem durch die Gesindeordnungen[1]) näher bestimmten Vertrage, mittelst dessen der eine Teil sich auf feste Zeit zu niederen, häuslichen oder wirtschaftlichen Diensten gegen bestimmten Lohn verpflichtet. Das Verhältnis ist privatrechtlich und unterliegt der endgültigen Entscheidung des Richters.[2]) Um aber den Störungen vorzubeugen, die bei Nichterfüllung des Vertrages inzwischen eintreten würden, ist der Polizei das Recht zur vorläufigen Entscheidung und zwangsweisen Vollstreckung eingeräumt.[3])

Im allgemeinen wird das Gesinderecht durch das BGB. nicht berührt;[4]) nur in einzelnen Bestimmungen sucht dieses eine größere rechtliche Selbständigkeit und einen wirksameren Schutz für das Gesinde herbeizuführen. Anwendung finden demgemäß die Vorschriften des BGB. über die Geschäftsfähigkeit,[5]) die Vertretungsver-

---

[1]) Es ergingen Gesindeordnungen für das Gebiet des LR. am 8. Nov. 10 (GS. 101), ausgedehnt auf die Konf.Ger. bezirke G. 7. April 00 (RGB. 213) § 19¹ u. Schutzgebiete G. 00 (das. 813) § 3, bearbeitet von Lindenberg (8. Aufl. Berl. 12), Jakobi (3. Aufl. Berl. 11) u. (zugleich für die anderen altpreuß. Provinzen) v. Birkenbihl (4. Aufl. Berl. 99), (zugleich für die Rheinprov. u Schl.-Holstein) Genzmer (§ 218 Anm. 1 d. W.) S. 455; für die Rheinprov. 19. Aug. 44 (GS. 410), auf den landrechtlichen Teil dieser Prov. (§ 193 Abs. 1 d. W.) ausgedehnt V. 21. Sept. 47 (GS. 356); für Neuvorpommern 11. April 45 (GS. 391); für Schl.-Holstein 25. Feb. 40 (schl.-holst. Samml. 35), erg. G. 20. Sept. 99 (GS. 177) Art. 14 § 2; in d. Prov. Hannover für die Bez. Hannover, Hildesheim und Lüneburg 15. Aug. 44 (hann. GS. I 161); für Hessen-Nassau: kurh. GesO. 15. Mai 1797 u. 18. Mai 1801 (erg. G. 20. Sept. 99 Art. 14 § 3) u. 1816 nebst V. 29. Nov. 23 (kurh. GS. 57) u. nass. Ed. 15. Mai 19 (VB. 121).

[2]) Zuständig sind ohne Rücksicht auf den Wert die Amtsgerichte GVG. § 23₂; die Streitigkeiten bilden Feriensachen § 202₄ₐ u. die Urteile sind vorläufig vollstreckbar ZPO. § 709₂.

[3]) GesO. 10 § 33, 47, 51, 160, 167 u. Vf. 17. April 12 (MB. 41 S. 330), ferner § 37, 83 u. 172; die Befugnis, — die nicht gegen dritte sich richten darf (OV. XLIII 428) — wird durch das BGB. nicht berührt OV. 29. Nov. 01 (MB. 02 S. 56). — Die Entscheidung stellt sich in betreff des Verfahrens und der Rechtsmittel als Polizeiverfügung (§ 225 d. W.) dar OV. (I 398). Zuständig ist lediglich die Polizeibehörde des Dienstortes OV. 2. April 01 (XXXIX 420, MB. 174). — Die Kosten der Zurückführung trägt die Ortspolizeiverwaltung Vf. 19. April 90 (MB. 79). — Die Befugnis erstreckt sich auch auf die gegen Wohnung und bestimmten Lohn auf Landgütern in Ost- und Westpreußen angenommenen Instleute KO. 8. Aug. 37 (KA. XXI. 710). Ähnliches gilt nach der GesO. f. Neuvorpommern (Anm. 1) für die in herrschaftlichen Häusern wohnenden Lohnarbeiter. — Diebstahl und Unterschlagung an geringwertigen Sachen wird gegen Gesinde nur auf Antrag verfolgt StGB. § 247.

[4]) EG. z. BGB. Art. 95 Abs. 1. — Für das — im LR. (II 5 § 177—93) im Anschluß an den Gesindedienst geregelte — Verhältnis der Hausoffizianten, der Erzieher u. Privatsekretäre ist jetzt das BGB. (§ 611—30) maßgebend AG. Art. 89₁c, während die früher dem Gesinde zugezählten Schiffsknechte jetzt unter die GewO. fallen § 380 Anm. 11 d. W.

[5]) BGB. § 104—15, 131, EG. Art. 95 Abs. 2; danach erlangen Minderjährige, die von dem gesetzlichen Vertreter zum Diensteintritt ermächtigt sind, die volle Geschäftsfähigkeit bezüglich des Dienstvertrags BGB. § 113, auch die Ehefrau kann sich vermieten, der Ehe-

bindlichkeit[6]) und die Fürsorgepflicht, die für Erkrankungsfälle jetzt durch die Krankenversicherung (§ 319 Abs. 1 und 3) bestimmt wird.[7]) Ein Züchtigungsrecht steht dem Berechtigten nicht zu.[8]) Ein Wohnsitz wird durch das Dienstverhältnis nicht begründet.[9])

Zur Sicherung des Dienstvertrages sind Gesindedienstbücher eingeführt,[10]) für die unter Aufhebung aller Abgaben eine gleichmäßige Form in der ganzen Monarchie vorgeschrieben ist. Die in einem Bundesstaat ausgestellten Dienstbücher gelten im ganzen Reiche.[11]) Die Verletzung der Dienstpflichten durch die Dienstboten und ländlichen Arbeiter ist in den älteren Provinzen mit Strafe bedroht. Gleiches gilt von der Erzwingung von Handlungen und Zugeständnissen durch Arbeitsein-

---

mann hat nur ein beschränktes Kündigungsrecht § 1358. Andererseits kann die Ehefrau selbständig Dienstboten annehmen (Schlüsselgewalt) § 1357. — Die Draufgabe (Mietgeld) — die nach GesO. § 23 den schriftlichen Vertrag ersetzte, — gilt nach dem grundsätzlich von der Formfreiheit ausgehenden BGB. nicht mehr als Ersatzmittel OV. (LII 275), sondern nur noch als Zeichen des Vertragsabschlusses § 336—8. Für Lebenszeit oder länger als 5 Jahre geschlossene Dienstverträge kann der Verpflichtete nach 5 Jahren mit sechsmonatiger Frist kündigen § 624, EG. Art. 95 Abs. 2. Der Dienstberechtigte kann (in Abweichung von dem Grundsatze § 202 Anm. 11 d. W.) Entschädigungsansprüche wegen Pflichtverletzung gegen den Lohn aufrechnen AG. Art. 14 § 1 Abs. 3. Sonst bestimmt der Dienstvertrag sich noch nach der GesO. Er gilt, wenn nichts besonderes verabredet ist, bei städtischem Gesinde für ein Vierteljahr, bei ländlichem für ein Jahr geschlossen § 41 u. verlängert sich stillschweigend, wenn nicht 6 Wochen u. 3 Monate vor seinem Ablaufe gekündigt wird, um den gleichen Zeitraum § 114, 115. Strafe der Annahme des Gesindes ohne Nachweis § 12 u. EG. Art. 95 Abs. 1. Der Vertrag kann aufgelöst werden nach Kündigung GesO. § 110—6 u. (vor Ablauf der Dienstzeit) 143—9, in gewissen Fällen ohne Kündigung durch die Herrschaft § 117—35, in anderen durch das Gesinde § 136—42. Die Kündigung kann durch stillschweigende Willensäußerung (Verlassen des Dienstes) erfolgen OV. XV 435. Gesindevermieter § 366 II [2] Abs. 4 d. W.

[6]) BGB. § 278, 831, 840 Abs. 2, EG. Art. 95 Abs. 2. Die hierdurch aufrecht erhaltenen weitergehenden Bestimmungen der Gesindeordnungen sind beseitigt AG. Art. 14 § 1 Abs. 2.

[7]) Der Berechtigte muß das Gesinde gegen Gefahr für Leben und Gesundheit bei Verrichtung des Dienstes schützen, auch in Wohnung, Verpflegung und Beschäftigung die für Gesundheit, Sittlichkeit u. Religion erforderlichen Einrichtungen treffen BGB. § 617—9, EG. Art. 95 Abs. 2. Die landesrechtlichen Vorschriften betr. Fürsorgepflicht des Dienstherrn für erkranktes Gesinde sind aufgehoben EG. z. VO. Art. 42. — Durch kürzere unverschuldete Behinderung verliert der Dienstbote den Gehaltsanspruch nicht BGB § 616, AG. Art. 14 § 1 Abs. 1. — Invalidenversicherung § 320 Abs. 2, Unterstützungswohnsitz § 284 Abs. 4 d. W.

[8]) EG. Art. 95 Abs. 3. Auch nach der preuß. GesO. bestand kein Züchtigungsrecht; § 77 (Straflosigkeit bei geringen Tätlichkeiten der durch Ungebührlichkeit gereizten Herrschaft) fällt nicht darunter Vf. 11. Aug. 98 MB. 201).

[9]) AG. Art. 14 § 1 Abs. 4.

[10]) G. 29. Sept. 46 (GS. 467); die Strafandrohung beruht auf Polizeiverordnungen Vf. 5. Jan. 54 (MB. 13). — Hannover G. 16. Feb. 53 (hann. GS. III 9), Ausschr. 9. Okt. 34 (das. II 13) u. 13. Juli 56 (das. I 755). — Weibliche Dienstboten erhalten bei 40jährigem treuen Dienst in einer Familie ein goldenes Kreuz Vf. 18. März u. 4. Juni 05 (MB. 52 u. 82).

[11]) G. 21. Feb. 72 (GS. 160), Instr. 26. Febr. 72 (MB. 78), Bek. 10. März 73 (ZB. 73) u. Vf. 27. März 07 (MB. 123).

stellung.[12]) Das erstere Verbot gilt für die Dienstboten auch in Schleswig-Holstein[13]) und Hessen Nassau.[14])

In betreff des Wohnungsmietverhältnisses hat die Polizeibehörde die Räumungsfristen bei Ablauf der Mietzeit durch Polizeiverordnung zu bestimmen,[15]) Streitigkeiten bei Ausübung des Zurückbehaltungsrechts wegen rückständiger Miete einstweilen zu regeln und etwaigen Gewalttätigkeiten vorzubeugen.[16])

8. Polizei in betreff gefundener Sachen.

§ 262.

Bei Funden soll dem Verlierer sein Recht gewahrt und, wo dieses nicht mehr möglich erscheint, dem Finder das Eigentum verschafft werden. Das BGB., das den Gegenstand neu geregelt hat, sucht den Finder dabei möglichst unabhängig zu stellen und hat deshalb auch die Mitwirkung der Polizei wesentlich eingeschränkt. Finder ist, wer eine verlorene Sache entdeckt und an sich nimmt. Er hat dem Verlierer oder sonstigen Empfangsberechtigten, und wenn diese unbekannt sind, der Polizeibehörde unverzüglich Anzeige zu machen, inzwischen die Sache zu verwahren und sie, wenn das Verderben zu besorgen oder die Aufbewahrung mit unverhältnismäßigen Kosten verbunden ist, unter Anzeige bei der Polizeibehörde öffentlich versteigern zu lassen. Der Finder ist berechtigt, die Sachen oder den Versteigerungserlös bei der Polizeibehörde abzuliefern. Wenn der Name oder Wohnort des Finders unbekannt ist und der Wert über 3 Mark beträgt, oder wenn die Polizeibehörde es anordnet, ist er zur Ablieferung verpflichtet. Dem Finder gebührt Ersatz für die Aufwendungen und ein Finderlohn, der 5, von dem Mehrwert über 300 Mark und bei Tieren 1 v. H. des Wertes der Sache beträgt. Zur Geltendmachung beider Ansprüche hat er ein Rückbehaltungsrecht.[1]) Der Finder erwirbt das Eigentum an der Sache mit Ablauf eines Jahres, wenn ihm inzwischen kein Empfangsberechtigter bekannt geworden ist, bei Sachen, die nicht mehr als 3 Mark

---

[12]) G. 24. April 54 (GS. 214); die Zuständigkeit des Landrats bei Beteiligung des Ortspolizeiverwalters (§ 1 Abs. 3) ist fortgefallen § 224 Abs. 3 d. W. Das Koalitionsverbot wird durch das RVereinsG. (§ 248 Anm. 4) nicht berührt, das. § 24.

[13]) G. 6. Feb. 78 (GS. 86).

[14]) G. 27. Juni 86 (GS. 173) u. f. d. vorm. bayr. Teile PolStGB. 10. Nov. 61 Hauptst. 15.

[15]) G. 30. Juni 34 (GS. 92) § 2 u. f. d. neuen Provinzen G. 4. Juni 90 (GS. 177) § 2. Zugleich wird das Ruhen der Räumungspflicht an Sonn- u. Festtagen vorgeschrieben das. § 3. Die Vorschriften werden durch das BGB., das die Best. üb. die Kündigungsfrist ersetzt hat, nicht berührt EG. Art. 93. — Kündigungsfrist für Beamte § 73 Anm. 2. Kündigung ungesunder Wohnungen § 279 Anm. 1 d. W.

[16]) BGB. § 561—63; StGB. § 289. — Zur Aufrechterhaltung der Ruhe oder Verhinderung einer Straftat kann die Polizeibehörde den Mieter bei Ausübung des Zurückbehaltungsrechts schützen OV. (VII 375).

[1]) BGB. § 965—972; Vf. nebst Dienstanw. 27. Okt. 99 (MB. 211).

wert sind, wenn er den Fund auf Nachfrage nicht verheimlicht hat. Verzichtet der Finder, so tritt die Gemeinde ein.[2]) Funde in Geschäftsräumen oder in den Beförderungsmitteln öffentlicher Behörden oder Verkehrsanstalten sind an diese abzuliefern und können von ihnen nach öffentlicher Bekanntmachung öffentlich versteigert werden. Der Erlös fällt, wenn sich in 3 Jahren kein Empfangsberechtigter meldet, den Behörden (Fiskus, Gemeinde) oder den Inhabern der Verkehrsanstalten zu. Finderlohn und Eigentumsanspruch des Finders fallen hier fort.[3])

VI. Gesundheitswesen.

1. Übersicht.

§ 263.

Die Gesundheit ist die erste und wichtigste Voraussetzung jeder geistigen und wirtschaftlichen Entwickelung. Vielfach von Ursachen abhängig, die der einzelne nicht zu beherrschen vermag, wird sie damit zu einem Gegenstande, dem der Staat seine Fürsorge zuzuwenden hat.

Bis in den Anfang des 19ten Jahrhunderts hinein war diese staatliche Tätigkeit lediglich gegen die Krankheitsgefahr gerichtet. Sie beschränkte sich auf die Einrichtung des Heilwesens und auf den Kampf gegen Ausbruch und Verbreitung der Seuchen.[1]) Erst das Auftreten der Cholera (1830) lehrte erkennen, daß der Schwerpunkt des Gesundheitswesens in der Pflege der Bedingungen der Gesundheit liege. Seitdem und besonders in neuester Zeit sind bedeutsame Fortschritte in dieser Richtung gemacht worden.[2]) Das Ziel ist aber noch nicht erreicht, und es müssen,

---

[2]) BGB. § 973—76. Binnen 3 Jahren kann der Geschädigte die Herausgabe nach den Vorschriften über ungerechtfertigte Bereicherung (§ 812—22) fordern § 977.

[3]) Das. § 978—83. Bek. 16. Juni 98 (RGB. 912). StMBeschl. 18. Nov. 99 (FMB. 379, MB. 00 S. 2). Eisenb. Fund. O. 17. Nov. 04 (Eis.VB. 355). — Sondervorschriften für zollpflichtige Gegenstände G. 1. Juli 69 (BGBl. 317) § 104 u. 157, Postsendungen G. 28. Okt. 71 (RGB. 347) § 26, Strandgüter StrO. § 379 Anm. 31) § 20—35. — Das Eigentum an einer gefundenen Sache, die so lange verborgen lag, daß der Eigentümer nicht mehr zu ermitteln ist (Schatz), wird je zur Hälfte von dem Finder u. dem Eigentümer der Sache erworben, in welcher der Schatz verborgen lag BGB. § 984.

[1]) Preuß. MedO. u. Ed. 1685 u. 1725 (Mylius X 4 S. 11 u. 219).

[2]) Hygiene ist die Lehre von der Erhaltung und Förderung der Gesundheit (Wohnungs- und Nahrungsmittel-, Gefängnis-, Schul- und Gewerbehygiene). Bahnbrechend waren Pettenkofer (gest. München 1894), der die Verbreitung der Ansteckungsstoffe durch die Luft, das Trinkwasser und die Bodenverunreinigung nachwies, sowie der Franzose Pasteur und der Deutsche Koch, die die Übertragung der ansteckenden Krankheiten durch kleine Lebewesen feststellten und dadurch zu Begründern der Bakteriologie wurden. — Hygienemuseum in Berlin Vf. 26. Feb. 87 (MB. 77), hyg. Anstalten an den Universitäten u. in Posen, Beuthen und Saarbrücken; Landesanstalt für Wasserhygiene § 48 Abs. 2 d. W. Flügge, Grundriß der Hygiene (6. Aufl. Leipz. 08); Fischer, Grundriß der sozialen Hygiene (Berl.). Gesundheitsbüchlein, gemeinfaßliche Anleitung zur Gesundheitspflege, bearb. im Kais. Gesundheitsamt (15. Ausg. Berl. 12), Vf. 7. Febr. 95 (ZllB. 393) u. 1. Okt. 04 (das. 608).

bevor dieses geschieht, zahlreiche Vorurteile überwunden werden, die namentlich die örtliche Gesundheitspflege zur Zeit noch beherrschen.

Die Verwaltung des Gesundheitswesens erfolgt durch staatliche Behörden und Beamte (Nr. 2). Daneben hat der Staat die rechtlichen Verhältnisse der für diesen Zweck tätigen Privatpersonen und eingerichteten Privatanstalten geregelt (Nr. 3). Die Aufgaben selbst, die der Staat auf diesem Gebiete zu erfüllen hat, sind zwiefach. Die erste gilt der Beseitigung der ausgebrochenen übertragbaren Krankheiten (Seuchen) und der Verhütung ihrer Verbreitung (Nr. 4), die andere der Erhaltung und Förderung der Gesundheit, die in der Beseitigung der schädlichen Einwirkungen durch vorbeugende Tätigkeit besteht (Nr. 5).

2. Verwaltung des Gesundheitswesens.

§ 264.

Die Medizinalpolizei ist Gegenstand der Reichsgesetzgebung.[1]) Demgemäß wurden durch Reichsgesetz geordnet die Ausübung der ärztlichen Praxis (§ 265 Abs. 1), die Bekämpfung bestimmter gemeingefährlicher Krankheiten (§ 267 Abs. 2) und das Impfwesen (§ 269 Abs. 4), die Lebensmittelpolizei (§ 273). Als technisch beratende und begutachtende Behörde ist ein Gesundheitsamt eingesetzt und zu dessen Unterstützung ein Reichsgesundheitsrat gebildet.[2])

Sonst erfolgt die Verwaltung durch die Landesbehörden. In oberster Instanz geschieht ihre Bearbeitung durch eine besondere Abteilung des Ministeriums des Innern (§ 48); das Gesundheitswesen des Heeres (§ 109) steht unter dem Kriegsminister, das der Flotte unter dem Reichsmarineamt (§ 117 Abs. 3) und das Viehseuchenwesen unter dem Landwirtschaftsminister (§ 51). Zu Veröffentlichungen dienen seit 1885 die Veröffentlichungen des Kais. Gesundheitsamtes und seit 1. April 1901 das Ministerialblatt für Medizinal- und medizinische Unterrichtsangelegenheiten.[3]) — Die Provinzialbehörde bildet, abgesehen von einigen dem Oberpräsidenten vorbehaltenen Gegenständen,[4]) der Regierungspräsident (§ 57 Abs. 4). Diesem wie dem Minister sind in den Medizinalräten technische Beamte zugeteilt. Nur begutachtende Organe bilden daneben für das gesamte Staatsgebiet die wissenschaftliche Deputation für das Medizinalwesen[5]) und der Apothekerrat[6]) und für die Provinzen die Medizinalkollegien.[7])

[1]) RVerf. Art. 4 15. — Der Ausdruck Medizinalpolizei ist nicht ganz zutreffend, da auch die Gesundheits- oder Sanitätspolizei einbegriffen ist.

[2]) R.Seuch.G. (§ 269 Anm. 4) § 43.

[3]) Das MinBl. (MMB.) ist amtliches Veröffentlichungsorgan und ersetzt die früheren Mitteilungen durch Umdruck Vf. 28. Jan. 13 (MMB. 43).

[4]) Apotheken § 56 Anm. 8, gesundheitspolizeiliche Aufsicht über die Provinzialanstalten § 84 Anm. 20.

[5]) Gesch. Anw. 9. Okt. 88 (MB. 193). Zuziehung von Vertretern der Ärztekammern V. 25. Mai 87 (GS. 169) § 3 u. V. 21. Juli 92 (GS. 222).

Anm.: Note [6]) und [7]) befinden sich auf S. 429.

In den Kreisen sind als technische Berater der Landräte (in Stadtkreisen der Polizeibehörden) Kreisärzte angestellt, denen nach Bedarf Hilfsärzte beigegeben werden können. Für beide ist eine Prüfung vorgeschrieben. Die Kreisärzte erhalten eine feste pensionsfähige Besoldung; soweit sie vollbesoldet sind, ist ihnen die Privatpraxis untersagt. Der Kreisarzt hat die gesundheitlichen Verhältnisse, Anordnungen und Anstalten zu überwachen und kann bei Gefahr im Verzuge vorläufige Anordnungen gegen die Weiterverbreitung gemeingefährlicher Krankheiten selbständig treffen. Er nimmt auf Ersuchen an den Sitzungen des Kreisausschusses und Kreistags mit beratender Stimme teil und ist der Gerichtsarzt seines Bezirks.[8]) Die Kreisärzte haben den Rang der 5., die älteren mit dem Charakter Medizinal- und Geheimer Medizinalrat den der 4. Klasse.[9]) Daneben ist für jede Gemeinde mit mehr als 5000 Einwohnern zur Förderung der gesundheitlichen Verhältnisse und Einrichtungen eine Gesundheitskommission zu bilden, der der Kreisarzt mit beratender Stimme beiwohnt. Auch in kleineren Gemeinden kann eine Gesundheitskommission gebildet werden.[10])

Den Organen der Selbstverwaltung steht ferner auf dem Gebiete des Gesundheitswesens insofern eine Mitwirkung zu, als ein Teil der Heil- und Pflegeanstalten auf die Provinzen übergegangen ist (§ 266 Abs. 2 und 268 Abs. 1 u. 2).

3. Heilpersonen, Heil- und Pflegeanstalten.[1])

§ 265.

a) **Ärzte** und Zahnärzte bedürfen der Approbation, die auf Grund einer Prüfung von dem Minister des Innern erteilt wird. Nur wenn sie

[6]) KO. 29. April und Gesch. Anw. 12. Mai 96.

[7]) V. 30. April 15 (GS. 85) § 20, Instr. 23. Okt. 17 (GS. 245). Neue Prov. V. 22. Spt. 67 (GS. 1570), Lauenburg G. 23. Juni 76 (GS. 169) § 5. Zuziehung von Vertretern der Ärztekammern wie Anm. 4. Für Berlin ist das MedKoll. der Prov. Brandenburg zuständig LVG. § 41, für Hohenzollern das der Rheinprov. G. 7. Jan. 52 (GS. 35) § 1. Den Vorsitz führen die Oberpräsidenten, ihre Vertretung die Oberpräsidialräte; nur für Berlin tritt der besondere Vertreter im Prov.Schulkollegium (§ 302 Anm. 9) auch hier ein. — Zu bakteriologischen u. chemischen Untersuchungen bei Ausführung der Seuchengesetze (§ 269) bestehen in einigen RegBez. Medizinaluntersuchungsämter.

[8]) G. 16. Sept. 99 (GS. 172), Inkraftsetzung V. 4. März 01 (GS. 47), (bearb. v. Hippel, Leipz. 02 u. Rapmund Berl. 04) § 1—9, 13—15 u. 17. — PrüfO. 24. Juni 09 (MB. 157, MMB. 308). — Dienstanw. 1. Sept. 09 (MMB. 381), erg. Vf. 5. Nov. 10 (das. 404) u. 29. April 11 (das. 170). Gebühren der Medizinalbeamten G. 14. Juli 09 (GS. 625), in gerichtlichen Angelegenheiten (§ 5 Abs. 3) V. 14. Juli 09 (GS. 635), bei Feuerbestattungen Best. 8. Mrz 12 (GS. 23). — Kreistierärzte § 357 Anm. 7 d. W. — 1911 waren 54 vollbesoldete, 447 nicht vollbesoldete Kreisärzte, 18 Gerichtsärzte u. 49 Hilfsärzte angestellt.

[9]) AG. 18. Juni 01 (GS. 139).

[10]) G. 99 § 10—13, 16 u. 17. Die Zusammensetzung entspricht der der städtischen Deputationen (§ 82 Anm. 15 d. W.). — Gesch. Anw. 13. März 01 (MMB. 66).

[1]) Die wichtigsten Medizinalpersonen sind die Ärzte; ihr Hilfspersonal bilden

approbiert sind, dürfen sie den Arzt- oder einen gleichlautenden Titel führen, von dem Staat oder den Gemeinden anerkannt oder mit amtlichen Verrichtungen betraut werden und die Heilkunde im Umherziehen ausüben. Sonst ist diese Ausübung nicht mehr von der Approbation abhängig; Begriff und Strafbarkeit der Kurpfuscherei (Quacksalberei) sind damit wesentlich eingeschränkt.[2] — Die Approbation setzt nach Erlangung des Reifezeugnisses an einer höheren Schule (§ 306 Abs. 2) ein fünfjähriges Universitätsstudium, die Ablegung zweier Prüfungen — einer Vorprüfung nach fünf Studienhalbjahren und der ärztlichen Prüfung am Schluß des Studiums — und hierauf ein praktisches Jahr voraus.[3] Die Prüfung umfaßt auch die Geburtshilfe und Wundarzneikunde (Chirurgie). Die Scheidung der Wundärzte von den Ärzten ist entsprechend der neueren Anschauung von der Einheit der Heilkunde seit 1852 verlassen. — Eine Vereidigung der Ärzte findet nicht mehr statt.[4]

Befreit sind die Ärzte von der Verpflichtung zur Übernahme der Gemeindeämter (§ 81 Abs. 4 u. 82 Abs. 2) und des Schöffen- und Geschworenendienstes (§ 182 Abs. 2 u. 183 Abs. 4), sowie bezüglich der zu ihrem Berufe nötigen Pferde von der Vorspannleistung im Frieden und von der Gestellung im Kriegsfalle (§ 113 Abs. 2^{1} u. § 114 Abs. 2). Im Fall der Zuziehung zu Zweikämpfen bleiben sie straflos.[5] Die ihnen

die Heilgehilfen und Hebammen. Die Apotheken, die neben der persönlichen Befähigung des Unternehmers auch die Genehmigung der Anlagen erfordern, leiten damit von den Medizinalpersonen zu den Heilanstalten über. — Krankenversicherung § 318 d. W.

[2]) GewO. § 29, 40 Abs. 1 u. $56a^{1}$; Zurücknahme § 53 Abs. 1, 54, ZustG) § 120^{1}; Anw. 1. Mai 04 (MB. 201. Nr. 59, 60 Abs. 2, 62; Strafe unbefugter Bezeichnung GewO. § 147^{3}; Nichtapprobierte Heilpersonen haben laut Polizeiverordnung ihren Betrieb beim Kreisarzt zu melden Vf. 28. Juni 02 (MMB. 241); Geheimmittelverkehr § 267 Anm. 9 d. W. Von der Doktorpromotion (§ 307 Anm. 12) ist die Approbation nicht abhängig GewO. § 29 Abs. 1. Betrieb im Umherziehen § 367 Anm. 1. Behandlung anläßlich der Arbeiterversicherung § 317 Abs. 5, insbes. Krankenversicherung § 318 Abs. 3 d. W. — Einführung der Vorschriften in Elsaß-Lothringen G. 15. Juli 1872 (RGB. 350). — Zulassung der beiderseitigen Medizinalpersonen im Grenzverkehre mit Belgien Vtr. 7. Feb. 73 (RGB. 55), den Niederlanden 11. Dez. 73 (RGB. 74 S. 99) u. (Tierärzte) 23. Feb. 98 (RGB. 99 S. 221), Luxemburg 4. Juni 83 (RGB. 84 S. 19), Österreich 30. Sept. 82 (RGB. 83 S. 39) u. der Schweiz 29. Feb. 84 (RGB. 45). — Als Auszeichnung wird den Ärzten der Titel „Sanitäts- und Geheimer Sanitätsrat" (§ 155 Anm. 7 d. W.), den Medizinalbeamten (§ 264 Abs. 2 u. 3 d. W.) der Titel „Medizinalrat" verliehen — 1911 gab es in Preußen 19956 Ärzte u. 2101 Zahnärzte.

[3]) PrüfO. f. Ärzte 28. Mai 01 (ZB. 136), erg. (§ 6, 7, 23) Bek. 12. Feb. 07 (ZB. 35), (§ 7 Abs. 3) 30. März 08 (ZB. 135), (§ 9) 2. Feb. 09 (ZB. 32), (§ 59) 28. Okt. 09 (ZB. 395), (§ 68) Vf. 8. März 09 (MMB. 138). Eine neue PrüfO., die die soziale Medizin mehr berücksichtigen soll, ist in Vorbereitung. Verzeichnis der zur Ausbildung ermächtigten Krankenanstalten 14. Nov. 13 (ZB. 1165). — Prüfung d. Zahnärzte 15. März 09 (ZB. 85). — Entbindung von der ärztlichen Prüfung auf Grund wissenschaftlicher Leistungen Bek. 9. Dez. 69 (BGBl. 687). — Der Fortbildung dienen besondere Universitätskurse, das Kaiserin Friedrichhaus in Berlin u. die städtischen Akademien für praktische Medizin in Köln u. Düsseldorf.

[4]) Vf. 29. Dez. 69 (MB. 70 S. 74).

[5]) StGB. § 209.

kraft ihres Standes anvertrauten Geheimnisse müssen sie bewahren; auch unterliegen sie dieserhalb keinem Zeugniszwange.[6]) Der frühere Zwang zur Hilfeleistung ist aufgehoben.[7]) Die Bezahlung ist der Vereinbarung überlassen und erfolgt in Ermangelung solcher nach der Gebührenordnung.[8])

Zur Wahrnehmung der ärztlichen Berufs- und Standesinteressen und zur Erörterung aller Angelegenheiten der öffentlichen Gesundheitspflege ist für jede Provinz eine **Ärztekammer** errichtet, deren Mitglieder von den in der Provinz wohnhaften Ärzten auf 3 Jahre gewählt werden. Die Aufsicht führt der Oberpräsident.[9]) Die Kammer kann unter dessen Genehmigung Beiträge auf die wahlberechtigten Ärzte umlegen; sie wird vermögensrechtlich durch ihre Kasse vertreten, die Rechte erwerben, Verbindlichkeiten eingehen, klagen und verklagt werden kann.[10]) Mit den Ärztekammern sind — ähnlich den Anwaltskammern (§ 193 Abs. 4) — **ärztliche Ehrengerichte** für alle Ärzte ausschließlich der beamteten, der Militär- und Marineärzte verbunden. Diese haben über Verletzungen der Standesehre und Berufspflichten zu entscheiden und dabei sowohl die Beilegung von Streitigkeiten zu vermitteln, als die Strafgewalt auszuüben. Die Strafen sind Warnung, Verweis, Geldstrafen bis zu 3000 M. und zeitweilige oder dauernde Entziehung des

6) Das. § 300; ZPO. § 383^{5}, 408 u. StPO. § 52^{3}, 76.

7) GewO. § 144 Abs. 2. — Sie unterliegen jedoch der allgemeinen Pflicht zur Beistandsleistung § 250 Abs. 1 d. W. Ein von der Polizeigewalt verschiedenes Aufsichts- u. Ordnungsstrafrecht besteht weder über Ärzte OV. (XXXI 271), noch über Apotheker (XXXIII 356). — Verschärfte Strafe fahrlässiger Tötung u. Körperverletzung StGB. § 222 Abs 2. u. § 230 Abs. 2, Ausstellung falscher Zeugnisse § 279—280 u. Unzuchtsvergehen in Anstalten § 174^{3}; Körperverletzungen dürfen sie nur mit Willen des Kranken oder seines gesetzlichen Vertreters vornehmen RGerSt. 31. Mai 94 (XXV 375). Pflicht zur Anzeige der Geburten § 207 Abs. 3 d. W. u. ansteckenden Krankheiten § 269 Abs. 2 u. 3.

8) GewO. § 80 Abs. 2. — Nach Aufhebung der älteren Taxen (G. 27. April 96 GS. 90) sind allgemeine Höchst- und Mindestsätze festgestellt, zwischen denen die Gebühr nach Lage des Einzelfalls (Beschaffenheit u. Schwierigkeit der Leistung, Vermögenslage, örtliche Verhältnisse) zu bestimmen ist. Die Mindestsätze kommen — soweit nicht besonders schwierige u. zeitraubende Leistungen in Frage stehen — für Unbemittelte, Armenverbände, Staatsfonds, milde Stiftungen, Knappschafts- und Arbeiterkrankenkassen zur Anwendung GebO. 15. Mai 96 (MB. 105), erg. (Nr. 5a) 13. März 06 (MMB. 126); bearb. v. Förster (5. Aufl. Berl. 09). Kreisärzte § 264 Anm. 8 d. W. — Gebühren verjähren in zwei Jahren BGB. § 196^{14} u. genießen ein Vorrecht im Konkurse KonkO. § 61^{4}.

9) V. 25. Mai 87 (GS. 169), Neufassung des § 3 Abs. 1 V. 21. Juli 92 (GS. 222), des § 4 V. 23. Jan. 99 (GS. 17), erg. 11. Sept. 12 (GS. 215), des § 11 V. 20. Mai 98 (GS. 115), Aufhebung des § 5 G. 99 (Anm. 10) § 56, 57, Ergänzung des § 8 Abs. 5 V. 6. Jan. 96 (GS. 1) Art. II, des § 8 Abs. 7 V. 8. Juli 07 (GS. 237). Ärztekammerausschuß V. 96. Art. I. Die brandenburgische Ärztekammer in Berlin ist auch für den Stadtkreis Berlin, die schleswholsteinische für das Fürstent. Lübeck und die rheinische für das Fürstent. Birkenfeld Vtr. 18. März 10 (GS 137), die hessennassausche für Schaumburg-Lippe Vtr. 3. Febr. 05 (GS. 222) u. Waldeck Vtr. 24./25. Okt. 12 (GS. 230), die rheinische für Hohenzollern zuständig. — Elf.-Lothringen § 27 Anm. 3 d. W.

10) G. 25. Nov. 99 (GS. 565) § 49 (§ 49 neugefaßt u. § 49a zugefügt G. 27. Juli 04 GS. 182 u. Berichtigung S. XXXI) bis 55.

Wahlrechts zur Ärztekammer. Berufungen gehen an einen unter dem Vorsitz des Direktors der Medizinalabteilung (§ 264 Abs. 2) gebildeten Ehrengerichtshof.[11]) Für Zahnärzte ist im Staatsgebiet eine Zahnärztekammer errichtet.[12])

Zum Bereiten und Verkaufen von Arzneimitteln (Dispensieren) sind die Ärzte nicht befugt;[13]) doch bestehen folgende Ausnahmen:

1. An Orten, in deren Nähe sich keine Apotheke befindet, ist den Ärzten das Halten einer Hausapotheke für die notwendigsten Mittel in ihrer Praxis gestattet;[14])
2. Homöopathischen Ärzten kann das Dispensieren ihrer Arzneimittel nach Ablegung einer Prüfung erlaubt werden.[15])

Der gemeinsamen Förderung der wissenschaftlichen, praktischen und sozialen Interessen dienen ärztliche Vereine, die sich 1873 zum deutschen Ärztevereinsbund zusammengeschlossen haben. Mit diesem steht der 1903 zur Wahrung der wirtschaftlichen Interessen gebildete sogen. Leipziger Verband in Zusammenhang.[16])

§ 266.

b) **Ärztliche Gehilfen.** Die Ausübung der s. g. kleinen Chirurgie durch Heildiener (Chirurgengehilfen) ist nach der GewO. gleichfalls frei. Dagegen kann denen, die eine Prüfung bestehen, das Recht beigelegt werden, sich als staatlich anerkannte Krankenpflegepersonen[1]) zu bezeichnen. Eine Prüfung als Heildiener und Masseure findet daneben nicht mehr statt.[2]) Die Aufsicht führt der Kreisarzt, bei dem die Gehilfen sich zu melden haben.[3])

Die gewerbliche Ausübung des Berufes der **Hebammen** setzt ein Prüfungszeugnis der nach den Landesgesetzen zuständigen Behörde voraus.[4])

---

[11]) Das. § 1—14; das Strafverfahren § 15—48 (§ 46 neugefaßt G. 04 vor. Anmerkung) entspricht dem disziplinärgerichtlichen (§ 66 d. W.); AusfBest. 21. Dez. 99. — Bearb. v. Altmann (Berl. 00).

[12]) V. 16. Dez. 12 (GS. 233).

[13]) LR. II 8 § 460; StGB. § 367 [3].

[14]) ApothO. (§ 267 Anm. 1) § 14 u. ApBetrO. 02 (§ 267 Anm. 12) § 51. — Krankenhausapotheken (Dispensieranstalten) ApBetrO. § 49, 50, Dienstanw. (§ 264 Anm. 8 d. W.) § 52.

[15]) Regl. 20. Juni 43 (GS. 305) u. ApBetrO. (vor. Anm) § 52. — Prüfung Vf. 23. Sept. 44 (MB. 290). — Einf. in die neuen Prov. Vf. 13. April 69 (MB. 89). — Dispensierrecht der Tierärzte § 357 Abs. 1 d. W.

[16]) Hufelandstiftung zur Unterstützung notleidender Ärzte u. ihrer Angehörigen KO. 21. Nov. 30 (KA. XX 1036). Statuten mit Änderungen im MMB. 13 S. 112.

[1]) Vf. 10. Mai 07 (MMB. 185).

[2]) Vf. 4. Dez. 11 (MMB. 357).

[3]) Dienstanw. (§ 264 Anm. 8 d. W.) § 65. — Geheimhaltungspflicht u. Zeugnisverweigerung wie § 265 Abs. 2, Pflicht zur Anzeige von Seuchen wie § 269 Abs. 2 u. 3 d. W.

[4]) GewO. § 30 Abs. 2, 40 Abs. 1; Zurücknahme der Approbation § 53 Abs. 1 u. 54, gem. OV. (IX 302), verb. ZustG. § 120 [5]; Zulassung im Grenzverkehr der Bundesstaaten Vf. 30. Juni 87 u. 30. März 10 (MMB. 171); mit anderen Staaten wie § 265 Anm. 2 d. W. — Die Neuregelung des Hebammenwesens soll durch Landesgesetz erfolgen. In Preußen sollte früher wie bei Ärzten und Geburtshelfern (§ 265 Abs. 1 d. W.) die Approbation für das ganze

Die Vorbildung wird auf Hebammenlehranstalten erworben, deren Verwaltung auf die Provinzen übergegangen und durch besondere Satzungen geregelt ist.[5]) Die ausgebildeten und mit Prüfungszeugnissen versehenen Hebammen werden vereidigt und stehen unter der Aufsicht des Kreisarztes.[6]) Um das Land mit den erforderlichen Hebammen zu versorgen, sind für bestimmte Bezirke besondere Bezirkshebammen angestellt. Diese empfangen eine feste Vergütung, gegen die sie zahlungsunfähigen Personen nötigenfalls unentgeltliche Hilfe leisten müssen.[7]) Der Gewerbebetrieb der übrigen Hebammen wird durch diese Anstellungen nicht beeinträchtigt. Die Gebühren werden vom Regierungspräsidenten durch Ordnungen festgesetzt. Die Feststellung der Gebühren der Bezirkshebammen erfolgt im Fall der Beschwerde durch den Landrat und endgültig durch den Bezirksausschuß, ihre Beitreibung im Verwaltungszwangsverfahren durch den Kreisausschuß.[8]) — Die Hebammenunterstützungsfonds zu Beihilfen und Prämien für Bezirkshebammen sind gleichfalls auf die Provinzen übergegangen.[5]) Die Abgaben, welche früher bei Trauungen und Taufen zu Gunsten dieser Fonds erhoben wurden, sind aufgehoben. Hebammenbezirke, welche die Mittel zur Ausbildung, Besoldung oder Unterstützung einer Bezirkshebamme nicht aufbringen können, sind durch die Kreise zu unterstützen.[9])

Als ärztliche Gehilfen kommen auch die von geistlichen Orden oder besonderen Genossenschaften ausgebildeten und von Kommunalverbänden und Wohltätigkeitsvereinen angestellten Schwestern in Betracht.[10])

Reich gelten u. zur Führung des Titels, nicht auch zur Ausführung des Berufs die Voraussetzung bilden. Dieser Grundsatz ist später verlassen Vf. 6. Aug. 83 (MB. 211). Dienstanw. f. Hebammen 14. Sept. 12 (MMB. 13 S. 32). — Männliche Geburtshelfer unterliegen — soweit sie sich nicht als solche bezeichnen (§ 265 Abs. 1) — keiner Beschränkung.

[5]) Dot. G. 8. Juli 75 (GS. 497) § 12 u. 13. — Änderung der Reglements ProvO. 81 (GS. 233) § 120. — Aufnahmebedingungen Vf. 83 (vor. Anm.) § 3, erg. Vf. 16. Mai 84 (MB. 124). Hebammenlehranstalten bestehen in Gumbinnen, Danzig, Frankfurt a. O., Lübben (von der Landesdeputation der Niederlausitz verwaltet), Stettin, Posen, Breslau, Oppeln, Magdeburg, Erfurt, Hannover, Celle, Osnabrück, Paderborn, Bochum, Elberfeld und Köln und (staatliche) in Königsberg, Berlin (Charité), Kiel und Marburg.

[6]) Vf. 83 (Anm. 4) § 2, 4—6, erg. Vf. 24. Feb. 00 (MB. 100). Hebammenlehrbuch Vf. Nov. 05 (MB. 470). — Verhütung des Kindbettfiebers § 269 Anm. 20. Strafe fahrlässiger Körperverletzung und Anzeigepflicht bei Geburten wie § 265 Anm. 7.

[7]) Vf. 83 § 7—11. Muster für ein Kreisstatut Vf. 20. Aug. 09 (MMB. 402). — Hebeammenbezirke bilden keine Körperschaften u. haben kein Besteuerungsrecht OV. (XII 168). Ausnahmen für Hannover G. 3. Aug. 56 (han. GS. I 261) u. das vorm. Herz. Nassau MedEd. 14. März 78.

[8]) G. 10. Mai 08 (GS. 103). — AusfVf. 25. Mai 08 (MMB. 306). Aufhebung der Taxen für Schl.-Holstein G. 23. April 75 (GS. 201). — Rechtsverhältnis der Gebühren wie § 265 Anm. 8 d. W.

[9]) G. 28. Mai 75 (GS. 223).

[10]) In der katholischen Kirche ist neben anderen (Boromäerinnen, graue Schwestern) die von Vinzens de Paula 1633 gegründete Genossenschaft der barmherzigen Schwestern am bekanntesten. Diese treten nach einer Probezeit durch ihr Gelübde in feste Verbindung mit dem Mutterhause, das ihre Versorgung übernimmt u. sie in An-

§ 267.

c) Die Entwickelung der **Apotheken** hat mit der des Ärztewesens gleichen Schritt gehalten. In Deutschland, wo sie am vollständigsten erfolgt ist, hat die Landesgesetzgebung die Apotheken von jeher als öffentliche, der staatlichen Genehmigung und Aufsicht unterliegende Anstalten angesehen und zu ihrem Betriebe eine fachliche Bildung erfordert.[1]) Die neuere deutsche Gesetzgebung greift nur insoweit in diese Verhältnisse ein, als sie die Fachbildung für das Reich einheitlich geordnet hat.[2])

Der Betrieb des Apothekergewerbes hat eine doppelte Voraussetzung:

1. Die Approbation des Apothekers. Sie erfolgt nach bestandener Prüfung in der Arzneikunde (Pharmazeutik).[3])

---

stalten oder einzelne Niederlassungen (Gemeindepflege) entsendet. Zulassung der mit der Krankenpflege befaßten Orden der katholischen Kirche G. 31. Mai 75 (GS. 217) § 2, 3 u. V. 14. Juli 80 (GS. 285) Art. 6. — In der evangelischen Kirche wurden — nachdem diese hauptsächlich durch die von Wichern zur Betätigung der gesamten christlichen Liebesarbeit ins Leben gerufene innere Mission die Pflegetätigkeit (Diakonie) wieder aufgenommen hatte — ähnliche Anstalten zur berufsmäßigen Ausbildung von Helfern begründet. Auch diese Anstalten bilden, wenngleich dabei die evangelische Freiheit gewahrt wurde, den Mittelpunkt für die Tätigkeit der daraus hervorgegangenen Personen, und auch hier trat die Wirksamkeit männlicher Kräfte (Brüder, Diakonen, Stadtmissionare) gegen die der Schwestern erheblich zurück. Sie findet sich zuerst in den reformierten Gemeinden der Niederlande und hat in Deutschland in der von Pastor Fliedner 1836 gegründeten Diakonissenanstalt in Kaiserswerth, die 1910 in 33 Mutterhäusern 9518 Schwestern umfaßte, die größte Bedeutung erlangt — Mitglieder geistlicher Genossenschaften, die in Ausübung einer gemeinnützigen Tätigkeit als Entgelt nur ihren Unterhalt beziehen, unterliegen nicht der Kranken- und Invalidenversicherungspflicht VO. § 172[4] und 1229. — Wie hier die Krankenpflege den Ausgangspunkt und das Krankenhaus die Bildungsstätte für die Ausbildung abgab, haben auch öffentliche und Vereins-Krankenanstalten die Ausbildung sogenannter Laienschwestern übernommen. Am bekanntesten sind die Schwestern des Johanniterordens (§ 292 Anm. 3c) u. die durch den vaterländischen Frauenverein (§ 285 Anm. 5) ausgebildeten Schwestern vom roten Kreuz; Diensttracht AE. 16. März 12 (MMB. 123).

[1]) In England ist der Verkauf von Arzneimitteln frei; in Frankreich können Apotheken von geprüften Apothekern unbeschränkt eingerichtet werden, doch unterliegen sie der Aufsicht. — Die erste preußische ApothekerO. wurde 1693 erlassen. Sie fand im Medizinaledikt von 1725 (§ 263 Anm 1) Aufnahme u. wurde später durch die noch gültige Apoth.-O. 11 Okt. 1801 (Nov. corp. const. XI 555, Aufhebung des Anh. Abschn. I betr. Aufbewahrung u. Verabfolgung der Giftwaren G. 13. Aug. 95 GS. 519) ersetzt. — Die altpreußischen Grundsätze sind im RegBez. Kassel eingeführt Vf. 13. Juli 68 (MB. 207) Nr. 8; für Hannover gilt dagegen die ApothO. 19. Dez. 20 (hann. GS. 21 I 17). — Eine gemeinsame deutsche ApothO. ist erstrebt, aber noch nicht zu stande gebracht. Böttger, Apothekengesetze (5. Aufl. Berl. 13). Springfeld, die Errichtung von Apotheken in Preußen (Berl. 02). — 1911 gab es in Preußen 3734 Apotheken.

[2]) GewO. § 6, 29, 40 Abs. 1.

[3]) Das. — Prüfung der Apotheker Bek. 18. Mai 04 (ZB. 150), erg. (§ 38 Abs. 1) 7. Dez. 10 (ZB. 672). Der Prüfung geht eine Vorprüfung voraus § 2, die bei Nachweis der Reife für die Prima einer neunklassigen höheren Schule (§ 306 Abs. 2) nach dreijähriger Lehrlingszeit stattfindet § 3—15. Die Prüfung erfolgt dann nach zweijährigem Universitätsstudium und einjähriger Gehilfenzeit § 16—33, die Ap-

2. Bei der Konzession der Apotheke zeigt sich die Entwickelung vom dinglichen (vererblichen und veräußerlichen) Privileg als selbständiger Gewerbeberechtigung (Privilegium) zur persönlichen Konzession. Sie erfolgt durch den Oberpräsidenten (§ 261 Abs. 2) und ist überall erforderlich, wo kein Privilegium vorliegt.[4]) Die konzessionierten Apotheker durften seither beim Abgange einen befähigten Geschäftsnachfolger vorschlagen, wodurch diese Konzessionen in ihrem Werte den Apothekerprivilegien ähnlich geworden waren.[5]) Diese Befugnis wird jedoch, um eine gewinnsüchtige Ausbeutung zu verhüten, bei neuen Konzessionen nicht mehr erteilt.[6]) Es gibt hiernach drei Arten von Apotheken, privilegierte, mit Recht zum Vorschlag des Nachfolgers, konzessionierte und deshalb gleichfalls verkäufliche und persönlich konzessionierte, unverkäufliche. Die Anlage neuer Apotheken ist nur im Fall des Bedürfnisses bei wesentlicher Vermehrung der Volksmenge oder bedeutender Erhöhung ihres Wohlstandes zulässig.[7]) Die Verwaltung hat diese Vorschriften ohne rechtliche Grundlage auf die später, vor und nach 1866 erworbenen Landesteile ausgedehnt.[8])

Infolge der Ausschließlichkeit des Apothekergewerbes dürfen gewisse Heilmittel, Drogen und chemische Präparate im Kleinverkaufe nur in den Apotheken verkauft werden.[9]) Andererseits müssen in ihnen die Heil-

---

probation nach weiterer zweijähriger praktischer Tätigkeit als Gehilfe § 1, 35—37. — Zurücknahme der Approbation wie § 265 Anm. 2. — Die Bestimmungen der GewO. (§ 315 u. 369 d. W.) finden auf Gehilfen u. Lehrlinge in Apotheken keine Anwendung GewO. § 41 Abs. 2 u. § 154 Abs. 1[1] (Fassung nach G. 28. Dez. 08 RGB. 667 Art. 3); dagegen unterliegen diese der Kranken-, Unfall- u. Invalidenversicherung § 318 Abs. 1, 319[I Abs. 1] u. 320 Abs. 2 d. W. Die Verhältnisse dieser Personen regelt die ApBetrO. 02 (Anm. 12) § 42 bis 48. — Vereidigung der approbierten Apotheker Vf. 29 Dez. 69 (MB. 70 S. 74). Formel Vf. 15. Nov. 88. — § 265 Anm. 7. — Militärpflicht § 109 Abs. 2 d. W.

[4]) ApothO. 1801 Tit. I § 1—6. Die Privilegien werden durch das BGB. nicht berührt EG Art. 74; Eintragung in das Grundbuch AG. 20. Sept. 99 (GS. 177) Art. 40. — In den unter französischer, bergischer u. westfälischer Herrschaft gestandenen Landesteilen gibt es keine privilegierten Apotheken. Auch sonst sind Privilegien seit dem Ed. 1810 (§ 138 Anm. 4) nicht mehr erteilt. — Stempel für die Konzessionen § 155 Anm. 8 d. W.

[5]) KO. 5 u. Vf. 21. Okt. 46 (MB. 209); nach KO. 7 u. Vf. 21. Juli 86 (MB. 161), durfte das Vorschlagsrecht ohne Genehmigung innerhalb 10 Jahren nach der Errichtung nicht ausgeübt werden.

[6]) AE. 30. Juni u. Vf. 5. Juli u. 5. Sept. 94 (MB. 119 u. 146), Abs. 4 des letzteren ist aufgehoben Vf. 3. Jan. 13 (MMB. 25). Witwen und Waisen eines Apothekers können di Apotheken weiter verwalten lassen ApothO. I § 4. — Unzulässigkeit der Verpachtung Vf. 21. Sept. 86 (MB. 198).

[7]) V. 24. Okt. 11 (GS. 359) u. Vf. 13. Juli 40 (MB. 310). Die Verlegung steht der Neuerrichtung gleich Vf. 24. Feb. 92 (MB. 190).

[8]) Demgemäß wurden die Vorschriften im RB. Kassel eingef. Anm. 1. Nach dem OB. (XXIX 129, XXXIII 357 u. 362) bestehen dagegen die älteren Vorschriften in den 1866 erworbenen Landesteilen trotz der V. 67 (§ 48 Anm. 3) fort.

[9]) Auf Grund der GewO. § 6 Abs. 3 hat V. 22. Okt. 01 (RGB. 380), erg. Bek. 1. Okt. 03 (das. 281), 29. Juli u. 17. Dez. 07 (das. 418 u. 474), 11. April 08 (das. 146), 31. März 11 (das. 181) bestimmt, welche Arzneimittel (Zubereitungen u. Stoffe) im Kleinverkehr außerhalb d. Apotheken feilgehalten werden dürfen; Strafe StGB. § 367[3]. Dieser Handel (Drogenhandel) kann untersagt

mittel nach genauer Vorschrift (Arzneibuch) zubereitet, aufbewahrt und vorrätig gehalten werden.[10]) Die Arzneipreise werden durch **Taxen** festgestellt; Ermäßigungen auf Grund freier Vereinbarung sind zulässig.[11])

Die Apotheken stehen unter der Aufsicht des Kreisarztes und unterliegen der periodischen **Besichtigung**.[12]) — Für **Apotheker** gelten in betreff der Bewahrung der im Gewerbe anvertrauten Geheimnisse und — soweit sie ohne Gehilfen arbeiten — auch in betreff des Schöffen- und Geschworenendienstes gleiche Grundsätze wie für Ärzte (§ 265 Abs. 2). — Zur Erörterung der den Apothekerberuf oder die Arzneiversorgung betreffenden Angelegenheiten und zur Wahrnehmung der Standesinteressen der Apotheker sind **Apothekerkammern** gebildet, die ähnlich wie die Ärztekammern (§ 265 Abs. 3) eingerichtet sind[13]) und in einem Apothekerkammer-Ausschuß ihren Vereinigungspunkt finden.[14])

§ 268.

d) Die **Heil- und Pflegeanstalten** sind öffentliche, vom Staat, von Provinzen, Kreisen und Gemeinden errichtete oder Privatanstalten.[1]) Sie

werden und unterliegt der Überwachung § 366 II 3 Abs. 2 d. W. — Im Umherziehen dürfen Arznei- u. Geheimmittel nicht angekauft oder feilgeboten werden GewO. § 56 9 u. (Strafe) 148 7. — Verkehr m. Geheimmitteln Vorschr. des BR. 23. Mai u. Vf. 8. Juli 03 (MB. 194), erg. Bek. 27. Aug. 07 (MMB. 312), mit Giften MinPolV. 22. Feb. 06 (MMB. 115) und (Genehmigung des Gifthandels) § 270 d. W. Aufhebung älterer Vorschriften G. 16. Juni 93 (GS. 81) u. 8. Juni 96 (GS. 149). — Dispensierrecht der Ärzte u. Tierärzte § 265 Anm. 15. — Schilder, die den Irrtum hervorrufen, ein Drogengeschäft sei eine Apotheke, kann die Polizeibehörde beseitigen OV. (MB. 81 S. 80). Urban, Die gesetzl. Bestimmungen ü. d. Ankündigung von Geheimmitteln, Arzneimitteln u. Heilmethoden im D. R. (Berl. 04, Nachtrag 08).

[10]) ApothO. 1801 Titel III. — Das deutsche Arzneibuch ist 1910 in 5. Ausgabe erschienen Vf. u. Bek. 15. Dezember 10 (MMB. 11 S. 2).

[11]) GewO. § 80 Abs. 1 und (Strafe der Überschreitung) 148 8. — Seit 1. April 05 ist eine deutsche Arzneitaxe in Kraft getreten, die alljährlich neu bearbeitet wird. — Die Forderungen verjähren in 2 Jahren BGB. § 196 1 u. genießen ein Vorrecht im Konkurse KonkO. § 61 4. Die unentbehrlichen Geräte, Gefäße und Waren sind unpfändbar ZPO. § 811 9 — Lieferung an Krankenkassen § 318 Anm. 7 d. W.

[12]) ApothO. 1801 Tit. II. — Einrichtung, Betrieb und Besichtigung O. 18. Feb. 02 (MMB. 63), erg. (§ 42 u. 44) Vf. 27. Aug. 03 (das. 332). Stark wirkende Arzneimittel dürfen nur auf ärztliche Anordnung abgegeben werden Vf. 22. Juni 96 (MB. 123), erg. 19. April 98 (MB. 88), 20. Mai 01 (MMB. 171) u. 10. Jan. 06 (das. 57). — Die besonderen Medizinalgewichte sind abgeschafft; als solche gelten alle Gewichte von 200 g abwärts Vf. 16. März 72 (MB. 132); diese unterliegen den Bestimmungen für Präzisionsgewichte; in Apotheken dürfen nur Präzisionswagen geführt werden Vf. 24. Okt. 82 (ZB. 418). Prüfung der Wagen u. Gewichte durch die Eichämter Bek. u. Vf. 10. Juli 95 (MB. 194 u. 196). — Auf die Stellvertretung des Apothekers ist GewO. § 45 (§ 366 letzter Abs. d. W.) anwendbar OV. (XLVIII 297).

[13]) V. 2. Feb. 01 (GS. 49) § 1—11. AusfVf. 23. April 01 (MMB. 127). — Anschluß von Schaumburg-Lippe an die hess.-nass. Apothekerkammer Vtr. 3. Jan. 10 (GS. 35).

[14]) V. 01 § 12—18. — Apothekerrat § 264 Abs. 2 d. W.

[1]) Die Krankenanstalten (Hospitale sind ursprünglich aus Stiftungen her-

zerfallen weiter in allgemeine und in besondere Anstalten. Letztere sind entweder für einzelne Krankheiten (Lungenheilstätten, Entbindungsanstalten) oder für besondere Heilarten (Kaltwasser-, Naturheilanstalten) bestimmt.[2])

Die wirksame Behandlung Erkrankter ist vielfach nur in Anstalten möglich. Dies gilt namentlich von solchen Fällen, in denen die Krankheit ihrer Natur nach besondere Einrichtungen oder eine völlige Absperrung nötig macht oder wo die den Kranken umgebenden Verhältnisse eine zweckentsprechende Behandlung ausschließen. In vielen Fällen kann durch sachgemäße Anstaltspflege schwereren Erkrankungen oder längerem Siechtum erfolgreich vorgebeugt werden. Hiernach muß sowohl für das Vorhandensein der nötigen Krankenhäuser, als für eine geordnete Gemeindepflege gesorgt werden, die in den geeigneten Fällen für rechtzeitige Überführung der Kranken in diese Anstalten sorgen kann. Größere Krankenhäuser bieten vollkommenere Einrichtungen und tüchtigere ärztliche Kräfte, kleinere sind dagegen einfacher und billiger herzustellen und für die Erkrankten leichter erreichbar. Es empfiehlt sich deshalb, daß neben größeren Anstalten in den Hauptorten auch kleinere für einfachere Erkrankungen an geeigneten kleineren Verkehrsmittelpunkten errichtet werden.

Private Kranken-, Entbindungs- und Irrenanstalten bedürfen der Genehmigung, die bei Unzuverlässigkeit der Unternehmer, gesundheitswidriger Einrichtung oder erheblichen Gefahren und Nachteilen versagt werden kann[3]) und unterliegen der besonderen Aufsicht.[4]) — Neben den eigent-

vorgegangen; später erscheinen sie als Lehrstätten an den Universitäten und zuletzt hauptsächlich als Ausflüsse der Ortsarmenpflege in Gemeinde- u. Kreisanstalten. — Staatsanstalten sind die Charité in Berlin u. das Haupthospital St. Elisabeth in Kassel. Die Charité steht unmittelbar unter dem Kultusminister KO. 17. April 46 (GS. 166) u. Reg. 7. Sept. 30 (GS. 133); wegen aufgewendeter Kur- u. Verpflegungskosten kann sie die Gemeinden unmittelbar in Anspruch nehmen, ohne an die Formen u. Voraussetzungen der Armenpflege gebunden zu sein das. § 7 u. Bek. 29. Juni 80 (MB. 168), auch statt der allgemeinen Verpflegungssätze (§ 284 Anm. 4), die für die Charité maßgebenden beanspruchen Bf. 19. Juli 07 (MB 260). Mit der Charité ist die Anstalt für Ansteckungskrankheiten verbunden. — Provinzialanstalten sind die Hospitäler in Königsberg (Löbnichtsches), Stettin (St. Petri) u. Treptow, die Heil- u. Pflegeanstalt in Freiburg i. Schl., das Nervensanatorium Rasemühle bei Göttingen, das Landarmen- u. Krankenhaus in Geseke, die Augenheilanstalt in Münster und die Landkrankenhäuser in Kassel, Eschwege, Hersfeld, Fulda, Hanau, Rinteln u. Schmalkalden. — Die Entbindungsanstalten sind regelmäßig mit den Hebammenlehranstalten (§ 266 Anm. 5) verbunden; eine besondere staatliche Entbindungsanstalt besteht in Kassel. Befreiung von Stempel § 155 Abs. 2. Erbschaftssteuer § 156 Abs. 2 u. Gerichtskosten § 195 Abs. 3 d. W.

[2]) Nach der Bauart werden Korridor- u. Pavillonanstalten unterschieden. Die Gebäude der ersteren sind mehrgeschossig mit Krankenräumen, die an einem durch die Mitte oder an der Längsseite laufenden Korridor liegen. Bei letzteren wird die Anlage im Interesse besserer Luft- u. Lichtzuführung in eine größere Anzahl von Pavillons aufgelöst. Die Absonderungsräume für Kranke, die mit ansteckenden Krankheiten behaftet sind, liegen meist in besonderen Gebäuden.

[3]) GewO. § 30, 40, ZustG. § 115 u. 118, Anw. 1. Mai 04 (MB. 201) Nr. 36. Frist für den Beginn GewO. § 49, 50, Zurücknahme § 53, 54 u. ZustG. § 120[1]; Anw. 1. Mai 04 Nr.

Anm.: Note [4]) befindet sich auf S. 438.

lichen Krankenhäusern bestehen einige Heime für Genesende.[5]) In neuester Zeit sind ferner Lungenheilstätten errichtet, in denen auch den unbemittelten Personen die Heilung der besonders verheerenden Lungenschwindsucht (§ 269 Abs. 3) durch Aufenthalt in gesunder Luft und kräftige Ernährung ermöglicht wird. Zugleich sind entsprechende Provinzialvereine gebildet, die in einem Zentralkomitee zur Bekämpfung der Tuberkulose ihren Vereinigungspunkt finden.

Die **Pflege der Gebrechlichen** hat durch die Regelung der außerordentlichen Armenlast (§ 284 Abs. 3) eine festere Grundlage gewonnen. Die Gebrechen sind geistige (Geisteskrankheit, Geistesschwäche) oder körperliche (Blindheit, Taubstummheit, Fallsucht, Verkrüppelung); dazu tritt das Siechtum. Die Pflege erfolgt vorwiegend in Anstalten; die öffentlichen Anstalten stehen unter Verwaltung der Provinzen.[6]) Die **Irrenanstalten** entstanden erst im dritten Jahrzehnt des 19ten Jahrhunderts. Die anfängliche Unterscheidung zwischen Heil- und Bewahranstalten ist aufgegeben, da die Heilbarkeit der Geisteskrankheiten sich nicht sicher vorausbestimmen läßt.[7]) In den **Blinden- und Taubstummen-**

59—62. — Vorschr. über Anlage, Bau u. Einrichtung v Kranken-, Heil-, Pflege- und Entbindungsanstalten u. Säuglingsheimen 5. Sept. 13 (MMB. 268.) — Krankenanstalten der Orden und ähnlicher Wohltätigkeitsvereinigungen Bf. 21. Feb. 93 (MB. 128). — Krankenbeförderung § 247 Anm. 1 d. W.

[4]) Bf. 30. Sept. 70 (MB. 265). Zu gesundheitspolizeilichen Anordnungen ist die Orts- (nicht die Landes-) Polizeibehörde zuständig Bf. 22. Okt. 13 (MB. 196). — Aufnahme u. Entlassung Anw. 20. Sept. 95 (MB. 272), erg. 24. April 96 (MB. 104); Irrenanstalten Anm. 7. — Grundsätze für die ärztliche Leitung Bf. 12. Okt. 08 (MMB. 391). — Bei Revisionen der für die Arbeiterversicherung errichteten Anstalten ist ein Benehmen mit deren Vorständen vorgeschrieben Bf. 22. Mai 13 (MB. 172).

[5]) Genesungsheime (Sanatorien) in Berlin u. Breslau, ferner in Bremen, München u. Stuttgart.

[6]) G. 8. Juli 75 (GS. 197) § 44 u. ProvO. 81 (GS. 233) § 128. Änderung der Reglements § 120 das. — Prov. Hannover G. 7. März 68 (GS. 223) § 13. — RBez. Kassel Erl. 16. Sept. 67 (GS. 1528) Nr. 2 u. G. 25. März 69 (GS. 525) § 14. — RBez. Wiesbaden G. 1. März 72 (GS. 257) § 12.

[7]) **Öffentliche Irrenanstalten** in Allenberg bei Wehlau, Kortau bei Allenstein, Schwetz, Neustadt in Westpr., Konradstein bei Pr. Stargard, Eberswalde, Neu-Ruppin, Landsberg, Sorau, Teupitz, Lübben, Stralsund (im Bau), Brandenburg (desgl.), Ückermünde, Treptow a. R., Lauenburg, Owinsk, Dziekanka, Obrawalde b. Meseritz, Kosten (zugleich Idiotenanstalt), Brieg, Bunzlau, Kreuzburg, Leubus, Lüben, Lublinitz, Plagwitz, Rybnik, Tost, Altscherbitz bei Schkeuditz, Nietleben bei Halle, Uchtspringe, Jerichow (Landesasyl), Mühlhausen (i. Bau), Neustadt i. H., Schleswig, Göttingen, Hildesheim mit Tochteranstalt Einum, Lüneburg, Osnabrück, Lengerich, Warstein, Marsberg, Münster, Aplerbeck, Eichelborn bei Benninghausen (Pflegeanst.), Warstein, Marburg, Haina (Landeshospital), Merrhausen (dgl.), Weilmünster (Heil- u. Pflegeanst.), Eichberg (Nassau), Andernach, Bonn, Galkhausen bei Langenfeld, Düren, Grafenberg bei Düsseldorf, Köln-Lindenthal, Johannisthal bei Sichteln, Merzig, Düsseldorf (Departementalirrenanstalt), St. Thomas in Boppard (staatlich, Bewahranstalt) u. Sigmaringen (Fürst Karl-Landesspital), V. 31. Aug. 74 (GS. 308). — Anw. über Aufnahme und Entlassung in **Privatanstalten** für Geisteskranke, Epileptische u. Idioten 26. März 01 (MB. 104), erg. (§ 9) Bf. 3. Okt. 04 (MB. 262), geänd. (§ 21[5]) 29. April 09 (MMB. 237). — Entlassung von gefährlichen Irren, insbes. Verbrechern Bf. 15 Juni u. 16. Dez 01 (MB. 197 u. 02 S. 18), 6. Jan. 02 (MMB. 47) u. 20. Mai 04 (das. 247).

anstalten[8]) sowie in den Anstalten für Fallsüchtige (Epileptische) und Geistesschwache[9]) wird die Entwickelung der bildungsfähigen Keime zur Ermöglichung eines wenn auch beschränkten Erwerbes erstrebt. — Für Altersschwache und Invaliden ist mehrfach durch Stiftungen gesorgt (Hospitäler). Ihre Versorgung in diesen oder in ihren Familien ist durch die Alters- und Invalidenversicherung (§ 320) wesentlich gefördert worden. Daneben bestehen einzelne besondere Siechenhäuser.[10])

Gesundbäder und Mineralbrunnen kommen als Staats- und als Privatanstalten vor.[11]) Für gemeinnützige Mineral- und Thermalquellen können auf Antrag des Eigentümers Schutzbezirke festgestellt werden, innerhalb deren Arbeiten, die die Quellen gefährden, von der Genehmigung des Oberbergamts und des Regierungspräsidenten abhängig sind. Für die den Grundeigentümern dadurch erwachsenden Vermögenseinbußen ausschließlich des entgangenen Gewinns hat der Quelleneigentümer Entschädigung zu leisten. Auch der letztere bedarf zu Arbeiten, welche die Abänderung gemeinnütziger Quellen bezwecken, der gleichen Ge-

---

[8]) Provinzialbehörde für die Schulaufsicht ist das Provinzialschulkollegium AE. 27. Juli 85 (GS. 350). Blindenanstalten in Königsberg, Königsthal bei Danzig, Steglitz bei Berlin (staatlich). Stettin, Bromberg, Breslau (Privatanstalt), Halle mit Zweiganstalt in Barby, Kiel, Hannover, Paderborn (katholisch), Soest (evangelisch), Frankfurt a. M. (städtisch), Wiesbaden, Neuwied u. Düren. — Taubstummenanstalten in Königsberg (Prov.-A. und private ostpreußische Zentralanstalt), Tilsit, Rössel, Marienburg, Schlochau, Danzig (städtisch), Berlin (staatlich u. städtisch), Wriezen (Anst. u. Taubstummenheim), Guben, Stettin, Köslin, Stralsund (städtisch), Posen, Schneidemühl, Bromberg, Breslau, (Privatanstalt), Liegnitz (dgl.), Ratibor (dgl.), Erfurt, Halberstadt, Osterburg, Weißenfels, Halle, Schleusingen (Taubstummenheim), Schleswig, Emden, Hildesheim, Osnabrück, Stade, Büren u. Langenhorst (katholisch), Petershagen und Soest (evangelisch), Frankfurt a. M. (städtisch), Homberg, Kamberg (Nassau), Essen, Essen-Huttrop, Brühl und Kempen (katholisch), Neuwied (evangelisch), Trier (katholisch), Elberfeld (evangelisch), Aachen u. Köln, — PrüfungsO. für Lehrer (Lehrerinnen) u. Direktoren (Direktorinnen) an Blindenanstalten 12. Mai 12 (ZBU 476), an Taubstummenanstalten 20. Dez. 11 (das. 12 S. 219). — Schulpflicht blinder u. taubstummer Kinder § 303 Anm. 4 d. W. Ausbildung taubstummer Lehrlinge § 369 Anm. 5.

[9]) Prov.Anstalten für Schwachsinnige (Idioten) in Rastenburg, Lübben, Potsdam (Wilhelmstift) u. Schleswig, Heil- u. Pflegeanst. in Langenhagen Anst. für Fallsüchtige in Karlshof b. Rastenburg, Potsdam; die Schulaufsicht führt der ObPr. AE. 10. Juli 06 (GS. 371) u. 26. Feb. 12 (GS. 27). — Aufnahme in Privatanstalten Anm. 7. — Hilfsklassen für minder begabte Kinder in den Volksschulen § 304 Anm. 3 d. W.

[10]) Provinzialsiechenanstalten in Pr.-Eylau (Wilhelm Augusta), Wittstock (auch Landarmenanst.), Eilanghof b. Reppen u. Bütow, Obornik.

[11]) Die Bäder Norderney, Nenndorf, Rehburg, die Bäder u. Mineralbrunnen Ems, Langenschwalbach u. Schlangenbad, sowie die Mineralbrunnen Fachingen, Niederselters u. Geilnau stehen unter den Finanzabteilungen der Regierungen, während die Solbäder in Elmen bei Schönebeck, Dürrenberg, Artern u. Oeynhausen wegen ihres Zusammenhanges mit dem Betriebe der Salinen der Bergverwaltung, und das Bad Bertrich dem Min. d. Inn. unterstellt sind. Die Badepolizei wird von Badekommissaren verwaltet. — Gesundheitliche und bauliche Mindestforderungen Vf. 28. Jan. und 1. Juni 08 (MMB. 321, 322). Kurtaxen § 80 Anm. 4 d. W.

nehmigung und kann, wenn er deren geeignete Benutzung und Unterhaltung ablehnt, enteignet werden.[12])

4. Seuchenbekämpfung.

§ 269.

Der Kampf gegen übertragbare (Infektions-)Krankheiten (Seuchenpolizei) wurde früher, namentlich im 16. Jahrhundert der orientalischen Pest gegenüber, durch vollständige Absperrung geführt. Dieses Mittel ist als undurchführbar längst verlassen. Dagegen haben die europäischen Staaten gemeinsame Maßnahmen gegen die Einschleppung und Verbreitung der Pest, der Cholera und des Gelbfiebers getroffen.[1]) — In Preußen gab erst das Auftreten der Cholera im Jahre 1831 den Anstoß zu einer planmäßigen Seuchenbekämpfung.[2]) Diese Regelung war auf die alten Provinzen beschränkt und entsprach auch nicht mehr den erhöhten Anforderungen, die in neuerer Zeit mit Rücksicht auf den gesteigerten Verkehr und die Fortschritte der Wissenschaft[3]) zu stellen waren. Bei der infolgedessen erfolgten Neuregelung hat das Reich (§ 264 Abs. 1) sich auf diejenigen Krankheiten beschränkt, die eine rasche Verbreitung über größere Gebiete befürchten

---

[12]) QuellenschutzG. 14. Mai 08 (GS. 105 durch das WasserG. 7. April 11 GS. 53 nicht berührt das. § 394). Das G. betrifft den Begriff § 1, 2, Schutzbezirke § 3—18, Entschädigung § 19—27, Maßregeln gegen den Quelleneigentümer § 28, 29, Nutzungsrechte § 30, Strafen § 31. Das G. findet keine Anwendung auf Bergbauarbeiten § 32, für die das BergG. 24. Juni 65 (GS. 705) § 4 Abs. 2, 67 Abs. 2 u. 196—199 ausreichende Vorschriften enthält u. im vorm. Herz. Nassau, in dem die für die bestehenden Quellen maßgebende V. 7. Juli 60 (VerordnBl. 137) aufrecht erhalten ist, QuellG. Eingang, OV (LII 380). — Ausf. Anw. 7. Nov. 08 (MB. 233). — Bearb. v. Bossen (Han. 09).

[1]) Internat. Übereink. 3. Dez. 03 RGB. 07 S. 425 u. Ausdehnung auf einige britt. Kolonien 08 (das. 12, 645) u. 09 (das. 468, auf Brittisch Indien nur bezüglich der Pest 514). Beitritt Dänemarks 10 (das. 961), Schwedens 08 (das. 151), Norwegens u. Portugals 11 (das. 274 u. 922), Spaniens u. Mexikos 09 (das. 318 u. 769), Austritt der niederländischen Kolonien in West- u. Ostindien 09 (das. 512) u. 12 (das. 570), Südafrikas 13 (das. 14), Jamaikas Bek. 18. u. Anwendbarkeit auf Neuseeland Bek. 19. April, die Fijikolonie 5. Sept. 10 (das. 663, 991) Zanzibars 11 (das. 971). — Sicherung vor Einschleppung durch durchziehende Auswanderer § 11 Anm. 4. — Nachrichtenaustausch über ansteckende Krankheiten in den Grenzbezirken Abk. mit Belgien 7. u. 13. Aug. u. üb. die Cholera mit Rußland 2. Mai 07 (ZB. 08 S. 36 u. 2), erg. 8. März u. 26./29. Mai 10 (ZB. 95 u. 259). — Abk. mit Frankreich üb. Benachrichtigung des Auftretens von Menschen- u. Tierkrankheiten 15. Nov. 11 (ZB. 607).

[2]) KO. u. Regul. 8. Aug. 35 (GS. 240).

[3]) Die neueren Forschungen haben als Krankheitserreger (Anm. 13) der meisten Seuchen bestimmte kleine Lebewesen aus dem Pflanzen- oder Tierreiche (Bakterien, bei Stäbchenform Bazillen) ermittelt, durch welche die Seuchen übertragen werden (§ 263 Anm. 2, 264 Anm. 7). Günstige Vorbedingungen für ihre Entwicklung können das häufige Auftreten an einzelnen Orten (Endemien) oder plötzliches Umsichgreifen (Epidemien) hervorrufen. Auch zeigen sich einzelne Personen für die Aufnahme besonders empfänglich (prädisponiert), andere dagegen unempfänglich (immun). Verbreitung durch das Wasser § 272 Anm. 3 d. W.

lassen (Abs. 2); andere übertragbare Krankheiten sind der Landesgesetzgebung belassen (Abs. 3).

Die **Reichsgesetzgebung** bezeichnet die ihr unterliegenden **Krankheiten als gemeingefährliche**[4]) und führt als solche auf Aussatz (Lepra),[5]) Cholera (asiatische),[6]) Fleckfieber (Flecktyphus),[7]) Gelbfieber,[8]) Pest (orientalische Beulenpest)[9]) und Pocken (Blattern)[10]). Jeder Erkrankungs-, Todes- und Verdachtsfall an diesen Krankheiten ist von dem Arzt, dem Haushaltungsvorstand, jeder sonst mit der Behandlung oder Pflege des Erkrankten beschäftigten Person, dem Inhaber der Wohnung oder Behausung und dem Leichenschauer der Polizeibehörde unverzüglich anzuzeigen.[11]) Diese hat die Krankheit durch den beamteten Arzt (§ 264 Abs. 3) zu ermitteln[12]) und die erforderlichen Schutzmaßregeln anzuordnen, die in ärztlicher Beobachtung, Absonderung der kranken, krankheits- oder an-

[4]) R. Seuchen G. 30. Juni 00 (RGB. 306); das G. enthält außer den Schlußbest. (§ 47—49): I. Maßregeln der Bekämpfung (Anzeigepflicht § 1—5, Krankheitsermittelung § 6—10, Schutzmaßregeln § 11—27), II. deren Durchführung (Entschädigungen § 28—34, allgemeine Best., insbes. über Zuständigkeit u. Kostenaufbringung § 35—43 Strafen § 44—46). — Ausf. Anw. des BR. für die Pest 3. Juli u. MinBf. 26. Nov. 02 (MMB. 03 S. 24 und 54), Cholera, Pocken, Fleckfieber und Aussatz Best. 21. Feb. 04 (RGB. 67), erg. (Nr. 12 Abs. 1 u. 2) Bek. 5. April 07 das. 91), (Nr. IV) 10. Juli 13 (das. 572) u. (Aussatz) 12. Juni 13 (MMB. 292); AusfBest. d. Min. 12. Sept. 04 (das. 353). Die Desinfektionsanw. für diese Krankheiten sind neu erlassen Bek. 11. April 07 (RGB. 95).

[5]) Der **Aussatz** ist im Morgenlande verbreitet und kommt auch in mehreren Ländern Europas vor. In Deutschland, wo er bis ins 17. Jahrhundert verheerend wirkte, tritt er jetzt nur in vereinzelten Fällen im Nordosten auf. Er zeigt sich in Knoten und Ausschlägen der Haut, ergreift dann auch andere Organe und ist unheilbar. Erkrankte und krankheitsverdächtige Personen sind streng abzusondern und finden in dem Lepraheim bei Memel Aufnahme. — Anm. 4.

[6]) Die **Cholera**, die nach ihrem Stammland (Indien) als asiatische bezeichnet wird, erschien in Europa erst im 19 Jahrhundert (Abs. 1). Sie zeigt sich in heftigem Erbrechen und Durchfall, verbunden mit Muskelkrämpfen und führt durch Entkräftung oft rasch zum Tode. Der Erreger (Cholera- oder Kommabazillus) gedeiht auf Nahrungsmitteln und in Wasserläufen, was zu strenger Überwachung des Wasserverkehrs geführt hat. Anm. 1 u. 4.

[7]) Das **Fleckfieber** (Fleck- oder Hungertyphus) hat einigemal den Osten Preußens (Ostpreußen, Oberschlesien) heimgesucht. Es ist leicht übertragbar und äußert sich in Hautausschlag und hohem Fieber. Anm. 4.

[8]) Das **Gelbfieber** ist aus seiner Heimat (Mittel- u. Südamerika u. Westafrika) nur selten nach Europa verschleppt und in Deutschland noch nicht aufgetreten.

[9]) Die **Pest**, die in früheren Jahrhunderten auch in Europa verheerend auftrat (der schwarze Tod), hat sich neuerdings nur in Südrußland (1879), Nordafrika, Westasien und China gezeigt. Die Übertragbarkeit durch Kleider und Ratten hat zu einer Überwachung des Schiffsverkehrs geführt (Anm. 1 u. 4.)

[10]) Die **Pocken** kommen nach Einführung des Impfzwanges (Abs. 4) nur noch vereinzelt vor.

[11]) R.Seuch.G. § 1—5; die Anzeigepflicht ist gem. § 5 Abs. 2 auf Milzbrand ausgedehnt Bek. 28 Sept. 09 (RGB. 933). — Wechselseitige Mitteilung der Militär- und Polizeibehörden üb das Auftreten Bek. 28. Feb. 11 (das. 63)

[12]) R.S.G. § 6—10. Nach § 10 kann eine allgemeine Leichenschau vorübergehend angeordnet werden; die dauernde Einführung ist vielfach gewünscht, in Ermangelung geeigneter Beschauer aber noch nicht für durchführbar erachtet.

steckungsverdächtigen Personen bestehen und nicht mit aufschiebender Wirkung angefochten werden können.[13]) Auf Antrag wird invalidenversicherungspflichtigen Personen bei Absonderung oder Beschränkung in der Wahl des Aufenthalts oder der Arbeitsstätte und Personen, denen Gegenstände vernichtet oder infolge der notwendigen Entseuchung (Desinfektion) beschädigt sind, Entschädigung aus öffentlichen Mitteln gewährt.[14])

Die Ausführung des Reichsgesetzes und die Bekämpfung sonstiger übertragbarer Krankheiten ist der Landesgesetzgebung überlassen[15]) und das demgemäß ergangene Gesetz[16]) erstreckt sich auf Lungen- und Kehlkopfstuberkulose[17]), Diphtherie (Rachenbräune)[18]), übertragbare Ge-

---

[13]) Das. § 11—26, Verkehr mit Krankheitserregern § 27 u. Bek. 4. Mai 04 (RGB. 159) nebst Vf. 6. Aug. 05 (MB. 313) Die erforderlichen Einrichtungen, insbes. in Bezug auf Wasserversorgung und Fortschaffung der Abfallstoffe liegen den Gemeinden ob § 35 u. 23, OV. (LII 279 u. LXI 157). — Sicherungsmaßregeln in den Schulen § 304 Anm 1 d. W. Beschränkung des Marktverkehrs u. des Gewerbebetriebs im Umherziehen § 15 u. GewO. § 56b Abs. 2, des Einlasses von Beförderungsmitteln, Waren u. Gebrauchsgegenständen und Personen aus dem Auslande RSeuchG. § 24, 25, V. 13. Juli u. 18. Dez. 99 (RGB. 369 u. 703), Bek. 4. Juli 00 (RGB. 555), 24. Aug. 01 (RGB. 281), 18 Feb. 11 (das. 57) u. 2. April 12 (das. 257), erg. 5. Juli 13 (das. 568); (Paßpflicht) § 246 Anm. 2 d. W. Untersuchung der Seeschiffe nebst Desinfektionsanw. (RSeuchG. § 24 Abs. 2) 29. Aug. 07 (RGB. 563) und (im Kais. Wilh.-Kanal) 7. Aug. 13 (das. 624).

[14]) R Seuch. G. § 28—34. Festsetzungsverfahren wie zu Anm. 13.

[15]) R.Seuch.G. § 48.

[16]) Preuß. G. 28. Aug. 05, Inkraftsetzung V. 10. Okt. 05 (GS. 373 u. 387). Das G. enthält — ähnlich wie das RG. (Anm. 4) — außer der Schlußbest (§ 37, 38): I. Maßregeln der Bekämpfung (Anzeigepflicht § 1—5, Krankheitsermittelung § 6 u. 7, Schutzmaßregeln § 8—11), II. deren Durchführung (Verfahren u. Behörden § 12 u. 13, Entschädigungen § 14—24, Kosten § 25—33, Strafen § 34—36). — Ausf. Best. 15. Sept. nebst belehrenden Sondervorschr. für die einzelnen Krankheiten 10. Aug. 06 (MMB. 372), erg. (Anl. 5 Nr. II 10) Vf. 22. März 12 (MB. 51). — Bearb. v. Schneider (Bresl. 07).

[17]) Die Tuberkulose umfaßt eine Reihe verschiedener, meist lange dauernder (chronischer) Leiden, die alle auf den von Koch entdeckten Tuberkelbazillus zurückzuführen sind. Sie verursacht im Körper kleine Knötchen und Entzündungen, die zerstörend wirken und Geschwüre hervorrufen. Letztere bilden die Eingangspforte für andere Krankheitserreger. Die häufigste Form ist die Lungen- und Kehlkopftuberkulose (Schwindsucht), die zahlreiche Opfer fordert, in den letzten Jahrzenten jedoch stetig zurückgegangen ist. (Im Reiche entfielen in den Städten über 15000 Einw. auf 1000 Todesfälle in den Jahren 1877/81 jährlich 3,5 Verstorbene, 1910 nur noch 1,7) Mit dieser ist Husten, Kurzatmigkeit und ein (zuweilen blutiger) Auswurf verbunden, der vorzugsweise zur Verbreitung der Krankheit beiträgt. — Vorbeugung Vf. 1. u. 8. Sept 92 (MB. 261 u. 254) u. 22. Dez. 97 (MB. 98 S. 4) Bekämpfung Vf. 10. Dez 90 (MB. 91 S. 32) u. (Fürsorge bei vorgeschrittener Entwicklung) 23. Sept 09 (MB. 501). Lungenheilstätten § 268 Abs 2 d W.

[18]) Diphtherie ist eine mit Schwellung und Hautauflagerung verbundene Erkrankung der Luftröhre, die hauptsächlich das Kindesalter befällt und durch Erstickung, Herzschwäche oder Folgekrankheiten häufig mit dem Tode endet Seit Entdeckung des Behringschen Heilserums ist sie erheblich zurückgegangen. Staatliche Prüfung und Überwachung des Serums Vf. 25. Feb. 95 (MB. 41), Aufbewahrung, Verpackung und Kennzeichnung Vf. 11. März 02 (MMB. 106) u 16. Nov. 09 (das. 564).

nickstarre[19]), Kindbettfieber[20]), Körnerkrankheit (Granulose)[21]), Rückfallfieber[22]), übertragbare Ruhr[23]), Scharlachfieber[24]), Unterleibstyphus[25]), übertragbare Tierkrankheiten (Milzbrand, Rotz, Tollwut)[26]) und Nahrungsmittelvergiftungen (Trichinose, Fleisch-, Fisch- und Wurstvergiftung)[27]). Die Maßregeln der Bekämpfung (Pflicht zur Anzeige bei Erkrankungen und Todesfällen, bei Lungen- und Kehlkopftuberkulose nur bei letzteren, Krankheitsermittelung und Schutzmaßregeln) entsprechen mit den durch die Natur der Krankheiten gebotenen Maßgaben den Vorschriften des Reichsgesetzes.[28]) Die Anordnungen erläßt regelmäßig die Ortspolizeibehörde.[29]) Entschädigung wird — abweichend vom Reichsgesetz (Abs. 2 Satz 3) — nur für Gegenstände gewährt, und nur, soweit der Betroffene den Verlust nicht ohne

[19]) Genickstarre beruht auf Entzündung der das Gehirn und Rückenmark umgebenden Haut. Sie tritt vorwiegend in Industriegebieten und bei jugendlichen Personen auf und verläuft oft tödlich.

[20]) Das Kindbettfieber entsteht durch Eintritt von Krankheitserregern in die bei der Geburt verletzten Teile und legt den Hebammen (§ 266 Abs. 2) besondere Pflichten auf. Anw. zur Verhütung V. 7. Aug 0? (MMB 308).

[21]) Die Körnerkrankheit ist aus Rußland eingeschleppt und im östlichen Deutschland ziemlich verbreitet. Sie besteht in einer chronischen Erkrankung der Augenbindehaut, die auf die Hornhaut übergehen und zur Erblindung führen kann. In Ostpreußen u. einigen anderen östlichen Kreisen ist eine planmäßige Bekämpfung durchgeführt — Eine besondere Maßregel gegenüber dieser und gegenüber den Geschlechtskrankheiten (§ 269 Abs. 2) bildet die Zwangsbehandlung Pr. G. (Anm 16) § 9.

[22]) Das Rückfallfieber ist in Deutschland fast verschwunden; das SeuchenG. will der Einschleppung aus Rußland vorbeugen.

[23]) Die Ruhr beruht auf Entzündung und Geschwüren im Darmkanal. Die häufig mit Eiter und Blut vermischten Ausleerungen vermitteln die Übertragung.

[24]) Scharlachfieber ist eine verbreitete u. gefährliche Krankheit, namentlich des Kindesalters. Den Namen führt es von einem himbeerfarbenen Hautausschlag, der bei günstigem Verlauf nach einigen Tagen abblaßt und zu einer Hautabschuppung führt. Die Krankheit tritt in 4—7 Tagen nach der Ansteckung auf; zuweilen tritt der Tod schon nach einigen Tagen ein; häufiger wird sie durch Nachkrankheiten gefährlich. Der Ansteckungsstoff wird auch durch leblose Gegenstände übertragen und haftet länger an den Räumlichkeiten. — Andere weitverbreitete Ausschlagskrankheiten sind die Masern und die diesen ähnlichen Röteln. Diese endigen jedoch gewöhnlich, namentlich bei Kindern, mit Genesung. Von allgemeinen gesetzlichen Maßregeln ist trotz der leichten Übertragbarkeit abgesehen, da damit kein wesentlicher Erfolg erzielt werden würde.

[25]) Der Typhus (Unterleibstyphus) zeigt sich in Schleimhautgeschwüren des Dünndarms, Milzanschwellung und nervösen Störungen (geistiger Benommenheit). Er tritt erst 4 Wochen nach der Ansteckung auf. Diese erfolgt durch die Ausleerungen und wird auch durch Wasser und Geräte vermittelt. Seine große Verbreitung hat durch tatkräftige Maßnahmen, insbesondere durch Verbesserung der Trinkwasserversorgung und der Abwässerbeseitigung erheblich abgenommen.

[26]) Anm. 11 u. § 358 Anm. 20—22 d. W.

[27]) Fleisch-, Fisch- und Wurstvergiftung bilden keine übertragbaren Krankheiten, haben aber wegen ihres häufigen und epidemischen Auftretens im SeuchenG. Aufnahme gefunden.

[28]) Pr G. § 1—27 u. Anm. 11—13 u. 21.

[29]) Pr. G § 12, 13. Die Amtsverrichtungen der Ortspolizeibehörde kann im Einzelfalle der Landrat übernehmen § 12 Abs. 1; die Rechtsmittel sind — im Gegensatz zum ViehseuchenG. (§ 358 Anm. 11 d. W.) — die im LVG. gegen poliz. Verfügungen gegebenen (§ 232 Abs. 3 d. W.), doch ohne aufschiebende Wirkung § 12 Abs. 3 u. 4.

Beeinträchtigung des notwendigen Unterhalts zu tragen vermag.[30]) Die Festsetzung erfolgt durch vom Kreis(Stadt)ausschuß bezeichnete Sachverständige.[31]) Die Kosten, die durch landespolizeiliche Maßregeln (gegen Einschleppung oder Weiterverbreitung auf andere Gebiete), sowie durch Beteiligung des Kreisarztes und durch ärztliche Feststellung von Scharlach, Körnerkrankheit und Diphtherie entstehen, trägt die Staatskasse. Die sonstigen aus öffentlichen Mitteln zu bestreitenden Kosten fallen als ortspolizeiliche den Gemeinden und Gutsbezirken zur Last. Soweit sie über ein bestimmtes Maß hinausgehen, muß den Gemeinden unter 5000 Einwohnern und kann den Gutsbezirken der Mehrbetrag zu $^2/_3$ von den Kreisen erstattet werden, denen der Staat die Hälfte der Leistung zuzuschießen hat.[32])

Im Wege der Reichsgesetzgebung ist das Impfwesen geregelt.[33]) Alle Kinder müssen vor Ablauf des auf das Geburtsjahr folgenden Lebensjahrs, alle Schüler im 12. Lebensjahre geimpft werden, soweit sie nicht die natürlichen Blattern überstanden haben. Bleibt die Impfung erfolglos, so ist sie im folgenden und im dritten Jahre nochmals zu wiederholen. Zur Impfung sind nur Ärzte befugt.[34]) Die erforderliche Lymphe wird aus den den Oberpräsidenten unterstellten Schutzpockenimpfanstalten abgegeben.[35]) Für die nicht durch Privatärzte Geimpften findet die Impfung unentgeltlich durch Impfärzte statt, die für bestimmte Bezirke angestellt sind. Die Kosten tragen in Preußen die Kreise.[36]) — Außerdem kann bei Ausbruch von Pockenseuchen die Zwangsimpfung aller ansteckungsfähigen Personen, auch der Erwachsenen, angeordnet werden.[37])

---

30) Das. § 14.

31) Das. § 15—24.

32) Das. § 14—28 u. 33; die Herstellung u. Unterhaltung der zur Bekämpfung der Krankheiten erforderlichen Einrichtungen liegt in erster Linie der Gemeinde ob § 29—32. — Verträge der Kreise mit dem Zentralkomité vom Roten Kreuz (§ 109 Anm. 10) über Unterstützung bei Seuchengefahr Vf. 25. März 05 (MB. 78).

33) ReichsImpfG. 8. April 74 (RGB. 31). AusfVorschr. 28. Feb. 00, erg. Vf. 2. Nov. 07 (MMB. 448). — Durch die Impfung wird das Kuhpockengift künstlich auf den Menschen übertragen, um diesen für die Ansteckung durch Menschenblattern unempfindlich zu machen, die in früheren Zeiten verheerend wirkten. Sie wurde zu Ende des vorigen Jahrhunderts in England durch Jenner erfunden und hat sich von dort über Deutschland verbreitet.

34) Das. § 8 Abs. 1, Vf. 13. Mai 76 (MB. 127); Ausführung der Impfungen Vf. 6. April 86 (MB. 51), geänd. (§ 6) 21. März 96. — Unabhängig von der allgemeinen Impfung werden alle eingestellten Soldaten militärärztlich geimpft.

35) IG. § 9 u. Instr. 28. März 76 (MB. 77 S. 10). Vertrieb durch die Apotheken Vf. 31. Jan. 10 (MMB. 79). Infolge Bundesratsbeschlusses kommt zur Vermeidung von Krankheitsübertragungen vorwiegend die Tierlymphe zur Anwendung. Anstalten an den Provinzialhauptorten in Königsberg zugleich für Westpreußen, in Berlin zugleich für Prov. Brandenburg, in Halle für Sachsen, in Kiel für Schl.-Holstein.

36) IG. § 6, 7; Impflisten u. Impfscheine § 7, 8, 10 u. 11, BB. 30. Okt. 74 (MB. 255) u. 5. Sept. 78 (MB. 242). — Kosten G. 12. April 75 (GS. 191) nebst Vf. 19. April u. 8. Juni 75 (MB. 99, 181).

37) IG. § 18 Abs. 3, preuß. Reg. 8. Aug. 35 (GS. 240) § 55 u. SeuchenG. (Anm. 16) § 37 Abs. 2.

5. Gesundheitspolizei und Gesundheitspflege.[1])

§ 270.

a) Der Handel mit **Giften** ist von besonderer Genehmigung abhängig, die nur an zuverlässige, unbescholtene Personen erteilt wird (§ 366 II 2 Abs. 3). Im Umherziehen dürfen Gifte und gifthaltige Waren nicht aufgekauft oder feilgeboten werden.[2]) Der Kleinhandel mit gewissen Giften ist ausschließlich den Apotheken vorbehalten (§ 267 Abs. 3). Die unerlaubte Zubereitung oder Feilhaltung von Giften ist mit Strafe bedroht, desgleichen die Nichtbefolgung der über die Aufbewahrung, Beförderung, Zubereitung und Feilhaltung erlassenen Sicherungsvorschriften. Zum Erlasse der letzteren sind die Minister befugt (§ 231 Abs. 2 [1]).[3]) Ein besonderes Reichsgesetz regelt die Verwendung gesundheitsschädlicher Farben. Zur Herstellung, Aufbewahrung oder Verpackung der zum Verkauf bestimmten Nahrungs- und Genußmittel, sowie zur Herstellung der Schönheits- (kosmetischen) Mittel, der zum Verkauf bestimmten Spielwaren, Tapeten, Möbelstoffe, Teppiche, Bekleidungsgegenstände, Kerzen, künstlichen Blumen und Früchte, Schreibmaterialien und Lichtschirme dürfen solche Farben nicht verwendet werden; bei Herstellung des Anstrichs in Wohn- und Geschäftsräumen sind arsenhaltige Wasser- oder Leimfarben ausgeschlossen.[4]) Gleichfalls durch Reichsgesetz ist bestimmt, daß Eß-, Trink- und Kochgeschirre und sonstige zur Herstellung, Aufbewahrung oder Verpackung dienende Geräte, Gefäße und Umhüllungen nur bis zu einem bestimmten Maße blei- oder zinkhaltig sein dürfen.[5])

§ 271.

b) Die Beförderung von **Leichen**[1]) ist zur Verhütung von Ansteckungen nur auf Grund von Leichenpässen gestattet, deren Ausstellung der

---

[1]) Die Erhaltung und Förderung der Gesundheit (§ 263 Abs. 2 d. W.) fordert eine vorbeugende staatliche Tätigkeit gegen die sie bedrohenden Gefahren. Unter diese fällt die Verhütung ansteckender Krankheiten (§ 266). Außerdem ist den Gefahren vorzubeugen, die entstehen durch den Verkehr mit Giften (§ 270), die Berührung mit Leichen (§ 271), durch schädliche Ausdünstungen (§ 272) und schädliche Lebens- u. Gebrauchsmittel (§ 273). Diese Tätigkeit bildet den Gegenstand der Gesundheitspolizei (Sanitätspolizei). An sie schließt sich die Pflege der Gesundheit, welche die Fernhaltung mangelhafter Nahrung, Wohnung und Beschäftigung erfordert und vielfach auf andere Gebiete übergreift (Bauwesen § 280 Anm. 6, Gesundheitspflege in Volksschulen § 304, insbes. Anm. 1, Bergbau § 334 Abs. 2, Arbeiterschutz im Gewerbe § 315 Abs. 2—4). Besondere Beachtung hat in neuester Zeit die Kinderpflege gefunden (§ 314 Abs. 2—4 d. W.).

[2]) GewO. § 56[9]. — Urban, Betriebsvorschriften für Drogen- und Gifthandlungen in Preußen (Berl. 06).

[3]) StGB. § 367[3 u. 5] nebst GewO. § 34 Abs. 3 u. Ausf. Anw. 1. Mai 04 (MB. 201) Nr. 50 Abs. 2, nebst Bf. 7. Jan. 10 (MMB. 67), pr. GewO. 17. Jan. 45 (GS. 61. S. 441). § 49. Zust.G. § 114. — Min.PolV. 22. Feb. 06 (MB. 42). — Überwachung der Drogenhandlungen § 366 II 3 Abs. 2.

[4]) G. 5. Juni 87 (RGB. 277) u. Bek. 10. April 88 (ZB. 131).

[5]) G. 25. Juni 87 (RGB. 273), erg. 22. März 88 (RGB. 114). — Einrichtung u. Betrieb der Bleiproduktenfabriken § 315 Anm. 11 d. W.

[1]) Beförderung auf Eisenbahnen Bf. 6. April 88 (MB. 94), erg. (Nr. 6)

Regel nach durch die Landräte erfolgt. Mit mehreren deutschen Staaten und mit Österreich ist die gegenseitige Anerkennung dieser Pässe vereinbart.[2]

Zur Verhütung des Lebendigbegrabens sind **Beerdigungen** nur mit Vorwissen der Behörde gestattet.[3] Dabei wird der Ablauf einer dreitägigen Frist nach dem Ableben oder die besondere Untersuchung durch den Arzt oder die Ortsbehörde erfordert.[4] In einzelnen größeren Orten ist eine regelmäßige Leichenschau polizeilich eingeführt.[5] Das öffentliche Ausstellen der Leichen und das Öffnen der Särge bei der Begräbnisfeier ist verboten.[6] Die Beerdigungen sollen weder in Kirchen, noch in bewohnten Gegenden der Städte, noch ohne besondere Anzeige außerhalb der öffentlichen Begräbnisplätze (**Kirchhöfe**) stattfinden.[7] Die letzteren sind in der Regel Eigentum der Kirchengesellschaften und von diesen zu unterhalten.[8] Ihre Benutzung darf indes den Mitgliedern anderer aufgenommener Religionsgesellschaften, die eigene Kirchhöfe nicht besitzen, nicht versagt werden.[9] Die Anlegung neuer Kirchhöfe erfordert polizeiliche Genehmigung.[10] Die

27. Juni 07 (MB. 247), auf dem Seewege Best. des BR. Bf. 24. Dez. 06 (HMB. 07 S. 3).

[2]) LR. II 11 § 463 u. 464. — KO. 9. Juni 33 (GS. 73), Bf. 19. Dez. 57 (MB. 58 S. 2), 6. April u. 23. Sept. 88 (MB. 94 u. 184), 31. Juli 10 (MB. 293) u. 29. Sept. 11 (MB. 274), erg. 22. Mai 12 (MB. 172). Luxemburg Bek. 29. Mai 93 (RGB. 189), Schweiz 21. Dez. 09 (ZB. 1500) u. 11. Nov. 11 (ZB. 720. Zuständige Behörden in den Bundesstaaten § 388 Anm. 8, in Österreich Bek. 14. Juni 02 (ZB. 165), in Rußland Bf. 10. April 06 (MB. 202) u. 14. März 13 (MB. 68). — Stempel § 155 Anm. 7 d. W.

[3]) LR. II 11 § 475 u. 476. — StGB. § 367 1 u. 2. — Erfordernis vorheriger Eintragung in die Standesregister § 207 Abs 3 d. W., der Genehmigung des Staatsanwalts oder Amtsrichters bei unnatürlichen Todesfällen § 234 Abs. 2. Gerichtliche Leichenöffnungen § 216 Anm 9 — Ablieferung an die Anatomien § 239 Anm. 8.

[4]) Bf. 2. März 27 (KA. XI 168).

[5]) Sie besteht in Berlin, der Rheinprovinz Hohenzollern u. teilweise in Schl.-Holstein u. dem RB. Arnsberg. In ländlichen Kreisen ist in der Regel davon abzusehen Bf. 22. Nov 02 (MB. 03 S. 20); vgl. jedoch Anm. 14 u. § 269 Anm. 12.

[6]) KO. 4. Nov. 1801 u. 18. Jan. 1803 (KA. XV 832) u. Polizeiverordnungen.

[7]) LR. II 11 § 184, 186, 187. — Rhein. Rechtsgeb. Franz. Dekr. 12. Juni 1804 (Daniels IV 535) u. (Aufhebung des Art. 15) KO. 27. Aug 20 (KA. IV 532).

[8]) LR. II 11 § 183 u. 761; die Grundsteuerfreiheit (G. 14. Juli 93 GS. 152 § 24 e) steht ihnen auch in diesem Falle zu OV. (V 125). — Die Gemeinden u. Gutsbezirke im Gebiete des LR. sind zur Anlegung nicht verpflichtet, soweit nicht ein entgegenstehendes Gewohnheitsrecht sich gebildet hat OV. (XXXVI 440). Abweichung im rhein. Rechtsgebiete vor. Anm. u. Präjud. OT. 23. Juni 55 (Entsch. XXX 475). konfessionelle Teilung OV. (L 238), ferner im vorm. Herz. Nassau, den vormals hess. Gegenden u. dem Gebiet der Stadt Frankfurt a. M. — Die landesgesetzlichen Rechte zur Benutzung eines Platzes auf einer öffentlichen Begräbnisstätte (Erbbegräbnisse, LR. II 11 § 185 u. OV. VI 385) werden durch das BGB. nicht berührt EG. Art. 133.

[9]) LR. II 11 § 188, 189 u. f. Westfalen V. 15. März 47 (GS. 116). — Mitwirkung der Geistlichen StMB. 18. März 44 (MB. 239).

[10]) Die Genehmigung erfolgt im Gebiete des LR. (II 11 § 764, 765) durch die Ortspolizeibehörde OV. (XX 411) u. Bf. 12. Aug. 91 (MB. 139), die sich der Zustimmung des RegPr. versichern soll Bf. 12. Aug. 91 (MB. 139), in den übrigen Landesteilen durch den RegPr. Bf. 27. April 86 (MB. 92). Bei kirchlichen Begräbnisplätzen ist jedoch der Regie-

außer Gebrauch gesetzten dürfen aus Rücksichten der Gesundheitspolizei und der Ehrfurcht erst nach 40 Jahren verkauft oder anderweit in Gebrauch genommen werden.[11])

Die **Feuerbestattung** ist gesetzlich zugelassen.[12]) Sie darf nur in Anlagen erfolgen, die für Gemeinden oder zur Beschaffung von Begräbnisplätzen verpflichtete öffentlich-rechtliche Körperschaften landespolizeilich genehmigt sind und nur gemäß einer von der Aufsichtsbehörde genehmigten Gebrauchsordnung benutzt werden. Der Beschluß der Gemeinde oder Körperschaft muß mit Zweidrittelmehrheit gefaßt sein. Die Aschenreste müssen in einem behördlich verschlossenen Behältnis in einer würdigen Anlage beigesetzt werden.[13]) Zur Vornahme der einzelnen Feuerbestattung bedarf es ferner der ortspolizeilichen Genehmigung, die mindestens 24 Stunden vorher unter Beibringung einer amtsärztlichen Bescheinigung über die Todesursache und des Nachweises, daß der Verstorbene die Feuerbestattung angeordnet hat, nachzusuchen ist.[14]) Eine Mitwirkung des Geistlichen ist am Verbrennungsorte weder in der katholischen noch in der evangelischen Kirche gestattet.

§ 272.

c) Die **Verhütung schädlicher Ausdünstungen** fällt, soweit es sich um Wohnungen handelt, in das Gebiet der Baupolizei (§ 280 Abs. 2) und, soweit die Reinhaltung der Straßen in Frage steht, in das der **Straßenpolizei** (§ 384 Abs. 6). Nach Polizeivorschriften[1]) sollen schmutzige, insbesonders übelriechende oder der Verwesung unterliegende Gegenstände und Flüssigkeiten von den Straßen ferngehalten, letztere aber gleichzeitig von dem trotzdem sich ansammelnden Schmutze regelmäßig gereinigt werden.[2]) Das Bedürfnis in beiden Beziehungen macht sich im wesentlichen nur an bewohnten Straßen geltend und steigert sich mit der Größe und Bedeutung der Wohnplätze. In den Landgemeinden sind vor allem die Abflüsse aus den Dungstätten auf die Straßen Gegenstand des Verbots geworden, und

---

rungspräsident zuständig, evangelische Kirche V. 30. Jan. 93 (GS. 10) Art. 1², katholische Kirche G. 20. Juni 75 (GS. 241) § 50⁵ u. V. 30. Jan. 93 (GS. 13). — Grundsätze für Anlage u. Erweiterung Vf. 20. Jan. 92.

[11]) KO. 28. Jan. 30 (KA. XIV 183). Ausnahmen gestattet der Regierungspräsident, für katholische Begräbnisplätze der Oberpräsident AE. 17. April 93 (MB 127).

[12]) G. 14 Sept 11 (GS 193). Ausf.Anw. 29. Sept. 11 (MB. 263), § 12 Abs. 3 Schlußsatz aufgeh Vf. 9. Jan 12 (MMB. 35). Kreisarztgebühren § 264 Anm. 8 d. W. — Bearb. v. Schultz (Berl 12).

[13]) FG. § 1—6; A.Anw. Nr. 1—6.

[14]) FG. § 7—11; A.Anw. Nr. 7—10 u. Vorschr. f. d. ärztliche Leichenschau.

[1]) StGB. § 366 10.

[2]) Die Straßenreinigung ist Sache der Gemeinden Vf. 15. Mai 29 (KA XIII 341), innerhalb dieser aber meist auf die angrenzenden Hausbesitzer gelegt. — Sonst gehört die Beseitigung der den öffentlichen Interessen zuwiderlaufenden Beschaffenheit eines Grundstücks zu den Pflichten des Eigentümers OV. (VII 348 u. entsprechend VIII 330, X 180, XII 310 u. XIII 326), soweit diese Pflichten nicht durch besonderes Gesetz geregelt sind (XVI 321).

ihre Abstellung liegt ebensowohl im Interesse der Gesundheit und des Verkehrs, wie in dem des Wegebaues und der Landwirtschaft.

In den Städten macht die Dichtigkeit der Bevölkerung und die Menge der Abfallstoffe besondere Maßnahmen zur **Beseitigung der festen Abfälle und der Abwässer notwendig.** — Die festen Abfälle bestehen aus Straßen- und Hauskehricht (Müll). Sie werden regelmäßig abgefahren unter möglichster Verhinderung der Staubentwickelung. Nur in vereinzelten Fällen hat die Schwierigkeit, die großen Mengen des Hauskehrichts unterzubringen, zu dessen Verbrennung geführt. — Schwieriger und mannigfaltiger ist die Beseitigung der Abwässer (Spüljauche) gestaltet, die durch Abfuhr oder durch Kanalisation nach verschiedenen Systemen erfolgen kann. Das gesundheitliche Interesse fordert deren rasche und vollständige Entfernung, das finanzielle und landwirtschaftliche Interesse daneben die möglichste Verwertung der in ihnen enthaltenen Dungstoffe. Obwohl diese Zwecke von den einzelnen Systemen nicht in gleicher Weise erfüllt werden, kann die Auswahl unter ihnen doch nur im Einzelfalle unter Berücksichtigung der Örtlichkeit und der Lebens- und Leistungsverhältnisse der Bewohner getroffen werden.[3])

---

[3]) Die Spüljauche wird durch das Aborts-, das Wirtschafts-, das Fabrik- u. das Tage-(Straßen-)wasser gebildet. Für die Abfuhr kommt nur das Aborts- u. nach Umständen das Wirtschafts- u. Fabrikwasser in Betracht, während die Kanalisation regelmäßig alle Abwässer aufnimmt u. diese nur ausnahmsweise getrennt abführt. — Die **Abfuhr** geschieht aus Gruben oder in Tonnen. Bei den Gruben ist — auch wenn die Abfuhr geruchlos durch Einpumpen in luftleere Fässer (pneumatisch) erfolgt — infolge der Ausdünstungen u. des Undichtwerdens und Überlaufens eine Verunreinigung der Luft u. des Bodens und ein Verlust an Dungstoffen unvermeidlich. Zweckentsprechender ist die Abfuhr in verschlossenen, mit den Aborten durch Abfallrohre verbundenen Tonnen, zumal wenn dabei zerriebener Torf (Torfmull) verwendet wird, der die Ausdünstungen durch Aufsaugen der Gase und Flüssigkeiten verhindert. — Noch gründlicher u. rascher werden die Abwässer aus den Zuleitungsröhren u. aus dem umgebenden Erdreiche durch die **Kanalisation** entfernt, die mit einem Röhrennetze den Untergrund des zu entwässernden Geländes durchzieht und die Spüljauche entweder getrennt oder zusammen mit Haus- u. Niederschlagswässern (Schwemmkanalisation) abführt. Umfangreiche Kanalisationen bedürfen der Ministerialgenehmigung Vf. 30. März 96 (MB. 70). — Das Verbot der Einleitung des unreinen Kanalwassers in die Flüsse (Vf. 15. Juni u. 1. Sept. 77 MB. 158 u. 257) nötigt dabei zu einer vorherigen Reinigung, obwohl die Wahrnehmung, daß die unreinen Stoffe im fließenden Wasser zum Teil durch Zersetzung verschwinden (Selbstreinigung der Flüsse), jetzt einer milderen Auffassung Eingang verschafft hat. Die Reinigung wirkt mechanisch, chemisch u. bakteriologisch, je nachdem sie die ungelösten oder die in der Lösung begriffenen — besonders die stickstoffhaltigen — Bestandteile beseitigt, oder die Lebewesen, insbesondere die Krankheitskeime vernichtet. Die Reinigung erfolgt durch Klärung oder Berieselung. Zur Klärung der Abwässer reicht der Niederschlag beim ruhigen Stehenlassen oder die Filtrierung nicht aus, weil dabei nur die ungelösten Stoffe entfernt werden. Die Abwässer werden deshalb mit Kalk und chemischen Stoffen gemischt, die sich mit dem größten Teile der unreinen Stoffe verbinden u. mit diesen als Schlamm zu Boden sinken (Fällung). Noch vollständiger wird die Reinigung der Abwässer u. zugleich die Verwertung der darin enthaltenen Dungstoffe durch eine genügend ausgedehnte Berieselung erreicht. Die gesammelten Abwässer

§ 273.

e) Die **Lebensmittelpolizei** soll Schutz gegen die Gefahren und Nachteile gewähren, die durch Verfälschung der Nahrungs- und Genußmittel, sowie einzelner Gegenstände des täglichen Gebrauchs (Spielwaren, Tapeten, Farben, Eß-, Trink- und Kochgeschirre, Petroleum) entstehen. Wo die Gesundheit gefährdet erscheint, ist ein vollständiges Verbot gerechtfertigt; wo es aber nur gilt, den Käufer vor Täuschung und den Verfertiger echter Ware vor unberechtigtem Mitbewerbe zu schützen, wird nur die gehörige Erkennbarkeit der nachgeahmten Ware gefordert:[1])

1. Die Polizeibeamten dürfen zur Untersuchung Proben dieser Gegenstände aus den Verkaufsräumen gegen Entgelt entnehmen, auch in den Verkaufsräumen der wegen solcher Fälschungen bestraften Personen Besichtigungen vornehmen.[2])
2. Der Verkehr mit diesen Gegenständen, insbesondere die Herstellung, Aufbewahrung und Feilhaltung kann polizeilich geregelt werden; dieses geschieht durch kaiserliche Verordnung, die der Zustimmung des Bundesrats bedarf, dem nächsten Reichstage vorzulegen ist und von diesem außer Kraft gesetzt werden kann.[3]) — Eine reichsgesetzliche Regelung hat außer der Verwendung gesundheitsschädlicher Farben und blei- und zinkhaltiger Gefäße und Umhüllungen (§ 270) auch der Verkehr mit künstlichen Süßstoffen, Kunstbutter und Wein erfahren. Die Herstellung und Einführung sowie der Verkauf künstlicher Süßstoffe (Saccharin), die ohne entsprechenden Nährwert eine höhere Süßkraft als raffinierter Zucker besitzen, ist verboten. Ausnahmsweise kann die Herstellung oder

---

werden dabei durch Druckpumpen der Rieselanlage zugeführt u. dort über geneigt angelegte (aptierte) u. gehörig drainierte (§ 345 Anm. 2) Felder geleitet, welche die Schmutzstoffe zurückhalten. Metzger, Städteentwässerung u. Abwässerreinigung (Berl. 07), Vogel, die Verwertung der städtischen Abfallstoffe (Berl. 96). — Anstalt für Wasserhygiene § 48 Abs. 2 d. W.

[1]) RG. 14. Mai 79 (RGB. 145), durch das FleischschauG. (Anm. 8) nicht berührt das. § 29, Handhabung Vf. 14. Sept. 83 (MB. 236) 20. Sept. 05 (MB. 193) u. 2. März 10 (MMB. 129). Musterpol.V. für den gewerblichen und Handelsverkehr mit Nahrungs und Genußmitteln Vf. 22. April 13 (MMB. 157). Überwachung der Hausarbeit § 315 Abs. 4 d. W. Die Nahrungsmittelgesetzgebung im D. Reiche von Buchka (2. Aufl. Berl. 12). Milchuntersuchung § 356 Anm. 13; Bierdruckvorrichtungen Vf. u. Entwurf zur PolV. 30. Jan. 09 (MB. 94), geänd. 25. Juni 10 (MB. 240), 2. Aug. 11 (das. 315) u. 30. April 12 (das. 259). Herstellung kohlensaurer Getränke Vf. 26. Aug. 12 (das. 473) u. 30. Jan. 13 (das. 73). Prüfung der Nahrungsmittelchemiker Bek. 6. Feb., 17. April u. 10. Mai 95 (ZB. 253, 398 u. 433); Zulassung von Frauen Vf. 7. Feb. 10 (MMB. 95). Nahrungsmittelkontrollen in den Provinzen Vf. 20. Sept. 05 (HMB. 294); nähere Regelung 2. März 10 (MMB. 129).

[2]) RG. 79 § 1—4 u. 9.

[3]) Das. § 5—8. — Verbot von Maschinen zur Herstellung künstlicher Kaffeebohnen V. 1. Feb. 91 (RG. 11); Verfälschungen des Kaffee Vf. 27. Sept. 10 (HMB. 523) u. 5. Dez. 11 (das. 451). Überwachung des Eierhandels 8. Aug. 13 (das. 548). — Verkehr mit Essigsäure V. 14. Juli 08 (das. 475). — V. über den Mineralölverkauf § 252 Anm. 4.

Einfuhr unter gewissen Beschränkungen zugelassen werden; doch darf die Abgabe der Süßstoffe nur an Apotheken und an solche Personen erfolgen, die sie zu einzelnen bestimmten Zwecken verwenden.[4]) — Unter Kunstbutter (Margarine) werden alle der Milchbutter oder dem Butterschmalz ähnlichen Zubereitungen verstanden, deren Fettgehalt nicht ausschließlich der Milch entstammt. Zur Vermeidung von Täuschungen darf Kunstbutter nur unter Anbringung der Bezeichnung „Margarine" an den Verkaufsstellen, Gefäßen, Umhüllungen oder Stücken mit einem die Erkennbarkeit erleichternden Zusatze (Sesamöl), sowie — abgesehen von dem Kleinhandel in Orten unter 5000 Einwohnern — nur unter Trennung der Geschäftsräume für Kunst- und für natürliche Butter gewerbsmäßig hergestellt, verkauft oder feilgehalten werden. Die Vermischung von Butter oder größeren Milch- oder Rahmmengen mit Kunstbutter oder anderen Speisefetten ist verboten. In ähnlicher Weise ist Milchkäse und Schweineschmalz vor der Verwechslung mit Margarinekäse und Kunstspeisefett geschützt.[5]) — Wein ist das durch alkoholische Gärung aus dem Saft frischer Trauben hergestellte Getränk. Die Herstellung aus verschiedenen Erzeugnissen (Verschnitt) ist mit geringen Ausnahmen zugelassen. Zusätze von Zuckerwasser sind unter gewissen Einschränkungen bis zu höchstens 1/5, andere Zusätze nur nach Bestimmung des Bundesrates gestattet. Die Verwendung der geographischen Bezeichnung ist näher geregelt. Die Herstellung von Kunstwein ist verboten und Fruchtwein als solcher zu bezeichnen.[6])

---

[4]) G. 7. Juli 02 (RGB. 253), Ausf.-Best. 23. März 03 (ZB. 103), geänd. 17. Dez. 08 (ZB. 522).

[5]) G. 15. Juni u. Bek. 4. Juli 97 (RGB. 475 u. 591), letztere erg. (Ziff. 9) Bek. 23. Okt. 12 (das. 526), ferner Bek. 1. März 02 (das. 64), 24. März, 13. Juli u. 7. Nov. 98 (MB. 64, 199 u. 252); chemische Untersuchung von Fetten u. Käsen Anw. 1. April 98 (ZB. 201). — Die Herstellung der Kunstbutter erfolgt, indem dem erwärmten Rinderfett die leichter schmelzbaren Teile entzogen und rein oder mit Milch verarbeitet werden; das erst bei höherer Hitze schmelzende und deshalb zurückbleibende Stearin wird zur Herstellung von Lichten verwendet.

[6]) G. 7. April 09 (RGB. 393) § 1 bis 10, insbes. Kellerbehandlung § 4; weiter bestimmt das G. üb. Haustrunk § 11, 12, Inverkehrsetzung und Einfuhr § 13, 14, Herstellung von Schaumwein und Kognak § 15—18, Buchführung § 19, Bezeichnung anderer Getränke in Lagerräumen § 20, Aufsichtsbefugnisse der Behörden und Sachverständigen § 21—26, der Landesregierungen § 27, Strafen § 26 bis 31 und Übergangsvorschr. § 32 u. 34. Der in Luxemburg erzeugte Wein ist dem inländischen gleichgestellt § 33 u. Bek 15. Juli 12 (RGB. 394). — Ausf.Best. des BR. Bek. 9. Juli 09 (RGB. 549), erg. 20. Juli 10 (das. 945), 6. Juli 11 (das. 475) u. (Ziff. 4) 30. Aug. 12 (HMB. 465); Ausf.Anw. des Min. 7. Sept. 09 (MB. 214) u. Vf. 3. Sept. 10 (MB. 291) u. 18. März 12 (HMB. 140). Chemische Untersuchung 25. Juni 96 (ZB. Anh. zu Nr. 27) u. 2. Juli 01 (ZB. 234); die Beeidigung der Sachverständigen kann den Landräten übertragen werden u. durch Handschlag erfolgen Vf. 13. Nov. 02 (MB. 228). Anl. zur Untersuchung der zur Einfuhr bestimmten Weinerzeugnisse 13. Aug 13 (HMB. 558). Der Vorsteher der Untersuchungsanstalt im Landespolizeibez. Berlin heißt Regierungsrat u. steht in der 4. Rangklasse AE. 6. Mai 11 (GS. 206). — Bearb. v. Lebbin (2. Aufl. Berl. 09), Günther u. Marschner (Berl. 10).

3. Die Strafbestimmungen sind erweitert und verschärft; insbesondere ist die Fälschung als solche auch da für strafbar erklärt, wo weder die Voraussetzungen des Betrugs noch Gefährdungen der menschlichen Gesundheit vorliegen.[7])

Der Fleischüberwachung insbesondere dienen neben der allgemeinen Schlachtvieh- und Fleischbeschau die Schlachthäuser und die mikroskopischen Untersuchungen des Schweinefleisches auf Trichinen und Finnen. — Die Schlachtvieh- und Fleischbeschau ist reichsgesetzlich geregelt.[8]) Das zum Genuß für Menschen bestimmte Schlachtvieh unterliegt vor und nach der Schlachtung der amtlichen Untersuchung. Notschlachtungen sind von der ersten und die auf den eigenen Gebrauch beschränkten Hausschlachtungen, falls keine Erkrankungsmerkmale hervortreten, von beiden Untersuchungen befreit.[9]) Die Bildung der Beschaubezirke und die Anstellung der Beschauer erfolgt durch die Landesbehörden.[10]) Bei der Untersuchung kann das Fleisch für tauglich, untauglich oder bedingt tauglich erachtet werden.[11]) Für das bedingt taugliche und für das genießbare minderwertige Fleisch sind in Gemeinden mit Schlachthauszwang besondere Verkaufsstellen (Freibänke) vorgeschrieben. Andere Gemeinden können solche einrichten. Alles derartige Fleisch muß, wo Freibänke bestehen, auf diesen verkauft, darf aber regelmäßig nur zum Gebrauch im eigenen Haushalte abgegeben werden.[12]) Das aus dem Auslande eingehende Fleisch mit Ausschluß des Wildprets und Federviehes unterliegt der Untersuchung bei der Einfuhr. Die doppelte Schau fällt hier fort. Dafür dürfen frisches Fleisch nur in ganzen Tierkörpern, Pökelfleisch nur in Mengen von mindestens 4 kg und Büchsen-

---

7) RG. 79 § 10—16, letzterer erg. G. 29. Juni 87 (RGB. 276); daneben StGB. § 367^{7}, vgl. § 263, 324 u. 325.

8) Schlachtvieh- u. Fleischschau-G. 3. Juni 00 (RGB. 547), Inkraftsetzung § 30, V. 30. Juni 00 (RGB. 775), 16. Feb. u. 7. Juli 02 (das. 47 u. 241); Strafen S. u. FG. § 26—28. AusfAnw. neugefaßt 08 (ZB. Beil. zu Nr. 52), erg. (D § 18 I C) Bek. 31. Okt. 12 (ZB. 308). PreußAG. 28. Juni 02 (GS. 229 und Berichtigung 292) nebst Erg. (§ 5) 23. Sept. 04 (GS. 257) u. Ausf., Best. bei Schlachtung im Inlande 20. März 03 (MB. 56), 27. Feb. u. 4. Mai 04 (MB. 102, 143), 24. März 05 (MB. 65), 10. Jan. u. 17. Aug. 07 (MB. 108 u. 374), 13. April 08 (LMB. 236), 24. Juni 09 (das. 254, MB. 188), nebst Muster zur FreibankO., ferner 10. April 13 (LMB. 151). Fleischbeschaustatistik 19. Aug. 08 (ZB. 385) u. L.Min. 31. Okt. 08, (LMB. 09, S. 62), ferner Vf. 9. Aug. 12 (das. 264).) — Bearb. v. Hippel (2. Aufl. Berl. 02), Buchka (Berl. 02) u. Schroeter (3. Aufl. Berl. 11). — Fleisch-, Fisch- u. Wurstvergiftung § 269 Abs. 3 d. W.

9) F. u. SG. § 1—4 nebst Bek. 10. Juli 02 (RGB. 242) Nr. 1; verb. § 20 u. 24. Fleischschaustempel (SFG. § 19) Vf. 7. März 03 (MB. 49), erg. (Nr. 1 4) Vf. 24. Sept. 04 (MB. 255).

10) F. u. SG. § 5, verb § 22, 23, 24 insbes. Nr. 2. AG. § 13; zuständig sind in der Regel die Ortspolizeibehörden, gegen polizeiliche Verfügungen ist nur die Beschwerde zulässig § 17, 18.

11) Das. § 6—11; verb. § 19, 22^{2}, 24, insbes. Nr. 3; verbotene Zusätze § 21 u. Bek. 18. Feb. 02 (RGB. 48), erg. 4. Juli 08 (das. 470), nebst Vf. 1. Dez. 04 (MB. 05 S. 14). — Sammelbehälter für beanstandete Teile und Schlachtabfälle Vf. 17. Aug. 07 (LMB. 351).

12) AusfG. § 7—12. FreibankO. Anm. 8.

fleisch, Würste und sonstige Gemenge aus zerkleinertem Fleisch überhaupt nicht eingeführt werden.[13]) — Der amtlichen Untersuchung auf Trichinen unterliegt das zum Genusse für Menschen bestimmte Fleisch von Schweinen und Wildschweinen. Dies gilt auch für das aus anderen Bundesstaaten eingeführte, nicht bereits amtlich untersuchte Fleisch. Dagegen besteht für Hausschlachtungen, die nicht in Schlachthäusern mit Schlachthauszwang erfolgen und für Hohenzollern die Untersuchungspflicht nur, soweit dieses durch Polizeiverordnung bestimmt wird.[14]) — Auf gleichem Wege ist das Ausblasen des Fleisches verboten.[15]) — Die Schlachthäuser bezwecken neben größerer Reinlichkeit im Betriebe die bessere gesundheitliche Überwachung des Schlachtviehes und des Fleisches sowie die Beseitigung der mit den Einzelschlachtstätten verbundenen Verunreinigungen und Ausdünstungen. Nach Errichtung öffentlicher Schlachthäuser kann durch Gemeindebeschluß angeordnet werden, daß in Privathäusern der Stadt und — soweit es sich um den städtischen Gewerbebetrieb der in der Stadt wohnenden Schlächter und Händler mit frischem Fleische handelt — auch in ihrem Umkreise nicht geschlachtet werden darf, und daß sowohl das in das Schlachthaus gebrachte Vieh vor und nach dem Schlachten, als das von außerhalb eingebrachte Fleisch, soweit dieses nicht bereits amtlich untersucht ist, durch approbierte Tierärzte untersucht werden muß.[16]) Das von approbierten Tierärzten amtlich untersuchte frische Fleisch kann in Gemeinden mit Schlachthauszwang der abermaligen Untersuchung nur daraufhin unterworfen werden, ob es inzwischen verdorben oder sonst gesundheitsschädlich geworden ist.[17])

Besondere Bedeutung für die Gesundheit hat das Wasser, das als Trinkwasser, zur Herstellung von Speisen und Getränken und zur Reinigung verwendet wird. Man unterscheidet das Tagewasser, das sich in Flüssen

---

[13]) F. u. SG. § 12—17, Bek. (Anm. 9) Nr. 2 (erg. Bek. 4. Juli 08 RGB. 471), 3 (neugefaßt Bek. 14. Juni 06 RGB. 737) u. 4 (erg. 21. Juni 12 RGB 242), Vf. 7. Dez. 04 (MB. 05 S. 17); verb. § 22^3 u. 25. — AusfBest. 25. März u. 2. Mai 03 (MB. 80 u. 134), erg. 23. Jan. 04 (MB. 101) u. 27. Juli 11 (HMB. 313). GebO. für Untersuchung des eingeführten Fleisches 12. Juli 02 (ZB. 238), geänd. Bek. 24. Jan. 07 (ZB. 15), 4. Juli 08 (ZB. 255). — Gegenseitige Zulassung des untersuchten Fleisches zum freien Verkehr Vtr. mit Luxemburg 14. Mai 04 (RGB. 05 S. 709). Fleischbeschau-ZollO. § 162 Anm. 1.

[14]) Vf. 20. April 66 (MB. 77), 4. Jan. 75 (MB. 49) u. 21. Juni 78 (MB. 152) nebst Sch. u. FG. § 24 u. AG. § 1—4, Abs. 2 u. (Kosten) § 14 Abs. 2. Die Behandlung des beanstandeten Fleisches erfolgt gem. der Ausf.Anw. (Anm. 8) Vf. 10. Nov. 02 (MB. 233). — Gewährpflicht beim Viehkauf § 356 Abs. 6 d. W.

[15]) Vf. 13. Feb. 85 (MB. 54).

[16]) G. 18. März 68 (GS. 277), neugefaßt (§ 1 Abs. 1) 29. Mai 02 (GS. 162) sonst erg. 9. März 81 (GS. 273) nebst Sch. u. FG. § 20 Abs. 2 u. AG. § 4—6, 14, GewO. § 23 Abs. 2 u. ZustG. § 131, Benutzungsbeiträge u. Untersuchungsgebühr G. 68 § 5, G. 19. Juli 93 (GS. 152) § 11 Abs. 2 u. 3 u. OV. (XXXIV 64). — Gewerbliches Genehmigungsverfahren § 366 I 1 d. W. — Einrichtung u. Betrieb § 358 Anm. 17 d. W. — Die Gemeinden brauchen in ihren Schlachthäusern den Schächtschnitt nicht zu gestatten OV. (XLIV 68).

[17]) AusfG. (Anm. 8) § 5 u. G. 23. Sept. 04 (GS. 257). Vf. 17. Aug. 07 (MB. 385).

und Seen findet, von dem Grundwasser, das die durchlässigen (gröberen, sandigen) Erdschichten durchdringt, sich dann über den undurchlässigen sammelt und natürlich in Quellen oder künstlich in Brunnen zu Tage gefördert wird.[18]) Dieses Grundwasser ist durch den Erdboden von Unreinigkeiten, insbesondere von den pflanzlichen Krankheitskeimen (Bakterien) befreit (filtriert), die dem Tagewasser anhaften. Andererseits nimmt das Grundwasser aus dem Erdboden Kohlensäure und mittelst dieser Kalk- und Magnesiasalze auf. Es wird damit zum harten Wasser, das besser zum Trinken zusagt, als das weiche Tagewasser, aber für wirtschaftliche Zwecke weniger geeignet ist, weil es schlecht löst und beim Kochen Salze absetzt (Kesselstein). Das Tagewasser wird durch die kleineren (Haus-) Filter nur unvollkommen gereinigt. Durch Abkochen werden zwar die Krankheitskeime vernichtet, das Wasser verliert aber zugleich die Kohlensäure und mit dieser den erfrischenden Geschmack. Das zu Genußzwecken bestimmte Wasser wird deshalb regelmäßig aus Brunnen entnommen. In größeren und dichter bewohnten Ortschaften, wo die Brunnen nicht ausreichen, das Brunnenwasser auch vielfach durch die in den oberen Erdschichten verbreiteten Unreinigkeiten verdorben wird, werden jedoch meist besondere Wasserleitungen angelegt.[19])

VII. Bauwesen.[1])

1. Übersicht.

§ 274.

Zur Erfüllung der auf dem Gebiete des Bauwesens ihm obliegenden Aufgaben bedarf der Staat der Baubehörden und Baubeamten und zur

[18]) Das **Grundwasser** unterliegt gewissen Einschränkungen § 346 Abs. 1 d. W.; Solquellen § 332 Abs. 2, gemeinnützige Mineral- und Thermalquellen § 268 Abs. 5. — **Brunnen** werden in größerer oder geringerer Tiefe (Tief- u. Flachbrunnen) angelegt, indem entweder die Erde bis auf die Grundwasser führende Schicht ausgehoben und die Wandung durch Mauern oder Balken gestützt u. von der umgebenden Erdschicht abgeschlossen wird (Kessel- oder Schachtbrunnen), oder indem eiserne Röhren in die Erde eingetrieben werden (Röhrenbrunnen), in denen das Wasser durch eigenen Druck emporsteigt (artesische), oder durch am oberen Ende angebrachte Pumpwerke gehoben wird (abessinische).

[19]) Die **Wasserleitungen** führen das Wasser aus Stellen, wo es in ausreichender Menge u. geeigneter Beschaffenheit vorhanden ist, in fest verschlossenen Röhren durch natürlichen Druck oder durch Pumpwerke der Verbrauchsstelle zu. Das Tagewasser wird dabei durch ausgedehnte Sandfilteranlagen geleitet, die bei zweckmäßiger Anlage u. sorgfältigem Betriebe die gröberen Unreinigkeiten und die Krankheitskeime größtenteils zurückhalten. Das Grund-, insbesondere das Tiefgrundwasser ist zwar von diesen Stoffen frei, enthält dafür aber meist Eisenoxydul, das sich in den tieferen, dem Sauerstoff der Luft nicht zugänglichen Erdschichten vorfindet u. im Wasser löst. Das Grundwasser wird dadurch nicht gesundheitsschädlich, aber unrein. Es wird deshalb zunächst mit der Luft in Berührung gebracht, worauf das Eisenoxydul durch Oxydation zu Eisenoxyd wird, welches braune unlösliche Flocken im Wasser bildet und sich dann leicht aus diesem entfernen läßt. — Anleitung betr. öffentliche Wasserversorgungsanstalten 23. April 07 (MMB. 158). Wasserhygiene, Anstalt für Wasserversorgung § 48 Abs. 2 d. W.

[1]) Bearbeitung der einschlagenden Ge-

Vorbildung der letzteren besonderer Unterrichtsanstalten. Diese Einrichtung und die allgemeinen bei Staatsbauten zu beobachtenden Grundsätze bilden den Gegenstand der Staatsbauverwaltung (Nr. 2).

Sonst äußert sich die staatliche Tätigkeit in betreff des Bauwesens verschieden, je nachdem es sich um Hochbau, Meliorations- und Wasserbau oder Straßen- und Eisenbahnbau handelt. Die letzteren Zweige des Bauwesens fallen in besondere Verwaltungsgebiete,[2]) so daß hier nur der Hochbau in Frage kommt. Die Wirksamkeit des Staates auf diesem Gebiete betrifft neben der Ausführung der staatlichen Bauten (Nr. 2) das Baugewerbe (Nr. 3), sowie das Baurecht und die Baupolizei (Nr. 4).

2. Staatsbauverwaltung.

§ 275.

a) **Baubehörden.** Zentralbehörde ist der Minister der öffentlichen Arbeiten (§ 50). Unter ihm steht neben den Prüfungskommissionen die Akademie des Bauwesens, die das gesamte Baufach in künstlerischer und wissenschaftlicher Beziehung zu vertreten und fortzubilden hat und in die beiden Abteilungen für Hochbau und für Ingenieur- und Maschinenwesen zerfällt.[3])

Provinzialbehörde ist der Regierungspräsident, dem in den Bauräten technische Berater zugeteilt sind.[4])

Als örtliche Behörden sind die allgemeinen Polizeibehörden und neben diesen als technische Stellen die Bauämter wirksam. Ihre Vorstände sind Kgl. Regierungsbaumeister oder Bauräte.[5]) Die Tätigkeit der letzteren beschränkt sich nach Übergang des Wegebaues auf die Provinzen im wesentlichen auf den Hoch- und den Wasserbau. Für beide Zweige sind in der Regel besondere Baukreise abgegrenzt und besondere Beamte angestellt.

---

setzgebung von Münchgesang (Berl. 04); verb. § 279 Anm. 1. — Schutz der Bauwerke gegen Nachbildung § 308 Abs. 2 d. W.

[2]) Meliorationen § 344 Anm. 8; Wasserbau § 346 Abs. 7—9 u. (Deiche) § 348 Abs. 2; Wegebau § 383; Eisenbahnbau § 387 Abs. 2 d. W. — Unfallvers. in der Staatsbauverw § 319 Anm. 15.

[3]) AE. 7. Mai 80 (GS. 261); Instr. 27. Aug. 80 (MB. 212). — Zur Aufnahme von Bauwerken mit genauer Angabe der Maße (Maßbilder) ist in Berlin eine besondere Anstalt errichtet Vf. 24. Dez. 91 (ZBll. 92 S. 391) u. 8. Juni 98 (das. 505).

[4]) § 57 Abs. 4 d. W — In Berlin steht der Hochbau unter der MinistKommission (§ 57 Anm. 9), der Wasserbau und die Baupolizei unter dem Polizeipräsidenten. — Befugnis zum Erwerbe unbeweglicher Sachen § 124 Anm. 2 d. W. — Besondere Einrichtung der Strombauverwaltungen § 349 Abs. 2 d. W.

[5]) Vf. 26. Mai 10 (MB. 348); — Rang § 70 (Anm. 30) d. W., Tagegelder u. Reisekosten § 73 Anm. 1; Vergütung für Nebenarbeiten Vf. 18. Feb. 91 (MB. 19); Zuziehung zu Kirchen- u. Schulbauten Vf. 20. Jan. 81 (MB. 26), zu den Landesverwaltungsgeschäften der Kreisausschüsse § 59 Anm. 7 d. W., bei Genehmigung von Neubauten Vf. 11. Dez. 75 (MB. 285). — Dienstanweisung für die Ortsbaubeamten der Staatshochbauverwaltung, Neuausgabe 10 (käuflich bei Ernst u. Sohn Berl.). — Verwalter der Polizeibauämter § 224 Anm 7.

Veröffentlichungsblätter sind die Zeitschrift für Bauwesen und das neben dieser seit 1881 erscheinende Zentralblatt der Bauverwaltung nebst der Zeitschrift „Die Denkmalpflege".

§ 276.

b) **Baubeamte.** Die Prüfung und Ausbildung der höheren Baubeamten, die nach den Fachrichtungen, des Hochbaues, des Wasser- und Straßenbaues, des Eisenbahn- und Straßenbaues und des Maschinenbaues besonders gestaltet ist, zerfällt in einen theoretischen und einen praktischen Teil.[1]) Der erstere umfaßt ein mindestens vierjähriges Studium auf einer technischen Hochschule (§ 307 Abs. 4), mit dem die Diplomprüfung (Diplomvor- und Diplomhauptprüfung) verbunden ist.[2]) Ist die letztere bestanden, so wird der Baubeflissene als Königl. Regierungsbauführer zugelassen und 3 — im Maschinenbaufache 2¼ — Jahre bei einer Provinzialbehörde (Regierung, Strombau- oder Kanalverwaltung, Eisenbahndirektion) praktisch beschäftigt.[3]) Nach Bestehen der Staatsprüfung, die vor dem technischen Oberprüfungsamte in Berlin erfolgt, wird der Bauführer durch den Minister zum Regierungsbaumeister ernannt. Soweit dieses nicht geschieht, darf er sich als „staatlich geprüfter Baumeister" bezeichnen.[1]) — Besonders geregelt ist die Ausbildung der mittleren (technischen Bureau-) Beamten.[4])

Den Staatsbaubeamten liegt neben der staatlichen Aufsicht über das gesamte Bauwesen auch die unmittelbare Leitung der vom Staate auszuführenden Bauten ob.[5]) Die selbständige Übernahme von Nebenarbeiten gegen Vergütung ist untersagt; nur wenn sie im öffentlichen Interesse liegt, kann sie widerruflich von der vorgesetzten Behörde gestattet werden.[6])

§ 277.

c) **Verfahren.** Für Staatsbauten sind gleichmäßige Grundsätze aufgestellt und die den Regierungen in dieser Beziehung erteilten Vorschriften auch auf die übrigen Verwaltungsbehörden ausgedehnt.[1])

[1]) Vorschr. 13. Nov. 12 (im Buchhandel).

[2]) Bek. 27. Nov 02 (ZBU. 03 S. 189). Mit Hessen-Darmstadt u. Braunschweig ist die gegenseitige Anerkennung der Diplomprüfungen (§ 307 Anm. 17) vereinbart.

[3]) Rang § 70 Anm. 42.

[4]) Best. 10. März 03 (Münchgesang S. 192). — Anstellung der mittleren u. unteren Beamten des Außendienstes Vf. 4. März 10 (MB. 71).

[5]) Verantwortlichkeit Vf. 15. April 94 (MB. 86). Entlastung der örtlichen Wasserbaubeamten Vf. 15. Juli 11 (MB. 215). — Uniform § 70 Anm. 48 d. W. Beschaffung von Schreib- u. Zeichenmaterial Vf. 24. April 07 (MB. 151).

[6]) D. Anw. (§ 275 Anm. 5) § 49, 50.

[1]) Instr. 18. Dez. 24 (KA. IX 2) § 18 u. Vf. 4. Juli 92 (MB. 150), erg. (erweiterte Zuständigkeit der Provinzialbehörden) 7. Feb. 10 (MB. 58). — Best. über die Bauart 19. Sept. 10 (MB. 304). — Zentralheizungs- und Lüftungsanlagen Anw. 29. April u. 22. Mai 09 (MB. 155), 27. Mai 10 (MB. 196) u. 5. Febr. 12 (MB. 85). — Anw. über die Reinigung von Fußböden 26. April 11 (MB. 129). Kostenverrechnung für Unterhaltung von Dienstgebäuden Vf. 13. Mai 84 (MB. 119) u. (Beschaffung von Flaggen) 10. Juli 92 (MB. 342) — Vielfache Best. üb. das Verfahren enthält daneben die Anw. für d. Ortsbaubeamten (§ 275 Anm. 5 d. W.).

Im Interesse geschäftlicher Vereinfachung und größerer Selbständigkeit der mittleren und unteren Baubehörden können gewisse Geschäfte durch die technischen Bureaubeamten erledigt werden; auch ist die **Veranschlagung**,[2]) Prüfung (Revision) und Abnahme durch Baubeamte auf Bauten mit einem 500 M. übersteigenden Werte beschränkt, während die ministerielle Überprüfung (Superrevision) nur für solche Anschläge erfordert wird, die 50000 M. (bei Kirchen und Kunstdenkmälern 15000 und 10000 M.) übersteigen. Gleiches gilt in betreff derjenigen Privatbauten, für die eine diesen Beträgen entsprechende Staatsbeihilfe in Anspruch genommen wird.[3])

Verdingungen erfolgen regelmäßig im Wege der öffentlichen Ausschreibung.[4])

Im **Kassen- und Rechnungswesen**[5]) findet bei größeren Bauten die Bildung von Sonderbaukassen statt.[6]) Bei Unternehmungsbauten sind entsprechende Abschlagszahlungen zulässig.[7])

Technische Vorschriften bestehen für die Bauten zu einzelnen besonderen Zwecken[8]) und allgemein über die Form der Mauerziegel,[9]) und die Lieferung von Portlandzement.[10])

3. Baugewerbe.

§ 278.

Die **Bauhandwerker** erlangen eine bessere Fachbildung auf den Baugewerkschulen (§ 364 Abs. 6). Der höheren Fachbildung dienen die technischen Hochschulen (§ 307 Abs. 4). — Ein Nachweis der Befähigung

---

[2]) D. Anw. § 124—128.

[3]) RegInstr. 23. Okt. 17 (GS. 248) § 21[9] und Staatshaush. G. 11. Mai 98 (GS. 77) § 30. — AE. 24. Juni 07 (MB. 358) u. Vf. 9. Mai 10 (MB. 193). — Aufstellung der Revisionsnachweisungen Dienstanw. (Anm. 1) § 234—236. — Vorbereitung, Ausführung u. Abrechnung der Staatshochbauten Vf. 4. Aug. 85 (MB. 161) u. 11. März 98 (MB. 82).

[4]) RegInstr. § 13, G. 98 (vor Anm.) § 37 u. Vf. 80 Nr. 2; allgemeine Bedingungen für die Ausführung von Staatsbauten Vf. 17. Jan. 00 (MB. 107), erg. 16. Okt. u. 11. Dez. 06 (MB. 42), Vergebung von Leistungen u. Lieferungen Vf. 23. Dez. 05 (MB. 06 S. 11 u. 63), 8. Juli 07 (MB. 249); u. (schiedsrichterliche Erledigung von Streitigkeiten) 10. Mai 10 (MB. 166), ferner 22. März, 20. April, 13. Mai, 4. Sept. u. 22. Okt. 12 (MB. 97, 140, 156, 286 u. 1913 S. 18), 14. Jan. u. 13. Febr. 13 (HMB. 35 u. 112). Gleichberechtigung der Angehörigen anderer Bundesstaaten 10. Mai 07 (MB. 201) u. Luxemburgs 9. Nov. 11 (MB. 12 S. 2). Zuständigkeit bei Erlaß von Vertragsstrafen Vf. 30. März 10 (MB. 100); die Streikklausel ist nicht aufzunehmen, eine wohlwollende Berücksichtigung bei Verspätung infolge unverschuldeter Arbeitskämpfe aber zuzusichern Vf. 14. Jan. 01 (MB. 78); Glaslieferungen und Glasarbeiten Vf. 28. Juni u. 7. Juli 94 (MB. 123); größere zusammengesetzte Eisenkonstruktionen Vf. 25. Nov. 91 (MB. 233), geänd. (§ 8 Abs. 2) 30. Aug. u. 12. Nov. 98 (MB. 222 u. 1899 S. 18), ferner 18. Sept. 09 (MB. 194).

[5]) Vf. 18. März 10 (MB. 119) u. 7. März 13 (MB. 51).

[6]) Entschädigung der Rendanten V. 21. Juni 05 (GS. 319) u. Vf. 2. Aug. 05 (MB. 138) u. 26. Nov. 10 (MB. 346).

[7]) Vf. 20. Juni 80 (MB. 177) Nr. 3.

[8]) Kirchenbauten § 293 Anm. 11, Schulbauten § 303 Anm. 27. — Verb. § 280 Anm. 5 d. W.

[9]) D. Anw. (§ 275 Anm. 5) Anlage D.: größeres Format für monumentale Bauten Vf. 10. Okt. 02 (MB. 191).

[10]) Vf. 16. März 10 (MB. 82). — Kön. Materialprüfungsamt § 307 Anm. 15.

oder Vorbildung ist für Bauhandwerker nicht vorgeschrieben, doch kann der Betrieb des Gewerbes bei Unzuverlässigkeit untersagt werden (§ 366 II 8 Abs. 1). — Die Befugnis zur Führung des Meistertitels im Baugewerbe soll vom Bundesrat geregelt werden; inzwischen sind noch die landesgesetzlichen Vorschriften anwendbar, wonach der Titel „Baugewerkmeister" nicht als Meistertitel gilt.[1]) Sicherheitswidrige Bauausführungen sind mit Strafe bedroht.[2])

Das Rechtsverhältnis zwischen Besteller und Bauunternehmer bestimmt sich nach den Vorschriften über den Werkvertrag.[3]) Die Bauforderungen der bei Herstellung eines Baues beteiligten Personen (Bauhandwerker, Baulieferanten, Bauarbeiter) sind durch besondere Vorschrift sichergestellt.[4]) Der Empfänger von Baugeld muß dieses zur Befriedigung der genannten Personen verwenden. Der Unternehmer von Neubauten und, wenn für diese Baugeld gewährt wird, auch von Umbauten hat über jeden Bau ein Baubuch nach vorgeschriebenem Muster zu führen. Auch hat der Bauleiter an jedem Neubau Stand, Namen und Wohnort des Eigentümers und des etwaigen Unternehmers sichtbar anzubringen.[5]) Daneben findet — nach weiteren bislang noch nicht zur Einführung gelangten Vorschriften — in den durch landesherrliche Verordnung bestimmten Gemeinden eine dingliche Sicherung der Bauforderungen statt. Diese werden auf Grund eines vor Beginn jedes Neubaues in das Grundbuch aufzunehmenden Bauvermerks nach Anmeldung als Bauhypotheken oder, wenn es sich um Gewährung von Baugeldern handelt, als Baugeldhypotheken eingetragen. Die Eintragung eines Bauvermerks unterbleibt, wenn in Höhe des dritten Teils der voraussichtlich entstehenden Baukosten Sicherheit durch Hinterlegung von Geld oder Wertpapieren geleistet wird. Die Bauhypothek bildet eine Sicherungshypothek, der andere Rechte nur bis zu $^2/_3$ des Baustellenwertes vorgehen. Gewisse im Verfahren vorkommende Feststellungen und Entscheidungen erfolgen durch Bauschöffenämter, die durch Ortsstatut für ein oder mehrere Gemeinden zu errichten sind.[6])

Auf Bauarbeiter finden die für den Arbeiterschutz gegebenen Vorschriften (§ 315 Abs. 1) Anwendung. Arbeiter, die auf Bauhöfen und Zimmerplätzen beschäftigt werden, unterliegen den für größere Betriebe maßgebenden Bestimmungen (§ 315 Abs. 2).[7]) Sonntags- und Kinderarbeit sind

---

[1]) GewO. § 133 Abs. 2 (§ 366 Anm. 7 d. W.) nebst Vf. 28. Nov. 02 (HMB. 417) u. 23. März 05 (das. 65).

[2]) StGB. § 330 u. 367[14].

[3]) BGB. 631—651; Ansprüche aus Mängeln verjähren in 5 Jahren § 638.

[4]) G. 1. Juni 09 (RGB. 449). Bearb. v. Harnier (2. Aufl. Berl. 09) u. Hagelberg (Berl. 11).

[5]) Das. § 1—4 und (Strafen) 5—7 (Übergangsbest.) 8. — Sicherheitshypothek der Bauhandwerker BGB. § 648.

[6]) Das. § 9—67.

[7]) GewO. § 154 (in Fassung des G. 28. Dez. 08 RGB. 667 Art. 3) Abs. 2. — Arbeiterschutz bei Bauten Vf. 22. März u. 14. Okt. 10 (MB. 99 u. 317); Arbeiterfürsorge, Vf. 4. Juli 13 (MB. 153).

regelmäßig ausgeschlossen. — Die Bauarbeiter unterliegen der Arbeiterversicherung.[8])

4. Baurecht und Baupolizei.

§ 279.

a) Die dem Eigentümer beim Bauen auferlegten Einschränkungen beruhen auf dem allgemeinen **Baurecht**, das die Beziehungen des Bauenden zu dem Grundeigentum und den Nachbarn regelt,[1]) oder auf besonderen, als Polizeiverordnungen (§ 231 und 280 Abs. 2) erlassenen **Bauordnungen**, welche die ihm weiter im öffentlichen Interesse auferlegten Beschränkungen enthalten. Diese sind verschieden, je nachdem es sich um große, mittlere oder kleinere Städte oder um Landgemeinden handelt. Sie weichen aber auch in den einzelnen Landesteilen nach der Bauweise[2])

---

[8]) § 316—320 d. W., Vereinigung der Baukranken- mit den Betriebskrankenkassen § 315 Abs. 3, u. der Bauunfall- mit der Gewerbeunfallversicherung § 316 Abs. 2.

[1]) Gegenüber der Baufreiheit (BGB. § 903 u. LR. I 8 § 65) sieht das BGB. die Belastung eines Grundstücks mit dem erblichen und veräußerlichen Bebauungsrecht vor (**Erbbaurecht**) § 1012—17 u. verpflichtet den Nachbar, gegen Entschädigung durch Geldrente einen ohne Vorsatz oder grobe Fahrlässigkeit u. unwidersprochen über die Grenze hinaus erfolgten **Überbau** zu dulden § 912—916 u. einen die fehlende Verbindung mit einem öffentlichen Wege herstellenden **Notweg** zu gestatten § 918, 919. Daneben kommen die Bestimmungen üb. unerlaubte Handlungen (§ 836—839), u. üb. **Grunddienstbarkeiten** (BGB. § 1018 bis 1029, insbes. 1022, EG. Art. 115, 116, 120 Abs. 2 Nr. 2, 128, 787 u. LR. I 22 § 55—62) in Betracht. Nur die im BGB. zugelassenen dinglichen Rechte, nicht der Verzicht auf Schadenersatz aus einer benachbarten Anlage können zu Lasten eines Grundstücks eingetragen werden Beschl. des Kam.Ger. 11. März 01 (MB. 02 S. 20). Über die gesetzlichen Einschränkungen zu gunsten der Nachbarn (Nachbarrecht) enthält das BGB. einige allgemeine Grundsätze § 906—909 u. läßt sonst die landesgesetzlichen Bestimmungen unberührt EG. Art. 124. Das Gleiche gilt von den Bestimmungen, die das Grundeigentum im öffentlichen Interesse in Ansehung tatsächlicher Verfügungen beschränken. Art. 111. Demgemäß bleiben nach AG. Art. 89 I b die Vorschriften des LR. I 8 § 33—69, 71—82, 125 bis 131, 133, 137—140, 142—4, 146—8, 152, 153, 155, 156, 162—8, 185 u. 186 in Kraft, die jedoch erst in Ermangelung besonderer Polizeigesetze Anwendung finden, ferner nach AG. Art. 89² die Best. des franz. GB. Art. 664, 674—681. — Die **gesundheitsgefährliche Beschaffenheit einer Wohnung** gibt dem Mieter ein unbeschränktes Kündigungsrecht BGB. § 544. — Durch Polizeiverordnung kann vorgeschrieben werden, daß in Wohnvierteln alle Gebäude einer feuergefährlichen oder lästigen gewerblichen Anlage eine bestimmte Entfernung von Grundstücks- oder Straßengrenzen einhalten müssen OB. u. Bf. 18. Dez. 98 (MB. 99 S. 14). — Münchgesang (§ 271 Anm. 1) S. 245, Siebert, Bautechnische Regeln und Grundsätze (Berl. 03), Müller W. Bau- u. Nachbarrecht (2. Aufl. Berl. 03), Baltz, preuß. Baupolizeirecht (4. Aufl. v. Gf. Westarp Berl. 10).

[2]) Die **Bauweise** wird durch die verwendeten Baustoffe bestimmt; zur Verwendung kommen Steine, Holz u. Eisen. Die Gebäude heißen, je nachdem ihre Umfassungswände ganz aus Stein oder aus Holzgerüsten mit Steinfüllung bestehen, massiv oder Fachwerk. Die in die Erde reichenden Grundmauern (Fundamente) werden jedoch auch bei Fachwerksbauten massiv aufgeführt, während Balkenlage u. Dachstuhl auch bei Massivbauten regelmäßig in Holz hergestellt werden. Nach einer neueren Bauweise, die Festigkeit und Feuersicherheit mit Leichtigkeit verbindet, werden Wände u. Wölbungen aus Eisen- und Drahtgeflecht hergestellt, auf das eine Stuckmasse (Rabitz) oder Zementmörtel

voneinander ab, wie sie durch Klima, Baustoffe und Lebensgewohnheit verschieden bedingt wird. In diesem Sinne bestehen besondere Bauordnungen sowohl für die Provinzen oder Bezirke, als innerhalb dieser für die großen Städte und für Stadt- und Landgemeinden.[3]) Die für Städte gültigen

(Monnier) aufgetragen wird. — Die Steine sind natürliche (Feld- oder Bruch-)Steine oder künstliche, aus Ton geformte und in Ziegelöfen gebrannte Ziegelsteine. Zu ihrer festen Verbindung dient der Mörtel, der aus Lehm, Kalkmörtel oder Zement besteht. Lehm ist das einfachste und billigste Bindemittel, aber wenig fest u. gegen Nässe nicht widerstandsfähig. Dauerhafter ist der Kalkmörtel, eine Mischung des Ätzkalks, der aus dem natürlich als Gestein vorkommenden kohlensauren Kalk durch Brennen in Kalköfen gewonnen wird und in Wasser gelöscht ist, mit reinem Quarzsande. Im Laufe der Zeit nimmt dieser Mörtel die beim Brennen entwichene Kohlensäure aus der Luft wieder auf und verhärtet zu Stein. Noch fester und auch unter Wasser erhärtend (hydraulisch) ist der Zement, ein hart gebranntes und dann zermahlenes Gemisch aus Kalk und Ton. — Das Bauholz (§ 353 Anm 1 u. 7) dient zum Aufbau der Fachwerkwände, der Balkenlage und des Dachstuhls. In der Fachwerkwand finden sich die wagerecht auf der Grundmauer lagernden Schwellen, die senkrecht auf diese gestellten Stiele (Säulen), die wagerecht darüber lagernden Rahmstücke (Rähmen), die die Stiele verbindenden wagerechten Riegel und die sie absteifenden schräggestellten Streben. Die Balken werden auf die Rahmstücke der Längswände — bei Massivbauten auf diese Wände selbst — quer über das Gebäude verlegt und in Räumen, wo stützende Zwischenwände fehlen, bei großer (über 6 m betragender) Spannung durch in der Mitte parallel den Längswänden aufgelegte Balken (Unterzüge, Träger), sowie durch freistehende Säulen gestützt. Die Balkenlage wird gegen das obere Geschoß durch die Dielung, gegen das untere durch in Balken eingelassene, mit Strohlehm umwundene Hölzer (Staken) und durch aufgenagelte Bretter (Verschalung) abgeschlossen, die zur Befestigung des Deckenputzes mit Rohr benagelt werden; statt der Verschalung werden neuerdings durch Drähte verbundene Rohrgewebe angewendet. Der Dachstuhl wird auf die oberste Balkenlage — bei flach gedeckten Gebäuden zur Gewinnung eines nutzbaren Bodenraumes auf einer erhöhten Umfassungswand (Drempel) — aufgebaut, indem die im Winkel gegeneinandergestellten Sparren auf den Balkenköpfen oder auf einem über diesen liegenden Rähm befestigt werden. Größere, über 4 m lange Sparren werden noch durch Balkenwerk gestützt. Auf die Sparren werden Latten oder Bretter aufgenagelt u. diese tragen die Bedachung, die aus Stein (flachen Ziegelsteinen oder Biberschwänzen Bf. 4. Dez. 88 MB. 215, Sförmig gebogenen Dachpfannen, ineinandergefugten Falzziegeln oder Schieferplatten), Pappe (mit Teer getränkt), Holzzement (Mischung aus Teer, Pech und Schwefel mit Kiesaufschüttung) oder Metall (Zink oder Eisenblech) bestehen kann. Stroh-, Rohr- und Holzschindeldächer sind wegen ihrer Feuergefährlichkeit nur beschränkt zugelassen § 280 Anm. 5. Die höchste Dachkante wird First, ein nach allen vier Seiten abfallendes Dach Walmdach genannt. — Das Eisen findet wegen seiner Festigkeit und bequemen Herstellung besonders da Anwendung, wo es auf Raumersparnis oder schnelle Herstellung ankommt. Das spröde Gußeisen wird vorwiegend zu Säulen und Stützen, das zähe Schmiedeeisen dagegen zu Trägern (Tragbalken) benutzt. Auch zum Fachwerkbau hat Eisen Verwendung gefunden. Das Eisen ist jedoch teurer als Holz, auch keineswegs, wie früher angenommen wurde, feuersicher. — Geschlossene u. offene Bebauung § 280 Anm. 6.

[3]) Allgem. Grundsätze Bf. 19. Dez. 80 bei Münchgesang (§ 274 Anm. 1) S. 372. Grundsätze in rasch sich entwickelnden Ortschaften 20. Dez. 06 (§ 280 Anm 15), für das platte Land 11. Okt. 09 (MB. 222). — Aufhebung der einer polizeilichen Regelung entgegenstehenden älteren Vorschriften in Schlesien für die Städte Erl. 2. März 57 (GS. 167) u. für Landgemeinden Erl. 23. Aug. 62 (GS. 338), in Frankfurt a. M. G. 17. Mai 84 (GS. 297), Hessen-Nassau wie § 253 Anm. 6 d. W. — Dispense von baupolizeilichen

Vorschriften können vom Bezirksausschuß auf die innerhalb dieser oder im Gemenge mit städtischen Grundstücken liegenden und zum platten Lande gehörigen Gebäude ausgedehnt werden.[4])

§ 280.

b) Die **Genehmigung zu Neu- und Umbauten** (Bauerlaubnis) erteilt die Ortspolizeibehörde.[1]) Dies gilt auch von Staatsbauten.[2]) Wer ohne Genehmigung baut oder von ihr abweicht, verwirkt Strafe und hat zu gewärtigen, daß der Bau, wenn er schädlich, gefährlich oder verunstaltend ist, auf seine Kosten abgeändert, oder, soweit dieses nicht möglich ist, abgetragen wird.[3])

Mit dem Bauerlaubnisgesuch sind Lage und Einrichtung des Gebäudes durch die erforderlichen Zeichnungen (Lageplan, Grundriß und Aufriß, Ansichtszeichnung) ersichtlich zu machen. Bei der Genehmigung kommen neben den Rücksichten des Verkehrs,[4]) der Festigkeit des Baues, der Feuersicherheit[5])

Bestimmungen erteilt in der Regel der Kreis- und der Bezirksausschuß ZustG. § 145 und 162, auch für ausgeführte Bauten OV. (XXIX 354) u. Vf. 21. Feb. 96 (MB. 52). — Sorge für Arbeiterwohnungen § 312 Abs. 2 d. W.

[4]) V. 17. Juli 46 (GS. 399) u. ZustG. § 143.

[1]) LR. I 8 § 65—69. Grundsätzlich besteht Baufreiheit § 65, desgl. BGB. § 903. Der Genehmigung bedarf auch die Zusammenziehung besonders bezifferter Baustellen LR. § 76, 77 (§ 208 Anm. 2); Grundsätze § 279 Anm. 3, Mitwirkung von Technikern Vf. 24. April 06 (MB. 198) u. § 275 Anm. 5, der Feuerwehren § 253 Anm. 8. Zulässigkeit von Gebühren § 80 Abs. 2, Stempelfreiheit § 155 Anm. 8 d. W. — Bauten an Chausseen § 384 Anm. 1, an Eisenbahnen § 388 Anm. 5. — Gewerbliche Anlagen § 366 Anm. 4. — Gegen Versagung oder eingeschränkte Erteilung sind die in bezug auf Polizeiverfügungen gegebenen Rechtsmittel (§ 232 Abs. 4) zulässig OV. (XII 363). — Für die polizeiliche Genehmigung und Beaufsichtigung von Anlagen im und am Meere ist, soweit sie als Fortsetzung des Landes anzusehen sind, die Ortspolizeibehörde und daneben in Ansehung der Schiffahrt, des Küstenschutzes und der Dünenpflege die Landespolizeibehörde zuständig. Außer der polizeilichen bedürfen sie gem. LR. II 14 § 21, 24 u. II 15 § 62 der landeshoheitlichen Genehmigung Vf. 15. Mai 13 (MB. 118).

[2]) Vf. 12. Okt. 78 u. 25. Mai 98 (MB. 124).

[3]) StGB. § 368 3 u. 367 15. — LR. I 8 § 71 u. 72. Dispense § 279 Anm. 3.

[4]) LR. I 8 § 78—80, 82 verbietet die Verengung der Straßen. — Wo Baufluchtlinien nicht bestehen, kann die Entfernung von dem Rande öffentlicher Wege durch Polizeiverordnung bestimmt werden OV. (XXXVI 338). Einschränkungen im Interesse der Nachbarn (Nachbarrecht) § 279 Anm. 1.

[5]) Entfernung der Gebäude voneinander (Auseinanderbau auf dem Lande) u. von anderen feuergefährlichen Anlagen (Pulvermagazinen KO. 5. Nov. 22 u. Vf. 18. Okt. 34 KA. XVIII 1109, gewerblichen Anlagen § 366 I 1, Eisenbahnen § 388 Abs. 2); Herstellung der Bedachungen, Feuerungen u. Schornsteine aus feuersicherem Stoffe nach Maßgabe der Polizeiverordnungen Bek. 10. Sept. 53 (GS. 754); Zugänglichkeit der Treppen und Ausgänge. Einrichtung und Betrieb der Aufzüge (Fahrstühle) Vf. 14. März 13 (HMB. 188, 294), Kosten der Untersuchung § 366 Anm. 5 d. W. Besondere Vorschriften für Theater und ähnliche Räumlichkeiten Vf. 6. April 09 (MB. 134) 10. Dez. 09 (MB. 10 S. 10), 28. Nov. 11. (HMB. 445), für Wanderzirkusse 13. Juli 12 (MB. 266), für Kinematographen 15. Juli 12 (MB. 260), für Gebäude zur Aufbewahrung einer größeren Menge brennbarer Stoffe (Waren-, Geschäftshäuser usw.) Vf. 2. Nov. 07 (MB. 08 S. 22), erg. 18. Juli 08 (MB. 165), 26. Mai 11 (MB. 187),

und der Gesundheit[6]), auch die des Schutzes der öffentlichen Ordnung Sicherheit und Ruhe[7]) in Betracht. In den Städten sind meist mehrere technische Revisionen vorgeschrieben, nach Vollendung des Rohbaues, nach der des ganzen Baues, teilweise auch schon nach Legung der Grundmauern. Das Beziehen der Wohnungen ist vielfach erst gestattet, nachdem eine bestimmte Frist seit der letzten Revision verstrichen ist.

Die Rücksicht auf Schönheit liegt an sich nicht in den Grenzen der polizeilichen Tätigkeit.[8]) Dieser ist jedoch — in Erweiterung der Vorschriften des Landrechts, das die grobe Verunstaltung der Straßen und Plätze in Städten verbietet[9]) — neuerdings eine gesetzliche Grundlage gegeben. Zur Verhinderung der Verunstaltung landschaftlich hervorragender Gegenden außerhalb der geschlossenen Ortschaften kann der Regierungspräsident Reklameschilder und sonstige Aufschriften und Abbildungen verbieten,[10]) mit Zustimmung des Bezirksausschusses unter gewissen Einschränkungen auch Bauten und bauliche Änderungen ausschließen.[11]) Außerdem ist die baupolizeiliche Genehmigung zu solchen Bauten und baulichen Änderungen zu versagen, durch die Straßen oder Plätze der Ortschaft oder das Straßenbild gröblich verunstaltet werden würden.[12]) Endlich kann durch Ortsstatut vorgeschrieben werden, daß

1. diese Genehmigung bei geschichtlicher oder künstlerischer Bedeutung für bestimmte Straßen und Plätze, sowie für einzelne Bauwerke auch dann

---

(Nr. 27) 10. Juli 09 (MB. 184) u. 28. Nov. 11 (MB. 12 S. 12). Standfestigkeit hoher Bauwerke Vf. 25. Juli 89 (MB. 131), insbes. Schornsteine 30. April 02 (MB. 93). — Die Genehmigung eines Baues bildet kein Hindernis, dessen Benutzung später im feuerpolizeilichen Interesse auf Grund des LR. II 17 § 10 zu untersagen oder zu beschränken OV. (LIV 245). — Staatsbauten § 277 Anm. 1 d. W. — Fürsorge gegen Feuersgefahr bei Bauausführungen v. Reddemann (Berlin 08).

[6]) Die Wohnungen müssen trocken bezogen werden u. für Luft und Licht zugänglich sein. — In der Regel sollen Gebäude — abgesehen von Gassen (Anm. 14) — nicht höher als die Straßenbreite sein und nicht mehr als vier bewohnte Geschosse enthalten. — Spülabtritte Vf. 4. Nov. 87 (MB. 246) u. § 269 Abs. 2 d. W. — Nach der Lage der Gebäude wird die geschlossene u. die offene Bebauung unterschieden. Bei letzterer kommt der Abstand von Nachbargebäuden (Bauwich), die Anlage von Vorgärten, die Fernhaltung von Geräusch oder Gerüche verbreitenden Anlagen, sowie die Beschränkung der bebaubaren Fläche u. der Höhe der Gebäude in Betracht. Eine im gesundheitlichen Interesse ergehende Bestimmung einzelner Bezirke für landhausmäßige Bebauung — wie die VorortsbauO. f. Berlin 28. Mai 07 sie vorsieht — erscheint statthaft (XXVI 323).

[7]) Unzulässigkeit der Verherrlichung revolutionärer Vorgänge OV. (XXXVI 403).

[8]) § 221 Anm. 4 d. W.

[9]) LR. I 8 § 66, 71, 78, durch BGB. nicht berührt EG. Art. 109.

[10]) G. 2. Juni 02 (GS. 159); Ausf. Vf. 16. Juni 02 (MB. 132); UKG. 2. März 11 (MB. 213). Bearb. v. Goldschmidt (Berl. 12).

[11]) § 8 des G. 15. Juli 07 (GS. 260) nebst AusfAnw. 4. Aug. 07 (MB. 281). Bearb. v. Löning (Berl. 12). — Maßnahmen gegen bauliche Verunstaltungen außerhalb des G. Vf. 10. Jan. 08 (MB. 43). Verhinderung der Verunstaltungen bei Verleihung von Rechten an Wasserläufen G. 7. April 13 (GS. 53) § 58.

[12]) G. 07 § 1.

zu versagen ist, wenn die Eigenart des Orts- oder Straßenbildes dadurch beeinträchtigt werden würde,

2. auch in geschlossenen Ortschaften Reklameschilder usw. bei gröblicher Verunstaltung oder bei Beeinträchtigung (Nr. 1) zu verbieten sind,

3. für Landhausviertel, Badeorte, Prachtstraßen, besondere, über das sonst baupolizeilich zulässige Maß hinausgehende Anforderungen gestellt werden können.[13])

Die Bebauung fordert ferner eine ordnungsmäßige Anlegung der Straßen und Plätze,[14]) und es können dieserhalb Straßen- und Baufluchtlinien im voraus einzeln oder für größere Flächen (Bebauungspläne) mit der Wirkung aufgestellt werden, daß über die dadurch bestimmte Grenze Neubauten, Um- und Ausbauten versagt werden können, und die Gemeinde befugt wird, die über die Straßenfluchtlinie hinausliegende Grundfläche dem Eigentümer zu entziehen.[15]) Eine Entschädigungspflicht für die Gemeinde tritt erst ein, wenn das so ausgeschlossene Gelände für den öffentlichen Verkehr in Anspruch genommen wird, von daraufstehenden Gebäuden freigelegt werden muß oder zu einem Bauplatze gehört, der

---

[13]) Das. § 2—7.

[14]) G. 2. Juli 75 (GS. 561). Einf. in Lauenburg G. 25. Feb. 78 (GS. 97) § 8[6]. Bearb. v. Münchgesang (§ 271 Anm. 1) S. 277, Friedrichs (6. Aufl. von Strauß, Berl. 13.) — Das Gesetz verfolgt außer dem baupolizeilichen (negativen) Bauverbote auch den wegebaulichen (positiven) Zweck der Straßenanlegung OV. (XXX 67). Die gewöhnliche Mindestbreite beträgt bei Hauptstraßen 30 m, bei Nebenstraßen 20 m u. bei Gassen 12 m. — Auf Gutsbezirke ist das G. nicht anwendbar Vf. 3. Mai 10 (MB. 154), soweit sie nicht zu einem Zweckverband (§ 77 Abs. 4) für Straßen- u. Baufluchtlinien gehören; wo solcher gebildet wird, gehen auf ihn die den zugehörigen Gemeinden dieserhalb zustehenden Rechte u. Pflichten über G. 19. Juli 11 (GS. 115) § 3—5. — In Frankfurt a. M. kann auf Antrag der Gemeinde oder der Mehrheit der Eigentümer für überwiegend unbebaute Teile nach endgültiger Feststellung des Bauplanes eine der Bebauung entsprechende Umlegung von Grundstücken aus Gründen des öffentlichen Wohles zwangsweise bewirkt werden G. 28. Juli 02 (GS. 273), erg. (§ 13 Abs. 1) G. 8. Juli 07 (GS. 259); Ausf.-Anw. 30. Dez. 02 (MB. 03 S. 5) u. (Bebauung u. Benutzung ehemaliger Wallgrundstücke) G. 4. Juni 03 (GS. 190). Das G. 02 u. Erg. ist sinngemäß anwendbar in Posen u. Köln Gesetze 28. Juli 11 (GS. 159 u. 160), desgl. die Ausf. Anw. Vf. 28. Aug. 11 (MB. 244); ebenso in Wiesbaden G. 3. Juni 12 (GS. 179) u. in der Landgem. Griesheim (Kr. Höchst) G. 5. Juni 13 (GS. 302) u. Vf. 12. Juli 13 (MB. 150). Dasselbe Ziel haben Dortmund, Neuß u. Wetzlar auf dem Wege der Zusammenlegung durch die Auseinandersetzungsbehörden (§ 339) erstrebt; de Wedige u. Fahrenhorst, die Grundstücksumlegung in Stadtfeldmarken (Dortm. 03). — Die Aufstellung von Denkmälern für Mitglieder des Kön. Hauses oder in den Residenzstädten (Berlin, Potsdam, Charlottenburg) fordert Kön. Genehmigung Vf. 17. Juli 97 (MB. 107) — Straßenbenennung § 384 Anm. 15 d. W.

[15]) G. 75 § 1—11, 16, ZustG. § 146, 162 u. LVG. § 121. Die Vorschriften werden durch das BGB. nicht berührt EG. Art. 111. Aufstellung von Fluchtlinien u. Bebauungsplänen Vorschr. 28. Mai 76 (MB. 171), 24. April 06 (Anm. 1), 20. Dez. 06 (MB. 07 S. 65) u. 16. April 08 (MB. 129), Leitfaden v. Abendroth (2. Aufl. Berl. 05); Wahrnehmung der öffentlichen Interessen Vf. 29. Juni 02 (MB. 139). — Das Verbot erstreckt sich nicht auf Umzäunungen OV. (XXV 379).

bereits anderweit an eine fertige Straße und an eine festgelegte Baufluchtlinie grenzt.[16]) Außerdem kann durch Ortsstatut festgestellt werden, daß,

1. wenn Straßen oder Straßenteile noch nicht gemäß den baupolizeilichen Bestimmungen des Ortes für den öffentlichen Verkehr und den Anbau hergestellt sind, Wohngebäude, die nach diesen Straßen einen Ausgang haben, nicht errichtet werden dürfen;[17])
2. die Freilegung, erste Einrichtung, Entwässerungs- und Beleuchtungsvorrichtung neuer Straßen und Straßenteile, sowie deren zeitweilige, jedoch höchstens 5jährige Unterhaltung von den Unternehmern der neuen Anlage oder von den angrenzenden Eigentümern, sobald diese Gebäude an der neuen Straße errichten, übernommen werden muß.[18])

Die Errichtung von Feuerstellen innerhalb einer Entfernung von 75 m von größeren Waldungen ist nur auf Grund eines die Verhütung von Feuersgefahr bezweckenden Verfahrens vor der Polizeibehörde zulässig.[19])

Neue Ansiedlungen fordern — abgesehen von der Rheinprovinz und Hohenzollern — eine besondere Genehmigung, die nicht mehr, wie früher, aus persönlichen Gründen, sondern nur bei mangelnder Zugänglichkeit in Berücksichtigung berechtigter privat- und öffentlich-rechtlicher Interessen versagt werden kann.[20]) **Für die östlichen Provinzen und Westfalen** ist der Gegenstand behufs wirksameren Schutzes dieser Interessen neu geregelt worden.[21]) Als Ansiedlungen kommen die Errichtung

---

[16]) G. 75 § 13 u. 14.

[17]) Das. § 12 u. (Ausschluß der Entschädigung) 13, ZustG. § 146 Abs. 2.

[18]) G. 75 § 15, G. 14. Juli 93 (GS. 152) § 10 u. ZustG. § 146. — Die Verpflichtung trifft auch die Besitzer von Fabrikgebäuden Vf. 9. März 87 (MB. 82). **Der Bürgersteig** bildet einen Teil der öffentlichen Straße OV. (VIII 189), kann jedoch unbeschadet des öffentlichen Interesses von dem Hausbesitzer benutzt werden, soweit dieser das Steinpflaster zu unterhalten hat LR. I 8 § 78, 81 u. 82. Hieraus folgt keine allgemeine durch Polizeiverordnung näher zu regelnde Unterhaltungspflicht für den Hausbesitzer, wie das Ob.-Trib. sie angenommen hatte (MB. 78 S. 55), solche Pflicht kann nur auf ein nachzuweisendes Ortsrecht gegründet werden OV. (X 203), auch nicht durch Statut (§ 77 Abs. 3 d. W.) eingeführt werden OV. (XIX 247), soweit dies nicht — wie in den Wegeordnungen (§ 381 Anm. 9) f. Westpr. § 18, f. Posen § 17 — durch Gesetz zugelassen ist.

[19]) Feld- u. Forstpol. G. 1. April 80 (GS. 230) § 47—52 (Frist in § 50 jetzt zwei Wochen LVG. § 51, F. P. G. § 52 Abs. 2 ist aufgehoben G. 10. Aug. 04 G.S. 227 Art. II); Hohenzollern § 90.

[20]) Östl. Prov. u. Westfalen Anm. 21. Schl.-Holst. G. 13. Juni 88 (GS. 243) § 13—24 u. (Kr. Herz. Lauenburg) G. 3. Nov. 74 (Wochenbl. 291) nebst ZustG. § 148; Hannover G. 4. Juli 87 (GS. 424) § 14—24; Hessen-Nassau G. 11. Juni 90 (GS. 173). Ergänzung dieser Gesetze zugunsten des Bergbaues G. 16. Sept. 99 (GS. 497). — (Über die Bearb. u. den auf die Lastenverteilung bezüglichen Teil dieser Gesetze § 340 Abs. 2). — Die Bauerlaubnis bleibt daneben erforderlich OV. (VII 314).

[21]) Von dem G. 25. Aug. 76 (GS. 405) gilt in seinem hierher gehörigen Teile (über den die Lastenverteilung betreffenden Teil s. vor. Anm.) nur noch der die Stempelfreiheit der Verhandlungen betreffende § 21. Die § 13—20 sind durch G. 10. Aug. 04 (GS. 227) Art. I ersetzt, § 26 ist durch dessen Art. IV neu gefaßt u. § 22, 23 sind durch ZustG. § 147 aufgehoben. Ausf. Anw. 28. Dez. 04 (MB. 05 S. 1); Bearb. von Petersen, (2. Aufl. Berl. 11). — Auf Ansiede-

und die Einrichtung von Wohnhäusern in Betracht, die außerhalb einer im Zusammenhang gebauten Ortschaft oder innerhalb solcher zwecks Umwandlung eines Landguts in ländliche Stellen erfolgen. Die Genehmigung erteilt der Kreisausschuß, in Stadtkreisen die Ortspolizeibehörde.[22]) Bei Unzugänglichkeit des Platzes muß sie, bei Einspruch der Beteiligten im Interesse des Schutzes der Land- und Forstwirtschaft, des Gartenbaues, der Jagd und Fischerei und des Bergbaues kann sie versagt werden.[23]) Soweit die Ansiedelung einen wesentlichen Einfluß auf die öffentlichen Verhältnisse erwarten läßt, hat die Behörde die nötigen Leistungen zur Regelung der Gemeinde-, Kirchen- und Schulverhältnisse und zur Regelung der im öffentlichen Interesse erforderlichen Anlagen festzusetzen. Die Genehmigung kann von der Erfüllung oder Sicherstellung dieser Leistungen abhängig gemacht werden.[24])

Besonderen Beschränkungen unterliegen Neubauten innerhalb des Festungsrayons (§ 115).

§ 281.

c) **Einschränkungen bezüglich vorhandener Bauten** bestehen insoweit, als alle Feuerstellen in baulichem und brandsicherem Zustande erhalten, insbesondere Gebäude, die einzustürzen drohen, auf polizeiliche Aufforderung ausgebessert oder niedergerissen werden müssen.[1]) Im Fall der Unterlassung kann, abgesehen von der Strafe, das Gebäude auf Kosten des Eigentümers hergestellt, auf seine Gefahr verkauft, der Gemeinde zugeschlagen oder abgebrochen werden.[2]) Auch außerdem soll die Polizei Bauanlagen, welche den Verkehrenden Gefahr drohen, auf Straßen nicht dulden.[3])

Die Erhaltung der Kunst- und geschichtlichen Denkmäler ist Gegenstand staatlicher Fürsorge.[4]) Gleiches gilt von Naturdenkmälern.[5])

---

lungen, die das Reich oder der Staat in Ausübung seiner Hoheitsrechte ausübt, ist das G. nicht anwendbar OV. 13. Feb. 13 (MB. 58). Ansiedelungsgenehmigung in den polnischen u. den ihnen benachbarten Landesteilen (G. 04 § 13b) § 343 Anm. 9 d. W., bei den unter Vermittelung der Generalkommissionen entstehenden Rentengütern Anm. 13 das.

[22]) G. 04 § 13, 13a, OV. (L 226, LII 269).

[23]) Das. § 14—16, Rechtsmittel § 18, Entschädigung bei Versagung im Interesse des Bergbaues § 19, Strafe § 20. Einspruch von Bergwerksbesitzern OV. (L 230).

[24]) Das. § 17—17b. Mehrere im Zusammenhang liegende Ansiedlungen heißen Kolonien. Ein besonderes Verfahren für diese ist im G. 04 fortgefallen und kommt nur noch für die 3 neuen Prov. (Anm. 20) in Betracht.

[1]) StGB. § 368[4] u. 367[13]. — Gewerbebetrieb der Schornsteinfeger § 366 Anm. 30 d. W.

[2]) LR. I 8 33—64; Zwangsversteigerung G. 23. Sept. 99 (GS. 291) Art. 28—32. — Schadenersatzpflicht BGB. § 836—838.

[3]) LR. I 8 § 73.

[4]) Der Begriff des Denkmals (Vf. 6. Mai 04 ZBU. 482) umfaßt auch Überreste der Vorzeit 30. Nov. 92 (das. 93 S. 302). — Die Fürsorge untersteht dem Kultusminister AE. 7. März 35. Unter

Anm.: Note [5]) befindet sich auf S. 465.

Die Wegnahme und Beschädigung öffentlicher Denkmäler ist untersagt[6]) und jede wesentliche Veränderung an öffentlichen Gebäuden und Denkmälern fordert Genehmigung.[7]) Gemeinden dürfen nach Vorschrift der Städte- und Landgemeindeordnungen Sachen, die einen geschichtlichen, wissenschaftlichen oder künstlerischen Wert haben, ohne Genehmigung weder veräußern noch verändern. Gleiches gilt von Stadtmauern, Toren, Türmen und Wällen.[8])

VIII. Armenwesen.

1. Übersicht.

§ 282.

Armut ist die Not, der Mangel der unentbehrlichen Lebensbedürfnisse. Wo der Einzelne sich nicht mehr zu helfen vermag, muß der Staat ergänzend eintreten. Dieses fordert nicht nur die Nächstenliebe, sondern auch die Politik; denn Not kennt kein Gebot und wird dadurch häufig zur Quelle der Rechtsverletzungen. Die Hilfe hat dem Eintreten der Armut nach Möglichkeit vorzubeugen, sodann aber, wo diese eingetreten ist, dafür zu sorgen, daß sie wieder beseitigt oder doch möglichst unschädlich gemacht werde, und daß kein Hilfsbedürftiger ohne die erforderliche Unterstützung bleibe.[1])

Eine Verpflichtung zu unmittelbarer staatlicher Hilfsleistung ist damit nicht gegeben. Der Staat hat nur die Unterstützungspflicht im Wege der Gesetzgebung festzustellen und ihre Erfüllung im Wege der Aufsicht zu überwachen.[2]) Unmittelbare Hilfe gewährt er nur bei außerordentlichen Notständen und auch diese ist mehr auf die Erhaltung im wirtschaftlichen Bestande als auf Unterstützung und Schadenvergütung gerichtet.[3]) Kleinere

---

ihm steht ein Konservator der Kunstdenkmäler Vf. u. Instr. 24. Jan. 44 (MB. 38 u. 39). — Die Denkmalfürsorge bildet eine Aufgabe der Provinzialverbände § 84 Anm. 4 d. W. Für diese bestehen Provinzialkommissionen; die ihnen als sachverständige Berater beigegebenen Provinzialkonservatoren bilden zugleich örtliche Organe des Konservators AE 19. Nov. 91 (ZBlU. 92 S. 391). — Lezius, das Recht der Denkmalspflege in Preußen (Berl. 08).

[5]) Vf. 16. April 12 (ZBlU. 410). Staatliche Stelle in Berlin Vf. 12. Feb. 07 (MB. 85). Verhinderung landschaftlicher Verunstaltung § 280 Abs. 3 d. W.

[6]) LR. I 8 § 35; StGB. § 304.

[7]) KO. 4. Okt. 15 (GS. 206). — Auch die Aufstellung eines Denkmals fordert Allerh. Genehmigung, wenn dieses ein Mitglied des Kön. Hauses betrifft Vf. 17. Juni 97 (MB. 107). In Berlin, Charlottenburg u. Potsdam ist diese Genehmigung mit Rücksicht auf das G. 2. Juli 75 (GS. 561) § 10 Abs. 2 stets erforderlich.

[8]) Landgemeinden § 81 Anm. 10, Städte § 82 Anm. 11 d. W. in den östlichen u. ähnlich in den neuen Prov. Die Verpflichtung umfaßt auch die Bewahrung von Verfall OV. (XLIII 416, XLVII 52) u. Vf 19. Okt. 06 (MB. 07 S. 31). — Ähnliche Best. für die Kirchengemeinden enthalten die Vermögensverwaltungsgesetze für die kathol. Kirche § 296 und die Verfassungsgesetze für die evang. Kirche § 300 d. W. Die Genehmigung erteilt der Kultusminister. — Innungen GewO. § 89b Nr. 3.

[1]) LR. II 19 § 1. — Recht auf Arbeit § 313 Abs. 2 d. W.

[2]) KO. 22. Dez. 36 (GS. 37 S. 2) u. G. 8. März 71 (GS. 130) § 33.

[3]) Fürsorge für die oberschlesischen

einmalige Beihilfen bis zu 60 M. können daneben in geeigneten Fällen, insbesondere an verschämte Arme aus den zur Verfügung der Regierungspräsidenten stehenden Armen- und Wohltätigkeitsfonds gewährt werden.[4])

Die Tätigkeit auf dem Gebiete des Armenwesens ist in der Hauptsache eine pflegende (**Armenpflege**). Der Polizei fällt dabei nur eine vermittelnde vorläufige Tätigkeit zu, indem sie Obdachlose unterzubringen und die Unterstützung Hilfsbedürftiger in dringenden Fällen herbeizuführen hat.[5]) Hierauf und auf die der Verarmung vorbeugende Bekämpfung der Bettelei und Landstreicherei (§ 240) beschränkt sich die Wirksamkeit der **Armenpolizei**.

Die Aufgaben der Armenpflege sind beständig gewachsen, da nicht nur die Zahl der Armen, sondern auch die Anforderungen, welche die Fürsorge und die Lebensansprüche (standard of life) stellen, fortdauernd zunehmen.[6]) Auch die Arbeiterversicherung (§ 316—320) hat mehr auf deren Erfüllung als auf eine Erleichterung der Armenverbände eingewirkt.

In der geschichtlichen Entwickelung (Nr. 2) ist die Pflicht zur öffentlichen Armenpflege allmählich zu einer festen gesetzlichen Ordnung gelangt (Nr. 3). Neuerdings hat sich die öffentliche Armenpflege auch in der Art ihrer Ausübung weiter entwickelt und eine engere Verbindung mit der Privatwohltätigkeit angestrebt (Nr. 4).

2. Geschichte.

§ 283.

Die Armenpflege lag in der ersten Hälfte des Mittelalters wesentlich in den Händen der Kirche. Die Spenden wurden als gutes Werk betrachtet und oft sehr reichlich und ohne bestimmten Plan gewährt. Mit der Entwickelung des Lehnwesens trat die Fürsorgepflicht des Lehnsherrn für seine Vasallen hinzu. In den Städten sorgten zunächst die Gilden für ihre Angehörigen; später wurde die Armenpflege zum Gegenstand der städtischen Verwaltung. Nach Eintritt der Reformation und Zerfall des Lehnver-

---

Typhuswaisen G. 13. Juni 51 (GS. 462), Beseitigung des Notstandes in Ostpreußen G. 23. Dez. 67 (GS. 1929), desgl. in Pommern und Schl.-Holstein infolge der Sturmflut G. 24. April 73 (GS. 185), in Oberschlesien G. 3. Feb. 80 (GS. 17) u. 23. Feb. 81 (GS. 25), § 3 erg. G. 1. Mai 89 (GS. 102), infolge der Hochwasser im Stromgebiete der Weichsel G. 8. April 85 (GS. 105), 14. Juli 86 (GS. 211) und 13. Mai 88 (GS. 103), erg. 8. Mai 89 (GS. 102), der Oder u. Elbe 20. April 98 (GS. 29), des Rheines 21. Jan. 83 (GS. 3).

[4]) Vf. 27. Juni 25 (KA. IX 445), 23. Juli 68 (MB. 241) u. 26. April 85 (MB. 78).

[5]) LR. II 19 § 15; Vf. 1. Feb. 72 (MB. 46) Nr. 2 u. OV. (I 337 u. VII 129—136).

[6]) Im Arbeiterhaushalt entfallen auf die Ernährung etwas über 50, auf Wohnung 20—25 (auf dem Lande etwas weniger) u. auf Kleidung 10—15 v. H. des Einkommens. — Die **Armenstatistik** gewährt kein vollständiges Bild, da sie nur die öffentlich — nicht die sonst oder überhaupt nicht — unterstützten Armen nachweist, auch der Begriff der Armut nicht feststeht, und die Art der Unterstützung nicht näher bestimmt werden kann.

hältnisses wurde diese Hilfe unzureichend, besonders als die Not des Dreißigjährigen Krieges die Zahl der Bedürftigen stark vermehrte. Seitdem hat die Landesgesetzgebung sich der Armenpflege zugewendet und die Verpflichtung der Gemeinden auf diesem Gebiete bestimmter geregelt.[1]) In den meisten deutschen Staaten wurde dabei der Unterstützungsanspruch von der besonderen Verleihung des Heimatrechts durch die Gemeinden abhängig und dadurch zu einer Beschränkung der Aufnahme Neuanziehender. Preußen knüpfte jedoch, von dem Grundsatz der Freizügigkeit ausgehend, den Anspruch an den tatsächlichen, eine bestimmte Frist dauernden Aufenthalt und schuf damit einen besonderen, mit der Gemeindeangehörigkeit und dem allgemeinen Wohnsitz (§ 77 Abs. 2) nicht zusammenfallenden Unterstützungswohnsitz (1842). Nach Einführung der Freizügigkeit im Reiche (§ 10) ist diese Einrichtung dann auch in die Reichsgesetzgebung übernommen.[2]) Die weitere Entwickelung der Armengesetzgebung geht dahin, die Armenlast der Gemeinden durch Überweisung einzelner Aufgaben der Armenpflege an größere Verbände zu erleichtern (§ 284 Abs. 3), dagegen die vorläufige Unterstützungspflicht der Aufenthaltsgemeinde behufs Verminderung der Erstattungsansprüche mehr zu einer endgültigen zu machen (§ 284 Abs. 4).

---

[1]) Für Preußen wurde diese Verpflichtung neben Strafandrohung gegen das Betteln wiederholt ausgesprochen 1684, 1715, 1748 u. LR. II 19 § 10. — Die romanischen Länder haben bei reichen Armenstiftungen keine vollständige öffentliche Armenpflege. In Frankreich ist die Armenpflege in das Belieben der Gemeinden gestellt; eine Verpflichtung besteht nur für die Pflege der Kinder und Geisteskranken in den Departements und seit 1893 für die Krankenpflege in den Gemeinden. — England hat das Armenwesen schon bald nach Einziehung der geistlichen Güter umfassend geregelt; nach der Elisabethakte (1601) sollte der Staat im ganzen Lande für Unterstützung der Hilfsbedürftigen sorgen. Dies geschah sehr reichlich; sogar Zuschüsse zu unzureichenden Löhnen wurden gewährt. Die Armenlast wuchs infolgedessen außerordentlich u. die Armenpflege wurde in zahlreichen Fällen mißbräuchlich ausgenutzt. Dies führte unter den Einflüssen der Lehre von Malthus (§ 3 Anm. 5) zu der Maßregel, daß alle arbeitsfähigen Armen in streng überwachten Arbeitshäusern (workhouses) untergebracht wurden (1834). Ferner wurde eine staatliche Zentralbehörde eingesetzt u. die Vereinigung der bis dahin ausschließlich verpflichteten Kirchspiele zu Kreisverbänden, zunächst für die Arbeitshäuser, später auch für sonstige umfassende Pflegezwecke vorgesehen.

[2]) RG. über den Unterstützungswohnsitz 6. Juni 70. Dieses ist mehrfach ergänzt, insbes. zur Erleichterung des Erwerbs des Unterstützungswohnsitzes durch Verkürzung der Fristen u. Herabsetzung der Altersgrenzen. Mit der letzten Ergänzung durch G. 30. Mai 08 RGB. 377 Art. 1 u. 3 ist es gem. dessen Art. 4 des UG. in jetzt gültiger Fassung neu veröffentlicht RGB. 381; Einf. in Lauenburg G. 24. Juni 71 (WochBl. 183) u. 9. März 79 (GS. 134), in Helgoland V. 29. März 09 (RGB. 335) Nr. 2, in Südhessen Verf. 15. Nov. 70 (BGBl. 627) Art. 80 II, Baden u. Württemberg G. 8. Nov. 71 (RGB. 391) Elf.-Lothringen v. 1. April 10 ab gem. G. 08 (oben) Art. 5 u. G. 8. Nov. 09 (GB. f. Elf.-Lothr. 105), in Bayern mit Geltung von einem noch zu bestimmenden Tage G. 30. Juni 13 (RGB. 495). — Preuß. AusführungsG. 8. März 71 (GS 130), mit ErgG. 91 (§ 281 Anm. 3) in Helgoland eingeführt G. 1. Dez. 08 (GS. 09 S. 25); Instr. 10. April 71 (MB. 132). — Bearb. v. Eger (6. Aufl. Breslau 09), Wohlers, jetzt Krech (13. Aufl. Berl. 13), Handausgabe (8. Aufl. Berl. 13) u. (kürzer) v. Koppe (3. Aufl. Berl. 13).

3. Armenpflegepflicht.

§ 284.

Jeder Deutsche gilt in jedem Bundesstaate in bezug auf Unterstützung im Falle der Hilfsbedürftigkeit und auf Erwerb und Verlust des Unterstützungswohnsitzes als Inländer. Die Verpflichtung zur Armenpflege ruht in erster Linie auf den **Ortsarmenverbänden**. Sie fallen in der Regel mit den Gemeinden und selbständigen Gutsbezirken zusammen; doch können auch deren mehrere zu Gesamtarmenverbänden in der Form der Zweckverbände (§ 77 Abs. 4), vereinigt werden. Die Übertragung der Pflicht auf die Ortsverbände beruht darauf, daß diese die Arbeitskräfte wirtschaftlich ausnutzen und dabei die Armenpflege billiger und sachgemäßer bewirken können.[1])

Wo ein Ortsarmenverband zur Leistung der Unterstützung nicht verpflichtet oder nicht vermögend ist, tritt der **Landarmenverband** ein, der in Königsberg, Allenstein, Berlin, Breslau und Helgoland mit dem Gemeindebezirke, in Ostpreußen und Herzogtum Lauenburg mit dem Kreise, in Hessen-Nassau und Hohenzollern mit dem Bezirke, sonst mit dem Provinzialverbande zusammenfällt.[2])

Daneben besteht die **außerordentliche** Armenlast. Zur Unterbringung von hilfsbedürftigen Geisteskranken, Geistesschwachen (Idioten), Fallsüchtigen, Taubstummen und Blinden in geeignete Anstalten, deren

---

[1]) RG. § 1—4 u. 6—8, Ausschluß Bayerns Anm. 6; AG. § 2 bis 25, insbes. Heranziehung der Grundbesitzer u. Einwohner eines Gutsbezirks § 8, benachbarter Gemeinden mit Betrieben, die die Armenlasten erhöhen § 80 Anm. 9 d. W.; ZustG. § 40 u. 44[1]. — Armendeputationen AG. § 3—5. Gemeindearmenkasse § 285 Anm. 3. — Im Jahre 1885 bestanden als Ortsarmenverbände 1238 Städte, 31408 Landgemeinden, 11346 Gutsbezirke, und 3376 gemischte Bezirke, zusammen 47368 Verbände. — Gesamtarmenverbände (AG. § 2, 9—15) finden sich fast nur in Schlesien (2836 neben 3192 Ortsarmenverbänden, Grundlage bildet hier das Ed. 14. Dez. 1747), in Neuvorpommern (106 neben 62 Ortsarmenverbänden, hier fallen sie mit den Kirchspielsverbänden zusammen) und in Hannover.

[2]) RG. § 2, 5—8 u. 32a; AG. § 26 bis 30, 34, 37—39. Die Landarmenverbände haben unvermögenden Ortsarmenverbänden Beihilfen zu gewähren AG. § 36, ZustG. § 42. Die Landarmenkosten werden nach den direkten Steuern auf die Kreise verteilt AG. § 29, ZustG. § 44[2]. — ProvO. 81 (GS. 234) § 128. — Landarmenverbände für Ostpreußen Regl. 26. Sept. 64 (GS. 621), Westpreußen Regl. 11. Sept. 67 (GS. 1709), Brandenburg V. 25. Feb. u. 20. April 78 (GS. 94 u. 143), Pommern V. 27. Dez. 76 u. 15. März 77 (GS. 77 S. 2 u. 95), Posen V. 29. Juli 71 (GS. 329), erg. (§ 3) 15. Mai 88 (GS. 134), Schlesien V. 16. Aug. 71 (GS. 345) u. 16. Feb. 78 (GS. 91), Sachsen V. 2. Okt. 71 (GS. 473), 10. Juni 76 (GS. 243), 16. März 78 (GS. 127) u. AE. 10. Juni 76 (GS. 243), Schl.-Holstein V. 1. Sept. u. Regul. 14. Aug. 71 (GS. 377 u. 372) sowie (Lauenburg) G. 24. Juni 71 (Woch Bl. 183). 9. März 79 (GS. 134) u. (Helgoland) G. 31. März 09 (GS. 27), Hannover V. 1. Aug. 71 (GS. 325) u. Regul. 1. Nov. 68 (GS. 979), Westfalen V. 15. Sept. 71 (GS. 461), die Rheinprov. V. 2. Okt. 71 (GS. 477), AE. 12. April 73 (GS. 251) u. 9. Jan. 82, den RB. Kassel V. 29. Juli 71 (GS. 323) u. Regul. 11. Nov. 68 (GS. 999), den RB. Wiesbaden V. 4. Sept. 71 (GS. 378), Regul. 17. Juli 71 (GS. 299) u. ProvO. 85 (GS. 247) § 101, f. Hohenzollern V. 16. Sept. 74 (GS. 311).

ausreichende Errichtung und Erhaltung den Landarmenverbänden obliegt, müssen die Kreise den Ortsarmenverbänden mindestens zwei Drittel der Kosten zuschießen. Daneben bleiben etwa vorhandene Verbände zur Tragung der außerordentlichen Armenlast bestehen. Diese können gleich den Kreisen und Landarmenverbänden auch die Fürsorge für Sieche unmittelbar übernehmen.[3])

Die Verpflichtung der Ortsarmenverbände ist eine vorläufige oder endgültige. Erstere liegt dem Ortsarmenverbande ob, in dessen Bezirk die Hilfsbedürftigkeit hervortritt. Sie erfolgt vorbehaltlich des Kostenersatzes durch den endgültig verpflichteten Verband. Nur bei Erkrankung von Personen, die auf länger als eine Woche gegen Lohn oder Gehalt in einem Dienst- oder Arbeitsverhältnisse stehen und deren ihren Unterstützungswohnsitz teilenden Angehörigen, sowie von Lehrlingen fällt für die ersten 26 Wochen dieser Erstattungsanspruch fort. In diesen Fällen ist der Dienst- und Arbeitsort allein verpflichtet. Die Pflicht soll den Ausgleich für die wirtschaftliche Ausnutzung dieser Personen bilden.[4]) — Die endgültige Verpflichtung eines Ortsarmenverbandes ist durch den Unterstützungswohnsitz innerhalb dieses Verbandes bedingt, der für die Frau durch Verehelichung, sonst durch Abstammung oder ununterbrochenen einjährigen Aufenthalt nach zurückgelegtem 16ten Lebensjahre erworben wird und durch Erwerb eines anderweiten Unterstützungswohnsitzes oder einjährige Abwesenheit nach zurückgelegtem 16ten Lebensjahre verloren geht. Dieses frühere Alter ist jetzt mit Rücksicht auf die früher eintretende wirtschaftliche Selbständigkeit gewählt.[5]) — Ausländer werden in Krankheitsfällen den Inländern gleich behandelt. Die Kosten tragen die Landarmenverbände.[6]) — Diese Regelung bedingt eine Einschränkung der Frei-

[3]) AusfG. § 30—31e u. 68 Abs. 2 (Fassung des G. 11. Juli 91 GS. 300 Art. I u. III) nebst Vf. 15. Sept. 91 (MB. 166) u. § 32. — Anstalten § 268 d. W.

[4]) RG. § 28, 29; der Erstattungsanspruch ist binnen 6 Wochen geltend zu machen § 34, 35. Für die Kostenerstattung unter preußischen Armenverbänden bestehen feste Sätze RG. § 30, AG. § 35 u. Tarif 30. Nov. 10 (MB. 333). — Vorrecht der Charité § 268 Anm. 1.

[5]) RG. § 9—27 u. (aus dem Auslande zu übernehmende, keinen Unterstützungswohnsitz besitzende Deutsche) 33 nebst G. 30. Mai 08 (RGB. 377) Art. 2, AG. § 37.

[6]) RG. § 60; AG. § 64. — Verträge über wechselseitige Unterstützung u. Übernahme Auszuweisender bestehen geg. Österreich-Ungarn Bek. 2. Sept. 75 (ZB. 475); die Schweiz u. d. Niederl. Vtr. (§ 10 Anm. 3 d. W.) Art. 6—9, Behörden Vf. 1. Sept. 97 (MB. 203), die vorläufige Fürsorge für die vom Deutschen Reich zu Übernehmenden besorgen die Ortsarmenverbände der Übernahmeorte Vf. 10. Nov. 02 (MB. 03 S. 14); die Niederlande Niederl. Vtr. (§ 10 Anm. 3) Art. 5; Italien 8. Aug. 73 (ZB. 281, MB. 74 S. 70); Dänemark 11. Dez. 73 (ZB. 74 S. 31, MB. 74 S. 71), erg. Bek. 25. Aug. 81 (ZB. 407 u. 427, MB. 225), 14. Dez. 83 u. 7. Juli 84 (MB. 84 S. 5 u. 191), 25. Aug. 98 (ZB. 149); Belgien 7. Juli 77 (ZB. 411); Rußland Vf. 10. Feb. nebst Vf. 6. Mai u. 7. Nov. 94 (MB. 93 u. 209), 20. Juni 95 (MB. 237) u. 7. Juni 97 (MB. 140); Großbritannien (Geisteskranke) 24. Sept. 13 (MB. 185); gegen Frankreich besteht die gleiche Übung ohne Abkommen. — Gegen Luxemburg ist nach dem sonst durch das UnterstützungswohnsitzG. beseitigten § 7 des FreizG. 1. Nov. 67 (BGBl. 55

zügigkeit (§ 10). Die Gemeinden sind demgemäß zur **Ausweisung** Neuanziehender befugt, wenn diese sich weder eine eigene Wohnung, noch ein Unterkommen verschaffen können, oder nachweislich die Kräfte oder Mittel zum notdürftigen Lebensunterhalte nicht besitzen, solchen auch von unterstützungspflichtigen Verwandten nicht erhalten. Auch nach dem Anzuge können Hilfsbedürftige, deren Unterstützung aus anderen Gründen als wegen einer nur vorübergehenden Arbeitsunfähigkeit notwendig geworden ist, in die Gemeinde des Unterstützungswohnsitzes zurückgewiesen werden.[7]

Streitigkeiten der Armenverbände wegen öffentlicher Unterstützung Hilfsbedürftiger unterliegen dem Verwaltungsstreitverfahren vor den Bezirksausschüssen. Zuständig ist der Bezirksausschuß, der dem in Anspruch genommenen Armenverbande vorgesetzt ist. Die landesgesetzlichen Vorschriften sind auch bei Ansprüchen auswärtiger Verbände maßgebend.[8] Berufungen, die mit 14tägiger Ausschlußfrist schriftlich anzubringen sind, gehen in Streitigkeiten zwischen Armenverbänden verschiedener Bundesstaaten (außer Baiern) an das **Bundesamt für Heimatwesen** in Berlin als letzte Instanz. Daneben ist das Amt von einzelnen Staaten, insbesondere von Preußen, als letzte Instanz für die im eigenen Gebiete vorkommenden Streitsachen anerkannt.[9]) — Streitende preußische Armenverbände können statt dieses Verfahrens die schiedsrichterliche Entscheidung des Kreis-(Stadt-)ausschusses in Anspruch nehmen.[10])

Der Anspruch auf Unterstützung bildet keinen Rechtsanspruch, sondern begründet nur eine öffentliche Zwangspflicht. Er umfaßt Obdach,

noch der s. g. Gothaer Vtr. 15. Juli 51 (GS. 711) nebst Eisenacher Vtr 11. Juli 53 (GS 877) u Bek 6 Jan. 54 (GS. 32) anwendbar Bek. 27. Jan. 55 (GS. 36). Der Eisenacher Vtr. gilt auch gegen Österreich u. Liechtenstein. — Heinrichs, Deutsche Niederlassungs- und Übernahmeverträge (Berl. 08).

[7]) FreizG. 1. Nov. 67 (BGBl. 55) § 1 u. 4—7 u. Vf. 21. Dez. 05 (MB. 06 S. 1); UnterstG. (§ 283 Anm. 2) § 31, 32 u. 55—58. Für Ausführung der Ausweisungen ist der Gothaer Vtr. (Anm. 6) § 8–12 maßgebend Vf. 28 Juli 94 (MB. 147) Abs. 1[4]. Transportkosten für Reichsangehörige § 242 Anm. 3.

[8]) RG. § 37—41 u. (Vollstreckung) § 53—59; dazu § 52 u. AG. § 49, 57 bis 59, die übrigen das Verfahren betreffenden Vorschriften sind aufgehoben LVG. § 158[1] und das erstinstanzliche Verfahren bestimmt sich nach den in § 59 Abs. 4 d. W. aufgeführten Vorschriften ZustG. § 39. In diesem Verfahren steht den Gemeinden nicht die ihnen im gerichtlichen Verfahren eingeräumte Gebührenfreiheit (§ 195 Abs. 3 d. W.) zu LVG. § 107[5]. — Die Ansprüche verjähren in zwei Jahren RG. § 30a. — Die Heimatsdeputationen (AG. § 40—48 u. 50—56) sind mit Durchführung der Verwaltungsorganisation fortgefallen. — Die Erstattung verausgabter Unterstützungskosten unterliegt dem Rechtswege AG. § 68 (Fassung des G. 11. Juli 91 GS. 300 Art. III).

[9]) RG. § 37, 41—52, AG. § 57 bis 59 u. GeschO. 6. Jan. 73 (ZB. 4). Die Entscheidung erfolgt gebührenfrei RG. § 50 Abs. 1. — Letzte Instanz im eigenen Gebiete bildet das Bundesamt für Preußen, Hessen, S.-Weimar, Kob.-Gotha, Altenburg, Oldenburg, Braunschweig, Anhalt, Reuß j. L., Waldeck, beide Schwarzburg und Lippe, Lübeck, Bremen u. Elf.-Lothringen — Die Entscheidungen werden besonders herausgegeben (46 Hefte bis 1913 mit Gesamtregister); systematische Übersicht v. Dr. Brunn (Berl. 08). — Die Bezeichnung ist nicht zutreffend gewählt, da das Bundesamt über den Unterstützungswohnsitz zu entscheiden hat, der einen Gegensatz zum Heimatrecht bildet (§ 283 d. W.).

[10]) AG. § 60—62 u. ZustG. § 43[1].

den unentbehrlichen Lebensunterhalt, Krankenpflege und angemessenes Begräbnis und kann auch durch Unterbringung in einem **Arbeits- oder** Krankenhause oder Beschäftigung mit geeigneten Arbeiten erfüllt werden. Schulgeld fällt nicht darunter.[11]) Als Armenunterstützungen, soweit von diesen in Reichsgesetzen der Verlust öffentlicher Rechte abhängig gemacht wird (Reichstagswahlrecht § 17 Abs. 2, Schöffen- und Geschworenenamt § 182 Abs. 2, § 183 Abs. 4, Berufung in Gewerbegerichte § 364 Abs. 3 und Kaufmannsgerichte § 372 Abs. 3) sind nur solche anzusehen, die den Verlust der wirtschaftlichen Selbständigkeit mit sich bringen. Nicht zu diesen gehören Krankenunterstützungen, Anstaltspflege wegen Gebrechen, Jugendfürsorge, einschließlich der Erziehung und Berufsausbildung, bei augenblicklicher Notlage gewährte vereinzelte und erstattete Unterstützungen.[12]) Der Anspruch kann nur im Verwaltungswege geltend gemacht werden; Beschwerden gehen an den Kreisausschuß, in Städten über 10000 Einwohnern an den Bezirksausschuß.[13]) Anderweite Verpflichtungen zum Unterhalt Hilfsbedürftiger[14]) werden durch die öffentliche Armenpflege nicht berührt. Der Anspruch des Armenverbandes auf Ersatz seiner Leistungen durch verpflichtete Dritte unterliegt dem Rechtswege;[15]) doch können auf Antrag des verpflichteten Armenverbandes die nach dem BGB. Unterhaltungspflichtigen zur Gewährung der erforderlichen laufenden Unterstützung durch Beschluß des Kreis-(Stadt-)Ausschusses — im Fall der außerordentlichen Armenpflege (Abs. 3) des Bezirksausschusses — angehalten werden. Die Beschlüsse sind vorbehaltlich des Rechtswegs endgültig.[16])

Gegen unterhaltssäumige, erwerbsfähige Personen, die selbst oder in der Person der Ehefrau oder der Kinder unter 16 Jahren im Wege der

---

[11]) AG. § 1 u. Entsch. d. BundesA. 15. Okt. 72 (MB. 263). — Die Unterbringung mittelloser gemeingefährlicher Geisteskranker bildet auch dann einen Gegenstand der Armenpflege, wenn sie nicht im eigenen Interesse, sondern in dem der öffentlichen Sicherheit und Ordnung erfolgt OB. 20. Juni 05 (XLVII 6). — Fürsorgeerziehung § 241 Anm. 5 d. W. — Leistungen der Arbeiter- u. Angestelltenvers. bilden keine Armenunterstützung § 317 Abs. 5 u. 321 Anm. 3.

[12]) G. 15. März 09 (RGB. 319).

[13]) AG. § 63 u. ZustG. § 41.

[14]) Verpflichtet sind Verwandte in grader Linie BGB. § 1601, der uneheliche Vater bis zum 16. Lebensjahr des Kindes § 1708, Ehegatten § 1360 u. 1361 u. die Herrschaft gegen erkranktes Gesinde § 261 Anm. 7 d. W. Voraussetzungen der Unterhaltpflicht BGB. § 1602—5, Reihenfolge in ihrer Erfüllung § 1606—9, Umfang u. Art. § 1610—5, danach ist der Unterhalt in Geldrente zu gewähren § 1612 u. nicht für die Vergangenheit zu fordern § 1613.

[15]) RG. § 61, 62 u. AG. § 68 Abs. 1, durch BGB. nicht berührt EG. Art. 103; dasselbe gilt von dem Erbrecht in den Nachlaß der in Anstalten verpflegten Personen (LR. II 19 § 50—75) EG. Art. 139. Ein weitergehender Ersatzanspruch wider den Unterstützten besteht nicht, Jebens im Preuß. VBl. XXVII 387. — Dem Verwaltungsstreitverfahren unterliegen Ansprüche der Armenverbände gegen Träger der Arbeiterversicherung § 317 Abs. 2.

[16]) AG. § 65 [Abs. 1 neugefaßt G. 12 (Anm. 17) Art. 2 nebst 3 u. Abs. 4, 5 zugefügt G. 91 (Anm. 3) Art. II], § 67 u. ZustG. § 43; die Vorschrift wird durch das BGB. nicht berührt EG. Art. 103.

öffentlichen Armenpflege unterstützt werden, kann ein Arbeitszwang ausgeübt werden. Sie können auf Antrag des Armenverbandes durch Beschluß des Kreis(Stadt)ausschusses auch gegen ihren Willen in eine Arbeits- oder andere geeignete Anstalt untergebracht oder zur Verrichtung angemessener Arbeiten angehalten werden. Aus dem Arbeitsverdienst ist nach Deckung der Unterbringungskosten die Unterstützung zu bestreiten.[17])

4. Ausübung der Armenpflege, Privatwohltätigkeit.

§ 285.

Auf dem Gebiete des Armenwesens haben in jüngster Zeit die Vereine eine besonders rege Tätigkeit entfaltet und die Grundsätze für die Ausübung der Armenpflege erheblich geklärt.[1]) Es kommt nicht auf das Wohltun an sich, sondern darauf an, daß dieses an der rechten Stelle und in der rechten Weise geschieht. Jede ohne Not, zu reichlich oder an Unwürdige gewährte Unterstützung ist nicht nur überflüssig, sondern wirkt schädlich, da sie dem Bedachten den Antrieb zu eigener Tätigkeit und das Bewußtsein der wirtschaftlichen Verantwortlichkeit raubt und die mit Täuschung und Heuchelei verbundene Bettelei fördert, in weiterem Verfolg aber den allgemeinen Wohltätigkeitssinn abschwächt und dadurch auch den wirklich Bedürftigen schädigt. Zur Vermeidung dessen muß jeder Einzelfall in bezug auf die Bedürftigkeit und Würdigkeit des zu Unterstützenden eingehend und fortdauernd geprüft und die Unterstützung selbst nach Maß und Art dem Einzelfall genau angepaßt werden (Individualisierung).[2]) Die Unterstützung soll dem Bedürftigen ein menschliches Dasein ermöglichen, sie darf aber nicht über das Notwendige hinausgehen und keinenfalls das gewöhnliche Verdienst des freien Arbeiters übersteigen. Der Not kann aber auch nur dann wirksam vorgebeugt werden, wenn die Unterstützung zweckmäßig verwendet und der Unterstützte nach Möglichkeit wirtschaftlich gehoben wird. Mit der Unterstützung muß deshalb die sittliche und wirtschaftliche Einwirkung verbunden werden. Damit tritt — wie bei dem Gesundheitswesen (§ 263 Abs. 2) — die vorbeugende Armenpflege in

---

[17]) AG. § 1a—i eingefügt durch G. 23. Juli 12 (GS. 195) Art. 1, verb. Art. 3. — Der Arbeitszwang wurde eingeführt, nachdem die Strafbestimmungen gegen Arbeitsscheu (§ 240 Abs. 1 d. W.) sich als unzureichend erwiesen hatten. AusfBest. 13. Juli 12 (MB. 228). Bearb. v. Schlosser (Berl. 12). — Ähnliche Vorschriften bestehen für das Kgr. Sachsen, Württemberg, Oldenburg, M.-Schwerin, Hamburg u. Bremen.

[1]) Generalbericht über die Tätigkeit des deutschen Vereins für Armenpflege und Wohltätigkeit von Münsterberg (Heft 72 der Vereinsberichte, Leipz. 05); ferner: die Armenpflege, Einführung in die praktische Pflegetätigkeit von demselben (Berl. 97).

[2]) Die Verarmung kann verschuldet oder unverschuldet sein; die Umstände, auf die sie zurückzuführen ist, können körperliche (Kindheit, Krankheit, Gebrechen), wirtschaftliche (Mangel an Arbeit oder Geschicklichkeit) oder sittliche (Liederlichkeit, Müßiggang, Trunksucht) sein. Dementsprechend sind auch die Mittel zur Abhilfe verschieden, vgl. § 240, 241, 268 u. 311 bis 320 d. W.

den Vordergrund, indem es mehr darauf ankommt, durch rechtzeitiges Eingreifen den Eintritt der Not zu verhindern, als die bereits eingetretene Not zu bekämpfen.

Bei dieser Entwickelung hat die Privatwohltätigkeit, die durch Privatpersonen, Vereine und kirchliche Körperschaften geübt wird, erhöhte Bedeutung gewonnen. Mit der öffentlichen muß diese private Armenpflege in engste Verbindung treten, was durch wechselseitige Verständigung und Auskunfterteilung zwischen beiden, wirksamer aber durch Zusammenarbeiten aller in der Armenpflege tätigen Personen bei gleichmäßiger Einteilung der örtlichen Bezirke erreicht werden kann und der Privatarmenpflege meist erst zu planmäßigem Vorgehen und zu gehöriger Ordnung verhelfen wird. An sich ist die private von der öffentlichen Armenpflege völlig verschieden. Diese beruht auf Gesetz, jene auf inneren Beweggründen. Die öffentliche Armenpflege ist an feste Voraussetzungen gebunden, die private vermag sich freier zu bewegen, sich dem Einzelfalle mehr anzupassen, zwischen der verschuldeten und der unverschuldeten Armut besser zu unterscheiden und dieser auch über das unbedingt Notwendige hinaus zu helfen. Sie darf der Verarmung vorbeugen, während die öffentliche Armenpflege nur die bereits eingetretene Not zu bekämpfen hat, und vermag weit wirksamer auf sittlichem und wirtschaftlichem Gebiete einzugreifen. Dabei führt die private Tätigkeit der Armenpflege durch Sammlungen und Geschenke erhebliche Mittel[3]) und in den freiwilligen Helfern auch willkommene Kräfte zu. Die private Armenpflege vermag hiernach die öffentliche sehr wirksam zu unterstützen und zu ergänzen. Wie in der allgemeinen Selbstverwaltung (§ 54 Abs. 2) bewährt sich auch hier das Zusammenwirken der unmittelbaren praktischen Erfahrung des Laien mit der Kenntnis und der Schulung des Beamten. Die tätige Nächstenliebe, die mit Wohlwollen auf alle Einzelverhältnisse einzugehen weiß, paart sich mit dem ernsten Gerechtigkeitssinn, der unberechtigte Ansprüche mit Strenge abzuweisen vermag. In diesem Sinne war die Mitarbeit der Bürger im Ehrenamte bereits in der öffentlichen Armenpflege der größeren Städte mit Erfolg nutzbar gemacht worden.[4]) Aus gleichem Grunde hat die

[3]) Letztwillige Zuwendungen, die ohne nähere Bestimmungen an Arme vermacht werden, fallen der öffentlichen Armenkasse der Gemeinde zur Verteilung unter Arme zu BGB. § 2072. Die Vollziehung von Schenkungen u. letztwilligen Zuwendungen kann, wenn sie im öffentlichen Interesse liegt, außer von dem Erben auch von der Behörde verlangt werden BGB. § 525 Abs. 2 u. 2194. Zuständig sind die Minister, die die Befugnis auf nachgeordnete Behörden übertragen können V. 16. Nov. 99 (GS. 562) Art. 7. — Stiftungen § 213 Abs. 1 d. W.

[4]) Nach dem auf Individualisierung (Abs. 1) u. Dezentralisation (Abs. 3) beruhenden Elberfelder System wird die Stadt in Bezirke geteilt; diesen stehen von den Stadtverordneten zu wählende Vorsteher vor, die der für die ganze Stadt bestellten Armendeputation untergeordnet sind. Jeder Bezirk zerfällt in Quartiere, in denen ein Armenpfleger für 2—4 Familien berufen wird. Dieser hat alle Gesuche persönlich zu untersuchen u. kann geringere Beträge selbständig gewähren, während größere von der aus den Pflegern gebildeten

Frauentätigkeit im Armenwesen eine erhebliche Bedeutung gewonnen, insbesondere auf den Gebieten der Kinder-, Kranken- und hauswirtschaftlichen Pflege. Die Wirksamkeit der Frauen findet dabei in den als Mitglieder geistlicher Orden oder besonderer Genossenschaften ausgebildeten Schwestern Vorbild und Anregung.[5])

Der Unmittelbarkeit der Armenpflege dient ferner deren Dezentralisation. Die öffentliche Armenpflege wird deshalb regelmäßig in den Gemeinden (§ 284 Abs. 1) und innerhalb der größeren Gemeinden in kleineren Bezirken ausgeübt.[4]) Andererseits hat die zu geringe Leistungsfähigkeit wieder zum Zusammenschluß der kleineren Verbände geführt (Zentralisation), sobald kostspielige Einrichtungen in Frage kamen, die größere Mittel oder besondere technische Kräfte erforderten. Da ferner die zunehmende Bewegung der Bevölkerung den Zusammenhang des Einzelnen mit der Gemeinde mehr und mehr gelöst hatte, mußte der unmittelbaren Armenpflege in den Gemeinden die der Kreise und Landarmenverbände ergänzend hinzutreten (§ 284 Abs. 2 und 3). Auch in der Privatarmenpflege finden sich ähnliche Gliederungen.

In Zusammenhang damit steht die Scheidung in offene und geschlossene Armenpflege, je nachdem die Fürsorge in der Wohnung des Bedürftigen oder in Anstalten[6]) erfolgt. Die offene Armenpflege

---

Bezirksversammlung, in der Regel nur für zwei Wochen bewilligt werden. — Die Einrichtung hat in fast alle größere Städte Eingang gefunden. Dabei erfolgt jedoch die Zuweisung der Familien an die Pfleger meist ohne Einteilung der Bezirke in Quartieren.

[5]) Die umfassendste Einrichtung besitzt der vaterländische Frauenverein, der als Hauptzweck die Fürsorge für Verwundete und Kranke im Kriege (§ 109 Abs. 3 d. W.) erfolgt, daneben aber, um seine Kräfte dauernd zu üben und zu erhalten, in der Bekämpfung außerordentlicher Notstände und jeder dauernden Not auch eine wirksame Friedenstätigkeit entfaltet hat u. in der Ausbildung und Erhaltung von Krankenpflegerinnen diesen doppelten Zwecken gerecht wird. Der preußische Verein bildet mit den Landesvereinen von Bayern, Sachsen, Württemberg, Baden, Hessen, Meckl.-Schwerin u. S.-Weimar den Verband der deutschen Frauenvereine u. umfaßte (1913) 1647 Zweigvereine nebst drei Hilfsvereinen mit 557000 Mitgliedern und mit einem Gesamtvermögen von 22 Mill. M. Die Zweigvereine sind für die Provinzen (in Hessen-Nassau u. Hohenzollern für die Regierungsbezirke) zu größeren Verbänden zusammengeschlossen. — Schwestern § 266 Anm. 10 d. W.

[6]) Rechtsverhältnisse der Armenanstalten LR. II 19 § 32, 44, 49—89, insbes. Körperschaftsrechte § 42; Erbrecht § 134 Anm. 4 d. W., Befreiung vom Stempel § 155 Abs. 2, Erbschaftssteuer § 156, Gerichtskosten § 195 Abs. 3; staatliches Oberaufsichtsrecht Bf. 14. Dez. 41 (MB. 42 S. 8). Neben den Gemeindearmenhäusern, die teils nur Wohnung, teils auch Verpflegung gewähren, bestehen die Landarmenanstalten, deren einzelne mit Besserungsanstalten verbunden sind, andere selbständig bestehen (Wittstock, auch Siechenanstalt, Schrimm, Freiburg i. Schl., Kattowitz, Geseke u. Trier). — In den größeren Städten bestehen Asyle für Obdachlose, die ohne Gegenleistung ein einmaliges Nachtlager, auch wohl Bad und Morgensuppe gewähren. Der Grundsatz der Gewährung ohne Personenausweis wird jetzt aus denselben Gründen verworfen, die gegen eine ohne Prüfung erfolgende Armenpflege sprechen (oben Abs. 1). — Arbeitshäuser u. Besserungsanstalten § 240 Anm. 3, Fürsorgeanstalten § 241 Anm. 1, Krankenhäuser, Genesungsheime, Lungenheilstätten § 268 Abs. 2, Irren-,

erleichtert die Individualisierung (Abs. 1) und die Scheidung zwischen guten und schlechten Pfleglingen. Sie beläßt die Armen in der Familie, in den gewohnten Lebensverhältnissen; sie erhält damit das Bewußtsein der Verantwortlichkeit und fördert die Rückkehr zur wirtschaftlichen Selbständigkeit. Die Anstaltspflege erleichtert dagegen die Überwachung durch Arbeitszwang und Erziehung, die sachgemäße Wirtschaft und Pflege und die Anwendung besonderer technischer Mittel und Kräfte. Jede Pflegeart hat hiernach je nach den obwaltenden Verhältnissen ihre eigenen Vorzüge. Die geschlossene Armenpflege muß insbesondere da eintreten, wo die Armen zu eigener Wirtschaftsführung und Hilfe unfähig sind, wie es bei alten und alleinstehenden, bei kranken und gebrechlichen und bei arbeitsscheuen und verwahrlosten Personen der Fall ist.

Trotz der Entwickelung der Geldwirtschaft (§ 2 Nr. II Abs. 2) hat die Naturalunterstützung sich in der Armenpflege noch vielfach behauptet. Auf dem Lande tritt sie in der sogenannten Reihenverpflegung auf, in den Städten in der Verabreichung der notwendigen Lebensbedürfnisse und Heizstoffe oder von Suppenmarken für die Volksküchen. Sie ermöglicht den billigeren und besseren Bezug der Waren und sichert — ebenso wie die Verabreichung der Unterstützungen in kürzeren Zwischenräumen — die zweckentsprechende Verwendung der Unterstützungen. Dem Bedenken, daß sie die eigene wirtschaftliche Tätigkeit der Verpflegten einschränke, wird vorgebeugt, wenn sie sich auf die allgemein notwendigen Rohstoffe beschränkt und die Beköstigung nur da gewährt, wo eine geordnete Wirtschaftsführung ausgeschlossen ist.

Blinden- u. Taubstummenanstalten § 268, Anm. 7, Siechenhäuser Anm. 10, Waisenhäuser, Krippen u. Bewahranstalten § 314 Abs. 1 u. 3 d. W.

Achtes Kapitel.

Kulturpflege.

I. Kirche und Religionsgesellschaften.

1. Einleitung.

§ 286.

Die christliche Glaubensgemeinschaft wird Kirche genannt. Sie beruht (als unsichtbare Kirche) auf der Übereinstimmung der religiösen Überzeugung, fordert aber zugleich äußere Einrichtungen (sichtbare Kirche), die an die gemeinsame Andachtübung sich anschließen und in Verfassung und Recht ihren Ausdruck finden (Kirchenverfassung, Kirchenrecht).[1])

Die Kirche trat zuerst in Einzelgemeinden auf, an deren Spitze Älteste (Presbyteren) standen. Diese sonderten sich allmählich von dem Volke (Laien) als ein auserwählter Stand (Klerus), der in seiner streng gegliederten Einrichtung zum Hauptbindeglied für die zerstreuten Einzelgemeinden wurde. Die Aufsicht führten Bischöfe, die in den Hauptorten als Metropoliten (Patriarchen) zu besonderem Ansehn gelangten. Der Bischof von Rom (Papst) nahm, gestützt auf die Bedeutung Roms als Welthauptstadt und die angebliche Einsetzung durch Christi Auftrag an den Apostel Petrus (Matth. 16, 18), einen besonderen Rang für sich in Anspruch. Günstige Umstände ließen die so entstandene römisch-katholische Kirche, die sich, entsprechend der Verschiedenheit in Sitte und Denkart, vollständig von der morgenländischen (griechischen) Kirche getrennt hatte, rasch und mächtig

---

[1]) Kirchenrecht ist das die Kirche betreffende Recht (jus ecclesiasticum). Daneben steht das von der Kirche ausgegangene Recht (jus canonicum), das sich mehrfach über nicht zur Kirche gehörige Gegenstände verbreitet hat und deshalb mit jenem nicht überall deckt. — Bearb. v. Friedberg (6. Aufl. Leipz. 09), Kirchenheim (2. Aufl. Heidelb. 11), kathol. § 296 Anm. 2, evangelisches § 298 Anm. 1 u. § 300 Anm. 1, Kirchensteuern § 293 Anm. 15 d. W. Das Landrecht, das in Teil II Tit. 11 ein vollständiges Kirchenrecht enthält, leitet die Kirche ohne Rücksicht auf die innere Notwendigkeit aus dem Begriff der Gesellschaft ab u. unterscheidet als Religionsgesellschaften:
a) die zur öffentlichen Feier des Gottesdienstes verbundenen Kirchengesellschaften (§ 11 u. Abschn. 1—11) u.
b) die zu anderen Religionsübungen vereinigten geistlichen Gesellschaften (Klöster, Stifte, Orden) LR. II 11 § 12, 939 u. Abschn. 12—20. — § 293 Anm. 3, § 295 Anm. 5 u. § 297 d. W.

Die VU. Art. 13 unterscheidet zwischen Religions- u. geistlichen Gesellschaften.

emporwachsen. Tatkräftige Kirchenfürsten förderten dieses Wachstum und machten gleichzeitig die Gewalt des Papsttums innerhalb der Kirche zu einer nahezu unumschränkten. Mit solchen Mitteln gerüstet, trat sie in den großen Kampf mit dem deutschen Kaisertum ein, der in der ersten Hälfte des Mittelalters um die Weltherrschaft geführt wurde und in dem Fall des Hohenstaufischen Kaiserhauses (1268) zu Gunsten der Kirche seinen Abschluß fand. Der innere Verfall, der sich der Kirche alsbald bemächtigte, schloß die weiteren Folgen des Sieges aus und gab den Anstoß zur Reformation, die in der bis dahin einheitlich gestalteten abendländischen Kirche eine dauernde Spaltung hervorrief und dadurch deren Machtstellung weiter erschütterte. Die neben der katholischen entstandene evangelische Kirche, die sich demnächst nach der lutherischen und reformierten Lehre in zwei Bekenntnisse (Konfessionen) spaltete[2]), hat sich nach längerem Ringen zu völliger Gleichberechtigung in Deutschland emporgekämpft und damit den Grundstein zur Glaubens- und Religionsfreiheit gelegt (Nr. 2).

Inzwischen hatte sich in Europa ein vollständiges Staatensystem entwickelt und bei der Zerrissenheit der Kirche erhielt in den Einzelstaaten die Staatsgewalt von neuem das Übergewicht. So entstand das Territorialsystem, das nach dem Satze „cujus regio, illius religio" die Kirche unbedingt vom Staat abhängig machte und die kirchlichen und landesherrlichen Befugnisse völlig zusammenwarf. — Dieser Zustand hat erst im Laufe des vorigen Jahrhunderts sein Ende erreicht. Der Staat hat der Kirche aus eigenem Antriebe eine selbständige Stellung eingeräumt, dadurch aber eine genauere Bestimmung des Verhältnisses zwischen Kirche und Staat notwendig gemacht (Nr. 3). Der Kirche als solcher sind mehrere gemeinsame Rechtsverhältnisse eigen (Nr. 4), doch findet sie ihre eigentliche Gestaltung gesondert für die katholische und für die evangelische Kirche (Nr. 5 und 6). Gleiches gilt von den übrigen Religionsgesellschaften (Nr. 7).

2. Glaubens- und Religionsfreiheit.

§ 287.

In den Religionsfriedensschlüssen hatte der Grundsatz der Glaubens- und Religionsfreiheit nur beschränkte Anerkennung gefunden.[1]) Erst im Laufe des 18. Jahrhunderts gelangte er zu umfassender Geltung. Preußen mit seiner aus verschiedenen Bekenntnissen zusammengesetzten Bevölkerung

[2]) In Deutschland erlangten die Reformierten erst durch den westfälischen Frieden volle Anerkennung (folg. Anm.). Sie erscheinen hier jenachdem sie der Lehre Zwinglis oder Kalvins folgten, in deutsch- oder französisch-reformierten Gemeinden, letztere namentlich infolge Zuzugs aus Frankreich (Hugenotten) u. Holland (§ 298 Abs. 2).

[1]) Der westfälische Friede (1648) ließ im Reich nur Katholiken u. Protestanten (Lutheraner und Reformierte) zu, denen er in der Beziehung zum Reiche gleiche Rechte gewährte. In den Territorien, die durch das bis dahin von den Landesherrn unbedingt ausgeübte Aufnahmerecht (Reformationsrecht, jus reformandi) bereits ein wesentlich konfessio-

ging hierin voran.[2]) Das Landrecht hat den Grundsatz der Duldung (Toleranz) und der rechtlichen Gleichstellung der Bekenntnisse (Parität) zum bestimmten Ausdruck gebracht.[3]) Noch weiter ist später die Verfassung gegangen, die neben der Freiheit des Bekenntnisses und der Religionsübung auch die der Vereinigung zu Religionsgesellschaften mit der Einschränkung gewährleistet hat, daß Körperschaftsrechte von Religions- und geistlichen Gesellschaften nur durch besondere Gesetze erlangt werden können.[4]) Ferner wurde der Genuß der bürgerlichen und staatsbürgerlichen Rechte von dem religiösen Bekenntnisse mit der Maßgabe unabhängig gemacht, daß den bürgerlichen und staatsbürgerlichen Pflichten hierdurch kein Abbruch geschehen darf. Im Reiche, wo zur Zeit des Deutschen Bundes der Grundsatz auf die drei christlichen Bekenntnisse beschränkt war, ist er gegenwärtig allgemein anerkannt.[5]) Bei den mit der Religionsübung in

nelles Gepräge angenommen hatten, ließ der Friede dieses Recht mit der Einschränkung bestehen, daß den Konfessionen der Besitzstand des Normaljahrs (1624), der Vermögensbesitz im Fall der Auswanderung, der Anspruch auf Hausandacht u. ein gleiches bürgerliches Recht gesichert werde.

[2]) Mit Annahme der Reformation durch Joachim II. trat das Aufnahmerecht (§ 288 [1]), das den Andersgläubigen nur die Auswanderungsfreiheit gewährte, in Kraft (Märkische KirchenO. 1540). Johann Sigismund mußte aber bei seinem Übertritt zur reformierten Lehre den Ständen das Verbleiben bei dem lutherischen Bekenntnis gewährleisten (1614), vertragsmäßig auch den Katholiken in Kleve, Berg u. Ostpreußen Gleichberechtigung gewähren. Gleiches geschah dann auch bezüglich der seit Mitte des achtzehnten Jahrhunderts hinzugetretenen größeren katholischen Landesteile. — Die Bevölkerung von Preußen setzte sich (1910) zusammen aus 14581829 (36,3 v. H.) Katholiken; 24830547 (61,8 v. H.) Evangelischen (Unierten, Lutherischen u. Reformierten, § 300 Anm. 9 d. W.): 415926 (1 v. H.) Israeliten und 336917 (0,9 v. H.) Anhängern sonstiger u. unbekannter Religionen. Vorwiegend evangelisch sind Ostpreußen, Berlin, Brandenburg, Pommern, Sachsen, Schl.-Holstein, Hannover u. die RBez. Breslau u. Liegnitz, vorwiegend katholisch dagegen Posen, die Rheinprovinz, Hohenzollern, sowie die RBez. Münster und Oppeln.

[3]) LR. II 11 § 1—8 u. Pat. 30. März 47 (GS. 121). — Eheliche Kinder aus (konfessionell-, nicht aus religiös- Beschl. Kger. 8. März 06 JB. UB. 658) gemischten Ehen sind, wenn die Eltern nicht über deren anderweite Erziehung einig sind, in der Religion des Vaters zu unterrichten LR. II 2 § 77, 78. 81—84 u. Dekl. 21. Nov. 1803 (Nov. C. Const. XI 1931), Ausdehnung auf die westl. Prov. KO. 17. Aug. 25 (GS. 221); ähnliche Vorschr. in den neuen Prov.; uneheliche LR. II 2 § 642; diese Vorschriften werden durch das BGB. nicht berührt EG. Art. 134.

[4]) BU. Art. 12 u. 13 nicht berührt durch das BGB., EG. Art. 84, das HGB., EG. Art. 2 u. das RVereins G. 19. April 08 (RGB. 151), das. § 24. — Die Staatsgenehmigung (LR. II 11 § 10) ist damit fortgefallen. Körperschaftsrechte (§ 249 Abs. 2 d. W.) besitzen zur Zeit die katholische und evangelische Kirche LR. II 11 § 17, 18 u. Pat. 47 (vor. Anm.) Abs. 1, die von der Landeskirche sich getrennt haltenden Lutheraner Gen.-Konz. 23. Juli 45 (GS. 516) Nr. 3, Instr. 7. Aug. 47 (MB. 317), G. 23. Mai 08 (GS. 155) u. (Unzulässigkeit der Bezeichnung als evangelisch-lutherisch) OB. (XXXVIII 435), die Herrnhuter u. böhmischen Brüder Gen.-Konz. 7. Mai 1746 u. 18. Juli 1763, die Synagogengemeinden G. 23. Juli 47 (GS. 263) § 37 u. die vom Staate aufgenommenen Stifter, Klöster und Orden LR. II 11 § 940. — Verleihung an Mennoniten G. 12. Juni 74 (GS. 238), an Baptisten 7. Juli 75 (GS. 374). — Mit Körperschaftsrechten versehene Religionsgesellschaften sind frei von Stempel § 155 Abs. 2. — Den anerkannten Religionsgesellschaften wird in den Schutzgebieten Religionsfreiheit gewährleistet SchutzgebG. 00 (RGB. 813) § 14.

[5]) BU. Art. 12, RG. 3. Juli 69 (BGBl. 292), Einf. in Süddeutschl. § 6

Zusammenhang stehenden Einrichtungen (Feiertagen, Eidesleistungen) soll indes lediglich die christliche Religion zu Grunde gelegt werden.[6]) Dadurch blieb eine engere Verbindung des Staates mit den christlichen Kirchen gewahrt.

Als eine Folge der Religionsfreiheit ist es anzusehen, daß der in vorgeschriebener Form vor dem Richter erklärte Austritt aus der Kirche oder aus einer mit Körperschaftsrechten versehenen Religionsgesellschaft die Befreiung von den kirchlichen Verbandslasten nach sich zieht.[7])

3. Verhältnis des Staates zur Kirche.

§ 288.

a) In der Anerkennung der Religionsfreiheit tritt der Staat nur negativ der Kirche gegenüber. Seine Beziehung zu ihr erscheint damit aber noch nicht erschöpft, sie äußert auch ihre positive Wirkung. Der Inbegriff der hieraus fließenden Rechte wird im Gegensatz zu der von den Organen der Kirche selbst ausgeübten Kirchengewalt (Kirchenregiment, jus sacrorum oder in sacra) als **Kirchenhoheit** (jus circa sacra) bezeichnet. Während die Einwirkung der Kirche auf bürgerliche Rechtsverhältnisse fast völlig beseitigt ist,[1]) kann der Staat seinem eigensten Wesen nach auf gewisse Rechte gegenüber der Kirche nicht verzichten. Die Kirchenhoheit bildet demgemäß einen notwendigen Bestandteil der Staatshoheit. Sie umfaßt:

1. Das Aufnahmerecht (jus reformandi), jetzt nur die Verleihung der Körperschaftsrechte umfassend,[2])
2. Das Schutz- und Schirmrecht (jus advocatiae), vermöge dessen der Staat sowohl den nötigen strafrechtlichen und polizeilichen Schutz (§ 256), als die erforderliche Rechtshilfe bei vermögensrechtlichen Ansprüchen[3]) zu gewähren hat und
3. das Oberaufsichtsrecht (jus supremae inspectionis), mittelst dessen er allen sein eigenes Gebiet verletzenden und gefährdenden Übergriffen entgegentritt.

Diese staatliche Aufsicht ist nicht allein den einzelnen Konfessionen gegenüber verschieden, sie hat sich auch je nach dem wechselnden Verhält

---

Anm. 7 d. W., Elf.-Lothringen G. 31. Mai 11 (RGB. 225) § 25, Schutzgebiete G. 00 (RGB. 813) § 14.

[6]) BU. Art. 14.

[7]) G. 14. Mai 73 (GS. 207), Ausf.-Vf. 13. Juni 73 (JMB. 183). Gebühr 3 M. G. 25. Juni 95 (GS. 203) § 104. Die Erklärung muß vor dem Richter des Wohnsitzes erfolgen Beschl. KG. 10. Mai 12 (JMB. 215).

[1]) In diesem Sinne erfolgte die Aufhebung der geistlichen Gerichtsbarkeit § 181 Abs. 2 d. W., die Einführung der Zivilehe § 207 und die Beseitigung der kirchlichen Schulaufsicht § 302 Abs. 5.

[2]) § 287, insbes. Anm. 1, 2, 4 d. W. — Das Recht stufte sich ab in das jus reprobandi (Ausschließung), tolerandi (Duldung) u. recipiendi (Aufnahme u. Anerkennung).

[3]) Dazu gehört die Regelung streitiger Bausachen § 293 Abs. 2 u. die Beitreibung kirchlicher Abgaben Abs. 3.

nisse zwischen Staat und Kirche im Laufe der Zeiten mehrfach geändert.[4]) Die Bestimmung ihrer Grenzen bietet große Schwierigkeiten und ist zu einer Quelle endlosen Streites geworden.

§ 289.

b) Im **Verhältnis der Kirche zum Staate** war ersterer durch die preußische Verfassung die selbständige Ordnung und Verwaltung ihrer eigenen Angelegenheiten, der ungehinderte Verkehr mit ihren Oberen und die freie Besetzung der kirchlichen Stellen gewährt.[1]) In der fest und vollständig eingerichteten katholischen Kirche konnte diese Vorschrift nicht allein ohne weiteres zur Durchführung gelangen, sie erhielt auch durch milde Handhabung des Grundsatzes seitens des Staates, sowie durch geschicktes und tatkräftiges Vorgehen der Bischöfe bald eine über ihre Absicht hinausgehende Anwendung. Die Aufsicht des Staates und die Unterordnung der Kirche unter die Staatsgesetze wurde allmählich ganz in Frage gestellt. Dazu kam, daß mit Aufstellung des Unfehlbarkeitsdogmas[2]) der Papst ein unbedingtes Anordnungsrecht für sich in Anspruch nahm, das bei dem allumfassenden Charakter des katholischen Lehrbegriffs in das staatliche Gebiet tief hineingriff und vermöge der in dieser Kirche geübten strengen Disziplin in weiten Kreisen sich Geltung verschaffte. Demgegenüber suchte die s. g. *Maigesetzgebung* die vielfach verwischte Grenzlinie zwischen Kirchenhoheit und Kirchengewalt wieder bestimmter zu ziehen. Sie war zunächst durch die Politik der katholischen Kirche hervorgerufen und wesentlich gegen diese gerichtet, sollte jedoch das staatliche Aufsichtsrecht allgemein, also auch der evangelischen Kirche gegenüber, feststellen. Um dabei jeden aus den Bestimmungen der Verfassung herzuleitenden Einwand abzuschneiden, wurden diese aufgehoben.[3]) Nachdem diese Gesetzgebung nach längerem Streit (*Kulturkampf*) zum größten Teil wieder beseitigt worden ist,[4]) besteht jetzt folgender Rechtszustand:

---

[4]) Während im Mittelalter der Staat vielfach von der Kirche abhängig erschien, der absolute Staat des 17. u. 18. Jahrhunderts dagegen tief in ihr inneres Leben hineingriff, sucht die Gegenwart in der Scheidung der Kirchenhoheit von der Kirchengewalt die beiderseitigen Gebiete fester gegeneinander abzugrenzen. — Eine Trennung von Staat und Kirche hat in der amerikanischen Union und neuerdings in Frankreich stattgefunden. Dort war die Rücksicht auf die zahlreich vorhandenen Religionsgesellschaften maßgebend; hier hat dagegen der sich religionslos fühlende Staat der Kirche seinen Beistand entzogen.

[1]) VU. Art. 15, 16 u. 18. — Das Erfordernis staatlicher Zustimmung zu kirchlichen Erlassen (jus placeti LR. II 11 § 117 u. 118) war durch Art. 16 beseitigt.

[2]) Constitutio: Pastor aeternus 18. Juli 70.

[3]) G. 18. Juni 75 (GS. 259) betr. Aufhebung der VU. Art. 15, 16 u. 18. (Art. 15 u. 18 waren schon vorher unter Hervorhebung der Staatshoheitsrechte abgeändert worden G. 5. April 73 GS. 143). Die Aufhebung hat die Bahn für neue gesetzliche Regelungen freigelegt, die Beseitigung, die ältere Bestimmungen durch die VU. erfahren hatten, aber nicht rückgängig gemacht.

[4]) G. 14. Juli 80 (GS. 285), 31. Mai 82 (GS. 307), 11. Juli 83 (GS. 109),

1. Für die Übertragung eines geistlichen Amtes in der christlichen Kirche wird die Eigenschaft als Deutscher, das Abgangszeugnis auf einem deutschen Gymnasium und ein dreijähriges Studium auf einer deutschen Universität vorausgesetzt. Von diesen Erfordernissen kann der Kultusminister entbinden. Die Errichtung von Knabenkonvikten und Knabenseminaren (mit Gymnasialunterricht) ist untersagt. Konvikte für Besucher von Gymnasien und Universitäten sind dagegen zugelassen. Dasselbe gilt von Anstalten zu theologisch praktischer Ausbildung (Prediger- und Priesterseminaren).[5]) Die Übertragung ist unzulässig, wenn der Anzustellende der gesetzlichen Erfordernisse für das geistliche Amt ermangelt oder auf Grund von Tatsachen, die auf bürgerlichem oder staatsbürgerlichem Gebiet liegen, für die Stelle nicht geeignet ist. Die Übertragung darf erst erfolgen, wenn der Anzustellende dem Oberpräsidenten benannt und von diesem nicht innerhalb 30 Tagen wegen Mangels dieser Voraussetzungen Einspruch erhoben ist. Auf widerrufliche Übertragungen, auf die Anordnung von Hilfsleistungen und Stellvertretungen und auf die Bestellung von Pfarrverwesern findet diese Vorschrift keine Anwendung.[6]) Die Errichtung widerruflicher Seelsorgeämter erfordert Genehmigung; dasselbe gilt von dem Ausschluß oder der Beschränkung der Klagbarkeit der aus dem Amtsverhältnis entspringenden vermögensrechtlichen Ansprüche.[7]) Zuwiderhandlungen, zu denen jedoch die Abhaltung von Messen und die Spendung der Sterbesakramente nicht gehören,[8]) sind mit Strafe bedroht.[9]) Zugleich tritt die kommissarische Verwaltung des Vermögens der nicht oder nicht ordnungsmäßig besetzten Stellen ein.[10])

---

21. Mai 86 (GS. 147) u. 29. April 87 (GS. 127). — Insbesondere wurden die Strafmittel der Aufenthaltsbeschränkung u. Entziehung der Reichs- u. Staatsangehörigkeit wieder beseitigt RG. 6. Mai 90 (RGB. 65) und die eingestellt gewesenen staatlichen Leistungen an Bischöfe u. katholische Geistliche wieder aufgenommen G. 31. Mai 82 Art. 2. Endlich wurden die inzwischen angesammelten Sperrgelder (16 Mill. M.) den Diözesen zurückgegeben, um in diesen nach dem Beschluß besonderer Kommissionen zunächst zur Entschädigung der von der Einziehung Betroffenen verwendet zu werden. Aus den verbleibenden Summen sind Diözesanfonds gebildet, deren Erträge nach Vereinbarung zwischen dem Kultusminister und dem Diözesanoberen zu kirchlichen Zwecken zu verwenden sind G. 24. Juni 91 (GS. 227).

[5]) G. 11. Mai 73 (GS. 191) § 1, 3—5, 14, v. 31. Mai 82 Art. 3, v. 21. Mai 86 Art. 1—5 u. v. 29. April 87 Art. 1. Evangelische Predigerseminare § 299 Anm. 13 d. W.

[6]) G. 11. Mai 73 § 1, 15—17, v. 21. Mai 74 (GS. 139) Art. 1 u. 11, v. 11. Juli 83 Art. 1 u. 2 v. 29. April 87 Art. 2 § 1 u. 2. — Folgen gerichtlicher Verurteilung G. 73 § 21 u. G. 87 Art. 2 § 4.

[7]) G. 11. Mai 73 § 19 Abs. 1 u. § 20. — Der Pfarrbesetzungszwang (§ 18 u. 19 Abs. 2) ist aufgehoben G. 29. April 87 Art. 2 § 3.

[8]) G. 21. Mai 86 Art. 15 u. v. 29. April 87 Art. 2 § 5.

[9]) G. 73 § 22—24. — G. 12. Mai 73 (GS. 198) § 31, v. 21. Mai 74 Art. 2, v. 14. Juli 80 Art. 5 u. v. 11. Juli 83 Art. 3.

[10]) G. 21. Mai 74 Art. 3—11, erg. (Beseitigung des Berufungsrechts der Patrone u. Gemeinden und damit der s. g. Staatspfarrer) G. 31. Mai 82 Art. 4. — Verwaltung erledigter katholischer Bistümer G. 20. Mai 74 (GS. 135) § 1

2. **Dem Mißbrauch der Kirchengewalt** wird mehrfach entgegengetreten. Die Geistlichen sind wegen staatsgefährdender Predigten und Veröffentlichungen mit Strafe bedroht,[11]) während die Anwendung kirchlicher Straf- und Zuchtmittel, die das religiös kirchliche Gebiet überschreiten, oder gegen Leib, Vermögen, Freiheit oder bürgerliche Ehre gerichtet sind, verboten ist.[12]) Die kirchliche Disziplinargewalt über die mit geistlichen oder richterlichen Verrichtungen betrauten Kirchendiener muß in einem bestimmten Verfahren ausgeübt werden; auch die Strafmittel sind begrenzt; strengere Bestrafungen sind dem Oberpräsidenten anzuzeigen; auch die Demeriten (Besserungs-) anstalten unterliegen der Überwachung.[13]) Die in teilweiser Wiederherstellung des im deutschen Reiche seit dem 16. Jahrhundert bestandenen recursus ab abusu zugelassene Berufung an die Staatsbehörde und der besondere Gerichtshof für kirchliche Angelegenheiten sind aufgehoben.[14])

3. Insbesondere für die katholische Kirche ist die Einführung der staatlichen Aufsicht über die Vermögensverwaltung und das teilweise Verbot der Orden berechnet (§ 296, 297).

§ 290.

c) Die **staatlichen Organe** in Kirchensachen sind der Minister der geistlichen Angelegenheiten (§ 49), die Ober- und die Regierungspräsidenten und die Kirchen- und Schulabteilungen der Regierungen.[15]) Die örtlichen Behörden handeln in der Regel nur im Auftrage dieser höheren Behörden

4. Gemeinsame Rechtsverhältnisse.[1])

§ 291.

a) Die Kirche kommt in einzelnen räumlich abgegrenzten Gemeinden **(Kirchspielen, Parochieen)** zur äußeren Erscheinung.[2]) Während die katholische Kirche in ihnen nur Glieder der allgemeinen kirchlichen Gemeinschaft erblickt, bilden sie in der evangelischen den eigentlichen Mittelpunkt

bis 3, erg. G. 14. Juli 80 Art. 1, 2 (die nach Art. 7 eingetretene Unwirksamkeit ist wieder beseitigt G. 21. Mai 86 Art. 11) u. G. 11. Juli 83 Art. 2 Nr. 3. (Die § 4—19 des G. 1874 sind aufgehoben G. 21. Mai 87 Art. 6).

[11]) StGB. § 130a (Kanzelparagraph).

[12]) G. 13. Mai 73 (GS. 205) § 1, auf Versagung kirchlicher Gnadenmittel unanwendbar G. 21. Mai 86 Art. 12. (Die § 2—6 des ersteren Ges. sind aufgehoben G. 29. April 87 Art. 4).

[13]) G. 12. Mai 73 (GS. 198) § 2—5, 8 u. 9, G. 21. Mai 86 Art. 6—8 u. G. 29. April 87 Art. 3.

[14]) G. 21. Mai 86 Art. 9 u. 10.

[15]) Kath. Kirche § 296 Anm. 4 u. 6; evangelische § 298 Anm. 5. — In Hannover ist die Zuständigkeit der evangelischen Konsistorialbehörden aufrecht erhalten; die katholischen Konsistorien sind dagegen aufgehoben LVG. § 26 u. 27.

[1]) Die Grundlage bildet das LR. II 11 (§ 286 Anm. 1. d. W.). — Die Stellung der Kirche zum Staate hat sich inzwischen wesentlich verändert § 289 d. W.

[2]) LR. II 11 Abschn. 5 (§ 237—317). Die Kirchengemeinde hat im Geb. des LR. die vermögensrechtliche Vertretung auch bezüglich der durch Beiträge der Eingepfarrten zu erfüllenden Verpflichtungen U. d. RGer. 8. Jan. 87 (MB. 78).

des kirchlichen Lebens, und diese Bedeutung findet sich in der neuesten Gesetzgebung, die den einzelnen Gemeinden eine geordnete Vertretung gegeben hat,[3]) weiter entwickelt. In beiden Kirchen besitzen die Kirchspiele Körperschaftsrechte. Die eine Mehrzahl von Kirchspielen umschließenden Aufsichtsbezirke heißen Diözesen. Die Neubildung wie die Veränderung der Kirchspiele bestimmt der Staat, erstere unter Zuziehung der geistlichen Oberen, letztere nach Anhörung der Beteiligten.[4]) Die innerhalb des Kirchspiels abgezweigten Nebenkirchen heißen Tochter- oder Filialkirchen,[5]) während die den Zwecken zweier Gemeinden von verschiedenem Bekenntnisse dienenden Kirchen als Simultankirchen bezeichnet werden.[6]) Zum Kirchspiel gehören alle Anhänger des gleichen Bekenntnisses, die in seinem Bezirke wohnen (Kirchengemeinden §§ 296, 300).[7]) Die Aufhebung der Kirchspiele fordert gleichfalls staatliche Genehmigung. Sie erfolgt, wenn binnen 10 Jahren keine Mitglieder vorhanden gewesen oder kein Gottesdienst gehalten worden ist. Ihr Vermögen fällt in diesem Falle an die anderen Kirchen desselben Bekenntnisses der Provinz.[8])

§ 292.

b) Das **Patronat** ist ein persönliches oder dingliches (mit dem Besitz eines Gutes verbundenes) Rechtsverhältnis, das die unmittelbare Beaufsichtigung und die Sorge für Erhaltung und Verteidigung einer Kirche in sich schließt. In seinem Ursprung ist es auf die Grundherrlichkeit, auf Vertrag (insbesondere bei Schenkungen) oder auf die obrigkeitliche Gewalt zu rückzuführen. Aus letzterer hatte sich nach der Säkularisation (1803) der Be-

---

[3]) § 296 u. 300 d. W. — Das LR. enthält nur allgemeine Grundsätze. — Form der Zusammenberufung G. 23 Jan. 46 (GS. 23).

[4]) LR. II 11 § 238—240; ältere Provinzen G. 3. Juni 76 (GS. 125) Art. 23[6]; Schl.-Holstein u. KonfBez. Wiesbaden G. 6. April 78 (GS. 145) Art. 31[6]. — Der Errichtung neuer Pfarrstellen, die in der ev. Kirche der Bildung von Parochien gleichgeachtet wird, dienen in dieser die kirchlichen Hilfsfonds § 299 Anm. 5, in der kath. Kirche die Diözesanfonds § 296 Abs. 2; außerdem wird sie durch Staatsmittel gefördert Staatsgesetze 09 ev. Kirche (§ 299 Anm. 21) Art. 8 katholische (§ 295 Anm. 7) Art. 9. — Das kanonische Recht setzt mindestens zehn Feuerstellen (mauri decem) voraus.

[5]) LR. II 11 § 245—251, 333, 348 u. 728. — Trennung der Küstereien V. 2. Mai 11 (GS. 193).

[6]) LR. II 11 § 309—317.

[7]) Das. § 260—292, 303—305 u. 108—111. § 261, der die Heranziehung nur zu Abgaben an die eigene Religionspartei zuläßt, hat damit den Pfarrzwang beseitigt. Aufhebung in der Oberlausitz KO. 4. Sept. 25 (GS. 226), in der Niederlausitz KO. 15. Sept. 26 (GS. 106). Ein Pfarrzwang besteht nur insofern, als der Pfarrer zu gewissen kirchl. Handlungen gegenüber den Mitgliedern seines Kirchspiels ausschließlich berechtigt ist. — Die über einen größeren Bezirk verstreuten Mitglieder einer Glaubensgemeinschaft bilden die diaspora. — Einzelne sich zu benachbarten Kirchspielen haltende Gemeinden heißen vagierende oder Gastgemeinden LR. II 11 § 293—302; Aufhebung in Schlesien, wo sie sich besonders zahlreich entwickelt hatten G. 16. Feb. 80 (GS. 51). — Neben den Ortsgemeinden bestehen als Personalgemeinden die Militärkirchengemeinden § 107 Abs. 2 d. W.

[8]) LR. II 11 § 306—308; G. 13. Mai 33 (GS. 51).

griff des landesherrlichen Patronatrechts entwickelt. Dieses ist verschwunden; sonst hat sich das Patronat, obwohl es eine Beschränkung der kirchlichen Selbständigkeit und der Autonomie der Kirchengemeinden in sich schließt, bislang noch erhalten. Die Pflichten des Patrons bestehen in der Kirchenbaulast (§ 293 Abs. 2), die Rechte in der Aufsicht über die kirchliche Vermögensverwaltung, in der Wahl des Pfarrers, der Bestellung der niederen Kirchenbeamten, in gewissen Ehrenrechten und in dem Anspruch auf notdürftigen Unterhalt aus dem Kirchenvermögen bei schuldloser Verarmung (Kompetenz).[1])

§ 293.

c) **Kirchenvermögen und Kirchenlasten.** Reiche Zuwendungen hatten die Kirche in den Besitz eines ansehnlichen Vermögens gebracht. Erst seit dem 13. Jahrhundert erfuhren sie durch die Amortisationsgesetze einige Einschränkungen, weil das weltliche Gut beim Übergang in die „tote Hand" der Kirche wegen der Unveräußerlichkeit dem Verkehre entzogen wurde.[1]) Tiefer griffen die späteren Einziehungen des Kirchenguts zu staatlichen Zwecken (Säkularisationen) ein, wie sie durch den Wegfall des kirchlichen Zweckes, häufiger aber durch die Finanznot der Staaten veranlaßt wurden.[2]) Zum Teil wurde mit der Einziehung ein bestimmter Verwendungszweck verbunden.[3]) Das Kirchenvermögen erscheint im

---

[1]) LR. II 11 § 568—617 nebst 629—632, 645—647, 668—671, 700, 782, 803, 807 und (Rechtsverhältnis des Nießbrauchers) I 21 § 45, 46; KirchengemO. für die östl. Prov. § 6 u. 23 nebst StaatsG. (§ 300 Anm. 1b d. W.) Art. 8. Patronatrechte sind beim Domänenverkaufe nicht mit zu veräußern KO. 9. Jan. 12 (GS. 3) und ruhen für Güter, die sich im Besitze von Juden befinden V. 30. Aug. 16 (GS. 207). — Das durch VU. Art. 17 üb. das Kirchenpatronat u. die Bedingungen seiner Aufhebung verheißene G. ist nicht ergangen.

[1]) Schenkungen u. Grundübertragungen an Körperschaften § 249 Abs. 5 d. W. — Erbschaftssteuer § 156.

[2]) Ed. 30. Okt. 10 (GS. 32). — Verwendung bei Einziehung infolge des R.Dep.Hauptschlusses (Anm. 3b) OV. (XXXVIII 194), bei früher erfolgter (XLI 206).

[3]) Dahin gehören neben verschiedenen kleineren Klosterfonds:

a) der hannoversche Klosterfonds, der das von vormaligen Klöstern u. ähnlichen Stiftungen herrührende Vermögen umfaßt u. als fromme Stiftung juristische Persönlichkeit besitzt. Er wird zu Zuschüssen für die Universität Göttingen, für Kirchen, Schulen u. zu milden Zwecken verwendet u. zugleich mit einigen anderen Stiftungsfonds von der dem Kultusminister unterstellten königl. Klosterkammer verwaltet Pat. 8. Mai 18 (hann. GS. I 45) u. LandVerfG. 6. Aug. 40 (han. GS. I 141) § 79. Der Vorsitzende führt den Titel „Präsident" AE. 2. Aug. 10 (GS. 258). — Der Grundbesitz umfaßt 42 Güter mit 18741 ha und 26479 ha an Forsten.

b) Die Domstifter in Brandenburg (Regul. 30. Nov. 26), Merseburg u. Naumburg nebst dem Kollegiatstift in Zeitz (AE. 18. Juni 79) sind in der Mitte des 10. Jahrhunderts von Otto I zur Erhaltung und Förderung der christlichen Kirche gegründet und auch nach der Reformation, mit der ihre Bestimmung als geistliche Körperschaft aufhörte, sowie nach dem Reichsdeputations-Hauptschluß 25. Februar 1803, der die Stifts- u. Klostergüter der Verfügung des Landesherrn zuwies, in ihrem körperschaftlichen Verbande erhalten

Landrecht[4]) als Eigentum der Kirchengemeinden[5]) und ist von den Kirchenkollegien zu verwalten.[6]) Gleiches gilt von dem Pfarrvermögen, an dem indes der Pfarrer den Nießbrauch hat,[7]) der aber in der evangelischen Kirche jetzt auch fortgefallen ist (§ 299 Abs. 5). Die Kirche ist in der Regel frei von Grund-, Gebäude- und Stempelsteuer.[8])

Zum Kirchenvermögen gehören die Kirchhöfe (§ 271 Abs. 2) und kirchlichen Gebäude. Neue Kirchen können nur mit Staatsgenehmigung erbaut werden.[9]) Die Kirchen- und die Pfarrbaulast (fabrica ecclesiae) bestimmt sich im Gebiete des Landrechts zunächst nach Verträgen, Erkenntnissen, ununterbrochenen Gewohnheiten oder besonderen Provinzialgesetzen. Wo solche fehlen, trägt das Kirchenvermögen die Kosten, soweit dies ohne Nachteil der aus der Kirchenkasse zu bestreitenden jährlichen Ausgaben geschehen kann. Reicht dieses Vermögen nicht aus, so haben bei

---

geblieben. Ihre Einkünfte sind teils zur Ausstattung hervorragender Staatsdiener mit Präbenden, teils zu Kirchen- u. Schulzwecken verwendet worden. Vorschlagsrecht zum Herrenhause § 41 Abs. 3 d. W. — Das LR. behandelt diese Stifter als geistliche Gesellschaften II 11 Abschn. 20 (§ 1218 bis 1232).

c) Nach Aufhebung der geistlichen Ritterorden (§ 297 Anm. 1) ist in ehrenvollem Andenken an den früheren Johanniterorden zur Begründung u. Erhaltung von Krankenanstalten der preußische St. Johanniterorden eingerichtet (Urk. 23. Mai 12 GS. 109) u. als Balley Brandenburg neu gestaltet (KO. 15. Okt. 52 GS. 53 S. 1).

[4]) LR. II 11 Abschn. 4 (§ 160—236), Verwaltung der Kirchengüter Abschn. 9 (§ 618—771); ferner Zus. 191 des ostpr. u. § 31—46 des westpr. ProvRechts (§ 196 Anm. 3 d. W.); f. d. Mark KO. 11. Juli 45 (GS. 485); f. Schlesien Guntersblumer Ed. 14. Juli 1793. — Staatsaufsicht in der kathol. Kirche § 296 d. W., in der ev. Kirche der älteren Prov. G. 3. Juni 76 (GS. 125) Art. 24—27, f. Schl.-Holstein u. Konf.-Bez. Wiesbaden G. 6. April 78 (GS. 145) Art. 32—35. — Kirchenkollekten § 258 Anm. 6 d. W.

[5]) LR. II 11 § 160, 170, 183, u. 191. — Befreiung von der Pflicht zur grundbuchlichen Eintragung § 211 Anm. 2 d. W.

[6]) LR. II 11 § 158 u. 217. Gegenwärtige Gestaltung in der kathol. Kirche § 296, in der evangelischen § 300 d. W. — Ausdehnung des für geistliche Bedürfnisse bestimmten nass. ev. Zentralkirchenfonds u. der nass. ev. Pfarr-Witwen- u. Waisenkasse auf die vorm. hess. Teile des Konf.-Bezirks Wiesbaden G. 28. März 83 (GS. 29). Kirchengesetze betr. den Fonds 30. Nov. u. die Kasse 9. Mai 87 (GS. 491 u. 134).

[7]) LR. II 11. Abschn. 10 (§ 773 bis 856). Verpflichtung zu Ausbesserungen Vf. 17. März 42 (MB. 111). — Pfarrauseinandersetzung in den vorm. sächs. Landesteilen G. 10. Mai 55 (GS. 267), in der bischöflichen Diözese Kulm V. 3. Juni 42 (GS. 208).

[8]) Kom. Abg. G. 14. Juli 93 (GS. 152) § 24 g, i, k, Stempelsteuer § 155 Abs. 2, Erbschaftssteuer § 156 Abs. 2, Gerichtskosten § 195 Abs. 3 d. W. u. (Verwaltungsgerichte) LVG. § 107[5]. — Vorrecht im Konkurse KonkO. § 61[3].

[9]) LR. II 11 § 176—178, G. 9. Sept. 76 (GS. 395) Art. I[4]. — Der Gebrauch der Kirchenglocken ist ein Vorrecht der aufgenommenen Kirchengesellschaften LR. II § 25, 191, 192; der unbefugte Gebrauch kann von der Landespolizeibehörde gehindert werden OV. (XXXI 423). Gebrauchsrecht der bürg. Gemeinden in der Rheinprov. G. 80 (Anm. 10) § 4. — Unberührt durch das BGB. bleiben die landesgesetzlichen Bestimmungen über die Kirchen- und Schulbaulast EG. Art. 132 u. über die Benutzung der Kirchenplätze (LR. II 11 § 676—85) EG. Art. 133. Die Verteilung erfolgt durch die kirchliche Aufsichtsbehörde, im Bereich der KG. u. SynO. unter deren Genehmigung durch die kirchlichen Gemeindeorgane U. KGS. 14. April 83 (KGB. 6).

Landkirchen die Eingepfarrten ein Drittel, der Patron zwei Drittel, bei Stadtkirchen die Eingepfarrten zwei Drittel und der Patron ein Drittel der Kosten beizutragen. Bei Landkirchen haben jedoch die Eingepfarrten stets die Hand- und Spanndienste vorweg zu leisten.[10] Die Vorbereitung und Ausführung der Bauten erfolgt durch die Gemeindeorgane unter Aufsicht der Vorgesetzten.[11] In Streitfällen hat die Regierung die vorläufige Entscheidung zu treffen (Regulierung des Interimistikums). Gegen diese ist bezüglich der Notwendigkeit und der Art des Baues der Rekurs an den Minister und bezüglich der Auflegung und Verteilung der Kosten der Rechtsweg zulässig.[12]

Die Kirche deckte ihren Bedarf zuerst durch freiwillige Spenden, von denen sich das beim Gottesdienst gesammelte Opfer(Klingelbeutel)geld bis heute erhalten hat.[13] — Als Pflichtabgabe entwickelte sich seit dem siebenten Jahrhundert der Zehnt,[14] der im Laufe der Zeit zur Reallast geworden und, wo er nicht — wie im Gebiete der französischen Gesetzgebung — abgeschafft wurde, abgelöst oder in Geldrente verwandelt worden ist (§ 341 Abs. 3³). — Der vermehrte Bedarf der Kirchen hat im Laufe des vorigen Jahrhunderts zur Einführung von **Kirchensteuern** geführt und diese sind in Anlehnung an die Grundsätze dem Komm. Abg. Ges. (§ 80) neu geregelt worden. In der **evangelischen Kirche** ergingen besondere Gesetze für die einzelnen Gebiete.[15] Nach diesen sind die Kirchengemeinden berechtigt, zur

---

10) LR. II 11 § 710—771 u. 790; Zus. 197 u. 200 des ostpr. und § 38 des westpr. ProvRechts (§ 193 Anm. 3); Brandenburg: Märk. V. 11. Dez. 1710 u. 7. Feb. 1711 (Rabe I 1 S. 299), Niederlausitz Pl.BOT. 6. Dez. 52 (Entsch. Bd. 24 S. 1); Pommern KirchenO. 1535 u. 1690; Schlesien KO. 10. Dez. 39 (MB. 40 S. 154), Oberlausitz V. 11. April 46 (GS. 164); Magdeburg KirchenO. 9. Mai 1739, vorm. sächs. Landesteile der Prov. Sachsen V. 11. Nov. 44 (GS. 398); Herz. Westfalen const. Clem. 28. Aug. 1715. — Auf dem linken Rheinufer ist die dem franz. Recht entstammende Verpflichtung der bürgerlichen Gemeinden (G. 14. März 45 GS. 163) auf die Kirchengemeinden übergegangen G. 14. März 80 (GS. 225). — Unterhaltung der als Küstereien dienenden Schulhäuser § 303 Anm. 16 d. W.

11) Ausführung der **Kirchenbauten** Reg. 10. Juni 62 (MB. 239), Vf. 27. Nov. 70 (MB. 71 S. 18), 30. Mai 72 (MB. 326) u. (Mitwirkung der Staatsbaubeamten) 20. Jan. 81 (MB. 26) u. 11. Juli 96 (KGB. 3). Leitsätze f. d. evang. Kirchenbau VfOKR. 11. März 09 (KGB. 9). Orgelbauten Anw. 5. Feb. 04 (ZBU. 246). Die allgemeinen Bedingungen für die Ausführung von Staatsbauten und für Leistungen und Lieferungen (§ 277 Anm. 4) finden auch im Gebiete der Kirchen- u. Schulverwaltung Anwendung Vf. 6. Juni 00 (ZBU. 653).

12) LR. II 11 § 707—709, V. 27. Juni 45 (GS. 440) § 3^1 nebst KO. 18. Feb. 05 (Rabe VIII 267), Vf. 23. Aug. 28 (KA. XII 683) u. 13. Jan. 74 (MB. 97), ferner im Geb. der Landeskirche G. 3. Juni 76 (GS. 125) Art. 23^2 u. in Schl.-Holstein u. dem KonsBez. Wiesbaden G. 6. April 78 (GS. 145) Art. 31^2 — Rechtsweg § 179 Anm. 4 d. W.

13) LR. II 11 § 665. — Kirchenkollekten § 255 Anm. 6. — Eine freiwillige, den Papst zufließende Abgabe bildet in der katholischen Kirche der Peterspfennig.

14) LR. II 11 Abschn. 11 (§ 857 bis 938). — Schles. Zehntverfassung G. 10. April 65 (GS. 172).

15) KG. f. d. **älteren Prov.** 26. Mai 05 (KGB. 31), AusfAnw. 21 u. 22. März 06 (KGB. 1 u. 5) nebst StG. 14. Juli 05 (GS. 277) u. (Inkrafttreten u. zust. Staatsbehörden) zwei V. 23. März 06 (GS. 52 u. 53), AusfAnw. 24. März

Befriedigung ihrer Bedürfnisse, soweit sie nicht aus anderen Einnahmen gedeckt werden können, Steuern zu erheben. Steuerpflichtig sind alle Evangelischen, die der Kirchengemeinde durch Wohnsitz angehören. Juristische Personen, Ausmärker (Forensen) und Mitglieder der Militärgemeinden (§ 107 Abs. 2) sind hiernach nicht pflichtig. Gemeindemitglieder, die auf Grund besonderer Titel Beiträge für bestimmte Zwecke zu leisten haben, sind nur von den Umlagen für diese Zwecke befreit (Patrone nur von Bauumlagen). Geistliche und Kirchenbeamte sind in Ansehung ihrer Dienstbezüge steuerfrei. In gemischter Ehe lebende Personen werden, soweit die Ehefrau nicht besonders veranlagt ist, mit der Hälfte des Steuersatzes herangezogen.[16]) Die Kirchensteuern dürfen nur als Zuschläge zur Staatseinkommensteuer und, — soweit eine Heranziehung der Realsteuern erfolgen soll — mit dem gleichen Hunderteilsatz der Grund-, Gebäude- und Gewerbesteuer von dem in der Kirchengemeinde belegenen Grundbesitz erhoben werden. Die Umlagebeschlüsse bedürfen der staatlichen Genehmigung und die Kirchensteuern werden mit diesen vollstreckbar.[17]) Die Veranlagung erfolgt durch den Gemeindekirchenrat, der auch über Einsprüche entscheidet. Beschwerden gegen seine Entscheidung gehen durch das Konsistorium an die Staatsbehörde (den Reg.-Präs.). Die Frist beträgt in beiden Fällen 4 Wochen. Gegen die Entscheidung der Staatsbehörde ist wegen Nichtanwendung oder unrichtiger Anwendung des bestehenden Rechts oder wesentlicher Mängel des Verfahrens binnen 2 Wochen die Klage bei dem ObVerwGericht zulässig.[18]) — Ent-

---

06 (MB. 69). — Gleiche Regelung für Schl. Holstein u. Hannover G. 22. März 06 (GS. 41) nebst 3 Kirchengesetzen 10. März 06 (GS. 23, KG. u. VB. 19 u. III 263) u. (zust. Staatsbehörden) V. 23. März 06 (GS. 54). AusfAnw. 24. März 06 (MB. 86); für die Kons. Bezirke, Kassel, Wiesbaden u. Frankfurt a. M. G. 22. u. (zust. Staatsbehörden) V. 23. März 06 (GS. 46 u. 55), Inkraftsetzung zwei V. 23. März 06 (GS. 51 u. 52), Ausf. Anw. 24. März 06 (MB. 104, KGB. 36) u. (zum KG.) Anw. 22. März 06 (KGB. 5). — Bearb. v. Dr. Crisolli u. M. Schultz (Berl. 07). — Kirchen- und Pfarrabgaben genießen ein Vorrecht im Konkurse KonkO. § 61³. Beitreibung § 59 Abs. 9, Rechtsweg § 176 Anm. 4 d. W. — Kirchliche Gebühren, zu denen solche für Benutzung der Kirchenplätze (Anm. 9) u. Kirchhöfe (§ 271 Abs. 2), sowie Stolgebühren (§ 299 Anm. 18) gehören, verjähren in 4 Jahren G. 20. Sept. 99 (GS. 177) Art. 8.

[16]) KG. § 1—8. Umfang der Kirchenbaulast u. Patrone OV. (LIII 226 u. 212). Einfluß des (lutherischen oder reformierten) Sonderbekenntnisses auf die Steuerpflicht OV. (LII 233, 244). — Befreiung der Angehörigen eines außerdeutschen Staates bei bestehenden besonderen gottesdienstlichen Veranstaltungen u. verbürgter Gegenseitigkeit Art. IV § 1 Abs. 3 der Staatsgesetze (vor. Anm.); letztere Voraussetzung trifft zu für England, Wales u. Irland, die britischen Kolonien u. Besitzungen außer Barbados, die Niederlande u. Niederländisch Indien und die Ver. St. von Amerika. StM. Bek. 30. Juni u. 7. Nov. 06 (GS. 322 u. 413), Dänemark und die dänischen Kolonien Bek. 17. Juni 08 (GS. 158). — Wohnsitz § 77 Anm. 6 d. W.

[17]) KG. § 9—15 u. StG. Art. I, II.

[18]) KG. § 16—24, 29, 30 u. StG. Art. III, IV. Zwangseinstellung in den Etat KG. § 25 u. StG. Art. V. — Der Rechtsweg findet nur statt, wenn Tilgung oder Verjährung oder die privatrechtliche Eigenschaft der Abgabe behauptet wird StG. Art. IV § 7.

sprechende Grundsätze sind für das ganze Staatsgebiet in betreff der *katholischen Kirche* eingeführt. In dieser bedürfen die Umlagebeschlüsse auch der Genehmigung der bischöflichen Aufsichtsbehörde.[19])

§ 294.

d) Anstellung, Rechte und Pflichten der **Geistlichen und Kirchendiener** bestimmen sich, soweit dabei nicht das kirchliche Hoheitsrecht des Staates in Frage kommt (§ 286), zunächst nach der Verfassung der einzelnen Kirchen;[1]) daneben sind ihnen einige Vorrechte gemeinsam beigelegt.[2]) Die Geistlichen können zwar, nachdem der Kirche die Selbständigkeit beigelegt ist, nicht mehr als Staatsbeamte angesehen werden; immerhin trägt ihre Stellung den Charakter eines öffentlichen Amtes. Sie genießen öffentlichen Glauben in bezug auf die früher geführten Kirchenbücher[3]) und sind gegen Amtsbeleidigungen geschützt[4]). Angestellte Geistliche sind im Beurlaubtenstande und in der Ersatzreserve vom Militärdienst mit der Waffe,[5]) von der Verpflichtung zur Übernahme der Gemeindeämter (§ 81, 82) und vom Schöffendienste (§ 182 Abs. 2) und Geschworenendienste (§ 183 Abs. 4) befreit.

Ihr *Diensteinkommen* kann nur unter denselben Beschränkungen beschlagnahmt werden, wie das der Staatsbeamten (§ 71) und ist von Gemeindesteuern frei.[6]) Die Regelung des Diensteinkommens ist unter Gewährung von Staatszuschüssen gesondert erfolgt für die katholische Kirche (§ 295 Abs. 2) und die evangelische Kirche (§ 269 Abs. 5).

---

[19]) G. 14. Juli 05 (GS. 281) u. (zust. Staatsbehörden) V. 23. März 06 (GS. 56). AusfAnw. 24. März 06 (MB. 121). — Bearb. wie Anm. 15.

[1]) Katholische Geistliche § 295 Abs. 2, evangelische § 299 Abs. 4 d. W. — Militärgeistliche § 107 Abs. 1. — Strafanstaltsgeistliche § 239 Anm. 7.

[2]) Das LR. II 11 behandelt die Geistlichen in Abschn. 2 (§ 58—107). Der Abschn. 3 (§ 113—155) handelt von den Kirchenoberen, Abschn. 6 (§ 318—549) vom Pfarrer u. Abschn. 7 (§ 350—567) von weltlichen Kirchenbedienten. — Zeugnisverweigerung im Gebiet der Seelsorge ZPO. § 383 4; Fortfall der Eheerlaubnis § 65 Anm. 14; Kündigung von Mietwohnungen bei Versetzung § 73 Anm. 2 d. W.

[3]) LR. II 11 § 481—505; G. 6. Feb. 75 (RGB. 23) § 73. Nach Einführung der Standesregister wird die Kirchenbuchführung von den Kirchenbehörden beaufsichtigt. Den Geistlichen steht die kostenfreie Einsicht in die Standesregister zu Bek. 25. März 99 (RGB. 225) § 21. Zeugnisse betr. kirchliche Handlungen sind stempelfrei G. 31. Juli 95 (GS. 413) Tarif Nr. 77 b.

[4]) StGB. § 196. — Die Konflikterhebung bei gerichtlicher Verfolgung wegen Amtsverletzung (§ 64 d. W.) ist auf Geistliche nicht anwendbar OV. (VIII 390).

[5]) G. 2. Mai 74 (RGB. 45) § 65 Abs. 2 u. G. 11. Feb. 88 (RGB. 11) Art. II § 13 Abs. 6. Katholische Theologie studierende Militärpflichtige werden im Frieden bis zum 1. April des 7. Militärjahres zurückgestellt u., wenn sie inzwischen die Subdiakonatsweihe empfangen, unter Befreiung von der Übungspflicht der Ersatzreserve überwiesen G. 8. Feb. 90 (RGB. 23).

[6]) KomAbgG. 14. Juli 93 (GS. 152) § 24 k; verb. § 80 Abs. 6 d. W. — Befreiung von Kirchensteuern § 293 Abs. 3. — Vermögensrechtliche Ansprüche aus dem Dienstverhältniß § 71 Anm. 2; Verjährung der Gebühren wie § 293 Anm. 15.

5. Die katholische Kirche.

§ 295.

a) Die **Verfassung** der katholischen Kirche beruht auf der festgegliederten Ordnung der Geistlichkeit (Hierarchie), die durch Priesterweihe und Cölibat von dem Laienstande streng abgeschlossen wird. Die Geistlichkeit bildet innerhalb der durch die Kirchenhoheit gezogenen Grenzen (§ 288, 289) den Träger der Kirchengewalt. An der Spitze steht der Papst mit den ihn umgebenden Beamten (Kurie).[1]) Den Mittelpunkt der geistlichen Tätigkeit bilden dagegen die Bischöfe[2]) als Kirchenobere in den Diözesen,[3]) die jedoch, soweit sie nicht unmittelbar dem Papste untergeordnet (eximiert) sind, als Suffraganbischöfe unter dem Erzbischof stehen. Dem König haben sie Treue und Gehorsam zu schwören.[4]) Zur Unterstützung der Bischöfe sind die Weihbischöfe, zu ihrer Vertretung in Verwaltungssachen die Generalvikare bestimmt. Dem Bischof stehen die Kapitel zur Seite, deren Mitglieder (Kapitulare) bei dem Stift eine Pfründe (Kanonikat) besitzen und mit gottesdienstlichen Verrichtungen bei der Hauptkirche betraut sind.[5]) Die Einrichtung und Ausstattung der Bistümer und Kapitel geschah nach der Säkularisation durch Bullen, die unbeschadet der Hoheitsrechte landesherrlich genehmigt sind. Die Wahl der Bischöfe erfolgt unter Ausschließung der dem Landesherrn nicht genehmen Kandidaten (personae minus gratae) durch die Domkapitel.[6])

---

[1]) Die wichtigsten sind die Kardinäle, deren Kollegium zur Papstwahl berufen ist. Zur Erledig. auswärtiger Geschäfte werden Legaten, Nuntien u. Internuntien bestellt.

[2]) Je nach dem Vorwalten des päpstlichen oder bischöflichen Einflusses unterscheidet man das Papal-(Kurial-) u. das Episkopalsystem. Nach letzterem hat der Papst nur gewisse Vorrechte (Primat), bleibt aber sonst der Gesamtheit der Bischöfe (dem ökumenischen Konzile) unterworfen. — In dem Unfehlbarkeitsdogma (§ 289 Abs. 1 b W.) hat das Papalsystem in der katholischen Kirche gesiegt. Zu völliger Lossagung vom Papsttum ist das Episkopalsystem in der anglikanischen Kirche gekommen. — In Deutschland hat das Unfehlbarkeitsdogma die Altkatholiken zu einem ähnlichen Schritte geführt. Diese haben sich unter einem eigenen Bischof (in Bonn) zusammengeschlossen (1873). Der Staat behandelt diesen Gegensatz als einen **inneren** u. dogmatischen. Er sieht demgemäß die Altkatholiken als in der katholischen Kirchengemeinschaft stehend an, hat ihren Bischof anerkannt u. ihnen, wo sie innerhalb einer Kirchengemeinde in erheblicher Zahl übertreten, einen Anspruch auf Benutzung des Kirchenvermögens eingeräumt G. 4. Juli 75 (GS. 333).

[3]) LR. II 11 § 115—140.

[4]) V. 13. Feb. 87 (GS. 11).

[5]) LR. II 11 Abschn. 12—14 (§ 939 bis 1056) u. Abschn. 17 (§ 1073—1159). — Rang- u. Aszensionsverhältnis KO. 28. Mai 36 (GS. 201). — Die Kapitel, deren Ursprung auf das Zusammenleben der Geistlichen bei den größeren Kirchen zurückzuführen ist, heißen bei erzbischöflichen Kirchen: Hochstifter, bei Stiftskirchen: Kollegiatstifter (Aachen).

[6]) Bullen sind feierliche (mit dem großen Siegel versehene) päpstliche Erlasse u. stehen im Gegensatz zu den in Briefform abgefaßten Breven. Die Bullen werden von den Staaten als Gesetze erlassen und bilden nicht — wie die früheren Konkordate — Verträge. Soweit sie die Diözesen eines Landes neu abgrenzen, werden sie als Zirkumskriptionsbullen bezeichnet. Solche bestehen in Preußen:

a) für die alten Provinzen: de salute animarum KO. 23. Aug. 21 (GS. 113);

Unter den Bischöfen stehen die **Pfarrer**, deren einzelne als Erzpriester (Dechanten) mit der Aufsicht über die übrigen betraut sind. Ihr Diensteinkommen beträgt mindestens 1800 M. jährlich neben Dienstwohnung oder angemessener Mietentschädigung und steigt durch Alterszulagen, die nach je drei Jahren gewährt werden, bis auf 4000 M. Außerdem können Ortszulagen bewilligt werden. Der Bedarf ist von der Pfarrgemeinde aufzubringen unter Beihilfe des Staates und der bischöflichen Behörde.[7])

§ 296.

b) Die **Vermögensverwaltung** in den katholischen Kirchengemeinden war nach der Verfassung auf die Bischöfe übergegangen. Diese hatten in Widerspruch mit den Vorschriften des Landrechts[1]) alle kirchlichen Besitztümer als allgemeines Vermögen der Kirche in Anspruch genommen und die Kirchenvorstände zu bloßen Organen des Bischofs herabgedrückt. Demgegenüber ist diese Verwaltung den Kirchengemeinden zurückgegeben und nach festen Grundsätzen geordnet worden.[2]) Zu diesem Zwecke wählt die Gemeinde zwei Organe, den Kirchenvorstand, in dem der Vorsitz der Regel nach dem Pfarrer zusteht, für die laufende Verwaltung und die Gemeindevertretung zur Überwachung der wichtigeren Verwaltungshandlungen.[3]) Die

---

b) für Hannover: Impensa Romanorum Pat. 20. Mai 24 (hann. GS. I 87);
c) für die neben Württemberg, Baden u. Hess.-Darmstadt auch die Provinzen Hess.-Nassau und Hohenzollern umfassende oberrheinische Kirchenprovinz: Provida sollersque u. Ad dominici gregis custodiam kurh. V. 31. Aug. 29 (kurh. GS. 45), nass. Ed. 9. Okt. 27 (V. Samml. IV 465) u. Frankf. G. 2. März 30 (Frankf. GS. IV 181). — Zur Sicherung des staatlichen Aufsichtsrechts bei Ernennung der Geistlichen und Verwaltung des Kirchenvermögens haben die beteiligten Staaten übereinstimmende Verordnungen unterm 30. Jan. 30 u. 1. März 53 erlassen.

Bistümer wurden danach errichtet:
a) i. d. alten Prov. d. Erzbist. Köln mit den Suffraganbistümern Trier, Münster (zugleich f. d. Großh. Oldenburg Vtr. 10. Mai 37 GS. 125) u. Paderborn; d. Erzbist. Gnesen in Posen, das mit dem Bistum Posen vereinigt u. über das Suffragan-Bist. Kulm in Pelplin gestellt wurde, u. die exemten Bistümer Breslau (Fürst-Bist.) u. Ermland in Frauenburg. (Die Grafschaft Glatz und der Distrikt Katscher stehen unter den Erzbischöfen von Prag und Olmütz, die indes inländische Stellvertreter zu bestellen haben LR. II 11 § 138);
b) in Hannover die exemten Bistümer Hildesheim und Osnabrück, letzteres zugleich für Schl.-Holstein;
c) in der oberrhein. Kirchenprovinz (Erzdiözese Freiburg) die Suffraganbistümer Fulda und Limburg u. (für Hohenzollern) das Erzbistum Freiburg i. B.

[7]) G. 26. Mai 09 (GS. 343); Sonderbestimmung für die Erzdiözese Posen-Gnesen u. die Diözese Kulm, wo der Minister aus den Staatsmitteln, die nach Deckung des durch das ältere G. 2. Juli 98 (GS. 260) erforderten Bedarfs verfügbar bleiben, widerrufliche Zulagen an solche Pfarrer gewähren kann, die sich keine staats- oder deutschfeindliche Handlungen zuschulden kommen lassen Art. 15. Sterbequartal der Erben in den westl. Prov. rechts des Rheins V. 3. Juli 43 (GS. 289).

[1]) § 293 Abs. 1 d. W. Ähnliche Grundsätze bestanden in den nichtlandrechtlichen Landesteilen.

[2]) G. 20. Juni 75 (GS. 241). — Bearb. v. Förster (3. Aufl. Berl. 13). — Kirchensteuern § 293 Abs. 3 d. W.

[3]) G. 75 § 1—46, 56 u. 57 u. G. 21. Mai 86 (GS. 147) Art. 10 u. 14.

Aufsicht gebührt den Kirchenbehörden; in einzelnen Fällen wird anstatt oder neben diesen die staatliche Genehmigung erfordert.[4]) In Ortschaften mit mehreren Pfarrgemeinden können — ähnlich wie in der evangelischen Kirche (§ 300 Abs. 2) — einzelne Rechte und Pflichten einem Gesamtverbande übertragen werden.[5]) Die feste Ordnung dieses Gebietes und die Mitwirkung der Gemeindemitglieder bezeichnet einen Fortschritt; doch erscheint den zum Teil höchst einfachen Verhältnissen gegenüber die Verwaltungseinrichtung zu schwerfällig.

In ähnlicher Weise sind die staatlichen Aufsichtsrechte über die Vermögensverwaltung der Diözesen geregelt; nur sind diese etwas erweitert, um die hier fehlende Überwachung der Gemeindevertretung zu ersetzen.[6]) Der bischöflichen Behörde ist die Bildung von Diözesanhilfsfonds gestattet zu Beihilfen an neu zu errichtende Pfarrgemeinden unter Umlagenerhebung bis zu 2 v. H. der Staatseinkommensteuer[7]) und ferner für kirchliche Diözesanbedürfnisse unter Umlagenerhebung bis zu 5 v. H.[8])

§ 297.

c) **Die Orden und ordensähnlichen Kongregationen** der katholischen Kirche[1]) hatten mit der dieser durch die Verfassung gewährten Selbständigkeit eine außerordentliche Ausdehnung gewonnen. Ihre auf

— Im Geb. des rheinischen Rechts hat der Pfarrer stets den Vorsitz G. 31. März 93 (GS. 68).

[4]) G. 75 § 47—55, 58 u. V. 30. Jan. 93 (GS. 13).

[5]) G. 29. Mai 03 (GS. 179) u. (Ausübung der Rechte des Staates) V. 4. Jan. 04 (GS. 1); erweiterte Besteuerungsbefugnis G. 21. März 06 (GS. 105).

[6]) G. 7. Juni 76 (GS. 149) u. V. 30. Jan. 93 (GS. 11).

[7]) G. 29. Mai 03 (GS. 182), erg. 26. Mai 09 (GS. 343) Art. 16.

[8]) G. 21. Mai 06 (GS. 105), erg. wie Anm. 7.

[1]) In der Geschichte der abendländischen Kirche treten schon früh die Orden auf, die in gemeinsamer Arbeit und in geschlossenen Häusern der Kirche zu dienen suchten. Ihre Satzungen (Regel) erhielten sie durch Benedikt Nursia (529). Sie beruhte auf dem lebenslänglichen Gelübde des Gehorsams, der persönlichen Armut (Vermögensunfähigkeit) und der ehelosen Keuschheit. Zumeist verfolgten sie auch praktische Zwecke in Seelsorge, Armen- u. Krankenpflege, Erziehung und Unterricht. Die größte Bedeutung errangen die Jesuiten (Anm. 3). Kongregationen sind freiere Genossenschaften, die der Approbation des Papstes nicht bedürfen, Brüderschaften, Vereinigungen zu bestimmten kirchlichen Zwecken ohne feste Regel und gemeinsames Leben. Neben diesen Mönchsorden entwickelten sich während der Kreuzzüge die Ritterorden (Johanniter, Templer, Deutschherrn), für die zu den drei Mönchsgelübden noch das Gelübde des Kampfes gegen die Ungläubigen hinzutrat. — Das LR. (II 11) behandelt die Orden in Abschn. 12 (§ 939—1021), Abschn. 15 (§ 1057—1069) u. Abschn. 18 (1160 bis 1198, die die Rechtsfähigkeit ausschließenden § 1199—1209 sind aufgehoben G. 20. Sept. 99 (GS. 177 Art. 89 1c). Über die Mitgliedschaftsrechte ist der Rechtsweg unzulässig Urt. RGer. 4. Jan. 06 (LXII 252). Am 31. Dez. 11 wurden 2377 katholische Ordensniederlassungen mit 35329 Mitgliedern gezählt. — Die Klöster mit Ausnahme der auf Jugenderziehung und Krankenpflege gerichteten, sowie der in den später erworbenen Provinzen vorgefundenen waren durch Ed. 28. Okt. 10 (GS. 32) aufgehoben.

unbedingtem Gehorsam und strenger Abgeschlossenheit beruhende Einrichtung, sowie ihre hauptsächlich auf Jugendbildung und Seelsorge gerichtete einflußreiche Tätigkeit machten sie im Kampf der katholischen Kirche mit dem Staate zu besonders wirksamen und gefährlichen Werkzeugen der ersteren. Aus diesem Grunde wurden sie unter Ausschluß der vorhandenen und sich auf die Krankenpflege beschränkenden Niederlassungen aufgehoben. Demnächst wurde indessen den bestehenden und sich ausschließlich der Krankenpflege widmenden Genossenschaften die Gründung neuer Niederlassungen, die Pflege und Unterweisung noch nicht schulpflichtiger Kinder und die Leitung bestimmter gemeinnütziger Anstalten gestattet; endlich wurden diejenigen Orden wieder zugelassen, die sich der Aushilfe in der Seelsorge, der Übung der christlichen Nächstenliebe, dem Unterricht und der Erziehung der weiblichen Jugend in höheren Anstalten widmen oder ein beschauliches Leben führen. Alle Orden unterliegen der staatlichen Beaufsichtigung.[2])

Der Jesuitenorden ist vom Gebiet des Reichs ausgeschlossen und die Errichtung von Niederlassungen untersagt.[3]) Gleicher Vorschrift unterliegen alle ihm verwandten Orden und ordensähnlichen Kongregationen.[4])

6. Die evangelische Kirche.[1])

§ 298.

a) **Übersicht.** In der Einrichtung der evangelischen Kirche wird die Presbyterial- und die Episkopalverfassung unterschieden. Nach ersterer ruht die Kirchengewalt in der Hand der aus der Wahl der Gemeinden hervorgehenden Organe, während sie nach letzterer von dem Landesherrn als oberstem Bischofe ausgeübt wird. Insofern dieser die Ausübung auf kollegiale Behörden (Konsistorien) überträgt, wird die Episkopalverfassung zur Konsistorialverfassung.

---

[2]) G. 31. Mai 75 (GS. 217), eingef. in Lauenburg G. 25. Feb. 78 (GS. 97) § 5[4]. Erweiterte Zulassung G. 14. Juli 80 (GS. 285) Art. 6, v. 21. Mai 86 (GS. 147) Art. 13 nebst Bf. 27. Jan. 87 (MB. 18) u. G. 29. April 87 (GS. 127) Art. 5; Wiederverleihung der Körperschaftsrechte G. 22. Mai 88 (GS. 113).

[3]) RG. 4. Juli 72 (RGB. 253) § 1 u. 3, Aufhebung des die Ausweisung der ausländischen und die Aufenthaltsbeschränkung der inländischen Jesuiten zulassenden § 2, G. 8. März 04 (das. 139); AusfBek. 5. Juli 72 (das. 254) u. 18. Nov. 12 (das. 553); Einf. in Elf.-Lothringen G. 8. Juli 72 (GB. 506). — Der 1540 begründete Jesuitenorden, der sich als geschickter und eifrige Vorkämpfer der kath. Kirche gegen alle anders Denkenden vorzugsweise hervorgetan, war 1773 vom Papste aufgehoben, hatte sich aber bis zu seiner 1814 erfolgten Wiederzulassung unter verschiedenen anderen Namen zu erhalten gewußt.

[4]) Dazu zählen die Lazaristen, die Kongregation vom heil. Geiste u. der weibliche Orden vom heil. Herzen Jesu Bek. 20. Mai 73 (RGB. 109), aber nicht mehr die besonders in Bayern vertretenen Redemptoristen u. die Väter vom heil. Geiste Bek. 18. Juli 94 (RGB. 503).

[1]) Die Bezeichnung wurde durch KO. 3. April 21 (KA. V 341) vorgeschrieben. — Trusen, Kirchenrecht der ev. Landeskirche (2. Aufl. Berl. 94); Goßner, preuß. ev. Kirchenrecht (Berl. 99); Schön desgl. (2 Bde. Berl. 03 u. 07); Nitze, Verfassungs- u. Verwaltungsgesetze (3. Aufl. v. Gebler Berl. 12).

Die Presbyterialverfassung nahm die apostolische Gemeinde zum Vorbild. Sie konnte sich nur da frei entwickeln, wo die Reformation nicht dem Landesherrn ihre Einführung verdankte und die Gemeinden sich deshalb auf sich selbst angewiesen sahen. Dies war vorwiegend bei den Anhängern des reformierten Bekenntnisses und vor allem in der schottischen Kirche und in Frankreich der Fall, von wo aus Flüchtlinge dieser Verfassung in der Pfalz, in Holland und am Niederrhein Eingang verschafften. Wo die Presbyterialverfassung in weiteren, über die Gemeinde hinausgehenden Verbänden zum Ausdruck kommt, wird sie zur Synodalverfassung.

Wo dagegen, wie es in den meisten deutschen Staaten und besonders in Preußen der Fall war, die Reformation durch die Fürsten eingeführt wurde, hat sich die evangelische Kirche nur in engster Anlehnung an den Staat zu entwickeln vermocht. Eine getrennte Staatsaufsicht konnte sich nicht ausbilden, da Kirchenhoheit und Kirchengewalt in der Hand des Landesherrn zusammenfielen und die Verwaltung der kirchlichen Angelegenheiten im wesentlichsten als Gegenstand der Staatsverwaltung angesehen wurde.[2])

Die dem Landesherrn über Lutheraner und Reformierte zustehende Ordnungsgewalt ist für die alten Provinzen unbeschadet des Bekenntnisses der Einzelgemeinden in der Union zu einer Gesamtordnung zusammengefaßt, die der Ausgangspunkt für die preußische Landeskirche geworden ist. Sie beruht auf der Annahme, daß die Unterscheidungslehre beider Bekenntnisse für die vollständige Gemeinschaft am Gottesdienste, an den Sakramenten und an der Ausübung der Gemeinderechte kein Hindernis bilden.[3])

Im Verhältnis der Kirche zum Staate trat mit der Verfassung eine doppelte Änderung ein. Der Kirche wurde die Verwaltung und Ordnung ihrer eigenen Angelegenheiten übertragen (§ 289 Abs. 1). Sodann wurden, wenngleich die staatliche Kirchenhoheit mit der Kirchengewalt in der Person des Landesherrn nach wie vor zusammentraf (landesherrliches Kirchenregiment), doch zur Mitwirkung bei Ausübung dieser Befugnisse verschiedene Organe in Staat und Kirche berufen. Die für

---

[2]) In Brandenburg war seit Übertritt des Kurfürsten Joachim II. zur evangelischen Kirche (1539) der Landesherr alleiniger Träger der Kirchengewalt, die er durch besondere, aus geistlichen u. weltlichen rechtskundigen Mitgliedern zusammengesetzte Behörden (Konsistorien) ausübte. Erste Visitations- u. KonsistorialO. 1573. — Auf demselben Standpunkte steht noch das LR. II 11 § 14, 15, 20, 32, 33, 39—43, 62, 73—83, 86—91. — § 286 Abs. 3 d. W.

[3]) KO. 27. Sept. 17 (KA. I Heft III S. 64), 30. April 30 (GS. 64) u. 28. Feb. 34 (KA. XVIII 74). — Anschluß deutscher Kirchengemeinden außerhalb Deutschlands G. 7. Mai 00 (KGB 27) u. B. 11. Mai 01 (das. 31). — Statistik der Landeskirche Bf. 11. Jan. 75 (MB. 35). — In Hannover u. Hessen-Nassau stehen die reformierten Gemeinden unabhängig neben den lutherischen.

den Staat in der Gesetzgebung erforderte Zustimmung des Landtags (§ 37 Abs. 2) fand auf die Kirche ebensowenig Anwendung, als die in der Verwaltung gebotene Gegenzeichnung des Ministers (§ 39 Abs. 2); es wurden vielmehr eigene, vom Staate unabhängige Kirchenbehörden (§ 299 und besondere kirchliche Vertretungskörper (§ 300) gebildet.

Nachdem im Gebiete der Landeskirche die Errichtung beider Organe durchgeführt worden, ist die gesamte **kirchliche Verwaltung** auf diese übergegangen,[4]) so daß dem Staat nur die Aufsicht und Mitwirkung in denjenigen Fällen verblieben ist, die das staatliche Gebiet berühren und als solche besonders bezeichnet sind.[5]) Gleiches gilt von der **Kirchengesetzgebung**; auch diese wird, soweit sie sich auf das kirchliche Gebiet beschränkt, lediglich von den kirchlichen Organen ausgeübt. Nur wo sie das staatliche Gebiet berührt, bedarf es zu ihrer Gültigkeit ergänzender Staatsgesetze. Dieser Fall tritt ein, sobald es sich um Feststellung der Staatsaufsicht oder der Beziehungen der Kirche zum Staate handelt, wie sie bei Vertretung der ersteren nach außen, beim Patronat, bei der Vermögensverwaltung und bei der Besteuerung hervortreten. Mit den Staatsgesetzen dürfen Kirchengesetze (§ 300 Abs. 2) niemals in Widerspruch treten. Das Staatsministerium hat dieserhalb vor der Genehmigung durch den König zu erklären, ob gegen den Erlaß von Staats wegen etwas zu erinnern sei.[6])

Nach ähnlichen Grundsätzen ist die kirchliche Selbständigkeit in den **neuen Provinzen** geordnet worden (§ 299 Abs. 3 u. 300 Abs. 3).

§ 299.

b) **Kirchenbehörden.** Für die neun älteren **Provinzen**, einschließlich **Berlin und Hohenzollern**, bildet der **evangelische Oberkirchenrat** die oberste Kirchenbehörde. Er ist kollegialisch eingerichtet und dem König unmittelbar untergeordnet.[1]) Er vertritt die Landes-

[4]) Die kirchliche Verfassung vereinigt damit die konsistoriale u. die synodale Einrichtung. Vorbild bei Einführung der letzteren, die zuerst für die westlichen, später für die östlichen Provinzen erfolgte (§ 300 Anm. 1) bot die reformierte Kirche (§ 298 Abs. 2).

[5]) G. 3. Juni 76 (GS. 125) Art. 21 bis 28; zuständige Staatsbehörden V. 9. Sept. 76 (GS. 395), 30. Jan. 93 (GS. 10) u. (Berliner Synodalverband) 20. Juli 04 (GS. 190); ferner V. 5. Sept. 77 (GS. 215), ergänzt V. 25. Sept. 97 (GS. 405) u. (kurmärkischer u. neumärkischer Ämterkirchenfonds) G. 16. März 82 (GS. 122) u. V. 22. Aug. 83 (GS. 293); Vf. 10. Sept. 77 (MB. 244). — Hilfsfonds für landeskirchliche Zwecke KG. 16. Aug. 98 (KGB. 144), erg. 24. April 04 (das. 15) u. 10. Juli 09 (das. 75). — Gleiche Regelung bei Umbildung der kirchlichen Behörden in der Prov. Schl.-Holstein § 299 Anm. 7, Hannover das Anm. 10, im KonsBez. Wiesbaden das. Anm. 8, in Hohenzollern § 300 Anm. 1 Abs. 2 u. gegenüber der Berliner Stadtsynode das. Anm. 5.

[6]) G. 76 Art. 13—17 u. (erweiterte Selbständigkeit) G. 28. Mai 94 (GS. 87). In den Fällen der Art. 14 u. 15 bedarf es der Zustimmung des Staatsministeriums.

[1]) AE. u. Regl. 29. Juni 50 (GS. 343) § 2. — Die Mitglieder heißen Geheime Konsistorial- und Geh. Oberkonsistorialräte AE. 31 Juli 11 (GS. 162

kirche in vermögensrechtlicher Beziehung unter Mitwirkung des Generalsynodalvorstandes und verwaltet ihre gesamten Angelegenheiten.[2])

Die unter dem Oberkirchenrat für die einzelnen Provinzen[3]) bestehenden **Konsistorien** sind gleichfalls kollegialisch eingerichtet,[4]) doch liegt dem zu ihrem Präsidium gehörenden Generalsuperintendenten die persönliche Beaufsichtigung der Geistlichen ob.[5]) Unter den Konsistorien stehen die Prüfungskommissionen für die Kandidaten des evangelischen Predigtamtes.[6])

In den **neuen Provinzen** bildet der Kultusminister gleichzeitig oberste Staats- und oberste kirchliche Behörde. Unter ihm stehen die Konsistorien für Schleswig-Holstein in Kiel,[7]) für den Reg.-Bez. Kassel in Kassel, für Frankfurt a. M. daselbst und für den übrigen Teil des Reg.-Bez. Wiesbaden in Wiesbaden.[8]) — Für Hannover bestehen unter dem evangelisch-lutherischen Landeskonsistorium[9]) die Provinzialkonsistorien in Hannover und Aurich.[10])

Unter den Konsistorien stehen die **Geistlichen** (Pastoren, Prediger).

---

u. sind unmittelbare Staatsbeamte § 80 Anm. 21, Rang des Präsidenten § 70 Anm. 6 d. W.

²) Regl. 50 § 1 und 3; G. 76 Art. 19, 21 u. V. 5. Sept. 77 (GS. 215) Art. I u. II.

³) Das Konsistorium der Prov. Brandenburg ist (mit einer besonderen Abteilung AE. 14. Jan. 95 GS. 7) zugleich für Berlin bestimmt. In den Grafschaften Stolberg-Wernigerode, Stolberg u. Roßla wird vertragsmäßig das Kirchen- u. Schulwesen in erster Instanz durch besondere Konsistorien beaufsichtigt. Hohenzollern steht unter dem Konsistorium für die Rheinprovinz G. 7. Jan. 52 (GS. 35) § 1.

⁴) Ihre Einrichtung beruht auf Instr. 23. Okt. 17 (GS. 237) § 1, 2, 10—15, ihr ausschließlicher Charakter als Verwaltungsbehörde der evang. Kirche auf KO. 31. Dez. 25 (GS. 26 S. 5) B 1—7 u. V. 27. Juni 45 (GS. 440). — Mitglieder wie Anm. 1.

⁵) Instr. 14. Mai 29 (KA. XIII 279); Rang § 70 Anm. 13 d. W.; die Vorsitzenden führen den Titel „Präsident" AE. 2. Aug. 10 (GS. 258). — Generalkirchenvisitiationen in den östlichen Prov. Instr. des ObKR. 15. Feb. 54.

⁶) Anm. 13.

⁷) V. 24. Sept. 67 (GS. 1669), ausgedehnt auf Lauenburg G. 23. Juni 76 (GS. 169) § 5 u. Helgoland AE. 11. Nov. 91. Vorsitzender wie Anm. 5. Zuständigkeit § 300 Anm. 11.

⁸) Kassel AE. 13. Juni 68 (GS. 583) u. 24. April 73 (GS. 184); Frankfurt gemeinsam für die lutherische u. reformierte Kirche G. 28. Sept. 99 (GS. 457) Art. 20; Wiesbaden V. 22. Sept. 67 (GS. 1569) u. Zuständigkeit § 300 Anm. 10 u. 11. Vorsitzende wie Anm. 5.

⁹) V. 17. April u. Bek. 5. Mai 66 (han. GS. I 105 u. 119).

¹⁰) AE. 13. April 85 (GS. 118); das Konsistorium in Aurich bildet die Kirchenbehörde für die reformierte Kirche der Provinz AE. 20. Feb. u. 17. Nov. 84 (GS. 77 u. 351); das Konf. in Stade ist mit dem in Hannover vereinigt AE. 8. Dez. 02 (GS. 337). Vorsitzende wie Anm. 5. Mit ihrer Umbildung sind die Konsistorien zu reinen Kirchenbehörden geworden; die früher gleichzeitig von ihnen ausgeübten Staatshoheitsrechte sind d. Staatsbehörden übertragen G. 6. Mai u. V. 24. Juni 85 (GS. 135 u. 274) u. für die reformierte Kirche G. 83 (§ 300 Anm. 13) Art. 20—25 u. V. 25. Juli 84 (GS. 319), für beide Kirchen ergänzt V. 30. Jan. 93 (GS. 10). — Deckung der Kosten für Beaufsichtigung des Bauwesens u. für Superrevision der Rechnungen in der evangelisch-lutherischen Kirche Kirchengesetze 25. u. 26. Mai 88 (GS. 222 u. 224), § 1 neugefaßt KG. 16. Juli, erg. 15. Okt. 12 (GS. 200 u. 219). — Kirchenvisitationen G. 28. Sept. 91 (GS. 349). — Zust. Staatsbehörden wie § 298 Anm. 5.

Einzelne unter ihnen führen als Superintendenten[11]) die **Aufsicht über die** Geistlichen eines bestimmten Bezirks (Diözese). Die **Verhältnisse der** Geistlichen bilden, soweit sie nicht durch Staatsgesetze festgestellt sind,[12]) Gegenstand der kirchlichen Gesetzgebung. Ihre Anstellung (Ordination und Berufung) erfolgt nach zuvoriger Prüfung[13]) und Vereidigung[14]) durch die Konsistorien,[15]) wobei den Gemeinden ein begrenztes Wahlrecht zugestanden ist.[16]) Ihre amtlichen Verrichtungen werden durch die Kirchengesetze näher geregelt,[17]) insbesondere die Taufen, Einsegnungen und Trauungen.[18]) Die Disziplin handhaben die Konsistorien und der Oberkirchenrat.[19])

11) In Schl.-Holstein heißen sie Pröbste, in Nassau Dekane.

12) § 294 d. W. Für die östl. Prov. G. 3. Juni 76 (GS. 125) Art. 23^{7}; f. Schl.-Holstein u. den KonsBez. Wiesbaden G. 6. April 78 (GS. 145) Art. 31^{6}.

13) LR. II 11 § 61, 62 u. 319. Die Geistlichen der älteren Provinzen haben zwei Prüfungen zu bestehen, die erste wissenschaftliche nach 3jährigem Universitätsstudium, die zweite zugleich praktische nach zwei Jahren, von denen eins regelmäßig im Lehrvikariat bei einem Geistlichen oder auf einem Predigerseminar zuzubringen ist. Die Kandidaten stehen unter Aufsicht der Superintendenten u. Generalsuperintendenten KG. 15. Aug. 98 (KGB. 137) nebst V. 22. Juni u. Instr. 1. Juli 99 (das. 47 u. 48). Zur Erlernung des Unterrichtsbetriebes ist ein sechswöchentlicher Lehrgang an einem Schullehrerseminar vorgeschrieben Vf. OKR. 15. April 89 (KGB. 25). — Prüfung u. Anstellung der Geistlichen der neuen Prov. u. des nordd. Bundesgebietes im Geb. d. pr. Landeskirche V. 20. Juni 70 (MB. 181). — Schl.-Holstein KG. 17. Aug. u. Bek. 28. Okt. 98 (KGB. 111 u. 147), Lehrvikariat Bek. 6 u. KandidatenO. 20. Mai 99 (das. 43 u. 49). — Hannover zwei KG. 16. Juli u. V. 1. Nov. 06 (GS. 365, 370 u. 413). — Wechselseitige Anerkennung der Fähigkeitszeugnisse unter den deutschen Staaten Vf. des OKR. 13. Juli 83 (KGB. 21). — Predigerseminare zur Fortsetzung der Universitätsstudien bestehen in Wittenburg (für Ost- u. Westpreußen), Berlin (Domkandidatenstift), Naumburg a. Q. (RB. Liegnitz), Wittenberg, Preetz, Hadersleben (für das Studium der dänischen Sprache), Erichsburg, Kloster Loccum, Soest, Hofgeismar u. Herborn.

14) Neue Prov. V. 22. Jan. 67 (GS. 132), insbes. Hannover V. 1. Juli 68 (GS. 703).

15) Dienstalter in den alten Provinzen KG. 17. April 86 (KGB. 59). KonsV. Kassel V. 22. Juli 74 (GS. 271). — Die besondere Anzeige (§ 289^{1} d. W.) ist entbehrlich, weil die Mitglieder der evangelischen Kirchenbehörden vom König ernannt werden. — Patronat § 292 d. W.

16) KGemO. für die östl. Prov. (§ 299 Anm. 1b) § 32, KG. 15. März 86 (KGB. 39), 28. März 92 (das. 115) u. 12. März 12 (das. 19, 22); rhein.-westf. KO. (§ 300 Anm. 1a) § 53 bis 65; schl.-holst. KO. (§ 300 Anm. 10a) § 46; nass. KO. (das. Anm. 10b) § 48 bis 55; Frankfurt a. M. K. u. SO. (§ 300 Anm. 10c) § 40—45, 48. — Han. G. 22. Dez. 70 (GS. 71 S. 1), erg. (§ 5) G. 26. Mai 09 (GS. 220) § 24, (§ 17 Abs. 2) G. 7. Mai 00 (GS. 135).

17) Rhein.westf. KO. § 66—116. — Erneute Agende f. d. ev. Landeskirche der älteren Provinzen KG. 13. u. Ausf. Vf. des OKR. 15. Juni 95 (KGB. 45, 56 u. 58). Liturgischer Gebrauch der Perikopen KG. 17. Juni 98 (das. 37) u. Vf. des OKR. 3. März 00 (das. 13). Agende in Schl.-Holstein KG. 10. April 92 (KGB. 33), Hannover KG. 12. Juli 00 (GS. 276), (Bußtagsliturgie) 6. Juli 76 (GS. 273) u. 12. Juli 00 (GS. 277) u. (Reformationsfest) KG. 10. und V. 12. März 06 (GS. 37 und 38).

18) Ältere Provinzen: KirchenG. betr. TrauungsO. 27. Juli 80, Verletzung kirchlicher Pflichten in Bezug auf Taufe, Einsegnung und Trauung 30. Juli nebst Instr. 23. Aug. 80 (KGB. 109, 116 u. 119). — Hannover G. 6. Juli 76 (GS. 278), 23. Okt. 94 (GS. 179) u. zwei G. 5. April 95 (GS. 147 u. 148). — Aufhebung der Stolgebühren (LR. II 12 § 423—434) für Taufen, Aufgebote und Trauungen in der evang. Landeskirche

Anm.: Note [19]) befindet sich auf S. 497.

Die Pfarrbesoldung, das Ruhegehalt und die Hinterbliebenenfürsorge für die evangelischen Geistlichen sind mit Gültigkeit vom 1. April 1908 ab durch Kirchengesetze für die einzelnen Landeskirchen neu geregelt.[20]) Das zugehörige Staatsgesetz hat dieserhalb eine Alterszulagekasse, eine Ruhegehaltskasse und einen Pfarr-Witwen- und Waisenfonds als einheitliche selbständige Fonds mit eigener Rechtspersönlichkeit gebildet, denen der Staat feste Jahresrenten dauernd zugesichert hat. Außerdem gewährt dieser widerrufliche Beihilfen an leistungsunfähige Kirchengemeinden und für neu zu errichtende Pfarrstellen.[21]) — Das Diensteinkommen besteht — ähnlich wie bei den Volksschullehrern (§ 305 Abs. 3) — aus Grundgehalt, Alterszulagen und Dienstwohnung oder angemessener Mietentschädigung. Die Pfarrstellen sind nach der Höhe ihres Stelleneinkommens und der nach diesem bemessenen Beiträge zur Alterszulagekasse in neun Klassen geteilt. Für sie beträgt das Grundgehalt 2400 bis 5400 M. und steigt durch die aus diesen Kassen in dreijährigen Abschnitten gewährten Zulagen auf 6000 M. Daneben können feste Zuschüsse auf Zeit oder dauernd bewilligt werden. Die Verwaltung des Stellenvermögens ist grundsätzlich auf die Kirchengemeinden übergegangen, die das Grundgehalt, die Zuschüsse und die Dienstwohnung oder Mietentschädigung zu gewähren und die Pfarrstelle bei der Alterszulagekasse zu versichern haben.[22]) — Bei Dienstunfähigkeit oder Vollendung des

---

KG. 28. Juli und G. 3. Sept. 92 (GS. 268 und 267), erg. KG. 6. Juli 98 (KGB. 135) u. 1. Feb. nebst V. 2. Feb. 04 (das. 2 u. 3); in Schl.-Holstein KG. 9. Juli u. StG. 14. Aug. 92 (GS. 243 u. 244); in Hannover KG. 16. Juni 75 (GS. 303), KG. 18. Juni nebst G. 20 und V. 30. Aug. 92 (GS. 259, 263 und 264) und KG. 17. Juni 00 (GS. 275), ferner (reformierte Kirche) G., KG. und V. 30. März 93 (GS. 63, 65 u. 68); in den KonsBez. Kassel G., KG. u. V. 31. März 93 (GS. 71, 72 u. 75) und Wiesbaden G., KG. u. V. 17. Juni 95 (GS. 189, 191 u. 194).

[19]) LR. II 11 § 532, KO. 12. April 22 (GS. 105) u. 27. April 30 (GS. 81). Bei Beanstandung der Lehre kann ein bei dem Oberkirchenrat gebildetes Spruchkollegium für kirchliche Lehrangelegenheiten nach einem Feststellungsverfahren auf Ausscheiden des Geistlichen aus dem Kirchenamte erkennen KG. 16. März 10 (KGB. 7), Gesch.O. 31. Mai 11 (das. 20). — KonsBez. Kassel AE. 27. Sept. 73 (GS. 454). — Mitwirkung des Staates § 289² d. W. — Dienstvergehen der Kirchenbeamten KG. 16. Juli 86 (KGB. 81), Zus. u. AusfBest. 18. Jan. 04 (das. 2 u. 34) u. (Hannover) 24. April 94 (GS. 93).

[20]) Anm. 22, 23 u. 25. Die staatliche Genehmigung des Kirchengesetzes, soweit sie erforderlich, spricht das StaatsG. 26. Mai 09 (GS. 113) Art. 1 aus. KonsBez. Frankfurt a. M. (Art. 12 Abs. 2, 3) StG., PfarrbesoldG., RuhegehaltsO. und HinterbliebenenfürsorgeG. 14. Aug. 09 (GS. 693, 695, 709 u. 723).

[21]) KG. 26. Mai 09. Art. 2—8. Durch Art. 10 werden von dem im übrigen aufgehobenen älteren StaatsG. 2. Juli 98 (GS. 155) die Art. 3 Abs. 2—6, Art. 4, 6, 7 Abs. 2 u. 3 u. Art. 8 aufrecht erhalten. Verstärkung der Fonds KG. u. V. 10. Juli 09 (KGS. 74, 75).

[22]) Kirchengesetze betr. Pfarrbesoldung nebst Satzungen für die gemeinsame Alterszulagekasse 26. Mai 09 in den älteren Prov. (GS. 117), Schl.-Holstein (GS. 147). Hannover (GS. 131, 462 und für die reformierte Kirche 192) dem Konsistorialbezirk Kassel (GS. 162), Wiesbaden (GS. 177). — Umzugskosten in der ev. Landeskirche KG., StG. u. V. 10. Juli 09 (GS. 622, 621 u. KGB. 74), in

70. Lebensjahres können Geistliche von dem Konsistorium in den Ruhestand versetzt werden. Sie erhalten dabei ein **Ruhegehalt**, das bis zum 11. Dienstjahre $^{20}/_{60}$ beträgt und bis zum 30. Dienstjahre um $^{1}/_{60}$, von da ab um $^{1}/_{120}$ bis höchstens $^{3}/_{4}$ des Diensteinkommens steigt, sich aber mindestens auf 1800 und höchstens auf 6000 M. beläuft. Es wird aus der Ruhegehaltskasse gezahlt, die außer den Beiträgen der etwa besonders, außerhalb der Kirchengemeinden zugelassenen Geistlichen durch Beiträge der Landeskirchen und des Staates gespeist wird.[23]) — Den **Hinterbliebenen** gebührt neben dem Sterbe- und dem darauffolgenden Monat eine sechsmonatliche Gnadenzeit, bis zu deren Ablauf sie das Diensteinkommen weitergenießen.[24]) Alsdann gewährt der — ähnlich der Ruhegehaltskasse eingerichtete — Pfarr-Witwen- und -Waisenfonds der Witwe ein nach dem Dienstalter des verstorbenen Geistlichen bemessenes Witwengeld von 700 bis 1300 M. und den ehelichen Kindern unter 18 Jahren ein Waisengeld, das, wenn die Mutter lebt, 250, andernfalls 400 M. beträgt.[25])

Den im Hauptamt mit mindestens 900 M. Diensteinkommen festangestellten **Kirchenbeamten** (Organisten, Kantoren und Küstern) steht bei Dienstunfähigkeit ein Ruhegehalt und beim Tode die Fürsorge für die Hinterbliebenen zu. Die Mittel fließen aus einem durch Beiträge der Beteiligten und der Kirchengemeinden gebildeten landeskirchlichen Fonds.[26])

§ 300.

c) **Die Kirchengemeinde- und Synodalverfassung** betrifft nicht die Glaubenslehren, sondern schafft nur die äußere Ordnung und die erforderlichen Organe für die der Kirche zugefallene Selbstverwaltung.

Hannover KG. 13. Dez. 06 (GS. 07 S. 1), im KonsBez. Wiesbaden KG. 21 u. StG. 22. April 99 (GS. 92 u. 93).

[23]) Kirchengesetze nebst Satzungen für die gemeinsame Ruhegehaltskasse 26. Mai 09 in den älteren Prov. (GS. 206), Schl.-Holstein (GS. 233), Hannover [GS. 220, 462, erg. (§ 15 Abs. 3) KG. 16. Juli 12 (GS. 199) u. (O. für die reformierte Kirche 09S. 271)], dem Konsistorialbezirk Kassel (GS. 245), Wiesbaden (GS. 258).

[24]) Ältere Provinzen KG. 18. Juli 92 nebst V. 8. März 93 (GS. 22 u. 4), StaatsG. 8. März 93 (GS. 21); Schl.-Holstein KG. 21. März 92 (KGB. 27); Hannover KG. 16. Juli 73 (GS. 293); Hohenzollern KE. 22. März 99 (KGB. 10). Das Recht erstreckt sich auf das gesamte Diensteinkommen, einschl. der Dienstwohnung und des Hausgartens § 18 der PfarrbesGes. (Anm. 22) und auf Hinterbliebene der Ruhegehaltsempfänger, denen außer dem Sterbemonat noch ein Gnadenmonat zusteht Satz. (Anm. 23) § 25, erg. G. 09 (Anm. 21) Art. 9.

[25]) Kirchengesetze nebst Satzungen für den gemeinsamen Pfarrer-, Witwen- und Waisenfonds 26. Mai 09 in den ält. Prov. (GS. 283), Schl.-Holstein (GS. 303), Hannover (GS. 292, 462 und für die reformierte Kirche 333), den Konsistorialbezirk Kassel (GS. 313), Wiesbaden (GS. 323). Die früher gebildeten Pfarr-, Witwen- und Waisenfonds (§ 293 Anm. 6 d. W.) sind mit den sich aus den Satzungen (§ 10 und 29) ergebenden Maßgaben bestehen geblieben — Das Witwengeld ist erhöht (700 bis 1800 M.) und die Feststellung des Dienstalters anderweit geregelt Beschl. des Verwaltungsausschusses des Fonds 25. Juni 09 (KGB. 15).

[26]) KG. u. G. 7. Juli u. V. 30. Aug.

In diesem Sinne ist die Verfassung für die älteren Provinzen zum gemeinsamen Abschluß gebracht.[1]) Zur Vertretung der Kirchengemeinden und zur Förderung des sittlich religiösen Lebens sind Gemeindekirchenräte (in den westlichen Provinzen Presbyterien) gebildet, die unter Vorsitz des Geistlichen aus den etwaigen übrigen Geistlichen und 4—12 von der Gemeinde gewählten Mitgliedern (Ältesten) bestehen. In Gemeinden von 500 (in den westlichen Provinzen 200) und mehr Seelen wird daneben zur Beschlußnahme über wichtigere Angelegenheiten eine Gemeindevertretung bestellt. In kleineren Gemeinden erfolgt diese Beschlußnahme durch die Gemeindeversammlung.[2]) — Die Gesamtheit der in einer Diözese belegenen Gemeinden wird durch die Kreissynode vertreten. Diese besteht aus dem Superintendenten als Vorsitzenden, allen ein Pfarramt verwaltenden Geistlichen und doppelt so vielen (in den westlichen Provinzen ebensovielen) aus den Gemeinden gewählten Mitgliedern. Sie wird in der Regel einmal jährlich berufen und inzwischen durch den Kreissynodalvorstand (in den westlichen Provinzen Direktorium

---

00 (GS. 281, 279 u. 313), erg. KG. u. G. 13. Mai 10 (GS. 70 u. 69); Ausf.Instr. 22. Aug. 00 (KGB. 81), Anleitung für die Kassen 16. März 01 (das. 19). — PrüfO. für Organisten u. Chordirigenten 6. Juni 12 (ZBU. 500).

1) Für die älteren Provinzen ergingen:

a) für Westfalen u. Rheinprovinz die KirchenO. 5. März 35 mit Ergänzungen in neuer Fassung veröffentlicht KG. 5. Jan. 08 (KGB. 1, 35 u. 41). — Bearb. v. Lüttgert (Neuwied 11) u. Richter (Münst. 08).

b) für die östl. Prov. die Kirchengem.- u. SynO. 10. Sept. 73 nebst StG. 25. Mai 74 (GS. 74 S. 151 u. 147) u. (i. S. freiere Stellung) 28. Mai 94 (GS. 87) § 1; GSO. § 74, geänd. KG. 10. Mai u. StG. 3 Juli 93 (GS. 192 u. 191); — Einfügung der drei Kreissynoden der Grafschaften Stolberg AE. 30. Dez. 74 (GS. 75 S. 2); — Bearb. v. Lilge (8. Aufl. Berl. 09), Gebser (3. Aufl. Berl. 11);

c) für beide Landesteile (b u. c) die Gen. SynO. 20. Jan. nebst StG. 3. Juni 76 (GS. 134 u. 125) u. G. 94 (b), erg. (GSynO. § 45 Abs. 1 Wahlkreise der Prov. Brandenburg) StG. u. KG. 16. Jan. 05 (GS. 39 u. 40), (Hohenzollern) KG. 19. u. StG. 21. Sept. 98 (GS. 313 u. 312); verb. § 295 Anm. 5 d. W.; Trennung der Prov. Syn.-Verbände Ost- u. Westpreußen G. 21. Mai 87 (GS. 194), das zugleich die Gesetze zu a b ergänzt.

Hohenzollern KirchenGemO., AE. u. StG. 1. März 97 (GS. 49 u. 69) u. (zuständige Staatsbehörden) zwei V. 25. Sept. 97 (GS. 406 u. 408) u. 28. Nov. 98 (GS. 337); KreisSynO. G. 2. Juli 98 (GS. 271).

2) KirchenGem. u. SynO. § 1—48 u. StG. Art. 1—5, erg. (§ 6 Abs. 1, 11 Abs. 2 u. 3, u. 14 Abs. 2) KG. 9. März u. StG. 7. April 91 (GS. 44 u. 43); Instr. 25. Jan. 82 (KGB. 1) Nr. 1 bis 44, Nachtr. (zu Nr. 3) 28. Juli 94 (das. 71), (zu Nr. 10A) 25. Jan. 98 (das. 2). — Kirchliche Aufsicht üb. d. Vermögensverwaltung KG. 18. Juli 92 u. StG. 8. März 93 (GS. 25 u. 21) u. (Zuständigkeit) V. 8. März 93 (KGB. 12). — Rh.westf. KO. § 1—33, erg. AE. 8. Dez. 66 (MB. 67 S. 32), 4. Mai 68 (GS. 450) u. KG. 8. Juni nebst StG. 28. Juli 91 (GS. 333, 332). — Die Gemeindekirchenräte sind öffentliche Behörden Bf. 11. Sept. 80 (MB. 228). — VerwaltungsO. für das kirchliche Vermögen in den östl. Prov. der preuß. Landeskirche 17. Juni 93 (KGB. 23), bearb. v. Gebser (Berl. 04); gleiche O. f. d. westf. Prov. 8. März 03. — Kirchensteuern § 293 Abs. 3 d. W.

oder moderamen genannt) vertreten,[3]) insbesondere auch in vermögensrechtlichen Angelegenheiten.[4]) Die Kirchengemeinden Berlins bilden unbeschadet des Verhältnisses zu den Kreissynoden einen Stadtsynodalverband; ähnliche Einrichtungen können auch für andere Orte getroffen werden.[5]) — Die evangelische Kirche der Provinz wird durch die Provinzialsynode vertreten. Diese besteht aus Abgeordneten der Kreissynoden, den bis zur Zahl von $1/6$ der Abgeordneten vom König zu ernennenden Mitgliedern und einem Mitgliede der evangelisch theologischen Fakultät der Provinzialuniversität (für Westpreußen Königsberg, für Posen Breslau). In den westlichen Provinzen finden einige Abweichungen statt. Die Provinzialsynode tritt in der Regel alle drei Jahre zusammen; inzwischen werden ihre Angelegenheiten durch ihren Vorstand versehen.[6]) In vermögensrechtlichen Angelegenheiten wird der Verband durch das Konsistorium unter Mitwirkung des Provinzialsynodalvorstandes vertreten.[4]) — Die evangelische Landeskirche der neun älteren Provinzen wird durch die Generalsynode vertreten. Diese besteht aus den Generalsuperintendenten, 151 von den Provinzialsynoden und 6 von den evangelisch theologischen Fakultäten der Landesuniversitäten zu wählenden und 30 landesherrlich zu ernennenden Mitgliedern. Die Berufung erfolgt für 6 Jahre. Die Generalsynode tritt in der Regel alle 6 Jahre zusammen und wird inzwischen durch den Generalsynodalvorstand vertreten. Außerdem geht aus ihr der Synodalrat hervor, der alljährlich einmal zur Beratung der Aufgaben und Angelegenheiten der Landeskirche mit dem Oberkirchenrat zusammentritt.[7]) — Kirchengesetze fordern die Zustimmung der Generaloder, wenn ihr Geltungsbereich nicht über die Provinz hinausgeht, der Provinzialsynode und die Genehmigung des Landesherrn. Ihre Veröffentlichung erfolgt durch das seit 1876 erscheinende kirchliche Gesetz- und Verordnungsblatt.[8])

[3]) K. u. SO. § 49—57 (§ 50 ersetzt durch GenSO. § 43, das. § 42, § 55 Abs. 10 erg. durch KG. 9. März 91); StG. 76 Art. 2—7 u. 9. Kosten K. u. SO. § 71—74 (§ 74 geänd. KG. 10. Mai u. StG. 3. Juli 93 GS. 193 u. 192) u. StG. Art. 12; Instr. (vor. Anm.) Nr. 45 bis 55. — Rhein.westf KO. 34—43.

[4]) KG. 16. u. StG. 18. Juni 95 (GS. 272 u. 271).

[5]) KG. 17., StG. u. V. 18. Mai 95 (GS. 177, 175 u. 182), wodurch StG. 76 Art. 8 erledigt ist, Staatsaufsicht V. 20. Okt. 96 (GS. 203). — Parochialverbände in Westf. u. Rheinprov. StG. u. KG. 4. Juli 04 (GS. 146 u. 147).

[6]) K. u. SO. § 58—70 (§ 59, 61 u. 62 durch GenSynO. § 44—46 nebst Zusatz KG. 13. April 98 KGV. 29 ersetzt, § 42 das.) u. StG. 76 Art. 10, 11, 13 u. 16 (§ 13 u. 16 erg. G. 28. Mai 94 GS. 87 § 2 u. 4); Instr. (Anm. 2) Nr. 56—65; Wahlkreise AE. 1. Juni 74 (GS. 213) u. V. 9. April 77 (KGV. 101); Kosten wie Anm. 3 u. Instr. Nr. 66. — Rhein.westf. KO. § 44 bis 52b u. StG. Art. 13.

[7]) GenSynO. § 1—40. Änderungen des § 3 KG. 18. Juli u. StG. 30. Aug. 92 (GS. 274 u. 273), des § 22 Abs. 1 KG. 26. Mai 87 (KGV. 74); StG. 76 Art. 14—21, erg. G. 28. Mai 94 § 2 bis 5 u. Verteilung der landeskirchl. Umlagen u. (Gen.-Syn.-Kosten) Kirchengesetze 2. Sept. 80 (KGV. 133 u. 134).

[8]) K. u. SO. § 65[3], GenSynO. § 6 bis 10 u. Erlaß von Notverordnungen)

In den neuen Provinzen[9]) liegt das Kirchenregiment gleichfalls in der Hand des Landesherrn. Für Schleswig-Holstein und die Konsistorialbezirke Wiesbaden und Frankfurt a. M. sind ähnliche Einrichtungen getroffen wie für die älteren Provinzen.[10]) Die kirchliche Verwaltung ist auch hier vorbehaltlich einer besonders bestimmten Staatsaufsicht den Konsistorien übertragen, denen dabei in Ermangelung einer obersten Kirchenbehörde weitergehende Befugnisse zustehen.[11]) — Die in der Provinz Hannover für die evangelisch lutherische Kirche bestehenden Einrichtungen beruhen auf ähnlichen Grundlagen, tragen indes einen mehr pastoralen Charakter. Insbesondere ist, ebenso wie in den westlichen Provinzen, in den Bezirkssynoden die Zahl der geistlichen und weltlichen Mitglieder gleich.[12]) Für die reformierte Kirche dieser Provinz ist gleichfalls eine Gemeinde- und Synodalverfassung erlassen.[13]) — Im Konsistorialbezirk Kassel, wo dem Landesherrn ziemlich ausgedehnte Be-

---

§ 34 [3] — Anerkennung durch StG., § 298 Abs. 6 d. W. — Das Kirchl. G. u. VB. gilt f. d. 9 älteren Provinzen, Schl.-Holstein u. die reformierte Kirche in Hannover, während für die lutherische Kirche dieser Prov. die preuß. GS. u. für die Konsistorialbezirke Kassel, Wiesbaden u. Frankfurt a. M. deren Amtsblätter die Veröffentlichungsorgane bilden.

[9]) Die evangelische Bevölkerung von Schl.-Holstein ist bis auf zwei reformierte Gemeinden lutherisch, in Hannover ist gleichfalls das lutherische Bekenntnis überwiegend, während in Hessen-Nassau Unierte, Lutheraner und Reformierte ziemlich gleichmäßig verteilt sind.

[10]) a) Kirchengem. u. SynO. f. d. ev. lutherische Kirche von Schl.-Holstein 4. Nov. 76 (GS. 78 S. 155), geänd. (§ 74, 76 u. 77) StG. u. KG. 25. April 96 (GS. 95 u. 96, auf Lauenburg ausgedehnt Erl. u. V. 7. Nov. 77 GS. 189), KG. 8. u. StG. 9. Juni 98 (GS. 119 u. 117); dazu StG. 6. April 78 (GS. 145) Art. 1—12, 23—28 u. 38 u. G. 17. Mai 84 (GS. 298); Bildung von Parochialverbänden G. u. KG. 25. Juni u. V. 29. Aug. 98 (GS. 133, 135 u. 307), erg. KG. 3 u. StG. 4. Juni 07 (GS. 116); Ausdehnung auf Helgoland G. u. KG. 31. März 92 (GS. 73 u. 74). — Die Kreissynoden heißen Probsteisynoden.

b) KGem. u. SynO. f. d. ev. Gemeinden im KonsBez. Wiesbaden 4. Juli 77 (GS. 181) nebst StG. 6. April 78 (GS. 145) Art. 13—28 u. 38, erg. (§ 63) KG. 8. u. StG. 9. Juni 98 (GS. 120 u. 117).

c) KGem. u. SynO. f. d. ev. Gemeinden im KonsBez. Frankfurt 27., StG. 28. Sept. u. (zuständige Staatsbehörden) V. 6. Nov. 99 (GS. 425, 457 u. 517).

[11]) K. u. SO. Art. 29—37. — Zuständigkeit V. 19. Aug. 78 (GS. 287), 9. Juni 79 (GS. 365, Berichtigung S. 386), 1. Nov. 86 (GS. 296) u. 30. Jan. 93 (GS. 10). Die staatliche Mitwirkung bei Kirchengesetzen ist ebenso wie in den alten Provinzen (Anm. 8) geregelt durch 3 Gesetze 14. Juli 95 f. Schl.-Holstein und den KonsBez. Wiesbaden (GS. 281), f. d. ref. Kirche in Hannover (GS. 283), f. d. KonsBez. Kassel (GS. 284).

[12]) Han. Kirchenvorstands- und SynO. u. Bek. 9. Okt. 64 (han. GS. I 413 u. 441), erg. (vermögensrechtliche Vertretung) KG. 24. u. StG. 25. Mai 00 (GS. 143 u. 145) u. (Bildung von Gesamtverbänden in mehrere Kirchengemeinden umfassenden Ortschaften) KG. 7., StG. 8. Juni u. V. 1. Okt. 00 (GS. 271, 273 u. 359). — Die für Hannover, insbes. für Ostfriesland maßgebenden Vorschriften gelten auch im Jadegebiet G. 10. März 82 (GS. 17) und (Anschluß von Wilhelmshaven) KG. 28. Okt. 85 (GS. 353). — Landeskirchenfonds KG. 30. Mai 94 (GS. 91), § 3 neugefaßt KG. 16. Juli 12 (GS. 200).

[13]) Kirchengem. u. SynO. 12. April 82 nebst StG. 6. Aug. 83 (GS. 83 S. 301 u. 295); Anm. 11 u. § 299 Anm. 10.

fugnisse der Kirche gegenüber zustehen, ist eine Neuregelung unter Bildung von Presbyterien, Diözesansynoden und einer Gesamtsynode erfolgt.[14])

7. Die übrigen Religionsgesellschaften.[1])

§ 301.

Seit Einführung der Glaubens- und Religionsfreiheit und Aufhebung der aus der Verschiedenheit des religiösen Bekenntnisses hergeleiteten Beschränkung der bürgerlichen und staatsbürgerlichen Rechte (§ 287 Abs. 1) hat die Staatsgesetzgebung bezüglich der übrigen Religionsgesellschaften nur eine beschränkte Tätigkeit entfaltet.[2])

Besondere Vorschriften gelten für die Juden, in betreff deren eine staatliche Mitwirkung bei der Vereinigung zu Synagogengemeinden, bei der Wahl der Vorstände und Kultusbeamten und bei der Vermögensverwaltung stattfindet.[3]) Neben dem Austritt aus dem Judentum (§ 287 Abs. 2) ist in ähnlicher Weise wegen religiöser Bedenken der Austritt aus einer Synagogengemeinde gestattet, doch muß der Ausgetretene zu den bereits entstandenen Ausgaben noch eine Zeit lang beitragen.[4]) — Die getrennte jüdische Armenpflege ist aufgehoben[5]) und die Eidesleistung gesetzlich geregelt.[6])

---

[14]) Hess. VerfUrk. 5. Jan. 31 § 134 u. Presb.- u. SynO. für die evangelischen (die reformierte, lutherische u. unierte) Kirchengemeinschaften 16. Dez. 85 nebst StG. 19. März 86 (GS. 86 S. 1 u. 79) u. (Zuständigkeit) V. 10. Jan. 87 GS. 7), 30. Jan. 93 (GS. 10); Bildung von Gesamtverbänden G. u. KG. 22. Juni u. (Ausübung der Rechte des Staates) V. 16. Nov. 02 (GS. 265, 267 u. 335). Diözesaneinteilung AE. 22. Juli 87 (GS. 331). Vertretung des Gesamtsynodalverbandes u. der Diözesansynodalverbände in vermögensrechtlichen Angelegenheiten StG., KG. u. V. 14. Juli 95 (GS. 286, 287 u. 288). Kirchengesetze Anm. 11.

[1]) § 287 Anm. 2 d. W.

[2]) Verleihung der Körperschaftsrechte § 287 Anm. 4 d. W. — Von den Maigesetzen findet nur das wegen der Straf- u. Zuchtmittel auf die nicht zur Kirche gehörenden Religionsgesellschaften Anwendung § 289[2] d. W. — An Stelle der Eidesleistung ist einzelnen Religionsgesellschaften die bloße Beteuerung gestattet ZPO. § 484, StPO. § 64; Mennoniten V. 11. März 27 (GS. 28); Philipponen KO. 19. Nov. 36 (KJ. IL 175).

[3]) Ältere Provinzen G. 23. Juli 47 (GS. 263) § 35—58. Die Beschränkungen der Juden in der Zulassung zu öffentlichen, mit einer richterlichen, polizeilichen oder ausführenden Gewalt verbundenen Ämtern u. zur Ausübung ständischer Rechte (§ 1—3) sind fortgefallen § 284 Abs. 1 d. W. — Holst. G. 14. Juli 63 (holst. GB. 167) u. schlesw. V. 8. Feb. 54 (Verordn. S. 124), beide erg. AE. 24. Juni 67 (GS. 1308). — Han. G. 30. April 42 (han. GS. I 211) nebst Bek. 19. Jan. 44 (das. I 43). — Kurhess. G. 30. Dez. 23 (kurh. GS. 87). — Nass. Bek. 7. Jan. 52 (nass. VB. 6). — Frankf. Dekr. 30. Jan. 12 (Frankf. RegBl. II 9) u. G. 21. März 99 (GS. 73) — ZustG. § 54; § 176 Anm. 4. — Jüdische Schulen § 303 Anm. 21 d. W.

[4]) G. 28. Juli 76 (GS. 353) und ZustG. § 54. Gebühr wie § 284 Anm. 7 d. W. — Posen § 7 das. u. G. 24. Mai 69 (GS. 838). — Altisraelitische Gemeinde in Wiesbaden V. 24. März 79 (GS. 273).

[5]) RG. 6. Juni 70 (neugefaßt 94 RGB. 262) § 6, G. 8. März 71 (GS. 130) § 16.

[6]) G. 15. März 69 (GS. 484).

II. Unterricht.

1. Einleitung.

§ 302.

Durch den Unterricht soll der Erwerb der Bildung vermittelt werden. Der Staat hat die Bedingungen hierfür herzustellen, die der einzelne nicht zu erfüllen vermag. Er hat daneben selbst das unmittelbare Interesse, die Bildung seiner Angehörigen so weit gefördert zu sehen, daß diese ihren Aufgaben im Staatsleben genügen können.

Die geschichtliche Entwickelung des Unterrichtswesens ist allmählich vor sich gegangen. Während des Mittelalters befand es sich ausschließlich in den Händen der Kirche. Erst im 12ten und 13ten Jahrhundert wuchsen neben den Pfarr-, Kloster-, Stifts- und Domschulen in den aufblühenden Städten Stadtschulen empor. Mit der Reformation gewann das Schulwesen eine breitere Grundlage, doch wurde die weitere Entwickelung durch den dreißigjährigen Krieg unterbrochen. Ein Aufschwung erfolgte erst im 18ten Jahrhundert, wo sich die tatkräftige Fürsorge einzelner einsichtiger Fürsten den Schulanstalten zuwandte und die allgemeine geistige Bewegung auch die Fragen des Unterrichts mächtig ergriff.[1])

In Preußen waren schon frühzeitig umfassende Schulordnungen erlassen[2]) und zahlreiche Schulen gegründet. Beides geschah durch die Regierung, und unter diesen Einflüssen hatte das Schulwesen einen rein staatlichen Charakter angenommen. Die öffentlichen Schulen waren mittelbar oder unmittelbar zu Staatsanstalten, die Lehrer an ihnen zu Staatsbeamten geworden. Diesen Standpunkt hatte das Landrecht eingenommen[3]) und später die Verfassung zu noch bestimmterem Ausdruck gebracht.[4]) Ihre Vorschriften haben jedoch, da es bis zu anderweiter gesetzlicher Regelung bei dem geltenden Rechte verbleibt,[5]) nur die Bedeutung von Leitsätzen für die Gesetzgebung.

---

[1]) Vorzugsweise traten die pietistische u. die philanthropische Richtung in Francke und Basedow hervor. Ersterer gründete zu Anfang des vorvorigen Jahrhunderts in Halle seine verschiedenen Schulanstalten (Franckesche Stiftungen) u. machte sich namentlich um Heranbildung eines tüchtigen Lehrerstandes verdient. Basedow († 1790) suchte den Unterricht möglichst naturgemäß, leicht faßlich u. durch Hineinziehung der Sachwissenschaften auch möglichst nutzbar zu gestalten. Wahrhaft fruchtbringend hat auf diesem Wege erst Pestalozzi († 1827) gewirkt, der zwar gleichfalls die natürliche Anschauung zu Grunde legte, durch diese aber vor allem die eigene geistige Kraft des Schülers zu wecken und zu entwickeln suchte. Er wendete sich vorzugsweise den Armen und Hilflosen zu u. wird deshalb als Vater des Volksunterrichts bezeichnet.

[2]) Erste Versuche in der KonsO. (§ 295 Anm. 2). SchulO. 1713, Festsetzung der Schulpflicht 1717; lutherisches Generallandschulregl. 1763.

[3]) Das Landrecht handelt im T. II Tit. 12 nach den einleitenden Bestimmungen (§ 1—11) von gemeinen Schulen (§ 12 bis 53), von gelehrten Schulen u. Gymnasien (§ 54—66) und von Universitäten (§ 67 bis 129).

[4]) VU. Art. 20—23. — Volksschule § 303 Anm. 2.

[5]) VU. Art. 26 in der Fassung des G. 10. Juli 06 (GS. 333) § 1; zugleich ist Art. 112 aufgehoben § 2.

Der **Privatunterricht** unterliegt gleichfalls der staatlichen Aufsicht. Die Verfassung hat die Wissenschaft und ihre Lehre sowie die Unterrichterteilung und die Gründung und Leitung von Unterrichtanstalten vorbehaltlich der nötigen Befähigung der Lehrenden für frei erklärt. Inzwischen kommen noch die beschränkenden älteren Vorschriften zur Anwendung. Hiernach sollen Privatunterrichts- und Erziehungsanstalten nur bei vorhandenem Bedürfnis und bei nachgewiesener sittlicher und wissenschaftlicher Befähigung der Lehrer zugelassen werden. Der Sittlichkeitsnachweis wird für Hauslehrer, Erzieher und Erzieherinnen, der Befähigungsnachweis außerdem auch für Privatlehrer erfordert.[6])

Die **staatliche Verwaltung** führt an oberster Stelle der Kultusminister.[7]) Die Universitäten stehen unmittelbar unter diesem, während sonst für die Elementar-, Bürger- und Privatschulen die Kirchen- und Schulabteilungen der Regierungen[8]) und für die höheren Schulen einschließlich der Lehrerbildungsanstalten (§ 305 Abs. 1), Blinden- und Taubstummenanstalten, die **Provinzialschulkollegien** seine Organe bilden. Letztere waren ursprünglich Abteilungen der Konsistorien, bestehen aber jetzt als selbständige kollegiale Behörden für jede Provinz. Den Vorsitz führt in der Regel der Oberpräsident.[9]) Die bei den Regierungen angestellten Schulräte sind zugleich

[6]) Das. Art. 20 u. 22. — LR. II 12 § 3 bis 8, KO. 10. Juni 34 (GS. 135) u. StMinInstr. 31. Dez. 39 (MB. 40 S. 94), ergänzt Vf. 12. April 42 (MB. 119) u. (zu § 11) 22. Aug. 66 (MB. 211); Ähnliche Vorschriften bestehen für die neuen Landesteile. Zuständig sind die Regierungen zur Genehmigung von Privatschulen und Privaterziehungsanstalten und die Kreisschulinspektoren zur Erlaubniserteilung an Privatlehrer und zur Beaufsichtigung des Privatunterrichts, sowie — abgesehen von Westpreußen und Posen — zur Erlaubniserteilung an kleinere von mehreren Familien gehaltenen Schulen Vf. 4. Februar 09 (ZBU. 333). Zulassung katholischer Orden zu Erziehung u. Unterricht § 297 Abs. 1 d. W.; die Genehmigung an Ausländer erteilt jetzt die Regierung Vf. 20. Mai und 21. Juli 63 (MB. 151 u. 170). Anwendbarkeit dieser Grundsätze in den neuen Provinzen Vf. 18. Feb. 87 (ZBU. 396). Auch die privaten MilVorbereitungsanstalten unterliegen diesen Best. Vf. 13. Okt. 05 (ZBU. 703). Der Genehmigung bedarf der Unterricht der Jugend, auch der nichtschulpflichtigen OV. (LII 217) RGer. 28. Juni 10. — Die Vergütungen verjähren in 2 Jahren BGB. § 196 [13]. — Die Erteilung von Tanz-, Turn- u. Schwimmunterricht ist nur der Beschränkung unterworfen, daß sie untersagt werden kann, wenn Tatsachen vorliegen, welche die Unzuverlässigkeit in Bezug auf diesen Gewerbebetrieb dartun GewO. (§ 366 II 3 d. W.); sonst wird das Unterrichtswesen durch die GewO. nicht berührt das. § 6. — Ausführung der Angestelltenversicherung (§ 321 d. W.) für Privatlehrer und -lehrerinnen Vf. 20. Aug. 12 (ZBU. 595).

[7]) § 49 d. W.; Reichsschulkommission § 93 Anm. 3.

[8]) RegInstr. 23. Okt. 17 (GS. 248 § 26 u. 18 u. KO. 31. Dez. 25 (GS. 26 S. 5) D II 2; § 57 d. W. — Die Ortspolizeibehörden sind — soweit ihnen eine Mitwirkung nicht ausdrücklich zugewiesen ist (Schulversäumnisse § 303 Anm. 4) — zu selbständigen Anordnungen auf dem Gebiete des Unterrichtswesens nicht befugt OV. (XXVI 409). — Grafschaften Stolberg § 299 Anm. 3 d. W.

[9]) Instr. 23. Okt. 17 (GS. 237 § 6—8, 10—15, KO. 31. Dez. 25 (GS. 26 S. 5) B 1, 9 u. AE. 26. Aug. 59 (GS. 535); neue Prov. V. 22. Sept. 67 (GS. 1570), Lauenburg G. 23. Juni 76 (GS. 169) § 5. — Die Sitze der Prov.-SchKol. sind die der Oberpräsidenten (§ 55 Übersicht), doch hat das schleswigholsteinsche in Kiel, das brandenburgische in Berlin seinen Sitz. Das letztere ist

Mitglieder der Provinzialschulkollegien.[10]) Unter diesen Behörden stehen die wissenschaftlichen Prüfungskommissionen für die Kandidaten des höheren Schulamts.[11]) — Während die Provinzialschulkollegien die ihnen zugewiesenen Angelegenheiten unmittelbar verwalten, bedienen die Regierungen sich hierbei besonderer Aufsichtsorgane. Als solche bestehen — abgesehen von den in äußeren Schulsachen mitwirkenden Landräten — die Kreisschulinspektoren für einen mehrere Schulgemeinden umfassenden Bezirk und die Ortschulinspektoren für die einzelnen Gemeinden. Für die Kreisschulaufsicht werden mehr und mehr besondere (ständige) Beamte angestellt; wo dieses nicht geschehen, wird sie von den Superintendenten und Dechanten innerhalb ihrer Diözesen im Nebenamte versehen. Ortschulinspektoren sind in der Regel die Ortsgeistlichen; sechs- und mehrklassige Schulen, die von Rektoren geleitet werden, unterstehen meist unmittelbar den Kreisschulinspektoren.[12]) Die Schulinspektoren handeln nur im Auftrage des Staates, der diesen jederzeit widerrufen, andere Inspektoren ernennen und die Aufsichtsbezirke anderweit abgrenzen kann.[13]) Zu Veröffentlichungen auf dem Gebiete des Schulwesens dient seit 1859 das Zentralblatt der Unterrichtsverwaltung.

Die sonstigen Vorschriften sind gesondert für die Volksschule (Nr. 2), für die höheren Lehranstalten (Nr. 3) und für die an oberster Stelle stehenden Universitäten (Nr. 4). Während das gemeinsame Ziel dieser Anstalten die Gewinnung allgemeiner Bildung ist, sind die Fachschulen auf besondere Berufszweige berechnet und deshalb bei den einzelnen Verwaltungsgebieten zu betrachten.[14]) Die Fortbildungsschulen bilden

---

zugleich für Berlin bestellt (LVG. § 41) u. beaufsichtigt daselbst auch das Volksschulwesen (das. § 44 Abs. 2). Hohenzollern steht unter dem ProvSchKol. der Rheinprov. G 7. Jan. 52 (GS. 35) § 1, Waldeck-Pyrmont unter dem zu Kassel V. 25. März 85 (GS. 67) Art. II. Grafschaften Stolberg wie vor Anm. — Stellvertreter des Vorsitzenden ist — abgesehen von Berlin, wo ein Vizepräsident u. von Königsberg, Posen, Breslau, Magdeburg, Hannover u. Koblenz, wo besondere Beamte (Oberregierungsräte) dazu bestellt sind — der Regierungspräsident AE. 28. Nov. 81 (MB. 82 S. 45). — PrüfungsO. für mittlere Beamte 15. Aug. 96 (ZBU. 555). Aufsicht üb. Blinden- u. Taubstummenanstalten § 268 Anm. 8 d. W. Übergang der Aufsicht über die höheren Mädchenschulen § 306 Abs. 4.

10) V. 27. Juni 45 (GS. 440) § 7.

11) Instr. § 12 u. Regl. 20. April 31 (KA. XV 311). — Prüfungskommissionen für die Provinzen in Königsberg (zugleich für Westpreußen), Berlin, Greifswald, Breslau (zugleich für Posen), Halle, Kiel, Göttingen, Münster, Marburg u. Bonn.

12) LR. II 12 § 12—17, 47 u. 49. — Entsprechende Ausbildung der Geistlichen § 299 Anm. 13 d. W. — Ortsschulaufsicht der Rektoren. Vf. 25. Juli 92 (ZBU. 834).

13) G. 11. März 72 (GS. 183); Einf. in Lauenburg G. 25. Feb. 78 (GS. 97) § 51. Den Grundsatz der staatlichen Aufsicht enthält bereits LR. II 12 § 1, 2 u. 9 u. die VU. Art. 23 Abs. 1. — Die Zahl der ständigen Kreisschulinspektoren nimmt bei den steigenden, an diese gestellten Ansprüchen fortgesetzt zu; nur etwa $^2/_5$ der Kreisschulinspektoren sind im Nebenamt angestellt. Die größeren Städte haben meist besondere Schulaufsichtsbeamte angestellt, in den östlichen Provinzen — wo die StädteO. dieses zuläßt — als Stadträte, sonst als Gemeindebeamte Vf. 28. Aug. 98 (ZBU. 723). — Kosten der Aufsicht § 303 Anm. 11.

14) Als Fachschulen, die bis auf ein-

dagegen eine allgemeine Ergänzung der **Volksschule** in **Hinblick** auf die Bedürfnisse des **praktischen** Lebens (§ 314 Abs. 5, **ländliche** § 337 Abs. 5).

2. Die Volksschule.[1])

§ 303.

a) **Wesen und Bedeutung.** Die Grundsätze der Verfassung haben auch in betreff der Volksschulen bis zu anderweiter gesetzlicher Regelung nur die Bedeutung allgemeiner Leitsätze für die Gesetzgebung.[2]) Eine solche Regelung ist bislang nur für einzelne Zwecke erfolgt, vor allem in betreff der Schulunterhaltung (Abs. 4—6), ferner in betreff der Beseitigung des Schulgeldes (Abs. 3), der Berufung, des Diensteinkommens und der Pensionierung der Volksschullehrer (§ 307 Abs. 2 u. 3), sowie der Witwen und Waisenversorgung (§ 307 Abs. 4). Sonst beruht das Volksschulwesen noch auf der älteren Gesetzgebung.[3])

Die Aufgabe der Volksschule ist die religiöse, sittliche und vaterländische Bildung der Jugend durch Erziehung und Unterricht, sowie ihre Unterweisung in den für das bürgerliche Leben nötigen allgemeinen Kenntnissen und Fertigkeiten. Ihre Grundlage bildet die allgemeine **Schulpflicht** (der Schulzwang), wonach alle Einwohner ihre nicht anderweit gehörig unterrichteten Kinder vom zurückgelegten fünften Jahre ab solange zur öffentlichen Schule schicken müssen, bis sie sich die erforderliche Bildung

---

zelne dem Unterrichtsminister unterstellte technische Schulen (§ 49 Abs. 1 d. W.) unter den Fachministern stehen, sind zu erwähnen die Militärschulen § 108), die Forstschulen (§ 128 Abs. 1), die Hebammenlehranstalten (§ 266 Abs. 2), die Bergschulen (§ 332 Abs. 3), die landwirtschaftlichen Schulen (§ 337 Abs. 5), die tierärztlichen Hochschulen (§ 357 Abs. 1), die gewerblichen Schulen (§ 364 Abs. 6), die Handelsschulen (§ 372 Anm. 12), die Navigationsschulen (§ 379 Anm. 34) u. Schifferschulen (§ 380 Anm. 12). — Zwangserziehungsanstalten § 241 Anm. 1, Warteschulen § 314 Anm. 7.

[1]) Bearb. Die Volksschule, preuß. Gesetze u. Verordnungen, v. Bremen, Stuttg. 05 mit Nachträgen; verb. Anm. 8.

[2]) § 299 Anm. 5. — VU. Art. 21, 23—25.

[3]) In den **älteren Provinzen** kommen neben dem LR. II 12 § 9—53, das die Schule als Veranstaltung des Staates bezeichnet § 12 u. OV. (XXXVI 208), als Provinzialgesetze in Betracht: f. Preußen SchulO. 11. Dez. 45 (GS. 46 S. 1), insbes. § 38—72, § 4 (Schulpflicht) ist durch LR. II 12 § 48 ersetzt G. 6. Mai 86 (GS. 144); — für Pommern LandtAbsch. 23. Mai 35 nebst UKamGer. 2. Okt. 05 (Entsch. XXX (30), Neuvorpommern Reg. 29. Aug. 31 (KA. XV 564); — f. Schlesien in Ergänzung des Landschulregl. 1763 (§ 302 Anm. 2 d. W.) die kath. Schul-Reglements 3. Nov. 1765 (Korn Ed.-Samml. VIII 780 u. 18. Mai 1801 (Korn Neue Ed.-Samml. VII 266). Die Übertragung der § 10 bis 29 des letzteren auf evang. Schulen (Landt.Abschied 22. Feb. 29) hat keine Gesetzeskraft OV. (I 211); § 39a (Schulpflicht) wie Prov. Preußen. — Prov. Sachsen, Beitragspflicht der Rittergutsbesitzer in den vormals sächs. Teilen V. 11. Nov. 44 (GS. 698). — In den **neuen Provinzen** gelten für Schl.-Holstein SchulO. 24. Aug. 14 und lauenburgische LandschulO. 10. Okt. 68; f. Hannover VolksschulG. 26. Mai 45 (han. GS. I 465), erg. G. 2. Aug. 56 (das. 257) u. (§ 5, Ende der Schulpflicht) 2. Jan. 05 (GS. 1), AusfVf. 15. Aug. 05 (ZBl. 634); Kurhessen Ausschr. 2. Jan. 1[illegible] u. V. 17. Feb. 53 nebst UKamGer. 19. Feb. 06 (Entsch. XXXII 39); für Nassau SchulEd. 24. März 17 u. SchulO. 1818.

angeeignet haben.[4] Durch **Provinzialgesetze** sind Anfangs- und Endpunkt der Schulpflicht zum Teil abweichend bestimmt. In der Regel erfolgt die Aufnahme mit dem vollendeten sechsten, die Entlassung mit dem vollendeten vierzehnten Lebensjahre. Die allgemeine Schulpflicht hat unser Staatswesen außerordentlich gefördert und ist ein Haupthebel für dessen Entwickelung geworden. Deutschland steht hierin allen Großstaaten voran.[5])

Die Erfüllung der Schulpflicht setzt das Vorhandensein der nach Zahl und Einrichtung dem Bedürfnisse entsprechenden Schulanstalten voraus.[6]) Die Erhebung von Schulgeld bei Volksschulen findet — entsprechend

[4]) LR. II 12 § 43—46 u. 48. Einführung der Grundsätze in die nicht landrechtlichen älteren Prov. KO. 14. Mai 25 (GS. 149) Nr. 1—3 u. (Strafe) 20. Juni 35 (GS. 134) Nr. 2—4, in das Gebiet des ehemaligen Herzogt. Pommern u. Fürstent. Rügen G. 25. Juli 10 (GS. 255). Ähnliche Vorschriften in den neuen Provinzen Anm. 3. Waldeck G. 3. Jan. 10 (GS. 11). — Die Schulpflicht umfaßt alle Unterrichtsgegenstände, auch den Religions-, Turn- u. Handarbeitsunterricht UKamGer. 16. Mai 89 (Entsch. IX 286), desgl. Schulfeste u. Schülerausflüge 28. März 92 (das. XIII 377). Umfang u. Art (Sprache der Unterrichtserteilung) werden durch Verordnungen der Verwaltungsbehörden bestimmt. Gegen Pflichtwidrigkeiten des Vaters kann das Vormundschaftsgericht einschreiten 23. Jan. 07 (das. XXXIII A 14). Am Religionsunterricht in der Volksschule müssen auch die Kinder der Dissidenten teilnehmen, soweit solcher Unterricht nicht anderweit in ausreichender Weise erteilt wird LR. II 12 § 11, Vf. 16. Jan. 92 (ZBU. 435) u. UKG. 17. April 93 (das. 662). Elterliches Bestimmungsrecht § 287 Anm. 3. Die Schulpflicht dauert bis zur Entlassung UKamGer. 19. Nov. 91 (Entsch. XII 258). Über die Reife zur Entlassung entscheidet der Orts- oder Kreisschulinspektor U.OT. 28. Nov. 78 (ZBU. 79 S. 207). — Auch blinde u. taubstumme Kinder unterliegen, soweit sie bildungsfähig sind, der Schulpflicht und sind dieserhalb in einer Blinden- oder Taubstummenanstalt oder an einem Orte unterzubringen, von dem aus sie den Anstaltsunterricht besuchen können. Die Kosten der ersten Ausstattung und Überführung trägt der Ortsarmenverband, die der Unterbringung der Provinzialverband G. 7. Aug. 11 (GS. 168), AusfAnw. 21. Dez. 11 (ZBU. 12 S. 233) nebst Vf. 11. Mai 12 (das. 485). — Nichtbeschäftigung schulpflichtiger Kinder in Fabriken u. Kinderarbeit § 315 Abs. 3 d. W. Mitführung von Kindern beim Gewerbebetriebe im Umherziehen GewO. § 57b, 62 Abs. 4 u. 63 Abs. 2. Der Schulpflicht ist auf einer preußischen Schule zu genügen. U.KamG. 12. Okt. 82 (ZBU. 83 S. 154) u. 23. Jan. 02 (das. 295); doch ist unter den deutschen Staaten (außer Bayern) die Heranziehung schulpflichtiger Kinder am Aufenthaltsorte gegenseitig vereinbart Vf. 13. Nov. 76 (MB. 272). — Die Androhung der Strafen für Schulversäumnisse hat durch Verordnung der Schulaufsichtsbehörden (Regierungen), nicht durch Polizeiverordnungen z. erfolgen U.KamG 9. Jan. u. Bek. 11. Juli 95 (ZBU. 721); vormals nassauische, Hessen-Darmstädtische und -Homburgsche Teile G. 1. Aug. 09 (GS. 734), kurhessische 7. Aug. 11 (GS. 205). Die Strafen sind im strafrechtlichen Wege, nicht durch polizeiliche Vollstreckung (wie die Verwaltung annahm) festzusetzen U. KGH. 14. März 63 (MB. 113, JMB. 120) u. für die Rheinprovinz 10. Dez. 64 (JMB. 65 S. 54); Strafverfügung der Ortspolizeibehörden Vf. 19. Juli 88 (MB. 178). Die Festsetzungs- u. Vollstreckungskosten trägt die Polizeiverwaltung, nicht die Schulkasse, der die Strafen zu fließen Vf. 18. Feb. 11 (MB. 80). — VU. Art. 21 Abs. 2.

[5]) Die Zahl der schulpflichtigen Kinder betrug (11) 6,5 Mill. oder 16,8 v. H. der Gesamtbevölkerung. Die Ergebnisse des Unterrichts werden statistisch nur bezüglich der alljährlich in das Heer und die Marine eingestellten Militärpflichtigen ermittelt. Die Zahl der unter diesen befindlichen, des Lesens und Schreibens unkundigen Personen (Analphabeten) ist in steter Abnahme begriffen. Sie betrug 1912 in Preußen nur noch 129 (0,056 v. H. der Eingestellten).

[6]) Im Jahre 1911 bestanden 5125 städtische u. 33559 ländliche Volksschulen

der in der Verfassung gegebenen Verheißung — nicht mehr statt. Ausnahmen sind nur für auswärtige Kinder und für einzelne besonders festzustellende Bedarfsfälle gestattet.[7]) Die Sorge für die Volksschulen, die Staatsanstalten bilden, liegt zunächst dem Staate ob, doch wirken dabei auch die Gemeinde und die Kirche mit.

Die Mitwirkung der Gemeinde liegt auf dem äußeren Gebiete[8]) und tritt besonders bei der Volksschulunterhaltung hervor. Über diese und einige mit ihr in Zusammenhang stehende Gebiete (Schulvermögen und auf besonderen Rechtstiteln beruhende Leistungen Dritter, konfessionelle Verhältnisse und Volksschulverwaltung) ist ein neues Gesetz ergangen,[9]) das sich nicht auf Westpreußen und Posen erstreckt,[10]) im übrigen aber den Gegenstand einheitlich geregelt hat. — Träger der Volksschullast, — die außer der Unterhaltung der Schulgebäude und Lehrer auch deren Herbeiholung umfaßt[11]) — sind vorbehaltlich der Beiträge des Staates zu den Kosten die Gemeinden und Gutsbezirke, deren mehrere unter Mitwirkung der Selbstverwaltungskörper zu Gesamtschulverbänden vereinigt werden können.[12]) Die Schullasten werden in der Gemeinde als Gemeindelast aufgebracht, und in den Gutsbezirken vom Gutsbesitzer mit der Maßgabe getragen, daß auf dessen Antrag die Gutseingesessenen durch Statut zu Beiträgen herangezogen werden können. In Gesamtschulverbänden erfolgt die Verteilung auf die Kommunalverbände je zur Hälfte nach der Zahl der Schulkinder und nach dem Steuersoll, wobei

und 128725 Klassen mit 92406 Lehrer- u. 24756 Lehrerinnenstellen. — Besondere Schulen bilden die Blinden- und die Taubstummenanstalten § 268 Anm. 8 d. W.

[7]) G. 14. Juni 88 (GS. 240) § 4 u. 31. März 89 (GS. 64) Art. II; verb. VU. Art. 25 Abs. 3 und (Fremdenschulgeld) Anm. 12. — Die Regelung des Schulgeldes steht der Regierung zu Instr. 23. Okt. 17 (GS. 248) § 17 f.

[8]) Die äußere Schulverwaltung schafft die Vorbedingungen u. Mittel für den Unterricht, die innere ist auf diesen selbst gerichtet u. umfaßt den Lehrplan, den Schulbesuch u. die Schulzucht. Die innere gebührt dem Staate VU. Art. 23, die äußere der Gemeinde Art. 24 Abs. 2. Nur in den Schuldeputationen (Abs. 6) ist den Gemeinden eine beschränkte Einwirkung auf die inneren Angelegenheiten eingeräumt.

[9]) Volksch.-Unterh.-G. 28. Juli 06 (GS. 335 u. Berichtigung zu § 14 GS. 07 S. XXVIII). Allgemeine (Schluß- u. Übergangs-) Best. § 63—71. Vier Ausführungsanweisungen Anm. 11, 12, 22, 20. — Bearb. v. Schiffer (Essen 2. Aufl. 08), Lezius (2. Aufl. Berl. 08), v. Rohrscheidt (4. Aufl. Berl. 13) u. Klotsch (§ 54 Anm. 5 d. W.).

[10]) VSchG. § 70, 71. Für Westpreußen u. Posen gelten noch die älteren Vorschriften (Anm. 3 u. 12).

[11]) LR. II 12 § 29, 34, 39. Die Kosten der Aufsicht (Visitation) gehören nicht dazu; sie fallen mangels abweichender provinzialrechtlicher Bestimmungen dem Staate zur Last OV. (XIV 95).

[12]) VSchG. § 1—4 u. (gastweise Zuweisung) § 5, (Fremdenschulgeld) § 6, (Veranlagung der Gesamtschulverbandslasten) § 54. Erste AusfAnw. 25. Feb. 07 (ZBU. 305) Nr. I, IV, V. Verb. § 300 Abs. 6 d. W. — Vorher lag die Pflicht unter verschiedenartiger Beteiligung der Gutsherren, in in einigen Teilen [Ost- und Westpreußen, Gebiet des schles. kathol. Schulregl. (Anm. 3), Hessen-Nassau, Rheinprov., Hohenzollern] den bürgerlichen Gemeinden, sonst besonderen Schulgemeinden (Sozietäten) — nach LR. den Hausvätern des Orts — ob. Auch in letzterem Falle war die Verpflichtung vielfach von den bürgerlichen Gemeinden übernommen.

Grund- und Gebäudesteuer nur mit der Hälfte anzurechnen sind.[13]) Der Staat gewährt den Schulverbänden größere Beihilfen, von denen ein Teil auf die Kreise verteilt und von diesen zur Unterstützung unvermögender Schulverbände mit 25 oder weniger Schulstellen verwendet wird.[14]) — Das vorhandene Schulvermögen geht mit allen Rechten und Pflichten auf die Schulverbände über, die es in einer Matrikel nachzuweisen und seiner Bestimmung zu erhalten haben.[15]) Verpflichtungen Dritter bleiben nur insoweit bestehen, als sie auf besonderen Rechtstiteln (Vertrag, Vergleich, Urteil, Stiftung, Schenkung) beruhen.[16])

Die Kirche ist bei der Schule beteiligt, weil die Religion einen wesentlichen Bestandteil des Volksunterrichts bildet,[17]) der vermöge der Einheitlichkeit des letzteren nur schwer aus diesem herauszulösen sein würde. Die durch die Verfassung den Religionsgesellschaften verheißene Leitung des Religionsunterrichts,[18]) insbesondere die Mitwirkung der Ortsgeistlichen bei diesem bildet deshalb kein selbständiges Recht, sondern erfolgt nur im Auftrage und mit Erlaubnis des Staates.[19]) — Dasselbe Verhältnis bedingt ferner die möglichste Berücksichtigung der konfessionellen Verhältnisse. Dieser Grundsatz, dem auch die Verfassung Rechnung trägt,[20]) ist jetzt gesetzlich festgelegt worden. Als Regel gilt, daß evangelische Kinder durch evangelische, und katholische durch katholische Lehrkräfte unterrichtet werden. Das Bekenntnis der Lehrkräfte bestimmt sich nach dem seitherigen Zustand; mehrere an einer Schule angestellte Lehrkräfte sollen demselben Bekenntnis angehören (Konfessionsschule). Keinem Kinde darf jedoch die Aufnahme in die Schule lediglich wegen des Religionsbekenntnisses versagt werden. Die Umwandlung in die Schule eines an-

[13]) VSchG. § 7—10, Schulhaushaltsetats u. Schulkasse § 11—13, Ansammlung von Schulbaufonds in Schulverbänden mit 25 oder weniger Schulstellen § 14—16 u. zweite AusfAnw. 2. Juli 07 (ZBU. 633) Nr. I.

[14]) Das. § 17—23 u. zweite AusfAnw. (vor. Anm.) Nr. II u. III. — Unterschieden werden Staatsbeiträge, die allgemein nach festen Sätzen zu bestimmten Zwecken vorgesehen sind u. Staatszuschüsse die in Unvermögensfällen besonders bewilligt werden. Staatszuschüsse zu Gehältern, Pensionen und Hinterbliebenenbezügen der Lehrer § 305 Abs. 3 u. 4 d. W.

[15]) VSchG. § 24—27, Schul-Stiftungen u. -Unterhaltungsfonds § 28 u. 31, Rechte Dritter am Schulvermögen § 29. Erste AusfAnw. (Anm. 11) Nr. III. — Die äußeren Rechte der Volksschulanstalten sind im wesentlichen die der Kirchen (§ 293 d. W.) LR. II 12 § 18—21.

[16]) VSchG. § 32; ebenso VU. Art 25 Abs. 1 Satz 2. — Zuschußleistung von Nachbargemeinden § 80 Anm. 9. — Leistungen für Schulzwecke bei Ansiedlungen § 280 Abs. 5 d. W. — Mit Küstereien vereinigte Schulämter VSchG. § 30; in den älteren Provinzen sind sie von den Pfarrbaupflichtigen (§ 293 Abs. 1 d. W.) mit der Maßgabe zu unterhalten, daß die durch das Schulbedürfnis bedingten Erweiterungen der Schulräume u. Lehrerwohnungen den Schulbaupflichtigen zur Last fallen G. 21. Juli 46 (GS. 392) u. OV. (XVI 262).

[17]) Die preußische Schule tritt damit in Gegensatz zur religionslosen Schule, wie sie seit 1806 in Holland durchgeführt ist.

[18]) VU. Art. 24 Abs. 2.

[19]) Vf. 18. Feb. 76 (MB. 68), Pl.-Beschl. OTrib. 12. Okt. 74 (Oppenhoff XV 655). — Mildere Handhabung des Grundsatzes Vf. 5. Nov. 79 (ZBU. 80 S. 228). — Die Schulaufsichtsbehörde hat über die Unterrichtssprache für den Religionsunterricht zu bestimmen OV. (L 176).

[20]) VU. Art. 24 Abs. 1.

deren Bekenntnisses ist nur bei dauernder erheblicher Veränderung des Konfessionsstandes zulässig. Für eine Minderheit von 12 Kindern des andern Bekenntnisses ist tunlichst ein besonderer Religionsunterricht einzurichten. Beträgt in einem Schulverbande die Schulkinderzahl des andern Bekenntnisses fünf Jahre hindurch über 60 (in Städten und Landgemeinden mit mehr als 5000 Einwohnern über 120), so ist für diese auf Antrag eine Beschulung in Schulen ihres Bekenntnisses einzurichten. Vorhandene Schulen mit Lehrkräften verschiedenen Bekenntnisses (Simultanschulen) bleiben erhalten. Änderungen können aus besonderen Gründen durch Beschluß des Schulverbandes mit Genehmigung der Aufsichtsbehörde herbeigeführt werden. Auf gleichem Wege können solche Schulen neu errichtet werden; das Vorhandensein besonderer Gründe kann jedoch von den Beteiligten in einem eigenen Verfahren vor den Selbstverwaltungsbehörden bestritten werden.[21])

Für die den Gemeinden obliegende und nicht von ihnen selbst wahrgenommene Verwaltung der Volksschulangelegenheiten[22]) bestehen besondere Schulverwaltungsorgane, die neben den Interessen der Gemeinden und Familien auch die religiösen und Schulinteressen vertreten sollen und für Städte, für Landgemeinden und Gutsbezirke und für Gesamtschulverbände (Abs. 4) verschieden eingerichtet sind. — Die für die Städte eingesetzten Schuldeputationen bilden Organe des Gemeindevorstandes und, da ihnen neben der äußeren Verwaltung auch eine Mitwirkung in der Schulaufsicht eingeräumt ist, zugleich der Schulaufsichtsbehörde. Die Schuldeputation besteht regelmäßig aus mindestens je 1—3 Mitgliedern des Gemeindevorstandes, der Stadtverordnetenversammlung und 1—3 des Erziehungs- und Volksschulwesens kundigen Männern, unter diesen mindestens einem Rektor oder Lehrer an einer Volksschule, ferner einem Pfarrer und bei mindestens 20 jüdischen Schulkindern einem Rabbiner. Die Aufsichtsbehörde hat die Mitglieder ausschließlich der Gemeindevorstandsvertreter und des Geistlichen zu bestätigen und kann sie mit Ausnahme der ersteren bei dienstwidrigem Verhalten im Disziplinarwege von der Mitgliedschaft ausschließen. Der Kreisschulinspektor nimmt als Kommissar der Aufsichtsbehörde an den Sitzungen teil. Der Bürgermeister kann jederzeit in die Schuldeputation eintreten und den Vorsitz übernehmen. Als örtliche Organe der Schul-

[21]) VSchG. § 33—39, Vierte Ausf. Anw. 14. März 08 (ZBll. 461); für jüdische Schulen (1911: 219) gelten die bestehenden Vorschriften (§ 301 Anm. 3 d. W.), wonach im Allgemeinen die Juden besondere öffentliche Schulen errichten dürfen, fort § 40 u. erste Ausf. Anw. (Anm. 12) Nr. VI. § 33—40 beziehen sich nicht auf technische Lehrkräfte § 41. Das G. hat die Bezeichnungen „Konfessions- u. Simultanschule" wegen des schwankenden Begriffs vermieden. In Preußen bestanden (1911) 1568 Simultanschulen, vorwiegend in den zweisprachigen Provinzen Westpreußen und Posen u. auf Grund Gesetzes im vorm. Herz. Nassau. Westpreußen ist vom V.-SchG. ganz ausgeschlossen Anm. 10 und im vorm. Herz. Nassau bewendet es bei den bisherigen Vorschriften § 42. — Ältere Entwickelung, Bierling, Die konf. Schule (Gotha 85).

[22]) Lehrerberufung § 305 Abs. 2 d. W.

deputation können für eine oder mehrere Schulen Schulkommissionen eingerichtet werden. Schuldeputationen können auch für Landgemeinden und Gesamtschulverbände mit mehr als 10000, und unter Genehmigung der Aufsichtsbehörde in solchen mit mehr als 3000 Einwohnern eingesetzt werden.[23]) — Die übrigen Schulverbände besitzen Schulvorstände, die nur für die äußere Ordnung im Schulwesen zu sorgen und die Verbindung zwischen Schule und Elternhaus zu pflegen haben, Schulaufsichtsbefugnisse aber nicht besitzen. Sie sind deshalb einfacher gestaltet. Der Schulvorstand besteht in Landgemeinden und Gutsbezirken aus dem Gemeinde oder Gutsvorsteher — in Westfalen und der Rheinprovinz auch dem Amtmann oder Bürgermeister — einem Lehrer, einem Pfarrer, bei mindestens 20 jüdischen Schulkindern einem Rabbiner und aus 2—6 Einwohnern, die in den Landgemeinden von der Gemeindeversammlung, in Gutsbezirken, im Fall der Heranziehung der Gutsinsassen, von einer aus diesen gebildeten Gutsvertretung gewählt, sonst vom Gutsvorsteher ernannt werden. Die Bestätigung der gewählten Mitglieder und des Rabbiners, sowie die Ernennung des Vorsitzenden erfolgt durch die Aufsichtsbehörde. Der Ortsschulinspektor ist befugt, an den Sitzungen teilzunehmen.[24]) In Gesamtschulverbänden hat der Schulvorstand auch die den Gemeinden vorbehaltenen Angelegenheiten wahrzunehmen. Er ist — anschließend an die Bestimmungen über Zweckverbände (§ 77 Abs. 4) — aus Vertretern der zugehörigen Gemeinden und Gutsbezirke zusammengesetzt, sonst aber entsprechend den Schulvorständen in Landgemeinden eingerichtet.[25])

Über neue oder erhöhte Anforderungen für Volksschulen beschließt, soweit sie sich nicht auf Bauten oder Pensionierungen beziehen, in Ermangelung des Einverständnisses der verpflichteten Verbände mit der Schulaufsichtsbehörde der Kreisausschuß (bei Stadtschulen der Bezirksausschuß). Die Beschwerde geht in beiden Fällen an den Provinzialrat.[26]) Über Anordnung der Bauten bei Volksschulen,[27]) auch der mit Küstereien

---

[23]) VSchG. § 43–45 u. (Landgemeinden) § 47 Abs. 10, (Gesamtschulverbände) § 57. Dritte Ausf. Anw. 6. Nov. 07 (ZBU. 865) A. Erweiterter Geschäftskreis in den kreisfreien Städten Vf. 9. Feb. 98 (ZBU. 271). — Sozialdemokraten sind als Mitglieder von Schuldeputationen u. Schulvorständen nicht zu bestätigen Vf. 29. Aug. 98 (ZBU. 725).

[24]) VSchG. § 46, 47, Schulkommissionen § 48. Dritte Ausf. Anw. (vor. Anm.) B. — Nichtbestätigung von Sozialdemokraten, vor. Anm.

[25]) Das. § 49, 50, Verbandsvorsteher § 51—54, Schulkommissionen § 55, Erklärung der Zweckverbände, der Amtsverbände in Westfalen u. der Bürgermeistereien in der Rheinprovinz zu Gesamtschulverbänden § 56. Dritte Ausf. Anw. (Anm. 23) C.

[26]) G. 26. Mai 87 (GS. 175), für Posen ausgeschlossen § 6.

[27]) Ausführung der Schulbauten wie § 293 Anm. 11 d. W., Bauausführung, insbes. Mitwirkung der Baubeamten im Fall der Gewährung von Gnadenbeihilfen Vf. 30. März 97 (ZB. UV. 380). — Zu den Schulstellen gehören Dienstwohnungen Vf. 20. Mai 81 (ZBU. 632) u. (Erfordernisse) 9. April 79 (das. 362). — Entwürfe f. ländliche Volksschulgebäude Vf. 15. Nov. 95 (das. 828), erg. Vf. 20. Dez. 02 (das. 03 S. 224). — Schulbänke (Subsellien) gehören nicht zu den Baukosten OV. (IV 183); Form Vf. 11. April 88 (ZBU. 680).

verbundenen, und über Aufbringung und Verteilung der **Kosten beschließt** die Aufsichtsbehörde. Gegen den Beschluß ist die **Verwaltungsklage** zulässig, bei deren Entscheidung jedoch die allgemeinen **Anordnungen** über die Ausführung von Schulbauten maßgebend bleiben.[28])

§ 304.

b) **Die Einrichtung der Volksschule** wird in Hinblick auf ihre Aufgaben und Ziele durch die „allgemeinen Bestimmungen" näher geregelt.[1]) Lehrgegenstände sind Religion, deutsche Sprache (Sprechen, Lesen, Schreiben), Rechnen nebst den Anfängen der Raumlehre, Zeichnen, Geschichte, Geographie und Naturkunde, Gesang, außerdem für die Knaben Turnen, für die Mädchen weibliche Handarbeiten. Diese Gegenstände verteilen sich nach Maßgabe von drei dem Alter entsprechend gebildeten Stufen auf 20 bis 32 wöchentliche Unterrichtsstunden.[2]) Die Zahl der anzustellenden Lehrer bemißt sich nach der Schülerzahl. Die einklassige Schule mit einem Lehrer soll nicht über 80 Kinder umfassen. Eine größere Zahl kann zwar ausnahmsweise von einem Lehrer in zwei Abteilungen unterrichtet werden (Halbtagschule), doch sind in der Regel zwei Lehrer anzustellen, die in zwei, und, wenn die Schülerzahl 120 übersteigt, in drei Klassen unterrichten. Bei drei und mehr Lehrern sind die oberen Klassen möglichst nach den Geschlechtern zu trennen.[3]) Die Schulräume müssen entsprechend aus-

---

[28]) ZustG. § 47 u. 49. — Wird ein dritter für verpflichtet erachtet, so ist die Klage zugleich gegen diesen zu richten § 47 Abs. 2. Gleiche Vorschrift bei Wegebauten (§ 384 Abs. 2). — Inhalt u. Bedeutung der Schulbauresultate OV. XXV 186).

[1]) Unterm 15. Okt. 72 ergingen über das Volksschul-, das Präparanden- und das Seminarwesen 3 Einzelverfügungen Anm. 2—4 u. § 305 Anm. 1). — Pflege der Gottesfurcht und Vaterlandsliebe zur Bekämpfung der Umsturzbestrebungen AE. 1. Mai StMB. 27. Juli 9 u. Vf. 18. Okt. 90 (ZBU. 703). — Anstellung von Schulärzten in größeren Orten Vf. 18. Mai 98 (das. 385). Überwachung durch den Kreisarzt DienstAnw. § 264 Anm. 8 d. W.) § 94—97. Fernhaltung vom Schulbesuch bei ansteckenden Krankheiten. G. 30. Juni 00 (RGB. 306), 16; Verhütung der Verbreitung übertragbarer Krankheiten Anw. 9. Juli 07 MB. 231, ZBU. 615), erg. (§ 3) 20. Nov. 3 (das. 828), (§ 5, Abs. 1), Vf. 17. Feb. . (§ 6b) Vf. 24. Feb. 08 (ZBU. 431 u. 33), Ergänzung (§ 15) Vf. 25. Jan. 08 das. 378).

[2]) Erste Vf. 15. Okt. 72 (MB. 273) Nr. 12—38. — Die Einführung der Lern- und Lesebücher fordert ministerielle Genehmigung Vf. 11. Feb. 96 (ZBU. 266) u. soll tunlichst einheitlich bewirkt werden Vf. 18. Juli 99 (das. 724), Grundsätze Vf. 28. Feb. 02 (das. 326). — Zeichenunterricht Vf. 16. Juli 04 (das. 564) u. (Lehrplan) 12. Juni 02 (das. 488). — Einrichtungen für den Handfertigkeitsunterricht bei Knaben Vf. 27. April 90 (MB. 71). Die Aufsichtsbehörde ist befugt, die Aufnahme besonderer Gegenstände (weiblicher Handarbeiten) in den Lehrplan anzuordnen OV. (I 173). — Die Ferien in Volks-, mittleren und höheren Schulen sind einheitlich auf 80 Tage festgesetzt. Die Verteilung erfolgt durch die Aufsichtsbehörden Vf. 6. Nov. 13 (ZBU. 826). Ausfall des Unterrichts bei großer Hitze 24. Aug. 92 (das. 677).

[3]) Erste Vf. 15. Okt. 72 Nr. 1—7. — Die ein- u. zweiklassigen Schulen vermindern sich, wogegen die mehrklassigen Schulen zunehmen. — In verschiedenen Städten bestehen Hilfsklassen für minderbegabte Kinder Vf. 6. April 01 (ZBU. 412) u. 2. Jan. 05 (das. 226).

gestattet sein.[4]) Ihre Verwendung für andere Zwecke bedarf der Genehmigung der Schulaufsichtsbehörde.[5])

Neben der Volksschule (Elementarschule), die auf Aneignung des Mindestmaßes der erforderten Bildung berechnet ist,[6]) können **Mittelschulen** (Bürger- oder gehobene Schulen, Rektorschulen) eingerichtet werden. Volksschulen und Mittelschulen werden unter der gemeinsamen Bezeichnung „**niedere Schulen**" zusammengefaßt. Der Lehrplan der Mittelschule betrifft dieselben Gegenstände wie der der Volksschule, verfolgt aber höhere Ziele und umfaßt nach Bedürfnis daneben neuere Sprachen oder die Vorbereitung für das gewerbliche Leben. Die voll ausgestalteten Mittelschulen enthalten 9 Klassen, deren je 3 die Unter-, Mittel- und Oberstufe bilden, und sind grundsätzlich für Knaben und Mädchen getrennt. Sie sollen mit höchstens je 50 (in der Oberstufe 45) Schülern besetzt und entsprechend ausgestattet sein. In der Mittel- und Oberstufe dürfen nur Lehrer unterrichten, welche die für diese Schulen erforderte besondere Befähigung (§ 305 Abs. 1) besitzen. Die Unterstufe kann mit der Volksschule zusammenfallen; andererseits lehnt der Lehrplan der Ober- und Mittelstufe solcher Mittelschulen, die auf höhere Knaben- oder Mädchenschulen (§ 306) vorbereiten, an den Lehrplan deren unteren Klassen sich an. Die Erhebung von Schulgeld (§ 303 Abs. 3) ist zulässig.[7])

Die Bestimmungen stellen in streng sachlicher und bestimmter Weise Gegenstand und Gang der Volksbildung fest und tragen mit einer gewissen Dehnbarkeit den verschiedenartigen Bedürfnissen und Leistungsverhältnissen ausreichende Rechnung. Sie gewähren eine feste Grundlage für die Verwaltung des Volksschulwesens und haben bereits unverkennbare Erfolge erzielt.

§ 305.

c) Die **Volksschullehrer und -lehrerinnen** empfangen ihre Ausbildung auf **Seminaren**.[1]) Die Vorbereitung zu der beim Eintritt in

[4]) Das. Nr. 8—11. — § 303 Anm. 27 d. W.

[5]) Vf. 17. Nov. 03 (ZBU. 597) u. 7. Nov. 04 (das. 620).

[6]) Volksschulen (Elementarschulen oder gemeine Schulen des LR. II 12 § 12 ff.) sind die Schulen, deren Benutzung durch alle nicht anderweit ausreichend unterrichtete Kinder erzwingbar ist u. zu deren Unterhaltung die beteiligten Verbände gesetzlich verpflichtet sind OV. (XII 197).

[7]) Neuordnung 3. Feb. 10 (ZBU. 343). — Die Gemeinden sind zur Errichtung oder Forterhaltung von Mittelschulen nicht verpflichtet, müssen aber die bei vorhandenen Schulen gegen Dritte eingegangenen Verbindlichkeiten erfüllen, insbesondere den Lehrern die zustehenden Gehälter und Pensionen zahlen OV. (XXIII 87 u. 108). Bezüge der Mittelschullehrer § 305 Abs. 3 u. 4 (Anm. 12, 14, 19). 1912 bestanden 632 öffentliche und 699 private Mittelschulen, ferner 12638 den öffentlichen Volksschulen angegliederte gehobene Klassen.

[1]) Jetzt Vf. 15. Okt. 72 (MB. 283), erg. 12. Jan. 87 (ZBU. 234) und 1. Juli 01 (das. 641) Nr. 1. — Die Lehrer werden von den Provinzialschulkoll. (§ 302 Anm. 9), die Oberlehrer vom Minister und die Direktoren vom König ernannt KO. 9. Dez. 42 (§ 306 Anm. 8) u. AE. 14. Aug. 09 (GS. 783). Lehrgang für evangel. Predigtamtskandidaten § 299 Anm. 13 d. W. — 1912 bestanden 202 Seminare (18 für Lehrerinnen) u. 307 Seminarübungsschulen.

diese abzulegenden Prüfung wurde früher nur auf privatem Wege bewirkt. Zur Beseitigung des Lehrermangels sind indes Präparandenanstalten mit zwei bis drei aufsteigenden Klassen errichtet.[2]) Der Unterricht in den Seminaren dauert drei Jahre und erfolgt in drei Klassen.[3]) Zur endgültigen Anstellung als Volksschullehrer wird das Bestehen einer zweiten und für die als Mittelschullehrer und als Rektor das einer besonderen Prüfung erfordert.[4])

Die Anstellung der Lehrer, die die Verfassung dem Staate unter gesetzlich geordneter Beteiligung der Gemeinden zuweist,[5]) geschieht aus der Zahl der Befähigten durch Wahl der Gemeindebehörde. In Schulverbänden mit 25 oder weniger Stellen erfolgt die Wahl aus drei von der Aufsichtsbehörde als befähigt Bezeichneten. In Schulverbänden, die aus einer Gemeinde, aus einem Gutsbezirk oder aus mehreren, demselben Gutsbesitzer gehörenden Gutsbezirken bestehen, wählen die Gemeindevorstände oder Gutsbesitzer nach Anhörung der Schuldeputationen oder Schulvorstände, in Gemeinden ohne kollegialischen Gemeindevorstand und in Gesamtschulverbänden die Schuldeputationen oder Schulvorstände. Die Gewählten werden durch die Aufsichtsbehörde bestätigt und angestellt. Nach zweimaliger Nichtbestätigung tritt die unmittelbare Ernennung ein und dasselbe gilt bei Besetzung

[2]) 1909 bestanden 84 staatliche und 159 vom Staat unterstützte Präparandenanstalten.

[3]) Lehrpläne u. methodische Anweisungen für Präparandenanstalten u. Lehrerseminare 1. Juli 01 (ZBU. 600); Einrichtung der Seminarübungsschulen Vf. 29. Jan. 73 (das. 168); Seminarentlassungsprüfung Vf. 1. Juli 01 (Anm. 1) Nr. 2. — Die Einführung der Unterrichtsbücher soll möglichst einheitlich für die Prov. sein u. fordert Genehmigung Vf. 13. Feb. 11 (das. 350). — Die Seminare sind (als nicht zu den höheren Schulen gehörend § 306 Anm. 1) in der Regel keine juristischen Personen, und daher nicht gemeindeeinkommensteuerpflichtig OV. (XXXIV 30).

[4]) Ordnungen f. d. zweite Lehrerprüfung 13. Juli u. (Entschädigung der Kommissionsmitglieder) Vf. 2. Nov. 12 (ZBU. 555 u. 681), f. d. Prüfung als Mittelschullehrer 1. Juli 01 (das. 649, § 6 erg. 1912 S. 378) u. als Rektor (das. 659). Abschlußprüfung an den wissenschaftlichen Kursen O. 8. Juli 12 (das. 515). — PrüfO. f. Lehrerinnen (2te Prüfung) u. Schulvorsteherinnen § 306 Anm. 12 d. W.; gegenseitige Anstellung geprüfter, Vtr. mit Anhalt, S.-Meiningen, Schw.-Sondershausen u. Sch.-Lippe 13. Feb., Oldenburg, Braunschweig u. Hessen 24. April u. 26. Okt. 12 (ZBU. 314, 436, 437 u. 677). — PrüfO. für Lehrerinnen der englischen und französischen Sprache 5. Aug. 87 (ZBU. 94 S. 499), für Handarbeitslehrerinnen u. Hauswirtschaftslehrerinnen 18. Mai 08 (das. 607, erg. 31. Mai 10 das. 590 1. März 12 HMB. 77, und Lehrziel für ländliche Hauswirtschaftskunde ZBU. 09 S. 716), für Zeichenlehrer u. Zeichenlehrerinnen 31. Jan. 02 nebst AusfVorschr. (das. 276 u. 281), § 8 geänd. 12. Dez. 11 (das. 12, S. 195), Abk. mit Elf.-Lothringen Bek. 16. April 09 (das. 410), für Turnlehrer 15. Mai 94 (das. 440, erg. Vf. 7. März u. 15. Nov. 01 das. 340 u. 928, v. 16. Mai 05 das. 420), Turnlehrerinnen 15. Mai 94 (das. 443). Kurse für Turn- u. Schwimmlehrerinnen in der Landesturnanstalt in Spandau Vf. 22. Juni 12 (das. 509). Schwimmlehrerinnen Vf. 2. Juni 05 (das. 470). Privat-Turn- u. Schwimmunterricht § 302 Anm. 6. — Als Sprach-, Handarbeits-, Zeichen-, Turn- u. Haushaltslehrerinnen sind die in außerpreußischen Bundesstaaten ausgebildeten ohne weiteres zuzulassen. Vf. 12. Juni 03 (ZBU. 369). — Prüfung der Lehrer u. Lehrerinnen an Hilfsschulen O. 1. Okt. 13 (das. 799), der Taubstummenlehrer u. -lehrerinnen § 268 Anm. 8 d. W.

[5]) VU. Art. 24 Abs. 3.

der leitenden (Rektoren-, Hauptlehrer- usw.) Stellen und bei Versetzung im Interesse des Dienstes.[6]) In Westpreußen und Posen erfolgt die Anstellung allgemein durch den Staat nach Anhörung der Magistrate und Schuldeputationen, auf dem Lande der Schul- oder Gemeinde-(Guts-)vorstände.[7])

Die Schullehrer haben Pflichten und Rechte der Staatsbeamten;[8]) vollständig ist dieser Grundsatz jedoch noch nicht durchgeführt. Vermöge ihres Amtes steht ihnen das Recht der Schulzucht zu.[9]) Sie sind mehrfach begünstigt bei Ableistung der Militärpflicht (§ 93 Abs. 2) und bei Einziehung im Kriegsfall (§ 94 Abs. 2[2]), bei Heranziehung ihres Diensteinkommens zur Gemeindesteuer,[10]) auch vom Schöffen- und Geschworenenamte ausgeschlossen.[11]) — Die Verfassung gewährleistet ihnen ein festes, den örtlichen Verhältnissen angemessenes Diensteinkommen.[12]) Dieses besteht seit dem 1. April 1908 aus einem Grundgehalt von 1400 (bei Lehrerinnen 1200) M., freier Dienstwohnung oder entsprechender Mietentschädigung und Alterszulagen, die nach siebenjähriger Dienstzeit neunmalig nach je 3 Jahren mit 200 und 250 (bei Lehrerinnen 100 und 150) M. zu gewähren sind und einen Höchstbetrag von 1900 (bei Lehrerinnen 1250) M. erreichen. Das Grundgehalt wird bei dauernder Verbindung der Schulstelle mit einem Kirchenamte entsprechend erhöht, andererseits für die einstweilig angestellten und die noch nicht 4 Jahre im öffentlichen Schuldienst stehenden Lehrer um 1/5 herabgesetzt. Die Schulverbände können daneben in bestimmten Grenzen Ortszulagen beschließen; die Leiter von Schulen erhalten besondere Amtszulagen.[13]) Die Begrenzung der Orts-

---

[6]) Volksſch.Unterh.G. (§ 303 Anm. 9 d. W.) § 58—60, 62 u. (Aufrechterhaltung weitergehender Rechte) § 61. Ehefrauen dürfen nur widerruflich beschäftigt werden, wenn die Berufsberechtigten einverstanden sind (ZBU. 07 S. 864). — Bei Verbindung mit einem kirchlichen Amte ist Einverständnis der Kirchenbehörde erforderlich Vf. 7. März u. 1. Aug. 87 (ZBU. 391 u. 655). — Vereidigung Vf. 6. Okt. 73 (MB. 74 S. 11).

[7]) G. 15. Juli 86 (GS. 185) Art. I u. Volksſch.Unterh G. § 70.

[8]) § 302 Abſ 3; verb. § 64—75 d. W. — VU. Art. 23 Abſ. 2. Versetzbarkeit im Dienstinteresse oder Disziplinarwege in Westpreußen u. Posen G. 86 (vor. Anm.) Art II u. (Umzugskosten) Art. III, Reg. 26. Jan. 87 (ZB. 390). — Zwangsweise Versetzung in den Ruhestand Vf. 5. Sept. 88 (ZB. UB. 765), in andere Stellen Vf. 31. Dez. 61 (MB. 62 S. 59) u. 17. Sept. 69 (ZB U. 551). — Den Schullehrern ist Schankwirtschaft u. Krämerei untersagt Vf. 14. April 41 (MB. 170), auch die Jagdausübung in der Regel nicht zu gestatten Vf. 20. Mai 53 (MB. 114). — Vermögensrechtliche Ansprüche aus dem Dienstverhältnisse § 71 Anm. 2 d. W. Kranken- u. Invalidenversicherung § 318 Abſ. 1 u. 320 Abſ. 2. — Haftung für Verletzung der Amtspflichten § 64 Anm. 6.

[9]) LR. II 12 § 50—53 u. KO. 14 Mai 25 (GS. 149) Nr. 4—6 nebst OV. (XV 443 u. 453). Handhabung des Züchtigungsrechts Vf. 3. April u. 22. Okt. 88 (ZBU. 422 u. 1889 S. 265) u. 19. Jan. 00 (daſ. 231).

[10]) § 80 Abſ. 6 d. W.

[11]) § 182 Abſ. 2 u. 183 Abſ. 4 d. W.

[12]) VU. Art. 25 Abſ. 2.

[13]) G. 26. Mai 09 (GS. 93) § 1, 2, Grundgehalt § 3—6, auf dieses werden Brennmaterial, Landnutzung und Naturalleistungen angerechnet § 27—30, Alterszulagen § 7—11, Dienstwohnung § 12 bis 15 u. (Hausgarten) 28 Abſ. 1, Mietentschädigung § 16—19 (geänd. G. 25. Juni 10 GS. 105 Art. V nebst Ausf. Vf. 13. Juli 10 ZBU. 712), Ortszulagen

zulagen bei sonstiger Gleichstellung von Stadt und Land soll der Landflucht der Lehrer vorbeugen. Die Alterszulagen werden aus Alterszulagekassen gezahlt, die für die pflichtigen Schulverbände in jedem Regierungsbezirke (außer in Berlin) gebildet werden und ihren Bedarf nach der Zahl der angeschlossenen Lehrpersonen auf die Verbände verteilen.[14]) Zu einer zulässigen und notwendigen Erhöhung des Diensteinkommens kann der Schulverband von der Regierung angehalten werden. Die Zahlung erfolgt bei endgültig angestellten Lehrern vierteljährlich, bei anderen monatlich im voraus. Die Lehrpersonen können ihre Ansprüche zwar im Rechtswege geltend machen; bei der richterlichen Beurteilung sind jedoch die Festsetzungen der Regierung zugrunde zu legen; auch kann diese die Neugewährung von Alterszulagen bei unbefriedigender Dienstführung versagen.[15]) Der Staat gewährt den Schulverbänden bis zur Höchstzahl von 25 Schulstellen für jede politische Gemeinde feste, nach der Stellenzahl bemessene Beiträge zu den Grundgehältern und Zuschüsse an die Alterszulagekassen. Die Beiträge und Zuschüsse erhöhen sich in Schulverbänden mit nicht mehr als 7 Stellen; sie fallen dagegen bei geringerer Belastung der Gemeinden fort.[16]) — Die Pensionierung der Lehrer und Lehrerinnen an öffentlichen Volksschulen ist entsprechend den für Staatsbeamte gegebenen Vorschriften (§ 74) allgemein geregelt.[17]) Das Ruhegehalt wird bis zur Höhe von 700 M. aus der Staatskasse, darüber aus den ähnlich wie die Alterszulagekassen gebildeten Ruhegehaltskassen gezahlt, deren Bedarf nach dem Stelleneinkommen auf die Schulverbände verteilt wird.[18]) — Nach gleichen

---

§ 20—23 nebst 64, Amtszulagen § 24, erg. G. 5. Juli 12 (GS. 191) nebst AusfBf. 20. Juli 12 (ZBU. 525). — Berechnung der Dienstzeit § 34—36. — Schluß- u. Übergangsbest. § 56-65. — Bearb. v. Klotsch (Berl. 09). — Die Gehälter der Mittelschullehrer sind im Anschluß an das G. festgesetzt Bf. 10. Sept. 09 (UBB. 788).

[14]) G. 09 § 39—42. AusfAnw. 21. Juni 09 (ZBU. 625). — Anschluß der nicht staatlichen mittleren Schulen G. 25. Aug. 09 (GS. 738).

[15]) Das. § 25, 26, 37, 38 u. 10; verb. § 179 Anm. 4 d. W. — Das Aufsichtsrecht der Regierung beruht auf Reg.Instr. 23. Okt. 17 (GS. 248) § 18e.

[16]) G. 09 § 43—55. Der Staat gewährt außerdem die Umzugskosten § 31 u. Reg. 5. Okt. 10 (ZBU. 867), erg. 31. Jan. 12 (das. 291).

[17]) G. 6. Juli 85 (GS. 298, § 11 in der Fassung des G. 26. April 90 GS. 89 u. § 2, 8, 9, 17, 19, 20, 25 in der des G. 10. Juni 07 GS. 133); weitere Änderungen, insbes. des § 4 hat das LehrerbesoldungsG. 09 (Anm. 13), insbes. dessen § 19, 20, 30 u. 60 gebracht. Ausf. Best. 2. März 86 (MB. 37, ZBU. 387), erg. (Nr. 9 Abs. 2) Bf. 24. Okt. 92 (das. 843) u. (Nr. 14) 29. Juli u. 24. Nov. 01 (das. 759 u. 240), ferner 27. Juni 07 (das. 575) A. — Zwangsweise Versetzung in den Ruhestand Bf. 5. Sept. 88 (ZBU. 765). — Bearb. § 309 Anm. 1 u. 9.

[18]) G. 85 Art. I § 26 Abs. 1 u. (früher pensionierte) Art. II u. G. 07 Art. II. — Ruhegehaltskassen G. 23. Juli 93 (GS. 194), in den Stolbergschen Grafschaften 4. März 95 (GS. 33) § 2, in dem Regierungsbezirk Wiesbaden V. 9 Mai 01 (GS. 126), in Helgoland G. 1. Feb. 97 (GS. 23) § 1[5], in Hohenzollern VSch. G. (§ 303 Anm. 9 d. W.) § 67. Ausf. Anw. 28. Juli u. 14. Sept. 93 (ZBU. 658 u. 732). — Satzungen der allg. deutschen Pensionsanstalt 13 (das. 701).

Grundsätzen, doch ohne Staatszuschuß ist die Pensionierung der Mittelschullehrer geordnet.[19])

Den **Hinterbliebenen** gebührt außer dem Sterbemonate das Gnadenvierteljahr.[20]) Die weitere Witwen- und Waisenversorgung — die seither in festen Beträgen aus besonderen für die Regierungsbezirke gebildeten, durch Stellenbeiträge und Staatszuschüsse gefüllten Kassen gewährt wurde[21]) — bestimmt sich jetzt (ähnlich wie bei den Staatsbeamten § 75 Abs. 3) nach dem Pensionsanspruche des verstorbenen Lehrers, soweit dieser nicht ausdrücklich Mitglied der seitherigen Kasse verblieben ist. Das Witwengeld beträgt 40 v. H. des Pensionsanspruches, mindestens 216, höchstens 2000 M. jährlich, das Waisengeld, wenn die Mutter lebt, 1/5, sonst 1/3 des Witwengeldes. Beide Gelder werden bis zu einer bestimmten Höhe aus der Staatskasse, darüber hinaus aus Bezirks-Witwen- und Waisenkassen gezahlt, die ähnlich den Ruhegehaltskassen (Abs. 2) eingerichtet sind und verwaltet werden und ihren Bedarf auf die Schulverbände nach dem Diensteinkommen der Schulstellen verteilen.[22]) — Den Hinterbliebenen der Mittelschullehrer haben die zu der letzten Schulstelle Verpflichteten Gnadenvierteljahr und Witwen- und Waisengelder nach den für die Staatsbeamten maßgebenden Grundsätzen (§ 75) zu gewähren.[19])

3. Die höheren Schulen.

§ 306.

In den höheren Schulen wird die nötige wissenschaftliche Vorbildung erworben, die als Unterlage für die spätere Berufs- oder Fachbildung dienen soll.[1]) Sie erscheinen zuerst in den **Gymnasien**, deren Mittel-

---

[19]) G. 11. Juni 94 (GS. 109), Ausf.-Best. 22. Juni 94 (ZBll. 580), Einf. in dem RB Wiesbaden gem. V 9. Mai 01 (GS. 123), Anschluß der Stolbergschen Grafschaften V. 95 (vor. Anm.) § 1.

[20]) G. 09 (Anm. 13) § 32, 33; verb. § 75 Abs. 2 d. W.

[21]) G. 22. Dez. 69 (GS. 70 S. 1), 24. Feb. **81** (GS. 41), 19. Juni 89 (GS. 131) u. 27. Juni 90 (GS. 211).

[22]) G. 4. Dez. 99 (GS. 587 und Berichtigung 656), Einf. in die Stolbergschen Grafschaften § 20 u. V. 1. April 00 (GS 108); Erg. (§ 1, 3, 7, 17) G. 10. Juni 07 (GS. 137). Ausf. Best. 20. Feb 00 (ZBll. 418) und 27. Juni 07 (Anm. 16) B. — Die Erziehung der Lehrerwaisen ist Zweck der Pestalozzistiftung.

[1]) LR. II 12 § 54—57 u. 61—64. Die höheren Schulen besitzen Körperschaftsrechte das. § 54. — Steuerfreiheit wie § 293 Anm. 8 d. W. — Schulgeld Vf. 6. März 09 (ZBll. 358). — Schulferien § 302 Anm. 2 d. W. — ReifeprüfungsO. 1. Nov. 01 (das. 933, erg. 09 S. 308) u. (höhere Mädchenschulen) Anm. 12. Voraussetzungen für gegenseitige Anerkennung durch die deutschen Staaten Vf. 22. Okt. 09 (das. 1354). Anerkennung für deutsche Schulen in außerdeutschen Staaten Vf. 10. Okt. 13 (das 830). — Zeugnis der Reife für die Prima Vf. 10 u. (Prüfung von Extraneern) O. 8. Juli 02 (das. 540 u. 537). — Grundsätze für Versetzungen 25. Okt. 01 (das. 879). — Verbot der Schülerverbindungen Vf. 29. Mai 80 (MB. 194). — Pflege der Gottesfurcht und Vaterlandsliebe wie § 301 Anm. 1 — Neben den allgemeinen bestehen als **höhere Fachschulen** die Kunstschulen § 309 **Anm. 14**, die Landwirtschaftsschulen § 337 Anm. 7, die gewerblichen und die Handelsschulen § 364 Abs. 6 u. § 312 Anm. 12.

punkt das Studium des klassischen Altertums bildet. Die Entstehung dieser Lehranstalten reicht in das Zeitalter der Reformation zurück, in dem das Studium des Altertums alle wissenschaftlichen Bestrebungen erweckte und beherrschte. In den protestantischen wie in den Jesuitenschulen wurde fast nur lateinisch unterrichtet und diese Unterrichtsweise hatte ihre Berechtigung, solange diese Sprache die alleinige Vermittlerin und das Altertum die einzige Quelle des Wissens war. Als aber seit dem siebzehnten Jahrhundert die naturwissenschaftliche Forschung das vom Altertum auf diesem Gebiete Geleistete weit hinter sich ließ und daneben die deutsche Sprache sich mehr und mehr entwickelt hatte, begann ein Kampf gegen diese Vorherrschaft. In dessen Verlaufe entstanden seit 1817 Realschulen, meist als städtische Anstalten, in denen das mathematisch-naturwissenschaftliche Element gegen das philologisch-historische der Gymnasien in den Vordergrund trat und zugleich die neueren Sprachen größere Berücksichtigung fanden. Indem diese Anstalten ihre Ziele allmählich erweiterten, standen die Realgymnasien, deren Lehrplan dieselbe Klassenzahl und Unterrichtsdauer vorschrieb wie der der Gymnasien, in dem Maße ihrer wissenschaftlichen Leistungen schließlich nicht mehr gegen die Gymnasien zurück: nur die Richtung der Ausbildung blieb eine verschiedene. Außerdem waren aus der Umbildung der früheren Gewerbeschulen Oberrealschulen hervorgegangen, die unter völligem Ausschlusse der alten Sprachen höhere Ziele in den neueren Sprachen und in den Naturwissenschaften verfolgten.

Die neuere Regelung hat die einseitig klassisch-philologische Richtung abgeschwächt und die Schularbeiten vermindert, sucht dagegen das selbständige Denken zu fördern, wendet auch den körperlichen Übungen besondere Aufmerksamkeit zu. Die drei Anstalten der Gymnasien, Realgymnasien und Oberrealschulen sind als in den Endzielen gleichwertige Vollanstalten mit 9 Jahrgängen beibehalten; neben ihnen bestehen als Nichtvollanstalten mit nur 6 Jahrgängen die Progymnasien, Realprogymnasien und Real (höheren Bürger) schulen.[2]) — Eine Verbindung der Gymnasien und Realgymnasien ist in den Reformgymnasien versucht, bei denen, um die Entscheidung für die eine oder die andere Richtung hinauszuschieben, die unteren Klassen bis zur Untertertia gemeinsam sind, in den oberen dagegen eine Trennung für beide Anstalten stattfindet.[3]) — Die Reifezeugnisse der Gymnasien, der Realgymnasien und der Ober-

---

[2]) Lehrpläne u. Lehraufgaben 29. Mai 01 (ZBU. 471) u. (Gesangunterricht) 21. Juli 10 (das. 698). Einführung von Lehrbüchern V. 31. Okt. 13 (das. 781). — Vorschulen Vf. 23. April 83 (ZBU. 423). — 1912 bestanden 342 Gymnasien, 168 Realgymnasien, 102 Oberrealschulen, 30 Progymnasien, 44 Realprogymnasien, 177 Realschulen.

[3]) Vorbildlich waren die Einrichtungen in Frankfurt a. M. u. Altona. Nach ersterer beginnt der französische Unterricht in Sexta, der lateinische in Untertertia u. der griechische in Untersekunda. In Altona sind Realgymnasium u. Realschule vereinigt; hier beginnt, da der griechische Unterricht ausfällt, der englische in Quarta. Die Zahl der Reformschulen betrug 110.

realschulen berechtigen zum Studium und zu den entsprechenden Staatsprüfungen auf den Gebieten der Rechts- und Staatswissenschaften, der Heilkunde einschließlich der Zahnheilkunde und der Viehheilkunde und in der philosophischen Fakultät, ferner für die Laufbahnen der höheren Post- und Telegraphenbeamten, der Schiffs- und Maschinenbaubeamten, der Marine und der preußischen Bau-, Forst- und Bergbeamten und für die Staatsprüfung als Nahrungsmittelchemiker, Landwirtschaftsschullehrer und Gewerbeaufsichtsbeamter. Einschränkungen bestehen nur insoweit, als für die theologischen Prüfungen und den Dienst in den Staatsarchiven, in der Kgl. Bibliothek und den Universitätsbibliotheken das Reifezeugnis eines Gymnasiums erfordert wird und auf einzelnen Gebieten die Abiturienten der Realgymnasien und Oberrealschulen sich einer Ergänzungsprüfung zu unterwerfen haben. Die Reifezeugnisse für die Prima der neunstufigen Anstalten berechtigen zur Zulassung für die Prüfung der Fähnriche und Seekadetten, als Apotheker, als Landmesser und Markscheider und die Diplomprüfung für den mittleren Bibliothekdienst.[4]) Das Reifezeugnis für die Obersekunda, sowie die Reifezeugnisse der Nichtvollanstalten berechtigen zum Dienste der mittleren Beamten (§ 63 Abs. 5) und zum einjährig freiwilligen Dienst (§ 93 Abs. 2).

Die **Lehrer** im höheren Schulfache werden auf Grund einer Prüfung angestellt, die vor den wissenschaftlichen Prüfungskommissionen[5]) abgelegt wird und die Lehrbefähigung in 2 Stufen (bis zur Untersekunda und bis zur Oberprima) darlegt.[6]) Die Ernennung und, bei Schulen, die nicht

---

[4]) Bek. 12. Dez. für das Reich u. AO. für Preußen 1. Dez. 91 (ZBU. 92 S. 340 u. 341). Das Nähere ergeben die Prüfungsordnungen für die Einzelgebiete. Zulassung der Abgangsschüler der Realgymnasien u. Oberrealschulen zum Studium der Rechte § 189 Anm. 6 u. der Heilkunde PrüfO. (§ 265 Anm. 3) § 6 und Vf. 26. Juni 08 (ZBU. 730) wonach auch Abgangsschüler der Oberrealschulen zugelassen werden, wenn sie die für die Versetzung in die Obersekunda eines Realgymnasiums erforderlichen Kenntnisse im Lateinischen nachweisen, Best. üb. die Ergänzungsprüfung 22. Nov. 02 (ZBU. 03 S. 196), erg. 29. Juli 12 (das. 548). — Auch als Nachweis für den Offizier(Seeoffizier)-beruf sind die drei höheren Schulanstalten gleichwertig. Die Primanerzeugnisse berechtigen zur Ablegung der Fähnrichs- (Seekadetteneintritts)prüfung. Oberrealschüler haben die fehlende Kenntnis des Lateinischen durch Mehrleistungen in den anderen Prüfungsfächern auszugleichen AE. 6. Feb. u. 28. Juni 02 (das. 542), Prüfung im Latein 17. März 09 (das. 366). — Zum Dienst der mittleren Beamten berechtigen auch die Reifezeugnisse der Landwirtschaftschulen (§ 337 Abs. 5 d. W.) AE. 8. Mai 95 (das. 493).

[5]) § 302 Anm. 11.

[6]) PrüfO. 12. Sept. 98 (ZBU. 688), erg. (§ 5, 17 [1], 19) Vf. 26. Feb. 01 (das. 279) u. (§ 9 [2], 33 [1], 40 [2]) 17. Aug. 06 (das. 692). Gegenseitige Anerkennung der Prüfungszeugnisse mit Kgr. Sachsen, den Sächsisch-Ernestinischen Staaten u. Elsaß-Lothringen 8. Juni 04 (das. 454), M.-Schwerin, Braunschweig 16. Nov. 99 (das. 824), Hamburg 6. März 01 (das. 281). — Praktische AusbildungsO. 15. März 08 (ZBU. 503). Diese Ausbildung umfaßt ein Seminar- und ein Probejahr. Pädagogische Seminare bestehen in Königsberg, Danzig, Berlin, Posen, Breslau, Magdeburg, Münster, Kassel, Koblenz und bei verschiedenen höheren Schulen. — Ausbildung als Turnlehrer § 305 Anm. 4. — Prüfung der Gesanglehrer und Gesanglehrerinnen O. 24. Juni 10 (ZBU. 581), der Zeichenlehrer an höheren Schulen

königlichen Patronats sind,[7]) die Bestätigung erfolgen durch das Provinzialschulkollegium oder den Minister, bei Direktoren der Gymnasien und Realschulen durch den König.[8]) Die Lehrer haben Pflichten und Rechte der Staatsbeamten,[9]) insbesondere hinsichtlich des Ruhegehalts[10]) und der Witwen- und Waisenversorgung (§ 75 Abs. 3). An den nichtstaatlichen öffentlichen höheren Schulen sind die Lehrer bezüglich ihres Diensteinkommens den Lehrern an den höheren staatlichen Anstalten gleichgestellt.[11])

Zu den höheren Schulen gehören die höheren Mädchenschulen. Soweit sie nach den am 1. April 1909 in Kraft getretenen Grundsätzen eingerichtet sind, heißen sie Lyzeen. Sie stehen unter den Provinzialschulkollegien und bezüglich des Ranges und der Titel der Direktoren und akademisch gebildeten Oberlehrer den höheren Lehranstalten für die männliche Jugend gleich. Ihr Lehrplan sucht durch entsprechende Gestaltung des Sprachunterrichts, Einführung der Mathematik und Verstärkung des naturwissenschaftlichen Unterrichts die Verstandesbildung und die Erziehung zum selbständigen Urteil gegenüber der ästhetischen und Gefühlsbildung zu fördern. Die Lehranstalten sind für die Zeit vom 6ten bis 16ten Lebensjahre bestimmt und zerfallen regelmäßig in 10 Klassen, die sich auf drei Stufen (Unterstufe oder Vorschule Klasse 10 bis 8, Mittelstufe 7 bis 5, Oberstufe 4 bis 1) verteilen. Ausnahmsweise können — um das Zustandekommen auch für kleinere Orte zu ermöglichen — in der Unter- und Mittelstufe auch Knaben zugelassen werden (Koedukation). Die Zulassung von Mädchen in Knabenschulen ist dagegen in Preußen nicht gestattet. — Der Weiterbildung dienen die mit den Schulen in Verbindung gebrachten Oberlyzeen und Studienanstalten. — Das Oberlyzeum, das eine Fortsetzung des Lyzeums bildet, soll bei zwei- (mindestens ein-) jähriger Lehrzeit sowohl für den Beruf der Hausfrau als für den der Sprach-, Handarbeits-, Hauswirtschafts- und Turnlehrerinnen ausbilden; es können aber neben dieser Frauenschule die drei wissenschaftlichen Fortbildungsklassen eines Lehrerinnen-

---

Instr. 23. April 85 (ZBU. 547); Anerkennung der in Hamburg geprüften Vf. 30. Dez. 10 (das. 11. S. 207). — Annahme zum höheren Schuldienst in den Schutzgebieten Vf. 5. Mai 11 (das. 375). — Beschäftigung ausländischer Lehramtskandidaten Anw. 27. März 05 (das. 06 S. 221) und 29. Feb. 08 (das. 436).

[7]) LR. II 12 § 59 u. 60. Bei Anstalten, die stehende Staatszuschüsse erhalten, nimmt der Staat ein durch Kommissare ausgeübtes Kompatronat in Anspruch KO. 10. Jan. 17 (KA. I Heft 1 S. 157). Das Patronat bildet den Inbegriff der Rechte, die Gemeinden oder Stiftungen in bezug auf die von ihnen gegründeten oder unterhaltenen höheren Schulen zustehen und mehrfach durch Kuratorien wahrgenommen werden.

[8]) V. 9. Dez 42 (GS. 43 S. 1) u. KO. 10. Nov. 42 (MB. 63 S. 6); neue Prov. Vf. 13. März 67 (MB. 113); Prov.-SchulKoll. § 302 Anm. 9. — Verfahren bei Anstellung der wissenschaftlichen Lehrer O. 15. Mai 05 (VBU. 409).

[9]) § 64—75 d. W. — Rang § 70 Anm. 27. — Gem. der BesoldungsO. (§ 72 Anm. 2 d. W.) ist der Normaletat neu aufgestellt 09 (ZBU. 561). — Dienstanw. für Direktoren (Direktorinnen) u. Lehrer (Lehrerinnen) 10. März 12 (das. 360).

[10]) § 74 Anm. 4 u. (Inruhestandversetzung) § 67 Anm. 3 d. W.

[11]) G. 25. Juli 92 (GS. 219) u. Anw. 21. Okt. 92 (ZBU. 713).

seminars nebst dem praktischen Jahreskursus eingerichtet werden. — Die **Studienanstalt** (Gymnasium, Realgymnasium oder Oberrealschule), die sich nach Vollendung der vierten (für die Oberrealschule der dritten) Klasse abzweigt und 6 (5) Schuljahre umfaßt, soll die Vorbildung zu den für die Frauen in Betracht kommenden akademischen Berufen in einer den Lehranstalten für die männliche Jugend gleichwertigen Weise gewähren.[12]) — Die Prüfung der Oberlehrerinnen ist neu geregelt.[13]) Die Zahl der männlichen und weiblichen Lehrkräfte soll annähernd gleich sein. Leiterinnen der Lyzeen führen den Titel „Frau Direktor". — Für die nicht anerkannten sog. gehobenen Mädchenschulen ist ein bestimmter Lehrplan nicht vorgeschrieben.[14])

4. Die Universitäten und technischen Hochschulen.

§ 307.

Aufgabe der Universitäten (Hochschulen) ist die Förderung der Wissenschaft und die wissenschaftliche Ausbildung der Diener des Staates und der Kirche. Ursprünglich ständische, sich selbst regierende Körperschaften, haben sie sich, auch nachdem sie zu Staatsanstalten geworden, eine gewisse Selbständigkeit zu bewahren gewußt.[1]) Jede **Universität** gliedert sich in die althergebrachten vier Fakultäten der Theologie, Rechtswissenschaft, Heilkunde und Philosophie,[2]) die für die Berufe der Geistlichen,

[12]) AE. 15 u. Best. 18. Aug. nebst AusfBest. 12. Dez. 08 (ZBU. 693, 694, 886). Wissenschaftliche Abschluß- u. Lehramtsprüfungsordnungen an den Lyzeen u. Prüfung der Volksschullehrerinnen 11. Jan. 11 (das. 224, 239 u. 251); Kurse für Kindergärtnerinnen u. Jugendleiterinnen Vorschr. 6. Feb. u. (Prüfungsordnungen) 16. Aug. 11 (das. 258 u. 530). ReifeprüfungsO. an den Studienanstalten 20. Okt. 10 (das. 842). — Zulassung zum Universitätsstudium § 307 Anm. 6 d. W. — Vereinbarung mit der französischen u. englischen Unterrichtsverwaltung zur Förderung des fremdsprachlichen Unterrichts Vf. 20. Juni 08 (das. 742). — 1912 bestanden 466 höhere Lehranstalten für die weibliche Jugend. Von diesen wurden ganz oder hauptsächlich unterhalten vom Staate 5, von Gemeinden 237, Stiftungen 79, Privaten 145.

[13]) Best. 3 u. Vf. üb. d. Universitätsstudium 11. April 09 (ZBU. 411). Vereinbarung mit den Bundesstaaten über Anerkennung wie § 305 Anm. 4, ferner mit M.-Schwerin u. S.-Weimar, Hamburg, Bremen u. Lippe 1912 (ZBU. 383, 549, 589, 590, 678 u. 1913 S. 834). — Prüfung für Einzel-, insbes. technische Fächer § 305 Anm. 4.

[14]) Vf. 11. März 09 (ZBU. 368).

[1]) LR. II 12 § 67, 68. Die **preußischen Universitäten** u. deren Stiftungsjahre sind: a) Albertus-U. in Königsberg (1544); b) Friedrich-Wilhelms-U. in Berlin (1810); c) U. in Greifswald (1456); d) schlesische Friedrich-Wilhelms-U. in Breslau (1702 als Leopoldina gestiftet und 1811 mit der 1506 in Frankfurt a. O. gegründeten U. vereinigt); e) Friedrichs-U. in Halle (1694 gestiftet und 1817 mit der 1502 in Wittenberg gegründeten vereinigt); f) Christian Albrecht-U. in Kiel (1665); g) Georg-August-U. in Göttingen (1737); h) U. in Marburg (1527), i) rheinische Friedrich-Wilhelms-U. in Bonn (1818), k) die westfälische Wilhelms-U. in Münster (ohne ev.-theologische u. medizinische Fakultäten, 1902). Außerdem besteht als **katholisch-theologische Fakultät**: die Akademie in Braunsberg u. seit 1903 eine Akademie in Posen, DiplomprüfungsO. 26. Mai 10 (ZBU. 690). — Vertretung im Herrenhause § 41 Abs. 3[5]. — **Weitere deutsche Universitäten** in Rostock, Gießen, Leipzig, München, Würzburg, Erlangen, Tübingen, Heidelberg, Freiburg i. B. u. Straßburg.

[2]) In Bonn u. Breslau besteht eine fünfte **Fakultät für katholische**

Richter, Ärzte und Lehrer vorbereiten. Die philosophische Fakultät, die alle nicht unter die drei anderen Fakultäten fallenden Lehrgegenstände umfaßt, vertritt diesen gegenüber zugleich die Einheit der Wissenschaft. An der Spitze der Universität steht der Rektor, an der Spitze jeder Fakultät ein Dekan. Rektor und Dekane werden durch die Gesamtheit der ordentlichen Professoren gewählt, die zugleich in einem Ausschusse (akademischen Senat) ihre Vertretung finden. Die staatliche Aufsicht übt der Kurator als Stellvertreter des Kultusministers.[3])

Die Universitätslehrer, die in ordentliche und außerordentliche Professoren, Privatdozenten und Lehrer zerfallen, haben Pflichten und Rechte der Staatsbeamten.[4]) Der unfreiwilligen Versetzung und Pensionierung unterliegen sie indessen nicht.[5])

Die Studierenden erwerben die Mitgliedschaft bei der Universität (das akademische Bürgerrecht) durch Einschreibung in die Matrikel (Immatrikulation)[6]) und treten damit unter die akademische Disziplin, die vom Rektor, Universitätsrichter und Senate ausgeübt wird. Die akademische Gerichtsbarkeit ist dagegen aufgehoben;[7]) die Studierenden stehen unter den Bestimmungen des allgemeinen Rechts, doch begründet die Minder-

---

Theologie; Münster hat nur eine solche Anm. 1. Bezüglich dieser ist der bischöflichen Behörde eine besondere Einwirkung eingeräumt AInstr. 26. Aug. 1776, schles. SchulRegl. 26. Juli 1800 u. KO. 13. April 25. — Die Staatswissenschaften, die an einigen süddeutschen Universitäten (München, Tübingen) eine eigene Fak. bilden, fallen in Preußen in die philosophische Fak. nur in Münster ist nach dem Vorbild der U. Straßburg eine rechts- u. staatswissenschaftliche Fak. eingerichtet. — In Verbindung mit der Berliner Universität besteht das orientalische Seminar zur Erlernung der orientalischen Sprachen G. 23. Mai 87 (RGB. 193) u. Bek. 5. Aug. 87 (ZBU. 742).

[3]) Vf. 18. Juli 48 (MB. 222) nebst Instr. 18. Nov. 19 (GS. 233). Für Berlin ist ein besonderes aus Rektor u. Universitätsrichter bestehendes Kuratorium eingesetzt; in Königsberg, Breslau und Münster sind — wie es V. 30. April 15 (GS. 85) § 16 allgemein angeordnet hatte — die Oberpräsidenten, Kuratoren; sonst sind besondere Beamte bestellt. — Bausachen Anw. 1. Aug. 95 (ZBU. 607. — Anstellung der mittleren Beamten Bek. 4. Jan. 09 (MB. 3); Prüfung der Bureauassistenten Vorschr. 16. Juni 09 (ZBU. 694); Dienstanw. f. Bausekretäre 31. Jan. 11 (das. 310).

[4]) LR. II 12 § 73. — Vorlesungshonorare AE. 21. Okt. 97 u. MinE. 9. u. 16. Sept. 98 (ZBU. 685 und 686). — Rang § 70, insbes. Anm. 11 u. 27 d. W. — Disziplinarverhältnisse der Privatdozenten G. 17. Juni 98 (GS. 125), auf technische Hochschulen anwendbar gem. V. 3. Dez. 08 (GS. 218); das Steuervorrecht der preuß. Beamten (§ 80 Abs. 6 d. W) steht Privatdozenten nicht zu OV. (LXII 496).

[5]) G. 21. Juli 52 (GS. 465) § 96.

[6]) LR. II 12 § 74—81 u. Anhang § 132—134. — Vorschr. für Studierende $\frac{\text{1. Okt. 79}}{\text{6. Jan 05}}$ erg. (§ 2) Vf. 11. April 09 (ZBU. 401) u. 30. Okt. 13 (das. 818). — Zulassung der Frauen Vf. 18. Aug. u. 23. Sept. 08 (ZBU. 691 u. 819), insbes. auf Grund der Prüfungen an den Oberlyzeen (§ 306 Abs. 4) Vf. 11. Okt. 13 (das. 793).

[7]) G. 24. April 78 (GS. 230) § 13 Abs. 1, G. 29. Mai 79 (GS. 389). Handhabung der Disz.-Vorschr. nebst Instr. 1. Okt. 79 (ZBU. 520 u. 531), Änderung (§ 2—4) Vf. 6. Jan. 05 (das. 207), (§ 2, 33, 34) 21. Mai 12 (das. 474) u. (§ 16) 8. Aug. 84 (das. 806). — Universitätsrichter AO. 18. Nov. 19 (GS. 238). Vgl. LR. II 12 § 82—126 u. Anh. 125 bis 145. — Verbindungs- und Duellwesen Vf. 1. Feb. 70 (MB. 73).

jährigkeit oder Unselbständigkeit keinen Einwand gegen die Verpflichtung zur Zahlung des Honorars. Die über Stundung des letzteren vom Universitätsrichter aufgenommenen Anerkenntnisse haben die Glaubwürdigkeit öffentlicher Urkunden.[8]) Zur Einziehung und Einklagung sind die Universitätskassen (Quästuren) berechtigt.[9]) Die Dauer des Studiums beträgt 3, für Mediziner 5 Jahre;[10]) mindestens drei Halbjahre sind auf einer inländischen Universität zuzubringen.[11]) Beim Abgange werden Zeugnisse erteilt.[12])

Oberste Unterrichtsanstalten für die einzelnen Fachgebiete sind die Hochschulen[13]) für Forstwirtschaft (§ 128 Abs. 1), Bergbau (§ 332 Abs. 3), Landwirtschaft (§ 337 Abs. 5) und Tierheilkunde (§ 357 Abs. 1). Allgemeinere Bedeutung haben die technischen Hochschulen, die deshalb dem Kultusminister unterstellt sind (§ 49 Abs. 1).[14]) Sie gewähren in 5 Abteilungen für Hochbau (Architektur), Tiefbau (Ingenieurwesen), Maschineningenieurwesen, Chemie und Hüttenkunde und allgemeine Wissenschaften die höhere Ausbildung für den technischen Beruf im Staats- und Gemeindedienst, wie im industriellen Leben.[15]) Ihre Einrichtung hat sich der der Universitäten genähert. Dieses gilt insbesondere von der Stellung der Lehrer[16]) und der Verleihung der Grade.[17])

---

[8]) G. 79 (vor. Anm.) § 1 Abs. 3.

[9]) KO. 5. Feb. 44 (GS. 69) u. 26. Sept. 45 (GS. 681).

[10]) Befreiung Vf. 2. u. 17. Juli 51 (MB. 129). — Ferien AE. 19. April 44 (MB. 150) u. 26. Sept. 79 (ZBU. 80 S. 421)

[11]) KO. 30. Juni 41 (GS. 139); Aufhebung der weitergehenden Verpflichtung in Schl.-Holstein Erl. 17. Sept. 67 (GS. 1743). — Gleiche Vorschrift in betreff der Richter GVG. § 2.

[12]) LR. II 12 § 127—129. — Einheitliche Regelung der medizinischen Doktorpromotionen an den deutschen Universitäten nebst PromotionsO. 16. Juli 00 (ZBU. 747), Grundsätze für die philosophische Vf. 30. Juli 02 (das. 529); Promotions-O. für Berlin 24. Aug. 03 (das. 04 S. 294). Die Führung eines Titels, der mit einem außerhalb des Reichs erworbenen akademischen Grade verbunden ist, fordert Ministerialgenehmigung V. 7. April 97 (GS. 99).

[13]) Die Universitäten u obersten Fachschulen wurden früher Akademien genannt. Neuerdings werden sie mit einzelnen Ausnahmen (Kriegs-, Forst- u. Bergakademien) als Hochschulen bezeichnet.

[14]) Techniiche Hochschulen bestehen in Danzig, Charlottenburg, Breslau, Hannover u. Aachen. Statuten f. Danzig 10. Okt. 04 (ZBU. 528), Charlottenburg 28. Juli 82 (das. 83 S. 228), Breslau 20. Juli 10 (das. 754), Hannover u. Aachen 7. Sept. 80 (das 144, 351 u. 156, 254) nebst Zusatz zu § 6 (das. 83 S. 135); Änderung d. Aufnahmebest. in den Statuten AE. 5. Juli 05 (das. 492). — Sonstige technische Hochschulen im Reiche bestehen in München, Stuttgart, Dresden, Karlsruhe, Darmstadt u. Braunschweig.

[15]) In Danzig u. Charlottenburg besteht je eine Abt. für Schiffs- u. Schiffsmaschinenbau; in Hannover wird Elektrotechnik, in Aachen Bergbau (verb. § 329 Anm. 13) u. Handelswissenschaft (§ 369 Anm. 12) gelehrt. Mit der Hochschule in Charlottenburg ist das Kön. Materialprüfungsamt in Dahlem zur Prüfung der Festigkeit von Konstruktionsmaterialien u. Konstruktionsteilen, der Festigkeitsprobiermaschinen, sowie zur Untersuchung von Baumaterialien, Papier, Schmiermitteln, Tinten u. chemischen Prüfungen verbunden. Das Amt ist einer Kommission unterstellt. Benutzungsvorschr. 30. März u. Regl. 10. April 95.

[16]) Die Rektoren führen den Titel „Magnifizenz" u. haben die 3. (in Charlottenburg die 2.), die Professoren, soweit sie etatsmäßig sind, die 4., sonst die 5.

Anm.: Note [17]) befindet sich auf S. 524.

III. Wissenschaft und Kunst.

1. Schutz des geistigen Eigentumes.

§ 308.

Die Erzeugnisse der Wissenschaft wie der Kunst haben neben ihrer geistigen auch eine wirtschaftliche Bedeutung, welche in ihrer Verwertung durch mechanische Vervielfältigung zur Geltung gelangt. Das Recht hierauf bildet das geistige (literarische) und künstlerische Eigentums- oder Urheberrecht.[1]) Es tritt bereits in den Buchdruckerprivilegien des 16ten Jahrhunderts hervor, hat sich aber erst im vorigen Jahrhundert zu einem selbständigen Recht entwickelt. Als solches ist es durch Vererbung oder Vertrag übertragbar und gegen unbefugte Ausübung (Nachdruck) strafrechtlich geschützt. An sich ist es Gegenstand des Privatrechts, tritt indes mit der Einrichtung dieses Schutzes zugleich in das Gebiet des Verwaltungsrechts ein.

Das geistige Eigentum ist Gegenstand der Reichsgesetzgebung[2]) und von dieser für Werke der Literatur und der Tonkunst mit Rücksicht auf das neue bürgerliche Recht und das internationale Urheberrecht (Abs. 3) neu geregelt.[3]) Der Schutz des Urhebers ist verstärkt, insbesondere auch für die periodische Presse;[4]) er dauert 30 Jahre nach dem Tode des Urhebers und außerdem 10 Jahre nach Veröffentlichung des Werkes.[5]) Die Verletzung des Rechts begründet den Anspruch auf Schadenersatz oder eine auf Verlangen statt dieser zu erkennenden Buße und die strafrechtliche Verfolgung; die widerrechtlich hergestellten Exemplare nebst

---

Rangklasse der Räte Bek. 5. Mai 92 (ZBU. 543). — Anstellung der mittleren Beamten Vf. 1. Feb. 09 (MB. 27).

[17]) HabilitationsO. 24. April 84 (ZBU. 85 S. 603). Berechtigung zur Verleihung von akademischen Graden (Diplomingenieur auf Grund einer Prüfung u. Doktoringenieur auf Grund einer weiteren Prüfung oder hervorragender Verdienste um Förderung der technischen Wissenschaften) AE. 11. Okt. 99 (ZBU. 786). DiplomprüfO. 02, PromotionsO. zur Würde eines Doktoringenieurs 19. Juni 00 (das. 685). Disziplinarverhältnis der Privatdozenten Anm. 4. — Zulassung der Frauen Vf. 14. April 09 (ZBU. 402).

[1]) Ähnlicher Schutz des gewerblichen Eigentums § 370 d. W.

[2]) Verf. Art. 4[6]. Die erlassenen Gesetze (Anm. 3 u. 7) bilden eine Ergänzung des BGB. (§ 196 Anm. 5 d. W.). — Die Regelung in den Konsulargerichtsbezirken unterliegt der Kais. Verordnung G. 7. April 00 (RGB. 213) § 22 u. 26.

[3]) G. üb. das Urheberrecht 19. Juni 01 (RGB. 227), erg. G. 22. Mai 10 (das. 793) Voraussetzungen u. Umfang des Schutzes G. 01 § 1—28 nebst Erg.G. Art I[1—3], wodurch insbes. Tonstücke nebst zugehörigem Text gegen Ausbeutung durch mechanische Musikwerke geschützt werden Art. I[7]. Bearb. v. Kuhlenbeck (Leipz. 01), umfassender v. Müller (Münch. 01) u. Allfeld (das. 02), (kleiner) v. Lindemann (3. Aufl. Berl. 10) u. VerlagsG. (Anm. 7) v. Heinitz (Berl. 2. Aufl. 11), Mittelstädt u. Hillig (Leipz. 01) u. Daude (Berl. 10).

[4]) Politische Artikel dürfen nur unter genauer Angabe der Quelle u. nur dann in anderen Zeitungen abgedruckt werden, wenn sie nicht mit dem Vorbehalt (Nachdruck verboten) versehen sind, wissenschaftliche, technische u. unterhaltende Artikel auch ohne solchen nicht; tatsächliche Mitteilungen über Tagesneuigkeiten dürfen dagegen stets abgedruckt werden das. § 18.

[5]) Das. § 29—35 u. 60.

den dazu bestimmten Vorrichtungen unterliegen der Einziehung.[6]) — Der Urheber (Verfasser) kann das ausschließliche Recht zur Vervielfältigung und Verbreitung seines Werkes einem anderen (Verleger) übertragen. Das damit begründete **Verlagsrecht** ist gleichzeitig mit dem Urheberrecht neu geordnet worden.[7]) — Ähnlichen Schutz wie die Literaturwerke genießen die **Werke der bildenden Kunst**, einschließlich der Erzeugnisse des Kunstgewerbes und der künstlerische Zwecke verfolgenden Bauwerke, desgleichen **Photographien**, diese jedoch nur für 10 Jahre nach dem Erscheinen.[8]) Bildnisse dürfen nur mit Einwilligung des Abgebildeten verbreitet oder öffentlich zur Schau gestellt werden.[9])

Der gegenseitige Schutz der literarischen und Kunsterzeugnisse ist mehreren Staaten gegenüber durch Verträge (Literarkonventionen) gesichert.[10])

2. Pflege von Wissenschaft und Kunst.

§ 309.

Die staatliche Fürsorge für Wissenschaft und Kunst erfolgt neben dem Schutz der Literatur- und Kunstwerke (§ 308 Abs. 2) durch Gründung

[6]) Das. § 36—48 u. (Verjährung) 50 bis 53 mit Erg (Anm. 3) Art. I 10—15. Zur Begutachtung technischer Fragen sind für alle Bundesstaaten Sachverständigen-Kammern (für Preußen eine literarische und eine musikalische) errichtet § 49 u. Best. 13. Sept. 01 (ZB. 337), während die Eintragsrolle bei dem Stadtrat in Leipzig geführt wird § 56—59; Ausf. Vorschr. 13. Sept. 01 (ZB. 335); die Eintragungen werden im Reichsanz. bekannt gem. Bek. 28. April 03 (RGB. 211).

[7]) G. üb. d. Verlagsrecht 19. Juni 01 (RGB. 217), erg. (§ 2 Abs. 2) G. 10 (Anm. 3) Art. II, der gegen Wiedergabe eines Tonstücks durch mechanische Musikwerke u. eines Bildwerks durch Kinematograph schützt. Das G. betrifft den Begriff § 1, Rechte u. Pflichten des Verfassers u. Verlegers § 2—27, Übertragbarkeit § 28, Wirkungen des Verlagsvertrages § 29—40, Vorschriften für besondere Verhältnisse § 41—48 (periodische Presse § 41—46), Zuständigkeit des Reichsgerichts § 49. — Bearb. Anm. 3.

[8]) G. 9. Jan. 07 (RGB. 7), erg. § 2 Abs. 2) G. 10 (Anm. 3) Art. III; Sachverständigen-Kammern § 46 u Best. 10. Mai 07 (ZB. 214). — Bearb. v. Osterrieth (Berl. 07) u. Müller (2. Bd. des Anm. 3 aufgeführten Werkes, Münch. 07).

[9]) Das. § 22—24.

[10]) Ein internationaler Verband zwischen dem deutschen Reiche, Belgien, Luxemburg, Frankreich, Monako, Großbritannien, der Schweiz, Italien, Spanien, Dänemark, Schweden, Norwegen, Japan, Tunis, Liberia u. Haiti 13. Nov. 08 (RGB. 10 S. 965), setzt ähnlich dem Weltpostverein (§ 389 Abs. 3 d. W.) das Mindestmaß des zu gewährenden Urheberschutzes fest; internationales Bureau in Bern Art. 21—23. Ratifikation durch Spanien u. Norwegen Bek. 26. Okt. 10 (das. 1096), Großbritannien u. Dänemark 18. Juli 12 (das. 444), Beitritt Großbritanniens für Neufundland u. Australien 15. u. 30. Nov. 13 (das. 759 u. 770), Portugals 30. Sept. 11 (das. 1910), der Niederlande 23. Nov. 12 (das. 551), für niederländisch Ostindien 10. Feb., Curaçao 22. März u. Surinam 24. April 13 (das. 47, 170 u. 250). In Ausführung der Art. 9 Abs. 2, 13 u. 18 Abs. 3 erging G. 10 (Anm. 3) Art. IV u. V nebst V. 12. Juli 10 (RGB. 989). Anwendung in den deutschen Schutzgebieten. V. u. AE. 15. Oktober u. Bek. 14. Nov. 08 (RGB. 627, 628 u. 629). Weitergehende Bestimmungen in den Verträgen mit diesen, sowie die Verträge mit anderen Staaten bleiben unberührt. Demgemäß kommen in Betracht: Vtr. des Reichs mit **Österreich-Ungarn** 30. Dez. 99 (RGB. 01 S. 131), AusfBek. 17. Mai 01 (ZB. 130), **Frankreich** 8. April 07 (RGB. 419) u. (Beitritt der beiderseitigen Kolonien) Bek. 20. Nov. 08 (das. 631), **Italien** 9. Nov. u. **Belgien**, 16. Okt. 07 (das. 08 S. 80 u. 405), Ruß-

und Erhaltung eigener Anstalten oder durch Förderung der hierauf gerichteten Bestrebungen der Vereine und Privaten mittelst Gewährung von Beihilfen.

Wo die Gegenstände dieser Fürsorge im Auslande liegen, ist das Deutsche Reich eingetreten. Dieses hat die früher preußischen archäologischen Anstalten in Rom und Athen übernommen (1874)[1]) und die klassischen Stätten des alten Olympia erschlossen.[2]) Daneben unterhält es die Zentraldirektion der monumenta Germaniae historica und die physikalisch-technische Reichsanstalt für die versuchsmäßige Förderung der exakten Naturforschung und Präzisionstechnik,[3]) die beide dem Reichsamt des Inneren unterstellt sind, auch gewährt es Beiträge zu den Kosten des Seminars für orientalische Sprachen in Berlin[4]) und des germanischen Museums in Nürnberg.

Der Schwerpunkt dieser Tätigkeit liegt indes nach wie vor in den Einzelstaaten. In Preußen begann diese Fürsorge mit dem 18ten Jahrhundert und wurde, nachdem sie unter dem mehr auf das Praktische gerichteten Friedrich Wilhelm I. geruht hatte, von Friedrich dem Großen um so lebhafter wieder aufgenommen.[5]) — Neben dem Staate sind auch die Provinzen zur Unterstützung von Kunst und Wissenschaft berufen.[6])

Der Wissenschaft dient die 1700 gegründete und 1744 neu eingerichtete Akademie der Wissenschaften in Berlin und die 1751 gegründete und 1893 neu eingerichtete Königl. Gesellschaft der Wissenschaften in Göttingen. Beide zerfallen in eine physikalisch-mathematische und eine philosophisch-historische Klasse und umfassen ordentliche, auswärtige, Ehren- und korrespondierende Mitglieder.[7]) Sie halten Sitzungen ab, stellen Preisaufgaben und veröffentlichen ihre Abhandlungen. — Andere wissenschaftliche Anstalten sind die öffentlichen Bibliotheken,[8]) die dem

land 28./15. Feb. 13 (das. 301), der Vereinigten Staaten von Amerika 15. Jan. 92 (RGB. 473); Bearb. der Sonderverträge von Röthlichsberger (Bern 09).

[1]) Stat. 9. April 87 (ZB. 172, Zus. 1893 S. 235, 1895 S. 148, 1901 S. 306 u. 1904 S. 62, Satzungen für die römisch-germanische Kommission 01 S. 322).

[2]) Vtr. mit Griechenland 13./25. April 74 (RGB. 75 S. 241).

[3]) Diese übernimmt die Prüfung der Hefnerlampen Bek. 30. März 03 (ZB. 24), der Schraubengewinde 5. Juni 94 (ZB. 291). PrüfungsBest. 31. März 10 (ZB. 101), für Thermometer 28 April 09 (ZB. 194), Instrumente zu Druckmessungen 28. März 13 (ZB. 510).

[4]) G. 23. Mai 87 (RGB. 193).

[5]) Orden auf dem Gebiete der Kunst und Wissenschaft § 39 Anm. 8f d. W. — Für hervorragende Leistungen auf den Gebieten der Kunst und der Wissenschaft wird je eine größere und eine kleinere goldene Medaille verliehen.

[6]) G. 8. Juli 75 (GS. 497) § 46.

[7]) Statut für Berlin 28. März 81 (ZBU. 510). Der Akademie unterstehen das historische Institut in Rom Stat. 22. Nov. 02 (das. 640) und die Herausgabe der Monumenta Borussica Stat. 9. April u. 28. März 88 (das. 511 u. 512); Statuten für Göttingen 21. Juni 93. — Seit 1899 besteht eine zwischenstaatliche Vereinigung der wissenschaftl. Akademien. — Verb. § 304 Anm. 13.

[8]) Außer der kgl. Bibliothek in Berlin (Stat. 16. Nov. 85 ZBU. 86 S. 190, BenutzungsO. 8. Feb. 05) bestehen die Bibliotheken der Universitäten u. ver-

Ministerpräsidenten unterstellten Staatsarchive,[9]) der botanische Garten in Dahlem, die Sternwarte und die astronomische Rechenanstalt in Berlin,[10]) die meteorologische Anstalt in Berlin nebst Observatorium bei Potsdam, das aëronautische Observatorium bei Lindenberg, die astrophysikalische Warte, die geodätische Anstalt[11]) und das Zentralbureau der internationalen Erdmessung[12]) auf dem Telegraphenberge bei Potsdam, die biologischen Anstalten in Dahlem (§ 337 Abs. 4) und in Helgoland.

Den Sammelpunkt für die Bestrebungen auf dem Gebiete der Kunst bildet die Akademie der Künste in Berlin, die sich über die bildenden Künste und die Musik erstreckt. Sie ist 1696 gegründet, steht unter einem Präsidenten und umfaßt den Senat, die Genossenschaft der Mitglieder und die akademischen Unterrichtsanstalten. Zu diesen gehören die Hochschule für die bildenden Künste und die Meisterwerkstätten, ferner die Hochschule für Musik, die Meisterschulen für musikalische Tondichtung und die Anstalt für Kirchenmusik.[13]) Neben der Akademie bestehen einzelne Kunstakademien und Kunstschulen, die der Kunst und Wissenschaft und gleichzeitig der Volksbildung dienen.[14]) Den staatlichen Museen in Berlin,[15])

---

schiedener Städte sowie die Landesbibliotheken in Posen, (Kaiser Wilhelmsbibliothek), Erfurt, Hannover, Kassel, Fulda, Wiesbaden und Düsseldorf. — Alphabetische Kataloge Instr. 10. Mai 99 (ZBU. 634) u. Gesamtkatalog (das. 645). Leihverkehr zwischen den preuß. Bibliotheken Vf. 1. Nov. und Leihgebühr bei der Berliner Bibl. 2. Nov. 10 (das. 879 u. 882). — Verpflichtung der Verleger zur Abgabe von Pflichtexemplaren an die königl. und an die Provinzial-Universitätsbibliotheken KO. 28. Dez. 24 (GS. 25 S. 2), G. 12. Mai 51 (GS. 273) § 6, RG. 7. Mai 74 (RGB. 65) § 30 Abs. 3; Vf. 25. Feb. 40 (MB. 93), 4. Aug. u. 24. Nov. 76 (ZBU. 527 u. 645), 9. Juli 07 (MB. 227) u. OV. (XXXVI 434). — Anstellung der Bibliothekbeamten Vf. 15. Dez. 93 (ZBU. 94 S. 266), der Bibliothekſekretäre und -sekretärinnen in Berlin 23. Mai 11 (das. 426). Diplomprüfung f. d. mittleren Bibliothekdienst Vf. 10. Aug. 09 (das. 706). — Förderung der Volksbibliotheken Vf. 18. Juli 99 (ZBU. 760).

[9]) Unter der Leitung des Direktors der Archive stehen das geheime Staatsarchiv in Berlin und die Staatsarchive in Königsberg, Danzig, Stettin, Posen, Breslau, Magdeburg, Schleswig, Hannover, Osnabrück, Aurich, Münster, Marburg, Wiesbaden, Düsseldorf, Koblenz, Wetzlar u. Sigmaringen AE. 20 März 52 (MB. 80). Der Archivverwaltung ist die historische Anstalt in Rom unterstellt. — Dienst-Anw. für Archivbeamte in den Provinzen 21. Jan. 04 (MB. 34). Vorbildung Bek. u. Prüf.-O. 3. Mai 06 (MB. 206 u. 207). Titel (Archivdirektor) AE. 27. Dez. 99 (GS. 00 S. 5); Rang § 70, insbes. Anm. 20 u. 35. Tagegelder und Reisekosten § 73 Anm. 1. — Der Genehmigung bedarf es zu Veräußerung von Archiven oder Teilen solcher für Stadt- u. Landgemeinden ZustG. § 16, 30 u. ähnlich für katholische u. evangelische Kirchengemeinden G. 20. Jan. 75 (GS. 241) § 21^2, 50^2 u. V. 3. Juni 76 (GS. 125) § 24^2.

[10]) Regl. 13 April 97.

[11]) Stat. 15. Jan. 87 (ZBU. 168).

[12]) Übereink. betr. die Errichtung der internationalen Erdmessung Okt. 95.

[13]) AE. u. Statut 15. Juni 82 (ZBU. 618), geändert AE. 13. Mai 07 (das. 852) u. 10. Feb. 13 (das. 332). — Best. über den Schillerpreis für dramatische Werke 9. Nov. 59, erg. 10. Nov. 01 (GS 179).

[14]) Kunstakademien in Königsberg, Kassel, (Stat. 4. Dez. 85 ZBU. 86 S. 183), Düsseldorf, Kunstschule in Berlin und Kunstgewerbeschule in Breslau.

[15]) Statut 25. Mai 68 u. Best. 13. Nov. 78 (ZBU. 654). Unter der Generalverwaltung der Kgl. Museen stehen die Sachverständigenkommissionen

schließen sich einzelne ähnliche Anstalten der Provinzen und größeren Städte an.[16]) Die Erhaltung von Kunstgegenständen und Denkmälern der Vorzeit sowie von Naturdenkmälern ist Gegenstand staatlicher Fürsorge (§ 281 Abs. 2).

Das Kunstgewerbe fällt in das Gebiet des Bau- und des Gewerbewesens (§ 363 Abs. 2).

(Stat. § 8), das Alte, das Neue u. das Kaiser-Friedrich-Museum, die ältere Gemälde, Kupferstiche, Bildhauerwerke, Altertümer und Münzen enthalten u. einer Neueinteilung in ein Antiken-, ein deutsches u. ein vorderasiatisches Museum entgegengehen, ferner das Kunstgewerbemuseum, das als Privatanstalt errichtet, später vom Staat übernommen und mit einer Unterrichtsanstalt verbunden ist (AE. 14. Juli 73 u. 27. Juni 79 (ZBU. 548), und das Museum für Völkerkunde. Weitere Sammlungen bilden die Nationalgallerie für Gemälde und Bildhauerwerke des 19. Jahrhunderts das Rauchmuseum für Vorbilder und Gipsabgüsse dieses Meisters, die Gemäldegalerie in Kassel und das Saalburgmuseum bei Homburg.

[16]) In Danzig, Posen (Kaiser Friedrich-Museum), Stettin, Stralsund, Breslau, Halle, Kiel (Thaulowmuseum), Münster, Hannover, Wiesbaden, Frankfurt a. M., Bonn und Trier.

Neuntes Kapitel.

Wirtschaftspflege.

I. Geschichte und Gebiete der Staatstätigkeit.

§ 310.

Die wirtschaftlichen Bestrebungen, die während des Mittelalters nur in dem gegenseitigen Kampfe der ständischen Interessen zur Geltung gelangten, haben erst in neuerer Zeit, nachdem der Staatsgedanke zum Durchbruch gekommen war, in dem Staate ihren einheitlichen Mittelpunkt gefunden. Seitdem sind sie unausgesetzt Gegenstand staatlicher Fürsorge gewesen, wenngleich die Staatstätigkeit je nach dem Charakter des Staates, nach dem Zustande seiner Entwickelung, sowie nach den jeweilig herrschend gewesenen Anschauungen[1]) verschieden war. Im 18. Jahrhundert lag die Wirtschaftspflege vollständig in den Händen des Staates; sie bildete einen Teil der Polizei (§ 221 Abs. 1). Die freie wirtschaftliche Bewegung war dadurch abgeschnitten, zumal auch aus der wirtschaftlichen Abgeschlossenheit des Mittelalters eine Reihe weiterer Einschränkungen zurückgeblieben war. Erst das 19. Jahrhundert hat diese Fesseln gesprengt. Für Preußen bildet hierbei die Stein-Hardenbergsche Gesetzgebung den Ausgangspunkt. Diese beseitigte die persönliche Abhängigkeit, stellte die Freiheit des Grunderwerbs, des landwirtschaftlichen und gewerblichen Betriebes her und ermöglichte dadurch die freie Entwickelung und die volle Verwendung der Fähigkeiten und Kräfte jedes einzelnen.[2]) Diese Grundsätze, denen später auch der der Verkehrsfreiheit hinzutrat, sind durch die nachfolgende Gesetzgebung wesentlich erweitert und schließlich in der Reichsgesetzgebung Gemeingut des ganzen Volkes geworden (§ 338 Abs. 1 u. 363 Abs. 3). — Die staatliche Tätigkeit war unter diesen Einwirkungen wesentlich zurück-

[1]) Man unterscheidet die Wohlfahrtstheorie, die dem Staat alle Gebiete des öffentlichen Lebens zuweist u. ebensowohl in dem aufgeklärten Despotismus des 18. Jahrhunderts, wie in der französischen Revolution bestimmend war, die (Kantsche) Rechtstheorie, die den Staat auf die rein negative Aufgabe des Schutzes beschränkt, alles übrige aber den einzelnen Staatsangehörigen überläßt, u. die Vermittelungstheorie, die den Schutz zwar als die erste Aufgabe des Staates festhält, daneben aber auch die aushelfende Tätigkeit des Staates auf den Gebieten der Kultur- u. Wirtschaftspflege insoweit zuläßt, als die Privattätigkeit nicht mehr ausreicht (Bluntschli).

[2]) RegInstr. 23. Okt. 17 (GS. 248) § 7.

getreten. Da gleichzeitig die Selbstverwaltungskörper und Vereine erstarkt waren und eine erfolgreiche Wirksamkeit auf wirtschaftlichem Gebiete entfalteten, so durfte der Staat seine ordnende Hand zum Teil selbst von solchen Gegenständen zurückziehen, die für den einzelnen unerreichbar waren. Doch auch diese auf wirtschaftliche Freiheit und Selbsttätigkeit gerichtete Bewegung hatte ihre Grenzen. Die aus den Fesseln des Polizeistaates erlöste wirtschaftliche Tätigkeit durfte nicht nach der anderen Seite hin dem starren Rechtsstaat verfallen, der nur den Rechtsschutz gewährt, alle Wohlfahrtszwecke dagegen von sich weist.[1]) Die Erfahrungen der jüngsten Zeit haben unsere wirtschaftliche Bewegung, die bereits diesen äußersten Zielen zusteuerte, wieder in natürlichere Bahnen gelenkt. Die vermehrten Bedürfnisse des heutigen Lebens stellen Anforderungen, die nur vom Staate mit seinen umfassenderen und wirksameren Mitteln gehörig erfüllt werden können. Vor allem zeigen aber die auf sozialem Gebiete hervorgetretenen Schäden und Notstände, daß hier die Staatshilfe durch die Selbsthilfe noch längst nicht ersetzt werden kann. Je entschiedener der Staat den Forderungen und Ausschreitungen der durch die Sozialdemokratie irre geleiteten Bevölkerung entgegentreten mußte, um so weniger durfte er sich gegen die berechtigten Bestrebungen auf sozialem Gebiete verschließen und der arbeitenden Bevölkerung die Bedingungen geistiger und physischer Entwickelung vorenthalten, die sie bei dem Mangel an Kapital sich selbst zu schaffen außer stande ist. — Unserer Gesetzgebung ist damit ein sozialpolitischer Charakter aufgeprägt, der zwar gleich der sozialen Bewegung selbst auf wirtschaftlichem Gebiete seinen Ausgang nimmt und vorzugsweise in der Wirtschaftspflege hervortritt, daneben aber auch andere Gebiete beeinflußt hat. Die Sozialgesetzgebung bildet somit keinen für sich abgeschlossenen Teil der allgemeinen Gesetzgebung, sondern kommt in größerem oder geringerem Umfange in den verschiedensten Zweigen derselben zur Geltung.[3]) Sie verfolgt hierbei drei Richtungen:

1. die unmittelbare Verwaltung derjenigen gemeinnützigen Einrichtungen, bezüglich deren die private und genossenschaftliche Tätigkeit unzureichend erscheint (Banken, Eisenbahnen, Post und Telegraphen);
2. der Schutz der Schwachen und Hilflosen;[4])
3. die soziale Organisation, für die sie Grundbestimmungen vorschreibt und überwachend eintritt (Sparkassen, Innungen, Knappschafts- und Arbeiterversicherungskassen, Berufsgenossenschaften).

[3]) Besteuerung § 137 Abs. 4, bürgerliches Recht § 196 Abs. 3, Maßregeln der Gesundheits- u. Baupolizei u. der Armenpflege § 269—285, Fürsorge für das Schulwesen § 303 d. W., Gewerbe-, Bergwerks- u. Eisenbahnbetrieb, folg. Anm. — Eine Bibliographie der Sozialwissenschaften erscheint mit Unterstützung des Reichs v. 1913 ab bei Springer.

[4]) Schutz gegen Verfälschungen § 273 Fürsorge für Arbeiterwohnungen § 312 Abs. 2, für die Arbeit § 313, Arbeiterschutz § 315, Arbeiterversicherung § 316—320, Schutz gegen Ausbeutung und Wucher § 326 Abs. 6, der kleinen Betriebe gegen den Großbetrieb in der Landwirtschaft (Verbot der Einziehung bäuerlicher Grundstücke) § 77

Die staatliche Wirtschaftspflege erstreckt sich auf eine Reihe von Einzelgebieten. Die Voraussetzung jeder wirtschaftlichen Tätigkeit bilden neben der bei den Erwerbszweigen zu IV und V zu besprechenden Natur die Arbeit und das Kapital (§ 3 I). Die Wirtschaftspflege hat demgemäß neben der allgemeinen Fürsorge für die Arbeit (Nr. II) die allgemeinen Bedingungen für die Bildung und Nutzbarmachung des Kapitals herzustellen (Nr. III). Sie hat ferner für die einzelnen Erwerbszweige zu sorgen, und diese sind entweder auf Gewinnung der Naturerzeugnisse gerichtet, wie im Mineralreiche der Bergbau (Nr. IV), im Pflanzenreiche die Land- und Forstwirtschaft (Nr. V) und im Tierreiche die Viehzucht, Jagd und Fischerei (Nr. VI),[5] oder sie bezwecken deren weitere Verarbeitung im Gewerbe (VII), oder ihren Umsatz im Handel (Nr. VIII), während der Verkehr allen diesen Zweigen die Wege ebnet (Nr. IX).

Bei ihrer Vielgestaltigkeit entbehrt die Wirtschaftspflege gemeinsamer Verwaltungsorgane.[6]) Diese bestehen gesondert für die einzelnen Verwaltungsgebiete, als Landwirtschaftskammern (§ 337 Abs. 4), Handwerkerkammern (§ 368 Abs. 3) und Handelskammern (§ 372 Abs. 3).

II. Arbeiterfürsorge.[1])

1. Übersicht.

§ 311.

Die Arbeiterfürsorge hat neuerdings einen außerordentlichen Umfang angenommen; in ihr tritt der sozialpolitische Charakter unserer Zeit (§ 310 Abs. 1) ganz besonders hervor. Neben der Fürsorge für die notwendigen Lebensbedürfnisse der Arbeiter (Nr. 2) kommt es darauf an, daß diese jederzeit die geeignete Arbeit finden (Nr. 3). Ein weiteres Gebiet bildet die Jugendfürsorge (Nr. 4). Der Staat sucht außerdem im Arbeiterschutze die Gesundheit und Arbeitsfähigkeit der Arbeiter während des Betriebes der Arbeit zu erhalten (Nr. 5) und in der Arbeiterversicherung gegenüber der gleichwohl eintretenden Arbeitsunfähigkeit die erforderliche Hilfe zu sichern (Nr. 6). Auf beiden Gebieten ist das Deutsche Reich allen übrigen Staaten vorausgegangen.[2]) Seine Maßnahmen erstreckten sich zuerst nur auf die

Anm. 2 u. 343 Anm. 1, im Handwerk § 368, im Handel (Warenhaussteuer) § 80 Abs. 5.

[5]) Die ursprüngliche Wirtschaft beschränkte sich auf die Aneignung der Tiere durch Jagd u. Fischerei; eine höhere Stufe stellte die mit der Sorge für die Naturgaben verbundene Viehzucht dar; die dritte Stufe bildet der Ackerbau, der zur Seßhaftigkeit führte und damit zum Ausgangspunkt für die Staatenbildung u. die Volkswirtschaft wurde.

[6]) Einen Mittelpunkt für diese Bestrebungen bildet die Zentralstelle für Volkswohlfahrt, die als ein öffentlich rechtlicher Verein mit juristischer Persönlichkeit eingerichtet ist. Satzung 18. Febr. 07 (HMB. 43).

[1]) Sondervorschr. für Bauarbeiter § 278 Anm. 7, Bergarbeiter § 335, ländliche Arbeiter § 350 Abs. 2, Eisenbahnarbeiter § 388 Abs. 2. — Zentralstelle für Volkswohlfahrt § 310 Anm. 6.

[2]) § 315 Anm. 2 u. 316 Anm. 3 d. W.

in den gewerblichen Betrieben beschäftigten Arbeiter.[3]) Diese bilden auch jetzt noch die Hauptmasse aller Arbeiter; die Arbeiterfürsorge hat sich aber in ihrer weiteren Entwickelung mehr und mehr auf andere Arbeitergruppen ausgedehnt, wie sie bei Bauten, in Bergwerken, in der Land- und Forstwirtschaft, in Handelsgeschäften und Apotheken, in der Schiffahrt und im Eisenbahnverkehr beschäftigt werden. Der Arbeiterschutz beruht demgemäß zwar noch heute auf der Gewerbeordnung, in der er einen besonderen Abschnitt bildet. Verschiedene Bestimmungen gelten jedoch auch für die erwähnten sonstigen Arbeiter, und die Arbeiterversicherung, die neuerdings für nahezu alle Arbeiter in einer umfassenden Ordnung besonders geregelt worden ist (§ 316), bildet seitdem ein eigenes neues Verwaltungsgebiet.[4])

2. Nahrungs- und Wohnungsfürsorge.

§ 312.

Notwendige Lebensbedürfnisse des Arbeiters bilden seine Ernährung und seine Wohnung. — Für gesunde Lebensmittel sorgt die Gesundheitspolizei (§ 273) und ihrem Preisverhältnis wird in der Steuergesetzgebung Rechnung getragen. Ähnliche Ziele verfolgt die Förderung des Haushaltungsunterrichts für Mädchen der ärmeren Stände, der in oder neben der Volksschule oder in besonderen Fortbildungsschulen erteilt werden kann.[1])

Noch umfassender sind die Maßnahmen zur Herstellung gesunder, entsprechend geräumiger und billiger Wohnungen.[2]) Diese können auf

[3]) Bei der auf Grund des G. 25. März 07 (RGB. 87) am 14. Juni 07 stattgehabten Berufs- u. Betriebszählung sind im Reiche 61720529 Einwohner festgestellt. Davon waren im Hauptberufe erwerbstätig:

Nr.	Berufsgruppen	Zahl	v. H.
I	Landwirtschaft, Tierzucht, Gärtnerei, Forstwirtschaft, Jagd u. Fischerei	17 681 176	28,65
II	Bergbau, Hüttenwesen, Industrie und Bauwesen	26 386 537	42,75
III	Handel und Verkehr	8 278 239	13,41
IV	Häusliche Dienste und Lohnarbeit wechselnder Art	792 748	1,29
V	Militär-, Staats-, Gemeinde-, Kirchendienst, freie Berufe	3 407 126	5,52
VI	Rentner, Pensionäre u. s. w., Personen ohne Beruf und Berufsangabe	5 174 703	8,38
		61 720 529	100,00

Die Zählung ergab a) das Zurücktreten der landwirtschafttreibenden Bevölkerung, die sich 1895 mit der gewerbetreibenden noch die Wage hielt, b) die Vermehrung der Groß- gegen die Kleinbetriebe u. in Verbindung damit der abhängigen gegen die selbständigen Gewerbetreibenden, c) die Zunahme der erwerbtätigen Frauen, die 1/3 aller Erwerbtätigen ausmachten gegen 1/4 im Jahre 1895. — Die Arbeiterstatistik im Reiche, für die eine besondere Kommission eingesetzt war, wird jetzt von einer Abteilung des statistischen Amtes (§ 20 Abs. 2[3]) bearbeitet.

[4]) Arbeiterschutz und Arbeiterversicherung, die in den früheren Auflagen d. W. in dem Abschnitt „Gewerbe" aufgenommen waren, bilden deshalb nunmehr als „Arbeiterfürsorge" einen besonderen Abschnitt. In diesen konnte auch die Sorge für Arbeiter und für die Jugend übernommen werden, die früher weniger zutreffend als vorbeugende Armenpflege im Armenwesen untergebracht waren.

[1]) § 337 Anm. 11 u. (Prüfung der Lehrerinnen) § 305 Anm. 4 d. W.

[2]) Kündigung ungesunder Wohnungen § 279 Anm. 1. Wohnungsgenossenschaften § 331 Anm. 6. — Bei der Reg. in Düsseldorf ist seit 1902 ein Wohnungsinspektor angestellt. — Ein Gesetzentwurf erstrebt die Verbesserung der Wohnungsverhältnisse durch Förderung gemeinnütziger

die Beschaffung von Mietwohnungen oder bei Herstellung von Einfamilienhäusern auf die Ermöglichung späteren Erwerbes gerichtet sein.[3]) Sie können durch das Reich, den Staat, durch Gemeinden,[4]) durch gemeinnützige Vereine, insbesondere Baugenossenschaften[5]), oder durch größere Arbeitgeber erfolgen.[6]) So hat der Staat zur Erbauung von Miethäusern Kleinwohnungen für seine Arbeiter und gering besoldeten Beamten 173 Mill. M. verfügbar gemacht, die vorzugsweise der Berg- und der Eisenbahnverwaltung zugute kommen.[7])

3. Sorge für Arbeit.

§ 313.

Arbeitslosigkeit kann auf Arbeitsunfähigkeit, Arbeitsscheu oder Arbeitsmangel beruhen. Während den Arbeitsunfähigen neben der Arbeiterversicherung (§ 315—320) nur durch die allgemeine Armenpflege (§ 284) zu helfen und die Arbeitsscheu durch die Polizei zu bekämpfen ist (§ 240), bildet der **Arbeitsmangel** den Gegenstand wirtschaftlicher Fürsorge.

Ein **Recht auf Arbeit** ist weder zu begründen, noch durchzuführen. Es scheitert an der Möglichkeit, jederzeit und jeden Orts die geeignete Arbeit zu schaffen; das Recht würde auch die freie Arbeit schädigen und, indem es den Versorgten die Selbstverantwortung abnimmt, entsittlichend wirken.[1]) Dagegen bildet die Förderung der Arbeitsgelegenheit eine wichtige Aufgabe der Wohlfahrtspflege in Staat und Gemeinde, die teils durch Inangriffnahme öffentlicher Arbeiten in Zeiten der Not, teils durch Erleichterung der Erwerbstätigkeit (§ 310 Abs. 1) und den Schutz der nationalen Arbeit (§ 161 Abs. 5) erfüllt wird. In jüngster Zeit ist der Einrichtung der **Arbeitsnachweise** besondere

Baugesellschaften, Gewährung von Vergünstigungen beim Bau von Kleinwohnungen, Regelung der Wohnungsaufsicht u. Erhaltung u. Förderung der niedrigen Bauweise in den kleineren Orten und den Außenbezirken der größeren Städte. — Zeitschrift für Wohnungswesen seit 1902 (Berl.) Kleinhaus und Mietkaserne v. Voigt-Geldner (Berl. 05).

[3]) Eine Erleichterung bezweckt das Erbbaurecht § 279 Anm. 1 d. W.

[4]) Vf. 19. März 01 (HMB. 12) und 18. Aug. 02 (das. 346).

[5]) Befreiung von Stempel § 152 Abs. 2 und Gerichtskosten § 195 Abs. 3 d. W. Bedingungen für Baudarlehen nebst Ausf. Best. 3 Juni 02 u. Vf. 27. Jan. 13 (MB. 24). — 1911 bestanden in Preußen 630 Baugenossenschaften, die in 8 Verbänden zusammengeschlossen waren.

[6]) Die Herstellung von Arbeiterwohnungen wird neuerdings durch Baudarlehen der Invalidenversicherungsanstalten (§ 316 Anm. 3) gefördert. — Neben dem Neubau ist nach dem Vorgange der Engländerin Octavia Hill auch die Umgestaltung unbrauchbarer Wohnungen in brauchbare unternommen, auch durch Hausordnungen oder Mietbedingungen eine erziehliche Einwirkung auf die Mieter erstrebt worden. — Gesammelte Pläne von Arbeiterwohnhäusern v. Albrecht (Berl. 96) u. bei Hundt, Bergarbeiter-Wohnungen im Ruhrrevier (Berl. 02).

[7]) G. 13. Aug. 95 (GS. 521), der Betrag ist durch spätere Gesetze auf obige Summe erhöht worden. Bedingungen für Baudarlehen Vf. 16. Juni 02 (MB. 116) u. 15. April 05 (MB. 71).

[1]) Auch aus LR. II 19 § 2 u. 6 folgt kein Recht auf Arbeit. — Gescheitert sind die Maßnahmen der englischen Gilbertsakte 1782/96, wie die französischen Nationalwerkstätten 1848. — An derselben Klippe u. an der Unmöglichkeit, die verschuldete von der unverschuldeten Arbeitslosigkeit zu scheiden, ist auch die in einigen Schweizerkan-

Beachtung gewidmet,[2]) da die gewerbsmäßige Arbeitsvermittelung teils nicht ausreicht, teils mit ungerechtfertigter Ausbeutung der Arbeitsuchenden verbunden ist. Der Arbeitsnachweis beugt der Verarmung vor und hat zugleich eine hohe wirtschaftliche Bedeutung. Er kann von den Arbeitgebern (Innungen, Arbeitgeberverbänden, Landwirtschaftskammern) oder den Arbeitern (Gewerkschaften und Fachvereinen, trades unions in England und Arbeiterbörsen in Paris) oder von unabhängigen Organen (Behörden, Kommunalverbänden und gemeinnützigen Vereinen) ausgehen. Die letzteren verdienen den Vorzug, weil die Nachweise in der Hand der Arbeitgeber oder Arbeiter leicht zu Machtmitteln im sozialen Kampfe werden. Die Nachweise der Gemeinden und gemeinnützigen Verbände sind deshalb auch in der Zunahme begriffen und zu einem Verbande zusammengeschlossen, der durch periodische Veröffentlichungen über die Lage des Arbeitsmarktes einen Ausgleich zwischen den verschiedenen Orten herbeizuführen sucht und, wenn er auch einen Rückfluß überzähliger städtischer Arbeitskräfte auf das Land (§ 350 Abs. 2) nur in beschränktem Maße herbeigeführt hat, doch den übermäßigen Zuzug zu den Städten etwas eindämmen kann.

Die Arbeiterkolonien sollen den durch Wandern und Betteln heruntergekommenen Wanderern, die sich der Arbeit entwöhnt haben, eine Zuflucht bieten und durch zweckentsprechende Beschäftigung die Rückkehr zur Arbeit und geregeltem Leben ermöglichen.[3]) — Die gleichzeitig eingerichteten Naturalverpflegungsstationen, die, statt der planlos dem Bettler

tonen versuchte Arbeitslosenversicherung gegen Arbeitslosigkeit gescheitert. In Preußen ist sie nur in Schöneberg, im Reiche in 10 Städten versucht. — Arbeitslosigkeitsversicherung im Ausland und im D. Reich, vom statist. Amt d. R. 3 Bde. (Berl. 06).

[2]) Vf. 8. März 98 (MB. 77) u. 10. Dez. 99 (MB. 00 S. 40), in mittleren Städten 18. Nov. 02 (MB. 224 u. Berichtigung 03 S. 14). Nicht gewerbsmäßige Stellenvermittelung § 366 Nr. II[2] Abs. 4 d. W. — Übersicht der in Preußen vorhandenen, von Kommunalverbänden unterhaltenen oder unterstützten Arbeitsnachweise Vf. 14. Juni 13 (HMB. 469). Vermittelung für entlassene Strafgefangene § 239 Abs. 7, für landwirtschaftliche Arbeiter § 366 Anm. 22, für Handwerker § 368 Anm. 5. — Konrad, Arbeitsnachweis in Deutschland (Leipzig 04), Schriften des Verbandes deutscher Arbeitsnachweise (Berl. Heymann).

[3]) Vf. 13. Juni 89 (MB. 226). — Anregung u. Vorbild bot die f. Westfalen u. Lippe in Wilhelmsdorf mit Bethel u. Freistatt bei Bielefeld von dem Pastor von Bodelschwingh gegründete und geleitete Anstalt; ähnliche Arbeiterkolonien entstanden f. Ostpreußen in Karlshof bei Rastenburg, f. Westpreußen in Hilmarshof b. Konitz, f. Brandenburg in Friedrichswille bei Reppen, f. Berlin in Berlin mit Tegel u. in Weißensee (jüdisch), in Hoffnungstal b. Bernau (v. Bodelschwingh), f. Pommern in Meierei b. Schivelbein, f. Posen in Alt-Latzig b. Filehne, f. Schlesien in Wunscha b. Rothenburg u. in Hohenhof (katholisch), f. Sachsen in Seyda b. Zahna u. in Magdeburg, f. Schl.-Holstein in Rickling bei Kiel, in Schäferhof bei Pinneberg, f. Hannover u. Braunschweig in Kästorf b. Gifhorn u. in Fr Wilhelmsdorf b. Geestemünde, f. Westfalen (neben Wilhelmsdorf) in Maria-Veen u. in Vreden bei Münster (beide katholisch), f. die RB. Wiesbaden u. d. Großh. Hessen in Neu-Ulrichstein b. Kirchhain u. f. d. Rheinprov. in Lühlerheim b. Wesel, in Urft, in Wenge u. in Elkenroth b. Altenkirchen (die 3 letzteren kath). Die Zahl der Kolonisten betrug am 31. Dez. 11: 3659. — Im übrigen Deutschl. finden sich Arbeiterkolonien in Hamburg, f. Oldenburg u. Bremen in Dauelsburg b. Delmenhorst, f. Kgr. Sachsen in Schneckengrün b. Plauen u.

gewährten Unterstützung, mittellosen Wanderern gegen eine Arbeitsleistung Verpflegung und Unterkunft für eine Nacht gewähren sollten, sind wegen der steigenden Kosten, der Schwierigkeit der Arbeitsbeschaffung und der Gefahr der Förderung des Wanderns großenteils wieder eingegangen. — Dagegen können die Provinzen durch Mehrheitsbeschluß von zwei Dritteln die Kreise zur Errichtung von Wanderarbeitsstätten verpflichten, wie solche in Westfalen und dem Reg.-Bez. Liegnitz schon vorher bestanden. Diese sollen an einzelnen größeren Orten eingerichtet werden und mittellose arbeitsfähige Männer vorübergehend gegen Arbeitsleistung verpflegen, dann aber in geeignete Arbeitsstellen unterbringen. Die Provinzen haben dem Kreise $^2/_3$ der Kosten zu erstatten.[4]) — Ähnliche Ziele verfolgen die Vereine gegen Bettelei, die jedoch in engerer Verbindung mit der Ortsarmenpflege vorwiegend gegen die einheimische Bettelei gerichtet sind. Um diese nicht durch Gaben zu fördern, verbinden sich die Mitglieder zu einer geordneten Wohltätigkeit, während sie sich der unmittelbaren Verabreichung von Almosen enthalten.[5])

Zu unentgeltlicher Beratung der unbemittelten Bevölkerung sind Rechtsauskunftstellen errichtet, zu denen der Staat Beihilfen gewährt.[6])

4. Jugendfürsorge.

§ 314.

Die Jugendfürsorge hat neuerdings in hervorragender Weise die Tätigkeit des Staates, der Gemeinden und Vereine[1]) in Anspruch genommen. Bestimmend war, daß das jugendliche Alter sich gegen schädigende Einflüsse auf Körper und Geist weniger widerstandsfähig, zugleich aber erziehlichen und bessernden Einwirkungen besonders zugänglich zeigt. Die Fürsorge erstreckt sich auf alle Entwickelungsstufen der Jugend, auf Säuglinge, Kleinkinder, schulpflichtige Kinder und schulentlassene Jugendliche. Für alle oder mehrere dieser Stufen bestehen neben einzelnen Bestimmungen des bürgerlichen Rechts[2]) und des Strafrechts[3]), die Waisenpflege, die

---

in Lieske, f. Thüringen in Geilsdorf, f. Bayern I in Simonshof u. II in Herzogsägemühle u. in Schernau bei Ramstein (Pfalz) f. Württemberg I in Dornahof b. Altshausen u. II in Erlach, f. Baden in Ankenbuck im Schwarzwalde. Diese Kolonien sind zu einem Verbande zusammengeschlossen.

[4]) G. 29. Juni 07 (GS. 205). Bearb. v. Mauve u. v. Gröning (Berl. 09).

[5]) Vf. 28. Dez. 79 (MB. 80 S. 29).

[6]) Vf. 2. Juli 04 (HMB. 351), 4. April 06 (das. 179) u. Beurlaubung von Gerichtsassessoren) 29. Mai 12 (das 363, JMB. 181). Rechtsauskunft in der Arbeiterversicherung § 317 Anm. 7 u. in der Angestelltenversicherung § 221 Anm. 6 d. W. — Bekämpfung Schwindelfirmen Vf. 5. Juli 13 (MB. 151). Die Zahl der Stellen betrug (1911) 872 (davon 567 in Preußen).

[1]) Umfang und Mittel der Jugendpflege Vf 18. Jan. 11 (ZBU. 276). Den Mittelpunkt bildet seit 1900 die Zentrale für Jugendfürsorge in Berlin. Sie sucht die Anschauungen zu klären, zur Mitarbeit anzuregen und zu werben und entfaltet gleichzeitig eine vorbildliche praktische Tätigkeit in Großberlin (Anm 6.

[2]) Kinder sind rechtsfähig BGB. § 1, aber bis zum 7. Jahre geschäftsunfähig und weiter während der Minderjährigkeit

Anm.: Note [3]) befindet sich auf S. 536

durch Unterbringung in Familien oder in Waisenhäusern erfolgen kann[4]), und die Fürsorge- und Zwangserziehung (§ 241 Abs. 1 u. 2).

Die Pflege der Säuglinge fordert besondere Sorgfalt, wird aber aus Unkenntnis oder Mangel an Hilfs- und Geldmitteln vielfach vernachlässigt. Die Sterblichkeit der Kinder im ersten Lebensjahre ist infolgedessen ziemlich groß.[5]) Die Fürsorge ist auf Belehrung der Mütter, insbesondere durch Verteilung von Merkblättern und auf die Beschaffung gesunder Kindermilch gerichtet.[6])

Kleinkinder werden, wo die Eltern sie nicht genügend warten können, in Krippen, ältere bis zum Beginn der Schulpflicht in Kinderbewahranstalten (nicht ganz zutreffend auch als Warte- oder Kleinkinderschulen bezeichnet) untergebracht.[7])

Für schulpflichtige Kinder ist die Volksschule bestimmt.[8]) Zur

---

nur beschränkt geschäftsfähig. Ihre Willenserklärungen sind in ersterem Fall nichtig und bedürfen in letzterem, soweit die Erklärenden damit nicht lediglich einen Vorteil erlangen, der Zustimmung ihrer gesetzlichen Vertreter (Eltern, Vormünder) § 104—113. — Sorge für Person und Unterhalt ehelicher Kinder BGB. § 1601 bis 1605, 1610—1615, 1627—1634, 1389, EG. Art. 19, aus geschiedenen Ehen § 1635–1637, 1585, aus nichtigen § 1699, 1702, 1703, unehelicher Kinder § 1705, 1707—1714, 1716, EG. Art. 20, 21, legitimierter § 1719, 1736—1739, angenommener 1757, 1765. Übergangsbest. EG. Art. 203—209. — Vormundschaft § 208 und Bestimmung des religiösen Unterrichts § 287 Anm. 3 d. W.

[3]) Strafrechtliche Verfolgung Jugendlicher StGB. § 211 Abs. 4; § 241 Abs. 1 u. (Jugendgerichte) § 219[7] d. W. — Unzucht mit Kindern StGB. § 173, 174[1], 176[3], 181[2], Unterschiebung 169, Aussetzung 221, Raub 235; Nichtabhaltung vom Betteln u. Stehlen u. Nichterfüllung der Unterhaltspflicht § 240 Abs. 2[2, 5] d. W.; Besuch der Kinomatographen § 366 Anm. 16.

[4]) Das erste größere Waisenhaus war das Franckesche in Halle 1698. — Militärwaisenhaus § 105 Abs. 4 d. W. — Sonst sind die Waisenhäuser meist von Gemeinden oder durch Stiftungen begründet. Staatliche bestehen in Königsberg i. Pr., Züllichau, Oranienburg, Merseburg (Christianenwaisenhaus), Kassel, Hanau u. Steele, provinzielle in Stargard i. Pom., Reichenbach (kommunalständisch), Langendorf (Prov. Sachsen) Vormundschaft der Anstaltsvorstände wie Anm. 4. — Die Waisenanstalten haben sich durch ihre Einrichtung zum Teil der Familienpflege genähert, indem sie Gruppen von 8 bis 12 Pfleglingen in besonderen Häusern (cottages) bildeten. — Hinterbliebenenversicherung § 320 d. W.

[5]) Von 100 Lebendgeborenen starben (1911) im Reiche 19,2 in Preußen 18,8, während die benachbarten Kulturstaaten — abgesehen von Österreich u. Rußland — niedrigere Ziffern aufweisen.

[6]) Vf. 14. Jan. 05 (MB. 28) u. 16. Juni 08 (MB. 285). Preuß. Landeszentrale für Säuglingsschutz Vf. 18. Juli 10 (MB. 241). Den Bestrebungen dient das vom Reich u. von Preußen unterstützte „Kaiserin-Augusta-Viktoria-Haus" in Charlottenburg. — Findelhäuser, in denen neben ausgesetzten auch unbemerkt (in s. g. Drehladen) abgegebene Kinder Aufnahme fanden, wurden unter dem Einflusse der Kirche in Italien schon im 12. Jahrhundert eingerichtet und später unter Napoleon I. in Frankreich eingeführt (1811). Mehr vereinzelt kamen sie in England (London) und Deutschland (Hamburg) vor. Wegen der Gefahr des Aussetzens der Kinder u. der Vermehrung der unehelichen Geburten sind sie jetzt fast ganz verschwunden.

[7]) Eigentliche Warteschulen bedürfen der Genehmigung der Ortsschulbehörden Instr. 31. Dez. 39 (MB. 40 S. 94) § 11. — Einrichtung Vf. 17. April 84 (ZBU. 493) und 13. Nov. 85 (das. 740). Befreiung von der Gemeindegrundsteuer Kom. AG. 14. Juli 93 (GS. 152) § 24h und vom Stempel StG. 09 (GS. 535) § 5d. — Haltekinder § 241 Abs. 3 d. W.

[8]) § 303 d. W., insbes. Schulpflicht Abs. 2, Schulgeldfreiheit Abs. 3.

Unterbringung in der schulfreien Zeit dienen Knaben- und Mädchen-Horte und -Heime. Für kränkliche Schulkinder bestehen besondere Heilstätten in Sol- und Seebädern, während den erholungsbedürftigen Kindern der größeren Städte Sommerfrischen in geeigneten Familien oder in größeren, von Lehrern und Lehrerinnen geleiteten Gruppen (Ferienkolonien) ermöglicht wird.[9]) Schulpflichtige Kinder dürfen in Fabriken und in andern gewerblichen Betrieben nur in beschränktem Maße beschäftigt werden (§ 315 Abs. 3).

Die schulentlassene Jugend soll vor den leiblichen und sittlichen Gefahren bewahrt werden, denen sie in stets wachsendem Maße ausgesetzt ist[10]). Ihre Arbeitszeit unterliegt deshalb gewissen Beschränkungen § 315 Abs. 3), und ihre sittliche und wirtschaftliche Hebung soll durch Fortbildungsschulen gefördert werden. Diese zerfallen in ländliche und in gewerbliche und kaufmännische. Die ersteren stehen unter dem Landwirtschafts-, die beiden letzteren unter dem Handelsminister (§ 51 Abs. 1, § 52 Abs. 2). Die Fortbildungsschule soll die Volksschulbildung befestigen und in ihrer Anwendung auf das praktische Leben vervollständigen. Mit der Unterstellung unter die Fachminister ist der letztere Zweck in den Vordergrund getreten. Für die ländlichen Schulen bestehen besondere Vorschriften (§ 337 Abs. 5). Die gewerblichen und kaufmännischen sind in der Regel von Gemeinden mit staatlicher Unterstützung, daneben von Innungen (§ 368 Abs. 2) und Vereinen errichtet. Sie bedürfen der staatlichen Genehmigung; eine Prüfung der Leiter ist dagegen nicht vorgeschrieben.[11]) Durch Ortsstatut oder — wenn dieses nicht erlassen wird und die Arbeitgeber oder Arbeiter darauf antragen — durch Anordnung der höheren Verwaltungsbehörde kann für Arbeiter und Arbeiterinnen unter 18 Jahren die Schulpflicht eingeführt werden. Gewerbetreibende und Inhaber von Handelsgeschäften (nicht von Apotheken) müssen den Arbeitern die erforderliche Zeit zum Besuch der Fortbildungsschulen (einschließlich der

[9]) Diese Kolonien sind in einer Zentralstelle vereinigt. — Eisenbahnfahrpreisermäßigung bei Schülerausflügen Vf. 28. Mai 02 (MB. 238).

[10]) Pflege der schulentlassenen Jugend Vf. 18. Jan. 11 (ZBU. 276), insbes. der weiblichen 30. April 13 (das. 519); Jugendpfleger und Jugendpflegerinnen werden auf Staatskosten gegen Haftpflicht u. Unfall versichert 13. März 13 (das. 423). Militärische Unterstützung der Bestrebungen Vf. 31. Mai 13 (das. 667). Ziele u. Bedeutung des Bundes „Jungdeutschland" Vf. 17. Feb. 13 (das. 335).

[11]) Vf. 20. April 94 (HMB. 01 S. 107), Verfahren bei Gewährung staatlicher Beihilfen 18. Juni 02 (das. 265), Lehrpläne 1. Juli 11 (das. 267), Unterrichtszeit Gew.O. § 120 Abs. 1, Vf. 20. Aug. 04 (das. 402), 20. März u. 11. Mai 05 (das. 65 u. 126). Berücksichtigung der Jugendfürsorge Vf. 25. Juli 08 (das 315). Lehrer an öffentlichen Fortbildungsschulen u. gewerblichen Fachschulen (§ 364 Abs. 6) sind Staatsbeamte OV. 16. Mai u. Vf. 20. Aug. 11 (das. 331) u. OV. 6. Jan. 13 (das. 191). Dienstanw. für die Revisoren 8. Feb. 12 (HMB. 52). Seminarkursus für die Lehrer Vf. 18. Sept. 12 (das. 490). Formular zur Statistik Vf. 26. Aug. 10 (das. 488) u. 19. Aug. 11 (das. 330). Am 1. Dez. 11 bestanden 1900 gewerbliche u. 394 kaufmännische Fortbsch., darunter 1762 u. 350 mit Schulpflicht, ferner 292 von Innungen und Vereinen unterhaltene Fachsch. u. 160 Fach- u. Fortbsch. f. d. weibliche Geschlecht.

weiblichen Handarbeits- und Haushaltungsschulen) gewähren[12]); Lehrherrn müssen die Lehrlinge zum Besuch anhalten und diesen überwachen.[13]) Die Arbeitgeber können von den Gemeinden zu Beiträgen herangezogen werden, die bei gewerblichen Fortbildungsschulen 10 M., bei kaufmännischen 30 M. nicht übersteigen sollen.[14]) — In Westpreußen und Posen, wo die Einrichtung und Unterhaltung auf Staatskosten vorgesehen ist, kann der Handelsminister den Schulzwang einführen.[15])

5. Arbeiterschutz.

§ 315.

Der Arbeiterschutz bringt eine Beschränkung des freien Arbeitsvertrags mit sich. Er soll durch gesetzliche Regelung der Lohnzahlung und der Art und Dauer der Beschäftigung die Arbeiter vor Ausbeutung bewahren.[1]) Diese Schutzvorschriften waren zunächst für die den Hauptteil aller Arbeiter bildenden gewerblichen Arbeiter bestimmt[2]), sind aber mehr und mehr auch auf andere Arbeiter ausgedehnt worden[3]) und gelten auch für Gesellen, Gehilfen und Lehrlinge, soweit für diese nicht besondere Bestimmungen ergangen sind (§ 369).

Für Arbeitgeber und Arbeitnehmer ist das Verbot der Vereinigung und Arbeitseinstellung zur Erlangung günstigerer Lohnbedingungen aufgehoben (Koalitionsfreiheit); der Beitritt darf jedoch nicht durch körperlichen Zwang, Drohungen, Ehrverletzung oder Verrufserklärung herbeigeführt werden.[4]) — Der Arbeitsvertrag ist Gegenstand

---

[12]) GewO. § 120, erg. G. 27. Dez. 11 (RGB. 12 S. 139) Art. 1 III nebst Ausf. Bf. 13. Feb. 12 (HMB. 58) I u. GewO. § 154 (in Fassung des G. 28. Dez. 08 RGB. 667 Art. 3 I) Abs. 1[1] u. Strafe § 150 Abs. 1[4] u. 2 u. (Strafe) § 150 Abs. 1[4], Musterstatut Bf. 10. Dez. 03 (HMB. 411, 06 S. 402, 07 S. 318, 09 S. 119, 287, 453). Bergarbeiter BergG. (§ 335 Anm. 3) § 87 u. (Strafe) § 207e Ziff. 4. — Haushaltungsunterricht § 312 Abs. 1 u. 337 Anm. 11 d. W.

[13]) GewO. § 127, 139i; verb. 83[10] u. 127b Abs. 2; Ausf. Anw. 1. Mai 04 (MB. 201) Nr. 195—197, 213.

[14]) G. 1. Feb. 09 (GS. 733), gültig für die ganze Monarchie (folg. Anm.) Bf. 29. Sept. 09 (HMB. 435).

[15]) G. 4. Mai 86 (GS. 143), erg. 24. Feb. 97 (GS. 41).

[1]) Zur Überwachung im Gewerbe bestehen die Gewerbeinspektionen, zur Entscheidung der entstehenden Streitigkeiten die Gewerbegerichte § 364 Abs. 3.

[2]) GewO. Tit. VII (§ 105—139 m, 154a) erg. G. 28. Dez. 08 (RGB. 667, s. Anm. 12, 13) Bearb. v. Nelken § 368 Anm. 2 — Um gegenüber den gesteigerten Anforderungen dieser Gesetzgebung die deutsche Industrie auf dem Weltmarkt mitbewerbsfähig zu erhalten, war durch 2 Erlasse 4. Feb. 90 eine internationale Konferenz berufen. Zwischenstaatliche Abkommen v. 06 üb. Frauenarbeit Anm. 13, über Phosphorverwendung § 366 Anm. 4. Der Tit. VII, wie er durch G. 1891 (§ 362 Anm. 1 d. W.) neu geregelt ist, geht mehrfach über die von der Konferenz als wünschenswert bezeichneten Forderungen hinaus.

[3]) Die Best. sind nicht anwendbar auf Gehilfen und Lehrlinge in Apotheken § 267 Anm. 3 u. auf Seeschiffsmannschaften § 379 Abs. 4, wohl aber bedingt auf Bergarbeiter § 335 (Kaliwerke § 334 Abs. 3), auf Gehilfen und Lehrlinge in Handelsgeschäften § 373 Anm. 7, auf Binnenschiffer § 380 Anm. 11 d. W. Heimarbeiter Anm. 16 u. Kinder § 315 Abs. 3.

[4]) GewO. § 152, 153, 154a Abs. 1 u. StGB. § 240. — Abweichung für Gesinde u. ländliche Arbeiter § 261

freier Übereinkunft;[5]) eine Verpflichtung zur **Sonntagsarbeit** findet nicht statt, außerdem ist diese bei fast allen Gewerben, insbesondere im Betrieb von Bergwerken, Fabriken, Werkstätten, Bauhöfen, Ziegeleien und bei Bauten aller Art — abgesehen von unaufschiebbaren Arbeiten und den für gewisse Gewerbe durch den Bundesrat, für andere durch die Verwaltungsbehörden zu bestimmenden Ausnahmen — untersagt. Den Arbeitern muß eine bestimmt bemessene Ruhezeit gewährt werden. Auf das Verkehrs-, das Gast- und Schankwirtschaftsgewerbe, auf Musikaufführungen, Schaustellungen und Lustbarkeiten finden diese Vorschriften keine Anwendung.[6]) Gewerbetreibende, welche die bürgerlichen Ehrenrechte nicht besitzen, dürfen sich mit der Anleitung von Arbeitern unter 18 Jahren nicht befassen.[7]) — Zur Sicherstellung des Arbeitsverhältnisses ist minderjährigen Arbeitern die Führung eines von der Polizeibehörde

---

Abs. 3 d. W., für Seeleute § 379 Anm. 39. — § 153 betrifft auch den Beitritt zu Vereinigungen, nicht nur die Teilnahme an Verbindungen U. RGer. 25. April 02 (JMB. 99) u. Vf. 31. Okt. 02 (MB. 190). Bewußte Aufforderung zum Vertragsbruche ist als Aufforderung zum Ungehorsam gegen Gesetze nach StGB. § 110 strafbar U. RGer. 3. Dez. 89 (JMB. 297). — Die Arbeitseinstellungen zur Erreichung von Lohnverbesserungen oder zu anderen Zwecken (Ausstände, Streiks) — denen auf Seite der Arbeitgeber die Aussperrungen gegenüberstehen — schaden durch Vergeudung von Arbeitskräften u. Kapital, durch Verminderung der Erzeugungs- (Mitbewerbungs-)kraft, durch Verbreitung von Notständen unter den Arbeitern u. durch Verschärfung der Klassengegensätze, sind aber gleichwohl nicht zu hindern. 1912 wurden 2510 Streiks beendet; von diesen hatten 415 vollen, 1001 teilweisen und 1094 keinen Erfolg. Das Streikpostenstehen ist als grober Unfug (StGB. § 360^{11}) strafbar Bek. 18. Jan. 98 (MB. 25). Ein Verbot ist jedoch unzulässig (RGer. Strafs. XXXIV 121). — Boykott, Sperre u. Aussperrung v. Maschke (Jena 11).

5) GewO. (Anm. 2) § 105. Soweit die GewO. nicht Sondervorschriften enthält, oder auf das Arbeitsverhältnis keine Anwendung findet (Anm. 3), sind die Bestimmungen über den Dienstvertrag (BGB. § 611—30 u. EG. Art. 171) maßgebend. Bearbeitung § 2 Anm. 8 d. W. Vertragsbruch macht schadenersatzpflichtig. Da aber der Schadenersatzanspruch oder eine etwaige Vertragsstrafe in der Regel nur vom Arbeiter, nicht aber bei der Mittellosigkeit des letzteren vom Arbeitgeber mit Erfolg geltend gemacht werden kann, ist zur Behebung dieser Ungleichheit die Bestrafung des Vertragsbruchs als notwendig bezeichnet. Gesetzlich besteht diese nur für Dienstboten u. ländliche Arbeiter (§ 261 Abs. 3 d. W.).

6) GewO. § 105a—105i, verb. 41b, 55a u. 136 Abs. 3, Strafe § 146a neugefaßt G. 27. Dez. 11 RGB. 12 S. 139 Art. 3^{IV}) u. 149^{7}, Anw. (§ 365 Anm. 1 d. W.) Nr. 141—180 nebst Vf. 22. April 11 (HMB. 132). — Bei der Zeitberechnung kann von der Einheitszeit (§ 61 Anm. 7) abgewichen werden G. 31. Juli 95 (RGB. 426) u. Bek. 26. Nov. 95 (MB. 258). — Ausnahmen für bestimmte Gewerbe (§ 105d) Bek. 5. Feb. 95 (RGB. 12 nebst Erläuterungen MB. 58) u. Anw. Nr. 155—172; Ergänzungen (A 2 u. 7) B. 25. Okt. 95 (RGB. 448) u. 26. April 99 (RGB. 271) Nr. 1 u. 2, (D 23) das. Nr. 4, (B 1) Bek. 23. Mai 06 (RGB. 475), (E 10) B. 14. Juli 96 (RGB. 191), (G 6a) B. 27. Nov. 96 (RGB. 744 u. 762), (G 7) B. 16. Okt. 97 (RGB. 773) u. 15. Juli 99 (RGB. 373), (G 8) B. 26. April 99 (RGB. 271) Nr. 5, (H 6) B. 3. Nov. 98 (RGB. 1185), (H 8) B. 20. April 96 (RGB. 101); Ausnahmen zur Befriedigung täglicher Bedürfnisse u. für Wind- u. Wassertriebwerke (§ 105e) Bek. 3. April 01 (RGB. 117) nebst Anw. Nr. 173—178. — Sonntagsruhe im Handel § 373 Anm. 7. — Betrieb v. Bäckereien u. Konditoreien Anm. 11.

7) GewO. § 106 u. (Strafe) 150^{1}. Lehrlinge § 369 Abs. 2.

kosten- und stempelfrei auszustellenden *Arbeitsbuches* vorgeschrieben, in das Ein- und Austritt und Art der Beschäftigung einzutragen sind. Beim Abgang können die Arbeiter *Zeugnisse* über die Beschäftigung, auf Verlangen auch über Führung und Leistungen fordern. Die Ortspolizeibehörde hat die Arbeitsbucheintragungen und die Zeugnisse kostenlos zu beglaubigen.[8] — Die *Lohnzahlung* muß bar in Reichswährung erfolgen; die Zahlung in Waren (Trucksystem, von truck tauschen) und die Kreditierung der letzteren ist verboten, doch darf für Gewährung bestimmter notwendiger Bedürfnisse der Betrag der Selbstkosten in Anrechnung gebracht werden.[9] — Besondere Verpflichtungen liegen den Arbeitgebern bezüglich der *Fortbildungsschulen* ob.[10] — Endlich haben die Gewerbeunternehmer alle erforderlichen Einrichtungen zur *Sicherung von Leben, Gesundheit und Sittlichkeit*, insbesondere auch der Arbeiter unter 18 Jahren zu treffen. Das nähere wird allgemein durch Verordnung des Bundesrats oder der Landeszentral- und der Polizeibehörden oder im Einzelfall durch polizeiliche Verfügung bestimmt.[11]

---

8) Das. § 107—114, Anw. Nr. 181—193. Der Bundesrat kann für bestimmte Gewerbe den Arbeitgebern die Ausstellung von *Lohnbüchern oder Arbeitszetteln* vorschreiben, die die Arbeiten u. die Lohnabrechnung enthalten. Soweit dieses nicht geschieht, sind für minderjährige Arbeiter *Lohnzahlungsbücher* einzurichten Bei der Lohnzahlung ist den Arbeitern ein schriftlicher Beleg über Lohn u. etwaige Abzüge auszuhändigen G. 27. Dez. 11 (RGB. 12 S. 139) Art. $1^{I, II}$, 2^{I} u. 3^{VI}, wodurch § 114a, 134 Abs. 2 u. 150 Abs. 1^{4} neugefaßt u. § 114b—e eingeschaltet sind nebst Ausf. Vf. 13. Febr. 12 (HMB. 58) II. Lohnbücher für die Kleider- u. Wäschefabrikation Bek. 14. Febr. 13 (RGB. 97) u. Vf. 1. März 13 (HMB. 123). — Ausweise für ausländische Arbeiter § 350 Anm. 1.

9) Das. § 115—119a, 154a Abs. 1 u. (Strafen) 146^{1} u. 148^{13}, Anwendung auf Bergarbeiter (§ 335 d. W.); Anw. Nr. 194. § 115 schließt die Lohnzahlung in Reichskassenscheinen nicht aus Vf. 1. März 13 (HMB. 121). Unzulässigkeit der Beschlagnahme der Leistungen aus der Arbeiterversicherung § 317 Abs. 5, des Arbeits- und Dienstlohns § 202 Abs. 2 d. W. Die Frage, ob die Anrechnung mit Rücksicht auf das Verbot der Aufrechnung gegen unpfändbare Forderungen (§ 202 Anm. 11) noch zulässig sei, ist bestritten. — — Schadenersatzanspruch gegen Gesellen und Betriebsbeamte § 369 Abs. 1 u. 4 d. W., nicht gegen Fabrikarbeiter GewO. § 134 Abs. 2. — Höhe des Lohns § 2^{2} u. (in Kaliwerken) § 334 Abs. 3 d. W. — Lohnansprüche verjähren in 2 Jahren BGB. 196^{9}.

10) § 314 Abs. 5.

11) GewO. § 120a—g, erg. G. 27. Dez. 11 (RGB. 12 S. 139) Art. 1^{IV} (Arbeitszeit § 120e Abs. 3) nebst Ausf. Vf. (Anm. 8) u. Anw. Nr. 198—202, verb. BGB. § 618, insbes. wegen der Wohn- u. Schlafräume (Abs. 2) u. der Ersatzpflicht (Abs. 3). Strafen GewO. § 146 Abs. 1^{2} u. 147 Abs. 1^{4} u. 4 (neugefaßt G. 27. Dez. 11 Art. $3^{I, III, V, VII}$). u. bei Bauausführungen StGB. § 330, fahrlässige Tötung § 222, Körperverletzung § 230, 232. — Haftpflicht § 319 Abs. 1 d. W. Unfallverhütung durch die Berufsgenossenschaften § 319^{1} Abs. 5. — Verordnungen über *Einrichtung* u. *Betrieb* ergingen für das *Reich* in betreff der Getreidemühlen 26. April 99 (RGB. 273), erg. 15. Nov. 03 (das. 287), Bäckereien u. Konditoreien 4. März 96 (das. 55) nebst Anw. 15. April 96 (MB. 84), erg. Vf. 12. Juli 04 (HMB. 352), u. MusterPol.V. 1. Okt. 06 (HMB. 371), Zigarrenfabriken 17. Feb. 07 (RGB. 34), Buchdruckereien u. Schriftgießereien 31. Juli 97 (das. 614), Ziff. I 7 ersetzt Bek. 22. Dez. 08 (das. 654) u. Ziff. III Bek. 5. Juli 07 (das. 405), Steinbrüche und Steinhauereien, 31. Mai u. 8. Dez. 09 (das. 471 u. 971), erg. (§ 10 Abs. 4) 20. Nov. 11 (das. 955) u. erläutert 18. Juni 09 (HMB. 284), Anlagen der Großeisenindustrie 19. Dez. 08 (RGB. 650) u. Vf. 19. Jan. 09 (HMB. 53), Zink-

Für Arbeiter in Betrieben mit regelmäßig mindestens 20 Arbeitern einschließlich der Gesellen, Gehilfen und Lehrlinge sind zur Regelung ihrer Rechte und Pflichten Arbeitsordnungen von den Arbeitgebern zu erlassen. Die Arbeiterschaft, insbesondere die etwa vorhandenen ständigen Arbeiterausschüsse haben bei dem Erlasse mitzuwirken.[12] Für Betriebe mit in der Regel mindestens 10 Arbeitern sind besondere Beschränkungen bei Beschäftigung von jugendlichen Arbeitern und Arbeiterinnen vorgesehen. Dasselbe gilt ohne Rücksicht auf die Arbeiterzahl von Bauhöfen, Werften, Tabakwerkstätten, Bergwerken, Salinen, Aufbereitungsanstalten und Hüttenwerken, unterirdischen Gruben und Brüchen und bei Beschäftigung von mindestens 5 Arbeitern von oberirdischen Gruben und Brüchen und Ziegeleien. Andererseits finden die Beschränkungen keine Anwendung auf Apotheken, Heilanstalten und Genesungsheime, Gärtnereien, Bäckereien und Konditoreien, auf Gast- und Schankwirtschaften, Musikaufführungen, Schaustellungen und sonstigen Lustbarkeiten, auf das Handels- und das Verkehrsgewerbe. Jugendliche Arbeiter heißen Kinder bis zu 14 und junge Leute zwischen 14 und 16 Jahren. Kinder, die noch nicht 13 Jahre alt oder noch schulpflichtig sind (§ 300 Abs. 2), dürfen in Fabriken überhaupt nicht beschäftigt werden. Im Alter bis zu 14 Jahren darf die Beschäftigung 6 Stunden und im Alter von

---

u. Zinkerzrosthütten 13. Dez. 12 (das. 564) nebst Bf. 23. Dez. 12 (HMB. 13 S. 5), Bleihütten 16. Juni 05 (RGB. 545), Anlagen für Bleifarben- und andere Bleiprodukte 26. Mai 03 (das. 225), erg. (§ 10) 6. März 13 (das. 125), Anlagen zur Vulkanisierung von Gummiwaren 1. März 02 (das. 59), Herstellung von Preservativs 30. Jan. u. 1. April 03 (das. 3 und 123), Überwachung des Zelluloidbetriebes 7. Mai 10 (HMB. 182 u. 1912 S. 4 u. 32). Herstellung von Akkumulatoren aus Blei und Bleiverbindungen 6. Mai 08 (RGB. 172), von Alkalichromaten 16. Mai 07 (das. 233), zur Herstellung u. Lagerung von Thomasschlackenmehl 3. Juli 09 (das. 543), erg. (§ 1, 9, 20) 23. Dez. 11 (das. 1153) nebst Bf. 6. Jan. 12 (HMB. 20), der Roßhaarspinnereien, Haar- u. Borstenzurichtereien, der Bürsten- u. Pinselmachereien 22. Okt. 02 (RGB. 269) nebst Anw. 16. Juni 99 (MB. 115), erg. 15. Jan. 01 (das. 69), Betriebe für Maler-, Anstreicher- Weißbinder- u. Lakierarbeiten 27. Juni 05 (RGB. 555). Beschäftigung von Gehilfen u. Lehrlingen in Gast- u. Schankwirtschaften Bek. 23. Jan. 02 (das. 33 u. 40) nebst Anw. 12. März 02 (MB. 72). Besondere Anordnungen für Preußen Anw. Nr. 202 u. Grundzüge f. Einrichtung u. Betrieb der Metallschleifereien 8. Juli 05 (HMB. 214), für Aufstellung, Bau und Betrieb von Dampf-, Trocken- u. Schlichtzylindern 10. März 06 (das. 138 u. 290), für Herstellung und Lagerung von Äthyl-(Schwefel-)äther 24. März 08 (das. 120), v. Schwefelkohlenstoff 23. Feb. 10 (das. 71), f. den Betrieb von Wassergas-, Halbwassergas- u. Sauggasanlagen Bf. 5. Jan. 12 (das. 14), von Luftgasanlagen 21. Sept. 10 (HMB. 510). Anstalten zur Herstellung u. Verwendung von Azetylen Bf. 2. Nov. 97 (MB. 262), gewerbliche Küchenanlagen 31. Jan. 13 (MB. 32). Sicherung der Arbeiterinnen und jugendlichen Arbeiter Anm. 13 Zündholzfabriken § 366 Anm. 4.

[12]) GewO. § 133g—134h, 154 Abs. 1$^{1-3}$ u. (Strafen) § 147^{5}, 148$^{11\ u.\ 12}$, 149^{7}, 150^{5}, mit den Änderungen des G. 08 (Anm. 2), das an Stelle der Arbeit in der Fabrik die Beschäftigung von 20 u. (Anm. 13) von 10 Arbeitern als Merkmal aufgestellt hat. Anw. Art. 218—222, 274, mit Änderung § 365 Anm. 1. Apothekerlehrlinge u. Gehilfen § 267 Anm. 3, Bergarbeiter § 335, Handlungslehrlinge u. Gehilfen § 373 Anm. 7 d. W. — Köhne, die Arbeitsordnungen im deutschen Gewerberecht (Berl. 01).

14 bis 16 Jahren 10 Stunden täglich nicht überschreiten. Daneben sind regelmäßige Pausen vorgeschrieben. Zur Nachtzeit und an Sonn- und Festtagen ist die Beschäftigung ausgeschlossen. Arbeiterinnen dürfen nicht über 10 Stunden täglich und weder bei Nachtzeit noch in Bergwerken unter Tage beschäftigt werden. Die Arbeit ist ferner für Wöchnerinnen beschränkt und kann für gewisse Fabrikationszweige mit Rücksicht auf Gesundheit und Sittlichkeit untersagt oder eingeschränkt werden.[13]) — Daneben bestehen die für einzelne Betriebe gegebenen, für alle — auch für ältere — Arbeiter maßgebenden Sicherungsvorschriften. Die in diesen Vorschriften — und in gleicher Weise für Bergarbeiter (§ 335) und für Handlungsgehilfen und -Lehrlinge (§ 373 Abs. 2) — eingeführte Beschränkung der Arbeitszeit wird als „gesundheitlicher Normalarbeitstag" bezeichnet. — Weitergehenden Beschränkungen ist die Kinderarbeit unterworfen, die für einzelne Betriebe ganz verboten, für die anderen nach Umfang und Inhalt geregelt und für eigene und fremde Kinder gesondert behandelt ist.[14])

Eine gesonderte Regelung hat der Schutz der Hausarbeiter erfahren. Für diesen sind bei der Verschiedenheit der Verhältnisse, der Schwierigkeit der Überwachung und dem Bedenken gegen ein zu weit gehendes Eingreifen in das Familienleben nur allgemeine Grundzüge gegeben. Die Regelung bezweckt den gesundheitlichen und wirtschaft-

---

[13]) GewO. § 135—139a, 154, 154a u. (Strafen) § 146^2 u. 149^7, mit den Änderungen des G. 08 (Anm. 2), das — im Anschluß an das Berner Abkommen 26. Feb. 06 (RGB. 11 S. 5 u. 16) — die Arbeitszeit mehrfach einschränkt, insbesondere die der Arbeiterinnen von 11 auf 10 Stunden herabsetzt. Anw. Nr. 223—252, (geänd. § 365 Anm. 1), Nr. 226 u. Vf. 11. Mai 10 (HMB. 170). Ausdehnung der § 139 u. 139b auf Werkstätten der Kleider- u. Wäschekonfektion V. 31. Mai 97 (RGB. 459), geänd. 17. Feb. 04 (das. 62). Beschäftigung von Arbeiterinnen u. jugendlichen Arbeitern in Werkstätten mit Motorbetrieb V. 9 u. Bek. 13. Juli 00 (RGB. 565 u. 566), 27. Feb. 07 (das. 66), G 08 (Anm. 3) Art. 3 Abs. 3, Art. 4 II, Drahtziehereien mit Wasserbetrieb Bek. 11. März 92 (RGB. 324), Walz- u. Hammerwerken 30. Mai 12 (RGB. 311), Zinkhütten 00 (Anm. 11) § 9—11, Glashütten 19. März 13 (RGB. 129) u. Vf. 25. März 13 (HMB. 220), Gummiwarenfabriken Bek. 30. Jan. u. 1. April 03 (RGB. 3 u. 123), Zichorienfabriken 25. Nov. 09 (das. 968), Rohzuckerfabriken u. Zuckerraffinerien 24. Nov. 11 (das. 958), Ziegeleien 8. Dez. 13 (das. 777) u. Vf. 10. Dez. 13 (HMB. 636), Thomasschlackenfabriken 09 (Anm. 11) § 14, von Arbeiterinnen in Molkereien Bek. 4. Juni 10 (RGB. 868), Konservenfabriken 25. Nov. 09 für Gemüse u. Obst (das. 965), für Fische (das. 966), AusfBest. 2. u. 3. Nov. 09 (HMB. 534 u. 536), in Steinkohlen-, Zink- und Bleierzbergwerken im RB. Oppeln 24. März 92 (das. 331), 20. März 02 (das. 77) 12. April 07 (das. 93) u. 24. Nov. 11 (das. 956), von jugendlichen Arbeitern in Spinnereien Bek. 8. Dez. 93 (RGB. 264), Steinkohlenbergwerken Bek. 7. März 13 (RGB. 125), Hechel- und ähnlichen Räumen Bek. 8. Dez. 09 (das. 969). — In Fabriken u. ähnlichen Anlagen waren 1911 beschäftigt: 3204691 erwachsene Arbeiter u. 660508 Arbeiterinnen, 196603 jugendliche Arbeiter u. 86799 Arbeiterinnen sowie 2956 Kinder, zusammen 4151557 Personen.

[14]) G. 30. März 03 (RGB. 113), erg. zwei Bek. 17. Dez. 03 (das. 312), Bek. 11. Juli 04 (das. 305) u. 1. Juli 07 (das. 404); Anw. 30. Nov. 03 (MB. 04 S. 15), erg. (Ziff. 10) Vf. 3. Sept. 06 (MMB. 425); Beschäftigung eigener Kinder unter 10 Jahren Bek. 20. Dez. 05 (RGB. 775). Zahl der beschäftigten Kinder vor. Anm. — Gewerbebetrieb im Umherziehen § 367 Anm. 2.

lichen Schutz und gilt für Werkstätten, in denen nur Familienangehörige oder nur solche Personen beschäftigt werden, die nicht von einem den Werkstattbetrieb leitenden Arbeitgeber abhängig sind.[15]) Zur Verhütung der Lohndrückerei sollen Lohnverzeichnisse in den zur Ausgabe der Arbeit bestimmten Räumen ausgelegt werden.[16]) Zur Abwehr der Gefahren, die sich in einzelnen Gewerbebetrieben für das Leben, die Gesundheit und die Sittlichkeit ergeben, kann die Polizeibehörde sichernde Verfügungen für die einzelnen Werkstätten erlassen und der Bundesrat die allgemein zu stellenden Anforderungen festsetzen, gewisse Arbeiten auch ganz verbieten. Soweit der Bundesrat Bestimmungen nicht trifft, kann die Landeszentral- oder nach Anhörung der Beteiligten die Polizeibehörde solche erlassen. Dasselbe gilt für die die öffentliche Gesundheit gefährdende Herstellung, Verarbeitung und Verpackung von Nahrungs- und Genußmitteln.[17]) Zur Unterstützung der Behörden bei der Überwachung und zu deren Beratung können Fachausschüsse für bestimmte Gewerbszweige und Bezirke von dem Bundesrat gebildet werden, die auch den Abschluß von Lohnabkommen und Tarifverträgen fördern sollen. Sie bestehen aus einem Vorsitzenden und zwei Beisitzern und einer gleichen Zahl von Vertretern der Gewerbetreibenden und Hausarbeiter.[18])

Völlig unzureichend ist der Schutz, der den Arbeitswilligen bei Ausständen geboten wird. Diese sind den schwersten Vergewaltigungen ausgesetzt, werden durch fortgesetzte Beobachtung belästigt (Streikposten), mit den verschiedensten Nachteilen bedroht und an Gesundheit und Leben gefährdet. Der Schutz hiergegen beschränkt sich auf die unmittelbare Hilfe der ausführenden Polizeibeamten, die nicht überall und meist nicht rechtzeitig zu erlangen ist und deshalb ihren Zweck nur sehr unvollkommen erreicht. Die Einführung strengerer Strafbestimmungen, wie sie bereits in andern Kulturstaaten bestehen, ist im Interesse der Beteiligten, wie in dem der öffentlichen Ordnung und Sicherheit unerläßlich.

6. Arbeiterversicherung.

a. Übersicht.

§ 316.

Unter den Maßregeln der Arbeiterfürsorge nimmt die Arbeiterversicherung durch ihre Bedeutung wie durch ihren Umfang den hervor-

[15]) HausarbeitsG. 20. Dez. 11 (RGB. 976). Inkrafttreten § 34. Geltungsbereich § 1, 2; verb. Gew.O. § 137a (Anm. 12); Ausf. Anw. 16. März 12 (MB. 87). Bearb. v. Schulz u. Maguhn (Berl. 12). — Begriff § 363 Anm. 1 d. W.

[16]) HG. § 3, Lohnbücher u. Arbeitszettel § 4, verb. Anm. 8 d. W. Der Entgelt unterliegt keiner Beschlagnahme HG. § 27. Einrichtungen zur Vermeidung von Zeitverlusten bei Empfang od. Abnahme der Arbeit das. § 5. Die Lohnvorschriften der GewO. § 114a—119a (Anm. 8, 9) finden Anwendung GewO. § 119b.

[17]) Das. § 6—12 u. 15, 16. Best. für die Tabakindustrie 17. Nov. 13 (RGB. 751).

[18]) Fachausschüsse HG. § 18—25, Aufsicht § 17, Behörden § 26, Verzeichnisse der Beschäftigten u. Ausweise über die vorgeschriebene Beschaffenheit der Räume § 13, 14, verb. § 33. Strafen § 28—32.

ragendsten Platz ein. Sie soll die kapitallose Arbeit, die den Wechselfällen des Schicksals ziemlich hilflos gegenübersteht, vor den nachteiligen Einwirkungen bewahren, die mit dem Versagen der Arbeitskraft verbunden sind und dadurch die unteren Bevölkerungsklassen kräftiger und leistungsfähiger erhalten. Die früher zu diesem Zweck getroffenen Einrichtungen hatten nur unvollkommene Abhilfe geschafft.[1]) Deshalb ist ein umfassender Versicherungszwang unter Inanspruchnahme der beteiligten Arbeitgeber und Arbeiter eingeführt worden.[2])

Die Arbeiterversicherung fällt damit — im Gegensatz zur Privatversicherung (§ 323 Abs. 1) — in das Gebiet des öffentlichen Rechts. Sie macht zwar gleich dieser ihre Leistungen von dem Eintritt gewisser nachteiliger Ereignisse abhängig, zieht auch die Versicherten zu Beiträgen heran, ihr Zweck ist aber ein sozialpolitischer. Sie beruht deshalb nicht auf Vertrag, sondern tritt regelmäßig kraft Gesetzes ein. Sie bildet auch kein zweiseitiges Rechtsgeschäft mit Leistung und Gegenleistung, sondern regelt die Aufbringung ihrer Mittel unabhängig von den Beiträgen der Beteiligten. — Obwohl die Arbeiterversicherung eine Fürsorge gewährt, bildet sie doch keine Armenpflege (§ 317 Abs. 5), da sie Beiträge von den zu Versorgenden erhebt, diese zur Mitwirkung in der Verwaltung heranzieht und ihre Leistungen nicht von dem Nachweis der Bedürftigkeit abhängig macht.

Den Ausgangspunkt für diese Gesetzgebung bilden zwei Allerhöchste Kundgebungen, die auf die Besserung der Lage der Arbeiter abzielten.[3]) Nach den Ursachen, die die Erwerbsunfähigkeit herbeiführen, hat sie sich auf drei Gebieten gesondert entwickelt: bei nur vorübergehender Erkrankung als Krankenversicherung und bei andauernder Erwerbsunfähigkeit als Unfall- und als Invalidenversicherung, je nachdem die Unfähigkeit durch Betriebsunfälle oder durch Alter und Gebrechen hervorgerufen wird. Die Unfallversicherung bildet das Mittelglied zwischen der Kranken- und Invalidenversicherung; in der Behandlung und Heilung des Beschädigten verfolgt sie dasselbe Ziel wie die Krankenversicherung, während sie sich mit der Unterstützung des arbeitsunfähig Gewordenen der Invalidenversicherung nähert. In dieser dreifachen Gestaltung ist die Arbeiterversicherung fortgeführt

[1]) Dahin gehören für den Bergbau die Knappschaften (§ 326), für das Handwerk die Zünfte (§ 363 Abs. 3). Der Krankenunterstützung dienten die zuerst in der preuß. GewO. (§ 363 Anm. 6) geregelten, mit beschränktem Beitrittszwange versehenen Hilfskassen (§ 318 Anm. 9), der Hilfe bei Unfällen das Haftpflichtgesetz (§ 319 Abs. 1).

[2]) Der Versicherungszwang liegt — wie der Impfzwang (§ 269 Abs. 4) auf dem Gebiet des körperlichen u. der Schulzwang (§ 303 Abs. 2) auf dem des geistigen — auf dem Gebiet des wirtschaftlichen Lebens. — Die deutsche Gesetzgebung ist für die übrigen Kulturstaaten vorbildlich geworden. Viele sind dem Vorgehen Deutschlands gefolgt, meist jedoch in beschränkterem Umfange.

[3]) AE. 17. Nov. 81 u. 14. April 83.

und stetig erweitert worden. Sie hat dadurch einen erheblichen Umfang gewonnen[4]) und bereits großen Segen verbreitet.

Neuerdings sind die auf diesen Gebieten ergangenen Einzelgesetze[5]) in der Reichsversicherungsordnung zu einem einheitlichen Gesetze zusammengefaßt worden (§ 317—320). Die Gesetzgebung hat aber noch einen weiteren Schritt getan. Da die nachteiligen Folgen der Erwerbsunfähigkeit sich ähnlich wie bei dem Arbeiterstande auch bei den weniger bemittelten, insbesondere den unselbständigen Angehörigen des Mittelstandes geltend machen, hat sie in der Angestelltenversicherung auch diesem weiteren Kreise Hilfe zu bringen gesucht (§ 321). Damit hat die Arbeiterversicherung sich zu einer „Sozialversicherung" erweitert.[6])

b. Gemeinsame Bestimmungen.

§ 317.

Die Reichsversicherungsordnung hat die drei Zweige der Kranken-, Unfall- und Invalidenversicherung, die sich im Laufe der Zeit gesondert entwickelt hatten (§ 316 Abs. 3), zu einem Gesetze zusammengefaßt, die Versicherungspflicht und die Leistungen in allen Versicherungszweigen erweitert und der Invalidenversicherung die Hinterbliebenenversicherung hinzugefügt.[1]) Mit dem 1. Januar 1912 ist die Invaliden- und

[4]) Im Jahre 1911 wurden 55 Mil. Versicherte gezählt. Von 1885 bis 1911 waren an Beiträgen aufgebracht 11411 Mil. M., wovon 5688 auf die Arbeitgeber, 5030 auf die Arbeiter u. 693 Mil. auf das Reich entfielen. An Entschädigungen wurden in diesem Zeitraume 9162 Mil. M. gezahlt. Das Vermögen betrug 2663 Mil. M. Da es zum großen Teile unter günstigen Bedingungen zum Bau von Arbeiterwohnhäusern und zu Arbeiterwohlfahrtseinrichtungen ausgeliehen wird, so kommt es auch mittelbar wieder der Arbeiterfürsorge zu statten. — Mit dem Inkrafttreten der neuesten Versicherungsgesetze (Abs. 4 u. § 321) werden diese Zahlen noch erheblich wachsen und die jährlichen Leistungen der Zwangsversicherung 1 Milliarde Mark übersteigen.

[5]) Bei Erlaß der VO. galten:

a) in der Krankenvers. G. neu veröffentlicht 92 (RGB. 417), erg. G. 25. Mai 03 (das. 233);

b) in der Unfallvers. die neu veröffentlichten Gesetze 00 (RGB. 573) mit Sondergesetzen als Anlagen für Gewerbe (das. 585), Land- u. Forstwirtschaft (das. 641), Bauten (das. 698) u. Seeleute (das. 716);

c) in der Invalidenvers. G. neu veröffentlicht 99 (RGB. 463).

[6]) Grundriß des sozialen Versicherungsrechts v. Kaskel u. Sitzler (Berl. 12), Grundriß der sozialen Hygiene v. A. Fischer (Berl. 13), — Monatsschrift für Arbeiter- und Angestelltenversicherung (seit April 13 Berl. b. Springer).

[1]) R.Vers.O. 19. Juli 11 (RGB. 509). Sie zerfällt in 6 Bücher und ist mit 1805 Paragraphen nächst dem BGB. das umfangreichste RG. Die Bezeichnung der Bücher (1. Gemeinsame Vorschriften, 2. Krankenvers., 3. Unfallvers., 4. Invaliden- u. Hinterbliebenenvers., 5. Beziehungen der Versicherungsträger zu einander u. zu anderen Verpflichteten u. 6. Verfahren) ist nicht ganz zutreffend, da auch das 5. und 6. Buch gemeinsame Vorschriften enthalten. — Das EinfG. v. dems. Tage (RGB. 839) enthält Übergangsbest., die nur vorübergehende Bedeutung haben. — Größere Bearbeitungen von Hanow u. a. Mitgl. des RVersA. 5 Bde. (mehrfach neu aufgelegt Berl. 13), v. Düttmann u. a. 4. Bde. (Altenburg, 12), beide für die Praxis berechnet, v. Olshausen, Laß u. Weymann (Berl. 12); etwas kürzer von Dannenberg, Hännel u. Stempel 3 Bde. (Leipz. 13); Handausg. von Manes, Menzel u. Schulz 4 Bde. (Leipz. 12); die für die einzelnen

Hinterbliebenenversicherung, 1913 die Unfallversicherung und 1914 die Krankenversicherung in Kraft getreten.[2]) Die Vers.O. hat zwar wegen der Verschiedenartigkeit, insbesondere in Ansehung der Gefahren die drei Versicherungszweige beibehalten,[3]) sie hat sie aber einander näher gebracht. Die Pflicht zur Krankenversicherung ist erheblich erweitert (§ 318 Abs. 1), so daß sie mit der Invalidenversicherungspflicht (§ 320 Abs. 2) fast vollständig zusammenfällt. Außerdem sind gemeinsame Vorschriften erlassen für die Versicherungsträger (Abs. 2), die Versicherungsbehörden (Abs. 3), das Verfahren (Abs. 4) und für einige sonstige Angelegenheiten (Abs. 5).

Versicherungsträger sind regelmäßig entweder Genossenschaften, wie die der Arbeiter in den Krankenkassen für die Krankenversicherung und die der Arbeitgeber in den Berufsgenossenschaften für die Unfallversicherung, oder Anstalten, wie die Versicherungsanstalten für die Invaliden- und Hinterbliebenenversicherung. Alle diese Träger sind rechtsfähig und werden durch Vorstände vertreten, deren Mitglieder von den Arbeitgebern und Versicherten auf 4 Jahre nach den Grundsätzen der Verhältniswahl gewählt werden. Auch Frauen sind wahlberechtigt und wählbar. Die Gewählten führen ihr Amt als Ehrenamt, das sie nur aus bestimmten Gründen ablehnen dürfen. Sie haben Anspruch auf Ersatz für Auslagen, die Versicherten auch für entgangenen Arbeitsverdienst oder einen Pauschbetrag. Letzterer kann durch die Satzung auch den Vertretern der Arbeitgeber zugebilligt werden.[4]) Die Ersatzansprüche der Versicherungsträger gegeneinander oder gegen andere Verpflichtete sind näher geregelt. Streitigkeiten entscheiden die Versicherungsbehörden im Spruchverfahren.[5])

Versicherungsbehörden sind die Versicherungsämter, die Oberversicherungsämter, das Reichsversicherungsamt und die Landesversicherungsämter. Sie handeln in Entschädigungsangelegenheiten als Gerichte,

---

Versicherungszweige berechneten Bände sind meist einzeln käuflich. Weitere Bearbeitungen der Einzelzweige in Kommentaren u. Handausgaben v. Düttmann u. v. Hoffmann (Berl. 12 u. 13). Volkstümlicher Leitfaden zur Arbeiterversf. (Berl. 13).

[2]) EG. Art. 1—5 u. V. 5. Juli 12 (RGB. 439).

[3]) VO. § 1, 2.

[4]) Das. § 3—24, Vermögensverwaltung § 25—29, Befugnisse der Aufsichtsbehörden § 30—34. — Beschränkungen bei Ausübung des Ehrenamtes sind verboten § 39, 140. — Wahrung d. Amtsgeheimnisses § 141—145. Verzeichnis der Versicherungsbehörden u. der Träger der Unfall-, Invaliden- u. Hinterbliebenenversicherung. Bek. 28. Dez. 12 (AN. 1025). — Die Verhältniswahl, bei der die zu Wählenden auf die Wahlgruppen (Parteien) nach Verhältnis der Wählenden zur Gesamtstimmenzahl verteilt werden, soll die Wahlkämpfe mildern u. größeren Minderheiten angemessene Berücksichtigung sichern. Zur Erleichterung dient die Einforderung von Vorschlagslisten der Parteigruppen, an die diese bei der Wahl gebunden sind. Anwendung bei Knappschaftskassen § 336 Anm. 3, bei Gewerbe- u. Kaufmannsgerichten § 372 Abs. 3 d. W.

[5]) Beziehungen zwischen Kranken- u. Unfallvers. das. § 1501—1517, Kranken- u. Inval.- u. Hinterbliebenenvers. § 1518 bis 1521, Unfall- u. Inval.- u. Hinterbl. Vers. § 1522—1526, zu Knappschaftsvereinen, Knappschafts- u. Ersatzkassen und Armenverbänden § 1527—1544.

sonst als **Verwaltungsbehörden.**[6]) — Die **Versicherungsämter** werden regelmäßig bei jeder unteren Verwaltungsbehörde (Landratsamt) als Abteilung für Arbeiterversicherung errichtet. Sie bilden die gemeinsame Stelle für alle der unteren Instanz zugewiesenen Geschäfte und sollen in allen Versicherungszweigen Auskunft erteilen und die Beteiligten beraten. Der Leiter dieser Behörde ist Vorsitzender des Amts; für ihn werden ein oder mehrere ständige Stellvertreter bestellt. Der Vorsitzende handelt teils selbständig, teils unter Zuziehung von Versicherungsvertretern, die ähnlich wie die Vorstandsmitglieder (Abs. 2), aber unter Ausschluß der Frauen, von den größeren Krankenkassen (§ 318 Abs. 3) gewählt werden. Für die dem Spruch- und dem Beschlußverfahren unterworfenen Sachen werden Spruch und Beschlußausschüsse gebildet, die aus dem Vorsitzenden und je einem Versicherungsvertreter der Arbeitgeber und der Versicherten bestehen.[7]) — Höhere Spruch-, Beschluß- und Aufsichtsbehörden sind die **Oberversicherungsämter**, die an Stelle der seitherigen Schiedsgerichte treten. In der Regel werden sie den höheren Verwaltungsbehörden angegliedert; doch können sie auch als selbständige Staatsbehörden errichtet werden. Auch ihnen werden Beisitzer aus der Zahl der beteiligten Arbeitgeber und Versicherten zugeteilt, und auch bei ihnen werden für die Spruch- und Beschlußsachen Spruch- und Beschlußkammern unter Zuziehung von Laienmitgliedern gebildet.[8]) — Oberste Spruch-, Beschluß- und Aufsichtsbehörde für die gesamte Arbeiterversicherung ist das **Reichsversicherungsamt** in Berlin. Es besteht aus ständigen und 32 nicht ständigen Mitgliedern; die ersteren werden vom Reichskanzler — der Präsident, die Direktoren und Senatspräsidenten vom Kaiser — ernannt. Von den nicht ständigen Mitgliedern wählt der Bundesrat 8 (6 aus seiner Mitte); je 12 werden als

---

[6]) Das. § 35, Übergangsbest. EG. Art. 7—13, die Amtsdauer der nicht ständigen Mitglieder des RVersA. (Art. 4 Abs. 2) ist bis 31. Dezemb. 13 verlängert Bek. 2. Aug. 11 (ZB. 444). — Befugnisse d. obersten Landesbehörden VO. § 110—114 nebst Bek. 7. Dez. 11 (HMB. 447), Vf. 14. Mai u. 27. Juni 12 (das. 289 u. 389). — Verzeichnis der Versicherungsbehörden (Anm. 4).

[7]) VO. § 36—60, insbes. Rechtsauskunftserteilung § 36 Abs. 1. Die Stellvertreter der Vorsitzenden werden von den RPräs. bestätigt AE. 16. Juli 12 (GS. 204) nebst Vf. 4. Juli 12 (MB. 235), Heranziehung der Stellvertreter Vf. 7. Jan. u WahlO. 26. April 13 (HMB. 42 u. 330); Aufsicht Anm. 8; Geschäftsgang Vf. 8. Juli 12 (MB. 200); Verfahren Anm. 12; Kostentragung bei den staatlichen Versicherungsämtern Vf. 8. Juli u. 11. Okt. 12 (MB. 200 u. 273).

[8]) VO. § 61—82 (nach § 79 wird die Aufsicht über die Vers.-Ämter von der Aufsichtsbehörde der unteren Verwaltungsbehörden, die über die Oberversicherungsämter von der obersten Verwaltungsbehörde geführt). WahlO. wie Anm. 7. Pauschverträge zu den Kosten der OV.-Ämter (§ 80 Abs. 3) Bek. 16. März 12 (RGB. 254) nebst Vf. 10. Sept. 12 (HMB. 485). Geschäftsgang u. Verfahren Anm. 12. — Nachweisung der OV.-Ämter (in Preußen unter Vorsitz der RegPr., für die Knappschafts-OV.-Ämter der Berghauptleute, für die Eisenbahndirektionsbezirke der Eis.-Dir.-Präs.) Vf. 8 u. (Geschäftsgang) 27. Juni 12 (MB. 162 u. 192). Die Eisenb.-OV.-Ämter sind auch f. d. Inv.- u. Hinterbl.-Vers. der staatlichen Wasserbauarbeiten zuständig Vf. 28. Feb. 13 (HMB. 221). Besonderes OVA. für die Marineverw. Vf. 13. Dez. 13 (HMB. 588).

Vertreter von den Arbeitgebern und Versicherten gewählt. Die Spruchsachen werden vor Spruchsenaten, die Beschlußsachen vor Beschlußsenaten erledigt. Ersterer ist mit 7, letzterer mit 5 Mitgliedern besetzt. Zur Wahrung der Einheitlichkeit der Rechtsprechung in den Senaten tritt der große Senat mit 11 Mitgliedern zusammen.[9]) — Daneben sind Landesversicherungsämter insoweit zugelassen, als sie seither bestanden und in ihrem Bereiche mindestens 4 Oberversicherungsämter bestehen. Diese treten an Stelle des Reichsversicherungsamts in den vom Gesetz bezeichneten Fällen.[10])

In dem Verfahren ist die Sachlage von Amts wegen zu erforschen. Es scheidet sich in das Spruchverfahren vor den Spruchausschüssen, Spruchkammern und Spruchsenaten und das Beschlußverfahren vor den Beschlußausschüssen, Beschlußkammern und Beschlußsenaten.[11]) — Die Feststellung der Leistungen, die im Streitfalle dem Spruchverfahren unterliegt, ist für die 3 Versicherungszweige verschieden. Sie erfolgt bei der Kranken- und Invalidenversicherung auf Antrag, bei der Unfallversicherung von Amts wegen; unterbleibt diese, so ist der Anspruch binnen 2 Jahren anzumelden.[12])

1. In der Krankenversicherung ist der Antrag bei den Krankenkassen zu stellen; bei Streit entscheidet das Versicherungsamt (Spruchausschuß)[13]);
2. In der Unfallversicherung erfolgt auf die Anzeige des Unternehmers nach polizeilicher Untersuchung die Feststellung durch Bescheid der Berufsgenossenschaft und, wenn der Berechtigte dagegen innerhalb eines Monats Einspruch erhebt, nach weiterer Untersuchung durch Endbescheid; die Unfallrente kann für die ersten 2 Jahre vorläufig, muß aber dann als dauernde festgesetzt werden; bei den Untersuchungen ist dem Versicherungsamt eine gewisse Mitwirkung eingeräumt. Der Rechtszug wegen der vorläufigen Renten führt nur bis zum Oberversicherungsamt.[14])

---

9) VO. § 83—104. Die Veröffentlichung der Entscheidungen von grundsätzlicher Bedeutung, die als solche äußerlich zu kennzeichnen sind, erfolgt in den seit 1885 erscheinenden „Amtlichen Nachrichten des RVersAmts" Bek. 30. Dez. 11 (RGB. 12 S. 2). Geschäftsgang u. Verfahren Anm. 12.

10) VO. § 105—109. Landesvers.-Ämter bestehen in Bayern, Sachsen, Baden.

11) Gemeinsame Verfahrensvorschriften über Rechtshilfe das. § 115—117, Fristen § 124—134 u. EG. Art. 6, Zustellungen VO. § 135, 136, Gebühren u. Stempel § 137, 138, Verwendung u. Verjährung der Strafen § 146—148; Kosten § 1802, 1803 u. (außergerichtliche) 1670, verb. § 59 Abs. 3, 80 Abs. 4, 104 Abs. 3; die Rechtsanwaltsgebühren sind gem. § 1804 durch V. 24. Dez. 11 (RGB. 1094) festgesetzt, Vereinbarungen über höhere Beträge sind nichtig VO. § 1805. — Geschäftsgang u. Verfahren sind durch 3 Verordnungen 24. Dez. geregelt für Vers.-Ämter (RGB. 1107), Ob.-Vers.-Ämter (das. 1095) und für das Reichsvers.-A. (das. 1083). — Übergangsbest. EG. Art. 85—99 u. Bek. 24. Okt. 12 (RGB. 527).

12) VO. § 1545—1550. (Die VO. unterscheidet zwischen der Feststellung durch die Versicherungsträger § 1545—1635 u. im Spruchverfahren § 1636—1734).

13) Das. § 1551 u. (Spruchverfahren vor dem Versicherungsamt) 1636—1674.

14) Das. § 1552—1612, Muster für die Anzeige (§ 1555) Bek. 1. Okt. 00 (AN. 710). Kosten der Untersuchung § 234 Anm. 5 d. W. — Anwendung des § 1580 auf den Bergbau Vf. 22. Juli 12

3. Ansprüche aus der Invaliden- und Hinterbliebenenversicherung sind an das Versicherungsamt zu richten. Dieses erörtert und begutachtet die Sache, worauf der Vorstand der Versicherungsanstalt den Bescheid erteilt.[15])

Als Rechtsmittel gegen diese Urteile und Bescheide (Nr. 1—3) ist die Berufung an das Oberversicherungsamt zugelassen[16]), die binnen einem Monat einzulegen ist.[11]) Gegen Urteile des letzteren ist in gleicher Frist in der Kranken-, wie in der Invaliden- und Hinterbliebenenversicherung — abgesehen von einigen minder wichtigen Ansprüchen — bei Gesetzesverletzung, Verstoß gegen den Akteninhalt und Mängeln des Verfahrens die Revision, in der Unfallversicherung — mit einzelnen Ausnahmen — der auch den Tatbestand umfassende Rekurs zulässig. Über beide Rechtsmittel entscheidet das Reichsversicherungsamt (Spruchsenat) oder das Landesversicherungsamt, wo solches eingerichtet ist (Abs. 3). Will ein Senat in einer grundsätzlichen Rechtsfrage von der Entscheidung eines anderen Senats abweichen, so ist die Sache an den großen Senat (Abs. 3) zu verweisen.[17]) Außer der Feststellung der Leistungen unterliegen noch einige andere Streitigkeiten, insbesondere Erstattungs- und Ersatzansprüche, dem Spruchverfahren.[18]) — Soweit nicht das Spruchverfahren vorgeschrieben ist, ergehen die Entscheidungen der Versicherungsbehörden im Beschlußverfahren, teils durch deren Vorsitzende, teils durch die Beschlußausschüsse, Beschlußkammern und Beschlußsenate. Als Rechtsmittel findet die Beschwerde und gegen die Entscheidung auf diese die weitere Beschwerde bei der nächst höheren Behörde statt.[19])

Von sonstigen gemeinsamen Bestimmungen sind folgende hervorzuheben. Minderjährige über 16 Jahre sind in Arbeiterversicherungsangelegenheiten geschäftsfähig.[20]) — Vertragsbestimmungen, die die Anwendung des Gesetzes zum Nachteil der Versicherten ausschließen, sind nichtig.[21]) — Die Versicherungsleistungen sind keine öffentlichen Armenunterstützungen und nur in beschränktem Umfange übertragbar und pfändbar. Trunksüchtigen können Sachleistungen (auch die Unterbringung in Heilanstalten) gewährt werden. Auf Antrag des Armenverbandes muß dieses geschehen.[22]) — Die

(HMB. 410). — Besondere Vorschriften für die Seeunfallversicherung § 1745—1770; Untersuchung der Seeunfälle durch die Seeämter § 379 Abs. 3 d. W.

[15]) VO. § 1613—1635, verb. § 1743. Formular Bf. 15. Mai 09 (HMB. 260).

[16]) VO. § 1675—1693. Wahl der ärztlichen Sachverständigen (§ 1686) Anw. 21. Aug. 13 (HMB 554).

[17]) VO. § 1694—1721; die Veröffentlichung der Entscheidungen (§ 1716) erfolgt in den Amtlichen Nachrichten (Anm. 9). — Wiederaufnahme des Verfahrens (§ 200 d. W.) § 1722—1734 u. 1744. — Streit mehrerer Versicherungsträger über die Unfallentschädigungspflicht § 1735—1738 und Verteilung unter solche § 1739 bis 1742.

[18]) Das. § 1771—1779.

[19]) Allg. Vorschriften das. § 1780 bis 1790, Beschwerde § 1791—1796, weitere Beschwerde § 1797—1801.

[20]) Das. § 184 Abs. 2, 1591 Abs. 3, 1650 Abs. 3 u. 1658 Abs. 2.

[21]) Das. § 139.

[22]) Das. § 118—121, insbes. Ver-

ärztliche und zahnärztliche Behandlung hat regelmäßig durch approbierte Ärzte und Zahnärzte zu geschehen.[23]) — Gegenüber anderen Staaten kann Gegenseitigkeit vereinbart oder das Vergeltungsrecht ausgeübt werden.[24]) — Endlich werden einzelne Begriffe (Ortslohn, Beschäftigungsort, Hausgewerbetreibende) näher bestimmt. Geschäftsjahr ist das Kalenderjahr.[25])

c. Krankenversicherung.[1])

§ 318.

Die Versicherungspflicht erstreckt sich auf alle Personen, die ihre Arbeitskraft in untergeordneter Stellung gegen Entgelt von höchstens 2500 M. jährlich verwerten. Die R.Vers.O. hat sie erheblich erweitert (§ 317 Abs. 1 und 320 Abs. 2), insbesondere — mit einigen Abweichungen — auf die in der Landwirtschaft, als Dienstboten, unständig (auf weniger als eine Woche) oder im Wandergewerbe Beschäftigten, auf die Hausgewerbetreibenden und deren hausgewerblich Beschäftigte sowie die ohne Entgelt beschäftigten Lehrlinge ausgedehnt.[2])

Gegenstand der Versicherung bilden die Leistungen der Krankenkassen. Die baren Leistungen werden nach dem als Grundlohn bis zu 5 (bei Einzellohn 6) M. festgesetzten durchschnittlichen Tagesentgelt bemessen. Die Regelleistungen sind Sachleistungen oder Barleistungen und bestehen in Krankenhilfe, Wochenhilfe und Sterbegeld. Die Krankenhilfe wird für höchstens 26 Wochen gewährt und umfaßt neben freier ärztlicher Behandlung, Arznei und kleinen Heilmitteln im Fall der Arbeitsunfähigkeit auch ein vom 4. Tage ab zu zahlendes Krankengeld in Höhe des halben Grundlohnes oder statt dieser Leistungen Verpflegung in einem Krankenhause, neben der das halbe Krankengeld den Angehörigen gezahlt werden kann. Die Wochenhilfe besteht in Zahlung des Krankengeldes für 4—8 Wochen oder Aufnahme in ein Wöchnerinnenheim. Als Sterbegeld wird der 20fache Grundlohn gezahlt. Die Satzung kann bestimmte Mehrleistungen, insbesondere die Ausdehnung der Wohltaten auf 1 Jahr sowie auf Genesende und Familienangehörige zubilligen.[3])

pfändung u. Übertragung § 119. — Maßregeln gegen Trunksucht § 257 Abs. 3 d. W.

[23]) VO § 122, (Zahntechniker) § 123 u. Vf. 3. Dez. 13 (MB. 214).

[24]) Das. § 157, 158.

[25]) Das. § 149—156 u. 159—164. Grundsätze für Festsetzung des Ortslohns Vf. 1. Juni 92 (AM. 10 S. 174).

[1]) Inkrafttreten § 317 Abs. 1 d. W. Übergangsbest. Anm. 4, 6, 10. Bearb. § 317 Anm. 1.

[2]) VO. § 165—167; Abweichungen für die hinzugetretenen Berufe bezüglich der Beiträge u. Leistungen § 416, für landw. Arbeiter § 417—434 nebst Bek. 23. Okt. 13 (RGB. 741) betr. vorübergehende Beschäftigung gewerblicher Arbeiter in landw. Betrieben, Dienstboten § 435—440, unständig Beschäftigte § 441—458, im Wandergewerbe Beschäftigte § 459—465 nebst Bek 21. Nov. 13 (RGB. 762), Hausgewerbe § 466—493 nebst Bek. 5 u. Übergangsbest. 20. Dez 13 (RGB. 770 und 789), Lehrlinge § 494: Befreiungen durch Bundesr.Beschl. bei vorübergehender Beschäftigung § 168 nebst Bek. 17. Nov. 13 (RGB. 756), kraft Gesetzes § 169, 172, auf Antrag § 170, 171, 173—175; Versicherungsberechtigung § 176 bis 178. — Anleitung über den Kreis der Versicherungspflichtigen wie § 320 Anm. 3.

[3]) Das. § 179—224, insbes. Hauspflege

Träger der Versicherung sind die *Krankenkassen*. Ihre Zahl ist im Interesse größerer Leistungsfähigkeit vermindert. Die Gemeindekrankenversicherung ist beseitigt. Die Hauptform ist die der Ortskrankenkassen, die für alle Pflichtigen eines örtlichen Bezirks, in der Regel innerhalb des des Versicherungsamts (§ 317 Abs. 3), errichtet werden (allgemeine Ortskrankenkassen), neben denen die bestehenden auf einzelne Betriebe oder auf ein Geschlecht beschränkten als „besondere Ortskrankenkassen" beibehalten werden können. Da die Ortskrankenkassen auf gewerbliche Arbeiter berechnet sind, sollen überall, wo diese für die besonderen Lebensverhältnisse der ländlichen Bevölkerung nicht angemessen sind, Landkrankenkassen mit gleicher Begrenzung für landwirtschaftliche Arbeiter, für das Gesinde, das Haus- und das Wandergewerbe eingerichtet werden. Außerdem können Betriebskrankenkassen für einen oder mehrere Betriebe von solchen Arbeitgebern, die eine bestimmte Zahl Versicherungspflichtiger beschäftigen, und Innungskrankenkassen von Innungen (§ 368 Abs. 2) errichtet werden. Die früheren Baukrankenkassen sind in die Betriebskrankenkassen eingereiht und die frühere Gemeindeversicherung ist aufgehoben.[4]) — Die *Verfassung* wird durch die Satzung näher bestimmt; die Mitgliedschaft beginnt mit dem Eintritt in die versicherungspflichtige Beschäftigung; diese hat der Arbeitgeber binnen 3 Tagen zu melden.[5]) Die *Geschäfte* der Kasse werden durch Ausschuß und Vorstand besorgt. Eine Generalversammlung gibt es nicht mehr. Vorstand und Ausschuß bestehen dem Beitragsverhältnis (Abs. 4) entsprechend zu $^2/_3$ aus Versicherten und zu $^1/_3$ aus Arbeitgebern. Den letzteren ist jedoch bei wichtigen Entscheidungen (Wahl des Vorsitzenden, Stellenbesetzung, Aufstellung der Dienstordnungen) durch getrennte Abstimmung beider Teile eine Mitentscheidung eingeräumt. Bei den Landkrankenkassen werden der Vorsitzende des Vorstandes und die Vertreter im Vorstand und Ausschuß von dem Gemeindeverbande (Kreise) gewählt. Bei den Betriebskrankenkassen gebührt dem Arbeitgeber der Vorsitz und ein Drittel der Stimmen im Vorstand und Ausschuß.[6]) — Die *Beziehung zu den Ärzten* wird

---

durch Krankenpfleger oder Schwestern § 185 u. 196[2]; Abweichungen wie Anm. 2. Die Leistungen sind einkommensteuerfrei Einkst.G. 06 (GS. 260) § 5[6]; Verjährung u. Aufrechnung VO. § 223 nebst BGB. § 394; Feststellungsverfahren § 317 Abs. 4[1] d. W.

4) VO. § 225—263; verb. § 526—528 nebst Vf. 21. Febr. 13 (HMB. 109). Vereinigung, Ausscheidung, Auflösung, Schließung § 264—305. — Einrichtung Vf 4. Nov. 12 (HMB. 539) u. 18. Jan. 13 (das. 43). Mustersatzungen Bek. 17. März 13 (ZB. 223). — Übergangsbest. EG. Art. 14—24, 29—30.

5) VO. § 306—319 u. (Strafe) 530, 531. Satzung § 320—326.

6) Kassenorgane VO. 327—348, verb. § 317 Abs. 2 d. W, Angestellte und Beamte VO. § 349—362 insbes. DienstO. § 351—358 nebst Vf. 1. Dez 13 (HMB. 624); Übergangsbest. EG. Art 32 bis 42 nebst Bek. 1. Aug. 11 (RGB. 863), § 2 Abs. 2 erg. Bek. 12. Jan. u 20. Mai 12 (das. 150 u. 314) u. Bek. 11. Juli 13 (das. 577). — Verwaltung der Mittel VO. § 363—367; Rechnungsführung Best. 9. Okt. 13 (ZB. 1009). Verwendung für Krankenhäuser u. Verwaltungsgebäude Vf. 25. u. 28. Mai 98 (MB 146), Begriff der Verwaltungskosten OB. (IL 333).

durch schriftlichen Vertrag geregelt. Die Anstellung von Kassenärzten oder die Zulassung der freien Arztwahl ist hiernach der Vereinbarung überlassen. Soweit es die Kasse nicht erheblich mehr belastet, soll sie ihren Mitgliedern die Auswahl zwischen mindestens 2 Ärzten freilassen; auch steht dem Versicherten die Auswahl unter den von der Kasse bestellten Ärzten frei, wenn er die Mehrkosten übernimmt. Wird die ärztliche Versorgung dadurch ernstlich gefährdet, daß kein angemessener Vertrag zustande kommt, oder dieser von den Ärzten nicht eingehalten wird, so kann die Kasse ermächtigt werden, statt der Krankenpflege eine bare Leistung bis zu $^2/_3$ des Krankengeldes gewähren.[7]) — Die Aufsicht führt das Versicherungsamt.[8]) — Die Krankenkassen können sich zu Kassenverbänden vereinigen und für bestimmte Mitgliedergruppen oder Bezirke Sektionen errichten, denen ein Teil, jedoch höchstens $^2/_3$ der Einnahmen und Leistungen zugewiesen werden darf.[9]) — Als Ersatzkassen werden nur diejenigen seitherigen Hilfskassen zugelassen, die satzungsgemäß bestimmte Bedingungen erfüllen, insbesondere mindestens die Regelleistungen der Krankenkassen gewähren und in der Regel dauernd mehr als 1000 Mitglieder zählen. Für versicherungspflichtige Mitglieder der Ersatzkassen ruhen auf deren Antrag ihre Rechte und Pflichten als Mitglieder der Krankenkasse.[10])

Die Beiträge werden dem Bedarf entsprechend nach Hundertsteln des Grundlohnes (Abs. 2) bemessen und sollen in der Regel $4^1/_2$ v. H. nicht übersteigen. Sie entfallen zu $^2/_3$ auf die Versicherten und zu $^1/_3$ auf die Arbeitgeber. Sie sind von den letzteren einzuzahlen; diese können die Beitragsteile der Versicherten von deren Lohn abziehen.[11])

Zuwiderhandlungen sind mit Strafen bedroht. Die Kassenvorstände haben eine begrenzte Befugnis zur Straffestsetzung.[12])

---

[7]) Ärzte u. Krankenhäuser VO. § 368 bis 373 nebst Bf. 2. Dez. 13 (HMB. 691), § 291, Zahnärzte § 374, verb. § 317 Abs. 5 d. W. Arztgebühren § 265 Anm. 8 d. W.; Apotheken VO. § 375, 376 nebst Bf. 5. Juni 13 (HMB. 450).

[8]) VO. § 377—379. Das Oberversicherungsamt übt Aufsichtsrechte — abgesehen von der Bestimmung besonderer Ärzte, Apotheken u. Krankenhäuser (§ 372 bis 375) — nur als Beschwerdeinstanz. Verb. § 317 Anm. 4 d. W.

[9]) Das. § 406—415.

[10]) Das. 503—525, EG. Art. 25—28. Für Ersatzkassen gelten die allgemeinen Best. der VO. § 4—34 nicht, das. § 3 Abs. 2; Bf. 25. Aug. 13 (HMB. 552). — Das HilfskassenG. 7. April 76 (RGB. 125), das die eingeschriebenen Hilfskassen einer besonderen Regelung unterwarf, ist samt seinen Ergänzungen aufgehoben und die Hilfskassen sind als Versicherungsvereine auf Gegenseitigkeit dem Aufsichtsamt für Privatversicherung (§ 323 Abs. 6 d. W.) unterstellt G. 20. Dez. 11 (RGB. 985), Inkrafttreten V. 13. Mai 12 (das. 309); Bf. 16. März 12 (HMB. 140); Übergangsbest. 24. Okt. 12 (RGB. 527). — Knappschaftliche Krankenkassen § 336 Abs. 1 d. W.

[11]) VO. § 380—405 u. EG. Art. 31. Abweichungen wie Anm. 2.

[12]) VO. § 529—536. — Verwendung u. Verjährung der Strafen § 317 Anm. 11 d. W.

d. Unfallversicherung.

§ 319.

Den nachteiligen wirtschaftlichen Einwirkungen, die sich bei Unfällen über die Zeit der gesetzlichen Krankenunterstützung hinaus geltend machen, konnte vordem nur durch die **Haftpflicht** entgegengewirkt werden, vermöge deren, in Erweiterung der privatrechtlichen Schadenersatzpflicht,[1]) Unternehmer von Bergwerken, Steinbrüchen, Gräbereien (Gruben) oder Fabriken zum Schadenersatz verbunden waren, sobald durch ihr oder ihrer Beauftragten Verschulden ein Mensch getötet oder verletzt wurde.[2]) Diese Hilfe erschien unzulänglich, da sie die zahlreichen Fälle des eigenen Verschuldens oder Zufalls nicht traf, dabei aber die Arbeiter zur Klageerhebung gegen ihre Arbeitgeber nötigte und damit zersetzend auf die Beziehungen zwischen beiden einwirkte. Für die Unfallversicherung (Abs. 2) ist nunmehr die Geltendmachung der Haftpflicht durch den Beschädigten gegenüber dem Arbeitgeber oder seinen Vertretern auf den Fall vorsätzlicher Beschädigung und auf den die Versicherungssumme übersteigenden Betrag beschränkt, während sie gegenüber anderen Personen in Höhe der gemachten Aufwendungen auf die Versicherungskassen übergeht.[3])

Diesen Mißständen ist 1884—1887 durch Einführung einer zwangsweisen **Unfallversicherung** abgeholfen worden, die dann eine Umgestaltung und Erweiterung durch die Gesetze von 1900 erfahren hat.[4]) An Stelle dieser Gesetze ist die Reichsversicherungsordnung (§ 317 Abs. 1) getreten, in deren drittem Buche die früher in besonderen Gesetzen behandelten Versicherungszweige zusammengefaßt sind.[5]) Die frühere Bauunfallversicherung ist der Gewerbeunfallversicherung eingefügt, so daß nur noch die drei Zweige der Gewerbeunfallversicherung (Nr. I), der land

---

[1]) Im allgemeinen haftet nur der unmittelbare Urheber für den durch Verschulden (Vorsatz oder Fahrlässigkeit) widerrechtlich verursachten Schaden BGB. § 823.

[2]) HaftpflichtG. 7. Juni 71 (RGB. 207), erg. EG. z. BGB. Art. 42; § 6 aufgehoben G. 30. Jan. 77 (RGB. 244) § 13[3]. Bearb. v. Eger (7. Aufl. Han. 12) u. Lange (Leipz. 10). Besondere Haftpflicht des Tierhalters § 254 Anm. 12, bei der Schiffahrt HGB. Art. 458 u. 5 1 1 nebst EG. Art. 7, bei Kraftwagen § 384 Abs. 3, bei Eisenbahnen § 388 Abs 2 d. W. — Strafrechtliche Folgen § 315 Anm. 11. — Haftpflichtversicherung § 323 Anm. 11.

[3]) Gewerbeunf.Vers. VO. § 898—907, landwirtschaftliche § 1042, Seeunf.Vers. § 1219.

[4]) § 316 Anm. 5.

[5]) Übergangsbest. EG. Art. 43—63 (Anm. 6, 8, 9, 16 u. 19) u. V. 10. Juli 12 (RGB. 441). Durchführung in der Heeresverw. Vf. 20, der Bauverw. 27. Dez. 12 (HMB. 13 S. 125, 127), der Eisenbverw. Vf. 23. Okt. 12 (das. 545). — Vtr. betr. die auf das andere Land übergreifenden Betriebe u. gegenseitige Rechtshilfe mit den Niederlanden 27. Aug. u. AusfBest. 16. Dez. 07 (RGB. 763, 769, 773 u. 1908 S. 15), Belgien Abk. 6. Juli 12 u. Ausf. Best. 9. Aug. 13 (das. 1913 S. 23, 30, 248 u. 637), Luxemburg 2. Sept. 05 (das. 753 u. 756); Abk. weg. Gleichberechtigung der Angehörigen mit Italien 31. Juli 12 (RGB. 13 S. 171, 182) Art. 1, 2, 13 bis 25; Ausf. 2 Bek. 31. März 13 (ZB. 465) u. 13. Aug. 13 (HMB. 558). — Besondere Unfallfürsorge für Reichsbeamte § 24[7], Staatsbeamte § 71 Abs. 2 u. Gefangene § 236 Abs. 8.

wirtschaftlichen Unfallversicherung (Nr. II) und der Seeunfallversicherung (Nr. III) fortbestehen.

I. In der **Gewerbeunfallversicherung** erstreckt die Versicherungspflicht sich auf eine größere — durch die R.Vers.O. noch erweiterte — Zahl von Betrieben. Zu diesen gehören Berg- und Hüttenwerke und Steinbrüche, Fabriken, Werften, Apotheken, gewerbliche Brauereien und Gerbereien, Bauhöfe, das Bau-, Schlosser-, Schmiede- und Brunnenarbeiter-, das Schornsteinfeger-, Fensterputzer- und Fleischergewerbe, Badeanstalten, die Eisenbahn-, Post- und Telegraphen-, und die Betriebe der Heeres- und Marineverwaltungen, gewerbsmäßige Binnenschiffahrts-, Flößerei-, Fähr- und Baggereibetriebe, Binnenfischerei, Fischzucht und Eisgewinnung, der gewerbsmäßige Fuhrwerks-, Speditions-, Fahr-, Reittier-, Speicher-, Kellerei- und Güterpackerbetrieb, kaufmännische Großbetriebe zur Beförderung von Personen oder Gütern und zur Holzfällung. Als Fabriken gelten Betriebe, in denen Gegenstände gewerbsmäßig mit mindestens 10 Arbeitern bearbeitet oder verarbeitet, Sprengstoffe oder elektrische Kraft erzeugt oder dauernd Dampfkessel oder mit elementarer oder tierischer Kraft bewegte Triebwerke verwendet werden. Damit werden alle größeren Gewerbebetriebe versicherungspflichtig, auch wo sie nach ihrem Gegenstand der Unfallversicherung nicht unterliegen würden.[6]) Gegen Unfälle in diesen Betrieben (Betriebsunfälle) — wenn der Bundesrat es beschließt, auch gegen bestimmte gewerbliche Berufskrankheiten — sind versichert Arbeiter, einschließlich der Gesellen und Lehrlinge, ferner Betriebsbeamte, einschließlich der Werkmeister und Techniker mit Jahresverdienst bis zu 5000 M. Die Versicherung betrifft auch häusliche und andere von dem Unternehmer übertragene Dienste.[7]) Durch Satzung kann die Versicherung auf kleinere Unternehmer, Hausgewerbetreibende und Betriebsbeamte mit Jahresverdienst von mehr als 5000 M. ausgedehnt werden; erstere können ihr auch freiwillig beitreten (Selbstversicherung).[8])

Gegenstand der Versicherung ist der Ersatz des durch Körperverletzung oder Tötung entstandenen Schadens. Der Anspruch entfällt, wenn der Unfall vorsätzlich oder bei Begehung einer schweren Straftat herbeigeführt war. Bei Verletzung sind von der 14. Woche ab Krankenbehandlung und eine Rente für die Dauer der Erwerbsunfähigkeit oder an Stelle dieser Leistungen Kur und Verpflegung in einer Heilanstalt zu gewähren. Die Krankenbehandlung umfaßt ärztliche Behandlung, Arznei und andere Heilmittel, sowie die erforderlichen Hilfsmittel. Die Rente beträgt bei völliger Erwerbsunfähigkeit $^2/_3$ des Jahresarbeitsverdienstes (Vollrente), bei teilweiser den entsprechenden Teil (Teilrente). Bei völliger

---

[6]) VO. § 537—543. Übergangsbest. für die hinzugetretenen Betriebe EG. Art. 49—53 und 56—59.

[7]) VO. § 544—547. Befreiung der Beamten, Offiziere und Militärpersonen § 554; verb. Anm. 5.

[8]) VO. § 548—553. Anwendung der VO. auf frühere Unfälle EG. Art. 60.

Hilflosigkeit kann sie auf das volle Jahresarbeitsverdienst erhöht werden. Bei Tötungen wird den Hinterbliebenen (auch den unehelichen Kindern) als Sterbegeld $1/_{15}$ des Jahresarbeitsverdienstes, mindestens jedoch 50 M., und eine Rente von je $1/_5$, zusammen aber höchstens $3/_5$ des Jahresarbeitsverdienstes gewährt.[9])

Träger der Unfallversicherung sind die Berufsgenossenschaften (§ 317 Abs. 2). Zu solchen sind die Unternehmer der einzelnen Gewerbszweige in bestimmten örtlichen Bezirken vereinigt. Unternehmer ist derjenige, für dessen Rechnung der Betrieb geht.[10]) — In Betreff der Verfassung beginnt die Mitgliedschaft mit der Eröffnung des Betriebes. Diese ist binnen einer Woche bei dem Versicherungsamt anzumelden. In gleicher Weise sind der Wechsel der Person und Änderungen des Betriebes anzuzeigen. Die Genossenschaften können in örtliche Sektionen eingeteilt werden und Vertrauensmänner als örtliche Organe einsetzen.[11]) Genossenschaftsorgane sind der Vorstand und die Genossenschaftsversammlung, an deren Stelle eine Vertretung eingeführt werden kann.[12]) — Für nicht in einem gewerbsmäßigen Betriebe beschäftigte Bauarbeiter und selbstversicherte Unternehmer, bezüglich deren bei dem öfteren Wechsel und der kurzen Dauer der Beschäftigung die Bildung von Berufsgenossen

---

[9]) VO. § 555—562, 612—614; Jahresarbeitsverdienst § 563—572 nebst 149 bis 152, Hilfe während der ersten 13 Wochen § 573—585, 600, 601 u Ersatz der Aufwendungen der Krankenkassen § 317 Abs. 2 d. W.; Entschädigung bei Tötungen VO. § 586—595, insbes von Ausländern § 596 u. Bek. 12. u. 29. Juni 01 (ZB. 210 u. 236, erg. 02 S. 390, 03 S. 240, 04 S. 26, 05 S. 117, 06 S. 239, 08 S. 476); Heilanstalts- u. Hauspflege VO. § 597—599, 602 u. (Unterbringung der Rentenempfänger in Anstalten) § 607, Zulässigkeit eines Heilverfahrens § 603—606 u. (Leitsätze) Bi. des RVersA. 14. Dez. 11 (AB. 594); Neufeststellung der Rente § 608—611, Ruhen derselben § 615, EG. Art. 61, Vorschr. des RVA. für rentenpflichtige Inländer, die sich im Auslande aufhalten 2. Nov. 12 (AN. 976) und (Renten der Ausländer) Bek. 16. Okt. 00 (ZB. 540, erg. 01 S. 210, 04 S. 26, 08 S. 195 u. 476, 09 S. 1408, 11 S. 725); Ersatz durch Kapitalabfindung VO. § 616—619, EG. Art 62 u. (Berechnung) Bek. 31. Dez. 12 (AN. 1095, ZB 13 S. 26); Übertragung u. Pfändung § 621 nebst 119, Aufrechnung § 622 nebst BGB § 394. — Feststellungsverfahren § 317 Abs. 4 d. W.

[10]) VO. § 623, Zusammensetzung § 630—634, Änderung des Bestandes § 635—648, Ausdehnung der Tätigkeit auf Haftpflichtversicherung, Rentenzuschuß- und Ruhegeldgewährung und Beschaffung von Arbeitsgelegenheit für Verletzte § 843—847. — Zur Zeit bestehen 68 gewerbliche Berufsgenossenschaften. Alphab. Verzeichnis der zugehörigen Gewerbszweige Bek. RVA. 19. Juni 03 (AN. 403, erg. 05 S. 207, 589). Behandlung der durch die VO., versicherungspflichtig gewordenen Gewerbszweige EG. Art. 43—53 u. Bek 10. Okt. 12 (ZB. 787).

[11]) VO. § 649—674 und (Strafe) § 909¹; Satzung § 675—684 und (Bek. im Amtsbl.) Bk. 25. Juni 88 (MB. 123). Mustersatzungen Bek. 27. März (u. MusterwahlO.) 15. Juni 12 (AN. 577 u. 843).

[12]) VO. § 685—689 und Angestellte VO. § 690—705, MusterdienstO. 12 (AN. 1104). Übertragung von Aufgaben an die Geschäftsführer (§ 703 Abs. 2) Best. 13. Feb. 13; verb. BGB. § 611 bis 630; die Angestellten sind keine Staatsbeamte OV. (XX 28). Vermögensverwaltung VO. § 717—721 u. Aufsicht § 722—725; verb. § 317 Anm. 4 d. W.

schaften nicht ausführbar erscheint, sind Zweiganstalten bei den Bauberufsgenossenschaften errichtet, die diese unter gesonderter Verrechnung der Einnahmen und Ausgaben verwalten. Der Bedarf wird bei Bauarbeiten, für die mehr als 6 Arbeitstage tatsächlich verwendet werden, in festen Beträgen (Prämien) nach einem Tarif vierteljährlich von den Unternehmern eingezogen. Bei kürzeren Bauarbeiten wird er nach der Volkszahl alljährlich auf die Gemeinden umgelegt und von diesen mit den Gemeindelasten aufgebracht.[13]) Ähnlich wie für die längeren Bauarbeiten wird der Bedarf für Tätigkeiten bei dem nicht gewerbsmäßigen Halten von Reittieren und Fahrzeugen in Zweiganstalten aufgebracht, die bei den Fuhrwerks- und den Binnenschiffahrtsgenossenschaften errichtet werden.[14]) — Das Reich und die Bundesstaaten treten bei den für eigene Rechnung gehenden Betrieben regelmäßig selbst an Stelle der Berufsgenossenschaften. Sie bestimmen die Ausführungsbehörden und erlassen die Ausführungsbestimmungen. Ähnliches gilt für Gemeinden, Gemeindeverbände und andere öffentliche Körperschaften, soweit sie auf Antrag von der höchsten Verwaltungsbehörde für leistungsfähig erklärt werden.[15])

Behufs Aufbringung der Mittel wird der Bedarf für das abgelaufene Geschäftsjahr auf die Mitglieder der Berufsgenossenschaft nach dem Entgelt umgelegt, den die Versicherten in den Betrieben verdient haben.[16]) Die Genossenschaft hat in einem Gefahrtarif nach dem Grade der Unfallgefahr Gefahrklassen zu bilden, nach denen die Beiträge abgestuft werden.[17]) Die Entschädigungen (Nr. 1 Abs. 2) werden auf An-

[13]) VO. § 629 Abs. 1, 783—835 nebst Bek. 5. Okt. 04 (AN. 601), 24. Mai 12 (HMB. 297) u. Bek. 13. Dez. 12 (das. 13 S. 136).

[14]) VO. § 629 Abs. 2, 836—842 nebst Bek. 21. Dez. 12 (AN. 1123, HMB. 13 S. 44).

[15]) VO. § 624—628, 649 Satz 2, 892—897. AusfVorschr. für die Verwaltung des Heeres 23. Okt. 85 (ZB. 475), der Marine 2. Sept. 85 u. 3. Sept. 89, der Reichseisenbahnen 20. Sept. 85 (ZB. 469), der Post u. Telegraphen Bek. 21 u. Reg. 31. März 86 (ZB. 66 u. 76); der preuß. Staatsbauten 20. Dez. 00 (MB. 01 S. 44) u. Staatsbahnen 18. Feb. 95 (Eisenb.VB. 244. geänd. 00 S. 369 u. 01 S. 13).

[16]) VO. § 731—740. Im Umlageverfahren wird der erforderliche Bedarf nach Maßgabe der entstandenen Ausgaben verteilt und eingezogen, während im Prämien(Kapital)deckungsverfahren dieser Bedarf im voraus durch regelmäßige, nach Wahrscheinlichkeitssätzen berechnete Beiträge (Prämien) gedeckt wird. In der Unfallvers. ist — abweichend von der Kranken- u. Invalidenvers. (§ 318 Abs. 4 u. 320 Abs. 5) — das Umlageverfahren der größeren Einfachheit wegen gewählt. Dem Mißstand, daß der Bedarf von einem bestimmten Zeitpunkt ab unverhältnismäßig steigt u. dadurch die Gegenwart auf Kosten der Zukunft entlastet wird, wird durch Ansammlung einer Rücklage (Reservefonds) mit fallenden Beitragen vorgebeugt VO. § 741—748 u. EG. Art. 63; Berechnung Bek. 24. Dez. 12 (AN. 1127). — Umlegungs- u. Erhebungsverfahren VO. § 749 bis 764, Sicherung der Beitragsleistung der Bauunternehmer-, Fuhrwerks-, Binnenschiffahrts- und Binnenfischereibetriebe § 765 bis 776, Beitreibung der Beiträge Bf. 16. April 88 (AN. 222). — Beitragsleistung zu Zweiganstalten I Abs. 3.

[17]) VO. § 706—712. Übertragung eines Teils der Entschädigungslast auf die Sektionen u Zusammenlegung der Last für mehrere Genossenschaften § 713—716.

weisung des Genossenschaftsvorstandes durch die Post gezahlt[18]) und dieser nach Ablauf des Geschäftsjahrs erstattet.[19])

Zur Verhütung von Unfällen sind die Berufsgenossenschaften verpflichtet, Vorschriften über die erforderlichen von den Arbeitgebern zu treffenden Einrichtungen und Anordnungen, sowie über das von den Arbeitern zu beobachtende Verhalten zu erlassen. Zum Beschluß hierüber sind Vertreter der Versicherten in gleicher Zahl wie die Vorstandsmitglieder heranzuziehen. Die Vorschriften bedürfen der Genehmigung des Reichsversicherungsamts. Die Genossenschaften sind berechtigt und auf Verlangen des Reichsversicherungsamts verpflichtet, *zur Überwachung* der Unfallverhütungsvorschriften technische Aufsichtsbeamte und zur Prüfung der Lohnnachweise (Nr. 1 Abs. 2 u. 4) Rechnungsbeamte anzustellen.[20])

Zuwiderhandlungen sind mit *Strafen* bedroht. Die Genossenschaftsvorstände haben eine begrenzte Befugnis zur Straffestsetzung.[21])

II. Mehrfache Abweichungen weist die **landwirtschaftliche Unfallversicherung**[22]) auf, in der auch der landesgesetzlichen Regelung ein weiterer Spielraum belassen ist.[23]) Die *Versicherungspflicht* erstreckt sich auch auf die laufenden Gebäudeausbesserungen und Kulturarbeiten, die Gärtnerei, die landwirtschaftlichen Nebengewerbe[24]) und die Forstwirtschaft.[25]) Die Personen, die innerhalb dieser Betriebe zu versichern sind, werden ähnlich wie in der Gewerbeversicherung bestimmt.[26]) Dasselbe gilt von dem *Gegenstand der Versicherung* (der den Versicherten zustehenden Entschädigung)[27]) und von den *Berufsgenossenschaften* als den Trägern der Versicherung.[28]) Hier hat jedoch Preußen

---

[18]) Das. § 726—730, Ausf. Best. 2. Nov. 12 (AN. 957), Erleichterung der Quittungen über Unfallrenten in Preußen Bf. 18. Mai 04 (MB. 133).

[19]) VO. § 777—782 u. EG. Art. 55 Abs. 2.

[20]) Das. § 848—891. Die Form des über die Amtsverschwiegenheit von den Beamten abzuleistenden Eides (§ 882) bestimmt Bf. 23. Aug. 12 (HMB. 472). — Die Unfallverhütung besteht neben der staatlichen (§ 315 Abs. 2 d. W.) die Überwachung neben der der Gewerbeinspektoren (§ 364 Abs. 3); Verhältnis der letzteren zu den genossenschaftlichen Aufsichtsbeamten VO. § 883—886. — Schlesinger-Hartmann, Unfallverhütung u. Betriebssicherheit (Berl. 10).

[21]) Das. § 908—914. — Verwendung und Verjährung der Strafen § 317 Anm. 11 d. W.

[22]) Die VO. läßt — abgesehen von den allgemeinen Best. über Behörden und Verfahren (§ 317 Abs. 3 u. 4) — den seitherigen Rechtszustand im wesentlichen fortbestehen Ausf. Best. 12. Nov. 12 (HMB. 558).

[23]) VO. § 1034—1041.

[24]) Das. § 915—922, verb. § 539 bis 541; ausgeschlossen sind die vom RVersA. gem. § 919 den Fabriken gleichgestellten Betriebe Bek. 16. Okt. 01 (AN. 623).

[25]) VO. § 161. Wald- u. Feldbahnen der Staatsforstverwaltung Anw. 27. Juli 87 (MB. 200).

[26]) VO. § 923—929; s. oben Nr. I Abs. 1 Satz 3 u. 4.

[27]) VO. § 930—955 (Sachleistungen statt Renten 953 954), s. oben Nr. I Abs. 2.

[28]) VO. § 956—978, 983—987 und 1029; s. oben Nr. I Abs. 3. Mustersatzungen wie Anm. 11. Zugehörigkeit der landw. Nebenbetriebe (§ 919 Abs. 2) Best. 16. Okt. 01 (AN. 623). — Reichs- und Staatsbetriebe VO. § 957 u. 1033, Domänen- u. Forstbetriebe, die

von der Befugnis zu landesgesetzlicher Regelung[23]) **insofern Gebrauch** gemacht, als die Provinzen die Berufsgenossenschaften **und** die Kreise die Sektionen bilden, für welche die Verwaltung von den Provinzial- und den Kreisausschüssen wahrgenommen wird.[29]) Für die **Aufbringung der Mittel** gelten zwar im allgemeinen die für die Gewerbeunfallversicherung maßgebenden Grundsätze[30]), doch ist der Satzung für die Umlegung die Auswahl unter mehreren Maßstäben gestattet[31]), die Höhe der Rücklage abweichend bestimmt[32]) und die Erhebung den Gemeinden gegen eine (auf 2 v. H. festgesetzte) Vergütung übertragen.[33]) Die Auszahlung und Erstattung der Entschädigungen durch die Post erfolgt wie bei der Gewerbeunfallversicherung[34]), und dasselbe gilt von der **Unfallverhütung und Überwachung**[35]) und im wesentlichen von den **Strafen**.[36])

III. Auch die **Seeunfallversicherung** ist abweichend von der Gewerbeunfallversicherung (Nr. I) gestaltet.[37]) Die Versicherungspflicht erstreckt sich auch auf die in inländischen Betrieben der Schwimmdocks, des Lotsen-, Rettungs- und Bergungsdienstes beschäftigten Personen und auf die Seefischerei.[38]) Die Unternehmer der versicherungspflichtigen Betriebe bilden

---

nicht für Rechnung des Staates, sondern Dritter (Domänenpächter, Niesbraucher v. Dienstländereien) erfolgen, gehören den Berufsgenossenschaften an Vf. 29. Sept. 87 (MB. 234).

[29]) Pr. G. (Neufassung) 22. Juli 12 (GS. 2?7). Die Anzeige üb. Eröffnung von Betrieben (VO. § 967) ist von dem Gemeindevorstande, die des Wechsels in der Person und der Veränderung des Betriebes (§ 968—970) von den Beteiligten dem Sektionsvorstande zu erstatten G. 12 § 6, 7. — Die Sektionen bilden nur Verwaltungsstellen ohne Rechtspersönlichkeit OV. (XLVII 367). — Gemäß VO. § 1041 ist das Fürstent. und die Stadt Lübeck der schleswig-holsteinischen, das Fürstentum Waldeck der hannoverschen, das Fürstentum Pyrmont der hess.-nassauischen u. das Fürstent. Birkenfeld neben Hohenzollern der rheinischen landwirtschaftlichen Berufsgenossenschaft angeschlossen. — Im Reiche bestehen 49 landw. Berufsgenossenschaften, in Bayern f. d. (8) Regierungsbezirke, in Württemberg f. d. (4) Kreise, in Elf.-Lothringen f. d. (3) Bezirke, in Kob.-Gotha f. d. beiden Herzogtümer, sonst für jeden Staat eine. Eine Gartenbauberufsgenossenschaft (§ 917) in Kassel umfaßt Preußen u. die meisten deutschen Staaten.

[30]) VO. 989, 1011, 1012, 1014, 1022 bis 1027 u. (Gefahrklassen) § 979, (Teilung u. Zusammenlegung der Last) § 980—982; s. oben Nr. I Abs. 4 Satz 1 u. 2.

[31]) Es bestehen die Maßstäbe des Arbeitsbedarfs u. der Gefahrklassen VO. § 990—1004, 1016—1019, wobei in Preußen dem Kreisausschuß die Feststellung zusteht G. 12 (Anm. 29) § 10, der Maßstab des Steuerfußes VO. § 1005 bis 1009, 1015 u. 1019 u. andere Maßstäbe § 1010. — In Preußen werden die Beiträge meist als Zuschläge zur Grundsteuer erhoben.

[32]) VO. § 1013.

[33]) Das. § 1020, 1021.

[34]) Das. § 988, 1028; s. oben Nr. I Abs. 4 Satz 3.

[35]) VO. § 1030 u. 1032; s. ob. Nr. I Abs. 5. Sonderbestimmung für den Fall der Verwaltung d. Berufsgenossenschaften durch Staatsbehörden oder Selbstverwaltungsorgane (Preußen) VO. § 1031.

[36]) VO. § 1043—1045; s. ob. Nr. I Abs. 6.

[37]) VO. § 1046—1225, verb. 163. Ausf. Best. (zu § 1116 Abs. 1[2]) 2. Nov. 11 (AN. 978) — Festsetzung des monatlichen Durchschnitts für den Jahresarbeitsverdienst Bek. 31. Dez. 03 (AN. 04 S. 191).

[38]) VO. § 1046—1064. Vom BR. waren bereits auf Grund der älteren Vorschriften der Versicherung unterstellt

eine einzige Berufsgenossenschaft.[39]) Die in dem Kleinbetriebe der Seeschiffahrt und in der See- und Küstenfischerei beschäftigten Personen sind in einer Zweiganstalt versichert.[40])

e. Invaliden- und Hinterbliebenenversicherung.

§ 320.

Die Kranken- und die Unfallversicherung beseitigen nur einen Teil der dem Arbeiterstande drohenden Notstände. Die Erwerbsunfähigkeit, die durch Siechtum, Gebrechen, Kräfteabnahme, durch Unfälle, die mit der Arbeit nicht in Zusammenhang stehen, und durch hohes Alter herbeigeführt wird, lassen sie unberücksichtigt. Diesen Mängeln war durch die Versicherungseinrichtungen mit freiwilligem Beitritt nur in geringem Umfange begegnet.[1]) Eine gründliche Abhilfe hat erst die 1889 eingeführte zwangsweise Invaliditäts- und Altersversicherung geschaffen. In den einzelnen Versicherungsanstalten trat aber bald eine sehr ungleichmäßige Leistungsfähigkeit hervor. Dieser wurde durch ein neues Invalidengesetz von 1899 abgeholfen, durch das neben dem Sonder- ein Gemeinvermögen gebildet worden ist. An Stelle dieses Gesetzes ist die Reichsversicherungsordnung (§ 317 Abs. 1) getreten, welche das Gebiet in ihrem vierten Buche behandelt. Sie hat der Alters- und Invalidenversicherung die Hinterbliebenenversicherung hinzugefügt, sonst den bestehenden Rechtszustand im wesentlichen aufrecht erhalten.[2])

Der Kreis der versicherten Personen war von Anfang an schon weit gezogen, so daß die spätere Gesetzgebung ihn nicht wesentlich zu erweitern brauchte. Der Versicherungspflicht unterliegen vom vollendeten 16. Lebensjahre an alle erwerbsfähigen Personen, die gegen baren Entgelt beschäftigt werden: a) als Arbeiter, Gehilfen, Gesellen, Lehrlinge, Dienstboten oder als Besatzung der See- und Binnenfahrzeuge, b) soweit der regelmäßige Jahresarbeitsverdienst 2000 M. nicht übersteigt, als Betriebsbeamte, Werkmeister und ähnliche Angestellte im Hauptberuf, als Gehilfen und Lehrlinge in Handelsgeschäften und Apotheken, als Bühnen- oder Orchestermitglieder oder als Lehrer und Erzieher. Bei höherem Verdienst bis zu 3000 M. sind diese Angestellten — ebenso wie die Haus- und

(§ 1058 Abs. 1[2]) die Besatzung von Hochseefischdampfern Beschl. 14. Juni 95 (RGB. 351) und die große Heringsfischerei Bek. 6. Feb. 96 (das. 53).

[39]) VO. § 1118, Reich u. Bundesstaaten § 1119.

[40]) Das. § 1120, 1186—1197: s. ob. Nr. I Abs. 3.

[1]) Dahin gehören die — nicht auf den Arbeiterstand beschränkten — Altersversorgungs-, Invaliden-, Sterbe-, Witwen-, u. ähnlichen Kassen § 323 Anm. 12 d. W., ferner die Wilhelmspende, die allen unbemittelten Klassen auf Grund von Einzahlungen ein Kapital oder eine Rente gewähren u. die genossenschaftlichen Altersversorgungsanstalten fördern will Statut 22. März 79 (MB. 88), Nachtr. 24. März 81.

[2]) Übergangsbest. EG. Art. 64—81 (Anm. 3, 4, 6, 10) u. Bek. 21. Dez. 11 (RGB. 1130). Abk. mit Italien üb. Beteiligung der Angehörigen (§ 319 Anm. 5) Art. 3—25. — Bearb. § 317 Anm. 1 d. W.).

kleineren Gewerbetreibenden — zur freiwilligen Versicherung befugt (Selbstversicherung); auch können Versicherte beim Aufhören der Pflicht oder der Befugnis zur Versicherung diese fortsetzen (Weiterversicherung). Versicherungsfrei sind die lediglich zur Ausbildung beschäftigten und die mit Anwartschaft auf eine der Versicherung entsprechende Pension und Hinterbliebenenfürsorge angestellten Beamten des Reichs, der Bundesstaaten, Kommunalverbände und Versicherungsanstalten, sowie die Lehrer an öffentlichen Schulen. Soweit diesen Angestellten Ruhegehalt oder Wartegeld bereits bewilligt ist, werden sie auf Antrag befreit. Das gleiche gilt von Nebenbeschäftigungen.[3])

Gegenstand der Versicherung sind Invaliden- oder Altersrenten und die Hinterbliebenenfürsorge (Witwen- und Waisenrenten, Witwengeld und Waisenaussteuer). Voraussetzung für Bewilligung der Invaliden- und Witwenrenten ist der Nachweis der Invalidität (dauernde Herabsetzung der Erwerbsfähigkeit unter $^1/_3$ des entsprechenden Verdienstes infolge von Krankheit oder Gebrechen), die nicht vorsätzlich oder bei Begehung einer schweren Straftat herbeigeführt sein darf. Zu ihrer Abwendung kann die Versicherungsanstalt ein Heilverfahren einleiten, das für Bekämpfung der Lungenschwindsucht (§ 269 Abs. 3) besondere Bedeutung hat, auch mit Genehmigung der Aufsichtsbehörde Maßnahmen zur Verhütung vorzeitiger Invalidität oder zur Hebung der gesundheitlichen Verhältnisse fördern oder durchführen. Altersrente erhält der Versicherte vom vollendeten 70. Lebensjahre an. Nach dem Tode des Versicherten erhalten die invalide Witwe — nach dem Tode der versicherten Ehefrau eines erwerbsunfähigen Ehemannes auch dieser — Witwen (Witwer) rente und die Kinder

[3]) VO. § 1226—1242 EG. Art. 73, Versicherungsberechtigung VO. § 1743, 1744. Anleitung des RVA. betr. den Kreis der versicherten Personen 26. April 12 (HMB Beil. zu Nr. 12, AN. 120). — Die Versicherungspflicht erstreckt sich auf Deutsche, die bei einer amtlichen Vertretung des Reichs oder eines Bundesstaates im Ausland beschäftigt sind § 1228, 1436 u. Bek. 6. März 12 (RGB. 191) u. ist auf deutsche Bedienstete ausländischer Staaten ausgedehnt § 1231 u. Bek. 6. März 12 (RGB 191); vorübergehende Dienstleistungen bleiben jedoch frei § 1232 u. Bek. 9. Juli 13 (RGB. 571). — Versicherungspflicht nicht staatlicher Beamten (§ 1242 1—3) nebst Bek. ZB. 1912 S. 429, 430, 893, 896 u. 1913 S. 158, 192, 218—220, 412, 467, 487, 751. Der BR. kann die Versicherungspflicht auf Haus- u. kleinere Gewerbtreibende erstrecken VO. § 1229, 1230; auf Hausgewerbtreibende (Begriff § 162) ist dieses geschehen in der Tabakfabrikat. Bek. 16. Dez. 91 (RGB. 395) u. der Textilindustrie 1. März 94 (das. 324), erg. (Nr. 1a) 9. Nov. 95 (das. 452). — Die Versicherungspflicht deckt sich fast vollständig mit der Krankenversicherungspflicht (§ 318 Abs. 1 d. W.), sie erstreckt sich jedoch nicht auf Personen mit Jahresarbeitsverdienst von mehr als 2000 bis 2500 M. und nur beschränkt auf Hausgewerbtreibende (vor. Satz). — Beschl. des BR. üb. Versicherungspflicht bei vorübergehenden Dienstleistungen (§ 1232) Bek. 27. Dez. 99 (RGB. 725), der nur für bestimmte Dauer zugelassenen Ausländer (§ 1233) u. Bek. 31. März 02 (AN 380), polnische Arbeiter in land- u. forstwirtsch. Betrieben Bek. 7. März 01 (ZB. 78) nebst Ausf. Vf. 7. Mai 02 (MB. 134), Nebenbeschäftigungen (§ 1239) Bek. 24. Dez. 99 (RGB. 721).

sowie die von ihm erhaltenen elternlosen Enkel unter 15 Jahren Waisenrenten. Dasselbe gilt von vaterlosen (auch unehelichen) Kindern nach dem Tode einer Versicherten. Außerdem wird Witwengeld beim Tode des Ehemanns und Waisenaussteuer bei Vollendung des 15. Lebensjahrs der Kinder gezahlt. Die Witwen- und Witwerrente fällt mit der Wiederverheiratung, die Waisenrente mit Vollendung des 15. Lebensjahrs fort. Voraussetzung für alle Leistungen ist, daß der Versicherte während einer Wartezeit, die bei der Invalidenrente 200, im Fall freiwilliger Versicherung 500 und bei der Altersrente 1200 Wochen dauert, Beiträge geleistet und die damit erlangte Anwartschaft durch bestimmte Beiträge auch während der letzten 2 Jahre aufrecht erhalten hat.[4]) — Die Höhe der Leistungen wie der Beiträge (Abs. 5) bestimmt sich nach 5 Lohnklassen, je nachdem der durchschnittliche Jahresarbeitsverdienst 350, 550, 850, 1150 oder über 1150 M. beträgt.[5]) Die Leistungen bestehen aus einem festen Reichszuschuß und einem Anteil der Versicherungsanstalt. Der Reichszuschuß beträgt jährlich für jede Invaliden-, Alters- und Witwenrente 50, für jede Waisenrente 25 M. und einmalig für jedes Witwengeld 50 und für jede Waisenaussteuer $16^2/_3$ M. Die Versicherungsanstalt leistet zur Invalidenrente einen Grundbetrag, der unter Zugrundelegung von 500 Beitragswochen nach den Lohnklassen 60, 70, 80, 90 und 100 M. beträgt und gemäß der Beitragszeit mit jeder vollendeten Beitragswoche um 3, 6, 8, 10 und 12 Pf. steigt. Hat der Invalide Kinder unter 15 Jahren, so erhöht sich die Rente um $^1/_{10}$ bis zu dem höchstens $1^1/_2$fachen Betrage. Zu Witwen- und Waisenrenten hat die Versicherungsanstalt $^3/_{10}$, zu Waisenrenten für eine Waise $^3/_{20}$, für jede weitere $^1/_{40}$ der Invalidenrente zu leisten. Die Hinterbliebenenrenten dürfen zusammen nicht mehr als das $1^1/_2$fache der Invalidenrente betragen. Zu den Altersrenten leistet die Anstalt den festen Beitrag von 60, 90, 120, 150 und 180 M.[6]) — Die Entschädigungen werden auf

---

[4]) VO. § 1250—1277 u. EG. Art. 71, 84; auch wer nicht dauernd, aber 26 Wochen ununterbrochen invalide war, erhält die Rente (Krankenrente) VO. § 1255 Abs. 3, 1258 Abs. 3. Was hier als Invalidität bezeichnet wird heißt in der Krankenvers. Arbeitsunfähigkeit (§ 318 Abs. 2 d. W.) u. in der Unfallvers. Erwerbsunfähigkeit (§ 319 I Abs. 2 d. W.); Wartezeit u. Anwartschaft VO. § 1278—1283 u. EG. Art 64—68, 70, verb. VO. § 1251, 1252, Wegfall der Leistungen 1298 bis 1303, Entziehung der Rente 1304 bis 1310, Ruhen der Rente u. Kapitalabfindung 1311—1318 und EG. Art. 80. (Renten der Ausländer wie § 319 Anm. 9 d. W.); besondere Befugnisse der Vers.-Anst. VO. § 1319, 1320; Verhältnis zu anderen Ansprüchen § 1321—1323 nebst Bek. 20. Dez. 11 (RGB. 1155), verb. § 317 Anm. 5 d. W. Aufrechnung § 1324, 1325.

[5]) Das. § 1245—1249, verb. § 147 bis 152. Als Jahresarbeitsverdienst gilt für Seeleute die besondere Festsetzung (§ 319 Anm. 37), für Krankenkassenmitglieder das 300 fache des Grundlohns (§ 318 Abs. 2 d. W.) u. sonst das des Ortslohnes (§ 317 Anm. 25)

[6]) VO. § 1284—1297 u. EG. Art. 69, 71 Abs. 3; Feststellungsverfahren § 317 Abs. 4[3] d. W. — ZollG. 25. Dez. 02 (RGB. 303) § 15, wonach der aus den Zollerhöhungen zu erwartende Mehrertrag der Zölle auf die Durchführung der Hinterbliebenenversicherung verwendet werden sollte, ist aufgehoben EG. Art. 2 u. 3.

Anweisung des Vorstandes durch die Post gezahlt[7]) und dieser — abgesehen von dem Zuschuß des Reichs — von den Versicherungsanstalten erstattet.[8])

Die Deckung des Bedarfs erfolgt durch feste Zuschüsse des Reichs zu den einzelnen Leistungen (Abs. 3) und durch laufende Beiträge, die nach dem voraussichtlichen Bedürfnis bis 1920 und weiter für je 10 Jahre festgestellt werden. Sie betragen zurzeit für die 5 Lohnklassen 16, 24, 32, 40 und 48 Pf. wöchentlich und sind zu gleichen Teilen von den Arbeitgebern und den Versicherten zu tragen. Als Beitragswochen gelten in Lohnklasse II auch ohne Beitragsleistung die vollen Wochen während des Militärdienstes oder einer durch unverschuldete Krankheit herbeigeführten, längstens einjährigen Arbeitsunfähigkeit. Zur Ausgleichung der verschiedenen Belastung der einzelnen Versicherungsanstalten (Abs. 1) werden 50 v. H. der Beiträge als Gemeinvermögen ausgeschieden, aus dem ein Teil des Bedarfs gemeinsam gedeckt wird.[9]) Die Beiträge werden von den Arbeitgebern durch Einkleben von Marken auf eine von dem Versicherten zu führende, für 2 Jahre gültige Quittungskarte entrichtet. Die Marken, die für 1, 2 oder 13 Wochen gelten, sind bei den Postanstalten käuflich. Sie müssen beim Einkleben durch Aufschrift oder Aufstempelung des Tages entwertet werden. Der Arbeitgeber darf die Hälfte des Preises vom Lohne abziehen.[10])

Träger der Versicherung sind die Versicherungsanstalten (§ 317 Abs. 2). Sie werden unter Genehmigung des Bundesrats von den Landesregierungen für Kommunalverbände oder für das Gebiet eines Bundesstaates oder mehrerer Bundesstaaten errichtet und umfassen alle in ihrem Bezirk Beschäftigten, die nicht in Sonderanstalten versichert sind.[11]) Die

[7]) VO. § 1383—1386. Ausf.Best. 7. Dez. 11 (AN. 627).

[8]) VO. § 1403—1410 u. (zu 1401) Bek. 9. Mai 12 (ZB. 420).

[9]) VO. § 1387—1402 u. (zu 1397) Bek. 9. Mai 12 (ZB. 420).

[10]) Das. § 1411—1464, 1471 nebst EG. Art. 72. Einrichtung der Quittungskarten (§ 1416) u. Entwertung der Marken (§ 1431) Bek. 10. Nov. 11 (RGB. 937) nebst Vf. 1. Juni 12 (HMB. 298). Quittungskartenausgabe Anw 20. Nov. 11 (HMB. Beil. zu Nr. 23, AN. 336). Die Ortspolizeibehörde ist nicht verpflichtet, vertragsbrüchigen Arbeitern die Quittungskarten nachzusenden Vf. 3. Juli 03 (MB. 193). Einrichtung von Sammelkarten u. Vernichtung der Quittungskarten Bek. 8. Juni 12 (das. 367). — Von der Befugnis der Krankenkassen, Kommunalbehörden u. der von den Versicherungsanstalten besonders eingerichteten Hebestellen, die Beiträge unmittelbar einzuziehen (VO. § 1447—1457, verb. 1484) ist in Preußen nur vereinzelt, insbes in der Rheinprov. Gebrauch gemacht Vf. 14 Sept. 11 (HMB. 387) u. (Vergütung) 22. Dez. 99 (MB. 33). Einziehung für die Mitglieder der Postkrankenkasse (§ 1456) Bek 9. Dez. 90 (ZB. 378). — Überwachung durch die Versicherungsanstalten VO. § 1465—1470.

[11]) VO. § 1326—1337 u. (Aufsicht) 1381, 1382, verb. § 317 Anm. 4 d. W. Im Reich bestehen 31 Versicherungsanstalten, in Preußen 13 für die Provinzen u. den Stadtkreis Berlin, in Bayern 8 für die Regierungsbezirke. Angeschlossen sind Anhalt an die Prov. Sachsen, Kr. Herz. Lauenburg, Helgoland u. Fürstent. Lübeck an Schl.-Holstein, die beiden Fürstent. Lippe u. Pyrmont an Hannover, Waldeck an Hessen-Nassau, Hohenzollern u. das Fürstent. Birkenfeld an die Rheinprov. Die beiden Mecklenburg, die sächsisch-thüringischen Staaten u. die 3 Hansastädte haben sich zu je einer Anstalt zusammengeschlossen; die übrigen Staaten bilden besondere Anstalten.

Verwaltung führt der **Vorstand**, der in wichtigeren Angelegenheiten den Ausschuß zuzuziehen hat. Der Vorstand besitzt die Eigenschaft einer öffentlichen Behörde und umfaßt neben den beamteten nichtbeamtete Mitglieder als Vertreter der im Bezirk wohnenden Arbeitgeber und Versicherten. Der Ausschuß besteht aus mindestens 10 Mitgliedern, die je zur Hälfte von den Arbeitgebern und Versicherten gewählt werden.[12]) — Der Bundesrat kann unter bestimmten Voraussetzungen Sonderanstalten zulassen, in denen die Versicherungspflicht erfüllt werden darf.[13])

Die R.Vers.O. hat eine **freiwillige Zusatzversicherung** neu eingeführt. Sie ermöglicht, den Wünschen des Mittelstandes entsprechend, den Erwerb höherer Renten. Danach können die zur Versicherung Verpflichteten und Berechtigten jederzeit Zusatzmarken im Werte von 1 M. in die Quittungskarte einkleben. Sie erwerben dadurch Anspruch auf eine Zusatzrente zur Invalidenrente, die für jede Zusatzmarke sovielmal 2 Pf. beträgt, als seit Verwendung der Marke Jahre vergangen sind.[14]) Die Einrichtung bildet somit eine der Invalidenversicherung angefügte Sparkasse.

Zuwiderhandlungen sind mit **Strafen** bedroht. Auf Beschwerden gegen Strafverfügungen der Anstaltsvorstände und Versicherungsämter entscheidet das Oberversicherungsamt endgültig.[15])

f) Angestelltenversicherung.

§ 321.

Schon die Arbeiterversicherung war über die ihr durch die Allerhöchsten Erlasse (§ 316 Abs. 3) gesteckten Ziele hinausgegangen. Sie hatte eine Zusatzversicherung zugelassen (§ 320 Abs. 6) und außer den Lohnarbeitern auch diejenigen Werkmeister, Betriebsbeamten usw. einbezogen, die bei dem geringen Gehalt bis zu 2000 — in der Krankenversicherung 2500 — M. den Arbeitern ziemlich gleich standen (§ 318 Abs. 1 u. 320 Abs. 2). Die Gesetzgebung ist hierbei nicht stehengeblieben. Auch die geringer Besoldeten, die in gehobener Tätigkeit beschäftigt werden, sind den wirtschaftlich Schwachen zuzurechnen und ähnlichen wirtschaftlichen

[12]) Satzung VO. § 1338—41, Vorstand u. Ausschuß 1342—1355 u. 1359, Vermögensverwaltung § 1356—1358; verb. § 317 Abs. 2 d. W. Rechnungsbestimmungen 30. Dez. 11 (AN. 12 S. 402). — Die mittleren u. Unterbeamten sind den Staats- oder Gemeindebeamten gleichgestellt VO § 1348 u. Bf. 30. Nov. 99 u. 28. Nov. 00. Berücksichtigung der Militäranwärter G. 31. Mai 06 (GS. 593) § 18. Dienstvergehen G. 17. Juni 00 (GS. 251). — Kosten der Wahl zum Ausschuß zwei Bf. 15. Mai 00 (MB. 205 u. 216).

[13]) VO. § 1360—1374. Zulassung der Seeberufsgenossenschaft (§ 319 III d. W.) als Sonderanstalt § 1375—1380; verb. § 1485, 1486, Bek 4. Dez. 06 (AN. 658) und Gesch. Anw. 1. Dez. 08 (AN. 695). Knappschaftskassen § 336 Anm. 2, Pensionskasse der Staatsbahnarbeiter § 338 Anm. 6 d. W. — Sonderanstalten befreien — zum Unterschied von den Zuschußkassen (VO § 1321) — von der Verpflichtung zur Versicherung bei einer Versicherungsanstalt.

[14]) VO. § 1472—1483. Entwertung wie Anm. 13.

[15]) VO. § 1487—1500.

Gefahren ausgesetzt wie die Lohnarbeiter. Um sie im Fall der Erkrankung, des Alters und der Berufsunfähigkeit vor Not zu schützen, ist auch für sie eine Zwangsversicherung eingeführt.[1]) Diese ist der Arbeiterinvalidenversicherung nachgebildet, erfolgt aber in einer besonderen Anstalt, empfängt keine Reichszuschüsse (§ 320 Abs. 3) und stellt die Versicherten — entsprechend ihren höheren sozialen Bedürfnissen — mehrfach günstiger (Abs. 3).

Die Versicherungspflicht lehnt sich an die der Invalidenversicherung an; statt der Arbeiter usw. (§ 320 Abs. 2a) sind jedoch die in leitenden Stellungen im Hauptberuf gegen Entgelt — nicht gegen bloßen freien Unterhalt — Angestellten pflichtig. Dazu treten die sonstigen der Invalidenversicherung unterworfenen Personen (§ 320 Abs. 2b), die Bureauangestellten und die auf See- und Binnenfahrzeugen in gehobener oder höherer Stellung befindlichen Angestellten. Alle diese unterliegen der Angestelltenversicherung, sofern sie das 16. Lebensjahr vollendet haben, nicht berufsunfähig sind und ihr Jahresarbeitsverdienst die Summe von 5000 M. nicht übersteigt. Befreit sind Reichs-, Staats- und Gemeindebeamte, für die anderweit gesorgt ist. Der Eintritt in die Beschäftigung muß in allen Fällen vor Vollendung des 60. Lebensjahrs erfolgt sein.[2])

Gegenstand der Versicherung sind Ruhegeld und Hinterbliebenenrenten. Die Voraussetzungen entsprechen denen der Invalidenversicherung (§ 320 Abs. 3). Das Ruhegeld tritt aber schon im Fall der — mit der Erwerbsunfähigkeit nicht zusammenfallenden — Berufsunfähigkeit und als Altersrente schon mit Vollendung des 65. Lebensjahres ein; auch ist das Witwengeld nicht von der Invalidität der Witwe abhängig und die

---

[1]) Angestelltenvers.G. 20. Dez. 11 (RGB. 989), seit 1. Jan. 13 in Kraft § 399 u. V. 8. Nov. 12 (RGB. 533). Gegenüber anderen Staaten kann Gegenseitigkeit vereinbart oder das Vergeltungsrecht ausgeübt werden § 362, 363. — Ausf. 2 Vf. 30. Juli 12 (HMB. 411), insbes. Bauverw. 13. Sept. u. Handels- u. Gewerbeverw. 18. Nov. 12 (das. 281 u. 561). — Übergangsbest. 24. Jan. 12 (RGB. 403). — Bearb. v. Manes u. Königsberger (Berl. 12), Hagen (Berl. 12), Mentzel, Schulz u. Sitzler (Berl. 13) u. (kleiner) v. Brunn (4. Aufl. Berl. 13), Stier.-Somlo (Münch. 13).

[2]) Angest.G. § 1—14 u. (freiwillige Versicherung) § 15 nebst 51—54, insbes. Vers. Deutscher im Ausland u. der eine ähnliche Tätigkeit auf eigene Rechnung Ausübenden § 3, 4, 200) Bek. 11. Jan. 13 (RGB. 18), der deutschen Bediensteten auswärtiger Staaten (§ 5) Bek. 29. Juni 12 (RGB. 407), vorübergehende Dienstleistungen (§ 8) Bek. 9. Juli 13 (RGB. 571), Befreiungen der Reichs-, Staats- u. Gemeindebeamten, Geistlichen u. Lehrer an öffentlichen Schulen (§ 9, 10) Bek. 29. Juni 12 (RGB. 405) nebst Vf. 7. Nov., 28. Dez. 12 u. 2. Juni 13 (HMB. 79, 80 u. 82), Übertragung der Entscheidung bei Gemeindebeamten auf die Gemeindeaufsichtsbehörden Vf. 13. Nov. 12 (MB. 315), private Lehrer (§ 14 1, 2) G. 22. Juli 13 (RGB. 600) nebst Vf. 18. Aug. u. 7. Okt. 13 (ZB. 752 u. HMB. 591), landesherrliche Beamte (§ 14 3) Bek. 19. Feb. 13 (ZB. 182). — Anleitung betr. den Kreis der versicherten Personen 20. Juni 12 (HMB. 431). — Übergangsbest. AngG. § 394. — Für Versicherte, die hiernach zugleich der Arbeiterverf. unterworfen sind, ruhen die Angestelltenbezüge insoweit, als beide Bezüge das letzte Jahresarbeitsverdienst übersteigen § 73.

Waisenrente bis zum vollendeten 18. Lebensjahre zu zahlen. Zur Abwendung oder Behebung der Berufsunfähigkeit kann die Reichsversicherungsanstalt ein Heilverfahren einleiten. Ruhegeld und Hinterbliebenenrenten werden nur gewährt, wenn die Versicherten 120 — die weiblichen 60 — Monate hindurch ihre Beiträge gezahlt (Wartezeit) und die damit erlangte Anwartschaft während des Kalenderjahres durch eine bestimmte Zahl von Beitragsmonaten aufrecht erhalten haben. Das Ruhegeld beträgt $^1/_4$ des Wertes der bis zum Ablauf der Wartezeit und $^1/_8$ des Wertes der später entrichteten Beiträge (Abs. 4). Als Hinterbliebenenrente erhalten Witwen und erwerbsunfähige, von der Ehefrau unterhaltene Witwer $^2/_5$ des Ruhegeldes, das der Ernährer bezog oder bei seinem Tode bezogen haben würde, Waisen $^1/_5$, Doppelwaisen $^1/_3$ der Witwenrente.[3]) — Die Auszahlung der Leistungen erfolgt — wie bei der Invalidenversicherung — monatlich im voraus durch die Post.[4])

Die Leistungen finden ihre Deckung in Beiträgen, die zu gleichen Teilen von den Arbeitgebern und den Versicherten in Monatsbeiträgen aufgebracht werden. — Die Höhe bestimmt sich nach 9 Gehaltsklassen und beträgt bis auf weiteres (vorbehaltlich der Erhöhung in fünfjähriger Zeitabschnitten, erstmalig für den 31. Dez. 1919):

Klasse	A	mit Jahresgehalt	bis 550 M.		monatlich	1,60 M.
„	B	„ „	über 550	bis 850 M.	„	3,20 „
„	C	„ „	„ 850	„ 1150 „	„	4,80 „
„	D	„ „	„ 1150	„ 1500 „	„	6,80 „
„	E	„ „	„ 1500	„ 2000 „	„	9,60 „
„	F	„ „	„ 2000	„ 2500 „	„	13,20 „
„	G	„ „	„ 2500	„ 3000 „	„	16,60 „
„	H	„ „	„ 3000	„ 4000 „	„	20,— „
„	I	„ „	„ 4000	„ 5000 „	„	26,60 „

Sie steigen somit je nach der Gehaltshöhe, sollen aber auch bei etwaiger Erhöhung der Beiträge 8 v. H. des Gehalts (je 4 für Arbeitgeber und Versicherte) nicht übersteigen. — Die Entrichtung erfolgt durch den Arbeitgeber, der dieserhalb Marken in eine vom Versicherten zu beschaffende Versicherungskarte einzukleben und zu entwerten hat und die Hälfte des Betrags vom Gehalt abziehen kann.[5])

[3]) Ang.G. § 20—47, Wartezeit und Anwartschaft § 48—54 nebst Bk. 25. Jan. 13 (HMB. 83) u. Übergangsbest. § 364 bis 398 nebst Bek. 11. Jan. 13 (RGB. 19). Höhe der Leistungen § 55 bis 59, Erstattung an weibliche Versicherte § 60 bis 63, Wegfall, Entziehung u. Ruhen der Renten § 64—80. Die Leistungen können als Ersatz gesetzlich gewährter Armenunterstützungen in Anspruch genommen werden. § 81—91: sie bilden keine Armenunterstützung u. können nur beschränkt übertragen, verpfändet, gepfändet u. aufgerechnet werden § 92—95.

[4]) Das. §§ 59, 313—319.

[5]) Ang.G. § 170—218 u. (Gehaltsklassen) § 16—19. Muster für Karten u. Übersichten (§ 191), Vergütung für Ausstellung (§ 196) u. Entwertung der Beitragsmarken (§ 185) drei Bek. 29. Juni

Die **Einrichtung** ist eine sehr verwickelte. Träger der Versicherung ist die **Reichsversicherungsanstalt für Angestellte**, die in Berlin errichtet ist und eine öffentliche, mit Rechtsfähigkeit und Behördeneigenschaft ausgestattete juristische Person bildet. Ihr gesetzlicher Vertreter ist das Direktorium, während über die Festsetzung des Voranschlags und die Abnahme des Rechnungsabschlusses und der Bilanzen der Verwaltungsrat zu beschließen hat. Die Rentenausschüsse werden nach Bedarf für bestimmte Bezirke errichtet. Als Bindeglieder zwischen ihnen und den Versicherten werden als örtliche Organe Vertrauensmänner für die Bezirke der unteren Verwaltungsbehörde gewählt. Höhere Spruch- und Beschlußbehörde ist das für das Reichsgebiet bestellte Schiedsgericht und als oberste Instanz das Oberschiedsgericht in Berlin. Allen diesen Gliedern der Reichsversicherungsanstalt gehören Vertreter der Versicherten und Arbeitgeber zu gleichen Teilen an. Ihre Zahl ist bei dem Direktorium auf je 2 beschränkt, während bei den übrigen Stellen bis auf die Vorsitzenden und deren Stellvertreter nur Vertreter der Beteiligten vorgesehen sind.[6])

Das **Verfahren** entspricht dem für die Arbeiterversicherung vorgeschriebenen (§ 317 Abs. 4). Über Ansprüche auf Ruhegeld und Hinterbliebenenrenten entscheidet der Rentenausschuß, in einzelnen Fällen dessen

---

12 (RGB. 408, 406). Beitragsentrichtung Bek 24. Juni u. Ausgabestellen 18. Juli 12 (HMB. 855 u. 425). Der Bemessung der Beiträge liegt das **Prämiendurchschnittsverfahren** zugrunde, nach dem aus den zuerst die Jahresausgaben übersteigenden Einnahmen — entsprechend der Prämienreserve d. Lebensversicherungsgesellschaften — eine Rücklage gebildet wird, in deren Zinsen die später die Jahreseinnahmen übersteigenden Ausgaben ihre Deckung finden. Den erstmaligen Bedarf schießt die Reichshauptkasse vor § 364. — Anlegung des Vermögens, die mindestens zu $1/4$ in Reichs- oder Staatsanleihen erfolgen muß Ang.G § 219 bis 288 u. (Ersatzkassen) § 381.

[6]) Das. § 96—169 u. (Schiedsgericht § 158) V. 15. Okt. 12 (RGB. 551); GeschäftsO. für das Direktorium der RVers. Anst. 20. April 13, (ZB. 488), Geschäftsgang u. Verfahren der Schiedsgerichte u. des Oberschiedsgerichts zwei V. 21. Juni 13 (RGB 329 u 341): Wahlordnungen für die Vertrauens- u. Ersatzmänner 3. Juli, für die Mitglieder des Verwaltungsrats, der Beisitzer der Rentenausschüsse, des Schieds- u. des Oberschiedsgerichts 22. Okt. 12 (das. 419, 513); Geschäftsgang u. Verfahren der Rentenausschüsse V. 14. Feb. 13 (das. 103, 128); GeschäftsO. für den Verwaltungsrat 10. Nov. 13 (ZB. 1155); Rechtsauskunfterteilung durch diese Ang G. § 122[4]; Entschädigung der Mitglieder des Direktoriums u. der Beisitzer der Rentenausschüsse, Schiedsgerichte und des Oberschiedsgerichts 2 Bek. 18. März 13 (ZB. 407). Befugnisse der obersten Landesbehörden § 320, 321. — Besondere Fürsorgekassen, zu denen die Arbeitgeber mindestens die Hälfte beisteuern, sind als **Zuschußkassen** zulässig, indem sie für ihre Mitglieder die reichsgesetzlichen Beiträge an die RVers.-Anst. entrichten, die dafür die reichsgesetzlichen Leistungen an die Kassenmitglieder übernimmt. Als **Ersatzkassen** können nur solche Kassen vom Bundesrat zugelassen werden, die schon vor dem 5. Dez. 11 bestanden u. gewisse Bedingungen erfüllen Angest.G. § 365—389 u. Bek. 11., 22. u. 28. Dez. 12 (RGB. 563, 571 u. 1913 S. 4), 28. März u. 8. Juni 13 (das. 205 u. 319). Auch können Angestellte, die vor diesem Zeitpunkt einen entsprechenden Lebensversicherungsvertrag abgeschlossen haben, auf Antrag von der Beitragsleistung befreit werden das. § 390—393.

Vorsitzender. Gegen diese Entscheidungen findet binnen Monatsfrist die Berufung an das Schiedsgericht und gegen dessen Urteil in gleicher Frist die Revision an das Oberschiedsgericht statt.[7])

Zuwiderhandlungen sind mit Strafen bedroht. In einigen Fällen ist die Reichsversicherungsanstalt zu Strafverfügungen befugt. Auf Beschwerde gegen diese entscheidet das Schiedsgericht endgültig.[8])

Die Angestelltenversicherung bildet einen wichtigen Fortschritt auf der Bahn der sozialen Fürsorge, auf der das Deutsche Reich aller Kulturstaaten vorangegangen ist. Gleichwohl ist die Art, wie sie durchgeführt wird, nicht frei von Bedenken. Ein großer Teil der Angestellten wird gleichzeitig der Arbeiter- und der Sonderversicherung unterworfen.[2]) Damit wird in die grundlegenden Bestimmungen eine unerwünschte Unklarheit hineingetragen. Dazu kommt die umständliche Verwaltungseinrichtung und das verwickelte Verfahren, wie die Arbeiter- und die Angestelltenversicherung sie aufweisen. Ein erheblicher Teil der aufgebrachten Summen wird dadurch ziemlich nutzlos aufgezehrt und seinem eigentlichen Zweck, der Fürsorge für die Versicherten, entzogen. Zugleich wird die Tätigkeit der Arbeitgeber und Arbeitnehmer, denen schon ohnedem zahlreiche ehrenamtliche Geschäfte obliegen, weiter so erheblich in Anspruch genommen, daß sie ihrer eigenen Berufstätigkeit mehr und mehr entfremdet werden. In einer Zeit, wo alles auf die Vereinfachung unserer Verwaltung hindrängt, wo umfassende Beratungen darüber stattfinden, wie dieses Ziel in den bestehenden Einrichtungen erreicht werden kann[9]), ist es wenig erfreulich, daß unsere neuere Gesetzgebung diese Gesichtspunkte so völlig außer acht läßt.

III. Kapitalpflege.

Der Staat hat die Bildung des Kapitals (§ 2 I 3) zu fördern und die Kapitalnutzung zu erleichtern und zu regeln. Das erstere geschieht in den Sparkassen (Nr. 1) und Versicherungen (Nr. 2),[1]) das letztere im Kreditwesen (Nr. 3). Als wichtiges Förderungsmittel in beiden Beziehungen hat sich das wirtschaftliche Vereinswesen entwickelt (Nr. 4).

1. Sparkassen.

§ 322.

In den Sparkassen soll die Kapitalbildung durch Ansammlung, Verwahrung und Verwaltung der in ihrer Zerstreuung unergiebigen Geld-

[7]) Das. § 229—312: Veröffentlichung der grundsätzlichen Entscheidungen des Ob.-Schiedsgerichts (§ 294 Abs 2) Bek. 1. Jan. 14 (RGB. 3). Zuständige Behörden § 321 u Vf. 30 Juni 12 (MB. 236). Rechtshilfe § 322, 323, Fristen § 324—334, Zustellungen § 335, 336, Gebühren u. Stempel § 337, 338.

[8]) Das. § 339—361.

[9]) § 54 Anm. 9 u. § 59 Anm. 4 d. W.

[1]) Früher wurden diese Einrichtungen als vorbeugende Armenpflege behandelt. Die neuere Staatslehre weist ihnen richtiger einen selbständigen Platz an, da ihre Tätigkeit auch da eintritt, wo eine Armenpflege überhaupt nicht in Frage kommt.

beträge gefördert und zugleich ein Hilfskapital für Zeiten der Not geschaffen werden. Diese Kassen ermöglichen die Nutzbarmachung und sichere Aufbewahrung auch der kleineren Kapitalbeträge und wirken dadurch belebend auf den Sparsinn ein. Die erste eigentliche Sparkasse wurde 1778 in Hamburg gegründet; die weitere Entwickelung des Sparkassenwesens gehört aber erst dem 19. Jahrhundert an, in dem es sich über ganz Europa verbreitet und rasch und stetig ausgedehnt hat.

In Preußen sind die Sparkassen hauptsächlich von Kreisen und Gemeinden gegründet; nur ausnahmsweise gingen sie von größeren Verbänden aus.[2]) Die Bedingungen der Annahme, Verzinsung und Rückzahlung der Ersparnisse, sowie die Belegung der Bestände und die Bildung der Sicherheitsfonds werden nach festen Grundsätzen durch Satzungen geregelt.[3]) Um einen angemessenen Teil der Bestände flüssig zu halten, müssen diese je nach der Höhe der Einlagen mit 15—25 v. H. in mündelsicheren Papieren angelegt werden. Um ferner den Kurs der Staats- und Reichsanleihen zu heben, müssen $^3/_5$ dieser Papiere in Staats- und Reichsschuldverschreibungen bestehen.[4]) Dem Sicherheitsfonds fließen neben den eigenen Zinsen die Verwaltungsüberschüsse der Sparkasse so lange zu, bis er 10 v. H. der Einlagen erreicht hat. Die weiteren Überschüsse und, wenn der Fonds 5 v. H. erreicht hat, deren Hälfte kann zu gemeinnützigen Zwecken verwendet werden. Bei Verwendung zur Deckung von Ausgaben, die auf gesetzlicher Verpflichtung beruhen, ist die Genehmigung der Aufsichtsbehörde erforderlich.[5]) Die Genehmigung zur Errichtung von Kreis- und Gemeinde-

---

[2]) Größere Sparkassenverbände bilden die Ober- und die Niederlausitz, die Altmark, Ostfriesland, Nassau (G. 16. Ap. 02 GS. 90 § 9—14) u Hohenzollern (Stat. 10. Aug. 88 GS. 255 Nachtr. 98 GS. 305 u. 00 GS. 127). — Ende 1911 bestanden 1736 Sparkassen mit 11837 Mill. M. Bestand u. 646 Mill. M. Sicherheitsfonds. — Zur Förderung ihrer Einrichtungen haben die Sparkassen für einzelne Landesteile sich zu Verbänden u. diese sich zum deutschen Sparkassenverbande zusammengeschlossen Vf. 23. März 01 (MB. 115). — Die preuß. Sparkassen von Knebel (Berl. 07).

[3]) Regl. 12. Dez. 38 (GS. 39 S. 5); Belegung der Bestände das. Nr. 4a u. 5, KO. 26. Juli 41 (GS. 287) nebst Vf. 13. Juni 82 (MB. 194) u. KO. 23. Feb. 57 (MB. 71); Vf. 7. u. 16. Nov. 77 (MB. 78 S. 4 u. 5) u. 2. April 84 (MB. 113); Vf. 2. Mai 90 (MB. 78), 21. Okt. 91 (MB. 222), 5. Nov. 02 (MB. 190), 22. Dez. 07 (MB. 11). In der Bilanz sind Wertpapiere — entsprechend dem HGB. § 261[1] — zum Tageskurse beim Schlusse des Rechnungsjahres, falls dieser aber den Kaufspreis übersteigt, zu letzterem anzusetzen Vf. 24. Jan. 91 (MB. 20). — Vermietung sicherer Schrankfächer an Gemeinden, Körperschaften und Eingesessene Vf. 3. Juni 05 (MB. 86). Sparkassen können — trotz des Zinseszinsverbots — unerhobene Zinsen als verzinsliche Einlagen behandeln BGB. § 248; auch können Mündelgelder in den Sparkassen angelegt werden § 208 Anm. 7d d. W. Sonst aber werden die landesgesetzlichen Vorschriften durch das BGB. unbeschadet des § 808 (§ 326 Anm. 26) nicht berührt EG. Art. 99. — Stempelfreiheit der Sparkassenbücher § 155 Anm. 15 d. W. — Scheckverkehr Vf. 20. April 09 (MB. 124). — Mustersatzungen sind für die einzelnen Provinzen ergangen.

[4]) G. 23. Dez. 12 (GS. 13 S. 3) § 1—6; Ausf.Anw. 8. Mai 13 (MB. 77) Nr. 1—15.

[5]) Regl. (Anm. 3) § 7, Vf. 19. März 80 (MB. 88 S. 100) u. 27. April 05 (MB. 85). Bei Anlegung von mindestens

sparkassen erteilt der Oberpräsident; die Aufsicht führt die Kommunalaufsichtsbehörde.[6])

Die einzelnen **Arten der Sparkassen** scheiden sich teils nach den Bevölkerungsklassen, denen sie dienen,[7]) teils erscheinen sie als Gestaltungen einer fortlaufenden Entwickelung, in der das Sparkassenwesen begriffen ist. Von größter Bedeutung sind in dieser Beziehung die Postsparkassen geworden, welche die Einzahlung und Erhebung der Ersparnisse bei allen Postanstalten zulassen, dabei aber die Einrichtung der Sparkasse als staatliche Anstalt voraussetzen.[8]) Wenn der Versuch, die Postsparkassen im Deutschen Reich einzuführen (1885), auch gescheitert ist, so hat er doch auf die bestehenden Sparkassen anregend eingewirkt und diese zum Anschluß an Verbände,[2]) zur Vermehrung der Annahmestellen, Übertragbarkeit der Guthaben bei Wohnsitzverlegungen[9]) und Herabsetzung der Mindesteinlagebeträge veranlaßt. Dem letztgenannten Zwecke dienen auch die Markensparkassen, welche die Ansammlung kleiner Beträge von 10 Pf. an ermöglichen sollen.[10]) Daneben ist in Preußen von der Befugnis, die Bestände im Interesse des Grund- und des Personenkredits zu verwenden,[11]) insbesondere bezüglich des ersteren umfassender Gebrauch gemacht. Die Sparkassen sind damit zugleich zu Vorschuß- und Darlehnskassen geworden. Sie vermitteln in dieser Doppelstellung nach Art der Bankstellen den Geldverkehr zwischen Nachfrage und Angebot und dienen, wo sie eine feste Tilgung der Darlehen vorsehen, damit wiederum dem Sparzwecke. Soweit sie bei Grunddarlehen eine feste Tilgung vorsehen (Zwangshypotheken), fördern sie zugleich die Entschuldung (§ 351 Abs. 7).

2. Versicherungswesen.

§ 323.

a) **Die Versicherung** ist die vertragsmäßige Übernahme des Schadens aus einer bestimmten Gefahr gegen fortlaufende Beiträge. Auch sie will durch Beiträge ein Kapital schaffen, verbindet damit aber

---

20 v. H. der Einlagen in Staats- u. Reichsschuldverschreibungen sind weitere und bei Anlegung von mindestens 25 v. H. noch weitere Erleichterungen zugelassen G. 12 (Anm. 4) § 7 u. Ausf. Anw. Nr. 16.

[6]) Regl. Nr. 2, 19 u. 20 u. ZustG. § 52 u. 53. — Die öffentlichen Sparkassen bilden — soweit sie nicht von Kommunalverbänden errichtet sind RGer. 1. Dez. 06 LXIV 400 —, Körperschaften, ihre Verwaltungen öffentliche Behörden Vf. 26. April 80 (MB. 201, JMB. 82 S. 57) u. Beschluß des KGer. 26. Okt. 91 (JMB. 92 S. 51).

[7]) Fabriksparkassen unter Beteiligung der Arbeitgeber. Sie heißen Alterssparkassen, wenn die Einlagen bis zu einem bestimmten Lebensjahre unkündbar sind. — Empfohlen sind daneben Heuersparkassen für die Schiffer u. Schulsparkassen zur Ausbildung des Sparsinnes bei der Jugend. — Zusatzversicherung § 320 Abs. 6, Genossenschaftssparkassen § 331 d. W.

[8]) Die Einrichtung besteht seit 1871 in England, wo die Einlagen in die

[9]) Vf. 5 u. 19. Febr. 08 (MB. 35 u. 63).

[10]) Vf. 11. Mai 82 (MB. 140) u. 4. Aug. 94 (MB. 146).

[11]) KO. 23. Febr. 57 (MB. 71), Kreditgewährungen gegen Verpfändung von Wertpapieren Vf. 24. März 02 (MB. 85), an Genossenschaften 31. Okt 01 (MB. 246). — Scheckverkehr § 326 Anm. 22.

den weiteren Zweck, daß dieses als Hilfe oder Entschädigung bei gewissen zufälligen Ereignissen dienen soll, und macht deshalb seine Fälligkeit von deren Eintritt abhängig. Die Versicherungsurkunde heißt Versicherungsschein (Police), der Beitrag Prämie. Die Höhe der Prämie wird nach Wahrscheinlichkeitsberechnung auf Grund längerer Beobachtung und genauer statistischer Aufnahme bestimmt.

Die Versicherung wurzelt in dem genossenschaftlichen Geiste des germanischen Volkslebens und trieb ihre ersten Blüten schon in den Gilden des Mittelalters. Zu eigentlicher Entfaltung brachte sie erst der Welthandel des 16. Jahrhunderts in der Seeversicherung. Später folgten die Städte mit der Versicherung der Gebäude gegen Feuersgefahr, und diese Immobiliarversicherung wurde im 18. Jahrhundert Gegenstand umfassender staatlicher Gestaltungen in den öffentlichen Feuersozietäten. Im 19. Jahrhundert bemächtigte sich die Privatindustrie des Versicherungswesens und nahm insbesondere die neu entstandenen Zweige der Mobiliarfeuer-, Hagel- und Lebensversicherung für sich in Anspruch. Die bis dahin auf Gegenseitigkeitsvertrag beruhende Versicherung wurde dadurch zugleich zum Gegenstande des Gewerbebetriebes und entfaltete sich in ausgedehnten, durch Rückversicherungen miteinander verbundenen Anstalten, weil nur bei ausgedehntem Betriebe die Gefahr (das Risiko) den nötigen Ausgleich zu finden vermochte.

Die **staatliche Tätigkeit**[1]) wird durch die Versicherung in dreifacher Richtung in Anspruch genommen:

1. Die Versicherung kommt durch einen Vertrag zustande, dessen bürgerlich-rechtliche Regelung im Versicherungsrecht erfolgt (Abs. 5);
2. sie unterliegt der staatlichen Aufsicht (Abs. 6, § 324 Abs. 2) und der Besteuerung;[2])
3. sie bildet die unerläßliche Voraussetzung eines ungestörten wirtschaftlichen Wohlergehens und wird dadurch zum Gegenstand der Wirtschaftspflege.

Die **Reichsgesetzgebung**, zu deren Gegenständen auch das Versicherungswesen zählt,[3]) hat, abgesehen von der Arbeiter- und Angestelltenversicherung (§ 316—321), die Seeversicherung mit dem Seerechte

---

[1]) Als **technische Hilfsarbeiter** sind Mitglieder des Aufsichtsamtes (Abs. 6) beim Min. des Inn. für die Lebens- u. für die Feuervers. u. beim landw. Min. für die Hagelvers. nebenamtlich beschäftigt. Bei den Regierungen wird diese Tätigkeit durch drei beim PolPr. in Berlin angestellte Versicherungsrevisoren wahrgenommen: diese haben den Rang der 5. Klasse AE. 28. Sept. 97 (GS. 409). — Das private Versicherungswesen in Preußen v. Dr. Bröker u. v. Knebel (Berl. 03) 3 Bde [I G. 01 (Anm. 15), II Sterbekassen, III Feuerversicherung]. Manes Versicherungswesen (2. Aufl. Leipz. 13); derselbe Versicherungslexikon (Tübing. 09 u. Ergänzung 13).

[2]) Gewerbesteuer § 146 d. W.; Stempelsteuer § 158[10], die Genehmigung von Versicherungskassen, die auf Gegenseitigkeit errichtet sind, unterliegt nur dem Ausfertigungsstempel (1,50 M.) Vf. 31. Okt. 99 (MB. 261).

[3]) RVerf. Art. 4[1]; Vorbehalt für die Immobiliarversicherung in Bayern Vtr. 23. Nov. 70 (RGB. 71 S. 23) Nr. IV.

im Handelsgesetzbuche (§ 379 Abs. 2) und neuerdings auch die allgemeine Versicherung im Privatrecht (Abs. 5) wie im öffentlichen Recht (Abs. 6) einheitlich geregelt.

Die privatrechtliche Regelung erfolgte durch das Gesetz über den Versicherungsvertrag.[4]) Dieses greift nach dem Grundsatze der Vertragsfreiheit im allgemeinen nur insoweit Platz, als Privatvereinbarungen fehlen. Doch hat auch hier die sozialpolitische Rücksicht (§ 310 Abs. 1) auf den Schutz des Versicherungsnehmers als der minder geschäftserfahrenen Partei zu einer Reihe von Bestimmungen geführt, die durch Vereinbarung teils überhaupt nicht, teils nur insoweit abgeändert werden können, als es zugunsten des Versicherungsnehmers geschieht.[5]) Das Gesetz behandelt nach den allgemeinen Vorschriften[6]) als Schadenversicherung[7]) die Feuerversicherung[8]), die Hagel- und die Viehversicherung[9]), die Transportversicherung[10]) und die Haftpflichtversicherung[11]). Daran schließen sich die Lebensversicherung[12]), die Unfallversicherung[13]) und die Schlußvorschriften[14]).

---

[4]) G. 30. Mai 08 (RGB 263). Bearb. v. Hager u. Bruck (3. Aufl. Berl. 13), Gerhard u. a. (Berl. 08), Könige (2. Aufl. Berl. 10), Schneider (Münch 08). Das G. bildet eine Ergänzung des BGB. (§ 196 Anm. 5 d. W.). Unter gleichen Daten ergingen: a) ein EinfG. (RGB. 305), nach dem das VersG. spätestens am 1. Jan. 10 in Kraft tritt Art. 1, der Vorbehalt für Bayern (Anm. 3) ausgesprochen wird Art. 2 u Übergangsbest. getroffen werden Art. 3—6, b) ein G. üb. Änderung des HGB. bezüglich der Seeversicherung § 379 Anm. 21 d. W.

[5]) Insbesondere soll der Verlust des Versicherungsanspruchs bei Nichterfüllung der übernommenen Verpflichtungen (Verwirkungsklausel) nur eintreten, wenn ein schuldhaftes Verhalten vorliegt VersG. § 6, 16 Abs. 3; verb. § 21, 25 Abs. 2, 32, 163. Weitere Fälle § 12 Abs. 3, 47, 48 Abs. 2, 64 Abs. 3, 65, 172, 178, 183. — Auf Versicherungszweige, bei denen auch die Versicherungsnehmer als geschäftserfahren anzusehen sind, wie die Rück-, die Gütertransport-, die Kredit-, die Kursverlust- u. die laufende Versicherung, sowie auf die Versicherung gegen Arbeitslosigkeit finden die Vorschriften über Beschränkung der Vertragsfreiheit keine Anwendung § 186, 187. Das Gleiche gilt von den landesrechtlichen öffentlichen Anstalten, § 192, deren Satzungen jedoch mit Rücksicht auf das VersG. neu geprüft werden sollen.

[6]) 1. Abschn. (allg. Vorschr. § 1—15, Anzeigepflicht, Gefahrhöhung § 16—34, Prämie § 35—42, Agenten § 43—48).

[7]) 2. Abschn. § 49—158 (gemeinsame Vorschr. § 49—80, Einzelvorschr. Anm. 8—11). — Bedingungen für Versicherung gegen Einbruchdiebstahl, Wasserleitungs-, Glas-, Wald- u. Sturmschäden 11 (MB. 139).

[8]) VG. § 81—107; BGB § 1127 bis 1130. — Landesrechtliche Verhältnisse § 324 d. W.

[9]) VG. § 108—115 u. 116—128. — Verb. § 351 Abs. 2 d. W.

[10]) VG. § 129—148.

[11]) Das. § 149—158. Diese Versicherung hat durch die verschärften Best. des BGB. über die Haftpflicht (§ 823—853) erhöhte Bedeutung gewonnen.

[12]) 3. Abschn (§ 159—178). Bei Selbstmord fällt die Entschädigung fort, soweit dieser nicht in unzurechnungsfähigem Zustande begangen ist § 169, 172; die Prämie gilt zugunsten des Versicherungsnehmers als Spareinlage (Prämienreserve) § 173—177, verb. Anm. 19. — Die Lebensversicherung kann auf den Todesfall — auch den eines Dritten — oder auf die Erreichung eines bestimmten Lebensalters gerichtet sein. Sie kann in Kapital oder Rente ausbedungen werden (Rentenversicherung). Das BGB. behandelt die Leibrente in § 759—761; Leibverdings- (Leibzucht-, Altenteils- od. Auszugs-)Vertrag bei Grundstücksüberlassungen EG. Art. 96 u

Anm.: Note [13]) und [14]) befinden sich auf S. 572.

Die öffentlich-rechtlichen (gewerbepolizeilichen und wirtschaftlichen) Beziehungen der Versicherung sind gleichfalls durch Reichsgesetz geregelt,[15]) das die Privatversicherungsunternehmungen der Staatsaufsicht unterwirft.[16]) Diese wird, wenn der Betrieb sich auf einen Bundesstaat beschränkt, durch die Landesbehörden, andernfalls im Reiche durch das Aufsichtsamt für Privatversicherung unter Mitwirkung eines Sachverständigen-Beirats ausgeübt.[17]) Die Aufsicht umfaßt die Zulassung

AG. Art. 15. Kinderversicherung Vf. 1. Dez. 09 (MB. 265) u 27. Juni 12 (MB. 204). Die Altersversicherung ist keine vollständige Versicherung, da sie von keinem völlig ungewissen Ereignisse abhängt. Sie bildet damit den Übergang der Versicherung zur Sparkasse. — Die älteste Anstalt in Deutschland ist die Gothaer (1829). — Der Staat begünstigt die Lebensversicherung bei der Einkommenbesteuerung dadurch, daß die Lebensversicherungsprämien bis 600 M. von dem Einkommen abgezogen werden können G. 06 (GS. 260) § 8 II[4] u. im Konkurse § 204 Anm. 10. — Strafe der Täuschung durch ärztl. Zeugnisse StGB. § 277—280. — Beaufsichtigung Anm. 18 u. 19. — Die Lebensversicherung findet ihre besondere Anwendung auf Beamte in Pensions-, Witwen- u. Waisenkassen (§ 24, 75 u. Volksschullehrer 305 Abs. 3 u. 4 d. W.) u. auf Arbeiter in den Knappschaftskassen (§ 336). — Private Unternehmungen Aufsicht Anm. 17; Mustersatzungen 16. Nov. 09 für Sterbekassen (MB. 244) u. für Pensions-, Witwen- u. Waisenkassen (MB. 253). Die Genehmigung gegenseitiger Sterbe-, Aussteuer- u. ähnlicher Kassen ist nicht stempelpflichtig Vf. 4. Aug. 04 (MB. 241). — Neuerlich ist eine öffentliche Lebensversicherung begründet. Zuerst in Ostpreußen im Anschluß an die Landschaft eingeführt (§ 351 Anm. 21) hat sie ihren Weg in die übrigen östlichen Provinzen gefunden und sucht durch niedrige Verwaltungskosten und Ausschluß des Gewinns die Versicherung zu verbilligen. Die Anstalten der Provinzen haben sich zu einem Verbande zusammengeschlossen, der Rückversicherungen übernimmt und in den noch nicht mit öffentlichen Anstalten versehenen Landesteilen Lebensversicherungen betreibt AE. 24. Nov. 11.

[13]) 4. Abschn. (§ 179—185).

[14]) 5. Abschn. (§ 186—194).

[15]) G. 12. Mai 01 (RGB. 139), vom 1. Jan. 02 an in Kraft gesetzt V. 24. Nov. 01 (das. 489), Ausf.Anw. 4. Mai 02 (MB. 86). — Bearb. v. Alexander Katz (Berl. 01) u. (kleiner) v. Könige (3. Aufl. 10), Rehm (3. Aufl. Münch. 11), verb. Anm. 1.

[16]) Das. § 1; ausgeschlossen sind außer der Kursverlust-, Transport- und Rückversicherung (auf diese sind jedoch einzelne Best. anwendbar Bek. 18. Juni 08 RGB. 409) § 116, 117 alle öffentlichen Versicherungsanstalten § 119, 120, insbes. die eingeschriebenen Hilfs-, Unterstützungs-, Innungs- u. Knappschaftskassen § 122. — Übergangs-, Straf- u. Schlußvorschriften enthalten § 92 bis 125. — Die GewO. findet auf den Gewerbebetrieb der Versicherungsunternehmer keine Anwendung das. § 6, bestimmt aber, daß Feuerversicherungsagenten die Übernahme u. Abgabe einer Agentur binnen 8 Tagen der Ortspolizeibehörde anzuzeigen haben das. § 14 Abs. 2, 15 u. (Strafe) 148[2].

[17]) Das. § 2, 3 u. 93. — Aufsichtsamt u. Versicherungsbeirat § 70—83; das Aufsichtsamt ist auch für ausländische Unternehmungen zuständig, über deren Zulassung jedoch der Reichskanzler entscheidet § 85—91; die Beaufsichtigung der Privatversicherungsunternehmungen ist dem Amt übertragen im Großh. Hessen u. in Schaumb.-Lippe V. 3. Feb. u. 16. Nov. 02 (RGB. 43 u. 279) u. 4. Dez. 07 (das. 772), M.-Strelitz u. Fürstent. Lippe 13. Dez. 04 (das. 419), für bestimmte Versicherungsunternehmungen in Bayern 25. Nov. 12 (das. 561). Verfahren u. Geschäftsgang V. 23. Dez. 01 (RGB. 498), geänd. (§ 6) V. 15. Aug. 08 (das. 499). Die Zahl der Mitglieder des Versicherungsbeirats ist auf 54 erhöht Bek. 11. Juni 12 (das. 376). — Verfahren der Landesbehörden G. 01 § 84. Zuständigkeit § 125 Abs. 2; in Preußen ist der Regierungspräsident (für Berlin der Polizeipräsident) zuständig, gegen dessen Verfügung innerhalb eines Monats die

der Unternehmungen[18]) und die laufende Überwachung.[19]) Sie soll unsichere Gründungen und einen unlauteren Geschäftsbetrieb verhüten und dadurch die Beteiligten vor Schädigung bewahren. Besondere Vorschriften sind für die Gegenseitigkeitsvereine erlassen, die die wichtigsten Träger der Versicherung bilden. Für diese ist eine bestimmte Gesellschaftsform vorgeschrieben, die der der Aktiengesellschaften (§ 330) ähnelt. Die Versicherungsvereine sind in das Handelsregister einzutragen und besitzen Rechtsfähigkeit.[20]) Kleinere Vereine mit einem sachlich, örtlich oder persönlich eng begrenzten Wirkungskreise genießen mehrfache Erleichterungen und unterliegen nicht der Eintragungspflicht.[21])

§ 324.

b) Auf dem Gebiete der **Feuerversicherung** kommen neben den Bestimmungen, die durch Reichsgesetze für das Privatrecht (§ 323 Abs. 5) wie für das öffentliche Recht (§ 323 Abs. 6) getroffen sind, auch landesrechtliche Vorschriften in Betracht, die teils durch feuerpolizeiliche Rücksichten hervorgerufen, teils auf die Entwickelung zurückzuführen sind, die die öffentlichen Feuersozietäten in Deutschland genommen haben.

Die Feuerversicherungspolizei schützt den Versicherer wie den Versicherten.[1]) Um der Überversicherung vorzubeugen, die die Gefahr absichtlicher oder fahrlässiger Brandstiftung in sich trägt, sind neben den Doppel- und den Versicherungen über den gemeinen Wert auch alle den wirklichen Verlust übersteigenden Entschädigungen untersagt und die Versicherungsgesellschaften und deren Agenten der Beaufsichtigung unterworfen.[2]) Die Brandentschädigung darf dem Versicherungsnehmer erst

Klage bei dem Oberverwaltungsgerichte stattfindet V. 30. Juni 01 (GS. 141), erg. 12. Dez. 10 (GS. 321), Vf. 30. Jan. 11 (MB. 81) u. 14. Mai 13 (MB. 89). Versagung im Interesse der Versicherten (G. 01 § 7[2]) OV. (L 387).

[18]) G. 01 (Anm. 15) § 4—14, insbes. Lebensversicherung § 6 u. 11.

[19]) Aufgaben u. Befugnisse der Aufsichtsbehörden das. § 64—69, Rechnungslegung § 55. Da bei der Lebensversicherung die gleichmäßig gezahlten Jahresprämien sich für die jüngeren Lebensjahre wegen des geringeren Risiko höher stellen, als für die älteren, ist das zuviel Gezahlte als Rücklage (Prämienreserve) zugunsten des Versicherten im Fall des Konkurses gesondert zu verwalten § 56—63, 90, 99, 100 u. (Strafen) 106, 107.

[20]) Das. § 15—52, 54, 55 Abs. 3 u. 4, 67 Abs. 2 u. 68 Abs. 2; verb. § 6 u. (Übergangsvorschriften) § 101—104. — Den Gegenseitigkeitsvereinen fehlt die Erwerbsabsicht. Die Versicherer sind zugleich Versicherte. Überschüsse kommen ihnen zugute und Ausfälle sind von ihnen zu decken. Viele Gegenseitigkeitsvereine haben eine Gewinnbeteiligung der Versicherten eingeführt und nähern sich dadurch den Aktiengesellschaften.

[21]) Das. § 53, 56 Abs. 2; verb. § 114 u. 124.

[1]) G. 8. Mai 37 (GS. 102), Ausf. Vf. 10. Juni 37 (KA. XXI 503). — Ähnliche Vorschriften für Hannover V. 24. Januar 28 (h. GS. I 3) u. 3. Juni 39 (das. 149), kurhess. Ausschr. 21. April 30 (kurh. GS. 119), Nassau Ed. 27. Mai 34 (nass. VB. 37) u. V. 9. Juli 51 (das. 117), Hohenzollern Sigm. G. 28. April 49 (sigm. GS. VIII 203) u. G. 14. Juli 76 (GS. 293). Bearb. § 323 Anm. 1.

[2]) § 1, 2, 4, 5, 13, 16 u. 17 des G. 1837; § 7—12 aufgehoben durch G. 22. Juni 61 (GS. 445) Art. III. u. § 3, 14, 15 (Anm. 3), 25, 31, 33 Vordersatz durch RG. 01 (§ 323 Anm. 15). — Zulassung der Versicherung des

ausgezahlt werden, wenn binnen acht Tagen kein Einspruch erfolgt ist.[3]) Übertretungen sind mit Strafe bedroht.[4])

Die für die einzelnen Landesteile bestehenden, auf Gegenseitigkeit beruhenden öffentlichen Feuersozietäten (Brandversicherungsanstalten) entstammen dem 18. Jahrhundert. Ihre Verhältnisse beruhen auf besonderen, im Laufe des folgenden Jahrhunderts mehrfach umgestalteten Reglements. Sie sind dabei den neu entstandenen Privatgesellschaften gegenüber großenteils ihrer früheren Vorrechte, insbesondere aller Zwangs- und Ausschließungsrechte entkleidet,[5]) andererseits durch Anschluß der kleineren Verbände an die größeren, durch Vereinfachung der Verwaltung, Erleichterung der Bedingungen und teilweise durch Ausdehnung des Betriebs auf Mobilien mitbewerbungsfähiger gemacht.[6]) Ihre Rechtsverhältnisse sind durch Landesgesetz geordnet.[7]) Sie bilden Körperschaften des öffentlichen Rechts, und ihre Beamten sind mittelbar Staatsbeamte; ihre Errichtung, die nur im Interesse des gemeinen Nutzens, nicht zu Erwerbszwecken erfolgen soll, bedarf der Königlichen Genehmigung. Sie sind auf die Schadenvergütung und auf einen bestimmten Bezirk beschränkt und müssen in diesem, vorbehaltlich einiger bestimmter Ablehnungsgründe, die Versicherung aller Gebäude übernehmen, auch die Feuersicherheit und das Feuerlöschwesen fördern. Dagegen sind sie frei von Stempelsteuern und Gerichtsgebühren und können in ihren Geschäften die Unterstützung der öffentlichen Behörden gegen Erstattung der Auslagen in Anspruch nehmen: auch genießen die Versicherungsbeiträge, Kosten und Strafen die Rechte

---

vollen Wertes in Hohenzollern G. 14. Juli 76 (GS. 293). – Buchführung der Feuerversicherungsagenten Vf. 10. Sept. 04 (MB. 241) u. 10. Feb. 05 (MB. 41). Diese haben die Übernahme u. Abgabe einer Agentur binnen 8 Tagen der Ortspolizeibehörde anzuzeigen GewO. § 14 Abs 2, § 15 u. (Strafe) § 148², Anw. 1. Mai 04 (MB. 201) Nr. 7 Abs. 2, 3.

[3]) G. 37 § 18, 19, han. V. 28 § 4, 12, kurhess. Ausschr. 30 § 5. Zuständig ist die Polizeibehörde des Brand- (nicht des Wohn-) Orts OV. (LXI 145). Die polizeiliche Überwachung d. Feuerversicherungsverträge nach ihrem Abschlusse ist im RVer.G. (§ 323 Anm. 15 d. W.) § 121 Abs. 1 aufrecht erhalten, deren vorgängige Genehmigung dagegen aufgehoben. Die Vorschrift, daß der Versicherungsschein erst nach Unbedenklichkeitserklärung durch die Polizeibehörde ausgehändigt werden durfte (G. 37 § 14, 15), ist damit fortgefallen Vf. 10. Dez. 01 (MB. 02 S. 10).

[4]) G. 37 § 20—24, 26—28, 30, 32, 33 Schlußsatz. Betrügerische Brandstiftung StGB. § 265.

[5]) AE. 7. Juli 59 (GS. 394) u. 18. Sept. 61 (GS. 790). — Aufhebung der Beitragspflicht für die nicht bei den Sozietäten versicherten Personen G. 31. März 77 (GS. 121). — Ein Zwang zur Versicherung für Immobilien besteht noch für Thorn, Berlin, Stettin, Breslau, Ostfriesland, einen größeren Teil Hessen-Nassaus u. Hohenzollern. Im Reiche besteht der Zwang noch in Bayern, Würtemberg, Sachsen, Baden u. Hessen.

[6]) 1910 waren im Reiche versichert bei deutschen Aktienges. 98, bei deutschen Gegenseitigkeitsges. 15,8, bei ausländ. Ges. 19 u. bei öffentl. Anst. 75 Milliarden M.

[7]) G. 25. Juli 10 (GS. 241); Übergangsbestimmungen § 34—37; teilweise Einführung in Hohenzollern § 37 u. V. 21. Okt. 12 (GS. 223); Bearb. v. Hagen u. Manes (Berl. 10). — Die Gesetze über den Versicherungsvertrag und die Privatversicherungsunternehmungen finden auf die öffentlichen Anstalten keine Anwendung § 323 Anm. 5 u. 16.

öffentlicher Abgaben.[8]) Ihre Verfassung wird durch die Satzung bestimmt[9]), während ihre Rechtsbeziehungen zu den Versicherten durch die allgemeinen Versicherungsbedingungen geregelt werden.[10]) Ihre Tätigkeit ist verschieden umgrenzt. Die Bezirke sind teils die der Kommunalverbände, insbesondere der Provinzen, teils die der alten landschaftlichen Verbände, und ihre Wirksamkeit findet sich bald auf alle Grundstücke ausgedehnt, bald für städtische und ländliche oder für landschaftliche und nicht landschaftliche Grundstücke gesondert.[11]) Dieselbe Vielgestaltigkeit zeigt die Verwaltung, die in einigen Fällen von besonderen Behörden, in anderen von denen der Provinzen und sonstiger Kommunalverbände wahrgenommen wird.[12]) Die örtliche Verwaltung wird in der Regel von den Landräten geführt. — Die öffentlichen haben vor den privaten Versicherungsanstalten den Vorzug, daß sie nur dem Versicherungszwecke und nicht zugleich dem eigenen Gewinne dienen. Sie können infolgedessen billigere Bedingungen stellen und für deren Erfüllung größere Sicherheit gewähren. Sie wenden sich auch den weniger gewinnbringenden Gegenständen zu und nehmen allgemein das öffentliche Interesse bei der Versicherung erfolgreicher wahr.

[8]) Das. § 1—14, insbes. Pflichten § 2, 9—12, Rechte § 3, Beamte § 4—7, Gebiet § 8, Vereinigung von Anstalten § 13, zu Verbänden § 14. Ein Teil der öff. F.Vers.-Anstalten hat sich behufs Rückversicherung zum F.Vers.Verband in Mitteldeutschland mit dem Sitz in Merseburg zusammengeschlossen; ein anderer bildet den Verband in Kiel AE. 22. Mai 72 (GS. 531).

[9]) Das. § 15—23 u. (Übergangsbestimmung) § 34; die Satzung hat einen aus Versicherten gebildeten Verwaltungsrat vorzusehen § 16, 17 u. vorzuschreiben, daß das Vermögen mündelsicher u. mit mindestens $^1/_4$ in Reichs- oder preußischen Staatsanleihen angelegt werde § 19; Staatsaufsicht § 30, 31, Zulassung der Versicherung beweglicher Sachen, anderer Zweige der Schadenvergütung und der Rückversicherung § 32, Auflösung § 33.

[10]) Das. § 24—29.

[11]) Zur Zeit bestehen 25 Feuersozietäten u. zwar in Ostpreußen: die FS.; Westpreußen: die landschaftliche, den westpr. Landsch.-Bez. (§ 351 Anm. 6) umfassende in Marienwerder mit den Direktionen Danzig, Marienwerder, Bromberg u. Schneidemühl u. die westpr. FS. in Danzig; Brandenburg: die StädteFS., die Landfeuersozietät; Pommern: die Prov.-FS.; Posen: die ProvFS. (s. auch Westpreußen); Schlesien: die ProvFS. Sachsen: Land FS. f. d. Herzogt. Sachsen u. die ProvStädteFS. in Merseburg, die Magdeburger LandFS., mit der die ritterschaftliche FS. des Fürstent. Halberstadt vereinigt ist V. 26. Dez. 13 (GS. 381); Schl.-Holstein: die ProvBrandVers. Anstalten G. 23. März 72 (GS. 286); Hannover: die vereinigte landschaftliche Brandkasse in Hannover u. die Ostfriesische FeuerschadenVers.-Gesellschaft für Städte und Flecken, in Aurich; Westfalen: die ProvFS.; Hessen Nassau: die hess. BrandVers.Anstalt G. 18. März 79 (GS. 136), G. 26. März 86 (GS. 531) u. die nassauische G. 21. Dez. 71 (GS. 610); Rheinprovinz: die Prov.-FS.; Hohenzollern: die Immobiliar-FVA. G. 14. Mai 55 (GS. 301). — Besondere Städtefeuersozietäten bestehen für Thorn, Berlin, Stettin, Stralsund u. Breslau. — Domänenfeuerschadenfonds § 127 Anm. 5 d. W. — Brandversicherungsverein für Forstbeamte § 128 Anm. 9.

[12]) Für die Feuersozitäten (Anm. 11) in Ostpreußen, Sachsen u. Hannover, f. d. westpr. landschaftliche LFS. bestehen Generaldirektionen oder Direktionen, die der ostpreußischen ist mit der Generallandschaftsdirektion (§ 351 Anm. 6) verbunden; alle übrigen Sozietäten werden von den Provinzial- u. Kommunalverbandsorganen verwaltet (die hohenzollernsche vom Reg.Präs. unter Mitwirkung des Kommunallandtags A. u. LO. 00 GS. 324 § 61 8). — Änderung der Reglements ProvO. 81 (GS. 234) § 120.

Sie haben sich deshalb, auch nachdem ihre mit dem Bedürfnisse des freien Verkehrs nicht mehr zu vereinbarenden Vorrechte gefallen sind, nicht nur den Privatanstalten gegenüber behauptet, sondern im Mitbewerbungskampfe mit letzteren sogar vielfach zu vermehrter und lebendigerer Tätigkeit emporgerafft.

3. Kreditwesen.

§ 325.

a) **Kredit** ist die Fähigkeit einer Person, das Kapital einer anderen zur Benutzung heranzuziehen. Er beruht auf dem Vertrauen in die Möglichkeit und den Willen des Schuldners seinen Verpflichtungen nachzukommen; seine Voraussetzungen bilden im allgemeinen eine vorgeschrittene Kapitalbildung und eine entwickelte Rechtseinrichtung, in der Einzelperson eine ausreichende Leistungsfähigkeit und ein ausgebildetes Rechtsgefühl. Der Kredit vermittelt den Übergang des Kapitals aus der Hand derjenigen Besitzer, die dieses nicht ausreichend zu verwerten vermögen, auf solche, die seiner zu weiterem Erwerbe bedürfen, und fördert dadurch gleichzeitig die Kapitalbildung und die Erzeugung neuer Güter. Dabei vermehrt er die Zahlmittel und erleichtert die Zahlungen (§ 326 Abs. 3, § 327 Abs. 3 u. Abs. 4). Andererseits birgt er die Gefahr der Unwirtschaftlichkeit, der Spekulation und der Übererzeugung in sich.

Der durch Grundstücke gesicherte Kredit heißt Grund-(Real-)Kredit, der sonstige Personenkredit. Dieser bietet geringere Sicherheit, ist dagegen billiger und einfacher, daher für kürzere Fristen und bekannte Verhältnisse geeigneter. Weiter wird der Erzeugungs- und der Verzehrungskredit unterschieden; ersterer wirkt meist nützlich, letzterer verderblich (Borgsystem).

An sich ist der Kredit Sache des einzelnen und der Darlehnsvertrag, der ihn zur Erscheinung bringt, Gegenstand des Privatrechts.[1] Durch seine wirtschaftliche Bedeutung tritt er indes in das Gebiet des öffentlichen Rechts und wird Gegenstand staatlicher Fürsorge, die ihn durch die Gesetzgebung zu sichern (b) und durch Kreditanstalten zu fördern hat (c und d).

§ 326.

b) Die **Kreditgesetzgebung** hat eine doppelte Aufgabe: Die Nützlichkeit des Kredits (§ 325 Abs. 1) fordert seine Förderung und Pflege, die damit verbundenen Gefahren (das.) aber seine Überwachung und Einschränkung. Seine Förderung erfährt der Grundkredit in der Grundbucheinrichtung (§ 211) und in der Ordnung der Zwangsvollstreckung (§ 202 Abs. 3), und der Personenkredit[2]) in der Wechselordnung (Abs. 2), dem Scheckverkehr (Abs. 3) und einigen die Schuldverschreibungen betreffende

---

[1]) BGB. § 607—610.

[2]) Sicherungsmittel sind persönlich die Bürgschaft BGB. § 765—78, sachlich das Pfand an beweglichen Sachen § 1204 bis 72 und an Rechten § 1272—96.

Bestimmungen (Abs. 4 u. 5). Einschränkungen erfährt der Personenkredit durch die Maßnahmen gegen den Wucher (Abs. 6), gegen Abzahlungsgeschäfte (Abs. 7) und durch einige Bestimmungen über Zwangsvollstreckung (Abs. 8).

Das **Wechselrecht**[3]) war schon vor Entstehung des Reichs für Deutschland geordnet und nach Maßgabe besonderer Einführungsgesetze in fast alle Bundesstaaten eingeführt.[4]) Demnächst ist die Wechselordnung Reichsrecht geworden[5]) und damit jeder Änderung durch die Landesgesetzgebung entzogen. — Mit dem Wechsel wird in bestimmt vorgeschriebener Form ohne Angabe eines Schuldgrundes die Verpflichtung zu unbedingter und unmittelbarer Zahlung einer bestimmten Summe übernommen.[6]) Die Wechselfähigkeit fällt mit der Geschäftsfähigkeit zusammen.[7]) Wegen des möglichen Mißbrauchs und der Gefahr, die in der Strenge des Wechselrechts für den Unkundigen liegt, hat man sie zu beschränken gesucht, jedoch bei der Schwierigkeit, die hierbei die Bestimmung der wechselfähigen Personen bietet, ohne Erfolg. Der Anspruch, für den der Schuldner seit Aufhebung der Schuldhaft[8]) nicht mehr persönlich, sondern nur mit dem Vermögen haftet,[9]) unterliegt einem abgekürzten Prozeßverfahren, in dem nur aus dem Wechselrecht selbst hervorgehende, oder unmittelbar gegen den Kläger zulässige Einreden vorgebracht werden dürfen.[10]). Die Verpflichtung zur Zahlung der Schuld kann von dem Aussteller übernommen werden (eigener oder trockener Wechsel),[11]) oder auf einen dritten (Bezogenen) lauten (gezogener Wechsel oder Tratte).[12]) Der Empfangsberechtigte (Re-

---

[3]) Der Wechsel entstand schon im 13. Jahrhundert in den italienischen Handelsstädten, indem zur Erleichterung von Zahlungen an entfernten Orten mit anderen Münzsystemen Zahlungsaufträge an dort wohnende Geschäftsfreunde erteilt wurden. Diese Aufträge erlangten zur Förderung des Verkehrs gewisse Vorrechte, insbesondere ein beschleunigtes und verschärftes Beitreibungsverfahren u. im 18. Jahrhundert die Übertragbarkeit (Giro).

[4]) WechselO. (5. Juni 69 BGBl. 382, mehrfach ergänzt, zuletzt durch G. betr. die Erleichterung des Wechselprotestes 30. Mai 08 RGB. 321 § 1 u. auf Grund des § 5) neu veröffentlicht 08 RGB. 327. — EinfG. für Altpreußen 15. Feb. 50 (GS. 53) und 27. Mai 63 (GS. 357), für Hannover 7. April 49 u. 31. Mai 64, Nassau 25. Okt. 48 u. 31. Mai 67 (GS. 1108), Schl.-Holstein u. Kurhessen Gesetz 13. Mai 67 (GS. 669 u. 737). Diese Einführungsgesetze werden bis auf die Vorschriften über kaufmännische Anweisungen durch das neue HGB. nicht berührt EG. z. HGB. 10. Mai 97 (RGB. 437) Art. 21. — Auf Wechsel finden die Best. in Abschn. II, IV u. V des BörsenG. 08 (RGB. 215). Anwendung das. § 96. — Bearb. v. Staub (8. Aufl. v. Stranz Berl. 12), Gareis (9. Aufl. Münch. 11), Rehbein (8. Aufl. v. Mansfeld Berl. 08) u. (kleiner) v. Basch (7. Aufl. Berl. 11) u. Korn (Berl. 09). — Nachdem ein einheitliches Wechselrecht von den Staaten Europas u. Amerikas mit Ausschluß von England u. den Verein. St. v. Amerika vereinbart ist, steht der Erlaß einer neuen WechselO. bevor

[5]) G. 5. Juni 69 (BGBl. 379), Einf. in Süddeutschl. § 6 Anm. 7 d. W.

[6]) WO. Art. 4—7; Duplikate u. Kopien WO. Art. 66—72; Amortisation verlorener Wechsel Art. 73, 74, mangelhafte Unterschriften Art. 94, 95; Wechselstempel § 157 d. W.

[7]) WO. Art. 1, 3, 84; falsche Wechsel Art. 75, 76; Verjährung Art. 77—79

[8]) § 199 Abs. 2 d. W.

[9]) WO. Art. 8.

[10]) § 192¹ d. W.; WO. Art. 81—83.

[11]) Das. Art. 96—100.

[12]) WO. Abschn. II (Art. 4—95). Die gezogenen Wechsel sind die im Verkehre häufigsten u. wichtigsten.

mittent) kann sein Recht durch Indossament (Giro) weiter begeben.[13] Der Wechsel wird dadurch zu einem umlaufsfähigen Kreditpapier und bequemen Zahlungsmittel, durch das insbesondere Zahlungen an einem anderen Orte oder zu einer späteren Zeit (Diskonto § 328 Abs. 3[4]) beglichen werden. Internationale Wechsel sind Gegenstand des Handels und werden an Börsenplätzen nach Wechselkursen gehandelt. Der Inhaber kann dem Bezogenen den Wechsel vorlegen (präsentieren)[14]) und, wenn dieser die Annahme (den Akzept)[15]) verweigert, oder wenn die Wechselverbindlichkeit nicht erfüllt wird[16]) und nicht dritte für den Verpflichteten eintreten (Interventionen),[17]) den Wechselprotest erheben[18]) und auf Grund dessen Rückgriff (Regreß) gegen Aussteller und Indossanten nehmen.[19])

Während der Wechsel durch das Kreditbedürfnis hervorgerufen wird, soll **der Scheck** den Umlauf des Geldes vereinfachen und beschleunigen. Er dient der Allgemeinheit, indem er die Zahlungsmittel vermehrt (§ 2 II Abs. 2) und die Kapitalnutzung fördert und den Privatpersonen, indem er sie vor den Verlusten und Kosten bewahrt, die mit der Aufbewahrung, Auszahlung und Versendung der Gelder verbunden sind. Der gleiche Zweck wird durch den Überweisungs- oder Giroverkehr der Banken erreicht. Bei diesem müssen jedoch Zahler und Empfänger mit derselben Bank oder mit solchen Banken in Rechnung stehen, die untereinander durch Abrechnungsstellen (clearing houses) verbunden sind. Der Scheck, durch den der Empfänger eine Anweisung auf ein Guthaben des Zahlenden erhält, die er für eigene Zahlungen weiterbegeben, oder sich auszahlen oder gutschreiben lassen kann, ist von dieser Voraussetzung nicht abhängig. Der Scheck hat deshalb nicht nur im Giroverkehr der Reichsbank ausgedehnte Anwendung gefunden (§ 328 Abs. 3[3]), sondern in andern Ländern, insbesondere in England und Amerika, auch im Kleinverkehr große Bedeutung erlangt. Um dem Scheckverkehr auch in Deutschland größere Rechtssicherheit und dadurch weitere Verbreitung zu verschaffen, ist ein besonderes Scheckgesetz erlassen.[20]) Der Scheck muß als solcher bezeichnet sein, die an den Bezogenen gerichtete Aufforderung zur Zahlung einer bestimmten Geldsumme aus einem Guthaben und die Unterschrift, sowie den Ort und den Tag

---

[13]) Das. Art. 9—17.
[14]) Das. Art. 18—20, 91—93.
[15]) Das. Art. 21—24.
[16]) Das. Art. 30—40.
[17]) Das. Art. 56—65.
[18]) Das. Art. 18, 41, 87—93. — Zuständig sind außer Notaren (§ 194 Anm. 5 d. W.) auch Gerichtsschreiber u. Gerichtsvollzieher (§ 191 Abs. 3 d. W. Gebühr G. 25. Juni 95 GS. 203 § 50 u. 130) u. Postbeamte Art. 87 nach näherer Bestimmung des Reichskanzlers G. 30. Mai 08 (Anm. 4) § 3 u. Bek. 5. Aug. 08 (RGB. 482); Haftung der Postverwaltung G. 08 § 4. Benachbarte Orte (WO. § 91 a) Bek. 9. Jan. 09 (RGB. 249) u. 25. Aug. 13 (das. 250).
[19]) WO. Art. 25—29, 41—55.
[20]) ScheckG. 11. März 08 (RGB. 71). Bearb. v. Kuhlenbeck (Bresl. 08), Leising (Münch. 08) u. (kleiner) v. Apt (5. Aufl. Berl. 09). — Die allgemeinen Vorschriften über Anweisungen (BGB. § 783—92, HGB. § 363—5) erscheinen für Schecks teils unzureichend, teils der Eigenart der Schecks nicht entsprechend.

der Ausstellung enthalten.[21]) Als Bezogene (passiv Scheckfähige) können nur Banken und bankartige Anstalten und solche Personen und Firmen bezeichnet werden, die sich mit der Annahme von Geld und der Leistung von Zahlungen für fremde Rechnung befassen.[22]) Als Zahlungsempfänger kann der Inhaber oder eine bestimmte Person bezeichnet werden; diese kann den Scheck, soweit die Order nicht auf dem Scheck ausgeschlossen ist (Rektascheck), durch Indossament weiter begeben. Ohne Bezeichnung einer bestimmten Person gilt der Scheck als Inhaberscheck.[23]) Die Zahlung hat an dem bei dem Namen des Bezogenen angegebenen Orte, mangels solcher Angabe am Ausstellungsorte und nur bei Sicht zu erfolgen; der Scheck ist binnen 10 Tagen zur Zahlung vorzulegen.[24]) Schecks unterliegen einstweilen einem Stempel (§ 158 Abs. 2[8]), sind jedoch von der Wechselstempelabgabe befreit.[25])

Weitere Förderung erfährt der Kredit durch die bei Aufnahme von Anleihen zugelassene Ausgabe von Schuldverschreibungen auf den Inhaber (Inhaberpapieren), die, wenn sie auf eine bestimmte Geldsumme lauten, nur unter Genehmigung der Zentralbehörde des Bundesstaates in den Verkehr gebracht werden dürfen.[26]) Die Außerkurssetzung, die gegen Verlust und Diebstahl sichern sollte, ist im Interesse der Verkehrsfreiheit beseitigt.[27]) Die Kraftloserklärung erfolgt auf Grund eines Aufgebots.[28])

---

[21]) Das. § 1, im Auslande ausgestellte Schecks § 26; verb. § 29 Abs. 1.

[22]) Das. § 2, Guthaben § 3, im Auslande zahlbare Schecks § 25; verb. § 29 Abs. 1. Zu den Anstalten gehören öffentlich beaufsichtigte Sparkassen u. Veranstaltungen der Postverwaltung; Postscheckwesen § 391 Abs. 4 d. W.

[23]) Das. § 4, 8; mehrfache Ausfertigung im Auslande zahlbarer Schecks § 9.

[24]) Das. § 5, Betrag § 6. Sichtzahlung § 7 u. 29 Abs. 1, Ausschluß des Annahmevermerks § 10 u. Kürze der Vorlegungsfrist § 11 nebst Bek. 19. März 08 (RGB. 85) u. V. 10. April 11 (das. 191) sollen dem Scheck die Eigenschaft als Zahlungsmittel wahren, wogegen der Wechsel ein Kreditpapier und die Banknote ein Umlaufsmittel bildet. Gültigkeit der Vorlegung bei Abrechnungsstellen, mit denen der Bezogene verbunden ist, § 12, Abrechnungsst. RGB. 08 S. 86 u. 467, 09 S. 262, 274, 334; 1911 S. 215; Wirkung der Zahlung § 13, Ausschluß (Verrechnungsscheck) § 14. Haftpflicht des Ausstellers und der Indossanten (der Bezogene ist nicht haftpflichtig) § 15 bis 24 u. 30 Abs. 2 u. (Begriff benachbarter Orte) wie Anm. 18. Kraftloserklärung § 27. Zuständige Gerichte § 28.

[25]) Das. § 29 und WechselstG. 09 (RGB. 310) § 26.

[26]) Das BGB. bestimmt über Inhaberpapiere § 793—806, über Karten auf den Inhaber (Fahr- u. Theaterkarten, Speisemarken) BGB. § 807 u. über Legitimationspapiere, auf die, auch bei Benennung eines bestimmten Gläubigers an den Inhaber geleistet werden, dieser aber die Zahlung nicht verlangen kann (Sparkassenbücher, Pfandscheine) § 808. — Aktien (§ 330 d. W.) fallen nicht darunter. — Zuständig sind in Preußen die Minister auf Grund Königlicher Ermächtigung, deren es jedoch bei Änderung des Zinssatzes oder der sonstigen Ausgabebedingungen nicht bedarf V. 16. Nov. 99 (GS. 562) Art. 8. — Muster Vf. 31. Jan. 00 (MB. 81). — Strafe StGB. (EG. z. BGB. Art. 34 IV) § 145a. — Ausstellung durch den Staat, die Kommunalverbände, Rentenbanken u. landschaftlichen Kreditanstalten BGB. § 793 Abs. 2, EG. Art. 100 I u. AG. 20. Sept. 99 (GS. 177) Art. 17 § 1.

[27]) EG. Art. 176. Dem gleichen Zweck dienen bei Staatschuldverschreibungen das Staats- u. das Reichsschuldbuch (§ 131a u. 175 Abs. 5 d. W.). Außerdem ist die Umschreibung auf Namen zugelassen BGB. § 806. Öffentliche Körperschaften, Stiftungen u. Anstalten sind auf Ver-

Anm.: Note [28]) befindet sich auf S. 580.

Den Besitzern von Schuldverschreibungen inländischer Unternehmungen (Hypothekenbanken, Eisenbahnen, Bergwerke, gewerblicher Anlagen), deren festbestimmte Nennwerte den Gläubigern nach Verhältnis gleiche Rechte geben und bei wenigstens 300 Stücken mindestens 300000 M. betragen, ist in der Gläubigerversammlung eine einheitliche Vertretung zur Wahrung ihrere Rechte gegeben, die Mehrheitsbeschlüsse mit verbindlicher Kraft für alle Gläubiger fassen, auch einen gemeinsamen Vertreter bestellen kann. Zu Leistungen können die Gläubiger nicht verpflichtet werden, auch kann die Aufgabe oder Beschränkung von Rechten nur zur Abwendung einer Zahlungseinstellung oder des Konkurses und nur mit Dreiviertelmehrheit beschlossen werden. Die Einrichtung bleibt auch im Konkurse des Schuldners bestehen. Auf Schuldverschreibungen des Reichs, der Bundesstaaten und — soweit die Landesgesetze nicht anders bestimmen — auch der öffentlichen Körperschaften finden die Vorschriften keine Anwendung.[29])

Einschränkungen der Kreditgewährung schließen andererseits die gegen den **Wucher** gerichteten Bestimmungen in sich. Die frühere gesetzliche Feststellung eines höchsten Zinsfußes ist wegen der Mannigfaltigkeit der möglichen Fälle aufgegeben. Dagegen ist im Anschluß an die für mißbräuchliches Kreditgeben an Minderjährige ergangenen Strafvorschriften[30]) jede unter Ausbeutung der Not, der Unerfahrenheit und des Leichtsinns erfolgende unverhältnismäßige Überschreitung des gewöhnlichen Zinssatzes als Wucher für strafbar erklärt.[31]) Die Frage, ob Wucher vorliege,

---

langen des Inhabers zur Umschreibung verpflichtet EG. Art. 101, AG. Art. 18, AusfBest. 30. Dez. 99 (JMB. 00 S. 4). Im Falle des Nießbrauchs, bei dem der Besitz der Zinsscheine dem Nießbraucher, der des Papiers u. Erneuerungsscheins diesem und dem Eigentümer gemeinschaftlich zusteht, sind Papier u. Erneuerungsschein auf Verlangen zu hinterlegen BGB. § 1081, 1082, (eingebrachtes Gut der Ehefrau) 1392, 1393, (zu gunsten der Nacherben) 2116. Der Vormund muß Inhaberpapiere hinterlegen § 1814, 1815. Verwahrungsstellen AG. Art. 85 nebst Vf. 17. u. 18. Dez. 99 (JMB. 805).

[28]) BGB. § 799; Verfahren § 201[6], insbes. Anm. 9 d. W. Inhaberkarten (Anm. 26) EG. z. BGB. Art. 100 Abs. 1, Legitimationspapiere (Anm. 26) das. Abs. 2, ZPO. § 1023 u. AG. 99 (GS. 388) Art. 7. — Abhanden gekommene Inhaberpapiere sind auf Antrag u. Kosten des Eigentümers von der Polizeibehörde im Reichsanzeiger bekannt zu machen, worauf sie binnen Jahresfrist von Bankiers nicht angenommen werden dürfen. HGB. § 367 u. AG. Art. 6. — Verlorene Zins- u. Rentenscheine unterliegen der Kraftloserklärung nicht, BGB. § 799, der Ersatz bei Verlust kann aber durch Anzeige vor Ablauf der Vorlegungsfrist gesichert werden, soweit dieser Anspruch nicht im Scheine ausgeschlossen ist § 804; bei Staats- u. Kommunalschuldverschreibungen, Rentenbriefen u. Pfandbriefen öffentlicher Kreditanstalten bedarf es des Ausschlusses nicht EG. Art. 100 2, AG. Art. 17 § 2.

[29]) G. 4. Dez. 99 (RGB. 691).

[30]) StGB. § 301, 302.

[31]) Das. § 302 a—e, 360 12 u. 367 16, in der Fassung des G. 24. Mai 80 (RGB. 109) Art. 1, 2 u. G. 19. Juni 93 (RGB. 197) Art. I; letzterer hat neben gewerbepolizeilichen Einschränkungen (§ 366 Anm. 27) die Strafbarkeit auf den gewerbs- oder gewohnheitsmäßigen Wucher bei anderen Rechtsgeschäften als dem Darlehnsgeschäft (Vieh- und Grundstückshandel, Geschäftsvermittelung) ausgedehnt. Bearb. v. Fuld (2. Aufl. Berl. 03).

ist somit im Einzelfalle vom Richter zu entscheiden. Das bürgerliche Recht erklärt Rechtsgeschäfte, durch die jemand unter Ausbeutung der Notlage, des Leichtsinns oder der Unerfahrenheit sich unverhältnismäßige Vorteile ausbedingt, als gegen die guten Sitten verstoßend für nichtig[32]) und enthält einige weitere gegen zu hohe Zinssätze gerichtete Bestimmungen.[33])

Abzahlungsgeschäfte sind an sich zulässig; der Käufer — soweit er nicht Kaufmann (§ 373 Abs. 2) ist — wird jedoch vor der mißbräuchlichen Ausbeutung bei Nichterfüllung seiner Verpflichtung durch einige bürgerlich-rechtliche Bestimmungen geschützt. Im Fall des Rücktritts hat jeder Teil dem anderen die empfangenen Leistungen zurückzugewähren; eine entgegenstehende Vereinbarung (Verwirkungsklausel) ist nichtig. Die Abrede der Fälligkeit der Restschuld beim Verzug ist nur für den Fall zugelassen, daß mindestens zwei Teilzahlungen ausgeblieben sind und der Rückstand $^1/_{10}$ des Kaufpreises erreicht, auch können unverhältnismäßig hohe Vertragstrafen herabgesetzt werden. Für Lotterielose und Inhaberpapiere auf Prämien ist der Verkauf gegen Teilzahlungen überhaupt verboten.[34]) — Darlehns-, Rückkaufs- und Abzahlungsgeschäfte dürfen nicht im Umherziehen aufgesucht oder vermittelt werden.[35])

Zu weiteren Einschränkungen hat die soziale Rücksicht auf die besitzlosen Klassen geführt. Die Schuldhaft ist aufgehoben und alle zum Lebensunterhalt notwendigen Gegenstände sind von der Zwangsvollstreckung ausgeschlossen; der noch nicht fällige Arbeits- und Dienstlohn unterliegt regelmäßig keiner Beschlagnahme und Aufrechnung (§ 199 Abs. 2).

§ 327.

c) **Kreditanstalten** sind von Vereinen und Selbstverwaltungskörpern[1]) oder vom Staate gegründet und dienen entweder einem bestimmten Erwerbszweige[2]) oder dem Kredit überhaupt. Letztere befassen sich vorwiegend mit dem für vorübergehende Geldbedürfnisse benutzten Personenkredit. Zu ihnen gehören neben der Seehandlung (§ 124 Abs. 2) die preußische Zentralgenossenschaftskasse und die Pfandleihanstalten. — Die Zentralge-

[32]) BGB. § 138, 817—20 u. (Schadenersatzpflicht) 823 Abs. 2, EG. Art. 47. Gleichem Zwecke dienen die Verbote des BGB. § 1149 u. 1229

[33]) Der gesetzliche Zinsfuß ist auf 4 v. H. festgesetzt BGB. § 246 u. AG. Art. 10; Vereinbarungen über mehr als 6 v. H. sind binnen 6 Monaten kündbar § 247; Zinseszinsen sind ausgeschlossen § 248. Ebendahin gehört die richterliche Herabsetzung zu hoher Vertragstrafen § 343.

[34]) G. 16. Mai 94 (RGB. 450). Bearb. v. Lusenski (§ 372 Anm. 1 d. W.) S. 281 u. Samter (Berl. 11).

[35]) GewO. § 56a[2] u. [4]. — Gewerbebetrieb der Pfandleiher u. Darlehnsvermittler § 366 II 2 Abs. 3 u. II 3 Abs. 2.

[1]) Gewerbesteuerfreiheit § 146 Abs. 24 d. W. Kreditanstalten können — trotz des Zinseszinsverbotes — unerhobene Zinsen als verzinsliche Einlagen behandeln, u., wenn sie für begebene Darlehen Inhaberpapiere ausgeben, die Verzinsung rückständiger Zinsen im voraus ausbedingen BGB. § 248. — Benutzung der Sparkassen als Leihkassen § 322 Abs. 3; Kreditgenossenschaften § 331 d. W.

[2]) Bergbauhilfskassen § 334 Anm. 4 d. W.; Rentenbanken § 341 Abs. 2 Meliorationsfonds § 344 Abs. 2; land

nossenschaftskasse (sog. Preußenkasse) bildet eine unter Aufsicht und Kontrolle der Seehandlung (§ 124 Abs. 2) stehende selbständige Anstalt mit juristischer Persönlichkeit. Sie steht somit in der Mitte zwischen Staats- und Privatanstalt. Die Kasse ist mit einem Betriebskapital von 75 Mill. M. ausgestattet und soll insbesondere den Personenkredit der kleineren Landwirte und Handwerker fördern, indem sie den Verbänden der Genossenschaften (§ 331), sowie den zur Förderung des Personenkredits bestimmten Sparkassen, landschaftlichen (ritterschaftlichen) Darlehnskassen und Provinzialanstalten zu billigen Bedingungen Betriebsmittel überweist, andererseits von den Verbänden überschüssige Beträge annimmt und anlegt.[3]) Sie wird damit zur allgemeinen Ausgleichstelle für diese Verbände und Anstalten. — Die Pfandleihanstalten sind wegen der damit verbundenen Gefahren einer besonderen polizeilichen Überwachung unterworfen.[4]) Diese bezieht sich auf Privat- wie auf öffentliche Anstalten; nur die vom Staate errichteten sind ausgenommen.[5])

Der Staat hat ferner außer den nur vorübergehend für den Fall der Not begründeten Darlehnskassen die Provinzialhilfskassen eingerichtet, aus denen zu gemeinnützigen Anlagen und Anstalten, zu Gemeindebauten, zur Tilgung von Gemeindeschulden, zu Grundverbesserungen und gewerblichen Unternehmungen Darlehen unter günstigen Bedingungen und gegen allmähliche Abtragung gewährt werden. Diese Kassen sind auf die Provinzen übergegangen.[6])

§ 328.

d) **Banken.** Neben den Anstalten, die dem Kredit im einzelnen Bedarfsfalle entgegenkommen, bedarf dieser gewisser Mittelpunkte, in denen

---

schaftliche Kreditanstalten u. Landeskulturrentenbanken § 351 Abs. 5.

[3]) G. 31. Juli 95 (GS. 310), erg. 8. Juni 96 (GS. 123), 20. April 98 (GS. 67), 3. Aug. 05 (GS. 333) u. 13. Juli 09 (GS. 640). Die Direktion bildet eine öffentl. Behörde Gutacht. des Kamm.-Ger. 30. Okt. 04 (JMB. 316). Ausschuß V. 4. Okt. 95 (GS. 533). Rechtsverhältnisse der Beamten V. 2. Aug. 99 (GS. 397), Gehälter § 72 Anm. 2; Annahme u. Prüfung der Kassen- u. Bureaubeamten Best. 10. Okt. 01 (MB. 207). Denkschrift üb. Aufgaben u. Bedeutung (Berl. 06).

[4]) § 366 II 2 Abs. 3.

[5]) G. 17. März 81 (GS. 265) § 19 bis 22. — Kön. Leihamt f. Berlin, wo die Errichtung einer städt. Leihanstalt abgelehnt war KO. 25. Feb. 34 (GS. 23) u. 12. Aug. 50 (GS. 370). — Für Hessen bestehen als kommunalständische Anstalten das Leihhaus in Kassel, das Leih- und Pfandhaus in Fulda u. die Leihbank in Hanau G. 10. April 72 (GS. 373), erg. G. 26. März 86 (GS. 58 u. (§ 6) G. 5. Juli 96 (GS. 169). — Kommunale Pfandleihanstalten sind gewerbesteuerfrei G. 24. Juni 91 (GS. 205) § 3⁴f.

[6]) G. 8. Juli 75 (GS. 497) § 8 u. 9. — Prov.-Hilfskassen bestehen für Ostpreußen, Westpreußen, Pommern, Posen, Schlesien (neben der Prov.-Darlehnskasse), Sachsen, den Bezirksverband Wiesbaden u. (als Landesbanken § 348 Anm. 6) für Westfalen u. die Rheinprovinz. In Ostpreußen, Schlesien, Westfalen u. der Rheinprov. ist der Zweck neuerdings auf die Hebung und Verbesserung der wirtschaftlichen Lage im allgemeinen und die Erhaltung im Grundbesitz ausgedehnt. Besondere Hilfskassen besitzen die Oberlausitz, die Niederlausitz, die Altmark, die Kurmark u. die Neumark: die letztere steht gleich dem neumärkischen Städteunterstützungsfonds unter Verwaltung der Provinz.

alle seine Fäden zusammenlaufen und der gesamte Geld- und Kreditverkehr die erforderliche Vermittelung findet. Dieser Aufgabe dienen die Banken, die damit an die Spitze des gesamten Kreditwesens treten.

In der Geschichte erscheinen die Banken zuerst als Anstalten zum Münzenwechsel und zur Vermittelung auswärtiger Zahlungen. Mit der Übernahme fremder Gelder zu sicherer Aufbewahrung entstanden die Depositenbanken. Indem diese dann die eingelegten Gelder mittelst Umschreibung zur Zahlungsvermittelung unter ihren Kunden benutzten, entstanden die Girobanken und — als diese Zahlung durch Übertragung umlaufender Depositenscheine (Girozettel) erfolgte — die Notenbanken.[1]) Mit der Nutzbarmachung der Einlagen durch Ausleihung traten schließlich die Kreditbanken hinzu. — Seit 1870 hat fortgesetzt ein Zusammenschluß der Banken zu größeren Anstalten stattgefunden.[2])

Die Geschäfte der **Banken** unterliegen — abgesehen von den wegen ihrer öffentlich rechtlichen Bedeutung besonders geregelten Notenbanken — keiner staatlichen Genehmigung oder Beaufsichtigung.[3]) Sie üben nur die Geschäftstätigkeit des Bankiers im großen aus, in der Regel mittelst eines durch Aktien zusammengebrachten Kapitals. Im einzelnen kommen folgende Geschäfte[4]) in Betracht:

1. Der Handel mit Münzen, Wechseln und Wertpapieren. Sie heißen Effekten, bei Staatspapieren Fonds und zerfallen in Schuldverschreibungen (Obligationen) mit festem Zinssatz und Aktien (§ 330), deren Verzinsung (Dividende) nach dem Jahresertrage des Geschäfts festgesetzt wird. Dieser Handel heißt, wenn er spekulativ unter Ausnutzung der an verschiedenen Handelsplätzen vermerkten Kurse erfolgt, Arbitrage.
2. Die Einziehung und Auszahlung von Geldern (Inkasso-, bei fortlaufender Abrechnung Kontokorrentgeschäft).
3. Die Annahme hinterlegter Gelder (**Depositenbanken**). Diese erfolgt zur Aufbewahrung und Verwaltung oder zur Benutzung durch die Bank gegen Vergütung oder zur Deckung für Zahlungsvermittelung unter verschiedenen Beteiligten (**Girobanken**).[5])

---

[1]) Die erste Girobank entstand 1156 in Venedig; zu Anfang des 17. Jahrhunderts fanden sich Girobanken in Amsterdam, Nürnberg u. Hamburg. Die älteste Notenbank ist die von Genua 1407.

[2]) Rießer, die Großbanken und ihre Konzentration (4. Aufl. Jena 12), kleinere Ausg. (Jena 12), Buchwald, Technik des Bankbetriebes (7. Aufl. Berl. 12).

[3]) Diese Geschäfte gelten als Handelsgewerbe HGB. Art. 14.

[4]) In den heutigen Banken sind regelmäßig mehrere dieser Geschäfte vereinigt. Dabei überwiegt jetzt das Kreditgeschäft gegen das ursprüngliche Zahlungs- (Kassa-)geschäft. Ausleihungen u. Einlagen (Aktiv- u. Passivgeschäft) müssen dabei in richtigem Verhältnis stehen. — Bei der Reichsbank ist neuerdings das Girogeschäft mehr in den Vordergrund getreten.

[5]) Scheckverkehr § 326 Abs. 3 d. W. — Safes sind die zur Vermietung bestimmten Abteilungen in feuer- u. diebessicheren Stahlkammern. — Der Giroverkehr (die Umschreibung von dem Konto eines Kunden auf das eines anderen) vermindert für den allgem. Verkehr den Bedarf an Bargeld, erspart den Kunden die mit den Zahlungen verbundenen Mühen, Gefahren, Kosten u. Zinsverluste u. verstärkt der Bank d. Betriebsmittel.

4. Die Kreditgewährung gegen Faustpfand, Wechsel oder Grundsicherheit (**Kreditbanken**). Das Faustpfand besteht in Waren oder in Lagerscheinen über Waren (warrants) oder in Wertpapieren (**Lombardbanken**). Die Wechsel sind Platz-, Rimessen- oder Devisenwechsel, je nachdem sie im Gebiete der Bank, an einem anderen deutschen Bankplatze oder im Auslande zahlbar sind. Bei dem Wechseldarlehen kommt der bis zur Verfallzeit auflaufende Zins (Diskonto) in Abzug (**Wechsel- oder Diskontobanken**). Die Grundkreditbanken fallen vorwiegend in das Gebiet der Landwirtschaft (§ 351 Abs. 3 d. W.).

Die **Noten- oder Zettelbanken** geben in den Noten unverzinsliche Anweisungen aus, die jedem Inhaber das Recht auf Rückzahlung gewähren, als Wertumlaufsmittel aber die Bedeutung des Papiergeldes (§ 129 Abs. 4) haben. Die Sicherheit beruht in den bei der Bank hinterlegten Werten, sowie in der gegenseitigen Zahlungsfähigkeit der bei der Bank beteiligten Unternehmungen. Mit der Ausgabe von Banknoten vergrößert die Bank ihren Betriebsfonds und erzielt wegen der Unverzinslichkeit der Noten einen finanziellen Gewinn. Zugleich schafft sie dem öffentlichen Verkehr bequeme Umlaufsmittel. Wenn bei gesteigertem Verkehr der Geldbedarf zeitweilig nicht ausreicht, tritt der Bankkredit mittelst der Banknoten ergänzend ein, die bei nachlassendem Verkehr von selbst wieder zur Bank zurückfließen. Die Notenbank wird damit zum Regler des gesamten Geldumlaufs. Diese umfassende Bedeutung hat vielfach zur Vereinheitlichung der Notenausgabe[6]) und zu besonderen Einschränkungen geführt. Zum Teil ist die Notenausgabe ganz den staatlichen Anstalten vorbehalten worden.

In **Preußen** hatte noch ein anderer Umstand die engere Verbindung des Bankwesens mit dem Staate herbeigeführt. Als das Bedürfnis nach Bankanstalten um die Mitte des achtzehnten Jahrhunderts sich geltend machte, waren weder Privatkapital noch Privatindustrie genügend entwickelt, um die Aufgabe erfüllen zu können. Zudem würde ihre Lösung durch Privatunternehmungen dem Geiste jener Zeit (§ 30 Abs. 4) wenig entsprochen haben. So entstand die preußische Bank als Staatsanstalt (1765). Erst in späterer Zeit wurde die Beteiligung der Privaten gestattet (1846) und demnächst auch anderen Privatbanken die bis dahin wesentlich der preußischen Bank vorbehaltene Befugnis zur Notenausgabe verliehen. Auf ähnliche Weise waren in den neuen Provinzen und im übrigen Deutschland Notenbanken gegründet, und diese bildeten bei dem Mangel einheitlicher Grundsätze ein ziemlich buntes Durcheinander.

Demgegenüber hat die **Reichsgesetzgebung**, der das Bankwesen überwiesen wurde[7]), einheitliche Vorschriften für das Bankwesen geschaffen

[6]) Die Bank von England ist hiermit allmählich, insbesondere infolge der Akte Peels (1844) durchgedrungen. In ähnlicher Weise hat die französische Bank die örtlichen Banken aufgesogen (1848).

[7]) RVerf. Art. 4[4].

und zugleich die Verhältnisse der Reichsbank geordnet [8]), **indem die preußische Bank auf das** Reich übertragen wurde.[9]) **Privatnotenbanken** können nunmehr Noten nur auf Grund eines Reichsgesetzes und nur in Stücken von 100, 200, 500, 1000 oder mehreren 1000 M. ausgeben; sie müssen diese auf Vorzeigung jederzeit voll (Reichsbank Abs. 7) einlösen und sind in ihrer Verwaltung gewissen Einschränkungen und Aufsichtsmaßregeln unterworfen. Die Noten der Reichsbank sind gesetzliches Zahlungsmittel [10]); ausländische auf Reichs- oder deutsche Landeswährung lautende Noten sind vom Reichsgebiet ausgeschlossen.[11]) Von dem Überschusse, um den der Notenumlauf einer Bank ihren Barvorrat und den besonders für sie festgestellten (kontingentierten) Betrag übersteigt, hat sie jährlich 5 v. H. an die Reichskasse zu entrichten.[12]) **Die Bankpolitik** des Reichs ist auf Verminderung der Notenprivilegien gerichtet. Sie hat deshalb neue Notenbanken nicht zugelassen und die bestehenden neben den allgemeinen noch besonderen Einschränkungen unterworfen. Insbesondere kann die Befugnis zur Notenausgabe vom 1. Januar 1891 ab von 10 zu 10 Jahren gekündigt werden.[13]) Soweit die Banken sich diesen Festsetzungen nicht unterworfen haben, bleiben sie mit Betrieb und Notenverkehr auf das Gebiet des Staates beschränkt, für den sie zugelassen sind.[14])

Die Reichsbank in Berlin soll den Geldumlauf im Reiche regeln, die Zahlungsausgleichungen erleichtern und für die Nutzbarmachung verfügbaren Kapitals sorgen.[15]) Sie bildet eine mit einem Grundkapitale von

[8]) RBankG 14. März 75 (RGB. 177) allgemein ergänzt (Anm. 13, 16, 17, 21) durch G. 7. Juni 99 (RGB. 311) u. (Anm. 10, 12, 13, 15, 18, 19, 21) durch G. 1. Juni 09 (das. 515). Bearb. in Lusensky, Handel (§ 372 Anm. 1 d. W.) S. 146, ferner v. Koch (4. Aufl. Berl. 00) u. Henschel (Berl. 10). Heilfron, Geld-, Bank- u. Börsenrecht (2. Aufl. Berl. 11).

[9]) RRG. § 61—65 und Vtr. 17./18. Mai 75 (RRG. 215).

[10]) RBG. § 1—8 (§ 2 u. 8 Abs. 2^{2} erg. G. 09 Art. 3 u. 5^{I}) nebst Bek. 15. Jan. 77 (ZB. 24); Strafe § 55, 58 u. 59. — Der strafrechtliche Schutz der Banknoten ist der des Metallgeldes § 376 Anm. 14 u. 15 d. W. Schutz des verwendeten Papiers gegen Nachahmung G. 2. Jan. 11 (RGB. 25). — Die Banken haben dem Reichskanzler allmonatlich den Betrag der umlaufenden, der in den Bankkassen befindlichen und der etwa vernichteten Banknoten anzuzeigen G. 21. Dez. 74 (RGB. 193) Art. II § 4. — Noten von 200 u. mehr als 1000 M. sind überhaupt nicht, solche von 500 M. nur von der sächsischen u. der Reichsbank, solche von 1000 M. nur von der Reichsbank ausgegeben. — Die RBank darf auch Noten von 50 u. 20 M. ausgeben G. 20. Feb. 06 (RGB. 318).

[11]) RBG. § 11 u. 57.

[12]) RBG. § 9, 10, erg. G. 09 Art. 2 u. (Inkrafttreten) 8; Strafe § 59.

[13]) Das. § 44—54, § 44 erg. G. 09 Art. 7, wonach im Interesse einer einheitlichen Diskontopolitik die Privatnotenbanken nur, wenn der Diskontosatz der Reichsbank unter 4 v. H. bleibt, um 1/4 unter diesem diskontieren dürfen, § 47 a eingefügt G. 09 Art. 5^{V}; Strafe § 59.

[14]) RBG. § 42 u. 43; Strafe § 56, 58. — Für das ganze Reichsgebiet sind demgemäß zur Zeit neben der Reichsbank noch zugelassen die sächsische B. in Dresden, die badische B., die bayrische u. die württembergische Noten-B. Verzicht der braunschw. B. auf die Notenausgabe 2 Bek. 14. April 06 (RGB. 461, 462). — In Umlauf waren (1912) 2674 Mil. M. an Noten (davon 2519 Mil. Reichsbanknoten).

[15]) RBG. § 12—15 (§ 13 erg. G. 09 Art. 5^{II} u. 6^{I} u. ^{II}). Nach § 22, neugefaßt G. 09 Art. 7 u. (Inkrafttreten) 8, ist die Reichsbank zur unentgeltlichen Be-

180 Mill. M. ausgestattete Aktiengesellschaft[16]), die jedoch durch die Ordnung ihrer Verhältnisse im öffentlichen Recht[17]), durch die ihr gewährten Vorrechte und durch die Beteiligung des Reichs an ihrem Betriebe und ihrer Verwaltung eine Sonderstellung erhalten hat. Sie besitzt juristische Persönlichkeit und das Recht, nach Bedarf Noten auszugeben, die gesetzliches Zahlungsmittel sind (Abs. 6), stets zu $^1/_3$ in kursfähigem Gelde, Reichskassenscheinen oder Gold, in Barren oder Münzen und zu $^2/_3$ in sicheren diskontierten Wechseln oder Schecks gedeckt sein und auf Vorzeigung gegen deutsche Goldmünzen eingetauscht werden müssen.[18]) Dem Reich ist ein Anteil an den Überschüssen und das Recht zur Übernahme der Bank nach vorausgegangener einjähriger Kündigung von 10 zu 10 Jahren vom 1. Januar 1901 ab vorbehalten. Daneben steht ihm die Aufsicht und die Leitung zu.[19]) Erstere wird durch das Reichsbankkuratorium, letztere unter dem Reichskanzler durch das Reichsbankdirektorium wahrgenommen[20]), während die Anteilseigner ihre Beteiligung durch die Generalversammlung, den Zentralausschuß und die bei den Reichsbankhauptstellen bestehenden Bezirksausschüsse ausüben.[21]) An größeren Plätzen sind Reichsbankhauptstellen, an anderen Reichsbankstellen errichtet; unter ihnen stehen Reichsbanknebenstellen.[22])

4. Wirtschaftsvereine.

§ 329.

a) **Übersicht.** Die Vereinigung (Assoziation) ist mit zunehmender Bedeutung des Großbetriebes ein wichtiges Förderungsmittel der Erwerbszwecke geworden. Dabei paßten die mannigfaltigen Gebilde der heutigen wirtschaftlichen Entwickelung nicht mehr in den engen Rahmen, wie ihn das römische Recht in dem strengen Gegensatze der die Mitglieder nur persönlich bindenden Gesellschaft (societas) und der mit juristischer Persön-

sorgung der Geschäfte der Reichshauptkasse verpflichtet (§ 174 Abs. 3 d. W.) u. zur Übernahme der entsprechenden Geschäfte in den Einzelstaaten berechtigt.

[16]) RBG. § 23 (G. 09 Art. 1).

[17]) RBG. § 40 (erg. G. 09 Art. 4) u. Stat. 21. Mai 75 (RGB. 203), geänd. V. 3. Sept. 00 (das. 793) u. 18. Dez. 09 (das. 980).

[18]) RBG. § 16—19, erg. (§ 16 Abs. 2) durch RSchuldO. 19. März 00 (RGB. 129) § 20 Abs. 2 u. (§ 17, 18, 19 Abs. 1) durch G. 09 Art. 3, 4 u. 5 III. Geltendmachung des Pfandrechts an Faustpfändern im Lombardverkehr § 20, an Reichs- u. Staatsschuldbuchforderungen § 20a u. b (G. 09 Art. 6 III). Höhe der Beträge Anm. 10. — Die RB. ist frei von der staatlichen Einkommen- und Gewerbesteuer RBG. § 21 (§ 146 Abs. 2[1] d. W.), unterliegt aber der kommunalen Gewerbesteuer G. 14. Juli 93 (GS. 152) § 28 Abs. 1[6] u. OV. (LXII 329). Stempelsteuer § 158 Abs. 2[1].

[19]) RBG. § 24 (G. 09 Art. 1) (Inkrafttreten) 8 u. 41. — Rechnungsprüfung durch den Rechnungshof des Reichs § 174 Anm. 8 d. W. — Die Einnahme des Reichs betrug (13) 16,3 Mill. M.

[20]) RBG. § 25—29, 38 und 39. — Reichsbankbeamte das. § 28; § 21 Anm. 1, § 22 Anm. 8 § 24 Anm. 7 u. 13 d. W.

[21]) RBG. § 30—36, erg. (Art. 31) G. 99 Art. 3 u. (Art. 32) G. 09 Art. 5 IV u. § 39; Statut (Anm. 17) § 16—30.

[22]) RBG. § 36—38. 1913 bestanden 20 RBHauptstellen, 77 RBankstellen, 386 RBanknebenstellen u. 4 Warendepots. Die Hauptbank u. die Bankstellen stehen unmittelbar unter dem RBDirektorium, die übrigen Anstalten sind von einer Zweigstelle abhängig.

lichkeit ausgestatteten, zu völliger Einheit verwachsenen Gesamtheit (universitas) geschaffen hatte. Zwischen beide Begriffe haben sich Mittelbildungen eingeschoben, die Rechtsfähigkeit erlangen können (§ 249 Abs. 3) und in denen beide Elemente in verschiedenem Umfange nebeneinander zur Geltung gelangen. Die wichtigsten dieser Bildungen für allgemeine Zwecke[1]) sind die Aktiengesellschaft und die Genossenschaft.

§ 330.

b) Die **Aktiengesellschaft** erfuhr ihre Regelung in Preußen (1843) und dann im deutschen Handelsgesetzbuche (1861). Die dabei vorgesehene staatliche Genehmigung und genaue Beaufsichtigung stellte sich später als undurchführbar heraus und wurde beseitigt (1870). Der wirtschaftliche Aufschwung der folgenden Jahre ließ zahlreiche Aktienunternehmen emporschießen, die der gesunden Grundlage entbehrten, durch alsbaldigen Zusammenbruch die Aktionäre erheblich schädigten und dem allgemeinen Geschäftsleben die empfindlichsten Störungen bereiteten. Die folgende Gesetzgebung suchte deshalb den bei der Gründung und Verwaltung der Aktiengesellschaften und der Kommanditgesellschaft auf Aktien hervorgetretenen Ausschreitungen entgegenzuwirken, indem sie die Verantwortlichkeit der Gründer und Leiter verschärfte und eine wirksamere Überwachung für eine gediegene Geschäftsführung anbahnte (1884). Diese Grundsätze sind in das neue Handelsgesetzbuch übergegangen, das neben einigen Formerleichterungen den Schutz der Aktionäre und Gläubiger durch Erweiterung ihrer Befugnisse noch verstärkt hat.[2])

Als Aktiengesellschaft gilt jede Gesellschaft, deren Mitglieder nur mit Einlagen ohne persönliche Haftung beteiligt sind. Das Einlagekapital (Grundkapital) ist in Aktien zerlegt, die unteilbar sind und sowohl auf den Inhaber als auf Namen lauten können. Die Aktien sind auf einen Mindestbetrag von 1000 M. — ausnahmsweise bei gemeinnützigen Unternehmungen im Falle eines örtlichen Bedürfnisses für Aktien auf Namen von 200 M. — auszustellen.[3]) Für den Inhalt des Gesellschaftsvertrags, der bei mindestens 5 Mitgliedern (Gründern) gerichtlich oder notariell festgestellt werden muß, sind bestimmte Grundbedingungen gegeben, deren Einhaltung bei der vorgeschriebenen gerichtlichen Eintragung in das Handelsregister überwacht wird. Das Grundkapital muß festgestellt, vor Errichtung der Gesellschaft, soweit es nicht von den Gründern übernommen ist, durch

[1]) Besondere Formen für einzelne Zweige bilden die Versicherungsvereine (§ 323 Abs. 6), die Gewerkschaften (§ 333 Abs. 4 d. W.), die Innungen (§ 368 Abs. 1), die Handelsgesellschaften (§ 373 Abs. 3) u. die Eisenbahngesellschaften (§ 387 Abs. 2). — Verb. § 331 Anm. 1 d. W.

[2]) HGB. § 178—334 u. (Übergangsbestimmungen) EG. v. dems. T. (das. 437) Art. 23—28. — Bearb. mit dem HGB. § 373 Anm. 1 u. gesondert v. Esser (3. Aufl. Berl. 07), Lehmann, 2 Bde. (Berl. 03) u. (Handausg.) v. Keyßner u. Simon (6. Aufl. Berl. 11). — Die Zahl der Aktien- u. Kommanditgesellschaften auf Aktien betrug am 30. Sept. 09 im Reich 5222, in Preußen 2909.

[3]) HGB. § 178—181.

schriftliche Erklärung der Aktionäre gezeichnet und mit mindestens 1/4 des Nennbetrages eingezahlt sein.[4]) Die Aktiengesellschaft hat die Rechte juristischer Personen und gilt, auch wenn sie keine Handelszwecke verfolgt, als Handelsgesellschaft.[5]) Ihr und der Gesellschafter Rechtsverhältnisse sind näher festgestellt.[6]) Die Gesellschaft wird nach außen durch den Vorstand vertreten,[7]) während zur Wahrnehmung der Rechte der Gesellschaft der Aufsichtsrat[8]) und die Generalversammlung[9]) bestimmt sind. Eine Abänderung des Gesellschaftsvertrags kann nur durch die Generalversammlung beschlossen werden. Eine Erhöhung des Grundkapitals soll nicht vor der vollen Einzahlung des bisherigen Kapitals erfolgen; eine Herabsetzung kann nur mit einer Mehrheit von mindestens 3/4 des vertretenen Grundkapitals beschlossen werden.[10]) Die Auflösung der Gesellschaft erfolgt bei Ablauf der Zeit oder durch Beschluß der Generalversammlung (Liquidation), durch Konkurs (§ 205 Abs. 4[1]) und durch Vereinigung mit einer anderen Aktien- oder Kommanditgesellschaft auf Aktien.[11]) Ferner kann die Gesellschaft in Preußen — ähnlich den eingetragenen Vereinen (§ 249 Abs. 3) und den Genossenschaften (§ 331 Abs. 2) — auf Klage des Regierungspräsidenten im Verwaltungsstreitverfahren (§ 59 Abs. 4) aufgelöst werden, wenn sie sich rechtswidriger Handlungen oder Unterlassungen schuldig macht, durch die das Gemeinwohl gefährdet wird.[12]) Die Übertretung der Vorschriften ist mit besonderen Strafen bedroht.[13])

Die Kommanditgesellschaft auf Aktien ist eine Kommanditgesellschaft (§ 373 Abs. 3), in der mindestens ein Gesellschafter unbeschränkt (persönlich) haftet, während die übrigen nur mit Einlagen auf das in Aktien zerlegte Grundkapital beteiligt sind. Durch diese Verbindung wird sie zu der geeigneten Form für solche Unternehmungen, bei denen neben einer größeren Kapitalsvereinigung auch die Kraft und Anregung eines persönlich beteiligten Leiters erforderlich scheint. Auf die Gesellschaft finden abgesehen von dem Verhältnis der persönlich haftenden Gesellschafter die für Aktiengesellschaften maßgebenden Bestimmungen Anwendung.[14])

4) Das. § 182—209. Zuständigkeit u. Verfahren des Amtsgerichts G. 21. Sept. 98 (RGB. 771) § 145, 146, Löschungen § 144.

5) Das. § 208. — Gemeindesteuerpflicht § 80 Abs. 6 d. W., Einkommensteuer § 149 Abs. 3; Stempel des Gesellschaftsvertr. § 158 Abs. 2[1] u. (Einsichtnahme der Verhandlungen) § 154 Abs. 3, (Haft- und Strafbarkeit) G. 31. Juli 95 (GS. 413) § 13b und § 17 Abs. 6 d. W. — Die Rechtsbeständigkeit, insbes. Prozeßfähigkeit gesetzmäßig begründeter Aktien- u. sonstiger Handelsgesellschaften ist im Verkehre mit Rußland anerkannt Bek. 22. Aug. 85 (ZB. 404, JMB. 337), desgl. der Aktien- u. anderen kommerziellen, industriellen u. finanziellen Gesellschaften im Verkehr mit den Niederlanden 11. Feb. 07 (RGB. 08 S. 65 u. 67), mit Großbritannien Bek. 18. April 74 (ZB. 143, erg. 1913 S. 474).

6) HGB. § 209—230.

7) Das. § 231—242.

8) Das. § 243—249. Besteuerung der den Mitgliedern zufließenden Vergütungen § 158 Abs. 2[7] d. W.

9) HGB. § 250—273.

10) Das. § 274—291.

11) Das. § 292—311.

12) Pr. A. G. 24. Sept. 99 (GS. 303) Art. 4

13) HGB. § 312—319.

14) Das. § 320—334. — Gemeinde-, Gewerbe- und Einkommensteuer und

Eine Mittelstellung zwischen der rein kapitalistischen Aktiengesellschaft und der streng individualistischen offenen Handelsgesellschaft § 373 Abs. 3 nimmt die neuerdings eingeführte **Gesellschaft mit beschränkter Haftung** ein, bei der die Einforderung von Nachschüssen vorgesehen werden kann. Diese Gesellschaftsform hält zwar an einem bestimmten Sachzwecke fest, setzt aber bei geringerem Kapitalbedarf und beschränkterem Kreise der Teilnehmer eine festere Verbindung dieser Teilnehmer mit dem Unternehmen voraus. Die Gesellschaft muß in das Handelsregister eingetragen werden und setzt ein Stammkapital von mindestens 20000 M. voraus. Die Geschäftsanteile können verschieden sein, dürfen aber nicht unter 500 M. betragen und können nur gerichtlich oder notariell übertragen werden. Außerdem ist eine einfachere Gestaltung und eine größere Beweglichkeit zugelassen als bei der Aktiengesellschaft[15]). Die ausgedehnte Anwendung, die diese Gesellschaftsform gefunden hat, beweist, daß sie einem wirtschaftlichen Bedürfnisse entspricht.

§ 331.

c) Die **Genossenschaft**, die zu ihrer Rechtsbeständigkeit die Eintragung in die Genossenschaftsregister voraussetzt (eingetragene Genossenschaft), erscheint neben einigen auf bestimmte Einzelgebiete gerichteten Gestaltungen,[1]) in der allgemeinen Form der **Erwerbs- und Wirtschaftsgenossenschaften** und ist in dieser gesetzlich geregelt.[2]) Sie soll die Einzelkräfte der kleinen Landwirte, Handwerker und Arbeiter zusammenfassen, um die Schwierigkeiten zu überwinden, mit denen diese wegen Mangels an Kredit, Überteuerung beim Einkauf im kleinen und geringerer technischer Leistungsfähigkeit bei Erzeugung und Verkauf gegenüber dem Großbetriebe zu kämpfen haben. Sie muß deshalb auf die Förderung des Erwerbes oder der Wirtschaft ihrer Mitglieder gerichtet sein, und diese beschränkte Zweckbestimmung, welche die Genossenschaft neben ihrer wirtschaftlichen Bedeutung zugleich zu einer Pflegestätte des Gemeinsinnes gemacht hat, scheidet sie von der Aktiengesellschaft (§ 329)

Stempel wie Anm. 5; Auflösung bei Gefährdung des Gemeinwohls wie Anm. 12.

[15]) G. (20. April 92, RGB. 477, mit Änderungen gem. EG. z. HGB. Art. 11 u. 13) in neuer Fassung u. Paragraphenfolge veröffentlicht RGB. 98 S. 846. Konkurs § 205 Anm. 11 d. W., Kosten § 192 Anm. 14, Stempel des Gesellschaftsvertrages wie Anm. 5; Gemeindesteuer § 80 Anm. 18, Einkommensteuer § 149 Abs. 3 d. W.; Auflösung bei Gefährdung des Gemeinwohles (§ 62 des G.) wie Anm. 12. Bearb. von Staub (4. Aufl. v. Hachenburg Berl. 13), Neukamp (4. Aufl. Berl. 08), Esser (4. Aufl. Berl. 08), Liebmann (5. Aufl. Berl. 06) v. Parisius u. Crüger (7. Aufl. Berl. 11 u. kleinere 12. Aug. Berl. 12). — Die Zahl der Ges. m. b. H. betrug (1. Jan. 10 im Reich 29437, in Preußen 16452.

[1]) Wassergenossenschaften § 347 Abs. 4, Waldgenossenschaften § 353 Abs. 6, Fischereigenossenschaften § 362 Abs. 2, Berufsgenossenschaften bei der Unfallversicherung § 319 I Abs. 3 d. W.

[2]) G. (1. Mai 89, RGB. 55, mit Änderungen gem. EG. z. HGB. Art. 10 u. 13 ausschließlich der Schluß u. Übergangsbestimmungen § 153—170) in neuer Fassung u. Paragraphenfolge veröffentlicht RGB. 98 S. 810. Bearb. v. Parisius u. Crüger (7. Aufl. Berl. 11, kleiner 14. Aufl. Berl. 12).

wie von den eigentlichen Handelsgesellschaften (§ 373 Abs. 3). Eine weitere Eigentümlichkeit der Genossenschaft besteht darin, daß sie neben der Haftpflicht, die sie in ihrer Gesamtheit bietet, noch eine Haftpflicht der einzelnen Mitglieder kennt. Diese war zuerst eine unbeschränkte, das gesamte Vermögen der Genossen umfassende (Solidarhaft). Hierdurch wurde zwar der Kredit der Genossenschaft wesentlich verstärkt; gleichwohl ging die Vorschrift in ihrer Allgemeinheit über das tatsächliche Bedürfnis hinaus und engte die Genossenschaftsbewegung in ihrer Entwickelung übermäßig ein. Aus diesem Grunde sind jetzt neben der mit unbeschränkter Haftpflicht eingerichteten noch zwei andere Genossenschaftsformen zugelassen. Bei der einen ist die Haftpflicht zwar gleichfalls unbeschränkt; sie kann aber von den Gläubigern nicht unmittelbar gegen die Genossen geltend gemacht werden; diese sind vielmehr im Bedarfsfall nur zu Nachschüssen an die Genossenschaft verpflichtet (Genossenschaft mit unbeschränkter Nachschußpflicht). Bei der anderen Art ist die Haftpflicht der Genossen im voraus auf eine bestimmte Summe beschränkt (Genossenschaft mit beschränkter Haftpflicht).[3]) Für diese drei Gestaltungen, die als solche sowohl in der Firma als in dem Statut bezeichnet sein müssen,[4]) bestehen einige Sonderbestimmungen.[5]) Sonst sind die Vorschriften für alle drei Genossenschaftsarten gemeinsam. — Die Voraussetzungen sind

1. ein auf Förderung des Erwerbs oder der Wirtschaft der Mitglieder mittelst gemeinschaftlichen Betriebes gerichteter Zweck; die Zahl der Genossen ist keine geschlossene, muß aber mindestens sieben betragen;[6])
2. die Annahme einer Firma und die Aufstellung von Satzungen, die gewisse wesentliche Bestimmungen enthalten müssen;[7])

---

[3]) GenG. § 2.

[4]) Das. § 3 u. 7[1].

[5]) Das. § 119—145.

[6]) Das. § 1 u. 4. Nach dem Zweck kommen als die meistverbreiteten zuerst die Kredit- und Vorschußvereine in Betracht. Sie wirken zugleich als Sparkassen und sind teils den von Schultze-Delitzsch († 1883) aufgestellten Grundsätzen gefolgt (§ 2 Anm. 9 d. W.), teils nach dem System der Raiffeisenschen Darlehnskassen bei beschränkter Mitgliederzahl (100—250) und engerer örtlicher Begrenzung vorzugsweise auf ländliche Verhältnisse berechnet. Die letzteren sind namentlich im westlichen und südwestlichen Deutschland verbreitet. Während Vorschuß- u. Kreditvereine gleich den Konsumvereinen u. den auf die Herstellung von Wohnungen gerichteten Baugenossenschaften Zwecke der allgemeinen Wohlstandspflege verfolgen, vielfach auch nur durch Zusammenfassung der verschiedenen örtlich vereinigten Berufsarten erfolgreich wirken können, liegen die unmittelbar auf den Erwerb gerichteten Genossenschaften, welche die günstigeren Bedingungen des Großbetriebes den kleineren Betrieben zugänglich u. damit diese im Wettbewerbe widerstandsfähiger machen sollen, auf den besonderen Gebieten der Landwirtschaft (§ 351 Abs. 8 d. W.) oder des Gewerbes (§ 364 Abs. 5). Am 1. Jan. 12 bestanden im Reich 31 771 (in Preußen 17 603) eingetr. Genossenschaften, 20 195 m. unbeschr., 11 415 m. beschr. Haftpflicht u. 160 mit unbeschr. Nachschußpflicht. Hierunter befanden sich 18 059 Kreditgenossenschaften, 3306 Molkereigenossenschaften und 2321 Konsumvereine. Die gleichartigen Genossenschaften haben sich meist zu größeren Verbänden zusammengeschlossen. Die Verbände bilden die Geldausgleichstellen für die Genossenschaften, stellen ihnen Beamte zur Revision der Rechnungen (Anm. 12) u. gewähren ihnen durch die Verbandsleitungen (Generalanwaltschaften) Be-

Anm.: Note [7]) befindet sich auf S. 591.

3. die Eintragung in das öffentlich von dem Amtsrichter zu führende Genossenschaftsregister.[8])

Die Genossenschaft ist in ihren privatrechtlichen Verhältnissen als juristische, dem Handelsrecht unterworfene Persönlichkeit anerkannt.[9]) Sie wird durch den Vorstand vertreten, dem ein Aufsichtsrat zur Seite steht; die Mitglieder des letzteren dürfen keine nach dem Geschäftsergebnis bemessene Vergütung (Tantième) beziehen.[10]) Die Rechte der Genossen in Beziehung auf die Genossenschaft werden von der Generalversammlung wahrgenommen.[11]) Einrichtung und Geschäftsführung müssen mindestens in jedem zweiten Jahre durch einen unbeteiligten Sachverständigen geprüft werden (Revision).[12]) Die Genossenschaft endet im Fall der Auflösung und der Liquidation[13]) oder des Konkurses.[14]) — Konsumvereine dürfen nur an ihre Mitglieder verkaufen. Auf landwirtschaftliche Konsumvereine ohne offenen Laden findet, weil diese die Vermittelung vielfach erst nach Umfrage besorgen, die Vorschrift keine Anwendung.[15])

IV. Bergbau.[1])

1. Einleitung.

§ 332.

Das Recht zum **Bergbau** fiel ursprünglich mit dem Eigentumsrecht am Grund und Boden zusammen. Die Notwendigkeit einer ordnungsmäßigen Ausbeutung des vorhandenen Mineralreichtums führte indes schon früh zu einer Trennung beider Berechtigungen. Seit dem 12. Jahr-

lehrung u. Förderung. — Zentralgenossenschaftskasse § 327 Abs. 1 d. W.

[7]) GenG. § 3, 5—8 u. 16.

[8]) Das. § 10—16, 156—158 u. (Verfahren) G. 21. Sept. 98 (RGB. 771) § 147, 148 nebst V. 11. Juli 89 (RGB. 150), § 3 bis 17 u. 19—35 ersetzt Bek. 1. Juli 99 (RGB. 347) nebst Vf. 8. Nov. 99 (JMB. 334). — Kosten GenG. § 159.

[9]) Das. § 17—23 und (Zuständigkeit des Reichsgerichts) § 155. — Gewerbe-, Einkommen-, Stempel- u. Gemeindesteuer wie § 330 Anm. 5.

[10]) GenG. § 24—42; Strafbestimmungen § 146—151 u. 160.

[11]) Das. § 16, 43—52. — Ausscheiden einzelner Mitglieder § 65—77.

[12]) Das. § 53—64. — Musterstatut für Revisionsverbände der Genossenschaften Vf. 24. Mai 97 (MB. 121).

[13]) GenG. § 78—97; über die Auflösung bei Gefährdung des Gemeinwohles (§ 79) entscheidet in Preußen auf Klage des Regierungspräsidenten der Bezirksausschuß V. 28. Mai 90 (GS. 135). — Hat das Statut die Verteilung des Vermögens ausgeschlossen, so fällt dieses bei der Liquidation mangels anderweitiger Bestimmung der Gemeinde zu gemeinnütziger Verwendung zu GenG. § 92.

[14]) GenG. § 98--118.

[15]) G. 12. Aug. 96 (RGB. 695), Art des Ausweises als Mitglied Vf. 6. Nov. 96 (MB. 238). Auf Konsum- u. andere Vereine finden die Bestimmungen der GewO. über Branntweinschank und Kleinhandel (§ 366 II 2 Abs. 2 d. W.) u. über Sonntagsruhe der gewerblichen Arbeiter (§ 315 Anm. 6) u. Handel (§ 373 Anm. 7) Anwendung.

[1]) Die Erzeugnisse des Bergbaues, die sich in Lagern (Nestern), Gängen oder Schichten (Flötzen) von größerer oder geringerer Stärke (Mächtigkeit) vorfinden, werden der Erde unmittelbar entnommen (Tagebau) oder mittelst der Anlegung von Gruben. Letztere heißen Schächte, wenn sie senkrecht, Stollen, wenn sie wagerecht liegen. Bearbeitung der Erzeugnisse § 334 Anm. 2.

hundert nahmen die Kaiser und demnächst die Landesherren das Bergbaurecht als Regal in Anspruch (§ 133), und aus seiner Übertragung auf Privatpersonen entwickelte sich die allgemeine Berechtigung, auf fremden Grundstücken nach Bergerzeugnissen (Fossilien) zu suchen und solche auf Grund einer Verleihung zu gewinnen (Freierklärung des Bergbaues). Mit dem Verschwinden der Regalität verblieb dem Staate neben der Verwaltung seiner eigenen Werke nur ein Aufsichtsrecht. Beide haben bei der Eigentümlichkeit dieses Betriebes ihre besondere Regelung erfahren (§ 333).

In Preußen ist an Stelle der verschiedenartigen und vielfach überlebten Bestimmungen ein allgemeines Berggesetz getreten.[2]) Dieses hat den Grundsatz der Regalität verlassen und den der Bergbaufreiheit mit dem Vorrecht des Finders zur Geltung gebracht. Daneben läßt es eine Überwachung des Betriebes nur aus polizeilichen, nicht aus wirtschaftlichen Rücksichten zu. Der Privatbergbau ist dadurch zu völliger Selbständigkeit gelangt. — Gegenstand des Berggesetzes bilden nur die volkswirtschaftlich wichtigeren Mineralien, nämlich Gold, Silber, Quecksilber, Eisen (außer Raseneisenerzen), Blei, Kupfer, Zinn, Zink, Kobalt, Nickel, Arsenik, Mangan, Antimon und Schwefel, gediegen und als Erze; Alaun und Vitriolerze; Stein- und Braunkohle und Graphit; Steinsalz, Kali-, Magnesia- und Borsalze nebst den mit diesen auf derselben Lagerstätte vorkommenden sogenannten Abraumsalzen und die Solquellen. Die Bergbaufreiheit hat dann eine erhebliche Einschränkung erfahren, indem das Recht zur Auffindung und Gewinnung dieser Salze und — abgesehen von den Provinzen Ostpreußen, Brandenburg, Pommern und Schleswig-Holstein — auch der Steinkohle auf den Staat übertragen worden ist. In betreff der Salze kann er das Recht auf Private übertragen (in der Regel gegen Entgelt und auf Zeit). In betreff der Steinkohle soll bis auf 250 dem Staate vorbehaltene Maximalfelder die Ordnung der Übertragung durch Gesetz erfolgen.[3]) Einige Bestimmungen des

---

[2]) Allg. Berggesetz 24. Juni 65 (GS. 705), geänd. durch die an den betreffenden Stellen aufgeführten Gesetze 9. April 73, 24. Juni 92, 20. Sept. 99 Art. 37, 7. Juli 02, 14. Juli 05, 19. Juni 06, 18. Juni 07 und 28. Juli 09. Einf. in Schl.-Holstein V. 12. März 69 (GS. 453), Lauenburg G. 6. Mai 68 (Wochenbl. 161), Hannover V. 8. Mai 67 (GS. 601), Kurhessen, Frankfurt a. M. u. die vorm. bayr. Teile V. 1. Juni 67 (GS. 770), Nassau V. 22. Feb. 67 (GS. 237), i. d. vorm. großh. u. landgräfl. hess. Teile V. 22. Feb. 67 (GS. 242) u. § 332 Anm. 1 d. W. Ebenso hat es in Waldeck (V. 1. Jan. 69 GS. 78) und in verschiedene andere deutsche Staaten Eingang gefunden, während es in anderen als Vorbild gedient hat (Elf.-Lothringen G. 16. Dez. 73). Übersicht der betr. Vorschr. Drucks. des AbgHauses 05/6 Nr. 93. — Bearb. v. Arndt (7. Aufl. Leipz. 11), Westhoff u. Schlüter (3. Aufl. Berl. 13), Klostermann (6. Aufl. v. Thielemann Berl. 11 mit Nachtr.).

[3]) BergG. § 1, 1a u. 2 in der Fassung des G. 18. Juni 07 (GS. 119) Art. I, dazu Art. VIII u. (Übergangsbest.) IX—XII. Das Vorrecht des Staates auf diese volkswirtschaftlich besonders wichtigen Mineralien — deren Mutung während der vorangegangenen beiden Jahre ganz ausgeschlossen war, G. 5. Juli 05 (GS. 265) — soll dem Übergang der Lagerstätten in die Hand einzelner weniger Privat

Berggesetzes sind auf die Aufsuchung und Gewinnung von Erdöl ausgedehnt.[4])

Die Bergbehörden sind gleichzeitig Bergaufsichts- und Finanzbehörden. Die Verwaltung der Staatsbergwerke ist jedoch im wesentlichen der oberen Leitung der Oberbergämter entzogen und dem Minister unmittelbar unterstellt.[5]) Die Behörden gliedern sich in drei Instanzen. Unter dem Minister für Handel und Gewerbe, bei dem das Bergwesen die erste Abteilung bildet (§ 52), stehen in einer den Regierungen entsprechenden Stellung die Oberbergämter,[6]) unter diesen die Revierbeamten (Bergmeister)[7]).

---

personen vorbeugen; verb. Anm. 7. — Frühere Bergwerke BG. § 223. Privatbergregale, die den vormals Reichsunmittelbaren (§ 36 Abs. 5 d. W.) zustanden oder auf besonderen Rechtstiteln beruhten, sind aufrecht erhalten § 250; Übersicht Drucks. des AbgH. 1892/3 Nr. 126. — Provinzialrechtliche Abweichungen, die durch G. 07 Art. VIII aufrecht erhalten sind:

a) Für Ostpreußen besteht das Bernsteinregal § 134 Abs. 2 d. W.
b) Im Gebiete des westpr. ProvRechts (§ 196 Anm. 3) findet das BergG. nur beschränkte Anwendung BergG. § 210.
c) Auf Eisenerze findet es im Herzogl. Schlesien mit Glatz nur beschränkte, in Neuvorpommern u. Hohenzollern überhaupt keine Anwendung G. 8. April 94 (GS. 41) u. 20. Sept. 99 (GS. 177) Art. 39.
d) Stein- und Braunkohlen i. d. vorm. sächs. Teilen unterliegen nach Maßgabe des G. 22. Feb. 69 (GS. 401) — geänd. (§ 2—8) G. 20. Sept. 99 (GS. 177) Art. 38 u. 21. Sept. 99 (GS. 249) Art. 76 — lediglich dem Verfügungsrecht des Grundeigentümers, der es abtrennen und als selbständige, übertragbare Abbaugerechtigkeit bestellen kann; Zwangsversteigerung u. Zwangsverwaltung G. 23. Sept. 99 (GS. 291) Art. 15 bis 21.
e) Gleiches gilt von Stein- u. Abraum- (Kali-)salzen u. Solquellen in Hannover V. 8. Mai 67 (GS. 601) Art. II; auf diese Salze sind indes jetzt mehrere Bestimmungen des BergG. ausgedehnt G. 14. Juli 95 (GS. 295) u. 26. Juni 04 (GS. 135); Bestellung als Salzabbaugerechtigkeit G. 4. Aug. 04 (GS. 235).
f) In der Herrschaft Schmalkalden unterliegt der Schwerspat dem BergG. V. 1. Juni 67 (vor. Anm.) Art. XV.
g) Die linksrheinischen Dachschiefer-, Traß- u. unterirdischen Mühlsteinbrüche unterliegen der polizeilichen Aufsicht der Bergbehörden BG. § 214 bis 214d (G. 7. Juli 02 GS. 255 Art. II—IV). In Nassau unterliegt Dachschiefer dem BergG. V. 22. Feb. 67 (GS. 237) Art. II.

— Schutzgebiete § 89 Anm. 15 d. W.

[4]) G. 6. Juni 04 (GS. 105).

[5]) AE. 29. März 12 (GS. 52).

[6]) BergG. § 187, 188 u. 190. — Vorsteher (Berghauptmann) u. Mitglieder (Oberbergräte) haben gleichen Rang mit dem Präsidenten u. den Mitgliedern der Regierung § 70 d. W. Die ständigen Stellvertreter der Berghauptleute haben den Rang der Oberregierungsräte AE. 24. Nov. 06 (Staatsanz. Nr. 290). — Oberbergämter bestehen in Breslau für Ost- und Westpreußen, Posen und Schlesien; in Halle f. Pommern, Brandenburg, Sachsen und den Kreis Ilfeld; in Klausthal f. Schl. Holstein, den RB. Kassel und die Prov. Hannover außer Kreis Ilfeld u. den Bezirken Aurich und Osnabrück; in Dortmund für letztere Bezirke, f. Westfalen mit Ausschluß des südlichsten Teils (V. 28. Nov. 00 GS. 375) u. f. d. nördlichen Teil des RB. Düsseldorf; in Bonn für die übrigen Teile Westfalens u. d. Rheinprov., f. den RB. Wiesbaden, Hohenzollern, Waldeck u. Birkenfeld. Polizeiverordnungsrecht § 334 Abs. 2 d. W. Bei den Oberbergämtern bestehen Gesundheitsbeiräte u. Bergausschüsse § 335. Berggewerbegerichte § 364 Anm. 3. — Direktion der Bernsteinwerke in Königsberg § 134 Anm. 7 d. W.

[7]) BG. § 187—189 (§ 189 in Fassung des G. 24. Juni 92 GS. 131 Art. III). — Rang § 70 Anm. 23 d. W. — Die Revierbeamten sind Hilfsbeamte der Staatsanwaltschaft § 234 Anm. 3,

Die Staatsbergwerke, die von den Bergwerksdirektionen in Zabrze, Recklinghausen und Saarbrücken, dem Direktor der Oberharzer Werke und dem Bergwerksinspektor in Rüdersdorf verwaltet werden, stehen unmittelbar unter dem Minister[5]). Veröffentlichungen erfolgen in der Zeitschrift für Berg-, Hütten- und Salinenwesen. — In betreff des Verfahrens gehen Rekurse an die nächsthöhere Behörde. Sie sind binnen 4 Wochen anzubringen, und zwar, wenn es sich um Entscheidungen zwischen streitenden Parteien oder um Beschlüsse des Oberbergamts handelt, bei der Behörde, gegen welche die Beschwerde gerichtet ist.[8]) Kosten werden im Verwaltungswege eingezogen.[9]) — Bergbeamte und deren Angehörige können Bergwerke oder Kuxe durch Mutung in ihrem Verwaltungsbezirke überhaupt nicht, durch andere Rechtsgeschäfte unter Lebenden nur mit Ministerialgenehmigung erwerben.[10]) Zur Anstellung im höheren Staatsdienste ist nach wissenschaftlicher und praktischer Ausbildung das Bestehen zweier Prüfungen zum Bergreferendar und zum Bergassessor erforderlich.[11]) Die wissenschaftliche Ausbildung wird durch dreijähriges Universitätsstudium erworben, auf das bis zu zwei Jahren der Besuch einer Bergakademie[12]) angerechnet werden kann. Auf den Berg- und den Bergvorschulen[13]) werden Arbeiter behufs späterer Verwendung als Werkbeamte (Betriebsführer, Steiger, Aufseher) ausgebildet.

2. Das Bergwerkseigentum.

§ 333.

Das Bergwerkseigentum wird durch Verleihung begründet und bildet ein Recht an fremden Grundstücken, auf das — gleich dem oberirdischen Erbbaurecht (§ 279) — die sich auf Grundstücke beziehenden und die für den Erwerb des Eigentums und die Ansprüche aus dem Eigentum an Grundstücken geltenden Vorschriften Anwendung finden.[1]) Sonst unterliegt es den besonderen Vorschriften des Bergrechts.[2])

---

besorgen die Vergeichungsgeschäfte § 375 Anm. 6 u. handhaben die Bergpolizei § 334 Abs. 2 u. die Gewerbeaufsicht § 335.

[8]) BG. § 191—193 (§ 192 in d. Fassung des G. 24. Juni 92 GS. 131 Art. VI).

[9]) BG. § 194. Aufhebung der Gebühren G. 21. Mai 60 (GS. 206).

[10]) BG. § 195.

[11]) Vorschr. 18. Sept. 97 (St.Anz. Nr. 224). — Tagegelder und Reisekosten § 73 Anm. 1.

[12]) Bergakademien in Berlin, deren Vereinigung mit der technischen Hochschule in Charlottenburg (§ 307 Anm. 14) bevorsteht, Klausthal u. Aachen (hierbei der technischen Hochschule § 307 Anm. 15). In Verbindung mit der Bergakademie in Berlin steht die geologische Landesanstalt zur Untersuchung des Staatsgebiets in wissenschaftlichem u. wirtschaftl. Interesse Satzungen 1. April 07 (St. A. Nr. 84), Zeichnerdienst Bf. 14. Juni 10 (MB. 11 S. 205).

[13]) 1911 bestanden 12 Berg- u. 52 Bergvorschulen. Vom Staat unterhalten werden die Bergschulen in Klausthal u. Saarbrücken, unterstützt die in Eisleben u. Siegen.

[1]) BG. § 1 u. 50 (Fassung G. 20. Sept. 99 GS. 177 Art. 37 I und G. 18. Juni 07 GS. 119 Art. V[2]; die Bestimmung des Bergwerkseigentums als unbewegliche Sache ist — als mit dem BGB., das nur körperliche Sachen kennt § 90, unvereinbar — fortgefallen).

Anm.: Note [2]) befindet sich auf S. 595.

Die Entstehung beruht darauf, daß — unbeschadet des Vorrechts des Staates (§ 332 Abs. 2) — jedermann unter den gesetzlichen Bedingungen befugt ist, Mineralien aufzusuchen (Schürfen)[3]) und auf Grund der dabei gemachten Funde die Verleihung des Bergwerkseigentums zu beantragen (Muten.)[4]) Die Verleihung erfolgt durch eine Urkunde für ein ins Geviert bestimmtes und angemessen ausgedehntes Feld,[5]) das auf Antrag des Beliehenen vermessen wird.[6]) Die Vereinigung mehrerer Bergwerke zu einem Ganzen (Konsolidation) fordert Bestätigung des Oberbergamts.[7]) Gleiches gilt von der Teilung eines Feldes in selbständige Felder und dem Austausch von Bergwerksteilen zwischen angrenzenden Bezirken.[8]) Ausländische juristische Personen und Gewerkschaften, die in einem Bundesstaat ihren Sitz haben, bedürfen zum Erwerbe von Bergwerkseigentum, Bergwerksanteilen und selbständigen Abbaugerechtigkeiten, sowie zum Betriebe von Mineralgewinnung der Ministerialgenehmigung.[9])

Dem Inhalt nach umfaßt das Bergwerkseigentum die Befugnis, das in der Verleihung benannte Material aufzusuchen und zu gewinnen, die hierzu und zur Aufbereitung nötigen Anstalten, insbesondere auch Hilfsbaue zu errichten und die Abtretung des erforderlichen Grund und Bodens zu verlangen.[10]) Diese Abtretung erfolgt nach besonderen, von den allgemeinen Enteignungsvorschriften abweichenden Grundsätzen.[11]) Für Be-

---

Zwangsvollstreckung ZPO. § 864 Abs. 1 u. G. 23. Sept. 99 (GS. 291) Art. 22 bis 27. Grundbucheintragung G. 26. Sept. 99 (GS. 307) Art. 22—28. — Bergwerkseigent. in den ehemals großh. u. landgräfl. hessischen Teilen der Prov. H.-Nassau G. 31. Mai 87 (GS. 181); AusfBf. 25. Okt. 87 (JMB. 287).

[2]) Die landesgesetzlichen Vorschriften § 332 Anm. 2) werden durch das BGB. nicht berührt EG. Art. 67 Abs. 1. Bestrafung unbefugter Gewinnung oder Aneignung von Mineralien G. 26. März 56 (GS. 203).

[3]) BG. § 3—11, erg. G. 07 (Anm. 1) Art. II.

[4]) Das. § 12—21, erg. G. 07 Art. III u. VII.

[5]) Das. § 22—38, erg. G. 07 Art. IV, V und VII; Stempel 500 M. StG. 09 (GS. 535) Tarif Nr. 68 — Überleitung der vorhandenen Felder in die neue Form BG. § 215—221. — Ausschluß der Erbstollen-, Freikuxen- u. Mitbaurechte § 223—225. Ein Feld mit Gruben u. Zubehör heißt Zeche.

[6]) Das. § 39, 40. — Die Vermessung erfolgt durch Feldmesser oder konzessionierte Markscheider; Prüfung u. Konzessionierung dieser BG. § 190, GewO. § 34 Abs. 3 u. Vorschr. 24. Okt. 98 (MB. 255), erg. (§ 2 u. 20 Abs. 3) 18. März 01 (ZBll. 397). Gewerbebetrieb Vorschr. 21. Dez. 71 (MB. 72 S. 9), Nachtr. 2. Juli 00 (MB. 220).

[7]) BG. § 41—49; Stempel 30 u. 300 M. Tar. (Anm. 5) Nr. 33.

[8]) BG. § 51.

[9]) G. 23. Juni u. V. 11. Dez. 09 (GS. 619 u. 797); verb. § 249 Abs. 5.

[10]) Das. § 54—64 (§ 59 erg. durch G. 07 Art. VI und § 60 durch G. 20. Sept. 99 GS. 177 Art. 37 III). Das Verfügungsrecht über das Grund- u. Quellwasser wird durch das WasserG. 7. April 13 (GS. 53) nicht berührt, das. § 396. — Zuständigkeit bei Anlage von Wassertriebwerken ZustG. § 110 Abs. 2 (neugefaßt WasserG. § 386[2]) u. § 113.

[11]) Inhaltliche Grundsätze BG. § 135 bis 141; Nichtanwendbarkeit auf ältere Fälle § 241; Verfahren § 142—147, verb. ZustG. § 150. Das Vorkaufsrecht des Enteigneten (§ 141) u. das nach § 8 u. 142 erworbene Gebrauchs- u. Nutzungsrecht bedarf keiner grundbuchlichen Eintragung G. 20. Sept. 99 (GS. 177) Art. 22 1 u. 2.

schädigungen, die dem Grundeigentümer durch den Betrieb des Bergwerks oder durch die Arbeiten der Schürfer und Muter zugefügt werden, ist Ersatz zu leisten.[12]) Der Ausführung von Verkehrsanlagen (Eisenbahnen, Kanälen, Chausseen) kann der Bergbautreibende nicht widersprechen; er ist aber zu hören und bei notwendig werdender Herstellung neuer oder Veränderung oder Beseitigung bestehender Anlagen zu entschädigen.[13])

Mehrere Mitbeteiligte eines Bergwerks bilden eine Gewerkschaft, die juristische Persönlichkeit besitzt und ihre Verfassung innerhalb der gesetzlichen Vorschriften durch Satzungen selbständig regelt.[14]) Sie zerfällt in 100 (ausnahmsweise in 1000) Anteile (Kuxe). Die Mitglieder (Gewerken) nehmen nach Maßgabe ihrer Kuxe an Gewinn und Verlust teil. Sie sind zu Zuschüssen verpflichtet und haften hierfür, solange sie ihren Anteil nicht aufgeben, mit ihrem gesamten Vermögen.[15]) Die Beschlußfassung erfolgt in der Gewerkenversammlung. Das Stimmrecht wird nach Kuxen berechnet.[16]) — Zur Vertretung der Gewerkschaft ist ein im Inlande wohnender Repräsentant oder ein aus mehreren Personen bestehender Grubenvorstand zu wählen.[17]) — Die Gewerkschaft stellt die Grundform für die Bergbaugesellschaft dar, ohne andere Formen auszuschließen.[18]) Sie bildet einen eigenen, dem besonderen Bedürfnis des Bergbaues angepaßten Rechtsbegriff und unterscheidet sich von der Aktiengesellschaft (§ 330) dadurch, daß die Kuxe stets auf Namen lauten, daß ihre Zahl, nicht aber ihr Mindestbetrag bestimmt ist, daß an Stelle der Vorausbezahlung eines bestimmten Grundkapitals, welches nicht vorher zu bemessen sein würde, die Verpflichtung zu Zuschüssen tritt, und daß trotz der ausschließlichen Haftung des Gewerkschaftsvermögens jeder Gewerke bis dahin, daß er seine Kuxe zurückgibt, persönlich haftbar ist.[19])

Die Aufhebung des Bergwerkseigentums tritt ein, wenn der Bergwerkseigentümer verzichtet oder das Bergwerk dem öffentlichen Interesse entgegen unbenutzt läßt. Sie erfolgt in einem die Rechte der Eigentümer und der Grundberechtigten gleichmäßig schützenden Verfahren.[20])

---

[12]) BG. § 148—152 (§ 148 erg. G. 99 Art. 37 XI u. § 149 neugefaßt G. 7. Juli 02 GS. 255 Art. I u. IV). — Entschädigungsberechtigte Dritte EG. z. BGB. Art. 52, 53 u. 67 Abs. 2.

[13]) BG. § 153—155; Verfahren bei der Anhörung Vf. 13. Juli 67 (MB. 209) u. 21. Juli 68 (MB. 222).

[14]) BG. § 94—100. — Überleitung bestehender Gewerkschaften in das neue Verhältnis § 226—240 (§ 235 a—g zugefügt G. 9. April 73 GS. 181 u. § 231, 235 a u. 240 ergänzt G. 20. Sept. 99 GS. 177 Art. 37 XIII—XV). — Einkommensteuer § 149 Abs. 3, Gemeindesteuer § 80 Abs. 6 d. W.

[15]) BG. § 101 (erg. G. 99 Art. 37 IX) bis 110 u. 129—132. Reichsstempel für Kuxe § 158 Abs. 2 [1], Aufgebot § 201 [6], insbes. Anm. 9 d. W. — Freikuxen (Schlesien) KO. 9. März 30 (GS. 48) u. BG. § 224.

[16]) BG. § 111—116.

[17]) Das. § 117—128 (letzterer erg. G. 99 Art. 37 X).

[18]) Das. § 133, 134.

[19]) Das. § 99, 102 u. 130. — In neuerer Zeit werden auch Aktiengesellschaften bei Bergbauunternehmungen angewendet.

[20]) BG. § 65, 156—164: Zwangsversteigerung Anm. 1.

3. Betrieb des Bergbaues.

§ 334.

Die Bergwerke sind Staats- und Privatbergwerke.[1] Der Staatsbergbau wird gleich dem damit verbundenen Hüttenwesen[2] von den allgemeinen Bergbehörden verwaltet (§ 332 Abs. 3). Er unterliegt jetzt mit einigen Ausnahmen den Vorschriften des Berggesetzes.[3]

Der Privatbergbau ist ein Gewerbe und hat als solches Anspruch auf Schutz und Förderung durch den Staat,[4] ist aber andererseits der polizeilichen Beaufsichtigung unterworfen. Diese bezweckt lediglich den Schutz der öffentlichen Interessen; jede Rücksicht auf Zweckmäßigkeit oder Nachhaltigkeit des Betriebes ist ausgeschlossen. Die Bergpolizei beschränkt sich auf die Sicherheit der Baue, den Schutz des Lebens und der Gesundheit der Arbeiter (§ 335), die Aufrechterhaltung der guten Sitten und des Anstandes, die Sicherung der Oberfläche im Interesse der persönlichen Sicherheit und des öffentlichen Verkehrs und den Schutz gegen gemeinschädliche Einwirkungen des Bergbaues. Sie erstreckt sich in dieser Begrenzung auch auf die zum Bergbau gehörenden Aufbereitungsanstalten, Dampfkessel und Triebwerke und auf die Salinen.[5] Die Bergwerksbesitzer müssen die Bergwerke betreiben, soweit das öffentliche Interesse es erfordert (§ 333 Abs. 5); außerdem müssen sie im polizeilichen Interesse Betriebspläne einreichen und die etwaige Einstellung anzeigen.[6] Auch darf der Betrieb nur durch Personen ausgeübt werden, die von der

---

[1]) Im Jahre 1911 förderten 1125 Kohlen-, Salz-, u. Erz-Bergwerke 225 Mill. Tonnen im Werte von 1814 Mill. M. mit durchschnittlich 723472 Arbeitern. Die Zahl der Hütten betrug 283 mit 60877, die der Salinen 157 mit 6449 Arbeitern. — Der Überschuß der Staatsbergwerke (Voranschlag 13) betrug 36,4 Mill. M. Anteil an der Staatsschuld § 131 Anm. 1 d. W. — Der gesamte Bergbau im Reiche förderte (1911) auf 1845 Werken mit 821381 Arbeitern 277 Mill. Tonnen im Werte von 2085 Mill. M. — Best. üb. die Produktionsstatistik 26. Jan. 13 (ZB. 113).

[2]) In den Hüttenwerken wird das Metall aus den noch mit fremden Teilen gemischten Erzen — die bereits in den Bergwerken von nicht verwendbarem Gestein befreit u. zerkleinert (aufbereitet) worden sind — auf trockenem Wege (Schmelzung), auf nassem Wege (Auslaugung u. Fällung) oder auf elektrischem Wege gewonnen. Die weitere Verarbeitung erfolgt in den schon zu den gewerblichen Anlagen zählenden Hammer- u. Walzwerken u. Gießereien.

[3] BG. § 1a (§ 332 Anm. 3 d. W.).

[4]) Strafe der Zerstörung der Anlagen StGB. § 321. — Förderung des Bergbaues durch Schutzzölle § 162 Abs. 2[2] d. W. — Ein weiteres Förderungsmittel bilden die Bergbauhilfskassen, die für einzelne Bezirke aus Abgaben vom Bergbau zusammengebracht, der Verwaltung der Bergwerksbesitzer unter Aufsicht des Oberbergamts unterstellt und zur Förderung des Bergbaues u. Gewährung von Darlehen bestimmt sind G. 5. Juni 63. (GS. 365) u. BG. § 245. — Die Staatsteuer ist fortgefallen § 140 Anm. 5. Gewerbesteuerpflicht § 146 Abs. 2[2].

[5]) BG. § 196 (Fassung des G. 24. Juni 92 GS. 131 Art. IV), verb. § 58 u. 59. Zuständigkeit bei Genehmigung u. Beaufsichtigung von Starkstromanlagen § 366 Anm. 9, von Wassertriebwerken u. Dampfkesseln § 366 Anm. 4 u. 7 u. bei elektrischen Anlagen Anm. 9. Einspruch bei neuen Ansiedelungen § 280 Abs. 5 d. W.

[6]) BG. § 65—72 (§ 72[4] neugefaßt G. 7. Juli 02 GS. 255 Art. I u. IV). — Pflicht zu statistischen Mitteilungen das. § 79.

Bergbehörde als technisch befähigt anerkannt sind.[7]) In Ausübung der Bergpolizei können die Oberbergämter sowohl allgemeine Polizeiverordnungen,[8]) als polizeiliche Anordnungen für einzelne Fälle erlassen, diese auch nötigenfalls auf Kosten der in Anspruch Genommenen durch dritte ausführen lassen.[9]) Bei Gefahren und Unglücksfällen sind die Betriebsführer zur Anzeige und die Bergwerksbesitzer zur Hilfeleistung und Kostentragung verpflichtet.[10]) Übertretungen sind mit Strafe bedroht; sie unterliegen lediglich der gerichtlichen Entscheidung; eine polizeiliche Strafverfügung findet nicht statt.[11])

Eine besondere reichsgesetzliche, bis zum Jahre 1925 geltende Regelung hat der **Absatz von Kalisalzen** erfahren. Diese bilden ein wichtiges Düngemittel[12]) und kommen in größerem Umfange nur in Deutschland vor, das damit ein Naturmonopol erlangt hat. Darum galt es, der Übererzeugung und der Verschleuderung in das Ausland, sowie der nachteiligen Einwirkung der ausländischen Trusts auf die deutsche Industrie vorzubeugen und dabei die Inlandpreise in mäßigen Grenzen zu halten. Dieserhalb hat das Gesetz die Werkbesitzer zu einer Vertriebsgemeinschaft (Kartell) vereinigt, in der sowohl der Gesamtabsatz, als dessen Verteilung auf die einzelnen Werke periodisch festgestellt wird (Zwangskontingentierung). Die Feststellung erfolgt durch eine in Berlin gebildete Verteilungsstelle, gegen deren Entscheidung die Berufung an eine Berufungskommission stattfindet. Die Kosten trägt das Reich, das dafür eine Abgabe von 6 Pf. für den Doppelzentner reinen Kalis von den Werkbesitzern erhebt. Soweit diese die ihnen zustehende Absatzmenge überschreiten, haben sie für das Mehr eine besondere Abgabe von 10—18 M. von dem Doppelzentner zu entrichten. Die Beteiligungsziffer kann gekürzt werden, wenn auf einem Kaliwerk gegen den seitherigen Durchschnittsbetrag der Lohn sinkt oder die Arbeitszeit verlängert wird. Für das Inland werden die Höchstpreise periodisch festgesetzt; für das Ausland dürfen sie nicht niedriger sein als die Inlandshöchstpreise.[13])

---

[7]) Das. § 73—77 (neu gefaßt G. 28. Juli 09 GS. 677 Art. I u. VI Abs. 1, 2) u. § 78.

[8]) Das. § 197 (Fassung des G. 24. Juni 92 GS. 131 Art. V) u. 208.

[9]) Das. § 198—203. Genehmigung zu Stauanlagen und Dampfkesseln für Bergwerke und Aufbereitungsanstalten und Revision der Dampfkessel § 366 Nr. I 1 u. 2 d. W.

[10]) BG. § 203—206. — Haftpflicht § 334 d. W.

[11]) BG. § 207—209 in Fassung des G. 92 (§ 335 Anm. 3) Art. VII; § 207 Abs. 1 u. 207b sind dann anderweit neu gefaßt G. 09 (§ 335 Anm. 4) Art. V. Der § 207c ist ergänzt u. § 207f u. g eingefügt G. 05 (daselbst) Art. V 2 u. 3.

[12]) § 344 Anm. 5.

[13]) RG. 25. Mai 10 (RGB. 775). Ausf.Bek. 9. Juli 10 (das. 925), erg. 17. Jan., 5. April, 13. Mai u. 28. Juni 11 (das. 30, 107, 216 u. 256) u. 10. Jan. u. 25. Feb. 13 (das. 15 u. 123). Bearb. von Silberschlag (Halle 11). — Der Staat hatte seinen Einfluß auf die Kaliindustrie schon vorher zu verstärken gesucht, indem er das Werk Herzynia bei Wernigerode ankaufte G. 19. Juni 06 (GS. 197).

4. Bergarbeiter.

§ 335.

a) **Arbeitsverhältnis.** Auf das Bergwesen findet die Gewerbeordnung nur Anwendung, wo sie dieses ausdrücklich bestimmt. Dies gilt von den Vorschriften über die Sonntagsarbeit, die Lohnzahlung, die Beschäftigung von Kindern, jugendlichen und weiblichen Arbeitern, die Gewerbeaufsicht und die Koalitionsfreiheit.[1]) Arbeiterinnen dürfen nicht unter Tage beschäftigt werden.[2]) — Die Vorschriften des Berggesetzes über das Arbeitsverhältnis sind jedoch auch außerdem mit den durch die Eigentümlichkeiten des Bergbaues gebotenen Maßgaben den gewerbegesetzlichen Vorschriften angepaßt. Insbesondere muß für jedes Bergwerk eine Arbeitsordnung erlassen werden, die das Arbeitsverhältnis klarstellt und damit zur Grundlage für dieses geeignet wird. Minderjährige Arbeiter müssen ein Arbeitsbuch führen. Die Gewerbeaufsicht wird von den Revierbeamten gehandhabt.[3]) Das Berggesetz hat sodann weitere Ergänzungen erfahren.[4]) Das unvorschriftmäßige Beladen der Förderwagen darf nicht durch Absatz vom Lohn (Wagennullen), sondern nur durch beschränkte Geldstrafen geahndet werden, die zum Besten der Arbeiter verwendet werden müssen. Auf Bergwerken mit mindestens 100 Arbeitern ist zur Förderung des Einvernehmens zwischen Arbeitgebern und Arbeitern ein ständiger Arbeiterausschuß vorgeschrieben, dessen Mitglieder in der Mehrzahl von volljährigen, seit mindestens 1 Jahr auf dem Werke beschäftigt gewesenen Arbeitern zu wählen sind, selbst über 30 Jahre alt und seit mindestens 3 Jahren auf dem Werke beschäftigt sein müssen. Bei Überschreitung der Zuständigkeit kann der Arbeiterausschuß durch das Oberbergamt aufgelöst werden, das auch über die Gültigkeit der Wahlen und das Erlöschen der Mitgliedschaft zu entscheiden hat. Auf Kalisalz-, Steinkohlen- und unterirdisch betriebenen Braunkohlen- und Erzbergwerken sind außerdem Sicherheitsmänner zu bestellen, deren je einer unter ähnlichen Voraussetzungen wie die Ausschußmitglieder von jeder Steigerabteilung gewählt wird. Diese haben das Werk in Begleitung des Aufsichtsbeamten mindestens zweimal im Monat zu befahren, darüber wie über die im täglichen Betriebe gemachten Erfahrungen zu berichten und an den Unter

---

1) GewO. § 6; anwendbar sind § 105b bis f u. h u. gem. § 154a Abs. 1 (Fassung des G. 26 Dez. 08 RGB. 667 Art. 3), die § 115—119a, 135—139b, 152 u. 153 (Koalitionsrecht). Verb. § 315 d. W., insbes. Anm. 13.

2) GewO. § 154a Abs. 2 (Fassung wie vor. Anm.)

3) BG. § 80—93 in der Fassung des G. 24. Juni 92 (GS. 131) Art. I u. 28. Juli 09 (Anm. 5) Art. III; ersteres ist ergänzt durch G. 20. Sept. 99 (GS. 177) Art. 37 IV—VIII u. durch die Anm. 4—8 aufgeführten Gesetze. Zugleich hat das G. 92 unter Änderung des BG. § 189 Abs. 2, 192, 196 u. 197 die Befugnisse der Bergbehörden erweitert (§ 332 Anm. 7, 8, § 334 Anm. 5, 8) u. die Strafbestimmungen neugefaßt. (§ 334 Anm. 11). Ausf. Anw. 27. Dez. 92 (MB. 93 S. 13), 28. Juli 09 (HMB. 453) u. 26. Okt. 10 (das. 535).

4) G. 14. Juli 05 (GS. 307) u. 28. Juli 09 (GS. 677) nebst Ausf.-Anw. 13. Okt. 09 (HMB. Beil. zu Nr. 21).

suchungen über Unfälle teilzunehmen. Außerdem wählen sie, soweit der Betrieb unter Tage in Betracht kommt, die Ausschußmitglieder auf diesen Werken.[5]) Gegen die Entscheidungen der Arbeiterausschüsse findet innerhalb 2 Wochen die Klage bei dem Bergausschuß, und gegen dessen Entscheidung die Revision bei dem Oberverwaltungsgericht statt.[6]) Die regelmäßige Arbeitszeit der in Steinkohlenbergwerken unterirdisch beschäftigten Arbeiter darf durch die Aus- und Ein-(Seil-)fahrt nicht um mehr als $1/2$ Stunde verlängert, auch bei einer Temperatur von 28° C sechs Stunden täglich nicht übersteigen und nicht mit Über- oder Nebenschichten verbunden werden.[7]) Für andere Werke setzt geeignetenfalls das Oberbergamt die Arbeitszeit nach Anhörung des Gesundheitsbeirats fest, der aus dem Berghauptmann und vier vom Provinzialausschuß zu gleichen Teilen aus den Bergwerksbesitzern und den Arbeitern gewählten Beisitzern besteht.[8]) Gegen die Entscheidungen der Oberbergamts findet das Verwaltungsstreitverfahren bei dem Bergausschuß statt, der — ähnlich dem Bezirksausschuß (§ 57 Abs. 7) — aus dem Berghauptmann als Vorsitzenden und zwei ernannten und vier vom Provinzialausschuß gewählten Mitgliedern besteht. Gegen seine Entscheidungen ist die Revision bei dem Oberverwaltungsgericht zulässig.[6]) — Für Streitigkeiten aus dem Arbeitsverhältnis gelten mit einigen Maßgaben die Bestimmungen über Gewerbegerichte (§ 364 Abs. 3)[9]). Die Haftpflicht ist die der Fabrikbesitzer (§ 319 Abs. 1).

§ 336.

b) Die mit dem Bergbau verbundenen Gefahren haben überall, wo er in Deutschland betrieben wurde, besondere Unterstützungsvereine hervorgerufen, die als **Knappschaftsvereine** noch heute fortbestehen.[1]) Sie beruhen auf gesetzlicher Beitritts- und Beitragspflicht der Werkbesitzer und Arbeiter und erlangen mit Bestätigung der Satzung Rechtsfähigkeit. Sie

[5]) G. 05 Art. I, der BG. § 80b—d, g (Anm. 3) geändert hat, ferner G. 09 Art. II u. (Übergangsbest.) Art. VI Abs. 3, wodurch BG. § 80f u. fa neugefaßt u. § 80fb bis fs eingeschaltet sind; Strafbest. § 207 Abs. 1 u. 207b (§ 334 Anm. 10). AusfAnw. 13. Okt. 09 (HMB. 453).

[6]) Von den durch G. 05 Art. III eingeschalteten § 192a u. 194a des BG. ist ersterer neugefaßt und letzterer in Abs. 3 u. 8 ergänzt G. 18. Juni 07, (GS. 119) Art. VII u. G. 09 (Anm. 4) Art. IV. Zugleich hat der letztere Art. in dem eingeschalteten § 194b eine Bergbaudeputation eingeführt, die — ähnlich dem Landesgewerbeamt (§ 364 Abs. 1) — ein beratendes bergbautechnisches Organ des Ministers bildet; Zusammensetzung u. Geschäftsführung Best. 13. Dez. 10 (HMB. 583). — Kosten im Verfahren der Bergausschüsse Bf. 8. Dez. 05 (das. 338).

[7]) G. 05 Art. II, wodurch dem BG. die § 93a—e eingefügt sind; Strafe BG. § 207f u. g (§ 334 Anm. 10).

[8]) G. 05 Art. IV, der BG. § 197 weiter (Anm. 3) ergänzt.

[9]) G. 29. Juli 90 (RGB. 141) § 77.

[1]) Die betreffenden Best. des BG. (§ 165—186) sind wiederholt geändert, zuletzt mit Rücksicht auf die RVersO. (§ 317 d. W.) u. die Angestelltenversicherung (§ 321 d. W.) durch G. 3. Juni 12 (GS. 97) Art. I—III u. (Inkrafttreten) IV, V u. auf Grund des Art. VI als besonderes KnappschaftsG. 12 (GS. 137) neu veröffentlicht. Bearb. v. Steinbrück (3. Aufl. v. Reuß Berl. 12

gewähren aus getrennten Krankenkassen und Pensionskassen Krankenkosten, die die Regelleistungen der Ortskrankenkassen (§ 318 Abs. 3) erreichen müssen, bei Unfähigkeit zur Berufsarbeit Invalidenpensionen und im Todesfall Hinterbliebenenunterstützung und Begräbniskosten.[2] Die Verwaltung erfolgt unter Beteiligung von Knappschaftsältesten durch den Knappschaftsvorstand und die Generalversammlung.[3] Die Überwachung üben die Oberbergämter aus. Berufungen gegen Entscheidungen des Vorstandes über Mitgliedschaft, Beiträge und Leistungen werden unter Ausschluß des Rechtswegs von Knappschaftsschiedsgerichten entschieden. Gegen Entscheidungen der letzteren ist bei Rechtsverletzungen die Revision an das Oberschiedsgericht in Knappschaftssachen in Berlin zulässig.[4])

Das Knappschaftswesen hat erfolgreich gewirkt. Es hat die Bergarbeiter nicht nur vor materieller Not bewahrt, es hat den Bergarbeiterstand auch sittlich gehoben und in engere Beziehung zu den Arbeitgebern gebracht.

Im Interesse der Bergarbeiter bestehen außerdem vielfach Konsumvereine; vor allem hat in dieser Arbeiterklasse die Ansiedelung durch Erwerbung von Wohnhäusern größere Ausdehnung gewonnen.[5]

V. Land- und Forstwirtschaft, Jagd und Fischerei.

1. Einleitung.

§ 337.

Die Nutzbarmachung des Grund und Bodens durch den Pflanzenbau bildet das gemeinsame Ziel der Land- und der Forstwirtschaft. Beide sollen die in Boden und Luft vorhandenen, vorwiegend unorganischen Stoffe und Kräfte in organische, zur Befriedigung menschlicher Bedürfnisse geeignete verwandeln; beide sind aber durch die Art des Betriebes wesentlich voneinander geschieden. Die Landwirtschaft mit ihren alljährlich wiederkehrenden Erträgnissen kann auch im Kleinbetriebe nutzbar gemacht werden, und diese Möglichkeit steigert sich, je mehr hierbei — wie es der Bau von Gemüsen, Tabak, Hopfen, Obst und Wein mit sich bringt — die

[2]) KnappschG. (Anm. 1) § 1—50. — In der Arbeiterversicherung sind die Best. üb. die knappschaftl. Krankenkassen durch VO. § 495—502 u. § 225 Abs. 2 ergänzt, bleiben aber sonst unberührt. In der Unfallvers. (§ 319 d. W.) sind die Unternehmer von Betrieben, die Knappschaftsvereinen od. Knappschaftskassen angehören, auf Grund der VO. § 630 Abs. 2 zu einer Knappschaftsberufsgenossenschaft für das Reich vereinigt, verb. § 687 Abs. 4 u. 858 Abs. 2. In der Invalidenvers. können diese Kassen u. Vereine als Sonderanstalten (§ 320 Abs. 4 d. W.) zugelassen werden. Das Verhältnis zur Angestelltenvers. regelt G. 20. Dez. 11 (RGB. 989) § 387, 388. — Arztgebühren § 265 Anm. 8 d. W. — Aufrechnung verschuldeter Beiträge gegen die Hebungen BGB. § 394. — 1911 bestanden im Reiche 159 Knappschaftskassen mit 394087 Mitgliedern.

[3]) KnappschaftsG. § 51—64; die Verhältniswahl (§ 317 Anm. 4 d. W.) ist zulässig § 52 Abs. 3.

[4]) Das. § 65—86 (§ 70 Abs. 2 geänd. G. 23. Dez. 12 RGB. 13 S. 1 u. 2). Verfahren V. 8. Dez. 13 vor den Schiedsgerichten (GS. 403), vor dem Oberschiedsgericht (GS. 420).

[5]) Zu diesem Zwecke sind, hauptsächlich im Saarbrücker Reviere Hausbauprämien u. Vorschüsse gewährt. — Verb. § 312 Abs. 2 d. W.

persönliche Arbeit das aufzuwendende Kapital überwiegt. Die Forstwirtschaft führt dagegen erst nach Verlauf längerer Zeit zu Nutzungen und fordert technische Leitung. Sie kann deshalb nur auf größeren Flächen und unter Aufwendung von Kapital mit Erfolg betrieben werden. Diese Umstände weisen in Verbindung mit der volkswirtschaftlichen Bedeutung der Waldkultur der staatlichen Tätigkeit in der Forstwirtschaft viel weitergehende Aufgaben zu, als sie ihr in der Landwirtschaft obliegen. Während es in bezug auf diese nur darauf ankommt, die Privattätigkeit zu schützen und zu fördern, gewinnt in der Forstwirtschaft der Selbstbetrieb des Staates eine weitere, über den bloßen Finanzzweck hinausreichende Bedeutung. Aus gleichem Grunde fordert der private Waldbau eine eingehendere staatliche Einwirkung (§ 351).

Die Bedeutung der Land- und Forstwirtschaft für den allgemeinen Wohlstand fand erst unter dem Einfluß des physiokratischen Systems (§ 3 [2]) um die Mitte des 18. Jahrhunderts die gehörige Würdigung. Ihre Pflege erfolgte dem Geiste der letzteren entsprechend vorwiegend im Wege unmittelbarer Einwirkung. Erst das 19. Jahrhundert suchte durch Befreiung des Grundeigentums die Selbsttätigkeit der Wirtschafttreibenden zu wecken. Mit der Erwerbsfreiheit wurden der staatlichen Einwirkung weit engere Grenzen gezogen. Der Staat durfte fortan in die wirtschaftliche Tätigkeit des einzelnen nicht mehr eingreifen, er hatte nur die Bedingungen für diese zu gewähren, soweit deren Erreichung die Kräfte des einzelnen überstieg oder nur für eine Mehrheit von Beteiligten möglich war. Die in neuester Zeit hervorgetretenen Schwierigkeiten des landwirtschaftlichen Betriebes haben wieder zu einer Verstärkung der staatlichen Fürsorge geführt (§ 352).

Die Verwaltung der landwirtschaftlichen Angelegenheiten führt an oberster Stelle das landwirtschaftliche Ministerium, in dessen beiden ersten Abteilungen sie bearbeitet werden (§ 51). Unter diesem wird sie neben den Auseinandersetzungsbehörden (§ 339), Meliorationsbauinspektionen (§ 344 Abs. 2) und Gestütverwaltungen (§ 356 Abs. 2) von den allgemeinen Verwaltungsbehörden wahrgenommen. Zu Veröffentlichungen dient seit 1. April 1905 das Ministerialblatt für Landwirtschaft, Domänen und Forsten.

Sehr reich hat sich das landwirtschaftliche Vereinswesen entfaltet, das netzartig das ganze Staatsgebiet überzieht.[1]) Die Vereine haben die dreifache Aufgabe, die Mitglieder zu belehren und anzuregen, die landwirtschaftlichen Interessen der Regierung gegenüber wahrzunehmen und letztere in der Landwirtschaftspflege, insbesondere bei Durchführung ihrer Maßnahmen und durch Abgabe sachverständiger Gutachten zu unterstützen. Die örtlichen Interessen werden von den Orts- und Kreisvereinen

[1]) Erste Anregung im Landkultur-Ed., 14. Sept. 11 (GS. 300) § 39. — Landwirtschaftliche Genossenschaften § 351 Abs. 8 d. W.

wahrgenommen, während für die Provinzen Haupt- oder Zentralvereine gebildet waren. — An Stelle dieser letzteren sind für die Provinzen (in Hessen-Nassau für die Bezirke) zu wirksamerer Vertretung der landwirtschaftlichen Interessen **Landwirtschaftskammern** gebildet, die Körperschaftsrechte (§ 249 Abs. 2) besitzen und sich zwangsweise über alle Berufsgenossen ihres Bezirks erstrecken. Sie haben das Recht, Anträge zu stellen und ihren Bedarf durch Besteuerung der selbständigen Ackernahrungen aufzubringen. Die Mitglieder werden von den Kreistagen aus den Eigentümern, Nutznießern und Pächtern einer selbständigen Ackernahrung auf 6 Jahre gewählt.[2] — Die Spitze des Vereinswesens bildet das **Landesökonomiekollegium**, das dem Landwirtschaftsminister als technischer Beirat und den Landwirtschaftskammern als gemeinsame Geschäftsstelle dient. Die Mitglieder werden für 3 Jahre berufen. Von den Landwirtschaftskammern werden zwei für jede Provinz gewählt, während weitere Mitglieder bis zu 1/3 der Gewählten von dem Landwirtschaftsminister ernannt werden können.[3] — Zur Begutachtung landwirtschaftlicher Fragen im Reiche dient seit 1872 der aus 74 Vertretern der landwirtschaftlichen Vereine der deutschen Bundesstaaten zusammengesetzte **deutsche Landwirtschaftsrat** in Berlin, während die **deutsche Landwirtschaftsgesellschaft** vorwiegend die technischen Fortschritte und das Ausstellungswesen zu fördern sucht. — Der **wissenschaftlichen Begutachtung und Forschung** dienen die biologische Reichsanstalt für Land- und Forstwirtschaft auf dem Gebiet der Pflanzenkultur in Dahlem, die landwirtschaftlichen Versuchs- und Forschungsanstalten in Bromberg[4] und die Wetterdiensteinrichtung.[5])

Als Förderungsmittel landwirtschaftlicher Bildung[6] schließen sich den Vereinen die **landwirtschaftlichen Lehranstalten** an. Die höheren

[2]) G. 30. Juni 94 (GS. 126); Satzungen V. 3. Aug. 95 (GS. 363) nebst WahlO. 7. Okt. 95, Westfalen V. 28. April 98 (GS. 69), Hannover und Rheinprovinz 15. März 99 (GS. 31). Ergänzung f. Ostpr. (§ 8—10) Bek. 16. Juli 12 (LMB. 244), f. Schl-Holst. (§ 3) 12. März 07 (das. 66 u. 67), f. Schlesien (§ 9—11) 15. Aug. 10 (das. 203), Sachsen (§ 2) 6. Sept. 10 (das. 232) u. (§ 4 u. 9 Abs. 1) 7. Juni 11 (das. 140), RB. Wiesbaden 9. April 12 (das. 110), Rheinprov. (§ 4,5) 13. Aug. 11 (das 189). Beitragspflichtig ist der Eigentümer, nicht der Pächter OV. XXXIII 365. — Etats-, Kassen- u. Rechnungswesen Vf. 14. Juni 03, 16. Juni 06 u. (Staatsbeihilfen) 14. Okt. 08 (LMB. 09 S. 5 und 25). — Disziplinarverfahren gegen Beamte Vf. 4. Sept. 11 (das. 238). — Vertretung in den Bezirkseisenbahnräten § 386 Abs. 4 d. W. Die Landwirtschaftskammern sind zu einem Verbande mit Körperschaftsrechten zusammengeschlossen Satz. 17. Nov. 11, geänd. (§ 6—8) 8. Sept. 12 (LMB. 5 u. 294). — Hohenzollern hat einen Verein für Landw. u. Gewerbe, aber keine Landwirtschaftskammer. Dagegen sind solche in den meisten Bundesstaaten eingerichtet.

[3]) Satzungen 10. Dez. 98 (MB. 99 S. 15).

[4]) Satzungen 2. Aug. 06 (LMB. 280).

[5]) Dienstanw. f. d. Meldestellen (18. Mai 06 (das. 200).

[6]) Die **Landwirtschaftswissenschaft** erwachte im Anfang des Jahrhunderts alsbald nach der Befreiung der Landwirtschaft (§ 317 Abs. 2). Begründer war Albr. Thaer (geb. 1752, gest. 1828 in Mögelin in der Mark), der zuerst feste Grundsätze für den Betrieb schuf, insbesondere die Wirtschaftsweise verbesserte

vermitteln eine wissenschaftliche Bildung, während die Landwirtschaftsschulen auf mittlere (Hof- oder Bauernguts-) Besitzer berechnet sind.[7]) Eine dritte Gruppe bilden die niederen landwirtschaftlichen Lehranstalten (Acker-, bau-, Winter-, Obst- und Wiesenbauschulen), deren Unterstützung den Provinzen übertragen ist.[8]) Außerdem wird die Ausbildung der kleinen Landwirte durch Wanderlehrer gefördert. — Die ländlichen Fortbildungsschulen werden in der Regel von den landwirtschaftlichen Vereinen oder den Gemeinden unter Beihilfe des Staates erhalten.[9]) Mit Ausnahme der Provinzen Ostpreußen, Westpreußen und Posen können

(§ 351), die Einführung der Futterkräuter (§ 344 Anm. 6) u. die Schafzucht (§ 356 Abs. 4) förderte u. auch bei der Agrargesetzgebung (§ 338) mitwirkte. In der zweiten Hälfte des Jahrhunderts wurden dann, insbesondere durch Justus Liebig (Prof. der Chemie in Gießen u. München, gest. 1873) die Ergebnisse der naturwissenschaftlichen Forschung für die Landwirtschaft nutzbar gemacht, wodurch die Bodenkunde, die Düngerlehre und der Pflanzenbau ihre weitere Entwicklung fanden (§ 344, insbes. Anm. 5).

[7]) Höhere Lehranstalten bilden die landwirtschaftliche Hochschule in Berlin mit den 3 Abteilungen f. Landwirtschaft, f. Geodäsie u. Kulturtechnik u. f. landw. technische Gewerbe (Satz. 20. Jan. 97), die landw. Akademie in Bonn-Poppelsdorf (Satz. 12. Feb. 00), das Kaiser Wilhelm-Institut in Bromberg (Satz. 2. Aug. 06), die landw. Institute bei den Universitäten Königsberg, Breslau, Halle, Kiel, Göttingen. An den beiden landw. Hochschulen bestehen Prüfungskommissionen für Landmesser (§ 366 Anm. 28). — O. der Diplomprüfungen 20. März, PrüfO. für Zuckerfabrikingenieure (Berlin) 10. April 09 (LMB. 179, 232), Habilitation als Privatdozent Vorschr. 18. Mai 77 (MB. 151, ZBll. 327), Zus. 17. Nov. 77 (das. 78 S. 27); O. f. die Ausbildung im Lehramt 2. Juni 91 (MB. 175). — Landwirtschaftsschulen (Regl. 10. Aug 75, erg. 15. Nov. 92 u. 3. Juni 96, Normaletat Vf. 28. Juni 09 LMB. 279) befinden sich in Heiligenbeil, Marggrabowa, Marienburg, Dahme, Schivelbein, Eldena, Samter, Bojanovo, Brieg, Liegnitz, Flensburg, Hildesheim, Herford (auch Realschule), Lüdinghausen, Weilburg, Kleve und Bitburg; § 295 Anm. 3 d. W.; Ausbildung u. Prüfung der Lehrer an Landwirtschafts- und an niederen Lehranstalten (Anm. 8) Bek. 29. Febr. 08 (LMB. 197) Lehrerseminare in den Schulen in Hildesheim u. Weilburg; Rang § 70 Abs. 2 IV d. W. — Ausbildung von Leitern mittlerer und größerer Betriebe auf Seminaren für Landwirte Vf. 1. Juli 11 (BMB 245).

[8]) G. 8. Juli 75 (GS. 497) § 14. — An niederen Lehranstalten (Ausbildung der Lehrer, vor. Anm.) bestanden (08) 17 Ackerbauschulen, 184 Winterschulen, 5 Wiesenbauschulen, 18 Garten- und Obstbauschulen, 3 Imkerschulen, 64 Lehrschmieden und Hufbeschlaganstalten (Einrichtung Vf. 23. Jan. 85 MB. 31) nebst der Anstalt zur Ausbildung der Lehrschmiedemeister in Charlottenburg Vf. 23. Dez. 92 (MB. 93 S. 18), 14 Molkerei- und 46 Haushaltungsschulen. — Fernere Bildungsmittel sind das landw. Museum in Berlin, die Gärtnerlehranstalt in Dahlem b. Berlin, Satz. 29. März 83 (StAnz. Nr. 185), das pomologische Institut in Proskau Vf. 7. Juli 68 (MB 261), die Lehranstalt für Obst- und Weinbau in Geisenheim, das Lehrinstitut für Zuckerfabrikation, die Brennerei- und die Brauereischule in Berlin, die Landesbaumschule in Engers. Staatliche Prüfung für Garten-, Obst- u. Weinbautechniker Vf. 26. Jan. 10 (LMB. 74). Forstlehrlingsschulen § 128 Anm. 7 d. W.

[9]) Vf. 2. Feb. 76 (MB. 70) u. (stärkere Betonung der fachlichen Richtung) 30. Okt. 95 (ZBll. 822); Unterstellung unter den Landwirtschaftsminister § 51 Anm. 1 d. W.; Lehrkurse bei den Landwirtschaftsschulen in Hildesheim u. Weilburg. Beaufsichtigung Vf. 1. Nov. 10 (LMB. 311) u. 10. Juni 11 (das. 170). Die Zahl betrug (im Jahre 11) 3349. — Landwirtschaftlicher Unterricht im Heere Vf. 14. Dez. 11 (LMB. 12 S. 37).

die Gemeinden die schulentlassenen männlichen Personen unter 18 Jahren durch Statut zum Schulbesuch verpflichten. In Schlesien und Schleswig-Holstein kann wegen der besonderen nationalen Verhältnisse die Verpflichtung auch von den Kreisausschüssen unter Zustimmung der Regierungspräsidenten eingeführt werden.[10] — Für die schulentlassene weibliche Jugend ist mehrfach eine hauswirtschaftliche Unterweisung vorgesehen.[11])

Die landwirtschaftliche Statistik ist einheitlich für das Reich geordnet.[12]) Zu gegenseitiger Mitteilung und zur Förderung der landwirtschaftlichen Interessen ist ein internationales Institut in Rom errichtet.[13])

Auf die Befreiung des Grund und Bodens ist die Agrargesetzgebung gerichtet (Nr. 2). Sie hat den Boden geebnet, auf dem die Land- und die Forstwirtschaft ungehindert betrieben werden konnten (Nr. 3 und 4). Der Staat gewährt diesen Betrieben den erforderlichen Schutz durch die Feld- und Forstpolizei (Nr. 5). Mit der Landwirtschaft ist die Viehzucht (Nr. 6) regelmäßig verbunden; an diese schließen die verwandten (§ 310 Abs. 2) Gebiete der Jagd (Nr. 7) und der Fischerei (Nr. 8) sich an.

2. Agrargesetzgebung[1]).

§ 338.

a) **Übersicht.** Die Agrargesetzgebung bildet ein Hauptglied der auf die wirtschaftliche Befreiung der einzelnen aus den früheren Fesseln ge-

---

[10]) G. 19. Mai 13 (GS. 301) u. Ausf. Anw. 16. Aug. 13 (LMB. 304). Die Verpflichtung war schon vorher eingeführt in Schlesien G. 2. Juli 10 (GS. 129) u. Anw. 12. Okt. 10 (LMB. 261), Hannover G. 25. Jan. 09 (GS. 7) u. Anw. 1. Juni 09 (LMB. 234) u. Hessen-Nassau G. 8. Aug. 04 (GS. 242).

[11]) Vf. 20. Feb. 11 (LMB. 81), 2. April 07 (HMB. 78) u. 1. Juli 08 (das. 308); verb. § 314 Abs. 5. d. W. Ausbildung der Hauswirtschaftslehrerinnen Vf. 30. Sept. 09 (LMB. 10 S. 34). Zulassung der in den außerpreußischen Bundesstaaten ausgebildeten § 305 Anm. 4.

[12]) Saatenstands-, Anbau- u. Erntenachrichten Best. 3. Mai 11 (ZB. 180). PreisfeststellungsO. für den Getreidegroßhandel Vf. 6. Dez. 12 (HMB. 553). Anw. zur Vermerkung der Preise für Naturalien und andere Lebensbedürfnisse 27. Sept. 93 (MB. 248). — Eine wichtige Grundlage bietet die 1862/64 in den älteren u. 1871/75 in den neuen Provinzen ausgeführte Grundsteuerregulierung, durch die Ausdehnung, Teilung, Kulturgattung u. Güte des Grundbesitzes genauer bestimmt sind (§ 140 d. W.). — Die Grundfläche setzte sich (1900) zusammen aus 50,8 v. H. Acker- und Gartenland, 23,7 v. H. Forsten, 15,3 v. H. Wiesen u. Weiden, 10,2 v. H. Ödland, Haus- u. Hofraum. — Betriebsstatistik (Besitzverteilung) § 343 Anm. 1, Berufsstatistik § 311 Anm. 3. Viehzählung § 356 Anm. 1. — Meitzen, die Boden- u. landw. Verhältnisse des pr. Staates 4 Bde. (Berl. 73) u. Weiterführung 7 Bde. (das. 94, 01 u. 06).

[13]) Übereink. 7. Juni 05 (ZB. 08 S. 132); beigetretene Staaten Bek. 3. Mai 10 (ZB. 104) u. 3. Jan. 11 (ZB. 20).

[1]) Glatzel, die pr. Agrargesetzgebung, Rückblick u. Ausblick (Berl. 95). Buchenberger, Grundzüge der deutschen Agrarpolitik (Berl. 2 Aufl. 99). § 338 Anm. 14. Jahrbuch der Entsch. der höheren Gerichte üb. Agrar-, Jagd- u. Fischereigesetzgebung v. Schultz 9 Bde bis 12 (Berl. b. Springer). — Die Agrargesetzgebung wird durch das BGB. nicht berührt EG. Art. 113—116, verb. § 340 Anm. 8 u. § 343 Anm. 5.

richteten Stein-Hardenbergschen Gesetzgebung (§ 310 Abs. 1 und § 30 Abs. 4). Sie hat die rechtlichen Voraussetzungen geschaffen, unter denen eine ausgedehntere Entwickelung unserer Landwirtschaft überhaupt möglich geworden ist, und somit dem Landwirtschaftsbetrieb erst die Wege geebnet. Sie nimmt — nachdem schon Friedrich Wilhelm I. die Leibeigenschaft auf den Domänen beseitigt (1719) und durch verschiedene Edikte das Los der Hörigen verbessert hatte — ihren Ausgang von den im Anfange des Jahrhunderts für das Gebiet des Landrechts erlassenen Edikten, welche die der früheren Leibeigenschaft und Erbuntertänigkeit entstammenden persönlichen Abhängigkeitsverhältnisse beseitigten, die in den Ständen gegebenen Beschränkungen des Grunderwerbs und der Verfügung über das Grundeigentum aufhoben und die Ablösung der Grundlasten, die Beseitigung der kulturschädlichen Grunddienstbarkeiten (Servituten), sowie die Teilbarkeit aller an sich veräußerlichen Grundstücke aussprachen.[2]) Diese Vorschriften, zunächst auf den Betrieb der Landwirtschaft berechnet, erstrecken sich vielfach auch auf den der Forstwirtschaft, teils unmittelbar, teils mit den durch die Eigentümlichkeit dieses Betriebes gebotenen Maßgaben.

Die Verfassung hat demnächst die Aufhebung der Gerichtsherrlichkeit und der daraus fließenden Exemtionen und Lasten, sowie der aus der früheren Erbuntertänigkeit herstammenden Verpflichtungen und der dem Berechtigten dafür obgelegenen Gegenleistungen und Lasten nochmals ausgesprochen. Ihre weiteren Bestimmungen, welche auch die Verfügungsfreiheit und Teilbarkeit des Grundeigentums und die Ablösbarkeit der Grundlasten gewährleisteten und bei erblicher Überlassung nur die volle Eigentumsübertragung zuließen, sind mit Rücksicht auf entgegenstehende einzelrechtliche Bestimmungen (Unablösbarkeit der Deichlast und einiger geistlicher Abgaben, Fortbestand der Familienfideikommisse) wieder aufgehoben.[3])

Die Einzelgesetzgebung hat sich wie folgt entwickelt:

1. Einrichtung der zuständigen Behörden und Ordnung ihres Verfahrens (§ 339);
2. Freie Verfügung über das Grundeigentum (§ 340);
3. Ablösung der Abgaben und Dienste (§ 341);
4. Beseitigung der Gemeinheiten und Dienstbarkeitsverhältnisse (§ 342).

---

[2]) Ed. 9. Okt. 07 (GS. 06/10 S. 170) und LandkultEd. 14. Sept. 11 (GS. 300). Ersteres gab unter Aufhebung der ländlichen Besitzbeschränkungen die Freiheit der Person, letzteres die des Eigentums. — Die alte Leibeigenschaft war unter dem Einflusse des Christentums zur Hörigkeit und Gutsuntertänigkeit herabgemildert worden; in das letztere Verhältnis waren wegen des wirksameren Schutzes und der Freiheit vom Heerbann oder infolge Verarmung vielfach auch freie Besitzer eingetreten.

[3]) VU. Art. 42, ersetzt durch G. 14. April 56 (GS. 353).

Während diese Gesetzgebung einen vorwiegend aufhebenden und befreienden Charakter trug, hat in neuester Zeit das soziale Bestreben, die ländliche Bevölkerung in ihrem Besitze zu erhalten und in vermehrtem Umfange seßhaft zu machen und eine angemessene Verteilung des Grundeigentums zu fördern, zu einem Vorgehen in entgegengesetzter Richtung, zu Beschränkungen in der freien Verfügung und Teilbarkeit geführt, wie sie

5. in dem Höferecht, den Rentengütern und dem Anerbenrecht hervortreten (§ 343).

§ 339.

b) **Einrichtung und Verfahren der Auseinandersetzungsbehörden** sind Gegenstand einer eigenen Gesetzgebung.[1]) Zunächst für das Landrechtsgebiet erlassen, ist diese später auf fast alle übrigen Teile des Staates ausgedehnt worden. Sie gilt in Neuvorpommern und in der Rheinprovinz,[2]) hier auch für die nach der rheinischen Gemeinheitsteilungsordnung zu behandelnden Teilungen und Ablösungen,[3]) in Schleswig-Holstein und Hessen-Nassau, hier unter Ausschluß des Güterkonsolidationsverfahrens in Nassau,[4]) sowie in Hohenzollern.[5]) Nur für die Provinz Hannover besteht ein abweichendes Verfahren, das alle mit der Auseinandersetzung nicht notwendig zusammenhängenden Streitigkeiten den ordentlichen Gerichten überweist.[6])

Durch diese Gesetzgebung sind Auseinandersetzungsbehörden bestellt,[7]) deren Mittelpunkt die Generalkommissionen bilden. Diese bestehen aus dem Präsidenten und mindestens 5 Mitgliedern, von denen

---

1) V. 20. Juni 17 (GS. 161) und ErgV. 30. Juni 34 (GS. 96). Weitere Ergänzung AusfG. (zur GTO.) 7. Juni 21 (GS. 83), V. 22. Nov. 44 (GS. 45 S. 19) u. ZustG. § 65². — Verfassung, Verfahren u. Wirksamkeit v. Haack (Berl. 08).

2) GTO. 19. Mai 51 (GS. 371) § 24 bis 26; Zusammenlegungen im ostrhein. Teil des RB. Koblenz G. 5. April 69 (GS. 514) § 9, im Geb. des rhein. Rechts G. 24. Mai 85 (GS. 156) § 12 bis 16, 20, 22 u. 25; § 17—19 sind mit Einführung des Grundbuchwesens (§ 208 d. W. fortgefallen.

3) G. 12. Mai 02 (GS. 139).

4) Ablösungsgesetze (§ 341 Anm. 17) f. Schl.-Holstein § 57, f. Lauenburg § 2, f. d. RB. Kassel § 29, d. RB. Wiesbaden § 25, 26 und (G. 72) § 18, 19 und Gemeinheitsteilungsgesetze (§ 342 Anm. 13) für Schl.-Holstein § 29, d. RB. Kassel § 29, d. RB. Wiesbaden GTO. § 24.

5) G. 23. Mai 85 (GS. 143) § 39 u. 45.

6) G. 30. Juni 41 (han. GS. I 145), erg. G. 8. Nov. 56 (das. 437), 28. Dez. 62 (das. 415) u. 17. Jan. 83 (GS. 7).

7) Die Mitglieder unterliegen denselben Disziplinarvorschriften, wie die Richter G. 7. Mai 51 (§ 189 Anm. 13 d. W.), insbes. § 65 u. 69. — Den preuß. Behörden sind die Auseinandersetzungsgeschäfte in einigen anderen deutschen Staaten übertragen Vtr. mit Anhalt 18. Sept. 74 (GS. 359), S.-Weimar 18. Juli 08 (GS. 1812 S. 43, 48), S.-Koburg u. Gotha 22. April 07 (GS. 239, 242) u. (Übertragung der Gerichtsbarkeit letzter Instanz auf das Reichsgericht) V. 30. Okt. 07 (RGB. 741), S.-Meiningen 4. Feb. / 31. Jan. 11 (GS. 178, 183), Schwarzb.-Rudolstadt 10./6. April 13 (GS. 41, 45), Schw.-Sondershausen 9. Okt. 54 (GS. 571), Schaumb.-Lippe 28. März 12 (GS. 130, 134). — Bearbeitung der Geschäfte im Grenzgebiete gegen Braunschweig Vtr. 11. Sept. 77 (GS. 78 S. 105).

die Mehrzahl zum Richteramt befähigt sein müssen. Ihre Zuständigkeit erstreckt sich auf Gemeinheitsteilungen, Regulierungen, Ablösungen und auf die Begründung von Rentengütern. Sie entscheiden über die dabei unterlaufenden Streitigkeiten und sind insoweit Gerichte erster Instanz. Zugleich haben sie aber auch das polizeiliche Interesse des Staates und das Vermögensinteresse der Körperschaften und entfernten Teilnehmer von Amts wegen wahrzunehmen.[8]) Als Organe der Generalkommissionen sind Spezialkommissare (Ökonomiekommissare oder Ökonomieräte) angestellt.[9]) Auch können die Geschäfte anderen Staats- und Kommunalbeamten übertragen werden.[10]) Endlich bestehen unter Vorsitz der Landräte Kreisvermittelungsbehörden, die bei Einverständnis beider Teile die Auseinandersetzung herbeiführen können. Ihre Mitglieder werden vom Kreistage gewählt und von der Generalkommission bestätigt.[11])

Zur Entscheidung über Berufungen und Beschwerden gegen Erkenntnisse und Verfügungen der Generalkommissionen besteht das Oberlandeskulturgericht.[12])

---

[8]) V. 17 (Anm. 1) § 1—9, 15 bis 22, 26—28, nebst Dekl. 26. Juli 47 (GS. 327) § 6; ErgV. § 1, 7, 8, 10 bis 13, 15, 16 nebst Dekl. 30. Juli 42 (GS. 245) Nr. 1; AusfG. 21 § 1—9 u. V. 44 § 1—3; G. 99 (Anm. 14) § 2—4. — Prüfung der Meliorationstechniker und Wiesenbaumeister Vorschr. u. Vf. 22. Aug. u. 7. Dez. 91 (MB. 129, 179 u. 1892 S. 39), der Bewerber um Zeichnerstellen 9. März 12 (LMB. 84) u. der Vermessungsbeamten 8. Dez. 88 (MB. 89 S. 7) u. 10. Feb. 93 (MB. 72); Annahme u. Ausbildung der mittleren Beamten Vorschr. 9. Dez. 91 (MB. 92 S. 42), erg. 18. Juni 96 (MB. 121) u. 6. Aug. 98 (MB. 196), Prüfung Vorschr. 10. Nov. 95 (MB. 96 S. 15). — Reisekosten der Beamten § 73 Anm. 1. — Kompetenzkonflikte V. 1. Aug. 79 (GS. 573) § 22 u. LVG. § 113. — Zuständigkeit der Regierungen, Magistrate u. Kreditdirektionen zur Vornahme von Regulierungen u. Teilungen in Domänen- u. Anstaltssachen V. 17 § 65—67. ErgV. § 39, 40, KO. 31. Dez. 25 (GS. 26 S. 5) D XI. — Generalkommissionen bestehen zur Zeit in Königsberg f. Ostpreußen; in Frankfurt a. O. für Pommern, Brandenburg u. Berlin; in Breslau f. Schlesien u. (nach Aufhebung der GK. in Bromberg G. 24. Juli 09 GS. 637) f. Westpreußen u. Posen; in Merseburg f. Sachsen, beide Schwarzburg, S.-Weimar, S.-Meiningen, S.-Koburg-Gotha u. Anhalt; in Hannover für die Provinzen Schleswig-Holstein u. Hannover (LVG. § 16, 23, 41 Abs. 2 u. 155 Abs. 2); in Münster f. Westfalen in Kassel f. Hessen-Nassau (G. 21. März 87 GS. 61 § 2) u. f. Waldeck u. Sch.-Lippe; in Düsseldorf f. die Rheinprov. u. Hohenzollern G. 24. Mai 85 (GS. 156) § 24, G. 23. Mai 85 (GS. 143) § 39 u. 44, G. 28. Mai 13 (GS. 285) Art. VII.

[9]) V. 17 § 27, 40—48, 52—61; ErgV. § 17, 18; V. 44 § 5; G. 99 (Anm. 14) § 2, 5, 81. — Ausbildung u. Prüfung Vorschr. 30 März 06 (LMB. 129). Zulassung prakt. Landwirte zur Laufbahn das. u. 24. Jan. 09 (LMB. 117). — Rang § 70 Anm. 24 d. W. Reisekosten § 73 Anm. 1 — Bureaubeamte Vf. 29. März 89 (MB. 47). — In Hannover sind die Ablösungskommissionen und die Verkoppelungskommissare zur selbständigen erstinstanzlichen Entscheidung berufen Anm. 6 u. § 341 Anm. 17.

[10]) V. 17 § 62—64, ErgV. § 19, AblG. 2. März 50 (GS. 77) § 108 u. G. 2. März 50 (GS. 139) Art. 15.

[11]) ErgV. § 2—4; gutachtliche Tätigkeit G. 72 (§ 342 Anm. 6) § 1. Den Landräten als Vorsitzenden gebühren Tagegelder u. Reisekosten Vf. 14. April 69 (MB. 116).

[12]) V. 44 § 7—13 u. G. 99 (Anm. 14) § 2. — Entscheidung üb. Mühlen u. gewerbliche Abgaben § 341 Abs. 3.

Das Verfahren, das neben der Ordnung nicht streitiger Gegenstände (Regulierung) auch die Erörterung und Entscheidung von Streitpunkten (Streitverfahren) umfaßt, ist in Hinblick auf Zweck und Wesen der Auseinandersetzung besonders gestaltet.[13]) Die allgemeinen Prozeßvorschriften sind nur mit mehrfachen Abweichungen darauf anwendbar. Insbesondere sind die Grundsätze des unmittelbaren Prozeßbetriebes durch die Parteien, des Verhandlungsverfahrens und der Mündlichkeit ausgeschlossen.[14]) — Das **Verfahren bei Ablösungen** wird durch die Ablösungsgesetze geregelt.[15])

Die Kosten werden nach Pauschsätzen erhoben. Die Kommissare, die früher auf eine zu berechnende und von den Parteien zu erstattende Entschädigung angewiesen waren, sind gegenwärtig der Regel nach mit Gehalt und Pensionsberechtigung angestellt und erhalten gleich den Feldmessern bei auswärtigen Geschäften Reisekosten und Tagegelder aus der Staatskasse.[16])

[13]) Verfahren überhaupt V. 17 § 68 bis 100, 104—107, 110—113; ErgV. § 20—29; verb. G. 7. Juni 21 (GS. 83) § 10—18, 25 u. G. 2. März 50 (GS. 139) Art. 15. — Vermessung, Bonitierung und Planberechnung V. 17 § 114 bis 144. — Schiedsrichterliches Verfahren ErgV. § 31—35. — Kontumazialverfahren V. 17 § 145—153; V. 44 § 5 u. G. 99 (Anm. 14) § 56. — Entscheidungen u. Rezesse V. 17 § 154 bis 172; ErgV. § 36—38, 41, 43 u. KO. 18. Dez. 41 (GS. 42 S. 17). — Rechtsmittel V. 17 § 187—9, 191—4; ErgV. § 54, 55; G. 7. Juni 21 § 23; V. 44 § 14—22. Das G. 99 (Anm. 14) läßt neben der Beschwerde (§ 75 bis 78) nur die Rechtsmittel der Berufung (§ 57—65) u. f. die 3. Instanz das der Revision (§ 66 bis 74) zu. — Ausführung V. 17 § 196—8, 200—2, 204 bis 8; ErgV. § 56 bis 62, 64 nebst Dekl. 30. Juli 42 (GS. 245) Nr. 2; V. 44 § 6 u. G. 80 § 84—94. — Berichtigung der Kataster und Grundbücher Vf. 27. Jan. 77 (MB. 60). — Bearbeitung der meliorationstechnischen Geschäfte in Rücksicht auf neue Einrichtungen (§ 344 Anm. 8) Vf. 16. Juni 12 (LMB. 229).

[14]) G. 24. März 79 (GS. 281) § 1, 4, 14. Das Verfahren ist mit der neuen ZPO. in Einklang gesetzt G. (18. Feb. 80 GS. 59, geändert G. 22. Sept. 99 GS. 284 Art. 4 u. gem. Art. 7 Abs. 2 das.) in neuer Fassung und Paragraphenfolge veröffentlicht 99 GS. 404. — Petersen, die preuß. Auseinandersetzungs- u. Rentengutsgesetze (Berl. 99), Sternberg u. Peltzer (2. Aufl. Berl. 00) u. (kleine Ausg.) 01.

[15]) § 341 Anm. 1 u. 17.

[16]) G. 24. Juni 75 (GS 395, Aufhebung der § 10 u. 14 Abs. 2 V. 23. März 11 GS. 209 Art. V), anwendbar in Hannover G. 17. Jan. 83 (GS. 7) § 29, auf sonstige Geschäfte der Auseinandersetzungsbehörden V. 2. Nov. 09 (GS. 785); ferner G. 99 (Anm. 14) § 8, 10, 44 u. 96 nebst Gerichtskosten G. 99 (GS. 326) § 7, 115 Abs. 3 u. 120 Abs. 3; Anwendung in der Rheinprov. u. Hohenzollern G. 24. Mai 85 (GS. 156) § 20, G. 23. Mai 85 (GS. 143) § 43, 12. Mai 02 (GS. 139) § 1 Abs. 4, auf die nassauische Güterkonsolidation G. 21. März 87 (GS. 61) § 26—33 u. 36 Abs. 4. Gewährung von Bureauentschädigungen Vf. 24. Jan. 84 (MB. 98) u. 10. Juni 87 (MB. 125), Vergütung f. Schreibarbeiten Vf. 25. Juli 84 (MB. 228). — Gebühren f. Vermessungsbeamte Vf. 10. Juni 91 (MB. 125). — Neben dem G. 75 kommen noch einzelne Bestimmungen der älteren Vorschriften (Reg. 25. April u. Instr. 16. Juni 36 GS. 181 u. 187) zur Anwendung § 17 d. G. — Die Kostenpflicht betreffen V. 17 § 209—214, G. 7. Juni 21 § 26—28 u. G. 2. März 50 (GS. 129) Art. 16. — Stempelfreiheit V. 17 § 213; § 155 Abs. 2 d. W. — Die Kosten und die Ansprüche auf deren Rückerstattung verjähren in 4 Jahren G. 20. Sept. 99 (GS. 177) Art. 8.

§ 340.

c) Die **freie Verfügung über das Grundeigentum** ist unbeschadet der Ansprüche der Realberechtigten grundsätzlich anerkannt. Infolgedessen wurde das Jagdrecht auf fremdem Grund und Boden (§ 356 Abs. 1), sowie eine Mehrzahl einzelner Berechtigungen, insbesondere das Obereigentumsrecht des Lehns-, Grund- und Erbzinsherrn, das Eigentumsrecht des Erbverpächters und das grund- oder gutsherrliche Heimfallsrecht mit Ausnahme der diesen Verhältnissen entspringenden Abgaben und Leistungen unentgeltlich aufgehoben.[1]) Gleiches gilt von dem Vorkaufs-, Näher- und Retraktrecht an Grundstücken, soweit es nicht auf Vertrag, letztwilliger Verfügung oder Enteignung beruht.[2]) — Abgesehen von dem Erbbaurecht (§ 279 Anm. 1) und den Familienfideikommissen (§ 213 Abs. 2) darf bei erblicher Überlassung eines Grundstücks nur das volle Eigentum übertragen, das letztere auch nur mit festen kündbaren Geldrenten belastet werden.[3]) Das Kündigungsrecht darf bei Hypotheken-, Grund- und Rentenschulden nur soweit ausgeschlossen werden, daß es nach 20 Jahren binnen 6 Monaten ausgeübt werden kann.[4])

Die freie Verfügung bedingt die **Teilbarkeit.** Auch die dieser entgegenstehenden Hindernisse, die namentlich dem früheren bäuerlichen Erbrecht (Meier-, Höferecht) entsprangen, sind beseitigt.[5]) Die Verteilung der öffentlichen Lasten bei Zerstückelungen (Dismembrationen oder Parzellierungen) ist — abgesehen von Westfalen, Rheinprovinz und Hohenzollern — näher geordnet; die Regelung der Staatsabgaben erfolgt von Amts wegen durch die Staatsbehörden, die der übrigen Lasten durch die beteiligten Körperschaften und Verbände.[6]) — Zur Erleichterung der

---

[1]) AblösG. (ältere Prov.) 2. März 50 (GS. 77) § 2, 3 u. 5. — Grunderwerb durch Körperschaften § 249 Abs. 5.

[2]) AblG. § 2^6 u. 4 u. (Hannover) G. 11. Juni 72 (GS. 73 S. 2). — Vertragsmäßiges Vorkaufsrecht BGB. § 504 bis 514, dingliches an Grundstücken, das im Interesse der Seßhaftmachung (§ 343 d. W.) zugelassen ist § 1094—1104. Vorkaufsrecht der Miterben § 2034—6. — Vorkaufsrecht beim Bergbau § 333 Anm. 11, bei Rentengütern § 343 Anm. 13, bei Enteignungen § 377 Anm. 11.

[3]) AblG. § 91 (EG. z. BGB. Art. 115). Diese u. die gleiche Vorschrift in den Ablösungsgesetzen von Schl.-Holstein, Hannover, Hessen-Nassau u. Hohenzollern (Anm. 8) sind durch das BGB. nicht berührt u. auf das Herz. Lauenburg, Helgoland u. das linke Rheinufer ausgedehnt AG. Art. 30.

[4]) AG. (vor. Anm.) Art. 32 u. 89 15, 22, 27, 29. — Abweichung § 343 Abs. 4 d. W.

[5]) Ed. 9. Okt. 07 § 4 u. v. 14. Sept. 11 § 1. Abweichung wie vor. Anm. — Hannover G. 28. Mai 73 (GS. 253) § 8; vorm. großh. hess. u. nassauische Teile G. 28. Jan. 78 (GS. 85); Kreis Rinteln G. 21. Feb. 70 (GS. 117).

[6]) Östliche Provinzen G. 25. Aug. 76 (GS. 405) § 1—12, 21, 24—26 (der übrige Teil des G. ist in § 280 Anm. 21 d. W. nachgewiesen), die Frist im § 9 beträgt jetzt 2 Wochen LVG. § 51; ZustG. § 147, Bearb. v. Kamptz (Berl. 93) u. Petersen (2. Aufl. Berl. 11): verb. AblG. § 93 u. AG. z. BGB. 20. Sept. 99 (GS. 177) Art. 31. Ausf.Instr. 10. März 77 (MB. 103) § 1—13 u. 18; Schl.-Holstein G. 13. Juni 88 (GS. 243) § 1—12, 21—24 u. (Kr. Herz. Lauenburg) G. 22. Jan. 76 (Wochenbl. 11) nebst ZustG. § 149; Hannover G. 4. Juli 87 (GS. 324) § 1—13 u. 22—24.

Abtrennung verhältnismäßig kleiner Grundstücke können solche gegen ein Unschädlichkeitszeugnis der Auseinandersetzungsbehörde — bei landschaftlich beliehenen Gütern der Kreditdirektion — ohne Einwilligung der Grundberechtigten verkauft oder vertauscht werden. Die Kaufgelder sind in diesem Fall ebenso in das Hauptgut zu verwenden wie die Ablösungskapitalien.[7]) Zu öffentlichen Zwecken ist bei entsprechender Werterhöhung des Hauptgutes gegen solche Bescheinigung auch die unentgeltliche Abtretung einzelner Teilstücke ohne diese Einwilligung zulässig.[8])

§ 341.

d) Die **Ablösung** der auf Grund und Boden haftenden Abgaben und Dienste war bereits 1811 angebahnt und seitdem durch eine Reihe allgemeiner und provinzieller Vorschriften weiter geführt. Eine einheitliche und umfassende Regelung ist indessen erst in der zweiten Hälfte des vorigen Jahrhunderts eingetreten. Sie erstreckte sich über das gesamte derzeitige rechtsrheinische Staatsgebiet.[1]) Auf Ablösung kann hiernach der Berechtigte wie der Verpflichtete antragen.[2]) Ablösbar sind alle beständigen Abgaben und Leistungen mit Ausnahme der öffentlichen Lasten und der nach den Grundsätzen der Gemeinheitsteilungsordnung abzulösenden Grundgerechtigkeiten (Grunddienstbarkeiten, Servituten).[3])

Zum Zweck der Ablösung wird nach bestimmten Normalpreisen oder nach dem Gutachten Sachverständiger der jährliche Geldwert der abzulösenden Lasten ermittelt[4]) und nach Abzug der in gleicher Weise ermittelten Gegenleistungen der Ablösung zu Grunde gelegt. Dabei muß mindestens $1/3$ des Reinertrages der Stelle frei bleiben.[5]) — Eine besondere Berechnung ist in betreff der dauernd zur Nutzung ausgeliehenen

[7]) G. 3. März 50 (GS. 145) u. 27 Juli 60 (GS. 384), beide eingeführt in Schl.-Holstein G. 22. April 86 (GS. 139), im RB. Kassel, ausschl. der großh. hess. Teile und in Hohenzollern G. 12. April 85 (GS. 115) im Gebiete des rhein. Rechts G. 12. April 88 (GS. 52) § 76. Entsprechende Bestimmungen für Waldeck-Pyrmont G. 14. Dez. 96 (GS. 263); ebenso für Hannover G. 25. März 89 (GS. 65) § 1—3 unter gleichzeitiger, den altpreußischen Grundsätzen (§ 322 Anm. 10) entsprechender Regelung des Verfahrens zur Sicherstellung der Rechte dritter § 4—9; Einf. in Frankfurt und die vorm. großh. u. landgräfl. hessischen Teile G. 19. Aug. 95 (GS. 481) § 4, in das vorm. Herz. Nassau u. Helgoland G. 20. Sept. 99 (GS. 177) Art. 20. Diese Gesetze, die durch das BGB. nicht berührt worden EG. Art. 120 sind ergänzt G. 99 Art. 19. — Verb. AblG. (§ 341 Anm. 1) § 110—122.

[8]) G. 15. Juli 90 (GS. 226). Fortdauernde Geltung wie vor. Anm.

[1]) AblösungsG. 2. März 50 (GS. 77). — Auf dem linken Rheinufer war dem Bedürfnisse bereits durch die französische Gesetzgebung genügt.

[2]) Das. § 94 u. 95; Zuständigkeit u. Verfahren § 104—112.

[3]) Das. § 6 u. 7. — Privatrechtliche Best. über Reallasten § 211 Anm. 5 d. W.

[4]) AblG. § 8; Dienste § 9—17; feste Körnerabgaben § 18—28; andere feste Naturalabgaben § 29—31; Fruchtzehnten § 32—35; Besitzveränderungsabgaben § 36—49; feste Geldabgaben § 50—56; sonstige Lasten § 57, 58. — Feststellung der Normalpreise u. Marktorte § 67, 68, 71 u. 72, G. 19. März 60 (GS. 98) u. 11. Juni 73 (GS. 356).

[5]) AblG. § 59—63 u. 66.

und im Eigentum des Gutsherrn verbliebenen Stellen vorgeschrieben, indem die für den Berechtigten und Verpflichteten ermittelten Werte gegeneinander aufgerechnet werden, worauf der zu gunsten des ersteren verbleibende Überschuß im ordentlichen Verfahren zur Ablösung gelangt (gutsherrlich-bäuerliche Regulierung).[6]) — Bei der Ablösung hat der Verpflichtete die Wahl, ob er durch Zahlung des 18fachen Betrages des Jahreswertes ablösen oder diesen Jahreswert als Rente weiterzahlen will. In letzterem Falle wird das Verhältnis zwischen Berechtigten und Verpflichteten dadurch gelöst, daß zwischen beide der Staat tritt, der die Ablösung mit seinem Kredit und seinen Vorrechten bei der Abgabenerhebung zu fördern vermag. Die Vermittelung bewirkt die Rentenbank, die den Berechtigten durch vierprozentige, staatlich gewährleistete Rentenbriefe in Höhe des zwanzigfachen Betrages abfindet und die sonach den Zinsbetrag übersteigende Rente so lange fortbezieht, als es neben der Verzinsung zur allmählichen Tilgung der Rentenbriefe erforderlich ist. Diese Frist dauert $56^1/_{12}$ oder, wenn der Verpflichtete von dem Recht auf Erlaß eines Zehntels der Rente keinen Gebrauch macht, $41^1/_{12}$ Jahre. Die Vermittelung der Rentenbank tritt auch ein, wenn der Verpflichtete den 18fachen Barbetrag anbietet und der Berechtigte den 20fachen Betrag in Rentenbriefen vorzieht.[7]) Die Endfrist, die für die Anträge auf Vermittelung der Rentenbank gestellt war, ist fortgefallen.[8]) Die Rentenbanken werden von Direktionen verwaltet[9]) und stehen unter gemeinsamer Aufsicht des Landwirtschafts- und des Finanzministers.[10]) Die Renten bedürfen keiner grundbuchlichen Eintragung und werden den Staatssteuern gleich behandelt und mit diesen erhoben.[11]) Die Rentenbriefe lauten auf den Inhaber (§ 326 Abs. 4) und werden nach Maßgabe der angesammelten Tilgungsbeträge allmählich ausgelost.[12])

Für einzelne Ablösungen bestehen abweichende Vorschriften:

1. Domänenrenten werden ohne Vermittelung der Rentenbanken unmittelbar an die Staatskasse abgeführt;[13])

---

[6]) Das. Abschn. III (§ 73—90), erg. Dekl. 24. Mai 53 (GS. 240) u. G. 16. März 57 (GS. 235). — Dieser nur für das Geltungsgebiet der früheren Regulierungsvorschriften bestimmte Abschnitt ist in den vormals sächsischen Teilen nicht anwendbar, auf Neuvorpommern u. Rügen jedoch nach Maßgabe des G. 12. Juni 92 (GS. 127) ausgedehnt.

[7]) AblG. § 64 und RentenbankG. 2. März 50 (GS. 112).

[8]) RentBG. § 56 u. G. 7. Juli 91 (GS. 279) § 14.

[9]) RBG. § 1, 4, 5 u. AE. 17. Juli 50 (GS. 351); Stempelfreiheit der Verhandlungen RBG. § 54. — Rentenbanken bestehen in Königsberg i. Ost. u. Westpreußen; in Berlin f. Brandenburg u. die Stadt Berlin; in Stettin f. Pommern u. Schl.-Holstein; in Posen f. d. Prov. Posen; in Breslau f. Schlesien; in Magdeburg f. Sachsen u. Hannover u. in Münster f. Westfalen, Hess.-Nassau und die Rheinprovinz.

[10]) AE. 2. Juli 59 (GS. 421).

[11]) RBG. § 18—27, G. 27. Juli 60 (GS. 383), EG. z. BGB. Art. 113, 114, AG. Art. 22³ u. 31 u. G. 26. Sept. 99 (GS. 307) § 12 Abs. 1. — Verteilung bei Zerstückelungen § 340 Abs. 2 d. W.

[12]) RBG. § 32—48.

[13]) Das. § 7 u. 64.

2. Besonders vereinbarte Erbpacht-, Erbzins- oder Eigentumskanons oder Zinse sind nicht durch Rentenzahlungen ablösbar;[14])
3. Abgaben an geistliche und Schulanstalten, fromme und milde Stiftungen werden nach den Normalpreisen in eine Roggenrente verwandelt, die zum 25fachen (bei Beantragung durch den Berechtigten zum $22^2/_9$fachen) Betrage abzulösen, oder nach dem jährlichen Marktpreise in Geld weiterzuzahlen ist;[15])
4. Bei Mühlenabgaben wird die Vorfrage, ob sie als gewerbliche Abgaben aufgehoben oder als Grundabgaben ablösbar seien, durch das Oberlandeskulturgericht entschieden.[16])

Ähnlich ist die Ablösung in den neuen Provinzen geregelt.[17]) Die Frist für Inanspruchnahme der Rentenbanken ist dieselbe, wie in den älteren Provinzen.[8])

§ 342.

e) Die **Gemeinheitsteilungen** bezwecken die Beseitigung der seit lange[1]) als kulturschädlich erkannten gemeinschaftlichen Nutzung ländlicher Grundstücke (Gemeinheiten), die entweder auf einem den früheren Markgenossenschaften entstammenden, gemeinsamen oder Gesamteigentume oder auf ein- oder wechselseitigen Dienstbarkeitsverhältnissen (Servituten)[2]) beruhte. Die Gemeinheitsteilung wird in der Regel mit der wirtschaftlichen Zusammenlegung zersplitterter und im Gemenge belegener Grundstücke verbunden und in diesem Falle als Separation, in Hannover als Verkoppelung und in Nassau, wo sie nur einzelne Feldabteilungen (Gewannen) umfaßt, als Konsolidation, in Süddeutschland als Feldbereinigung bezeichnet.

Eine einheitliche Ordnung ist zunächst für das landrechtliche Gebiet erfolgt.[3]) Gegenstand der Gemeinheitsteilung sind die Weide-, Forst-, Frucht-, Gräserei-, Fischerei-, Torf- und ähnlichen Nutzungen auf frem-

---

14) AblG. § 65 Abs. 1—3.

15) G. 27. April 72 (GS. 417), 11. Juni 73 (GS. 356) § 5 u. v. 15. März 79 (GS. 123).

16) AblG. § 113; G. 11. März 50 (GS. 146) u. (neue Provinzen) 17. März 68 (GS. 249) § 50.

17) Schlesw.-Holstein G. 3. Jan. 73 (GS. 3), Einf. in Lauenburg G. 29. Mai 03 (GS. 189). — Hannover AblO. 23. Juli 33 (han. GS. I 147); die Befugnis des Domänenfiskus als Berechtigter auf Ablösung anzutragen (V. 28. Sept. 67 GS. 1670) ist auf andere Berechtigte ausgedehnt G. 3. April 69 (GS. 544), insbesondere auf geistliche u. Schulinstitute, fromme u. milde Stiftungen G. 15. Feb. 74 (GS. 21); Ablösung der Erbzins- u. Erbpachtverhältnisse in den Moor- u. Veenkolonien G. 2. Juli 76 (GS. 261). — RB. Kassel außer den vorm. großh. hess. Teilen G. 23. Juli 76 (GS. 357) und 2. Feb. 79 (GS. 16). — Letztgenannte Teile und RB. Wiesbaden G. 5. April 69 (GS. 517), 15. Feb. 72 (GS. 165), 16. Juni 76 (GS. 369), u. (Ausschluß d. Frankfurter Wallgrundstücke) 15. Juli 90 (GS. 255). — Hohenzollern G. 28. Mai 60 (GS. 221).

1) Älteste GemTO. 1771 f. Schlesien.

2) § 211 Anw. 5 u. 341 Anm. 3.

3) Gemeinheitsteilungsordnung 7. Juni 21 (GS. 53); ErgG. 2. März 50 (GS. 139). — Übersicht der Rechtsprechung von Rintelen (Berl. 06).

den Grundstücken.[4]) Die Gemeinheitsteilung setzt den Antrag eines Beteiligten und im Fall eines Länderaustausches die Zustimmung der Besitzer des vierten Teils der Länderein voraus.[5]) Eine wirtschaftliche Zusammenlegung der Grundstücke ist auch außerhalb der Gemeinheitsteilung gestattet, sobald die Eigentümer der mehr als die Hälfte der Fläche und des Grundsteuerreinertrages darstellenden Grundstücke auf solche antragen und der Kreistag sie für zulässig erklärt.[6]) In der Gemeinheitsteilung selbst werden die Teilnehmungsrechte ermittelt[7]) und nach diesen die Abfindungen festgestellt, die in der Regel in Land bestehen sollen, daneben aber auch in Rente, Naturalleistung oder Kapital gewährt werden können.[8]) Bei Forsten sind Naturalteilungen nur unter besonderen, das Forstkulturinteresse sichernden Voraussetzungen zulässig.[9]) — Die Abfindungen werden mit den durch Besitzrecht und Schuldenbelastung bedingten Einschränkungen freies Eigentum und treten in Ansehung der Rechte und Pflichten an Stelle der abgetretenen Grundstücke und Berechtigungen.[10]) — Neue Gemeinheiten können nur für beschränkte Zeit mittelst schriftlichen Vertrages errichtet werden.[11]) — Abgesehen von der Aufhebung der Gemeinheiten können die Beteiligten auch deren Beschränkung auf ein bestimmtes Maß herbeiführen.[12])

Ähnliche Vorschriften ergingen für die übrigen Landesteile.[13])

---

[4]) GTO. § 1 u. 2; ErgG. Art 1 u. 2. Gerechtigkeiten zur Hütung LR. I 22 § 80—137, 141—4, Schäferei 146—179, sonstige § 240—2, Mastung u. Holzung Anm. 9; die Vorschriften werden bezüglich des Inhalts u. Maßes der Gerechtigkeiten durch das BGB. nicht berührt EG. Art. 115.

[5]) GTO. § 4, 5, 9—29; ErgG. Art. 9 u. V. 28. Juli 38 (GS. 429). — Unzulässigkeit der Verwandlung des Gemeinde-(Kämmerei-) oder des Gemeindeglieder-(Bürger-)vermögens in Privateigentum GTO. § 17 u. Dekl. 26. Juli 47 (GS. 327) § 1; rhein. GTO. (Anm. 13) § 3.

[6]) G. 2. April 72 (GS. 329), Ausf. Vf. 28. Juni 72 (MB. 213).

[7]) GTO. § 30—55; EG. Art. 3—6, 9 u. 14 u. Dekl. 26. Juli 47 § 5.

[8]) GTO. § 56—107; EG. Art. 7, 8—10.

[9]) § 350 Abs. 4 d. W. — Teilungsgrundsätze GTO. § 108—113; Abstellung der forstlichen Berechtigungen (Waldservituten) § 114—140, und zwar Mastungsrecht § 116, 117 u. 130, verb. LR. I 22 § 187—196: Holzungsrecht GTO. § 118—126, 128 u. 129, EG. Art. 4 u. 10, verb. LR. I 22 § 197—239; Waldweiderecht GTO. § 131—137 u. 139, EG. Art. 10 u. 11, vgl. LR. I 22 § 170—186 u. LandKultEd. 14. Sept. 11 (GS. 300) § 27—33; Waldstreuberechtigung GTO. § 140, EG. Art. 4 u. f. d. östl. Prov. V. 5. März 43 (GS. 105) nebst FeldpolG. 1. April 80 (GS. 230) § 96³.

[10]) GTO. § 141—151, 153—163 u. LR. I 20 § 458—465. Sicherstellung der Rechte dritter KO. 29. Juni 35 (GS. 135) (§ 152 des ersteren u. § 2, 9 des letzteren G. aufgehoben AblG. 2. März 50 § 110). Zeitpunkt für den Eigentumsübergang G. 26. Juni 75 (GS. 325) § 1, erg. G. 20. Sept. 99 (GS. 117) Art. 36.

[11]) GTO. § 164, 165, 27 u. Dekl. 31. März 41 (GS. 75).

[12]) GTO. § 166—191.

[13]) GTO. f. Neuvorpommern u. d. Rheinprov. ausschl. des landrechtlichen Gebietes (§ 196 Abs. 1 d. W.) 19. Mai 51 (GS. 371); die wirtschaftliche Zusammenlegung, die in Neuvorpom. auf V. 1775 beruht, ist im ostrhein. Teil des RB. Koblenz durch G. 5. April 69 (GS. 514) und im Geb. des rhein. Rechts, wo der Grundbesitz besonders stark zersplittert ist, durch G. 24. Mai 85 (§ 336 Anm. 2) zugelassen. Das G. 28. Mai 13 (GS. 28[illegible]) ergänzt diese Gesetze für die Rheinprov., indem es die Zusammenlegungen er-

Die Verwaltung und die Vertretung der durch die Gemeinheitsteilungen begründeten gemeinschaftlichen Angelegenheiten (Lehm-, Sand-, Kalk- und Mergelgruben, Steinbrüche, Wirtschaftswege, Gräben und Tränken) kann von der Auseinandersetzungsbehörde auf Antrag dem Gemeindevorstande übertragen werden.[14])

Die Gemeinheitsteilungen und Separationen haben sich bereits über eine umfassende Bodenfläche ausgedehnt und das Grundeigentum in wesentlich erweitertem Umfange einer unbehinderten und wirtschaftlicheren Benutzung erschlossen. Die verbesserte Lage der Grundstücke hat, verbunden mit einem zweckmäßigen Graben- und Wegenetze, den Meliorationen (§ 344 Abs. 2) und einer freien Bewirtschaftung (§ 352 Abs. 1) die Wege geebnet und die früheren endlosen Grenzstreitigkeiten durch feste und einfache Bestimmung der Grenzen fast ganz beseitigt. Die landwirtschaftliche Erzeugung und der Wohlstand der ländlichen Bevölkerung sind dadurch wesentlich gehoben; für viele Gegenden bilden die Separationen den Ausgangspunkt für einen neuen und zweckgemäßen Betrieb der Landwirtschaft.

§ 343.

f) Die angemessene **Verteilung des Grundeigentums** bildet eine wichtige Vorbedingung für den ersprießlichen Betrieb der Landwirtschaft. — Die Landwirtschafttreibenden zerfallen in Kleinbesitzer, die bei einem Besitze bis zu 2 (auf geringem Boden 5) ha auf Nebenarbeit angewiesen sind, in mittlere Besitzer (Bauern), die je nach Boden und Klima 3 bis 100 ha besitzen und davon zwar selbständig — ohne Nebenverdienst — leben können, aber mitarbeiten müssen, und in größere oder Gutsbesitzer, die mit fremden Kräften arbeiten und sich auf die Leitung der Wirtschaft beschränken. — Kleine Besitzungen verknüpfen politisch das Interesse zahl-

---

leichtert Art. I—V u. diese zur Vermeidung von Hochwasserschäden im Gebirgs- u. Hügelland auch auf Ödländereien u. Holzungen zwecks ihrer Aufforstung u. forstmäßigen Benutzung ausdehnt Art. VI. — Hohenzollern G. 23. Mai 85 (GS. 143). — Schl.-Holstein G. 17. Aug. 76 (GS. 377), Einf. in Lauenburg G. 25. Feb. 78 (GS. 97) § 9. — Hannover G. 30. Juni 42 (han. GS. I 131), erg. G. 12. u. Bek. 20. Okt. 53 (das. 396 und II 36), G. 8. Nov. 56 (h. GS. I 433) und (§ 11) G. 29. Mai 07 (GS. 115); Wiesenbehütung G. 15. Juli 48 (das. 201); Berechtigung zur Waldstreu G. 7. Jan. u. Bek. 2. Feb. 63 (das. 3 u. 15), zur Weide G. 8. Nov. 56 (das. 39) und 8. Juni 73 (GS. 353), zum Hauen von Plaggen, Heide, Rasen und Bülten G. 13. April 85 (GS. 109); Forstberechtigungen (Forstteilungen) G. 13. Juni 73 (GS. 357). — RB. Kassel u. Kr. Biedenkopf V. 13. Mai u. 2. Sept. 67 (GS. 716 u. 1463), erg. G. 25. Juli 76 (GS. 366) u. (§ 5) StädteO. 4. Aug. 97 (GS. 254) § 52 Abs. 3, auf Waldeck ausgedehnt G. 25. Jan. 69 (GS. 291). — RB. Wiesbaden außer Kr. Biedenkopf, Güterkonsolidation V. 12. Sept. 29 (nass. VBl. 65) u. 2. Sept. 67 (GS. 1462), G. 21. März 87 (GS. 61) u. 4. Aug. 04 (GS. 191); Gemeinheitsteilung GTO. 5. April 69 (GS. 526), erg. (§ 3) durch StädteO. wie im RB. Kassel.

[14]) G. 2. April 87 (GS. 105), Bearb. v. Kluckhuhn (Berl. 04), OV. (XXIII 68). Besondere Regelung der Verfassung der in der Provinz Hannover zahlreich vorhandenen Realgemeinden G. 5. Juni 88 (GS. 233).

reicher Leute mit dem Bestande des Staates und der gesellschaftlichen Ordnung, gewähren diesen wirtschaftlich Mittel zur Hebung ihrer Lage und zur Verwertung überschüssiger Arbeitskräfte und mindern sozialpolitisch die Klassengegensätze und die Abwanderung vom Lande (§ 350 Abs. 2). So erwünscht es hiernach sein würde, wenn jedem fleißigen Arbeiter und Handwerker die Möglichkeit zum Grunderwerbe gewährt würde, so bietet sich doch nicht überall Gelegenheit zu ausreichender Nebenarbeit; die Kleinbesitzer würden auch nach ihrer Wirtschaftsweise (§ 337 Abs. 1) den Bedarf der Bevölkerung an den Hauptnahrungsmitteln (Getreide und Großvieh) nicht decken können. — Die Bauern sind trotz einer gewissen Schwerfälligkeit den Fortschritten der Landwirtschaft nicht unzugänglich, können sich in den Genossenschaften auch manche Vorteile des Großbetriebes aneignen und wirtschaften bei unmittelbarer Aufsicht und Mitarbeit sehr sorgfältig und bei ihrer Anspruchslosigkeit auch besonders billig. Die körperliche Gesundheit, die Gewöhnung an strenge Arbeit und die verständige Denkungsweise machen sie dabei zu festen Stützen in Staat und Gemeinde. — Die Gutsbesitzer vermögen durch vermehrten Aufwand an Kapital und durch höhere Ausbildung die technischen Fortschritte der Landwirtschaft vorzugsweise zu fördern und für die übrigen Landwirte vorbildlich zu wirken. Dabei sind sie für manche Betriebe (intensive Wirtschaft, Waldbau) ausschließlich befähigt, auch im Staatswesen, insbesondere in der Selbstverwaltung, wegen des besonderen Interesses an der staatlichen und gesellschaftlichen Ordnung nicht zu entbehren. Da hiernach eine angemessene Vertretung aller drei Klassen der Landwirtschafttreibenden notwendig erscheint, so erstrebt die neueste Agrargesetzgebung (§ 338 Abs. 4) eine entsprechende Abstufung zwischen kleinem, mittlerem und großem Besitze und sucht ebensowohl der zu starken Zersplitterung, als dem Übermaße großer Besitzungen (Latifundien) entgegen zu wirken.[1]) Sie hat dieserhalb

---

[1]) Die Verteilung des Grund und Bodens wurzelt in den ursprünglichen Ansiedelungen, die auf Einzelhöfen, häufiger aber in geschlossenen Ortschaften erfolgten. In diesen wurde — während Wald und Weide im Gemeinbesitz (Gemeinheit, in Süddeutschland Allmende) verblieben — der Acker wegen seiner ungleichartigen Beschaffenheit in Hauptabteilungen (Gewannen, Lagen) zerlegt, innerhalb deren jeder Ansiedler seinen Anteil (Hufe) in Teilabschnitten (Morgen, Tagewerke) erhielt. Diese Gemengelage nötigte bei dem Mangel an Zufuhrwegen zur gleichzeitigen Vornahme der Bestellungs- und Erntearbeiten in derselben Gewanne, die durch besondere Flurordnungen (Flurzwang), festgestellt und erst durch die Separationen (§ 342 Abs. 1 u. 5) beseitigt wurde. Diese Verteilung erlitt durch Erbgang, Verkäufe u. Stiftungen noch weitere Verschiebungen. Einsichtige Fürsten traten dann der Einziehung der bäuerlichen Grundstücke durch die Grundherren entgegen, förderten auch die Wiederbesetzung wüst gewordener Stellen (§ 77 Anm. 2). Immerhin hat der Bauernstand sich im Nordosten Deutschlands gemindert, wenn auch nicht in dem Maße, wie in England und besonders in Schottland. — Im Jahre 1907 wurden in Preußen 3400144 landwirtschaftliche Betriebe gezählt, darunter 2100977 kleinere (unter 2 ha), 1280050 mittlere, bäuerliche (2—100 ha) und 19117 größere (über 100 ha).

1. auf dem Gebiete des Erbrechts, neben den Fideikommissen, im Höferecht die letztwillige Verfügung zu Gunsten eines einzelnen Erben erleichtert,
2. in dem Anerbenrecht, unbeschadet der freien Verfügung von Todes wegen, ein neues gesetzliches Erbrecht eingeführt,
3. in den Rentengütern die Neubildung kleinerer Besitzungen durch erleichterte Zahlung des Kaufgeldes und amtliche Vermittelung gefördert.

Während die Fideikommisse die Erhaltung der größeren Güter[2]) und das Höferecht nebst dem Anerbenrecht in Westfalen die der mittleren Güter (Landgüter) bezwecken, sollen die Rentengüter und das mit diesen verbundene Anerbenrecht die Neuansiedelung mittlerer und kleinerer Besitzer (Kleinbauern und Arbeiter) fördern. Diese innere Kolonisation[3]), die zugleich dem Landwirtschaftsbetriebe die nötigen Arbeitskräfte sichern will (§ 350 Abs. 2), wird vom Staate gefördert durch Erleichterung der Rentengutsbildung (Abs. 5), durch Unterstützung der seit 1905 gebildeten gemeinnützigen Ansiedlungsgesellschaften[4]), durch Aufteilung von Staatsgütern (§ 126 Abs. 3) und durch Besiedlung unangebauter Flächen, insbesondere der Moore (§ 344 Abs. 3). Das BGB. berührt diese Gesetzgebung nicht.[5])

Großbetriebe (über 100 ha) überwogen in Westpreußen, Pommern, Posen, ebenso in Mecklenburg-Schwerin, die Kleinbetriebe (bis zu 5 ha) dagegen in Hessen-Nassau, Rheinprovinz, ebenso in Hessen-Darmstadt, der Rheinpfalz, Baden u. Württemberg. — Goldschmidt, Grundbesitzverteilung in der Mark Brandenburg u. Hinterpommern seit 1618 (Berl. 10).

[2]) Die wirtschaftliche Bedeutung eines gebundenen Besitzes in den Fideikommissen (§ 213 Abs. 2) beruht auf der im allgemeinen Staatsinteresse wichtigen Erhaltung eines unabhängigen und leistungsfähigen Grundbesitzerstandes, auf der im Interesse des Wirtschaftsbetriebes liegenden Beschränkung der Verschuldung und auf der gesicherten Erhaltung eines größeren Waldbestandes (§ 350 Abs. 3). — Der Fideikommißbesitz in Preußen umfaßte (Ende 1910) 1251 Besitzungen mit 2,4 Mil. ha, 6,9 v. H. der Gesamtfläche; davon waren 46,6 v. H. bewaldet.

[3]) Diese Ansiedelungen bilden eine Fortsetzung der durch verschiedene Umstände, insbesondere durch die herrschende Anschauung von der unbedingten wirtschaftlichen Freiheit (§ 310 Abs. 1) unterbrochenen älteren Kolonisationsbestrebungen (§ 30 Abs. 4).

[4]) Ostpreuß. Landges., pomm. Ansiedlungsges., Landgesellsch. „eigene Scholle" in Frankfurt a. O. für Brandenburg; Siedlungsgesellschaften für Schlesien u. für Sachsen sind im Entstehen. Die schlesw.-holst. u. die hannov. Ansiedlungsges. haben ihre Wirksamkeit — entsprechend der abweichenden Besitzverteilung in diesen Prov. — nicht auf Aufteilung ganzer Güter u. Bildung neuer Gemeinden, sondern auf Zerlegung nicht lebensfähiger kleinerer Bauergüter in einzelne Stellen gerichtet. Im Westen des Staates ist das Bedürfnis zu einer umfassenden Kolonisation nicht hervorgetreten. — Beteiligung des Staates Anm. 11.

[5]) EG. Art. 59—64. (Das Erbpachtrecht Art. 63 besteht in Preußen nicht mehr). Sonst werden landwirtschaftlich genutzte Grundstücke im Erbgange gleich anderen Erbschaften gemeinschaftliches Vermögen der Erben BGB. § 2032; jeder von ihnen kann die Auseinandersetzung verlangen § 2042 und diese erfolgt durch Teilung § 757, nötigenfalls unter Verkauf des Erbschaftsgegenstandes § 753. Wertberechnung für Landgüter § 350 Anm. 3 d. W.

Um unbeschadet der freien Teilbarkeit Bauergüter (Höfe, Landgüter) vor Erbteilungsschulden und Zerstückelung zu bewahren und dadurch möglichst in ihrem Bestande zu erhalten, können diese auf Antrag des Besitzers in eine vom Amtsgericht geführte Höferolle (Landgüterrolle) mit der Wirkung eingetragen werden, daß im Fall der Beerbung durch mehrere Personen ein Erbe (Anerbe) zu einem nach dem Ertrage bemessenen, mäßigen Betrage das Gut übernehmen und die Miterben abfinden kann (Höferecht oder mittelbares, freiwilliges Anerbenrecht).[6] Bezüglich der bei einer Auseinandersetzung beteiligten Grundstücke kann der Antrag auch bei der Generalkommission oder deren Kommissar gestellt werden.[7]) In Westfalen und dem landrechtlichen Teile der Rheinprovinz (§ 196 Abs. 1) gilt für Landgüter (selbständige Nahrungsquellen ein gesetzliches Anerbenrecht.[8])

Die Errichtung von Rentengütern war zuerst nur zur Beförderung deutscher Ansiedelungen in den Provinzen Westpreußen und Posen zugelassen. Der Staat, dem dazu ein Beitrag von 725 Mill. M. zur Verfügung gestellt ist, soll damit Grundstücke erwerben, die an geeignete Ansiedler zu Eigentum oder in Zeitpacht überlassen werden sollen. Die Eigentumsüberlassung war — in Abweichung von dem Verbote der Auflegung fester Geldrenten und der Teilungsbeschränkung (§ 340) — gegen Übernahme fester, nur bei Zustimmung beider Teile ablösbarer Geldrenten zugelassen.[9]) — Dem gleichen Zweck dient die Besitzbefestigung.

[6]) HöfeG. f. Hannover 2. Juni 74, geändert, insbes. durch G. 28. Juli 09 (GS. 651), das den Kreis der Anerben erweitert, sie günstiger stellt u. den Zusammenhang der Familien nach dem Tode des Vaters fördern soll; gem. Art. III ist das ältere G. mit veränderter Paragraphenfolge neu veröffentlicht 09 (GS. 662); Vf. 30. Sept. 74 (JMB. 261), erg. 13. Sept. 09 (das. 329). Das G. ist ferner mit einigen Änderungen in die Grafsch. Schaumburg eingeführt G. 9. Juli 10 u. für diese in neuer Fassung veröffentlicht (GS. 113 u. 116). — HöfeG. f. Lauenburg 21. Feb. 81 (GS. 19). — Für Brandenburg erging LandgüterO. v. 10. Juli 83 (GS. 111) u. Vf. 6. Aug. 83 (JMB. 280), f. Schlesien v. 24. April 84 (GS. 121) u. Vf. 15. Mai 84 (JMB. 98), f. Schleswig-Holstein außer Lauenburg v. 2. April 86 (GS. 117) u. Vf. 10. Mai 86 (JMB. 110), f. d. RB. Kassel ausschließlich des Kr. Rinteln v. 1. Juli 87 (GS. 315) u. Vf. 18. Aug 87 (JMB. 198). — Am 31. Dez. 05 waren eingetragen in Brandenburg 71, Schlesien 56, Kr. Herz. Lauenburg 507, Schl.-Holstein außer Lauenburg 34, Hannover 72608, Westfalen 2522 u. RB. Kassel 237 Höfe. — Eintragung in die Höferolle auf Ansuchen der Generalkommissionen G. 11. Juli 91 (GS. 303). Gerichtskosten G. 99 (GS. 326) § 71.

[7]) G. 11. Juli 91 (GS. 303).

[8]) G. 2. Juli 98 (GS. 139) u. Ausf.-Vf. 13. Juli u. 3. Aug. 98 (MB. 214 u. 205).

[9]) G. 26. April 86 (GS. 131 nebst Berichtigung 87 S. XXXII), 20. April 98 (GS. 63), 1. Juli 02 (GS. 234) Art. I, v. 20. März 08 (GS. 29) u. 28. Mai 13 (GS. 269) Art. I. Durch letztere Gesetze ist der Ansiedelungsfonds auf seine jetzige Höhe gebracht, mit der Maßgabe, daß davon 175 Mill. M. zur Umwandlung bäuerlicher Güter in Ansiedlungsrentengüter und zur Seßhaftmachung ländlicher Arbeiter auf dem Lande zu verwenden sind. Neben diesem Fonds sind noch 50 Mill. M. zur Erwerbung größerer Güter ausgeworfen, die zum Zweck der Festlegung u. Entschuldung (§ 351 Anm. 21) ganz oder geteilt als Rentengüter gegen vollständige Schadloshaltung wieder veräußert werden sollen G. 08 Art. I[4]. Zugleich ist die

die zur Stärkung und Festigung des deutschen ländlichen Besitzstandes in den national gefährdeten Teilen der Provinzen Ostpreußen, Pommern, Schlesien und Schleswig-Holstein angeordnet ist. Dem Staat sind dieserhalb 100 Mill. M. mit der Bestimmung zur Verfügung gestellt, Güter zu erwerben und nach Beseitigung der darauf ruhenden Privatschulden als Rentengüter mit Anerben- und Rückkaufsrecht[10]) an die Vorbesitzer oder andere deutsche Landwirte und Arbeiter zu veräußern, auch sich durch Stammeinlagen bei den zu diesem Zweck gegründeten gemeinnützigen Gesellschaften zu beteiligen.[11])

Die Überlassung von Rentengütern wurde dann auch Privatpersonen gestattet und auf den ganzen Staat ausgedehnt.[12]) Während bei Ansiedelungs- und etwa veräußerten Staatsgütern der Staat selbst als Unternehmer auftritt, bietet er den Privatbesitzern, die ihre Güter in Rentengüter von mittlerem oder kleinerem Umfange umwandeln wollen, seine Vermittelung in doppelter Hinsicht an, indem die Begründung durch die Generalkommission (§ 339 Abs. 2) erfolgen und der Staatskredit dadurch in Anspruch genommen werden kann, daß die Rentenbanken — ähnlich wie bei Ablösungen (§ 341 Abs. 2) — den Verkäufer durch Rentenbriefe oder Barzahlung abfinden, während sie zur Verzinsung und allmählichen Tilgung des Kaufgeldes eine Rente von dem Käufer beziehen, diesem erforderlichenfalls auch zur erstmaligen Einrichtung unter günstigen Bedingungen Darlehen gewähren.[13]) Schon vorher können zur Freistellung

Regierung ermächtigt, die zur erfolgreichen Ansiedlung erforderlichen Grundstücke bis zu 70000 ha nötigenfalls durch Enteignung zu erwerben, Art. I[10]. — Kreissteuerpflicht der Ansiedlungsgüter § 83 Anm. 8. — Ansiedelungskommission in Posen G. 86 § 12, G. 08 Art. I[9], V. 29. Sept. 08 (GS. 195), erg. (§ 1) V. 18. Dez. 11 (GS. 223), Reisekosten der Beamten § 73 Anm. 1 d. W. Beurkundung von Grundstücksangeboten u. Kaufverträgen StMB. 26. März 07 (MB. 113, JMB. 353). — Ansiedelungsgenehmigungen (§ 280 Abs. 5) in Westpreußen und Posen und den benachbarten Landesteilen fordern die Bescheinigung des RPr., daß die Ansiedlung mit den Zielen des G. 86 nicht in Widerspruch stehe G. 10. Aug. 04 (GS. 227) Art. I § 13b. — Bis Ende 1912 waren 399441 ha angekauft, wovon 366166 ha zu 16971 Rentengütern, 2599 Pachtgütern u. 218 Häuslerstellen weiter begeben waren. Die Zahl der auf diesen Gütern angesiedelten deutschen Familien betrug 20593.

10) Anm. 12 u. § 41 Anm. 25.

11) G. 26. Juni 12 (GS. 183) u. (Bestimmung der gefährdeten Teile) V. 12. März 13 (GS. 33); Ausf. Anw. 21. Juni 13 (MB. 132, JMB 261) u. Bestellung der Urkundspersonen für Ostpreußen Bf. 31. Okt. 13 (MB. 191), Schlesien 30. April 13 (MB. 88), Pommern 30. Sept. u. Schl. Holstein 9. Aug. 13 (JMB. 381 u. 315). Ähnliche Einrichtungen bildeten schon vorher die Mittelstandskasse in Posen (1904) u. die Bauernbank in Danzig (1906). Diese ersetzen die kündbaren, meist hoch verzinslichen Privathypotheken durch unkündbare, mäßig zu verzinsende Tilgungsdarlehn. Dazu wird das Gut in ein Rentengut verwandelt. Dieses erhält an erster Stelle ein Darlehn aus der Landschaft bis zur zulässigen Höhe, während der Mehrbedarf gegen Mithaft eines zu bildenden örtlichen Spar- u. Darlehnsvereins von der Ansiedlungskommission dargeliehen wird.

12) G. 27. Juni 90 (GS. 209).

13) G. 7. Juli 91 (GS. 279); während die Rentenbriefe mit 4 oder (jetzt regelmäßig) $3^1/_2$ v. H. verzinst werden, beträgt die Rente $4^1/_2$ oder 4 v. H. des Abfindungs- oder Darlehnsbetrages, der dadurch in $56^1/_{12}$ oder in $60^1/_2$ Jahren

von Lasten und Herstellung von Gebäuden aus dem Reservefonds der Rentenbanken Darlehen gewährt werden (Zwischenkredit).[14])

Für die Ansiedelungsgüter und die vom Staat selbst oder von Privatpersonen unter seiner Vermittelung begründeten Rentengüter ist das Anerbenrecht eingeführt, um den Übergang auf einen Erben und dessen wirtschaftliche Selbständigkeit sowie die ungeteilte Erhaltung der Güter zu sichern. Die Anerbengüter unterscheiden sich von den Höfen (Abs. 3) dadurch, daß sie zur Erlangung der Anerbengutseigenschaft von Amts wegen in das Grundbuch eingetragen werden, auch nur mit Genehmigung geteilt oder an Fremde veräußert werden dürfen (unmittelbares, gesetzliches Anerbenrecht). Beim Tode des Eigentümers kann ein Anerbe — der älteste Sohn, und, wo Söhne fehlen, die älteste Tochter — die Überlassung verlangen. Dabei wird der Anerbe in der Erbteilung mehrfach begünstigt. Zunächst werden Erbschulden und Vermächtnisse auf das Anerbengut nur insoweit angerechnet, als sie aus dem übrigen Vermögen nicht gedeckt werden können. Sodann wird der Anrechnungswert dieses Gutes auf den 25fachen Reinertrag bestimmt und der Anerbe erhält $^1/_3$ voraus, so daß nur der Rest mit den etwaigen Miterben zu teilen ist. Letztere werden endlich in Form einer für sie unkündbaren und unter Vermittelung der Rentenbank ablös- und tilgbaren Rente abgefunden. Wird das Anerbengut innerhalb 20 Jahren verkauft, so haben die Miterben der Reihe nach das Vorkaufsrecht.[15])

3. Betrieb und Pflege der Landwirtschaft.[1])

Für den Landwirtschaftsbetrieb kommen die Betriebsmittel (a) und die Wirtschaftsweise (b) in Betracht.

---

getilgt wird § 3. AusfVf. 16. Nov. 91 (MB. 236); Mitwirkung der Kreisausschüsse Vf. 25. Juli 95 (MB. 221); Zuziehung von Landwirten Vf. u. Anw. 28. Dez. 97 (MB. 98 S. 15). Arbeiterrentengüter Vf. 8. Jan. 07 (LMB. 27) u. 10. Aug. 09 (LMB. 269). — Die Generalkomm. erteilt bei den unter ihrer Vermittelung entstehenden Rentengütern auch die etwa notwendige Ansiedelungsgenehmigung nach Maßgabe des G. 10. Aug. 04 (GS. 227) Art. III. Für die vom Staate oder unter Vermittelung der Generalkommissionen aufgenommenen Rentengutsverträge genügt — statt der gerichtlichen oder notariellen Beurkundung BGB. § 313 — die schriftliche Form EG. Art. 142 u. pr. AG. 20. Sept. 99 (GS. 177) Art. 12 § 1 Abs. 1. Ferner kann das Rentengut zur Sicherstellung des Zweckes mit einem dinglichen — auch bei Tausch, Schenkung, Erbgang und Nichterfüllung der vertragsmäßigen Verpflichtungen wirksamen — Vorkaufsrechte belastet werden das. Art. 29. — Bis Ende 1911 waren unter Vermittelung der Generalkommissionen 4933 Güter mit 390369 ha verwendet und davon 18187 Rentengüter ausgelegt.

[14]) G. 12. Juli 00 (GS. 300, erg. 20. Juli 10 (GS. 149); die Vermittelung soll die Seehandlung (§ 124 Abs. 2 d. W.) übernehmen.

[15]) G. 8. Juni 96 (GS 124), Einf. im Kr. Herz. Lauenburg V. 10. Okt. 06 (GS. 411); die Geltung ist zunächst noch im Oberlandesgerichtsbezirke Köln und den vormals nassauischen Teilen ausgeschlossen das. § 41; Ausf. Vf. 10. Aug. u. 24. Sept. 96 (MB. 152 u. 184).

[1]) Die Landwirtschaftslehre umfaßt die Erzeugungs-(Produktions-) u. die Betriebslehre. Die Erzeugungslehre (§ 344 u. 356) fußt auf den Naturwissenschaften (Tierkunde nebst Bakteriologie Anm. 5, Pflanzenkunde, Mineralogie und Geologie, Physik u. Chemie), die Betriebslehre

a) Betriebsmittel.

Die Betriebsmittel bestehen — wie in der Wirtschaft überhaupt (§ 300 Abs. 2[1]) — in Naturkräften [Boden (aa), Wasser (bb)], Arbeit (cc) und Kapital (dd)].

aa) Der Boden.

§ 344.

Der Landwirtschaftsbetrieb ist auf die nachhaltige Gewinnung möglichst hoher Reinerträge gerichtet und umfaßt den Landbau (Acker- und Wiesenbau,[2]) Garten-, Obst- und Weinbau) und die Viehzucht (§ 356). Gegenstände des Landbaues sind der Boden und die Pflanze. Boden ist die oberste Erdschicht, die der Pflanze zum Standort und zur Ernährung dient.[3]) Der Zustand des durch Bearbeitung[4]) und Düngung[5]) für den

(§ 350 bis 352) auf der Volkswirtschaft (§ 2, insbes. Anm. 1). — Schlipf, populäres Handbuch der Landwirtschaft (17. Aufl. Berl. 11) u. Buchenberger, Agrarpolitik (§ 338 Anm. 1).

[2]) Wiesen sind Grundstücke, deren von ausdauernden Gräsern u. sonstigen Futterkräutern (Anm. 6 3 u. 8) gebildete Grasnarbe zur Heugewinnung benutzt wird. Sie zerfallen nach der Zahl der jährlichen Schnitte in ein- u. mehrschürige, nach der Art ihrer Entstehung in natürliche u. Kunstwiesen (§ 345 Anm. 2). Ihr wirtschaftlicher Wert besteht darin, daß sie bei geringeren Bearbeitungs- u. Düngungskosten höhere Reinerträge liefern als der Acker u. der Wirtschaft Stoffe zuführen, ohne ihr solche zu entziehen.

[3]) Als Bodenarten kommen Mineral- und Humusböden in Betracht, je nachdem die Bodenkörner vorwiegend aus verwitterten Gesteinen oder aus in Zersetzung begriffenen Pflanzen- u. Tierresten (Humus) bestehen. — Die Mineralböden heißen, wenn sie im Gebirge noch auf den ursprünglichen Gesteinen lagern, Grundschuttböden, wenn sie abgeschwemmt und in Tälern und Ebenen abgesetzt sind, Flutschuttböden (Diluvium, bei fortgesetzter Anschwemmung an Flüssen Alluvium). Ihre Schwere wächst mit der Feinheit der Bodenkörner. Der Boden heißt Sand und lehmiger Sand, wenn die feinsten (unter 0,01 cbmm großen) Teile bis 12 v. H., sandiger Lehm und Lehm, wenn sie 12—50 v. H. u. schwerer Lehm (Ton), wenn sie über 50 v. H. betragen. — Kalkböden Anm. 5. — Die Humusböden heißen, wenn die Pflanzen- und Tierreste noch aus Fasern bestehen, Torf, wenn sie bereits stärker zersetzt sind, Moor (§ 344 Abs. 3). — Die obere, im Mittel 13—20 cm tiefe Bodenschicht, die fortgesetzt bearbeitet und gedüngt und dadurch humusreicher wird, heißt Ackerkrume, der tiefer stehende Boden Untergrund. Im Untergrunde ist der Stand des in der Tiefe vorfindlichen Grundwassers (§ 273 Abs. 3) von Bedeutung. Der grobkörnige Boden ist durchlässiger und besitzt geringere Aufsaugefähigkeit als der feinkörnige. Das Grundwasser soll je nach der Durchlässigkeit beim Acker 1 bis 1,5 m, bei Wiesen 30—50 cm unter der Oberfläche stehen; bei höherem Stande bilden sich leicht Humussäuren, bei niedrigerem fehlt die erforderliche Feuchtigkeit. — Bodenschätzung bei der Grundsteuerveranlagung § 142 Abs. 1 u. § 143 Abs. 1 d. W.

[4]) Die Lockerung des Bodens begünstigt — indem sie die Einwirkung von Luft und Wasser vermehrt — die Verwitterung seiner unorganischen und die Verwesung seiner organischen Bestandteile und erleichtert das Eindringen der Pflanzenwurzeln. Sie erfolgt durch Pflügen und Eggen. Das Pflügen wendet und mischt den Boden, gräbt Dünger und Stoppelreste unter und vernichtet Unkräuter und Schädlinge. Das Walzen festigt den zu locker gewordenen Boden und zertrümmert die Schollen auf dem zu festen Boden.

[5]) Der Dünger wirkt mittelbar (physikalisch), indem er den zu schweren Boden lockert und den zu leichten bindet, oder unmittelbar (chemisch), indem er dem Boden die fehlenden oder in der Ernte entzogenen Pflanzennährstoffe zuführt. Die Pflanzenbestandteile und die sie bildenden Nährstoffe entstammen dem Tier-

Pflanzenbau hergerichteten Bodens heißt Gare. Der Pflanzenbau umfaßt die Aussaat, Wartung und Ernte der landwirtschaftlichen Nutzpflanzen.[6])

und dem Pflanzenreiche (organische oder verbrennliche) oder dem Mineralreiche (unorganische oder Aschen-Bestandteile). Von den ersteren zieht die Pflanze den Kohlen-, Wasser- und Sauerstoff unmittelbar aus der Luft und dem Wasser; dagegen muß der Stickstoff ebenso wie die mineralischen Stoffe (Phosphorsäure u. Kali) besonders zugeführt werden. — Der **Stalldünger** (Mist), der aus Streu und aus festen und flüssigen tierischen Auswurfstoffen zusammengesetzt ist, verbindet die mittelbare und die unmittelbare Einwirkung und ersetzt — wenn auch in nicht ausreichender Weise — alle diese Nährstoffe (Hauptdünger). — Ähnlich wirken der **Kompost** (mit Erde gemischte Wirtschaftsabgänge) und die **Gründüngung**, das Unterpflügen lebender Pflanzen. Durch diese soll der Boden mittelst der Beschattung vor dem Austrocknen bewahrt und mit Stoffen aus der Luft (Stickstoff) und dem Untergrunde (Phosphorsäure, Kali, Kalk) bereichert werden. Die dazu geeigneten Pflanzen sind besonders die Schmetterlingsblüter (vor allem die Lupine), die neben reicher Krautentwicklung und starker Bewurzelung auch die Fähigkeit besitzen, durch — als Knöllchen an den Wurzeln haftende — Bakterien mittelst eines eigenen Vorganges (Symbiose) Stickstoff aus der Luft aufzunehmen (Stickstoffsammler). — Der **künstliche Dünger** wirkt dagegen je nach dem besonderen Bedarf des Bodens oder der anzubauenden Pflanze in der Regel nur mit einem bestimmten Nährstoff (Hilfsdünger). So ist der schnell wirkende (treibende) Stickstoff, der zunächst die Krautentwicklung und erst mittelbar die Fruchtbildung fördert und somit die Reife verzögert, in dem Chilisalpeter und den aus den Abwässern der Gasfabriken bereiteten Ammoniaksalzen, dagegen die Phosphorsäure, die auf die gesunde Ausbildung der ganzen Pflanze einwirkt, in den Superphosphaten — gemahlenen und mit Schwefelsäure löslich gemachten (aufgeschlossenen) phosphorsauren Kalksteinen und in der — bei Entphosphorung des Eisens nach dem Verfahren des Thomas gewonnenen — Thomasschlacke enthalten, während Peruguano und in geringerm Maße Knochenmehl neben Phosphorsäure auch Stickstoff enthalten. Das Kali, das eine Vorbedingung des Gedeihens der Hülsen- und Hackfrüchte, der Kleearten u. Wiesengräser bildet, wurde zuerst dem Boden in den über den Steinsalzlagern gewonnenen Abraumsalzen zugeführt, ist aber jetzt bei stärkerer Nachfrage Gegenstand eines eigenen umfangreichen Bergbaubetriebes geworden (§ 334 Abs. 3). — Der **Kalk**, der teils im Boden selbst enthalten ist (Kalkböden), teils mit Erdarten (Ton, Lehm, Sand) innig gemischt als Mergel (mit 20—50 v. H. kohlensaurem Kalk) in besonderen Lagern sich vorfindet, wirkt mittelbar ein, indem er den leichten Boden bindet, den schweren löst und die Zersetzung der anderen Düngemittel fördert. — Die Lehre vom Bodenersatz ist hauptsächlich durch Liebig (§ 337 Anm. 6) gefördert worden. Er stellte den Satz auf, daß die Pflanze von dem einzelnen Nährstoffe einer bestimmten — durch andere Nährstoffe nicht zu ersetzenden — Mindestmenge bedürfe (Gesetz des Minimums). — Die Lehre von dem Gleichgewicht zwischen Entnahme und Zufuhr der Nährstoffe heißt Statik.

6) Die **landwirtschaftlichen Nutzpflanzen** dienen zur Ernährung der Menschen und des Viehs (Futter) und zerfallen in folgende Gruppen:

1. **Halmfrüchte** (Getreide, Zerealien), die teils schon im Herbst, teils erst im Frühling gesäet werden (Winter- und Sommerfrucht): Roggen, Weizen, Hafer, Gerste, Mais, Hirse und (danebenstehend) der Buchweizen;
2. **Hülsenfrüchte** (Blattfrüchte, Leguminosen): Erbsen, Linsen, Wicken, Pferde(Puff)bohnen und Lupinen;
3. **Futterpflanzen**: Klee nebst Luzerne, Esparsette und Seradella;
4. **Hackfrüchte** (Knollen- und Wurzelgewächse): Kartoffeln, Zucker- und Futterrüben, Kohl-, Wasser- und Mohrrüben und Cichorien;
5. **Ölfrüchte**: Raps, Rübsen, u. Mohn;
6. **Gespinstpflanzen**: Flachs u. Hanf;
7. **Fabrikpflanzen**: Tabak (§ 167 Anm. 1), Hopfen und Kümmel;
8. **Wiesengräser**.

Die mit außergewöhnlicher Aufwendung von Kapital und Arbeit hergestellten, dauernden Bodenverbesserungen (Meliorationen) bestehen in Urbarmachung (Entfernung von Wurzeln, Stämmen und Steinen, Einebnung und Bodenaufbringung); weit wichtiger sind jedoch die Ent- und Bewässerungen (§ 346 Abs. 1 u. 4) und die Moorkulturen (Abs. 3). Die Förderung dieser Unternehmungen, einschließlich der für Ostpreußen, Westpreußen, Brandenburg, Pommern, Schlesien, Westfalen und die Rheinprovinz bestehenden Meliorationsfonds ist den Provinzen übertragen.[7]) Dem Staat ist die Leitung und Unterstützung der Vorarbeiten[8]) und die Förderung solcher Unternehmungen verblieben, die ein weitergehendes Interesse in Anspruch nehmen.[9])

Große Bedeutung haben die Moorkulturen gewonnen, durch welche die zahlreich im Staate vorhandenen Moore dem Anbau erschlossen werden sollen.[10]) In Hannover ist zur Austorfung von Moorflächen über 25 ha

---

[7]) G. 8. Juli 75 (GS. 497) § 4^2, 10, 25. — Hannover G. 7. März 68 (GS. 223) § 1^5; RB. Kassel G. 25. März 69 (GS. 525) § 1^6. — Meliorationsfonds in Pommern G. 18. Jan. 81 (GS. 7) § 8, der Rheinprov. AE. 20. Feb. 56 (MB. 159). — Landeskulturrentenbanken § 351 Abs. 5 d. W.

[8]) Anw. zu technischen Vorarbeiten 15. Aug. 72, erg. Vf. 28. März 79 (MB. 140). — Einrichtung der Meliorationsbauverw. Vf. 30. März, u. (Meliorationsentwürfe) 1. Juli 12 (LMB. 139 u. 271). Die besonders vorgebildeten meliorationstechnischen Räte stehen unter den Reg.Präs. Sie haben den Rang der 4. Klasse AE. 5. Feb. 12 (GS. 93). Annahme u. Bezahlung von Privattechnikern Vf. 22. April u. 4. Aug. 12 (LMB. 189 u. 285). Nebenbeschäftigungen Vf. 14. April 87 (MB. 89); Beteiligung bei Bearbeitung der Meliorationen Anw. 25. Mai 95 (MB. 97 S. 225). Bestellung zu Oberfischmeistern § 362 Anm. 17. — Prüfung der Landmesser als Kulturtechniker Vorschr. 13. Juli 88, erg. 27. Okt. 91. — Stellung der Wiesenbaumeister Vf. 6. Mai 92 (LMB. 215). — Anstellung der Meliorationsbauwarte zu Regierungsbausekretären Vf. 22. Feb. 07 (LMB. 98) u. 7. Juni 09 (das. 237). — Reisekosten § 73 Anm. 1 d. W.

[9]) Der Staat leistet unmittelbare Unterstützungen unter der Voraussetzung, daß die Provinz sich gleichmäßig beteiligt. Zu diesem Zweck sind in den Staatshaushalt besondere Beträge (Ost- u. Westfonds) eingestellt worden.

[10]) Die Moore sind reich an humusbildenden, organischen, aber arm an mineralischen Stoffen und besonders geeignet, Wasser aufzufangen und festzuhalten. Sie zerfallen in Hoch(Torf)moore, die an quelligen Stellen durch Anhäufung abgestorbenen Mooses entstehen und zwischen Elbe u. Rhein größere Flächen einnehmen und in Niederungs(Grünlands)moore, die in Wasserbecken oder Überschwemmungsgebieten aus Anhäufungen abgestorbener Pflanzen u. Tiere u. aus den von Flüssen u. Bächen zugeführten Teilchen bestehen u. deshalb reicher an Dungstoffen, besonders an Stickstoff und Kalk sind. Diese werden bei der Moor(Damm)kultur durch Gräben entwässert und die zwischenliegenden Dämme mit einer 12—17 cm starken Sandschicht bedeckt, die den Boden im Winter vor Frost, im Sommer vor Dürre und Verhärtung schützt, um die Ausnutzung der darunter liegenden Moorerde zu ermöglichen. — Bei der in Hochmooren üblichen Misch(Veen)kultur in der Provinz Hannover dienen die Entwässerungsgräben zugleich als Wasserwege. Die Moorflächen werden ausgetorft, um auf ihnen durch den Grabenauswurf und zugeführten Stadtdünger und Seeschlick eine neue Ackerkrume zu bilden. — Seit 1876 besteht als beratende Stelle des Landwirtschaftsministers die Zentralmoorkommission in Berlin (Gesch.O. 17. Feb. 93) mit der Moorversuchsstation in Bremen (Untersuchung von Bodenproben Vf. 26. Jan. 12 LMB. 92). Die Moorfläche im Staate betrug (1912) 1,5 Mill. ha, wo

die Genehmigung des Bezirksausschusses erforderlich, um die Möglichkeit ihrer land- und forstwirtschaftlichen Nutzung sicherzustellen.[11]) Zur Urbarmachung fiskalischer Hochmoore, die hauptsächlich im Regierungsbezirk Aurich, daneben in anderen Teilen der Provinz Hannover und in Schleswig-Holstein vorkommen, ist im Jahre 1913 ein Betrag von 12 Mill. M. zur Verfügung gestellt.[12])

bb) Das Wasser.

§ 345.

1. **Übersicht.** Die Bedeutung des Wassers liegt auf verschiedenen Verwaltungsgebieten. In der Landwirtschaft wird seine befruchtende Kraft durch Bewässerungen nutzbar gemacht und seine schädliche Einwirkung durch Entwässerungen beseitigt, während das Deichwesen den Zerstörungen vorbeugen soll, die das Wasser bei Überflutungen (Hochwässern) anrichtet. Im Gesundheitswesen bildet das Wasser ein Heilmittel (§ 268 Abs. 3) und ein unentbehrliches Genuß- und Gebrauchsmittel (§ 273 Abs. 5); zugleich dient es der Beseitigung von Unreinigkeiten (§ 272 Abs. 2). Andererseits bietet es auch hier eine Gefahr, indem es die Ansteckungsstoffe verschiedener Krankheiten überträgt (§ 269 Abs. 2). Außerdem dient das Wasser mit seiner Tierwelt der Fischerei (§ 361), durch seine Triebkraft dem Gewerbe (§ 366 Anm. 4) und als Wasserstraße dem Verkehr (§ 378—380).

Im Lauf der Geschichte war die Bedeutung des Wassers für die einzelnen Verwaltungszweige verschieden. Nächst dem Gebrauch und Genuß kam es zuerst für die Fischerei in Betracht (§ 2 Abs. 2 I). — Dann trat die Schiffahrt in den Vordergrund und die Schiffbarkeit, nach der alle Flüsse in öffentliche und private geteilt wurden,[1]) hat bis in die neueste Zeit das wichtigste Unterscheidungsmerkmal im Wasserwesen gebildet. Nachdem das Wasser auch auf anderen Gebieten umfassende Bedeutung gewonnen hat, ist die Unterscheidung im neuen Wassergesetz (Abs. 4) verlassen worden. — Für die Landwirtschaft finden sich die ersten Spuren des Deichrechts (§ 348 Abs. 2) bereits während des 12. Jahrhunderts im Sachsenspiegel. Die Ent- und Bewässerung ist dagegen erst mit dem sorgsameren Betriebe der Landwirtschaft (§ 337 Abs. 2) zur vollen Geltung gelangt. Die Berieselungen entstammen der Lombardei. In Deutschland fanden sie um die Mitte des 17. Jahrhunderts im Siegenschen, etwas später im Lüneburgischen Eingang.[2])

---

von auf die Prov. Hannover 300000 entfielen.

[11]) G. 4. März 13 (GS. 27).

[12]) G. 28. Mai 13 (GS. 293). Das G. bestimmt außerdem 10 Mill. M. zur Beteiligung des Staates an gemeinnützigen Ansiedlungsgesellschaften (§ 343 Anm. 4) u. 3 Mill. M. zu Bodenverbesserungen auf Domänen im Interesse der Viehzucht.

[1]) LR. II 14 § 21.

[2]) Die Entwässerung soll dem Boden die dem Ertrage schädliche und die Bearbeitung erschwerende Nässe entziehen. Sie tritt für Preußen nach dessen klimatischen u. Gefällverhältnissen gegen die Bewässerung in den Vordergrund. Schädliches Grundwasser (§ 273 Abs. 3 u. 346 Anm. 3) wird durch Drainierung

Die Vermittelung dieser verschiedenen Interessen (Abs. 1) ist Aufgabe der **Wassergesetzgebung**. Sie umfaßt das Wasserrecht und die Wasserpolizei. Ersteres regelt die Eigentums- und Gebrauchsrechte der einzelnen am Wasser, letztere stellt die Bedingungen fest, denen die Ausübung dieser Rechte im Interesse der Gesamtheit unterworfen ist und schützt — als ein Zweig der Unfallpolizei (§ 250) — vor der zerstörenden Kraft dieses Elements. — Die Wassergesetzgebung liegt gleichzeitig auf dem Gebiete des öffentlichen und des Privatrechts; durch das BGB. wird sie nicht berührt.[3]) — Eine umfassendere Ordnung hatte das Wasserrecht im Landrecht gefunden. Seitdem sind nur einzelne Gebiete in zeitlich getrennten Zwischenräumen geregelt worden. Daneben galten zahlreiche provinzielle Bestimmungen, denen seit Erwerb der neuen Landesteile die für diese ergangenen Gesetze hinzutraten.

Diesem verworrenen Zustande ist durch Erlaß eines **Wassergesetzes** ein Ende gemacht, das für das gesamte Staatsgebiet gilt und den Gegenstand einheitlich und erschöpfend geregelt hat. Zugleich trägt es den erweiterten Bedürfnissen Rechnung, die durch die eingehendere Gesundheitspflege, den intensiveren Betrieb der Landwirtschaft, die Entwickelung der Industrie und das Anwachsen des Verkehrs hervorgerufen waren.[4])

§ 346.

2. Alle Gewässer gelten als Grundstücke i. S. des bürgerlichen Rechts. Den Hauptteil bilden die **Wasserläufe**; das sind diejenigen Gewässer, die in natürlichen oder künstlichen Betten oberirdisch abfließen (natürliche und künstliche Wasserläufe). Sie bilden nach ihrer Bedeutung für die allgemeine Wasserwirtschaft drei Ordnungen. Die erste umfaßt die Ströme und Schiffahrtskanäle nebst Mündungs- und Nebenarmen; diese sind in einer Anlage zum Gesetz nachgewiesen und gesetzlich festgelegt. Über die Wasserläufe zweiter Ordnung stellen die Oberpräsidenten auf Grund eines besonderen

---

entfernt. Diese durchzieht in einem kunstmäßig angelegten Röhrensystem (Saug- u. Sammeldrains) den zu entwässernden Boden in Tiefe von 1—1,5 m u. macht insbesondere die schweren Bodenarten kulturfähiger. — Die **Bewässerung** erscheint als Staubewässerung ebener und als Berieselung geneigter Flächen, insbesondere der Wiesen (§ 344 Anm. 2). Durch sie können Wiesen neu geschaffen oder zu trockene ertragsfähiger gemacht werden. Bei der Berieselung werden natürlich vorhandene geneigte Flächen benutzt oder solche künstlich angelegt. Die Überleitung des Wassers geschieht von einer Seite der zu bewässernden Fläche (Hangbau) oder aus der Mitte derselben (Rückenbau).

[3]) EG. Art. 65, 66.

[4]) WasserG. 7. April 13 (GS. 53). Die Inkraftsetzung ist — abgesehen von einigen grundlegenden Bestimmungen (§ 1, 2, 4—6, 152—175, 383) — vorbehalten § 400 u. steht zum 1. April 14 in Aussicht, da zunächst die Verzeichnisse der Wasserläufe 2. Ordnung (§ 346 Abs. 1 d. W.) aufgestellt werden müssen. — Von den bestehenden Vorschriften sind nur einzelne aufrecht erhalten (§ 387, 388, 390—396), die meisten Bestimmungen (79) dagegen aufgehoben § 398, 399. — Übergangsbest. betr. anhängige Sachen § 383. Ausf.Anw. (§ 400) § 346 Anm. 1 u. 21 d. W. — Bearb. v. Bitta u. Kries (Berl. 13), Hermes (desgl.), v. Hippel (desgl.), v. Holtz u. Kreutz (im Erscheinen Berl. 13).

Verfahrens ein Verzeichnis auf. Alle übrigen Wasserläufe gehören zur dritten Ordnung.[1]) — *Sonstige Gewässer* sind das wild (oberirdisch außerhalb der Wasserläufe) sich ansammelnde Wasser (Tagewasser), das unterirdische Wasser (Grundwasser) und die Seen ohne Abfluß. Über das *wilde Wasser* kann der Grundeigentümer frei verfügen; doch darf er, abgesehen von Veränderungen in der wirtschaftlichen Benutzung der Grundstücke, den Wasserablauf nicht künstlich so verändern, daß die tiefer liegenden Grundstücke belästigt werden. Der Eigentümer kann auch das abfließende Wasser von seinen Grundstücken abhalten, muß jedoch — unter Umständen gegen Entschädigung — das nicht anderweitig von dem höher liegenden Grundstücke abzuleitende Wasser aufnehmen, wenn der Vorteil des höher liegenden Eigentümers den Schaden des tiefer liegenden überwiegt (Vorflut).[2]) Der Grundeigentümer darf, soweit es sich nicht um gewöhnliche Bodenentwässerungen handelt, das *unterirdische Wasser* nicht dauernd über das Haushaltungsbedürfnis hinaus zutage fördern, sobald andere dadurch benachteiligt werden und *abflußlose Seen* nicht ablassen oder erheblich senken.[3])

Die *Benutzung der Wasserläufe* beruht auf Eigentum (Abs. 3), Gemeingebrauch (Abs. 4) oder Verleihung (Abs. 5). Daneben sind auf besonderem Titel beruhende ältere Rechte aufrecht erhalten; sie erlöschen jedoch nach 10 Jahren, wenn sie nicht in das Wasserbuch (Abs. 10) eingetragen werden. Sonstige Rechte bleiben nur insoweit und so lange aufrecht erhalten, als rechtmäßige Anlagen zu ihrer Ausübung vorhanden sind.[4]) Alle danach Berechtigten unterliegen im öffentlichen Wohlfahrtsinteresse gewissen *polizeilichen Beschränkungen*. Das Einbringen fester und schlammiger Stoffe und das Hanf- und Flachsröten ist verboten. Die Benutzung kann in begrenztem Umfange untersagt oder beschränkt werden. Anlagen an Wasserläufen 1. und 2. Ordnung fordern Genehmigung; durch Polizeiverordnung kann diese auch für natürliche Wasserläufe 3. Ordnung und für Anlagen innerhalb eines bestimmten Abstandes von der Uferlinie vorgeschrieben werden. Die über den Gemeingebrauch hinausgehende Einleitung flüssiger Stoffe in einen Wasserlauf ist der Polizeibehörde anzu-

---

[1]) WasserG. § 1—6 nebst Anlage. Erste Ausf. Anw. betr. Aufstellung der Verzeichnisse für Wasserläufe 2. Ordnung 26. April 13 (LMB. 161).

[2]) Das. § 196—198, 330 u. (Durchleitung zu einem Wasserlauf) 332; verb. 335, 337 u. (Verfahren) 340, 341, ferner § 389.

[3]) Das. 199—202; Verleihung der danach dem Eigentümer nicht zustehenden Rechte an diesen oder mit seiner Zustimmung an einen anderen § 203; die Fortleitung unterirdischen Wassers zum Gebrauch oder Verbrauch bedarf der polizeilichen Genehmigung § 204; das Eigentumsrecht an abflußlosen Seen ist ähnlich wie bei Wasserläufen (Abs. 3) geregelt § 205. — Eine Benutzung der Wasserläufe, die den Grundwasserstand verändert, ist verboten; Bodenentwässerungen unterliegen jedoch keiner Beschränkung § 41; verb. § 50 Abs. 3, 156 Abs. 3, 159 Abs. 2, 331 Abs. 2.

[4]) WG. § 42, 379—382. Die im WG. als Zwangsrechte in einem besonderen Abschnitt aufgeführten Rechte (§ 330—341) sind an den betreffenden Stellen (Anm. 8—10 u. 15) eingefügt.

zeigen und kann von ihr unbeschadet bestehender Rechte untersagt werden. Für den Schaden, der durch unerlaubte Verunreinigung eines Wasserlaufs veranlaßt wird, haftet der Unternehmer der Anlage, von der die Verunreinigung herrührt, falls er nicht die zur Verhütung erforderliche Sorgfalt beobachtet hat.[5])

Das Eigentum an Wasserläufen umfaßt das Flußbett und die fließende Welle. An Wasserläufen 1. Ordnung steht es dem Staate, an solchen 2. und 3. Ordnung anteilig den Anliegern bis zur Mittellinie des Wasserlaufs zu. Die Eintragung in das Grundbuch erfolgt nur auf Antrag.[6]) Der Eigentümer hat das Recht, das Wasser zu gebrauchen und zu verbrauchen, es abzuleiten oder flüssige Stoffe in den Wasserlauf einzuleiten und den Wasserstand zu senken oder zu heben, insbesondere durch Hemmung des Wasserablaufs (Stauung, Abs. 6). Er darf jedoch zum Nachteil anderer nicht die Vorflut verändern oder das Wasser verunreinigen, durch Wasserstandsveränderung, soweit es sich nicht um gewöhnliche Bodenverbesserungen handelt, nicht fremde Rechte beeinträchtigen oder Grundstücke beschädigen und die Unterhaltungspflicht anderer erschweren. Bei Wasserableitungen muß er das nicht verbrauchte Wasser dem Wasserlauf wieder zuführen, bevor es ein fremdes Ufergrundstück berührt. Gehören gegenüberliegende Ufergrundstücke verschiedenen Eigentümern, so hat jeder Anspruch auf die Hälfte des vorüberfließenden Wassers.[7])

Die natürlichen Wasserläufe unterliegen dem Gemeingebrauch, soweit dieser mit dem berechtigten Interesse des Eigentümers (Abs. 3) und der zulässigen wirtschaftlichen Ausnutzung des Wassers durch andere vereinbar ist. Wasserläufe, die in Hofräumen, Gärten und Parks liegen, Talsperren und Seen, aus denen nur natürliche Wasserläufe 2. und 3. Ordnung abfließen, unterliegen nicht dem Gemeingebrauch. Der Gemeingebrauch umfaßt die unschädliche Benutzung des Wassers zum Baden, Waschen, Schöpfen mit Handgefäßen, Viehtränken, Schwemmen, die Entnahme von Wasser für die eigene Haushaltung und die Einleitung von Wasser und Haushaltungsabwässern mit Ausschluß der Einleitung durch gemeinsame Anlagen. Für Wasserläufe 1. Ordnung tritt die Entnahme von Eis für die eigene Haushaltung und die Benutzung für den öffentlichen Verkehr (Schiffahrt und Flößerei) hinzu; für solche 2. und 3. Ordnung ist das Eis-

[5]) Das. § 19—24. Schadenersatz BGB. § 254, 840 u. 852. Strafrechtlicher Schutz der Gewässer u. zugehörigen Anlagen StGB. § 321, 323, 326 u. FeldPolG. 1. April 80 (GS. 230) § 31. Abwässerbeseitigung § 272 Abs. 2 d. W. — Schutz der Fischerei gegen schädliche Wassereinleitungen Fisch.G. 30. Mai 74 (GS. 197) § 43 Abs. 3—6 u. WG. § 391.

[6]) WG. § 7—13; natürliche Veränderung u. Inselbildung § 14, Änderung des Flußbettes § 15, 16, Anspülungen, Losreißungen u. Anlandungen § 17, 18, verb. 140—143. — Nach dem seitherigen Recht war an öffentlichen Flüssen das Privateigentum überall ausgeschlossen. Dasselbe galt im französischen Rechtsgebiet für die übrigen Flüsse, während nach LR. u. gemeinem Recht die Frage bestritten war.

[7]) Das. § 40—45.

laufen und das Kahnfahren nur insoweit gestattet, als es bisher gemeinüblich war.[8]) — Die volle Nutzung des Wassers hat im Interesse der Allgemeinheit einige Beschränkungen des Eigentums notwendig gemacht. Für ein Unternehmen zur Entwässerung, Beseitigung der Abwässer und besserer Ausnutzung einer Triebwerksanlage können zur notwendigen Verbesserung des Wasserabflusses Veränderungen des Wasserlaufs (Vertiefungen, Verbreiterungen, Durchstiche, Verlegungen) gegen Entschädigung verlangt werden, wenn der Nutzen den Schaden des Betroffenen erheblich übersteigt. Unter gleicher Voraussetzung kann für Unternehmen zur Ent- und Bewässerung, zur Wasserbeschaffung oder zur Beseitigung von Abwässern die ober- oder unterirdische Durchleitung von Wasser verlangt werden.[9]) Ferner müssen unter bestimmten Voraussetzungen die Unternehmer von Anlagen zur Ent- und Bewässerung und zur Beseitigung von Abwässern anderen Personen die Mitbenutzung gegen Entschädigung gestatten.[10])

Eine weitere Einschränkung erfährt das Eigentum an Wasserläufen in der Verleihung. Durch diese können — ähnlich wie im Bergrecht (§ 333 Abs. 2) — im Interesse der wirtschaftlichen Ausnutzung der Wasserläufe gewisse Rechte an diesen durch eine staathoheitliche Handlung erworben werden. Die Rechte sind die Einleitung von Flüssigkeiten, die Anlage von Häfen und größeren Anlegestellen und von kommunalen und gemeinnützigen Badeanstalten. Die Verleihung kann auf Zeit oder dauernd erteilt und darf nur aus bestimmten Gründen versagt werden.[11]) Über den Antrag auf Verleihung beschließt der Bezirksausschuß in einem besonders geregelten förmlichen Verfahren. Gegen den Beschluß über die Verleihung ist binnen 2 Wochen die Beschwerde an das Landeswasseramt und, soweit er die Entschädigung betrifft, binnen 3 Monaten der Rechtsweg zulässig.[12]) — In einem ähnlichen Verfahren wird auf Antrag über eine Ausgleichung beschlossen, wenn das Wasser zu einer der bezeichneten Benutzungsarten durch mehrere Berechtigte nicht ausreicht oder bei mehreren Benutzungsarten die eine durch die andere beeinträchtigt oder ausgeschlossen wird.[13])

---

[8]) WG. § 25—39, insbesondere Gestattung des Landens u. Befestigens von Schiffen u. Flößen u. des Leinpfades § 27—34; sonst umfaßt der Gemeingebrauch nicht die Befugnis, fremde Grundstücke zu betreten oder zu benutzen § 38. Der Ufereigentümer kann jedoch gegen Entschädigung Treppen, Brücken u. ähnliche Anlagen zum eigenen Haushaltsbedarf, sowie Badeanstalten u. Anlegestellen einrichten § 333 u. (Verfahren) 340, 341. — Durch den Gemeingebrauch wird das im Eigentum liegende Ausschließungsrecht anderer (BGB. § 903) eingeschränkt. — Die Best. üb. Verkehrsabgaben u. Tarife (§ 380 Abs. 1 d. W.) sowie das Fährregal (§ 380 Abs. 6 d. W.) bleiben unberührt WG. § 397; ebenso die Best. üb. Fährgerechtigkeiten § 382 u. üb. Solquellen § 396.

[9]) Das. § 331, 332, verb. 335—337 u. (Verfahren) 340, 341.

[10]) Das. § 339—341.

[11]) Das. § 46, Versagungsgründe u. Bedingungen § 47—62. Verleihung an den Eigentümer Anm. 3.

[12]) WG. § 63—79, Strafe (zu § 72^2 § 375, 378, Stempel § 80, Rechtswirkung § 81—83 u. (Gleichstellung sonstiger Berechtigter) 86, Zurücknahme § 84, 85.

[13]) Das. § 87—90.

Besondere Vorschriften gelten für Stauanlagen, soweit diese nicht nur vorübergehenden Zwecken dienen. Die Befugnis zu ihrer Errichtung beruht auf besonderer Berechtigung (Abs. 2), auf dem Eigentum (Abs. 3) oder auf Verleihung (Abs. 5). Sie sind von der Wasserpolizeibehörde mit Staumarken (Markpfählen) zu versehen, die die zulässigen Stauhöhen und Stauzeiten angeben. Bei Verleihungen und bei Genehmigung gewerblicher Triebwerke (§ 366 I 1) erfolgt die Setzung mit dieser, sonst auf Antrag eines Beteiligten, der eine Benachteiligung nachweist oder im Fall eines öffentlichen Interesses von Amts wegen. Streitigkeiten über das Staurecht sind vorher im Rechtswege zu entscheiden; ist nur die Stauhöhe zweifelhaft, so wird sie durch Beschluß des Kreis (Stadt) ausschusses festgestellt. Der Unternehmer darf das Wasser nicht über die festgestellte Höhe aufstauen und muß es bei drohendem Hochwasser auf Anordnung der Wasserpolizeibehörde — in dringenden Fällen der Ortspolizeibehörde — unter die Stauhöhe senken. Er hat die Anlage zu unterhalten und diese, wenn dadurch die Unterhaltung des Wasserlaufs erheblich erleichtert wird, auf Anordnung der Wasserpolizeibehörde zu öffnen oder zu schließen.[14]) Die auf Grund der Verleihung angelegten Stauwerke können den Anschluß an das gegenüberliegende Ufer gegen Entschädigung beanspruchen; andererseits können Stauwerke wegen überwiegender Vorteile für die Landeskultur oder die Schiffahrt gegen Entschädigung entzogen oder beschränkt werden.[15]) — Weitergehenden Beschränkungen unterliegen im allgemeinen Sicherheitsinteresse die Talsperren (Sammelbecken). Dieses sind solche Stauwerke, die über 5 m hoch sind und gefüllt über 100 000 cbm Wasser umfassen. Sie bedürfen der Genehmigung des Regierungspräsidenten und werden von diesem beaufsichtigt. Beschwerden gehen bei Wasserläufen 1. Ordnung an den Minister der öffentlichen Arbeiten, bei anderen an den Landwirtschaftsminister. Von den Unternehmern können zur Deckung der Aufsichtskosten Gebühren erhoben werden.[16])

Die Unterhaltung der Wasserläufe bildet eine öffentlich-rechtliche Verbindlichkeit. Sie umfaßt die Erhaltung der Vorflut in dem bestehenden Zustande, bei Wasserläufen 1. Ordnung auch die der Schiffbarkeit und besteht in der Beseitigung entstandener Schäden und der Verhinderung von Anlandungen, Verstrauchungen und das Bett verschlammenden Abbrüchen.[17]) Die Unterhaltung liegt ob: bei natürlichen Wasserläufen 1. Ordnung

[14]) Das. § 91—105, verb. § 206 9; Strafe § 375, 376 2, 378 u. der zugezogenen Sachverständigen wegen Verletzung der Betriebsgeheimnisse § 377; Strafe vorsätzlicher Beschädigung StGB. § 274 2.

[15]) WG. § 334—336, 338 u. (Verfahren) 340, 341.

[16]) Das. § 106—112, verb. § 55. — Bf. mit Anleitung für Bau u. Betrieb u. Dienstanw. für die Stauwärter 24. Mai 07 (MB. 186). Nachtr. zu Abschn. B 24. Juni 10 (LMB. 236). Talsperre im oberen Quellgebiet der Weser zum Ersatz des ihr durch den Rhein-Hannover-Kanal entzogenen Wassers G. 9. Juni 13 (GS. 343); Ruhrtalsperre § 347 Anm. 2 d. W.

[17]) Das. § 113, 114.

dem Staat, bei denen 2. Ordnung Wassergenossenschaften, die zu diesem Zweck im Interesse einheitlichen und planmäßigen Vorgehens zu bilden sind (§ 347 Abs. 1), bei denen 3. Ordnung und bei künstlichen Wasserläufen den Eigentümern.[18]) Streitigkeiten entscheidet der Bezirksausschuß im Verwaltungsstreitverfahren.[19]) Art und Maß der Unterhaltungspflicht bestimmt für Wasserläufe 1. Ordnung die staatliche Verwaltungsbehörde, für die 2. und 3. Ordnung die Wasserpolizeibehörde, die dieserhalb Einzelverfügungen oder allgemeine Polizeiverordnungen (Unterhaltungsordnungen) erlassen kann.[20])

Weitergehende Ziele verfolgt der *Ausbau der natürlichen Wasserläufe* 1. und 2. Ordnung, der im Interesse der Schiffahrt, der Vorflut und des Hochwasserabflusses erleichtert ist. Ausbauberechtigt sind der Staat, für Wasserläufe 2. Ordnung auch Wassergenossenschaften und sonstige öffentlich-rechtliche Körperschaften. Durch Königliche Verordnung kann das Recht auch dem Reich oder einem fremden Staate verliehen werden.[21]) Das Verfahren kann nur aus Gründen des öffentlichen Wohls eingeleitet werden. Gegen den bekannt zu machenden Plan können binnen 2 Wochen Widersprüche erhoben werden. Der Bezirksausschuß beschließt über diese und stellt den Plan fest; einer Verleihung (Abs. 5) bedarf es nicht. Beschwerden sind binnen 2 Wochen bei Wasserläufen 1. Ordnung an den Minister der öffentlichen Arbeiten, sonst an den Landwirtschaftsminister zulässig; über die Entschädigung kann binnen 3 Monaten der Rechtsweg beschritten werden.[22]) Zum Ausbau eines natürlichen Wasserlaufs 2. Ordnung kann aus überwiegenden Gründen des öffentlichen Wohls auch der zu dessen Unterhaltung Verpflichtete angehalten werden. Wird er dadurch unverhältnismäßig belastet, so haben die Provinz und in mindestens gleichem Betrage der Staat angemessene Beiträge zu leisten.[23])

In der Unterhaltung und dem Ausbau der Wasserläufe hat der *Wasserstraßenbau* (Strom- und Kanalbau) besondere Bedeutung gewonnen. Für einzelne Wasserläufe sind verschiedene Sondergesetze er-

---

[18]) WG. § 115, 116. In Hessen-Nassau sind die Gemeinden verpflichtet § 117, verb. § 9³; Auenrecht (§ 81 Anm. 15 d. W.) in Schlesien § 118. — Verpflichtungen Dritter, insbes. der Ufereigentümer § 119—124, 148, 149; Übernahme von Wasserläufen 2. Ordnung wegen Hochwassergefahr auf den Provinzialverband § 125; Aufrechterhaltung anderweiter öffentlich-rechtlicher Verpflichtungen § 126—128, insbes. bei der dem Staate auferlegten Unterhaltung der Flößbarkeit von Wasserläufen 2. u. 3. Ordnung § 129; Wirkung der Versetzung eines Wasserslaufs 2. u. 3. in die 1. Ordnung § 131, 132; Verpflichtungen der Anlieger § 134—145, 147, 148; Entschädigungsansprüche § 146, 148; Inanspruchnahme von Grundstücken, die zu Festungen, Eisenbahnen oder öffentlichen Wegen gehören § 150. Unterhaltung von Wasserläufen, die nicht ausschließlich im Staatsgebiet liegen § 151.

[19]) Das. § 130; verb. § 148¹, 149².

[20]) Das. § 133; verb. § 347², 348.

[21]) Das. § 152—155. Rechte und Pflichten des Unternehmers § 156—162. Kostenbeiträge der Anlieger § 174. Herstellung u. Veränderung künstlicher Wasserläufe § 175. — Zweite Ausf. Anw. 22. Juli 13 (MB. 156).

[22]) WG. § 163—172; erleichtertes Verfahren für einfachere Fälle § 173.

[23]) Das. § 176—181.

gangen, die durch das Wassergesetz nicht berührt werden.[24]) — Durch Strombauten wird die Schiffbarkeit vorhandener Wasserzüge hergestellt, erhalten oder verbessert. Die Flußverbesserungen begannen schon unter Friedrich dem Großen und sind besonders in den letzten Jahrzehnten weiter gefördert. Die Offenhaltung des Flußbettes wird neben der Uferbefestigung und der Vertiefung mittelst Baggerung oder Sprengung hauptsächlich durch Förderung des regelmäßigen Abzugs erzielt, indem der Lauf des Flusses durch Anlegung von Durchstichen verkürzt oder das Strombett durch Einbauten eingeengt wird.[25]) Fischereiberechtigungen an Gewässern, die durch staatliche Wasserbauten betroffen werden, können als selbständige Gerechtigkeiten ganz oder für Teile der Gewässer auf den Staat übergehen und in das Grundbuch eingetragen werden.[26]) Der Staat kann auch in einem Auf-

[24]) WG. § 395. — A) Ströme a) Weichsel G. 20. Juni 88 (GS. 251), 25. Juni 00 (GS. 249) u. (Nogatabschluß) 20. Juli 10 (GS. 131); b) Oder, Havel u. Spree G. 6. Juni 88 (GS. 238), 14. April 90 (GS. 67), zwei Gesetze 4. Aug. 04 (GS. 185 u. 197), G. 12. Aug. 05 (GS. 335), 10. Juli 06 (GS. 373), 30. Mai u. 20. Juni 13 (GS. 273 u. 359) u. (schlesische Gebirgsflüsse) 16. Sept. 99 (GS. 169), 3. Juli 00 (GS. 171), 16. Sept. 04 (GS. 251). B) Kanäle: a) Masurischer K. zur Verbindung der masur. Seen durch Alle u. Pregel mit der Ostsee G. 14. Mai 08 (GS. 141); b) Großschiffahrtsweg Berlin-Stettin, spreeabwärts, havelaufwärts, Verbindung zur Oder; (früherer Finow-K.) u. oderabwärts G. 1. April 05 (GS. 179); c) Oder-Spree-K.; d) Plauner K. zwischen Elbe u. Havel; e) Teltow-K., vom Kreise erbaut zur Verbindung der Oberspree mit der Havel; f) Bromberger K. zwischen Weichsel (Brahe) u. Oder (Netze); g) Elbe-Trave-K. G. 20. Juni 94 (GS. 125) u. Vtr. mit Lübeck 4. Juli 93 (GS. 94 S. 119), erg. 17. April 03 (GS. 184); h) Dortmund-Ems-K. v. Herne u. Dortmund über Bevergern nach Emden G. 9. Juli 86 (GS. 207) u. 26. Juni 97 (GS. 205); i) Rhein-Weser-K. vom Rhein bei Ruhrort zum Dortmund-Ems-K. (h) bei Herne u. von diesem bei Bevergern bis Bückeburg mit Zweigkanälen nach Osnabrück, Minden u. Hannover, daneben Kanalisierung der Lippe von Wesel bis Lippstadt G. 05 (b) u. 1. Aug. 09 (GS. 735), Vtr. mit Bremen 29. März 06 (GS. 227, 230, 236) nebst V. 29. Juli 13 (GS. 385) u. mit Schaumburg-Lippe 19. Okt. 06 (GS. 07 S. 201) u. 1./13. März 11 (GS. 185); auf diesen Wasserstraßen (h u. i) wird ein ausschließlich staatliches Schleppmonopol eingerichtet G. 05 § 18 u. Ausf. G. 30. April 13 (GS. 217); k) Kanalisierung des Main zwischen Offenburg u. Aschaffenburg Vtr. 21. April 06 (GS. 07 S. 19); l) vom Reiche mit einem Zuschuß Preußens erbaut ist der Nordostsee (Kaiser-Wilhelm-) K. von Kiel über Rendsburg nach Brunsbüttel RG. 16. März 86 (RGB. 58) u. preuß. G. 16. Juli 86 (GS. 209), Erweiterung G. 17. Nov. 07 (GS. 323), Tarif RG. 86 § 3, AE. 4. Aug. 96 (RGB. 681) u. G. 20. Juni 99 (das. 315), erg. (§ 1) 8. Juni 12 (das. 377) nebst Ausf. Anw. 7. März 00 (ZB. Beil. zu Nr. 12), BetriebsO. 23. Feb. 11 (ZB. 257 u. 265), ZollO. § 163 Anm. 1, gesundheitliche Behandlung der Seeschiffe § 269 Anm. 13 d. W. — Strombauverbände u. Schiffahrtsabgaben für Weser u. Rhein § 380 Abs. 1 d. W. — Verwaltungsbehörden § 349 Abs. 2.

[25]) Die Einbauten werden im Strombett, auf der Stromsohle und nicht über die Höhe des Mittelwasserstandes, parallel dem Ufer (Parallelwerke), oder in den Fluß hineinragend (Buhnen, Krippen, Haken) angelegt, möglichst aus Steinen, wo diese fehlen, aus Strauchwerk (Faschinen). An den geeigneten Stellen werden sie mit Weiden bepflanzt. Da sie die Ablagerung der Sinkstoffe an den eingebauten Stellen fördern, dagegen in der Mitte eine einheitliche vertiefte Stromrinne mit festen Ufern herstellen u. erhalten, dienen sie neben der Schiffahrt auch dem Uferschutz und der Erhaltung u. Verbesserung der Vorflut.

[26]) G. 2. Sept. 11 (GS. 189) § 1—8 u. 16.

gebotsverfahren die vorhandenen Fischereiberechtigungen feststellen lassen.[27]) — Die **Schiffahrtskanäle** vermitteln die Beförderung, insbesondere der schwerwiegenden Stoffe, zu verhältnismäßig billigen Preisen und haben deshalb, obwohl zeitweilig durch die Eisenbahnen zurückgedrängt, doch ihre Bedeutung neben diesen behauptet. In den letzten Jahren ist ihnen vermehrte Beachtung zugewendet, die sich sowohl auf die Ausdehnung des Kanalnetzes, als auf die Vertiefung der vorhandenen Kanäle und auf deren Einrichtung für Dampfschleppschiffahrt erstreckt hat.[28])

Zu möglichster Klärung der an den Wasserläufen bestehenden Rechte sind **Wasserbücher** neu eingeführt. Sie betreffen die Wasserläufe 1. und 2. Ordnung; für solche 3. Ordnung sind sie nur anzulegen, wenn eine Eintragung vorzunehmen ist. In die Wasserbücher werden die wichtigeren Rechte am Wasser eingetragen.[29]) Die Wasserbücher werden vom Bezirksausschuß (Wasserbuchbehörde) geführt, gelten bis zum Beweise des Gegenteils als richtig und können von jedem eingesehen werden.[30]) Neben ihnen werden zur Förderung der Gewässerkunde für Wasserläufe 1. und 2. Ordnung Beschreibungen angelegt.[31])

§ 347.

3. Den ersten Anstoß zu gemeinsamer Wirksamkeit der bei einem Wasserlauf Beteiligten gab die Erbauung und Erhaltung der Deiche (§ 348 Abs. 2). In neuerer Zeit hat in den **Wassergenossenschaften** ein ähnlicher Zusammenschluß auf anderen Gebieten des Wasserwesens stattgefunden. Das grundlegende Gesetz (1879), das zahlreiche Genossenschaften ins Leben gerufen hat,[1]) ist mit einigen Änderungen in das Wassergesetz aufgenommen worden.[2]) Wassergenossenschaften können zum Ausbau, zur Unterhaltung und Reinhaltung der Wasserläufe, zur Ent- und Bewässerung, zur Herstellung der Schiff- und Flößbarkeit, für Stauanlagen, Talsperren und Wasserversorgungsanstalten, sowie zum Hochwasserschutz und zur Hochwasser-

[27]) Das. § 9—15.

[28]) Der Kanalbau hat erst durch die seit dem 16. Jahrhundert angewendeten Kammer- oder Einlaßschleusen größere Ausdehnung gewonnen, durch die das Auf- u. das Absteigen der Fahrzeuge in Wasserstraßen mit verschiedener Wasserstandshöhe möglich geworden ist. Jetzt neuerdings werden auch Schiffshebewerke dazu angewendet. Für die Speisung der Kanäle mit Wasser kommen jetzt auch Talsperren (§ 346 Abs. 6) in Frage. Zweig(Stich-)kanäle schließen an die Hauptlinien solche Verkehrsgebiete an, die von diesen nicht berührt werden.

[29]) WG. § 182, 184—189, verb. 380; Berichtigungen § 191, 192; Kostenfreiheit § 195.

[30]) Das. § 183, 190, 193.

[31]) Das. § 194. — Landesanstalt für Gewässerkunde § 349 Anm. 2 d. W.

[1]) Bis 1. April 1911 waren 3795 Genossenschaften mit einem Gebiet von 1193353 ha gebildet, fast ausschließlich zu Ent- u. Bewässerungszwecken.

[2]) Auch die bestehenden Wassergenossenschaften unterliegen in der Hauptsache dem Wass.G. gem. § 283. — Das G. üb. die Genossenschaft für Vorflut u. Abwässerreinigung im Emschergebiete 14. Juli 04 (GS. 175) ist aufrecht erhalten W.G. § 392. Ähnliche Gesetze sind vor Inkrafttreten des W.G. ergangen für die Rawa (RB. Oppeln) 21. April, die Seseke, die Ruhrunterhaltung u. Ruhrtalsperre (RB. Arnsberg) drei Gesetze 13 (GS. 238, 329, 305, 317 u. 251).

verhütung gebildet werden. Voraussetzung ist, daß sie dem öffentlichen Wohl dienen oder einen gemeinschaftlichen Nutzen bezwecken.[3])

Die Genossenschaft ist rechtsfähig. Sie hat einen Vorstand zu wählen, der sie vertritt, und eine Satzung aufzustellen, die über gewisse Verhältnisse Bestimmung treffen muß. Sie untersteht der staatlichen Aufsicht. Die Genossenschaftslasten sind öffentliche Lasten und können zwangsweise beigetrieben werden.[4])

Neben der Bildung durch einstimmigen Beschluß der Beteiligten können für die meisten Genossenschaftszwecke (Abs. 1) Genossenschaften mit Zulässigkeit des Beitrittszwanges durch Mehrheitsbeschluß begründet werden, wenn das Unternehmen zweckmäßig nur auf genossenschaftlichem Wege erreicht werden kann und auch den Widerstrebenden Vorteil verheißt.[5]) Endlich können zur Unterhaltung von Wasserläufen 2. Ordnung, zur notwendigen Beseitigung von Hindernissen des Hochwasserabflusses und zur dringenden Reinhaltung der Gewässer Zwangsgenossenschaften ohne Zustimmung der Beteiligten gebildet werden.[6])

Das Verfahren leitet der Regierungspräsident, der zur Verhandlung mit den Beteiligten einen Kommissar ernennt. Im Fall des Zwanges beschließt über das Vorhandensein der Voraussetzungen der Bezirksausschuß. Beschwerden gehen an das Landeswasseramt.[7])

§ 348.

4. Zur **Verhütung der Hochwassergefahr** kann der Regierungspräsident — für mehrere Regierungsbezirke der Oberpräsident — im Hochwasserabflußgebiet der Wasserläufe gewisse Beschränkungen der Grundstücksbesitzer durch Polizeiverordnung einführen.[1]) Das nicht hochwasserfrei eingedeichte (Abs. 2) Überschwemmungsgebiet hochwassergefährlicher Wasserläufe, die vom Oberpräsidenten in einem Verzeichnis zusammenzustellen sind, ist freizuhalten. Im Überschwemmungsgebiet fordert jede Erhöhung der Erdoberfläche, einschließlich der über diese hinausragenden Anlagen und Pflanzungen, ferner die Beseitigung von Deichen und deichähnlichen Anlagen Genehmigung. Diese erteilt für Wasserläufe 1. Ordnung der Bezirksausschuß, sonst der Kreis(Stadt)ausschuß. Einwendungen können nur in einer von der Behörde öffentlich bekannt

---

[3]) W.G. § 206—208.

[4]) Das. § 209—237, verb. 365; Satzungsänderung § 275—277; Auflösung u. Liquidation § 278—282.

[5]) Das. § 207, 238, 244; Berücksichtigung der Genossen, die Nachteil oder keinen Vorteil haben § 239—241, 243 u. Heranziehung von Eigentümern, die ohne Genossen zu sein, Vorteil haben § 242, 243; verb. § 270[1, 2].

[6]) Das. § 207, 245—247; verb. § 258 u. 270[1, 2].

[7]) Das. § 248, 274; Einleitung § 249—251, Verhandlung des Kommissars § 252—262, 273, Ladungen § 263—269, Abschluß § 270, 271, Kosten § 272.

[1]) WG. § 284. — Schutzwaldungen § 353 Anm. 18; Rheinprov. § 342 Anm. 13.

zu machenden Frist erhoben werden.[2]) Soweit die Beseitigung von Hindernissen des Hochwasserabflusses zur Verhütung von Gefahren notwendig ist, kann das Enteignungsrecht (§ 377 Abs. 3) durch Beschluß des Bezirksausschusses gewährt werden.[3])

Deiche sind künstliche Erderhöhungen zum Schutze des benachbarten Landes gegen Überschwemmungen,[4]) Siele die Abzüge zur Ableitung des hinter den Deichen sich sammelnden Wassers. Die gemeinsame Gefahr hatte die Beteiligten schon früh zu Deichverbänden zusammengeführt. — Das Verfahren zur Bildung der Deichverbände und ihre Einrichtung schließt sich den Bestimmungen über Wassergenossenschaften (§ 347 Abs. 1) an. Sie können zur Abwendung gemeiner Gefahr oder zur Förderung der Landeskultur durch einen nach Fläche und Grundsteuerreinertrag bestimmten Mehrheitsbeschluß der beteiligten Grundbesitzer gebildet werden, in ersterem Falle auch ohne solchen nach Anhörung des Wasserbeirats (§ 349 Abs. 3). Der Vorstand kann aus einer Person (Deichvorsteher, Deichhauptmann, Deichrichter, Deichgraf) oder aus mehreren Personen bestehen, deren eine als Deichvorsteher den Vorsitz führt. Auf Verlangen der Aufsichtsbehörde ist daneben ein technischer Beamter anzustellen. Dieser und der Deichvorsteher bedürfen der Bestätigung. Die Aufsicht führt bei Deichverbänden an Wasserläufen 1. Ordnung der Regierungspräsident, in zweiter Instanz der Oberpräsident, bei anderen Deichverbänden der Landrat als Vorsitzender des Kreisausschusses.[5]) Die Deichlast ruht auf den beteiligten Grundstücken als öffentlich-rechtliche Verpflichtung. Als Verteilungsmaßstab ist in der Regel das Verhältnis des abzuwendenden Schadens und herbeizuführenden Vorteils anzunehmen. Die Pflicht ist entweder gemeinschaftlich oder für einzelne Strecken (Lose, Kaveln) durch die anliegenden Gemeinden oder Grundbesitzer zu erfüllen.[6]) Bei Gefährdung durch Hochwasser sind alle Bewohner zu unentgeltlicher Hilfe verpflichtet.[7]) — Über Wiederherstellung und Unter-

[2]) WG. § 285—290, Seedeiche an der Ostsee § 291, Strafe 374; Aufrechterhaltung der Sondervorschriften für Schl.-Holstein u. Hannover § 323—329, verb. § 9[2]. — Genehmigung im Festungsrayon G. 21. Dez. 71 (RGB. 459) § 13, bei Eisenbahnanlagen § 387 Anm. 2 d. W.

[3]) WG. § 292, 293.

[4]) Die Deiche erhalten zur besseren Widerstandsfähigkeit nach der Wasserseite eine flache Böschung von 1 zu 2 bis 4, und eine mit der Dammhöhe wachsende Kronenbreite von 1 bis 6 m. Die Flußdeiche sind Winter- oder Sommerdeiche. Erstere sollen das eingedeichte Land auch gegen die höheren Winter- und Frühjahrshochwasser schützen und damit die Bebauung mit Gehöften und den Anbau von Winterfrüchten ermöglichen. Die niedrigeren Sommerdeiche gestatten dagegen den Übertritt des schlammführenden, fruchtbaren Winterwassers und halten nur die Sommerhochwässer zurück, die das Wachsen und Abernten der Sommerfrüchte stören würden. Die eingedeichten Niederungen an der Meeresküste heißen in Schl.-Holstein: Kooge, in Ostfriesland: Polder; letztere Bezeichnung wird auch im Binnenlande auf eingedeichte Ländereien angewendet, deren Tagewässer wegen der niedrigen Lage nur künstlich (durch Schöpfwerke) abgeleitet werden können.

[5]) WG. § 294—303, 316—318: Deichpolizei u. Zwangsbefugnisse § 306 bis 309. — Schl.-Holstein u. Hannover wie Anm. 2. —

[6]) Das. § 310—314.

[7]) Das. § 315, verb. § 354.

Unterhaltung von Deichen, die zu keinem Deichverbande gehören, beschließt bei Wasserläufen 1. Ordnung und Seedeichen der Bezirksausschuß, sonst der Kreis(Stadt)ausschuß. Gegen den Beschluß ist binnen 2 Wochen die Beschwerde an den Landwirtschaftsminister zulässig. Vorläufig Herangezogene können ihre Erstattungsansprüche im Rechtswege gegen die Unterhaltungspflichtigen geltend machen.[8])

§ 349.

5. Die **Verwaltung des Wasserwesens**[1]) wird an oberster Stelle für Wasserläufe 1. Ordnung vom Minister der öffentlichen Arbeiten, für die anderen und für das Deichwesen vom Landwirtschaftsminister geführt. Die Schiffahrt steht unter dem Handelsminister.[2]) Wasserpolizeibehörde ist für Wasserläufe 1. Ordnung und für Talsperren der Regierungspräsident, für die 2. Ordnung und für die nicht zu den Wasserläufen gehörenden Gewässer der Landrat (in Stadtkreisen die Ortspolizeibehörde) und für Wasserläufe 3. Ordnung die Ortspolizeibehörde.[3]) Für Wasserläufe und Wassergenossenschaften, die sich über mehrere Verwaltungsbezirke erstrecken, kann die Wasserpolizei bei Wasserläufen 1. Ordnung einem Oberpräsidenten oder Regierungspräsidenten, bei denen 2. Ordnung einem Landrat und bei denen 3. Ordnung dem Landrat übertragen werden. Auch können bei Wasserläufen 1. Ordnung örtliche Geschäfte der Wasserpolizei dem Ortsbaubeamten, dem Landrat oder einer Ortspolizeibehörde zugewiesen werden. Die Verfügungen dieser Behörden werden alsdann bezüglich der Rechts- und Zwangsmittel so behandelt, als wenn sie von der Wasserpolizeibehörde unmittelbar getroffen wären.[4])

Von besonderer Bedeutung ist die Übertragung auf dem Gebiete der Wasserstraßenverwaltung geworden, die von eigenen Behörden wahrgenommen wird. In diesem Sinne sind die Strombauverwaltung und

---

[8]) Das. § 319—322. — Schl.-Holstein u. Hannover wie Anm. 2.

[1]) Beschwerderecht der Vorsitzenden der Beschlußbehörden WG. § 384, Aufrechterhaltung der Zuständigkeiten der Auseinandersetzungsbehörden u. der Befugnisse in Eisenbahnsachen auf dem wasserwirtschaftlichen Gebiete § 385.

[2]) § 50—52, insbes. § 52 Anm. 1 d. W. Vgl. W.G. § 347[1], 350. — Unter dem Min. d. öff. Arb. u. d. Landw.-Min. steht die Landesanstalt für Gewässerkunde, die alle Beobachtungen über den Abflußvorgang sammeln, bearbeiten u. ergänzen, die Untersuchungsergebnisse veröffentlichen u. bei Lösung wasserwirtschaftlicher Fragen mitwirken soll (Gesch. Anw. 2. Mai u. Bf. 26. Okt. 02 (MB. 193 u. 192). — Königl. Landesanstalt f. Wasserhygiene § 48 Abs. 2 d. W.

[3]) WG. § 342, 352 u. (technische Berater) 353; den Stadtkreisen stehen die selbständigen Städte in Hannover (§ 60 Anm. 1 d. W.) gleich. — Rechtsmittel gegen Polizeiverfügungen § 347 u. (Abweichung für Deichsachen) 308[2]; Polizeiverordnungen § 348, 350. — Nothilfe der Gemeinden (Gutsbezirke) § 354; der Wasserwehrdienst kann — ähnlich dem Pflichtfeuerwehrdienst (§ 251 Abs. 3 d. W.) — durch Ortsstatut u. wo dieses fehlt, durch Polizeiverordnung eingeführt werden WG. § 355.

[4]) WG. § 343—345 u. 347[3]: die Übertragung der örtlichen Polizeigeschäfte an die Ortsbeamten bildet die Regel Bf. 12. März 84 (MB. 208).

Strompolizei einschließlich der Schiffahrtsbrücken und Fähren für die Weichsel und Nogat, für den zwischen Breslau und Schwedt belegenen Teil der Oder, für die Elbe, für die Weser (mit Fulda und Aller) und für den Rhein im Interesse einheitlicher Verwaltung den Oberpräsidenten von Westpreußen, Schlesien, Sachsen, Hannover und der Rheinprovinz übertragen. Ihnen ist hierzu ein besonderer Strombaudirektor (Oberbaurat) beigegeben.[5]) Zur Mitwirkung bei dem Bau und Betriebe der neu auszubauenden Wasserstraßen sind 6 Wasserstraßenbeiräte und ein Gesamt-Wasserstraßenbeirat eingesetzt.[6]) Unter den Strombauverwaltungen stehen die Wasserbauämter.[7])

Eine über die Mitwirkung der Kreis- und Bezirksausschüsse hinausgehende Heranziehung von Laien in die Verwaltung findet in den Schauämtern und Wasserbeiräten statt. — Schauämter sind durch Polizeiverordnung (Schauordnung) für Wasserläufe 2. und 3. Ordnung zu bilden, können aber auch für den Umfang von Kreisen oder Kreisteilen eingerichtet werden. Als Hilfsorgane der Wasserpolizeibehörden haben sie wasserwirtschaftliche Gutachten abzugeben und festzustellen, ob die Flußläufe ordnungsmäßig unterhalten und nicht verunreinigt werden. Die Schauordnung kann dem Schauamt oder dessen Vorsitzenden die Befugnis beilegen, Art, Maß und Zeit der Unterhaltungsarbeiten zu bestimmen und die Benutzung der Wasserläufe zu beaufsichtigen. Wahlen der Mitglieder erfolgen durch die Kreis(Stadt)vertretung auf 6 Jahre; die Verwalter der Wasserpolizei können als Mitglieder oder Vorsitzende bestellt werden. Die Kosten trägt der Kreis.[8]) — Zur Begutachtung wichtiger wasserwirtschaftlicher Fragen wird für jede Provinz ein Wasserbeirat gebildet. Der Vorsitzende und sein Stellvertreter werden vom König ernannt, die Mitglieder zu $^1/_3$ vom Provinziallandtag und zu $^2/_3$ von der Landwirtschaftskammer, den Handels- und den Handwerkskammern gewählt.[9])

---

[5]) AE. 12. Dez. 88 nebst Vf. u. Gesch. Anw. 26. März 89 (MB. 22 u. 59), erg. AE. 23. Dez. 94 (GS. 95 S. 43) u. 23. März 93 (MB. 107). Eine ähnliche Stellung hat der ObPr. in Münster bezüglich der Verwaltung des Dortmund-Ems-Kanals AE. 8. März 98 (im Amtsbl.) u. der RegPr. in Potsdam u. der PolPr. in Berlin bezüglich der Elbe u. Oder verbindenden (märkischen) Wasserstraßen V. 3. Nov. 02, AE. 16. März 03 (GS. 172, 173) u. 18. Juni 08 (GS. 09 S. 624). Zwangsmittel der ObPr. WG. § 346 u. Rechtsmittel gegen deren polizeiliche Verfügungen § 347[1]. — Für den Kaiser-Wilhelm-Kanal besteht als Reichsbehörde das Kanalamt in Kiel V. 15. Juni 95 (ZB. 349) u. WG. § 349.

[6]) V. 25. Feb. 07 (GS. 31) u. 7. Feb. 13 (GS. 189); Stromgebiete der Elbe, Weser und des Rheins § 380 Abs. 1 d. W. verb. Anm. 9 u. § 380 Anm. 2 d. W.

[7]) § 275 Abs. 3 d. W. — Ausbildung u. Prüfung der Wasserbauwarte Vf. 16. Aug. 01 (MB. 217), der Strommeister 14. April 82 (MB. 77) u. 20. März 94. — Bedingungen für Lieferung von Dampfschiffen an die Wasserbauverwaltung Vf. 28. Okt. 02 (MB. 194).

[8]) WG. § 356—366.

[9]) Das. § 367—369; mit den zur Zuständigkeit der Wasserstraßenbeiräte (Anm. 6) gehörenden Angelegenheiten hat der Wasserbeirat sich nicht zu befassen § 367 Abs. 2.

Zur Entscheidung über Beschwerden gegen Beschlüsse des Bezirksausschusses (§ 246 Abs. 5, 247 Abs. 4) ist das Landeswasseramt in Berlin bestellt. Es besteht aus einem Präsidenten, aus ständigen Mitgliedern, die zum Richteramt oder zum höheren Verwaltungsdienst befähigt sein müssen, und aus Laienmitgliedern, die in Wasserangelegenheiten erfahren sind. Sämtliche Mitglieder werden vom König berufen, der Präsident und die ständigen Mitglieder im Hauptamt auf Lebenszeit, die Laienmitglieder auf 6 Jahre. Das Amt entscheidet endgültig und bildet sonach ein oberstes Verwaltungsgericht in Wassersachen.[10])

cc) Die Arbeit.

§ 350.

Die Arbeit in der Landwirtschaft ist körperlich oder geistig. Die körperliche Arbeit wird, soweit nicht in kleineren Betrieben der Besitzer sie selbst leistet, von den landwirtschaftlichen Arbeitern verrichtet, während die geistige Arbeit hauptsächlich in der Leitung der größeren Betriebe hervortritt.

Die landwirtschaftlichen Arbeiter zerfallen in Gutstagelöhner, die neben Wohnung meist auf gewisse Naturalbezüge (Deputat) angewiesen sind, in freie, seßhafte Arbeiter mit oder ohne Besitz und in Wanderarbeiter, wie sie zeitweise aus den weniger entwickelten Landesteilen in die intensiver bewirtschafteten Gegenden ziehen.[1]) Bei der Vergütung tritt das Geld gegen die Naturalien (Wohnung, Dienstland, Viehweide, Deputat) und der Stücklohn gegen den Zeitlohn in den Vordergrund; Gewinnbeteiligung findet sich nur vereinzelt (Drescherlohn, Gewinnanteil der Wirtschaftsbeamten). Die Beschaffung der erforderlichen Arbeitskräfte wird

[10]) Das. § 370—373. In Wassersachen sind damit zwei statt drei Instanzen eingeführt; vgl. § 76 u. 340[2,3].

[1]) Frh. v. d. Goltz, die ländlichen Arbeiterklassen (Berl. 93); Schlegelberger, d. Landarbeiterrecht (Berl. 07). — Berufszählung § 361 Abs. 3 d. W. — Verletzung der Dienstpflichten § 258 Abs. 3, Krankenversicherung § 318 Abs. 1 u. 3, Unfallversicherung § 319II, Alters- u. Invalidenversicherung § 320 Abs. 2 d. W. Stellenvermittelung § 366 Anm. 22. — Für ausländische landwirtschaftliche u. gewerbliche Arbeiter sind an den Grenzämtern auszustellende, in deutscher Sprache abgefaßte Ausweispapiere vorgeschrieben. Diese müssen auf einen bestimmten Arbeitgeber lauten u. sind bei deren Wechsel von der Ortspolizeibehörde umzuschreiben. Arbeiter ohne solche Legitimation sind auszuweisen Vf. 21. Dez. 07, 16. Jan. u. 30. Dez. 08. (MB. 17, 20 u. 09 S. 8), 27. Nov. 09 (MB. 10 S. 8), 15. Feb. 13 (MB. 34). Anschluß des Kgr. Sachsen hinsichtlich polnischer und ruthenischer Arbeiter Vf. 10. Feb. 09 (MB. 52). Weiter angeschlossen haben sich beide Mecklenburg, Oldenburg, Anhalt, Braunschweig, beide Lippe, Waldeck u. Lübeck. — Aus nationalpolitischen Gründen ist die Beschäftigung ausländischer polnischer Arbeiter besonderen Beschränkungen unterworfen. — Über die Unterbringung der Wanderarbeiter sind Polizeivorschriften ergangen. — Neben den Arbeitern kommen für die häuslichen Arbeiten und die Viehhaltung das im wesentlichen die unverheirateten Knechte und Mägde umfassende Gesinde (§ 261 Abs. 1) u. für größere Betriebe die Wirtschaftsbeamten in Betracht.

zur Zeit dadurch erschwert, daß nach dem Ersatz der Natural- durch die Geldwirtschaft die Industrie einen immer wachsenden Zug der Landbevölkerung in die Städte und Industriegebiete herbeigeführt hat.[2]) Der Ersatz der Hand- durch die Maschinenarbeit (§ 2 Nr. I 2) hat zwar auch im Landwirtschaftsbetriebe größere Ausdehnung gewonnen, indem Säe-, Drill- (Reihesäe-), Mäh- und Dreschmaschinen, in größeren Betrieben auch Dampfpflüge angewendet werden; dagegen findet die Arbeitsteilung nur beschränkte Anwendung, weil die landwirtschaftlichen Verrichtungen zu mannigfaltig und nach der Jahreszeit wechselnd sind.

Die **Betriebsleitung** erfolgt auf eigenem Gute für eigene Rechnung (Selbstbewirtschaftung), oder auf fremdem Gute für eigene Rechnung (Pachtung), oder auf fremdem Gute für fremde Rechnung (Verwaltung, Administration). — Bei Ankauf eines Gutes oder Grundstücks **zur Selbstbewirtschaftung** muß der Preis durch Abschätzung (Taxation) ermittelt werden. Der Nutzungswert bestimmt sich (absolut) nach dem Ertrage und (relativ) nach der wirtschaftlichen Lage und Absatzgelegenheit. Für den Kapitalwert der auf diesem Wege ermittelten Jahresnutzung ist dann der Stand des Zinsfußes maßgebend.[3]) Nachfrage und

---

[2]) In der Binnenwanderung zogen 1900/10 aus den Prov. Ost- u. Westpreußen, Pommern, Posen u. Schlesien r. 1087000 Personen mehr ab als zu u. in die Prov. Brandenburg mit Berlin, Westfalen u. Rheinland 968000 mehr zu als ab. Die Gründe dieser **Landflucht** sind die leichtere Arbeit, die größere Freiheit der Bewegung, die Annehmlichkeiten des städtischen Lebens u. die Hoffnung auf besseres Fortkommen. Diese Landflucht hat Arbeitermangel auf dem Lande, andererseits oftmals Arbeitslosigkeit u. Wohnungselend in den Städten herbeigeführt. Zur Abhilfe ist auf die Beschränkung d. Freizügigkeit (§ 10 Abs. 1) verwiesen. Damit würde aber nicht nur in die wirtschaftliche Selbstbestimmung empfindlich eingegriffen, sondern der Landwirtschaft selbst auch vielfach der nötige Zuzug abgeschnitten werden. Auch die vorgeschlagene Bestrafung des Vertragsbruches — die sich in den älteren Provinzen ebenso wie das Koalitionsverbot erhalten hat (§ 261 Abs. 3) — verspricht keiner durchgreifenden Erfolg. Ein Eingriff des Strafrechts in bürgerliche Rechtsverhältnisse würde schon an sich wenig erwünscht sein, im vorliegenden Falle würde er auch weder auf alle Arbeiter ausgedehnt, noch auf landwirtschaftliche beschränkt werden können; bei Massenarbeitseinstellungen würde die Maßregel überhaupt versagen. Nur die Bestrafung der Verleitung zum Vertragsbruch u. der wissentlichen Annahme vertragsbrüchiger Arbeiter könnte in Frage kommen. Die Haupthilfe wird hiernach nur das dritte Mittel bieten, die Besserung der Lebensbedingungen auf dem Lande durch Wohlfahrtseinrichtungen, Spar-, Vorschuß- u. Konsumvereine und vor allem durch Ansässigmachung. Werden die Gegenden mit vorherrschendem Großgrundbesitz (§ 343 Anm. 1), wo Arbeitermangel u. Abwanderung sich besonders geltend machen, stärker mit mannigfacher gegliederten bäuerlichen Gemeinden durchsetzt, so werden die dadurch vermehrten Arbeitskräfte auch dem Großgrundbesitze zugute kommen. Förderung in den vorzugsweise in Betracht kommenden östlichen Prov. (§ 342 Anm. 9). — Auch auf die Verpachtung kleiner Stellen mit der Verpflichtung zu bestimmter Arbeitsleistung nach Vorbild der westfälischen Heuerlinge ist hingewiesen worden; Kärger, Arbeiterpacht (Berl. 93). — Arbeitsnachweis § 366 Anm. 22; Bearb. v. Sundermann (Berl. 04).

[3]) Landgüter sind im Zweifelsfalle bei Erbteilungen nach dem gewöhnlichen Ertragswerte anzusetzen (BGB. § 2049, im Fall der Gütergemeinschaft § 1515 Abs. 2 u. 3, der Pflichtteilberechnung § 2312), der in Preußen dem 25fachen Betrage des jährlichen Reinertrages ent-

Angebot beim Grundstückshandel werden jedoch noch durch andere Umstände beeinflußt. Der Wert wird nicht selten infolge unvollkommener Sachkenntnis oder falscher Folgerungen aus einmaligen günstigen Erscheinungen überschätzt; sodann wirken Ansehen und Einfluß, wie sie mit dem Grundbesitz verbunden sind, mitbestimmend ein; endlich wird die Nachfrage, insbesondere bei dichter Bevölkerung und bei geschlossenen Besitzungen durch die Unvermehrbarkeit und örtliche Unübertragbarkeit des Grundbesitzes erhöht. Die damit herbeigeführte Erhöhung der Bodenpreise kann zu einer sorgfältigeren Bewirtschaftung anregen; öfter aber wird sie dem Erwerber nachteilig werden; auch erschwert sie den Grunderwerb für die nicht besitzenden Klassen. — Die Pachtung erfolgt auf Grund eines Vertrages, der den Gegenstand, den Preis und die Dauer der Pacht, die Rechte und Pflichten des Pächters und des Verpächters und die Bestimmungen für die Übergabe und die Rückgewähr des Pachtgegenstandes zu enthalten hat. Sonst bestimmt sich das Verhältnis nach dem bürgerlichen Recht.[4]) — Bei der Verwaltung wird der Betriebsleiter (Administrator, Inspektor) in der Regel durch festes Gehalt und freien Unterhalt entschädigt, zuweilen auch durch Anteil am Reingewinn (Tantième). — In allen Fällen gehört zur Betriebsleitung eine geordnete Buchführung, die die Ergebnisse des Wirtschaftsbetriebes im ganzen wie in den einzelnen Zweigen nachzuweisen hat und damit zu einer wichtigen Grundlage für die Wahl und die Gestaltung der Wirtschaftsweise wird. Sie hat mit dem intensiveren Betriebe der Landwirtschaft (§ 352 Abs. 1), insbesondere der Verwendung von Kunstdünger, Kraftfutter und Maschinen, neuerdings auch durch die Einführung der Einkommensteuererklärungen (§ 149 Abs. 5) erhöhte Bedeutung erlangt.[5])

---

spricht, wie er nach den von den Ministern zu bestimmenden Grundsätzen festgestellt wird EG. Art. 137 u. AG. Art. 83. Oppenberg, d. Bewertung ländlicher Grundstücke (Berl. 08). — Zum Zubehör eines Landgutes (Inventar) gehören außer dem Vieh u. den Geräten auch die landwirtschaftlichen Erzeugnisse, soweit sie zur Fortführung der Wirtschaft bis zur nächsten Ernte erforderlich sind BGB. § 97, 98.

[4]) Miete u. Pacht. — die das LR. als dingliches (eingeschränktes Gebrauchs- u. Nutzungs-) Recht behandelte (I 21 § 258—652) — erscheinen im BGB. als Schuldverhältnisse (§ 535—597), obwohl in dem Grundsatze, daß bei Grundstücken Kauf nicht Miete bricht (§ 571—9), das Recht des Mieters auch gegen dritte wirksam wird. Eine Eintragung des Rechts im Grundbuch findet jedoch nicht statt. Die Miete gibt nur den Gebrauch körperlicher Sachen gegen Entgelt, während die Pacht auch den Fruchtgenuß gewährt u. sich zugleich auf Rechte erstrecken kann (§ 581 Abs. 1). Die Vorschriften über Miete (§ 535—580) finden deshalb nach § 581 Abs. 2 auch auf die Pacht Anwendung, soweit sich nicht aus den § 582 bis 597 ein anderes ergibt. — Domänenverpachtung § 127 Anm. 5 d. W. — Stempel § 155 Abs. 3.

[5]) Die landwirtschaftliche Buchführung wird dadurch einigermaßen schwierig und unsicher, daß aus der Buchung und Zusammenstellung der zahlenmäßig feststehenden, jährlichen, baren Einnahmen und Ausgaben im Tagebuch (der Geldrechnung) das Gesamtergebnis des Wirtschaftsbetriebes noch nicht entnommen werden kann. Es müssen daneben die Bestandsveränderungen berücksichtigt werden, die neben dem Barkapital und den Schulden in

dd) Das Kapital.

§ 351.

Bei der hohen Bedeutung des Kapitals für den Betrieb der Landwirtschaft sind für diese auf den Gebieten des Versicherungs-, des Kredit- und des Genossenschaftswesens neben den allgemeinen (§ 323—331) mehrfache besondere Einrichtungen und Vorschriften getroffen.

Die Landwirtschaft wird von verschiedenen besonderen Gefahren bedroht, da sie, außerhalb geschlossener Räume betrieben, mit den Unbilden der Witterung zu kämpfen hat und bei der Zucht der Pflanzen und Haustiere mehrfachen verderblichen Krankheiten ausgesetzt ist. Die Versicherung gewinnt deshalb für die Landwirtschaft eine erhöhte Bedeutung, bleibt aber gleichwohl bei solchen Gefahren ausgeschlossen, die zu unregelmäßig auftreten, wie die Überschwemmungen, oder sich in gleicher Weise über weite Strecken ausdehnen, wie Dürre, Nässe und verschiedene Pflanzenerkrankungen. Besondere Versicherungsarten haben sich deshalb nur in der Hagel- und in der Viehversicherung ausgebildet. [1]) — Die Hagelschäden treten unregelmäßig auf und sind nicht im voraus zu berechnen; sie können auch nicht durch vorbeugende und abwehrende Maßregeln bekämpft werden und treffen oft ganze Jahresernten. Diese Umstände lassen die Hagelversicherung nur für den größeren und mittleren Besitz in Frage kommen und fordern zugleich ein größeres Versicherungsgebiet und kapitalkräftige Unternehmer. Die Versicherung ist deshalb weniger ausgedehnt, als die Feuerversicherung. Sie geschah zunächst durch Aktiengesellschaften, die sich erst neuerdings vielfach in Gegenseitigkeitsgesellschaften umgewandelt haben. — In entgegengesetzter Richtung hat die Viehversicherung sich entwickelt. Der Viehverlust trifft gerade den kleineren Besitzer besonders empfindlich,

---

dem Grund- und dem Betriebskapital (§ 213) während des Rechnungsjahrs eingetreten sind. Diese können nur durch Schätzungen ermittelt werden, die beim Beginn und am Ende des Rechnungsjahres vorgenommen und in besondere Verzeichnisse (Grundbuch über Grundstücke, Gebäude und Meliorationen, Naturalienbücher über Vieh und Geräte, über Vorräte an Früchten, Futter, Streu u. Dünger auf dem Hofe und dem Felde) eingetragen werden müssen. Je nachdem hiernach eine Erhöhung oder Verminderung der Werte eingetreten ist, muß diese dem Schlußergebnis der Barrechnung zugesetzt oder davon abgesetzt werden. Sollen daneben noch die Ergebnisse der Einzelbetriebe ermittelt werden, so sind für diese besondere Konten in einem Hauptbuche anzulegen, in denen nach den Grundsätzen der doppelten Buchführung (§ 373 Anm. 5) das von einem Zweig an einen anderen Geleistete dem ersteren zugute und dem letzteren zulasten gebucht wird. Diese — bei dem Ineinandergreifen der einzelnen Betriebe sehr zahlreichen — Übertragungen können gleichfalls nur auf Grund besonderer Schätzung erfolgen.

[1]) Privatrechtsverhältnisse § 323 Anm. 9 u. 11 d. W. — Die Hagelversicherung ist in Preußen dem Privatbetriebe überlassen; in Bayern besteht eine staatliche Anstalt. Die Durchschnittsprämie beträgt 1 v. H. der den Bruttoertrag darstellenden Versicherungssumme. — Muster-Satzungen u. -Bedingungen für Viehversicherungsgesellschaften auf Gegenseitigkeit Bf. 22. Juni 96 (MB. 133 u. 207).

während in größeren Viehbeständen meist ein gewisser Ausgleich stattfindet, zumal jetzt bei einigen größeren Seuchenverlusten schon durch die Seuchengesetzgebung eine Entschädigung vorgesehen wird (§ 358 Abs. 2 und 6). Die Viehversicherung kommt deshalb besonders für den Kleinbetrieb in Frage. Da ferner den Viehverlusten durch sorgfältige Pflege und rechtzeitige Heilbehandlung wirksam vorgebeugt werden kann, ist bei der Viehversicherung zum Schutz gegen Leichtsinn und Betrug eine genaue Überwachung geboten, wie sie nur in kleineren Verbänden erreicht werden kann. Aus diesem Grunde sind vielfach kleinere örtliche Gegenseitigkeitsverbände (Viehladen, in Holstein schon seit 1799) entstanden, die im Interesse des Ausgleichs und der Leistungsfähigkeit zweckmäßig zu Kreis- und Provinzialverbänden zusammengeschlossen werden. — Neben der eigentlichen, gegen das Viehsterben gerichteten Viehversicherung besteht die Schlachtviehversicherung gegen die durch die Fleischüberwachung (§ 273 Abs. 2) entstehenden Verluste.

Der landwirtschaftliche Kredit, der die Hauptart des Grund- (Real-) Kredits bildet, zeigt bei großer Sicherheit eine nur geringe Beweglichkeit. Andererseits bietet der Landwirtschaftsbetrieb so vielfach zu umfangreichen Verwendungen Anlaß,[2]) daß es nötig erschien, ihm das umlaufende Kapital in ausgedehntestem Maße zugänglich zu machen und den Schuldner gegen Kündigung zu sichern und zu allmählicher Abtragung anzuhalten.[3]) Demgemäß sind — während die landwirtschaftliche Kreditgesetzgebung im Grundbuchwesen (§ 211) und in der Zwangsvollstreckung in das unbewegliche Vermögen (§ 202 Abs. 3) besondere Berücksichtigung fand — neben den allgemeinen (§ 327, 328) besondere **landwirtschaftliche Kreditanstalten** vom Staate, von Verbänden und von Privatpersonen eingerichtet worden.[4])

Staatliche Kreditanstalten wurden zur Erleichterung der Ablösungen und später der Ansiedelungen in den Rentenbanken errichtet (§ 341 Abs. 2 und § 343 Abs. 4). Während diese auf den ursprünglichen Zweck beschränkt blieben, sind die in Hannover und Hessen-Nassau gegründeten und später auf die Provinzial- und Kommunalverbände übergegangenen ähnlichen Anstalten zu landwirtschaftlichen Kreditanstalten geworden.[5])

[2]) Kredit wird für längere Zeit zu Grundstücksankäufen, Bauten u. Verbesserung des Bodens, des Viehstandes u. Inventars oder vorübergehend zur Ergänzung des umlaufenden Kapitals in Anspruch genommen. Dem ersteren Zwecke dient der Grund-, dem letzteren der Personenkredit.

[3]) Die Grundschuld ist auch wohl mit der Lebensversicherung (§ 323 Abs. 5) in Verbindung gebracht, um den schuldenfreien Übergang des Grundstückes im Todesfalle zu sichern. — Rentenschuld § 211 Abs. 2 d. W.

[4]) Unterstellung unter d. landw. Min. § 51 Anm. 1. — Grundsätze für die Einrichtung 26. Juni 96 (MB. 145). — Die Zinsen der nicht abhebbaren Tilgefonds öffentlicher Kreditanstalten sind einkommensteuerfrei G. 06 (GS. 260) § 5 [7] u. Zwangsbeiträge zur Tilgung in begrenztem Umfange bei Veranlagung des Einkommens abzuziehen § 8 II [5].

[5]) Landeskreditanstalt in Hannover

Größere Ausdehnung haben die von **Verbänden** (Landschaften, in der Kur- und Neumark und in Hannover Ritterschaften) **errichteten Pfandbriefanstalten** erlangt.[6]) In Schlesien veranlaßte die Erschütterung des Grundkredits durch den siebenjährigen Krieg den Zusammentritt der größeren Grundbesitzer zu dem Zweck, die Vermittelung zwischen Gläubiger und Schuldner zu übernehmen (1770). Die übrigen Provinzen folgten, so daß, abgesehen von Hessen-Nassau, in allen Provinzen landschaftliche Kreditanstalten erwachsen sind. In neuerer Zeit sind daneben einige Anstalten für den Kreditbedarf der bäuerlichen und kleinbäuerlichen Besitzen entstanden, die gleichfalls von den Landschaftsdirektionen verwaltet werden; auch wurden einige Darlehnskassen für den Personenkredit der Landwirte gegründet. Die landschaftlichen Kreditanstalten gewähren nach Maßgabe ihrer Reglements allen zugetretenen Grundbesitzern Darlehen regelmäßig bis zu $^2/_3$ des von der Landschaft ermittelten Taxwertes. Die Darlehen sind seitens der Landschaft unkündbar und werden allmählich abgetragen. Die Mittel werden durch Ausgabe verzinslicher, auf den Inhaber lautender Pfandbriefe beschafft, für welche die Landschaft gemeinsame Bürgschaft übernimmt. Diese vermag dadurch besonders günstige Zins- und Abzahlungsbedingungen zu gewähren. Sie hat die Grundwerte in bewegliche Werte verwandelt und zu einer Ware des Kapitalmarktes gemacht, wodurch die Kapitalbeschaffung wesentlich erleichtert und der Grundkredit erheblich gefördert worden ist. Die Verwaltung wird unter Aufsicht eines königlichen Kurators durch von den Beteiligten gewählte Direktionen geführt. Diese bilden öffentliche Behörden (§ 340 Abs. 2), ihre Beamten mittelbare Staatsbeamte.[7]) Eine Mehr-

Stat. 18. Juni 42 (hannov. GS. I 87), G. 25. Dez. 69 (GS. 1269), 24. Juli 75 (GS. 567), 7. März 79 (GS. 125) u. 15. Juni 04 (GS. 137); Landeskreditkasse in Kassel G. 26. März 86 (GS. 53) u. 16. April 02 (GS. 82), geänd. (§ 12 bis 14) G. 20. April 09 (GS. 33); Landesbank in Wiesbaden nebst Hilfskasse daselbst G. 25. Dez. 69 (GS. 1288), § 1—5, der übrige Teil des G. ist ersetzt durch G. 16. April 02 (GS. 90); verb. Anm. 7. Der Geschäftsbereich der Anstalten in Hessen-Nassau ist den Grenzen der Bezirksverbände angepaßt. G. 26. März 86 (GS. 53).

[6]) Die Einführung dieser Einrichtung für den städtischen **Grundbesitz** wird durch die Verschiedenheit der zu beleihenden Werte erschwert; doch ist neben den nachstehend erwähnten städtischen Anstalten auch ein Pfandbriefamt für die brandenburgischen Städte unter Mitwirkung der Provinz gegründet.

[7]) **Ostpreußen**: Generallandschaft in Königsberg, Bank u. Lebensversicherungsanstalt der ostpreußischen Landschaft. — **Westpreußen**: Generallandschaft in Marienwerder mit den Provinzial-Landschaften in Marienwerder, Danzig, Bromberg und Schneidemühl und der landschaftlichen Bank in Danzig. Von ihrer Direktion wird auch die neue westpr. Landschaft verwaltet. — **Brandenburg**: Hauptritterschaft der Kur- und Neumark in Berlin nebst der ritterschaftlichen Darlehnskasse. Unter ersterer stehen die Ritterschaften für die Prignitz in Perleberg, für die Mittelmark in Berlin, für die Uckermark in Prenzlau u. für die Neumark in Frankfurt a. O. Von der Hauptritterschaftsdirektion wird ferner die neue brandenburgische Kreditanstalt in Berlin verwaltet (Niederlausitz s. Schlesien). — **Die Stadt Berlin** besitzt ein besonderes Pfandbriefamt. — **Pommern**: Generallandschaft nebst der landschaftl. Bank in Stettin mit den Landschaftsdepartements in Anklam, Star-

zahl dieser Anstalten hat in der Zentrallandschaft in Berlin ihren Mittelpunkt, insbesondere durch gemeinsame Ausgabe von Zentralpfandbriefen, gefunden.[8]) Den Anstalten kann durch Satzung mit landesherrlicher Genehmigung ein Zwangsvollstreckungsrecht gegen ihre Darlehnsschuldner verliehen werden, das auf Urkunden ausgedehnt werden darf, die von einem zum Richteramte befähigten Beamten der Anstalt aufgenommen sind.[9]) Die Vorschriften über die landwirtschaftlichen Kreditanstalten werden durch das BGB. nicht berührt.[10]) Nach dem Vorbilde der Landschaften sind Pfandbriefanstalten für den städtischen Grundbesitz auf genossenschaftlicher Grundlage in Königsberg, Danzig, Berlin[11]), Posen und Breslau gebildet. — Unmittelbar auf die Bodenverbesserung (§ 344 Abs. 2) sind die **Landeskulturrentenbanken** gerichtet.[12]) Diese sollen Bodenkultur-, Uferschutz-, Deich- und Schiffahrtanlagen fördern und werden nach bestimmten Grundvorschriften auf Beschluß der Provinzial- (Kommunal-) Verbände durch landesherrlich zu bestätigende Statuten errichtet.[13]) Sie gewähren zu diesem Zweck unkündbare Darlehen gegen Grundsicherheit und einen festen, der Beitreibung im Verwaltungswege unterliegenden Zins- und Tilgungsbeitrag (Landeskulturrente).[14]) Bei den zu Drainierungsanlagen gewährten Darlehen kann der Rente durch die Auseinandersetzungsbehörde ein Vorzugsrecht vor denjenigen eingetragenen Realgläubigern eingeräumt werden, die auf ergangene öffent-

---

gard, Treptow a. R. u. Stolp. Unter ihrer Direktion steht die neue pommersche Landschaft für den Kleingrundbesitz. — **Posen**: Landschaft nebst der landsch. Bank (s. auch Westpreußen). — **Schlesien**: kgl. Kreditinstitut in Breslau (von der Regierung verwaltet); Gen.-Landschaft in Breslau mit den Fürstentumslandschaften in Jauer, Glogau, Ratibor, Breslau, Liegnitz, Frankenstein, Neiße, Öls und Görlitz u. landschaftliche Bank in Breslau; Kreditinstitut für die preußische Ober- u. Niederlausitz mit den Bezirksdirektionen in Görlitz u. Lübben; kommunalständ. Bank für die Ober-Lausitz. — **Sachsen**: Landschaft nebst landsch. Bank in Halle. **Schl.-Holstein**: Landschaftlicher Kreditverband u. Landschaft in Kiel. — **Hannover**: ritterschaftlicher Kreditverein f. d. Fürstent. Kalenberg, Grubenhagen u. Hildesheim in Hannover; f. d. Fürstent. Lüneburg in Celle; f. d. Herzogt. Bremen u. Verden u. das Land Hadeln in Stade. — **Westfalen**: Landschaft in Münster. Hier u. in der **Rheinprovinz** haben die Provinzialhilfskassen (§ 327 Abs. 2) als Landesbanken ihre Wirksamkeit auf den Grundkredit ausgedehnt. — Die Reglements mit Nachträgen werden im preuß. Staatshandbuch aufgeführt. — Uniform der höheren Beamten AE. 15. Feb. 09 (LMB. 152). — Frantz, die landschaftlichen Kreditanstalten in Preußen (Berl. 02).

[8]) AE. nebst Stat. 21. Mai 73 (GS. 309), Nachtr. 3. Jan. 84 u. (Ausgabe dreiprozentiger Pfandbriefe) Bek. 9. Juni 86 (i. d. Amtsbl.). Mündelsicherheit § 208 Anm. 7c.

[9]) G. 3. Aug. 97 (GS. 388), erg. (§ 6 Abs. 2) G. 23. Sept. 99 (GS. 291) Art. 12 nebst 34 u. geänd. (§ 10 Abs. 2) G. 22. Sept. 99 (GS. 284) Art. 5. Das Recht ist der Landeskreditkasse in Kassel und der Landesbank in Wiesbaden (Anm. 5) verliehen V. 5. Nov. 98 (GS. 99 S. 1). — Erleichterung bei der Eintragung BGB. § 1115 Abs. 2.

[10]) EG. BGB. Art. 167; verb. EG. 98 (RGB. 750) § 2.

[11]) AE. 8. Mai 68 (GS. 450).

[12]) G. 13. Mai 79 (GS. 367), durch das BGB. nicht berührt EG. Art. 118. Bislang sind solche Banken nur für Ostpreußen, Posen, Schlesien, Schl.-Holstein mit Ausnahme des Kr. Lauenburg u. für Westfalen eingerichtet.

[13]) G. 79 § 1—3, 51—53.

[14]) Das. § 4—9, 33—36.

liche Aufforderung keinen Widerspruch erheben, insoweit durch die Anlage eine entsprechende dauernde Verbesserung des Grundstücks herbeigeführt wird.[15]) Die Banken beschaffen die erforderlichen Kapitalien durch Ausgabe von Inhaberpapieren (Landeskulturrentenbriefen) in dem Umfange der gewährten Darlehen. Überschüsse kommen dem Reservefonds oder durch Nichterhebung der Verwaltungskostenzuschläge den Beteiligten zugute.[16]) Die Banken genießen Stempel- und bei Eintragung der Sicherheiten Gebührenfreiheit und haben ihren Vermögensstand alljährlich zu veröffentlichen.[17])

Private Kreditanstalten[18]) bilden die Hypothekenbanken (Bodenkreditgesellschaften). Sie sind erst in den letzten 30 Jahren entstanden und beleihen vorwiegend den städtischen Grundbesitz. Sie bilden gleich den landschaftlichen Kreditvereinen den Vermittler zwischen den Schuldnern, denen sie hypothekarisch gesicherte Darlehen gewähren, und den Gläubigern, für die sie durch die Hypothekenbestände gesicherte Hypothekenpfandbriefe ausgeben; sie sind aber weder auf öffentlich-rechtlicher Grundlage, noch auf Gegenseitigkeit eingerichtet, bilden vielmehr private Erwerbsgesellschaften. Auch sind sie regelmäßig nicht auf einen bestimmten Bezirk beschränkt. Ihre Verhältnisse sind zur Sicherung von Schuldnern und Gläubigern durch Reichsgesetz geregelt. Sie sind nur in der Form von Aktien- und Kommanditgesellschaften auf Aktien zulässig und bedürfen der Genehmigung des Bundesrates oder der Zentralbehörde des Bundesstaates, wenn sie sich auf diesen beschränken. Sie unterliegen der staatlichen Aufsicht und dürfen nur hypothekarische Darlehns- und damit zusammenhängende Geschäfte (nicht Spekulationsgeschäfte) betreiben, können jedoch auch öffentlich rechtliche Körperschaften und Kleinbahnen beleihen. Die Beleihung ist auf inländische Grundstücke beschränkt und regelmäßig nur zur ersten Stelle und zu $^3/_5$ des Wertes zulässig. Die Pfandbriefinhaber sind dadurch gesichert, daß ein staatlich bestellter Vertreter (Treuhänder) das Vorhandensein der vorschriftsmäßigen Deckungsmittel überwacht und die Urkunden unter Mitverschluß der Bank verwahrt.[19]) Daneben sind ihre Forderungen im Konkurse bevorrechtet.[20])

---

[15]) Das. § 10—32, erg. G. 20. Sept. 99 (GS. 177) Art. 21. — § 211 Anm. 2 d. W.

[16]) G. 79 § 4, 37—48.

[17]) Das. § 49, 50.

[18]) Genossenschaftliche Kreditvereine § 331 Anm. 6 d. W.

[19]) G. 13. Juli 99 (RGB. 375): im einzelnen werden geregelt die Zulassung u. Beaufsichtigung der Hypothekenbanken (§ 1—4 u. 39), die zulässigen Geschäfte (§ 5), die Bedingungen der Pfandbriefausgabe (§ 6—9) u. Darlehnsgewährung (§ 10—21, insbes. Amortisationsdarlehen 19—21, Darlehen an Körperschaften 41, Kleinbahnen 42), Geschäftsführung (§ 22 bis 28), Sicherung der Pfandbriefgläubiger (§ 29—38), allgemeine u. Übergangsbestimmungen (§ 40, 43—53). Handhabung der Staatsaufsicht Vf. 17. Nov. 01 (MB. 02 S. 23). Bei der Beaufsichtigung wirken Bankinspektoren mit, die dem PolPr. in Berlin unterstellt sind aber auch dem RPräs. zur Verfügung stehen. Von der Reichsbank dürfen nur die Schuldverschreibungen lombardiert werden, denen Verpflichtungen kommunaler Körperschaften

Anm.: Note [20]) befindet sich auf S. 645

Neuerdings wird versucht, der zunehmenden Überschuldung des ländlichen Grundbesitzes entgegenzuwirken. Für Grundstücke, die von einer öffentlichen Kreditanstalt (Abs. 4) beliehen werden können, kann die für die Beleihung gezogene Grenze auf Antrag des Eigentümers als Verschuldungsgrenze mit der Wirkung im Grundbuche eingetragen werden, daß jede darüber hinausgehende Verschuldung ausgeschlossen ist. Gleichzeitig soll die Entschuldung bereits überschuldeter Güter in der Weise versucht werden, daß die die Grenze übersteigenden Schulden von der öffentlichen Kreditanstalt gegen billigen Kredit und möglichst starke Tilgung übernommen werden.[21])

Auf dem Gebiete des wirtschaftlichen Vereinswesens ist die Aktiengesellschaft (§ 330) für die Landwirtschaft, die das unmittelbare persönliche Interesse des Wirtschaftstreibenden an dem Betriebe nicht entbehren kann, zu keiner Bedeutung gelangt. Um so mehr hat seit 1890 das Genossenschaftswesen (§ 331) sich entwickelt, so daß die landwirtschaftlichen Genossenschaften bereits die Mehrzahl aller Genossenschaften bilden.[22]) Auch im Landwirtschaftsbetriebe sollen die Genossenschaften die Vorteile des Großbetriebes den mittleren und kleineren Wirtschaften zuwenden. Sie sind dieserhalb nicht nur für den Kredit, sondern als Bezugs-, Produktiv- und Absatzgenossenschaften auch für andere landwirtschaftliche Zwecke eingeführt. Die Produktivgenossenschaften befassen sich meist mit dem Molkereibetriebe,[23]) die Bezugsgenossenschaften mit dem Ankauf von Saatgut, künstlichem Dünger und Kraftfutter und mit der gemeinsamen Beschaffung und Erhaltung von Maschinen, Geräten, und Zuchtvieh. Weniger entwickelt sind bislang die Absatzgenossenschaften. Neuerdings wird jedoch auf genossenschaftlichem Wege die bessere Verwertung des Getreides durch Lagerhäuser erstrebt, die insbesondere die zweckentsprechende Behandlung und den Verkauf des Getreides, die angemessene Preisregelung durch Anbieten oder Zurückhalten der Vorräte unter Vermeidung des Börsenspiels mit Getreide (§ 374 Abs. 2),

---

zugrunde liegen. Ähnlich ist die Mündelsicherheit beschränkt § 208 Anm. 7c d. W. Bearb. von Könige (Freib. 00), Göppert (2. Aufl. Berl. 12) u. Dannenbaum (Berl. 11). — Rechte der Besitzer von Schuldverschreibungen § 326 Abs. 5 d. W. — 1912 bestanden 38 Hypothekenbanken.

[20]) § 204 Anm. 10 d. W.

[21]) G. 20. Aug. 06 (GS. 389). Ausf. Best. landw. Min. 4. April, Just. Min. 22. April 08 (JMB. 200). Die Landesgesetzgebung ist für diese Bestimmung zuständig EG. z. BGB. Art. 117 Abs. 1; durch Vertrag kann sie nicht erfolgen BGB. § 1136. — Das G. wurde eingeführt in Ostpreußen V. 23. März 08 (GS. 65), Westpreußen u. Posen 16. Juni 09 (GS. 492), ferner in die übrige Monarchie außer Berlin V. 5. Mai 13 (GS. 274) nebst AusfBest. des LM. 22. Sept. 09 (LMB. 326), des JustMin. 10. Aug. 09 (JMB. 296) u. 16. Aug. 13 (das. 315). — In Ostpreußen ist die Entschuldung mit der Lebensversicherung in einer besonderen Anstalt in Verbindung gebracht. Weitere Versuche sind 1910 in Brandenburg und Sachsen gemacht. — Besitzbefestigung in den national gefährdeten Landesteilen. § 343 Anm. 11 d. W.

[22]) Zahl § 331 Abs. 3. — Teilnahme an den Handelskammern § 372 Abs. 3 d. W. — Wassergenossenschaften § 347 d. W.

[23]) § 356 Anm. 13 d. W.

die Beleihung der gelagerten Vorräte (§ 328 Abs. 3[4]) und die Ersparung der Handels- und Beförderungskosten bezwecken.[24])

b) Wirtschaftsweise.

§ 352.

Die Wirtschaftsweise (Wirtschaftssystem) vereinigt die einzelnen Betriebsmittel (a) zu einheitlichem Zusammenwirken. Sie erscheint von der Bodenbeschaffenheit, den verfügbaren Betriebsmitteln, der Fähigkeit des Leiters und den Verkehrs- und Absatzverhältnissen abhängig und muß sich den besonderen Betriebsverhältnissen anpassen. An die Stelle der schon von Karl dem Großen eingeführten Dreifelderwirtschaft ist im Anfang unseres Jahrhunderts, dem gesteigerten Nahrungsbedürfnisse entsprechend, die Fruchtwechselwirtschaft getreten.[1]) Der Stoffersatz durch künstliche Düngung (§ 344 Abs. 1) hat schließlich zur Industriewirtschaft geführt, die durch ausgedehnten Handelsgewächsbau und verstärkte Verarbeitung der Rohstoffe zu Fleisch, Butter, Käse, Stärke, Spiritus und Zucker (landwirtschaftliche Nebengewerbe) gekennzeichnet wird.[2]) Die Wirtschaftsweise ist damit immer intensiver (§ 2 Nr. I Abs. 1) geworden.[3])

Obwohl der Landwirtschaftsbetrieb sich auf diesem Wege unausgesetzt entwickelt hatte, auch durch die Erleichterung des Kredits und die Ver-

---

[24]) Nach G. 3. Juni 96 (GS. 100) § 1 IV u. 8. Juni 97 (GS. 171) § 1 III kann der Staat 5 Mill. M. zur Errichtung landwirtschaftlicher Getreidelager verwenden, die zu entgeltlicher Benutzung an leistungsfähige Körperschaften überlassen werden. Ihre Zahl beträgt 36 die bis auf das vom Staat verwaltete Versuchskornhaus in Berlin von eingetragenen Genossenschaften betrieben werden. — Lagergeschäft § 373 Abs. 4 d. W. — Die Lagerung geschieht auf Speichern m. übereinanderliegenden Schuttböden oder in den nach amerikanischem Vorbilde erbauten Silos mit schaft- (säulen-) artigen Zellen. Die Bewegung, Umlagerung und Verladung erfolgt in beiden Fällen durch Dampfkraft. — Besondere Berücksichtigung der Landwirte bei Lieferung für staatliche Anstalten Vf. 24. Mai 96 (MB. 90).

[1]) Die Dreifelderwirtschaft läßt regelmäßig Wintergetreide, Sommergetreide u. Brache (Unbebautlassung) aufeinander folgen. Nach Ausdehnung des Kartoffelbaues u. Einführung der Futterkräuter und Handelsgewächse ist eine freiere Wirtschaftsweise eingetreten, die bei regelmäßigem Fruchtwechsel zwischen den stickstoffzehrenden Halmfrüchten u. den stickstoffsammelnden (§ 344 Anm. 5) Blatt- oder Hackfrüchten (Futter-, Gemüse- und Handelspflanzen § 344 Anm. 6) die Brache entbehrlich gemacht hat.

[2]) Brennerei (§ 165 Anm. 1) u. Stärkebereitung bei leichtem, Rübenzuckerherstellung (§ 168 Anm. 1) bei schwerem Boden. In loserem Zusammenhange mit dem Landwirtschaftsbetriebe stehen Brauereien, Müllereien, Ziegeleien u. Kalkbrennereien. — Teilnahme der Nebengewerbe an den Handelskammern § 372 Abs. 3.

[3]) Der extensiven wie der intensiven Wirtschaft sind bestimmte Grenzen gezogen. Wenn erstere leicht die Arbeitskräfte u. Mittel, insbesondere die Düngemittel allzu sehr zersplittert, führt die fortgesetzte Steigerung des intensiven Betriebes zu einem Punkt, wo die Mehrkosten nicht mehr durch Mehrerträge gedeckt werden. Dies geschieht um so eher, je schlechter der Boden u. je ungünstiger die sonstigen Wirtschaftsbedingungen sind. Mit der günstigeren Gestaltung dieser Bedingungen wird deshalb auch der weiteren Ausdehnung des intensiven Betriebes die Bahn geöffnet.

besserung der Verkehrswege erheblich gefördert wurde, hat seine Einträglichkeit sich doch in der jüngsten Zeit beträchtlich vermindert. Die fortgesetzten Verkehrserleichterungen hatten neben der fördernden auch eine nachteilige Wirkung (§ 2 Nr. I 1), indem sie die Getreidezufuhr aus Ländern ermöglichten, in denen ein billiger, in den ersten Jahren auch ohne Düngung ertragreicher Boden zur Verfügung stand (Rußland, Donauländer, Nordamerika, Argentinien). Infolgedessen gingen seit 1892 die Getreidepreise erheblich zurück[4]), während gleichzeitig die Aufwendungen für Lebenshaltung, Arbeitslöhne, Wirtschaftseinrichtungen stetig zunahmen. Die Notlage, in die sich die Landwirtschafttreibenden hierdurch versetzt sahen, trat vor allem in den auf den Getreidebau angewiesenen Betrieben hervor. Sie zeigte sich mehr bei den großen und mittleren Besitzern, da die kleinen bei fortbetriebener Naturalwirtschaft vom Markte weniger abhängig waren, sich bei dem geringeren Betriebsumfange den veränderten Verhältnissen leichter anpassen konnten und von der Arbeiternot weniger berührt wurden.[5]) Am empfindlichsten wurden die Landwirte betroffen, die über Kapital und Arbeitskraft nicht in dem nötigen Umfange verfügten, die zu teuer gekauft oder gepachtet hatten, die die erforderliche technische und wirtschaftliche Befähigung nicht besaßen oder es an der gehörigen Betriebsamkeit fehlen ließen. Überall entstand aber mit dem andauernden Sinken der Getreidepreise unter die Herstellungskosten für den Betrieb der Landwirtschaft eine ernste Gefahr, die der Staat nicht unbeachtet lassen durfte, zumal die Landwirtschaft nicht nur einen erheblichen Teil unserer Bevölkerung unmittelbar ernährt, sondern im Getreide auch das notwendigste Nahrungsmittel liefert, mit dem das Land nicht in dauernde Abhängigkeit vom Auslande geraten darf.

So zweifellos diese Aufgabe, so bestritten ist die Art ihrer Lösung. Keinenfalls darf von der Staatshilfe alles erwartet werden, da ihr auf diesem Gebiete bestimmte enge Grenzen gezogen sind. Der Betrieb der

---

[4]) Jahresdurchschnittspreise des Getreides in Preußen (1911 und höchste und niedrigste Preise 1806—1911). 1000 kg in M.

Zeitraum	Weizen	Roggen	Braugerste	Futtergerste	Hafer
1911	199	164	186	157	171
Höchster Preis	264 (1873)	208 (1891)	200 (1874)		192 (1874)
Niedrigster Preis*)	127	87	72		76

*) Der niedrigste Preis entfiel für alle Getreidearten auf das Jahrzehnt 1821 bis 1830.

[5]) In der Landwirtschaft besteht hiernach zur Zeit nicht mehr die Gefahr, daß — wie zur Zeit des Legens der Bauerngüter (§ 77 Anm.2) u. noch heute im Gewerbe (§ 368 Abs. 1) — der Kleinbetrieb durch den Großbetrieb verdrängt wird; die Bildung der Rentengüter (§ 343 Abs. 5) wird dagegen durch diese Entwicklung gefördert.

Landwirtschaft stellt eine freie Gewerbtätigkeit dar, deren Erfolge in erster Linie von der eigenen Kraft abhängen (§ 337 Abs. 2). Der Staat kann diese nur ergänzen und darf das Bewußtsein der wirtschaftlichen Selbstverantwortlichkeit hierbei nicht abschwächen. Die Hilfe darf ferner nicht auf Kosten anderer Erwerbszweige erfolgen. Mag das Anwachsen unserer Großindustrie und unseres Handels auch manche nachteilige Folgen mit sich gebracht haben, so hat es doch andererseits wesentlich an der Entwickelung unserer nationalen Macht und Größe mitgewirkt. Der nötige Schutz durch Erhaltung und Vermehrung der Absatzwege darf diesen Betrieben deshalb um so weniger versagt werden, als ohne sie ein großer Teil unserer Bevölkerung zur Auswanderung gezwungen sein würde und von ihrem Gedeihen auch die Landwirtschaft selbst durch Steuerentlastung, Vermehrung der Verkehrswege und zahlungskräftige Abnehmer unmittelbare Vorteile hat. Endlich bildet der Absatzpreis bei aller Bedeutung doch nur einen der Faktoren, auf denen die Einträglichkeit des Landwirtschaftsbetriebes beruht. Die Hilfe beim Herabgehen dieser Einträglichkeit kann deshalb auch nicht von einem Gesamtmittel, sondern nur von einem Zusammenwirken verschiedener Mittel erwartet werden. Die Preisbildung vollzieht sich ohne Zutun des Staates auf dem Weltmarkt nach dem Ernteergebnis und dem Wirtschaftsbedarf. Der Staat kann ihre schädlichen Wirkungen mildern und unlauteren Preistreibereien entgegentreten, nicht aber die Preise selbst feststellen.[6])

4. Betrieb und Pflege der Forstwirtschaft.

§ 353.

Wald ist jede mit Holz bestandene größere Fläche, Forst ein regelmäßig behandelter und benutzter Wald. Solange noch Holz in beliebiger Menge vorhanden war, trat die Holznutzung im Walde gegen die Nutzungen der Waldstreu, Weide und besonders der Jagd zurück. Auf diesem Standpunkt stehen noch die Forstordnungen, welche die Landesherren im 18. Jahrhundert über Begrenzung, Einteilung und Schutz ihrer Waldungen er-

[6]) Von den Hilfsmitteln zur Hebung der Landwirtschaft sind einige, wie das Bildungswesen, die Förderung der Genossenschaften und des Verkehrs auf die Hebung der Landwirtschaft überhaupt gerichtet; andere bezwecken gesondert die Minderung der Betriebskosten (Agrargesetzgebung § 338 Abs. 1 u. 342 Abs. 5, Sorge für Arbeitskräfte § 350 u. Kapital § 351), oder die Mehrung der Erträge (Verbesserungen des Bodens § 344 Abs. 2 u. des Viehstandes § 356) oder die Förderung des Absatzes. Die auf letztere gerichteten Mittel sind vorzugsweise umstritten u. hierbei stehen die von einer Seite (Bund der Landwirte, Agrarier) geforderten s. g. großen (Radikal-)Mittel, insbesondere die Verstaatlichung des Handels mit auswärtigem Getreide (Antrag Kanitz) u. die Rückkehr zur Silberwährung (§ 376 Abs. 3) den kleinen Mitteln gegenüber, wie sie in der Erhaltung angemessener Getreidezölle (§ 161 Abs. 5), der strengen Untersuchung der Marktwaren (§ 273), dem Schutz gegen unlauteren Wettbewerb (§ 371), der Überwachung der Getreidebörse (§ 374 Abs. 3), der Anlage von Getreidelagerhäusern (§ 351 Anm. 24) u. der Gestaltung der Eisenbahntarife (§ 388 Abs. 5) großenteils durchgeführt sind.

ließen. Mit ihrem Vorgehen, dem sich später auch größere Grundbesitzer und schließlich die waldbesitzenden Städte anschlossen, war der erste Grund zur *Forstwirtschaft* gelegt. Als dann mit zunehmender Verwandlung des Waldlandes in Ackerland und der fortgesetzten planlosen Ausnutzung des Holzbestandes der Wert des Holzes stieg, wurde dieses zur Hauptnutzung. Die Nebennutzungen traten zurück und wurden schließlich, wo sie die Holznutzung beeinträchtigten, eingeschränkt oder ganz beseitigt. Damit begann im Anfang des vorigen Jahrhunderts eine neue Entwickelung der Forstwirtschaft, die durch die gleichzeitig erwachte Forstwissenschaft und durch die Gründung von Forstlehranstalten (§ 128 Abs. 1) wesentlich gefördert wurde.

Der *Betrieb der Forstwirtschaft* umfaßt den Waldbau, den Forstschutz und die Forstnutzung auf den zur Holzzucht bestimmten Flächen und ist auf die Erzielung eines möglichst hohen und nachhaltigen Reinertrags aus diesen Flächen gerichtet. — Für den **Waldbau** (Kultur) kommt zunächst der Standort (Bodenbeschaffenheit § 344 Abs. 1, Bodengestalt und Klima) in Betracht. Nach diesem und den wirtschaftlichen Verhältnissen des Besitzers bestimmt sich die Wahl der Holzart[1]) und der Betriebsart.[2]) Von beiden ist der Umtrieb (Benutzungszeitraum) ab-

[1]) Als *Holzarten* werden Laubhölzer u. Nadelhölzer unterschieden (Anm. 10). *Laubhölzer* sind die Eiche, die Buche, die Birke u. die Erle, neben denen vereinzelt die Ulme (Rüster), die Esche, der Ahorn u. die Weißbuche (Hainbuche) vorkommen. Die Eiche gedeiht bei ausreichender Tiefgründigkeit und Frische auch auf leichterem Boden u. liefert hartes, dauerhaftes und zu den verschiedensten gewerblichen Zwecken verwendbares Holz. Die Buche beansprucht besseren, insbesondere kalkhaltigen Boden; ihr Holz ist hart, aber nicht dauerhaft, deshalb sehr gutes Brennholz, als Nutzholz dagegen weniger begehrt. Das Holz der anspruchslosen u. gegen Kälte widerstandsfähigen Birke findet für einzelne wirtschaftliche Zwecke, sonst als Brennholz Verwendung. Die Erle (vorwiegend die Schwarz- oder Roterle) ist der Baum der nassen Niederungen; ihr Holz dient zu Schnitzarbeiten u. als Brennholz. — Als *Nadelhölzer*, die bei ihrem geraden schlanken Wuchse, ihrer Spannkraft u. der Leichtigkeit ihrer Bearbeitung als Bauholz bevorzugt sind, kommen die Kiefer, die Fichte, die Tanne u. die Lärche in Betracht. Die Kiefer (Kiene, Föhre) ist weitverbreitet, da sie auch auf dürrem, sandigem Boden fortkommt; das Holz wird als Bau- u. als Brennholz verwendet. Die Fichte (Rottanne), die die trockenen Sandflächen meidet, dafür aber höher im Gebirge aufsteigt, liefert gutes Bauholz und bei ihrem dichten Bestande erhebliche Holzmassen. Beides gilt auch von der Tanne (Weiß- oder Edeltanne), deren Holz aber leichter ist u. geringere Brennkraft besitzt; sie beansprucht guten, tiefgründigen Boden, ist anfänglich gegen Frost empfindlich u. wächst langsam; in Norddeutschland ist sie wenig verbreitet. Die Lärche gedeiht auf frischem, mineralkräftigem Boden, auch in nördlicher Gegend u. im Gebirge und gibt gutes Bau- und Brennholz.

[2]) *Betriebsarten*: Der Hochwaldbetrieb läßt die Hölzer zur vollen natürlichen Entwicklung als Bäume gelangen u. liefert die höchsten Nutzholzerträge, während beim Niederwaldbetriebe, der nur für die Stockausschlag treibenden Laubhölzer anwendbar ist, diese frühzeitig abgehauen und durch Ausschläge verjüngt werden. Auf diesem Wege wird unter anderem in 15- bis 20jährigem Umtriebe die in der Lohgerberei verwendete Eichenrinde gewonnen (Schälwaldungen, Lohhecken), der neuerdings durch Einführung des südamerikanischen Quebrachoholzes (§ 162 Abs. 4) ein starker Mitbewerb erwachsen ist; auch bildet der Niederwald mit 20 bis 40jähr. Umtrieb

hängig.[3]) Der Anbau erfolgt in der Regel künstlich durch Saat oder Pflanzung;[4]) die natürliche Holzzucht (Verjüngung) ist nur unter besonderen Voraussetzungen möglich.[5]) — Der Forstschutz soll die Forst vor den Gefahren bewahren, die ihr durch Menschen (§ 354), Tiere,[6]) Pflanzen und Naturereignisse (Kälte, Sonnenbrand, Windbruch und Windwurf, Nässe, Rauchschäden und Waldbrände) erwachsen. — Die Forstnutzung zerfällt in Hauptnutzung und Nebennutzungen. Erstere erstreckt sich auf das Holz und die Rinde, letztere betreffen die Nebenerzeugnisse (Raff- und Leseholz, Streu und Mast, Weide und Gräser, Torf, Waldfrüchte, Steine und Erden). Das Holz wird als Nutzholz[7]) oder als Brennholz[8]) verwertet. Da die Brennholzpreise bei dem steigenden Mitbewerb der Mineralkohle fortdauernd herabgegangen sind, hat die Bedeutung der Nutzholzgewinnung zugenommen. Bei der Aufarbeitung der gefällten (gehauenen) Hölzer muß deshalb möglichst viel Nutzholz herausgenommen (ausgehalten) werden. Für die kleineren Besitzer werden der Nutzholzgewinnung je-

---

die gewöhnliche Nutzungsart für die Schwarzerle (vor. Anm.). Der nur bei gutem Boden anwendbare Mittelwaldbetrieb vereinigt den Hoch- u. Niederbetrieb auf derselben Fläche u. hat dieserhalb doppelte Umtriebszeiten. Bei dem gleichfalls nur auf gutem Boden, insbesondere im Gebirge angewendeten Plänterbetriebe werden einzelne Bäume nach ihrer Brauchbarkeit herausgenommen u. die Lücken wieder ausgefüllt.

[3]) Der Umtrieb beträgt beim Hochwaldbetriebe für die langsam wachsenden Holzarten (Eichen, Buchen u. Tannen) 100—150, für Fichten u. Kiefern 60 bis 120, beim Niederwaldbetriebe allgemein nur 15—40 Jahre.

[4]) Die Aussaat ist billiger, aber langwieriger u. bei ungünstigem Boden unsicherer als die Pflanzung. Die Pflanzen werden auf besonders geschützten u. bearbeiteten Flächen (Saatkämpen) gezogen.

[5]) Samenverjüngung ist nur im Hochwalde u. bei entsprechender Lichtung durchführbar. Diese muß für die Lichthölzer früher und stärker stattfinden, als für die Schattenhölzer. Zu ersteren gehören Eiche und Kiefer, zu letzteren Buche und Tanne, während die Fichte zwischen beiden in der Mitte steht. Die Verjüngung durch Ausschlag kommt nur für Laubholz im Nieder- u. Mittelwaldbetriebe in Frage.

[6]) Hauptfeinde der Forst sind die Insekten, besonders in den weniger widerstandsfähigen Nadelhölzern. Von den Larven der Käfer zerfressen die des Kiefernmark- und des Fichtenborkenkäfers das Holz, während die des Rüsselkäfers die Kiefernpflanzen zerstören u. die des Maikäfers (Engerlinge) die Pflanzenwurzeln schädigen. Den Zerstörungen, die die Raupen verschiedener Schmetterlinge (Kiefernspanner, Kiefernspinner u. der namentlich die Fichten befallenden Nonnen) anrichten, wird hauptsächlich durch Eintrieb von Schweinen und durch Leimringe an den Stämmen entgegengewirkt, die das Aufsteigen der Raupen verhindern sollen.

[7]) Das Nutzholz ist Bauholz oder Werkholz. Ersteres findet Verwendung zum Hoch-(Häuser-)bau (§ 279 Anm. 2) in der Form von Ganz-, Halb- oder Kreuzhölzern (nicht, einmal oder zweimal aufgeschnitten) oder von Brettern, die bei mehr als 4,5 cm Stärke Bohlen heißen, ferner zum Eisenbahnbau als Schwellen und Telegraphenstangen, zum Bergbau als Grubenhölzer, zum Schiffsbau u. zum Wasserbau bei Brücken, Mühlen und Schleusen. Das Werkholz wird von verschiedenen Handwerkern (Stellmachern, Tischlern, Böttchern u. Holzschnitzern) gebraucht. — Verb. Anm. 1. — Die s. g. forstlichen Nebengewerbe (Köhlerei, Teerschwelerei) sind nahezu verschwunden.

[8]) Das Brennholz, das bei einer Stärke von über 14 cm Scheit-, von 7—14 cm Knüppel- u. unter 7 cm Reiserholz heißt, wird 1 m lang geschnitten u. in Raummetern (das Reiserholz in Haufen) aufgesetzt.

doch durch die Notwendigkeit langer Umtriebszeiten[8]) enge Grenzen gezogen. — Der Verkauf geschieht aus freier Hand (besonderer Vereinbarung zwischen Verkäufer und Käufer), wie er sich für gewisse Gebrauchszwecke und geringere Brennhölzer empfiehlt, oder durch öffentliches Ausbieten und Zuschlag an den Meistbietenden (Lizitation) und kann vor oder nach dem Einschlagen des Holzes erfolgen. Für den Absatz sind die Verkehrswege (§ 377 Abs. 1), und unter diesen besonders die Wasserstraßen (§ 378 Abs. 1 und 380 Abs. 1) von größter Bedeutung; auf diesen werden die Nutzhölzer in der Regel in Stämmen geflößt (§ 380 Abs. 5).

Ein größerer Waldbestand gewährt nicht nur unmittelbare Nutzungen, er bewirkt zugleich mittelbar die gleichmäßige Verteilung der Wärme und der Feuchtigkeit in Luft und Boden, verhindert Einstürze und Lawinen im Gebirge, Abschwemmungen an den Hängen und Überflutungen in der Ebene (Schutzwaldungen). Gleichzeitig ermöglicht er die angemessene Verwertung des sonst wegen steiler Lage oder geringer Beschaffenheit ertraglosen, s. g. absoluten Waldbodens. Andererseits erwachsen der Forstwirtschaft aus der Eigenart ihres Betriebes besondere Schwierigkeiten, und dem Staate fällt auf diesem Gebiete eine viel weiter gehende Aufgabe zu, als auf dem der Landwirtschaft (§ 337 Abs. 1). Er hat dafür zu sorgen, daß der natürliche Waldboden nicht öde bleibt, und daß die vorhandenen Waldungen erhalten und zweckmäßig bewirtschaftet werden. Diese Aufgabe war längere Zeit verkannt worden, indem der Grundsatz der unbegrenzten wirtschaftlichen Freiheit ohne Rücksicht auf die besonderen Bedürfnisse der Forsten auch auf diese Anwendung gefunden hatte.[9]) Zahlreiche Holzanpflanzungen sind dieser Auffassung zum Opfer gefallen oder in unwirtschaftliche Teile zerstückelt worden (Teilforsten), und die zu anderen Anschauungen gelangte heutige Zeit muß vielfach wieder gut machen, was die frühere gefehlt hat.

Die Forsten befinden sich in der Hand des Staates, der Gemeinden oder der Privatpersonen.[10]) Die Staatsforsten unterliegen der vollständigsten und unmittelbarsten Einwirkung und müssen deshalb nicht

[9]) LandeskultEd. 14. Sept. 11 (GS. 300) § 4, wonach die durch das LR. (I 8 § 83—95) u. die Provinzialforstordnungen eingeführten Einschränkungen der Benutzung der Privatforsten wieder beseitigt wurden.

[10]) Preußen hatte (1900) eine Waldfläche von 8270133 ha oder 23,7 v. H. seiner Gesamtfläche u. steht damit etwa in der Mitte der europäischen Staaten. — Den für Preußen angegebenen Hundertteilsatz übersteigen die Provinzen Hessen-Nassau mit 39,7, Hohenzollern mit 34,1, Brandenburg mit 33,4 Rheinprov. mit 30,9, Schlesien mit 28,8 u. Westfalen mit 28 v. H., während Westpreußen mit 21,7, Sachsen mit 21,2, Pommern mit 20,6, Posen mit 19,8, Ostpreußen mit 17,4, Hannover mit 17,2 u. Schl.-Holstein mit 6,7 v. H. dagegen zurückbleiben. — Von den Forsten gehörten 30,9 v. H. dem Staate u. der Krone, 12,5 den Gemeinden, 3,7 Stiftungen u. Genossenschaften und 52,9 Privaten. — Von dem Waldbestande waren 67,5 v. H. mit Nadel- u. 32,5 v. H. mit Laubholz bestanden.

nur erhalten, sondern auch tunlichst ausgedehnt werden (§ 126 Abs. 2). Vermöge seines großen Forstbesitzes gebietet der Staat auch über verschiedene Einrichtungen, die den übrigen Forstbesitzern zu statten kommen.[11]) Hiermit allein wird aber dem Bedürfnis der letzteren nicht vollständig genügt. Auch der Waldverwüstung und zweckwidrigen Ausrodung muß vorgebeugt werden. In dieser Richtung unterliegen die *Gemeindeforsten* einer besonderen Staatsaufsicht,[12]) die schon früher auf *Anstalts-(Instituts-)* Forsten Anwendung fand und neuerdings auf die auf öffentlich rechtlicher Grundlage beruhenden *gemeinschaftlichen Holzungen* ausgedehnt worden ist.[13]) Gleichzeitig ist die Teilung solcher Forsten erschwert, und nur da zugelassen, wo eine forstmäßige Benutzung ausgeschlossen ist, oder das Grundstück zu anderen als forstlichen Zwecken dauernd mit erheblich größerem Vorteile benutzt werden kann.[14])

Bezüglich der *Privatforsten* hat die neuere Gesetzgebung in den Schutzwaldungen den Schutz durch den Wald und in den Waldgenossenschaften den Schutz für den Wald zu fördern gesucht.[15])

Schutzwaldungen sind zur Abwehr der Gefahren und Nachteile bestimmt, die durch Versandung, Abschwemmung und Überschüttung, durch Uferabbrüche, Eisgang, durch Minderung des Wasserstandes und durch Einwirkung des Windes für Nachbargrundstücke oder ganze Landesteile herbeigeführt werden können. Ihre Anlegung und die angemessene Benutzung vorhandener Waldbestände kann sowohl auf Antrag der Beteiligten oder kommunalen Verbände, als im landespolizeilichen Aufsichts-

[11]) Überlassung von Pflanzen aus den Staatsforsten Vf. 12. April 68 (MB 323). Wichtig, besonders für die kleineren Forstbesitzer, ist die Hilfsleistung des geschulten staatlichen Forstpersonals.

[12]) § 79 d. W. — Neben den Gemeindeforsten hat in Hannover auch die Provinz aufgeforstet (5472 ha).

[13]) G. 14. März 81 (GS. 261) § 1 bis 5; AusfBek. 26. April 81 (MB. 134) Nr. I—X. — Die gemeinschaftlichen Holzungen stehen zwischen den Privat- und den Gemeindeforsten in der Mitte, indem die ersteren ihrer rechtlichen Natur nach zugehören, letzteren aber nach Ursprung und wirtschaftlicher Bedeutung verwandt sind. Man unterscheidet *Genossenschaftsforsten*, die in den westlichen u. mittleren Provinzen überwiegen und auf die alten Markgenossenschaften zurückweisen (Gehöferschaften im RegBez. Trier, Hauberge im Westerwald, HaubergsO. f. den Dill- u. den Oberwesterwaldkreis 4. Juni 87 GS. 289, Altenkirchen 9. April 90 GS. 55, Jahnschaften im vorm. Justizamte Olpe 3. Aug. 97 GS. 285) u. *Interessentenforsten*, die in den östlichen Provinzen vorherrschen u. meist durch landesherrliche Verleihung oder Servitutabfindung entstanden sind. Der Gesamtflächenraum betrug (1900) 236 429 ha. — In den neuen Provinzen standen die gemeinschaftlichen Forsten schon seither großenteils unter Staatsaufsicht, in den älteren waren nur einige örtliche Vorschriften erlassen, die das Gesetz aufrecht erhalten hat § 10 d. G. Realgemeinden in der Provinz Hannover § 342 Anm. 14 d. W. — Bearb. Schultz Forstwirtschaft (Berl. 03) Nr. IV.

[14]) G. 81 § 6—9; Bek. Nr. XI bis XIII. — Abstellung forstlicher Berechtigungen § 342 Anm. 9 d. W.

[15]) G. 6. Juli 75 (GS. 416); Einf. in Lauenburg G. 25. Feb. 78 (GS. 97) § 8[7] Das G. hebt mit Ausschluß der Vorschriften über Staats-, Gemeinde-, Anstalts- u. Genossenschaftsforsten Abs. 4 d. W.) alle sonstigen Wirtschaftsbeschränkungen auf, § 1 das. Bearb. wie Anm. 13. — Bedeutung der Fideikommisse für Erhaltung des Waldbestandes § 343 Anm. 2 d. W.

wege angeordnet werden. Den durch die Anordnung Betroffenen ist von den Antragstellern und sonstigen Beteiligten der etwaige Schaden nach Verhältnis der erwachsenden Vorteile zu vergüten.[16]) Die Feststellung und Entscheidung erfolgt unter Abfassung eines Regulativs in einem besonderen Verwaltungsstreitverfahren vor dem hier als Waldschutzgericht bezeichneten Kreisausschusse.[17])

Wo ein stark zersplitterter Besitz von Waldgrundstücken, öden Flächen oder Heideländereien eine angemessene Bewirtschaftung oder einen wirksamen Forstschutz ausschließt, kann eine Waldgenossenschaft (Wirtschafts- oder Schutzgenossenschaft) gebildet werden, wenn die Mehrheit der Beteiligten zustimmt.[18]) An letztere Bedingung ist auch die Auflösung der Genossenschaft, sowie jede Naturalteilung eines Genossenschafts-(Realgemeinde-)Waldes geknüpft.[19]) Die Waldgenossenschaft hat juristische Persönlichkeit.[20]) Ihre Bildung erfolgt gleichfalls vor dem Waldschutzgericht, dem zugleich die Handhabung der staatlichen Aufsicht über sie obliegt.[21]) — Das Gesetz hat zwar — wohl infolge des etwas umständlichen Verfahrens — keine umfassenden Erfolge aufzuweisen,[22]) verdient aber als erster Schritt auf diesem bislang vernachlässigten Gebiete gleichwohl Beachtung.

5. Feld- und Forstpolizei.

§ 354.

a) Während bei **Feld- und Forstfreveln** durch die Leichtigkeit der Begehung und die Geringfügigkeit der gewöhnlichen Fälle eine mildere Beurteilung zugelassen wird, hat andererseits die Schwierigkeit ihrer Ermittelung zur Ergänzung des allgemeinen Strafrechts und Strafverfahrens geführt, die namentlich für die Feststellung des Tatbestandes und die Geltendmachung des privatrechtlichen Ersatzanspruches erleichternde und sichernde Handhaben gewährt.[1]) Mit den Nachbarstaaten ist die gegenseitige Verfolgung dieser Frevel durch Verträge sichergestellt,[2]) während

---

[16]) G. 75 § 2—5.

[17]) Das. § 6—22 (Frist in § 15 jetzt 2 Wochen LVG. § 51), insbes. Kosten § 18, verb. § 339 Anm. 16 d. W. — Strafe G. 75 § 53.

[18]) Das. § 23—30 (Berichtigung des § 23. (GS. 75 S. 598), Rheinprov. G. 28. Mai 13 (§ 342 Anm. 13 d. W.) Art. VI § 10. Die Vorschriften werden durch das BGB. nicht berührt EG. Art. 83, 107 u. 111.

[19]) G. 75 § 45, 46 [§ 47 aufgeh. durch das G. 81 (Anm. 13) § 10].

[20]) Das. § 42, 43.

[21]) Das. § 31—41 u. 44.

[22]) Seither bestanden 26 Genossenschaften mit 2600 ha Fläche; neuerdings sind im RB. Stade 30 Genossenschaften mit etwa 2500 ha zustande gebracht worden.

[1]) Zuständigkeit der Landesgesetzgebung § 214 Abs. 2 u. 219⁴ d. W. — Befugnis des landw. Min. zum Erlaß der Strafen bis 30 M. AO. 15. Dez. 80 (MB. 81 S. 28).

[2]) Verträge über Feld-, Forst-, Jagd- u. Fischereifrevel mit Österreich 21. März 42 (GS. 112) u. 15. Jan. 48 (GS. 29), Belgien 29. April 85 (RGB. 251) u. unter Ausschluß der Feldfrevel mit Luxemburg 9. Feb. 49 (GS. 131). Die gleichen Verträge mit den Staaten des Reichs sind durch die gegenseitig zu gewährende Rechtshilfe (§ 178

auf dem Gebiete der inneren Gesetzgebung für Forst- und Feldpolizeiübertretungen, sowie für den Forstdiebstahl gesonderte Vorschriften erlassen sind.

Die früheren, sehr mangelhaften Bestimmungen über die Feld- und Forstpolizeiübertretungen haben einer einheitlichen Regelung für den ganzen Staat Platz gemacht, nachdem die Agrargesetzgebung und die neue Entwickelung der Land- und Forstwirtschaft die ehemaligen provinziellen Unterschiede größtenteils verwischt hatten, auch in der neuen Strafgesetzgebung eine gemeinsame Grundlage geboten war. Die Berücksichtigung örtlicher Verhältnisse ist dabei offen gehalten.[3])

Die Strafbestimmungen sind dem Strafgesetzbuch angepaßt, enthalten aber mehrfache Erweiterungen und Abweichungen,[4]) die sich teils auf die Anwendung der allgemeinen Strafrechtsgrundsätze beziehen,[5]) teils gewisse Handlungen selbständig mit Strafe bedrohen. Zu letzteren gehören neben dem unbefugten Betreten und Benutzen fremder Grundstücke[6]) die Weidefrevel, bezüglich deren der örtlichen Regelung ein Spielraum gewährt ist,[7]) und die Entwendungen und Beschädigungen, auf die das Gesetz indes nur insoweit Anwendung findet, als der Wert des Entwendeten oder der Schaden den Betrag von 10 M. nicht übersteigt und kein Forstdiebstahl vorliegt.[8]) Die übrigen Strafbestimmungen tragen einen mehr vorbeugend polizeilichen Charakter. Sie sollen den Unglücksfällen und Schäden vorbeugen, die durch Herabfallen,[9]) Feuersgefahr[10]) oder Tiere[11]) hervorgerufen werden können, oder sie betreffen die zur Verhütung von Diebstählen eingeführten Überwachungsvorschriften über die Beförderung und Einbringung von Holz.[12])

Abs. 4 u. 181 Abs. 3 d. W.) außer Wirksamkeit getreten Bek. 9. Feb. u. 9. Sept. 92 (GS. 9 u. 365).

[3]) Feld- u. ForstpolizeiG. 1. April 80 (GS. 230); Ausf. Vf. 12. Mai 80 (MB) (187). — Bearb. von Schultz Forstwirtschaft (Berl. 03) Nr. I, Daude (4. Aufl. Berl. 00). u. Rotering (2. Aufl. Berl. 08).

[4]) FPG. § 1.

[5]) Das. § 2—8; insbes. Nichtanwendung der Strafermäßigung für jugendliche Personen § 4 und Haftbarkeit dritter für die unter ihrer Gewalt, Aufsicht oder in ihrem Dienste stehenden oder zu ihrer Hausgenossenschaft gehörenden Personen § 5 u. StGB. § 361^{9}.

[6]) FPG. § 9 u. 10, 26—38. — Forsten § 36, 38—42; über das unbefugte Sammeln von Kräutern, Beeren u. Pilzen wird durch Polizeiverordnungen Bestimmung getroffen § 40 2, 3 u. 41 u. ForstdiebstG. (Anm. 19) § 1 Abs. 2. — StGB. § 368^{9}.

[7]) FPG. § 11—16. — Rheinprovinz § 94; einstweilige Fortdauer seitheriger Polizeivorschriften § 96 Abs. 3.

[8]) Das. § 18—25, 30, 31 u. 6—8. Sicherung der Grenzen § 30^{2}, StGB. § 274^{2}, verb. BGB. § 919—924. Beschädigung der Forsten FPG. § 35 u. 37. — Forstdiebstahl Anm. 19. — StGB. § 370 1 u. 2.

[9]) FPG. § 29. — § 248 d. W.

[10]) FPG. § 32. — Forsten § 44—46 u. StGB. § 308, 368^{6}. — Feuersgefahr durch Bauten in der Nähe der Forsten (FPG. § 47—52 Abs. 1) § 280 Abs. 4 d. W.

[11]) FPG. § 33, 34. — § 355 d. W. — Die Beschränkungen der Taubenhaltung (LR. I 9 § 111—116) u. des Taubenfluges (FeldPolO. 1. Nov. 47 GS. 376 § 40) finden auf Militärbrieftauben keine Anwendung G. 28. Mai 94 (RGB. 463). Das landesgesetzliche Recht zur Aneignung fremder Feldtauben wird durch das BGB. nicht berührt EG. Art. 130. — Verfolgung von Bienenschwärmen BGB. § 961—964 u. LR. I 9 § 118—120, 126.

[12]) FPG. § 43. Die Vorschriften be-

Für das **Strafverfahren** kommen mit geringen Abweichungen die allgemeinen Grundsätze zur Anwendung.[13]) Gleiches gilt vom Bezug der Geldstrafen.[14]) **Schadenersatzansprüche** sind im Zivilverfahren unter Nachweis des Schadens geltend zu machen.[15]) Von dieser, den allgemeinen Rechtsgrundsätzen entsprechenden Regel bestehen zwei Ausnahmen. Bei Entwendungen hat der Richter auf Antrag des Beschädigten, der sich alsdann dem Verfahren als Nebenkläger anzuschließen hat, zugleich mit der Strafe auf Ersatz des Wertes zu erkennen,[16]) und bei Weidefreveln, sowie beim Übertreten von Tieren auf fremde Grundstücke kann der Geschädigte innerhalb 4 Wochen nach Wahl den Ersatz des nachweisbaren Schadens oder ein nach Gattung und Zahl der Tiere bemessenes Ersatzgeld beanspruchen, über das nach Anhörung der Beteiligten die Ortspolizeibehörde entscheidet. Daneben ist zur Sicherstellung des Anspruchs auf Schaden- oder Ersatzgeld und Kosten die Pfändung der Tiere gestattet, doch muß diese bei Verlust dieses Anspruchs binnen 24 Stunden der Gemeinde- oder Ortspolizeibehörde zur Entscheidung angezeigt werden. Diese Entscheidung kann durch die Verwaltungsklage angefochten werden. Aus dem Erlöse der nicht vom Gepfändeten eingelösten Pfänder wird der Anspruch gedeckt. Der Überschuß gebührt dem Gepfändeten und, wenn dieser unbekannt ist, der Armenkasse.[17])

Zur Ausübung des Feld- und Forstschutzes können von den Gemeinden und Grundbesitzern unter Bestätigung der Aufsichtsbehörde oder von Staatsbehörden **Feld- und Forsthüter** oder Ehrenfeldhüter angestellt werden. Diese müssen ein Dienstabzeichen führen und gelten als Beamte.[18])

---

ruhen auf Polizeiverordnung oder besonderen gem. § 96 in Kraft gebliebenen Gesetzen (Sachsen, Westfalen u. Rheinprov. G. 30. Juni 39 GS. 223; Pommern ForstO. 14. Dez. 1777 § 24; Ostpreußen u. Litauen ForstO. 3. März 1775 § 14 u. Publ. 1. März 1794).

[13]) FPG. § 53—61; Verfahren vor den Schöffengerichten § 199 u. Strafverfügungen der Polizeibehörden § 238 d. W. — Zulässigkeit der Regelung durch die Landesgesetzgebung EG. z. StPO. 1. Feb. 77 (RGB. 346) § 3 Abs. 3. — Der Landw.Min. ist zum Erlaß von Forststrafen bis zu 30 Mark ermächtigt KO. 15. Dez. 80 (JMB. 81 S. 31) u. hat das Recht auf die Regierungspräs. (für fiskal. Waldungen die Regierungen) übertragen Vf. 1. April 11 (LMB. 134).

[14]) FPG. § 96¹. — Die Strafen fließen demgemäß bei gerichtlicher Entscheidung dem Staate u. bei polizeilicher Strafverfügung der betreffenden Polizeikasse zu § 238 d. W. Die im Gebiete der FeldPolO. 1. Nov. 47 (GS. 376) verwirkten **Feldpolizeistrafen** gebühren indes stets der Gemeinde das. § 47; desgl. die wegen Übertretung der Waldstreuberechtigung nach V. 5. März 43 (GS. 105) verwirkten Geldstrafen dem Waldeigentümer § 7 Abs. 6 der V.

[15]) FPG. § 67 nebst EG. z. BGB. Art. 107.

[16]) Das. § 68; Verfahren StPO. § 443—445.

[17]) FPG. § 69—88 (Frist im § 76 u. 84 jetzt 2 Wochen LVG. § 51); Strafen § 17; Zuständigkeit f. Berlin § 89, Hohenzollern § 90, Posen § 92. Rechte u. Pflichten der Ortspolizeibehörde nimmt in Hannover der Gemeindevorsteher wahr KrO. 6. Mai 84 (GS. 181) § 31⁸. Die Pfändungsbefugnis — eine dem Deutschen Recht entstammende Selbsthilfe (§ 179 Anm. 1 — und die Vorschriften über die Entrichtung von Pfand- oder Ersatzgeld werden durch das BGB. nicht berührt EG. Art. 89.

[18]) FPG. § 62—66. — Zum Waffengebrauch sind nur die mit festem Gehalt lebenslänglich angestellten u. als

Der Forstdiebstahl, über den anläßlich der neuen Gerichtsorganisation neue Bestimmungen ergangen sind, zeigt in betreff der Strafen wie des Verfahrens gleichfalls mehrere Abweichungen von der allgemeinen Gesetzgebung.[19]) Er umfaßt den Diebstahl an Holz (einschließlich der Späne, der Borke oder des Abraumes) und an anderen Walderzeugnissen, sofern diese Gegenstände noch nicht abgetrennt, geworben oder eingesammelt sind.[20])

Die Strafe besteht in Geldbuße zum 5fachen Wert des Entwendeten und nicht unter 1 M. Die Verfolgung verjährt in 6 Monaten. Unter erschwerenden Umständen und im ersten Rückfall steigt die Strafe auf den 10fachen Wert und beträgt nicht unter 2 M. Bei besonderer Erschwerung und dem dritten oder ferneren Rückfall tritt eine zusätzliche Geld- oder Gefängnisstrafe ein. An Stelle der letzteren kann der Verurteilte zu angemessener Forst- oder Gemeindearbeit angehalten werden.[21]) Dem Geschädigten verbleibt neben der ihm zufließenden Geldbuße der im Zivilverfahren zu verfolgende Anspruch auf Ersatz des außer dem Wert des Entwendeten verursachten Schadens. Mitgeführte Werkzeuge unterliegen der Beschlagnahme und Einziehung.[22])

Das Verfahren erfolgt vor dem Amtsgericht, der Regel nach unter Erlaß eines richterlichen Strafbefehls und wegen der großen Zahl der Straffälle ohne Zuziehung von Schöffen.[23]) Mit dem Forstschutz betraute königliche, sowie festangestellte Privatbeamte, die eine Anzeigegebühr nicht erhalten, können in betreff der zu erstattenden Anzeigen ein- für allemal beeidigt werden.[24])

§ 355.

b) **Vertilgung schädlicher Tiere und Pflanzen.** Land- und Forstwirtschaft finden im Bereiche der kleineren Tierwelt zahlreiche Feinde, die bei schneller Vermehrung und Verbreitung oft nur durch gemeinsames Einschreiten erfolgreich bekämpft werden können. Das massenhafte Auftreten dieser Tiere ist gewöhnlich von zeitlichen und örtlichen Umständen abhängig, das Vorgehen deshalb meist der örtlichen Regelung durch

Beamte vereidigten Forsthüter befugt G. 31. März 37 (§ 128 Anm. 10 d. W.) § 1; Strafe der Widersetzlichkeit StGB. § 117 bis 119.

19) ForstdiebstahlG. 15. April 78 (GS. 222); Zuständigkeit der Landesgesetzgebung wie Anm. 1. — Bearb. v. Öhlschläger (5. Aufl. v. Schultz u. Peltzer Berl. 04), ferner in Schultz Forstwirtschaft (wie Anm. 3).

20) Das. § 1.

21) Das. § 2—18 u. 34—36; dabei ist die Bestrafung jugendlicher Holzdiebe u. die Haftbarkeit dritter wie Anm. 5 geregelt § 10—12, 36; Verwendung der im Fall der Zahlungsunfähigkeit mit Gefängnis Bestraften zu Gemeinde- u. Forstarbeiten § 14 u. 34. — Gnadengesuche Vf. 24. Nov. 93 (MB. 272).

22) FDG. § 34 u. 9, 15, 16.

23) Das. § 19—22, 26—33 u. 35; der Erlaß polizeilicher Strafverfügungen (§ 235 d. W.) findet nicht statt § 27; Forstdiebstahlverzeichnisse (§ 26) Vf. 29. Juli 79 (JMB. 221). Landesgesetzliche Regelung u. Straferlaß wie Anm. 13. Die Gerichtskosten werden auf Grund des RGerKostG. 98 (RGB. 659) nach Maßg. des preuß. G. 99 (GS. 326) § 121 erhoben.

24) FDG. § 23—25 u. LVG. § 153. — Die unteren Forstbeamten sind Hilfsbeamte der Staatsanwaltschaft (§ 234 Anm. 3 d. W).

Polizeiverordnung überlassen.[1]) Allgemeinere Anordnungen hat das Erscheinen des Kartoffel-(Kolorado-)Käfers (1877), der dem Obste schädlichen San José-Schildlaus[2]) und der die Weinberge verheerenden Reblaus[3]) hervorgerufen. Zur Vertilgung schädlicher Tiere trägt außerdem der den nützlichen Vögeln reichsgesetzlich gewährte Schutz bei.[4])

Die Vertilgung schädlicher Pflanzen (Unkräuter) ist, da ihre Verbreitung in weniger gemeinschädlicher Weise auftritt, mit geringen Ausnahmen dem einzelnen überlassen.[5])

VI. Viehzucht, Jagd und Fischerei.

1. Viehzucht und Tierheilwesen.

§ 356.

a) **Die Viehzucht** ist älter als die Landwirtschaft, demnächst aber mit dieser in Verbindung gebracht und zu ihrem wichtigsten Förderungs-

---

1) Strafe der Übertretung FeldPolG. § 34, der Unterlassung des polizeilich angeordneten Raupens StGB. § 368². — Die Verordnungen richten sich hauptsächlich gegen Hamster, Mäuse, Engerlinge (Maikäferlarven). Forsten § 353 Anm. 6. — Erprobte Vertilgungsmittel LMB. 09 S. 292.

2) Einfuhrbeschränkung gegen Amerika V. 5. Feb. 98 (RGB. 5), Japan 6. Aug. 00 (das. 791), Australien 2. Juni 07 (das. 243), China u. Hawai 27. Juli 09 (das. 893).

3) Im Anschluß an die mit mehreren Staaten abgeschlossene Reblauskonvention 3. Nov. 81 (RGB. 82 S. 125 u. 1889 S. 203, Beitritt v. Belgien, Luxemburg, den Niederlanden u. Serbien RGB. 82 S. 138, 139 u. 84 S. 7, 215, Italien 88 S. 8, Spanien 91 S. 348, Rumänien 92 S. 239, Erleichterungen im Grenzverkehr mit Frankreich u. der Schweiz 84 S. 84 u. 51, mit Luxemburg 04 S. 369) sind neben dem Verbot der Ein- und Ausfuhr von Reben und sonstigen Gegenständen des Wein- und Gartenbaues V. 11. Feb. 73 (RGB. 43), 31. Okt. 79 (das. 303), 4. Juli 83 (das. 153), 16. Juni 86 (das. 191), V. 7. April u. Bek. 25. Aug. 87 (das. 155 u. 431), 30. Sept 04 (das. 369), auch Maßregeln zur Abwehr und Unterdrückung der Reblauskrankheit vorgeschrieben RG. 6. nebst Bek. 7. u. (Inkraftsetzung) V. 24. Juli 04 (RGB. 261, 690 u. 325) u. Bek. 7. Juli 05 (das. 690), Ausf. Best. 10. März 05 (ZB. 52); Weinbaubezirke im Reiche (RG. 04 § 3 Abs. 1) 12. März 13 (das. 153); Gartenbauanlagen (Konv. Art. 9⁶) Bek. 3. Sept. 13 (ZB. 768); preuß. G. 27. Feb. 78 (GS. 129). erg. (§ 2—4) G. 23. März 85 (GS. 97).

4) Zwischenstaatlichen Vogelschutz gewährt das Übereink. zwischen Deutschland, Österreich-Ungarn, der Schweiz, Belgien, Luxemburg, Frankreich, Spanien, Portugal, Griechenland u. Schweden 19. März 02 (RGB. 06 S. 89); die vorbehaltene Ratifizierung Portugals ist erfolgt 07 (RGB. 762), die Griechenlands steht noch aus; Italien ist nicht beigetreten. Das deutsche VogelschutzG. 22. März 88 (RGB. 111) ist mit Rücksicht auf die Übereink. ergänzt durch G. 30. Mai 08 (RGB. 314) Art. 1 u. auf Grund des Art. 2 neu veröffentlicht RGB. 08 S. 317. Dieses G. gestattet das Einsammeln u. den An- und Verkauf von Möven- und Kiebitzeiern § 1 Abs. 4, das Töten der der Jagd u. Fischerei schädlichen Vögel § 5 Abs. 1 u. JagdO. 15. Juli 07 (RGB. 207) § 48, verbietet dagegen das Fangen mittels Leims und Schlingen (Dohnenstieg) VSchG. § 2 Abs. 1ᵇ u. läßt weitergehende landesrechtliche Verbote in den Grenzen seines Strafmaßes bestehen § 9; Strafe der Übertretung der hiernach noch anwendbaren Polizeiverordnungen FeldPolG. § 34; Strafe unbefugten Fanges der durch das Reichsgesetz nicht geschützten Vögel auf fremden Grundstücken das. § 33; Schutz des jagdbaren Federwildes StGB. § 368¹¹. — Untersagung des Vogelhandels § 366 Anm. 26 vgl. d. W. — Anleitung zum Schutze der heimischen Vogelwelt Vf. 18. März 04 (MB. 123).

5) Zu diesen Ausnahmen gehören die Maßregeln gegen die gelbe Wucherblume (senecio vernalis), die Klee-(Flachs-)seide

mittel geworden. Sie ermöglicht eine angemessene Verwertung eines großen Teils der in der Landwirtschaft gewonnenen pflanzlichen Stoffe und führt ihr dafür in dem Stallmist ein wertvolles Düngemittel zu (§ 344 Abs. 1). Sie bildet damit eine notwendige Ergänzung der Landwirtschaft. Die Viehzucht umfaßt die Züchtung, Ernährung und Pflege der landwirtschaftlichen Haustiere (Vieh). Je nachdem diese durch Kraftleistung mittelbar nutzen oder unmittelbar verwertbare Stoffe liefern, werden sie als Spann- oder Nutzvieh bezeichnet. Zu ersterem gehören die Pferde, zu letzterem die Schweine, Schafe und die nur im Kleinbetriebe vorkommenden Ziegen, während das Rindvieh beiden Zwecken dient. Als nebensächliche Betriebe erscheinen die Geflügel- und die Bienenzucht.[1]) — Die **Züchtung** wird durch den Staat und durch Vereine gefördert, indem die Beschaffung geeigneter Zuchttiere durch Gestüte, Hengst- und Stiergenossenschaften erleichtert und die Verwendung ungeeigneter Zuchttiere durch Körordnungen ausgeschlossen wird, während die Herdbuchgesellschaften ein gemeinsames Zuchtziel festzulegen suchen und den Absatz der Herdbuchtiere durch Abstammungsbescheinigungen (pedigree) unterstützen. Daneben wird durch Ausstellungen die Rassenkenntnis gefördert, zugleich werden die Zuchterfolge vor Augen geführt.[2]) — Die **Ernährung** er-

(cuscuta) u. die das Befallen des Getreides herbeiführenden Berberitzen. — Strafe der Übertretung solcher Verordnungen FPolG. § 34.

[1]) Viehzählungen finden am 1. Dez. alle 5 Jahre in den Mittel- u. Endjahren der Jahrzehnte — kleinere auf das Großvieh beschränkte daneben in den Zwischenjahren Best. 4. Dez. 12 (ZB. 855) — statt. Die Viehzählung 1912 ergab für Preußen 3,2 Mil. Pferde, 11,8 Rinder, 4,1 Schafe, 15,4 Schweine u. 2 Mil. Ziegen; alle Gattungen mit Ausnahme der Schafe haben fortgesetzt zugenommen. Ferner wurden 51 Mil. Stück Federvieh u. 1,5 Mil. Bienenstöcke gezählt. — Förderung der Viehzucht durch Viehzölle § 162 [1 Abs. 3] d. W. — Tauben- u. Bienenhaltung § 354 Anm. 11. — **Viehversicherungen** § 351 Abs. 2. In **Schlesien** ist der nach Aufhebung der Gegenseitigkeitsvereine verbliebene Viehassekuranzfonds dem Provinzialverbande zur Verwendung im Interesse der Rindviehzucht überwiesen G. 8. Juli 75 (GS. 497) § 11. — Pflicht der Gemeinden zur Haltung von Zuchtstieren Anm. 12, von Ziegenböcken in Hessen-Nassau G. 12. Juni 09 (GS. 675).

[2]) Die Zuchttiere unterscheiden sich nach Arten, Rassen u. Schlägen. — Zu gleichen **Arten** gehören solche Tiere, die sich bei der Paarung bedingungslos (auch in den Nachkommen) fortpflanzen; die **Rassen** (Spielarten) werden durch den Besitz u. die Vererbung bestimmter gemeinsamer Merkmale u. Anlagen bedingt, wie sie in grober oder feiner — bei Übermaß überbildeter — Gestalt, Früh- oder Spätreife, Fähigkeit zu ausgiebiger Futterverwertung u. dgl. hervortreten. Die **Schläge** beruhen auf geringeren Verschiedenheiten innerhalb derselben Rasse. Die Rassen entstehen durch fortgesetzte natürliche Einwirkungen oder durch eine dem Nutzungszwecke angepaßte künstliche Zucht (Natur- u. Züchtungs- oder Kulturrassen). Edel heißen solche Rassen, die in gewisser Richtung das erreichbar Beste leisten, wie das arabische Pferd, das Merinoschaf. Tiere, die einer länger mit Erfolg fortgesetzten Zucht entstammen, werden — nach einem zuerst bei dem englischen Rennpferde angewendeten Ausdruck — Vollblut genannt, während die Erzeugnisse der Paarung eines Vollblut- und eines unedlen Tieres Halbblut heißen. Als Zuchtweisen (Zuchtmethoden) werden Reinzucht und Kreuzung unterschieden, je nachdem Tiere derselben oder

folgt durch Weidegang oder Stallfütterung und muß der Verwendung, der Art und dem Alter der Tiere angepaßt werden.[3]) — Die **Pflege** des Viehs umfaßt die Unterbringung, die in luftigen, mäßig warmen Stallungen erfolgen muß, die Reinhaltung und den Schutz gegen Witterungseinflüsse und Krankheiten (§ 358). Mit der fortschreitenden Entwickelung des Ackerbaues hat auch die Viehzucht wesentliche Veränderungen erfahren. Die Verwandlung der Weideflächen in Ackerland und die Abstellung der Weiderechte entzog ihr den bisherigen Boden. Der Anbau von Futtergewächsen gewährte zwar Ersatz, nötigte aber zur Stallfütterung. Wo diese Änderung völlig durchgeführt wurde, hat sie in einzelnen Zweigen der Viehzucht, insbesondere in der Rindviehzucht, zu einer aufmerksameren Züchtung und sorgfältigeren Fütterung und Haltung geführt, anderen Zweigen dagegen die eigentlichen Lebensbedingungen abgeschnitten.

Letzteres gilt von der **Pferdezucht**, die den Weidegang nicht entbehren kann und deshalb mehr und mehr in diejenigen Teile der Provinzen Preußen, Posen, Schleswig-Holstein und Hannover zurückgewichen ist, in denen die Bedingungen für den Übergang von der Weide- zur Ackerwirtschaft weniger günstig lagen.[4]) Da die Pferdezucht bei den hohen für

---

verschiedener Rassen gepaart werden. Die Paarung der derselben Zucht entstammenden Tiere heißt Inzucht; sie führt bei fortgesetzter Anwendung zu Schwäche u. Unfruchtbarkeit der Nachkommen u. nötigt dann zu weiterer Paarung mit nicht verwandten Tieren (Blutauffrischung). Die Auswahl u. Paarung der Zuchttiere fordert die größte Sorgfalt, insbesondere den Ausschluß aller mit erblichen Krankheiten und Krankheitsanlagen (Erbfehlern) behafteten Tiere.

[3]) Die **Futtermittel** wirken unter Übergang in den Körper entweder ernährend oder (durch Kräftigung, Anregung, Förderung der Verdauung u. dgl.) gesundheitsfördernd (diätetisch). Die nährende Wirkung hängt von dem Gehalt an Nährstoffen ab, die in stickstoffhaltige (Eiweiß- oder Proteinkörper) u. stickstofffreie (aus Kohlenstoff u. Wasser bestehende Kohlenhydrate u. Fette) zerfallen. Die ersteren sind hauptsächlich im Körner-(Kraft-)futter (Nr. 3) enthalten u. dienen in erster Linie zum Aufbau u. zur Erneuerung der Körpersubstanz (Fleisch u. Blut), während die stickstofffreien Nährstoffe (Zucker, Stärke) unter Verbrennung im Blute wärme- u. krafterzeugend u. fettbildend wirken. Zu den Futtermitteln gehören:

1. Rauhfutter, das frisch als Grünfutter, trocken als Heu, Grummet u. Stroh verwendet wird,
2. Knollen u. Wurzeln,
3. Körner der Halm- u. der Hülsenfrüchte, die zu besserer Verdauung auch eingeweicht, gequetscht oder geschroten oder unter Beimischung geschnittenen Strohes (Häcksels) verfüttert werden,
4. Fabrikabfälle, die in wasserreiche (Schlempe § 165 Abs. 1, Schnitzel § 168 Anm. 1a, Molken aus den Molkereien Anm. 13) u. in wasserarme zerfallen. Zu letzteren gehören Rückstände der Ölmüllerei (Lein-, Raps- u. Palmkuchen) u. der Mehlmüllerei (Kleie, die vom Mehle getrennten Schalen der Körner).

[4]) In den **Pferderassen** werden zurzeit in nicht festbegrenzter Weise warm- u. kaltblütige Schläge unterschieden. Die Kaltblüter können schwere Lasten ziehen, werden 1 bis 2 Jahre früher gebrauchsfähig und sind anspruchsloser u. ruhiger, stehen aber an Ausdauer und Schnelligkeit den Warmblütern erheblich nach. — Die Warmblüter sind in ihrem Ursprung auf das kleine u. wohlgebildete arabische Pferd zurückzuführen, das sich mit den Eroberungszügen der Araber in Nordafrika (Berber) u. Spanien, sowie in

Pferde gezahlten Preisen einen besonderen volkswirtschaftlichen Wert hat und zugleich für die Wehrkraft von erheblicher Bedeutung ist, so hat ihr der Staat durch Einrichtung der dem Landwirtschaftsminister unterstellten[5]) Gestüte seine besondere Fürsorge zugewendet. In den Hauptgestüten werden Pferde gezüchtet,[6]) während die Landgestüte die Veredelung der Privatpferdezucht durch Aufstellung von Deckhengsten (Beschälern) an geeigneten Orten (Deckstationen) herbeiführen sollen.[7]) — Daneben werden den zur Beschaffung von Deckhengsten zusammentretenden Pferdezuchtvereinen Beihilfen vom Staate gewährt.[8]) Um Zersplitterungen in der Zuchtrichtung vorzubeugen, macht der Staat den Einfluß, den er durch Gestüte und Beihilfen auf die Pferdezucht ausübt, dahin geltend, daß in Ost- und Westpreußen, Posen und Hannover außer dem Regierungsbezirk Hildesheim (Remonteprovinzen) möglichst warmblütige Schläge gezüchtet werden. Behufs Verbesserung der Zucht werden

Persien, Rußland und der Türkei verbreitete u. durch Kreuzung mit der Landrasse (1680) zum Stammvater des größeren englischen Vollblutpferdes — des langgestreckten Renners, wie des stärkeren, für unebenen Boden, mehr geeigneten Jagdpferdes (Hunters) — geworden ist. Aus $^1/_2$ englischem und je $^1/_4$ arabischem u. einheimischem (litauischem) Blut ist das heutige ostpreußische Pferd erwachsen, das zumeist in den Höhenkreisen an der russischen Grenze — etwas schwerer in den Niederungskreisen Tilsit und Memel — gezogen wird u. sich besonders als Soldatenpferd bewährt hat. — Die schweren kaltblütigen Schläge, die in England noch etwas leichter (Clydesdale, Suffolk) gezogen werden, treten besonders in Frankreich als Anglonormannen u. in Belgien als Flamländer auf; letztere haben sich auch im Rheinlande verbreitet. Gedrungeneren Bau und größere Gängigkeit besitzen in Frankreich die Pferde der weidereichen Perche (Percherons) und in Belgien die Ardenner. — Eine Mittelstellung zwischen Warm- u. Kaltblütern nehmen die Dänen ein, die anspruchsloser, leichter u. gängiger als die Belgier u. deshalb als Ackerpferde beliebt sind. Noch leichter u. mehr mit englischem Blute gekreuzt sind die Pferde in Holstein, Mecklenburg, Oldenburg u. Hannover, wo die Zucht besonders auf einen starken Wagenschlag mit breitem Bau, schöner Haltung u. gutem Gange gerichtet ist.

5) § 51 Anm. 1. — Der mit Bearbeitung des Gestütwesens betraute Beamte im Ministerium führt den Titel „Oberlandstallmeister"; Rang § 70 Anm. 6 d. W. An der Spitze der Gestüte stehen Landstallmeister. Uniform der Gestütsbeamten § 70 Anm. 48; Unabkömmlichkeit im Mobilmachungsfalle § 94 Abs. 2[2] d. W. — Behandlung der Bauten auf Gestüten Vf. 8. Juni 01 (MB. 184).

6) Hauptgestüte bestehen in Trakehnen, Zwion-Georgenburg (Zuchtgestüt), Neustadt a. D. (desgl.), Graditz (b. Torgau) u. Beberbeck (b. Hofgeismar) mit 750 Voll- u. Halbblutmutterstuten, 38 Hauptbeschälern u. 2480 jüngeren Pferden.

7) Als Landgestüte bestehen die litauischen in Georgenburg. u. Gudwallen bei Darkehmen, die ostpreußischen in Rastenburg u. Braunsberg, die westpreußischen in Marienwerder u. Pr. Stargard, das brandenburgische in Neustadt a. D. (Friedr. Wilhelms-Gestüt), das pommersche in Labes, die posenschen in Zirke u. Gnesen, das niederschlesische für die Reg.-Bez. Breslau u. Liegnitz in Leubus, das oberschlesische für den Reg.-Bez. Oppeln in Kosel, das sächsische in Kreutz b. Kröllwitz (Halle), das schlesw.-holsteinische in Traventhal bei Segeberg, das hannoversche in Celle, das westfälische in Warendorf, das hessen-nassauische in Dillenburg u. das rheinische in Wickrath. Sie zählten (12) 3540 (2700 Voll- u. Halb- u. 840 Kaltblut-)Landbeschäler.

8) Vf. 30. März 08 (MB. f. Landw. 208). — Prämien für gute Mutterstuten KO. 7. März 40 (MB. 183), Vf. 6. April 53 (MB. 84) u. 5. April 58 (MB. 92).

in einigen Provinzen Privathengste zur Bedeckung von Stuten nur zugelassen, nachdem sie von den hierzu bestellten Kommissionen für geeignet befunden sind (Körung);[9] auch kann das Umherziehen mit Zuchthengsten (Hengstreiterei) durch die Landesregierungen untersagt oder beschränkt werden.[10] — Der Staat fördert ferner die Rennen durch Prämien und hat zu endgültiger Entscheidung der dabei vorkommenden Streitigkeiten ein oberstes Schiedsgericht in Berlin bestellt.[11]

Die Bedeutung der Rindviehzucht[12] liegt in der Mannigfaltigkeit der Verwendung des Rindes als Zugtier und als Nutztier durch Fleisch und Milch, sowie in der Anpassungsfähigkeit dieser Zucht an die verschiedensten Verhältnisse. So hat die Zucht den Übergang von der Weidewirtschaft zur Stallfütterung ohne weiteres gestattet (Abs. 1); sie kann aber auch in großen wie in kleinen Wirtschaften mit Vorteil betrieben werden. Nur die Verwertung der Milch[13] geschieht vorteilhafter

---

[9] KörO. f. Pommern 4. Mai 80 (i. Amtsbl.), Brandenburg 14. April 91 (dgl.), Posen 10. Nov. 59 (MB. 345), Schlesien 14. Juli 30 (KA. XIV 544), Hannover V. 27. April 44 (han. GS. I 91) u. 30. Okt. 60 (das. 161), auf den Harz nicht anwendbar, dagegen auf die Grafsch. Hohenstein ausgedehnt V. 3. April 54 (das. III 9), Kurhessen MinVf. 26. Jan 32 u. 6. Nov. 56, Westfalen 20. April 27 (KA. XI 402), Rheinprovinz 20. Dez. 32 (das. XIV 919).

[10] GewO. § 56b Abs. 3 u. Ausf.-Vorschr. z. Viehseuch. G. (§ 358 Anm. 11) § 31.

[11] Regl. f. Flach- u. Hindernisrennen AE. 11. April 81, f. Trabrennen 7. März 92. — Rennwetten (Totalisatoren) § 258 Anm. 3, Stempel § 158 Anm. 6 d. W.

[12] Pflicht der Landgemeinden zur Stier-(Bullen)haltung in Schlesien u. Hessen-Nassau G. 19. Aug. 97 (GS. 393), in Sachsen 7. Juni 99 (GS. 115), Hannover 25. Juli 00 (GS. 305), Westfalen 25. Juli 00 (GS. 307), in der Rheinprov. 27. Juni 90 (GS. 217), Waldeck G. 8. Jan. 00 (Reg.Bl. 21) u. 7. März 08 (GS. 63). — Als Rindviehrassen scheidet man Gebirgs- u. Niederungsvieh; neben diesen werden einzelne Landrassen mit Erfolg fortgezüchtet. Die Niederungsrassen stammen aus Holland, Ostfriesland, Oldenburg und Holstein; die Holländerzucht wird jetzt auch in Ostpreußen mit Erfolg betrieben. Die Niederungsrassen sind bei langgestrecktem Kopf- und Körperbau besonders milchergiebig u. mastfähig, während die vorzugsweise in den Alpen vertretenen Gebirgsrassen (Allgäuer, Simmentaler), die gedrungener gebaut u. im Futter genügsamer sind, weniger, aber fettere Milch geben. Diese sowie einzelne Landrassen liefern besonders gute Zugtiere. So sind die gängigen, genügsamen und dabei mastfähigen Voigtländer u. fränkischen Zugochsen beliebt, während die Vogelsberger, Harzer und schlesischen Schläge durch leistungsfähige Zugkühe besonders für den Kleinbetrieb wichtig sind. — In Mastfähigkeit u. Frühreife steht die Zucht der englischen Shorthorn obenan.

[13] Die Kuhmilch enthält durchschnittlich in hundert Teilen 87,75 Wasser, 3,4 Fett, 3,6 Eiweißkörper, hauptsächlich Käsestoff (Kasein), 4,5 Milchzucker u. 0,75 Milchsalze. Die natürliche Milch (Vollmilch) hat ein spezifisches Gewicht von 1,027—1,34. In ruhig stehender Milch steigt vermöge des geringeren spezifischen Gewichts das Fett empor u. an der Oberfläche bildet sich eine Rahm- oder Sahnenschicht. Wird diese entfernt, so entsteht die Magermilch, die eine bläuliche Farbe hat u. schwerer ist als die Vollmilch. — Die Prüfung der Milch ist demgemäß auf die Bestimmung ihres spezifischen Gewichts oder ihres Fettgehalts gerichtet. Der ersteren dient der Milchmesser (Senkwage, Lakto- oder Aräometer), der durch den Grad des Einsinkens anzeigt, ob die Milch mit Wasser verdünnt ist (Verkehr mit Kuhmilch Vf. 26. Juli 12 LMB. 246, HMB. 444). In betreff des Fettgehalts kann die Stärke der Rahmschicht zwar schon einfach durch einen mit Tausendteilstrichen versehenen

im Großbetriebe, und demgemäß sind in den letzten Jahrzehnten zahlreiche Molkereigenossenschaften entstanden, durch die Molkereianstalten von einer Mehrzahl von Viehbesitzern hergestellt und entweder gemeinsam verwaltet oder an einen Unternehmer verpachtet werden.[14])

Die Schafzucht liefert Wolle[15]) und Fleisch und ermöglicht dabei die Verwertung mancher, ohnedem nicht verwendbarer Futterstoffe, insbesondere der Brach-, Stoppel- und der schwer zugänglichen Weiden.

Glaszylinder (Rahmmesser, Kremometer) bestimmt werden, in den die Milch gegossen u. bis zur Rahmbildung aufbewahrt wird; eine genauere Bestimmung erfordert jedoch größere Vorrichtungen, wie sie in den Genossenschaftsmolkereien Anwendung finden (Laktokrit). — Die Aufbewahrung der Milch erfordert besondere Maßnahmen, da sie an der Luft, insbesondere bei schwülem Wetter unter dem Einfluße von Bakterien Säuren bildet u. zugleich unter Abscheidung des Käsestoffes gerinnt. Durch Abkühlung gleich nach dem Melken kann sie einige Zeit süß erhalten werden. Hierzu wird für größere Milchmengen ein Milchkühler verwendet, bei dem die Milch über metallene, von kaltem Wasser durchströmte Röhren geleitet wird. Ferner kann die Milch bei Erwärmung auf 70—75° C und sofortiger Abkühlung durch Tötung der säurebildenden Keime haltbar gemacht werden (Pasteurisierung nach dem Chemiker Pasteur, § 263 Anm. 2 d. W.). Endlich wird die Milch zur Vernichtung der sonstigen Keime, die aus der Luft hineingelangen u. sie verderben, ja gesundheitsschädlich machen können, in luftdicht verschließbaren Flaschen über 100° erhitzt, wobei sie jedoch an Geschmack verliert (Sterilisierung). — In der Milchwirtschaft wird — soweit die Milch nicht frisch verwertet werden kann — das Fett der Milch zu Butter und der Käsestoff zu Käse verarbeitet. — Die Butterbereitung umfaßt die Entrahmung u. die Butterung. Die erstere wird am schnellsten und vollständigsten durch eine Schleudermaschine (Zentrifuge) bewirkt, wie sie in allen größeren und mittleren Betrieben eingeführt ist. Sie besteht aus einer sich schnell drehenden Trommel, in der aus der einfließenden Vollmilch die schwere Magermilch an die Außenwände geschleudert wird, so daß sie getrennt vom Rahm abfließt. Bei der Butterung wird durch Erschütterung des süßen oder des leicht angesäuerten Rahms in dem Butterfasse das Fett von den flüssigen Bestandteilen (Buttermilch) getrennt u. durch Pressen (Knetmaschinen) gefestigt. Kunstbutter § 273 Abs. 1³ d. W. — Die Käsebereitung erfolgt, indem man die Milch der Säuerung überläßt oder unter Zusatz von Lab, einer dem Kälbermagen entnommenen Flüssigkeit, gerinnen läßt u. dann das dabei abgeschiedene Kasein von den flüssigen Teilen (Molke) trennt (Sauer- u. Süßmilchkäse). Je nachdem dabei Voll- oder Magermilch verwendet wird, entsteht Fett- oder Magerkäse u. je nachdem durch Pressen die Molke mehr oder weniger entfernt wird, Hart- oder Weichkäse. — Bernstein, die Milch (Berl. 04).

[14]) Einrichtung u. Betrieb der Molkereien § 358 Anm. 17 d. W. — Die zuerst (1873) in Schleswig eingerichteten Molkereigenossenschaften haben sich von da rasch über Deutschland verbreitet § 3[illegible]1 Anm. 6 und (Molkereischulen) § 337 Anm. 8 d. W.

[15]) Die Schafwolle verbindet sich infolge der Feinheit und Kräuselung des Schafhaares zu Flocken (Strähnchen, Stapeln), die in ihrem Zusammenhange das Vließ bilden. Die Wolle wird vor oder nach der alljährlichen Schur der Schafe gewaschen (Rücken- oder Vließwäsche). Für die weitere Verarbeitung wird die lange, schlichte Kamm- von der kürzeren, dichteren u. gekräuselten Streich- oder Tuchwolle unterschieden. Die Kammwolle wird durch Bearbeitung mit heißen eisernen Kämmen noch schlichter gemacht und von den kurzen — mit der Streichwolle verwendeten — Teilen (Kämmlingen) befreit, um hierauf zu glatten, s. g. Kammwollstoffen verarbeitet zu werden. Die Streichwolle wird dagegen zerrissen u. verwirrt (Krempelung), nach dem Weben feuchtwarm gewalzt oder gehammert (Walkung) u. dann durch Streichen über Kardendisteln (Appretur) zu Tuchen verarbeitet.

Sie nötigt jedoch zur Haltung eines kundigen Schäfers[16]) und lohnt deshalb nur in größeren Betrieben mit mindestens etwa 400 Schafen. Sie tritt auch mit dem intensiveren Betriebe und der Verminderung der Weiden mehr zurück. Außerdem ist der Rückgang der Schafzucht und die Richtung auf Fleischerzeugung durch den vermehrten Mitbewerb der ausländischen, insbesondere der australischen Wolle erheblich gefördert worden.[17])

In der Schweinezucht, die bei der billigen Ernährungsweise und schnellen Mastfähigkeit der Schweine im großen wie im kleinen Betriebe lohnt, ist der Weidegang durch die Stallfütterung verdrängt. Infolgedessen tritt die langsamer wachsende, eine festere und dauerhaftere Fleischware liefernde Landrasse gegen die hochgezüchteten, frühreifen, englischen Rassen in den Hintergrund.[18])

Eine besondere Regelung hat die Gewährleistung beim Viehverkaufe erfahren. Das BGB. ist der deutschrechtlichen Auffassung ge-

---

[16]) Die im Interesse der Schafzucht erlassenen Verbote des s. g. Vorviehes der Schäfer sind samt den besonderen Kündigungsfristen u. Umzugsterminen der letzteren aufgehoben G. 17. Mai 82 (GS. 305).

[17]) Die Schafrassen führen, was Wollfeinheit betrifft, auf das spanische Merinoschaf zurück, das 1786 nach Frankreich eingeführt (Rambouillet), später auch in Österreich (Negretti) u. in Sachsen u. Schlesien, hier mit sehr kurzer u. feiner Wolle (Elektoralschaf) in besonderen Stammschäfereien gezüchtet wurde. Als dann die Fortschritte der Wollwarenfabrikation auch minder gute Wollsorten verwerten lehrten und infolgedessen das Angebot der geringeren überseeischen Wollen die Preise zu drücken begann, suchte man in der Zucht der mit starken Hautfalten versehenen Negrettischafe bei mittlerer Feinheit eine größere Wollmenge zu erzielen. Inzwischen gingen die Wollpreise noch weiter zurück, während die Fleischpreise stiegen; gleichzeitig wies der Übergang zur Stallfütterung auf eine möglichst hohe Futterverwertung hin. Die Zucht wurde daher mehr auf Fleischgewinnung u. damit auf Schläge gerichtet, die sich durch Frühreife, Mastfähigkeit und Körpergewicht auszeichnen. Sie wandte sich deshalb den durch größeren Körper ausgezeichneten Rambouillets, mehr aber noch den englischen Fleischschafen zu, die nicht die vortretende Stirn des Wollschafes, dagegen einen stark entwickelten Körper auf kürzeren Beinen zeigen u. in die große, schwere u. langwollige Marschrasse mit hellen Köpfen u. Beinen (Leicester, Kotswold, Lincoln) u. die kleinere u. leichtere Downrasse mit kürzerer Wolle und dunkelgefärbten Köpfen u. Beinen (Southdown, Oxforddown) geschieden werden. Letztere vertragen unser Klima besser u. haben deshalb auch in Deutschland Verbreitung gefunden. — Im nordwestlichen Deutschland findet sich neben dem Marsch- oder Milchschaf der Nordseeküste noch die genügsame Heidschnucke mit langer, grober Wolle, aber zartem Fleische.

[18]) Als Schweinerassen werden in England weiße (Yorkshire), schwarze und bunte oder große, mittelgroße und kleine geschieden. Hier, wo sich (wie in Deutschland) eine vom Wildschwein abstammende Landrasse vorfand, wurde diese gegen Ende des vorigen Jahrhunderts mit dem kleineren weicheren, aber frühreifen romanischen, sowie mit dem besonders fruchtbaren u. mastfähigen chinesischen Schweine gekreuzt. Die damit erzielten Kulturrassen mit kurzem breiten Kopfe, eingedrückter Nase, kleinen aufrechtstehenden Ohren, kurzem dicken Halse u. herabhängendem Leibe zeichnen sich durch schnelle Entwickelung u. gute Futterverwertung aus u. haben deshalb auch in Deutschland größere Verbreitung gefunden. — Daneben wird das krausharige, gedrungene ungarische (Bakonyer) Schwein in großer Menge zum unmittelbaren Verbrauche eingeführt

folgt und macht den **Verkäufer** gewisser Haustiere für bestimmte Fehler (Hauptmängel) während bestimmter Fristen (Gewährfristen) haftbar, innerhalb deren das frühere Vorhandensein dieser Mängel vermutet wird. Der Käufer, der den Mangel spätestens 2 Tage nach dem Tode des Tieres oder nach Ablauf der Gewährfrist anzeigen muß, hat nur die Klage auf Rückgängigmachung des Kaufes (Wandelung). Der Anspruch verjährt in 6 Wochen. Die einzelnen Mängel und Fristen werden in Rücksicht auf das Fortschreiten der Tierheilkunde unter Zustimmung des Bundesrates durch Kaiserliche Verordnung festgestellt. Mängel sind bei Pferden, Eseln, Mauleseln und Maultieren: Rotz (auch bei Schlachttieren), Dummkoller, Dämpfigkeit, Kehlkopfpfeifen, periodische Augenentzündung und Koppen (Krippensetzen); bei Rindvieh: stärkere tuberkulöse Erkrankung (auch bei Schlachttieren) und Lungenseuche; bei Schafen: Räude und (bei Schlachttieren) allgemeine Wassersucht; bei Schweinen: Rotlauf, Schweineseuche (einschließlich der Schweinepest) und (bei Schlachttieren) stark tuberkulöse Erkrankung, Trichinen und Finnen. Die Frist beträgt für Lungenseuche 28, Rotlauf 3, Schweineseuche 10, sonst 14 Tage.[19]) — Bei **Veräußerung von Pferden** in den östlichen Provinzen sind auf Erfordern der Polizei amtliche Ausweise vorzulegen.[20])

Behufs größerer Übersichtlichkeit bei der Preisfeststellung sind die Landesbehörden ermächtigt, Vorschriften für den Handel auf Schlachtviehmärkten (Preisfeststellung nach Lebendgewicht) zu erlassen und für Orte, an denen dies geschehen, und für deren Umgebung marktähnliche Veranstaltungen und den Viehhandel außerhalb des Marktes zu untersagen[21]).

§ 357.

b) Das **Tierheilwesen** (Veterinärwesen) steht unter dem Landwirtschaftsminister.[1]) Als technisches Organ ist ihm das Landesveterinäramt mit dem ständigen Beirat für das Veterinärwesen unterstellt.[2]) Die Tierärzte erlangen ihre Vorbildung auf den tierärztlichen Hochschulen in Berlin und Hannover[3]) und bedürfen, um sich als solche zu bezeichnen,

[19]) BGB. 481—492 u. V. 27. März 99 (RGB. 219); bearb. v. Stölzle (5. Aufl. Berl. 13). Streitigkeiten gehören ohne Rücksicht auf den Wert vor die Amtsgerichte GVG. § 23². — Das römische Recht kennt keine besondere Haftung beim Viehkaufe. — Wucher beim Viehkaufe § 326 Anm. 31 d. W. — Haftung des Tierhalters § 254 Anm. 12.

[20]) V. 13. Feb. 43 (GS. 75), noch gültig U. RGer. 7. Dez. 94 (XXVI 75).

[21]) RG. 8. Feb. 09 (RGB. 269).

[1]) § 51 Anm. 1 d. W.

[2]) V. 13. Mai 10 (GS. 65).

[3]) AE. 20. Juni 87 (StaatsAnz. Nr. 149); Verleihung des Promotionsrechts (zum Dr. med. vet.) AE. 5. Sept. 10 (GS. 292), Promotionsordnungen 29. Okt. 10 (LMB. 302. 306); der Rektor in Berlin führt den Titel „Magnifizenz" AE. 27. Jan. 09; die etatsmäßigen Lehrer haben den Rang d. 4. Klasse, Anm. 7. Satzungen der t. Hochschule Berlin 31. März 13 (LMB. 143), Hannover 31. März 13 (das. 178 u. PromotionsO. 185). Tierarzneianstalten bestehen außerdem an den Universitäten Königsberg, Breslau, Halle und Göttingen.

oder von dem Staat oder den Gemeinden anerkannt oder mit amtlichen Verrichtungen betraut zu werden, oder ihren Beruf im Umherziehen auszuüben zu dürfen, der Approbation, die auf Grund einer Prüfung erteilt wird und für das ganze Reich gilt.[4]) Auf Grund älterer Vorschriften können sie die in ihrer Praxis anzuwendenden Arzneien mit Ausnahme der Gifte selbst abgeben und dazu Hausapotheken halten.

Zur Wahrnehmung der tierärztlichen Berufs- und Standesinteressen und zur Erörterung aller Angelegenheiten des öffentlichen Veterinärwesens ist für jede Provinz eine Tierärztekammer errichtet. Die Verhältnisse dieser Kammern sind ähnlich wie die der Ärztekammern (§ 265 Abs. 3) geregelt. Ihre Beziehungen untereinander und zum Landwirtschaftsminister vermittelt der Tierärztekammerausschuß in Berlin, in dem die Kammern durch Abgeordnete vertreten werden.[5])

Eine besondere Prüfung vor einer aus Mitgliedern der technischen Deputation zusammengesetzten Kommission haben die beamteten Tierärzte abzulegen,[6]) die als Kreis- und Departementstierärzte die technischen Ratgeber der Landräte und Regierungspräsidenten bilden.[7])

§ 358.

c) Die **Viehseuchenpolizei** (Veterinärpolizei), der die Verhütung und Bekämpfung der Viehseuchen obliegt, hat in neuerer Zeit erhöhte Beachtung gefunden, weil der Wert des Viehes gestiegen ist und die Ansteckungsgefahr sich infolge des regeren Handelsverkehrs vermehrt hat, während die Widerstandsfähigkeit der Tiere infolge veränderter Zuchtrichtung und Fütterung herabgegangen ist. Sie ist Gegenstand der Reichsgesetzgebung geworden,[1]) die die Verletzung der in betreff der Seuchen

[4]) GewO. § 29, 40 Abs. 1 u. 56a 1; Zurücknahme § 53 Abs. 1, 54 u. ZustG. § 120[1], Anw. 1. Mai 04 (MB. 201) Nr. 59, 60 Abs. 2, 62; Einf. in Elsaß-Lothringen G. 15. Juli 72 (RGB. 350). Betrieb im Umherziehen § 367 Anm. 1 d. W. — Strafe der unbefugten Führung des Titels GewO. § 147[3]. PrüfungsO. 24. Dez. 12 (ZB. 13 S. 2). — Zulassung ausländischer Tierärzte im Grenzverkehre wie § 265 Anm. 2.

[5]) V. 2. April 11 (GS. 61); die brandenburgische Tierärztekammer ist auch für den Stadtkreis Berlin u. die rheinische für Hohenzollern zuständig. Anschluß Schaumburg-Lippes an die hessen-nassauische Vtr. 1. Dez. 11 (GS. 12 S. 21).

[6]) Prüf.O. für Kreistierärzte 28. Juni 10 (LMB. 176).

[7]) Dienstbezüge der Veterinärbeamten G. 24. Juli (GS. 169), Inkrafttreten V. 15. Juni 05 (GS. 249). Reisekosten' V. 15. Jan. 13 (GS. 15) u. (in gerichtl. Angel.) 25. Juni 05 (GS. 250) § 2, 3; Gebühren der Kreistierärzte in gerichtl. Angel. Tar. 15. Juli 05 (GS. 254), erg. (Ziff. 6) 3. März 13 (GS. 27). Gebühren verjähren in 2 Jahren BGB. § 196[14]. — Departementstierärzte führen den Amtstitel „Regierungs- u. Veterinärrat“ u. haben — ebenso wie Professoren an den tierärztlichen Hochschulen AE. 25. Juni 05 (GS. 253) I — den Rang der 4ten, Kreistierärzte den der 5ten Rangklasse (§ 70 d. W.), ersteren kann der Titel als Geh. Veterinärrat, letzteren als Veterinärrat verliehen werden AE. 15. Jan. 13 (GS. 16).

[1]) RVf. Art. 4[15]. Viehseuchenstatistik u. Nachrichtendienst Bek. 11. Mai 12 (ZB. 381). — Mil. Vet. O. § 110 Anm. 1. d. W. — Viehseuchenübereink. mit Österreich-Ungarn 25. Jan. 05 (RGB. 06 S. 287 u. Schlußprot. 309), Vf. 24.

(Epizootien) von der Behörde angeordneten Absperrungs- und Aufsichtsmaßregeln mit Strafe bedroht[2]) und zur Verhütung möglicher Ansteckung die Eisenbahngesellschaften verpflichtet, alle zur Viehbeförderung benutzten Wagen nach jedesmaligem Gebrauch einer Entseuchung (Desinfektion) zu unterwerfen,[3]) im übrigen aber die Rinderpest und die sonstigen Viehseuchen gesondert behandelt hat.

Die Rinderpest (Löserdürre) hat sich durch ihre große Ansteckungsfähigkeit und verheerende Wirkung besonders verderblich gezeigt.[4]) Die dagegen vorgeschriebenen Maßregeln[5]) bestehen in Verkehrsbeschränkungen, Absperrung oder Tötung des kranken oder verdächtigen Viehes, Vernichtung der ansteckenden Gegenstände und Entseuchung (Desinfektion).[6]) Für die getöteten Tiere und vernichteten Sachen wird der durch Abschätzer ermittelte Wert vom Reiche vergütet.[7]) Die Durchführung der Maßregeln ist Sache der Landesbehörden, doch steht dem Reiche die Aufsicht und erforderlichenfalls die Bestellung eines Kommissars zu. Bei der Absperrung hat das Militär die nötige Hilfe zu leisten.[8]) Jedermann ist zur Anzeige der Erkrankung und des Krankheitsverdachtes, sowie zur Unterstützung der in seinem Wohnorte von den Behörden getroffenen Maßregeln verpflichtet.[9]) Zuwiderhandlungen sind mit Strafe bedroht.[10])

Die Bekämpfung der übrigen Viehseuchen ist gemeinsam im Reich geordnet.[11]) Über Zuständigkeit, Verfahren und Aufbringung der

---

April 07 (MMB. 176), Bek. 10. Jan. 10 (ZB. 11), 23. April u. 13. Dez. 12 (ZB. 302 u. 901) nebst § 161 Anm. 9 d. W. Abk. mit Frankreich § 269 Anm. 1 d. W.

2) StGB. § 328 u. Vereinszoll G. 1. Juli 69 (RGB. 355) § 134. — Gebühren der zur Absperrung verwendeten Militärkommandos Bek. 24. Okt. 13 (ZB. 1072).

3) G. 25. Feb. 76 (RGB. 163) nebst ViehseuchenG. (Anm. 11) § 81 u. Ausf. Vorschr. (das.) 38—40; Ausf.Bek. 16. Juli 04 (das. 311) u. Vf. des Min. 30. Sept. 04 (Eisenb. VB. 312), erg. (§ 4, 5, 8) 4. Aug. 13 (das. 234). — Gleiche Pflicht bei Beförderung von lebendem Geflügel Bek. 17. Juli 04 (das. 317); Befreiung im Verkehre mit Belgien Bek. 18. Juli 01 (das. 278) u. Luxemburg 10. Okt. 13 (das. 736).

4) Die Rinderpest ist ein dem Rindvieh eigenes, mit Nervenzufällen verbundenes Fieber, das durch in Brand übertretende Entzündung der Eingeweide in der Regel tödlich verläuft. Der Ansteckungsstoff, der alle Teile u. Absonderungen (auch die Ausdünstung) des erkrankten Tieres durchdringt, ist besonders flüchtig, daher leicht übertragbar, aber auch in der Luft schnell vergänglich. Die Krankheit ist in den russischen Steppen zu Hause.

5) G. 7. April 69 (BGBl. 105); Einf. in Südhessen u. Baden § 6 Anm. 7 d. W., Württemberg u. Bayern G. 2. Nov. 71 (RGB. 372), in Elf.-Lothringen G. 11. Dez. 71 (RGB. 471): § 6 aufgeh. G. 76 (Anm. 3) § 6.

6) G. 69 § 2, 7, 8; Instr. 26. Mai 69 (BGBl. 149); Abschn. I—III ersetzt durch Instr. 9. Juni 73 (RGB. 147).

7) G. 69 § 3. Die für die übrigen Seuchen maßgebenden Gebührensätze der Schätzer (Anm. 34) finden auch bei der Rinderpest Anwendung Vf. 14. Mai 79 (MB. 156).

8) G. 69 § 1, 7, 9—14. — Vergütung Bek. 17. Juni 91 (ZB. 149).

9) G. 69 § 4, 5.

10) Anm. 2; Strafe der verbotswidrigen Einfuhr G. 21. Mai 78 (RGB. 95).

11) ViehseuchenG. 26. Juni 09 (RGB. 519). Die allgemeinen Vorschriften sind in § 1—5 u. in den Schlußbestimmungen (§ 78—82) enthalten. Die Inkraftsetzung (§ 82) ist — nachdem gem. § 79 Abs. 1 u. 3 zu § 16—30 u.

Kosten bestimmen jedoch die Einzelstaaten, denen auch die Anordnung und Durchführung der Bekämpfungsmaßregeln obliegt.[12]) Die Einfuhr seuchenkranker und verdächtiger Tiere sowie ihrer Kadaver und der Ansteckungsträger ist verboten. Bei Ausbruch einer Seuche im Ausland können allgemeine Verbote oder Beschränkungen der Einfuhr und im Grenzgebiete Beschränkungen des Verkehrs und Untersuchungen des Viehs angeordnet werden.[13]) Bei Ausbruch im Inlande und bei Seuchenverdacht sind Besitzer und deren Stellvertreter, Tierärzte und Fleischbeschauer zur Anzeige bei der Polizeibehörde verpflichtet. Die Pflicht erstreckt sich auf die nachstehend (Abs. 3) aufgeführten Krankheiten.[14]) Der Ausbruch wird durch den Kreistierarzt festgestellt;[15]) durch diesen sind auch Viehmärkte und öffentliche Schlachthäuser auf Kosten der Unternehmer zu beaufsichtigen. Die Beaufsichtigung kann auf Stierschauen, private Schlachthäuser, Gastställe, Viehhandlungen und Abdeckereien ausgedehnt werden.[16]) Zu den Schutzmaßregeln gegen Seuchengefahr, die teils ständig, teils für die Dauer einer besonderen Seuchengefahr erfolgt, gehören die Absonderung,

---

78 die Ausf.Vorschr. des BR. 25. Dez. 11 (RGB. 12 S. 3) erlassen sind — auf den 1. Mai 12 festgestellt V. 29. März 12 (das. 229). Bearb. v. Nevermann-Beyer (6. Aufl. 12), Hippel (Berl. 12), Rohrscheidt (2. Afl. Berl. 12). — Vieh sind alle nutzbaren Haustiere, auch Hunde, Katzen u. Geflügel; seuchenverdächtig sind die mit Ansteckungserscheinungen behafteten, ansteckungsverdächtig die ohnedem vermutlich angesteckten Tiere VG. § 1. Der Reichkanzler überwacht die Ausführung u. kann dieserhalb einen Ausführungskommissar bestellen § 4 u. (gegenseitige Unterstützung der Bundesbehörden) § 5. Zuständigkeit der Militärverwaltung, der wissenschaftlichen und Unterrichtsanstalten § 3.

[12]) VG. § 2 u. (Erlaß weitergehender Ausführungsvorschriften) § 79 Abs. 2; Ausf.Vorschr. § 1. Preuß. G. 25. Juli 11 (GS. 149) nebst Ausf. Best. 12. April 12 (LMB. 166). Bearb. vor. Anm. — Zuständig sind danach der Landwirtschaftsminister, die Regierungspräsidenten, Landräte und Ortspolizeibehörden. Die Obliegenheiten des Min. können den RPr. u. die der letzteren den Landräten übertragen werden. Diese können andererseits die Verrichtungen der Ortspolizeibehörden ganz oder teilweise übernehmen. AG. § 1, 2 u. (Form und Veröffentlichung der Anordnungen) § 3. Beschwerden gehen unter Ausschluß des Streitverfahrens (§ 232 Abs. 3 d. W.) an die vorgesetzte Behörde AG. § 4 u. LVG. § 134 Abs. 2. — Die Kosten tragen teils der Staat und die Entschädigungsverbände (Abs. 6) § 24, teils die Beteiligten § 25, 28 u. teils die Gemeinden § 26, 27.

[13]) VG. § 6—8 verb. § 4 Abs. 2, 78, 80 u. (Strafe) $74^{1,3}$, 75 Abs. 1, 76^{1}, 77. — Beschränkung u. Untersagung des Umherziehens mit Zuchthengsten § 356 Anm. 10.

[14]) VG. § 9, 10 u. (Strafe) 74^{2}, 75. Die Befugnis des Reichskanzlers zur Einführung der Anzeigepflicht für einzelne Seuchen (VG. § 10 Abs. 2) wurde für das Reich angewendet auf die Influenza der Pferde Bek. 29. Juli 08 (RGB. 479), AusfVf. 17. Juli u. 15. Aug. 12 (LMB. 330), für die Prov. Ostpreußen u. den RB. Stade auf die Druse 7. April 05 (RGB. 233) u. 21. Okt. 10 (das. 1093), für die Prov. Sachsen auf die Gehirn- u. Rückenmarksentzündung der Pferde (s. g. Bornasche Krankheit) Bek. 12 Nov. 96 (RGB. 713), desgl. für S.-Altenburg 13. Febr. 08 (das. 23) u. Reuß ä. L 26. Okt. 12 (das. 530), für das Kgr. Sachsen auf Bornasche Krankheit u. auf Gehirnentzündung der Pferde Bek. 8. Dez. 04 (das. 450).

[15]) VG. § 11—15, 80 und (Strafe) 74^{3}, 76^{1}.

[16]) VG. § 16, 78, 79 u. (Strafe) 74^{3}, 76^{1}; Ausf.Vorschr. § 6, 7. — Verb. Anm. 31.

Bewachung oder Beobachtung der kranken oder verdächtigen und der Seuchengefahr ausgesetzten Tiere, die Beschränkung der Benutzung, der Beförderung, des freien Umherlaufens, des Handels und des Weideganges, die Stall-, Gehöfts- oder Ortssperre, die Impfung und tierärztliche Behandlung, die Tötung und Beseitigung der Tierleichen und Abfälle, die Entseuchung (Desinfektion) der Ställe, des Düngers und der Geräte, die Einstellung der Märkte und Tierschauen, die tierärztliche Untersuchung aller am Seuchenorte oder in dessen Umgebung vorhandenen Tiere und die öffentliche Bekanntmachung des Ausbruchs und Erlöschens der Seuche.[17]) Die unschädliche Beseitigung der Tierkadaver durch Vergraben an geeigneten Stellen, hohe Hitzegrade oder auf chemischen Wege ist daneben allgemein vorgeschrieben.[18])

Für die *einzelnen Seuchen* sind folgende besondere Maßregeln vorgeschrieben:[19])

1. Bei *Milzbrand*, *Rauschbrand*, *Wild- und Rinderseuche* ist das Schlachten und Abhäuten verboten, die Vornahme blutiger Operationen und die Öffnung der Tierleichen den Tierärzten vorbehalten und die unschädliche Beseitigung der Tierleichen angeordnet.[20])
2. Bei *Tollwut* sind die kranken Tiere (Hunde und Katzen auch bei Tollwutverdacht), in der Regel auch die mit diesen in Berührung gekommenen Hunde und Katzen zu töten; auch sind, wenn ein wutkranker oder verdächtiger Hund frei umhergelaufen ist, alle Hunde für die Dauer und den Umfang der Gefahr festzulegen.[21])

---

[17]) VG. § 17—30, 78—80 u. (Strafe) $74^{3,4}$, 76; Ausf.V. § 8—93, insbes. Anw. für die Desinfektion § 3 nebst Anl. A, das Zerlegungsverfahren § 4 nebst Anl. B, Bek. üb. Arbeiten und Verkehr mit Krankheitserregern § 77 nebst Anl. D, Herstellung und Verwendung von Impfstoffen § 78—88; ferner Einrichtung und Betrieb der Molkereien § 25—30, der Viehmärkte, Vieh- und Schlachthöfe und öffentlicher Schlachthäuser § 41—53, der Abdeckereien § 57—76, Gewerbebetrieb der Viehhändler § 11—24 u. Viehkastrierer § 89—93.

[18]) G. 17. Juni 11 (RGB. 248). Ausf. Vorschr. des BR. (Anm. 11) § 5 u. Anl. C nebst Bek. 29. März 12 (RGB. 230), des Landw Min. 4. Mai 12 (LMB. 176).

[19]) VG § 10 u. 31.

[20]) VG. § 32—35, 80 u. (Strafe) $74^{1,3}$, 75 Abs. 1, 76^{1}; Ausf.V. § 94—101. — *Milzbrand* ist eine schnell u. meist tödlich verlaufende Krankheit, die vorzugsweise die pflanzenfressenden Tiere (auch das Wild) befällt. Der durch die Luft, das Futter oder Getränk dem Tiere zugeführte Ansteckungsstoff vermehrt sich namentlich in seinem Blute und bleibt außerhalb desselben, insbesondere im Erdboden, noch lange keimfähig. Die Krankheit kehrt deshalb in gewissen Gegenden (Flußgegenden) als Ortsseuche (Enzootie) häufiger wieder und nötigt, während sie sich seltener von Tier zu Tier fortpflanzt, zu besonderen Vorsichtsmaßregeln in betreff des Blutes, der Abgänge u. der Verscharrung.

[21]) VG. § 36—41, 80, Strafe wie Anm. 20; Ausf.V. § 110—127. Frei umherlaufende Hunde müssen mit Halsbändern versehen sein, das. § 34. — Bekämpfung im Grenzbezirk Abk. mit Belgien 10 (ZB. 677). — *Tollwut* tritt besonders bei Hunden hervor, ist aber auch auf andere Tiere und auf Menschen übertragbar. Der Ansteckungsstoff findet sich im ganzen Körper, vorzüglich im Speichel, u. wird deshalb meist durch Beißen mitgeteilt. Hunde und Katzen zeigen gleich bei Beginn der Krankheit Neigung zum Beißen u. Umherstreifen. Der Verlauf ist schnell u. unheilbar. —

3. An Rotz erkrankte Tiere (Pferde, Esel, Maultiere) sind zu töten und die Tierleichen unschädlich zu beseitigen. Unter besonderen Umständen gilt dies auch von verdächtigen Tieren, die außerdem abzusondern und polizeilich zu beobachten sind.[22]
4. Bei Maul- und Klauenseuche darf neben ausgedehnten Verkehrsbeschränkungen die rohe Milch erkrankter Tiere nicht zum menschlichen Genusse verwendet werden; auch kann die Abgabe von Milch aus dem betroffenen Gebiet oder aus Sammelmolkereien beschränkt, und behufs sofortiger Tilgung der Seuche die Tötung kranker und verdächtiger Tiere angeordnet werden.[23]
5. Die Lungenseuche hat die Tötung des erkrankten, unter Umständen auch des verdächtigen Rindviehs zur Folge. Impfungen dürfen nur auf Anordnung der Landesregierung erfolgen.[24]
6. Bei Auftreten der Pockenseuche in einer Schafherde sind deren noch seuchenfreie Stücke — unter Umständen auch die der bedrohten Nachbarherden — zu impfen und von anderen Herden abzusondern. Andere Impfungen sind verboten.[25]
7. Die Beschälseuche der Pferde schließt gleich dem Bläschenausschlag der Pferde und des Rindviehes die Zulassung der befallenen Tiere zur Begattung aus.[26]

Schutzanstalten für Menschen, die von tollen oder verdächtigen Tieren gebissen sind, gibt es in Berlin u. Breslau.

[22]) VG. § 42—46, 80, Strafe wie Anm. 20; Ausf.V. § 128—153. Verfahren bei Einfuhr rotzverdächtiger Pferde Vf. 25. Juli 12 (LMB. 261). — **Rotz** entsteht nur durch Ansteckung, die meist durch die Absonderungen der erkrankten Tiere herbeigeführt wird. Sie zeigen sich in Geschwüren (Hautrotz, Wurm) oder im Nasenausfluß (Nasenrotz). Der erstere kann, wenn er versteckt (latent) auftritt, durch Impfung mit abgeschwächter Rotzlymphe (Mallein) schneller erkennbar gemacht werden.

[23]) VG. § 14, 47—49, 80 u. (Strafe) 74³, 76¹; Ausf.V. § 154—176. — Die Maul- und Klauenseuche (Aphtenseuche) ist eine fieberhafte, mit Bildung von Bläschen im Maule und in der Klauenspalte verbundene Krankheit, die zwar rasch u. nicht immer tödlich verläuft, aber die Gebrauchsfähigkeit der Tiere mindert u. durch ihre leichte Übertragbarkeit nachteilig wird.

[24]) VG. § 50, 51 80, u. (Strafe) 74¹, 75 Abs. 2; Ausf.V. § 177—200. — Lungenseuche ist eine dem Rindvieh eigene Entzündung der Lunge, die sich nur bei Einatmung der aus kranken Lungen ausgeatmeten Luft entwickelt, längere Zeit schleichend (chronisch) verläuft u. dann entweder mit einer stellenweisen Verhärtung der Lunge verschwindet (Durchseuchung), oder zu rascher Ausdehnung übergeht (akutes Stadium). In letzterem Falle genesen nur etwa 50 v. H. der befallenen Tiere u. auch diese meist langsam u. unvollständig. Die Krankheit ist durch den Handelsverkehr stark verbreitet u. bei ihrem chronischen Verlaufe schwerer zu bekämpfen als die Rinderpest.

[25]) VG. § 52—56, 80, Strafe wie Anm. 20; Ausf.V. § 201—228. — Die Pockenseuche ist eine fieberhafte Ausschlagskrankheit u. entsteht nur durch Ansteckung, die bei der großen Flüchtigkeit des Ansteckungsstoffes in einer einmal von der Krankheit befallenen Herde nicht aufzuhalten ist. Die Impfung soll der Verschleppung vorbeugen. Der Krankheit, die jetzt nur vereinzelt auftritt, erliegen 10—20 v. H. der befallenen Tiere.

[26]) VG. § 14, 57, 58, 80, Strafe wie Anm. 20; AG. § 10; Ausf.V. § 229 bis 245. — Die Beschälseuche kommt nur bei Pferden vor. Sie verbreitet sich durch Ansteckung bei der Paarung u. hat bei schleichendem Verlauf An-

8. Bei Räude der Einhufer und der Schafe ist ein tierärztliches Verfahren vorgeschrieben.[27])
9. Die Anzeigepflicht besteht für die Schweineseuche, die Schweinepest und den Rotlauf der Schweine, bei größerer Ausdehnung der letzteren kann die Impfung angeordnet werden.[28])
10. Die Anzeigepflicht besteht ferner für die Hühnerpest und die Geflügelcholera.[29])
11. Bei Rindertuberkulose (Perlsucht) kann die Tötung der Tiere angeordnet, auch darf die Milch nicht weggegeben oder verwertet werden.[30])

Eine besondere Anwendung finden diese Maßregeln auf Schlachtviehhöfe und öffentliche Schlachthäuser.[31])

Für die auf polizeiliche Anordnung getöteten oder nach dieser an der Seuche gefallenen oder infolge einer polizeilichen Impfung eingehenden Tiere, für Tiere, die an Rotz oder Lungenseuche und Rinder und Pferde, die an Milzbrand oder Rauschbrand gefallen sind, wird Entschädigung gewährt, die sich nach dem gemeinen Werte bemißt, bei Rotz aber nur 3/4, bei Milzbrand, Rauschbrand, Lungenseuche oder Tuberkulose nur 4/5 des Wertes beträgt.[32]) Letztere Entschädigung wird in Preußen auch für Esel, Maultiere und Maulesel gewährt, die an Milzbrand, Rauschbrand, Wild- und Rinderseuche oder Tollwut, desgleichen für Pferde und Rinder, die an Wild- und Rinderseuche oder Tollwut gefallen sind.[33]) Die Entschädigungen werden bei Tollwut, Rotz, Lungenseuche, Milzbrand, Rauschbrand, Wild- und Rinderseuche zum Gesamtbetrage, bei Maul- und Klauenseuche zu ½ und bei Tuberkulose zu 2/3 von den Provinzialverbänden, im übrigen

---

schwellungen der Geschlechtsteile und der Haut, Lähmungen u. häufig den Tod zur Folge. — Der Bläschenausschlag tritt bei Pferden und Rindvieh auf, überträgt sich in gleicher Weise, endet aber bald u. fast immer mit Genesung.

[27]) VG. § 59, 80 u. (Strafe) 74[3], 76[1]; Ausf.V. § 246—258. — Die Räude ist eine durch Schmarotzertiere (Milben) verursachte Ausschlagskrankheit, die bei der schnellen Vermehrung und leichten Übertragung der Tierchen sich rasch verbreitet und nur durch gründliche Kuren (Räudebäder) völlig getilgt werden kann.

[28]) VG. § 10[10], 14, 80; Ausf.V. § 259—276 u. (Rotlauf) § 277—288; Belehrung u. Anw. z. Bekämpfung Vf. 6. Feb. 07 (LMB. 71). — Schweineseuche und Schweinepest bilden eine Lungendarmentzündung, die sich durch Atmung und Futter leicht überträgt, in Fieber, Schwäche und Abmagerung hervortritt u. meist tödlich endigt. Der Rotlauf beruht auf Entzündung u. Schwellung der inneren Teile (Leber, Milz, Nieren), zeigt sich in stark roter Färbung des Körpers, tritt in der Regel im Sommer auf u. nimmt einen raschen, meist tödlichen Verlauf. Der mit dem Futter aufgenommene Ansteckungsstoff erhält sich lange wirksam. — Verkehr mit Schweinen Anordn. 4. Dez. 09 (LMB. 10 S. 12).

[29]) VG. § 10[11], 14; Ausf.V § 289 bis 299. — Die Geflügelcholera ist eine durch einen Spaltpilz hervorgerufene, leicht übertragbare u. regelmäßig tödliche Darmerkrankung, die durch die Einfuhr lebenden Geflügels verbreitet wird; Untersuchung Vf. 1 u. (Gebühren) 31. Aug. 11 (LMB. 134 u. 240). Die Hühnerpest hat ähnliche Wirkung, beschränkt sich aber auf Hühner.

[30]) VG. § 61, 80 u. (Strafe) 74[1, 3, 4], 76; Ausf.V. § 300—315 nebst Anw. f. die Feststellung.

[31]) VG. § 62—65, 80 u. (Strafe) 74[3], 76[1]; Ausf.V. § 2.

[32]) VG. § 66, 68—72.

[33]) AG. (Anm. 12) § 5—8.

vom Staate gewährt. Die Provinzialverbände, denen die Kommunalverbände der Bezirke Kassel, Wiesbaden und Sigmaringen, des Kreises Herz. Lauenburg und der Stadt Berlin gleichstehen, können dieserhalb nach zu erlassenden Satzungen Beiträge von den Besitzern der betreffenden Tiergattung erheben.[34]) Die Entschädigung bildet eine öffentlich-rechtliche Versicherung, hat aber daneben eine seuchenpolizeiliche Bedeutung, da sie nur gewährt wird, wenn die Anzeigepflicht erfüllt und die vorgeschriebenen Sicherheitsmaßregeln beobachtet waren.

2. Die Jagd.[1])

§ 359.

a) Das **Jagdrecht**, das in der Landesherrlichkeit als Regal (§ 133) und in der Grundherrlichkeit als Jagdgerechtigkeit[2]) entwickelt war, ist auf fremdem Grund und Boden aufgehoben und damit zu einem Bestandteil des Grundeigentumsrechts geworden. Es kann hiernach zwar anderen zur Benutzung überlassen, nicht aber dauernd als dingliches Recht von Grund und Boden getrennt werden.[3]) Gegenstand des Jagdrechts sind alle jagdbaren Tiere. Die Jagdbarkeit ist jetzt einheitlich im Staate geregelt.[4])

Das Jagdrecht ist durch Bestrafung der unbefugten Jagdausübung geschützt. Neben der Strafe findet die Einziehung der mitgeführten Gewehre, Jagdgeräte und Hunde statt.[5]) Auch das Betreten eines fremden Jagdgebiets mit Jagdausrüstung und das Ausnehmen der Nester von jagdbarem Federwild ist mit Strafe bedroht.[6]) Neben diesen all-

---

[34]) VG. § 67 u. (Befreiungen) § 73, AG. § 9—12 u. (Feststellung des Krankheitszustandes) § 13—15, (Schützung des Wertes) § 16—22, (Ausdehnung der Entschädigungen) § 23.

[1]) Die Landesgesetze werden durch das BGB. — unbeschadet der Vorschriften über den Wildschaden (§ 360 Anm. 9) — nicht berührt EG. Art. 69. — Bearbeitungen Jagdgesetzgebung von Schultz (2. Aufl. Berl. 08); Ebner d. preuß. Jagdgesetze (6. Aufl. Berlin 11); Dalke desgl. (5. Aufl. von Delius, Bresl. 08); Bauer die preuß. Jagdgesetze (4. Aufl. 1. Bd. JagdO. 09). Jahrbuch der Entscheidungen § 338 Anm. 1.

[2]) Vom Jagdregal handelte LR. II 16 Abschn. (30—68).

[3]) JagdO. (§ 357 Anm. 3) § 2, in dem die in früheren Gesetzen, insbes. die in dem G. 31. Okt. 48 (GS. 343) ausgesprochene Aufhebung wiederholt wird, u. Ausf. Anw. (das.) Nr. 3. — Das Jagdrecht bildet danach einen wesentlichen Bestandteil des Grundeigentums (BGB. § 93, 96).

[4]) JagdO. § 1 u. 50. u. Ausf. Anw. Nr. 1, 2 u. 34. — Besitznahme herrenloser beweglicher Sachen BGB. § 958, 959, insbes. wilder Tiere § 960. — Nicht jagdbare wilde Tiere sind Gegenstand des freien Tierfanges LR. II 16 § 33—36. Ausübung des letzteren I 9 § 114—117 (Bienen 118—120), insbes. durch die Jagd § 128, 129, Recht zur Abwehr wilder Tiere 152, 153, 155—157. — Das LR. zählt Hirsche, Schweine, Fasanen und Auerwild zur hohen, das sonstige Wild zur niederen Jagd II 16 § 37, 38.

[5]) StGB. § 292—295. — Verfahren mit den eingezogenen Geräten Vf. 26. Juni 54 (MB. 146), 19. Mai 68 (MB. 186) u. 6. Sept. 76 (MB. 77 S. 123). — Verträge über Bestrafung der Jagdfrevel in Grenzgebieten § 354 Anm. 2.

[6]) StGB. § 368 10 u. 11.

gemeinen sind die besonderen Vorschriften des Reichs- und des Landesrechts über strafbare Verletzungen der Jagdpolizeigesetze aufrecht erhalten.[7]

§ 360.

b) Die **Jagdausübung** ist wegen der Mißbräuche, die die schrankenlose Jagdfreiheit nach sich zog, gewissen persönlichen und sachlichen Einschränkungen unterworfen, die die Sicherheit der Person und des Eigentums, den Schutz der Landeskultur gegen Beschädigung und die Erhaltung eines mit dieser Kultur verträglichen Wildstandes bezwecken. Das dieserhalb für die älteren Provinzen ergangene Jagdpolizeigesetz[1]) war vielfach ergänzt.[2]) Die Gesetzgebung, die dadurch außerordentlich verwickelt und unübersichtlich geworden war, ist deshalb bei Anlaß einer weiter beabsichtigten Ergänzung durch eine allgemeine **Jagdordnung** ersetzt, die räumlich und sachlich das gesamte Gebiet umfaßt.[3]) Nur für Hannover, Hohenzollern, Helgoland und für den Wildschadenersatz in Kurhessen wurde die seitherige Gesetzgebung aufrecht erhalten.[4])

Die Jagd darf nur in bestimmten **Jagdbezirken** ausgeübt werden. Diese sind Eigenjagd- oder gemeinschaftliche Jagdbezirke. Zu Eigenjagdbezirken können nur solche demselben Eigentümer gehörige Grundflächen erklärt werden, die entweder dauernd und vollständig gegen den Einlauf von Wild eingefriedigt sind, oder zusammenhängend einen land- oder forstwirtschaftlich benutzbaren Flächenraum von wenigstens 75 ha einnehmen. Die übrigen Grundflächen eines Gemeinde-(Guts-)bezirks, die zusammenhängend wenigstens 75 ha umfassen, heißen gemeinschaftlicher Jagdbezirk. Die an diesem beteiligten Eigentümer bilden eine Jagdgenossenschaft, die Rechtsfähigkeit besitzt und durch den Vorsteher der Gemeinde (Bürgermeister, Gemeinde- oder Gutsvorsteher) als Jagdvorsteher verwaltet wird. Die Nutzung erfolgt in der Regel durch Verpachtung, für die bestimmte Grundsätze aufgestellt sind; ausnahmsweise darf mit Genehmigung des

---

[7]) EG. z. StGB. 31. Mai 70 (RGB. 195). — In Betracht kommen außer den Strafvorschriften der Jagdordnungen (§ 360 Anm. 3, 4) auch die Provinzialgesetze betr. a) Abwehr von Hunden u. Katzen in fremden Jagdrevieren (Aufhebung in den Oberlandesgerichtsbezirken Hamm, Frankfurt a. M. u. Köln G. 24. Mai 99 GS. 106), die über die Vorschriften des BGB. § 228 u. 960 Abs. 3 hinausgehen u. vor dem LR. II 16 § 64—67 zur Anwendung kommen, u. b) die Ablieferung abgeworfener Hirschstangen. Diese Vorschriften finden sich in Schultz (§ 356 Anm. 1) S. 142—155 zusammengestellt.

[1]) G. 7. März 50 (GS. 165).

[2]) Von diesen Ergänzungen kommen das Zust. G. § 103—106, das Jagdschein G. 31. Juli 95 (GS. 304) u. das Wildschon G. 14. Juli 04 (GS. 159) noch für Hannover, die beiden ersteren Gesetze auch noch für Hohenzollern in Betracht.

[3]) **Jagd O. 15. Juli 07** (GS. 207 u. Berichtigung 270). Ausf. Anw. 29. Juli 07 (LMB. 279) Nachtr. 28. März 12 (LMB. 205, HMB. 281). — Bearb. § 359 Anm. 1.

[4]) **Hannover** Jagd O. u. Bek. 11. März 59 (hann. GS. I 159 u. 171, Wildschaden G. 21. Juli 48 (das. 215); Ostfriesland (Wasservögel) G. 26. Juli 97 (GS. 253). — **Hohenzollern** Jagd O. 10. März 02 (GS. 33). — Ergänzung beider Jagdordnungen Anm. 2 — Wildschadenersatz in Kurhessen Anm. 9.

Kreis-(Bezirks-)Ausschusses die Jagd ruhen oder durch angestellte Jäger ausgeübt werden. Die Pachtgelder werden nach dem Flächeninhalt auf die Eigentümer verteilt. Die nicht zu einem Jagdbezirk gehörigen Grundflächen eines Gemeinde-(Guts-)bezirks sind mit Grundflächen eines andern Gemeinde- oder Gutsbezirks zu einem wenigstens 75 ha haltenden Jagdbezirk zusammenzuschließen, oder einem angrenzenden, äußerstenfalls auch einem getrennt liegenden Jagdbezirk zuzulegen, oder — wenn es sich um einen Eigenjagdbezirk handelt — diesem pachtweise anzuschließen.[5])

Die Jagdausübung ist von der Lösung und Mitführung eines **Jagdscheines** und, soweit sie nicht in Begleitung des Jagdberechtigten stattfindet, von dessen schriftlicher Erlaubnis abhängig. Der Jagdschein ist vom Landrat für ein Jahr oder für drei Tage auszustellen und nur unter bestimmten Voraussetzungen zu versagen. Für den Jahresjagdschein ist eine Abgabe von 15 (bei Ausländern 100) M., für den auf 3 Tage gültigen Tagesjagdschein von 3 (bei Ausländern 20) M. zu entrichten. Forstbeamte erhalten den Jagdschein unentgeltlich. Dieser gilt aber nicht für außerhalb des Dienstbezirks belegene eigene oder gepachtete Jagden.[6])

Der Erhaltung der Wildstandes dienen die für die einzelnen Wildarten gegebenen **Schonvorschriften**.[7])

Zur Verhütung des **Wildschadens** kann die Jagdpolizeibehörde unter bestimmten Voraussetzungen den Abschuß während der Schonzeit anordnen oder die Eigentümer zum Einfangen oder Erlegen des Wildes ermächtigen.[8]) Daneben ist der durch Schwarz-, Rot-, Elch- und Damwild, sowie Rehwild und Fasanen auf und an Grundstücken angerichtete Schaden dem Nutzungsberechtigten von den Grundbesitzern eines gemeinschaftlichen Jagdbezirks nach Verhältnis der Größe der beteiligten Fläche zu ersetzen. Der Anspruch ist binnen 3 Tagen anzumelden. Die Feststellung erfolgt

[5]) Jagdbezirke JagdO. § 3—16, Ausf. Anw. Nr. 4—13; Zuständigkeit JO. § 17 bis 19 u. 26, A. A. Nr. 14 u. 21; Verpachtungsgrundsätze JO. § 20—25, A. A. Nr. 15—20, die Jagdpachtverträge sind schriftlich abzuschließen JO. § 22[1], ältere Verträge JO. § 84, A. A. Nr. 46, Stempel § 152 Anm. 12 d. W.; Anstellung von Jägern JO. § 27, A. A. Nr. 22; Jagdausübung in Festungswerken § 28 A. A. Nr. 23.

[6]) JO. § 29—38 u. (Strafen) § 72—75, 79, 80, A. A. Nr. 24—26; Stempel § 155 Anm. 8 u. 12.

[7]) Schonzeiten JO. § 39, 40, 48—50, 82 u. (Strafen) § 76, 77, 79, 80, A. A. Nr. 27, 28, 33, 34; Muffelwild V. 22. Jan. 12 (GS. 11); wilde Truthühner G. 9. Aug. 10 (GS. 257); Sammeln d. Kiebitz- u. Möveneier JO. § 42, 49, 83, u. Strafe) § 78, 80, A. A. Nr. 30; Verbot des Schlingenstellens, auch zum Fange der nicht mehr jagdbaren Kaninchen JO. § 41 u. Strafe § 77, 79, 80, A. A. Nr. 29, die Ausnahme bezüglich des Dohnenstieges ist durch dessen Verbot (§ 355 Anm. 4 d. W.) beseitigt; Einschränkung des Wildhandels JO. § 43—47, A. A. Nr. 31, 32, die Ausnahme zu gunsten des Vertriebes aus Kühlhäusern (JO. § 43 Abs. 2, A. A. Nr. 31) gilt auch für Hamburg Bf. 6. Febr. 08 (LMB. 113), Zusammenstellung der Prov. Pol. Verordnungen über den Wildhandel Bf. 7. Jan. 08 (das. 67). — Schonzeit für Robben RG. 4. Dez. 76 (RGB. 233) u. 29. März 77 (das. 109). — Vogelschutz § 355 Abs. 1 d. W.

[8]) JO. § 61—68, A. A. Nr. 38—42.

durch die Ortspolizeibehörde durch Vorbescheid, gegen den binnen 2 Wochen die Klage bei dem Kreisausschuß stattfindet.[9])

Jagdpolizeibehörde ist der Landrat, in Stadtkreisen die Ortspolizeibehörde.[10])

3. Die Fischerei.[1])

§ 361.

a) Das **Fischereirecht** steht in geschlossenen Gewässern, die sich nicht über die Grenze des Grundstücks erstrecken, in der Regel dessen Eigentümer zu.[2]) Für fließende Gewässer gebührt das Recht, soweit nicht besondere Fischereiberechtigungen bestehen,[3]) am Meeresufer, in Meereshäfen und in öffentlichen Flüssen dem Staate,[4]) in Privatflüssen (§ 345 Abs. 2) dem Uferbesitzer.[5]) Wo keine Berechtigung vorhanden ist, oder solche von allen Einwohnern oder Gemeindegliedern ausgeübt werden kann, hat fortan die Gemeinde die Fischerei; das Recht des freien Fischfangs (wilde Fischerei) ist aufgehoben. Gemeinden dürfen die Berechtigung nur durch angestellte Fischer oder durch Verpachtung auf mindestens 6 Jahre nutzen.[6])

Die unbefugte Ausübung der Fischerei ist mit Strafe bedroht.[7])

---

[9]) BGB. § 835 u. (Einfluß des Verschuldens des Beschädigten auf die Ersatzpflicht) § 254 nebst EG. § 69—72. Nach Art. 70 sind für die Art der Feststellung u. die Frist der Geltendmachung die Landesgesetze anwendbar. In Betracht kommen dafür JagdO. § 51—60 u. Anw. Nr. 35—37. Für Hannover u. Hohenzollern gelten die in Anm. 4 aufgeführten Vorschriften u. für das ehemalige Kurhessen laut JagdO. § 81 das Wildschaden G. 26. Jan. 54 (kurh. GS. 9) u. das JagdG. 7. Sept. 65 (das. 571) § 26, 28, 34—37, 40. — Streitigkeiten gehören ohne Rücksicht auf den Wert vor die Amtsgerichte GVG. § 23².

[10]) JO. § 69—71, A. A. Nr. 43, 44. — Zuständigkeit der Forstbeamten § 128 Anm. 6 d. W.

[1]) Die Landesgesetze werden durch das BGB. nicht berührt EG. Art. 69. — Binnenfischerei u. Fischzucht unterliegen der Unfallversicherung § 319 I Abs. 1 d. W. Jahrbuch der Entscheidungen § 338 Anm. 1.

[2]) LR. I 9 § 176—186. Fisch.G. (§ 362 Anm. 3) § 4.

[3]) Das. § 170—175, 187, 191 u. 192; verb. II 15 § 40, 41, 71, 72. Beschränkung und Aufhebung § 362 Anm. 6; Ablösung § 342 Abs. 2, Erwerb durch den Staat bei Strombauten § 346 Abs. 9 d. W.

[4]) LR. II 15 § 73—78. Das Recht wird hier noch als Regal (§ 133 d. W.) bezeichnet. — Abweichend das westpreuß. ProvR. 19. April 44 (GS. 103) § 72 Dagegen spricht das franz. G. 4. März 1802 dieses Recht gleichfalls dem Staate zu. — Die Hochseefischerei steht jedermann, die Küstenfischerei (§ 362 Anm. 4, 5) jedem Inländer zu.

[5]) U. OTr. (Präj. 1628) 23. Sept. 45 (Präj.-Samml. S. 30) u. 31. Aug. 46 (Entsch. XV 361).

[6]) FischereiG. (§ 361 Anm. 3) § 6 bis 8. Auch die freie Angelfischerei des rheinischen Rechts ist aufgehoben G. 30. März 80 (GS. 228) Art. I. — Die Ausübung der Angelfischerei ist nach Vorbild der Jagdpolizei (§ 360 Abs. 2 d. W.) geregelt für Westfalen G. 30. Juni 94 (GS. 135), d. Rheinprovinz G. 25. Juni 95 (GS. 267) u. (Koppelfischerei) für Hannover 26. Juni 97 (GS. 196), den RB. Kassel G. 19. Mai 08 (GS. 133).

[7]) StGB. § 361⁹, 370⁴. — Küstenfischerei der Ausländer das. § 296a. — Verträge über Bestrafung der Fischereifrevel § 354 Anm. 2 d. W.

§ 362.

b) **Fischereipolizei.** Die Fischerei liefert ein gesundes Nahrungsmittel und erscheint besonders einträglich, da die Fische, ohne irgendwie Schaden anzurichten, verschiedene, sonst nutzlose Stoffe verwerten und sich verhältnismäßig schnell entwickeln. Erst in den letzten Jahrzehnten ist diese wirtschaftliche Bedeutung der Fischerei voll gewürdigt, und erst damit ist die auf eine möglichst nachhaltige und vorteilhafte Ausnutzung dieser Güterquelle gerichtete Fischereiwirtschaft ins Leben getreten.[1]) Neben

[1]) Die Fischwirtschaft umfaßt die Fischzucht, den Fischereischutz und die Fischereinutzung. — Die Fischzucht ist künstlich oder natürlich. Bei der künstlichen Fischzucht entstehen die Fische unter unmittelbarer menschlicher Einwirkung, um dann der natürlichen Weiterzucht übergeben zu werden. Sie erstreckt sich vorwiegend auf die Lachsarten (Lachs, Forelle, Maräne, Saibling, Äsche). Zuerst 1848 in Hüningen im Elsaß eingeführt, hat sie sich von dort aus weiter verbreitet. Der Laich, den die männlichen Fische als Milch, die weiblichen als Eier (Rogen) absondern, wird von beiden Arten in lebendem oder totem Zustande gewonnen. Durch Mischung der Eier mit der Milch werden erstere befruchtet und dann — während sie in der Natur in großer Menge verloren gehen — in besondere Behälter (Brutvorrichtungen), die von gesundem Wasser durchflossen werden u. gegen schädigende Einwirkungen (Tiere, Frost) geschützt sind, zu weiterer Entwickelung gebracht. Die natürliche Zucht überläßt die Entstehung und Weiterentwicklung der Fische der Natur und wirkt nur durch Vermehrung der förderlichen und Beseitigung der hinderlichen Einflüsse auf diese ein. Dazu gehört die Besetzung fischloser oder fischarmer Gewässer mit Fischbrut oder jungen Fischen, die Anlegung von Fischwehren, von Laichschonrevieren und Fischpässen (Abs. 2) und die Einrichtung vorhandener oder Herstellung neuer Teiche für Zwecke der Fischzucht. Bei dieser sog. Teichwirtschaft, die vorzugsweise auf die Karpfenarten (Karpfen, Karauschen, Schleien), neuerdings auch auf Zander Anwendung findet, werden die Fische entweder in ein und demselben Teiche gehalten, dem alljährlich die ältesten Fische zum Verbrauche entnommen werden (Femelbetrieb), oder sie werden bei fortschreitender Entwicklung in besondere Teiche übergeführt, die alsdann nur gleichaltrige und gleichmäßig zu behandelnde Fische enthalten (Klassenbetrieb). — Der Fischereischutz ist gegen die Schädigungen gerichtet, die durch Menschen (Fischdiebstahl, unwirtschaftliche oder übermäßige Nutzung, Verunreinigung der Fischgewässer, schädigende Anlagen oder Betriebe in diesen) oder durch Tiere herbeigeführt werden (Abs. 2). — Die Fischereinutzung umfaßt den Fang, die Aufbewahrung, Versendung und Verwertung der Fische. Fanggeräte bilden die Angel und das Netz. Während die Handangel vorzugsweise dem Sport dient, werden die Stand- und Legeangeln auch von den Berufsfischern besonders beim Aalfange angewendet (Aalschnüre). Die Netze sind feststehend oder beweglich. Zu ersteren gehören die senkrecht im Wasser befestigten Stellnetze, in deren Maschen die Fische hängen bleiben, und die trichterförmigen Reusen, durch deren Einkehlungen den eingedrungenen Fischen der Rückzug versperrt wird. Die Reusen mit Seitennetzen heißen Flügelreusen, die aus Weidenruten zum Aalfang hergestellten Aalkörbe. Die beweglichen Netze zerfallen in Hamen (lange beutelartige Netze, die durch einen Rahmen offengehalten und mittelst eines Stieles gehandhabt werden), Senknetze (flache, wenig vertiefte und mittelst einer Stange wagerecht in das Wasser zu tauchende und zu hebende Netze) und Schleppgarne, die, wenn sie in der Mitte mit einem Sacke versehen sind, Waden genannt werden. Außer allen, die Fische betäubenden oder verwundenden Geräten sind zur Schonung der Fische auch Netze mit zu engen (unter 2,5 cm weiten) Maschen verboten Anm. 10, 11. Andere Grenzen werden dem Fischfang durch die Schonzeiten gezogen. Diese wollen entweder durch Ausschluß einzelner Wochentage der übermäßigen Nutzung vorbeugen (Wochenschonzeit, Sonntagsruhe) oder die Fische während des Laichgeschäfts geschont sehen

der unmittelbaren Förderung der Fischerei[2]) ist dieser auch ein erhöhter Schutz zu teil geworden. An Stelle der mannigfaltigen und unzureichenden provinziellen Vorschriften ist ein einheitliches Fischereigesetz getreten, das das Fischereiinteresse den vielfach entgegenstehenden Interessen der Schiffahrt, Industrie und Landeskultur gegenüber wahrnimmt und einen geregelten, auf Erhaltung und Vermehrung des Bestandes gerichteten Betrieb sichern soll.[3])

Das Gesetz erstreckt sich auch auf den Fang von Krebsen, Austern, Muscheln und anderen nutzbaren, nicht jagdbaren Wassertieren, umfaßt jedoch nur die Küsten- und die Binnenfischerei,[4]) wogegen die Hochseefischerei Gegenstand internationaler Vereinbarungen ist und deshalb hauptsächlich vom Reiche gefördert wird.[5]) Fischereiberechtigungen, die eine verständige Bewirtschaftung der Gewässer ausschließen, können gegen Entschädigung beschränkt oder aufgehoben werden.[6]) Die Berechtigten eines größeren zusammenhängenden Fischereigebiets können im Interesse der Aufsicht und des Schutzes oder der Bewirtschaftung zu Fischereigenossenschaften vereinigt werden.[7]) Die Ausübung der Fischerei, so-

(Jahresschonzeiten). Hierbei wird die relative und die absolute Schonzeit unterschieden. Die erstere gilt in Süddeutschland und in Sachsen, die letztere im übrigen Deutschland, insbesondere in Preußen (Anm. 11). Die relative Schonzeit bedingt für die einzelnen Fischarten je nach der Laichzeit besondere Bestimmungen, insbesondere Markt- und Handelsverbote. Die absolute Schonzeit wird auf gewisse Monate gelegt, in denen die in einem bestimmten Gewässer zumeist vorkommenden Fischarten gleichzeitig laichen. Da eine größere Anzahl Fische im Frühjahr, andere, insbesondere die Lachsarten, aber im Herbste laichen, zerfallen auch die Gewässer in solche mit Frühjahrsschonzeit (10. April bis 9. Juni) und solche mit Herbstschonzeit (15. Okt. bis 14. Dez.). Außer Betracht bleiben dabei die zur Laichzeit die See aufsuchenden Aale.

2) Der seit 1870 bestehende deutsche Fischereiverein, der insbesondere für Untersuchung der Ost- u. Nordsee und für Hebung der künstlichen Fischzucht tätig wirkt, erhält eine regelmäßige Beihilfe aus Reichsmitteln. Von diesem hat sich 1895 der deutsche Seefischereiverein abgezweigt.

3) FischereiG. 30. Mai 74 (GS. 197), Einführung in Lauenburg G. 4. April 77 (GS. 122). ErgänzungsG. 30. März 80 (GS. 228). — Ein neues FischereiG. ist 1912 dem Landtag vorgelegt.

4) FG. § 1—3 u. § 1 der AusfV. f. Westpreußen, Pommern, Schl.-Holstein u. Hannover (Anm. 11) nebst V. 12. Jan. 80 (GS. 7). — Geschlossene Gewässer FG. § 4 u. ZustG. § 102^{1}. — Küstenfischerei Anm. 5 u. (Begriff des Küstengebietes) § 379 Abs. 1 d. W.

5) Vtr. mit Frankreich, Großbritannien, Belgien, den Niederlanden u. Dänemark über die Nordseefischerei 6. Mai 82, durch RG. 30. April 84 auf die Küstenfischerei ausgedehnt (RGB. 84 S. 25 u. 48), erg. Erl. 1. Feb. 89 (RGB. 90 S. 5) u. (Helgoland) 22. März 91 (das. 21). Bestrafung des Branntweinhandels unter den Nordseefischern Vtr. 16. Nov. 87 / 14. Feb. 93, G. 4. März 94 (RGB. 427 u. 151) u. V. 20. Aug. 94 (GS. 161) — Gegenstand der deutschen Hochsee- u. Küstenfischerei, die hauptsächlich für die Nordsee in Betracht kommt, sind der Schellfisch, Kabeljau, Seehecht, die Scholle, Seezunge, Steinbutte u. vereinzelt der Stör. Berechtigung § 361 Anm. 4. Sturmwarnungen Vf. 24. Jan. 11 (HMB. 29).

6) FG. § 5; ZustG. § 102^{2}; § 358 Anm. 3 d. W.

7) Schutzgenossenschaften das. § 9 und Wirtschaftsgenossenschaften § 10; ZustG. § 100, 101. — Normalstatut Vf. 29. Okt. 79 (MB. 80 S. 36).

weit sie nicht durch den Berechtigten selbst erfolgt, setzt die Mitführung eines polizeilich beglaubigten Erlaubnisscheins voraus.[8]) Schädliche Fangmittel (giftige Köder, Sprengpatronen) und den Zug der Fische hindernde Fangvorrichtungen sind verboten.[9]) Dasselbe gilt von dem Fischen zur Nachtzeit, bei Fackellicht.[10]) Zur Schonung des Fischbestandes sind durch besondere Provinzialgesetze Bestimmungen über das geringste Maß und Gewicht der feilgebotenen Fische, über die für die einzelnen Fischarten einzuhaltenden Schonzeiten[1]) und über den Gebrauch und die Beschaffenheit der Fanggeräte erlassen.[11]) Das Gesetz gestattet die Anlage von Schonrevieren für das ungestörte Laichen der Fische, wie für deren gesicherten Eingang aus dem Meer in die Binnengewässer[12]) und von Fischpässen für das ungehinderte Hinauf- und Hinabziehen der sog. Wanderfische (Lachse, Störe, Forellen, Aale) in den Flüssen.[13]) Die Verunreinigung der Fischwasser durch Einleitung schädlicher Stoffe aus landwirtschaftlichen oder gewerblichen Betrieben und das Flachs- und Hanfröten in nicht geschlossenen Gewässern ist verboten.[14]) — Bei neuen Turbinenanlagen kann die Anbringung von Schutzgittern angeordnet werden.[15]) Der Fischereiberechtigte darf Fischottern, Reiher, Taucher, Eisvögel, Kormorane und Fischaare, ohne Anwendung von Schießgewehren töten oder fangen und für sich behalten.[16]) Die von Fischereiberechtigten, Genossenschaften oder Gemeinden bestellten Fischereiaufseher können amtlich verpflichtet, auch können zur Wahrnehmung der den allgemeinen Verwaltungsbehörden obliegenden, staatlichen Aufsicht besondere Fischereibeamte im Haupt- oder im Nebenamt bestellt werden, die Rechte und Pflichten der Ortspolizeibeamten haben.[17])

---

[8]) FG. § 11—17. — Beschränkte Ausstellung in nicht geschlossenen Gewässern ErgG. Art. II. — Allgemeine Legitimationsscheinpflicht für einen Teil Pommerns FG. § 18. — Bezeichnung ausliegender Fischerzeuge § 19.

[9]) FG. § 20, 21, 28 und ErgG. Art. III.

[10]) StGB. § 296.

[11]) FG. § 22—28. — AusfVerordnungen 8. Aug. 87 f. Ostpreußen (GS. 337), Westpreußen (GS. 348 u. V. 10. Mai 93 GS. 87), Brandenburg u. Berlin (GS. 397), Pommern (GS. 360), Schlesien (GS. 406), Sachsen (GS. 414), Schl.-Holstein (GS. 376, V. 4. April 94 GS. 29 u. 31. März 13 GS. 39), Hannover (GS. 385, V. 4. April 94 GS. 29 u. 31. März 13 GS. 40), Westfalen (GS. 423), f. den RB. Kassel (GS. 441) u. Hohenzollern (GS. 433), ferner 12. Mai 88 für Posen (GS. 105), 23. Juli 86 für den RB. Wiesbaden (GS. 197), 3. Mai 97 f. d. Rheinprovinz (GS. 107). — Vtr. mit den Niederlanden u. der Schweiz zur Hebung der Lachsfischerei im Rheinstromgebiete 30. Juni 85 (RGB. 86 S. 192); Beitritt Luxemburgs Vtr. 5./15. Nov. 92 u. G. 17. April 95 (GS. 157 u. 165).

[12]) FG. § 29—34; ZustG. § 98[1]

[13]) FG. § 35—42; ZustG. § 98[2, 3].

[14]) § 346 Abs. 2 d. W. FG. § 43, 44; ZustG. § 99; WasserG. 7. April 13 (GS. 53) § 19[2] u. 391.

[15]) ErgG. Art. V.

[16]) FG. § 45 und ErgG. Art. IV. Ermächtigung zur Anwendung von Schußwaffen auf Seen u. Teichen, die der Fischerei dienen JagdO. 15. Juli 07 (GS. 207) § 67 Abs. 1 u. 3. Verbot der Entenhaltung auf öffentlichen Flüssen LR. I 9 § 188, 189.

[17]) FG. § 46, 47 u. LVG. § 134 Abs. 1. — Uniform Vf. 5. Okt. 77 (MB. 294) u. 16. Feb. 85 (MB. 59).

Übertretungen des Gesetzes sind mit Strafe bedroht. Bei Entdeckung auf frischer Tat dürfen die der Einziehung unterliegenden Gegenstände beschlagnahmt und Fischereigeräte und Fahrzeuge gepfändet werden.[19])

VII. Gewerbe.

1. Begriff und Geschichte.

§ 363.

Unter Gewerbe im weiteren Sinne wird jede selbständige, gleichmäßig fortgesetzte, auf Gewinn gerichtete Tätigkeit verstanden; in der engeren Bedeutung wird diese Tätigkeit aber nur dann als Gewerbe bezeichnet, wenn sie die Verarbeitung von Erzeugnissen bezweckt. In diesem eigentlichen Sinne steht das Gewerbe in der Mitte zwischen der Gewinnung der Roherzeugnisse und dem den Umsatz der Güter vermittelnden Handel. Tatsächlich sind diese Tätigkeiten zuweilen miteinander verbunden, indem der Roherzeuger zugleich die Verarbeitung und Veräußerung der Erzeugnisse übernimmt oder der Gewerbetreibende den Absatz seiner Ware selbst bewirkt. Mit Zunahme des Großbetriebes und der Arbeitsteilung (§ 2 Nr. I 2) nehmen diese Fälle jedoch ab. — Die Gesamtheit der gewerblichen Tätigkeit auf einem sachlich oder räumlich begrenzten Gebiete heißt Industrie. Nach dem Umfang der einzelnen Betriebe unterscheidet sich der Groß- und der Kleinbetrieb; letzterer umfaßt das Handwerk und die Hausindustrie.[1]) — Die Zahl der in den einzelnen Gewerbebetrieben beschäftigten Personen wird durch die Berufs- und Betriebszählung festgestellt.[2])

Während das Gewerbe im Gegensatz zu der auf die Schönheit gerichteten Kunst zunächst nur Zwecke der Nützlichkeit verfolgt, finden beide Rich-

— Tagegelder u. Reisekosten § 73 Anm. 1. — Als Beirat der Behörden sind in der Regel die Meliorationsbauinspektoren (§ 344 Anm. 8) zu Oberfischmeistern im Nebenamte bestellt.

[19]) FG. § 48—52.

[1]) Im Groß-(Fabrik-)betriebe überwiegt das Kapital u. die durch Maschinenbetrieb und Arbeitsteilung verstärkte Arbeit, im Kleinbetriebe die einfache Arbeit. Was unter Fabrik zu verstehen sei, bestimmt sich nach den Merkmalen im Einzelfalle (Arbeiterschutz § 315 Abs. 3, Unfallversicherung § 319[1] Abs. 1 d. W). — Der Großbetrieb (das Unternehmen, § 2 I 4) arbeitet auf eigene Rechnung u. Gefahr, der Handwerker auf eigene Rechnung u. fremde Gefahr, der Heimarbeiter sowie der von ihm durch die persönliche Selbständigkeit unterschiedene Hausgewerbetreibende auf fremde Rechnung u. Gefahr. (Begriff. VT. § 162; Schutz § 315 Abs. 4, Krankenversicherung § 318 Abs. 1 u. 3, Unfallvers. § 319[1] Abs. 1, Invalidenvers. § 320 Anm. 3 d. W. — In der engsten Bedeutung beschränkt das Handwerk sich auf die Herstellung von Stoffen u. Gegenständen des Gebrauchs, im weiteren Sinne umfaßt es auch Gegenstände der Verzehrung (Bäcker, Fleischer, Müller, Brauer), im weitesten erstreckt es sich auf Kleinbetriebe, mit denen eine Herstellung überhaupt nicht verbunden ist (Barbiere, Schornsteinfeger, Musiker). Einzelmerkmale des Handwerks sind die Mitarbeit des Unternehmers u. die Beschäftigung von Lehrlingen (§ 369 Abs. 2). Fabrik u. Handwerk v. Plotke (Berl. 03). Organisation des Handwerks § 368, 369.

[2]) § 311 Anm. 3 d. W.

tungen in dem **Kunstgewerbe** ihren natürlichen Vereinigungspunkt. Der Sinn für kunstgemäße Herstellung der gewerblichen Erzeugnisse war in Deutschland unter dem einseitigen Streben nach billiger Massenherstellung nahezu verschwunden. Die geringere Wohlhabenheit und größere Bedürfnislosigkeit der Bevölkerung begünstigte diese Entwickelung, während in England die Gediegenheit und in Frankreich die Eleganz nie ganz verloren gegangen war. Die einzige gewerbliche Kunst- und Musteranstalt bildete früher in Preußen die seit 1763 auf Staatsrechnung betriebene **Porzellanmanufaktur**, jetzt in Charlottenburg. — In neuerer Zeit ist ein Umschwung eingetreten. Die Überzeugung, daß auch bei geringem Aufwand an Stoff und Arbeitskraft eine geschmackvolle Herstellung den Gegenständen einen höheren Wert verleiht, bricht sich mehr und mehr Bahn und findet auch beim Staate ihre Förderung. — Zur Pflege des Kunstgewerbes bestehen das **Kunstgewerbemuseum** in Berlin und die seit 1843 bestehende, neuerdings auf den Staat übergegangene Anstalt für Glasmalerei in Charlottenburg.[3])

In der **Geschichte** entwickelte sich das Gewerbe erst bei dichterem Zusammenwohnen der Bevölkerung in Verbindung mit der Geldwirtschaft, sein Großbetrieb erst mit der Kreditwirtschaft (§ 2 II Abs. 2). Es entstand zuerst in den Städten, und hier rief das Bedürfnis des Schutzes schon während des Mittelalters Vereinigungen der Gewerbetreibenden mit eigener ständischer Gesetzgebung und Verwaltung hervor. Diese als Gilden, später als **Zünfte** und **Innungen**[4]) bezeichneten Verbindungen erlangten wichtige Vorrechte und wurden zu bedeutsamen Gliedern der städtischen Verfassungen. Sie trugen wesentlich zur Hebung der Gewerbe bei, wußten aber gleichzeitig ihre Macht im eigenen Interesse zu verwerten, indem sie ihre Privilegien durch Verbietungsrechte und starre Abschließung nutzbar machten. — Diese Ausartung, die im 17. Jahrhundert ihren Höhepunkt erreicht hatte, führte im 18. zum Eingreifen der Staatsgewalt und leitete damit in das polizeiliche Konzessionswesen über. — Der Gewerbebetrieb sah sich somit zu Anfang des vorigen Jahrhunderts sowohl durch die Zunftbeschränkungen, denen noch zahlreiche Realberechtigungen, Zwangs- und Bannrechte[5]) hinzutraten, als durch weitgehende Polizeivorschriften eingeengt. Beide Hindernisse sind durch die Stein-Hardenbergsche Gesetzgebung fortgeräumt. Die Gewerbefreiheit bildet nur ein Glied in der Kette der Befreiungen, die diese Gesetzgebung der Erwerbs-

---

[3]) Schutz § 308 Abs. 2, Kunstgewerbeschulen § 364 Abs. 6[4] d. W.

[4]) Die Bezeichnung „Zünfte" wird jetzt vorzugsweise von den ehemaligen mit Zwangsbefugnissen ausgestatteten Vereinigungen im Gegensatz zu den heutigen Innungen gebraucht.

[5]) **Zwangsrecht** ist die Befugnis, dem Verpflichteten die Anschaffung oder Zubereitung bestimmter Bedürfnisse bei anderen als dem Berechtigten zu untersagen. Zum **Bannrecht** wird dieses Recht, wenn es sich auf die Einwohner eines ganzen Bezirks oder bestimmter Klassen derselben erstreckt.

tätigkeit durch Abstreifung hinderlicher Fesseln und Beseitigung abgestorbener Formen gebracht hat (§ 310 Abs. 1). Die Beschränkung des Gewerbebetriebes auf die Städte oder auf gewisse Personen und Stände, sowie alle Vorzugs- und Ausschließungsrechte wurden grundsätzlich beseitigt und nur die im öffentlichen Interesse unerläßlichen Einschränkungen beibehalten.[6]) Inzwischen hatte sich das Staatsgebiet erweitert und in diesem wurden diese Grundsätze durch die preußische Gewerbeordnung[7]) zur Durchführung gebracht, der ähnliche Gesetze in den übrigen deutschen Staaten gefolgt sind. Die Gewerbefreiheit erfuhr später in Preußen einige Einschränkungen, insbesondere durch Einführung der Handwerkerprüfungen (1849). — Mit Unterstellung des Gewerbewesens unter die Aufsicht und Gesetzgebung des Reichs gelangte der Grundsatz der gewerblichen Gleichberechtigung aller Reichsangehörigen im ganzen Reiche zur Anerkennung.[8])

Seit Entstehung des Reichs hat die deutsche Industrie einen gewaltigen Aufschwung genommen, der auf die wirksamere Vertretung im Auslande (§ 85 Abs. 1), die größere, durch Heer und Kriegsflotte gebotene Sicherheit (§ 90 Abs. 1 u. § 116 Abs. 1), den Schutzzoll (§ 161 Abs. 5 u. 9) und die Erleichterung des Verkehrs im Inlande und nach dem Auslande (Nr. IX, insbes. §§ 377 Abs. 2, 379 Abs. 1, 385 Abs. 2 und 389) zurückzuführen ist. Die Folge zeigt sich in einer erheblichen Zunahme der Ausfuhr, an der namentlich die Maschinenherstellung, die Gewebeindustrie (§ 162 Abs. 2[3]), die chemische und elektrotechnische Industrie und die Zuckerherstellung (§ 168 Abs. 1) beteiligt sind.[9])

2. Verwaltung des Gewerbewesens; gewerbliche Vereine und Unterrichtsanstalten.

§ 364.

Die Verwaltung des Gewerbewesens wird an oberster Stelle im Reiche durch das Reichsamt des Innern[1]) und in Preußen durch den Minister für Handel und Gewerbe (§ 52) mit der Maßgabe wahrgenommen, daß ein Teil der Gewerbepolizei vom Minister des Innern (§ 48 Abs. 1) und ein Teil des technischen Unterrichtswesens vom Kultusminister (§ 49 Abs. 1) verwaltet wird. Zur technischen Beratung des Ministers für Handel und Gewerbe und zur Beaufsichtigung der der Gewerbebeförderung dienenden, insbesondere der technischen Unterrichtsanstalten, besteht als kollegiale Behörde das Landesgewerbeamt. Neben

[6]) Ed. 2. Nov. 10 (GS. 79) und 7. Sept. 11 (GS. 263).

[7]) Pr. GewO. 17. Jan. 45 (GS. 41).

[8]) RVerf. Art. 3 u. 4[1]; FreizG. 1. Nov. 67 (BGBl. 55) § 1. — § 365 d. W.

[9]) In der Höhe der Aus- u. Einfuhr wird Deutschland nur von Großbritannien übertroffen; als dritte Macht folgen die V. Staaten v. Amerika.

[1]) § 20 Abs. 2[3] d. W. — Dem Reiche steht die Oberaufsicht u. Gesetzgebung zu; die Ausführung u. die Förderung der Gewerbe ist Sache der Einzelstaaten geblieben.

ihm steht ein ständiger **Beirat** von Sachverständigen der verschiedenen Fachkreise, der zur Begutachtung grundsätzlich bedeutsamer Fragen in bestimmten Zeiträumen zusammentritt.[2])

In den übrigen Instanzen sind die allgemeinen Gerichts- und Verwaltungsbehörden zuständig. Neben ihnen bestehen als besondere Behörden die Gewerbegerichte und die Gewerbeinspektionen.

Die **Gewerbegerichte** sollen für die auf das Arbeitsverhältnis bezüglichen gewerblichen Streitigkeiten eine vereinfachte, billigere, beschleunigte und das Vertrauen der Beteiligten genießende Rechtspflege schaffen.[3]) Sie können für eine oder mehrere Gemeinden oder für weitere Kommunalverbände errichtet, aber auch auf bestimmte Arten von Betrieben oder Teile eines Gemeindebezirks beschränkt werden. Die Errichtung erfolgt durch die Gemeinden oder größeren Kommunalverbände durch Statut; sie kann aber auch auf Antrag der Beteiligten durch die Landeszentralbehörde angeordnet werden; in Gemeinden mit mehr als 20000 Einwohnern muß sie erfolgen. Das Gewerbegericht besteht aus einem Vorsitzenden, der weder Arbeitgeber noch Arbeiter sein darf, und aus mindestens vier, zur Hälfte aus den Arbeitgebern und zur Hälfte aus den Arbeitern gewählten Beisitzern.[4]) Das Verfahren ist dem amtsgerichtlichen (§ 199 Abs. 4) nachgebildet, der Einigungsversuch kann jedoch in jeder Lage des Verfahrens erneuert werden, auch sind gewerbsmäßige Vertreter, insbesondere Rechtsanwälte ausgeschlossen. Bei Wertbeträgen über 100 M. ist die Berufung an das Landgericht zulässig.[5]) Daneben hat das Gewerbegericht bei Streitigkeiten zwischen Arbeitgebern und Arbeitern über Fortsetzung oder Wiederaufnahme des Arbeitsverhältnisses auf Anrufen beider Teile als Einigungsamt zu entscheiden und über gewerbliche Fragen Gutachten abzugeben und Anträge zu stellen. Der Vorsitzende hat auf die Anrufung möglichst hinzuwirken und kann,

---

[2]) V. 20. März 05 (GS. 173); Ausf. Anw. 3. April 05 (HMB. 83). — Für Veröffentlichungen erscheint seit 1. April 01 das MinBl. der Handels- u. Gewerbeverwaltung.

[3]) G. (29. Juli 90, erg. G. 30. Juni 01 RGB. 249 u. gem. dessen Art. 3 unter Änderung der Paragraphen) neu veröffentlicht 01 (RGB. 353), Bearb. v. Mugdan-Cuno (7. Aufl. Berl. 11). — 1911 bestanden in Preußen 255 kommunale, 10 Königliche (Anm. 15) und 5 Berggewerbegerichte (GG. § 82). — Zuständige Behörden (§ 88) in Preußen Vf. 23. Sept. 90 (MB. 206) u. 99 (RAnz. Nr. 13); die dienstliche Aufsicht führt der Regierungspräsident, in Landgemeinden, Ämtern u. Bürgermeistereien der Landrat Vf. 18. Aug. 98 (MB. 188) u. 30. Mai 99 (MB. 00 S. 93); Binnenschiffer § 380 Anm 11. — Soweit die ordentlichen Gerichte eintreten, finden die § 261 Anm. 2 d. W. angeführten Bestimmungen Anwendung.

[4]) GG. § 1—25 und 81—87 (§ 4 Abs. 1⁵ fortfallend EG. BO. Art. 101), insbes. Anwendung auf Haus- u. Heimarbeiter § 5. Musterstatut Vf. 23. Dez 01 (HMB. 02 S. 10 u. 46). — Siegel Vf. 1. August 91 (MB. 134).

[5]) Das. § 26—61. Rechtshilfe § 61, Kosten § 58—60 u. Gerichtskosten G. 99 (GS. 326) § 120 Abs. 2. Vollstreckung von Haftstrafen Vf. 14. Feb. 98 (MB. 42). Vergleiche sind stempelfrei G. 31. Juli 95 (GS. 413) Tarif Nr. 67 Abs. 2. Geschäftliche Behandlung der Rechtsmittel Vf. 11. April 92 (JMB. 146). Aufbewahrung u. Vernichtung der Akten Vf. 8. Jan. 02 (HMB. 36).

wenn diese auch nur von einem Teile erfolgt, die Beteiligten bei 100 M. Geldstrafe vorladen und vernehmen.[6]) — In Ermangelung eines Gewerbegerichts kann bei einzelnen dieser Streitigkeiten jede Partei eine vorläufige Entscheidung des Gemeindevorstehers nachsuchen, die rechtskräftig wird, wenn nicht binnen 10 Tagen Klage beim Amtsgericht erhoben wird.[7]) Auf die Rheinprovinz sind diese Vorschriften mit einigen Maßgaben anwendbar.[8])

Die Gewerbeinspektion, welche die besondere Aufsicht über die Einrichtungen des gewerblichen Betriebes, die Sonntagsarbeit, die Arbeitsordnungen und die Beschäftigung der jugendlichen und weiblichen Arbeiter (§ 315 Abs. 3) zu führen und somit sowohl polizeiliche als sozialpolitische Aufgaben zu erfüllen hat, wird von den bei den Regierungspräsidenten mit dem Titel „Regierungs- und Gewerberat" und mit dem Range der 4. Klasse angestellten gewerbetechnischen Räten wahrgenommen. Zu ihrer Unterstützung und Vertretung oder zur Aufsichtführung für bestimmte Bezirke sind Gewerbeinspektoren mit dem Range der 5. Klasse — bei Verleihung des Charakters als Gewerberat der 4. — angestellt.[9])

Ihre Vertretung finden die größeren Gewerbetreibenden in den Handelskammern (§ 372 Abs. 3) und die Handwerker in den Innungen und Handwerkskammern (§ 368 Abs. 3). Der Staat fördert und unterstützt daneben die freiwilligen gewerblichen Vereine, die für einzelne Zweige des Gewerbebetriebs oder für bestimmte Orte und Bezirke bestehen und mehrfach in Zentral- und Zweigvereine gegliedert sind.[10]) Auch im Gewerbe

---

[6]) GG. (Anm. 3) § 62—75.

[7]) Das. § 76—80.

[8]) Das. § 85 u. pr. G. 11. Juli 91 (GS. 311).

[9]) GewO. § 139b (mit Änderung G. 28. Dez. 08 RGB. 667 Art. 1 III) und 149[7], AE. 27. April 91 (GS. 165) u. 27. Jan. 98 (GS. 5) IV, Anw. 1. Mai 04 (MB. 201) Nr. 253—258, geänd. § 362 Anm. 1. Vorbildungs- und Prüfungs-O. nebst Anw. 7. Sept. 97 (MB. 98 S. 29 u. 32), geänd. Bf. 20. Juni u. 17. Okt. 10 (HMB. 273 u. 533). — Neuerdings sind einige weibliche Personen in der Gewerbeaufsicht beschäftigt; in den süddeutschen Staaten sind auch Assistenten aus dem Arbeiterstande angestellt. — Die Aspiranten heißen Gewerbereferendare, die Assistenten Gewerbeassessoren AE. 20. Jan. 04 (HMB. 23). — Uniform § 70 Anm. 48 d. W. — Dienstanw. 23. März 92 (MB. 160), erg. (§ 8) Bf. 17. Juni 04 (HMB. 348). Die Gewerbeaufsicht erstreckt sich auf das Handwerk, aber nicht auf regelmäßig mit selbsterzeugten Rohstoffen arbeitende landwirtschaftl. Nebenbetriebe Bf. 23. Okt. u. 14. Nov. 94 (MB. 208 und 218) u. die Anlagen der Staatsbahnverw. § 366 Anm. 5 d. W. — Die Gewerbeaufsicht im Bergbau handhaben die Revierbeamten § 334 d. W. In Reichs- und Staatsbetrieben kann sie den vorgesetzten Dienstbehörden übertragen werden GewO. § 155 Abs. 3. Dieses ist geschehen für die Reichsdruckerei, die Münzanstalten u. die Eisenbahnverwaltung Bek. 25. Mai 92 (MB. 230), für die Heeresverwaltung daselbst u. 16. Mai 98 (MB. 125) u. für die Hütten im Ob.bergamtsbez. Klausthal 2. April 91 (MB. 159). Aufsicht über Dampfkessel § 366 Anm. 8 d. W. Anleitung zu Jahresberichten HMB. 10 S. 353; amtliche Mitteilungen aus diesen erscheinen seit 1876 alljährlich (Verl. bei Bruer). — Übersicht der Stellen am 1. Juni 13 HMB. 381.

[10]) Die Vereine im Reiche haben sich 1892 zu einem Verbande deutscher Gewerbevereine zusammengeschlossen. — Für hervorragende Verdienste im Gewerbe wird eine größere Medaille aus Gold

hat die Bildung von *Genossenschaften* (§ 331) Bedeutung gewonnen. Diese sollen durch Nutzbarmachung aller technischen und wirtschaftlichen Vorteile der Neuzeit den Wettbewerb der kleineren Betriebe, insbesondere des Handwerks mit den Großbetrieben erleichtern.[11])

Im *gewerblichen Unterricht* wird die wissenschaftliche Ausbildung auf den *technischen Hochschulen* (§ 307 Abs. 4) gewonnen, während zur Ausbildung für die praktische Tätigkeit die *gewerblichen Fachschulen*[12]) bestimmt sind. Sie werden teils vom Staat, teils unter staatlicher Beihilfe von öffentlichen Verbänden unterhalten. Aufsichtsbehörde ist der Regierungspräsident; bei allen Anstalten bestehen ferner Kuratorien (Schulvorstände).[13]) Im einzelnen kommen folgende Anstalten in Betracht:

1. In den *Baugewerkschulen* werden Baugewerksmeister und Bauunternehmer und die mittleren technischen Beamten ausgebildet. Sie gliedern sich in Hoch- und Tiefbauabteilungen.[14])
2. Die *Maschinenbauschulen* zerfallen in höhere und niedere. In ersteren werden Fabrikanten und mittlere technische Bureau- und Betriebsbeamte, in den letzteren Werkmeister, niedere Bureaubeamte und kleinere Be-

---

oder Silber, für Verdienste in gewerblichen Leistungen eine kleinere aus Silber oder Bronze verliehen Vf. 31. Aug. 50 (MB. 280). — Verhütung von Mißständen bei Ausstellungen Vf. 5. April 04. (MB. 136).

[11]) *Die gewerblichen Genossenschaften* bezwecken den Großbezug, Großbetrieb u. Großabsatz u. zerfallen in Rohstoff-, Werk-, Magazin- und Produktivgenossenschaften. Die *Rohstoffgenossenschaften* sollen den billigeren und besseren Bezug der nötigen Rohstoffe ermöglichen und größere Lager von solchen entbehrlich machen. Die *Werkgenossenschaften* bezwecken die Beschaffung u. Erhaltung von Maschinen, insbesondere — da Kraftmaschinen bei Gas- u. Elektrizitätsbetrieb auch für den Kleinbetrieb möglich sind — von Arbeitsmaschinen. Die *Magazingenossenschaften*, die gemeinsame Verkaufsstellen schaffen sollen, werden, wenn damit Rohstoffgeschäfte u. die Entgegennahme u. Vermittlung von Bestellungen verbunden wird, zu *Produktivgenossenschaften*. — Grundsätze bei Gründung im Handverk. Vf. 25. Juni 02 (HMB. 262). — Teilnahme an den Handelskammern § 372 Abs. 3 d. W. — Zahl § 331 Anm. 6.

[12]) Sonstige Fachschulen § 302 Anm. 14, Fortbildungsschulen § 314 Abs. 5.

[13]) Anträge auf Staatsbeihilfen zu Innungsfachschulen Vf. 21. März 12 (HMB. 145), staatliche Stipendien zum Besuch 12. Febr. 01 (MB. 86). Gewerbeschulräte bei den Regierungen § 57 Anm. 13 d. W., Kuratorien Vf. 24. April 13 (HMB. 348), Gesch.Anw. für diese 17. Jan., Anstellung, Besoldung und Pensionierung der Lehrer und Beamten Vf. 1. Febr., Postgiroverkehr Vf. 8. April 02 (HMB. 48, 74 u. 150). Eigenschaft der Lehrer als Staatsbeamte § 314 Anm. 11 d. W. Ausbildung der Gewerbeschullehrerinnen Vf. 23. Jan., Grundsätze für den Zeichenunterricht 28. Jan. und (Lehrpläne) 7. Sept. 07 (das. 14, 33 u. 327), PrüfO. 8. Sept. 09 (das. 897). Prüfung der Lehrer für gewerbliche Privatschulen Vf. 28. März 12 (HMB. 175). Statistik HMB. 13 S. 297.

[14]) Einrichtung und Betrieb Vorschr. 1. Juni 08 (HMB. 247), Prüfungszeugnisformulare Vf. 17. März 09 (das. 169). Baugewerkschulen bestehen in Königsberg, Deutsch-Krone, Neukölln, Frankfurt a. O. Stettin, Posen, Görlitz, Breslau, Kattowitz, Magdeburg, Erfurt, Eckernförde, Rendsburg (Tiefbauschule) Hildesheim, Nienburg, Buxtehude, Münster, Höxter, Kassel, Idstein, Frankfurt a. M., Essen, Köln, Barmen und Aachen. Alle sind Staatsanstalten. Berlin besitzt eine kommunale Baugewerkschule.

sitzer ausgebildet. Einige Schulen sind vereinigte höhere und niedere. Daneben bestehen Schulen für einzelne Zweige der Metall-, insbesondere der Stahl-, Eisen- und Bronzeindustrie.[15])

3. Die Webe-(Textil-)schulen sind gleichfalls höhere und niedere. Erstere sind für Fabrikanten, Direktoren und Musterzeichner, letztere für Werkmeister bestimmt. Die Anstalten gliedern sich weiter nach den vorzugsweise berücksichtigten Stoffen (Wolle, Baumwolle, Seide, Leinen).[16])
4. Einen allgemeineren Charakter tragen die Handwerker-, Gewerbe- und Kunstgewerbeschulen, die in der Regel der Ausbildung verschiedener Berufe dienen. In ihnen findet das Kunstgewerbe (§ 363 Abs. 2) und das Zeichnen besondere Pflege.[17])
5. Die Handels- und Gewerbeschulen für Mädchen sind meist mit Haushaltungsunterricht verbunden.[18])

3. Gewerbebetrieb.

a) Gemeinsame Bestimmungen.

§ 365.

Die Reichsgewerbeordnung hat das Gewerbewesen umfassend geregelt.[1]) Ausgeschlossen blieben hierbei neben den dem Gewerbe i. e. S.

[15]) Einrichtung Vf. 26. Juli 10 (HMB. 408 u. 411). In einigen Schulen wird zugleich Hüttenwesen, in anderen Schiffbau gelehrt.

[16]) Rang u. Titel der Oberlehrer an den höheren Webeschulen AE. 27. Jan. 06 (GS. 174), Nr. II—VII. — In Schlesien findet sich eine Anzahl staatlicher Stick- und vom Staate unterstützter Spitzennähschulen.

[17]) Sonderanstalten bilden die staatlichen Fachschulen für Töpferei (Keramik) in Bunzlau u. Höhr (Kreis Montabaur). — Rang und Titel der Oberlehrer an den kunstgewerblichen Fachschulen wie Anm. 16. — Unter dem Kultusminister stehende Kunstschulen in Berlin u. Breslau § 309 Abs. 5.

[18]) Staatliche Musteranstalten in Potsdam, Posen u. Rheydt. Ausbildung der Gewerbeschullehrerinnen Vorschr. 23. Jan. 07 (HMB. 14), erg. 29. Juni 13 (das. 470), PrüfungsO. 09 (das. 397), Probejahr Best. 11 (das. 159 u. 448), Besoldung 17. Feb. 12 (das. 63). Errichtung der Schulen durch Gemeinden Vf. 18. April 10 (das. 140) u. Private 23. Nov. 11 (das. 426). — Haushaltungsunterricht § 337 Anm. 11 d. W.

[1]) RGewO. 21. Juni 69, ergänzt, insbes. durch G. 17. Juli 78 RGB. 199, 23. Juli 79 das. 267, 18. Juli 81 das. 233, 1. Juli 83 das. 159, 1. Juni 91 das. 261, 6. Aug. 96 das. 685, 26. Juli 97 das. 663, EG. z. BGB. Art. 36 u. z. HGB. Art. 9, durch G. 30. Juni 00 RGB. 321 u. gem. Art. 17 des letzteren durch Bek. 00) in neuer Fassung veröffentlicht 00 RGB. 871, weiter ergänzt G. 30. Mai 08 (§ 368 Anm. 8, § 369 Anm. 5, 6) und 28. Dez. 08 (§ 315 Anm. 12, 13). — Einf. in Südhessen RVerf. 15. Nov. 70 (BGBl. 627) Art. 80 II, Baden u. Württemberg G. 10. Nov. 71 (RGB. 392) und in Bayern nach Maßgabe der Gesetze 12. Juni 72 (RGB. 170) § 1 u. 23. Juli 79 (RGB. 267) Art. 3 Abs. 2, in Elsaß-Lothringen nach Maßgabe des G. 27. Feb. u. Bek. 24. Dez. 88 (RGB. 57 u. 300), V. 22. Dez. 88 (GB. 101) u. 18. Jan. 97 (das. 3). — AusfAnw. 1. Mai 04 (MB. 201), geänd. (Nr. 3, 218, 220, 223—258, 274) Vf. 25. Nov. 09 (HMB. 511), (Nr. 6) 20. März 12 (das. 92), (Nr. 63) 13. Dez. 13 (das. 635). — Bearbeitet von Berger (18. Aufl. v. Flesch, Berl. 10), Neukamp, der von der landesgesetzlichen Ausgestaltung absieht (10. Aufl. Tüb. 12), (kleiner) Hoffmann (14. u. 15. Aufl. Berl. 13, v. Rohrscheidt (2. Aufl. Berl. 12), Lindenberg (Berl. 13), Landmann (6. Aufl. 2 Bde. Münch. 11/12). — System v. Nelken, d. Gewerberecht 1. Bd. (Berl. 06).

nicht zuzuzählenden Betrieben der Urerzeugung (Bergwesen, Landwirtschaft, Viehzucht, Fischerei) und — abgesehen von Schauspielunternehmern (§ 363 II 2) — den künstlerischen oder wissenschaftlichen Berufsarten (Rechtsanwaltschaft, Notariat, Heilkunde, Unterrichtswesen) auch einzelne gewerbliche Betriebe, wie die Erziehung von Kindern gegen Entgelt (§ 241 Abs. 3), die Auswanderungs-, Versicherungs- und Eisenbahnunternehmungen, der Betrieb der öffentlichen Fähren und der Seeschiffahrt, die Errichtung und Verlegung von Apotheken, der Verkauf von Arzneimitteln (§ 267) und der Vertrieb von Lotterielosen (§ 258 Abs. 1); einzelne Bestimmungen der GewO. gelten jedoch für die Heilkunde (§ 265—267 u. 357 Abs. 1) und das Bergwesen (§ 335). Die ausgeschlossenen Gebiete unterliegen — soweit dafür nicht besondere Reichsgesetze erlassen sind (Auswanderungswesen § 11, Rechtsanwaltschaft § 193, Notariat § 194, Versicherungswesen § 323 Abs. 6) — der Landesgesetzgebung. Die GewO. beschränkt sich ferner im wesentlichen auf die Frage der Zulassung zum Gewerbe, wogegen sie mit einzelnen Ausnahmen die Ordnung des Betriebes gleichfalls der Landesgesetzgebung belassen hat. Auf den Betrieb finden demgemäß neben den reichsgesetzlichen Einschränkungen der Zoll-, Steuer- und Postgesetze die allgemeinen landesgesetzlichen Vorschriften der Bau-, Feuer-, Gesundheits-, Sicherheits- und Sittenpolizei fortdauernd Anwendung.[2]) — Endlich werden einzelne Gegenstände der örtlichen Regelung durch Ortstatut überwiesen.[3])

Die GewO. hat den Grundsatz der Gewerbefreiheit zur ausgedehntesten Anwendung gebracht, und diese Grundlage ist ihr erhalten geblieben, wenngleich inzwischen die Macht der tatsächlichen Verhältnisse zahlreiche Einschränkungen herbeigeführt hat,[1]) die dem Staate — entsprechend seinen erweiterten sozialen Aufgaben (§ 310 Abs. 1) — eine vermehrte Einwirkung auf den Gewerbebetrieb zuwiesen. Zur Durchführung der gewerblichen Freiheit hat die GewO. den Unterschied zwischen Stadt und Land bezüglich des Gewerbebetriebes, das Verbot des gleichzeitigen Betriebes verschiedener Gewerbe und den Zunftzwang samt der Prüfungspflicht der Handwerker beseitigt, die ausschließlichen Gewerbeberechtigungen, die Zwangs- und Bannrechte, die Berechtigungen zur Konzessionserteilung oder Abgabenauferlegung aufgehoben oder für ablösbar erklärt, auch die Wiedereinführung dieser Rechte ausgeschlossen.[4]) Weiter hat sie den

[2]) OV. (XVIII 302). — Strafe der Zuwiderhandlung Gewerbetreibender gegen ihre Berufspflichten GewO. § 144, StGB. § 222, 230, 232, 290, 266 3, 367 3—7, 9, 15 u. 369.

[3]) GewO. § 142 nebst Anw. Nr. 272 u. ZustG. § 122.

[4]) GewO. § 2—4, 7—10 u. ZustG. § 133. — Die Aufhebung u. Ablösung erfolgte in Preußen f. d. älter. Provinzen, durch G. 17. Jan. 45 (GS. 79), für die neuen durch G. 17. März 68 (GS. 249), dazu ZustG. § 133, ferner für die (nach GewO. § 7 2 ausgeschlossenen) Abdeckereiberechtigungen V. 31. Mai 58 (GS. 333) u. 17. Dez. 72 (GS. 717). Diese sind durch die Verpflichtung zur unschädlichen Beseitigung der Tierkadaver (§ 358 Abs. 3) eingeschränkt worden.

Betrieb des Gewerbes einem jeden insoweit gestattet, als nicht die allgemeinen Beschränkungen der Zoll-, Steuer- und Postgesetze oder die in bestimmten Fällen zum Schutz der einzelnen gegen Gefahren und Nachteile erlassenen Vorschriften Ausnahmen notwendig machen.[5]) Diese Berechtigung zum freien Gewerbebetrieb kann nur, insoweit die Reichsgesetze oder bestehende Steuergesetze es zulassen, entzogen werden.[6]) Auch eine Beschränkung durch polizeiliche Taxen ist nur unter bestimmten Voraussetzungen zulässig.[7])

b) Der stehende Gewerbebetrieb.[1])

§ 366.

Der Beginn jedes selbständigen stehenden Gewerbes ist unter Angabe des Betriebsortes der Gemeindebehörde anzuzeigen und kann, soweit er Genehmigung erfordert und ohne solche stattfindet, polizeilich verhindert werden.[2])

Die Genehmigung[3]) erscheint teils von der Lage und Beschaffenheit der Betriebsstätte (gewerblichen Anlage), teils von der persönlichen Befähigung oder Zuverlässigkeit des Gewerbetreibenden abhängig. Bei ersterer — der Sachkonzession — kommt weniger der Betrieb als die Ein-

---

[5]) GewO. § 1 u. 5; § 366 Anm. 3. — Frauen § 11 u. 11a; juristische Personen des Auslandes § 12 Abs. 1 und G. 22. Juni 61 (GS. 441) § 18. Auf besonderer Dienstverpflichtung beruht die Einschränkung der Soldaten (§ 101 Abs. 3 d. W.) u. Beamten (§ 23 Abs. 1 u. § 65 Abs. 2 das.). Einfluß des Gewerbebetriebes auf das Bürgerrecht § 82 Anm. 8.

[6]) GewO. § 53; Preßgewerbe § 247 Abs. 2 d. W. — Untersagung des einzelnen Betriebes § 366 I 1 u. II 3 d. W., Zurücknahme der Erlaubnis GewO. § 53 u. 54.

[7]) GewO. § 72 nebst Anm. 28—30; Stellenvermittler § 366 II 2 Abs. 4 u. (Ärzte) § 265 Anm. 8, (Hebammen) § 266 Abs. 2 (Apotheker) § 267 Abs. 3 d. W. Die Vorschrift, daß Bäcker, Backwarenverkäufer u. Gastwirte zur Veröffentlichung der von ihnen selbst festzusetzenden Preise angehalten werden können GewO. § 73—75, 79 u (Strafe) 148[8], hat nur geringe praktische Bedeutung erlangt; die Regelung erfolgt durch Polizeiverordnung OV. (XVI 292).

[1]) Als stehend gilt im allgemeinen der Gewerbebetrieb am Ort der gewerblichen Niederlassung. Dieser Begriff ist erweitert für Geschäftsreisende (§ 366 a. E.), bei Bestellung u. für gewisse kleinere Betriebe (§ 367 Abs. 1), u. den Marktverkehr (§ 374 Abs. 1), andererseits eingeengt durch die Beschränkungen in § 42a u. b der GewO. (Anm. 33).

[2]) GewO. § 14 Abs. 1 u. § 15 Abs. 1. Anw. Nr. 7; Strafe GewO. § 148[1]. — Besondere Pflicht zur Anzeige bei der Ortspolizeibehörde (§ 14 Abs. 2, § 15 Abs. 2 u. Anw. Nr. 5, 8) für die unter II 3 bezeichneten Betriebe GewO. § 35 Abs. 6 u. Anw. Nr. 10, für Feuerversicherungsagenten § 324 Anm. 2 d. W., für Verfertiger und Verkäufer von Büchern u. Druckschriften § 247 Abs. 4. — Die Anmeldung dient gleichzeitig dem Zweck der Gewerbesteuer § 146 Anm. 8. — An Ladengeschäften u. Gast- u. Schankwirtschaften ist Vor- u. Zuname u. die etwaige Handelsfirma anzubringen GewO. § 15a u. (Strafe) 148[14].

[3]) Die Genehmigung (Konzession), die von persönlichen oder örtlichen Voraussetzungen (vereinzelt auch von dem Bedürfnis) abhängig ist, erstrebt den Schutz auf polizeilichem Wege, während die Einschränkungen im wirtschaftlichen Interesse (Hausierhandel § 367 Abs. 2, Wanderlager das. Abs. 3 u. Warenhäuser oder Bazare § 80 Abs. 5) vorwiegend durch die Besteuerung zu wirken suchen.

richtung der Anlage in Betracht, während bei den Personalkonzessionen der Betrieb und mit diesem die Persönlichkeit des Gewerbetreibenden in den Vordergrund rückt.

I. Für **gewerbliche Anlagen** bestehen folgende Einschränkungen:

1. **Gewisse Anlagen, die erhebliche Nachteile, Gefahren und Belästigungen für die Nachbarn oder das Publikum mit sich bringen, sind erst nach polizeilicher Prüfung und auf Grund eines Verfahrens zuzulassen, in dem über die Einwendungen der Beteiligten verhandelt und entschieden wird.**[4]) Zuständig sind in der Regel die Kreis- oder Stadtausschüsse, in einigen Fällen die Bezirksausschüsse. Die Beschwerde geht an den Handelsminister.[5]) — Die Genehmigung gewährt diesen

[4]) GewO. § 16, verb. § 23 Abs. 3. — Fisch- u. Geflügelschlächtereien gehören nicht zu den genehmungspflichtigen Schlächtereien OV. (XXXII 282). Einrichtung u. Betrieb Vf. 30. April 02 (HMB. 203 u. 244). Einrichtungen zur Sicherung der Arbeiter § 315 Anm. 11 d. W. — Verfahren Gew.O § 17—22 u. Anw. Nr. 11—33, erg. Vf. 20. Mai 09 (LMB. 214, HMB. 273) u. 24. Mai 10 (das. 263); Stempel § 155 Anm. 8 d. W. — Frist der Ausführung GwO. § 49, 50 u. (Strafe u. Fortschaffung) 147 [2] u. Abs. 3 nebst Anw. Nr. 9, verb. GewO. § 145a. — Die Genehmigung gilt, solange keine Änderung der Betriebsstätte erfolgt § 25; auch Privatrechte (BGB. § 906, 907, 903 u. 1004) können ihr gegenüber nicht mit dem Ziele auf Einstellung des Betriebes, sondern nur auf Schutzvorrichtungen u. Schadloshaltung geltend gemacht werden GewO. § 26 u. EG. z. BGB. Art. 125. — Die Genehmigung umfaßt zugleich die Bauerlaubnis Vf. 22. Feb. 06 (MB. 52); sicherheits-, bau- u. feuerpolizeiliche Rücksichten § 249, 275 u. 276 d. W.; Verhütung von Rauchentwicklung Vf. 5. Feb. 01 (MB. 88). Technische Anleitung für die einzelnen Betriebe (Anw. Nr. 25) 15. Mai 95 (MB. 196), erg. Vf. 9. Jan. 96 (MB. 9), Bek. 16. März u. 1. Juli 98 (MB. 98 u. 187); Fabriken f. Ammoniaksalpeter-Sprengstoffe Anl. zu Vorschr. 4. Aug. 11 (HMB. 316); Fabriken zur Herstellung von Nitro- u. Amidoverbindungen Vf. 21. Okt. 11 (das. 404); PolV. für Lagerung von Karbid und Azetylenfabriken nebst Ausf.Best. Vf. 1. April 13 (HMB. 251), für den Verkehr mit verflüssigten u. verdichteten Gasen 4. April 13 (das. 285), Kosten Anm. 5; unter Verwendung von weißem oder gelbem Phosphor dürfen v. 1907 ab Zündwaren wegen der damit verbundenen Vergiftungsgefahr weder hergestellt und gehandelt, noch aus dem Auslande eingeführt werden G. 10. Mai 03 (RGB. 217), zwischenstaatliches Abkommen 26. Sept. 06 (RGB. 11 S. 17, 23, 207; 12 S. 165) Besteuerung § 170 Abs. 2 d. W. Besondere Vorschriften gelten daneben für Schlachthäuser (§ 273 Abs. 2) für Abdeckereien (§ 358 Anm. 17), u. für Stauanlagen von Wassertriebwerken (§ 346 Abs. 6 d. W.). Für diese sind bei Bergwerken u. Aufbereitungsanstalten zugleich die Oberbergämter zuständig BergG. 24. Juni 65 (GS. 705) § 59, ZustG. § 110 Abs. 2 (Fassung des G. 7. April 13 (GS. 53 § 386 [2]) u. Anw. Nr. 6, 11 Abs. 3 u. 24. — Landesrechtlich können aus gesundheits- oder verkehrspolizeilichen Rücksichten gewisse Anlagen von bestimmten Ortsteilen ausgeschlossen werden; ungültig sind jedoch Polizeiverordnungen, nach denen daselbst überhaupt keine gewerblichen Anlagen hergestellt oder betrieben werden dürfen, GewO. § 23 Abs. 3, OV. (XLI 322).

[5]) ZustG. § 109, 110, 113, erg. V. 13. Aug. 84 (GS. 323), 11. Mai 85 (GS. 277), 16. Sept. 88 (GS. 325), 23. März 98 (GS. 31) u. G. 7. April 13 (GS. 53) § 386 [1]. — Die Kosten der Untersuchung durch Sachverständige vor der Inbetriebsetzung oder während des Betriebes können nach der Rechtsprechung des OV. durch PolV. nur da auferlegt werden, wo ein G. sie dazu ermächtigt. Dies ist — abgesehen von der Dampfkesselüberwachung Anm. 8 — geschehen in Betreff der Aufzüge, Kraftfahrzeuge, Dampffässer, Gasgefäße, Mineralwasserapparate, Azetylen- u. Elektrizitätsanlagen G. 8. Juli 05 (GS. 317), AusfVf. 6. Dez. 05 (MB. 215) u. (Stempel) 9. Juni 09 (HMB. 231). — Anlagen der Staatsbahnverwaltung unterliegen nicht der Genehmigung und

Anlagen insofern einen besonderen Schutz, als ihre Benutzung nicht vermöge der allgemeinen Befugnisse der Polizeibehörden, sondern nur wegen überwiegender Nachteile und Gefahren für das Gemeinwohl und gegen Ersatz des erweislichen Schadens durch den Bezirksausschuß untersagt werden kann.[6])

2. Gleiches (Nr. 1) gilt für die Zulassung von *Dampfkesseln* mit der Maßgabe, daß das Verfahren fortfällt, dagegen die Erfüllung der Genehmigungsbedingungen nochmals vor der Inbetriebnahme zu untersuchen ist.[7]) — Der Betrieb wird daneben in Preußen durch periodische Kesselrevisionen überwacht.[8])

3. Besondere Sicherheitsvorschriften sind für *Elektrizitätsanlagen* gegeben.[9]) Die von einem Mittelpunkt ausgehenden zur Versorgung

---

der gewerblichen Aufsicht (§ 364 Abs. 4) Vf. 15. Juni 12 (HMB. 361).

[6]) GewO. § 51, 52, 54, Anw. Nr. 58 ZustG. § 112 u. 113. OB. (XXIII 254), — Zum Schaden gehört auch der entgangene Gewinn BGB. § 252; Aufrechterhaltung landesgesetzlicher Vorschriften EG. Art. 109. Entschädigung berechtigter Dritter das. Art. 52, 53.

[7]) Gew.O. § 24. Technische Grundsätze Bek. des RK. 17. Dez. 08 für Landdampfkessel (RGB. 09 S. 3) u. Schiffsdampfkessel (das. 51), beide erg. Bek. 2. März 12 (das. 188), 5. April u. 14. Dez. 13 (das. 294 u. 781), Vf. 6. Aug. 09 (HHM. 342), 19. Mai u. 13. Dez. 11 (das. 181 u. 453). Vereinbarung der deutschen Seestaaten betr. Dampfüberhitzeranlagen auf Seeschiffen Vf. 23. Dez. 12 u. betr. Durchführung der Kesselrevisionen 7. Mai 13 (HMB. 13 S. 26 u. 352). Beglaubigung der Metalllegierungen für Sicherheitsapparate Best. 12. Juli 99 (ZB. 264). Kesseluntersuchung preuß. Anw. nebst GebührenO. 16. Dez. 09 (HMB. 547), erstere ergänzt Bek. 7. Mai 13 (das. 377), letztere 30. Juni 11 (das. 264), Herrichtung zur Abnahme Vf. 20. Juni 10 (das. 269) und (nicht eingemauerte und nicht befahrbare Kessel) 8. September 03 (das. 305). — Stempel § 155 Anm. 8 d. W. — Frist, Strafe u. Wirkung wie Anm. 4. — Zuständig ist der Kreis-(Stadt-)Ausschuß ZustG. § 109 u. 113, in Bergwerken u. Aufbereitungsanstalten das Oberbergamt BergG. 24. Juni 65 (GS. 705) § 59. Die Untersuchung erfolgt bei Bergwerken u. Staatsbahnen, sowie bei der Heeres-, Marine- u. Postverwaltung durch die eigenen Baubeamten, sonst durch die staatlich beauftragten Ingenieure der Dampfkesselüberwachungsvereine Anw. 09 u. Vf. 22. März 00 (MB. 181), GeschAnw. 12. März 00 erg. (§ 36 Abs. III) 30. März 06 (HMB. 157 u. 215). — Staatliche *Heizerkurse* 5. Aug. 09 (HMB. 343).

[8]) G. 3. Mai 72 (GS. 515), Einf. in Lauenburg G. 25. Feb. 78 (GS. 97) § 8^{5}; Anw. 09 (vor. Anm.). Zuständigkeit für die Untersuchung wie vor. Anm. Der Betrieb bleibt unbeschadet der Untersuchungen der Gewerbeaufsicht unterstellt Vf. 7. Mai 10 (HMB 172). Geb.O. f. Kesseluntersuchungen bei Privat- u. Kleinbahnen 14. Jan. 13 (MB. 36). — Dienstvorschr. für Kesselwärter 8. Sept. 03 (das. 303), auf Flußschiffen § 380 Anm. 13 d. W., bei Zentralheizungsanlagen Vf. 8. April 08 (HMB. 153). — Der Betrieb der beweglichen Dampfkessel (*Lokomobilen*) ist außerdem durch Polizeiverordnungen geregelt Vf. 25. März 08 (HMB. 129 u. 349); Straßenlokomotiven § 384 Abs. 3. — Einrichtung und Betrieb der *Dampffässer* [Gefäße, in denen durch Wasserdampf oder Feuer ein höherer als der atmosphärische Druck (1 kg auf 1 qcm) erzeugt wird] PolV. Vf. 5. März 13 (HMB. 132). Kosten Anm. 5. — In Preußen wurden am 1. April 12 gezählt: 80 572 feststehende, 31 607 bewegliche Dampfkessel u. Lokomobilen, 87 847 feststehende Dampfmaschinen, 3677 Schiffsdampfkessel, 3464 Schiffsdampfmaschinen u. 15 202 Dampffässer.

[9]) Hochspannungsanlagen Vf. 28. Okt. 98 (MB. 230), Mittelspannungsanlagen 20. März 00 (MB. 194), Starkstromanlagen 8. April 09 (MB. 136) u. (Zuständigkeit bei Bergwerken) 11. Jan. 12 (MB. 29), Anwendbarkeit auf Kleinbahnen 9. Mai 10 (MB. 154). Unter

eines räumlichen Gebiets mit elektrischem Licht und elektrischer Kraft bestimmten heißen Überlandzentralen.[10])

4. Mit ungewöhnlichem Geräusch verbundene Anlagen können in der Nähe von Kirchen, Schulen, öffentlichen Gebäuden, Kranken- oder Heilanstalten untersagt werden.[11])

5. Für Windtriebwerke können die höheren Verwaltungsbehörden durch Polizeiverordnung eine bestimmte Entfernung von Nachbargrundstücken und öffentlichen Wegen vorschreiben.[12])

II. Die Genehmigung für einzelne Gewerbetreibende heißt, wenn sie auf einem Befähigungsnachweise beruht, Approbation (Nr. 1), sonst Genehmigung oder Erlaubnis (Konzession) (Nr. 2). Einigen Betrieben gegenüber hat die Behörde unter bestimmten Voraussetzungen ein Untersagungsrecht (Nr. 3), bezüglich anderer ein Anstellungsrecht (Nr. 4), während noch andere der Regelung durch die Behörde ganz oder teilweise unterliegen (Nr. 5):

1. Der Approbation bedürfen Medizinalpersonen[13]) und Seeschiffer, Seesteuerleute und Lotsen.[14]) Die Befähigungszeugnisse gelten, abgesehen von Hebammen und Lotsen, für das ganze Reich, begründen sonach gewerbliche Freizügigkeit innerhalb des Reichs. — Das Hufbeschlaggewerbe ist nach Landesgesetz von einer Prüfung abhängig.[15])

2. Die Genehmigung (Konzession) ist erforderlich für Privat-Kranken-, Entbindungs- und Irrenanstalten (§ 265) und für Schauspielunternehmer. Die Genehmigung gilt bei letzteren nur für das bestimmte Unternehmen, setzt auch neben sittlicher, künstlerischer und finanzieller Zuverlässigkeit den Besitz der nötigen Mittel voraus.[16])

---

suchungskosten Anm. 5. Entziehung elektrischer Kraft § 211 Anm. 24, Maßeinheiten § 372 Abs. 6, elektrische Telegraphenanlagen § 392 d. W.

[10]) Dabei sollen Bevorzugungen einzelner Firmen vermieden werden Vf. 1. Feb. u. die Kommunalverbände sollen den Unternehmern keine oder nur zeitlich beschränkte Ausschließungsrechte einräumen Vf. 13. Juli 12 (HMB. 33 u. 405). Stromlieferungsverträge Vf. 18. Aug. 10 (das. 529). — Vietze Ratgeber für die Gründung (Berl. 11).

[11]) GewO. § 27, ZustG. § 111, 113 u. Anw. Nr. 35.

[12]) GewO. § 28 u. G. 1. Juli 61 (GS. 749) § 13. Die Beschränkung ist nicht auf Windräder (Windturbinen) anzuwenden Vf. 28. Sept. 12 (HMB. 501).

[13]) Ärzte § 265 (Anm. 2) d. W., Hebammen § 266 (Anm. 4), Apotheker § 267 (Anm. 3), u. Tierärzte § 357 (Anm. 4).

[14]) GewO. § 31; für das Lotsengewerbe kann daneben landesgesetzlich die Genehmigung erfordert werden das. § 34 Abs. 3. — § 379 Abs. 4 u. (Binnenschiffer) 380 Abs. 4 d. W. — Die Lotsen sind im Osten vom Staate angestellt, im Westen Gewerbetreibende.

[15]) GewO. § 30a, Anw. Nr. 37; Zurücknahme GewO. § 53, Anw. Nr. 59, 61, 62. Preuß. G. 18. Juni 84 (GS. 305), Ausf. Vf. 21. Mai u. (Anwendung auf Militärlehrschmieden) 18. Nov. 04 (HMB. 328 u. 482) u. 7. April 06 (das. 184); Lehranstalten § 337 Anm. 8 d. W. Grundsätze für den Unterricht der Hufschmiede in den Innungsfachschulen Vf. 9. Feb. 13 (HMB. 23).

[16]) GewO. § 32 (Übergangsbestimmung G. 6. Aug. 96 RGB. 685 Art. 22), 40 (verb. § 60d Abs. 4) u. ZustG. § 115, 118, Anw. Nr. 44; Stempel § 155 Anm. 8 d. W.; Frist für den Beginn GewO. § 49, 50; Zurücknahme das. § 53, Anw.

Die außerdem zur Gast- und Schankwirtschaft und zum Kleinhandel mit Branntwein oder Spiritus erforderliche Erlaubnis ist zu versagen, wenn die Persönlichkeit auf Grund von Tatsachen einen Mißbrauch zur Förderung der Völlerei, des verbotenen Spiels, der Hehlerei oder Unsittlichkeit annehmen läßt, wenn die Räumlichkeiten nach Lage und Beschaffenheit den polizeilichen Anforderungen nicht genügen und wenn beim Branntweinschank und Branntwein- und Spirituskleinhandel ein Bedürfnis nicht vorliegt. Die letztere Voraussetzung ist für Orte, in denen weniger als 15000 Einwohner vorhanden sind, oder ein Ortsstatut solches festsetzt, auch für sonstige Schank- und Gastwirtschaften maßgebend.[17]) — Eine besondere, von ähnlichen Voraus-

Nr. 59 bis 62 u. ZustG. § 120[1] — Durch Polizeiverordnung kann die Einreichung der aufzuführenden Theaterstücke vorgeschrieben werden; die Darstellung verstorbener Mitglieder des Kgl. Hauses ist in der Regel ausgeschlossen AO. 20. April 44 u. Vf. 28. Juli 84 (MB. 210); OV. (XXIV 311). — Zensur für kinematographische Schaustellungen Vf. 16. Dez. 10 (MB. 11 S. 59), 6. Juli u. (Beschränkung des Besuchs durch Jugendliche unter 16 Jahren) 3. Mai 12 (MB. 244 u. 207) u. 2. Dez 13 (MB. 224). Bausicherheit § 276 Anm. 5 d. W.

[17]) GewO. § 33. Auch juristischen Personen kann die Genehmigung erteilt werden OV. 11. Juli 10 (MB. 300). Nach dieser von der früheren Übung abweichenden Entscheidung können auch Konsumvereine u. gemeinnützige Gesellschaften zugelassen werden. [Die Anwendbarkeit auf Konsumvereine (GewO. § 33 Abs. 5) gilt auch für andere Vereine Bek. 27. Dez. 96 MB. 97 S. 12], § 40 (vgl. § 42a Abs. 3, Bahnhofswirtschaften bedürfen der Erlaubnis nur, wenn sie außerhalb der Bahnhofsperre liegen Vf. 27. Juli 05 (MB. 134); Anw. Nr. 45—48, (Räumlichkeiten) Vf. 26. Aug. 86 (MB. 182) u. 1. März 90 (MB. 51), (Bedürfnisnachweis) Anw. Nr. 45 Abs. 1 nebst OV. (VI 271); Zuständigkeit ZustG. § 114 u. 162 u. (Hannover) KrO. 6. Mai 84 (GS. 181) § 35[5]; Zurücknahme GewO. § 53, Anw. Nr. 59—62, ZustG. § 119[2] 162 u. (Hannover) KrO. § 35[7]; Frist für den Beginn GewO. § 49 u. 50. Strafe § 147 Abs. 1[1]; Ermächtigung des Min. d. Inn. Strafen u. Kosten zu erlassen od. zu ermäßigen u. der Provinzialbehörden die Vollstreckung mit Rücksicht auf ein Gnadengesuch auszusetzen AE. 15. Aug. 13 (GS. 389). — Gastwirtschaft ist die gewerbsmäßige Beherbergung von Fremden; das Recht zum Ausschank ist damit regelmäßig, aber nicht notwendig verbunden Vf. 22. Feb. 70 (MB. 83) u. OV. (XVI 355); Schankwirtschaft ist das gewerbsmäßige Feilhalten von Getränken aller Art zum Genuß auf der Stelle OV. (II 333), auch von Mineralwassern Vf. 10. Juni 92 (MB. 198), soweit sie nicht zu Heilzwecken dienen OV. (II 33); Kleinhandel Begriff Anw. Nr 45 Abs. 2, mit Bier GewO. § 35 Abs. 4 u. § 366 II 3 Abs. 2 d. W. Branntweinhandel BranntwStG. (§ 165 Anm. 8 d. W.) § 107—109, der mit vergälltem Branntwein (Anw. Nr. 45 Abs. 3) vom Bundesrat abweichend von der GewO. geregelt ist Befr.O. (§ 165 Anm. 3) § 15; die Schankerlaubnis berechtigt zum Kleinhandel, nicht umgekehrt Vf. 25. Mai 85 (MB. 248). — Branntwein ist die durch Destillation hergestellte alkoholhaltige Flüssigkeit Vf. 23. Aug. 84 (MB. 233), auch in Verbindung mit anderen Flüssigkeiten (Kunstwein) OV. (XI 322). — Der Verkauf selbstgewonnenen Weines unterliegt nicht den Beschränkungen des Schankgewerbes, soweit er im Polizeibezirk des Weingutes zum Genuß auf der Stelle während höchstens zweier Monate stattfindet Vf. 17. Jan. 28. — Gastwirte können zur Aufnahme Reisender nicht durch PolV. verpflichtet werden UOT. 26. Juni u. Vf. 25. Okt. 78 (MB. 248). — Überwachung der Gast- u. Schankwirte § 257, Beschäftigung von Gehilfen u. Lehrlingen § 315 Anm. 11 d. W., Taxen § 365 Anm. 7. — Betriebsteuer § 146 Abs. 5; Stempel § 155 Anm. 8. Abs. 2: Schankerlaubnissteuer der Kreise § 83

setzungen abhängige Erlaubnis ist für die gewerbliche Haltung von *Singspielhallen* für Schaustellungen, Musik- und theatralische Vorstellungen ohne höheres Interesse der Kunst oder der Wissenschaft erforderlich,[18]) während für gewerbsmäßige Musikaufführungen und Schaustellungen von Haus zu Haus oder auf Straßen und Plätzen die vorgängige Erlaubnis der Ortspolizeibehörde erfordert wird.[19])

Der *Erlaubnis*, die ortsstatutarisch von dem Vorhandensein eines Bedürfnisses abhängig gemacht werden kann, bedürfen ferner Pfandleiher und die zu diesen zählenden Rückkaufshändler, Pfandvermittler. Diese Gewerbe, sowie das der Versteigerer (Auktionatoren) können in bezug auf Rechte, Pflichten und Betrieb durch Landesgesetz oder von den Zentralbehörden geregelt werden.[20]) Durch Landesgesetz kann die Genehmigung vorgeschrieben werden für das Lotsengewerbe,[14]) den Handel mit Giften und das Gewerbe der Markscheider.[21])

Stellenvermittler bedürfen der Erlaubnis, die bei Unzuverlässigkeit oder mangelndem Bedürfnis, insbesondere bei Vorhandensein ausreichender öffentlicher gemeinnütziger Arbeitsnachweise (§ 313 Abs. 2) zu versagen ist und bei später eintretender Unzuverlässigkeit zurückgenommen werden kann. Gewisse Nebengewerbe, insbesondere Gast

Abs. 2. — Bestrafung des Branntweinhandels unter den Nordseefischern § 362 Anm. 5.

18) GewO. § 33a, 40 u. (Zurücknahme) § 54; Zuständigkeit V. 31. Dez. 83 (GS. 84 S. 7) § 1, 4a u. (Hannover) KrO. § 35^{6-7}; Anw. Nr. 49, 59 bis 62. — Stempel § 155 Anm. 8 d. W. — Unzulässig sind öffentliche Vorstellungen der Magnetiseure Vf. 12. Mai 81 (MB. 170), Suggestoren u. Hypnotiseure 2. Juli 03 (MM.B 290). Unanwendbarkeit auf bildliche Darstellungen (Kinematographen) OV. XLIII 304). — Überwachung u. Tanzlustbarkeiten § 257 Abs. 3 u. 4 d. W.

19) GewO. § 33b u. (Strofe) § 148^{5}.

20) GewO. § 34 Abs. 1 u. 2, 38 Abs. 1—3, 40 u. (Stellvertretung) 47 Abs. 1; Zurücknahme wie Anm. 18, Strafe GewO. § 147^{1}; Anw. Nr. 50. Stempel § 155 Anm. 8 d. W. — *Pfandleiher* Ausf. Anw. Nr. 50 Abs. 1; ihre Rechte und Pflichten sind bezüglich der Höhe der Zinsen, des Pfandrechts an den Pfandstücken u. der Veräußerung der letzteren näher festgestellt StGB. § 290, 360^{12} (Fassung des G. 24. Mai 80 RGB. 109 Art. 2), G. 17. März 81 (GS. 265) geänd. G 20. Sept. 99 (GS. 177) Art 41 u. (Zuständigkeit (Zust.G. § 111 nebst V. 30. Juli 00 (GS. 308); Vf. 16. Juli 81 (MB. 169), 11. Juli 02 (MB. 135), 4. Feb. 07 (MB. 95) u. 10. April 08 (MB. 85). Der Zinsfuß (G. 81 § 16 Abs. 1) beträgt jetzt 4 v. H. AG. 20. Sept. 99 (GS. 177) Art 10, sonst wird das G. durch das BGB. nicht berührt EG. Art. 94. Staats- u. Kommunalpfandleihanstalten § 327 Abs. 1 d. W. — Geschäftsbetrieb der *Versteigerer* Vorschr. 10. Juli, in Markthallen 11. Juli 02 (HMB. 279 u. 293), Rechtsgiltigkeit OV. (L 376). Haftbarkeit bei unterlassener Stempelverwendung G. 31. Juli 95 (GS. 413) § 13. Beeidigte Auktionatoren in Ostfriesland u. Harlingerland sowie im RB. Osnabrück G. 21. Sept. 99 (GS. 249) Art. 125 u. 126 Abs. 2; V. des Justizmin. 19. Juli 02 (JMB. 179, HMB. 303). Strafe StGB. § 367^{16} (Fassung des G. 19. Jan. 93 RGB. 197 Art I) nebst GewO. § 148^{4a}. Gewerbebetrieb der Versteigerer, v. Hoffmann (Berl. 02). — Geschäftsbetrieb der sonstigen angeführten Gewerbe Min. PolV. 18. März 85 (in d. Amtsbl.) u. Zus. 20. Mai 95 (MB. 142). — Anstellung § 366 Nr. II 4, Untersagung Nr. 3 Abs. 2 d. W.

21) GewO. § 34 Abs. 3 u. Anw. Nr. 50 Abs. 2, insbes. Gifthandel § 270, Markscheider § 333 Anm. 6 d. W.

wirtschaft, dürfen Stellenvermittler nicht betreiben. Ihre Gebühren werden durch Taxen festgesetzt. Die Landeszentralbehörde kann den Umfang der Befugnisse und Verpflichtungen, sowie den Geschäftsbetrieb der Stellenvermittler regeln und bestimmen, inwieweit die Vorschriften über Nebengewerbe und Taxen auf nicht gewerbsmäßige Stellen- und Arbeitsnachweise anzuwenden sind.[22])

Eine besondere, nur widerruflich zu erteilende Genehmigung, sowie die Führung von Registern ist endlich zur Herstellung, zum Vertriebe und Besitze von Sprengstoffen, sowie zu deren Einführung aus dem Auslande vorgeschrieben.[23])

3. Ein Untersagungsrecht im Fall einer durch Tatsachen erwiesenen Unzuverlässigkeit bezüglich des betriebenen Gewerbes besteht bei Erteilung von Tanz-, Turn- und Schwimmunterricht und beim Betriebe von Badeanstalten.[24]) Gleiches gilt bei Bauunternehmern und Bauleitern und beim Betrieb einzelner Zweige des Baugewerbes. Wenn diese die Prüfung für den höheren oder mittleren bautechnischen Staatsdienst (§ 276 Abs. 1) oder die Meisterprüfung (§ 369 Abs. 3) bestanden haben, kann der Mangel an Vorbildung nicht als Tatsache zum Nachweis der Unzuverlässigkeit geltend gemacht werden.[25])

Dasselbe gilt von Handel mit lebenden Vögeln,[26]) dem Trödelhandel, dem Kleinhandel mit Garn- und ähnlichen Abfällen, dem

[22]) G. 2. Juni 10 (RGB. 860) und Zuständigkeit Zust.G. § 121 nebst V. 25. Juli 10 (GS. 155). Ausf.Best. des H. Min. 9. u. 19. Aug. (mit Anw. für Herausgeber von Stellenlisten 18, Vermittler von Bühnenangehörigen 17 u. sonstige Vermittler 16. Aug.), erg. 28. Sept. 10 (HMB. 404, 454, 509), 22. Feb. u. 19. Aug. 12 (das. 61 u. 466); nicht gewerbliche Stellenvermittlung für Gesinde, landw. Arbeiter u. Angestellte in der Gast- und Schankwirtschaft Vf. 21. Aug. 10 (MB. 289, HMB. 474), erg. (Nr. 12) 24. Aug. 11 (das. 328), 19. Nov. 11 (MB. 12 S. 11) u. 10. April 13 (MB. 93). Für landwirtschaftliche Arbeiter erscheint die gewerbsmäßige Vermittelung in Hinblick auf die Arbeitsnachweise der Landwirtschaftskammern u. der deutschen Arbeiterzentrale für ausländische Arbeiter (Satz. 23. Aug. 07) entbehrlich Vf. 13. Dez. 12 u. 10. April 13 (HMB. 13 S. 3 u. 321). — Bearb. v. Hoffmann (4. Aufl. Berl. 11) u. Szszesny (2. Aufl. Berl. 11).

[23]) G. 9. Juni 84 (RGB. 61). § 1 bis 4 u. (Strafe) § 9, AusfB. 11. Sept. 84 (MB. 237), erg. Best. 4. Juli 85 (MB. 186), V. 19. Sept. 94 (MB. 191) u. (Begriff der Schießmittel) 13. März 85 (RGB. 78), 16. April 91 (das. 105), 11. Aug. 96 (das. 698) u. 29. April 03 (das. 211), erg. Bek. 20. Juni 07 (das. 375) u. 10. April 11 (das. 180) Untersagung des Handelsbetriebes GewO. § 35 Abs. 2. Der verbrecherische u. gemeingefährliche Gebrauch, einschließlich der Vorbereitungshandlungen ist mit Strafe bedroht G. 84 § 5—8 u. 10—13. — Verkehr mit Sprengstoffen § 252 Anm. 4 d. W.

[24]) GewO. § 35 u. 40, Anw. Nr. 59, 60, Zuständigkeit ZustG. § 119¹, 162 u. (Hannover) KrO. § 35⁶. — Anzeigepflicht Anm. 2. — Strafe GewO. § 148⁴. Zur Gestattung der Wiederaufnahme (§ 35 Abs. 6) ist der RPräs. zuständig Vf. 18. Dez. 09 (MB. 10 S. 7).

[25]) GewO. § 35 Abs. 5, 35a, Untersagung bei einzelnen besonderen Bauten § 53a, Rechtsmittel § 54 Abs. 2, alle diese Best. in Fassung des G. 7. Jan. 07 (RGB. 3), Zuständigkeit im Fall der Gew.O. § 53a V. 4. Feb. 07 (GS. 27). Ausf. Vf. 26. Feb. 07 (MB. 104). Verzeichnis der in Betracht kommenden Fachschulen ZB. 09 S. 70, 169.

[26]) G. 29. Juni 08 (RGB. 473).

Handel mit Vieh und ländlichen Grundstücken, mit Lotterielosen und Anteilscheinen, der gewerbsmäßigen Auskunfterteilung, dem Gewerbe der Winkelkonsulenten, der Vermittelungsagenten für Immobiliarverträge, Darlehen und Heiraten und der Versteigerer, während der Handel mit Drogen und chemisch bereiteten Heilmitteln im Falle der Gefährdung der Gesundheit zu untersagen ist und der Kleinhandel mit Bier den wegen Schank- oder Kleinhandelübertretung (Nr. 2 Abs. 2) Bestraften untersagt werden kann.[24]) Diese Gewerbe unterliegen der besonderen polizeilichen Überwachung.[27])

4. Das verfassungsmäßige Recht der Behörden und Körperschaften zur öffentlichen Anstellung und Beeidigung der Gewerbe der Feldmesser, Auktionatoren, Bücherrevisoren und derjenigen, welche die Menge oder Beschaffenheit von Waren feststellen, ist aufrecht erhalten. Diese Gewerbetreibenden haben nur im Fall solcher Anstellung öffentlichen Glauben und das Recht zur Vornahme von Immobilienversteigerungen; sonst ist dieser Gewerbebetrieb frei.[28])

---

[27]) GewO. § 38 Abs. 4. — Zulassung der **Winkelkonsulenten** bei den Gerichten § 198 Anm. 7 d. W. Buchführung Best. 28. Nov. 01 (MB. 02 S. 11), erg. 22. Dez. 06 (JMB. 572). Patentanwälte § 370 Abs. 2 d. W. — **Geld- u. Kreditgeschäftstreibende** — mit Ausnahme der öffentlichen Anstalten u. in das Handelsregister eingetragenen Kaufleute — müssen den Schuldnern jährliche Abschlüsse mitteilen G. 24. Mai 80 (Fassung des G. 19. Juni 93 RGB. 197 Art. II) Art. 4. — **Vermittelungsagenten für Immobiliarverträge** Vorsch. 29. Nov. 07 (HMB. 405), neugefaßt (§ 38 Abs. 4) Vf. 23. Feb. 11 (das. 58). — **Mäkler**; Vertrag BGB. § 652 — 6 (Herabsetzung unverhältnismäßig hohen Mäklerlohnes § 655, Unverbindlichkeit bei Heiratsvermittelung § 656); Handelsmäkler § 373 Anm. 8, Kursmäkler § 374 Abs. 3 d. W. — **Trödler** (§ 372 Abs. 1) Vorschr. 30. April 01 (MB. 48), erg. 26. Juli 02 (HMB. 299). — Beaufsichtigung der **Drogenhandlungen** (des Verkehrs mit Arzneimitteln außerhalb der Apotheken) Vf. 22. Dez. 02 (MB. 03 S. 21), geänd. 13. Jan. 10 (MMB. 65). Geschäftsschilder § 267 Anm. 9 d. W. Bearb. Urban, Betriebsvorschr. f. Drogen u. Gifthandl. i. Preuß. (Berl. 06). — Versteigerer Anm. 20.

[28]) GewO. § 36, verb. 35 Abs. 3, Anw. Nr. 51; Stellvertretung § 47; Taxen § 78, 79 u. 148[8]; Pflicht öffentlich bestellter Personen, die Ablehnung der Aufträge unverzüglich dem Auftraggeber anzuzeigen BGB. § 663. Anstellungsrecht der Handelskammern und kaufmännischen Korporationen G. 97 (GS. 355) § 42 u. 44 Abs. 1 nebst Vf. 5. März 12 (HMB. 70). — Strafe der Untreue StGB. § 266[3]. — Zurücknahme GewO. § 53, Anw. Nr. 59—62 u. ZustG. § 120[1]. — Geschäftsbetrieb der **Land-(Feld)messer** Regl. 2. März 71 (GS. 101), Änderung 22. Dez. 87 (GS. 88 S. 4) u. (§ 36—57) 26. Aug. 85 (GS. 319) nebst Zusatzbest. 26. Feb. 94 (GS. 18), 25. März 13 (GS. 36) u. Vf. 8. Jan. 86 (MB. 5). Die Bestellung u. Vereidigung setzt das Bestehen einer Prüfung vor einer der bei den landwirtsch. Hochschulen gebildeten Prüfungskommissionen (§ 337 Anm. 7) voraus. Für die Zulassung zur Prüfung ist das Reifezeugnis für die Prima einer neunstufigen höheren Schule (§ 303 Abs. 2), das zweijährige Studium an einer landwirtsch. Hochschule u. einjährige praktische Beschäftigung erforderlich. Prüf.-Regl. 4. Sept. 82 (MB. 202), Nachtr. 12. Juni 93 (MB. 140), geänd. 21. Feb. 01 (ZBU. 381), (§ 13) 29. Jan. 96 (MB. 18) u. (§ 15, 28—31) Nachtr. 16. Sept. 10 (LMB. 248). Grenzfestsetzungen BGB. § 919—24 u. LR. I 17 § 362—371. Im Staatsdienste werden Landmesser verwendet in der Katasterverwaltung (Katasterlandmesser) § 141 Abs. 2 d. W., in der landwirtschaftlichen Verwaltung § 339 Anm. 8 u. 16, insbesondere als

5. Der **ortspolizeilichen Regelung** unterliegen die Straßengewerbe (Anbieten von Diensten und Unterhaltung öffentlicher Verkehrsmittel,[29]) während für Schornsteinfeger die **Einrichtung von Kehrbezirken** gestattet ist.[30])

Ihrem Umfang nach umfaßt die Befugnis zum stehenden Gewerbebetriebe das Recht zur Annahme von Gesellen, Lehrlingen und Arbeitern,[31]) sowie von Stellvertretern. Letztere müssen jedoch den für das Gewerbe vorgeschriebenen Erfordernissen genügen.[32]) Gewerbetreibende, die ein zu dauerndem Gebrauch eingerichtetes Geschäftslokal besitzen, können unter Beschränkung auf die zum Ankauf oder Feilbieten im Umherziehen zugelassenen Gegenstände ihr Gewerbe innerhalb des Gemeindebezirks und, soweit es nicht unter den bestimmt begrenzten Begriff des Gewerbebetriebes im Umherziehen (§ 367) fällt, auch außerhalb dieses Bezirks frei betreiben.[33]) In diesem Sinne können sie auf Grund von Legitimationskarten selbst oder durch Reisende auch außerhalb des Gemeindebezirks für die Zwecke ihres Gewerbebetriebes Waren aufkaufen und Warenbestellungen suchen.[34])

Kulturtechniker § 344 Anm. 8 u. in der Eisenbahnverwaltung. — Versteigerer Anm. 20. — Prüfung des Feingehalts der Gold- und Silberwaren § 375 Abs. 7.

[29]) GewO. § 37 u. Anw. Nr. 52. — Stempel § 155 Anm. 8 d. W. — Taxen GewO. § 76, 79 u. 148^{8}. — Untersagung des Betriebes § 40 Abs. 2, ZustG. § 119^{1}, 162 u. (Hannover) KrO. § 35^{6}. — Pferdebahnen gelten als Kleinbahnen § 385 Abs. 4 d. W.

[30]) Die GewO. § 39 u. (Stellvertretung) § 47 verweist auf die Landesgesetzgebung; für Preußen ist die Einrichtung jetzt allgemein gestattet G. 24. April 88 (GS. 79) u. ZustG. § 132 u. (Berlin) 161; Ausführung Anw. Nr. 54, u. Vf. 5. Feb. 07 (MB. 97), erg. 24. Okt. 08 (MB. 237), 27. Okt. 11 (MB. 357), 19. Feb. u. 21. Sept. 12 (HMB. 488). — Taxen GewO. § 77, 72 u. 148^{8}.

[31]) GewO. § 41. Das Nähere § 369 u. (Apotheker) § 267, insbes. Anm. 3 d. W.

[32]) GewO. § 45 u. 47; besonderer Genehmigung bedarf der Stellvertreter nicht OV. (IV 300). Strafe GewO. § 151; Betrieb nach dem Tode für Rechnung der Witwen oder minderjährigen Erben § 46. — Übertragung von Realberechtigungen § 48.

[33]) Das. § 42, 42^{a} (verb. § 40); zum stehenden Gewerbe gehören danach Saisongeschäfte in Badeorten, nicht aber Wanderlager. — Einführung der Legitimationsscheinpflicht für einzelne Gemeinden u. Verbot des Feilbietens durch Kinder GewO. § 42b u. (Strafe) 149^{1} u. 148^{5}; Anw. Nr. 56. Öffentliche Musikaufführungen und Schaustellungen § 366 Nr. II 2 Abs. 2 d. W.; Verbreitung von Druckschriften § 247 Abs. 3 d. W.

[34]) GewO. § 44 (Abs. 1 erg. G. 14. Okt. 05 RGB. 759), 44a; der Aufkauf und das Suchen von Warenbestellungen bei Privatleuten gilt danach als Gewerbebetrieb im Umherziehen. — Ausnahmen zugunsten der Gold u. Silberwaren-Fabrikanten u. -Großhändler u. der Weinhändler GewO. § 44 Abs. 2 u. Bek. 27. Nov. 96 (RGB. 745) Nr. I, erg. 4. März 12 (das. 189) Nr. 1, der Fabrikanten überwebter Holzrouleaux GewO. § 44 Abs. 3 u. Bek. 25. März 97 (RGB. 96). — Strafe GewO. § $148^{5\text{ u. }6}$ u. 191^{1}. — Fortfall der besonderen Steuer G. 3. Juli 76 (GS. 247) § 2^{1}. — Die in den Handelsverträgen für den Gegenseitigkeitsverkehr vorgesehenen besonderen Gewerbelegitimationskarten gelten auch als Ausweis für den inneren Verkehr GewO. § 44a Abs. 6. Österreich-Ungarn § 161 Anm. 9, Italien das. u. Vf. 22 Dez. 92 (MB. 93 S. 10), Niederlande (zeitweilige Zollfreiheit der mitgeführten Muster) Vereinb. 9. Nov. 12 (RGB. 541), Belgien 18. Feb. 13 (das. 743), Schweiz das. u. Vf. 22. Feb. 93 (MB. 70); Frankreich Vereinb. 2. Juli 02 (RGB. 03 S. 47), Vf. 9. Mai u.

c) Gewerbebetrieb im Umherziehen.

§ 367.

Ein Gewerbebetrieb im Umherziehen ist vorhanden, wenn jemand außerhalb des Gemeindebezirks seines Wohnorts, ohne gewerbliche Niederlassung und ohne vorgängige Bestellung in eigener Person Waren feilbieten oder zum Wiederverkauf ankaufen, Warenbestellungen aufsuchen (hausieren), Leistungen anbieten oder solche Musikaufführungen oder Schaustellungen darbieten will, mit denen ein höheres Kunst- oder wissenschaftliches Interesse nicht verbunden ist; auch Wanderlager gehören dazu (Abs. 3). Dieser Betrieb unterliegt wegen der mit ihm verbundenen Gefahren weitergehenden Beschränkungen hinsichtlich der Zulassung wie hinsichtlich des Betriebes. Voraussetzung ist die Erteilung eines Wandergewerbescheins, der jedoch nur unter bestimmten gegenständlichen oder persönlichen Voraussetzungen versagt werden darf.[1]) Der Gewerbeschein gilt für die Person und das Kalenderjahr; er berechtigt in dieser Beschränkung zwar zum Gewerbebetriebe im ganzen Reiche, doch ist der Eintritt in fremde Wohnungen ohne vorgängige Erlaubnis und das Betreten fremder Häuser und Gehöfte zur Nachtzeit sowie der Betrieb an Sonn- und Festtagen nicht gestattet.[2]) Ferner werden Wandergewerbescheine zu Musikaufführungen und Schaustellungen nur für die einzelnen Regierungsbezirke und in der den Verhältnissen entsprechenden Anzahl ausgestellt, oder auf diese ausgedehnt; die Aus-

---

5. Aug. 03 (HMB. 198, 275), Dänemark Bf. 5. April 05 (MB. 76) u. 15. Jan. 06 (HMB. 78). Griechenland und Türkei § 161 Anm. 9. — Zuständig zur Ausstellung sind die Ortspolizeibehörden Anw. Nr. 57, Formular Bf. 13. Juni 12 (MB. 204), der Stempel beträgt 1 M. StTar. 09 (GS. 556) Nr. 26; Rechtsmittel und Zurücknahme ZustG. § 117, 118 u. B. 31. Dez. 83 (GS. 84 S. 7) § 2. — Auf den Geschäftsbetrieb der ausländischen Handlungsreisenden finden die Best. üb. den Wandergewerbebetrieb (§ 367 d. W.) Anwendung Bek. 96 Nr. II B.

[1]) GewO. § 55—58; Anw. Nr. 63 bis 70 (geänd. Bf. 26. Aug. 12 MB. 255), Nr. 138, 139. Zuständigkeit GewO. § 61, ZustG. § 117 u. 118 Anw. Nr. 73 Abs. 1, Formulare Bek. 96 (vor Anm.) III, erg. Bek. 13. Jan. 09 (RGB. 259) und 4. März 12 (das. 189) Nr. 2 und 3. Kosten Nr. 84; Rechtsmittel GewO. § 63. — Beschränkte Zulassung des Verkaufs von Bier gem. § 56^{6} Abs. 1, Bek. 17. Juli 99 (RGB. 374) u. 29. Febr. 04 (das. 138). — Keines Wandergewerbescheins bedarf es zu Verrichtungen, die der GewO. nicht unterliegen, Tanzlehrer Bf. 10. Dez. 80 (MB. 81 S. 24), Ärzte u. Tierärzte UOb Trib. 19. Okt. 64 (MB. 65 S. 28). — Zurücknahme des Scheins u. Untersagung des Betriebes B. 31. Dez. 83 (GS. 84 S. 7) § 4e u. 5 u. (Hannover) KrO. § 35^{6}. — Strafen GewO. § 148^{6-7b} u. 146a u. im Falle des (nach § 56^{6} verbotenen) Handels mit Sprengstoffen G. 9. Juni 84 (RGB. 61) § 9 Abs. 2. — Erteilung von Wandergewerbescheinen an Ausländer GewO. § 56d, 42b Abs. 4, 148^{7e}, Bek. 96 (vor. Anm.) II A u. Anw. Nr. 76. — Hausierbetrieb im Grenzbezirke VereinszollG. 1. Juli 69 (BGBl. 317) § 124 u. Anw. Nr. 83. — Beschränkung des fliegenden (Kolportage-) Buchhandels § 247 Abs. 4 d. W.

[2]) GewO. § 55a, 60—60d u. (Strafe) § 146a. Zulassung von Begleitern § 62 (Abs. 2 neugefaßt EG. BO. Art. 103), insbes. Kindern Abs. 3—5 u. Anw. Nr. 71, 72, 138; Krankenversicherung § 318 Abs. 1 u. 3 d. W.; gemeinsamer Wandergewerbeschein GewO. § 60d Abs. 3, 4; Strafe GewO. § 148^{7b-d} u. 149^{2-5}.

übung dieser Gewerbe am einzelnen Orte erfordert außerdem ortspolizeiliche Erlaubnis.[3]) Der Wandergewerbeschein wird nach Entrichtung der Landesgewerbesteuer erteilt.[4]) — Zu gewissen kleineren Betrieben, insbesondere zum Feilbieten selbstgewonnener und roher Erzeugnisse der Land- und Forstwirtschaft, selbstgewonnener Erzeugnisse der Jagd und Fischerei und selbstverfertigter Wochenmarktsgegenstände in der Umgebung des Wohnortes bis zu 15 km bedarf es eines solchen Scheines nicht.[5]) Das Gleiche gilt für Handlungsreisende (§ 369 Abs. 5) und den Marktverkehr (§ 374 Abs. 1). Der Gewerbebetrieb im Wohnort gilt als stehender, unterliegt jedoch, wenn er außerhalb der Betriebsstätte stattfindet, in einzelnen Fällen gewissen Beschränkungen des Gewerbebetriebes im Umherziehen.[6])

Das Hausiergewerbe, das bereits in das Gebiet des Handels hinübergreift, unterliegt sonach einer besonderen Überwachung, die gleichzeitig steuerliche und polizeiliche Zwecke verfolgt. Leitend für letztere ist nur die Rücksicht auf die öffentliche Sicherheit und Sittlichkeit, während die Höhe der Steuer (§ 147) zugleich den Schutz des stehenden Gewerbes gegen den durch den Hausierbetrieb erwachsenden Mitbewerb bezweckt.

Ähnliche Zwecke verfolgen diejenigen Maßregeln, die zur Beseitigung der durch die Wanderlager hervorgerufenen Mißstände ergriffen sind und neben besonderer gewerbepolizeilicher Überwachung auf eine stärkere Heranziehung zu den Gemeindesteuern hinauslaufen.[7])

4. Organisation des Handwerks.

a) Innungen und Handwerkskammern.

§ 368.

Die RGewO. gestattete die Beibehaltung der vorhandenen und die Bildung neuer Innungen,[1]) hatte aber beide jeder öffentlich rechtlichen Bedeutung entkleidet und sie zu bloßen Privatgesellschaften herabgedrückt. Sie hatte dadurch dem Gewerbebetrieb mit der Schranke auch eine Stütze genommen, obwohl der einzelne Gewerbetreibende, der sich den gesteigerten Anforderungen der heutigen Zeit gegenübergestellt und auf den Mitbewerbungskampf mit der Großindustrie angewiesen sah, einer solchen noch weniger als früher zu entbehren vermochte. Die Notwendigkeit des festeren Zusammenschlusses der Gewerbegenossen führte deshalb zu mehrfachen Erweiterungen der Rechte und Aufgaben der Innungen. Da gleichwohl die Teilnahme nicht in dem nötigen Umfange eintrat, ist dann die

---

[3]) GewO. § 57⁵ u. 63 Abs. 2, § 60 Abs. 2 u. 3 u. 60a; Betrieb auf Märkten § 374 Anm. 3 d. W. Die Erlaubnis kann nur aus bestimmten Gründen zurückgezogen werden OV. (L II 367). — Wandergewerbescheine für Gesellschaften Vf. 4. Aug. 79 (MB. 212). — Stempel § 155 Anm. 8 d. W.

[4]) GewO. § 60 Abs. 1 (§ 147 d. W).

[5]) GewO. § 59, 59a u. (Hannover) KrO. § 35⁶ (verb. § 60c Abs. 3 u. 66).

[6]) GewO. § 33b, 42b, 43 u. Anw. Nr. 56, wo dieser Gewerbetrieb wenig zutreffend als ambulanter bezeichnet wird.

[7]) GewO. § 56c u. 148 7b, verb. § 42 Abs. 2. — Besteuerung § 80 Abs. 5 d. W.

[1]) Geschichte § 363 Abs. 3 d. W.

Möglichkeit einer **Zwangsbildung eingeführt** worden, die zugleich den Unterbau für eine umfassendere Vertretung des Handwerks abgeben soll.[2])

Die Innungen sollen hiernach unter Pflege des Gemeingeistes und der Standesehre die wirtschaftlichen Verhältnisse der Gewerbetreibenden heben,[3]) die gewerbliche Ausbildung,[4]) insbesondere das Lehrlingswesen fördern und ein gedeihliches Verhältnis zwischen Meistern, Gesellen und Lehrlingen (§ 369) herbeiführen. Sie können dieserhalb Schulen, Kranken-, Sterbe- und Unterstützungskassen, Arbeitsnachweisstellen, Herbergen, Schiedsgerichte und gemeinschaftliche Gewerbebetriebe einrichten und Meister- und Gesellenprüfungen veranstalten. Sie sind juristische Personen und haben das Recht zur zwangsweisen Beitreibung der Beiträge. Für ihre Verbindlichkeiten haftet nur das Innungsvermögen. Die näheren Verhältnisse regelt ein für jede Innung zu erlassendes Statut.[5]) An Stelle der freien sind auf Antrag Zwangsinnungen, aber nur für sämtliche Handwerker gleicher oder verwandter Gewerbe eines Bezirks (Fachinnungen) anzuordnen, wenn die Mehrheit dieser Handwerker zustimmt, der Umfang des Bezirks deren Teilnahme am Genossenschaftsleben ermöglicht und ihre Zahl zur Bildung einer leistungsfähigen Innung ausreicht, was bei 20 Mitgliedern angenommen wird.[6]) Mehrere Innungen können, wenn sie derselben Aufsichtsbehörde unterstellt sind, zu Innungsausschüssen, anderenfalls zu Innungsverbänden zusammentreten; beiden können Körperschaftsrechte beigelegt werden.[7])

---

[2]) GewO. Tit. VI (§ 81—104n). Die Änderung erfolgte durch das ErgG. 97 (§ 365 Anm. 1 d. W). Gleichzeitige Änderung des Lehrlingswesens § 369 Abs. 2 d. W. Bearb. v. Nelken (sehr ausführlich) (Berl. 01), Wilhelmy (Berl. 02) u. (kleiner) Hoffmann (3. Aufl. Berl. 02). — In Preußen bestanden (1911) 8808 (5803 freie und 3005 Zwangs-)Innungen mit 310 Innungsausschüssen.

[3]) Genossenschaftlicher Zusammenschluß § 364 Abs. 5 d. W.

[4]) Diesem Zwecke dienen die gewerblichen Fortbildungsschulen (§ 314 Abs. 5), die Fachschulen für Gesellen (§ 364 Abs. 6) und die Meisterkurse Vf. 5. Mai 06 (HMB. 211).

[5]) GewO. § 81—99 (§ 90 aufgeh. u. § 81a u. b, 95 Abs. 4, 98 Abs. 3 neugefaßt EG. z. BO. Art. 102, 103, nebst BO. § 4, wonach die Innungskrankenkassen, die früher Nebenanstalten der Innungen waren, Rechtsfähigkeit erlangt haben; Anw. (§ 365 Anm. 1 d. W.) Nr. 88—95, insbes. Gesellenausschüsse GewO. § 95—95c. ZustG. § 125. Musterstatut Bek. 19. März 98 (ZB. 155), erg. (§ 4 Abs. 3) Vf. 2. Aug. 00 (MB. 240). — Herbergen sollen unbemittelten Gesellen Unterkommen bieten u. Arbeitsnachweise für Gesellen bilden. Die Herbergen zur Heimat sind wohltätige Anstalten, die bei einer christlichen Hausordnung wandernden Gesellen Unterkunft bieten u. sie dadurch vor den schädlichen Einflüssen anderer Wirtshäuser bewahren sollen; polizeilicher Schutz Vf. 27. Juli 94 (MB. 121).

[6]) GewO. § 100—100 u. (§ 100l, 100m u. 100n Abs. 1 neugefaßt EG. BO. Art. 103) nebst Anw. Nr. 96—114. Musterstatut vor Anm. Zwangsinnungen haben den Frieden zwischen Arbeitgebern u. Arbeitern zu fördern, sich aber aller Kampfmaßregeln in einem wirtschaftlichen Streit zu enthalten Vf. 28. Juni 13 (HMB. 465). — Die Gesellen- und Meisterprüfungen haben mit Rücksicht auf deren anderweite besondere Einrichtung (§ 369 Abs. 3) keine wesentliche Bedeutung mehr.

[7]) GewO. § 101, 102 nebst Anw. Nr. 115, 116 u. GewO. § 104—104n nebst Anw. Nr. 123. — Übersicht der Innungsverbände in Preußen 1913 (HMB. 467).

Für größere Bezirke sind von den Landeszentralbehörden **Handwerkskammern** zu errichten, Zwangsorganisationen für die Vertretung und Selbstverwaltung des Handwerks, welche die Interessen der Handwerker durch Begutachtung und Antragstellung den Behörden gegenüber vertreten und diese Interessen selbsttätig durch umfassendere Anstalten, insbesondere in betreff der gewerblichen Ausbildung der Lehrlinge und des Prüfungswesens (§ 369 Abs. 2) fördern sollen. Ihre Mitglieder werden durch mittelbare Wahl von den Handwerkerinnungen und den zur Förderung des Handwerks gebildeten Gewerbevereinen und sonstigen Vereinigungen aus den Handwerksmeistern (§ 369 Abs. 3) auf 6 Jahre gewählt. Bei jeder Handwerkskammer ist ein Staatskommissar zu bestellen und ein Gesellenausschuß zu bilden. Die Kosten werden nach dem Maßstab der selbständigen Handwerksbetriebe auf die Gemeinden des Bezirks verteilt, die sie auf die beteiligten Betriebe umlegen können.[8])

b) Gesellen und Lehrlinge.[1])

§ 369.

Gesellen (Gehilfen)[2]) haben dem Arbeitgeber in bezug auf die Arbeiten und häuslichen Einrichtungen Folge zu leisten. Die **Kündigungsfrist** für das Arbeitsverhältnis beträgt in der Regel 14 Tage. Der Vertragsbruch, die Verleitung zum vorzeitigen Verlassen der Arbeit und die wissentliche Annahme anderweit zur Arbeit verpflichteter Arbeiter macht für den dadurch erwachsenden Schaden verantwortlich, der in bestimmten Grenzen ohne näheren Nachweis nach den Lohnsätzen bemessen und durch ausbedungene Lohneinhaltungen gesichert werden kann.[3])

Die Verhältnisse der **Lehrlinge** sind — im Anschluß an die Einrichtung der Handwerksvertretungen (§ 368 Abs. 3) — neu geregelt,[4]) die Verpflichtung und Verantwortung des Lehrherrn ist verschärft. Die Befugnis zum Halten von Lehrlingen kann unzuverlässigen Personen entzogen und die Haltung einer zu großen Zahl von Lehrlingen untersagt werden. Der

[8]) GewO. § 103—103q (ersterer erg. G. 30. Mai 08 RGB. 356 Art. 1 I) u. Anw. Nr. 117—122. Inkraftsetzung V. 12. März 00 (RGB. 127). Gesellenausschüsse § 103 i, k. Kostenaufbringung § 103 l. Vf. 26. Mai 00 (MB. 216) u. 3. März 13 (HMB. 133). In Preußen sind 34 Handwerkskammern errichtet. Die deutschen Handwerkskammern haben sich zu einem Handwerkskammertag zusammengeschlossen.

[1]) Gesellen u. Lehrlinge zählen zu den gewerblichen Arbeitern. Die allgemeinen Vorschriften für diese (§ 311—320) finden deshalb neben der hier dargestellten besonderen auf sie Anwendung. Kranken-, Unfall- und Invalidenversicherung § 318 Abs. 1, 319 I Abs. 1 u. 320 Abs. 2.

[2]) Die Gesellen heißen in einigen Handwerken (Uhrmacher, Barbiere) und in den nicht handwerksmäßigen Betriebest Gehilfen. Die Bezeichnung „Geselle" in nicht von Ablegung der Gesellenprüfung abhängig und nicht gesetzlich geschützt Vf. 3. Sept. 04 (HMB. 347) u. 23. März 07 (das. 75).

[3]) GewO. § 121—125, verb. BGB. § 623, 624 u. (Form der Kündigung 349. — Gesellenprüfungen Anm. 6, Gesellenausschüsse § 368 Anm 5 u. 8 d. W.

[4]) Krankenversicherung § 318 Abs. 1 d. W. — Sondervorschriften für Apotheken § 267 Anm. 3, im Handel § 373 Anm. 7.

Lehrvertrag ist binnen 4 Wochen nach Beginn der Lehrzeit schriftlich abzuschließen und muß das Gewerbe, die Lehrzeit, die gegenseitigen Leistungen und die Bedingungen für die einseitige Auflösung enthalten. Die Lehrlinge sind der väterlichen Zucht des Lehrherrn unterworfen, müssen dagegen von diesem gehörig unterwiesen und beaufsichtigt werden. Das Lehrverhältnis geht, wenn nicht besondere Auflösungsgründe vorliegen, erst mit Ablauf der Lehrzeit zu Ende und ist, wenn der Lehrvertrag schriftlich geschlossen ist, dadurch geschützt, daß der unbefugt die Lehre verlassende Lehrling auf den innerhalb einer Woche gestellten Antrag des Lehrherrn zur Fortsetzung polizeilich angehalten werden kann und zur Schadloshaltung verpflichtet ist. Dem Lehrling ist nach Beendigung der Lehrzeit ein kostenfrei von der Gemeindebehörde zu beglaubigendes Zeugnis auszustellen.[5]) Weitergehende, auf eine sorgfältigere Ausbildung gerichtete Vorschriften gelten daneben für das **Handwerk** (§ 363 Abs. 1). Zur Anleitung von Lehrlingen sind nur solche Handwerker befugt, die das 24. Lebensjahr und eine Meisterprüfung (Abs. 3) bestanden haben (sog. kleiner Befähigungsnachweis). Ist diese nicht für das Gewerbe oder den Gewerbezweig bestanden, in dem die Anleitung erfolgen soll, so haben sie die Befugnis nur, wenn sie in diesem Gewerbe oder Gewerbezweige entweder die vorgeschriebene Lehrzeit zurückgelegt und die Gesellenprüfung bestanden haben, oder 5 Jahre in dem Gewerbe selbständig oder als Werkmeister tätig gewesen sind. Die Lehrzeit soll in der Regel 3 und nicht über 4 Jahr dauern. Nach ihrem Ablauf können die Lehrlinge sich einer Prüfung vor den zu bildenden Prüfungsausschüssen unterziehen.[6])

Den **Meistertitel** in Verbindung mit der Bezeichnung eines Handwerks dürfen nur Handwerker führen, welche die Meisterprüfung vor einer Prüfungskommission bestanden und das 24. Lebensjahr zurückgelegt

[5]) GewO. § 126—128 (§ 126b Abs. 3 neugefaßt G. 08 [folg. Anm.] Art. 1 II) u. (Strafen) 144a u. 158 9, 9a u. b, 10; Rechtsmittel bei Entziehung oder Beschränkung der Befugnis zum Halten von Lehrlingen (§ 126a) V. 19. Aug. 97 (GS. 401). — Regelung des Lehrlingswesens Anw. Nr. 119 u. Vf. 4. Mai 01 (MB. 57). Lehrverträge sind stempelfrei G. 31. Juli 95 (GS. 413) Tarif Nr. 71 2a. — Mitwirkung der Innungen § 368 Abs. 2; Musterstatut wie § 368 Anm. 5. — Diebstahl u. Unterschlagung geringwertiger Sachen wird gegen Lehrlinge nur auf Antrag verfolgt StGB § 247. — Das Lehrgeld verjährt in 2 Jahren BGB. § 196 10. — Ausbildung in den Staats-Eisenbahnwerkstätten Vf. 21. Aug. 78. — Prämien bei Ausstellung von Lehrlingsarbeiten Vf. 24. März 80 (MB. 95), für Ausbildung taubstummer Lehrlinge Vf. 5. Nov. 53 (MB. 268), 8. Dez. 68 (MB. 318), 2. April 70 (MB. 119), 19. Mai 71 (MB. 176) u. 29. Juli 92 (MB. 363).

[6]) GewO. § 129—132a nebst Anw. Nr. 203—213; Inkraftsetzung V. 12. März 00 (RGB. § 127); Übergangsbestimmung G 26. Juli 97 (RGB. 663) Art 7. Die Vorschriften sind ergänzt durch G. 30 Mai 08 (RGB. 356) Art. 1 III—VI u. (Übergangsbest.) Art. 2 I. Vf. 14. u. 30. Jan. 09 (HMB. 18 u. 104) u. (zu § 130a) 14. März 12 (das. 73). — Gesellenprüfungsordnungen 17. Nov. 00 (MB. 01 S. 45) u. 20. Nov. 02 (HMB. 399); Gleichstellun der Zeugnisse verschiedener bei Staats- u. Reichsbehörden bestellter Prüfungsausschüsse Vf. 27. Aug. 08 (das. 326) u. 1. Febr. 10 (das. 55).

haben. Zur Meisterprüfung sind in der Regel nur solche Personen zuzulassen, die eine Gesellenprüfung bestanden haben und mindestens drei Jahre in dem Gewerbe als Geselle tätig gewesen oder zur Anleitung von Lehrlingen befugt sind.[7])

Die Verhältnisse der Betriebsbeamten, Werkmeister und Techniker sind besonders geregelt.[8])

5. Schutz des Gewerbebetriebs.

Der Staat schützt den Gewerbebetrieb allgemein durch den Zollschutz (§§ 161, 162) und die Einrichtungen zur Förderung des Handels (§§ 372 bis 376) und des Verkehrs (§ 377—392); daneben gewährt er besonderen Schutz durch Sicherung des gewerblichen Eigentums (a) und Bekämpfung des unlauteren Wettbewerbs (b).

a) Schutz des gewerblichen Eigentums.

§ 370.

Der Schutz des gewerblichen Eigentums soll die gewerbliche Ausnutzung von Erfindungen und Herstellungsarten sicherstellen. Für den inländischen Verkehr ergingen dieserhalb besondere Reichsgesetze über Patente (Abs. 2), Muster und Modelle (Abs. 3), Gebrauchsmuster (Abs. 4) und Warenbezeichnungen (Abs. 5). Für den internationalen Verkehr hat die Mehrzahl der Kulturstaaten einen Verband zum Schutze des gewerblichen Eigentums gebildet, innerhalb dessen die Untertanen und Bürger der fremden Staaten gleiche Rechte mit den eigenen Staatsangehörigen genießen und ein internationales Amt eingerichtet ist.[1]) Auf Ausstellungen kann die Erlangung des gesetzlichen Patent-, Muster- oder Zeichenschutzes

[7]) GewO. § 133, neugefaßt G. 08 (Anm. 6) Art. 1 VII, VIII u. (Übergangsbest.) Art. 2 II, III; Strafe GewO. § 148 9c, Anw. Nr. 214—217; Inkraftsetzung wie Anm. 14. Übergangsbest. G. 26. Juli 97 (RGB. 663) Art 8. — MeisterprüfungsO. 16. Sept. 01 (HMB. 222), geänd. 14. Jan. 09 (das. 17).

[8]) Gew. O. § 133 a—f, insbes. Verbot der Erschwerung des späteren Fortkommens (Konkurrenzklausel) § 133 f. Unfallversicherung § 319 1 Abs. 1 d. W. — Binnenschiffer § 380 Anm. 11 d. W.

[1]) Pariser (1900 u. 1911) revidierte Verbandsübereink. 20. März 83, Schlußprot. 2. Juni 11 u. Ausf. G. 31. März 13 (RGB. 13 S. 209, 231, 236, 241, 251, 313, 317, 624). Besondere, der Übereink. nicht zuwiderlaufende Abmachungen sind zugelassen Übereink. Art. 15 u. die früheren Übereinkommen bezüglich des Markenschutzes entsprechend ergänzt, Italien Abk. 18. Jan. 92 (RGB. 293) u. 4. Juni 02 (das. 03 S. 178), der Schweiz 13. April 92 (das. 94 S. 511) u. 26. Mai 02 (das. 03 S. 181), Bulgarien 27. Jan. 94 (das. 112). Anderweite Verträge mit Serbien 21. Aug. 92 (das. 93 S. 317), Luxemburg Bek. 14. Juli 76 (das. 169) u. 2. Aug. 83 (das. 268), Rußland 18. Aug. 73 (das. 337), Rumänien 27. Jan. 82 (das. 7), Griechenland 14. Sept. 94 (das. 520), Costa Rica 1. Okt. 01 (das. 375), Venezuela 8. Dez. 83 (das. 339) u. Ecuador 27. März 1903 (das. 122), Argentinien 13. März 09 (das. 320). — Abk. mit den V. St. v. Amerika über gleiche Behandlung der beiderseitigen Angehörigen im Fall der Nichtausführung eines Patents, Musters od. Modells 23. Feb. 09 (RGB. 895), mit Dänemark üb. Muster u. Modelle 12. Juni 09 (das. 915). — Bearb. von Lusensky, Handel (§ 372 Anm. 1 d. W.) Abschn. V, von Osterrieth u. Axster (Berl. 03).

nach vorheriger Anmeldung ungeachtet der Schaustellung oder späteren Benutzung oder Veröffentlichung gesichert werden.[2])

Die Patente sind Gegenstand der Reichsgesetzgebung[3]) und durch diese geregelt.[4]) Sie werden für neue Erfindungen erteilt, die eine gewerbliche Verwertung zulassen. Ausgeschlossen sind Nahrungs-, Genuß- und Arzneimittel, Chemikalien und Gegenstände, deren Verwertung den Gesetzen oder guten Sitten zuwiderlaufen würde. Das Patent, das gegen eine steigende Jahresgebühr auf 15 Jahre erteilt wird, gibt dem Inhaber das ausschließliche Recht zur gewerblichen Ausnutzung der Erfindung. Es kann nach Ablauf von 3 Jahren zurückgenommen werden, wenn im öffentlichen Interesse die Gestattung der Benutzung durch andere unter angemessener Vergütung geboten erscheint (Lizenzzwang); der Ausführungszwang ist dagegen aufgehoben.[5]) Die Erteilung der Patente bildet eine Rechtsentscheidung, nicht — wie von einigen angenommen wird — eine Verwaltungshandlung. Sie erfolgt ebenso wie die Nichtigkeitserklärung und die Zurücknahme durch das Patentamt in Berlin, das diese Vorgänge in ein öffentlich geführtes Register (Patentrolle) einträgt und durch den Reichsanzeiger und durch das Patentblatt veröffentlicht.[6]) Auf Grund der gehörig bewirkten Anmeldung[7]) und der nach Erlaß einer öffentlichen Bekanntmachung etwa erhobenen Einsprüche erfolgt die Beschlußfassung durch eine der Anmeldeabteilungen des Patentamtes. Der Patentsucher oder der durch den Beschluß Beeinträchtigte kann innerhalb eines Monats Beschwerde einlegen, über die von besonders gebildeten Beschwerdeabteilungen entschieden wird.[8]) Ein weiteres Verfahren vor einer besonderen

---

[2]) G. 18. März 04 (RGB. 141).

[3]) RVerf. Art. 4⁵.

[4]) PatentG. 7. April 91 (RGB. 79). Ein neues G. ist in Vorbereitung — Die Regelung in Konsulargerichtsbezirken unterliegt der Kais. Verordnung G. 7. April 00 (RGB. 213) § 22, 26. — Bearb. v. Lusensky Handel wie Anm. 1, ferner (zugl. f. d. GebrauchsmusterG., Anm. 14) v. Stephan (Berl. 7. Aufl. v. Lutter 08), Seligsohn (5. Aufl. Berl. 12), Isay (2. Aufl. Berl. 11) u. (ausführlich) Kent (2 Bde. Berl. 06/7); Kohler, Handbuch des d. Patentrechts in rechtsvergleichender Darstellung (Mannh. 01) u. kürzeres Lehrbuch (Mannh. 08), Damme, d. d. Patentrecht (2. Aufl. Berl. 11).

[5]) PatG. Art. I § 1—12 (§ 11 in Fassung des G. 6. Juni 11 RGB. 234). — Am Schluß 1912 waren 45121 Patente in Kraft. — Ältere Patente, PatG. Art. II. — Die Höhe der Gebühren, deren Ertrag (7 Mil. M.) den Aufwand für das Patentamt (4 Mil.) nicht unerheblich übersteigt, ist mehrfach angefochten.

[6]) Das. Art. I § 13—19 u. V. 11. Juli 91 (RGB. 349) § 1—18 (die Anmeldeabteilungen § 1 sind auf zwölf vermehrt V. 5. Juni 97 RGB. 473, 7. April 99 das. 283, 2. Mai 00 das. 232, 26. Mai 02 das. 169, 14. Mai 08 das. 213, 11. Mai 11 das. 217); ergänzt ist § 7 V. 29. April 04 RGB. 157 u. neu gefaßt sind § 4 V. 25. Okt. 99 das. 661 u. § 25—30, V. 5. Juni 97 das. 473 u. 6. Mai 99 das. 283). Beschäftigung von Hilfsmitgliedern G. 18. Mai 08 (das. 211) u. 10. März 11 (das. 67). — Weitere Zuständigkeit des Patentamts Abs. 4 u. 5 des Textes.

[7]) PatG. § 20—22.

[8]) Das. § 24—27 u. 34; verb. § 14 u. 16. — Das G. hat sich damit für das früher in Preußen bestandene, auch in Amerika anerkannte Vorprüfungssystem entschieden gegenüber dem in Frankreich, Belgien u. Rußland maßgebenden sog. Anmeldeverfahren.

Nichtigkeitsabteilung findet statt, wenn auf Zurücknahme oder Nichtigkeitserklärung angetragen wird.[9]) Die Berufung gegen die hierauf ergangene Entscheidung geht an das Reichsgericht.[10]) Die Verletzung des Patentrechts begründet Anspruch auf Entschädigung oder auf eine statt dieser zu erlegende Buße und daneben die strafrechtliche Verfolgung. Über beide Fragen wird auf Antrag im gerichtlichen Verfahren entschieden.[11]) — Um das Publikum vor Benachteiligung zu schützen, können mit Ausnahme der Rechtsanwälte Personen, die die Vertretung vor dem Patentamt berufsmäßig betreiben (Patentagenten), hiervon ausgeschlossen werden, wenn sie nicht als Patentanwälte in eine vom Patentamt geführte Liste eingetragen sind. Die Eintragung ist von technischer Befähigung und Besitz der erforderlichen Rechtskenntnisse abhängig und kann bei Verletzung der Berufspflichten oder unwürdigem Verhalten auf Grund ehrengerichtlicher Entscheidung wieder gelöscht werden.[12])

In ähnlicher Weise, wie die Werke der Wissenschaft und Kunst (§ 308) werden nach Vorgang der übrigen Industriestaaten auch neue und eigentümliche, als Vorbilder bei Gestaltung gewerblicher Erzeugnisse dienende Muster und Modelle gegen Nachbildung und Verwertung geschützt. Dies gilt für Flächenerzeugnisse in Linien oder Farben wie für körperliche Erzeugnisse. Der Schutz wird nach Wahl des Antragstellers auf 1 bis 3, ausnahmsweise bis auf höchstens 15 Jahre gewährt und ist von der Eintragung in ein öffentlich von den Amtsgerichten geführtes Musterregister abhängig.[13])

Neben den Geschmackmustern (Abs. 3) ist auch den Gebrauchsmustern ein besonderer Schutz geworden. Diese stehen zwischen den Geschmackmustern und den durch Patente geschützten Erfindungen in der Mitte. Die Schutzvorschriften lehnen sich demgemäß an die über den Patentschutz gegebenen (Abs. 2) an, sind aber der geringeren Bedeutung entsprechend einfacher gestaltet. Die Schutzfrist dauert drei Jahre und kann für weitere drei Jahre verlängert werden. Das Verfahren findet vor dem Patentamt statt.[14])

Auch in bezug auf die im geschäftlichen Verkehr üblichen Warenbezeichnungen (Marken) hat das Deutsche Reich nach dem Vorgang anderer Staaten allen Gewerbetreibenden einen besonderen, neuerdings noch erweiterten Schutz gewährt. Die Benutzung der zur Kenntlichmachung der

---

[9]) Das. § 28—30 (Abs. 3 aufgeh. Art. III des in Anm. 5 angef. G. 11), 34: verb. § 10, 11, 14.

[10]) PatG. § 33 u. V. 6. Dez. 91 (RGB. 389).

[11]) PatG. § 35—40.

[12]) G. 21. Mai 00 (RGB. 233). PrüfungsO. 25. Juli 00 (ZB. 475).

[13]) RG. 11. Jan. 76 (RGB. 11); AusfBest. 29. Feb. u. 23. Juli 76 (ZB. 123 u. 404), 12. Nov. 83 (ZB. 325) u. 10. Mai 07 (ZB. 215); Konsulargerichtsbezirke wie Anm. 4; Sachverständigenkammern wie § 308 Anm. 6. d. W. — Eingetragen waren (Ende 1912) 4,28 Mill.

[14]) RG. 1. Juni 91 (RGB. 290), erg. (§ 13 Abs. 1) 31. März 13 (das. 236) Art. I. Ausführung V. 91 (Anm. 6) § 19—30 u. V. 94 (Anm. 15) § 9. Ein neues G. ist in Vorbereitung. — Konsulargerichtsbezirke u. Bearb. wie Anm. 4 u. (sehr umfassend) v. Cantor (Berl. 11). — Die Zahl der geschützten Gebrauchsmuster betrug (1912) 71279.

Waren eines bestimmten Geschäfts dienenden Zeichen, die dem Patentamt angemeldet und von diesem auf Grund eines einfachen Prüfungsverfahrens in die Zeichenrolle eingetragen sind, ist den Eingetragenen ausschließlich vorbehalten. Wer das Verbot wissentlich oder aus grober Fahrlässigkeit übertritt, ist auf Antrag des Verletzten neben der Strafe auch zu einer Entschädigung, oder statt dieser zur Zahlung einer Buße verpflichtet. Daneben wird die in den Abnehmerkreisen anerkannte besondere Ausstattung und Verpackung der Waren straf- und zivilrechtlich und die Ursprungsangabe strafrechtlich geschützt.[15]) Den Schutz genießen im Fall der Gegenseitigkeit auch die Gewerbetreibenden anderer Länder.[16]) — Zulässig als Warenbezeichnung ist der kaiserliche Adler mit Ausschluß des Wappenschildes,[17]) ebenso der preußische Adler;[18]) die unbefugte Abbildung des kaiserlichen und der bundesfürstlichen oder Landeswappen ist mit Strafe bedroht.[19]) Die mißbräuchliche Bezeichnung als Hoflieferant kann polizeilich gehindert werden.[20])

b) Bekämpfung des unlauteren Wettbewerbs.

§ 371.

Ein neuerdings verschärfter Schutz ist den Gewerbetreibenden durch die Bekämpfung des unlauteren Wettbewerbes geworden, gegen den ihnen neben dem privatrechtlichen Anspruch auf Unterlassung und Schadenersatz auch der Antrag auf strafrechtliche Verfolgung gewährt wird.[1]) Der Anspruch ist allgemein zulässig (Generalklausel), wenn Handlungen vorliegen, die gegen die guten Sitten verstoßen.[2]) Außerdem werden als unlauterer Wettbewerb sechs verschiedene Gegenstände zusammen-

---

[15]) RG. 12. Mai 94 (RGB. 441), erg. 31. März 13 (das. 236) Art. I u. III). Ein neues G. ist in Vorbereitung. — Gegenseitigkeit mit Dänemark Bek. 1. Okt. 13 (das. 709). Konsulargerichtsbezirke wie Anm. 4. — Ausführung V. 30. Juni 94 (RGB. 495) § 1—8, Bek. 22. Sept. 94 (das 521) u. 10. Mai 03 (das. 218). Beim Patentamte (Abs. 2) sind für Warenzeichen 3 Abteilungen gebildet V. 17. Mai 06 (RGB. 474). — Strafverfahren § 153 Anm. 9 d. W. — Warenzeichen, die das rote Kreuz enthalten, sind von der Eintragung ausgeschlossen G. 22. März 02 (RGB. 125) § 7 — Bearb. v. Lusensky wie Anm. 1, ferner Seligsohn (2. Aufl. Berl. 05), Finger (2. Aufl. Berl. 06). Rhenius (2. Aufl. Berl. 08), Freund u. Magnus (5. Aufl. Berl. 09). — Die Zahl betrug (1912) 169040.

[16]) G. 94 § 23. Verträge Anm. 1.

[17]) AE. 16. März u. Bek. 11. April 72 (RGB. 90 u. 93). Unzulässigkeit dieser Bezeichnung für Geschäftsräume OV. (XXIV 308).

[18]) AE. 4. Jan. 62 (MB. 37).

[19]) StGB. § 360^{7}.

[20]) OV. (LII 367).

[1]) RG. 7. Juni 09 (RBG. 499); gemeinsame Bestimmungen enthalten § 21—30, § 28 erg. RG. 31. März 13 (das. 209) Art. I. Schutz deutscher Gewerbetreibender in Ägypten Bek. 17. Aug. 12 (RGB. 487). Das G. betrifft auch die Landwirtschaft § 2. — Der Schutz des Publikums gegen Täuschungen — wie er in § 273 d. W. bestimmend ist — bildet nicht den unmittelbaren Zweck dieses Gesetzes. — Bearb. v. Fuld (3. Aufl. Han. 10), Finger (4. Aufl. Berl. 11), Pinner u. Eyck (2. Aufl. Berl. 10).

[2]) RG. 09 § 1 u. 13. Das BGB § 826 setzt vorsätzliche Schadenszufügung voraus.

gefaßt: die schwindelhafte Bekanntmachung (Reklame),[3]) die Verschleierung des Mengenverhältnisses bestimmter Waren nach Maßgabe vom Bundesrate aufzustellender Vorschriften,[4]) die Bestechung der Angestellten (s.g. Schmiergelder),[5]) die unwahre, zur geschäftlichen Schädigung geeignete Nachrede eines Mitbewerbers, der Verwechselungen ermöglichende Gebrauch fremder Namen oder Firmen und der Verrat von Geschäfts- oder Betriebsgeheimnissen.[6])

VIII. Handel.

1. Einleitung.

§ 372.

Der Begriff des Handels umfaßt die als selbständiges Unternehmen betriebene gewerbsmäßige Vermittelung, durch die Güter aus einer Wirtschaft in eine andere übergeführt werden. Er setzt das Vorhandensein von Gütern (Waren) voraus und wird dadurch von Gütererzeugung und Gewerbe abhängig.[1]) Andererseits verschafft er deren Erzeugnissen neben dem eigenen Gewinne auch die bestmögliche Verwertung und wird dadurch zur Grundbedingung und zu einem wichtigen Förderungsmittel für diese Betriebe. — Der Handel zerfällt in den Außen- (Einfuhr-, Ausfuhr- und Zwischen-) und den Binnenhandel, ferner in Eigen- und Kommissionshandel (Abs. 4) und in Groß- und Kleinhandel (Detailhandel). Die letztere Unterscheidung bestimmt sich nicht nach dem Umfang des Betriebes, sondern nach den beteiligten Personenkreisen, indem der Großhandel den Absatz an Geschäftsleute (Fabrikanten, Wiederverkäufer), der Kleinhandel den Absatz an die Verbraucher vermittelt. Zum Kleinhandel gehört der Hökerhandel (von offenem Stande), der Trödelhandel (mit gebrauchten Sachen) und der Hausierhandel (ohne festen Verkaufsort).

Der Handel tritt in der Geschichte schon früh auf, wird aber erst nach der Entdeckung Amerikas Gegenstand staatlicher Tätigkeit (Handelspolitik).

---

[3]) RG. 09 § 3—5 mißbräuchliche Bezeichnung als Konkursware § 6, Ausverkäufe § 7—10; verb. § 13.

[4]) Das. § 11, 13: Best. f. den Kleinhandel mit Garn Bek. 20. Nov. 00 (RGB. 1014), geänd. § 1 Abs. 2) 17. Nov. 02 (das. 278), Anleitung zur Untersuchung bei den (§ 375 Abs. 7 d. W. aufgeführten) Anstalten 15. April 03 (HMB. 140), Kerzen 4. Dez. 01 (RGB. 494).

[5]) G. 09 § 12, 13.

[6]) Das. 09 § 14—18.

[1]) Begrifflich ist der Handel vom Gewerbe getrennt; tatsächlich sind beide dagegen mehrfach verbunden, u. auch die Gesetzgebung hat sie vielfach vermengt. So wird die Steuer vom Handel als Gewerbesteuer bezeichnet (§ 145—147 d. W.), der Branntweinkleinhandel (§ 366 II 2. Abs. 2), der Hausierhandel (§ 367), der Marktverkehr (§ 374 Abs. 1) u. d. Verkehr d. Handlungsreisenden (§ 366 Abs. 5) in der GewO. behandelt, während andererseits die Gewerbetreibenden zugleich in den Handelskammern ihre Vertretung finden u. die Übernahme der nicht bloß handwerksmäßigen Bearbeitung oder Verarbeitung beweglicher Gegenstände den Handelsgeschäften zugezählt wird HGB. (§ 373 Anm. 1) § 1[1]. — Veröffentlichungen § 364 Anm. 2 d. W. — Bearbeitung der einschlägigen Gesetzgebung v. Lusensky (Berl. 04).

Seine Bedeutung führte zu der Ansicht, daß er die alleinige Quelle des Wohlstandes sei, und zu dem Versuche, ihn zu regeln und für den Staat nutzbar zu machen (Merkantilsystem, § 3[1]). Dies ist das polizeiliche Zeitalter des Handels, in dem er mit Ausfuhrprämien bedacht, zugleich aber durch Einfuhrverbote beschränkt war (Prohibitivsystem) und jeder freien Entwickelung entbehren mußte. Der Grundsatz der Handelsfreiheit kam unter dem Einflusse des physiokratischen und vor allem des Smithschen Systems (§ 3 2 u. 3) erst im Anfang des 18. Jahrhunderts zur Geltung und ist seitdem herrschend geblieben. Er beruht auf der grundsätzlichen Befreiung der Handelsunternehmungen und auf der Beseitigung aller Privilegien, Monopole und sonstigen die freie Bewegung hindernden Berechtigungen.[2]) Die Handelsfreiheit wird deshalb durch den Schutzzoll (§ 161) an sich nicht berührt und fordert nur, daß letzterer wie jeder Zoll unter möglichst geringer Belästigung erhoben werde (§ 163). Die großartige Entwickelung, die unsere Weltwirtschaft in den letzten Jahrzehnten genommen hat (§ 363 Abs. 4), beweist, daß der Handel auch bei mäßigen Schutzzöllen zu gedeihen vermag.

Die öffentlich-rechtlichen Beziehungen des Handels finden in den Handelsverträgen,[3]) die privatrechtlichen in dem Handelsrecht ihre Ordnung. Die Verwaltung des Handelswesens ist für den Außenhandel und den Binnenhandel verschieden. Ersterer wird durch das aus-

---

[2]) Für Preußen G. 26. Mai 18(GS. 65) § 1—7 u. 16.

[3]) Die Handelsverträge bestimmen über die wirtschaftliche und rechtliche Stellung der Angehörigen des einen Staates in dem anderen (Niederlassung, Grunderwerb, Gewerbebetrieb, Rechtsverfolgung, Militär- und Steuerpflicht); einige betreffen auch die konsularische Vertretung (§ 88 Anm. 15) oder die Schiffahrt (§ 379 Anm. 6). Die unter den Kulturstaaten abgeschloss. Handelsverträge sind in der Hauptsache Zollverträge. Bei Meistbegünstigung (§ 161 Abs. 6 d. W.) heißen sie Meistbegünstigungsverträge u. wo sie in besonders aufgestellten Tarifen Befreiungen, Ermäßigungen oder Bindungen (Zusagen der Nichterhöhung) der allgemeinen Zollsätze enthalten, Tarifverträge. Sie werden in der Regel für 12 Jahre abgeschlossen u. gelten in dem zum Zollverein gehörigen Gebiete (§ 152 Anm. 3), nicht aber in den Schutzgebieten. Diese Verträge sind § 161 Anm. 9 nachgewiesen. — Sonstige Handelsverträge mit Niederlande 52 GS. 145, Norwegen 27 GS. 39, Dänemark 19 GS. 183 u. 64 GS. 327, Griechenland RGB. 85 S. 23; Türkei 26. Aug. 90, das. 91 S. 117, erg. 25. April 07 (das. 371), 15. Nov. 11 (das. 12 S. 184); Montenegro 18. Juni 07 (das. 08 S. 28); Persien 73 RGB. 351; China 63 GS. 265 u. 81 RGB. 261; Korea 84 das. 221; Siam 64 GS. 17; Ägypten 19. Juli 92 (RGB. 93 S. 17), Zus. 10 (das. 901); Marokko 91 RGB. 378, erg. Algeciras-Akte § 85 Anm. 5 d. W.; Abessinien 06 RGB. 470 Liberia 68 BGBl. 197; Madagaskar 85 RGB. 166; dem Kongostaate das. 211 u. Berliner Konferenzakte 26. Feb. 85 RGB. 215 Art. 1—12; Honduras 87 RBG. 88 S. 262; Nikaragua 96 das. 97 S. 171; San Salvador 09 das. 405; Mexiko 82 das. 83 S. 247; Venezuela 09 das. 919; Ekuador u. Paraguay 87 das. 88 S. 136 u. 178; Uruguay 99 das. 00 S. 5, Bolivien das. 10 S. 507; Chile 63 GS. 761; d. Argentinischen Konföderation 59 das. 405, Hawai 80 das. 121, Tonga, Samoa und Zanzibar G. 15. Feb. 00 (RGB. 37), 26. Juli 02 (RGB. 261) u. 11. Jan. 07 (RGB. 367). Für die Hansastädte: Zanzibar 13. Juni 59 (ZB. 11 S. 449) u. Guatemala 20. Sept. 87 (ZB. 11 S. 230 u. 13 S. 218).

wärtige Amt (§ 86) und die Konsulate (§ 88), letzterer durch das Reichsamt des Innern (§ 20 Abs. 2[2]), das Ministerium für Handel und Gewerbe (§ 52) und die allgemeinen Landesbehörden verwaltet. Zur Entscheidung von Streitigkeiten aus dem Dienst- und Lehrverhältnis zwischen Kaufleuten und Handlungs-Gehilfen und -Lehrlingen können **Kaufmannsgerichte** errichtet werden. Voraussetzungen, Einrichtung und Verfahren entsprechen den für Gewerbegerichte maßgebenden Grundsätzen (§ 361 Abs. 3); doch können sie nicht für bestimmte Arten von Betrieben oder Teile von Gemeinden errichtet werden, und die Berufung ist an das Landgericht erst bei Wertbeträgen über 300 M. zulässig. Sodann ist für die Wahl der Beisitzer die Verhältniswahl (§ 317 Abs. 2) vorgeschrieben, die bei den Gewerbegerichten nur zugelassen ist.[4]) Als amtliche Vertretungen der Handel- und Gewerbetreibenden bestehen in Preußen für bestimmte Bezirke **Handelskammern**.[5]) Sie bilden die Vermittelung zwischen dem Handelsstande und den Behörden, sollen diese durch Gutachten und Mitteilungen unterstützen und die Gesamtinteressen der Handel- und Gewerbetreibenden mit Ausnahme des durch Innungen und Handwerkskammern (§ 368 Abs. 3) vertretenen Handwerks und des einer besonderen Vertretung entbehrenden Kleingewerbes ihres Bezirks wahrnehmen. Sie bilden öffentlich-rechtliche Körperschaften und dürfen Anstalten und Einrichtungen zur Förderung von Handel und Gewerbe begründen.[6]) Ihre Errichtung fordert Genehmigung des Handelsministers.[7]) Die Mitglieder werden von den in das Handelsregister eingetragenen Kaufleuten des Bezirks, einschließlich der Gesellschaften und Genossenschaften, sowie von den Bergbau treibenden Personen, einschließlich der Gewerkschaften und Genossenschaften auf 6 Jahre gewählt; alle 2 Jahre scheidet $^{1}/_{3}$ aus. Reichs- und Staatsbetriebe sind ausgeschlossen, land- und forstwirtschaftliche Nebengewerbe und landwirtschaftliche und Handwerksgenossenschaften da-

[4]) G. 6. Juli 04 (RGB. 266 [§ 5[5] fortfallend EG. VO. Art. 101]), Vf. 20 u. Bek. 6. Sept. 04 (HMB. 414, 416). Bearb. v. Meyern (Berl. 05) u. v. Schulz (2. Aufl. Jena 05). — Die Zahl betrug in Preußen (11) 174.

[5]) G. (24. Feb. 70 GS. 134 erg. G. 19. Aug. 97 GS. 343 u. gem. Art. X) **in neuer Fassung veröffentlicht** 97 (GS. 355); Bearb. v. Lusensky (2. Aufl. Berl. 09) u. im Werke Handel (Anm. 1 d. W.). Die Zahl betrug (1911) 90; Verzeichnis 1912 (HMB. 271, JMB. 199). — Elf.-Lothringen § 27 Anm. 3 d. W. — Die amtlichen Vertretungen im Reiche haben sich als freie Vereinigung zum **deutschen Handelstage** zusammengeschlossen, in dessen Auftrage die Zeitschrift „Handel u. Gewerbe" herausgegeb. wird. — **Handelskammern im Auslande** (Vereinigungen der daselbst seßhaften Kaufleute eines Staates) sind für Deutschland bislang nicht eingerichtet.

[6]) HKG. § 1, 35, 38—42. — Geschäftsgang § 32—37. — Mitwirkung bei Führung des Handelsregisters (§ 370 Abs. 2 d. W.) G. 99 (RGB. 771) § 126, bei öffentlicher Anstellung u. Beeidigung Gewerbetreibender § 366 Anm. 28, bei Ermächtigung der Handelsmäkler § 373 Anm. 8, bei der Wahl der Handelsrichter § 183 Abs. 2, der Bezirkseisenbahnräte § 386 Abs. 3. — Zu Gutachten an Privatpersonen sind sie nicht verpflichtet Vf. 17. Jan. 02 (HMB. 43) u. zur Vertretung von Einzelansprüchen der Angehörigen nicht berufen Vf. 17. Juli u. 17. Nov. 07 (das. 283 u. 376).

[7]) HKG. § 2. — Beaufsichtigung u. Auflösung § 43.

gegen auf Antrag zuzulassen. Bei Regelung der Wahl ist den Handelskammern ein ausgedehntes Selbstbestimmungsrecht eingeräumt.[8]) Die Handelskammer ordnet ihr Kassen-, Rechnungs- und Büreauwesen selbständig und beschließt über Aufbringung der Kosten. Diese werden nach der staatlich veranlagten Gewerbesteuer auf die Wahlberechtigten umgelegt und als öffentliche Lasten erhoben. Wenn die Beiträge 10 v. H. der Steuer übersteigen, wird Ministerialgenehmigung erforderlich.[9]) — Die in einigen Städten bestehenden kaufmännischen Korporationen sind aufrecht erhalten, können sich jedoch in Handelskammern umwandeln.[10]) — Für die Verwaltung der Handelssachen ist die Handelsstatistik von Bedeutung, die durch die Überwachung des auswärtigen Warenverkehres (§ 162 Abs. 3) eine neue Grundlage gewonnen hat, sich auf diesen beschränkt und nebst den gesetzgeberischen Unterlagen im Handelsarchiv veröffentlicht wird.[11]) — Für die Fachbildung der Kaufleute wird durch Handelsschulen gesorgt.[12])

Die staatliche Einwirkung ist im Handel, der sich vor allem auf eigene persönliche Tätigkeit angewiesen sieht, nur beschränkt. Eine Förderung erfährt er nächst den Handelsverträgen durch die Konsuln (Abs. 3). Diese haben über die wirtschaftlichen Verhältnisse ihres Amtsbezirks fortdauernd zu berichten und das Ergebnis wird vom Reichsamt des Innern im Handelsarchiv und in den Nachrichten für Handel und Industrie zur Kenntnis der Beteiligten gebracht. Neben ihnen sind für wichtigere Wirtschaftsgebiete landwirtschaftliche und Handelssachverständige bestellt. Sonst fällt die Förderung des Handels mit den allgemeinen Aufgaben der Wirtschaftspflege, namentlich dem Kreditwesen (§ 325—328) und Verkehrswesen (§ 377—392) zusammen. Auf diesem Gebiete sind neben Ausnahmetarifen der Eisenbahnen für Ausfuhrgüter (§ 388 Abs. 5) zum Schutz und zur Förderung des Außenhandels regelmäßige Dampfschiffverbindungen in überseeische Länder eingerichtet worden.[13]) Ferner

---

[8]) Das. § 3—22, OV. (L II 388 u. L III 366).

[9]) HKG. 23—31, OV. (L III 369).

[10]) Das. § 44, erg. G. 2. Juni 02 (GS. 161) u. ZustG. § 136—138. — Die revidierten Statuten (Königsberg 12. Juni, Memel 22. Aug., Tilsit 17. Nov., Elbing 31. Jan. 72, Stettin 14. März, Danzig 15. Sept. 93) sind in den Amtsblättern veröffentlicht. Die Korporationen Altona u. Magdeburg sind zu Handelskammern umgewandelt, während in Berlin neben der Korporation eine Handelskammer errichtet ist, welche die öffentlich rechtlichen Befugnisse wahrnimmt V. 3. Dez. 02 (HMB. 410).

[11]) Vf. 24. April 89 (MB. 117).

[12]) Eine akademische Ausbildung bezwecken die Handelshochschulen in Königsberg, Berlin (Einrichtung der Kaufmannschaft), Frankfurt a. M. (Akademie für Sozial- u. Handelswissenschaften) u. Köln (diese 2 städtisch). Die Handelshochschule in Köln (6. Aufl. Köln 06). Handelsschulen in Berlin, Erfurt, Osnabrück und Köln, deren Reifezeugnis zum einjährigen Dienst berechtigt; Handels- und Gewerbeschulen § 364 Abs. 6[5]. — Kaufmännische Fortbildungsschulen § 314 Abs. 5 d. W. — Frankfurt a. M. besitzt ein Handelsmuseum.

[13]) Ostasien u. Australien G. 6. April 85 (RGB. 85), 27. Juni 87 (RGB. 275), 20. März 93 (RGB. 95), 13. April 98 (das. 163), 8. März 09 (das. 317); Vtr. 3./4. Juli 85 (ZB. 276),

hat der Staat für die Handelsverhältnisse eine feste Rechtsordnung hergestellt (Nr. 2) und Einrichtungen herbeigeführt, die den Zwecken des Handels ausschließlich dienen, wie die Märkte und Börsen (Nr. 3), oder doch vorwiegend für diese in Betracht kommen, wie die Maße und Gewichte (Nr. 4) und das Münzwesen (Nr. 5). — Alle diese Gegenstände unterliegen der Reichsgesetzgebung[14]) und sind von dieser geregelt.

2. Handelsrecht.

§ 373.

Die durch die Natur und Bedürfnisse des Handelsverkehrs gegebene Notwendigkeit eines einheitlichen Handelsrechts hatte schon vor Entstehung des Reichs zur Bearbeitung eines deutschen Handelsgesetzbuches geführt, das 1871 als Reichsgesetz eingeführt wurde. Dieses ist jetzt durch ein neues Handelsgesetzbuch ersetzt, das den Bestimmungen des BGB., mit dem es gleichzeitig in Kraft trat, angepaßt ist, und dabei den in den letzten Jahrzehnten eingetretenen Wandlungen im rechtlichen, wirtschaftlichen und sozialen Leben Rechnung trägt. Es bildet keine selbständige Rechtsordnung, beschränkt sich vielmehr im wesentlichen auf Änderungen und Zusätze zum BGB. Das HGB. behandelt in vier Büchern den Handelsstand, die Handelsgesellschaften, die Handelsgeschäfte und das Seerecht (§ 379 Abs. 2) und findet in Handelssachen vor den Vorschriften des BGB. Anwendung.[1])

Der Handelsstand ist umgrenzt, weil das HGB. ein Sonderrecht für Kaufleute einschließlich der Handelsgesellschaften bildet. Kaufmann ist, wer ein Handelsgewerbe betreibt, und als Handelsgewerbe gelten neben

---

Nachtr. 15. Mai 93 (ZB. 146) u. Erweiterung 98 (ZB. 453) mit Nachtr. 99 (ZB. 112), 00 (ZB. 545) u. 08 (ZB. 323); Ost- u. Südafrika G. 1. Feb. 90 (RGB. 19), erg. 25. Mai 00 (RGB. 239); Btr. 9./21. Juli 00 (ZB. 484).

[14]) RVerf. Art. 4 2, 3 u. 7. Zuständigkeit wie im Gewerbewesen § 364 Abs. 1.

[1]) Handelsgesetzbuch 10. Mai 97 (RGB. 219) u. EinfG. v. dems. T. (das. 437); letzteres enthält nach den einleitenden Bestimmungen (Art. 1—7) Änderungen der Reichsgesetze (Art. 8 bis 14), einige — nur die außerpreußischen Staaten (Anm. 19) betreffende — Vorbehalte für die Landesgesetzgebung (Art. 15—21) und Übergangsbestimmungen (Art. 22—28). Das HGB. ist am 1. Jan. 1900 — mit dem die Handlungsgehilfen und -Lehrlinge betreffenden Teile (Buch 1, Absch. 6) am 1. Jan. 1898 — in Kraft getreten EG. Art. 1 Abs. 1. — Es enthält — gleich dem BGB. — keine Bestimmung über die bindende Kraft des Gewohnheitsrechts, überläßt die Frage seiner Wirksamkeit vielmehr der Wissenschaft und Rechtsprechung; eine Berücksichtigung findet dieses jedoch bei Beurteilung der Bedeutung und Wirkung von Handlungen und Unterlassungen § 346. — Preuß. AusfG. 24. Sept. 99 (GS. 303). — Zuständigkeit und Verfahren G. 98 (RGB. 771) § 145, 146 u. (Handelsregister) Anm. 3. Kammern für Handelssachen § 183 Abs. 2 d. W. — Bearb. v. Lehmann (2. Aufl. Berl. 13), Staub (9. Aufl. v. Könige u. a. 2 Bde. Berl. 12/13) Goldmann (das. 01 bis 06) u. Makower (13. Aufl. das. 06) Handausg. von Busch (7. Aufl. Berl. 11), Litthauer (14. Aufl. von Mosse Berl. 11), Gareis 5. Aufl. Münch. 12) und Ritter (Berl. 09); System v. Gareis (8. Aufl. das. 09) u. Lehmann (2. Aufl. Leipz. 12); knapper Leitfaden für das d. Handels-, Wechsel- u. Seerecht v. Engelmann (2. Aufl. Berl. 08).

bestimmten Grundhandelsgeschäften auch andere gewerbliche Unternehmungen, sofern sie kaufmännisch eingerichtet und in das Handelsregister eingetragen sind. Die Kaufmannseigenschaft folgt entweder aus dem Betrieb der Grundhandelsgeschäfte auch ohne Eintragung in das Handelsregister (Mußkaufleute) oder auf Grund solcher Eintragung, zu der der Betrieb sonstiger kaufmännisch eingerichteter Geschäfte verpflichtet (Sollkaufleute), der Betrieb landwirtsch. Nebengewerbe (§ 352 Abs. 1) aber nur berechtigt (Kannkaufleute). — Handwerker (§ 363 Abs. 1) und Kleingewerbetreibende (Minderkaufleute) sind nicht einzutragen.[2] — Die Handelsregister sind öffentlich und werden von den Amtsgerichten geführt. Die Anmeldungen, zu denen die Pflichtigen durch Ordnungsstrafen angehalten werden können, sind persönlich oder in beglaubigter Form zu bewirken. Die Eintragung muß alle gegen Dritte wirksamen Tatsachen enthalten.[3] — Zu diesen gehört die Handelsfirma, der Name, unter dem ein Kaufmann sein Geschäft betreibt und klagen oder verklagt werden kann.[4] — Jeder Kaufmann muß nach den Grundsätzen ordnungsmäßiger Buchführung Handelsbücher führen und beim Beginn des Gewerbes sowie für den Schluß jedes Geschäftsjahres Inventar und Bilanz in Reichswährung aufstellen. Die Bücher sind nach der letzten Eintragung 10 Jahre lang aufzubewahren und auf Anordnung des Gerichts vorzulegen.[5] — Das Rechtsverhältnis des Kaufmanns zu seinem Handlungs-

---

2) HGB. § 1—7, 351 u. EG. Art. 5. Die Abgrenzung des Kleingewerbes (HGB. § 4 Abs. 3) gegen das Handelsgewerbe erfolgt in Preußen durch den Justiz- und den Handelsminister AG. Art. 1 Abs. 1.

3) HGB. § 8—16. Führung der Register G. 98 (RGB. 771) § 125—37 nebst AG. 21. Sept. 99 (GS. 249) Art. 29 Abs. 1 u. Vf. 7. Nov. 99 (JMB. 313); Ordnungsstrafrecht G. 98 § 138 bis 40; Löschung § 141—4, AG. Art. 2 und (Mitwirkung der Notare, Gemeinde-, Polizei- u. Steuerbehörden) Art. 3.

4) HGB. § 17—37. Vereinigung benachbarter Gemeinden zwecks unterschiedlicher Firmenbezeichnung § 30, AG. Art. 1 Abs. 2 u. Bek. 5. Mai 13 (HMB. 396).

5) HGB. § 38—47. — Strafe unterlassener Führung im Konkurse KonkO. § 239³ u. 240³. — Die kaufmännische Buchführung beruht auf dem Kassabuch, das alle baren Einnahmen und Ausgaben enthält, der Kladde (Memorial), in der alle nicht sofort bar beglichenen Verrechnungsposten (Waren, Effekten) verzeichnet werden, und dem Hauptbuche, in das die Eintragungen aus beiden genannten Büchern derart aufgenommen werden, daß jede mit dem Geschäft in Verbindung tretende Person — in der Regel auch der Geschäftsinhaber selbst für seine Einlagen und empfangenen Gewinne — ihre gesonderte Abrechnung (Konto) erhält. Die laufende Gegenseitigkeitsrechnung heißt Kontokorrent (HBG. § 355). Während in der Kladde alle Geschäftsvorgänge fortlaufend aufgeführt werden, dienen im Kassabuch die linken (Soll- oder Debet-) Seiten für die Einnahmen, die rechten (Haben- oder Kredit-)Seiten für die Ausgaben. In den Solleintragungen werden die Zahler (Lieferer) erkannt, in den Habeneintragungen die Empfänger belastet; ersteren wird das Wörtchen „an", letzteren das Wörtchen „per" vorangestellt. Bei den Abschlüssen wird, um die Übereinstimmung der Summen beider Seiten herzustellen, der auf der einen Seite überschießende Betrag (Saldo) auf der anderen Seite zugesetzt u. in der neuen Rechnung auf der entgegengesetzten Seite vorgetragen. — Neben dieser einfachen besteht die schon im Mittelalter von den italienischen Kaufleuten ausgebildete, zurzeit in allen größeren Geschäften angewendete italienische oder doppelte Buch-

personal tritt nach außen in der Prokura und Handelsvollmacht, nach innen in der Stellung der Handelsgehilfen und Handlungslehrlinge hervor. Die Prokura, die ausdrücklich erklärt und in das Handelsregister eingetragen werden muß, unterscheidet sich von der gewöhnlichen Handelsvollmacht dadurch, daß sie den Prokuristen stets zu allen Geschäften und Rechtshandlungen mit Ausnahme der Veräußerung und Belastung von Grundstücken ermächtigt.[6]) Handlungsgehilfen sind die in einem Handelsgewerbe zur Leistung kaufmännischer Dienste gegen Entgelt angestellten Personen. Ihre Anstellung wie die Annahme von Handlungslehrlingen ist Gegenstand freier Vereinbarung, doch ist die Vertragsfreiheit im Interesse des Schutzes gegen unbillige Bedingungen mehrfach eingeschränkt, insbesondere hinsichtlich der Kündigungsfristen und der Abreden über Ausschluß demnächstigen Mitbewerbs (Konkurrenzklausel). Dem Kaufmann (Prinzipal) liegt eine ausgedehnte Fürsorgepflicht ob, die sich bezüglich der Lehrlinge auch auf die Ausbildung erstreckt.[7]) — Weitere Handelspersonen sind die

---

führung. Bei dieser werden die Personen- (lebenden) Konten meist nicht im Hauptbuche, sondern in einem besonderen Kundenbuche, im Hauptbuche selbst aber (Sach- oder tote) Konten für alle einzelnen Geschäftszweige (Kasse, Waren, laufende Rechnungen, Wechsel, Effekten, Gebäude, Gebrauchsgegenstände, Erneuerungsfonds, Reservefonds u. dgl.) angelegt, in denen jeder Geschäftsvorfall doppelt, dem einen Konto zulasten, dem andern zugute geschrieben wird. Die doppelte Buchführung ermöglicht dadurch, daß die Summe der Sollseiten aller Konten mit der Summe aller Habenseiten jederzeit übereinstimmen muß, eine wertvolle Kontrolle der Eintragungen, und weist nach, was jeder einzelne Geschäftszweig empfangen (gekostet) u. gegeben (geleistet) hat. — Einführung in die Buchführung für Juristen v. Schigut (Wien u. Leipz. 12).

[6]) HGB. § 48—58.

[7]) Das. § 59—83 (Handlungsgehilfen 59—75, Handlungslehrlinge 60—63, 74 bis 82); Geltung Anm. 1. — Soweit das HGB. nicht anders bestimmt, finden die allgemeinen Bestimmungen über den Dienstvertrag (BGB. § 611—630) Anwendung; Haftung des Prinzipals BGB. § 278 u. 831. — Die Fürsorgepflicht [HGB. § 62, 63 u. 76, erg. GewO. § 139g—i, (Strafen) § 147^{4}, 150^{4} u. (Einrichtung von Sitzgelegenheit) Bek. 28. Nov. 00 RGB. 1033] entspricht der des BGB. § 616 u. 618 (§ 258 Anm. 7 d. W.) u. der GewO. § 120a—e (§ 315 Anm. 11 d. W.). — Insbesondere sollen in offenen Verkaufsstellen beschäftigte Personen neben angemessener Mittagspause eine mindestens zehnstündige Ruhezeit nach der täglichen Arbeitszeit genießen GewO. § 139c, d, m und (Strafe) 146^{2}; der Ladenschluß ist von 9 Uhr abends bis 5 Uhr morgens festgesetzt und kann auf Antrag von $^{2}/_{3}$ der Geschäftsinhaber durch die höhere Verwaltungsbehörde bis 8 Uhr abends und 7 Uhr morgens ausgedehnt werden das. § 139e, f, m u. (Verfahren) Bek. 25. Jan. 02 (RGB. 38); in größeren Geschäften (mit mindestens 20 Gehilfen u. Lehrlingen) muß eine Arbeitsordnung (§ 315 Abs. 3 d. W.) erlassen werden das. § 139k u. (Strafe) 147^{5}, 148^{12} u. 150^{5}; Anw. 1. Mai 04 (MB. 201) Nr. 259—271. — Konkurrenzklausel HGB. § 74—76. — Außerdem gelten gem. GewO. § 154 Abs. 1^{2} (Fassung nach G. 28. Dez. 08 RGB. 667 Art. 3) deren Bestimmungen über Fortbildungsschulen (§ 314 Abs. 5 d. W.) HGB. § 76 Abs. 4, GewO. § 120 u. über die Sonntagsruhe (§ 315 Abs. 2 d. W.) GewO. § 105a—i (insbes. 105b Abs. 2 u. 3). Mit der Sonntagsarbeit, die in der Regel nicht über 5 Stunden betragen darf, ist auch der Gewerbebetrieb in offenen Verkaufsstellen untersagt GewO. § 41a u. (Strafe) § 146a; Anw. Nr. 124—137, 139, 140. Begriff des Handelsgewerbes Bf. 6. Nov. 91 (MB. 92 S. 73); der Bahnhofsbuchhandel unterliegt den Vorschr. üb. Sonntagsruhe u. Feiertagsheili-

Handelsagenten und Handelsmäkler. Erstere haben, ohne als Handlungsgehilfen angestellt zu sein, ständig Geschäfte für das Handelsgewerbe eines anderen zu vermitteln und abzuschließen; letztere übernehmen ohne ständigen Auftrag gewerbsmäßig die Vermittelung von Verträgen über Gegenstände des Handelsverkehrs.[8])

Gesellschaften, die ein Handelsgewerbe unter gemeinsamer Firma betreiben, heißen Handelsgesellschaften.[9]) Mit der Firma erlangen sie rechtliche Selbständigkeit und müssen in das Handelsregister eingetragen werden.[10]) In der offenen Handelsgesellschaft haften alle Gesellschafter unbeschränkt (persönlich).[11]) Eine Abart, die nach ähnlichen Grundsätzen behandelt wird, bildet die Kommanditgesellschaft, bei der ein oder einige Gesellschafter (Kommanditisten) nur mit bestimmten Einlagen haften.[12]) Sind alle Gesellschafter nur mit Einlagen auf das in Aktien zerlegte Grundkapital ohne persönliche Haftung beteiligt, so entsteht die Aktien- und, wenn bei einer Kommanditgesellschaft die Einlagen in Aktien zerlegt sind, die Kommanditgesellschaft auf Aktien.[13]) — In der stillen Gesellschaft beteiligt sich ein Gesellschafter an dem Handelsgewerbe eines anderen gegen Anteil an Gewinn und Verlust mit einer Einlage, die ganz in das Vermögen des anderen übergeht. Die Gesellschaft tritt sonach nach außen nicht als solche hervor und bildet deshalb keine eigentliche Handelsgesellschaft.[14])

Handelsgeschäfte sind alle Geschäfte eines Kaufmanns, die zum Betriebe seines Handelsgeschäfts gehören. Für diese bestehen mit Rücksicht auf die besonderen Bedürfnisse des Handelsverkehrs mehrfache Ergänzungen und Abweichungen von dem BGB., die entweder allgemein

---

gung nur, wenn er außerhalb der Bahnhofsperre betrieben wird Vf. 25 Juli 05 (MB. 136) u. 2. Mai 11 (MB. 134). — Krankenversicherung § 318 Abs. 1, Unfallversicherung § 319 I Abs. 1, Invalidenversicherung § 320 Abs. 2 d. W.

8) HGB. § 84—104. — Amtliche Handelsmäkler kennt das HGB. nicht; die Privathandelsmäkler können jedoch zu nicht in der Vermittlung von Geschäften bestehenden Verrichtungen (freihändigen Verkäufen und Ankäufen BGB. § 385, 1221 u. 1235, HGB. § 373 Abs. 2, 376 Abs. 3, 379 Abs. 2, 388 Abs. 2, 389, 437 Abs. 2, Feststellung der Börsenpreise, Kursmäkler § 374 Abs. 3 d. W.) von der Handelskammer, wo diese fehlt, vom Regierungspräsidenten öffentlich ermächtigt werden, worauf sie durch das Amtsgericht oder die Handelskammer zu vereidigen sind G. 20. Sept. 99 (GS. 177) Art. 13. — Die Vorschriften über Handelsmäkler werden durch das BGB. (Mäklervertrag § 652—6) nicht berührt.

9) Anerkennung im gegenseitigen Verkehre mit der Niederlande u. Rußland § 330 Anm. 5 d. W. — Stempelsteuer § 158 Abs. 2[1].

10) HGB. § 106, 124 u. 161 Abs. 2, 195, 210 u. 320 Abs. 2. Alle Handelsgesellschaften außer den offenen u. den Kommanditgesellschaften sind juristische Personen Vf. 19. April 04 (HMB. 112).

11) HGB. § 105—60; soweit darin nichts anderes vorgeschrieben wird, finden die allgemeinen Bestimmungen über die Gesellschaft (BGB. § 705—40) Anwendung § 105 Abs. 2.

12) Das. § 161—77.

13) Aktiengesellschaften, Kommanditgesellschaften auf Aktien sind gleich den Gesellschaften mit beschränkter Haftung und den Wirtschaftsgenossenschaften wegen ihrer allgemeineren wirtschaftlichen Bedeutung in § 330 u. 331 d. W. behandelt.

14) HGB. § 335—42.

angeordnet,[15]) oder für einzelne besondere Geschäfte gegeben sind. Solche Geschäfte sind der Handelskauf,[16]) das Kommissionsgeschäft, das in der gewerbsmäßigen Übernahme des An- und Verkaufs von Waren und Warenpapieren im eigenen Namen für fremde Rechnung besteht[17]) und in dem Speditionsgeschäft, der Übernahme der Versendung von Gütern,[18]) sowie dem Lagergeschäft, der Übernahme der Lagerung und Aufbewahrung von Gütern,[19]) besondere Anwendung findet, endlich das Frachtgeschäft, die Übernahme einer Güterbeförderung zu Lande oder auf Binnengewässern (im Gegensatz zur Seebeförderung § 379 Abs. 2).[20])

3. Märkte und Börsen.

§ 374.

Die **Märkte** haben infolge der erleichterten Absatz- und Verkehrsverhältnisse ihre Bedeutung für den Großhandel längst eingebüßt.[1]) Sie haben sich indes für den Kleinhandel als Jahr- und Krammärkte behauptet und sind vor allem für den Handel mit landwirtschaftlichen Erzeugnissen wichtig geblieben, der für bestimmte einzelne Erzeugnisse auf den Getreide-, Vieh-, Woll- und ähnlichen Märkten und für die gewöhnlichen Lebensbedürfnisse auf den Wochenmärkten seine Vermittelung findet. Alle diese Märkte, über deren Zahl, Zeit und Dauer der Provinzialrat — bei Wochenmärkten der Bezirksausschuß mit Zustimmung der Gemeindebehörden — beschließt,[2]) fördern den Mitbewerb und erleichtern den

[15]) Das. § 343—72, insbes. Berücksichtigung der Gewohnheiten u. Gebräuche im Handelsverkehr § 346, Erweiterung des Rechts zur Zinsforderung (§ 326 Anm. 33 d. W.) § 352—5, des Zurückbehaltungsrechts § 369—72. Verpflichtung bei Annahme abhanden gekommener Inhaberpapiere § 325 Anm. 28 d. W., Übertragung der an Order laut. Anweisungen durch Indossament HGB. § 363—5.

[16]) Das. § 373—82.

[17]) Das. § 383—406.

[18]) Das. § 407—15.

[19]) Das. § 416—24. Lagerscheine der staatlich zur Ausstellung ermächtigten Anstalten können, wenn sie auf Order lauten, durch Indossament übertragen werden § 363 Abs. 2 u. 424. Weitergehende landesgesetzliche Bestimmungen, die auch eine Verpfändung der Lagerscheine (warrants) ermöglichen (Bremen u. Elsaß-Lothringen), sind aufrecht erhalten EG. Art. 16.

[20]) HGB. § 425—52; Eisenbahnfrachtrecht § 453—73, insbes. Beförderungspflicht u. gleiche Behandlung aller Frachtnehmer § 453, verb. § 388 Abs. 3 d. W.; Frachtrecht der Binnenschiffahrt § 380 Abs. 4 d. W.

[1]) Von den staatlichen Leggeanstalten in den Provinzen Hannover, Westfalen und Hessen, in denen zum Zweck des Absatzes die Leinengewebe in Bezug auf Größe u. Feinheit amtlich beglaubigt wurden G. 15. März 75 (GS. 165), bestehen nur noch einige in der Provinz Hannover. — Messen sind Märkte für den Großhandel; doch werden auch einzelne gewöhnliche Jahrmärkte als solche bezeichnet.

[2]) GewO. § 65, (Wochenmarktgegenstände) 66 u. ZustG. § 127—9. — Privatmärkte bedürfen keiner Genehmigung, OV. (XXI 343), sollen aber auf öffentlichen Straßen u. Plätzen nicht zugelassen werden Vf. 29. Dez. 10 (HMB. 11 S. 8), können auch die den öffentlichen Märkten gewährten Begünstigungen nicht in Anspruch nehmen OV. (VIII 246 u. IX 307). Der Verkauf von Marktwaren außerhalb des Marktplatzes kann durch die MarktO. nicht ausgeschlossen werden OV. (XXI 343). — Verbot der Märkte bei Seuchen § 269 Anm. 13 u. Viehseuchen § 358 Abs. 3 d. W. — Betrieb u. Einrichtung der Viehmärkte § 358 Anm. 17, Handel auf Schlachtviehmärkten § 356 Abs. 7 d. W.

Absatz. In den Großstädten sind Markthallen eingerichtet, die Käufer, Verkäufer und Waren vor Witterungseinflüssen schützen und den dauernden Betrieb, sowie den Großbetrieb des Handelsmarktverkehrs ermöglichen. Der Marktverkehr, insbesondere die Festsetzung der Marktzeiten und Marktplätze, wird von der Ortspolizeibehörde im Einverständnis mit dem Gemeindevorstand durch Marktordnung geregelt. Er wird durch Befreiung von der Wandergewerbescheinpflicht (§ 367 Abs. 1) und der Hausiersteuer (§ 147) polizeilich und steuerlich begünstigt, ist auch den einschränkenden Vorschriften für den stehenden Gewerbebetrieb (Meldepflicht § 366 Abs. 1, Ladenschluß und Sonntagsruhe § 373 Anm. 7) nicht unterworfen. Die Benutzung der Märkte steht jedermann — regelmäßig auch den Ausländern — frei.[3]) Die Marktpolizei hat für die Sicherheit und Ordnung des Verkehrs auf dem Markte, für die Richtigkeit der angewendeten Maße und Gewichte (§ 375), sowie für die gesunde Beschaffenheit der feilgebotenen Nahrungsmittel zu sorgen. Marktstandsgelder müssen nach der Zeitdauer und Größe des in Anspruch genommenen Raumes mit höchstens 20 Pf. täglich für das qm bemessen und dürfen nur unter Genehmigung des Bezirksausschusses erhoben werden.[4])

Den Markt für den Abschluß von Handelsgeschäften bildet die **Börse**, die nach ihrem Gegenstande als Fonds- (Effekten-) oder als Produkten- und Warenbörse bezeichnet wird. Die letztere ist die ältere. Der Börsenverkehr findet — abweichend vom Marktverkehr — unmittelbar unter Kaufleuten statt, betrifft auch nicht einzelne Gegenstände, sondern Mengen von solchen. Die Geschäfte zerfallen in die sogleich an einem einzigen bestimmten Tage zu erfüllenden Effektiv(Kassa)geschäfte und in die innerhalb einer bestimmten Frist abzuwickelnden Zeit (Termin) geschäfte. Diese werden, wenn es sich nicht um wirkliche Lieferungen, sondern um Zahlung des am Endtermin eingetretenen Preisunterschiedes handelt, zu Differenzgeschäften, die als Spielgeschäfte (§ 258 Abs. 1) klaglos sind. Die Bedeutung der Zeitgeschäfte für den Handelsverkehr liegt darin, daß sie zur Ausgleichung der Warenpreise für längere Perioden beitragen, eine Versicherung gegen Preisschwankungen gewähren und die Regelung internationaler Zahlungsverbindlichkeiten erleichtern. Andererseits wird der Preis bei solchen Börsengeschäften nicht notwendig durch Angebot und Nachfrage und durch Vorrat und Bedarf, sondern auch durch künstliche

[3]) GewO. § 64, 66, 67, 69—71 u. Anw. 1. Mai 04 (MB. 201) Nr. 87 (besondere Märkte GewO. § 76 u. Anw. Nr. 86); Strafen § 149[6]; erforderlich ist jedoch auch auf Märkten zu Musikaufführungen u. Schaustellungen ein Wandergewerbeschein § 55 Abs. 2 u. zum Verkauf geistiger Getränke die ortspolizeiliche Genehmigung § 67 Abs. 2. — Die Gewerbesteuerfreiheit (§ 64) ist auf außerpreußische Gewerbetreibende ausgedehnt G. 24. Juni 91 (GS. 205) § 4[5].

[4]) GewO. § 68, G. 26. April 72 (GS. 513) u. 14. Juli 93 (GS. 152) § 11 Abs. 1; Einf. in Lauenburg G. 25. Feb. 78 (GS. 97) § 8[4]; AusfVerf. 10. Juni 72 (MB. 185); ZustG. § 130.

Machenschaften (Preistreiberei, Börsenjobberei) bestimmt. Dieses führt zu unlauteren Übervorteilungen, wie sie im Effektengeschäft, besonders bei der Ausgabe von Aktien zweifelhafter Unternehmungen hervortreten (§ 330 Abs. 1). Noch bedenklicher gestaltet sich das Differenzgeschäft, weil es vielfach Spekulations-, nicht wirtschaftliche Zwecke verfolgt, auch nur zum geringeren Teil mit Barmitteln betrieben zu werden braucht und infolgedessen leicht zum gefährlichen Glücksspiel ausartet.

Diese Erscheinungen haben zum Erlaß eines Börsengesetzes geführt, das diese Auswüchse durch strengere Überwachung beseitigen soll, ohne die Börse in ihrer wirtschaftlich notwendigen und nützlichen Tätigkeit zu stören, und, um letzteren Zweck voll zu erreichen, jetzt eine eingreifende Abänderung erfahren hat.[5]) — Die Errichtung einer Börse bedarf der Genehmigung der Landesregierung, die die Aufsicht über sie ausübt und sie aufheben kann. Für die Aufsicht, deren unmittelbare Ausübung den Handelskammern und kaufmännischen Korporationen (§ 372 Abs. 3) übertragen werden kann, sind Staatskommissare zu bestellen, während der Bundesrat für die seiner Beschlußfassung überwiesenen Angelegenheiten einen Börsenausschuß als sachverständigen Beirat beruft.[6]) Für jede Börse ist unter Genehmigung der Landesregierung eine Börsenordnung über die Verwaltung der Börse und die Regelung des Börsenverkehrs zu erlassen[7]) und ein Ehrengericht zu bilden, das die mit der Ehre oder dem Anspruch auf kaufmännisches Vertrauen nicht zu vereinbarenden Handlungen mit Verweis, sowie mit zeitweiliger oder dauernder Ausschließung von der Börse bestrafen kann.[8]) — Eine hervorragende Bedeutung haben die Börsen für die Bestimmung der Preise. Der Börsenpreis soll unbeeinflußt durch Sonderinteressen nur nach der wirklichen Geschäftslage an der Börse festgestellt werden. Die amtliche Feststellung erfolgt durch

---

[5]) BörsenG. (22. Juni 96 RGB. 157, abgeändert durch G. 8. Mai das. 183 u. gem. dessen Art. VI) laut Bek. 27. Mai 08 in neuer Fassung u. Paragraphenfolge veröffentlicht RGB. 215. Bearb. v. Rehm u. anderen (Berl. 09), Apt (5. Aufl. Berl. 09 mit Nachtr. 10), Hemptenmacher (Berl. 08) u. Gareis (8. Aufl. Gießen 09). Börsenrecht § 328 Anm. 8. — Börsensteuer § 158 Abs. 1 d. W.

[6]) BG. § 1—3. Die Vorschrift betrifft alle, auch private Börsen. Börse ist die regelmäßige, nach Ort und Zeit bestimmte Versammlung einer Mehrzahl von Personen, meist selbständigen Kaufleuten, um Handel, vorwiegend Großhandel mit nicht zur Stelle gebrachten vertretbaren Sachen zu treiben OV. (XXXIV. 315). Börsen bestehen für Preußen in Königsberg, Stettin, Magdeburg (BörsenO. 08 HMB. 148, 379, 384), Berlin (das. 09 S. 42, 11 S. 261 u. 12 S. 461), Breslau, Düsseldorf, Essen, Köln, Ruhrort (das. 09 S. 474, 159, 539, 179, 215), Frankfurt a. M. (das. 09 S. 225 u. 11 S. 246), Hannover (das. 10 S. 565) u. Danzig (das. 12 S. 29); ferner in München, Augsburg, Stuttgart, Mannheim, Dresden, Leipzig, Chemnitz, Zwickau, den Hansastädten, Mülhausen i. E. u. Straßburg i. E. — Sie können in Preußen unter die Aufsicht der Handelskammer gestellt werden G. 97 (GS. 355) § 41. — In England u. Nordamerika bilden die Börsen freie Vereinigungen.

[7]) BG. § 4—8.

[8]) BG. § 9—27, Börsenschiedsgericht § 28.

den Börsenvorstand auf Grund der Mitteilungen, welche die von den Landesregierungen bestellten und vereidigten **Kursmakler** über die von ihnen abgeschlossenen oder vermittelten Geschäfte zu machen haben.[9]) — Um die Bevölkerung vor den Verlusten zu schützen, wie sie durch Ausgabe unzureichend gesicherter, insbesondere ausländischer Wertpapiere hervorgerufen waren, ist die **Zulassung von Wertpapieren zum Börsenhandel** einer Kommission (Zulassungsstelle) übertragen, von deren Mitgliedern mindestens die Hälfte aus nicht berufsmäßig am Börsenhandel mit Wertpapieren sich beteiligenden Personen bestehen muß. Den nicht zugelassenen Papieren sind die Börseneinrichtungen verschlossen. Vor der Zulassung ist — sofern es sich nicht um Reichs- oder Staatsanleihen handelt, die ohnehin an jeder Börse zugelassen sind — ein Prospekt zu veröffentlichen, der die für den Wert der Papiere wesentlichen Angaben enthalten muß und für dessen Richtigkeit und Vollständigkeit die Urheber (Emittenten) als Gesamtschuldner fünf Jahre lang haften.[10]) — Den Ausartungen der **Börsentermingeschäfte** sucht das Gesetz durch Börsenordnungs- und durch materiellrechtliche Vorschriften vorzubeugen. Nach ersteren erfolgt die Zulassung von Waren und Wertpapieren zum Termingeschäft durch den Börsenvorstand nach Maßgabe der Börsenordnungen und der festzusetzenden Geschäftsbedingungen. Wertpapiere dürfen nur zugelassen werden, wenn die Gesamtsumme nach dem Nennwert mindestens 20 Mill. M. beträgt.[11]) Die materiellrechtliche Wirksamkeit der Börsentermingeschäfte hängt von den vertragschließenden Personen und von dem Gegenstande des Geschäfts ab. Termingeschäftsfähig sind nur die in das Handelsregister eingetragenen Kaufleute, ausschließlich der Kleingewerbetreibenden und die eingetragenen Genossenschaften. Sie können untereinander unbeschränkt, mit anderen Personen aber nur insoweit wirksam Termingeschäfte abschließen, als diese eine Sicherheit in Geld oder Wertpapieren bestellen; auf diese bleibt ihre Verbindlichkeit beschränkt.[12]) Termingeschäfte in Anteilen von Bergwerks- und Fabrikunternehmungen sind nur mit Genehmigung des Bundesrats zulässig. Dieser kann solche Geschäfte auch in bestimmten Waren und Wertpapieren verbieten oder von Bedingungen abhängig machen. In Getreide und Müllereierzeugnissen sind Börsentermingeschäfte verboten.[13]) — In den **Strafbestimmungen**

---

[9]) Das. § 29—35 u. 96. Feststellung des Preises für Wertpapiere Bek. 21. Nov. 12 (RGB. 537), Waren an der Berliner Metallbörse 9. Okt. 13 (das. 730). — Vertretung der Landwirtschaft in den Vorständen der Produktenbörsen BG. § 4 Abs. 2, Mitwirkung der Landwirtschaftskammern bei den Preisnotierungen G. 30. Juni 94 (GS. 126) § 2 Abs. 4. — Bedeutung des Börsenpreises für einzelne Rechtsverhältnisse KonkO. § 18, HGB. § 261, 376 Abs. 2. 400.

[10]) BG. § 36—49; Bek. 4. Juli 10 (RGB. 917).

[11]) BG. § 50, 51.

[12]) Das. § 52—62 u. 96, insbes. Ausschluß der Rückforderung des auf Grund des Geschäfts Geleisteten § 55, der Einrede des Spiels u. der Wette § 58.

[13]) Das. § 63—70 u. 96, insbes. Ver

wird auch die betrügerische Einwirkung auf die Preisgestaltung und die gewohnheitsmäßige und gewinnsüchtige Verleitung zum Börsenspiele unter Ausbeutung des Leichtsinns oder der Unerfahrenheit für strafbar erklärt.[14])

Im Anschluß an das Börsengesetz ist zur Verhütung von Unterschlagungen bestimmt, daß Kaufleute bei **Aufbewahrung fremder Wertpapiere** (Depots) diese unter äußerlich erkennbarer Bezeichnung gesondert und unter Eintragung in ein Handelsbuch aufbewahren müssen.[15]) Der Kommissionär, der einen Auftrag zum Ankauf von Wertpapieren ausführt, hat binnen drei Tagen (bei Aufträgen zum Umtausch binnen zwei Wochen) dem Auftraggeber ein genaues Stückverzeichnis zu übersenden, womit das Eigentum auf letzteren übergeht.[16]) Die widerrechtliche Verfügung über aufzubewahrende Wertpapiere unterliegt strenger Bestrafung.[17])

4. Maße und Gewichte.

§ 375.

Maß und Gewicht hatten sich in Deutschland dem örtlichen Herkommen entsprechend sehr verschiedenartig entwickelt. Eine einheitlichere Gestaltung war zwar von den Landesregierungen und dem Zollverein mehrfach angebahnt, doch sind die hierauf gerichteten Bestrebungen erst durch die Reichsgesetzgebung zum endgültigen Abschluß gebracht.[1]) Da die gleichen Grundsätze von einer Mehrzahl anderer Staaten angenommen sind und die Übereinstimmung mit einem anerkannten Maßstabe und Gewichtsstück (internationalen Prototyp) vertragsmäßig überwacht wird,[2]) so ist damit neben der staatlichen auch eine zwischenstaatliche Gleichmäßigkeit hergestellt.

---

bot durch den Bundesrat § 63 nebst Bek. 08 (RGB. 585, 647), 09 (das. 435, 1000), 10 (das. 910), 12 (das. 255), 13 (das. 623) u. Verbot in Kammzug 20. April 99 (das. 266). Das zulässige Getreidelieferungsgeschäft in Getreide wird in BG. § 67, 68 nebst Bek. 08 (RGB. 240), 09 (das. 993, 997), 10 (das. 875), 11 (das. 954), 13 (das. 732), näher bestimmt. Ordnungsstrafen für Getreidetermingeschäfte § 71—87, Verfahren Best. 13. Juni 08 (HMB. 333). — Zulassung gewisser Börsentermingeschäfte Bek. 08 (RGB. 465), 11 (das. 917).

[14]) BG. § 88—95.

[15]) G. 5. Juli 96 (RGB. 183 u. Berichtigung S. 194) § 1, 2 u. 13. Bearb. v. Rießer (3. Aufl. Berl. 13) u. Lusensky (2. Aufl. Berl. 05).

[16]) Das. § 3—9.

[17]) Das. § 9—12.

[1]) RVerf. Art. 4³ u. Maß- u. GewichtsO. 30. Mai 08 (RGB. 349). Inkraftsetzung V. 24. Mai 11 (Das. 244). Preuß. AG. 3. Juni 12 (GS. 129). — Bearb. v. Plato (Berl. 12).

[2]) Internat. Meterkonvention zwischen Deutschland, Österreich, Belgien, Frankreich, Portugal, Spanien, Italien, Schweiz, Dänemark, Schweden-Norwegen, Rußland, Nordamerika, Venezuela, Peru u. der argentinischen Konföderation 20. Mai 75 (RGB. 76 S. 191), geänd. (Art. 6, 19, 20) Bek. 13. Okt. 08 (das. 509). Beitritt Großbritanniens, obwohl dieses wie Nordamerika das metrische System nicht eingeführt hat, ferner Serbiens u. Rumäniens Bek. 30. Dez. 84 u. Japans 9. Nov. 85 (das. 1 u. 287), Bulgariens, Chiles, Uraguays u. Kanadas 28. Feb. 13 (das. 169), Mexikos 23. Feb. 91 (RGB. 19). Die Türkei u. Brasilien sind wieder ausgeschieden.

Die **Grundlagen** bilden das **Meter** und das **Kilogramm** mit dezimaler Teilung und Vervielfachung.

Die **Einteilung und Bezeichnung** ist festgestellt wie folgt:

a) **Längenmaß** bildet das Meter (m), in zehn geteilt als Dezimeter (dm), in hundert als Zentimeter (cm), in tausend als Millimeter (mm); andererseits vertausendfacht als Kilometer (km).

b) **Flächenmaß** ist das Quadratmeter (qm oder m^2). 100 qm bilden ein Ar (a), 100 Ar ein Hektar (ha) und 100 Hektar ein Quadratkilometer (qkm oder km^2). Untereinteilungen bilden das Quadratdezimeter (qdm oder dm^2), das Quadratzentimeter (qcm oder cm^2) und das Quadratmillimeter (qmm oder mm^2).

c) Die Grundlage für **Körpermaße** (Raum- und Hohlmaße) bildet das Kubikmeter (cbm oder m^3). Der tausendste Teil heißt Kubikdezimeter (cdm oder dm^3), für Hohlmaße Liter (l); 100 l bilden das Hektoliter (hl), der tausendste Teil des Kubikdezimeters heißt Kubikzentimeter (ccm oder cm^3), der tausendste Teil des letzteren Kubikmillimeter (cmm oder mm^3).

d) Die Einheit für das **Gewicht** ist das Kilogramm (kg); der tausendste Teil heißt Gramm (g); der tausendste Teil des Gramm heißt Milligramm (mg); 100 g heißen Hektogramm, 100 kg Doppelzentner (dz), 1000 kg Tonne (t).[3]

Nach den Grundsätzen der **Maß- und Gewichtspolizei** dürfen zum Messen und Wägen im öffentlichen Verkehr nur geeichte und richtige Maße, Gewichte und Wagen angewendet und bereitgehalten werden.[4]

Die **Eichung** (Prüfung und Stempelung) **der Maße, Gewichte und Wagen** ist Neueichung oder Nacheichung. Letztere hat innerhalb 2 (bei größeren Wagen und bei Fässern 3) Jahren stattzufinden.[5] Die Eichämter und die zu ihrer Beaufsichtigung berufenen Behörden sind staatliche, den Landesregierungen (in Preußen dem Minister für Handel) unterstellte Behörden. Den Gemeinden kann die Beibehaltung ihrer Eich-

---

[3]) M. u. GewO. § 1—5. — Abgekürzte Bezeichnung Vf. 17. Jan. 12 (ZB. 17). — Schreibweise der mehrstelligen u. Dezimalzahlen § 61 Anm. 7 d. W.

[4]) M. u. GewO. § 6 u. 13, Förderwagen u. Fördergefäße zur Ermittelung des Arbeitslohnes im Bergwerksbetriebe § 7, Thermo-Alkoholometer zur Bestimmung des Stärkegrades beim Verkauf weingeistiger Flüssigkeiten u. Gasmesser. § 8, Fässer beim Verkauf von Wein, Obstwein u. Bier § 9. — Ausdehnung oder Einschränkung der Eichungspflicht durch den Bundesrat § 12 u. Strafe § 22. Zulassung nicht metrischer Meßgeräte (§ 6 Abs. 5) Bek. 20. Juni 13 (RGB. 372). — Befugnis der Polizeibehörden AG. § 4; polizeiliche Revision der Meßgeräte Vf. 28. Dez. 12 (HMB. 13 S. 18 u. 130); Revision in den Apotheken § 267 Anm. 12; Münzgewichte § 376 Anm. 8. — Verkehrsfehlergrenzen Bek. 18. Dez. 11 (RGB. 1065).

[5]) M. u. GewO. § 10—12, (Übergangsbest.) § 24, Bek. 25 u. 28. März 12 (RGB. 217 u. 218). Zuzulassende Maße u. Gewichte § 14. Pflichten der Gemeinden AG. § 3. — Nachprüfung bei Behörden und Kassen Vf. 5. Juni u. 26. Juli 12 (MB. 173 u. 305).

ämter widerruflich gestattet werden. Für das Reich hat die Normaleichungskommission in Berlin das Eichungswesen in technischer Hinsicht zu regeln und im Interesse des Verkehrs und der Einheitlichkeit zu überwachen.[6]) Die Eichung gilt für das Reichsgebiet.[7]) Die Ausführungsvorschriften erläßt die Normaleichungskommission; die Gebühren werden jedoch vom Bundesrat, für die Nacheichung von den Landesbehörden innerhalb der vom Bundesrat bestimmten Höchstbeträge festgestellt.[8])

Die gesetzlichen Einheiten bei elektrischen Messungen — wie sie insbesondere bei Lieferung elektrischer Ströme und Geräte vorkommen — sind das Ohm für den elektrischen Widerstand, das Ampere für die Stromstärke und das Volt für die elektromotorische Kraft (Spannung, Niederspannung bis zu 250, Hochspannung bei mehr Volt). Die elektrische Leistung ist das Produkt von Stärke und Spannung und heißt für 1 Ampere in einem Leiter von 1 Volt Endspannung das Watt (Kilowatt, Watt- und Kilowattstunde). Der Gebrauch unrichtiger Meßgeräte im öffentlichen Verkehr ist verboten. Die Prüfung und Beglaubigung steht unter der physikalisch-technischen Reichsanstalt (§ 309 Abs. 2).[9])

Die Maß- und Gewichtsüberwachung findet einige besondere Anwendungen. — Schankgefäße für Wein und Bier müssen in Gast- und Schankwirtschaften mit einem den Raumgehalt in Litermaß bezeichnenden Füllstrich versehen sein.[10]) — Sodann ist der Feingehalt der Gold-

[6]) M. u. GewO. § 15—20 u. (bayrische Norm.-Eich. Kom.) § 25. Sitze der Eichämter Bek. 26. März 12 (HMB. 82). Geschäfts-Anw. f. d. Eichverwaltung Vf. 24. Juli 12 (MB. 240). GeräteO. für staatliche Eichämter 24. Feb. 13 (HMB. 113). Dienstaufsicht AG. § 2; diese wird durch Eichungsinspektoren geführt, die den Rang der 5. Klasse haben, nach 12 Dienstjahren zum Gewerberat mit dem Range der 4. Klasse ernannt werden können und dem ObPr. unterstellt sind AE. 9. Juli 12 (GS. 192). Reisekosten der Eichmeister Vf. 23. März 12 (HMB. 81). Versicherungspflicht der in der Eichverwaltung Beschäftigten Vf. 31. Dez. 12 (das. 13 S. 24). — Die Bergeichungsgeschäfte besorgen die Revierbeamten Vf. u. Instr. 14. April 70 (MB. 122).

[7]) M. u. GewO. Art. 21.

[8]) Das. § 19 Abs. 2 u. 3 u. § 15. — EichO. 8. Nov. 11 (RGB. 960), erg. Bek. 6. März u. 29. Nov. 13 (das. 184 u. 765); die EichO. umfaßt allgemeine Best. (§ 1—12) u. besondere Best. über I. Längen-, Dicken- u. Flächenmaße (§ 13—30), II. Flüssigkeitsmaße u. Meßwerkzeuge für Flüssigkeiten (§ 31 bis 46), III. Fässer (§ 47—52), IV. Hohlmaße u. Meßwerkz. f. trockene Gegenstände (§ 53—73), V. Gewichte (§ 74—86), VI. Wagen (§ 87—111), VII. Aräometer (§ 112 bis 123), VIII Gasmesser (§ 124—130), IX. Getreideprober (§ 131—136), X. Meßwerkzeuge für wissenschaftliche und technische Untersuchungen (§ 137—150). — Vorschr. über die Stempel- und Jahreszeichen 14. Nov. 11 (RGB. 951). — Drei Bek. betr. Zulassung nicht metrischer Geräte, Befreiung einzelner Arten von Geräten u. Verkehrsfehlergrenzen 18. Dez. 11 (das. 1063, 1064 u. 1065). — EichgebührenO. 18. Dez. 11 (das. 1074), erg. Bek. 28. Nov. 13 (das. 766). Erhebung und Verrechnung Vf. 19. März 12 (HMB. 811) u. Beil., erg. 8. Jan. 13 (das. 37) u. Gebühren für Nacheichungen u. Berichtigungen Vf. 26. März u. 11. Dez. 12 (das. 84 u. 568), beide geänd. 13. Feb. 13 (das. 103), für Prüfungen außerhalb des eichpflichtigen Verkehrs 26. Juli 12 (das. 452).

[9]) G. 1. Juni 98 (RGB. 905), Ausf. Bek. 6. Mai 01 (das. 127), Prüf.O. 28 Dez. 01 (ZB. 02 S. 46).

[10]) G. 20. Juli 81 (RGB. 249), erg. (§ 1, 2) durch G. 24. Juli 09 (das. 891), das in Rücksicht auf die Brausteuerer

und Silberwaren einer Überwachung unterworfen, die das Vertrauen zu diesen Waren erhöhen und das Publikum vor Täuschungen bewahren soll. Sie können demgemäß zwar in jedem Feingehalt angefertigt werden, doch dürfen goldene und silberne Geräte nur dann mit einem Zeichen des Feingehalts — wie solches für das ganze Reich einheitlich festgestellt ist — versehen werden, wenn sie einen bestimmten Gehalt an Edelmetall besitzen; bei Schmucksachen von Gold und Silber ist indessen die Stempelung in jedem Feingehalt zugelassen. In beiden Fällen haften die Verkäufer für die Richtigkeit des angegebenen Feingehaltes.[11]) — Handfeuerwaffen sollen nur dann feilgehalten oder in den Verkehr gebracht werden dürfen, wenn ihre Läufe und Verschlüsse durch Beschußprobe mit verstärkter Ladung in amtlichen Prüfungsanstalten geprüft und mit Prüfungszeichen versehen sind. Hiermit soll der deutschen Gewehrindustrie der Mitbewerb gegenüber den mit der gleichen Einrichtung versehenen Staaten Österreich, Belgien, Frankreich und England erleichtert und gleichzeitig den Käufern eine größere Sicherheit geboten werden.[12]) — Zur Feststellung des Handelsgewichts von Spinnstoffen und Gespinsten, das durch Feuchtigkeit, Fette oder künstliche Beimischung beeinflußt wird, bestehen einige öffentliche Anstalten (Konditionieranstalten).[13])

5. Münzwesen.

§ 376.

Das allgemeine Tauschmittel und damit das gemeinsame Wertmaß für alle Güter bildet das Geld (§ 2 II Abs. 2) und dieses erscheint, insofern es seinen Wert aus dem Stoffe der edlen Metalle herleitet, als Münze. Die Herstellung (Prägung) der Münzen war früher Regal (§ 133) und Quelle finanzieller Erträge. Schon das 18. Jahrhundert gelangte indes zu der Einsicht, daß die dadurch bedingte Münzverschlechterung dem Verkehre empfindliche Nachteile zufüge. So bildeten sich feste, auch die Staatsgewalt bindende Münzsysteme aus, in denen jede Hauptmünze einen bestimmten Metallwert darstellen mußte (Münzfuß) und die daneben für

höhung (§ 166 Abs. 2 d. W.) für Gefäße von $^1/_2$ l abwärts Abstufungen von $^1/_{20}$ l zuläßt; Bf. 27. April 83 (MB. 123).

[11]) G. 16. Juli 84 (RGB. 120) u. (Stempelzeichen) Bek. 7. Jan. 86 (RGB. 1).

[12]) G. 19. Mai 91 (RGB. 109), Inkraftsetzung V. 20. Dez. 92 (RGB. 1055), Ausführung Bek. 22. Juni 92 (RGB. 674, 1893 S. 3 u. 227 u. 1895 S. 232), Bek. 4. Jan. 93 (MB. 27). — Gebühren Bek. 25. Sept. 94 (MB. 207), erg. 4. Dez. 96 (MB. 97 S. 20), 22. April 08 (HMB. 151) u. 21. Sept. 12 (das. 487). — Gesch. Anw. f. d. Beschußanstalt in Suhl 9. Okt. 09 (das. 439). — Anerkennung belgischer Prüfungszeichen Bek. 26. April 99 (RGB. 275), französischer 15. Juli 04 (das. 309).

[13]) In Elberfeld (für Elberfeld u. Barmen) u. Krefeld (für Krefeld u. München-Gladbach) für Seide errichtet V. 14. Okt. 44 (GS. 661), später auf andere Spinnstoffe ausgedehnt; ähnliche Anstalten in Berlin u. Aachen. — Anleitung z. Untersuchung v. Garnen 15. April 03 (HMB. 140), § 6 geänd. 5. Aug. 12 (das. 443).

den kleinen Verkehr im Inlande unentbehrlichen Münzen aus unedlem oder minderwertigem Metall (Scheidemünzen) ähnlich dem Papiergeld nur in fest begrenztem Umfange zugelassen wurden.[1]) Das 19. Jahrhundert ist endlich bestrebt gewesen, die Münzsysteme nicht nur innerhalb der Staaten festzustellen, sondern sie im Interesse des zwischenstaatlichen Verkehres auch untereinander näher zu bringen.

Die Gesamtheit der mit unbedingter Annahmepflicht eingeführten Geldsorten heißt Währung — im Gegenseitigkeitsverkehr mehrerer Staaten Valuta[2]) — und diese wird, je nachdem dabei Gold, Silber oder beide Metalle zu Grunde gelegt werden, als Gold-, Silber- oder Doppelwährung (Bimetallismus) unterschieden. Die letztere muß von einem bestimmten Wertverhältnis zwischen Gold und Silber (Wertrelation) ausgehen. Da diese Metalle aber Waren sind, die wie alle anderen im Welthandel Preisschwankungen unterliegen,[3]) so tritt mit jeder Veränderung eine Verschiebung in dem gegenseitigen Wert der Gold- und Silbermünzen ein, die das Abfließen der wertvolleren Münzsorte in das Ausland und das Zusammenströmen der billigeren in die Staatskassen zur Folge hat. Wegen dieser Unsicherheit haben die Staaten sich den einfachen Währungen zugewendet und unter diesen wiederum der Goldwährung den Vorzug gegeben, weil das Gold leichter aufbewahrt und versendet werden kann, geringerer Abnutzung unterliegt und dabei im Preise fester steht und besser zu prägen ist als das Silber.[4])

In Deutschland waren — ähnlich dem Maß- und Gewichtswesen — die zahlreichen früheren Münzsysteme durch Landesgesetze und Münzverträge mehr und mehr zusammengeschmolzen, bis zuletzt die Reichsgesetzgebung ein einheitliches deutsches Münzwesen hergestellt hat. Dabei ist an Stelle der früheren Silber- die Goldwährung getreten und in der Markrechnung die Zehnteilung angenommen.[5]) Die Taler, die zuerst

---

[1]) Mit dieser Wandlung ist das Münzwesen aus dem Gebiet der Finanzverwaltung in das der Wirtschaftspflege übergetreten.

[2]) Die Valuta kann von der Währung abweichen, wenn Zahlmitteln im Inlandsverkehre die Währungseigenschaft — abweichend von der eigentlichen Währung — besonders beigelegt wird.

[3]) Der Silberpreis, der bis 1871 ziemlich fest auf 15,5 zu 1 gestanden hatte, ist seitdem fortgesetzt u. bereits über die Hälfte dieses Wertes gesunken.

[4]) Frankreich, das seit 1868 nebst den mit ihm zur sog. lateinischen Münzkonvention vereinigten Ländern (Belgien, Italien, Schweiz u. Griechenland) die Doppelwährung besaß, hat seit 1873, als das Silber bei sinkendem Preise zu massenhaft einzudringen drohte, die Silberprägungen eingestellt u. ist damit tatsächlich der Goldwährung näher gerückt. Großbritannien ist (mit Ausnahme des bei der Silberwährung verbliebenen, aber auch keine Silbermünzen mehr prägenden Ostindiens) seit 1816, Nordamerika u. Dänemark mit Schweden-Norwegen seit 1873 zur Goldwährung übergegangen. Österreich ist im Übergange von der Papier- zur Goldwährung begriffen, u. auch Rußland strebt diesen an.

[5]) RVerf. Art. 4³, MünzG. 1. Juni 09 (RGB. 507), das die noch anwendbaren Bestimmungen der älteren Gesetze (4. Dez. 71, 9. Juli 73, 1. Juni 00 und 19. Mai 08) zusammengefaßt hat. Die Ausführungsbestimmungen zu den älte-

bei allen Zahlungen zu 3 M. Gold angenommen werden mußten, sind vom 1. Oktober 1907 ab außer Kurs gesetzt.[6]) Als Nachteil der Goldwährung wird neben der Entwertung unserer Silbermünzen[3]) und der Schädigung des heimischen Silberbergbaues auch die Erschwerung des Handelsverkehrs mit den Silberwährungsländern (Indien, Ostasien, Mexiko) angeführt, indem die deutsche Ausfuhr in diese weniger lohne, der Mitbewerb dieser Länder bei der Einfuhr in Deutschland dagegen erleichtert werde, da der Preisunterschied in ersterem Falle als Schutzzoll, in letzterem als Prämie wirke. Diese Wirkung — die jedoch auch nach Einführung der Doppelwährung den Staaten mit Papierwährung (Argentinien, Rußland) gegenüber fortdauern würde — wird aber verschwinden, sobald die Inlandwarenpreise in den Silberwährungsländern infolge des Sinkens des Silberpreises sich heben. Außerdem werden die Länder mit minderwertiger Währung durch die Valutaschwankungen auf dem Weltmarkt weniger mitbewerbsfähig und streben deshalb selbst der Goldwährung zu. Die Vertreter der Doppelwährung gehen davon aus, daß das Sinken der Silberpreise allein durch die Einführung der Goldwährung veranlaßt sei, und daß das Gold allein dem steigenden Geldbedürfnis nicht genügen könne, was zur Steigerung des Geldpreises und zum Sinken der Warenpreise führen müsse (§ 2 II Abs. 3). Beides wird von den Vertretern der Goldwährung unter Hinweis auf die Gesetze der Preisbildung, die gesteigerte Goldgewinnung und die Vermehrung der Zahlungsmittel durch den Kredit (§ 2 II Abs. 2, 326 Abs. 3 u. § 328 Abs. 3[3]) mit dem ferneren Hinweise bestritten, daß die Doppelwährung überhaupt nur durch Verträge mit den übrigen großen Handelsstaaten herbeigeführt werden könne, solche aber weder erreichbar seien, noch wenn dies geschehe, gehörig überwacht werden könnten.

Die Goldwährung gilt für das gesamte Reichsgebiet. Ihre Rechnungseinheit bildet die Mark.[7]) Die Ausprägung der neuen und die Einziehung der früheren und abgenutzten Münzen erfolgt im Auftrag und auf Rechnung des Reichs durch die Landesmünzstellen (§ 47 Abs. 2[1]), die auch für Privatpersonen Zwanzigmarkstücke gegen Gebühr (Prägschatz) ausprägen können.[8]) Die Außerkurssetzung, der Erlaß der für den Geldumlauf

ren Gesetzen (Bek. 8. Juni 75 RGB. 348, Bek. StM. 5. Feb. 74 MB. 34) bleiben für das neue MG. in Kraft Bek. 9. Juni 09 (RGB. 512). — Koch, Reichsgesetzgebung über Münzwesen u. Papiergeld (Berl. 6. Aufl. 10).

[6]) Bek. 27. Juni 07 (RGB. 401) u. (Einziehung) 28. April 10 (das. 672). — 1908 wurde das Dreimarkstück als Scheidemünze eingeführt.

[7]) MünzG. § 1 u. (Zahlungsverpflichtungen nach früherer Währung § 15. — Das Zeichen für die Mark ist *M* (ohne Punkt) Beschl. BR. 21. Nov. 07 (ZB. 595). — In den wichtigeren anderen Staaten gelten: in Österreich-Ungarn 1 Krone zu 100 Heller (= 0,85 M.), in Frankreich 1 Frank zu 100 Centimes u. in Italien 1 Lire zu 100 Centesimi (beide = 0,81), in Rußland 1 Rubel zu 100 Kopeken (= 2,16 M.), in Großbritannien 1 Pfd. Sterling zu 20 Schillingen, diese zu 12 Pence (= 20,40 M.), in Nordamerika 1 Dollar zu 100 Cents (= 4,20 M.).

[8]) MG. § 7 u. Bek. 8. Juni 75 (ZB. 348). Verfahren MG. § 4, Form der Münzen § 5, 6, Gewicht bei Mischung

erforderlichen polizeilichen Vorschriften und die Zulassung fremder Münzen bestimmt der Bundesrat.[9]) Die Mark wird in 100 Pfennige geteilt. Als Reichsgoldmünzen werden Stücke zu 10 und 20 M., als Silbermünzen zu 5, 3, 2 und 1 M. und zu 50 Pf., als Nickelmünzen zu 25, 10 und 5 Pf. und als Kupfermünzen zu 2 und 1 Pf. ausgeprägt.[10]) Die Zehnmarkstücke heißen Kronen, die Zwanzigmarkstücke Doppelkronen.[11]) Die Silber-, Nickel- und Kupfermünzen sind Scheidemünzen. Der Gesamtbetrag der Silbermünzen darf 20 M., der der Kupfer- und Nickelmünzen $2^1/_2$ M. für den Kopf der Bevölkerung nicht übersteigen.[12]) Bei den Reichs- und Landeskassen werden Silbermünzen in jedem Betrage angenommen; sonst brauchen sie nur bis 20 M., Kupfer- und Nickelmünzen nur bis zu 1 M. in Zahlung angenommen zu werden.[13])

Die Anfertigung und Inverkehrsetzung falschen Metall- oder Papiergeldes, sowie die zu diesem Zweck erfolgende Anschaffung und Anfertigung dazu dienender Stempel und Platten wird als Münzverbrechen oder -Vergehen bestraft.[14]) Daneben ist jede anderweitige eigenmächtige Anfertigung und Überlassung solcher Stempel, Platten und Abdrücke mit Strafe bedroht.[15])

IX. Verkehr.

1. Einleitung.

§ 377.

Der Verkehr umfaßt im weiteren Sinne alle Bewegungen, durch die der Übergang der Güter aus einer in eine andere Wirtschaft vermittelt wird; im engeren Sinne werden darunter die Mittel und Wege verstanden, die diese Bewegungen ermöglichen. Die weitere Bedeutung erstreckt sich auch über den gewerblichen, Handels- und Kapitalverkehr; die engere, hier angewendete beschränkt sich dagegen auf Schiffahrt (Nr. 2), Wege (Nr. 3), Eisenbahnen (Nr. 4), Post und Telegraph (Nr. 5).[1])

---

von $^9/_{10}$ Gold oder Silber (Feingehalt) u. $^1/_{10}$ Kupfer (Legierung) § 3, Eichung u. Stempelung der Gewichte § 13. — Das Bruttogewicht der Münzen heißt Schrot, der Feinheitsgrad Korn. Goldmünzgewichte EichO. (§ 375 Anm. 8) § 81 bis 86.

[9]) MG. § 14. Unzulässige Medaillen u. Marken Bek. 23. Juni 10 (RGB. 909.)

[10]) MG. § 2.

[11]) AE. 17. April 75 (RGB. 72).

[12]) MG. § 8. — Im Umlauf befanden sich (31. März 13) 4975 Mill. M. Gold-, 1110 Mill. M. Silber-, 105 Mill. M. Nickel- u. 23 Mill. M. Kupfermünzen. — Weitere Prägung § 175 Abs. 3 d. W.

[13]) MG. § 9, 10. Einziehung abgenutzter Münzen § 11, 12.

[14]) StGB. § 146—152; Anzeigepflicht § 139; Begehung im Auslande § 4[1]. — Behandlung nachgemachter, verfälschter u. umlaufsunfähiger Münzen Best. BR. 9. u. 16. Mai u. 30. Nov. 76 (ZB. 260, 296) u. 13. Dez. 77 (ZB. 78 S. 29). — Verfahren der Kassen Bf. 20. Mai 76 (MB. 124), der Gerichte StPO. § 92. Mitteilung durch die Staatsanwaltschaft § 186 Anm. 4 d. W.

[15]) StGB. § 360 Nr. 4 (Fassung des G. 13. Mai 91 RGB. 107 Art. IV), 5 u. 6.

[1]) Die Verfügung über den Luftraum wird im Privatrecht dem darunterliegenden Grundeigentümer insoweit zugestanden, als er an dessen ausschließlicher Benutzung ein Interesse hat (BGB. § 905).

Das Verkehrswesen, das die Herstellung der Verkehrsanstalten (natürliche und künstliche Verkehrswege und Verkehrsmittel) und den Betrieb des Verkehrs umfaßt, bildet selbst einen Erwerbszweig, der, als der Staat ihn an sich zog, zum Regal wurde (§ 133). Zugleich ist es der Träger jedes anderen Erwerbes und diese Bedeutung rückt bei fortschreitender Entwickelung gegen die erstere in den Vordergrund. Die staatliche Tätigkeit hat damit eine veränderte Richtung genommen. Die finanzielle Seite wurde durch die volkswirtschaftliche verdrängt; das Recht wurde zur Pflicht, und der Staat hat deshalb die Verkehrszweige auch nach Wegfall der Regalität in der Hand behalten, zumal da, wo eine einheitliche Leitung notwendig wurde oder die Kapitalanlage weniger nutzbringend erschien und Mitbewerbungen ausschließen mußte (Post und Telegraph, Strom-, Kanal- und Straßenbauten). Der Wegebau ist dann bei vorwaltendem örtlichen Interesse auf die Selbstverwaltungskörper übergegangen. Gegenstand des freien Betriebes ist nur die Schiffahrt geblieben, während im Eisenbahnwesen der Kampf zwischen Staats- und Privatbetrieb in Preußen zum Siege des ersteren geführt hat.

Die Bedeutung der Verkehrswege für das Gemeinwohl läßt das wichtige Recht der **Enteignung** (Expropriation) vorzugsweise für diese zur Anwendung kommen.[2]) Neben den Einschränkungen und Belastungen,

---

Im öffentlichen Recht ist die für das **Flugwesen und die Luftschiffahrt** in Betracht kommende Frage nicht geregelt. Der Vorschlag einiger Schriftsteller, die Staatsgewalt im Luftraume — ähnlich wie auf dem Meere (§ 379 Abs. 1 d. W.) — auf eine Zone von bestimmter Höhe zu bemessen, erscheint nicht durchführbar. Der Luftraum muß deshalb, soweit er für die Fahrten überhaupt in Betracht kommt, unbegrenzt als Bestandteil des Staatsgebiets angesehen werden. — Für den **Betrieb** werden Flugzeuge, Luftschiffe, Freiballons und Fesselballons unterschieden. Bislang sind nur allgemeine Grundsätze für die von den Polizeibehörden zu treffenden Anordnungen festgestellt worden. Diese sollen möglichst in der Form der Polizeiverfügungen (§ 232) — nicht der Polizeiverordnungen — erlassen werden u. betreffen hauptsächlich die Befähigung der Führer, die Beschaffenheit der Fahrzeuge und das Verbot des unerlaubten Überfliegens der Festungsgebiete Vf. 22. Okt. 10 (MB. 317), erg. 5. Aug. 13 (MB. 160). Eine gesetzliche Regelung, die auch die Haftpflicht betreffen soll, steht in Aussicht. Der Betrieb unterliegt der Unfallversicherung VO. § 537[7]; Luftdienstzulage bei Beschädigung im Militärdienst § 101 Anm. 22 u. 28 d. W. — Der zwischenstaatliche Verkehr soll durch Vereinbarungen geregelt werden. — Regelung des Luftverkehrs zwischen Deutschland u. Frankreich Bek. 29. Juli 13 (RGB. 601).

[2]) Enteignung für Verkehrszwecke findet statt bei Inanspruchnahme des durch Baufluchten ausgeschlossenen Geländes § 280 Abs. 4 d. W., bei Eisenbahnen § 387 Abs. 2 u. bei Mitbenutzung öffentlicher Wege durch die Telegraphenverwaltung § 392 Abs. 3. — Anderweite Enteignungsfälle bieten die Reichsgesetze bei militärischen Leistungen § 111—115, bei Seuchen § 269 Anm. 14 u. 30, Viehseuchen § 358 Abs. 6 u. bei Untersagung gewerblicher Anlagen § 366 Nr. I[1]; die Landesgesetze bei der Landestriangulation § 33 Abs. 4, beim Bergbau § 333 Abs. 3, im Agrarrecht § 341, 342, bei der Ansiedlung in Westpreußen u. Posen § 343 Anm. 9, im Wasserrecht § 346, insbes. beim Quellenschutz § 268 Abs. 5 u. bei Schutzwaldungen § 353 Abs. 6. Auf diese Fälle findet das EnteignG. (Anm. 5) keine oder nur bedingte Anwendung EG. § 54. — Die Enteignung von Getreidevorräten bei drohender Hungersnot (LR. I 11 § 7) ist

denen das Eigentum aus Gründen des öffentlichen Interesses im Wege der Gesetzgebung allgemein unterworfen wird (Nachbarrecht § 279), muß es auch im Einzelfall dem öffentlichen Interesse weichen; dem Eigentümer gebührt aber, wenn dieses in der Absicht geschieht, dem Gesamtinteresse zu nutzen, volle Entschädigung.[3]) Dieses Recht bestand bereits im 18. Jahrhundert, fand aber erst im 19., vor allem seit Entstehung der Eisenbahnen, seine grundsätzliche Ordnung. Für **Preußen** wurde der verfassungsmäßige Grundsatz, daß das Eigentum unverletzlich sei, und nur aus Gründen des öffentlichen Wohles gegen vorgängige, in dringenden Fällen wenigstens vorläufig festzustellende Entschädigung nach Maßgabe des Gesetzes entzogen oder beschränkt werden dürfe,[4]) erst später durch ein einheitliches Gesetz geregelt. In diesem sind die Grundsätze festgestellt worden, nach denen die Enteignung sich inhaltlich in betreff der Zulässigkeit und Entschädigung und förmlich in betreff des Verfahrens vollzieht.[5]) — Die **Zulässigkeit** der Enteignung setzt Gründe des öffentlichen Wohles und ein Unternehmen voraus, dessen Ausführung die Enteignung notwendig macht. Die Enteignung beschränkt sich auf das Grundeigentum und die Rechte an solchem; dieses kann entzogen oder (dauernd oder vorübergehend) beschränkt werden; das Recht der Enteignung kann sowohl vom Staat selbst ausgeübt als an Körperschaften oder Private verliehen werden. Die Frage, ob ein Enteignungsfall vorliege, wird — soweit sie nicht durch das Gesetz für gewisse Enteignungsfälle allgemein entschieden ist — für den Einzelfall durch königliche Verordnung festgestellt. Zu vorübergehenden Beschränkungen bis zu 3 Jahren und zur Vornahme bloßer Vorarbeiten genügt dagegen die Anordnung des Bezirksausschusses.[6]) — Die **Entschädigung**, die der Unternehmer zu leisten hat, besteht neben dem vollen Wert des abzutretenden Grundstücks einschließlich des Aufwuchses auch in dem

---

nicht angewendet worden u. erscheint veraltet.

[3]) LR. Einl. § 74, 75, nebst RGer. 29. März 04 (LVII 217), I 8 § 29 bis 31 u. I 11 § 4—11. — Bahnbrechend wurde erst das franz. G. 10. März 10. — Das Enteignungsrecht gehört zum Staatsrecht, greift aber in der Eigentumsbegründung u. Entschädigung in das Gebiet des Privatrechts über. Es bildet nach heutiger Rechtsauffassung (URGerZiv. LXI 102) keinen Zwangskauf, sondern einen staatlichen Eingriff EG. BGB. Art. 109, die Vergütung einen Schadensersatz, während das LR. ersteres als Zwangskauf u. letzteres als Kaufpreis behandelte.

[4]) Pr. VU. Art. 9.

[5]) EnteignungsG. 11. Juni 74 (GS. 221), nicht berührt durch ZPO. EinfG. § 15² u. das BGB. EinfG Art. 109. Bearb. v. Seydel (4. Aufl. Berl. 11), Koffka (2. Aufl. Berl. 13), Luther (2. Aufl. Berl. 06), u. (ausführlicher) v. Eger (2 Bde., 3. Aufl. Bresl. 11) u. Handausgabe in 1 Bd. (2. Aufl. Bresl. 13). — Schutzgebiete § 89 Anm. 15 d. W.

[6]) EG. § 1—6 u. ZustG. § 150. Erleichterungen bei Wasserbauten § 346 Anm. 21 u. (Kanalanschlüsse an den Masurischen u. den Rhein-Weserkanal) Anm. 24, bei Deichbauten WassG. 7. April 13 (GS. 53) § 311—313, bei Herstellung öffentlicher Wege (EG. § 3 u. sächsische Wege-O. 11. Juli 91 GS. 316 § 12) u. bei Entnahme von Wegebaustoffen (EG. § 50—53) § 383 Abs. 2. Enteignungsrecht für Eisenbahnunternehmungen EG. § 23, Reichseisenbahnen RVerf. Art. 41 Abs. 1, Anlage städtischer Straßen § 280 Abs. 3 d. W.

Minderwert der Restgrundstücke. Können diese nicht mehr ihrer Bestimmung gemäß benutzt werden, so sind sie mit zu übernehmen; Gebäude können nur ganz in Anspruch genommen werden.[7]) Neben der Entschädigung sind die Anlagen an Wegen, Einfriedigungen und Gräben herzustellen und zu unterhalten, die nach Entscheidung des Bezirksausschusses erforderlich sind, um die benachbarten Grundbesitzer vor Schäden und Nachteilen zu bewahren.[8]) — Das Verfahren, das drei Abschnitte — Feststellung des Plans, Feststellung der Entschädigung und Vollziehung (Besitzeinweisung) — umfaßt, ruht in der Hand der Verwaltungsbehörden;[9]) gegen die Feststellung der Entschädigung steht jedoch beiden Teilen binnen 6 Monaten der Rechtsweg offen. Dabei kann gegen Zahlung oder Hinterlegung der festgestellten Entschädigung die Besitzeinweisung vor Erledigung des Rechtsweges erfolgen. Auch später hervortretende Nachteile können binnen drei Jahren im Rechtswege geltend gemacht werden.[10]) — Die Enteignung hat die Wirkung, daß das Grundstück frei auf den Unternehmer übergeht. Für die Ansprüche der Grundberechtigten bleibt die gezahlte Entschädigung verhaftet.[11])

2. Schiffahrt.

§ 378.

a) **Übersicht.** Die Schiffahrt teilt sich in die Seeschiffahrt (b) und die Binnenschiffahrt (c). Von den Schiffahrtsanlagen[1]) kommen die Häfen der Schiffahrt überhaupt, die Wasserstraßenbauten dagegen vorwiegend der Binnenschiffahrt zu statten.

---

[7]) EG. § 7—13. — Ansprüche berechtigter dritter das. § 11 u. 45 u. EinfG. z. BGB. Art. 52, 53 u. 109: KostenG. 99 (GS. 326) § 122.

[8]) EG. § 14; ZustG. § 150. Besondere Bestimmung bei Eisenbahnen § 387 Anm. 10 d. W. — Durch diese Vorschriften werden auch diejenigen Nachbarn geschützt, die keine Grundstücke zu den Unternehmen abtreten. Weitere Entschädigungen können diese nicht nach dem EG., sondern nur nach den allg. Vorschriften des bürgerl. Rechts fordern.

[9]) Allgem. Bestimmungen EG. § 39 bis 43; Kosten- u. Stempelfreiheit § 43 u. G. 99 (GS. 326) § 7 Abs. 1 (§ 152 Abs. 2 d. W.) Kostentragung in Enteignungssachen der Staatsverw. Vf. 29. Juni 11 (MB. 208); Feststellung des Plans, vorläufige § 15, endgültige § 16 bis 22, der Entschädigung § 24—29; Vollziehung § 32—38 (der Zinsfuß in § 36 Abs. 2 beträgt 4 v. H. G. 20. Sept. 99 GS. 177 Art. 10); verb. ZustG. § 150. Für die freiwillige Abtretung (§ 16, 17 u. 26) genügt — statt der gerichtlichen oder notariellen Beurkundung BGB. § 313 — die schriftliche Form EG. Art. 142, G. 20. Sept. 99 (GS. 177) Art. 12 § 1 Abs. 2, auch diese ist stempelfrei EG. § 43, StempelG. 09 (GS. 535) § 4e. — Beschleunigung des Verfahrens Vf. 20. Mai 99 (MB. 89).

[10]) EG. § 30—31 u. 34.

[11]) EG. § 44—49. — Auf enteignete Teile eines Grundstückes hat der Eigentümer ein gesetzliches Vorkaufsrecht § 57, das der grundbuchlichen Eintragung nicht bedarf, G. 20. Sept. 99 (GS. 177) Art. 22.

[1]) Förderung durch Wassergenossenschaften WassG. 7. April 13 (GS. 53) § 206 ff., u. Landeskulturrentenbanken § 351 Abs. 5 d. W. — Schutz der Dünen u. der Meeres- u. Flußufer StGB. § 366a. — Bauliche Anlagen in u. am Meere § 280 Anm. 1 d. W.

Die Häfen sind See- oder Binnenhäfen, Handels- oder Kriegshäfen (§ 116 Abs. 1). Sie sind teilweise von Gemeinden angelegt, wie in Königsberg, Stettin, Stralsund, Flensburg, Kiel, Altona, meist aber vom Staate. Das Landrecht bezeichnet sie als Eigentum des letzteren.[2]) Die Hafen- und Schiffahrtspolizei steht unter dem Handelsminister und den Regierungspräsidenten.[3]) Für die örtliche Verwaltung sind besondere Behörden bestellt.[4])

Der Bau und die Verwaltung der Schiffahrtsstraßen (Ströme und Kanäle) sind durch das Wassergesetz neu geregelt (§ 346 Abs. 9 und 349 Abs. 2).

§ 379.

b) **Seeschiffahrt.**[1]) Alle deutschen Kauffahrteischiffe bilden eine einheitliche Handelsflotte[2]) und genießen mit ihrer Flagge zur See den gemeinsamen Schutz des Reichs.[3]) Die Flagge ist das Kennzeichen der Nationalität der Schiffe, die durch die Reichsangehörigkeit der Eigentümer und die Eintragung in die von den Amtsgerichten geführten, öffentlichen Schiffsregister bedingt und durch Urkunden (Schiffszertifikate) nachgewiesen wird.[4]) Die Flagge ist schwarz-weiß-rot.[5]) — Zur Sicherung

---

[2]) LR. II 15 § 80, 88, 91. — Die Zulassung u. Behandlung der deutschen Kauffahrteischiffe, die Erhebung von Schiffahrtsabgaben, die Bestrafung u. das Strafverfahren sind für Seehäfen u. Seeschiffe ebenso geregelt wie für Binnenwasserstraßen u. Binnenschiffe § 380 Abs. 1 d. W. — Von fremden Kriegsschiffen sind Abgaben nicht zu erheben Vf. 15. Jan. 03 (MB. 24). Zulassung Best. 10 (AVB. 234, Mar.VB. 224). Dasselbe gilt von Lazarettschiffen im Kriegsfall Abk. 25. Dez. 04 (RGB. 07 S. 722) Art. 1.

[3]) LVG. § 136 Abs. 2^{2}, 138, 145 Abs. 2, erg. WassG. 7. April 13 (GS. 53) § 348^{2}. Verb. WassG. § 351, 114^{2}.

[4]) Hafenpolizeikommissionen in Memel, Königsberg und Pillau; Hafenämter in Emden, Geestemünde, Harburg, Leer, Norden u. Köln. In Danzig, Stettin u. Kiel werden die Geschäfte von den kgl. Polizeibehörden, in Swinemünde von dem dortigen Landrat, wahrgenommen. Die Amtsvorsteher sind nicht zuständig KrO. 81 (GS. 180) § 59 Abs. 2. — Die Schiffahrts-, Hafen- und Strompolizeibehörden sind nicht Ortspolizeibehörden OV. (VIII 379). — Uniform der Lotsenkommandeure u. Hafenmeister § 70 Anm. 48 d. W.

[1]) Perels, das internationale öffentliche Seerecht (2. Aufl. Berl. 03), Brodmann, die Seegesetzgebung des d. Reichs (Berl. 2. Aufl. 05), Knitschky Seegesetzgebung (5. Aufl. v. Rudorff Berl. 13); Anm. 10.

[2]) Best. üb. die Statistik 27. Juni 07 (ZB. Anh. zu Nr. 34). Die deutsche Handelsflotte umfaßte (1. Jan. 12) 2723 Segel- und 2009 Dampf-, zusammen 4732 Schiffe. — Ihr Tonnengehalt hat sich seit 1871 mehr als verdreifacht. In den Unternehmen der Hamburg-Amerikalinie und des norddeutschen Lloyd in Bremen besitzt Deutschland die größten Reedereien der Welt. — Hand in Hand mit diesem Aufschwunge haben die Schiffsbautechnik und der deutsche Schiffsbau sich entwickelt.

[3]) RVerf. Art. 4^{7} u. Art. 54 Abs. 1 u. 5. — Ausübung dieses Schutzes durch die Konsuln § 88 Abs. 4 d. W. — Unterstützung der regelmäßigen Postdampfschiffverbindungen mit Ostasien, Australien u. Ostafrika § 372 Anm. 13 d. W.

[4]) RVerf. Art. 54 Abs. 2, G. 22. Juni 99 (RGB. 319); Verpflichtung zum Zeigen der Flagge das. § 22 u. V. 21. Aug. 00 (RGB. 807); Ersatz des § 26 G. 29. Mai 01 (RGB. 184), erg. V. 5. Juli 03 (das. 257); Führung der Schiffsregister G. 21. Sept. 99 (GS. 249) Art. 29 nebst Anw. 10. Nov. 99 (ZB. 380, JMB. 741, Berichtigung 789 u. Ergänzung 07 S. 58), V. 1 März 00 (RGB. 41) u. Vf. 11. Dez. 99 (JMB. 753

[5]) RVerf. Art. 55, G. 22. Juni 99

des Schiffsverkehrs im Auslande sind auf Grundlage der Gegenseitigkeit mehrfach Schiffahrtsverträge abgeschlossen.[6]) — Die Staatsgewalt erstreckt sich nicht auf die offene See und nimmt diese nur in einer Breite von 3 Seemeilen ($^1/_{16}$ Breitengrad) längs der Küste und die Meerbusen bis zu einer Öffnung von 10 Seemeilen als Küstenmeer in Anspruch.[7]) Die Küstenfrachtfahrt (cabotage, vom spanischen cabo = Kap) ist den deutschen Schiffen vorbehalten,[8]) kann aber auch ausländischen Schiffen durch Vertrag oder kaiserliche Verordnung besonders eingeräumt werden.[9])

Das Seerecht wird im Handelsgesetzbuche[10]) unter den Bestimmungen vom Seehandel geregelt. Sein Hauptgeschäft ist der Beförderungsvertrag; sein Verhältnis zum bürgerlichen Recht ist ähnlich dem des Handelsrechts (§ 373 Abs. 1). Es umfaßt die Rechtsverhältnisse der Seeschiffe,[11]) sowie der an der Seefahrt beteiligten Personen, der Reeder (Schiffseigentümer) sowohl dritten gegenüber[12]) als im Gegenseitigkeitsverhältnisse mehrerer Mitreeder (Reederei)[13]) und der Schiffer (Schiffsführer).[14]) Weiter folgen das Frachtgeschäft zur Beförderung von Gütern[15]) und Reisenden;[16]) die Bodmerei (das Darlehnsgeschäft gegen Schiffsverpfändung);[17]) die Haverei (der an Schiff und Ladung zur Errettung beider aus Gefahr vorsätzlich und der durch Unfall verursachte Schaden, große und besondere Haverei);[18]) der Berge- und Hilfslohn

---

(RGB. 319) § 1 Abs. 2, V. 25. Okt. 67 (BGBl. 39), 8. Nov. 92 (RGB. 1050) § 1 u. AE. 1. Juli 96 (RGB. 181). — Führung des eisernen Kreuzes auf der Handelsflagge AE. 7. Feb. 03 (das. 199), Ausf.Best. 26. März 03 (ZB. 143).

[6]) Schiffahrtsverträge mit Frankreich 2. Aug. 62 (GS. 65 S. 450) nebst Vtr. 10. Mai 71 (RGB. 223) Art. 11, verb. Anm. 52; Vereinbarung mit Norwegen zur Sicherung der Seeschiffahrt HMB. 12 S. 238; Schiffahrt auf dem Schwarzen Meere u. der Donau Vtr. 13. März 71 (RGB. 104) u. 28. Mai 81 (RGB. 82 S. 61), auf dem Kongo u. Niger Berliner Konferenzakte 26. Feb. 85 (RGB. 215) Art. 13 bis 33. — Entsprechende Vorschriften finden sich auch in den Handelsverträgen § 161 Anm. 9 u. § 372 Anm. 3 d. W.

[7]) Das Wattenmeer in der Nordsee ist ein Teil des Staatsgebiets OV. (XLIII 84). Küstenfischerei § 362 Abs. 2.

[8]) G. 22. Mai 81 (RGB. 97).

[9]) Das Recht ist den Schiffen von Belgien, Brasilien, Dänemark, Großbritannien, Italien, der Niederlande u. Schweden-Norwegen eingeräumt, und steht den Schiffen von Österreich-Ungarn, Rumänien, Siam u. Tonga vertragsmäßig zu V. u. Bek. 29. Dez. 81 (RGB. 275 u. 276) u. V. 1. Juni 86 (RGB. 179).

[10]) § 373 Anm. 1 d. W. Bearb. als 2. T. des HGB. v. Makower), v. Löwe (12. Aufl. Berl. 00), Schaps (Berl. 06) Brandis (Leipz. 08). — Kriegsseerecht § 85 Anm. 5 d. W.

[11]) HGB. § 474—83 (481 neu gefaßt G. 2. Juni 02 RGB. 218), EG. Art. 6 u. AG. Art. 7¹.

[12]) HGB. § 484—8, 510, EG. Art. 7.

[13]) HGB. § 489—509.

[14]) Das. § 511—55 (547—9 u. 553 neu gefaßt u. 553a u. b zugefügt, wie Anm. 11, Art. 553 weiter erg. G. 12. Juni 04 RGB. 167 Art. 3), u. (zu § 521) AG. Art. 7². Schiffstagebuch (HGB. § 519—521), V. 9 Dez. 10 (GS. 319), Min. PolV. 6. Feb. 04 (HMB. 37). — Die Verhältnisse der Schiffsmannschaft werden in der besonderen SeemannsO. (Anm. 35) geregelt.

[15]) HGB. § 556—663. Der vom Schiffer über das Frachtgut auszustellende Schein heißt Konnossement § 642 bis 61.

[16]) Das. § 664—78.

[17]) Das. § 679—99.

[18]) Das. § 700—33. — Auf Grund

für Bergung und Hilfsleistung in Seenot;[19]) die für gewisse Forderungen gewährten Rechte der Schiffsgläubiger, denen ein gesetzliches, den übrigen Pfandgläubigern vorgehendes Pfandrecht zusteht[20]) und die Seeversicherung.[21]) Die seerechtlichen Verjährungsfristen sind bei der Notwendigkeit schleuniger Regelung nur kurz bemessen.[22])

Dem Schutz der Seeschiffahrt gegen die ihr drohenden besonderen Gefahren wird neben entsprechenden Strafvorschriften[23]) durch eine Reihe eigener Einrichtungen gedient. Zur Abgabe von Gutachten und Vorschlägen auf diesem Gebiete besteht die dem Reichsamt des Innern unterstellte technische Kommission für Seeschiffahrt. Unter dem Reichsmarineamt steht die deutsche Seewarte in Hamburg, welche die Kenntnis des Meeres und der Witterung im Interesse der Seeschiffahrt fördern soll.[24]) Auch die zur Sicherung der Schiffahrt bestimmten Seeschiffahrtszeichen (Leuchtfeuer, Tonnen, Baken und sonstigen Tagesmarken) bilden Gegenstand der Reichsgesetzgebung.[25]) — Die früher allgemein vorgeschriebene Verpflichtung der Seeschiffer, sich beim Einlaufen in die Häfen der Provinzen Pommern, Ost- und Westpreußen der Lotsen zu bedienen (Lotsenzwang), ist auf einzelne, durch Polizeiverordnung be-

---

der eidlichen Bekundung des Hergangs durch den Schiffer und die Besatzung (Ablegung der Verklarung § 522—5) erfolgt die Seeschädenauseinandersetzung (Dispache) durch eigens von den Handelsvertretungen (§ 372 Abs. 3) oder vom Gericht angestellte Personen (Dispacheure) das. § 727 bis 30, Verfahren G. 98 (RGB. 771) § 149—58, Kostenpflicht G. 99 (GS. 249) Art. 30. — Schaden- bei Zusammenstößen HGB. § 734—9 (neugefaßt G. 7. Jan. 13 RGB. 90 Art. 1 I) u. EG. Art. 7.

19) HGB. § 740—53 (§ 740—748 u. 750 neu gefaßt G. 7. Jan. 13 Art. 1 II, desgl. § 749 wie Anm. 11).

20) Das. § 754—77. — See- und Binnenschiffe, die in die Schiffsregister (Anm. 4) eingetragen sind, werden — obwohl zu den beweglichen Sachen gehörig — doch nach Art der Grundstücke (§ 211 u. 202 Abs. 3 d. W.) behandelt in Ansehung der Verpfändung BGB. § 1259—72 u. (Verfahren) G. 98 (RGB. 771) § 100—124 u. der Zwangsvollstreckung ZPO. § 864 Abs. 1, G. 98 (RGB. 713) § 162—171; die Zwangsverwaltung ist jedoch ausgeschlossen das. § 870 Abs. 2; auch gelten die Grundsätze für bewegliche Sachen für Schiffsparten (Schiffsanteile) § 858 u. beim Arreste § 931. Aufgebotsverfahren § 201 Anm. 8 d. W.

21) HGB. § 778—900, abgeändert mit Rücksicht auf das G. üb. den Versicherungsvertrag (§ 322 Abs. 5 d. W.) durch G. 30. Mai 08 (RGB. 307) — Die Seeversicherung ist stets Interesse- (nicht Sach-) u. Prämien- (nicht Gegenseitigkeits-) Versicherung.

22) HGB. § 901—5 (geänd. G. 7. Jan. 13 RGB. 90 Art. 1 III V).

23) Gefährdung der Schiffe durch Mitnahme von Kontrebande StGB. § 297; Zerstörung § 305; Brandstiftung § 306 nebst 325; Herbeiführung des Strandens § 323 nebst 325, 226 u. EinfG. § 4. PolV. betr. Beförderung gefährlicher Gegenstände mit Kauffahrteischiffen 30. März 12 (HMB. 170) u. Beil., geänd. 15. Feb. 13 (das. 100 u. 102).

24) G. 9. Jan. u. V. 26. Dez. 75 (RGB. 11 u. 385), V. 4. Feb. 95 (RGB. 151).

25) G. 3. März 73 (RGB. 47) u. Bek. 31. Juli 87 (RGB. 387); Strafe der Beschädigung oder Zerstörung StGB. § 322, 325, 326 u. EinfG. § 4. — Bezeichnung der Fahrwasser u. Untiefen in den Küstengewässern Bek. 3. März 12 (RGB. 302). Bekanntmachungen im Seezeichendienste Vf. 17. März 11 (HMB. 119).

sonders festzustellende Fälle beschränkt.[26]) — **Zur Verhütung des Zusammenstoßens** der Schiffe auf See sind Vorschriften über die Anwendung von Lichtern und Schallsignalen und über das Ausweichen gegeben.[27]) Der Ersatz und die Beistandleistung beim Zusammenstoß von Schiffen, sowie die Hilfeleistung und Bergung in Seenot sind zwischenstaatlich geregelt.[28]) Die bestimmungsmäßigen **Not- und Lotsensignale** dürfen nur angewendet werden, wenn ein Schiff sich in Not oder Gefahr befindet und wenn ein Lotse darauf verlangt wird.[29]) Die Ursachen der **Seeunfälle** werden durch die unter der Aufsicht des Reiches stehenden **Seeämter** auf Grund eines öffentlichen und mündlichen Verfahrens näher festgestellt, um der Wiederkehr ähnlicher Unfälle möglichst vorzubeugen. Dieserhalb sind die Seeämter berechtigt, den dabei für schuldig befundenen Schiffern, Steuerleuten und Maschinisten wegen Mangels der erforderlichen Eigenschaften die Befugnis zur Ausübung ihres Gewerbes zu entziehen. Gegen diese Entscheidungen ist die Beschwerde an das in Berlin für das Reichsgebiet bestellte **Oberseeamt** zulässig.[30]) — Bei **Strandungen** regelt das HGB. nur den Anspruch auf Berge- und Hilfslohn;[19]) in betreff der Rettung der Menschen und der Bergung des Eigentums ist dagegen ein besonderes Verfahren vor den **Strandämtern** (Strandhauptleuten) vorgeschrieben. Letztere haben vorzugsweise das Strandgut zu verwalten und den Empfangsberechtigten zu übermitteln, während das eigentliche Hilfs- und Rettungswerk den ihnen untergeordneten Strandvögten obliegt.[31])

---

[26]) G. 9. Mai 53 (GS. 216) u. LVG. § 138 Abs. 3. Gebühren § 380 Anm. 5.

[27]) V. 9. Mai 97 (RGB. 203), erg. G. 5. Feb. 06 (das. 115) u. gem. dessen Art. V als „SeestraßenO." neu veröffentlicht das. 120; bearb. v. Perels (Berl. 08); Ruderkommando V. 18. Okt. 03 (RGB. 283). StGB § 145. Die Ordnung des Signalwesens in England (1857) wurde von den übrigen seefahrenden Staaten angenommen u. hat dadurch internationale Bedeutung gewonnen.

[28]) Zwei Übereink. 23. Sept. 10 (RGB. 13 S. 49, 66, 84, 89), Beitritt Italiens 1, Belgiens 17. Juli, Portugals 11. Aug., Nikaraguas 8. Sept., Griechenlands 21. Okt. u. 7. Nov. 13 (das. 567, 581, 702, 707, 740, 747); Art. II des zweiten Übereink. wird ergänzt G. 7. Jan. 13 (das. 90) Art. 3. Verb. Anm. 18, 19 u. 22. — Verhalten des Schiffers bei Zusammenstößen V. 15. Aug. 76 (RGB. 189) u. StGB. § 145.

[29]) LotsensignalO. 7. Feb. 07 (RGB. 27); StGB. § 145.

[30]) G. 27. Juli 77 (RGB. 549), erg. G. 11. Juni 78 (RGB. 109). GeschäftsO. für das Oberseeamt 3. Mai 78 (ZB. 276), Nachtr. 10. Mai 89 (ZB. 371). Entscheidungen herausgegeben vom RAmt des Innern 18 Bde (Hamburg 10). — Preußische **Seeämter** bestehen in **Königsberg für Ostpreußen**; Danzig für **Westpreußen**; Stettin für die Reg.-**Bezirke Köslin** und Stettin; Stralsund **für den RegBez.** Stralsund; in Flensburg u. Tönning für die Ost- u. für die **Westküste von** Schl.-Holstein; in Emden für die ostfriesische Küste. (Seeämter finden sich **außerdem** in Rostock, Lübeck, Hamburg, **Bremerhaven u.** Brake) Bek. 1. Dez. 77 (ZB. 621) u. 6. Nov. 87 (ZB. 545). — Privatrechtlicher Schadenersatz Anm. 18.

[31]) StrandO. 17. Mai 74 (RGB. 73), geänd. (§ 12, 20) G. 7. Jan. 13 (RGB. 90) Art. 2 u. (§ 25, 43) G. 30. Dez. 01 (RGB. 02 S. 1), Einf. in Helgoland V. 20. Juli 95 (das. 421), Instr. 24. Nov. 75 (ZB. 750) u. Ausf. Anw. (zur StrO. § 25) 29. Jan. 04 (HMB. 31). — Pflicht zur Hilfeleistung StrandO. § 9 u. StGB. § 360[10]; Strafe der Herbeiführung der Strandung StGB. § 322, 323, 325 u. 326. — Dem Zweck der Rettung dient die deutsche Gesellschaft zur Rettung Schiffbrüchiger.

Das s. g. Strandrecht, welches dem Fiskus oder den Strandbewohnern einen besonderen Anspruch auf das Strandgut verlieh, ist aufgehoben.[32]) — Im Interesse der Sicherheit des Betriebes wird die Ladungsfähigkeit der Schiffe durch Schiffsvermessung festgestellt und durch Meßbriefe beurkundet.[33])

Seeschiffer, Seesteuerleute, Maschinisten auf Seedampfschiffen und Lotsen bedürfen eines von den Regierungspräsidenten auszustellenden Befähigungsnachweises. Die Vorbildung wird auf Navigationsschulen und Navigationsvorschulen erworben. Mit ersteren sind Prüfungskommissionen für die große und für die kleine Fahrt verbunden.[34]) — Die Verhältnisse der Schiffsleute auf deutschen Kauffahrteischiffen sind einheitlich geordnet.[35]) Als Behörden bestehen die Seemanns-

---

[32]) LR. II 15 § 81—87.

[33]) RVerf. Art. 54 Abs. 2; SchiffsvermO. (30. Juni 88 RGB. 190, geänd. Bek. 1. März 95 RGB. 153 Art. I—III u. gem. Art. IV) in neuer Fassung veröffentlicht 95 (RGB. 161), Erg. des § 24 Bek. 22. Mai u. 7. Sept. 99 (RGB. 310 u. ZB. 311), weitere Erg. Bek. 12. April 08 (RGB. 149) u. 14. Dez. 13 (das. 781); Instr. 26. März 95, erg. (Art. 32) Vf. 7. Feb. 98 (JMB. 34); Gebühr für Ausfertigung der Meßbriefe Bek. 19. Juli 90 (ZB. 281) u. 21. Sept. 00 (ZB. 523). Vermessung f. d. Suezkanalfahrt Bek. 30. März 95 (ZB. 96), geänd. (§ 2 bis 4) 7. Mai 06 (ZB. 564), (§ 5 u. 7) 12. April 08 (ZB. 156). Die Ausführung der Vorschriften wird durch das Schiffsvermessungsamt überwacht mit zwei Reichsschiffs-Vermessungsinspektoren für die Nord- u. für die Ostsee; Ostasien Bek. 25. Juli 98 (RGB. 1017). — Österreichisch-ungarische Vermessungsangaben werden in deutschen Häfen anerkannt Best. 24. Juni 96 (ZB. 173 u. 571), desgl. dänische 11. Nov. 95 (ZB. 385), großbritannische 28. Juli, norwegische 20. Nov. 96 (ZB. 415, 583), schwedische 30. Dez. 11 (ZB. 12 S. 28), französische 11. Aug. 96 (ZB. 457) u. 10. Juni 05 (ZB 152), belgische 7. Dez. 96 (ZB. 624) u. 10. Dez. 98 (ZB. 479), griechische 13., nordamerikanische 20. Feb., italienische 20. April 09 (ZB. 190), russische 23. März 02 (ZB. 74), spanische 7. Nov. 05 (ZB. 364), japanische 2. Juli 00 (ZB. 414).

[34]) RVerf. Art. 54 Abs. 2; GewO. § 31 Abs. 1 u. 2 u. § 40; Anw. 1. Mai 04 (MB. 201) Nr. 38, 39. — Prüfung der Maschinisten Bek. 7. Jan. 09 (RGB. 210), erg. (§ 4 3a u. 5 Abs. 2) 13. Nov. 13 (das. 749) u. Berichtigung 320), Formulare 30. März 10 (ZB. 100 u. 107), der Seeschiffer u. Seesteuerleute Bek. 16. Jan. 04 (RGB. 3), erg. 14. März 06 (das. 427) u. (§ 3) 3. Juni 10 (das. 867), (§ 5 Abs. 2) 24. Juli 09 (das. 892), Formulare Bek. 18. Juni 10 (ZB. 259 u. 415), Prüfung in Dampfmaschinenkunde Vf. 10. Dez. 07 (HMB. 413), auf Farbenblindheit 9. Mai 04 (ZB. 125, 142) nebst Ausf. Vorschr. 6. Feb. 12 (HMB. 45); PrüfKom. (Bek. 09 § 10, 11) Bek. 11 (ZB. 739), GeschO. 6. Juni 04 (HMB. 264). Besetzung der Seefischereifahrzeuge mit Schiffsführern u. Maschinisten Bek. 5. Mai 04 (RGB. 163, 168), erg. 20. Juni 13 (das. 370), Formulare Bek. 6. Juli 04 (ZB. 254). Die Befolgung der Vorschriften wird durch Reichsprüfungsinspektoren überwacht. — Befugnisse u. Prüfung der Seelotsen in den Prov. Ostpr., Westpr. u. Pommern 1. Feb. 62 (MB. 29), geänd. 15. Mai u. 6. Aug. 66 (MB. 87 u. 169). — Navigationsschulen (O. 6. Juni 04 HMB. 284 u. Vf. 5. Juni 10 das. 256) in Pillau, Danzig, Stettin, Stralsund, Barth, Altona, Apenrade, Flensburg, Geestemünde, Timmel, Leer u. Papenburg; Navigationsvorschulen (O. 25. Juli 04 HMB. 363 u. Vf. 18. Mai 10 das. 191) daselbst u. in Swinemünde, Prerow, Grünendeich, Westrhauderfehn u. Emden. Seedampfschiffs-Maschinistenschulen § 364 Abs. 6². Im Jahre 1912 bestanden 40 Schifferschulen. — Zuständigkeit d. Handelsministers § 52 d. W.

[35]) SeemannsO. 2. Juni 02 (RGB. 175), ergänzt (Militärverhältnis der Anzumusternden) WehrO. (§ 91 Anm. 1a d. W.) § 106⁷ u. Anlage 4, Ausf. Beschl. des BR. drei Bek. 16. Juni 03 betr. Be-

ämter.[36]) Diese haben die Aufgabe, die von den Schiffsleuten zu führenden Seefahrtsbücher auszufertigen, die zwischen den Schiffsleuten und dem Schiffer (Schiffsführer und Schiffskapitän) getroffenen Abreden über Dienstantritt und Austritt zu verlautbaren (An- und Abmusterung),[37]) Streitigkeiten zwischen beiden zu schlichten und vorbehaltlich des Rechtswegs zu entscheiden,[38]) auch Übertretungen der Schiffsleute zu untersuchen und mittelst vorläufiger Festsetzung zu bestrafen.[39]) Der Vertrag zwischen Schiffern und Schiffsleuten heißt Heuervertrag und hat eine eigene Gestaltung.[40]) Die Schiffsleute sind der Disziplinargewalt des Schiffers unterworfen.[41]) — Hilfsbedürftige deutsche Seeleute im Auslande müssen auf Anordnung des Seemannsamtes von jedem heimfahrenden deutschen Kauffahrteischiff gegen Entschädigung mitgenommen werden.[42]) — Die Schiffsführer haben sich im Auslande bei den Konsuln zu melden (§ 88 Abs. 4).

§ 380.

c) Die **Binnenschiffahrt** ist, was den Flößerei- und Schiffahrtsbetrieb auf den mehreren Staaten gemeinsamen Wasserstraßen und deren Zustand, sowie die Fluß- und sonstigen Wasserzölle betrifft, Gegenstand der Reichsgesetzgebung geworden. Auf natürlichen Wasserstraßen dürfen nur für Anstalten (Werke und Einrichtungen), die zur Erleichterung des

---

setzung der Kauffahrteischiffe mit Kapitänen u. Schiffsoffizieren (RGB. 247, erg. 7. Jan. u. 21. Mai 09 das. 247 u. 445, 3. Juni 10 das. 865), die Dreiteilung des Wachdienstes (das. 251) u. die Nichtanwendung einzelner Best. auf kleinere Fahrzeuge (das. 252). Bearb. v. Perels (Berl. 02) u. Löwe (Berl. 03). — Die GewO. findet keine Anwendung das. § 6. — Stellenvermittelung § 363 II 2 Abs. 4, Krankenfürsorge Anm. 40, Unfall- u. Invalidenvers. § 319 III u. 320 Abs. 2.

36) SeemO. § 5. Als solche wirken die in den inländischen Hafenorten nach G. 26. März 64 (GS. 693) § 12 errichteten Musterungsbehörden, im Auslande die Konsulate § 88 d. W. — Kostentarif 22. Feb. 73 (ZB. 62), erg. Bek. 24. Nov. 85 (ZB. 525).

37) SeemO. § 7—26. Untersuchung der Schiffsleute auf Tauglichkeit zum Schiffsdienst Bek. 1. Juli 05 (RGB. 561); Form der Musterrolle 20. März 03 (ZB. 120). Dienstanw. f. d. preuß. Musterungsbehörden 21. März 03 (HMB. 95).

38) SeemO. § 128—130, 33 u. 58.

39) Das. § 122—125; Strafverfahren V. 13. März 03 (RGB. 42). — Strafen SeemO. § 93—121, 132 u. StGB. § 297, 298. Das Koalitionsrecht (§ 315 Abs. 2 d. W.) findet keine Anwendung SeemO. § 101. — Feststellung des Tatbestandes SeemO. § 126 u. 127, Vollstreckung § 132.

40) Das. § 27—83 (§ 52 Abs. 2² geänd. G. 23. März 03 RGB. 57, § 59 u. 61 desgl. G. 12. Mai 04 das. 167 Art. 1, 2). — Arbeitszeit u. Sonntagsarbeit SeemO. § 35—40. Räume für die Schiffsmannschaft auf Kauffahrteischiffen Bek. 2, Krankenfürsorge 3. Juli 05 (RGB. 563 und 568), erg. (Verzeichn. II u. III) 21. Mai 09 (das. 446) u. 7. April 11 (das. 171), die Beaufsichtigung der Räume erfolgt durch die Hafenpolbeh., wo diese fehlt, durch die Ortspolbeh. Bek. 27. Nov. 05 (MB. 213). Seuchenbekämpfung § 269 Anm. 13 d. W.

41) SeemO. § 84—92.

42) G. 2. Juni 02 (RGB. 212). — Gegenseitige Vereinbarung wegen Unterstützung hilfsbedürftiger Seeleute Bek. 12. Juli 90 (ZB. 263), mit Frankreich wegen Auslieferung der Heuerguthaben u. Sachen der Seeleute Bek. 10. April 85 (ZB. 148), mit Großbritannien wegen Aushändigung der Nachlässe Bek. 22. Juni 07 (HMB. 217).

Verkehrs bestimmt sind, Schiffahrtsabgaben erhoben werden. Sie dürfen bei staatlichen und kommunalen Anstalten die zur Herstellung und Unterhaltung erforderlichen Kosten nicht übersteigen. Dasselbe gilt für künstliche Wasserstraßen (Kanäle) und für Anstalten an solchen sowie in Häfen.[1]) Zur Aufbringung von Mitteln für die Verbesserung und Unterhaltung natürlicher Wasserstraßen in den Stromgebieten des Rheins, der Elbe und Weser werden die beteiligten Staaten zu Strombauverbänden zusammengeschlossen. Innerhalb dieser werden die Befahrungsabgaben nach einheitlichen Tarifen für gemeinsame Rechnung erhoben und zur Herstellung und Unterhaltung der Verkehrsanstalten verwendet. Die Verwaltung erfolgt durch Verwaltungsausschüsse, die aus Vertretern der Staaten zusammengesetzt sind. Ihnen stehen Strombeiräte zur Seite, deren Mitglieder von den beteiligten Interessentenvertretungen gewählt werden. Die Erhebung der Abgaben und die Anordnung und Ausführung der Bauten ist Sache der Einzelstaaten.[2]) — Aufgehoben sind die Rhein- und Elbzölle[3]) und die besonderen Flößereiabgaben.[4]) Die Hinterziehung und die Überhebung der sonstigen Schiffahrtsabgaben ist mit Strafe bedroht. Zuwiderhandlungen werden in einem Verwaltungsstrafverfahren verfolgt, das mit einigen Maßgaben dem für Zölle und indirekte Steuern vorgeschriebenen Verfahren (§ 153 Abs. 4) entspricht.[5])

---

[1]) RVerf. Art. 4^{9} u. 54 Abs. 3—8 in Fassung des G. 24. Dez. 11 (RGB. 1137) Art. I u. (Strafen für Hinterziehung) Art. IV, Bearb. v. Peters (Berl. 12). Das G. hebt die landesrechtlichen Vorschriften in den Stromgebieten des Rheins, der Elbe u. Weser auf, greift aber den Rechten Österreichs bezüglich der Elbe (Anm. 3) u. der Niederlande bezüglich des Rheins (Anm. 9) nicht vor und tritt in Hinblick auf die dieserhalb nötigen Verhandlungen erst an einem durch V. festzusetzenden Zeitpunkt in Kraft Art. V—VII; Inkraftsetzung für das Stromgebiet der Weser V. 29. April 12 (RGB. 259). — Die Neufassung soll die entstandenen Zweifel beseitigen, ob nach der RVerf. Abgaben nur für Flußkanalisierungen oder auch für Flußregulierungen zulässig seien. Zugleich sollen dadurch Mittel gewonnen werden, um den im Verkehrsinteresse nötigen erweiterten Ausbau des Wasserstraßennetzes zu ermöglichen. In diesem Sinne war für Preußen bereits bestimmt worden, daß auf den im Interesse der Schiffahrt ausgebauten Flüssen spätestens mit Inbetriebsetzung des Rhein-Weser-Kanals (§ 346 Anm. 25) Abgaben erhoben werden sollten, deren Ertrag eine angemessene Verzinsung u. Tilgung der für den Ausbau gemachten Aufwendungen biete G. 1. April 05 (GS. 179) § 19. — Statistik des Binnenschiffahrtverkehrs Best. 25. Juni 08 (ZB. Beil. z. Nr. 32), geänd. (§ 8) 26. Nov. 13 (ZB. 1217), (Anl. D) 25. März 10 (ZB. 98), preuß. Dienstvorschr. 1. März 12 (HMB. 136).

[2]) G. 11 (Anm. 1) Art. II, III; Strombeiräte (Art. II. § 8) Bek. 17. Juni 13 (RGB. 322).

[3]) G. 24. Dez. 99 (GS. 873); G. 11. Juni u. Vtr. mit Österreich 22. Juni 70 (BGBl. 416 u. 417). Erhebung der Schiffahrts- u. Flößereiabgaben auf der Saale Vtr. mit Anhalt 21. Okt. 02 (GS. 03 S. 21).

[4]) G. 1. Juni 70 (BGBl. 312); dieses ist RG. § 6 Anm. 7 d. W. Ansprüche gehören ohne Rücksicht auf den Wert vor die Landgerichte GVG. § 70 Abs. 2^{1}. — Ausführung für die Werra u. Saale V. 1. Juni 70 (RGB. 314), für die Enz u. Nagold V. 13. Feb. 74 (RGB. 14). Auf dem Neckar u. der Glatt ist die Flößerei aufgehoben Vtr. 7. April u. G. 30. Juli 99 (GS. 154 u. 153).

[5]) G. 2. Mai 00 (GS. 123), insbes. Strafe der Hinterziehung § 1, der Überhebung § 2—7, Verfahren § 8—13. AusfVorschr. 12. Sept. 00 (MB. 274), erg. Nachtr. 4. Feb. 13 (MB. 70), ferner

Die Binnenfahrzeuge[6]) müssen gewiße Maße einhalten und im Interesse der steuerlichen und polizeilichen Überwachung eine vorgeschriebene Bezeichnung führen.[7])

Besondere Vorschriften sind für einzelne Ströme ergangen.[8]) Zu diesen zählen auch die mit außerdeutschen Staaten vereinbarten, auf die Freiheit der Schiffahrt gerichteten Verträge (Schiffahrtsakten).[9])

Das private Binnenschiffahrtsrecht ist in Anlehnung an das Seerecht (§ 376 Abs. 2) neugeregelt;[10]) hierbei werden als beteiligte Personen der Schiffseigner, der Schiffer (Schiffsführer) und die Schiffsmannschaft unterschieden.[11]) Für Schiffer und Maschinisten kann der Bundesrat —

(Aktienchausseen) Vf. 10. Juli 01 (MB. 203) u. 31. Dez. 02 (MB. 03 S. 12) u. (Privatflußbrücken) 16. Aug. 05 (MB. 141). Anwendung in Lübeck auf den Elbe-Travekanal Vtr. 13. Nov. 01 (GS. 02 S. 207). — Die Verwaltung der Abgaben einschließlich d. Vermessung der Flußschiffe ist auf den Min. d. öff. Arb. u. die allgem. Bauverwaltung übergegangen AE. 31. Dez. 94 (GS. 95 S. 43). — Die Abgabenerhebung erscheint im LR. als Teil der Zollgerechtigkeit u. kann nur ausgeübt werden, wenn der Staat sie verliehen u. den Tarif dafür vorgeschrieben hat II 15 § 88—93. Zuständig für Gestattung u. Feststellung d. Hafen- u. Verkehrsabgaben (außer dem Chausseegelde) sind teils die Minister, teils die Provinzialbehörden. AE. 4. Sept. 82 (GS. 360), Vf. 25. Juni 09 (MB. 172); Lotsengebühren AE. 20 Aug. 83 (GS. 339). — Verpachtung fiskalischer Verkehrsabgaben u. Fährgerechtigkeiten Vf. 11. Juni 02 (MB. 136). — Kraftfahrzeuge, einschl. der Motorfahrräder sind zu Brücken- u. Fährgeldabgaben heranzuziehen Vf. 13. Juli 04 (MB. 248), ebenso Fahrräder 17. Okt. 97 (MB. 279); verb. § 381 Anm. 6. — Verkehrsgebühren der Gemeinden § 80 Anm. 4, Kreise § 83 Abs. 2, Provinzen § 84 Abs. 2 d. W.

6) Die Zahl der Segelschiffe von 10 u. mehr t im Reiche betrug (1907) 22923 die der Dampfschiffe 3312. — Binnenfahrzeuge führen die Flagge ihres Heimatsstaates Vf. 20. Jan. 86 (MB. 4).

7) Die mit Österreich vereinbarte SchiffseichO. für die Elbe ist für alle Wasserstraßen in Preußen (außer Rhein mit Nebenflüssen u. Dortmund-Emskanal), beiden Mecklenburg, Braunschweig, Lippe, Bremen u. Lübeck eingeführt; die Eichscheine werden gegenseitig anerkannt Vf. 12. März 02 (MB. 78), Ausf.Vf. 7. Feb. 03 (MB. 37). Übereink. mit Frankreich, Belgien u. den Niederlanden betr. gegenseitige Anerkennung der das Ladegewicht feststellenden Eichscheine 4. Feb. 98 (RGB. 99 S. 299), Zusätze Bek. 1. Juni 08 (das. 398).

8) Rheinschiff. PolV. 1. Jan. 13 (HMB. 51).

9) Elbschiffahrtsakte 23. Juni 21 (GS. 22 S. 9) u. Additionalakte 13. April 44 (GS. 458), Ergänz. 7. April 54 (GS. 369) u. 15. Mai 63 (GS. 377), PolV. üb. Passagierbeförderung auf Dampfschiffen 9. Mai 13 (MB. 354), EichO. f. d. Binnenschiffahrt 15. Juli 13 (ZB. 692), Weserschiffahrtsakte 22. Nov. 23 (GS. 24 S. 25) u. AddA. 3. Sept. 57 (GS. 453); Rev. Rheinschiffahrtsakte 17. Ok. 68 (GS. 69 S. 798) nebst AusfG. 17. März 70 (GS. 187), Zus. 18. Sept. 95 u. Bek. 15. Juli 98 (GS. 265, 266) u. (Änd. des Schlußprot. 4 A) Vereinb. 4. Juni 98 u. Bek. 18. Jan. 00 (GS. 9 u. 12).

10) BinnenschiffG. (15. Juni 95 gem. EG. zum HGB. Art. 12 u. 13 geändert u.) in neuer Fassung u. Paragraphenfolge veröffentlicht 98 RGB. 868. — Zuständig sind die Kammern für Handelssachen (§ 182 Abs. 2 d. W.) GVG § 101 f. Beschwerde G. 98 (RGB. 771) § 148 Abs. 2. — Bearb. v. Landgraf (2. Aufl., Berl. 00), Förtsch (2. Aufl., Leipz. 09), Makower (4. Aufl. v. Loewe Berl. 09).

11) Schiffseigner BG. § 1—6. Für Schiffer (§ 7—20 u. 131) gelten daneben gemäß § 20 die allgemeinen Bestimmungen der GewO. f. Betriebsbeamte, Werkmeister u. Techniker bezüglich der Beendigung des Dienstverhältnisses, einschließlich der Zuständigkeit der Gewerbegerichte (§ 364 Abs. 3 d. W.). Die Schiffsmannschaft (BG. 98 § 21—25) untersteht der GewO. mit Ausschluß der Best.

bezüglich geschlossener Seen die Landesregierung — einen Befähigungsnachweis vorschreiben,[12]) während das Lotsengewerbe landesgesetzlich von besonderer Genehmigung abhängig gemacht werden kann.[13]) Daneben bewendet es in betreff der Stromschiffer und Lotsen bei den Staatsverträgen.[14]) Vorsteher von Fähren bedürfen eines Befähigungszeugnisses der Strompolizeibehörde (§ 349 Abs. 2).[15]) Das Frachtgeschäft ist auf der Grundlage des Handelsgesetzbuches (§ 373 Abs. 4) geordnet;[16]) an letzteres schließen sich auch die Grundsätze über Haverei, Zusammenstoß von Schiffen, Bergung und Hilfeleistung, über Schiffsgläubiger und Verjährung an.[17]) Alle größeren Schiffe sind in Schiffsregister einzutragen, die bei den Amtsgerichten geführt werden; über die Eintragung werden Schiffsbriefe erteilt. Die Verpfändung solcher Schiffe kann nur durch Eintragung in dieses Register erfolgen.[18])

In entsprechender aber einfacherer Weise ist das private Flößereirecht geordnet.[19])

Fähren sind Einrichtungen zu gewerbsmäßiger Beförderung von einem Ufer eines Gewässers zum anderen. Sie bilden auf Privatflüssen eine Zubehör des Weges, auf öffentlichen steht ihre Haltung als Regal (§ 133) dem Staate zu.[20]) Daneben bestehen von alters her Fährgerechtigkeiten.[21])

3. Wege.

§ 381.

a) **Einleitung.** Die Einteilung der Wege folgt drei verschiedenen Gesichtspunkten. Nach ihrer Bestimmung im allgemeinen zerfallen sie in

üb. Sonntagsarbeit das. § 105i. Unfallversicherung § 319 I Abs. 1; Stellenvermittlung § 366 II 2 Abs. 4.

[12]) BG. § 132 u. Anw. 1. Mai 04 (MB. 201) Nr. 40, 41, 43. — Zur Ausbildung bestanden (11) 65 Schifferschulen.

[13]) GewO. § 34 Abs. 3; Anw. 9. Aug. 99 (MB. 127) Nr. 39. Lotsenzwang in den Häfen u. Binnengewässern der Prov. Ostpr., Westpr. u. Pommern G. 9. Mai 53 (GS. 216) u. LVG. § 138 Abs. 3. — Befähigung der Lotsen § 379 Abs. 3 d. W. u. Anw. (vor. Anm.) Nr. 42, 43. — Dienstanw. für Kesselwärter 13. Juli 04 (HMB. 361).

[14]) Preuß. GewO. (§ 363 Anm. 7) § 45 u. Bf. 29. März 04 (MB. 100).

[15]) GewO. § 31 Abs. 3 u. ZustG. § 120 4; Anw. (§ 365 Anm. 1) Nr. 38.

[16]) BG. § 26—77 u. 131; Dispache wie § 379 Anm. 18; Transportversicherung § 323 Anm. 10.

[17]) BG. § 78—118 u. (Aufgebotsverfahren) § 110 u. ZPO. § 1002, 1022. Dispacheure (BG. § 87) § 379 Anm. 18 d. W.

[18]) Das. § 119—129, preuß. Ausf.V. (zu § 128) 31. Okt 10 (GS. 312). Verpfändung u. Zwangsversteigerung wie § 379 Anm. 20. — Die Registerführung ist die für Seeschiffe (§ 379 Anm. 4) vorgeschriebene.

[19]) G. 15. Juni 95 (GS. 341), insbes. Floßführer § 1—16 u. 32, Floßmannschaft § 17—21, Beschädigung durch Flöße § 22, 23, Bergung und Hilfeleistung § 24—29, Verjährung § 30. — Öffentlich-rechtliche Verhältnisse § 346 Abs. 4 d. W. — Flößereiabgaben Abs. 1.

[20]) LR. II 15 § 50, 51; verb. § 346 Anm. 8 d. W. — Die Gew.O. ist nicht anwendbar das. § 6, doch müssen die Vorsteher öffentlicher Fähranstalten sich über ihre Befähigung ausweisen preuß. Gew.O. 17. Jan. 45 (GS. 41) § 45 u. Bf. 29. März 04 (MB. 100). — Fährgelder Anm. 1.

[21]) Erwerb durch Verjährung LR. II 15 § 94—97 nebst Bf. 15. Okt. 48 (MB. 384), Pflicht zur Instandhaltung der Anlagen § 138. Die Berechtigungen können gegen

öffentliche und Privatwege und nach ihrer besonderen Bestimmung in Fahr-, Reit-, Radfahr- und Fußwege. **Öffentliche Wege** sind die mit öffentlich-rechtlicher Wirksamkeit dem allgemeinen Verkehr gewidmeten Wege; sie heißen, wenn ihr Verkehr ein weitergehender ist, Land- und Heerstraßen, wenn er nur die Verbindung benachbarter Orte vermittelt, Verbindungs- (Vizinal- oder Kommunikations-) Wege.[1] Die **Privatwege** sind nur für einzelne Personen oder — als Interessenten-, Koppel-, Holz-, Feld- und Wirtschaftswege — für eine begrenzte Mehrheit von Personen bestimmt.[2]) — Nach der Bauart unterscheiden sich die vorschriftsmäßig ausgebauten **Kunststraßen** (Chausseen) von den gewöhnlichen Wegen.[3]) Nach der Unterhaltungspflicht werden Staats-, **Provinzial-, Kreis- und Gemeindestraßen** unterschieden (§ 382).

Für den Verkehr kommen nur die öffentlichen Wege in Betracht; diese haben sich zu dessen wichtigsten Trägern herausgebildet und finden in seiner Entwickelung auch ihre **Geschichte**. Aus dem grund- und später landesherrlichen Geleitsrecht war das nutzbare Wegerecht (Wegeregal) erwachsen. Dieses Recht verwandelte sich, als der Verkehr zu immer größerer Bedeutung heranwuchs und stets zunehmende Beachtung beim Staate forderte und fand, in eine Wegepflicht. Die Wandlung vollzog sich im 18. Jahrhundert;[4]) die weitere Durchbildung erhielt das Wegewesen aber erst im 19. und dem Staat ist dabei die dreifache Aufgabe zugefallen:

Entschädigung aufgehoben werden preuß. GewO. (vor. Anm.) § 7.

[1]) Grundsteuerfreiheit G. 14. Juli 94 (GS. 152) § 24c u. d. Befreiung von der Pflicht zu grundbuchlicher Eintragung § 211 Anm. 2 d. W. — Die Frage, ob ein Weg für einen öffentlichen zu erachten, unterliegt dem Verwaltungsstreitverfahren ZustG. § 56 Abs. 4; § 381 Abs. 2 d. W. — Beschränkte Gebrauchsart (Fahr-, Reit- oder Fußwege) u. Bestimmung (Kirch- oder Schulwege) schließen die Öffentlichkeit nicht notwendig aus OV. (XII 282) und Gleiches gilt von Eigentums- oder dinglichen Rechten am Grund und Boden OV. (V 229). Reinigung § 384 Abs. 6 d. W. Der Eigentümer eines öffentlichen Weges hat alle durch den öffentlichen Verkehrszweck gebotenen Einrichtungen zu dulden OV. XXXVI 237). Eiswege bei Frost Vf. 17. Aug. 93 (MB. 254) u. OV. (XVII 74). — Ost- u. westpr., posensch. u. sächs. WegeO. (Anm. 9) § 1—4. — Wegerecht u. Wegeverwaltung in Preußen von Germershausen (3. Aufl. Berl. Bd. I, System 06, Bd. II, Quellen 07); Wegerecht v. Bering (Berl. 94).

[2]) Die Privatwege fallen in das Gebiet des Privatrechts (LR. I 22 § 63 bis 79, Notwege BGB. § 917, EG. Art. 123) u. der Feldpolizei (§ 354 d. W.); Wirtschaftswege § 342 Abs. 4. — Schutz StGB. § 368^9 u. 370^1.

[3]) Als Kunststraßen gelten alle Straßen, die den chausseepolizeilichen Vorschriften (§ 384 Abs. 5 d. W.) unterliegen oder Chausseegeld erheben dürfen (Anm. 6) oder vom Oberpräsidenten als solche anerkannt sind. Das Verzeichnis dieser Straßen wird durch die Amtsblätter veröffentlicht G. 20. Juni 87 (GS. 301) § 12. OV. (XXVI 204). Aufstellung der Straßenverzeichnisse Vf. 1. Juni 10 (MB. 198). Für die neuen Prov. u. Hohenzollern, wo das G. 87 nicht gilt, bestimmt Ausf. Anw. 13. Aug. 98 (MB. 157) zum KleinbahnG. § 3, welche Straßen (§ 382 Anm. 6) als Kunststraßen anzusehen sind.

[4]) § 130 d. W. — Dieser Entwickelungsgang zeigt sich noch im LR., das dem Staat die Unterhaltungspflicht ausdrücklich gegen den Genuß der ihm von den Straßen zukommenden Nutzungen überträgt (II 15 § 11).

1. die Wegepflicht zu regeln (b);
2. die Grundsätze für den Wegebau festzustellen (c);
3. die Wege und ihren Gebrauch zu schützen (Wegepolizei) (d).

Gleichzeitig forderte der Grundsatz der Verkehrsfreiheit die Beseitigung aller die Benutzung der Wege erschwerenden Hemmnisse und Abgaben. So erfolgte nach Aufhebung der vom Verkehr selbst erhobenen Kommunikationsabgaben (Wege-, Pflaster-, Brücken- und Torgelder)[5] schließlich auch die des als Gebühr für ausgebaute Straßen entrichteten Chausseegeldes, indem der Staat darauf verzichtete und die Mehrzahl der unterhaltungspflichtigen Verbände seinem Beispiel folgte.[6] — Die letzte Stufe in der Entwickelung des Wegewesens bildet der Übergang auf die Selbstverwaltungskörper. Nachdem die Schienenwege den durchziehenden Verkehr großenteils an sich gezogen hatten, war die Bedeutung der Landwege überall eine mehr örtliche geworden. Mit Rücksicht hierauf ist den Provinzen unter Zuweisung entsprechender Fonds die eigene Verwaltung der früheren Staatsstraßen (Chausseen)[7] und daneben die Unterstützung der Gemeinden und Kreise bei Ausübung der ihnen obliegenden Wegebaupflicht[8]) übertragen.

Die Wegegesetzgebung ist ziemlich bunt zusammengesetzt. Von den älteren Provinzen haben nur die Provinzen Ost- und Westpreußen, Posen und Sachsen neue Wegeordnungen erhalten,[9] die für gleiche Regelung in

---

[5]) V. 16. Juni 38 (GS. 353), Verleihung u. Zuständigkeit § 380 Anm. 5 d. W. — Die bestehend gebliebenen Verkehrsabgaben sind nur in dem den Herstellungs- u. Unterhaltungskosten entsprechenden Betrage zulässig Vtr. 8. Juli 67 (BGBl. 81) Art. 22, aufrecht erhalten RVerf. Art. 40. — An Privatpersonen zu entrichtende Verkehrsabgaben verjähren in 4 Jahren G. 20. Sept. 99 (GS. 177) Art. 8.

[6]) G. 27. Mai 74 (GS. 184). — Die Erhebung — soweit sie noch besteht — richtet sich in den 9 älteren Provinzen nach dem Tarif 29. Feb. 40 (GS. 94), erg. (Kraftwagen) AE. 6. Juni 04 (GS. 139), 23. April 08 (MB. 129) u. 13. Mai 11 (MB. 172) (Befreiung der Fuhrwerke der Pferdevormusterungskommissare) 22. Okt. 12 (MB. 306). Die Verleihung des Rechts u. die Festsetzung der Tarife ist dem Min. der öff. Arbeiten u. von diesem weiter den Reg. Präsidenten übertragen AE. 28. Jan. 08 (GS. 38) u. Vf. 10. März 08 (MB. 60). — Das Chausseegeld für Straßenlokomotiven setzt der Min. fest Vf. 19. April 64 (MB. 126). Bestrafung wie § 380 Abs. 1 d. W.

[7]) G. 8. Juli 75 (GS. 497) § 18 bis 25. Posen Regul. 27. Dez. 75 (GS. 76 S. 23). Die staatlichen Hoheitsrechte sind nicht mit auf die Provinzen übergegangen; die Provinzialchausseen unterliegen deshalb der staatlichen Aufsicht wie andere Kunststraßen OV. (XXXIV 267) Vf. 8. Jan. 78 (MB. 19). Die Provinzen Ostpreußen, Pommern, Posen u. Schlesien haben gem. G. 75 § 18 Abs. 3 die Chausseen den engeren Verbänden der Kreise zugewiesen. — Die Chausseeunterhaltungspflicht erstreckt sich nicht auf die Reinigung OV. (XIV 398) und die Anlegung und Unterhaltung der Bürgersteige OV. XV 272).

[8]) G. 75 § 4[1]; in Brandenburg u. Sachsen werden Kreis- u. andere Chausseen von den technischen Beamten der Provinzen verwaltet. Für Posen Regul. (Anm. 7); für Hannover G. 7. März 68 (GS. 223) § 1[4] u. in betreff der technischen Leitung des Landstraßenbaues 19. März 73 (GS. 129); für den RB. Kassel AE. 16. Sept. 67 (GS. 1528) Nr. 1; für den RB. Wiesbaden G. 11. März 72 (GS. 257) § 1[1].

[9]) WegeO. für die Prov. Ostpreußen 10. Juli 11 (GS. 99), Anw.

den übrigen Provinzen vorbildlich werden dürften. Sonst reicht in diesen die Gesetzgebung noch vielfach in das 18. Jahrhundert zurück.[10]) Besser ist das Wegewesen in den neuen Provinzen geordnet.[11])

§ 382.

b) Die **Wegepflicht**[1]) umfaßt sowohl die Anlegung neuer, als die Unterhaltung bestehender öffentlicher Wege. Obwohl sie nicht einheitlich

---

10. Juli 11 (MB. 250), bearb. v. Hippel (Berl. 12), Westpreußen 27. Sept. 05 (GS. 357), erg. G. 8. Juni 08 (GS. 165), Anw. 29. Okt. 08 (MB. 241), bearb. v. Just (Berl. 06); für Posen 15. Juli 07 (GS. 243 u. Berichtigungen 300 u 1908 S. 28), Anw. 29. Okt. 08 (MB. 244), bearb. v. Hecht (Berl. 08); Sachsen 11. Juli 91 (GS. 316, erg. G. 8. Juni 08 GS. 157). Diese beziehen sich nicht auf Kunststraßen Ost- u. Westpr. u. Pos. § 1, Sachs. § 14. Wegebaupflicht § 379 Abs. 1 u Anm. 6 d. W. Ablösung der für Land- und Heerstraßen in Posen noch durch G. 21. Juni 75 (GS. 324) bestehenden Hand- u. Spanndienste pos. WO. § 46, 47, der fiskalischen Unterhaltungspflicht in den vormals sächsischen Teilen sächs. WO. § 44—49, V. 28. März u. G. 14. Juli 92 (GS. 75 u. 213)

[10]) Allgemeine Vorschriften für die älteren Provinzen enthält neben einzelnen Wegepolizeigesetzen (§ 384 Anm. 11, 12 nur das LR., das von Gemeindewegen (II 7 § 37[1], 38—44) u. Land- u. Heerstraßen (II 15 § 1, 13 bis 17, 23 u. 24) handelt, aber nach § 15 das. nur in Ermangelung besonderer Provinzialgesetze über die Wegebaulast zur Anwendung kommt. Verpflichtungen in Bezug auf Telegraphenleitungen § 392 Abs. 3 d. W. — Provinzialgesetze vor. Anm. ferner: Kurmark Ed. 18. April 1792, auf die Neumark ausgedehnt V. 1803 (KA. XII 546); OV. XXXIII 298. In den vorm. sächsischen Landesteilen ist das Straßenbaumandat von 1781 aufgehoben PlB. OT. 4. Juli 53 (JMB. 328). — Pommern Wegeregl. 25. Juni 1752; Neuvorpommern Regl. 21. Mai 1708 u. V. 14. Aug. 1777. — Schlesien Wegeregl. 11. Jan. 1767; Wegerecht von Friedenthal (Bresl. 06). — Westfalen u. Rheinprovinz, Erhaltung der durch Staatswaldungen führenden Wege durch den Fiskus V. 17. Nov. 41 (GS. 405). Im Kreise Meisenheim ist die hess. V. 9. Juli 38 noch in Kraft V. 20. Sept. 67 (GS. 1534) § 3[1]. Rheinisches Wegerecht von Ecker (Berl. 06). Ausführliche Darstellung dieses verworrenen Rechtszustandes in den Anlagen zu den Verhandlungen des Abgeordnetenhauses 1875 Bd. 1 S. 305 bis 326. — Für Hohenzollern erging G. 5. Jan. 78 (GS. 5); verb. § 381 Anm. 11.

[11]) Schl.-Holstein WegeV. 1. März 42 (chron. Samml. 191, in den polizeilichen Vorschriften durch das § 381 Anm. 11 angeführte G. ergänzt), Pat. 27. Dez. 65 (VBl. 66 S. 1), G. 26. Feb. 79 (GS. 94) u. lauenb. WegeO. 7. Feb. 76 (WochBl. 27); ferner ZustG. § 55, 56, 58, 59 u. KrO. 26. Mai 88 (GS. 139) § 150, 151. — Hannover ChausseeG. 20. Juni 51 (han. GS. I 119), Landstraßen u. Gemeindewege G. 28. Juli 51 (das. 141), erg. G. 26. Feb. 77 (GS. 18), 24. Mai 94 (GS. 82), KrO. 6. Mai 84 (GS. 181) § 2 u. 114 u. ZustG. § 55, 56 u. 60; § 381 Anm. 8, u. § 384 Anm. 11 u. 12. — RB. Kassel ohne einheitliches Wegerecht; Unterhaltung der Landwege (Anm. 6) durch die Kreise G. 25. Aug 09 (GS. 741) u. Anw. 18. Aug. 10 (MB. 243), ferner ZustG. § 55—57, KrO. 7. Juni 85 (GS. 193) § 115 u. 116 Abs. 4. — Vorm. Herzogtum Nassau Landeschausseen Ed. 22. März 48; chaussierte Verbindungsstraßen V. 2. Okt. 62 (VBl. 176) u. ZustG. § 55—57 u. 62; § 381 Anm. 11. Vorm. großh. hess. Landesteile G. 4. Juli, 12. u. 6. Nov. 60 (RegBl. 333) u. ZustG. § 55 bis 57 u. 63.

[1]) Anw. zur Ablösung der Wegebauverpflichtungen der Staatsbauverw. 7. Nov. 07 (MB. 08 S. 359) u. (Ermächtigung der Min. zur Grundabtretung) KO. 23. Aug. 97 (MB. 219). — Die Wegebaupflicht ist öffentlichrechtlich. Die Unterhaltung liegt auch auf den infolge Eisenbahnbaues verlegten Wegen dem Wegebaupflichtigen ob,

geregelt erscheint (§ 381 Abs. 4), tritt doch überall eine örtlich nach den Feldmarken begrenzte Pflicht auf, die mit fortschreitender Entwickelung des Gemeindewesens an Stelle der Pflicht der Anlieger mehr und mehr zur Gemeindepflicht geworden ist.[2]) In den neuen Provinzen ist diese Entwickelung bereits abgeschlossen. Ebenso ist in den Provinzen Ost- und Westpreußen, Posen u. Sachsen die Wegepflicht — soweit sie nicht durch Gesetz oder eigene Entschließung auf Kreis oder Provinz übergegangen ist — den Gemeinden (Gutsbezirken) übertragen. Die entgegenstehenden älteren Herkommen sind aufgehoben. Gemeinden oder Gutsbezirke können dabei auf dem durch das Zweckverbandsgesetz bezeichneten Wege (§ 77 Abs. 4) zu Wegeverbänden vereinigt werden.[3])

Neben der ordentlichen besteht eine außerordentliche Wegepflicht, indem Betriebe, die die Wege in erheblichem Maße dauernd abnutzen, zu Vorausleistungen für deren Unterhaltung verpflichtet sind.[4])

Von größter Bedeutung ist das Eintreten der Kreise und Provinzen in die Wegepflicht geworden. Die wichtigsten, früher vom Staat unterhaltenen Straßen (Chausseen) sind Provinzialstraßen geworden;[5]) die minder wichtigen, aber doch dem allgemeinen Verkehre dienenden Wege großenteils als Kreisstraßen in Bau und Unterhaltung übernommen, so daß nur die unbedeutenderen als Gemeindewege zurückgeblieben sind.[6])

---

der den Ersatz etwaiger Mehrkosten von der Eisenbahnverw. im Rechtswege beanspruchen kann OV. (IX 238). — Brückenbaupflicht § 383 Anm. 1. — Die Pflicht des Staates zur Unterhaltung der Land- u. Heerstraßen (LR. II 15 § 15) ist durch die Wegeordnungen oder durch Verträge fast überall auf die Provinzen u. Kreise übergegangen.

[2]) Vf. 25. Juni 65 (MB. 187).

[3]) WegeO. (§ 381 Anm. 9) f. Ostpr. § 15—25, 41—44, Westpr. § 13—23, 42, 47, 48, Posen § 14—22, 41, 48, 49, Sachsen § 15—23, 43 u. 50. — Ältere u. auf Grund der LandgemO. gebildete Wegeverbände OV. (LI 252).

[4]) G. 18. Aug. 02 (GS. 315), OV. (L 323, LII 332, 336 u. LIII 306). Bearb. v. Vossen (Düsseldorf 03). Zum Neubau der Wege können Mehrbelastungen auf Grund der Kommunalgesetze (§ 80 Anm. 8, § 83 Anm. 8 u. § 84 Anm. 6) erhoben werden, doch nur von Beginn des der Klageerhebung unmittelbar vorausgehenden Jahres ab G. 11. Juli 91 (GS. 329), das bezüglich der Unterhaltung durch G. 02 § 9[6] aufgehoben ist.

[5]) § 381 Anm. 7.

[6]) Diese Dreiteilung tritt mit einigen Abweichungen in fast allen Provinzen auf. In Schl.-Holstein werden Haupt- u. Nebenlandstraßen und Nebenwege, in Hannover Chausseen, Landstraßen u. Gemeindewege unterschieden. In der Rheinprovinz sind die Bezirksstraßen, die hier die Stelle der Kreisstraßen vertraten, mit den Provinzialstraßen (Chausseen) vereinigt AE. 27. Dez. 75. Auch im RegB. Kassel werden nur Chausseen (hier Landstraßen genannt) und Landwege unterschieden. In Nassau werden die Landeschausseen von dem Kommunalverbande, die chaussierten Verbindungsstraßen von diesem unter Mitleistung der Gemeinden u. die Vizinalwege von den Gemeinden allein unterhalten. Ein ähnliches Verhältnis waltet in Hohenzollern bezüglich der unmittelbaren u. mittelbaren Landstraßen und der Nebenwege ob § 381 Anm. 10 u. 11. — Die Einführung einer einheitlichen Bezeichnung (Gemeinde-, Kreis- und Provinzialstraßen) würde wesentlich zur Klärung beitragen. — Die Übernahme der Pflicht zur chausseemäßigen Unterhaltung durch einen dritten (Kreis) nebst Anerkennung als Chaussee befreit den Fiskus von der ihm nach LR. oder Provinzialgesetzen obliegenden Unterhaltungspflicht OV. (XXXV 238).

Daneben wird der Gemeinde- und Kreiswegebau von den Provinzen, der erstere zum Teil auch von den Kreisen[7]) durch Beihilfen gefördert, die nach der Steuerkraft der pflichtigen Verbände und nach der Bedeutung und Beschaffenheit der auszubauenden oder ausgebauten Wege abgestuft werden. Die Beihilfen, die sich mit einer gewissen Dehnbarkeit und Beweglichkeit den verschiedenen Leistungsverhältnissen und Verkehrsbedürfnissen anpassen lassen, dienen zur Ausgleichung der zwischen Pflicht und Leistungsfähigkeit obwaltenden Mißverhältnisse und bilden dadurch eine wichtige Ergänzung der Wegepflicht.

Die Verteilung der Wegelast innerhalb der pflichtigen Verbände folgt dem allgemeinen für Verbandslasten bestehenden Maßstabe.[8]) Mit dem Ersatz der Natural- durch die Geldwirtschaft sind an Stelle der früheren Hand- und Spanndienste meist feste Geldbeiträge getreten. Erstere sind aber darum nicht ausgeschlossen;[9]) sie können auch mit der Verteilung nach dem Lastenfuße verbunden werden, indem die geleisteten Dienste nach bestimmten Preissätzen auf die schuldigen Beiträge angerechnet und letztere somit abverdient werden.

§ 383.

c) Der **Wegebau** bezweckt den Neubau und die Unterhaltung der Wege und ihres Zubehörs an Brücken,[1]) Durchlässen, Seitengräben, Zugängen, Schutzvorrichtungen, Baumpflanzungen und Wegweisern.[2]) Er setzt die Beschaffung der erforderlichen Grundstücke und Baustoffe voraus und fordert die Beobachtung bestimmter technischer Grundsätze.

---

[7]) Nach der WegeO. (§ 381 Anm. 9) f. Sachsen § 20 muß der Kreis leistungsunfähiger Gemeinden Beihilfen gewähren, nach der WO. f. Ostpr § 14, Westpr. § 15 u. Posen § 14 steht diese Gewährung in seinem Ermessen.

[8]) WegeO. (§ 381 Anm. 9) für Ostpr. § 15, Westpr. § 17, für Posen § 16, für Sachsen § 19. — Zuständigkeit bei Inanspruchnahme der Wegepflichtigen § 384 Abs. 2 d. W.

[9]) Kom.AbgG. 14. Juli 93 (GS. 152) § 68. — Chausseebaudienste LR. II 15 § 13—17, 23 u. 24; Aufhebung in Schlesien KO. 11. Juli 38 (GS. 379), Sachsen KO. 22. Juni 39 (GS. 234) u. (auf den sonstigen fiskalischen Wegen in den vormals sächsischen Teilen) WegeO. (§ 378 Anm. 9) f. Sachsen § 44 u. 48; Ost- u. Westpr. u. Posen § 46. Schneeräumungspflicht § 384 Anm. 13; Pflicht zur Unterhaltung der Bürgersteige § 280 Anm. 18 d. W.

[1]) Brücken über schiffbare Ströme unterhält der Staat LR. II 15 § 53. Sie gelten in den älteren Provinzen u. in Lauenburg als selbständige Verkehrsanlagen OV. (XXXII 235, XXXIII 123), in Hannover u. dem übrigen Schl.-Holstein dagegen als Zubehör der Wege OV. (XXXVII 257, XXXIX 244). Eisenbahnbrücken sind stets Teile der Eisenbahn OV. (XXIV 222). Brücken über nicht schiffbare Gewässer bilden überall ein Zubehör der Wege. Die durch Erhöhung nötig werdende Aufführung der Anfahrten liegt dem Wegebaupflichtigen, die durch Wegeumbau veranlaßte Änderung der Brücke dagegen dem Brückenbaupflichtigen ob OV. (XXXIII 268). — Eiserne Brücken sind in regelmäßigen Zeiträumen auf ihre Festigkeit zu prüfen Vf. 13. Okt. 83 (MB. 239), 18. Aug. 91 (MB. 173) u. schonend zu benutzen Vf. 18. Nov. 87 (MB. 250). — Brückengeld § 381 Abs. 3.

[2]) Chausseegräben OV. (XX 236). Wegweiser Vf. 15. Mai 12 (MB. 185); Ortstafeln in den Ortschaften an den durch- oder vorüberziehenden Straßen KO. 25. Aug. 20 (KA. V 567) u. Vf. 13. Mai 23 (das. XV 150).

Dieser Beschaffung dient das **Enteignungsrecht** (§ 377 Abs. 3). Soweit es sich dabei um Geradelegung oder Erweiterung öffentlicher Wege oder um Umwandlung von Privatwegen in öffentliche handelt, ist die Zulassung im Einzelfalle nur von der Genehmigung des Bezirksausschusses abhängig.[3]) Auch für die Entnahme vorhandener Wegebaustoffe ist ein erleichtertes Enteignungsverfahren zugelassen.[4])

Die **technischen Grundsätze** bilden eine notwendige Ergänzung der Wegepflicht, deren Umfang durch sie die nötige Begrenzung erhält. Diese Grundsätze sind nach Verkehrsbedürfnissen und Bodenverhältnissen verschieden.[5]) Für Kunststraßen (Chausseen) sind jedoch Grundbedingungen maßgebend geworden, von deren Erfüllung in der Regel die Gewährung von Beihilfen und die Anwendung der besonderen chausseepolizeilichen Schutzvorschriften (§ 384 Abs. 4) abhängig gemacht wird. Diese Bedingungen sind:

1. Gehörige Befestigung durch Steinschlag oder Pflasterbahnen;[6])
2. Innehaltung bestimmter Breiten- und Steigerungsverhältnisse;[7])
3. Bepflanzung;[8])
4. Sicherstellung der demnächstigen ordnungsmäßigen Unterhaltung.[9])

---

[3]) EG (§ 377 Anm. 5) § 2, ZustG. § 150 u. WegeO. (§ 362 Anm. 9) für Ostpr. § 5—7, 33, 34, Westpr. § 7—9, 34, 35, Posen § 6—8, 33, 34, Sachsen § 1[illegible]. — Beschränkung bei Unterhaltung der Wasserläufe § 146 Anm. 1[illegible] d. W.

[4]) EG. § 50—53, ZustG. § 151 u. LVG. § 121.

[5]) Das Nähere wird durch Provinzialreglements bestimmt; für Gemeindewege können hierüber Regulative durch die Kreisausschüsse aufgestellt werden WegeO. (§ 381 Anm. 9) für Ostpr. § 20, Westpr. § 23, 24, Sachsen § 22 u. 23. — Zur Umwandlung in eine Chaussee ist der Wegepflichtige nicht verbunden OV. (XXXVI 247); die freiwillige Übernahme des Baues u. der Unterhaltung einer Chaussee begründet aber eine erzwingbare öffentlich-rechtliche Verpflichtung OV. (LII 311).

[6]) Die **Steinbahnen** bestehen aus einer Unterlage von gröberen Steinen (ausnahmsweise von Kies oder Schlacken), die gesetzt oder geschüttet werden (Pack- oder Schüttlage) u. aus einer Decklage von feinen (3—5 ccm) geschlagenen Steinen, die unter Einbringung von Kies feucht eingewalzt wird. — **Pflasterbahnen** sind kostspieliger, aber widerstandsfähiger, insbesondere gegen Einflüsse der Feuchtigkeit, u. deshalb besonders für bebaute oder der Überflutung ausgesetzte Straßen anwendbar. — **Kiesbahnen** entsprechen nur ausnahmsweise, bei leichtem Verkehre und trockenem Boden dem Verkehrsbedürfnisse, ähnlich die in den Nordseegegenden üblichen **Klinkerbahnen** (aus gebrannten Ziegelsteinen).

[7]) Breite des Straßenkörpers (Planums) 7—8 m, wovon 3,5—4,5 m auf die Stein- usw. Bahn, der übrige Teil auf den Sommerweg u. die Fußwege (Banketts) entfallen; Stärke der Steinbahnen 20—25 cm, Wölbung (Querprofil) 4—5 v. H.; höchste Steigung 4—6 v. H.; Böschung (Dossierung) gegen die Grabensohle oder tieferliegenden Nachbargrundstücke 1 m Höhe zu $1^1/_2$—2 (im Sande 3) m Breite; Schutzstreifen gegen letztere (Stellwanne) 3—6 cm.

[8]) LR. II 15 § 9 u. 10. — In der Rheinprovinz (Dekr. 16. Dez. 11) und in Nassau (V. 30. Sept. 11 VBl. 98) sind die Anlieger zur Anpflanzung auf ihren Grundstücken verpflichtet. — Bei der Bepflanzung sind, wo Klima und Boden es zulassen, Obstbäume zu wählen; dagegen sind die wegen schnellen Wachstums früher beliebten Pappeln großenteils verschwunden, weil sie durch Wurzeln u. Beschattung die benachbarten

Anm.: Note [9]) befindet sich auf S. 741.

§ 384.

d) Die **Wegepolizei** wird von den allgemeinen Orts- und Landespolizeibehörden,[1]) in der Zentralinstanz von dem Minister der öffentlichen Arbeiten (§ 50) ausgeübt und umfaßt:

1. die Sorge für die ordnungsmäßige Herstellung und Erhaltung der Wege durch die Pflichtigen;
2. den Schutz der Wege und des Verkehrs auf diesen.

In der ersteren Tätigkeit finden die in betreff der Wegepflicht und des Wegebaues aufgestellten Grundsätze den notwendigen Stützpunkt. Die Wegepolizeibehörde hat die Pflichtigen zur Erfüllung ihrer Verbindlichkeit nötigenfalls zwangsweise anzuhalten und kann bei Gefahr im Verzuge die Arbeiten ohne vorgängige Aufforderung auf deren Rechnung ausführen lassen. Außerdem hat sie, wenn gegen ihre Anordnungen in betreff des Baues, der Unterhaltung, des Beitragsverhältnisses oder der Inanspruchnahme der für öffentlich erachteten Wege für den öffentlichen Verkehr binnen 2 Wochen Einspruch erhoben wird, über diesen nach der erforderlichen Erörterung zunächst selbst Beschluß zu fassen. Hiergegen ist die Verwaltungsklage zulässig.[2])

Zum **Schutz** aller Wege sind Strafbestimmungen ergangen, durch die außer dem Verbot ihrer Beschädigung oder Zerstörung[3]) auch die Gefährdung oder Störung des Verkehrs auf ihnen untersagt wird.[4]) Die öffent-

---

Felder schädigten Vf. 18. Juli 51 (MB. 208), 4. Juli 61 (MB. 149) u. 1. März 64 (MB. 58).

[9]) Die **Unterhaltung** bezweckt die Wiederherstellung der abgenutzten Fahrbahn durch Ausfüllung ihrer Unebenheiten oder vollständige Neuüberdeckung Zugleich hat sie der vorzeitigen oder ungleichmäßigen Abnutzung durch Abschlämmen, Legen von Spursteinen (Vf. 27. März 50 MB. 112 und 25. Feb. 53 MB. 88) vorzubeugen.

[1]) § 223 u. 224 d. W. Die Chausseepolizei (Abs. 4) sollte wegen ihrer die ortspolizeilichen Grenzen überschreitenden Bedeutung in den Landgemeinden (Städte OV. XXXIII 279 u. Vf. 5. Juli 00 MB. 232) von den Landräten gehandhabt werden Regul. 7. Juni 44 (GS. 167) § 10 Abs. 2 (in Westfalen u. den nicht zum früheren Appel.-GerBez. Köln gehörigen Teil der Rheinprov. gültig) AE. 7. April 13 (GS. 190). Vf. 17. Juni 74 (MB. 161) u. 5. Juli 97 (MB. 134); das OV. (XI 204) beschränkt diese Zuständigkeit indes auf den verkehrspolizeilichen Schutz und überweist die chausseebaupolizeilichen Anordnungen als landespolizeiliche den Regierungspräsidenten. Dies gilt auch für Hannover u. Schl.-Holstein OV. (XXXIV 264, XXXIX 245). — Die Erlaubnis zu Bauten an Chausseen erteilt der Amtsvorsteher, der diese jedoch zuvor dem Landrat vorzulegen hat Vf. 4. April 90 (MB. 64), OV. (XLIII 370).

[2]) ZustG. § 55, 56 u. 162. Erachtet der Klagende einen dritten für verpflichtet, so ist die Klage auch gegen diesen zu richten ZustG. § 56 Abs. 4. Die Instandhaltung der Chausseen, zu der der Chausseegeldhebeberechtigte verpflichtet erscheint (LR. II 15 § 138), ist nach OV. (XI 204) die chausseemäßige. — Ähnliches mit öffentlichem Aufgebot und Ausschließung verbundenes Verfahren bei Einziehung und Verlegung öffentlicher Wege ZustG. § 57.

[3]) StGB. § 304, 305, 321 u. 326, 370 1 u. 2 u. FeldPolG. 1. April 80 (GS. 230) § 30. Verb. § 381 Anm. 2 d. W.

[4]) StGB. § 366 2, 3, 5, 9, 10 u. § 367 12. — Einführung gleicher **Wagengeleise** (4 Fuß 4 Zoll von der Mitte der Felgen ab) in den Provinzen Preußen V.

lichen Wege stehen jedem für den bestimmungsmäßigen Verkehrsgebrauch offen. Die darüber hinausgehende Benutzung (Befahren mit Straßenlokomotiven, Zuleitung der Abwässer von bebauten Grundstücken) fordert Zustimmung der Wegepolizeibehörde.[5]) Die zunehmende Verwendung neuer Verkehrsmittel hat zu besonderen Vorschriften über diese geführt. Dieses gilt von dem Radfahrverkehr[6]) und von der Zulassung der Straßenlokomotiven[7]), insbesondere von Dampfpflügen und deren Betrieb in der Nähe öffentlicher Wege.[8]) Eine reichsgesetzliche Regelung hat der Verkehr mit Kraftfahrzeugen (Kraftwagen und Kraftfahrrädern) erfahren. Diese müssen vor der Inbetriebsetzung von der Behörde zugelassen werden und ihre Führer (Chauffeure) bedürfen der besonderen Erlaubnis, die auf Grund einer Prüfung erfolgt und, wenn der Führer sich später als ungeeignet erweist, wieder entzogen werden kann.[9]) Die besondere ohne Nachweis des Verschuldens dem Halter des Fahrzeugs auferlegte Haftpflicht für Personen- und Sachschäden, erscheint gegen die des Eisenbahnunternehmers (§ 388 Abs. 2) mehrfach abgeschwächt. Ausgeschlossen sind nicht nur die auf höhere Gewalt, sondern alle auf unabwendbare Ereignisse zurückzuführenden und alle die beförderten Personen und Sachen oder die Führer betreffenden Schäden. Die Entschädigung soll bestimmte Summen nicht übersteigen. Der Anspruch darauf verjährt in zwei Jahren

---

21. Juli 27 (GS. 28 S. 25); in der Kur- und Neumark u. in Pommern Regl. 14. März 05 (NCC. XI 21) u. V. 30. Okt. 31 (GS. 248); in der Niederlausitz V. 23. Aug. 29 (GS. 103) u. 12. Mai 35 (GS. 93); Posen V. 21. Mai 30 (GS. 119); Schlesien V. 7. April 38 (GS. 258) u. G. 4. April 53 (GS. 157); Sachsen V. 10. Juli 30 (GS. 111) u. KO. 17. Sept. 33; Westfalen V. 30. Juni 29 (GS. 97) u. in der Rheinprovinz AE. 20. Juni u. Vf. 24. Sept. 59. — Ausweichen gegenüber den Posten PostG. 28. Okt. 71 (RGB. 347) § 19, sonst LR. II 15 § 25—37 u. Pol. Verordnungen, die das Ausweichen nach rechts vorschreiben.

[5]) OV. 25. März 07 (L 284).

[6]) Vf. (nach Grundsätzen des LR.) 5. Mai 08 (MB. 123). — Sicherheit der Radrennbahnen Vf. 17. Aug. 09 (MB. 183 u. 196) u. 17. April 10 (MB. 118).

[7]) Vf. 18. Feb. 64 (MB. 53).

[8]) Vf. 18. Aug. 08 (MB. 187).

[9]) G. 3. Mai 09 (RGB. 437) § 1—6, Strafen § 21, 23—25. Ausf.Best. d. BR. 3. Feb. 10 (das. 389), erg. (§ 31) Bek. 5. Dez. 10 (das. 1110) u. (Aufhebung des Abschn. H.) V. 21. April 10 (unten) § 15, (Anw. üb. Prüfung v. Kraftfahrzeugen Nr. IV[2]) Bek. 1. März 11 (das. 62); Min.Anw. 25. Feb. u. (Gebühren) Vf. 27. April 10 (MB. 62 u. 151) u. 15. Aug. 11 (HMB. 395). Amtsärztliche Untersuchung der Führer Vf. 13. Nov. 11 (MB. 360). — Bearb. v. Waldeck (Berl 10), Neukirch u. Rosemeyer (Halle 10), Eger in größerer u. kleinerer Ausgabe (Stuttg. 11), Isaak (Berl. 12). — Internationales Abk. zwischen Deutschland, Österreich-Ungarn, Bulgarien, Spanien, Italien, Frankreich, Marokko, Großbritannien u. Rußland 11. Okt. 09 (RGB. 10 S. 603) nebst Bek. u. BRV. 21. April u. 24. Sept. 10 (das. 640 u. 1065), 21. Sept. 12 (das. 499) u. Min. Anw. 30. April 10 (MB. 152). Beitritt Belgiens Bek. 24. Mai u. der Niederlande 24. Sept. 10 (RGB. 838 u. 1065), ferner unter Änderung der BRV. 21. April 10 Anl. A u. Muster 1) Luxemburgs, Schwedens u. der Schweiz 6. April u. Algiers 22. Sept. 11 (das. 179 u. 909), Portugals, Rumäniens, britischer Kolonien u. Tunis, 29. April 12 (das. 261), Montenegros u. Griechenlands 11. April 13 (das. 242). Besteuerung § 158 Abs. 2[6] d. W. — Am 1. Jan. 13 gab es in Deutschland 70085 Kraftfahrzeuge; darunter 20325 Krafträder.

und der Unfall muß binnen zwei Monaten dem Ersatzpflichtigen mitgeteilt werden.[10])

Die besonderen Bestimmungen für Chausseen und für bebaute Straßen bilden den Gegenstand der Chaussee- und der Straßenpolizei.

Die Vorschriften der **Chausseepolizei** enthalten weitergehende Anforderungen als die der Wegepolizei.[11]) Insbesondere ist beim Befahren der Kunststraßen für Last- und Frachtfuhrwerk eine mit dem Gewicht der Ladung zunehmende Breite der Radfelgen vorgeschrieben.[12]) — Bei Wegräumung außerordentlicher Schneemassen sind die Ortseinwohner zur Hilfeleistung gegen den ortsüblichen Tagelohn verpflichtet.[13]) — Die Beobachtung der Chausseepolizeivorschriften wird durch die Wegemeister (Chausseeaufseher) überwacht.[14])

Die **Straßenpolizei** ist ihrem Wesen nach nicht von der Wegepolizei verschieden, doch fordern wegen des regeren Verkehrs in bewohnten Orten neben den Rücksichten der Verkehrspolizei auch die der Unfallpolizei (§ 250—254), der Ordnungs- und Sittenpolizei (§ 255) und der Gesundheitspolizei (§ 272) eingehendere Berücksichtigung. Neben einigen gesetzlichen Bestimmungen[15]) wird diesem Bedürfnis durch die städtischen Straßenpolizeiordnungen Rechnung getragen. — Durch Gesetz ist die polizei-

---

[10]) G. 09 § 7—20 u. (Strafe) § 22. Die Bestimmung beruht auf einer Verbindung des Verschuldungsgrundsatzes (BGB. § 823) u. des Gefährdungsgrundsatzes (Tierhalter § 254 Anm. 12, Fabriken u. Eisenbahnen § 319 Abs. 1 u. 388 Abs. 4).

[11]) Ältere Provinzen ausschließlich der Kreise Schleusingen u. Ziegenrück u. Hohenzollerns Chausseegeldtarif 29. Feb. 40 (GS. 94) zusätzliche Vorschr. Nr. 9 bis 17, (Aufhebung der Nr. 8 nebst einigen großh. hess. Bestimmungen G. 29. Mai 01 GS. 135) Verbot unebener Radfelgen, zu langer Hufeisenstollen u. zu breiter Ladungen V. 17. März 39 (GS. 80) § 9—13 u. 17, eingef. in die Kreise Erfurt u. Wetzlar G. 10. Mai 58 (GS. 271) u. erg. G. 20. Juni 87 (GS. 301) Art. II u. III (der übrige Teil der V. ist durch dieses Gesetz beseitigt oder ersetzt, Anm. 12). Die Ausdehnung der chausseepolizeilichen Vorschriften auf die gew. G. 87 § 12 3 als Kunststraßen anerkannte Wege steht dem RPr. zu Vf. 24 Aug. 06 (MB. 61). — Hohenzollern V. 24. Mai 20 u. 5. Sept. 61. — Schl.-Holstein ohne Lauenburg G. 15. Juni 85 (GS. 289), ergänzt G. 27. Juni 90 (GS. 219) u. 4. Mai 92 (GS. 102), Lauenburg Regl. 23. Feb. 76 (WochBl. 48). — Hannover G. 4. Dez. 34 (hann. GS. I 319) nebst LandstrG. (§ 362 Anm. 11) § 73—77. — Nassau V. 12. Dez. 54, 12. Okt. 55 u. 28. Jan. 57. — Umfang Anm. 2, Zuständigkeit Anm. 1. Verteilung der Strafgelder Vf. 22. Nov. 12 (MB. 307).

[12]) Ältere Provinzen ausschließlich der Kreise Schleusingen und Ziegenrück und Hohenzollerns G. 20. Juni 87 (GS. 301). — Schl.-Holstein G. 85 (vor. Anm.) § 8. Hannover G. 22. Feb. 79 (GS. 19). Aufhebung des älteren Ges. für Frankfurt a. M. G. 27. Mai 87 (GS. 281), die vormals bayerischen Teile des RB. Kassel G. 21. April 90 (GS. 125).

[13]) KO. 8. März 32 (GS. 119) u. V. 6. Jan. 49 (GS. 89 u. 378). — WegeO. (§ 378 Anm. 9) f. Ostpr. § 37, Westpr. § 38, Posen § 37, Sachsen § 41. — Schl.-Holstein G. 85 (Anm. 11) § 28 u. 40.

[14]) V. 39 (Anm. 11) § 14.

[15]) StGB § 366 2—5, 8—10 u. § 367 42. — Recht der anliegenden Hausbesitzer zu ungeschmälerter Benutzung der Straßen als solcher U. RG. 7. März 82 (JMB. 149). Benutzung der Bürgersteige wie § 280 Anm. 18. — Die Straßenbenennung ist Aufgabe der Polizei OV. 9. März 09 (Preuß. Verw. Bl. XXX 362). Grundzüge für die Rechtschreibung Vf. 21. Feb. 10 (MB. 60).

mäßige Reinigung der öffentlichen Wege geregelt, die neben den Verkehrs- auch gesundheitliche und Reinlichkeitsinteressen wahrnimmt, sich dagegen regelmäßig auf die dem inneren Verkehr der Ortschaften dienenden Wege beschränkt. Sie liegt, soweit nicht ortsrechtlich ein anderer verpflichtet ist, den Gemeinden und Gutsbezirken ob. Die Gemeinden können durch Ortsstatut die Verpflichtung ganz oder teilweise auf die Anlieger übertragen oder sie da, wo sie anderen obliegt, selbst übernehmen.[16])

4. Eisenbahnen.[1])

§ 385.

a) **Einleitung.** Die Eisenbahnen entstanden in den dreißiger Jahren des vorigen Jahrhunderts und waren in Preußen zuerst lediglich Gegenstand der Privatunternehmung. Der Staat war bei ihrer Zulassung und Überwachung zunächst nur von polizeilichen Gesichtspunkten geleitet. Erst als bei rascher Ausdehnung des Bahnnetzes die Verkehrsbedeutung der Bahnen in den Vordergrund trat, ging er zu deren Förderung über, indem er Zuschüsse oder Zinsgarantien gewährte, und später (seit 1850) selbst zum Unternehmer wurde. So entstand das gemischte Staats- und Privatbahnsystem. In neuerer Zeit hat dieses dem Staatsbahnsystem Platz gemacht, indem Preußen, dem durch die Erwerbung der neuen Provinzen neben einer ansehnlichen Zahl von Staatsbahnen ein abgeschlossenes Staatsgebiet erwachsen war, fast alle bedeutenderen Linien an sich zog.[2])

---

[16]) G. 1. Juli 12 (GS. 187); Ausf. Anw. 20. Juli 12 (MB. 220); Bearb. v. Hecht (2. Aufl. Berl. 13).

[1]) Vollständige Bearb. der Gesetzgebung von Fritsch (Berl. 2. Aufl. 12). — Bearb. einzelner Gebiete Anm. 9, § 387 Anm. 1 und 15 und § 388 Anm. 8 und 9.

[2]) Erworben wurden die Bahnunternehmungen Berlin-Stettin, Magdeburg-Halberstadt, Hannover-Altenbeken u. Köln-Minden G. 20. Dez. 79 (GS. 635), rheinische und Berlin-Potsdam-Magdeburg G. 14. Feb. 80 (GS. 20), bergisch-märkische, thüringische, Berlin-Görlitz, Kottbus-Großenhain, Märkisch-Posener, Rhein-Nahe G. 28. März, Anhalter G. 13. Mai 82 (GS. 21 u. 269), oberschlesische, Breslau-Freiburg, rechte Oderufer, Posen-Kreuzburg, Altona-Kiel G. 24. Jan. Berlin-Hamburg, bremische, Tilsit-Insterburg u. Öls-Gnesen G. 17. Mai 84 (GS. 11 u. 129), braunschweigische, schleswigsche, Münster-Enschede u. Halle-Sorau-Guben, zwei G. 23. Feb. u. G. 8. Mai 85 (GS. 11, 43 u. 117), Berlin-Dresden, Nordhausen-Erfurt u. Oberlausitzer G. 28. März 87 (GS. 21), unterelbische, westholsteinische u. schlesw.-holsteinische Marschbahn G. 9. Mai 90 (GS. 69), Weimar-Gera, Saal- und Werrabahn G. 14. Juli 95 (GS. 315). Erwerb der Aachen-Mastrichter Bahn G. 4. Aug. 97 (GS. 367 u. Vtr. RGB. 707), Marienburg-Mlawka, Altdamm-Kolberg, Stargard-Küstrin, Kiel-Flensburg u. Dortmund-Enschede, der Ostpreuß. Südbahn 2 G. 18. Mai 03 GS. 123 u. 148), der Breslau-Warschauer Bahn G. 25. Juni 04 (GS. 113). — Der geplante Übergang der Staatsbahnen auf das Reich (preuß. G. 4. Juni 76 GS. 161) ist nicht zur Ausführung gelangt; dagegen ist in einigen Einzelverträgen die einheitliche Verwaltung (RVerf. Art. 42) gefördert. Mit dem Großherzogtum Hessen ist unter Übernahme der Ludwigsbahn u. der hessischen Staatsbahnen eine gemeinsame Betriebs- und Finanzverwaltung vereinbart; die unteren und die meisten mittleren Beamten sind hessische, während in den gemeinschaftlichen Direktionen Mainz und Frankfurt a. M. und im

Diese Entwickelung war durch den Einfluß geboten, den die Eisenbahnen in immer steigendem Maße auf das gesamte Wirtschaftsleben ausübten. Der Sieg der Staats- über die Privatbahnen bezeichnet in diesem Sinne nur das Zurücktreten des Erwerbszweckes gegen den Verkehrszweck, wie es ähnlich auf den Gebieten des Straßen- und Kanalbaues und des Postwesens bereits zum Abschlusse gelangt war (§ 374 Abs. 2). Der Unterschied gegen diese Gebiete bestand nur darin, daß auf letzteren der Staat als Inhaber der Regalität bereits die Verkehrseinrichtungen in der Hand hielt und nur ihre Gestaltung zu ändern brauchte, während er hier die Privatindustrie aus ihrer seitherigen Stellung verdrängen mußte. Die Verstaatlichung hat demgemäß auch erhebliche Vorteile und Fortschritte für den Staat wie für das Verkehrsleben zur Folge gehabt. Insbesondere ermöglichte die einheitliche Leitung neben wesentlichen Verkehrserleichterungen im Betriebe (§ 385 Abs. 1) auch eine größere Gleichmäßigkeit und Stetigkeit der Tarife (§ 385 Abs. 5). Sodann erfuhr das Bahnnetz eine erhebliche Erweiterung, die sich auch auf die weniger ertragreichen Linien (Abs. 3) erstreckte.[3]) Endlich sind unbeschadet der regsten Förderung der Verkehrsinteressen die Eisenbahnen zu einer wichtigen Einnahmequelle für den Staat geworden, aus der neben der Eisenbahnschuld auch die übrige Staatsschuld verzinst und getilgt und noch weitere Ausgabebedürfnisse befriedigt werden können.[4]) Um jedoch bei dem Anwachsen des Staatsbesitzes und der Staatsschuld[5]) größere Schwankungen im Staatshaushalt abzuschwächen, sollten etwaige Überschüsse des Staatshaushalts zur Bildung und Ergänzung eines Eisenbahn-Ausgleichsfonds bis zur Höhe von 200 Mill. M. verwendet werden, aus dem etwaige Fehlbeträge in minder günstigen Jahren ausgeglichen werden könnten.[6]) Da solche Überschüsse in den folgenden Jahren nicht erzielt wurden, ist, um den Fonds leistungsfähig zu machen, im Haushaltsplan für 1910 zunächst für 5 Jahre bestimmt worden, daß die Eisenbahnüberschüsse nur mit 2,10 v. H. des statistischen Anlagekapitals (Anm. 5) für allgemeine

preußischen Ministerium Hessen vertreten ist Vtr. 23. Juni u. G. 16. Dez. 96 (GS. 215); der Direktion Mainz ist auch die Main-Neckarbahn unterstellt u. in ihr Baden durch ein Mitglied vertreten. Vtr. mit Baden u. Hessen 14 Dez. 01 u. G. 7. Juli 02 (GS. 298 u. 297). — Auch in den übrigen größeren Bundesstaaten (Bayern, Württemberg, Sachsen, Baden, Oldenburg, Mecklenburg-Schwerin) herrscht das Staatsbahnsystem. Die kleineren werden von fremden Staatsbahnen durchzogen. Die Eisenbahnen in Els.-Lothringen gehören dem Reiche § 175 Anm. 7.

[3]) Das Eisenbahnnetz in Preußen umfaßte (1911) 36 603 km. Davon waren 34 350 km Staats- und 2253 km Privatbahnen. 21 760 km waren Haupt- und 14 843 Nebenbahnen. — Kleinbahnen Anm. 9. Die preuß.-hessische Staatsbahnverwaltung mit 38 929 km vollspurigen u. 240 km schmalspurigen Bahnlinien bildet die größte Betriebsverwaltung der Erde. — Im Reich waren (11) 59 763 km im Betriebe, davon 56 095 unter Staatsverwaltung.

[4]) Der Überschuß betrug (1913) 358,3 Mill. M.

[5]) Das Eisenbahnanlagekapital belief sich am 31. März 11 auf 11 120 Mill. M. Anteil an der Staatsschuld § 131 Anm 1 b. W.

[6]) G. 3. Mai 03 (GS. 155).

Staatszwecke verwendet werden, der Mehrbetrag aber dem Ausgleichsfonds zufließen solle.[7])

Nebenbahnen (Sekundärbahnen) sind solche Bahnen, die den Hauptbahnen als Anschlußglieder dienen sollen und deshalb mit einfacheren Bau- und Betriebseinrichtungen als diese ausgestattet sein können. Der nach Vollendung des Hauptverkehrsnetzes in den Vordergrund getretene Nebenbahnbau eignet sich bei geringerer Ertragsfähigkeit und naturgemäßer Abhängigkeit von den Hauptlinien weniger für den Privatbetrieb. Er kann nur durch den Staat gefördert werden, der diese Bahnen entweder selbst ins Leben ruft, oder die beteiligten Verbände hierzu anregt und unterstützt.[8])

Als dritte Gattung erscheinen die Kleinbahnen. Diese bilden zwar auch öffentliche Verkehrsmittel, unterliegen jedoch, da sie rein örtliche Bedeutung haben, nicht dem allgemeinen Verkehr dienen und keine Glieder des allgemeinen Staatsbahnnetzes sind, geringeren Beschränkungen bezüglich der Genehmigung und Beaufsichtigung. Diese steht bei den mit Maschinenkraft betriebenen Bahnen dem Regierungspräsidenten im Einvernehmen mit der Eisenbahndirektion zu; letztere führt insbesondere die eisenbahntechnische Aufsicht. Für andere Bahnen sind, falls sie Kunststraßen oder mehrere Kreise berühren, die Regierungspräsidenten, anderenfalls die Ortspolizeibehörden und die Landräte innerhalb ihrer Bezirke zuständig. Zur Eröffnung bedarf es der besonderen Erlaubnis dieser Behörden. Die Kleinbahnen unterliegen der Gewerbesteuer, aber weder der Eisenbahnabgabe, noch der besonderen, den Eisenbahnen auferlegten Kommunaleinkommensteuer.[9]) — Die dem öffentlichen Verkehr nicht dienenden, aber

---

[7]) Demgemäß sind seit 1910: 240 Mill. M. dem Fonds überwiesen. — Mit dieser Regelung hat das sg. Eisenbahngarantie-G. 27. März 82 (GS. 214), durch das bestimmt war, zu welchem Teile die Eisenbahnüberschüsse zur Tilgung der Eisenbahnschuld und zur Deckung etwaiger Fehlbeträge im Staatshaushalt zu verwenden seien, seine Bedeutung verloren.

[8]) Preußen hat noch keine allgemeine Regelung vorgenommen, ist jedoch bereits mit einer großen Zahl einzelner Bahnlinien vorgegangen.

[9]) G. 28. Juli 92 (GS. 225). Begriff § 1 nebst Vf. 25. Jan. 97 (MB. 119). Genehmigung § 2—27 u. 39, (Stempel § 155 Anm. 8 d. W.), Verpflichtungen der Unternehmer § 28, 29 (gegenüber der Postverwaltung § 391 Anm. 2 d. W.), Erwerb durch den Staat § 30—38, gemeinsame und Übergangsbestimmungen § 52—55; Bahneinheit § 387 Abs. 3 d. W. — Ausf. Anw. 13. Aug. 98 (MB. 157), erg. (§ 8 u. 9) 29. Nov. 00 (MB. 01 S. 12), (§ 9) 10. Jan. 99 (MB. 30), 17. Nov. 02 (MB. 236) u. 19. Nov. 04 (MB. 279), (§ 11 Ziff. I 3) 9. Mai 05 (MB. 80), (§ 11 Ziff. IV) 12. Sept. 10 (MB. 294), (§ 22) 17. Sept. 02 (MB. 184), (§ 5[2], 22 Abs. 4, § 55, Anl. 3 u. 4) 26. Sept. 06 (MB. 300, geänd. 22. Okt. 08 MB. 240). Die Übertragung des Betriebes auf einen dritten fordert Genehmigung Vf. 15. Jan. 03 (MB. 12). — Beaufsichtigung der dem Kleinbahnbetriebe dienenden Elektrizitätswerke Vf. 1. Mai 05 (MB. 91), 26. Sept. 06 (MB. 300) u 31. Mai 07 (MB. 185). — Staatsbeihilfen Vf. 25. April 95 (MB. 128). — Beleihung durch Hypothekenbanken G. 13. Juli 99 (RGB. 375) § 42. — Das Kleinbahnnetz in Preußen umfaßte (1910) 11671 km (darunter 2967 km Straßenbahnen) mit 0,6, 0,75, 1 u. (gleich den sonstigen Bahnen)

mit den öffentlichen Bahnen unmittelbar verbundenen und mit Maschinenbetrieb eingerichteten **Privatanschlußbahnen** sind nach ähnlichen Grundsätzen vom Regierungspräsidenten im Einvernehmen mit der Eisenbahndirektion zu genehmigen.[10]) — Vom Staate wird der Kleinbahnbau durch Beihilfen unterstützt.[11])

§ 386.

b) Die **Eisenbahnverwaltung** ist zwischen Reich und Einzelstaaten geteilt.

Dem **Reiche** ist neben dem — bislang noch nicht zur Anwendung gebrachten — Rechte, im Interesse der Verteidigung oder des gemeinsamen Verkehrs Gesetze zu geben und Eisenbahnen selbst anzulegen oder zu genehmigen, im Interesse der Landesverteidigung und des allgemeinen Verkehrs eine Einwirkung auf den Betrieb und das Tarifwesen übertragen.[1]) Zur Wahrnehmung dieser Rechte besteht das dem Reichskanzler unterstellte **Reichseisenbahnamt.**[2])

Die Eisenbahnverwaltung in **Preußen** erfuhr mit der Erweiterung des Staatsbahnbetriebes erhebliche Änderungen und schließlich eine vereinfachende Umgestaltung.[3]) Unter dem **Minister der öffentlichen Arbeiten**[4]) stehen die **Eisenbahndirektionen** als allgemeine Provinzialbehörden und das **Eisenbahnzentralamt** zur einheitlichen Verwaltung der mehrere oder alle Direktionen berührenden Angelegenheiten (Versuche, Beschaffungen). Ihre Spitze bildet ein Präsident, dem — abgesehen von den kollegialisch zu behandelnden Disziplinarsachen — die Entscheidung gebührt und als ständige Vertreter ein Oberregierungsrat und ein Oberbaurat zur Seite stehen.[5]) Die Staatsaufsicht über Privatbahnen handhabt

---

1,43 m Spurweite. Bearb. v. Gleim (4. Aufl. Berl. 07) u. Eger (3. Aufl. Berl. 12).

[10]) G. 92 § 43—55. — Hafenbahnen Vf. 26. Juni 94 (MB. 122). Grubenanschlußbahnen Vf. 23. Aug. 11 (HMB. 325).

[11]) Grundsätze Vf. 25. April 95 (MB. 128) u. 19. April 02 (Zeitschr. f. Kleinb. 379).

[1]) RVerf. Art. 4[8], 41—47, auf Bayern nur beschränkt anwendbar Art 46, dagegen in Elf.-Lothringen gültig V. 11. Dez. 71 (RGB. 444). — Verordnungen im Reiche § 385 Anm. 4 u. 8 d. W.

[2]) RG. 27. Juni 73 (RGB. 164). GeschäftsO. 13. März 76 (ZB. 197). Das Reichseisenbahnamt führt nur Aufsicht ohne eigene Verwaltung und hat, da solche im Verkehrswesen nicht durchführbar erscheint, bislang keine größere Wirksamkeit entfalten können. — Tagegelder u. Reisekosten der Reichseisenbahnbeamten § 24 Anm. 9 d. W. — Verwaltung der Reichseisenbahnen (in Elsaß-Lothringen) § 175 Anm. 7.

[3]) AE. 15. Dez. 94 (GS. 95 S. 11) mit **Verwaltungs O.**, neu gefaßt 07 (GS. 81).

[4]) § 50 d. W. u. VerwO. § 2—5; ferner § 124 Anm. 7 u. (Befugnis zum Erwerbe unbeweglicher Sachen) Anm. 2. — Erlaß von Polizeiverordnungen § 231 Abs. 2[1] d. W.

[5]) VerwO. § 6—9 u. GeschO. 4. Mai 10, f. d. Zentralamt 22. März 07 (Eisenb.-VBl. 142). **Eisenbahndirektionen** (21) bestehen in Königsberg i. Pr., Danzig, Berlin, Stettin, Bromberg, Posen, Breslau Kattowitz, Magdebg., Halle, Erfurt, Altona, Hannover, Münster, Kassel, Frankfurt a. M., Köln, Essen a. Rh., Elberfeld, St. Johann-Saarbrücken und Mainz (§ 385 Anm. 2). — **Disziplinarbefugnisse** G. 17. Juni 80 (GS. 271) u. VerwO. § 7. — Ähnlich ist (1908) die Verwaltung

der Präsident als „Königlicher Eisenbahnkommissar".[6]) Für die Ausübung und Überwachung des örtlichen Dienstes bestehen Betriebs-, Maschinen-, Verkehrs- und Werkstättenämter und für die Leitung von Neubauten Bauabteilungen.[7]) — Für Staatseisenbahnbeamte gelten neben den allgemeinen mehrere besondere Vorschriften.[8]) Amtliches Veröffentlichungsorgan ist das Eisenbahnverordnungsblatt; daneben bestehen das Archiv für Eisenbahnwesen seit 1878 und die Zeitschrift für Kleinbahnen seit 1894.

Um die Interessen der bei der Eisenbahnbeförderung Beteiligten genügend zu wahren, sind als Beiräte in Verkehrsfragen für die Eisenbahndirektionen Bezirkseisenbahnräte eingeführt, die aus den wirtschaftlichen Vertretungen (Handels- und Landwirtschaftskammern und Vereinen) hervorgehen, während der Zentralverwaltung in ähnlicher Weise der Landeseisenbahnrat zur Seite steht.[9])

§ 387.

c) **Eisenbahnanlage. Eisenbahngesellschaften.** Das preußische Eisenbahnwesen unterliegt zwar einer einheitlichen Gesetzgebung,[1]) ist aber

in Bayern eingerichtet, wo unter dem Eisenb Min. 5 Eisenb.-Dir. (Augsburg, München, Regensburg, Nürnberg u. Würzburg) stehen.

[6]) EG. (§ 387 Anm. 1) § 46, VerwO. § 7[6] Regul. 24. Nov. 48 MB. 390) u. Bek. 2. März 95 (MB 104); Geschäftsbehandlung Vf. 23. Aug. 96 (MB. 180 und Berichtig. 224). — Die Präsidenten haben den Rang der 2. Klasse AE. 10. März u. 5. April, die Oberbauräte den der Oberregierungsräte AE. 14. Juli 80 (Staats-Anz.) u. die Eisenbahndirektoren den der 4. Klasse.

[7]) VerwO. § 10—15, Änderung des § 10 AE. 23. Aug. 11 (GS. 35), der Bezeichnung der Dienststellen AE. 23 u. Vf. 26. Nov. 10 (GS. 313).

[8]) Anstellung VerwO. § 16—20, erg. AE. 20. März 05 (GS. 190), der Baubeamten § 276 Anm. 1—3 d. W.; PrüfO. für die mittleren u. unteren Beamten und Annahme von Zivilsupernumeraren 15. März 09; (Eisenb.VB. 51). Anstellung von Frauen Vf. 8. Jan 73 (MB. 17). Betriebs- u. Pol.beamte § 388 Anm. 1 d. W. — Dienst- u Ruhezeit Vf. 5. Jan. 00 (EisVB. 7) u. 23. Feb 02 (das. 72). — Strafe der Verkehrsgefährdung StG. § 316 Abs. 2 nebst 319 u. 320. — Uniform § 70 Anm. 48. — Tagegelder u. Reisekosten V. 12. Okt. 97 (GS. 415) u. (Aufhebung des § 1 Abs. 3) 18. Jan. 99 (GS. 21), (Änderung der § 3—5) 22. Juli 05 (GS. 325), Umzugskosten V. 26. Mai 77 (GS. 173), § 1 neugefaßt 15. Sept. 10 (GS. 289), nebst AusfV. 7. Juli 77 (MB. 176). Einberufung im Mobilmachungsfalle § 94 Abs. 2[2] d. W. — Zur Anstellung von Militäranwärtern verpflichtete Privatbahnen § 63 Anm 10.

[9]) G. 1. Juni 82 (GS. 313), erg. 15. Juni u. V. 10. Okt. 06 (GS. 321 und 412), sowie G. 15. Juni 10 (GS. 99) u. (Bezirkseisenbahnräte) Vf. 20. Dez. 82 (MB. 83 S. 14) u. 18. Dez. 94 (Eisenb.-VBl. 95 S. 98), (Landeseisenbahnrat) V. 31. Dez. 94 (GS. 95 S. 1). Hessen ist an dem Landeseisenbahnrat u. ebenso wie Baden an dem Bezirkseisenbahnrat in Frankfurt a. M. beteiligt § 385 Anm. 2.

[1]) EisenbahnG. 3. Nov. 38 (GS. 505), mit Ausschluß der §§ 11—13, 15 bis 19, 38—41 u. 44 in die neuen Provinzen eingeführt V. 19. Aug. 67 (GS. 1426) und in den wichtigeren Vorschriften in dem G. 1. Mai 65 (GS. 317) für Hohenzollern wiedergegeben. Geltung im Jadegebiet G. 23. März 73 (GS. 107), in Waldek G. 11. März 70 (Wald. Reg.-Bl. 29). Das G. hat über seinen eigentlichen Zweck hinaus Unterlagen für die rechtliche Entwickelung auf anderen Gebieten (Aktiengesellschaften, Haftpflicht u. Enteignung) geschaffen. — Gleim, Eisen-

in seiner raschen Entwickelung längst über deren Rahmen hinausgewachsen, da diese Gesetzgebung nur auf Anlage der Eisenbahnen durch Aktiengesellschaften berechnet war, ohne die damals unbekannte Ausführung durch Staat, Verbände oder Privatpersonen zu berücksichtigen. Für diese Bahnen gilt das Eisenbahngesetz nur, soweit es auf sie angewendet werden kann. Auf Kleinbahnen (§ 385 Abs. 4) findet es keine Anwendung.

Die Zulässigkeit des Unternehmens erscheint durch das Verkehrsinteresse und durch die finanzielle Sicherstellung bedingt. Die Bahnanlage an sich fordert landesherrliche, ihre Durchführung im einzelnen ministerielle Genehmigung (Planfeststellung).[2]) Dieser Genehmigung muß die Zeichnung des Aktienkapitals und der Zusammentritt der Gesellschaft vorausgehen. Das Statut bedarf der landesherrlichen Genehmigung.[3]) Die Eisenbahngesellschaften können als Körperschaften Grundeigentum erwerben und nötigenfalls das Recht der Enteignung für sich in Anspruch nehmen.[4]) Zur Veräußerung von Grundstücken, Aufnahme von Darlehen und Ausgabe neuer Aktien ist ministerielle Genehmigung erforderlich.[5]) Der früher für dreißig Jahre gewährte Ausschluß von Mitbewerbungsbahnen[6]) ist unbeschadet der bereits erworbenen Rechte aufgehoben.[7]) Den Seitenverbindungen anderer Bahnen muß der Anschluß gestattet werden.[8]) Die Gesellschaft hat die Bahn rechtzeitig und ordnungsmäßig herzustellen und gehörig zu erhalten. Der Eröffnung des Betriebes hat die Abnahme der Bahn durch die Landespolizei- und die Eisenbahnaufsichtsbehörde vorauszugehen.[9]) Sie muß die benachbarten Grundbesitzer durch die erforderlichen Anlagen vor entstehenden Gefahren und Nachteilen schützen[10]) und für alle infolge der Anlage an den Staat herantretenden Entschädigungsansprüche aufkommen. Dagegen hat sie bei Kriegsbeschädigungen keinen Ersatzan-

bahnrecht Bd. I Eisenbahnbaurecht (Berl. 93), Eger desgl. (Bresl. Bd. I 89, Bd. II 96).

[2]) EG. § 1, 4 u. 5, ZustG. § 158; Berücksichtigung der deichpolizeilichen Interessen Vf. 26. Okt. 00 (MB. 279) u. 16. Juli 02 (MB. 138). Stempel § 155 Anm. × d. W.

[3]) EG. § 1—3. Die Privatbahnen sind vorwiegend von Aktiengesellschaften (§ 329 d. W.) angelegt. Reserve- u. Erneuerungsfonds Vf. 25. Jan. 57 u 27. Jan. 58 (MB. 25).

[4]) EG. § 7. Über das Enteignungs-G. (welches die §§ 8—13 u. 15—19 des EisenbG. e setzt hat), § 377 Abs. 3, insbes. Anm. 6 d. W. Verrechnung der Reisekosten in Enteignungssachen der Staatsverwaltung Vf. 29. Juni 11 (MB. 207). — Befreiung von der Pflicht zur grundbuchlichen Eintragung § 211 Anm. 2 d. W.

[5]) EG. § 6 u. 7 u. ZustG. § 159 Abs. 1.

[6]) EG. § 44. — Die nach 3 Jahren zugelassene Mitbewerbung auf der Bahn selbst gegen ein bestimmtes Bahngeld (§ 26—31 u. 37) ist der derzeitigen unvollkommenen Anschauung über das Eisenbahnwesen entsprungen u. nicht zur Anwendung gelangt.

[7]) RVerf. Art. 41 Abs. 3.

[8]) EG. § 45, durch RVerf. Art. 41 Abs. 2 nicht beseitigt.

[9]) EG. § 21, 22 u. 24. Eisenbahnbrücken § 383 Anm. 1 d. W.

[10]) Das. § 14, durch das ZustG. nicht geändert § 158 das.; die Pflicht entspricht der für Enteignungen gegebenen § 377 Anm. 8 d. W., ist aber nicht auf Fälle der Enteignung beschränkt, auch ist nicht der Bezirksausschuß, sondern der Regierungspräsident (jetzt der Minister Vf. 12. Okt 92 MB 93 S. 6) zuständig. Pflicht zur Unterhaltung verlegter Wege § 382 Anm. 1 d. W.

spruch.[11]) Die Eisenbahnen unterliegen der Gemeindeeinkommensteuer, sind aber — da ihr Betrieb nicht als Gewerbe gilt (§ 365 Abs. 1) — gewerbesteuerfrei.[12]) Sie sind zur Beförderung der Post verpflichtet (§ 391 Abs. 1). Dem Staat ist das Recht vorbehalten, nach 30 Jahren die Eisenbahn anzukaufen.[13]) Bei Nichterfüllung der Verpflichtungen wird die Konzession verwirkt und die Bahn versteigert.[14])

Privatbahnen und Kleinbahnen bilden mit der Gesamtheit der zugehörigen Sachen und Rechte Einheiten (**Bahneinheiten**), die nach Maßgabe der allgemeinen Grundsätze über Grundbuchwesen (§ 211) und Zwangsvollstreckung (§ 202 Abs. 3) veräußert, belastet und der Zwangsvollstreckung unterworfen werden können. Die Unternehmungen werden dazu in besondere Bahngrundbücher eingetragen. Die Verfügung über die einzelnen Sachen und Rechte erleidet mit der Zugehörigkeit zur Bahneinheit eine Beschränkung; diese dürfen nur insoweit veräußert oder belastet werden, als die Betriebsfähigkeit dadurch nicht beeinträchtigt wird.[15]) Durch die Einrichtung soll der Grundkredit der Unternehmung gefördert werden, da diese in ihrer Gesamtheit vermöge ihrer Benutzung als Betriebsmittel einen höheren Wert darstellt, als er ihren einzelnen Teilen beiwohnt.

§ 388.

d) Der **Eisenbahnbetrieb** unterliegt in Preußen der Regelung durch den Minister. Das Interesse des allgemeinen Verkehrs hat aber außerdem dazu geführt, daß alle deutschen Eisenbahnen als einheitliches Netz verwaltet, insbesondere nach gleichmäßigen Vorschriften angelegt und ausgerüstet und mit übereinstimmenden Betriebseinrichtungen, Polizeireglements und Fahrplänen versehen werden.[1]) Die Eröffnung des Betriebes

---

[11]) EG. § 20 u. 43. — Verpflichtung zu Friedensleistungen § 113 Abs. 4^2, zu Kriegsleistungen § 114 Abs. 7 d. W.

[12]) § 80 Anm. 18, 20 u. (Gewerbesteuerfreiheit) § 146 Abs. 2^6. Privatbahnen unterliegen außerdem der staatlichen Eisenbahnabgabe § 148 d. W. — Kleinbahnen § 385 Abs. 4.

[13]) EG. § 42. — Die Verstaatlichung der Privatbahnen (§ 385 Abs. 1 d. W.) erfolgte ohne Anwendung des § 42 durch Vereinbarung.

[14]) Das. § 47.

[15]) G. (19. Aug. 95, durch G. 11. Juni 02 GS. 215 Art. 1 den neueren Rechtspflegegesetzen angepaßt und auf Grund des Art. 2) in neuer Fassung u. Paragraphenfolge veröffentlicht 02 GS. 238; sonst wird dieses Sonderrecht weder berührt durch BGB. gem. EG. Art. 112 noch durch SchuldverschreibungsG. 4. Dez. 99 (RGB. 691) gem. § 25; Bahngrundbücher Vf. 11. Nov. 02 (JMB. 275). Bearb. des G. von Eger (3. Aufl. Berl. 13). — GerichtskostenG. 99 (§ 195 Anm. 3 d. W.) § 59, 68, 134. — Unzulässigkeit der Pfändung der Betriebsmittel, bei Gegenseitigkeit auch für ausländische Bahnen RG. 3. Mai 86 (RGB. 131); Gegenseitigkeit mit Österreich Erkl. 17. März 87 (RGB. 153).

[1]) RVerf. Art. 42—44; § 383 Anm. 1. — Die **technische Einheit** in betreff der Spurweite (§ 385 Anm. 9) und Betriebsmittel ist mit Ausnahme der nicht normalspurigen russischen und der türkischen Bahnen unter den Staaten des europäischen Festlandes vereinbart Bek. 25. Mai 08 (RGB. 362), desgl. üb. die zollsichere Einrichtung der Eisenbahnwagen 08 (ZB. 210). — Zwischen Preußen,

ist erst zulässig, wenn nach Prüfung der Anlage die Genehmigung des Ministers dazu erteilt ist.[2]) Der Betrieb genießt besonderen strafrechtlichen Schutz.[3])

Der Sicherung des Betriebes dient die Eisenbahnpolizei, die sich örtlich auf das Bahngebiet nebst Zubehör, sachlich auf die zur Aufrechterhaltung des Betriebes nötigen Verordnungen beschränkt. Sie wird von den Beamten der Bahnverwaltung geübt.[4]) — Für Errichtung von Gebäuden und Lagerung von Gegenständen in der Nähe der Eisenbahnen ist durch gleichlautende Polizeiverordnungen eine bestimmte Entfernung vorgeschrieben.[5]) — Die Verhältnisse der beim Bau von Eisenbahnen beschäftigten Handarbeiter sind behufs Erhaltung der Ruhe und Ordnung näher geregelt.[6]) — In betreff der beim Eisenbahnbetriebe vorkommenden Tötungen oder Körperverletzungen haftet der Unternehmer für den Schaden, soweit er nicht höhere Gewalt oder eigenes Verschulden des Betroffenen nachweist.[7])

Hessen, Bayern, Württemberg, Baden, Oldenburg, Mecklenburg u. der Verw. der Reichsbahnen ist eine Güterwagengemeinschaft vereinbart, nach der die Güterwagen gegenseitig ohne Rücksicht auf das Eigentumsverhältnis benutzt werden können. Übereink. 21. Nov. 08. — Für die Befähigung der EisBetriebs- und Polizeibeamten sind Mindestanforderungen vom Reich festgestellt Bek. 8. März 06 (RGB. 391), erg. (C.) Bek. 3. April 08 (das. 134) u. 10. Juli 11 (das. 475). — In der Eisenb. Verw. werden Betrieb (Unterhaltung der Bahnanlage und Betriebsmittel und sichere ordnungsmäßige Durchführung der Züge, Anm. 4) u. Verkehr (Benutzung der Bahn u. Betriebsmittel zur Beförderung, Anm. 8) unterschieden.

[2]) EG. § 4 u. 22 u. ZustG. § 159 Abs. 1; Anm. 4.

[3]) Schutz gegen Beschädigung StGB. § 305, 315 nebst 325, 316 (erg. G. 27. Dez. 99 RGB. 729), 319 u. 320, Diebstahl 243[4], Raub 250[3].

[4]) EG. § 23. — Für Haupt- u. Nebenbahnen im Reiche ergingen Eisenb. Bau- u. BetriebsO. 4. Nov. 04 (RGB. 387), erg. Bek. 24. Juni 07 (das. 394) u. 18. Nov. 12 (das. 555), dazu SignalO. 24. Juni 07 (das. 377), geänd. 12. März 10 (das. 515); Befähigung der Betriebsbeamten Anm. 1. Verhältnis der Bahnpolizeibeamten zur Ortspolizei OV. 12. April 90 (JMB. 209) u. 28. Sept. 92 XXIII 369). Befreiung von persönlichen Gemeindebediensten Vf. 16. März 93 (MB. 106). — Prüfung der Lokomotiven BetrO. § 43 nebst § 366 Anm. 7 u. 8 d. W. Entseuchung der Wagen bei Viehbeförderung § 358 Abs. 1 d. W.

[5]) Vf. 23. Juli 92 (MB. 351). Die Amtsvorsteher haben vor Erteilung der Bauerlaubnis diese den Landräten vorzulegen Vf. 4. April 90 (MB. 64). — Beschränkungen bei Unterhaltung der Wasserläufe § 346 Anm. 18 d. W. Bahnhofswirtschaften § 366 Anm. 17, Bahnhofsbuchhandel § 373 Anm. 7.

[6]) V. 21. Dez. 46 (GS. 47 S. 21), Einf. in die neuen Provinzen § 387 Anm. 1, in das Jadegebiet G. 3. Aug. 55 (GS. 631), in Lauenburg G. 25. Feb. 78 (GS. 97 u. 126) § 8[1]. — Anwendung auf Kanal-, Chaussee- u. ähnliche Bauten § 26 der V. u. ZustG. § 144. — Als Beiräte in allgemeinen, das Arbeitsverhältnis angehenden Angelegenheiten sind Arbeiterausschüsse bestellt. Zur Versorgung arbeitsunfähig gewordener Arbeiter u. ihrer Hinterbliebenen besteht eine Pensionsklasse, aus deren Mitteln 2 Lungenheilstätten u. 3 Invalidenheime errichtet sind. Arbeiterwohnungen § 312 d. W. — Kranken- u. Unfallversicherung § 318 Abs. 1 u. 319 I Abs. 1 u. Anm. 15.

[7]) RG. 7. Juni 71 (RGB. 207) § 1, 3—5 u. 7—10, erg. EG. z. BGB. Art. 42. Bearb. v. Eger (6. Aufl. Berl. 03). — Abweichung im Verhältnis zur Postverwaltung G. 20. Dez. 75 (RGB. 318), Art. 8.

Der Eisenbahnverkehr umfaßt die Personen- und die Güterbeförderung; seine Grundlage bilden die Verkehrsordnung[8]) und die Tarife. Das Eisenbahnfrachtgeschäft ist privatrechtlicher Natur. Für dieses gelten zugleich das Handelsrecht (§ 373 Abs. 4) und das Versicherungsrecht (§ 323 Abs. 5). Außerdem hat es eine zwischenstaatliche Regelung erfahren.[9])

Zum Schadenersatz — abgesehen von dem Schaden an Personen (Abs. 2) und an Frachtgütern (Abs. 3) — ist die Gesellschaft (jetzt auch der Staat) insoweit verpflichtet, als der Schaden nicht durch eigene Schuld der Beschädigten oder durch einen unabwendbaren äußeren Zufall bewirkt ist.[10])

Das Eisenbahntarifwesen fällt gleichzeitig in das Gebiet des Privat- und des öffentlichen Rechts. Der Beförderungspreis stellt sich bei allen in ihrem Absatz nicht auf den nächsten Umkreis beschränkten Gegenständen als Teil des Warenpreises dar und gewinnt dadurch eine mit Erweiterung der Absatzgebiete immer steigende Bedeutung. Der Staat in seiner Fürsorge für Belebung des inländischen Verkehrs hat demgemäß das erheblichste Interesse an einer richtigen Tarifstellung. Das Eisenbahngesetz hat eine allgemeine Begrenzung der Tarife durch Festsetzung eines Höchstreinertrages von 10 v. H. des Anlagekapitals versucht,[11]) ohne damit zu tatsächlichen Ergebnissen gelangt zu sein. Die Reichsverfassung bezeichnet, ohne besonderen Anhalt zu geben, die möglichste Herabsetzung und Gleichmäßigkeit der Tarife als ihr Ziel und will nur für größere Entfernungen auf die für den wirt-

---

[8]) VerkehrsO. 23. Dez. 08 (RGB. 09 S. 93). Sie bildet, da das HGB. mehrfach, besonders in § 453, 471, 472 auf sie verweist, eine Rechtsverordnung (§ 2 Abs. 1 d. W.). Erg. (Anl. B) 11 (RGB. 974), (Anl. C) 09 (RGB. 337, 435, 571, 769, 901, 923, 935, 939), 10 (das. 1, 450, 473, 596, 664, 879, 1067, 1101, 1107), 1911 (das. 26, 60, 95, 169, 205, 255, 872, 881, 911, 945), 1912 (das. 147, 170, 255, 363, 438, 507, 538, 569), 1913 (das. 245, 315, 569, 739). Prüfung der Sprengstoffe (Anl. C Ia) Best 1. April 09 (ZB. 115). Verzeichnis der zur Ausstellung v. Leichenpässen befugten Behörden (VerkO. § 44 Abs. 4) in den Bundesstaaten Bek. 2. April 12 (ZB. 268), im Auslande (Konsulate) Bek. 10 Jan. 10 (ZB. 14). Bearb. v. Eger (3. Aufl. Berl. 09). Senkpiehl, das Eisenbahntransportgeschäft (Berl. 09). — MilitärtransportO. und Tarif § 113 Anm. 9. Kriegsleistungen § 114 Abs 7 d. W. — Beziehung zur Post § 391 Anm. 2, zur Zollverwaltung (Eisenb.-ZollO.) § 163 Anm. 1 d. W.

[9]) Regelung des Eisenbahnfrachtverkehrs zwischen den mitteleuropäischen Staaten Übereink. 14. Okt. 90 (RGB. 92 S. 793), Zusatz 16. Juli 95 (das. 465), 16. Juni 98 (das. 01 S. 295) u. 19. Sept. 06 (das. 08 S. 515), Bearb. v. Eger (Berl. 2. Aufl. 03) u. Gerstner (Berl. 01); Sonderabk. (zu Art. 3 I) mit Österreich 12. April 02 (das. 153); Liste der Eisenbahnen (RGB. 1913 S. 185, 707). Regl. für das Zentralamt in Bern 92 (RGB. 870) und Ausf.Best. (das 874); Vereinbarung leichterer Bedingungen (Vtr. § 1 Abs. 3), mit Österreich-Ungarn Bek. 4. Mai 12 (das. 265), den Niederlanden Bek. 16. Sept. 10 (das. 1017), Luxemburg 25. Sept. 12 (das. 500), der Schweiz 4. Nov. 08 (das. 595).

[10]) EisenbG § 25, der, soweit er nicht durch andere Gesetze ersetzt war, auch durch das BGB. nicht berührt worden ist EG. Art. 105.

[11]) EisenbG. § 29—35.

schaftlichen Verkehr unerläßlichen Roherzeugnisse (Kohlen, Erze, Düngemittel) und auf Notstands- und Militärbeförderungen ermäßigte Sätze angewendet sehen.[12]) — Die neuere Tarifpolitik ist auf möglichste Übersichtlichkeit und Einheitlichkeit für die verschiedenen Bahnen gerichtet.[13]) Es gilt dieses für den Güter- wie für den Personenverkehr. — Im *Güterverkehr*, der Stückgüter und Wagenladungen umfaßt, besteht für alle deutschen Bahnen seit 1877 ein einheitliches Tarifschema. Der regelmäßige (Normal-) Tarif hat auch übereinstimmende Einheitssätze. Ausnahmetraife sind nur da zugelassen, wo wichtige öffentliche Interessen sie fordern, insbesondere wo es gilt, die inländische Erzeugung, den Absatz der inländischen Erzeugnisse, den Handel und die Verkehrsanstalten gegenüber dem ausländischen Mitbewerb zu fördern.[14]) — Auch für den *Personen- und Gepäckverkehr* der deutschen Staatsbahnen besteht seit dem 1. Mai 1907 ein einheitliches Tarifschema mit übereinstimmenden Tarifsätzen.[15]) Die Privatbahnen erheben noch vielfach höhere Sätze. — In Bahngeld- und Frachttarifstreitigkeiten entscheidet der ordentliche Richter.[16])

5. Post und Telegraph.[1])

§ 389.

a) **Geschichte.** Die Post, die sich in Deutschland erst in der zweiten Hälfte des 16. Jahrhunderts entwickelte, war gleichfalls Regal (§ 133) und als solches im Jahre 1615 — als die meisten übrigen Regalien bereits in die Hände der Landesherren übergegangen waren — vom Kaiser als Erblehen dem Reichsgrafen Taxis verliehen. Die Entwickelung von Posteinrichtungen in den größeren, damals bereits erstarkten Ländern ist dadurch nicht gehindert worden. Posten wurden insbesondere in Preußen seit dem 16. Jahrhundert eingerichtet und unter Friedrich dem Großen wesentlich erweitert. Eine einheitliche Gestaltung des Staatspostwesens wurde jedoch erst möglich, nachdem das Regalitätsrecht ganz beseitigt war. Dieses geschah nur allmählich,[2]) und auch der Übergang von der finanziellen zur wirt-

[12]) RVerf. Art. 45-47; § 383 Abs. 2 d. W.

[13]) Jenachdem es sich um die Form oder um die Grundsätze für die Aufstellung der Tarife handelt, unterscheidet man *Tarifschema* u. *Tarifsystem*. Letzteres beruht auf dem Werte der Frachtgüter, oder auf dem durch sie beanspruchten Raume, oder — als gemischtes — auf beiden.

[14]) *Staffeltarife* sind solche Tarife, in denen die Einheitspreise mit den Entfernungen wechseln. Die Getreidestaffeltarife, die 1891 eingeführt waren, um angesichts der ungünstigen Ernte die Getreidezufuhr in den Süden u. Westen des Reichs zu erleichtern, sind 1894 wieder aufgehoben worden. — Tarife, d. die Frachtermäßigungen den zwischenliegenden Orten nicht in gleicher Weise zu teil werden lassen wie den Endpunkten, heißen *Differentialtarife*. Auch diese werden nur unter besonderen Umständen zugelassen.

[15]) Die Einheitssätze sind auf 7, $4\frac{1}{2}$, 3 u. 2 Pf. für die 4 Wagenklassen festgestellt; für Schnellzüge wird ein bestimmter Zuschlag erhoben. — Frachturkunden- u. Fahrkartensteuer § 158^{4} u. ^{5} d. W.

[16]) ZustG. § 159 Abs. 2.

[1]) Fischer, D. deutsche Post- u. Tel.-Gesetzgebung, fortgeführt v. König (6. Aufl. Berl. 08); verb. § 391 Anm. 1.

[2]) Preußen entschädigte den Fürsten

schaftlichen Verwaltung hat sich bei der Post langsamer vollzogen, als bei den übrigen Verkehrsanstalten.[3])

Das deutsche Postwesen befand sich gleich dem in den Einzelstaaten entwickelten Telegraphenwesen im Zustande völliger Zersplitterung, bis die neue Reichsverfassung Post und Telegraphen zu einheitlichen Reichsverkehrsanstalten erklärte, die der Gesetzgebung und Beaufsichtigung des Reichs unterliegen und unter der oberen Leitung des Kaisers für Rechnung des Reichs verwaltet werden.[4])

Die deutsche Postverwaltung ist seitdem bei der einheitlichen Gestaltung des Postwesens im Reichsgebiete nicht stehen geblieben, hat diese vielmehr durch Postverträge über die Grenzen des Reichs hinausgetragen. Wesentlich durch ihre Anregung ist der Weltpostverein zustande gekommen, der sich über alle dem Verkehre erschlossenen Länder ausdehnt und mit seiner ständigen Stelle in Bern und mit regelmäßig wiederkehrenden Kongressen eine dauernde völkerrechtliche Einrichtung bildet. Innerhalb seines Gebiets findet die Versendung von Briefen, Postkarten, Drucksachen, Geschäftspapieren und Warenproben zu einheitlichen niedrigen Sätzen und unter gleichmäßigen Bedingungen statt.[5]) Durch Nebenverträge wurde in beschränkteren Gebieten der Austausch von Wertbriefen, Postanweisungen, Postpaketen, Postaufträgen und von Zeitungen und Zeitschriften durch besondere Übereinkommen geregelt.[6]) — In ähnlicher Weise ist durch den internationalen Telegraphenverein die telegraphische Beförderung übereinstimmend geordnet. Für den Tarif besteht das System der Wort-

---

Taxis in betreff der im Westen erworbenen Landesteile durch das Fürstentum Krotoschin (1816/19) u. für das Postwesen in Hessen-Nassau, den Hansestädten, den thüringischen u. lippischen Ländern durch eine Abfindung von 9 Mil. M. Vtr. 28. Jan. 67 (GS. 354).

[3]) Der Grundsatz des Überwiegens der Verkehrs- über die Finanzinteressen findet sich für Preußen schon in der RegInstr. 28. Dez. 08 § 57 ausgesprochen, ist aber erst im PostG. 5. Juni 52 durchgedrungen und demnächst im Reiche zu noch vollständigerer Geltung gelangt. Die fortgesetzte Verkehrssteigerung hat gleichwohl das Post- und Telegraphenwesen zu einer ergiebigen Finanzquelle für das Reich gemacht. Der — gemäß § 391 Abs. 1 zum Teil auf Kosten der Eisenbahnen erzielte — Überschuß (Voranschl. 13) beträgt 142,9 Mill. M.

[4]) RVerf. Art. 4[10], 48, 49. — Die Vorschriften finden auf Bayern u. Württemberg nur beschränkte Anwendung Art. 52 u. (Verwendung einheitlicher Postwertzeichen) Übereink. mit Württemberg Nov. 01, gelten dagegen in Els.-Lothringen V. 14. Okt. 71 (RGB. 443). Außerdem sind die Rechte der Reichspostverwaltung einzelnen Bundesstaaten gegenüber durch Verträge erweitert.

[5]) Neuer Weltpostvertr. 26. Mai 06 (RGB. 07 S. 593). Das Porto beträgt bei Freisendung für einfache Briefe 20 Pf., bei Postkarten 10 Pf., für Drucksachen für je 50 g 5 Pf. Der Verein umfaßte (1912) alle Kulturstaaten (72) mit 1228 Mill. Einwohnern.; der Beitritt Chinas steht in Aussicht — Im Verkehr mit Österreich-Ungarn kommen auf Briefe, Postkarten, Drucksachen, Warenproben und Pakete, die für das Reichsgebiet maßgebenden niedrigeren Sätze (§ 391 Anm. 10) zur Anwendung Vtr. 7. Mai 72 (RGB 73 S. 1). Das Gleiche gilt für Luxemburg, für die deutschen Schutzgebiete u. für die durch unmittelbare Schiffsverbindungen erfolgenden Sendungen nach den Vereinigten Staaten von Amerika.

[6]) Fünf Übereink 26. Mai 06 (RGB. 97 S. 636, 656, 672, 700, 710).

taxe.[7]) Die seitherigen ungleichen Sätze werden infolge der neuesten Vereinbarungen durch einheitliche ersetzt werden.

§ 390.

b) Die **Post- und die Telegraphenverwaltung** ist vereinigt. Oberste Reichsbehörde ist das unter Verantwortlichkeit des Reichskanzlers von einem Staatssekretär geleitete Reichspostamt, das in 4 Abteilungen für Post, Telegraphen-, gemeinsame Angelegenheiten und Personen-, Voranschlags-, Kassen- und Rechnungswesen zerfällt.[1]) Unter ihm stehen 41 Oberpostdirektionen mit Oberpostdirektoren an der Spitze und mit Oberpostinspektoren zur Beaufsichtigung des Betriebes.[2]) Zur unmittelbaren Handhabung des Post- und Telegraphenbetriebes sind die Postämter 1., 2. und 3. Klasse und die Postagenturen sowie die Bahnpostämter in den Eisenbahnzügen bestimmt. Die Postämter bilden Behörden und sind mit Postdirektoren, Postmeistern und Postverwaltern besetzt, während die Postagenturen nur von Ortseingesessenen verwaltet werden. Dasselbe gilt von den mit beschränkteren Befugnissen ausgerüsteten Posthilfsstellen. In den größeren Städten befinden sich besondere Telegraphenämter.[3]) Die oberen Post- und Telegraphenbeamten werden vom Kaiser, die mittleren und niederen von den Landesregierungen

---

[7]) § 392 Anm. 8 und internat. Tel.-Vtr. 10/22. Juli 75, erg. Bek. 17. März 80 (MB. 117).

[1]) V. 22. Dez. 75 (RGB. 379). AE. 23. Feb. 80 (RGB. 25) u. Bek. 1. Jan. 76 (ZB. 5). Unter dem Reichspostamte steht die Reichsdruckerei § 175 Abs. 2 d. W. — Bei dem Reichspostamte erscheint das (seit 76 mit dem Amtsbl. der Telegraphenverwaltung vereinigte) Amtsblatt der Reichs-Post- u. Telegraphenverwaltung u. daneben das Archiv für Post und Telegraphie. — Feldpost § 100 Abs. 6 d. W. — Die obere Leitung hat in Bayern das Verkehrsministerium, in Württemberg das Min. der ausw. Ang.; unter ersterem stehen 8 Oberpostdirektionen, letzterem ist die Generaldirektion der Posten u. Tel. in Stuttgart untergeordnet.

[2]) Das. — Die Sitze und Bezirke der Oberpostdirektionen in Preußen entsprechen denen der Regierungsbezirke (Übersicht zu § 55 d. W.) mit folgenden Abweichungen: Der Reg.-Bez. Marienwerder ist unter die OPDirektionen Danzig u. Bromberg geteilt, der RB. Stralsund der OPD. Stettin zugelegt; Berlin mit Charlottenburg u. einigen umliegenden Orten (AE. 13. Juli 01 RGB. 277) hat eine eigene OPD.; zum OPDBez. Magdeburg gehört Anhalt, zu dem von Erfurt der Kr. Schmalkalden u. einige thüringische Länder; der Sitz für den RB. Merseburg ist Halle; für den RB. Schleswig (außer einem der OPD. Hamburg zugelegten Teile) die Stadt Kiel; Teile der Prov. Hannover gehören zu den OPDirektionen Braunschweig, Bremen, Hamburg u. Oldenburg, der übrige Teil steht unter der OPD. in Hannover; Sitz für den RB. Arnsberg ist Dortmund; zur OPD. Minden gehören der Kr. Rinteln, die Fürstentümer Lippe u. Pyrmont, zur OPD. Kassel das übrige Waldeck, zur OPD. Frankfurt a. M. der RB. Wiesbaden und der Kreis Wetzlar, zur OPD. Trier das Fürstent. Birkenfeld; Hohenzollern steht unter der OPD. Konstanz.

[3]) Im Reichspostgebiete bestanden (1913) 35211 Postanstalten, einschl. 18960 Posthilfsstellen u. 248 Postanstalten in den Schutzgebieten u. im Auslande. Bayern hatte 5200, Württemberg 1157 Anstalten. — Telegraphenanstalten § 392 Anm. 1.

ernannt[4]) und haben **Rechte und Pflichten der Reichsbeamten.**[5]) Der Betrieb der Verwaltung unterliegt der **Kranken-, Unfall- und Invalidenversicherung.**[6])

§ 391.

c) **Postrecht und Postbetrieb.** Die Vorrechte der Post sind gegen früher erheblich vermindert. Eine Beschränkung des freien Verkehrs (Postzwang) bestand nach Freigabe des Personenverkehrs nur in dem Verbot, verschlossene Briefe und politische, öfter als einmal wöchentlich erscheinende Zeitungen gegen Bezahlung zwischen verschiedenen Orten anders als durch die Post zu versenden. Jetzt (seit 1899) ist die Beschränkung auf die Beförderung verschlossener Briefe innerhalb der Ortschaften mit Postanstalt ausgedehnt, auch die gewerbsmäßige Einsammlung, Beförderung und Verteilung unverschlossener Briefe, Karten, Drucksachen und Warenproben durch Anstalten verboten. Den Privatpostanstalten ist damit der wesentlichste Teil ihrer Tätigkeit entzogen worden.[1]) Die Eisenbahnen müssen ihren Betrieb den Bedürfnissen des Postdienstes möglichst anpassen und mit jedem Zuge für die Beförderung von Poststücken bis zu 10 kg einen Wagen unentgeltlich, weiter erforderliche Beförderungsmittel gegen bestimmte Vergütung stellen.[2]) Im Interesse des regelmäßigen Betriebes sind den Posten einige weitere Vorrechte beigelegt.[3]) — Das Briefgeheimnis ist unbeschadet der Beschlagnahme der Briefe im Straf- und Konkursverfahren

---

[4]) RVerf. Art. 50; § 389 Anm. 4. — Annahme u. Ausbildung der höheren Postbeamten, Postreferendar- u. Postassessorenprüfung Vorschr. 18. April 08 (ZB. 168). Anstellung der Anwärter für die mittlere Laufbahn Vorschr. 1. Jan. 00 (ZB. 1). — In Preußen findet die Anstellung durch die Reichspostverwaltung statt AE. 28. Sept. 67 (GS. 1780), auf welche sie auch für andere Staaten durch Vertrag übergegangen ist.

[5]) § 21—24 d. W. — Einziehung im Mobilmachungsfalle § 94 Abs. 2² d. W. — Bestrafungen § 391 Anm. 4 u. § 392 Anm. 6. — Rang § 24 Anm. 3 u. (Tagegelder u. Reisekosten) Anm. 9. — Uniform Vf. 25. Okt. 71 (MB. 297), 21. März 72 (MB. 118) u. 28. Okt. 79 (ZB. 660). Wilhelmsstiftung G. 20. Juni u. AE. 29. Aug. 72 (RGB. 210 u. 373), G. 4. März 76 (RGB. 122).

[6]) § 318 Abs. 1, 319 I Abs. 1 u. Anm. 15, § 320 Anm. 13.

[1]) Reichspostgesetz 28. Okt. 71 (RGB. 347) § 1—3, erg. (§ 1a u. 2a) G. 20. Dez. 99 (RGB. 715) Art. 2 u. 3; Entschädigung der Privatposten Art. 3—5. — Einf. in Elf.-Lothringen G. 4. Nov. 71 (GB. 348). Das Interesse der Reichspost als öffentliche Verkehrsanstalt bildet nicht Gegenstand polizeilicher Verfügungen OV. (XV. 427). — Bearb. v. Aschenborn (Berl. 08).

[2]) G. 20. Dez. 75 (RGB. 318), AusfBek. 9. Feb. 76 (ZB. 87), Änderung 9. Mai 78 (ZB. 261) u. 24. Dez. 81 (ZB 82 S. 4). Nebenbahnen Vf. 28. Mai 79 (ZB. 380). Kleinbahnen sind zur Mitnahme eines Postbeamten oder von Postsendungen gegen ermäßigtes Fahrgeld verpflichtet G. 28. Juli 92 (GS. 225) § 42. — In Bayern und Württemberg, wo die Postverwaltung Reservatrecht ist (§ 389 Anm. 4), fließen die Einnahmen der Eisenbahn- u. der Postverwaltung in dieselbe Kasse. Überseeische Postdampfschiffsverbindung § 372 Abs. 4 d. W.

[3]) RPG. § 16—26. Die frühere Verpflichtung zur Pferdegestellung ist aufgehoben u. die Beschaffung Gegenstand freier Vereinbarung geworden. — Verhältnis der Posthalter u. PostfuhrO. Vf. 5. Juni 70 (MB. 201). — Postpferde sind vom Militärvorspann u. von der Gestellung bei Mobilmachungen frei § 113 Abs. 2¹ u. § 114 Abs. 6 d. W.

unverletzlich.[4]) — Die Post leistet Gewähr für Wertbriefe und Postanweisungen nach dem Wertbetrage, für Pakete nach dem erlittenen Schaden, doch höchstens mit 3 M. für das halbe kg, bei eingeschriebenen und Estafettensendungen mit 42 M. Der Anspruch verjährt in 6 Monaten.[5]) — Post- und Portohinterziehungen sind mit Strafe bedroht.[6]) Sie unterliegen, soweit es sich um Geldstrafen handelt, mit Vorbehalt des Rechtswegs einem Verwaltungsstrafverfahren[7]) und verjähren in 3 Jahren.[8]) — Die Benutzung der Posteinrichtung ist vom Reichskanzler durch Dienstordnung geregelt,[9]) das Porto dagegen in der Hauptsache gesetzlich festgestellt.[10]) — Die vordem sehr mannigfaltig in den Bundesstaaten ge-

---

[4]) RPG. § 5; ebenso bestimmte die preuß. VU. Art. 6 u. 33. — Strafe der Verletzung StGB. § 299, durch Beamte § 354 u. 358. — Beschlagnahme StPO. § 99—101 nebst 110 u. KonkO. § 121.

[5]) RPG. § 6—15 u. (zu § 14) G. 30. Jan. 77 (RGB. 244) § 13^4; verb. RPG. § 48 u. 49. — Auf die Postbeförderung sind die Best. über Frachtrecht nicht anwendbar HGB. § 452.

[6]) RPG. § 27—33. — Strafbare Herstellung u. Verwendung von Post- u. Telegraphenwertzeichen StGB. § 275, 276, 360^4 u. 364 Abs. 2 (Fassung des G. 13. Mai 91 RGB. 107). Verbotene Versendung entzündlicher u. ätzender Gegenstände StGB. § 367 5a (desgl.).

[7]) RPG. § 34—46 u. StPO. § 459 bis 469 nebst EinfG. § 6^3.

[8]) EinfG. (z. StGB.) 31. Mai 70 (BGBl. 195) Art. 7.

[9]) RPG. § 50. — PostO. 20. März 00 (ZB. 53), Änderung (§ 8 XIV bis XVII) 14. Nov. 00 (ZB. 599), (§ 18, 19, 21, 22) 15. März u. (§ 6, 17) 17. Juni 04 (ZB. 73 u. 227), (§ 19, 36, 38) 17. Nov. 06 (ZB. 1315) u. (§ 36 X) 4. Aug. 00 (ZB. 495), ferner 8. April u. 22. Dez. 01 (ZB. 107 u. 429), 7. Feb. 03 (ZB. 152), 10. Sept. 07 (ZB. 436), 13. Aug. u. 12. Dez. 08 (ZB. 336 u. 521), 26. Sept. 09 (ZB. 1333), 1. Juni u. 21. Dez. 10 (ZB. 229 u. 689), 12. Nov. 12 (ZB. 830), 28. Dez. 12 (ZB. 13 S. 1), 8. Dez. 13 (ZB. 1236). Besondere Postordnungen für Bayern u. Württemberg (1900). — PostzollO. § 163 Anm. 1 d. W. — RohrpostO. f. Berlin 30. Jan. 09 (ZB. 22).

[10]) PosttaxG. 28. Okt. 71 (RGB. 358), erg. (§ 1) G. 3. Nov. 74 (das. 127 u. 134), (§ 1, 1a, 10) 20. Dez. 99 (das. 715, Art. 1 u. 6, (§ 2, 3) 17. Mai 73 (das. 107). (§ 8 Abs. 2) 22. Mai 10 (das. 837). — Einf. in Elf.-Lothringen G. 4. Nov. 71 (GB. 348) u. 8. Feb. 75 (RGB. 69) Nr. 5. — Das Porto beträgt innerhalb des Reichs einschließlich der Schutzgebiete für Postkarten 5 Pf.; für den einfachen (bis 20 g wiegenden) Brief 10 Pf., bei größerem Gewichte bis 250 g 20 Pf., bei Nichtfrankierung 10 Pf. und bei Einschreibung 20 Pf. mehr; für Drucksachen bis 50 g 3 Pf., bei 50—100 g 5 Pf., bei 100 bis 250 g 10 Pf., bei 250 bis 500 g 20 Pf., bei 500 g bis 1 kg 30 Pf. (nach den Schutzgebieten bei 1 bis 2 kg 60 Pf.); für Warenproben bis zu 250 g 10 Pf., von 250 bis 350 g 20 Pf.; für Pakete von höchstens 5 kg bis 10 Meilen 25 Pf., für weitere Entfernung 50 Pf., bei höherem Gewicht unter Steigerung nach diesem u. nach der Entfernung. Für Wertsendungen wird neben dem Porto (das für Briefe in diesem Falle bis zu 10 Meilen 20 Pf., darüber hinaus 50 Pf. beträgt) eine Versicherungsgebühr von 5 Pf. für je 30 M. oder Teile dieses Betrages, mindestens aber 10 Pf. erhoben. Postanweisungen kosten bis zu 5 M. 10 Pf., von 5 bis zu 100 M. 20 Pf., zu 200 M. 30 Pf., zu 400 M. 40 Pf., zu 600 M. 50 Pf. u. zu 800 Mk. 60 Pf.; Postaufträge zur Einziehung von Wechseln u. quittierten Rechnungen u. Übermittlung durch Postanweisung sind bis zu 800 M. gegen 30 Pf. Gebühr zulässig. Ortsbriefe zahlen ohne Rücksicht auf das Gewicht nur 5 Pf. RPG. (Anm. 1) § 50^7 u. PostO. (Anm. 9) § 38 XI; der Bereich kann vom Reichskanzler auf Nachbarorte ausgedehnt werden G. 99 Art. I II; demgemäß ergingen Bek. 20. März u. Nachtr. I 00 (ZB. 93 u. 478), II. u. III. 01 (ZB. 108 u. 386), IV. u. V. 02 (ZB. 75 u. 312), VI. u. VII. 03 (ZB. 91 u. 658), VIII u. IX 04 (ZB. 74 u. 348), X u. XI 05 (ZB. 63 u. 288), XII u. XIII 06 (ZB.

stalteten **Portofreiheiten** sind aufgehoben und nur folgende aufrecht erhalten:

1. für regierende Fürsten, deren Gemahlinnen und Witwen;
2. für reine Reichsdienst- und Reichstagsangelegenheiten;
3. Für Militärpersonen vom Feldwebel abwärts, deren gewöhnliche Briefe frei sind, während die an sie gerichteten Postanweisungen bis zu 15 M. für 10 Pf. und Pakete bis zu 3 kg für 20 Pf. befördert werden.[11])

Die Staatsbehörden können an Stelle des Porto die Zahlung von Aversionalsummen mit der Postverwaltung vereinbaren. So werden die Postsendungen in preußischen Staatsdienstangelegenheiten gegen Zahlung einer jährlichen Aversionalsumme frei befördert.[12]) In dem Schriftwechsel zwischen Behörden verschiedener Staaten hat stets (auch in Parteisachen) die absendende Behörde frei zu senden.[13])

Auf allen Gebieten hat die Reichspostverwaltung die größte Rührigkeit entfaltet und den Verkehrsbedürfnissen durch Vermehrung der Verbindungen, Erleichterung der Bedingungen und Ermäßigung der Portosätze unausgesetzt in ausgiebigster Weise Rechnung getragen. Als wichtigster Erfolg dieser Bestrebungen tritt nächst der einheitlichen Festsetzung des Porto im ganzen Reiche die Herstellung einer täglichen, alle Orte berührenden Postverbindung hervor.

Ein **Post-Überweisungs- und Scheckverkehr** ist — um zunächst Erfahrungen zu sammeln — vom 1. Januar 1909 ab vom Reichskanzler durch Verordnung eingeführt, soll aber im Wege der Reichsgesetzgebung geregelt werden.[14]) Durch die Einrichtung sollen die dem Großverkehr

---

524 u. 1208), XIV u. XV 07 (ZB. 66 u. 454), XVI u. XVII 08 (ZB. 136 u. 438), XVIII u XIX 09 (ZB. 140 u. 1328) XX, XXI u. XXII 10 (ZB. 90, 527 u. 6-7), 13 (ZB. 464), II (ZB. 988). — Für Postkarten, Drucksachen, Warenproben u. Postanweisungen besteht Freisendungszwang. — Zeitungen bezahlen neben einer festen Besorgungs- eine nach der Zahl des wöchentlichen Erscheinens u. nach dem Jahresgewicht bemessene Beförderungsgebühr G. 99 Art. 1 III u. 6. — Österreich-Ungarn, Vereinigte Staaten u. Weltpostverein § 389 Anm. 5.

[11]) G. 5. Juni 69 (BGBl. 141); Einf. in Baden Vers. 15. Nov. 70 (BGBl. 627) Art. 80 II 4, Südhessen G. 20. Dez. 75 (RGB. 323), Bayern und Württemberg G. 29. Mai 72 (RGB. 167), Elf.-Lothringen G. 1. März 72 (GB. 150). — Ausf. Best. 15. Dez. 69 (MB. 70 S. 26) u. Änderung 23. Okt. 89 (MB. 171).

[12]) G. 69 § 11, Best. 7 u. Vf. 26. Feb. 94 (MB. 37 u. 36). Aversionierungsvermerk bei Dienstsendungen einzeln stehender Beamten Vf. 22. Juni 95 (MB. 220). — Das Aversum ist für 1905 auf $10^1/_2$ Mil. M. festgesetzt unter jährlicher Erhöhung von 5 v. H.

[13]) Bek. 29. Aug. 70 (BGBl. 514), erg. (Nr. 3) Vf. 31. März 06 (MB. 155); Geltung für Südhessen, Baden u. Elsaß-Lothringen Bek. 17. April 72 (RGB. 108), Bayern u. Württemberg Bek. 8. Juli 73 (RGB. 232). Gleiches gilt gegen Österreich-Ungarn Bek. 31. Okt. 73 (das. 366) u. die Schweiz Bek. 30. Feb. 78 (ZB. 95). — Postsendungen der Staats- und Kommunalbehörden untereinander Best. d. StM. 7. Febr. 94 (MB. 37), Vf. 13. Juli 96 (MB. 137) u. 12. Juni 97 (MB. 106).

[14]) G. 18. Mai 08 (RGB. 197) § 2. PostscheckO. 6. Nov. 08 (das. 587). — Zwischen dem Reich u. Österreich-Ungarn, Belgien u. der Schweiz ist ein gegenseitiger Postgiroverkehr eingerichtet.

in der Giroeinrichtung der Reichsbank (§ 328 Abs. 3[3] u. 7) gewährten Vorteile auch dem Mittelstande in Landwirtschaft und Gewerbe zugewendet werden. — Die **Teilnahme** am Scheckverkehr kann jede Privatperson, Handelsfirma, öffentliche Behörde, juristische Person, sonstige Vereinigung oder Anstalt bei einem Postscheckamt oder einer Postanstalt beantragen, worauf ihr ein Konto bei einem Postscheckamt, in der Regel dem des Wohnsitzes, eröffnet wird. Auf jedes Konto muß eine Stammeinlage von mindestens 100 M. eingezahlt und in dieser Höhe erhalten werden.[15]) — **Einzahlungen** unter Gutschrift auf das Konto erfolgen in bar mittels Zahlkarte bis zu 10 000 M., oder durch Überweisung von Postanweisungen und von Beträgen, die durch Postauftrag oder Nachnahme eingehen oder durch Überweisung von Beträgen aus einem anderen Postscheckkonto.[16]) — **Rückzahlungen** aus dem Konto geschehen durch Überweisung auf ein anderes Postscheckkonto oder mittels Schecks (§ 326 Abs. 3), die bis zu 10 000 M. zulässig sind. In beiden Fällen sind Formulare zu benutzen, die in Blattform (zur Versendung in Briefen) oder in Postkartenform (zur offenen Versendung) ausgegeben werden.[17])

§ 392.

d) Die **Telegraphie**, obwohl weit jünger als die Post, steht dieser bei ihrer raschen Entwickelung bereits ziemlich ebenbürtig zur Seite.[1])

Das Recht, **Telegraphenanlagen** einschließlich der **Fernsprechanlagen** (Telephone) zu errichten und zu betreiben, steht ausschließlich dem Reiche zu, kann aber für einzelne Strecken und Bezirke an andere Unternehmer verliehen werden. Die von Behörden, Verbänden oder Beförderungsanstalten zu bestimmten öffentlichen Zwecken errichteten Anlagen bedürfen keiner Genehmigung. Dasselbe gilt von Anlagen innerhalb der Grenzen eines Grundstücks und von solchen Anlagen zwischen höchstens 25 km voneinander entfernten Grundstücken desselben Besitzers, die für den der Benutzung der Grundstücke entsprechenden unentgeltlichen Verkehr bestimmt sind.[2]) Diese Grundsätze sind auf die **drahtlose** (**Funken**-)

---

[15]) PSchO. § 1. Gebühren u. Portofreiheit § 9, 10 sonstige allgemeine Bestimmungen § 11—15. — Anschluß der Staatskassen § 122 Anm. 18 u. (Gerichte) § 180 Anm. 6. — Postscheckämter bestehen im Reichspostgebiet in Danzig, Berlin, Breslau, Leipzig, Hamburg, Hannover, Frankfurt a./M. u. Köln, für Bayern in München, Nürnberg u. Ludwigshafen u. für Württemberg in Stuttgart. — Ende 1911 waren 74726 Kontoinhaber mit 161,7 Mill. M. Guthaben eingetragen.

[16]) PSchO. § 2—4 (geänd. Bek. 20. März 10 RGB. 593) u. § 5.

[17]) PSchO. § 6—8, letzterer geänd. Bek. 22. Okt. 09 (RGB. 938).

[1]) Das Telegraphennetz hat sich rasch entwickelt und umfaßte (1913) 272748 km oberirdische, 21124 km unterirdische Linien. Die Zahl der Telegraphenanstalten belief sich auf 32211, einschl. 16641 Hilfsstellen und 29 Telegraphenanstalten in den Schutzgebieten. Fernsprecheinrichtung besaßen 5676 Orte.

[2]) G. 6. April 92 (RGB. 467), erg. (§ 3 Abs. 2, 3a, 3b, 7 Abs. 2) durch G. 08 (Anm. 3). Zuständigkeit d Reichs § 389 Abs. 2 d. W. Für Bayern und Württemberg stehen die Rechte des Reichs diesen Bundesstaaten zu, G. 92 § 15. — Sicherheitsvorschriften § 252 Anm. 4. — In einem 1875 geschlossenen u. am 11.

Telegraphie und auf Telegraphenanlagen der See- und Binnenschiffe ausgedehnt, um diesen für die Seeschiffahrt und den Kriegsfall wichtigen Betrieb vor Störungen zu sichern.[3])

Die Telegraphenverwaltung hat ein Mitbenutzungsrecht an öffentlichen Wegen, das den Gemeingebrauch nicht dauernd beschränken darf und bei notwendiger vorübergehender Beschränkung, sowie bei Erhöhung der Unterhaltungslast oder Schädigung der Baumpflanzungen zur Schadloshaltung verpflichtet. Bestehende besondere (Bahn-, Beleuchtungs-, Wasser-) Anlagen sind zu berücksichtigen, während durch spätere die Telegraphenanlagen nicht benachteiligt werden dürfen. Zur Sicherung der Rechte der Beteiligten ist der Plan der Anlagen (ähnlich den Bebauungsplänen § 280 Abs. 3) in einem besonderen Verfahren festzustellen. Über Privatgrundstücke können Leitungen durch den Luftraum geführt werden, soweit die Benutzung dadurch nicht wesentlich beeinträchtigt wird.[4])

Der Betrieb der Telegraphen- und Rohrpostanlagen ist gegen Störung durch spätere Anlagen geschützt und die ungehinderte Benutzung der Telegraphenanstalten durch Strafvorschriften sichergestellt.[5]) Das Telegraphengeheimnis ist unbeschadet der gesetzlichen Ausnahmen unverletzlich.[6]) — Weitere Vorschriften regeln die Benutzung der Fernsprechleitungen.[7])

Die Telegraphengebühren sind nach einer auf der Wortzahl beruhenden Taxe durch Verordnung festgestellt;[8]) die Vorauszahlung kann bar

---

Jan. 08 erweiterten Telegraphenvertrage haben 33 Staaten (darunter alle europäischen) einheitliche Betriebsgrundsätze und Gebühren vereinbart. Ein zwischenstaatliches Büreau besteht in Bern.

[3]) G. 7. März nebst Bek. 16. Juli 08 (RGB. 79 u. 476). Anw. 15. Juni 13 (ZB. 619). Betrieb auf fremden Schiffen in deutschen Hoheitsgewässern Best. 12. Dez. 09 (RGB. 977), erg. 14. Dez. 13 (das. 784). Nach dem Funkentelegraphenvtr. der europäischen u. wichtigsten übrigen Staaten sind die Küsten- u. Bordstationen zum wechselseitigen Austausch der Funkentelegramme ohne Unterschied des Systems verpflichtet. Vtr. 5. Juli 12 (RGB. 13 S. 373, Schlußprot. 386 u. Ausf.-Übereink. 391).

[4]) G. 18. Dez. 99 (RGB. 705), insbes. Baumpflanzungen § 4, besondere Anlagen § 5, 6, Verfahren § 7—10, Benutzung von Privatgrundstücken § 12. AusfBest. 26. Jan. 00 (RGB. 7), u. 16. März 00 (MB. 106), ferner Bezeichnung der zuständigen unteren u. höheren Behörden 00 (ZB. 302), in Preußen 30. Dez. 99 (MB. 00 S. 46).

[5]) StGB. § 317, 318 und 318a (G. 13. Mai 91 RGB. 107), 319, 320. Telegraphenwertzeichen § 391 Anm. 6, Sicherheit elektrischer Anlagen § 366 Anm. 9 d. W.

[6]) G. 92 § 8. Strafe der Verletzung StGB. § 355 (Fassung des G. 19. Juni 12 RGB. 305 Nr. 8) u. 358; Beschlagnahme wie § 391 Anm. 4.

[7]) Benutzung bei Nachtzeit Best. 19 Sept. 01 (ZB. 342), erg. (Abs. 1) 19. Jan. 03 (ZB. 13), 11. Feb. 05 (ZB. 32) u. (Nachbarortsverkehr) 18. Feb. 04 (das. 51).

[8]) TelegraphenO. 16. Juni 04 (ZB. 229), geänd. Bek. 14. Juni 08 (ZB. 154 u. 225), 27. Mai 09 (ZB. 228) u. (§ 17 III) Bek. 14. März 05 (ZB. 56), (§ 6, 15, 17, 24) 21. Juni 13 (ZB. 659). Ihr Erlaß beruht auf RVerf. Art. 48 u. 50. Besondere Telegraphenordnungen für Bayern u. Württemberg (04). Die Taxe beträgt innerhalb des deutschen Reichs nach Luxemburg u. Österreich-Ungarn 5 Pfg. (nach den übrigen europäischen Staaten 10 bis 45 Pfg.) für jedes Wort, mindestens 50 Pfg. — Benutzung der Eisenbahntelegraphen Regl. 7. März 76 (ZB. 156).

oder durch Postfreimarken erfolgen.[9]) Die Gebührenfreiheit ist ähnlich der im Postverkehr eingeführten geregelt.[10]) Die Erhöhung der Gebühren und die Ausdehnung der Befreiungen kann nur auf Grund eines Gesetzes erfolgen.[11]) — Die Fernsprechgebühren sind durch Verordnung geregelt. Für jeden Anschluß an ein Fernsprechnetz ist unter Abstufung nach der Zahl der Anschlüsse entweder eine jährliche Pauschgebühr von 80—180 M. oder — neben einer Gesprächsgebühr von 5 Pf. für jede Verbindung, mindestens jedoch für 400 Gespräche — eine Grundgebühr von 60—100 M. jährlich zu entrichten. Die Benutzung durch dritte ist zulässig. Für Benutzung einer Verbindung zwischen verschiedenen Netzen oder Orten werden Gesprächsgebühren erhoben, die bis zu 3 Minuten Dauer nach der Entfernung 0,2 bis 2 M. betragen.[12])

Zwischen allen wichtigen Verkehrsorten, Festungen und Seeplätzen sind neuerdings unterirdische Linien zur Anwendung gebracht, da sie größere Sicherheit gegen atmosphärische, Witterungs- und sonstige zerstörende Einwirkungen gewähren. — Das Telegraphennetz umfaßt neben den ober- und unterirdischen auch unterseeische Linien, die unter Bildung von Kabelgesellschaften hergestellt worden sind.[13])

---

[9]) Die durch G. 16. Mai 69 (BGBl. 277) zugelassenen Telegraphenfreimarken sind außer Gebrauch.

[10]) V. 2. Juni 77 (RGB. 524). — Behandlung der Telegramme in Staatsdienstsachen Regul. 30 u. Vf. 31. Juli 77 (MB. 185 u. 186, JMB. 169).

[11]) G. 92 (Anm. 2) § 7.

[12]) FernsprGebO. 20. Dez. 99 (RGB. 711), AusfBest. 26. März 00 (ZB. 242), erg. (Nr. 7, 8, 17), 8. Dez. 02 (ZB. 416), (Nr. 9) 28. Sept. 02 (ZB. 366) u. 8. Feb. 13 (ZB. 172), (Nr. 13, 13a, 18) 18. Feb., 31. Okt. u. 15. Dez. 04 (das. 51, 391 u. 453), 28. Nov. 10 (das. 666), (Nr. 18) 28. Juni 01 (das. 235), (Nr. 17, 18) 11. Juli 03 (ZB. 446), (Nr. 16) 27. Feb. 03 (ZB. 86). — Best. üb. Fernsprechnebenanschlüsse 31. Jan. 00 (ZB. 23), erg. (Nr. I 1) 15. Nov. 01 (ZB. 409), ferner 11. Juli 03 (ZB. 446), 22. März 07 (ZB. 67), 12. Feb. 13 (ZB. 180).

[13]) Die Linien laufen von dem Telegraphenamt Emden aus nach Vigo (Spanien), über die Azoren nach Neuyork und über Tenerifa und Monrovia (Liberia) einerseits nach Pernambuko (Brasilien), andererseits nach den westafrikanischen Schutzgebieten (§ 89 Anm. 4). — Die unterseeischen Telegraphenkabel sind durch internationalen Vtr. 14. März 84 nebst AusfG. 21. Nov. 87 (RGB. 88 S. 151, 169, 292 u. 89 S. 194) geschützt.

Sachverzeichnis.

(Die Zahlen bezeichnen die Seiten, die eingeklammerten die Anmerkungen.)

E.

F.

H.

J.

M.

T.

U.

Nachträge und Berichtigungen.

S. 23 Z. 1 lies: 10 (statt 5) u. Anm. 9 Z. 4 hinter „(Formulare)": Best. des BR. 29. Nov. 13 (§ 34 Anm. 4 d. W.); die Z. 4—7 angeführten Vorschriften fallen dagegen fort.

S. 41 Z. 4 v. u. lies: Statthalters (statt Reichskanzlers).

S. 55 Anm. 4 Z. 9 ist hinter „geregelt" einzufügen: Muster für die Urkunden (§ 39 Abs. 1) u. für Heimatscheine Best. des BR. 29. Nov. 13 (ZB. 1201).

S. 56 Z. 9 Z. 1 ist hinter „9" einzufügen: Ausf. Best. des BR. zu § 9 Abs. 1 v. 29. Nov. 13 (ZB. 1212).

S. 66 Anm. 8m Z. 4 lies: 02 (statt 01).

S. 117 Anm. 1 Sp. 2 Z. 6 lies: 188 (statt 185).

S. 127 Anm. 12 vorletzte Z. lies: KamG. (statt KonvG.).

S. 171 Anm. 1a Z. 8 ist das „u." durch Komma zu ersetzen u. am Ende der Z. anzufügen: u. AE. 8. Dez. 13 (ZB. 1236).

S. 257 Anm. 7 Z. 7 bis 9 sind die Worte „und (Voreinschätzungskommission) 28. Juli 06 (GS. 371)" zu streichen.

S. 278 Anm. 8 Sp. 2 ist zu setzen in Z. 5 v. u.: 15 (statt 13), in Z. 3 v. u.: 13 (statt 20) und in Z. 2 v. u.: 19. Dez. 13 (RGB. 783, 784), statt: 23. Dez. 11 (RGB. 975).

S. 301 Anm. 4 Z. 3 lies: Anm. 7 d. W., (statt Anm. 6 d. W.).

S. 312 Anm. 6 sind Z. 3. u. 4 umzustellen.

S. 323 Anm. 5 Sp. 2 Z. 10 lies: Vf. (statt V.).

S. 324 Anm. 7 Z. 8 ist hinter „189)" einzufügen: , die zweite 13. Dez. 13 (JMB. 469).

S. 336 Z. 7 (Überschrift) lies: 2 (statt II).

S. 351 Anm: 2 Z. 6 v. u. lies: erg. EG. z. BGB. Art. 40 (statt § 1, 2, 9, 14).

S. 454 Anm. 3 Z. 4 lies: Meßbilder (statt Maßbilder).

S. 517 Anm. 1 Sp. 2 Z. 3 lies: 304 (statt 302).

S. 534 Anm. 1 Z. 1 und 2 sind die Worte „gegen Arbeitslosigkeit" zu streichen.

S. 629 Z. 5 lies: Merkpfahl (statt Markpfahl).

GPSR Compliance

The European Union's (EU) General Product Safety Regulation (GPSR) is a set of rules that requires consumer products to be safe and our obligations to ensure this.

If you have any concerns about our products, you can contact us on ProductSafety@springernature.com

In case Publisher is established outside the EU, the EU authorized representative is:

Springer Nature Customer Service Center GmbH
Europaplatz 3
69115 Heidelberg, Germany

Batch number: 10844661

Printed by Printforce, the Netherlands